GPM Deutsche Gesellschaft für Projektmanagement /
Michael Gessler (Hrsg.)

Kompetenzbasiertes Projektmanagement (PM3)

Handbuch für die Projektarbeit, Qualifizierung und Zertifizierung
auf Basis der IPMA Competence Baseline Version 3.0 / unter Mitwirkung der
spm swiss project management association

Bibliografische Information der Deutschen Nationalbibliothek
Die Deutsche Nationalbibliothek verzeichnet diese Publikation in der Deutschen Nationalbibliografie; detaillierte bibliografische Daten sind im Internet über http://dnb.d-nb.de abrufbar.

Dieses Werk ist urheberrechtlich geschützt. Alle Rechte, auch die der Übersetzung, des Nachdrucks und der Vervielfältigung des Buches – oder Teilen daraus – sind vorbehalten. Kein Teil des Werks darf ohne schriftliche Genehmigung des Verlags in irgendeiner Form (Fotokopie, Mikrofilm oder andere Verfahren), auch nicht zum Zwecke der Unterrichtsgestaltung, reproduziert oder unter Verwendung elektronischer Systeme verarbeitet, vervielfältigt oder verbreitet werden.

Für alle in diesem Werk verwendeten Warennamen sowie Firmen- und Markenbezeichnungen können Schutzrechte bestehen, auch wenn diese nicht als solche gekennzeichnet sind. Deren Verwendung in diesem Werk berechtigt nicht zu der Annahme, dass diese frei verfügbar sind.

Die DIN-Normen im Fachbuch PM3 sind wiedergegeben mit Erlaubnis des DIN Deutsches Institut für Normung e.V. Maßgebend für das Anwenden der DIN-Norm ist deren Fassung mit dem neuesten Ausgabedatum, die bei der Beuth Verlag GmbH, Burggrafenstraße 6, 10787 Berlin, erhältlich ist.

Layout, Satz und Grafikgestaltung: mbon Designabteilung. Umschlaggestaltung: mbon Designabteilung. Titelbild: Schultze. Walther. Zahel. Kommunikationsagentur & GPM. Druck und Bindung: Labude. corporate products.

GPM-Homepage: http://www.gpm-ipma.de
spm-Homepage: http://www.spm.ch
PM3-Feedback: http://www.gpm-pm3.de
PM3 als E-Book: http://www.ciando.com

ISBN 978-3-924841-40-9 (Hardcover)
ISBN 978-3-924841-45-4 (E-Book)

1. Auflage, 2009, 1-2000
2. Auflage, 2009, 2001-5000
3. Auflage, 2010, 5001-8000
4. Auflage, 2011, 8001-12000
5. Auflage, 2012, 12001-16000

© 2012 GPM Deutsche Gesellschaft für Projektmanagement e.V., Frankenstraße 152, 90461 Nürnberg (Deutschland / Europäische Union).

Vorwort zur 5. Auflage
Michael Gessler

Im Mai 2009 erschien die 1. Auflage von PM3. Bereits im Herbst 2009 war eine zweite Auflage erforderlich. Heute, drei Jahre und über 12.000 Exemplare später, halten Sie die 5. verbesserte Auflage in der Hand. Für ein Fachbuch mit erheblichem Umfang, das Vieles für sich in Anspruch nehmen kann, nicht jedoch Projektmanagement in Kurzform darzustellen, ist das ein erstaunlicher Erfolg.

Seit der 1. Auflage hat uns viel Lob erreicht zur Konzeption und Struktur des Gesamtwerks sowie den Fachartikeln unserer Autorinnen und Autoren. Für die vielfältigen Rückmeldungen und Anregungen ein großes Dankeschön an unsere Leserinnen und Leser! Wie bereits zur 1., 2., 3. und 4. Auflage deshalb wieder das Angebot an Sie, uns über die Seite **http://www.gpm-pm3.de** Ihr Feedback zu übermitteln.

Ansprechen möchte ich kurz noch ggf. aufkommende Missverständnisse: Die Wiederholungsfragen am Ende jedes Kapitels sind keine Originalfragen aus der IPMA-Zertifizierung! PM3 ist das Referenzwerk der PM-Zert-Zertifizierungen, was bedeutet, dass die Zertifizierung auf dieses Werk referenziert, sich darauf hin orientiert. Dies bedeutet jedoch nicht, dass Inhalte satzgenau geprüft werden, da es sich bei der IPMA-Zertifizierung um eine Kompetenzprüfung handelt (siehe hierzu das Einleitungskapitel). Ziel des IPMA-Systems ist, dass Sie mit den Inhalten kompetent umgehen können. Kompetent umgehen meint u. a., die Inhalte diskutieren, priorisieren, aufeinander beziehen, voneinander abgrenzen, mit Beispielen illustrieren, situativ anpassen und problemspezifisch anwenden zu können.

Kontext

Die IPMA International Project Management Association ist eine internationale Organisation mit über 50 nationalen Projektmanagement-Gesellschaften[1]. Unter dem Dach der IPMA verständigen sich die nationalen Gesellschaften auf Qualitätsprinzipien und Bewertungsmaßstäbe zur Überprüfung und Bewertung von PM-Kompetenzen. Jeder Mitgliedsgesellschaft ist es erlaubt, eigene kulturelle Bedingungen zu berücksichtigen und eigene thematische Schwerpunkte zu setzen. Die gemeinsame Zertifizierungsgrundlage für alle IPMA Mitgliedsgesellschaften bildet die IPMA Competence Baseline (ICB). 2006 veröffentlichte die IPMA ihre neue Competence Baseline – die ICB Version 3.0. Diese gilt in den Mitgliedsländern entweder direkt (ohne Übersetzung) oder – übersetzt in die Landessprache – als National Competence Baseline (NCB).

Auf Basis der ICB Version 3.0 entwickelte die GPM Deutsche Gesellschaft für Projektmanagement unter Mitwirkung der spm swiss project management association in den Jahren 2007 bis 2009 das Fachbuch „Kompetenzbasiertes Projektmanagement (PM3). Handbuch für die Projektarbeit, Qualifizierung und Zertifizierung auf Basis der IPMA Competence Baseline Version 3.0". Die Kurzform „PM3" hat dreierlei Gründe: Das Fachbuch adressiert (1) drei Felder: Projektarbeit, Qualifizierung und Zertifizierung. Es basiert (2) auf der aktuellen ICB Version 3.0 und ist (3) gegliedert nach den drei Kompetenzarten der aktuellen ICB: PM-technische Kompetenz, PM-Verhaltenskompetenz und PM-Kontextkompetenz.

---

[1] Es handelt sich hierbei um selbstständige PM-Gesellschaften, nicht um Niederlassungen der IPMA, die allerdings Standards setzt und koordiniert. Die PM-Gesellschaften untergliedern sich wiederum oftmals in Niederlassungen. Die GPM ist beispielsweise in über 35 Regionen bzw. Regionalgruppen untergliedert.

Bedeutung

Das Fachbuch „Kompetenzbasiertes Projektmanagement (PM3)" bietet

1. als **Grundlagenwerk** eine verlässliche Basis für Theorie und Praxis,
2. als **Nachschlagewerk** einen umfassenden Überblick über den aktuellen Entwicklungsstand des Projektmanagements und benachbarte Disziplinen,
3. als **Referenzwerk** einen strukturierten Zugang zur ICB 3.0 und ermöglicht damit eine systematische lehrgangsbegleitende Lektüre, Zertifizierungsvorbereitung und Kompetenzentwicklung,
4. als **Leitfaden** eine abgestimmte Arbeitsgrundlage für die Entwicklung von PM-Handbüchern und den Aufbau projektorientierter Organisationen,
5. als **Mehrautorenwerk** die Integration von Anwendungserfahrung, Firmen- und Branchenwissen von über 80 Expertinnen und Experten aus Deutschland, der Schweiz, Österreich und den USA.

Mit über 2.500 Seiten ist das Fachbuch einerseits ein umfassendes Referenzdokument. Andererseits ist es nur ein möglicher Wissenszugang. Die Domäne Projektmanagement ist zu weitreichend und zu dynamisch, als dass ein Anspruch auf Vollständigkeit erhoben werden könnte. Zielsetzung des Fachbuchs ist es vielmehr, eine umfassende Wissensbasis zu schaffen für die Projektarbeit, Qualifizierung und Zertifizierung.

Die Domäne Projektmanagement ist kein parzelliertes Feld und insbesondere kein Dogma, sondern ein lebendiges System mit vielfältigen Sichtweisen und Zugängen, weshalb PM-Expertinnen und PM-Experten aus unterschiedlichen Branchen, Firmen, Praxisfeldern und Wissenschaftsdisziplinen die Beiträge des Fachbuchs verfasst haben. Das Fachbuch „Kompetenzbasiertes Projektmanagement (PM3)" ist ein Gemeinschaftswerk; darin liegt dessen besonderer Wert.

Lernen und Arbeiten mit PM3

Die drei Felder Projektarbeit, Qualifizierung und Zertifizierung werden wie folgt adressiert:

Projektarbeit

- Von den knapp 60 Kapiteln wurden mehr als 90 % unterteilt in Grundlagenwissen (Band 1 und 2) sowie Vertiefungswissen (Band 3 und 4). Durch diese Aufteilung kann gezielt die gewünschte Wissenstiefe ausgewählt werden. Die Literaturangaben aller Beiträge finden Sie zusammengefasst am Ende von Band 4.
- Das beiliegende Booklet ermöglicht mit über 1000 Stichwörtern das gezielte Nachschlagen einzelner Begriffe. Im Booklet finden Sie zudem das komplette Inhaltsverzeichnis sowie die Profile aller Autorinnen und Autoren.
- In den Kapiteln unterstützen verschiedene Symbole das selektive Lesen:

> § **Definition:** Diese Box beinhaltet Definitionen von Begriffen, Konzepten oder Verfahren.

> ! **Wichtig:** Wichtige Kernaussagen, Tipps oder Hinweise sind durch ein Achtung (!) gekennzeichnet.

> 🔧 **Beispiel:** An einem Beispiel werden der Inhalt oder die Relevanz eines Themas illustriert.

> Σ **Fazit:** Das zentrale Fazit, die zentrale Aussage einer Passage ist durch ein Summenzeichen gekennzeichnet.

| Das Fachbuch ist als E-Book bei http://www.ciando.de erhältlich, womit es nicht nur „mobil" wird, sondern auch weitere Funktionen, wie z. B. die digitale Suche, zur Verfügung gestellt werden.

Qualifizierung

Alle Kapitel wurden nach einer einheitlichen Struktur erstellt:

| **Kontext und Bedeutung:** Dargestellt werden der Kontext des Kapitels und die Bedeutung des Themas für das Projektmanagement.
| **Lernziele:** Auf zentrale Aspekte des Kapitels wird hingewiesen und die Lernziele werden benannt.
| **Inhaltsverzeichnis des Kapitels:** Aufbau und Struktur des Kapitels.
| **Grundlagenwissen / Vertiefungswissen:** Die Inhalte werden in der Regel in zwei Teilkapiteln dargestellt: Grundlagenwissen (hilfreich für grundlegende PM-Fragestellungen) und Vertiefungswissen (hilfreich für weiterführende PM-Fragestellungen).
| **Wiederholungsfragen:** Fragen zum persönlichen Wiederholen zentraler Aspekte.
| **Literatur:** Verwendete Literatur sowie ggf. Empfehlung weiterer Literatur.

Eine zusätzliche Unterstützung bieten über 800 grafische Darstellungen, die ergänzend die Texte veranschaulichen.

Zertifizierung

Seit spätestens 2009 gilt die neue ICB 3.0 in Deutschland, Österreich und der Schweiz als Grundlage für die Personenzertifizierung im Rahmen des IPMA Vier-Level-Zertifizierungssystems. Die Gliederung des Fachbuchs folgt der Gliederung der IPMA Competence Baseline Version 3.0 (siehe Kapitel „Einleitung"). PM3 ermöglicht damit eine systematische Zertifizierungsvorbereitung auf Basis der IPMA Competence Baseline Version 3.0.[2]

Ein herzliches Dankeschön

Ein herzliches Dankeschön gebührt zunächst den über 80 Autorinnen und Autoren, die ihre Expertise in knapp 60 Kapiteln eingebracht haben. In alphabetischer Reihenfolge: Dr. Martina **Albrecht**, Dr. Sandra **Bartsch-Beuerlein**, Dr. Daniel **Baumann**, Dr. Frank **Behrend**, Frank Paul **Berge**, Dr. Andreas **Bosbach**, Dr. Rita **Bosbach**, Michael **Buchert**, Manfred **Burghardt**, Joachim **Büttner**, Prof. Dr. Christian **Decker**, Stefan **Derwort**, Prof. Dr. Florian E. **Dörrenberg**, William **Duncan**, Thomas **Eberhard**, Dr. Sonja **Ellmann**, Prof. Dr. Birgit **Ester**, Peter **Felske**, Erich **Frerichs**, Andreas **Frick**, Dr. Dieter **Geckler**, Prof. Dr. Michael **Gessler**, Dr. Martin **Goerner**, Stacy **Goff**, Torsten **Graßmeier**, Prof. Dr. Nino **Grau**, Siegfried **Haarbeck**, Dr. Christopher **Hausmann**, Claus-Peter **Hoffer**, Prof. Dr. Martin **Högl**, Dr. Artur **Hornung**, Raimo **Hübner**, Rolf **Kaestner**, Prof. Dr. Angela **Knauer**, Dr. Hans **Knöpfel**, Dr. Rolf **Kremer**, Gero **Lomnitz**, Daniela **Mayershofer**, Dr. Mey Mark **Meyer**, Dr. Thor **Möller**, Dr. Erhard **Motzel**, Hélène **Mourgue d´Algue**, Dr. Miriam **Muethel**, Prof. Dr. Michael **Müller-Vorbrüggen**, Dr. Frank **Musekamp**, Prof. Dr. Gerold **Patzak**, Prof. Jochen **Platz**, Katrin **Platz**, Frank **Pohl**, Dietmar **Prudix**, Martin **Raab**, Günter **Rackelmann**, Guido **Reuter**, Adolf **Rohde**, Uwe **Rohrschneider**, Ralf **Röschlein**, Christoph **Rosenthaler**, Manfred **Saynisch**, Rene **Schanz**, Prof. Dr. Heinz **Schelle**, Heinz **Scheuring**, Daniela **Schindler**, Christine **Schmidt**, Dr. Andreas **Sebe-Opfermann**, Prof. Dr. Siegfried **Seibert**, Dr. Jörg **Seidl**, Wulff **Seiler**, Prof. Dr. Konrad **Spang**, Roland **Straube**, Uwe **Techt**, Dr. David **Thyssen**, Johannes **Voss**, Reinhard **Wagner**, Gernot **Waschek**, Kurt E. **Weber**, Erwin **Weitlaner**, Eberhard **Will**, Maren **Windus**, Urs **Witschi**, Dr. Ulrich **Wolff** und Dr. Christoph **Zahrnt**.

---

2   Vgl. hierzu auch die Taxonomie der PM-ZERT (GPM), Tabelle 6 im Kapitel „Einleitung".

Sehr herzlich bedanken möchte ich mich zudem bei Herrn Prof. Dr. Dr.h.c. **Sebastian Dworatschek**, der als Fachlektor der 3. Auflage zur Weiterentwicklung von PM3 maßgeblich beigetragen hat. Ein weiterer herzlicher Dank richtet sich an unsere Fachlektoren der 1. Auflage Manfred **Burghardt**, Prof. Dr. Florian E. **Dörrenberg**, Dieter **Eysel**, Dr. Martin **Görner**, Dr. Artur **Hornung**, Dr. Erhard **Motzel**, Wolfram **Ott**, Prof. Dr. Gerold **Patzak**, Prof. Dr. Heinz **Schelle**, Gernot **Waschek** und Kurt E. **Weber**, die mit hoher Aufmerksamkeit die Beiträge der Autorinnen und Autoren lektoriert haben. Ebenfalls herzlich bedanken möchte ich mich bei Werner **Forneberg**, der alle Beiträge auf Rechtschreibung geprüft und korrigiert hat sowie bei den Helferinnen und Helfern der 1. Auflage, die u. a. mit Lieferlogistik, Korrekturen, Vertragsgestaltung, Literaturprüfung, Stichwortverzeichnis und Projektblog im Hintergrund wirkten: Julia **Bär**, Jörn **Eggemann**, Antje **Funck**, Julia **Götzl**, Daniel **Haag**, Maike **Höötmann**, Patrick **Schwind** und Patrizia **Wiesbaum**.

Herzlich bedanken möchte ich mich insbesondere bei Eugenie **Blass**. Frau Blass hat in der Entwicklungsphase des Handbuchs (2007-2009) über zwei Jahre hinweg kontinuierlich die gesamte Kommunikation im Projekt koordiniert, die Schnittstellen gemanagt und die Fäden zusammengehalten, was nicht nur erheblich Zeit in Anspruch nahm, sondern auch Fingerspitzengefühl erforderte. Ohne ihr solides und nachhaltiges Management wäre es nicht möglich gewesen, den Überblick zu behalten und die 1. Auflage fertigzustellen.

Die Arbeit an diesem Werk hätte weder begonnen noch abgeschlossen werden können ohne die fortlaufende Unterstützung der zuständigen Gremien. Erst die gemeinschaftliche Zusammenarbeit von Vorstand (GPM), Präsidium (spm), Kuratorium (GPM) und Geschäftsstellen (GPM / spm) hat die Grundlage geschaffen, dass dieses Gemeinschaftswerk entstehen konnte.

Sehr herzlich möchte ich mich zudem bei der Universität Bremen, dem ITB Institut Technik und Bildung und meinem Fachbereich bedanken, die mir eine geeignete Arbeitsumgebung für die Durchführung dieses „Mammut-Projekts" zur Verfügung stellten. Namentlich möchte ich mich insbesondere bei der Dekanin meines Fachbereichs, Prof. Dr. Anne **Levin**, sowie meinen ITB Vorstandskollegen, Prof. Dr. Georg **Spöttl** und Prof. Dr. Falk **Howe**, bedanken.

„Last but not least" verdienen unsere Grafiker und Layouter einen besonderen Dank: Die mbon Designabteilung Moers, Gundula **Meier** und Ulrich **Seehöfer**, haben das Basislayout weiterentwickelt und die Texte und Grafiken in ein einheitliches und ansprechendes Layout gebracht. Eine unglaubliche Leistung, die nicht nur Fachkönnen, sondern auch Kommunikationsgeschick und Geduld im Umgang mit den Wünschen der Autorinnen und Autoren erforderte. Alle weiteren Änderungen in den Auflagen 2, 3 und 4 wurden ebenfalls mit der mbon Designabteilung Moers realisiert. Das Basislayout der 1. Auflage entwickelte Jörg **Albrecht** und Andreas **Labude** hat schließlich die drucktechnische Umsetzung übernommen. Auch ihnen allen – ein herzliches Dankeschön!

Bremen, im Spätsommer 2012

Prof. Dr. Michael Gessler

Grundannahmen eines kompetenzbasierten Projektmanagements
Michael Gessler

In der Einleitung werden grundlegende Begriffe sowie die Grundannahmen eines kompetenzbasierten PM-Ansatzes erläutert. Zunächst wird (1) der Kompetenzbegriff definiert. Unterschieden werden zwei Formen der Kompetenz: Formale Kompetenzen und Handlungskompetenz. (2) PM-Handlungskompetenz wird sodann mittels der Kompetenzarten PM-technische Kompetenz, PM-Verhaltenskompetenz und PM-Kontextkompetenz spezifiziert und anschließend mittels (3) PM-Kompetenzelementen konkretisiert (vgl. Abbildung 1).

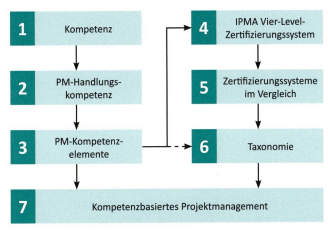

Abbildung 1: Struktur des Kapitels

Nach dieser Grundlegung wird (4) das Vier-Level-Zertifizierungssystem der IPMA International Project Management Association vorgestellt und das System sodann (5) verglichen mit den Zertifizierungen von OGC / APM Group Ltd. und PMI Project Management Institute. Dieser Vergleich ermöglicht ein besseres Verständnis des kompetenzbasierten PM-Ansatzes. Welches Kompetenzniveau je IPMA Level und PM-Kompetenzelement erwartet wird, ist sodann in der (6) Taxonomie dargestellt. Die Einleitung endet mit einem (7) Fazit, in dem die Grundannahmen eines kompetenzbasierten PM-Ansatzes zusammengefasst sind.

Die Leitfragen der Einleitung sind:

- Was ist Kompetenz?
- Wie kann PM-Handlungskompetenz spezifiziert und konkretisiert werden?
- Worin unterscheiden sich die vier IPMA Zertifikatslevel?
- Worin unterscheiden sich die internationalen Zertifizierungssysteme für PM-Personal (IPMA, OGC / APM Group Ltd. und PMI)?
- Welche Anforderungen prägen die vier IPMA Zertifikatslevel?
- Welche Grundannahmen kennzeichnen einen kompetenzbasierten PM-Ansatz?

Zunächst wird der Begriff „Kompetenz" definiert. Kompetenz stellt den Schlüsselbegriff im IPMA System dar.

1 Kompetenz

In der IPMA Competence Baseline 3.0 wird Kompetenz wie folgt definiert: „Competence has its origins in the latin word "competentia" which means "is authorized to judge" as well as "has the right to speak" [...] A competence is a collection of knowledge, personal attitudes, skills and relevant experience needed to be successful in a certain function." (IPMA 2006: 9). In Tabelle 1 sind die Elemente der Definition nochmals aufgeführt.

Tabelle 1: Kompetenzbegriff der ICB 3

Funktion	
A competence is … needed to be successful in a certain function.	Kompetenz ist erforderlich, um in einem bestimmten Funktionsbereich erfolgreich zu sein.
Bestandteile	
is authorized to judge	Zuständigkeit
has the right to speak	Befugnis
Knowledge	Wissen
Skills	Können, Fertigkeiten, Geschick
Experience	Erfahrung
Personal attitudes	Einstellung

Kompetenz meint damit einerseits **formal** die Zuständigkeit und Befugnis einer Person innerhalb einer Organisation und andererseits die **Fähigkeit** („Wissen", „Können", „Erfahrung") sowie **Einstellung** einer Person. Zu unterscheiden sind die **formalen Kompetenzen** einer Person (Zuständigkeit und Befugnis) und die **Handlungskompetenz** (Fähigkeit und Einstellung) einer Person (vgl. Abbildung 2).

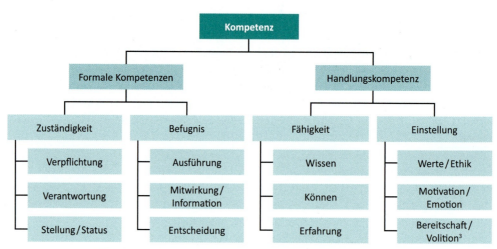

Abbildung 2: Formale Kompetenzen und Handlungskompetenz[4]

---

3   Volition bezeichnet die willentliche Kraft, Handlungen und Absichten trotz widriger Umstände zu realisieren. In Abgrenzung zur Motivation als „Aktivierungsgrad des Wollens" bezeichnet Volition den „Wirkungsgrad des Wollens".
4   In der Abbildung 2 ist die Personale Kompetenz dargestellt. Analog hierzu kann die Organisationale Kompetenz bzw. Systemkompetenz definiert werden: Organisationen unterscheiden sich in ihren Strategien, Strukturen, Prozessen, Regeln und Rollen bzw. ihrer Problemlösefähigkeit; Organisationen unterscheiden sich zudem in ihren Grundannahmen und Werten, ihrer Ethik, Kommunikation und Reflexivität bzw. ihrer Problemlösekultur. Bedeutsam ist dieses Kompetenzverständnis im Kontext des Assessments von Organisationen zur Ermittlung und Entwicklung des PM-Reifegrades einer Organisation (vgl. Vertiefungswissen Kapitel 1.05 Qualität sowie Grundannahme 4 eines kompetenzbasierten Projektmanagements: „Person und System").

Die **Gelegenheit**, handeln zu dürfen oder auch zu müssen (Zuständigkeit und Befugnis), die **Fähigkeit**, angemessen handeln zu können (Wissen, Können und Erfahrung), und die **Einstellung**, angemessen handeln zu wollen, zeigen sich erst und nur in konkreten Situationen. **Situationen** können für eine Person bekannt oder neuartig sein. Eine kompetente Person kann sowohl in bekannten als auch in neuartigen Situationen angemessen handeln. Die **Angemessenheit** bemisst sich in Bezug zu einem Standard, einer Norm bzw. einem Wert. Eine angemessene Handlung besteht, wenn eine Erwartung erfüllt oder übertroffen wurde (Soll-Ist-Vergleich). Anders formuliert: Ohne einen Bezugspunkt kann nicht entschieden werden, inwieweit eine Handlung angemessen oder nicht angemessen ist. Die Angemessenheit einer Handlung ist sodann mitentscheidend für den **Erfolg einer Handlung**.

Im Zusammentreffen[5] von Situation und Kompetenz zeigt sich in der **Performanz**[6], ob eine Person angemessen[7] handeln kann (vgl. Abbildung 3). Die Performanz ist nicht immer ein 1:1 Abbild der Kompetenz, da Begrenzungen oder Einschränkungen bestehen können, wie z. B. fehlende Befugnisse, Müdigkeit oder Krankheit.

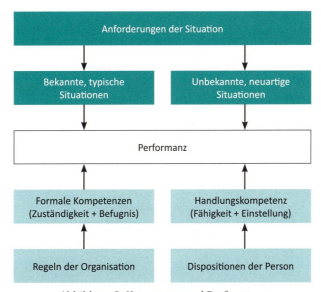

Abbildung 3: Kompetenz und Performanz

Hinsichtlich der drei Felder Projektarbeit, Qualifizierung und Zertifizierung können sodann folgende Gesichtspunkte festgehalten werden:

Projektarbeit: Kompetenzen beziehen sich funktional auf Situationen und Anforderungen in bestimmten Domänen. Sie sind kontextabhängig, nicht kontextunabhängig (KLIEME & LEUTNER, 2006). Eine kompetente Person verfügt nicht nur über „träges Wissen", sondern sie ist in der Lage, reale Handlungssituationen zu bewältigen. „Und dies nicht nur einmalig oder gar zufällig, sondern auf der Basis eines latenten Merkmals, das gewissermaßen garantiert, dass der kompetent Handelnde in immer neuen Situationen adäquate Handlungen „generieren" kann." (KLIEME & HARTIG, 2007: 14)

---

5 lat. competentia = das Zusammentreffen
6 lat. per = aus, durch; lat. formare = formen, gestalten
7 lat. competens = angemessen

Qualifizierung: Da Kompetenzen kontextabhängig sind, sind sie nur als Ergebnis von Lernprozessen denkbar. Intelligenz als kognitive Grundfunktion ist beispielsweise in wesentlich geringerem Maße trainierbar und entwicklungsfähig (WEINERT, 2001: 57). „Kompetenzen können also durch Erfahrung in relevanten Anforderungssituationen erworben, durch Training oder andere äußere Interventionen beeinflusst und durch langjährige Praxis möglicherweise zur Expertise in der jeweiligen Domäne ausgebaut werden." (KLIEME & HARTIG, 2007: 17)

Zertifizierung: Handlungskompetenz wird in der Bewältigung von Handlungsanforderungen als gelungene Verbindung von Fähigkeit sowie Einstellung sichtbar (WEINERT, 2001; KLIEME, 2004). Da es sich um nicht direkt beobachtbare Dispositionen handelt, „reicht es zur Diagnose einer Kompetenzausprägung nicht aus, eine einzelne Beobachtung anzustellen. Kompetenzen lassen sich nur auf Basis einer Palette von Einzelbeobachtungen bei unterschiedlichen Aufgaben bzw. in variierenden Situationen abschätzen." (KLIEME & HARTIG, 2007: 24)

In der IPMA Competence Baseline Version 3.0 (ICB 3.0) wird die Handlungskompetenz im Projektmanagement mittels dreier Kompetenzarten spezifiziert.

2 PM-Handlungskompetenz

Die PM-Handlungskompetenz besteht aus den Kompetenzarten PM-technische Kompetenz, PM-Verhaltenskompetenz und PM-Kontextkompetenz (vgl. Abbildung 4).

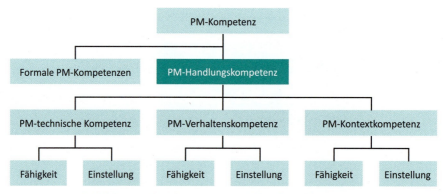

Abbildung 4: Projektmanagement-Handlungskompetenz

Die ICB 3.0 (nachfolgend zitiert in der Fassung der deutschen NCB) beschreibt diese drei Kompetenzarten wie folgt:

Die **PM-technische Kompetenz** umfasst

- „das gesamte Projekt, Programm bzw. Portfolio zur Erfüllung der Anforderungen der betroffenen Interessengruppen;
- die Eingliederung von Aufgaben in eine befristete Projekt-, Programm- oder Portfolioorganisation;
- die Produktion von einzelnen Lieferobjekten in der Projektorganisation;
- den Fortschritt in allen Projektphasen, allen Programmstufen und allen Zeitabschnitten innerhalb des Portfolios." (GPM 2008a: 38)

Die **PM-Verhaltenskompetenz** „ist so gegliedert [siehe Tabelle 2: PM-Kompetenzelemente], dass die Konzentration auf das Individuum immer mehr ab- und die Anzahl der involvierten Personen immer mehr zunimmt:

- Zu Beginn stehen die Elemente, die sich ausschließlich auf den Projektmanager selbst beziehen.
- Es folgen die Elemente, die sich hauptsächlich auf seine direkten Kontaktpersonen in und um das Projekt herum beziehen.
- Danach folgen jene Kompetenzelemente, die meist mit Bezug auf das gesamte Projekt und die am Projekt beteiligten Parteien verwendet werden und seinen Kontext mit einbeziehen.
- Den Abschluss bilden jene Elemente, die ihren Ursprung in der Wirtschaft, der Gesellschaft, der Kultur und der Geschichte haben.

Die **PM-Kontextkompetenz** wird im Hinblick auf folgende Themenkreise zusammengefasst:

- die Rolle des Projekt-, Programm- und Portfoliomanagements in Stammorganisationen;
- die Wechselbeziehungen zwischen Projektmanagement und Geschäftsführung der Stammorganisation." (GPM 2008a: 38)

Diese Gliederung weist eine weitgehende Übereinstimmung auf einerseits mit den Kompetenzarten von HEINRICH ROTH, der Sach-, Sozial- und Selbstkompetenzen unterscheidet (ROTH, 1971: 180) und andererseits mit dem Kompetenzkonzept der OECD (engl. Organisation for Economic Co-operation and Development): „using tools interactively", „joining and functioning in socially heterogeneous groups" und „acting autonomously" (RYCHEN, HERSH SALGANIK, 2001).

Die drei PM-Kompetenzarten können mittels PM-Kompetenzelementen weiter konkretisiert werden.

3   PM-Kompetenzelemente

Das Fachbuch „Kompetenzbasiertes Projektmanagement (PM3)" bildet die Kompetenzelemente der ICB 3.0 vollständig ab: Das Kompetenzelement 1.01 der ICB 3.0, „project management success", wird z. B. in Kapitel 1.01, „Projektmanagementerfolg", beschrieben. Zudem wurde die Struktur der Kompetenzarten der ICB 3.0, „technical competence elements" (PM-technische Kompetenz), „behavioural competence elements" (PM-Verhaltenskompetenz) sowie „contextual competence elements" (PM-Kontextkompetenz) übernommen. Die Kapitel des Fachbuchs sind in Tabelle 2 dargestellt.

Tabelle 2: PM-Kompetenzelemente von PM3[8]

Einführung

PM-technische Kompetenz	PM-Verhaltenskompetenz	PM-Kontextkompetenz
1.00a Projekt, Projektmanagement, PM-Prozesse	2.00 Macht und Autorität in Projekten	3.00 Projektmanagement und Unternehmensstrategie
1.00b Projektarten		
1.01 Projektmanagementerfolg	2.01 Führung	3.01 Projektorientierung
1.02 Interessengruppen / Interessierte Parteien	2.02 Motivation und Engagement	3.02 Programmorientierung
		3.03 Portfolioorientierung
1.03 Projektanforderungen und Projektziele	2.03 Selbststeuerung	3.04 Einführung von Projekt-, Programm- und Portfolio-Management
1.04 Risiken und Chancen	2.04 Durchsetzungsvermögen	
1.05 Qualität	2.05 Stressbewältigung und Entspannung	3.05 Stammorganisation
1.06 Projektorganisation	2.06 Offenheit	3.06 Geschäft
1.07 Teamarbeit	2.07 Kreativität	3.07 Systeme, Produkte und Technologie
1.08 Problemlösung	2.08 Ergebnisorientierung	
1.09 Projektstrukturen	2.09 Effizienz	3.08 Personalmanagement
1.10 Leistungsumfang & Lieferobjekte	2.10 Beratung	3.09 Gesundheit, Sicherheit und Umwelt
	2.11 Verhandlungen	
1.11a Projektphasen	2.12a Konflikte	3.10 Finanzierung
1.11b Ablauf und Termine	2.12b Krisen	3.11 Rechtliche Aspekte: Besonderheiten bei Auftragsprojekten von Kunden
1.12 Ressourcen	2.13 Verlässlichkeit	
1.13 Kosten und Finanzmittel	2.14 Wertschätzung	
1.14a Beschaffungsprozess	2.15 Ethik	
1.14b Rechtliche Grundlagen der Beschaffung		
1.14c Vertragsrecht in der Projektarbeit		
1.15 Konfiguration und Änderungen		
1.16 Projektcontrolling: Überwachung, Steuerung und Berichtswesen		
1.17 Information und Dokumentation		
1.18 Kommunikation		
1.19 Projektstart		
1.20 Projektabschluss		
1.21 Normen und Richtlinien		
1.22 IT im Projektmanagement		
1.23 Critical-Chain-PM		

---

[8] Zusätzlich aufgenommen wurde ein Einleitungsbeitrag je Kompetenzart: Die PM-technische Kompetenz beginnt mit dem Beitrag „1.00 Projekt, Projektmanagement, Projektarten und PM-Prozesse". Herzstück dieses Beitrags ist das Prozessmodell der neuen DIN 69901, die im Januar 2009 veröffentlicht wurde. Die PM-Verhaltenskompetenz beginnt mit dem Beitrag „2.00 Macht und Autorität in Projekten". Themen dieses Beitrags sind die persönliche Autorität der Projektleitung und der konstruktive Umgang mit Macht in Projekten. Die PM-Kontextkompetenz beginnt mit dem Beitrag „3.00 Projektmanagement und Unternehmensstrategie". Anliegen dieses Beitrags ist es, den Zusammenhang zwischen Projektmanagement und Unternehmensstrategie zu verdeutlichen. Drei PM-Kompetenzelemente wurden weiter untergliedert: Das PM-Kompetenzelement 1.11 wurde unterteilt in die Beiträge 1.11a „Projektphasen" und 1.11b „Ablauf- und Termine". Das PM-Kompetenzelement 1.14 wurde unterteilt in 1.14a „Beschaffungsprozess", 1.14b „Rechtliche Grundlagen der Beschaffung" sowie 1.14c „Vertragsrecht in der Projektarbeit". Im PM-Kontextelement 3.11 wird ein gesonderter Rechtsaspekt behandelt: „Besonderheiten bei Auftragsprojekten von Kunden". Untergliedert wurde zudem das Element 2.12 in 2.12a „Konflikte" und 2.12b „Krisen". Gesondert aufgenommen wurden drei weitere Themen im Abschnitt Vertiefungswissen: 1.21 „Normen und Richtlinien", 1.22 „IT im Projektmanagement" sowie 1.23 „Critical-Chain-Projektmanagement".

4 Vier-Level-Zertifizierungssystem der IPMA

Innerhalb der nationalen Grenzen der Mitgliedsgesellschaften sind Zertifizierungsinstitutionen mit der IPMA Personenzertifizierung gemäß dem **Vier-Level-Zertifizierungssystem** (4-L-C) betraut: Es sind dies in Deutschland die PM-ZERT (GPM), in der Schweiz der VZPM Verein zur Zertifizierung im Projektmanagement und in Österreich die Zertifizierungsstelle der PMA Projekt Management Austria. Die IPMA überprüft im Abstand von fünf Jahren die Einhaltung der Zertifizierungsrichtlinien auf Basis der ICRG (IPMA Certification Regulations and Guidelines). Es findet hierbei eine Überprüfung der Arbeit der nationalen Zertifizierungsstellen durch unabhängige internationale Validatoren statt.

Das Vier-Level-Zertifizierungssystem (4-L-C) unterscheidet vier IPMA Level von D bis A, wobei die IPMA Level D bis B ausgerichtet sind auf Einzelprojekte und das IPMA Level A Projektlandschaften, Portfolios und Programme zur Grundlage hat. Insofern ist hinsichtlich Einzelprojekten das IPMA Level B und hinsichtlich Projektlandschaften das IPMA Level A das umfangreichste erreichbare Level. Es werden folgende vier Personengruppen unterschieden (vgl. Tabelle 3):

Tabelle 3: Das universelle Vier-Level-Zertifizierungssystem der IPMA
(in Anlehnung an GPM 2008a: 26, 28, 29, 30)

IPMA Level A
I Ist für das Management eines wichtigen Portfolios einer Organisation bzw. für das einer ihrer Tochterorganisationen oder für das Management eines oder mehrerer wichtiger Programme verantwortlich.
I Leistet einen Beitrag zum strategischen Management und reicht Vorschläge bei der Geschäftsleitung ein. Bildet Projektmanagementpersonal aus und betreut Projektmanager.
I Zeichnet verantwortlich für die Entwicklung und Einführung von Projektmanagementprozessen, -anforderungen, -methoden, -techniken, -instrumenten, -handbüchern und -richtlinien.
IPMA Level B
I Ist für alle Kompetenzelemente des Projektmanagements eines komplexen Projekts verantwortlich.
I Nimmt als Manager eines großen Projektmanagementteams eine allgemeine Managementfunktion ein.
I Bedient sich angemessener Projektmanagementprozesse, -methoden, -techniken und -instrumente.
IPMA Level C
I Ist für das Management eines Projekts von begrenzter Komplexität verantwortlich bzw. managt ein Teilprojekt eines komplexen Projekts.
I Einsatz der üblichen Projektmanagementprozesse, -methoden, -techniken und -instrumente.
IPMA Level D
I Verfügt über breit gefächertes Wissen im Projektmanagement und ist in der Lage, dieses anzuwenden.

Für die Unterscheidung von IPMA Level B und IPMA Level C ist neben unterschiedlichen **Zugangsvoraussetzungen** (siehe Tabelle 4) das Kriterium **Komplexität** von Bedeutung. Ein komplexes Projekt erfüllt alle nachstehenden Kriterien (GPM 2008a: 29):

I „Zahlreiche abhängige Teilsysteme, Teilprojekte und Elemente sollten innerhalb der Strukturen eines komplexen Projekts und in Bezug zu ihrem Kontext in der Organisation berücksichtigt werden.
I Am Projekt sind mehrere Organisationen beteiligt und / oder verschiedene Einheiten ein und derselben Organisation stellen Mittel für ein komplexes Projekt zur Verfügung bzw. profitieren von ihm.
I Mehrere unterschiedliche Fachdisziplinen arbeiten in einem komplexen Projekt zusammen.
I Das Management eines komplexen Projekts umfasst mehrere, sich teilweise überlappende Phasen.

| Für das Management eines komplexen Projekts werden zahlreiche der zur Verfügung stehenden Projektmanagementmethoden, -techniken und -instrumente benötigt und angewendet. In der Praxis bedeutet dies, dass mehr als sechzig Prozent aller Kompetenzelemente eingesetzt werden."

Die vier Level liefern einen Rahmen für die Entwicklung von Karrierewegen im Projektmanagement und Reifegradmodellen (Maturity Models) in Organisationen sowie für Personalentwicklungsprogramme von Einzelpersonen, Unternehmen und anderen Organisationen.

Der kompetenzbasierte Projektmanagement-Ansatz der IPMA erfordert ein performanzorientiertes Zertifizierungssystem: In der Zertifizierung werden **Wissens- und Handlungsnachweise** gefordert. Ein ausschließlicher Wissenstest würde dem Anspruch einer Kompetenzprüfung nicht gerecht werden. Dieser Aspekt wird im folgenden Teilkapitel erläutert.

5 Zertifizierungssysteme im Vergleich

In der internationalen PM-Landschaft prägen insbesondere drei Zertifizierungssysteme das Bild. Es handelt sich um Angebote von drei international agierenden Organisationen: (1) IPMA International Project Management Association, (2) PMI Project Management Institute und (3) OGC Office of Government Commerce in Zusammenarbeit mit der APM Group Ltd. Diese Zertifizierungssysteme werden nachfolgend verglichen.

5.1 Zweistufige Kompetenzprüfung

In einer Personenzertifizierung werden die Fähigkeiten einer Person von einer auf die Durchführung von Zertifizierungsverfahren spezialisierten Institution geprüft und bewertet. Es wird die Erfüllung vorab definierter Leistungsmerkmale überprüft.

Angewendet wird in der Regel ein zweistufiges Verfahren: Zunächst erfolgen eine formale Zulassungsprüfung und anschließend eine inhaltliche Leistungsprüfung (vgl. Abbildung 5).

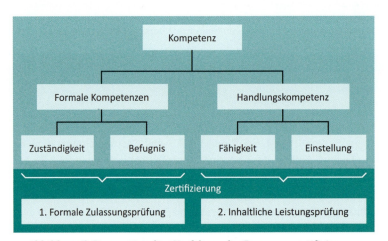

Abbildung 5: Das zweistufige Verfahren der Personenzertifizierung

Dieses zweistufige Verfahren wird nun skizziert.

Stufe 1: Prüfung der formalen Kompetenz – die formale Zulassungsprüfung

In der IPMA- sowie der PMI-Zertifizierung wird in der formalen Zulassungsprüfung u. a. geprüft, wie lange eine Person über bestimmte formale Kompetenzen verfügt. Werden die formalen Anforderungen erfüllt, wird ein Kandidat zur Zertifizierung zugelassen. Geprüft wird hierbei nicht, was eine Person weiß und kann und ob sie ihre Erfahrung in Projekten einbringen kann. Geprüft wird allerdings, ob ein Kandidat Erfahrung im Projektmanagement nachweisen kann. Eine solche Prüfung erfolgt bei OGC / APM Group Ltd. nicht: Es bestehen keine Voraussetzungen zur Teilnahme an der PRINCE2 Foundation Zertifizierung. Voraussetzung zur Teilnahme an der PRINCE2 Practitioner Zertifizierung ist sodann das PRINCE2 Foundation Zertifikat (APM GROUP LTD., 2009a, 2009b).

Im IPMA Zertifizierungssystem bestehen folgende formale Anforderungen (vgl. Tabelle 4).

Tabelle 4: Formale Anforderungen IPMA (IPMA 2006, GPM 2008a, 2009)

IPMA Vier-Level-Zertifizierungssystem	**IPMA Level A**
	Mindestens fünfjährige Erfahrung im Portfolio-, Programm- oder Multiprojektmanagement, davon drei Jahre in verantwortlicher Leitungsfunktion im Portfoliomanagement einer Organisation, Firma bzw. Geschäftseinheit oder im Management wichtiger Programme.
	IPMA Level B
	Mindestens fünfjährige Erfahrung im Projektmanagement, davon mindestens drei Jahre in verantwortlicher Leitungsfunktion bei komplexen Projekten.
	IPMA Level C
	Verfügt über mindestens drei Jahre Erfahrung im Projektmanagement. Ist bei Projekten begrenzter Komplexität in Leitungsfunktionen tätig.
	IPMA Level D
	Erfahrung in den Kompetenzelementen des Projektmanagements wird nicht notwendigerweise vorausgesetzt, es ist aber von Vorteil, wenn der Kandidat sein PM-Wissen schon in einem gewissen Rahmen zur Anwendung gebracht hat.
Basiszertifikat im Projektmanagement (GPM)[9]	
Mit Schulabschluss: 1500 h Mitarbeit in einem Projektteam oder Nachweis von 24 Zeitstunden bzw. 36 Unterrichtsstunden PM-Ausbildung (Präsenz).	

Im PMI Zertifizierungssystem bestehen folgende formale Anforderungen (vgl. Tabelle 5).

---

9 Das „Basiszertifikat im Projektmanagement (GPM)" ist ein nationales Zertifikat der PM-ZERT (GPM), das seit 2009 in Deutschland angeboten wird. Dieses Zertifikat ist kein Kompetenzzertifikat, da in der inhaltlichen Leistungsprüfung nur das Wissen überprüft wird (siehe Abbildung 6).

Tabelle 5: Formale Anforderungen PMI (PMI 2009a, 2009b, 2009c)

PMI Project Management Institute	
PgMP Program Management Professional (PMI)	
Mit Hochschulabschluss: 6.000 h PM-Erfahrung und 6.000 h Programm-Management-Erfahrung oder mit Schulabschluss, aber ohne Hochschulabschluss: 6.000 h PM-Erfahrung und 10.500 h Programm-Management-Erfahrung	
PMP Project Management Professional (PMI)	
Mit Hochschulabschluss: mind. drei Jahre PM-Erfahrung, davon 4.500 h in leitender Position oder mit Schulabschluss, aber ohne Hochschulabschluss: min. fünf Jahre PM-Erfahrung, davon 7.500 h in verantwortlicher Position sowie Nachweis von 35 Stunden PM-Ausbildung	
CAPM Certified Associate in Project Management (PMI)	
Mit Schulabschluss: 1500 h Mitarbeit in einem Projektteam oder Nachweis von 23 Stunden PM-Ausbildung.	

Erfahrung kann einerseits formal mittels z. B. Tätigkeitsnachweisen geprüft werden. Erfahrung kann und sollte andererseits auch als Leistungstest geprüft werden, indem sich eine Kandidatin oder ein Kandidat in einer beobachteten Situation bewähren müssen und Auskunft darüber geben, warum wie in einer bestimmten Weise gehandelt wurde. Diese Form der Prüfung überschreitet allerdings die formale Prüfung. Sie ist im IPMA Zertifizierungssystem als Assessment-Workshop (beobachtete Handlung) und als Interview (Begründung der Handlungen) vorgesehen, womit bereits Prüfverfahren der 2. Stufe angesprochen sind.

Stufe 2: Prüfung der Handlungskompetenz – die inhaltliche Leistungsprüfung

Unterschiedliche Zertifizierungsinstrumente messen Unterschiedliches. Worüber ein Zertifikat Auskunft gibt, ist insbesondere davon abhängig, welches Instrument in der inhaltlichen Leistungsprüfung eingesetzt wird. In Abbildung 6 sind die Instrumente der drei Zertifizierungssysteme dargestellt.

IPMA International Project Management Associaton		PMI Project Management Institute		OGC Office of Government Commerce / APM Group	
IPMA Level A Zertifizierter Projektdirektor (GPM)	Mündliche Prüfung 1 Stunde	Program Management Professional	Multi-Rater-Assessment* (siehe unten)		
	Projektstudienarbeit		Multiple-Choice-Test 4 Stunden		
	Assessment 8 Stunden				
	Schriftlicher Test 2 Stunden***				
Wissen + Können + Managen		**Wissen**			
IPMA Level B Zertifizierter Senior Projektmanager (GPM)	Mündliche Prüfung 1 Stunde				
	Projektstudienarbeit				
	Assessment 8 Stunden				
	Schriftlicher Test 4 Stunden**				
Wissen + Können + Managen					
IPMA Level C Zertifizierter Projektmanager (GPM)	Mündliche Prüfung 1 Stunde				
	Projekterfahrungsbericht				
	Assessment 8 Stunden				
	Schriftlicher Test 4 Stunden**				
Wissen + Können					
IPMA Level D Zertifizierter Projektmanagement-Fachmann (GPM)	Mündliche Prüfung 30 Minuten	Project Management Professional	Multiple-Choice-Test 4 Stunden	PRINCE2 Practitioner	Schriftlicher Test 3 Stunden
	Transfernachweis (ca. 50–60 Seiten)				
	Schriftlicher Test 2 Stunden				
Wissen + Können		**Wissen**		**Wissen**	
Basiszertifikat Projektmanagement (GPM)	Schriftlicher Test 2 Stunden	Certified Associate in Project Management	Multiple-Choice-Test 3 Stunden	PRINCE2 Foundation	Multiple-Choice-Test 1 Stunde
Wissen		**Wissen**		**Wissen**	
Anbieter der IPMA Zertifizierung: Nationale Zertifizierungsstellen der IPMA Mitgliedsgesellschaften		Anbieter der PMI Zertifizierung: PMI, Pennsylvania (USA) sowie beauftragte Testzentren		Anbieter der PRINCE2 Zertifizierung: APM Group Ltd., High Wycombe (UK) sowie beauftragte Organisationen	

Projektlandschaften — Einzelprojekte

Legende: Bezeichnung | Instrument / Instrument — Geprüft wird...

* „PMI will send an electronic notification containing a link to an online performance evaluation survey to you for a self evaluation, and to the 12 reference contacts you provided on your application. The survey consists of 74 questions / statements to which you and your raters must respond." (PMI 2009a: 10)

** Der vierstündige schriftliche Wissenstest umfasst den zweistündigen Basistest des IPMA Level D sowie einen zweistündigen levelbezogenen B/C-Test. Der Basistest entfällt, wenn dieser bereits absolviert wurde.

*** Der zweistündige schriftliche Wissenstest umfasst nur den levelbezogenen Test. Der Basistest muss nicht absolviert werden.

Abbildung 6: Vergleich der Zertifizierungssysteme auf Basis der verwendeten Zertifizierungsinstrumente (IPMA 2006, GPM 2009, PMI 2009a, 2009b, 2009c, APM GROUP LTD. 2009a, 2009b)[10]

---

[10] Als IPMA-Referenz sind hier die Zertifizierungsinstrumente sowie die deutschen Zertifikatstitel der PM-ZERT (GPM) dargestellt. Die Zertifikate auf den höheren Zertifikatslevels (ab IPMA Level D, PMP, PRINCE2 Practitioner) sind weitgehend nicht vergleichbar, da in der inhaltlichen Leistungsprüfung unterschiedliche Zertifizierungsinstrumente eingesetzt werden. Siehe hierzu die nachfolgenden Erläuterungen.

Die drei Systeme sind vergleichbar auf der Ebene „Basiszertifikat im Projektmanagement (GPM)" bzw. „Certified Associate in Project Management" bzw. „PRINCE2 Foundation". Auf Ebene von IPMA Level D bzw. PMP (PMI) bzw. PRINCE2 Practitioner (OGC / APM Group Ltd.) differieren die eingesetzten Zertifizierungsinstrumente bereits. Oberhalb dieses Levels bietet OGC / APM Group Ltd. keine Zertifizierung an. Ein Grund hierfür kann im Ansatz selbst liegen: „PRINCE2 does not cover all aspects of project management. Certain aspects of project management (such as leadership and people management skills, detailed coverage of project management tools and techniques) are well covered by other existing and proven methods and are therefore excluded from PRINCE2." (OGC 2009)

Es bestehen weitere Unterschiede: Wissen ist nicht gleich Wissen.

5.2 Wissen ist nicht gleich Wissen

Unterschieden werden können einerseits „aktives und passives Wissen" und andererseits „abstrahiertes und situiertes Wissen" (vgl. Abbildung 7).

Abbildung 7: Wissen ist nicht gleich Wissen
(Eigene Darstellung, in Anlehnung an DE JONG & FERGUSON-HESSLER, 1996)

Die verschiedenen Zertifizierungsinstrumente sowie Wissensarten werden nun vorgestellt.

5.2.1 Aktives und passives Wissen

Für die Beantwortung von **Multiple-Choice-Fragen** ist oftmals **passives Wissen** ausreichend, da diese Wissensart es zumindest ermöglicht, unter vorgegebenen Antwortoptionen die richtige Antwort zu identifizieren. Ein Test, der keine Antwortoptionen vorgibt, sondern beispielsweise Kurzantworten auf offene Fragen erwartet oder mit Problemstellungen arbeitet, prüft hingegen das **aktive Wissen** (SCHLÄPPI et al., 2000, SCHULZE et al., 2005).[11]

Die Konstruktion eines Multiple-Choice-Tests (MC) kann durch statistische Verfahren insofern abgesichert werden, dass eine erneute Prüfung zu einem ähnlichen Ergebnis führen würde (Reliabilität) und die Gestaltung der Prüfungsbedingungen (z. B. in einem Test-Center) eine Gleichbehandlung der Kandidaten ermöglicht (Objektivität). Die durch die vorgegebenen Antwortalternativen erzwungene Objektivität kann allerdings leicht zu Lasten der **Gültigkeit** des Tests (Validität) gehen (ROST, 2004: 61):

---

[11] Gründe für die unterschiedliche Aktivierung können u. a. sein: Verarbeitung ("surface-level-processing" vers. "deep-level-processing"), Übung (Dauer, Häufigkeit) und Kontext (Stimmung) (Anderson 2007: 205 ff.).

- Eine Untersuchung an der Johann Wolfgang Goethe-Universität Frankfurt ergab, dass 90 – 99 % der Studierenden eine Antwort in einem Multiple-Choice-Test (MC) zwar passiv erkennen, aber nur 30 – 40 % die richtigen Antworten aktiv niederschreiben konnten. Das MC-Format beeinflusse wesentlich die Prüfungsergebnisse, das Wissen würde hingegen „nicht beherrscht" (SCHULZE et al., 2005: 1) bzw. das Wissen würde systematisch überschätzt (SCHLÄPPI et al., 2000).
- Das Frage-Antwort-Format von MC-Tests entspricht nicht den Bedingungen der Praxis: „Auch der Zwang, sich für eine und nur eine Antwort entscheiden zu müssen, entspricht nicht der späteren Situation, in der die „Lösungen" aktiv erarbeitet und häufig mehrere Alternativen untersucht werden müssen, die mit Wahrscheinlichkeiten, nicht aber mit absoluten Sicherheiten belegt sind." (SCHULZE et al., 2005: 2)
- In Deutschland, Österreich und der Schweiz ist im Bildungssystem ein deutlicher Trend in Richtung „Kompetenzorientierung" erkennbar. Gefordert wird u.a., dass weniger MC-Tests und mehr authentische Fallaufgaben (RICHTER, OSCHMANN & HERMET, 2004) bzw. komplexe Situationsaufgaben (LE MOUILLOUR, DUNKEL & SROKA, 2004) in den Prüfungen eingesetzt werden. Auf europäischer Ebene wird dieser Trend getragen vom 2002 initiierten „Kopenhagen-Prozess" (Stichworte: EQF European Qualification Framework, ECVET European Credit System for Vocational Education and Training).

Das Oberverwaltungsgericht Münster hat 2006 das Auswertungsverfahren von berufsspezifischen MC-Tests in bestimmten Fällen für rechtswidrig erklärt:

- Eine oftmals anzutreffende Praxis ist, dass eine absolute Bestehensgrenze (z.B. 60 %) festgelegt wird. Die Auswahl der MC-Fragen ist dann eine kritische Aufgabe: Die Fragen dürfen weder zu schwer, noch zu leicht sein. Mithilfe gesonderter Verfahren, z.B. Modified Angoff [12], wird sodann versucht, den Schwierigkeitsgrad der Fragen vorher zu ermitteln, um diesen bei der Auswahl der MC-Fragen berücksichtigen zu können. Ist eine Serie von MC-Tests mit unterschiedlichen Fragen geplant, verschärft sich das Problem, da zusätzlich darauf zu achten ist, dass die Schwierigkeitsgrade der MC-Tests vergleichbar sind.
- Das Oberverwaltungsgericht Münster hat in seinem Grundsatzurteil vom 4. Oktober 2006 festgestellt, dass diese Praxis bei berufsspezifischen MC-Tests[13] in Deutschland **rechtswidrig** ist: Der tatsächliche Schwierigkeitsgrad eines MC-Tests könne im Voraus nicht zuverlässig ermittelt werden, weshalb eine absolute Bestehensgrenze rechtswidrig sei. Erforderlich sei bei einem berufsspezifischen MC-Test immer ein Korrektiv (z.B. eine relative Bestehensgrenze) zum Ausgleich der strukturellen Schwächen von MC-Tests (OVG Münster 2006). Das Urteil des OVG Münster ist nicht anfechtbar.

Im folgenden Teilkapitel wird die zweite Dimension, abstrahiertes und situiertes Wissen, erläutert.

---

12 Das Verfahren wurde von W. ANGOFF (1971) entwickelt und in der Zwischenzeit leicht modifiziert. Es handelt sich um ein Expertenschätzverfahren: Die Experten schätzen in einer ersten Runde, wie viel Prozent einer angenommenen Gruppe von Kandidaten, welche die Mindestanforderungen erfüllen, eine Frage richtig beantworten würden. Die Bewertungen der Experten (z.B. 60 %, 50 %, 70 %) werden sodann diskutiert. Anschließend findet ggf. eine erneute Schätzrunde mit Diskussion statt. Abschließend wird das arithmetische Mittel der Einzelschätzungen gebildet.

13 MC-Tests werden in der Fachsprache auch als Antwort-Wahl-Verfahren bezeichnet.

5.2.2 Abstrahiertes und situiertes Wissen

Abstrahiertes Wissen ist unabhängig von den Anforderungen einer spezifischen Situation. Es handelt sich hierbei um generelle, abstrahierte und eher allgemeingültige Erkenntnisse. Um situiertes Wissen zu überprüfen, ist eine Kontextualisierung der Aufgabe erforderlich. Dies kann teilweise mit Fallaufgaben (engl. Case Studies) ermöglicht werden. Das zu lösende Problem (die ICB spricht von „intellectual tasks", IPMA, 2006: 8) wird z.B. als Fallaufgabe gestellt. Die Lösung ist von der im Fall vorgestellten Situation abhängig. Abstrahiertes und situiertes Wissen sind keine Gegensatzpaare, sondern vielmehr komplementäre Wissensarten (ANDERSON et al., 2000).

Im kompetenzorientierten Zertifizierungssystem der IPMA werden im Wissenstest verschiedene Frageformate eingesetzt: Im schriftlichen Test werden Multiple-Choice-Fragen mit offenen Fragen und Fallaufgaben kombiniert und die Antworten der Kandidaten werden sodann von gesondert geschulten Prüfern (Assessoren) bewertet (IPMA 2006).

Richtig beantwortete Wissens-Fragen (insbesondere von MC-Fragen und offenen Fragen) bieten allerdings noch keine Gewähr, dass eine Person das Wissen in einer Handlungssituation tatsächlich anwenden kann oder über das notwendige Können verfügt, um handlungsfähig zu sein. Dies wird im folgenden Teilkapitel erläutert.

5.2.3 Träges und implizites Wissen

Wissen, das zwar vorhanden ist, aber nicht zur Anwendung kommt, wird auch als **„träges Wissen"** (RENKL, 1994) bezeichnet. Es handelt sich um einen Fehlschluss, „viel Wissen" mit „viel Können" gleichzusetzen. Experten zeichnet zudem aus, dass sie sich von Routinen lösen und innovative Lösungen entwickeln können (GRUBER, 1994). In einem geschlossenen System, das mit einem feststehenden Frage- und Antwortformat arbeitet (z. B. MC-Test), kann eine solche Performanz nicht geprüft werden.

Ein weiteres Phänomen ist kennzeichnend für das Können: Nicht alles Wissen kann verbal ausgedrückt werden, kann expliziert werden, gleichwohl es in Handlungen sichtbar wird. Polanyi hat hierfür den Begriff des **„impliziten Wissens"** geprägt (POLANYI, 1985). Wir können beispielsweise sicher mit dem Auto durch eine Großstadt navigieren, ohne dass wir genau sagen könnten, wie wir das machen. GIGERENZER hat hierzu unlängst Forschungsergebnisse mit dem Titel „Bauchentscheidungen" veröffentlicht (GIGERENZER, 2007); oftmals gelte sogar die Formel: „Bauchgefühl schlägt Kopfentscheidung" (GIGERENZER, 2008). In seinem Roman „Der Termin" beschreibt der amerikanische Projektmanager und Bestseller-Autor TOM DEMARCO die Bedeutung des „impliziten Wissens" besonders prägnant: „Die wichtigsten Körperteile eines Managers sind Herz, Bauch, Seele und Nase. Sie braucht er um: mit dem Herzen zu führen, dem Gefühl im Bauch zu vertrauen (auf die innere Stimme zu hören), die Organisation zu beseelen, zu riechen, daß etwas stinkt." (DEMARCO, 1998: 51)

Kurz: Ein Wissenstest erfasst nur Teilaspekte der Kompetenz und bietet keine Gewähr, dass Wissen auch in Handlungen umgesetzt werden kann (Stichwort „träges Wissen") oder die Person über das notwendige Können (Stichwort „implizites Wissen") verfügt, weshalb neben dem Wissen zudem das Können zu prüfen ist. Allerdings gilt auch hier: Können ist nicht gleich Können.

5.3 Können ist nicht gleich Können

Unterscheidbar sind einerseits „regelbasierte und innovative Handlung" sowie andererseits „produktive und reflexive Handlung" (vgl. Abbildung 8).

Abbildung 8: Können ist nicht gleich Können

Regelbasierte Handlungen treffen auf ihre Grenzen, wenn das gelernte Handlungsschema nicht zur Situation passt. Mit wachsender Erfahrung lösen sich Experten von Schemata (DREYFUS & DREYFUS, 1987) und entwickeln der Situation entsprechende **innovative** Handlungen (GRUBER, 1994).

Bei **produktiven Handlungen** besteht eine Übereinstimmung zwischen Situationsanforderung und Handlung als Voraussetzung für den Erfolg einer Handlung. Das handlungsleitende Wissen wird in der produktiven Handlung sichtbar. DONALD SCHÖN verwendet hierfür den Begriff „knowing-in-action" (SCHÖN, 1983). Der Erfolg einer Handlung kann jedoch zufällig sein. Es ist zudem möglich, aus nicht erfolgreichen Handlungen zu lernen, weshalb neben der Produktivität die **Reflexivität** zu hinterfragen ist: Können Begründungen für das Handeln gegeben werden? Können Bedingungen identifiziert werden, warum eine Handlung erfolgreich oder nicht erfolgreich war? Können Vorgehensweisen kritisch hinterfragt werden und Schlussfolgerungen für die Zukunft gezogen werden? In der kontextsensitiven Reflexion einer Handlung wird das handlungsvorbereitende, -begründende sowie -korrigierende Wissen einer Person sichtbar. SCHÖN bezeichnet diesen Modus als „reflection-in-action" (SCHÖN, 1983).

Im **Transfernachweis** der PM-ZERT muss im Bereich der PM-technischen Kompetenz nachgewiesen werden, dass zentrale PM-Techniken, wie z. B. Zieldefinition, Stakeholderanalyse oder Projektstrukturierung, angemessen auf ein eigenes Projektbeispiel angewendet werden können. Im Bereich der PM-Verhaltenskompetenz (z. B. Führung) wird im Transfernachweis hingegen Reflexivität gefordert, wenn z. B. nach „Vorschlägen für ein besseres Problemverhalten" gefragt wird (GPM 2008b: 7). Im Falle eines **Assessment-Workshops** ist nachzuweisen, dass im Team eine komplexe Problemstellung in einer begrenzten Zeit angemessen gelöst werden kann. Im **Interview** und in der **Projektstudienarbeit** wird die Reflexionsfähigkeit geprüft.

Auf den Ebenen IPMA Level B und IPMA Level A wird zudem die Kompetenz **„Managen"** überprüft. Es handelt sich hierbei u. a. um die Fähigkeit, Aufgaben delegieren und koordinieren zu können. Diese Fähigkeit wird u. a. durch eine zusätzliche Verantwortungsübernahme im Assessment-Workshop überprüft.

Fazit

- Die **Zertifizierungssysteme** IPMA und PMI verwenden ein zweistufiges Verfahren: (1) formale Zulassungsprüfung (Erfahrung im PM) und die eigentliche (2) inhaltliche Leistungsprüfung.
- OGC / APM Group Ltd. (PRINCE2) überprüft hingegen nicht, inwieweit ein Kandidat **Erfahrung im Projektmanagement** nachweisen kann. Für die Zertifizierung zum PRINCE2 Practitioner wird das eigene PRINCE2 Foundation Zertifikat vorausgesetzt.
- Die **Zertifikate** der drei Systeme sind teilweise vergleichbar auf der Ebene „Basiszertifikat im Projektmanagement (GPM)" / „Certified Associate in Project Management (PMI)" / „PRINCE2 Foundation (OGC / APM Group Ltd.)".
- Die **Zertifikate** auf den höheren Zertifikatslevels sind weitgehend nicht vergleichbar, da in der inhaltlichen Leistungsprüfung unterschiedliche **Zertifizierungsinstrumente** eingesetzt werden:
  (1) Während in der IPMA Zertifizierung im **Wissenstest** verschiedene Frageformate zum Einsatz kommen (Multiple-Choice-Fragen, offene Fragen, Fallaufgaben), verwendet PMI einen Online-Multiple-Choice-Test. Die PRINCE2 Foundation Zertifizierung besteht ebenfalls aus einem Multiple-Choice-Test. In der PRINCE2 Practitioner Zertifizierung werden situierte Fallaufgaben gestellt.
  (2) Die Überprüfung von **Können** und **Managen** erfolgt nur in der IPMA Zertifizierung u. a. mittels Transfernachweis bzw. Arbeitsproben, Projektstudienarbeit, Workshops und Interviews.

Welche Anforderungen in den verschiedenen IPMA-Kompetenz-Leveln gestellt werden, wird z. B. in der Taxonomie der PM-ZERT (GPM) genauer bestimmt.

6 Taxonomie

Die vier IPMA Level stellen unterschiedliche Kompetenzniveaus dar, die mittels der Kategorien „Kennen", „Wissen", „Können" und „Managen" spezifiziert werden.

 Definition

Kennen: Sie haben von dem Inhalt gehört und wissen, wo Sie im vorliegenden Buch bzw. in der Literatur etwas dazu finden.

Wissen: Sie verstehen das Thema und können Zusammenhänge nachvollziehen und erläutern.

Können: Sie können das Erlernte zur Aufgabenlösung in der Praxis anwenden.

Managen: Sie führen die Aufgaben in der Regel nicht mehr selbst durch, sondern delegieren diese, begleiten die Mitarbeiter bei der Durchführung und können die Lösung auf Richtigkeit überprüfen.

Managen wird damit als Fähigkeit definiert, nicht nur selbst handlungsfähig zu sein, sondern zudem die Handlungsfähigkeit anderer positiv unterstützen zu können.

Die PM-ZERT-Taxonomie bzw. die nach den Kategorien „Kennen", „Wissen", „Können" und „Managen" geordneten Anforderungen je Level sind in nachfolgender Tabelle dargestellt (vgl. Tabelle 6).

Tabelle 6: PM-ZERT Taxonomie Quelle: PM-ZERT (Wulff SEILER und Sandra BARTSCH-BEUERLEIN)

PM-Kompetenzelemente	IPMA Level D	IPMA Level C	IPMA Level B	IPMA Level A
1 PM-technische Kompetenz				
1.01 Projektmanagementerfolg	Wissen	Können	Können	Managen
1.02 Interessierte Parteien	Können	Können	Können	Managen
1.03 Projektanforderungen und Projektziele	Können	Können	Können	Können
1.04 Risiken und Chancen	Können	Können	Können	Managen
1.05 Qualität	Wissen	Wissen	Können	Managen
1.06 Projektorganisation	Können	Können	Können	Managen
1.07 Teamarbeit	Können	Können	Können	Managen
1.08 Problemlösung	Wissen	Können	Managen	Managen
1.09 Projektstrukturen	Können	Können	Können	Managen
1.10 Leistungsumfang und Lieferobjekte	Wissen	Wissen	Können	Managen
1.11 Projektphasen, Ablauf und Termine	Können	Können	Können	Managen
1.12 Ressourcen	Können	Können	Können	Managen
1.13 Kosten und Finanzmittel	Können	Können	Können	Managen
1.14 Beschaffung und Verträge	Wissen	Wissen	Können	Managen
1.15 Änderungen	Wissen	Wissen	Können	Managen
1.16 Überwachung und Steuerung, Berichtswesen	Wissen	Können	Können	Managen
1.17 Information und Dokumentation	Wissen	Können	Können	Managen
1.18 Kommunikation	Können	Können	Managen	Managen
1.19 Start	Können	Können	Können	Managen
1.20 Abschluss	Wissen	Können	Können	Managen
2 PM-Verhaltenskompetenz				
2.01 Führung	Wissen	Können	Können	Managen
2.02 Engagement und Motivation	Können	Können	Managen	Managen
2.03 Selbststeuerung	Kennen	Können	Managen	Managen
2.04 Durchsetzungsvermögen	Kennen	Können	Können	Können
2.05 Entspannung und Stressbewältigung	Kennen	Können	Können	Managen
2.06 Offenheit	Kennen	Können	Können	Können
2.07 Kreativität	Wissen	Können	Managen	Managen
2.08 Ergebnisorientierung	Wissen	Können	Können	Managen
2.09 Effizienz	Kennen	Können	Können	Managen
2.10 Beratung	Kennen	Können	Können	Können
2.11 Verhandlungen	Wissen	Wissen	Können	Managen
2.12 Konflikte und Krisen	Wissen	Können	Managen	Managen
2.13 Verlässlichkeit	Wissen	Können	Können	Können
2.14 Wertschätzung	Kennen	Können	Können	Können
2.15 Ethik	Können	Können	Können	Können

3. PM-Kontextkompetenz				
3.01 Projektorientierung	Wissen	Können	Können	Managen
3.02 Programmorientierung	Kennen	Wissen	Können	Managen
3.03 Portfolioorientierung	Kennen	Wissen	Können	Managen
3.04 Einführung von PPP-Management	Kennen	Wissen	Wissen	Managen
3.05 Stammorganisation	Wissen	Können	Können	Managen
3.06 Geschäft	Wissen	Können	Können	Managen
3.07 Systeme, Produkte und Technologie	Kennen	Können	Können	Wissen
3.08 Personalmanagement	Wissen	Können	Können	Managen
3.09 Gesundheit, Betr.-, Arbeits- u. Umweltschutz	Wissen	Können	Können	Managen
3.10 Finanzierung	Wissen	Können	Können	Managen
3.11 Rechtliche Aspekte	Kennen	Wissen	Können	Managen

Abschließend werden fünf Grundannahmen des „Kompetenzbasierten Projektmanagements (PM3)" zusammengefasst.

7 Kompetenzbasiertes Projektmanagement

Grundannahme 1: Kompetenz und Performanz

Ausgangspunkt des Ansatzes ist die Kompetenz einer Person als Basis für ein erfolgreiches Projektmanagement. Wenn Wissen produktiv und reflexiv sowie regelbasiert und innovativ in Handlung umgesetzt wird, zeigt sich in der Performanz die Kompetenz einer Person. Von besonderer Bedeutung ist hierbei die Ausformung von Wissen und Können (Stichworte: träges Wissen sowie implizites Wissen). „Viel Wissen" kann mit „viel Können" nicht gleichgesetzt werden.

Basis eines erfolgreichen Projektmanagements ist die Kompetenz des PM-Personals, die sich als Performanz erst und nur in konkreten Situationen zeigt.

Grundannahme 2: PM-Handlungskompetenz und PM-Kompetenzarten

Allein mit PM-technischen Kompetenzen sind die Anforderungen in Projekten nicht zu bewältigen. Neben PM-technischen Kompetenzen sind PM-Verhaltenskompetenzen erforderlich und zudem existiert Projektarbeit nie im luftleeren Raum, weshalb als weiterer Bedarf die PM-Kontextkompetenzen identifizierbar sind. Die drei Kompetenzarten stellen analytische Größen dar zur Konkretisierung der PM-Handlungskompetenz. In der PM-Handlungskompetenz sind die drei Kompetenzarten miteinander verbunden.

Die PM-Kompetenzarten verdeutlichen, dass Projektmanagement nur auf Basis abgestimmter Prozesse, Methoden und Verfahren (PM-technische Kompetenzen) mit anderen Personen (PM-Verhaltenskompetenzen) und in Abstimmung mit den relevanten Kontexten (PM-Kontextkompetenzen) erfolgreich sein kann. In der PM-Handlungskompetenz sind die drei PM-Kompetenzarten integriert.

Grundannahme 3: Anwendung und Entwicklung

Ein Projekt ist ein „Vorhaben, das im Wesentlichen durch [die] Einmaligkeit der Bedingungen in ihrer Gesamtheit gekennzeichnet ist." (DIN 2009: 11). Ein PM-Ansatz, der diesem Charakter von Projekten Rechnung trägt, kann nicht allein Prozesse vorschreiben, sondern hat zudem den Umstand in Betracht zu ziehen, dass in Projekten projektspezifische Aufgaben zu erledigen und projektspezifische Probleme zu lösen sind. Erforderlich ist deshalb, dass das Projektpersonal über ein Repertoire an Methoden und Tools für Standardsituationen verfügt (Anwendung) und zudem in der Lage ist, diese in Problemsituationen anzupassen, zu variieren und weiterzuentwickeln (Entwicklung).

Ein kompetenzbasierter PM-Ansatz bietet eine Hilfestellung sowohl für typische Aufgaben und Situationen als auch für neuartige Probleme und Situationen im Projekt. Ein erfolgreiches Projektmanagement erfordert Anwendung **und** Entwicklung des Status quo, um der Einmaligkeit der Bedingungen eines Projekts in seiner Gesamtheit gerecht zu werden.

Grundannahme 4: Person und System

Die neuere Systemtheorie betont u. a. zwei Besonderheiten von Systemen: (1) Systeme entwickeln eine eigenständige Identität mit (2) eigenständigen Gesetzmäßigkeiten, welche die Arbeit in Projekten sowohl fördern als auch behindern können (Willke, 1993, 1996, 2001). Eine „Projektorientierte Organisation" hat sich auf Projektarbeit eingestellt und eine Systemkompetenz im Umgang mit Projekten, mit ihren „Unternehmen auf Zeit" entwickelt. Die Gestaltung und Entwicklung dieser Systemkompetenz stellen eine eigene Herausforderung dar. Analog zur personenorientierten Kompetenzentwicklung ist eine systemorientierte Kompetenzentwicklung erforderlich.

Kompetente Personen und kompetente Systeme sind zwei Seiten einer Medaille, weshalb Kompetenz und Performanz auf beiden Ebenen, Person und System, erforderlich sind.

Grundannahme 5: Stabilität und Flexibilität

In einem „trivialen System" sind der Input, der Prozess und der Output festgeschrieben aufgrund der Gesetzmäßigkeiten des Systems. Die festgeschriebenen Strukturen, Prozesse und Regeln entlasten das System von der Notwendigkeit, situative Entscheidungen treffen zu müssen. In einem „nicht-trivialen System" funktionieren allgemeine Gesetzmäßigkeiten nicht, da das System in eine reale, lebendige Umwelt eingebunden ist und sich fortwährend die Systemkonfiguration ändert (von Foerster, 1985). Personen und Systeme gewinnen an Stabilität, wenn Entscheidungen determiniert sind, und sie gewinnen an Flexibilität, wenn Entscheidungen erforderlich sind und die Kompetenz besteht, Entscheidungen sach- und situationsgerecht sowie erfahrungs- und theoriegeleitet zu treffen und zu begründen.

Ein kompetenzbasierter Ansatz betont die Notwendigkeit, dass Stabilität (u. a. Regeln, Strukturen, Prozesse) und Flexibilität (u. a. Situation, Änderung, Entscheidung) im Projektmanagement miteinander zu verbinden sind.

Diese fünf Grundannahmen bilden die Basis des kompetenzbasierten Projektmanagements (PM3). In den nachfolgenden Kapiteln wird der Ansatz detaillierter vorgestellt.

1.00a Projekte, Projektmanagement und PM-Prozesse

Reinhard Wagner, Ralf Roeschlein, Gernot Waschek

Inhalt

1	Projekte und Projektmanagement	27
1.1	Definition Projekt	27
1.2	Definition Projektmanagement	29
1.3	Differenzierung von Projekten und Projektmanagement	30
2	Projektmanagement-Prozesse	31
2.1	Prozessorientierung im Projektmanagement	32
2.2	Prozessmodell der DIN 69901	34
2.3	Praktische Umsetzung des Prozessmodells	38
2.4	Projektmanagement-Prozesse und Kompetenzanforderungen	40

1 Projekte und Projektmanagement

Projekte sind heute etwas Alltägliches. Wir finden Projekte in allen Lebensbereichen, so z. B. in der Industrie, in der Verwaltung, in der Ausbildung oder im Rahmen von Freizeitaktivitäten. Projekte werden zumeist als eine Herausforderung erlebt, die eine besondere Vorgehensweise – nämlich ein Projektmanagement – notwendig macht. Dieses Vorgehen hängt stark von den Besonderheiten des Projekts ab, so z. B. dem Umfang oder der Laufzeit des Projekts, der Zahl der mittelbar oder unmittelbar Beteiligten oder dem Bekanntheitsgrad der zu erledigenden Aufgaben.

1.1 Definition Projekt

Um den Begriff „Projekt" zu definieren, müssen wir Projekte von anderen Formen der Aufgabenerledigung abgrenzen. Eines der wesentlichen Unterscheidungskriterien von Projekten ist deren Einmaligkeitscharakter. Dieses Kriterium findet sich in der Begriffsdefinition der DIN 69901-5 (DIN, 2009c) wieder:

> **§ Definition** Ein Projekt ist ein „Vorhaben, das im Wesentlichen durch Einmaligkeit der Bedingungen in ihrer Gesamtheit gekennzeichnet ist, wie z. B. Zielvorgabe, zeitliche, finanzielle, personelle oder andere Begrenzungen, projektspezifische Organisation." *Neuartigkeit, Komplexität*

Die Satzteile „im Wesentlichen" und „z. B." lassen bewusst eine gewisse Unschärfe zu, die vom Anwender im Einzelfall noch zu präzisieren ist. Denn es kann gute Gründe geben, Projekte unterschiedlich zu definieren.

> **Beispiel** So ist z. B. für eine kleine, handwerklich betriebene Werft der Bau einer Yacht, der ein halbes Jahr dauert, durchaus ein „Projekt". Für eine Werft-Fabrik, welche solche Yachten in Serie herstellt, gehört die einzelne Yacht dagegen zur Routine. Als „Projekt" könnte man dort ggf. die Vorbereitung der Serienfertigung samt Konstruktion der Yacht, die Beschaffung von Maschinen und Personal sowie den Aufbau der Montageeinrichtungen betrachten.

Ein wesentliches Kriterium ist also die „Einmaligkeit". Das bedeutet aber nicht, dass sich nicht große Teile des Projekts wiederholen können oder aus Abläufen bestehen, die schon bei anderen Projekten oder Routineaufgaben immer wieder praktiziert wurden.

Beispiel Der Bau einer Siedlung kann ein Projekt sein, auch wenn ständig nur der gleiche Haustyp verwendet wird. Aber die topologische Situation des Baugebiets, die Bodenbeschaffenheit, die Anbindung an die örtlichen Verkehrswege und Versorgungsleitungen usw. sorgen in ihrer Gesamtheit für die „Einmaligkeit".

Mit der „Zielvorgabe" sind vor allem die Beschreibung des angestrebten Ergebnisses im Projekt gemeint (und möglicherweise auch, was nicht dazugehört!), aber auch das Einhalten von Randbedingungen für die Projektabwicklung, wie Dauer, Start- und Endtermin, Projektbudget, der Einsatz bestimmter Ressourcen bzw. das Erfüllen bestimmter Qualitätsanforderungen.

Ein Projekt ist üblicherweise auch durch eine spezielle Projektorganisation gekennzeichnet, die sich für die Dauer des Projekts von der sonst üblichen (Linien-) Organisation abgrenzt, die man auch Stammorganisation nennt. Die geringst mögliche Ausprägung einer projektspezifischen Organisation ist die Benennung eines Projektleiters. Dieser koordiniert die arbeitsteiligen Prozesse zwischen den beteiligten Personen, Gruppen oder Organisationen.

Wenn der Projektleiter allerdings niemand zur Durchführung des Projektes einsetzen kann und alles selbst erledigen muss, so spricht man eher nicht von einem Projekt. Trotzdem können natürlich auch bei einer derartigen Aufgabenstellung die Hilfsmittel des Projektmanagements genutzt werden, sofern dabei ein angemessener Aufwand nicht überschritten wird.

Beispiel Ein Grenzbereich kann bei der Software-Entwicklung schon betreten werden, wenn in einer Abteilung zahlreiche große und kleine Arbeiten zu erledigen sind, die sowohl umfangreiche Neuentwicklungen als auch kleinere Programmkorrekturen bedeuten. Beim Einsatz von Software zur Planung und Steuerung der Entwicklungsarbeiten wird man hier auch „Ein-Tag" und „Ein-Mann"-Aufgaben wie Projekte behandeln, um Termine und Ressourcen insgesamt zu betrachten und eine revisionsfeste Dokumentation auch über Art, Zeitpunkt und Umfang von kleinen Programmänderungen zu erhalten, ohne dafür ein getrenntes Auftragssystem verwenden zu müssen.

Jeder Anwender sollte deshalb zuerst definieren (z. B. in einem Projektmanagement-Handbuch), was in seinem Kontext als Projekt zu betrachten ist und was nicht.

Beispiel Bei einem mittelgroßen Industriebetrieb, der Messgeräte und Schalter herstellt, wird eine an die Entwicklung herangetragene Aufgabe als Projekt eingestuft, wenn
- die Bearbeitung mehr als 2 Personentage (PT) erfordert oder
- die Beauftragung eines externen Entwicklers mehr als € 2.000,-- pro Tag kostet.

In einem anderen Unternehmen werden vielleicht andere Grenzwerte oder Kriterien definiert: Der Grenzwert könnte z. B. 50.000 Euro Projektbudget betragen und ein weiteres Kriterium wäre beispielsweise die abteilungsübergreifende Zusammenarbeit, womit der Aspekt Projektorganisation betont würde.

1.2 Definition Projektmanagement

Seit es Projekte als besondere Formen der Aufgabenerledigung gibt, existieren auch schon spezifische Vorgehensweisen, die wir heute mit dem Begriff „Projektmanagement" charakterisieren. Diese gehen allerdings oft über den heute weit verbreiteten Methoden- und Software-Einsatz in Projektplanung und -steuerung hinaus. Sie beziehen sich vielmehr auf die Führung des Projekts in seiner Gesamtheit.

So beschreibt DANIEL DEFOE schon 1697 in „Ein Essay über Projekte" die Tätigkeit des „Projektemachers" mit den folgenden Worten:

„Ein ehrenhafter Projektemacher ist jedoch der, welcher seine Idee nach den klaren und deutlichen Grundsätzen des gesunden Menschenverstandes, der Ehrlichkeit und Klugheit in angemessener Weise ins Werk setzt..."

Anders dagegen die Aussage von Friedrich der Große in seinem politischen Testament von 1752: *"Es gibt eine Art von Leuten, Müßiggängern und Nichtstuer, die man Projektenmacher nennt: vor deren schlechten Ratschlägen möge sich ein Herrscher sorglich in acht nehmen, ..."*

Eine moderne, weniger pathetische oder kritische Formulierung für Projektmanagement findet man in der DIN 69901-5 (DIN, 2009c):

> **§ Definition** Projektmanagement ist gemäß DIN 69901-5 die Gesamtheit von Führungsaufgaben, -organisation, -techniken und -mitteln für die Initialisierung, Definition, Planung, Steuerung und den Abschluss von Projekten.

„Führung" ist hier nicht nur im Sinne von „Leitung" zu verstehen, sondern orientiert sich mehr am englischen Wort „Management", womit auch das „Durchführen" gemeint ist. Dazu gehören aber nicht das Erledigen, also das Hand-Anlegen bei Aufgaben zur direkten Herstellung des Projektergebnisses im Rahmen der wertschöpfenden Prozesse, sondern vielmehr das Organisieren, Planen, Steuern und Koordinieren dieser Aufgaben. Das schließt natürlich nicht aus, dass bei manchen Projekten die Projektbeteiligten bis hin zum Projektleiter neben ihren Managementaufgaben auch sach-inhaltlich wertschöpfende Tätigkeiten ausüben.

Damit werden zwei wesentliche Aspekte von Management im Allgemeinen und Projektmanagement im Besonderen deutlich, nämlich einerseits die institutionelle Verankerung (**institutionelles Projektmanagement**) im Rahmen der organisatorischen Strukturen und andererseits die instrumentelle Umsetzung (**funktionales Projektmanagement**). Der erstgenannte Aspekt bezieht sich auf die Frage, wer für die Ausführung der Managementaufgaben zuständig ist. Bei der zweiten Sichtweise geht es hingegen um die Frage, wie und womit diese Managementaufgaben umgesetzt werden, u. a. welche Vorgehensweisen, Prozesse, Methoden und Tools im Projektmanagement zur Anwendung kommen.

Beispiel Bei einem großen Automobilzulieferer wurde ein Projektmanagement-Office eingerichtet, in dem unter Leitung eines erfahrenen Projektmanagement-Experten alle Projektmanager sowie die für die Projektplanung und -steuerung zuständigen Mitarbeiter zusammengefasst werden. Alle Projekte werden von dort aus, unter Zuhilfenahme der im firmeneigenen Projektmanagement-Handbuch definierten Standards (u. a. Checklisten, Methoden, Tools), professionell abgewickelt.

1.3 Differenzierung von Projekten und Projektmanagement

In den letzten Jahren sind Standards für das Projektmanagement erarbeitet worden, die - so die Intention - bei Anwendung den Projekterfolg verbessern sollen. Die Einmaligkeit von Projekten setzt der Standardisierung von Projektmanagement-Lösungen allerdings Grenzen. So können sich Projekte in vielerlei Hinsicht unterscheiden. Unterscheidungsmerkmale sind z. B. der Umfang von Lieferungen und Leistungen, der Grad an Zielklarheit bzw. -veränderlichkeit, die Risikodisposition, die Zahl der betroffenen bzw. beteiligten Menschen oder der Innovationscharakter der Gesamtaufgabe. Der individuelle Charakter eines Projekts prägt die Anforderungen an das Projektmanagement. Das Vorgehen, die Methoden und die Art und Weise, wie Projekte organisiert werden, hängen somit von den individuellen Merkmalen eines Projekts ab und macht eine Differenzierung von Projekten und Projektmanagement-Ansätzen notwendig.

In der Praxis treffen wir aber auch immer wieder Ähnlichkeiten zwischen Projekten an. Bestimmte Merkmale von Projekten gleichen sich, ohne dass der Einmaligkeitscharakter des einzelnen Projekts verloren geht. Ähnliche Projekte lassen sich zu Projekttypen bzw. -kategorien zusammenfassen. Diese können wiederum mit einem spezifischen Projektmanagement-Standard bearbeitet werden.

Beispiel Bei einem großen Ingenieur-Dienstleister werden drei Typen von Projekten unterschieden, nämlich Projekte mit einem hohen, solche mit einem mittleren und Projekte mit einem geringen Erfüllungsrisiko. Je nach Projekttyp kommen unterschiedliche Projektmanagement-Methoden zum Einsatz. Dies schafft einerseits eine hohe Akzeptanz für die Anwendung des Projektmanagements – so müssen bei Projekten mit einem geringen Erfüllungsrisiko nur wenige Methoden und Tools angewandt werden, andererseits wird dem individuellen Charakter der Projekte Rechnung getragen und das unternehmerische Risiko minimiert.

Auf der Suche nach der optimalen Projektmanagement-Lösung müssen die Anwender also einen Spagat zwischen der Differenzierung auf der einen Seite und der Standardisierung auf der anderen Seite machen. Projektmanagement-Standards, wie die DIN 69901 (DIN, 2009a), versuchen Lösungsansätze für alle Anwendungsbereiche der Projektarbeit zu bieten und propagieren das „universelle Projektmanagement". Bei der Anwendung dieser Standards wird man aber schnell an Grenzen stoßen und muss dementsprechend Anpassungsleistungen vornehmen. Berücksichtigt man demgegenüber die Individualität jedes einzelnen Projekts und passt das Projektmanagement individuell an deren Besonderheiten an, so steigt der Aufwand durch die einzelfallbezogene Auswahl von Projektmanagement-Methoden und Tools.

Aus diesem Grund haben sich verschiedene Standards im Projektmanagement herausgebildet, die unterschiedliche Anwendungsfälle abdecken. So gibt es z. B. Projektmanagement-Ansätze für Branchen, wie den Bausektor, die Automobilindustrie, die Luft- und Raumfahrtbranche oder die IT-Industrie, welche die Besonderheiten der Projekte in der jeweiligen Branche berücksichtigen. In Unternehmen werden Projektmanagement-Lösungen ebenfalls standardisiert und an den Bedürfnissen der jeweiligen Projekte ausgerichtet.

Darüber hinaus haben sich Projektmanagement-Ansätze durchgesetzt, die sich auf den Projektinhalt bzw. die Projektart beziehen. Mit dem Projektinhalt ist der Gegenstand der Projektarbeit gemeint. Dies können z. B. Projekte sein, die Forschungs- und Entwicklungsaufgaben behandeln („F&E-Projekte") oder Projekte, die eine Organisationsaufgabe erfüllen („Organisations-Projekte"). Projekte einer Projektart ähneln sich in mindestens einem Merkmal (z. B. Stellung des Auftraggebers, Klarheit der Aufgabenstellung) und erfordern deshalb ein bestimmtes Vorgehen.

Abbildung 1.00a-1: Vom universellen zum individuellen Projektmanagement

In der Praxis trifft man häufig einen Mix aus unterschiedlichen Differenzierungsformen an. So kann etwa ein Unternehmen auf branchenspezifische Standards zurückgreifen und zusätzlich eine Unterscheidung von Projekten mit unterschiedlichem Projektinhalt treffen (z. B. Unterscheidung von F&E-Projekten und Organisationsprojekten bei einem Unternehmen der Automobilindustrie). Die fundierte Analyse der relevanten Projekte ist der entscheidende Schritt auf dem Weg zur Differenzierung von Projekten und Projektmanagementlösungen.

Projektmanagement-Standards zeigen spezifische Vorgehensmodelle, Methoden und Tools auf und unterstützen den Anwender bei der richtigen Ausgestaltung der organisatorischen Strukturen. Die Anforderungen an die im Projekt tätigen Mitarbeiter können ebenso Inhalt des Standards sein und die Grundlage für Personalauswahl, Personaleinsatz und Personalentwicklung bilden.

Eine der wichtigsten Aufgaben zu Beginn eines Projekts ist es, die Besonderheiten des Projekts und die Anforderungen an das Projektmanagement zu ermitteln und einen geeigneten Ansatz (Vorgehensmodell, Methoden, Tools etc.) aus der Vielzahl der Instrumente zu wählen. Ist kein geeigneter Standard, auch kein konzerneigener verfügbar, so kommt es vor allem auf die Erfahrung und die Kompetenz des Projektmanagers bei der Ausgestaltung des projektspezifischen Projektmanagements an.

Beispiel Bei einem Softwareentwicklungsprojekt sind die Ziele relativ vage formuliert und ändern sich häufig. Das Projektmanagement kann deshalb nicht auf Basis klarer Ziele planen und steuern, sondern muss sich agil verhalten, d. h. immer wieder auf neue Situationen und damit auch veränderte Ziele einstellen. Das Vorgehen ist durch häufige Iterationsschleifen geprägt, die Ziele werden ständig aktualisiert und an alle Beteiligten kommuniziert. Die Erwartungen des Auftraggebers werden ständig hinterfragt und mit einem systematischen Konfigurations- und Änderungsmanagement dokumentiert. Das Projektteam handelt flexibel und trifft sich regelmäßig zur Abstimmung. Der Projektmanager verfügt über viel Erfahrung im Umgang mit Forschungsprojekten und sorgt dementsprechend für eine hohe Kommunikations- und Interaktionsdichte. Er zeigt immer wieder den Rahmen für das Projekt auf und lässt den Projektteammitgliedern innerhalb dieses Rahmens einen großen Handlungsspielraum.

Die differenzierte Betrachtung von Projekten mit ihren individuellen Anforderungen und die Auswahl geeigneter Lösungsansätze für das Projektmanagement rücken seit einiger Zeit stärker in den Fokus der Aufmerksamkeit, um Effektivität und Effizienz der Projektabwicklung zu verbessern. Eine Möglichkeit, Projekte zu klassifizieren, sind Projektarten (vgl. Kapitel 1.00b).

2 Projektmanagement-Prozesse

Ähnlich wie im Qualitätsmanagement vollzieht sich auch im Projektmanagement ein Wandel hin zu prozessorientierten Ansätzen. Unter Projektmanagement-Prozessen versteht man die in vielfältiger Wechselwirkung stehenden Tätigkeiten des Projektmanagements, die Eingaben (Input) in Ergebnisse (Output) umwandeln. Die Projektmanagement-Prozesse werden dabei meistens bestimmten Phasen im Projektverlauf zugeordnet und geben so den Anwendern Orientierung bzw. Hilfestellung bei der Frage, wann welche Tätigkeiten im Projektmanagement auszuführen sind.

2.1 Prozessorientierung im Projektmanagement

Die internationale Norm ISO 9000:2000 (DIN, 2000) hat das Qualitätsmanagement wie keine andere Norm zuvor geprägt. Sie setzt auf einen prozessorientierten Ansatz und formuliert dessen Vorteil wie folgt: „Ein erwünschtes Ergebnis lässt sich effizienter erreichen, wenn Tätigkeiten und dazugehörige Ressourcen als Prozess geleitet und gelenkt werden."

Die Prozessorientierung im Projektmanagement ist kein „Allheilmittel", sie erleichtert die Ableitung von projekt- bzw. organisationsspezifischen Standards und gibt dem Projektleiter fundierte Hilfestellungen bei der Auswahl und Anwendung des Projektmanagement-Instrumentariums. Darüber hinaus hilft die Prozessorientierung, das weit verbreitete „Abteilungsdenken" zu überwinden und so die Zusammenarbeit zwischen den verschiedenen Beteiligten zu verbessern.

Das systematische Erkennen und Handhaben der verschiedenen Prozesse innerhalb einer Organisation – vor allem der Wechselwirkungen zwischen diesen Prozessen – werden allgemein als „prozessorientierter Ansatz" bezeichnet. Im Mittelpunkt stehen die Wertschöpfungs-Prozesse (diese beziehen sich auf die Erstellung des Produkts bzw. der Dienstleistung selbst). Diese verwandeln Kundenanforderungen in Ergebnisse. Das Projektmanagement unterstützt bei der Erreichung dieser Ergebnisse im Rahmen der vorgegebenen Zeit-, Kosten- und Ressourcenbeschränkungen und kann selbst wiederum in einzelne Prozesse untergliedert werden, die in Wechselwirkung mit sich selbst sowie mit den wertschöpfenden Prozessen stehen.

Neben den Projektmanagement-Prozessen gibt es Unterstützungs-Prozesse, wie z. B. die Einkaufs-, die Personal- oder die Logistik-Prozesse. Alle Prozesse stehen in Wechselwirkung zueinander und müssen übergeordnet geplant und gesteuert werden. Dies geschieht durch die Führungs-Prozesse. Sie geben die generelle Richtung für die Organisation vor, initiieren Vorhaben (z. B. in Form von Projekten, Programmen oder Projektportfolios), treffen notwendige Entscheidungen und überwachen deren Umsetzung durch eine kontinuierliche Überwachung und Steuerung. Schließlich sollten die Führungs-Prozesse auch für eine kontinuierliche Verbesserung des gesamten Managementsystems und der entsprechenden Prozesse sorgen. Abbildung 1.00a-2 zeigt die verschiedenen Prozessgruppen im Überblick.

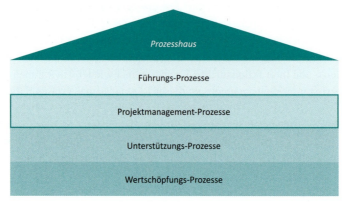

Abbildung 1.00a-2: Prozesshaus der DIN 69901: 2009[1]

---

[1] Diese gängige Darstellung ist nicht unproblematisch, da unterstützende Prozesse von wertschöpfenden Prozessen unterschieden werden. Eine alternative Sichtweise ist, dass alle Prozesse zur gesamten Wertschöpfung beitragen und damit zum Erfolg des Systems. In der alternativen Sichtweise stünde an Stelle der "Wertschöpfungs-Prozesse" der Begriff "Fach-Prozesse", während der Begriff "Wertschöpfungs-Prozesse" als Oberbegriff im Systemdach stehen würde.

Der Ablauf eines Projekts – von der ersten Idee bis zum erfolgten Abschluss – kann durch einen Projektlebenszyklus (bzw. Projektlebensweg) beschrieben werden. Die Aktivitäten im Rahmen des Projektlebenszyklus werden projektspezifisch (abhängig von Branche, Projekttyp oder Organisation) in einzelne Projektphasen unterteilt. Diese Phasen spiegeln den individuellen Verlauf des Projekts wider.

Beispiel In der Automobilindustrie werden nach einer Richtlinie des Verbands der Automobilindustrie e.V. (VDA, 1998) die folgenden Projektphasen unterschieden: Konzeption, Produktentwicklung und Verifizierung, Planung und Verifizierung des Produktionsprozesses, Beschaffung der Produktionsressourcen, Produktabnahme aus Kundensicht, Serienanlauf und Serienproduktion bis zum Erreichen der Kammlinie. Die Phasen werden durch Meilensteine (hier Quality Gates genannt) eingerahmt.

Die Projektmanagement-Prozesse können über den Projektverlauf hinweg auch in Phasen unterteilt werden, z. B. in die Phasen Initialisierung, Definition, Planung, Steuerung und Abschluss. Diese Phasen dürfen nicht mit den oben beschriebenen Projektphasen verwechselt werden. Projektphasen beschreiben im Wesentlichen die Aktivitäten und den Ablauf der Wertschöpfungs-Prozesse, d. h. sie beziehen sich auf den Projektinhalt. Die Projektmanagementphasen beziehen sich hingegen auf das Projektmanagement und bilden die logische Abfolge der Projektmanagementprozesse über den Projektlebenszyklus hinweg ab. Die Synchronisation der Projektmanagementphasen und -prozesse mit den Projektphasen und wertschöpfenden Aktivitäten ist eine gestalterische Aufgabe der Trägerorganisation und basiert auf der Differenzierung von Projekten und Projektmanagement.

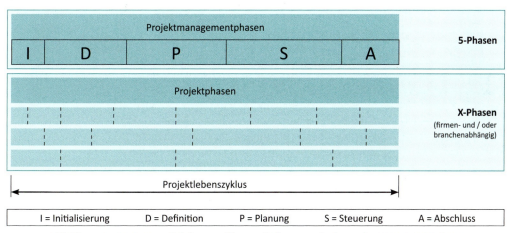

Abbildung 1.00a-3: Projektlebenszyklus und Phasenaufteilung der DIN 69901: 2009

Die Vorteile der Prozessorientierung im Projektmanagement sind u. a.:

- Einordnung der Projektmanagement-Prozesse in die gesamte Prozess-Landschaft einer Trägerorganisation
- Darstellung der Abhängigkeiten bzw. Schnittstellen der Projektmanagement-Prozesse mit den Führungs-Prozessen (z. B. Programm- oder Projektportfoliomanagement) sowie den Unterstützungs- und Wertschöpfungsprozessen
- Darstellung und Beschreibung aller Projektmanagement-Prozesse von der Initialisierung bis zum Abschluss eines Projekts mit den dazugehörigen Eingaben (Input) und Ausgaben (Output) sowie den jeweiligen Abhängigkeiten
- Kompatibilität zu gängigen QM-Konzepten, wie z. B. ISO 9000: 2000
- Adaptierbarkeit auf branchen-, projekt- oder organisationsspezifische Belange
- Offenheit für kontinuierliche Verbesserungen und Erweiterungen

Die Prozessorientierung hält seit einigen Jahren auch Einzug bei der Ausgestaltung von Projektmanagement-Standards und Normen. Stark prozessorientierte Ansätze finden sich u. a. in der deutschen Norm

DIN 69901 (DIN, 2009a), dem britischen PM-Standard PRINCE2 (OGC, 2007) sowie dem amerikanischen PM-Standard PMBoK-Guide (PMI, 2008).

2.2 Prozessmodell der DIN 69901

Bei der Überarbeitung der DIN 69901 (DIN, 2009b) wurde der zunehmenden Prozessorientierung im Projektmanagement Rechnung getragen. Die Norm besteht im Wesentlichen aus einem Prozessmodell mit den dazugehörigen Begrifflichkeiten und Methoden. Darin werden – unterteilt in die Projektmanagementphasen Initialisierung, Definition, Planung, Steuerung und Abschluss – alle relevanten Projektmanagement-Prozesse angeführt, ihre Abhängigkeiten und Wechselwirkungen visualisiert und jeder Prozess mit dem dazugehörigen Input sowie Output dokumentiert.

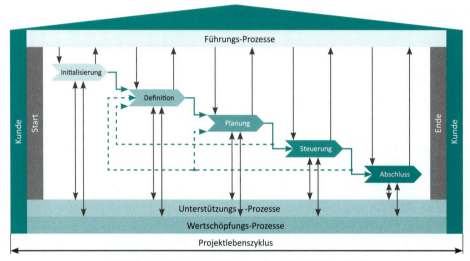

Abbildung 1.00a-4: PM-Phasen der DIN 69901: 2009

Der Aufbau des Prozessmodells (vgl. Abbildung 1.00a-5) folgt der Unterteilung in die fünf Projektmanagementphasen und ordnet zusätzlich jeden Projektmanagement-Prozess einer bestimmten Prozessuntergruppe (z. B. Ablauf und Termine) zu. Die Prozesse sind gemäß ihrer Zuordnung in die jeweilige Projektmanagementphase und in die jeweiligen Prozessuntergruppen nummeriert und mit den wesentlichen Abhängigkeiten bzw. Wechselwirkungen visualisiert worden. Damit wird die Orientierung über den gesamten Projektlebenszyklus erleichtert.

Da Projekte in den seltensten Fällen in einer rein sequentiellen Reihenfolge abgearbeitet werden können und öfters Rücksprünge notwendig sind (z. B. muss die Planung aufgrund von Änderungen der Lieferungen und Leistungen angepasst werden), sind alle wesentlichen Rücksprünge im Prozessmodell berücksichtigt worden.

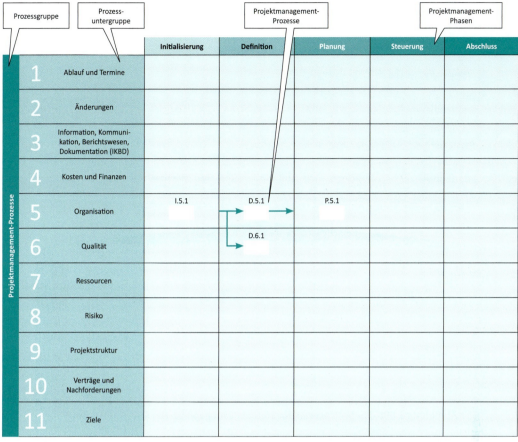

Abbildung 1.00a-5: Aufbau des PM-Prozessmodells der DIN 69901: 2009

Das Prozessmodell der DIN 69901 kann flexibel an die projektspezifischen Anforderungen angepasst werden. Bestimmte Prozesse sind als Mindestprozesse gekennzeichnet (vgl. die grün gekennzeichneten Prozesse in den Abbildungen 1.00a-8-11). Diese Prozesse sind für alle Projekte relevant, die übrigen Prozesse können individuell in das Projektmanagement integriert werden. Alle Prozesse sind nach einem einheitlichen Muster aufgebaut und beschrieben (vgl. Abbildung 1.00a-7).

Prozess Nr.:	D.1.1		
Prozessname:	Meilensteine definieren		
Vorgänger-Prozesse:	- D.9.1 Grobstruktur erstellen	Nachfolge-Prozesse:	- D.4.1 Aufwände grob schätzen
Zweck und Hintergrund:	Nach der Abgrenzung der Projektinhalte und der Erstellung der Grobstruktur dient dieser Prozess dazu, die Zwischenereignisse/ -ergebnisse in eine zeitliche Reihenfolge zu bringen. Dies ist u. a. Voraussetzung für die Abschätzung der Aufwände und die Bewertung der Machbarkeit sowie Grundlage für die Erstellung eines Terminplanes.		
Prozessbeschreibung (Vorgehen):	Zuerst werden die Meilensteine inhaltlich definiert (Meilenstein-Beschreibung), in eine zeitliche Reihenfolge gebracht und mit (groben od. vorläufigen) Terminen versehen (Meilensteinplan).		
Input	PM-Methoden		Output
Projektziele Projektinhalte Grobstruktur	Terminplanung		Beschreibung der Meilensteine Meilensteinplan

Abbildung 1.00a-6: Prozessbeschreibung der DIN 69901: 2009

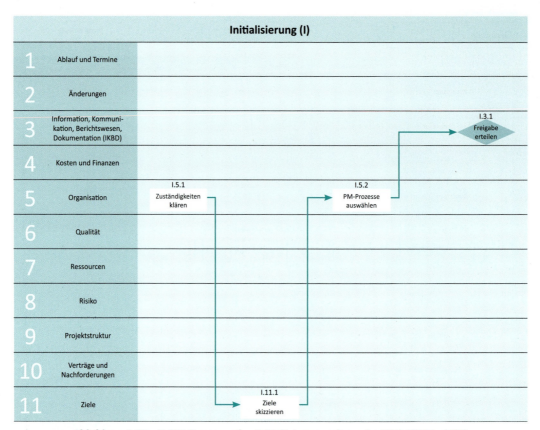

Abbildung 1.00a-7: PM-Prozesse der Initialisierungsphase der DIN 69901: 2009

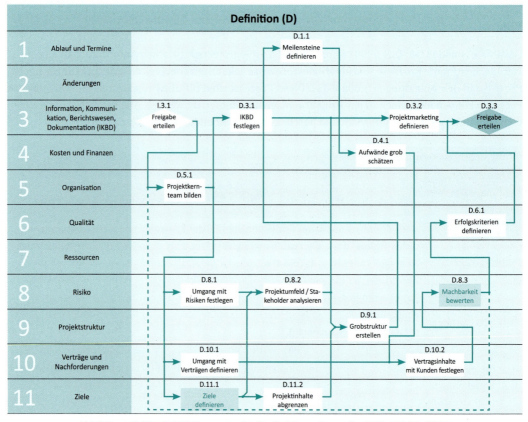

Abbildung 1.00a-8: PM-Prozesse der Definitionsphase der DIN 69901: 2009

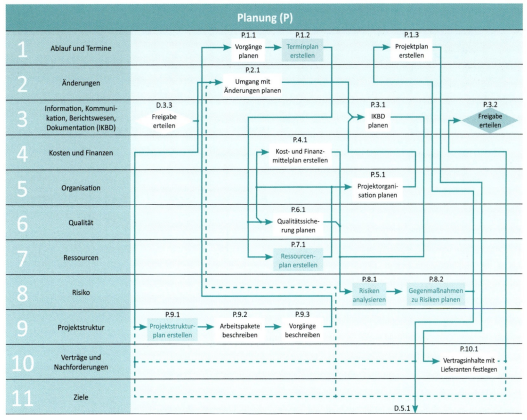

Abbildung 1.00a-9: PM-Prozesse der Planungsphase der DIN 69901: 2009

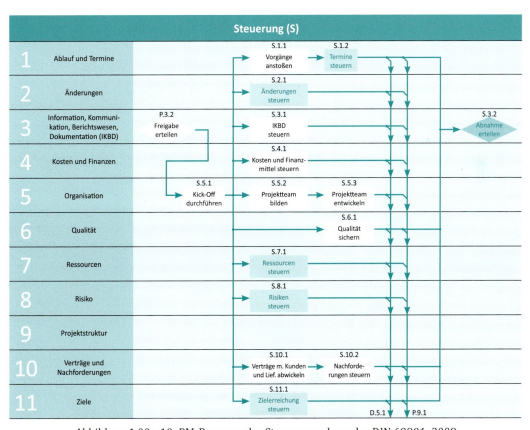

Abbildung 1.00a-10: PM-Prozesse der Steuerungsphase der DIN 69901: 2009

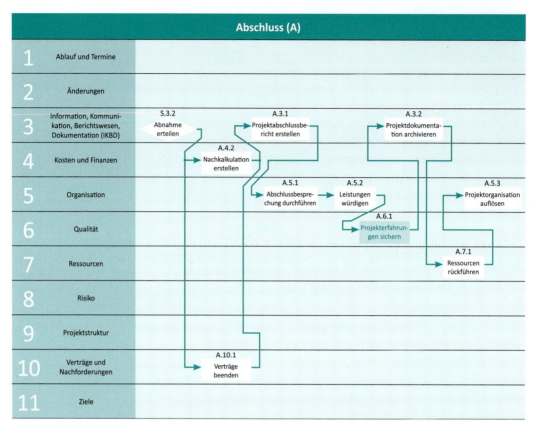

Abbildung 1.00a-11: PM-Prozesse der Abschlussphase der DIN 69901: 2009

2.3 Praktische Umsetzung des Prozessmodells

Das Prozessmodell der DIN 69901 bietet eine gute Grundlage für das Management einzelner Projekte und zeigt von der Initialisierung bis zum Abschluss alle relevanten PM-Prozesse auf. Die Prozesse müssen allerdings projektspezifisch angepasst werden. Dies geschieht entweder im Rahmen einer Projektmanagement-Standardisierung (hier werden z. B. für unterschiedliche Projekttypen die Prozesse ausgewählt und in einem Projektmanagement-Handbuch abgebildet) oder wird durch den Projektleiter für jedes einzelne Projekt anhand der individuellen Anforderungen vorgenommen.

Im Folgenden wird der Durchlauf eines Projekts von der Initialisierung bis zum Abschluss skizziert, um einen besseren Eindruck von der praktischen Umsetzung des Prozessmodells zu vermitteln. Es wird dabei aus Gründen der Übersichtlichkeit auf eine vollständige und ausführliche Erläuterung der in den Abbildungen 1.00a-7-11 dargestellten Prozesse verzichtet.

Ein Projekt beginnt mit der **Initialisierungsphase**. Der Auslöser für das Projekt kann dabei sowohl aus dem externen Bereich als auch aus dem internen Bereich kommen. Die Führung nimmt sich der Projektidee an und beauftragt eine Person, die Projektidee zu konkretisieren und die nächsten Schritte im Projekt einzuleiten. Anschließend wird die vorliegende Projektidee eingehend analysiert, bewertet und eine Zielvision skizziert. Abhängig von den projektspezifischen Anforderungen werden die aus dem Prozessmodell relevanten Prozesse ausgewählt und für die Projektabwicklung vorbereitet. Schließlich werden die Ergebnisse aus den Prozessen der Initialisierungsphase der Führung zur Freigabe vorgelegt. Mit der Freigabe kann der Übergang in die nächste Projektmanagementphase erfolgen.

In der **Definitionsphase** soll das Projekt weitgehend definiert werden. Der erste Schritt besteht darin, ein Kernteam für das Projekt zu bilden, das die Aufgaben in der Definitionsphase erfüllt. Als wesentlicher Prozess steht die Definition der Ziele im Mittelpunkt dieser Phase. Hier stellt sich insbesondere die Frage, was mit dem Projekt erreicht werden soll. In enger Abstimmung mit dem internen bzw. externen Auftraggeber werden die Projektziele spezifisch und messbar formuliert und in die gewünschte Form (z. B. Lastenheft) gebracht. Im weiteren Verlauf werden die konkreten Projektinhalte festgelegt (was ist zu leisten bzw. was nicht) und in einer übersichtlichen Art und Weise strukturiert. Anschließend werden die wesentlichen Meilensteine definiert und die Aufwendungen zur Durchführung des Projekts grob abgeschätzt. Auf Basis dieser Informationen sowie einer Analyse der Umfeldeinflüsse und der Erwartungen relevanter Interessengruppen werden schließlich die Machbarkeit bewertet und die für das Projekt kritischen Erfolgsfaktoren abgeleitet.

Nach der Erteilung der Freigabe beginnt die **Planungsphase**. Hier wird im Wesentlichen festgelegt, was, wann, wie und durch wen gemacht werden soll. Die Planung beginnt mit der Erstellung eines Projektstrukturplans, der Detaillierung bis auf die Ebene von Arbeitspaketen sowie der Planung von einzelnen Vorgängen. Auf dieser Basis werden Termine, Ressourcen und Kosten geplant. Da es in der Praxis immer wieder zu Abstimmungen kommt, ist dieses Vorgehen ein iterativer Prozess. Insbesondere die Betrachtung möglicher Risiken und entsprechender Gegenmaßnahmen wird einen Rücksprung in vorangehende Prozesse der Planungs- oder gegebenenfalls auch der Definitionsphase nötig machen. Wenn der Iterationsprozess schließlich beendet ist, kann der Projektplan erstellt werden. Der Projektplan ist die Zusammenführung aller einzelnen Pläne (z. B. Projektstruktur-, Ressourcen-, Termin-, Kosten- und Qualitätsplan) zu einem Gesamtplan. Abhängig von den konkreten Anforderungen im Projekt werden zum Abschluss der Planungsphase noch die Vertragsinhalte mit den Lieferanten abgestimmt. Damit ist das Projekt jetzt definiert und geplant. Es kann an die Ausführung des Plans gehen. Dazu benötigt der Projektmanager ein letztes Mal die Freigabe vom Auftraggeber. Diese Freigabe ist eine der wichtigsten, da ab diesem Zeitpunkt erheblich mehr Ressourcen eingebunden werden und damit das Risiko sowie die Kosten erheblich steigen.

In der **Steuerungsphase** werden alle zuvor definierten und geplanten Aktivitäten des Projekts umgesetzt. Gestartet wird diese Phase mit einem Kick-off, in dem den Beteiligten das Projekt mit seinen Zielen, der Planung und der gewählten Organisationsform vorgestellt wird und sich alle nach einer Aussprache auch verpflichten, das Projekt entsprechend der Vorgaben umzusetzen. Gegebenenfalls finden im Rahmen des Kick-offs auch schon erste Schritte auf dem Weg zur Teambildung und -entwicklung statt. Alle weiteren Prozesse laufen quasi parallel und in Iterationsschleifen ab. Zu allen wichtigen Aspekten (Ziele, Termine, Kosten, Ressourcen, Qualität, Risiken etc.) des Projekts werden Informationen bezüglich des Ist-Stands aufgenommen und mit den Plan-Werten verglichen. Sollte es zu Abweichungen kommen, wird mit geeigneten Maßnahmen gegengesteuert. Darüber hinaus sind es vor allem Änderungen an den Zielvorgaben, die in der Praxis häufig zu Abweichungen in Projekten führen. Jede Änderung muss als solche erkannt und dokumentiert werden. Nach einer Prüfung der Auswirkungen wird über die Durchführung der Änderung entschieden und ggf. der Projektplan angepasst. Hier sind also auch Rücksprünge in die Prozesse der Definitions- und insbesondere der Planungsphase notwendig. Schließlich gilt es noch, mögliche Nachforderungen („claims") gegenüber dem Auftraggeber zu sichern. Mit Erreichen des definierten Projektziels wird dem Auftraggeber das Ergebnis zur Abnahme vorgelegt und damit die letzte Projektmanagementphase eingeläutet.

In der **Abschlussphase** wird das gesamte Projekt noch einmal aufbereitet. Dies beginnt mit einer Nachkalkulation, der Durchführung einer Abschlussbesprechung, der Erstellung eines Abschlussberichts und der Archivierung wichtiger Unterlagen. Diese Informationen stellen das Wissen einer Organisation über das Projekt dar.

Im Mittelpunkt der Abschlussphase nach DIN 69901 steht die Erfahrungssicherung. Oft wird in diesem Zusammenhang von „lessons learned" gesprochen. Die Erfahrungen dienen der Organisation in Zukunft bei ähnlichen Projekten als Input für die Umsetzung der Projektmanagement-Prozesse. So können Fehler in der Zukunft vermieden und das Projektmanagement-System kontinuierlich verbessert werden.

Zum Schluss des Projekts werden die Ressourcen zurückgeführt, die Projektorganisation aufgelöst und der Projektmanager von seiner Verantwortung entbunden. Damit ist das Projekt dann formal beendet.

2.4 Projektmanagement-Prozesse und Kompetenzanforderungen

Das Prozessmodell der DIN 69901 beschreibt zwar, welche Tätigkeiten im Projektmanagement von der Initialisierung bis zum Abschluss von Projekten notwendig sind und wie diese ausgeführt werden sollten, es werden allerdings keine Aussagen zu den hierfür erforderlichen Kompetenzen der Projektbeteiligten gemacht. Die ICB 3.0 füllt diese Lücke und listet 46 Kompetenzen auf, untergliedert in einen Kontextbereich, einen fachlich-methodischen Bereich sowie einen Verhaltensbereich.

Die Kompetenzelemente des Kontextbereichs beschäftigen sich schwerpunktmäßig mit der Ausführung der im Prozesshaus (vgl. Abbildung 1.00a-2) dargestellten Führungs-, Unterstützungs- und Wertschöpfungs-Prozessen. So beziehen sich z.B. die Elemente „Projektorientierung", „Programmorientierung" und „Portfolioorientierung" auf die Kompetenzen, die vom Projektmanagementpersonal erwartet werden, das in Organisationen mit einer entsprechenden Orientierung tätig ist. Das Kompetenzelement „Projekt-, Programm- & Portfolioeinführung" beschreibt darüber hinaus die Kompetenzen zur Einführung jeder dieser Orientierungen.

Die fachlich-methodischen Kompetenzen der ICB beschreiben die methodischen und relevanten fachlich-technischen Kompetenzen des Projektmanagements und decken sich weitgehend mit den in der DIN 69901 enthaltenen Projektmanagement-Prozessen (vgl. Abbildung 1.00a-12). So findet sich das Kompetenzelement „Änderungen" in der wortgleichen Prozessuntergruppe „Änderungen" der DIN 69901. Andere Kompetenzelemente beziehen sich nur auf einen einzelnen Prozess der DIN 69901. Das Element „interessierte Parteien" wird durch den PM-Prozess „Projektumfeld/ Stakeholder analysieren" abgedeckt. Schließlich gibt es Kompetenzelemente der ICB 3.0, die keine Entsprechung in der DIN 69901 haben (so z. B. „Projektmanagementerfolg" und „Problemlösung") oder die Aktivitäten bzw. Prozesse einer gesamten Projektmanagement-Phase abdecken (u. a. „Projektabschluss").

Fachlich-methodisch Kompetenzelemente ICB 3.0	Entsprechung in der DIN 69901
Projektmanagementerfolg	keine Entsprechung
Interessierte Parteien	Prozess „Projektumfeld/Stakeholder analysieren"
Projektanforderungen und Projektziele	Prozessuntergruppe „Ziele"
Risiken und Chancen	Prozessuntergruppe „Risiko"
Qualität	Prozessuntergruppe „Qualität"
Projektorganisation	Prozessuntergruppe „Organisation"
Teamarbeit	Prozessuntergruppe „Organisation"
Problemlösung	keine Entsprechung
Projektstrukturen	Prozessuntergruppe „Projektstruktur"
Leistungsumfang und Lieferobjekte	Prozess „Projektinhalte abgrenzen"
Projektphasen, Ablauf und Termine	Prozessuntergruppe „Ablauf und Termine"
Ressourcen	Prozessuntergruppe „Ressourcen"
Kosten und Finanzmittel	Prozessuntergruppe „Kosten und Finanzen"
Beschaffung und Verträge	Prozessuntergruppe „Verträge und Nachforderungen"
Änderungen	Prozessuntergruppe „Änderungen"
Überwachung und Steuerung, Berichtswesen	Prozess der PM-Phase „Steuerung"
Information und Dokumentation	Prozessuntergruppe „Information, Kommunikation, Berichtswesen und Dokumentation"
Kommunikation	Prozessuntergruppe „Information, Kommunikation, Berichtswesen und Dokumentation"
Projektstart	Prozesse der PM-Phase „Initialisierung"
Projektabschluss	Prozesse der PM-Phase „Abschluss"

Abbildung 1.00-12a: Vergleich Kompetenzelemente und PM-Prozesse

Bei den in der ICB 3.0 genannten Kompetenzen des Verhaltensbereichs handelt es sich um die sozialen und personalen Kompetenzen des Projektmanagers in der jeweiligen Projektsituation. Diese sind in dem Prozessmodell der DIN 69901 nicht abgebildet. Dennoch stellen gerade diese Kompetenzen eine wesentliche Voraussetzung für das professionelle Projektmanagement dar und sind natürlich bei der Qualifizierung und Zertifizierung zu berücksichtigen.

Projektarbeit lebt zudem von einer Mischung unterschiedlicher Prozesskoordinationsformen im Spannungsfeld von Stabilität und Flexibilität (vgl. Abb. 1.00b-4). In der DIN steht der Aspekt "Stabilität" bzw. "Standardisierung" im Zentrum. Entsprechend dem Reifegrad einer Organisation, kann natürlich zunächst das Problem "Standardisierung" im Vordergrund stehen. Sind die Standards geschaffen, stellt sich einer Organisation dann allerdings das Problem, wie die Flexibilität erhöht werden kann.

1.00b Projektarten
Michael Gessler

Projekte können mit Hilfe von **Projektarten** klassifiziert werden. Projekte der gleichen Projektart weisen einen vergleichbaren „Projektcharakter" auf mit oftmals ähnlichen Herausforderungen, Arbeitsweisen, Risiken und Chancen. Alternative Bezeichnungen sind: Projektkategorie, -typ, -klasse.

Beispielsweise sind für Projekte der Projektart „externe Projekte" (der Auftraggeber gehört nicht zum beauftragten Unternehmen) die Aushandlung und die detaillierte Ausgestaltung des Projektvertrags in der Definitionsphase zwingend. In Projekten der Projektart „interne Projekte" (Auftraggeber und Projektleitung gehören zum gleichen Unternehmen) erhält der Projektleiter hingegen (nur) einen Projektauftrag. Ein gesonderter Projektvertrag wird nicht geschlossen. Die Basis eines internen Projekts sind sodann der bestehende Arbeitsvertrag des Projektleiters sowie der Projektauftrag. Die Basis eines externen Projekts ist hingegen ein Projektvertrag (Werkvertrag). Externe Projekte werden auch als Auftragsprojekte bezeichnet.

Projektarten können mit Hilfe von **Dimensionen** klassifiziert werden. Dimensionen fokussieren spezifische Aspekte: u. a. Projektauftraggeber, Business Value, Projektinhalt. In Tabelle 1.00b-1 sind verschiedene Dimensionen, zugehörige Leitfragen und zugehörige Projektarten aufgelistet.

Tabelle 1.00b-1: Dimensionen, Leitfragen und Projektarten

	Dimension	Leitfrage	Projektart
1	Projektauftraggeber	Welche Stellung (intern, extern) hat der Auftraggeber?	I Externes Projekt I Internes Projekt
2	Business Value	Welchen Beitrag leistet das Projekt z. B. zur Profilierung und / oder Positionierung des Unternehmens?	I Strategisches Projekt I Taktisches Projekt
3	Projektinhalt	Was ist Inhalt bzw. Gegenstand des Projekts?	I Investitionsprojekt I Forschungs- und Entwicklungsprojekt I Organisationsprojekt
4	Relative Neuartigkeit	Wie bekannt ist der Zweck bzw. die Anwendung und wie bekannt sind die Mittel bzw. Technologien?	I Innovationsprojekt I Fachprojekt I Routine-/Wiederholprojekt
5	Komplexität	Wie hoch ist die sozial-kommunikative Komplexität? Wie hoch ist die fachlich-inhaltliche Komplexität?	I Standardprojekt I Akzeptanzprojekt I Potentialprojekt I Pionierprojekt
6	Projektorganisation	Welche Befugnisse hat der Projektleiter?	I Einflussprojekt I Matrixprojekt I Autonomes Projekt
7	Projektsteuerung	Wie wird das Projekt gesteuert?	I Technokratisches Projekt I Agiles Projekt
8	Geografie	Woher kommen u. a. Auftraggeber, Projektmitarbeiter und Subcontractors? In welchem Projektumfeld wird das Projekt realisiert?	I Nationales Projekt I Internationales Projekt
9	Projektgröße	Wie viele Mitarbeiter arbeiten im Projekt? Wie hoch ist der Entwicklungsaufwand? Wie lange dauert das Projekt? Wie hoch ist das Projektbudget? u. a.	I Kleinprojekt I Mittleres Projekt I Großprojekt
10	Projektrolle	In welcher Rolle tritt das Projekt gegenüber anderen Beteiligten auf?	I Auftraggeberprojekt I Auftragnehmerprojekt

Nachfolgend werden die verschiedenen Dimensionen und Projektarten kurz skizziert.

Dimension 1: Projektauftraggeber

In der Einleitung wurden externe und interne Projekte bereits vorgestellt. Dieser Unterschied hat massive Auswirkungen auf die gesamte Projektdurchführung. Während bei internen Projekten z. B. nur ein in der Regel interner Projektleiter beauftragt wird, wird bei externen Projekten oftmals auf Auftragnehmerseite (Projektleitung) und auf Auftraggeberseite (Projektleiter des Kunden) eine Projektleitung eingerichtet. In Kapitel 3.11 „Rechtliche Aspekte: Besonderheiten bei Auftragsprojekten" werden weitere Aspekte aufgeführt, die bei externen Projekten zu berücksichtigen sind.

Dimension 2: Business Value

Nicht jedes Projekt ist ein strategisches Projekt. Gemeint ist mit dieser Unterscheidung nicht, wie die Ziele im Projekt definiert sind, – Projektziele sind immer operative Ziele –, sondern welchen Beitrag (Business Value) ein Projekt z. B. zur Profilierung und Positionierung des Unternehmens leistet. Der Business Case eines Projekts kann ausgerichtet sein auf die mittel- bis langfristigen Ziele eines Unternehmens (strategisches Projekt) oder auch auf die kurz- bis mittelfristigen Ziele eines Unternehmens (taktisches Projekt). In Kapitel 3.06 „Geschäft (Business)" wird diese Dimension detailliert besprochen.

Dimension 3: Projektinhalt

Eine klassische Unterscheidung ist die Differenzierung nach Projektinhalten bzw. zu erstellenden Projektgegenständen (vgl. SCHELLE, OTTMANN & PFEIFFER, 2005: 36). Projektgegenstände können materieller oder immaterieller Natur sein, wie Produkte und Anlagen oder Dienstleistungen, Prozesse, Konzepte und Qualifikationen. Unterschieden werden in der Regel drei Projektarten: (1) Investitionsprojekte, (2) Forschungs- und Entwicklungsprojekte sowie (3) Organisationsprojekte. Gegenstand von **Investitionsprojekten** sind u. a. der Bau von Straßen und Messehallen oder die Beschaffung von Flugzeugen, Schiffen und Großmaschinen. Typische Branchen sind die Bauwirtschaft, die Werften, der Maschinen- und Anlagenbau. Gegenstand von **Forschungs- und Entwicklungsprojekten** ist die (Weiter-)Entwicklung u. a. von Wissen, Konzepten und Produkten. Typische Branchen sind die Informationstechnik, die Pharmazie sowie die Auftragsforschung (z. B. Forschungsinstitute). Gegenstand von **Organisationsprojekten** sind die Entwicklung bzw. Verbesserung der Leistungsfähigkeit oder Wirksamkeit einer Organisation (z. B. Reorganisation der Aufbaustruktur des Unternehmens, Einführung eines ERP-Systems, Verbesserung der Mitarbeiter- und / oder Kundenzufriedenheit, Qualifizierung) und / oder die organisatorische Umsetzung spezifischer Vorhaben (z. B. Messen, Kongresse, Tagungen). Typische Branchen sind der Bildungsbereich, die Unternehmensberatung sowie Messen und Ausstellungen.

Obwohl diese Unterscheidung die bekannteste ist, ist sie dennoch unscharf, was an einem Beispiel illustriert werden soll (vgl. Abbildung 1.00b-1): IT-Projekte können sowohl Forschungs- und Entwicklungsaufgaben (z. B. Softwareentwicklung) als auch Organisationsarbeiten (z. B. Veränderung der Ablaufprozesse und Qualifizierung des Personals) beinhalten und erfordern ggf. auch noch erhebliche Investitionen (z. B. Anschaffung von Hardware und Software-Netzen).

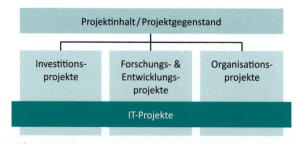

Abbildung 1.00b-1: Projektarten der Dimension Projektinhalt / Projektgegenstand

Gleichwohl unterscheiden sich die Projektarten idealtypisch: Während Investitionsprojekte einen hohen Planungsgrad erfordern sowie eine plangemäße Steuerung, sind Organisationsprojekte in der Regel variabler, da sich die Grundlagen des Projekts (z. B. Unternehmensstrukturen und -prozesse, Einstellung und Haltung der Mitarbeiter) durch das Projekt verändern und das Projekt damit seine eigenen Voraussetzungen verändert. Diese Zirkularität von Ursache und Wirkung erfordert eine fortlaufende Anpassung der Vorgehensweise. Forschungs- und Entwicklungsprojekte ähneln den Organisationsprojekten, da auch hier die Beziehung von Input und Output oft unsicher ist. Unklar ist oftmals bei beiden Projektarten, welchen Output ein gegebener Input produzieren wird oder auch welcher Input erforderlich ist, um einen bestimmten Output zu erzielen. Im Gegensatz zu Organisationsprojekten sind jedoch die gefundenen Lösungen in Forschungs- und Entwicklungsprojekten in der Regel reproduzierbar, während sich die Vorgehensweise in Organisationsprojekten am jeweiligen Projektumfeld orientiert und eine Vorgehensweise nach dem Prinzip „One-size-fits-all" selten erfolgreich ist.

In den Kapiteln 1.03 „Projektanforderungen und Projektziele (Project requirements and objectives)" sowie 1.10 „Leistungsumfang, Lieferobjekte und Ergebnisse (Scope & deliverables)" wird diese Dimension konkretisiert.

Dimension 4: Relative Neuartigkeit

Projekte haben einen veränderten Zustand zum Ziel. Dieser veränderte Zustand kann unterschiedlich neuartig sein. Zur Bewertung der **Neuartigkeit** des Projektergebnisses ist der Bezugspunkt, die Referenz, entscheidend. Was für die eine Person neu ist, kann für die andere Person alt sein, was für das eine Unternehmen neu ist, kann für das andere Unternehmen alt sein, was für den einen Markt neu ist, kann für den anderen Markt alt sein. Diese Besonderheit von „neuartig" ist mit der Bezeichnung „relativ neuartig" gemeint. Zu klären wäre u. a., für wen etwas was und wie neu ist.

Hinsichtlich der relativen Neuartigkeit können einerseits inkrementelle und andererseits radikale Innovationen unterschieden werden. Während eine **inkrementelle Innovation** eine schrittweise, relativ kleine Änderung meint, welche die bestehenden Produkte (inkrementelle Produktinnovation) und/oder die gegebene Produktions- und Arbeitsorganisation (inkrementelle Prozessorganisation) nur geringfügig verändert, bezeichnet die **radikale Innovation** eine sprunghafte Veränderung, einen „Quantensprung". „Nach einer radikalen Innovation sind viele Unternehmen nicht mehr dieselben wie zuvor." (HAUSCHILDT & SALOMO, 2007: 21). Selten jedoch finden sich sog. Basisinnovationen, die Wissen, Erfindung oder Technologie liefern, die durch multiplikative Nutzung in anderen Branchen Folgeprojekte und -wertschöpfungen erzeugen.

Der **Innovationsgrad** kann mittels Parameter spezifiziert werden. So ist beispielsweise die Wirkung einer Innovation hinsichtlich der Produkttechnologie, des Absatzmarkts, des Beschaffungsbereichs, des Produktionsprozesses, der formalen und informalen Organisation sowie des Kapitalbedarfs quantifizierbar (vgl. SCHLAAK, 1999: 230).

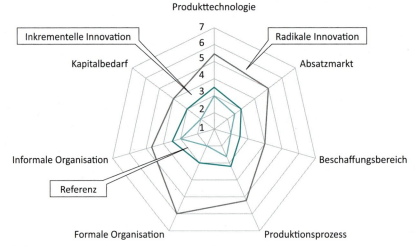

Abbildung 1.00b-2: Effekte von Projekten: Inkrementelle oder radikale Innovationen

Innovationsprojekte kennzeichnen die relative Neuartigkeit der zu erreichenden Zwecke der Projektergebnisse sowie die relative Neuartigkeit der zur Verfügung stehenden Mittel. Wiederum gilt, dass ein Zweck oder ein Mittel für die eine Person neu sind, während diese einer anderen Person vielleicht wohl vertraut sind. Es gilt wieder die relative Neuartigkeit in Bezug zu einer Referenz.

Zu unterscheiden sind einerseits „demand pull" bzw. zweckinduzierte Innovationsprojekte und andererseits „technology pull" bzw. mittelinduzierte Innovationsprojekte. Ein **zweckinduziertes Innovationsprojekt** setzt bekannte Zwecke (z. B. Marktbedürfnisse, Kundenanfragen) voraus, um mit Hilfe neuer Technologien oder Mittel einen bekannten Zweck besser erfüllen zu können. Ein **mittelinduziertes Innovationsprojekt** geht von bekannten Technologien und Mitteln aus und versucht, neue Zwecke für diese zu finden. Sind weder Zweck noch Mittel gegeben, ist zunächst (z. B. in einem Vorprojekt) eine dieser zwei Größen zu klären.

Zweckinduzierte Innovationsprojekte (gegebener Zweck, unbekannte Mittel) sind der „Normalfall der *industriellen Forschung und Entwicklung*" (HAUSCHILDT, 1999: 247. Hervorhebung im Original). Mittelinduzierte Innovationsprojekte (gegebene Mittel, unbekannter Zweck) haben wiederum eine Vielzahl innovativer Produkte bzw. radikaler Innovationen ermöglicht.

Beispiel Beispielsweise entstand in der Forschung nach Kältemitteln 1938 als Nebenprodukt das Polytetrafluorethylen, das seit 1954 zur Beschichtung von Pfannen verwendet wurde - die „Teflonpfanne" war geboren. 1969 entwickelte der US-Chemiker Robert W. Gore eine neue Form der Verarbeitung von Teflon, womit Teflon auf Textilien übertragbar wurde – die Geburtsstunde des „Gore Tex".

In Fachprojekten sind der Zweck und die zur Verfügung stehenden Mittel und Technologien relativ gut bekannt. In Routineprojekten ist zudem der Grad an Erfahrung höher: Ähnliche Projekte wurden bereits (ggf. mehrmals) durchgeführt, weshalb auch von serienartigen Projekten gesprochen werden kann. Die besondere Randbedingung ist, dass zwischen Projektleitung und Auftraggeber ein Informationsunterschied besteht, der gerade bei externen Projekten bedeutsam wird: Die Projektleitung hat viel, der externe Auftraggeber eher wenig Wissen und Erfahrung.

In Abbildung 1.00b-3 sind Routine-, Fach- sowie Innovationsprojekte nochmals grafisch veranschaulicht.

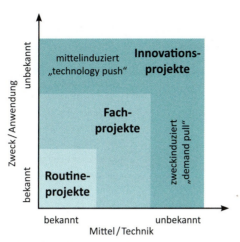

Abbildung 1.00b-3: Projektarten der Dimension „relative Neuartigkeit"

Die Kombination der Begriffe "Routine" und "Projekt" ist bislang unüblich. Je mehr jedoch die Leistungserstellung in Projektstrukturen erfolgt, desto selbstverständlicher werden Projekte. Projektarbeit bildet dann nicht die Ausnahme, sondern die Regel und es spielt sich in den Projekten eine Routine ein, wobei die Projekte in der Gesamtheit der Bedingungen dennoch einmalig sind. Anders formuliert: Es wäre ein logischer Widerspruch, einerseits anzunehmen, die Projektwirtschaft breite sich aus, und andererseits zu glauben, Lerneffekte und Routinisierung würden nicht stattfinden.

Die Unterscheidung in Routine-, Fach- und Innovationsprojekte ist etwas holzschnittartig. Fachprojekte können ebenfalls höchst anspruchsvoll sein. Dies wird deutlich bei der Betrachtung der Dimension „Komplexität".

Dimension 5: Komplexität

Unterscheidbar sind einerseits eine hohe oder eine niedrige sozial-kommunikative Komplexität sowie andererseits eine hohe oder eine niedrige fachlich-inhaltliche Komplexität (in Anlehnung an WITSCHI, SCHLAGER & SCHEUTZ, 1998: 78f.)

- Eine hohe fachlich-inhaltliche Komplexität kann u. a. bedeuten, dass der Projektinhalt nur schwer abgrenzbar ist, die Anzahl der sachlichen Projektumfeldfaktoren hoch ist und die Frage der Lösungsoptionen zu Beginn des Projekts ungesichert bzw. weitgehend offen ist.
- Eine hohe sozial-kommunikative Komplexität kann u. a. bedeuten, dass im Projektteam Mitglieder verschiedener Organisations- oder Unternehmenseinheiten miteinander kooperieren, die Teammitglieder wechseln, viele Schnittstellen mit sozialen Projektumfeldfaktoren bestehen und die Zahl der Stakeholder hoch und / oder variabel ist.
- Eine niedrige fachlich-inhaltliche Komplexität kann u. a. bedeuten, dass der Projektinhalt eindeutig abgrenzbar ist, die Anzahl der sachlichen Projektumfeldfaktoren gering ist und die Lösungsoptionen bekannt sind.
- Eine niedrige sozial-kommunikative Komplexität kann u. a. bedeuten, dass das Projektteam eindeutig definiert und stabil ist, nur wenige Schnittstellen zu sozialen Projektumfeldfaktoren bestehen und die Zahl der Stakeholder bekannt, begrenzt und zudem stabil ist.

Möglich sind insgesamt vier Projektarten (vgl. Tabelle 1.00b-2):

Tabelle 1.00b-2: Projektarten der Dimension „Komplexität"
(in Anlehnung an WITSCHI, SCHLAGER & SCHEUTZ, 1998: 78f.)

Projektart	Fachl.-inhaltl. Komplexität	Sozial-kom. Komplexität	R/F/I	Charakteristik	Herausforderung
Standard-projekt	Niedrig	Niedrig	R/F	Relativ klare Aufgabenstellung, bekannte und vorhersehbare Vorgehensweise und Wirkungszusammenhänge, geringe soziale Vernetzung und Dynamik.	Projektstrukturierung
Akzeptanz-projekt	Niedrig	Hoch	F/I	Relativ klare Aufgabenstellung, die eine hohe soziale Vernetzung erfordert, weshalb eine nicht vorhersehbare soziale Dynamik entstehen kann mit ggf. neuen, überraschenden Lösungsoptionen.	Stakeholdermanagement
Potential-projek	Hoch	Niedrig	I	Neuartige und / oder offene Aufgabenstellung, verschiedene Vorgehensweisen und Lösungsoptionen sind möglich, hohe fachlich-inhaltliche Anforderung mit eher geringer sozialer Komplexität bzw. sozialer Vernetzung.	Projektziele und Projektumfang (Scope)
Pionier-projekt	Hoch	Hoch	I	Neuartige und / oder offene Aufgabenstellung, verschiedene Vorgehensweisen und Lösungsoptionen sind möglich, die eine hohe soziale Vernetzung erfordern, weshalb die fachlich-inhaltlichen Lösungen sowie der Projektverlauf schlecht vorhersehbar sind.	Risikomanagement

I = Innovationsprojekt, F = Fachprojekt, R = Routineprojekt

Im Kapitel 1.09 „Projektstrukturen (Project structures)" wird das Thema Projektstrukturen, im Kapitel 1.03 werden "Projektanforderungen und Projektziele (project requirements & objectives)", im Kapitel 1.10 werden "Leistungsumfang und Lieferobjekte (Scope & deliverables)", im Kapitel 1.02 „Interessengruppen / Interessierte Parteien (Interested Parties)" wird das Stakeholdermanagement und im Kapitel 1.04 „Risiken und Chancen (Risk und opportunity)" wird das Risikomanagement vorgestellt.

Dimension 6: Projektorganisation

In dieser Dimension geht es u. a. um die Befugnisse des Projektleiters. Idealtypisch lassen sich drei Projektarten unterscheiden (vgl. Tabelle 1.00b-3).

Tabelle 1.00b-3: Projektarten der Dimension „Projektorganisation"

Projektart	Disziplinarische Befugnisse des Projektleiters	Fachliche Befugnisse des Projektleiters
Einfluss-Projekt	Nein	Nein
Matrix-Projekt	Nein	Ja
Autonomes Projekt	Ja	Ja

Im Kapitel 1.06 „Projektorganisation (Project organisation)" wird dieses Thema ausführlich vorgestellt.

Dimension 7: Projektsteuerung

Unterscheidbar sind vier Formen der Prozesskoordination: (1) Hierarchie (persönliche Weisung), (2) Selbstabstimmung, (3) Programme und Regeln und (4) Pläne bzw. Planung (vgl. SCHELLE et al. 2005; KIESER et al. 1983). Diese Systematik wird nachfolgend aufgegriffen.

Neben den oben genannten Projektarten ist für die Art der Projektsteuerung insgesamt entscheidend, inwieweit in einem Projekt Einzelfallentscheidungen notwendig sind oder Regelfallentscheidungen möglich sind. Regelfälle können weitgehend u. a. auf der Basis von Standards, Richtlinien, Handbüchern (z. B. PM-Handbuch) oder Verfahrensanweisungen entschieden werden, insofern diese vorhanden sind. Diese allgemeinen, schriftlich fixierten Vorgaben ermöglichen ein hohes Maß an Stabilität. Bei Einzelfallentscheidungen wird hingegen eine gegebene Situation berücksichtigt bzw. eine allgemeine Regel ist nicht verfügbar oder anwendbar. Einzelfallentscheidungen gelten nur für den konkreten Fall, erfordern eine fachlich-inhaltliche und sozial-kommunikative Abstimmung, ermöglichen eine hohe Flexibilität und verursachen allerdings einen hohen Aufwand.

Nach DIN 19226 werden in der **Steuerung** die Ausgangsgrößen durch die Eingangsgrößen gemäß den Gesetzmäßigkeiten des Systems beeinflusst (DIN 19226-1, 1994). In der **Regelung** wird hingegen eine zu regelnde Größe fortlaufend erfasst, mit einer weiteren vorgegebenen Größe (der Führungsgröße) fortlaufend abgeglichen und die regelnde Größe „im Sinne der Angleichung an die Führungsgröße beeinflusst" (DIN 19226-4, 1994).

Diese Definition findet sich auch in der Betriebswirtschaftslehre. Steuerung ist sodann „eine informationelle Anweisung an ein System und die Einwirkung auf ein System, damit es sich in einer bestimmten Art verhält und ein Ziel erreicht." Regelung ist hingegen „eine informationelle Rückkopplung einer Abweichung von einem gewünschten Verhalten oder Ziel." (ULRICH & PROBST, 1991: 79)

Nach Heinz von Foerster (1985) stellt „Steuerung" eine Trivialisierung dar. Von Foerster spricht allgemein von „Maschinen". Er unterscheidet „triviale Maschinen" und „nicht-triviale Maschinen". Bei einer „trivialen Maschine" besteht eine eindeutige Beziehung zwischen einem Input x und dem Output $y=f(x)$. In der DIN 19226 wird die eindeutige Beziehung als „Gesetzmäßigkeit" bezeichnet. Triviale Maschinen sind in ihrer Reaktion vorhersehbar. In der „nicht-trivialen Maschine" kann der gleiche Input x hingegen zu unterschiedlichen Outputs y führen.

Standards, Richtlinien etc. regeln nur den allgemeinen Fall. Prozesskoordination findet im Projekt zudem auf Basis von Plänen statt. Ein Plan berücksichtigt - im Gegensatz zu einem Standard - die Situation eines Projekts, allerdings ohne Gewähr, dass die „Maschine Projekt" gemäß dem Plan funktionieren wird, weshalb die Pläne fallweise zu ergänzen sind durch situationsspezifische Anweisungen eines Vorgesetzten (Hierarchie) und durch selbstabgestimmte Handlungen vor Ort (Selbstabstimmung). Die vier Prozesskoordinationsformen stehen damit hinsichtlich der Ausprägungen Stabilität versus Flexibilität sowie Regelfall versus Einzelfall in einem inneren Zusammenhang.

 Die Projektarbeit sollte mit Hilfe von Regelfallentscheidungen (Standards und Pläne) von Grundsatzfragen entlastet werden, um das Projekt einerseits abzusichern (Stabilität) und um anderseits Freiräume im Projekt zu schaffen (Flexibilität) für die Einzelfallentscheidungen (hierarchie- bzw. situationsspezifische Anweisungen eines Vorgesetzten und Selbstabstimmung vor Ort).

Die Projektarten „technokratisches Projekt" sowie „agiles Projekt" charakterisieren unterschiedliche Schwerpunktsetzungen: Eine eher standardisierte Prozesskoordination (technokratisches Projekt) oder eine eher einzelfallorientierte Prozesskoordination (agiles Projekt). In Abbildung 1.00b-4 sind die bislang aufgeführten Punkte nochmals grafisch veranschaulicht.

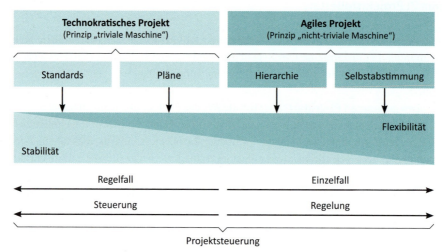

Abbildung 1.00b-4: Projektarten der Dimension "Projektsteuerung"

Der Begriff "Projektsteuerung" umfasst sowohl das Verständnis von Steuerung als auch das Verständnis von Regelung. Projekte sind weder 100 % technokratisch, noch 100 % agil, weshalb die Kombination verschiedener Prozesskoordinationsformen erforderlich ist. Technokratische Projekte haben das Problem der Stabilität gelöst, während sich ihnen die Flexibilität im Projekt als Problem stellt. Agile Projekte haben das Problem Flexibilität gelöst, während sich ihnen die Stabilität im Projekt als Problem stellt.

In den Kapiteln 1.16 „Projektcontrolling: Überwachung, Steuerung und Berichtswesen (Control & reports)" sowie 1.18 „Kommunikation (Communication)" wird die Dimension "Projektsteuerung" weitergehend behandelt.

Dimension 8: Geographie

Verschiedene Einflussfaktoren erhöhen den Schwierigkeitsgrad in internationalen Projekten. Hierzu zählen (1) kulturelle, (2) natürliche und technische, (3) wirtschaftliche sowie (4) politisch-rechtliche Einflussfaktoren (vgl. hierzu den Beitrag „2.01 Führung in internationalen Projektteams" im Vertiefungswissen).

Dimension 9: Projektgröße

Die Projektgröße kann einheitlich nicht bestimmt werden. Die Bestimmung der Projektgröße ist (1) abhängig von der Art und Anzahl der Faktoren, die berücksichtigt werden. Wird beispielsweise die Projektgröße nur in Abhängigkeit von der Anzahl der Projektmitarbeiter bzw. alternativ von dem Entwicklungsaufwand bestimmt oder fließen verschiede Faktoren in die Bestimmung der Projektgröße ein (wie z.B. Anzahl Mitarbeiter, Projektlaufzeit und Projektbudget)? Die Bestimmung der Schwellenwerte zur Unterscheidung der Projektgröße ist zudem abhängig vom (2) Projektgegenstand. Handelt es sich beispielsweise um Organisationsprojekte oder Investitionsprojekte? Die Bestimmung der Projektgröße ist zudem abhängig von der (3) Unternehmensgröße (KMU / Konzern) sowie dem (4) Grad der Projektorientierung bzw. dem PM-Reifegrad der Organisation. Projektgrößen sind deshalb immer unternehmensspezifisch auf Basis von Erfahrungswerten zu definieren.

Dimension 10: Projektrolle

Die Unterscheidung „interne / externe Projekte" berücksichtigt die Stellung des Auftraggebers – aus Sicht des Auftragnehmers. Losgelöst von einer speziellen Sichtweise sind aus Sicht des Projekts bzw. auf Basis der Projektrolle die Projektarten „Auftraggeberprojekt" sowie „Auftragnehmerprojekt" unterscheidbar. Diese Unterscheidung verwendet beispielsweise das V-Modell XT, wobei hierbei nicht von Projektarten, sondern von Projekttypen gesprochen wird. Das V-Modell XT benennt zudem einen dritten „Projekttyp", „bei dem die Anforderungsfestlegung, die Projektabwicklung und die Entwicklung innerhalb einer Organisation erfolgen (Auftraggeber / Auftragnehmer, AG/AN)" (V-Modell XT, 2006, 1-13). Dieser Projekttyp entspricht sodann der Projektart „internes Projekt".

Σ Fazit Projekte können mit Hilfe von **Projektarten** klassifiziert werden. Projekte der gleichen Projektart weisen einen vergleichbaren „Projektcharakter" auf mit oftmals ähnlichen Herausforderungen, Arbeitsweisen, Risiken und Chancen. Das Verständnis von Projektarten hilft, typische Herausforderungen, Arbeitsweisen, Risiken und Chancen von Projekten zu antizipieren. Projekte sind meist eine Mischung aus verschiedenen Projektarten: z. B. „internes Projekt" + „strategisches Projekt" + „F&E-Projekt" + usw.

1.01 Projektmanagementerfolg (Project management success)
Thor Möller

Kontext und Bedeutung

Bedeutung

Mit der zunehmenden Anzahl und Bedeutung von Projekten in Unternehmen nimmt das Projektmanagement eine wachsende Position ein. Zudem erhöht der weltweit steigende Wettbewerb den Erfolgsdruck für Unternehmen. Projekterfolge müssen daher – gemessen an der Anzahl durchgeführter Projekte und innerhalb jeden Projekts – erhöht werden. Erfolgreiche Projekte benötigen als eine fast unabdingbare Voraussetzung ein professionelles Projektmanagement. Es ist die Basis für den Projektmanagementerfolg, der wiederum den Erfolg von Projekten steigert und somit auch die Wettbewerbsfähigkeit und den Erfolg eines Unternehmens.

Die Messung und Steigerung des Projektmanagementerfolgs können durch unterschiedliche Verfahren und Werkzeuge erzielt werden. Projektmanagementerfolg ist somit ein zentrales Thema für die Erfolge von Projekten und Organisationen.

Während im angelsächsischem Raum das Thema Projektmanagementerfolg intensiver behandelt wird, gibt es nur wenige deutschsprachige Auseinandersetzungen dazu. Auf der wissenschaftlichen Seite geht es dabei in der Regel um den Versuch, Erfolgsfaktoren empirisch zu belegen. Praktiker fordern eher pragmatische Checklisten mit Aspekten, die sie in ihrer Projektarbeit berücksichtigen sollten, um den Projekt(management)erfolg zu steigern.

Kontext

Wie eingangs erwähnt, ist ein professionelles Projektmanagement eine fast unabdingbare Voraussetzung für erfolgreiche Projekte. Das Thema Projektmanagementerfolg zieht sich somit durch alle Gebiete und Themen des Projektmanagements. Die erfolgreiche Anwendung von Projektmanagement erfordert die professionelle und maßgeschneiderte Anwendung von Projektmanagementprozessen und -werkzeugen. Dies betrifft u. a. alle Elemente der ICB. Sowohl die harten als auch die weichen Faktoren haben im Zusammenhang mit dem Projektmanagementerfolg jede für sich besondere Bedeutungen.

Lernziele

Sie kennen

- die wesentlichen Kriterien zur Messung des Projektmanagementerfolgs
- wichtige Erfolgsfaktoren für das Projektmanagement
- praktische Hinweise zum strategischen Verhalten im Vertrags- und Nachtragsmanagement

Sie können

- zwischen Projekterfolg und Projektmanagementerfolg unterscheiden
- über den Ansatz der Erfolgsfaktoren das Projektmanagement in einer Organisation gezielt optimieren

Inhalt

1	Einleitung		56
2	Was bedeutet Projektmanagementerfolg?		56
2.1	Was ist Erfolg?		56
2.2	Was ist Projekterfolg?		57
2.3	Was ist Projektmanagementerfolg?		58
3	Ansatz der Erfolgsfaktorenforschung		59
3.1	Der betriebswirtschaftliche Erfolgsfaktorenansatz		59
3.2	Der Erfolgsfaktorenansatz im Projektmanagement		60
4	Vertrags- und Nachforderungsstrategie		64
5	Zusammenfassung		65
6	Fragen zur Wiederholung		65

1 Einleitung

Mit der zunehmenden Anzahl und Bedeutung von Projekten in Unternehmen nimmt Projektmanagement eine wachsende Position ein. Zudem erhöht der weltweit steigende Wettbewerb den Erfolgsdruck für Unternehmen. Die Anzahl der Projekterfolge muss daher – gemessen an der Anzahl durchgeführter Projekte und innerhalb jeden Projekts – erhöht werden. Projektmanagementerfolg ist somit ein zentrales Thema für die Erfolge in Projekten und Organisationen.

Erfolgreiche Projekte benötigen als eine fast unabdingbare Voraussetzung ein professionelles Projektmanagement. Es ist die Basis für den Projekt(management)erfolg. Darauf aufbauend, beeinflussen bestimmte Faktoren den Erfolg von Projekten und Projektmanagement. Das hier dargestellte Grundlagenwissen zum Thema Projektmanagementerfolg fokussiert auf den Ansatz der Erfolgsfaktorenforschung durch die Ermittlung und Vorstellung einer Liste von wichtigen Erfolgsfaktoren für die Projektarbeit.

Projektmanagementerfolg zieht sich durch alle Gebiete und Themen des Projektmanagements. Die erfolgreiche Anwendung von Projektmanagement erfordert die professionelle und maßgeschneiderte Anwendung von Projektmanagementprozessen und -werkzeugen. Dies betrifft u. a. alle Elemente der ICB. Sowohl die harten als auch die weichen Faktoren haben im Zusammenhang mit Projektmanagementerfolg jede für sich besondere Bedeutungen.

2 Was bedeutet Projektmanagementerfolg?

Um ein gesamtes Verständnis des Begriffs Projektmanagementerfolg darzustellen, beschäftigt sich dieser Abschnitt zunächst mit dem Thema Erfolg. Darauf aufbauend, werden der Begriff Projekterfolg und abschließend der Begriff Projektmanagementerfolg untersucht. Auf eine Darstellung der Begriffe Projekt und Projektmanagement wird an dieser Stelle verzichtet.

2.1 Was ist Erfolg?

Im allgemeinen Verständnis ist Erfolg ein Resultat von Handlungen und/oder Ereignissen. Auf Handlungen basierender Erfolg ist durch den Handelnden beeinflussbar. Ereignisse und daraus resultierender Erfolg sind weniger beeinflussbar. Der Begriff Erfolg ist zunächst wertfrei zu sehen. Er schließt das gesamte Spektrum vom vollkommenen Misserfolg bis zum vollkommenen Erfolg ein. Umgangssprachlich wird Erfolg jedoch häufig bereits mit positiven Resultaten besetzt. Bei negativem Erfolg spricht man im Allgemeinen von Misserfolg.

Das Ausmaß bzw. der Grad von Erfolg können durch Vergleiche gemessen werden. Dabei können z. B. im Vorfeld gesetzte Ziele, aktuelle Erwartungen oder ähnliche Subjekte, Prozesse etc. zum Vergleich herangezogen werden. Das Erreichen von Zielen, das Erfüllen von Erwartungen und der positive Vergleich mit ähnlichen Subjekten, Prozessen etc. müssen allerdings zusätzlich in Relation zu dem aufgebrachten Aufwand gesetzt werden. Erfolg misst sich somit nicht nur am Ergebniszustand, sondern auch an dem Einsatz, der zum Erreichen eines Ziels erforderlich war.

Um Erfolg messen zu können, müssen Parameter definiert werden. Je nach Ausprägung der Parameter kann dann die Stufe des Erfolgs festgelegt werden. Basis für die Parameter können z. B. im Vorfeld gesetzte Ziele, allgemeine Zielvorstellungen, Erfahrungswerte im Sinne eines Fortschritts oder Vergleichswerte im Sinne des Benchmarking sein. Erfolg ist damit immer in Relation zu der Betrachtungsperspektive zu sehen. Übereinstimmende Resultate können von verschiedenen Institutionen oder Individuen als erfolgreich oder nicht erfolgreich beurteilt werden. Dies lässt sich im Sport aufzeigen:

🔍 **Beispiel** Für einen gut trainierten Sportler ist ein Weitsprung von vier Meter sicherlich kein Erfolg. Ein untrainierter Mensch hingegen würde dieses Ergebnis bereits als besonderen Erfolg verbuchen. Ebenso verhält es sich mit der Ergebnisbeurteilung von Individuen im Arbeitsleben und in ganzen Organisationseinheiten.

2.2 Was ist Projekterfolg?

Das Magische Dreieck stellt die drei wichtigsten Projektparameter in ihrem Zusammenhang dar: Leistung, Termine und Kosten. In dem Parameter Leistung sind sowohl quantitative als auch qualitative Leistungen enthalten. Häufig wird der Faktor Qualität dem Magischen Dreieck noch gesondert beigefügt, obwohl Qualität nur ein Merkmal der Leistung ist – neben Leistungsart und Leistungsmenge. Die Formulierung „magisch" resultiert daraus, dass die drei dargestellten Parameter im gesamten Projektverlauf wechselseitige, konkurrierende Beziehungen bilden. Während die Leistung maximiert werden soll, sollen die Kosten (Budget) und die Zeit (Dauern) minimiert werden (vgl. Abbildung 1.01-1). Die Einhaltung der vertraglich definierten Parameter des Magischen Dreiecks ist die Basis für Projekterfolg. Jedoch bestehen weitere Faktoren, welche die Erfolgsbeurteilung von Projekten beeinflussen.

Abbildung 1.01-1: Das Magische Dreieck im Projektmanagement

Der Erfolg von Projekten ist die Anerkennung der Projektergebnisse durch die relevanten Interessengruppen (IPMA, ICB 3.0: 40). Eine grundlegende Voraussetzung dafür ist, die Erwartungen der relevanten Interessengruppen an die Projektergebnisse zu kennen und zu berücksichtigen. In konfliktären Zielsituationen müssen situativ entsprechende Lösungen, also möglichst so genannte Win-Win-Situationen geschaffen und ggf. eine Strategie zum Umgang mit den zu erwartenden Konflikten erarbeitet werden.

🔍 **Beispiel** Das Projekt hat alle vertraglichen Vorgaben innerhalb der vorgegebenen Zeit und des Budgets erfüllt. Ein Teil der Projektmitarbeiter und externen Lieferanten fühlt sich allerdings ausgelaugt und möchte mit diesem Projektleiter keine Projekte mehr durchführen. Würden Sie das Projekt als erfolgreich beurteilen?

Es ist nur ein Teil des Projekterfolgs, die vertraglichen Verpflichtungen innerhalb der vorgegebenen Zeit und des Budgets zu erfüllen. Insgesamt müssen die Projektergebnisse durch die Stakeholder anerkannt werden (IPMA, ICB, GP 2.10: 16 und 40 sowie MOTZEL, 2006: 159).

Nicht nur externe Stakeholder sollten dabei mit einem Projekt zufrieden sein und dies als Erfolg beurteilen. Interne Mitarbeiter sind ebenso Stakeholder, die den Erfolg eines Projekts und des Projektmanagements beurteilen. Ein gutes Teammanagement und die Integration von betroffenen Mitarbeitern sind damit ein wichtiger Bestandteil eines erfolgreichen Projektmanagements. Das Messen der Mitarbeiterzufriedenheit und die konsequente Umsetzung daraus resultierender Maßnahmen sind integraler Bestandteil des Teammanagements und der Mitarbeiterführung.

💡 **Tipp** Ein Projekt ist erfolgreich, wenn die Ziele, die der Auftraggeber, die Beteiligten und die Betroffenen als relevant betrachten, am Ende des Projekts erreicht werden, und dies durch das Vertrags- und Nachtragsmanagement entsprechend abgesichert ist.

Zusammengefasst kann Projekterfolg wie folgt definiert werden:

§ **Definition** Projekterfolg ist die Erfüllung der vertraglich vereinbarten Leistungen in angeforderter Qualität und Quantität sowie im Rahmen des finanziellen und terminlichen Rahmens unter Berücksichtigung der genehmigten Nachträge (Claims). Die Prioritäten und das Verhältnis der einzelnen Parameter zueinander sind nur projektbezogen und somit situativ festlegbar. Zusätzlich müssen die Stakeholder des Projekts, insbesondere die Auftraggeber, Kunden, Projektmitarbeiter und betroffenen Mitarbeiter, mit der Umsetzung und den Ergebnissen zufrieden sein und das Projekt als positiv und erfolgreich beurteilen.

2.3 Was ist Projektmanagementerfolg?

Der Erfolg des Projektmanagements ist das Verhältnis von einerseits Aufwänden für das Entwickeln, Anwenden und Optimieren des Projektmanagements zum Nutzen aus erfolgreicheren Projekten andererseits. Diese Parameter sind vor allem auf der Outputseite schwer messbar. Die verhältnismäßig hohen Aufwände, die für das Etablieren und Pflegen eines standardisierten Projektmanagements anfallen, können nur durch die Summe des Nutzens vieler Projekte kompensiert werden. Betrachtet man jedoch ein einzelnes Projekt, so kann durch professionelles Projektmanagement der Nutzen erheblich erhöht werden. Mögliche Verluste durch nicht erkannte Risiken, verschleppte Projekte etc. können ebenso verringert oder sogar verhindert werden.

🔍 **Beispiel** Ein Handwerksunternehmen plant die Eröffnung einer Filiale in der 15 km entfernten Nachbarstadt zur regionalen Markterweiterung. Das Projekt ist gut vorangeschritten, als in derselben Stadt die Eröffnung eines großen Heimwerkermarktes mit Handwerkerservice angekündigt wird. Es wird nicht abgebrochen, jedoch werden die bisherigen Marktanalysen neu bewertet und es kommt zu einer neuen Standortentscheidung. Der Zwischenfall hat dem Unternehmen einen stattlichen finanziellen und zeitlichen Aufwand gekostet. Das Risikomanagement, die Planungsunterlagen und die gute Dokumentation konnten aber größere Verluste verhindern.

! Projektmanagementerfolg beginnt bereits bei der Projektauswahl. Es ist seitens des strategischen Projektmanagements besonders wichtig, die richtigen Projekte für das Unternehmen auszuwählen, Prioritäten zu setzen und zu initiieren. Dabei müssen einerseits unnötige Projekte vermieden und andererseits dürfen wichtige Projekte nicht übersehen werden.

💡 **Tipp** In den Definitions- und Planungsphasen sind u. a. die Auswahl der geeigneten Instrumente, die Teambildung und Teamentwicklung sowie die interne und externe Kommunikation von besonderer Bedeutung für den Projektmanagementerfolg. Experten verweisen immer wieder darauf, dass die Betonung der frühen Phasen sich auszahlt. Durch dieses so genannte „Frontloading" entsteht zwar zu Beginn des Projekts ein höherer zeitlicher und finanzieller Aufwand, dieser würde aber in der Regel durch konsequenteres Vorgehen, Vermeidung von Risiken etc. schnell kompensiert werden. Die Umsetzungsphase eines Projekts benötigt vor allem ein gutes Projektcontrolling, Stakeholder- und Teammanagement sowie Risikomanagement.

Projektmanagementerfolg im Gegensatz zu Projekterfolg ist wesentlich schwerer greifbar. Während sich Projekterfolg größtenteils direkt messen lässt, liegt der eigentliche Projektmanagementerfolg in der Regel darin, dass (größere) Probleme vermieden wurden. Die Nutzenseite eines erfolgreichen Projektmanagements ist damit nur sehr spekulativ zu bewerten. Zusammengefasst kann Projektmanagementerfolg wie folgt definiert werden:

> **§ Definition** Projektmanagementerfolg ist der effektive und effiziente Einsatz von Methoden und Instrumenten des Projektmanagements zur Steigerung des wirtschaftlichen Erfolgs und der Zufriedenheit der Stakeholder einzelner Projekte, des Projektportfolios insgesamt sowie projektübergreifend der Erfolg der Organisation. Die dafür erforderlichen Projektmanagement-Aktivitäten müssen definiert und umgesetzt werden. Grundsätzlich sollte das Vorgehen im Projektmanagement hierfür standardisiert und eingeführt („gelebt") werden.

3 Ansatz der Erfolgsfaktorenforschung

Der Abschnitt beinhaltet allgemeine Hinweise zum betriebswirtschaftlichen Ansatz der Erfolgsfaktorenforschung und der kritischen Diskussion dazu. Darauf aufbauend, stellt es den Erfolgsfaktorenansatz im Projektmanagement dar und listet wichtige Erfolgs- und Misserfolgsfaktoren von Projekten und Projektmanagement auf.

3.1 Der betriebswirtschaftliche Erfolgsfaktorenansatz

Der betriebswirtschaftliche Ansatz der Erfolgsfaktoren kommt aus der betrieblichen Erfolgsforschung für Unternehmen. Dabei werden Ergebnisse betriebswirtschaftlicher Handlungen verglichen und aus den erfolgreichsten Vorgehensweisen Einflussgrößen, die so genannten Erfolgsfaktoren, ermittelt. Diese Erfolgsfaktoren sollen das künftige Vorgehen prägen und somit den Erfolg der betriebswirtschaftlichen Handlungen steigern. Die Vergleiche zur Analyse der Erfolgsfaktoren können unternehmensintern und unternehmens- oder sogar branchenübergreifend stattfinden.

Der bekannteste und modernste Ansatz ist das Benchmarking. Anhand von Schlüsselkennzahlen werden die besten Leistungen ermittelt. Das Vorgehen der „Klassenbesten" dient als Vorlage zur Optimierung des eigenen Vorgehens. Wichtig beim Benchmarking ist die Ermittlung wirklich vergleichbarer Kennzahlen. Allzu häufig werden hier „Äpfel mit Birnen" verglichen.

Zumindest in der Wissenschaft, aber auch in der Praxis unterliegt der Ansatz der Erfolgsfaktoren allerdings einer kritischen Auseinandersetzung. Kritiker bezweifeln die Wirksamkeit des Ansatzes u. a. aufgrund der folgenden Aspekte:

- Erfolg beruht nicht nur auf einzelnen Handlungen, sondern u. a. auf der Verknüpfung verschiedener Vorgehensweisen und auch auf externen Umständen. Der Anteil eines bestimmten Vorgehens am Erfolg ist somit nicht eindeutig belegbar.
- Die Ausgangssituationen sind sehr individuell und komplex. Es können keine generellen Erfolgsfaktoren definiert werden, die für alle Situationen gültig sind.
- Die Erfolgsfaktoren sind abhängig von kulturellen und anderen Einflüssen und können somit keine übergreifende Konformität aufweisen.
- Die Erfolgsfaktoren sind stark abhängig von den Reifegraden der Organisationen.

Zahlreiche Studien und Publikationen haben in den letzten Jahrzehnten eine Vielzahl betriebswirtschaftlicher Erfolgsfaktoren definiert. Das hat einerseits sicherlich einen erheblichen Beitrag zum besseren Vorgehen in vielen Unternehmen geleistet. Es ist allerdings keine konkrete Anleitung entstanden, die generell auf ein Unternehmen angewendet werden kann und, daraus resultierend, den Erfolg steigert.

Unterschied zwischen Erfolgskriterium und Erfolgsfaktor

> **Definition** Umgangssprachlich werden häufig die Begriffe Kriterium und Faktor gleichbedeutend verwendet und verstanden. Hier besteht allerdings ein wesentlicher Unterschied. Ein Kriterium ist ein Merkmal, womit der Zustand einer Sache oder Person von anderen unterschieden werden kann. Unter einem Faktor versteht man ein Einflussmittel über den Zustand einer Sache oder Person. Ein Erfolgskriterium kann zum Beispiel die Anwesenheitsquote in einem Unternehmen oder Projekt sein. Ein Erfolgsfaktor, der die Ausprägung dieses Erfolgskriteriums beeinflusst, kann zum Beispiel eine aktive Einbeziehung der Mitarbeiter sein.

Sind Erfolgs- und Misserfolgsfaktoren zwei Seiten einer Medaille?

Grundsätzlich können Erfolgsfaktoren wie zwei Seiten einer Medaille verstanden werden. Die Anwendung eines Erfolgsfaktors kann den Erfolg steigern, während die Nicht-Beachtung den Erfolg schmälern kann (vgl. LECHLER, 1996: 45). Dies gilt allerdings nur grundsätzlich so. Es bestehen einige Ausnahmen, bei denen dies nicht so ist.

> **Beispiel** Der Vorstand eines Unternehmens unterstützt das Projekt durch Beiträge in der Unternehmenszeitung, persönliches Erscheinen bei wichtigen Meilensteinen etc. Dieses Verhalten ist sicherlich ein wichtiger Faktor, der zur Steigerung des Projekterfolgs beitragen kann. Findet das Projekt jedoch keine derartige Unterstützung durch die Unternehmensleitung, so ist die Wahrscheinlichkeit für einen verminderten Projekterfolg recht groß. Das Projekt muss aber nicht zwangsweise aufgrund mangelnder Unterstützung scheitern. Es genügt also noch nicht, nur darüber nachdenken, wie man ein Projekt erfolgreich gestalten kann. Ebenso wichtig ist die Überlegung, wie ein Projekt zum Scheitern gebracht werden könnte. Nur so erkennt man die wesentlichen Probleme und Risiken im Vorfeld und kann diese gezielt bearbeiten und überwachen (vgl. MÖLLER & DÖRRENBERG, 2003: 26).

3.2 Der Erfolgsfaktorenansatz im Projektmanagement

Eine Reihe von Publikationen und empirischen Analysen untersuchten den Erfolg von Projekten und versuchten, daraus Erfolgs- und Misserfolgsfaktoren für Projekte abzuleiten. Leider ist oft das Vorgehen bei der Bestimmung dieser Faktoren wenig transparent. Außerdem bezieht es sich meistens nur auf einzelne Projekte und somit auf den Projekterfolg, nicht aber auf den Projektmanagementerfolg.

Obwohl die Dissertation von LECHLER bereits über zehn Jahre alt ist, setzt sie den Maßstab für einen Erfolgsfaktorenansatz im Projektmanagement. Sie bezieht sich auf Erfolgsfaktoren des Projektmanagements, ist methodisch fundiert und transparent.

> Wesentliche Ergebnisse aus LECHLERS Studie bezüglich der **Erfolgsfaktoren** lauten (vgl. LECHLER, 1996: 278ff):
> - Die Unterstützung des Top-Managements ist ein wesentlicher Erfolgsfaktor. Bei nicht ausreichender Unterstützung durch das Top-Management droht eine erfolglose Projektdurchführung.
> - Die adäquate Zusammensetzung des Projektteams ist von besonderer Bedeutung. Äußere Sachzwänge, welche die Verfügbarkeit geeigneter Mitarbeiter reduzieren, können den Projekterfolg mindern. Das gilt insbesondere für innovative und komplexe Projekte.
> - Kleinere Projekte benötigen vor allem eine gute Planung und Steuerung sowie die Unterstützung des Top-Managements und eine gute Kommunikation.
> - Bei sehr hoher Dringlichkeit und/oder Bedeutung sind vor allem die Unterstützung des Top-Managements und die Planungs- und Steuerungsaktivitäten besonders wichtig.
> - „Der Einsatz von Methoden und Instrumenten des Projektmanagements ist eine notwendige, aber keinesfalls hinreichende Bedingung zur erfolgreichen Projektrealisierung".
> - Zieländerungen und Konflikte können sich negativ auf den Projekterfolg auswirken.

Aus mehreren Studien ist ersichtlich, dass in der Regel der Faktor Mensch über den Erfolg des Projektes bestimmt. Projekte werden durch menschliches Zutun erfolgreich oder können dadurch scheitern. Gerade die häufig unsichtbaren, weichen Faktoren sind hier zu beachten.

„Da arbeiten Menschen zusammen, die sich nicht verstehen, nicht mögen, oder in Karrierekämpfe verstrickt sind. Da greifen Manager ein, die nicht wissen, was sich intern im Projekt gerade abspielt. Da wird aus Angst vor Versagen das Team durch ständige Kontrolle schikaniert – oder aus Angst vor Sympathieverlust auf Kontrollen gänzlich verzichtet. Da gibt es endlose Meetings, in denen ein Profilneurotiker jede Einigung, jeden Entschluss verhindern kann. Aus den Fachabteilungen werden Berater ins Entwicklungsteam gesetzt, die sich für das Projektthema nicht interessieren, einen Hass auf Computer haben und beim Einführungszeitpunkt des Produkts längst die Rente beziehen. Die Liste ließe sich endlos weiterführen. Projekte scheitern an Menschen und können auch nur durch Menschen zum Erfolg gebracht werden" (KELLNER, 2001: 21).

> Aufgrund der Vielzahl von Erfolgs- und Misserfolgsfaktoren in Projekten erscheint eine Gruppierung sinnvoll. MÖLLER & DÖRRENBERG haben, basierend auf einer Vielzahl von Untersuchungen und Praxiserfahrungen, die von ihnen ermittelten Erfolgs- und Misserfolgsfaktoren nach den **Personengruppen** (Unternehmensleitung, Projektleitung, Projektteam, Auftraggeber/Kunden und Projektbetroffene sowie Projektgegner) eingeteilt, in deren Verantwortungsbereich die Beeinflussung der einzelnen Faktoren im Wesentlichen liegt (vgl. MÖLLER & DÖRRENBERG, 2003: 24ff). Ihre Ergebnisse stellen die folgenden Beschreibungen und Tabellen dar.

Die Unternehmensleitung hat vor allem durch die Schaffung von generellen Voraussetzungen, die Unterstützung für das Projekt und die entsprechende Kommunikation einen wesentlichen Einfluss auf den Verlauf von Projekten und deren Erfolg. Tabelle 1.01-1 gibt einen Überblick über die typischen Erfolgs- und Misserfolgsfaktoren, welche durch das Engagement der Unternehmensleitung am nachhaltigsten beeinflusst werden. Hier zeigt sich deutlich die Aufgabe der Unternehmensleitung, eine solide Basis für die Projektarbeit zu schaffen. Erst wenn diese Basis tragfähig ausgestaltet ist, wird eine effektive und effiziente Projektarbeit ermöglicht.

Tabelle 1.01-1: Typische Erfolgsfaktoren der Unternehmensleitung (MÖLLER & DÖRRENBERG, 2003: 28)

Misserfolgsfaktoren in Projekten	Erfolgsfaktoren in Projekten
Unterstützung durch die Unternehmensleitung zu gering	Gezielte Einführung, Anwendung und ständige Weiterentwicklung von PM im Unternehmen
Befugnisse der Projektleitung zu gering	Win-Win-Situation der wesentlichen Projektbeteiligten und -betroffenen schaffen
Verzögerung von Entscheidungen	Ausreichende Einsatzmittel (quantitativ und qualitativ)
Lieblingslösung vorgeben anstatt objektiver Alternativensuche (-bewertung)	Ausreichende Freistellung der Projektmitarbeiter
Personal fehlt (quantitativ und qualitativ) oder wird nicht ausreichend zur Verfügung gestellt	Personalentwicklungsplan
Überlastung der Projektmitarbeiter durch weiter wahrgenommene Aufgaben in der Linienfunktion	Anbindung des Projektes an die Linienorganisation klar definieren
Steigende Unsicherheit bei der Projektgruppe mangels Perspektiven bezüglich Aufgaben und Einsatzgebiete nach dem Projekt	PM-Aus- und Weiterbildung und Methodenkompetenz bei Mitarbeitern insgesamt
Projekt ist Lieblingskind des Chefs und darf nicht abgebrochen werden	PM-Handbuch und Projekthandbuch
Wenig Akzeptanz des Projektes bei den Abteilungsleitern	Projekt-Wissensmanagement
Bestellung von unkompetenten Projektleitern	Entwickelte Kultur des Projektmanagements

Die meisten Erfolgs- und Misserfolgsfaktoren finden sich bei der **Projektleitung** wieder. Hier können also die meisten Fehler begangen, aber auch die meisten Chancen aufgegriffen werden. Die Kompetenz und das Verhalten des Projektleiters haben somit gleichermaßen einen bedeutenden Einfluss auf den Verlauf und den Erfolg von Projekten. Die genannten Aspekte sind in der Regel durch den Projektleiter beeinflussbar. Die Tabelle 1.01-2 enthält typische Erfolgs- und Misserfolgsfaktoren seitens der Projektleitung.

Tabelle 1.01-2: Typische Erfolgsfaktoren der Projektleitung (MÖLLER & DÖRRENBERG, 2003: 29)

Misserfolgsfaktoren in Projekten	Erfolgsfaktoren in Projekten
Ziele sind unklar definiert	Klare, erreichbare Ziele stecken
Zu anspruchsvolle Zieldefinition	Ziele quantifiziert
Ziele werden im Verlauf (mehrfach) geändert und nicht kommuniziert	Ziele deutlich kommunizieren und dokumentieren
Experten sind zu „abgehoben", sie suchen nur höchst anspruchsvolle anstatt pragmatische Lösungen und nehmen keine Kritik an	Win-Win-Situation der wesentlichen Projektbeteiligten und –betroffenen
Teambildungsprozess wird nicht unterstützt	Betroffene zu Beteiligten machen
Konflikte im Team werden ignoriert oder ausgesessen	Organisierte Teamführung
Negative Stimmung/ Atmosphäre im Projektteam	Akzeptanz und Identifikation möglichst aller Beteiligten und Betroffenen herbeiführen
Optimierung der technischen Möglichkeiten wird über die menschlichen Aspekte gestellt und es gibt zu wenig Interesse an der Schaffung von Akzeptanz	Projektkultur entwickeln
Terminplanung ohne Beteiligte	Soziale Kompetenz des Projektleiters
Probleme ignorieren und aussitzen	Projektteam muss insgesamt mitplanen
Misserfolgreiche Projekte versanden, anstatt eines Abbruchs entstehen Kosten und Frustrationen	Kultur des Fehlermachens vorleben

Misserfolgsfaktoren in Projekten	Erfolgsfaktoren in Projekten
Fehler aus alten Projekten werden wiederholt	Organisierter, möglichst frühzeitiger Projektabbruch bei zu erwartendem Nichterfolg des Projektes
Konflikte mit den Linienabteilungen	Einsatz von Abteilungsbeauftragten
Zuviel oder zuwenig Kontrolle der Projektmitarbeiter	Kompetenz und Mut, Projekte abzulehnen
unklare Kompetenzverteilung im Projektteam	Interesse an den Zwängen und Problemen der Mitarbeiter
Willkürliche Methodenanwendung	Interessenlagen und mögliche Konflikte frühzeitig erkennen
Mehr Improvisation als systematische Organisation	Prozessorientierung
Ist-Situation ungenügend analysiert	Projektkommunikation
Projektverantwortlichkeiten unklar	Projektmarketing
Änderungen werden ungenügend berücksichtigt	Konsequentes Änderungsmanagement
Mangelnde Dokumentation	Konsequentes Vertrags- und Claimmanagement
Verlass auf mündliche Absprachen	konsequentes Risikomanagement
Unnötiger Verzicht auf Eigenclaims	Standardisierte Berichterstattung (Projekt-Informationssystem)
Keine proaktive Abwehr von Fremdclaims	Systematische und strukturierte Vorgehensweise
Risiken unterschätzen und als Schicksal hinnehmen	Projekt-Wissensmanagement

Auch bei den **Projektmitarbeitern** liegen viele Möglichkeiten zur Beeinflussung des Projekterfolges. Tabelle 1.01-3 enthält typische Erfolgs- und Misserfolgsfaktoren seitens der Projektmitarbeiter.

Tabelle 1.01-3: Typische Erfolgsfaktoren der Projektmitarbeiter (MÖLLER & DÖRRENBERG, 2003: 30)

Misserfolgsfaktoren in Projekten	Erfolgsfaktoren in Projekten
Zu optimistische Berichterstattung	Unternehmensziele sind persönlichen übergeordnet
Teammitglied kommuniziert das Projekt schlecht in das Unternehmen	Verantwortungen übernehmen
Gewachsene Kulturen werden nicht genügend berücksichtigt	Verantwortungsbewusstsein, Engagement und "unternehmerisches Denken" durch eigenverantwortliche Übernahme von Teilaufgaben
Teammitglieder möchten sich nur profilieren und die eigenen Karrieremöglichkeiten aufbessern	Motivation
Verdecken eigener Schwächen und Fehler	

Auch der **externe Auftraggeber/Kunde** hat durch seine Verhaltensweisen Einfluss auf den Projekterfolg. Jedoch sind von dieser Seite in erster Linie keine aktiven Erfolgsfaktoren zu erkennen. Dafür gibt es aber Misserfolgsfaktoren durch den Auftraggeber/Kunden (vgl. Tabelle 1.01-4).

Tabelle 1.01-4: Typische Erfolgsfaktoren der Auftraggeber/Kunden (MÖLLER & DÖRRENBERG, 2003: 30)

Misserfolgsfaktoren in Projekten	Erfolgsfaktoren in Projekten
Durch verdeckte und veränderte Ansprüche seitens des Kunden wird das Projektteam beeinflusst	Klare und realistische Vorstellungen
Kunde übermittelt seine Ziele und Probleme nicht verständlich	Bonität
	Verlässlichkeit

Die Tabelle 1.01-5 enthält typische Erfolgs- und Misserfolgsfaktoren gegenüber **Projektbetroffenen und insbesondere Projektgegnern**. Hierbei ist zu beachten, dass Projektgegner aus allen Personengruppen kommen können. Zumindest eingeschränkt beeinflussbar sind diese Faktoren durch die Unternehmensleitung, die Projektleitung und das Projektteam.

Tabelle 1.01-5: Typische Erfolgsfaktoren der Projektgegner (MÖLLER & DÖRRENBERG, 2003: 30)

Misserfolgsfaktoren in Projekten	Erfolgsfaktoren in Projekten
Lückenhafte Information	Offene Informationspolitik
Gerüchte	Direkte Einbeziehung der Projektgegner
Sabotage	
Negative Kommunikation über das Projekt	
Ignoranz der Projektgegner	

Die in den vorangestellten Tabellen aufgeführten Erfolgs- und Misserfolgsfaktoren sind auch von den Projektarten und Projektgrößen etc. abhängig.

Tipp Darüber hinaus sind unternehmensindividuelle Analysen der Erfolgs- und Misserfolgsfaktoren notwendig. Die komplexen Ausgangssituationen in den Unternehmen erlauben nicht die direkte Übernahme der aufgelisteten Aspekte. Aus den Erfahrungen laufender und abgeschlossener Projekte sollte das Unternehmen eigene Erfolgs- und Misserfolgsfaktoren ermitteln. Somit entsteht im Laufe der Zeit eine betriebsindividuelle Auflistung.

Projektspezifische Erfolgs- und Misserfolgsfaktoren sollten mit allen Teammitgliedern und Projektbeteiligten offen kommuniziert werden, über ihre Bedeutung wäre eine Art von „Commitment" anzustreben. Wenn das Projektteam für diese Faktoren sensibilisiert ist, können Fehler bei künftigen Projekten im Vorfeld vermieden werden, die andere vorher gemacht haben und die Zeit und Geld gekostet haben. Wirksame Vorgehensweisen und Leistungsanreize können für den Projekterfolg gezielter eingesetzt werden.

4 Vertrags- und Nachforderungsstrategie

Projekterfolg und Projektmanagementerfolg hängen stark mit der Wahrnehmung des Kunden und seiner Zufriedenheit zusammen. Grundlegend für die positive Beurteilung von Projekten und Projektmanagement ist die Erfüllung der vertraglich vereinbarten Leistungen. Das Vertragsmanagement unterstützt die eigene Organisation bei der Einbringung der vertraglichen Pflichten und überprüft mindestens zu jedem wichtigen Projektabschnitt die Einhaltung der vertraglichen Pflichten aller Vertragspartner.

Im Vertragsmanagement aufgenommene Abweichungen von den vertraglichen Pflichten werden durch das Nachforderungsmanagement (Claimmanagement), das Bestandteil des Vertragsmanagements ist, aufgenommen. Wenn Vertragspartner ihre Verpflichtungen nicht vollständig erfüllt haben, dann können Nachforderungen (Eigenclaims) gestellt werden. Bei Nichterfüllung der eigenen Verpflichtungen können die Vertragspartner Nachforderungen (Fremdclaims) stellen.

Für Auftraggeber und Auftragnehmer hat die Nachforderungsstrategie maßgeblichen Einfluss auf den Projekterfolg und Projektmanagementerfolg: Werden die Claims hart verhandelt oder lässt man sich schnell auf Kompromisse ein bzw. erfüllt die Ansprüche des Vertragspartners? Während ein hartes Verhandeln zumindest kurzfristig bzw. projektbezogen hinsichtlich ökonomischer Faktoren ein besseres Ergebnis mit sich bringen kann, ist die Wahrscheinlichkeit höher, dass die Vertragspartner unzufriedener werden.

Ein weitgehendes Eingehen auf die Ansprüche der Vertragspartner kann wiederum kurzfristig zu schlechteren Ergebnissen führen, jedoch langfristig eher zu neuen Projekten führen. Aufgrund der Vielfältigkeit von Projekten ist es nicht eindeutig festlegbar, welches Vorgehen insgesamt zu größerem Erfolg führt. Ein Unternehmen kann eine Nachforderungsstrategie festlegen, sollte sie aber noch ausreichend flexibel definieren, um sie projektspezifisch anpassen zu können.

Tipp Entscheidend für die Beurteilung des Erfolgs ist, dass der Auftraggeber – neben den vertraglichen Erfüllungen, die seine Erwartungen hinsichtlich der Projektergebnisse und des Inputs zu Beginn des Projekts widerspiegeln müssten, – seine Erwartungen am Ende des Projekts möglichst erfüllt sieht. Die Nachforderungsstrategie hat daran einen maßgeblichen Anteil.

5 Zusammenfassung

Das Grundlagenwissen zum ICB-Element Projektmanagementerfolg grenzt zunächst die Begriffe Erfolg, Projekterfolg und Projektmanagementerfolg voneinander ab. Es beinhaltet weiterhin die wesentlichen Kriterien zur Messung des Projekt(management)erfolgs und eine umfangreiche Übersicht über Erfolgsfaktoren in Projekten und im Projektmanagement, die der Anwender in Form von Checklisten einsetzen kann. Als Hintergrundwissen stellt das Kapitel den betriebswirtschaftlichen Ansatz über Erfolgsfaktoren vor. Der Anwender kann somit die Effektivität und Effizienz dieses Ansatzes besser einschätzen und so realistische Erwartungen über dessen Wirkung entwickeln. Abschließend behandelt das Kapitel praktische Hinweise zum strategischen Verhalten im Vertrags- und Nachtragsmanagement.

6 Fragen zur Wiederholung

1	Was ist der Unterschied zwischen Erfolgskriterien und Erfolgsfaktoren? Erläutern Sie dies anhand von Beispielen!	☐
2	Ein Projekt verläuft planmäßig. Die vertraglichen Vorgaben werden innerhalb der vorgegebenen Zeit und des Budgets bis zum Point of No Return erfüllt. Eine gravierende Rahmenbedingung wechselt plötzlich (z. B. eine neue Technologie ergibt ganz neue Möglichkeiten, ein Wettbewerber ist mit einem vergleichbaren Produkt überraschend schneller im Markt). Das Projekt wird abgebrochen. Alle Stakeholder sehen darin die richtige Entscheidung. Würden Sie das Projekt als erfolgreich beurteilen? Würden Sie das Projektmanagement als erfolgreich beurteilen?	☐
3	Was sind die Unterschiede zwischen Projekterfolg und Projektmanagementerfolg? Erläutern Sie die Unterschiede anhand von Beispielen!	☐
4	Führt die Nichtbeachtung eines Erfolgsfaktors zwangsläufig zu einer Reduzierung des Projekterfolgs? Begründen Sie Ihre Aussage und belegen Sie diese mit Beispielen!	☐
5	Nennen Sie jeweils mindestens drei Projekterfolgsfaktoren aus Sicht des Auftraggebers, des Auftragnehmers (Unternehmen) und des Projektteams!	☐

1.02 Interessengruppen / Interessierte Parteien
(Interested parties)
Sonja Ellmann, Frank D. Behrend, Raimo Hübner, Erwin Weitlaner

Kontext und Bedeutung

Ein Projekt findet in einem Umfeld statt, welches das Projekt direkt oder indirekt beeinflussen kann; umgekehrt beeinflusst das Projekt auch das Umfeld. Betroffene Interessengruppen (nach ICB 3.0 und ISO 9000:2000 „Interested parties" oder synonym dafür und im Folgenden verwendet: **Stakeholder**) sind Personen oder Personengruppen, die am Projekt beteiligt, am Projektablauf interessiert oder von den Auswirkungen des Projekts betroffen sind. Stakeholdermanagement ist in der ICB 3.0 im Bereich der technischen Kompetenzelemente aufgenommen (Element 1.02 in Kapitel 4.1). Es gehört damit zu den Elementen, die für einen erfolgreichen Projektstart und eine erfolgreiche Projektdurchführung wesentlich sind (vgl. CAUPIN et al, 2006). In der ISO 10006 führt die Suche nach „interested parties" zu 47 Treffern (ISO 10006, 2003). Auch das Project Excellence Model betont deren Bedeutung (IPMA, 2007). Die zunehmende Dynamik der Märkte, dadurch bedingte Anpassungs- und Lernprozesse und steigende öffentliche Wahrnehmung von Projekten in Unternehmen, Organisationen und im technischen sowie gesellschaftlichen Umfeld führen zu einer zunehmenden Bedeutung des Stakeholdermanagements (vgl. ABRESCH, 1999). Nach FREEMAN wurde das Stakeholder-Konzept erstmals in einem Memorandum des Stanford Research Institutes von 1963 erwähnt (vgl. FREEMAN, 1984).

Das Thema steht insbesondere mit folgenden Themen im Zusammenhang:

1.01: Projektmanagementerfolg – Stakeholdermanagement ist wesentlich für den Projektmanagementerfolg; vgl. hierzu auch das Project Excellence Model von GPM / IPMA (IPMA, 2007).
1.03: Projektanforderungen und Projektziele – Stakeholderinteressen müssen bereits bei der Definition von Projektzielen und -anforderungen berücksichtigt werden. Stakeholderziele können konfliktär bis hin zu synergetisch zu den Projektzielen stehen.
1.04: Risiken und Chancen – Auswirkungen des Stakeholderverhaltens müssen in der Risiken- und Chancenanalyse bewertet werden. Bei der Risiken- und Chancenanalyse werden projekterfolgskritische Risiken und mögliche Chancen ermittelt, bewertet und Maßnahmen zur Risikominimierung geplant. Hier sind Stakeholder mit ihrem zum Teil erheblichen Einfluss auf das Projekt mit deren Risiken- und Chancenpotenzial zu bewerten.
1.06: Projektorganisation – jedes Projektteammitglied zeigt eigene Interessen an dem Projekt und wird damit gleichzeitig auch Stakeholder. Somit sind die Wahl und Struktur der Projektorganisation und deren Einbindung in die Stammorganisation und damit die Schnittstelle zu weiteren Stakeholdern eine wesentliche Aktivität der Projektarbeit in der Projektstartphase.
1.10: Leistungsumfang und Lieferobjekte – Leistungsumfang und Ergebnisse werden in Übereinkunft mit den wesentlichen identifizierten Stakeholdern definiert. Hierbei kann unterschieden werden nach must have – nice to have – if there is time (vgl. CAUPIN et al, 2006).
1.14: Beschaffung und Verträge – Lieferanten als wesentliche Erbringer von Teilleistungen am Projektgegenstand sind häufig wesentliche Stakeholder.
1.18: Kommunikation – Kommunikation mit dem Projektumfeld ist wesentlicher Bestandteil des Stakeholdermanagements.
3.02. Programmorientierung, 3.03. Portfolioorientierung, 3.04. Einführung von Projekt-, Programm- und Portfolio-Management – bei mehreren parallel laufenden Projekten ist bei gleichen Stakeholdern ein projektübergreifendes Stakeholdermanagement notwendig.

Weitere Zusammenhänge:

1.05: Qualitätsmanagement
1.15: Änderungen
2.02: Engagement und Motivation
2.06: Offenheit
2.07: Kreativität
2.12: Konflikte und Krisen

Ein systematisches Stakeholdermanagement ist ein wesentlicher Bestandteil des Risiken- und Chancenmanagements im Projekt. Die Praxisrelevanz des Stakeholdermanagements zeigt sich an unterschiedlichen nationalen und internationalen Projektbeispielen, in welchen einzelne Stakeholder maßgeblichen Einfluss auf den Projekterfolg haben oder gar ein Scheitern kompletter Projekte bewirken können (vgl. CLELAND, 1998).

Um in den globalen dynamischen Märkten der heutigen Zeit Erfolg zu haben, müssen Unternehmen mit ihren Projekten in der Lage sein, schnell und flexibel auf Änderungen im Projektumfeld zu reagieren. Eine angemessene Reaktion auf projektrelevante Umfeldfaktoren ist jedoch nur möglich, wenn die Projekte ihr Umfeld auch explizit in die Projektplanung, Projektsteuerung und Projektüberwachung einbeziehen (vgl. ABRESCH, 1999). Genaue Kenntnisse über potentielle Stakeholder und deren Einflussmöglichkeiten sind deshalb von großer Bedeutung für ein erfolgreiches Projektmanagement und für den Projekterfolg. Eine Unterschätzung des Stakeholdermanagements kann leicht dazu führen, dass Projekte gestört, verzögert oder gar verhindert werden.[1] Eine konsequente Nutzung des Stakeholdermanagements hingegen kann die Zielerreichung erleichtern oder überhaupt erst ermöglichen.

---

[1] Hierzu sei das 1995 von Shell angestrebte Versenken der schwimmenden Öltanks „Brent Spar" angeführt, welches letztendlich durch die von Greenpeace erreichte Mobilisierung von Stakeholdern verhindert wurde.

Lernziele

Sie kennen

- die wichtigsten Begriffe und Definitionen zum Themenfeld Stakeholder
- die Grundlagen der Projektumfeldsteuerung und Umfeldbeeinflussung
- die Phasen des Stakeholdermanagements
- Aktivitäten im Projektmarketing sowie geeignete Maßnahmen zur Stakeholdersteuerung
- Instrumente für Kommunikation und Projektmarketing

Sie wissen

- wie man die Stakeholder ermittelt und deren Verhalten analysiert und die Erkenntnisse in Aktionsplanung sowie Monitoring überführt
- welchen Stellenwert und Nutzen die Kommunikation und das Projektmarketing im Zusammenhang mit der Projektsteuerung haben

Sie verstehen

- die Notwendigkeit des Stakeholder- und Projektumfeldmanagements
- das Stakeholder den Erfolg eines Projekts wesentlich beeinflussen können

Sie können

- Stakeholder – und Umfeldanalyse im Projektmanagement einordnen
- das Projektumfeld in sachliche Umfeldfaktoren und Stakeholder unterteilen und diese klassifizieren (z. B. direkt / indirekt, primär / sekundär)
- die Projektumfeldsteuerung und Umfeldbeeinflussung im Projekt in den jeweiligen Phasen des Stakeholder Managements anwenden
- die Aktionen des Projektmarketings auswählen, planen und in die Projektarbeit integrieren
- einen Maßnahmenplan selbstständig aufstellen

Inhalt

1	Praxisrelevanz	71
1.1	Begriffsklärung	71
1.2	Einordnung in das Projektmanagement	72
1.3	Projektumfeldfaktoren	74
1.4	Stakeholder-, Chancen- und Risikenmanagement	75
2	Stufen des Stakeholder-Managements	77
2.1	Identifikation	78
2.2	Information und Analyse	80
2.3	Aktionsplanung	83
2.3.1	Projektmarketing als Bestandteil des Stakeholdermanagements	85
2.3.2	Methoden der Einflussnahme	86
2.4	Monitoring	89
3	Fragen zur Wiederholung	90
4	Zusammenfassung	91
5	Anhang: Tabellen und Checklisten	92

1 Praxisrelevanz

"So ist jede Unternehmung in ein Netz von Verantwortlichkeiten verstrickt, die Verantwortlichkeit nach innen gegenüber den Gesellschaftern (und ihren Familien) und gegenüber den Mitarbeitern (und ihren Familien), und die Verantwortlichkeit nach außen gegenüber den Kunden (bis hin zu den Endverbrauchern), gegenüber den Lieferanten (einschl. aller Vorlieferanten), gegenüber den Fremdkapitalgebern, auch gegenüber den Konkurrenten, gegenüber dem Staat, gegenüber allen sonstigen positiv und negativ Betroffenen und gegenüber der natürlichen Umwelt." (MÜLLER-MERBACH, 1988: 313).

Das einleitende Zitat verdeutlicht die Bedeutsamkeit des in diesem Kapitel behandelten Themas. Im folgenden ersten Teil des Grundlagenwissens wird das hier betrachtete Thema zunächst abgegrenzt und in den Kontext der Projektarbeit eingeordnet.

1.1 Begriffsklärung

Der in der ICB verwendete Begriff „Interessierte Parteien", nachfolgend Interessengruppen (eigentlich: „Interessentengruppen", engl. interested parties, Einzahl interested person oder interessierte Person) entspricht dem ISO Begriff (DIN EN ISO 9000:2000) für solche Gruppen, die ein berechtigtes Interesse an dem Projekt und bzw. oder dem Projektergebnis haben. Der englische Begriff „Stakeholder" ist eine synonym verwendete Bezeichnung (vgl. MOTZEL, 2006). Beide Bezeichnungen sind in der Literatur zu finden. Im Zusammenhang mit der Einbeziehung der interessierten Parteien in das Projekt spricht man meist von Stakeholdermanagement. Im weiteren Verlauf wird aus Gründen der verkürzten Sprachweise und der höheren Bekanntheit der Begriff „Stakeholder" verwendet.

Bei einer etymologischen Betrachtung bezeichnet der Begriff *Stakeholder* jemanden, der etwas auf dem Spiel stehen hat ("at stake") bzw. ein Interesse ("stake") an einer Sache hat (vgl. SKRZIPEK, 2005). Die ursprüngliche Definition des Stanford Research Institute (SRI) von 1963 bezeichnet Stakeholder als "those groups without whose support the organization would cease to exist." (FREEMAN, 1984: 31). FREEMAN ergänzt diese Definition um das Element der Gegenseitigkeit: Die Stakeholder können die Ziele der Organisation (bzw. des Projekts) beeinflussen oder davon beeinflusst werden (vgl. FREEMAN, 1984). Die Art des Anspruchs der Stakeholder und ihre konkrete Beziehung zu der Organisation werden bei CLARKSON konkretisiert: Es kann sich hierbei um gegenwärtige, vergangenheits- oder zukunftsorientierte Ansprüche, Beteiligungsrechte oder Interessen an den Aktivitäten von Organisationen handeln (vgl. CLARKSON, 1995).

Im deutschsprachigen Raum setzt JANISCH den Begriff Stakeholder mit strategischen Anspruchgruppen, ohne deren Unterstützung die Existenz des Projekts bedroht wäre, gleich (vgl. JANISCH, 1993). Aus den bisher aufgeführten Definitionen wird deutlich, dass es sich um Individuen oder Gruppen handelt, die in Beziehungen zu einem Projekt stehen. Diese Beziehungen können durch verschiedene Merkmale gekennzeichnet sein:

- die direkte oder indirekte Beteiligung eines Stakeholders am Projektprozess,
- die Betroffenheit des Stakeholders durch Ziele und/oder Ergebnisse des Projekts, durch den Projektablauf und/oder die Umsetzung der Ergebnisse
- wechselseitige Einflussnahmemöglichkeiten,
- Interesse und Erwartungen der Stakeholder
- sowie Gefahren- und Kooperationspotentiale der Anspruchsgruppen hinsichtlich der Strategien des Projekts (vgl. TIEMEYER, 2005).

Zusammenfassend sollen Stakeholder als Individuen oder Gruppen, die einen Anspruch an das Projekt und dessen Ergebnisse haben bzw. an dem Projekt beteiligt oder davon betroffen sind, abgegrenzt werden (CAUPIN et al, 2006: 42). Damit gehört beispielsweise auch das Projektkernteam zu den Stakeholdern des eigenen Projekts. In der praktischen Anwendung wird der Blick in einer Stakeholderanalyse oftmals nach außen gerichtet. Allerdings sind gerade im Unternehmen durch politische Ränkespiele, Ressourcenkonflikte etc. oftmals einflussreiche Stakeholder zu finden. Der Begriff umfasst damit auch ein weit reichendes Feld potentieller Projektgegner (Opponenten) und Projektbefürworter (Promotoren) und wird im weiteren Verlauf des Beitrags spezifiziert (vgl. Abbildung 1.02-8). Stakeholder können dabei durch klassifizierende Attribute in den Projektkontext eingeordnet werden. Diese werden im Rahmen der Identifikation näher betrachtet.

1.2 Einordnung in das Projektmanagement

Projektmanagementerfolg (Element 1.01 in der ICB 3.0) resultiert in hohen Maße auf einem guten Management der Stakeholder. Neben dem klassischen Zieldreieck aus „Zeit", „Aufwand" (Einsatzmittel, Kosten) und „Ergebnis" (auch als „Time-Cost-Quality" bekannt) sind für die Beurteilung des Projektmanagementerfolgs weitere Enabler- und Ergebniskriterien außerhalb des „Magischen Dreiecks" unabdingbar. Allen voran die Kundenzufriedenheit, ergänzt durch die Mitarbeiterzufriedenheit und die Zufriedenheit bei sonstigen Interessensgruppen, wie Unterauftragnehmer oder Projektfinanzierer. Nicht nur der Projektmanagementerfolg, sondern der gesamte Projekterfolg hängt wesentlich davon ab. Das Project Excellence Modell (GPM, IPMA, 2007; vgl. SCHELLE et al., 2005: 261f) weist deshalb einen starken Stakeholder-Fokus auf:

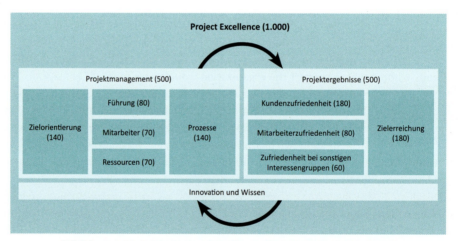

Abbildung 1.02-1: Das Project Excellence Modell (GPM, IPMA, 2007)

Im Project Excellence Modell (Abbildung 1.02-1) wird gutes Management von Stakeholdern anhand der nachfolgenden Kriterien (Abbildung 1.02-2) bestimmt. Die Abbildung 1.02-2 führt nur jene Aspekte des Modells auf, die einen Bezug zu Stakeholdern aufweisen:

1. Zielorientierung (maximal 140 Punkte)	1.1	Erwartungen und Anforderungen der Kunden, Mitarbeiter und sonstigen Interessengruppen identifizieren
	1.2	Projektziele auf der Basis umfassender und relevanter Informationen entwickeln sowie konkurrierende Interessen integrieren und
	1.3	Projektziele vermitteln, anerkennen, überprüfen und anpassen – mit den interessierten Parteien
2. Führung (maximal 80 Punkte)	2.1	Project Excellence glaubwürdig vorleben und
	2.2	sich diesbezüglich um Kunden, Lieferanten und andere Organisationen bemühen
3. Mitarbeiter (maximal 70 Punkte)	3.1	Potenzial der Mitarbeiter erkennen, nutzen und weiterentwickeln
	3.2	Alle Mitarbeiter einbeziehen, beteiligen und autorisieren
4. Ressourcen (maximal 70 Punkte)	4.3	Planen und steuern der Lieferanten bzw. Unterauftragnehmer
5. Prozesse (maximal 140 Punkte)	5.1	Management der für den Projekterfolg wesentlichen Prozesse, insbesondere jener mit signifikantem Einfluss auf Kunden-, und Mitarbeiterzufriedenheit, Zufriedenheit der sonstigen Interessensgruppen,...
6. Kundenzufriedenheit (maximal 180 Punkte)	6.1	Direkte und
	6.2	indirekte Erfolgsaspekte
7. Mitarbeiterzufriedenheit (maximal 80 Punkte)	7.1	Direkte und
	7.2	indirekte Erfolgsaspekte
8. Zufriedenheit sonstiger Interessengruppen (maximal 60 Punkte)	8.1	Direkte und
	8.2	indirekte Erfolgsaspekte
9. Zielerreichung (maximal 180 Punkte)	9.2	Über die in 1.2 definierten Ziele hinausgehende Messgrößen die „Performance" nachzuweisen

(Punkteangabe, jeweils bezogen auf insgesamt maximal 1000)

Abbildung 1.02-2: Auszug Project Excellence Modell bezüglich Stakeholder (nach GPM, 2007)

Die Punktezahlen in Abbildung 1.02-1 bzw. Abbildung 1.02-2 verdeutlichen die Erfolgsgewichtung für das Stakeholder-Management.

Auch das Project Management Institute (PMI) als US-amerikanisch basierter Projektmanagementverband hat in seinem Standardwerk für das Projektmanagement, dem „Guide to the Project Management Body of Knowledge" (PMBOK® Guide) in der dritten Fassung von 2004 gegenüber der 2. Ausgabe aus dem Jahre 2000 dem Thema Stakeholder eine größere Bedeutung beigemessen. Zum Beispiel wurde in „Chapter 10 – Project Communications Management" ein neues Kapitel „10.4 Manage Stakeholders" eingeführt (PMI, 2004, PMBOK® Guide: 306).

Stakeholder sind bei allen Themen des Projektmanagements über den gesamten Projektlebenszyklus involviert. Häufig sind diese Personengruppen nach Abschluss des Projekts auch Nutzer oder Betroffene des entstandenen Projektgegenstandes. Deshalb gilt: Ein gutes Management der Stakeholder fördert ein exzellentes Projektmanagement und damit exzellente Projekte!

1.3 Projektumfeldfaktoren

Das gesamte Umfeld des Projekts sollte in geeignete Ausschnitte unterteilt und betrachtet werden. Hier bietet sich die Unterscheidung in unterschiedliche relevante Projektumfeldausschnitte an (vgl. Patzak & Rattay, 2004):

a) Natürliches Umfeld (unser Planet Erde)
b) Technisches Umfeld (technisches und infrastrukturelles Umfeld) ⎫ Sachfaktoren
c) Ökonomisches Umfeld
d) Rechtlich-politisches Umfeld
e) Soziokulturelles Umfeld (soziale Faktoren) ⎫ Sozialfaktoren

Die Zuordnung bestimmter Einflussgrößen zu dem jeweils entsprechenden Umfeld ist in der Projektpraxis kaum überdeckungsfrei und eindeutig möglich; sie liegt im Entscheidungsbereich des Projektteams. Abbildung 1.02-10 im Anhang vermittelt Anhaltspunkte für eine detaillierte Aufteilung.

Projektumfeldfaktoren können zudem klassifiziert werden, beispielsweise nach internen und externen Faktoren (vgl. Tabelle 1.02-1).

Tabelle 1.02-1: Tabellarische Darstellung des Projektumfeldes

	Intern	**Extern**
Sachlich	Betriebsvereinbarung	Gesetze
	PM-Handbuch	Normen und Standards
	Richtlinien	RFC (Request for Comments)
	Umsatzentwicklung	Marktentwicklung
Sozial	Betriebsrat	Auftraggeber (AG)
	Beauftragte (z. B. QM, Sicherheit)	Mitarbeiter der AG-Organisation
	Vorstand, Abteilungsleiter	Lieferanten
	Mitarbeiter (außerhalb des Projektes)	Kunden
	Projektleiter u. -team	Mitarbeiter in Konkurrenz-Org.

Die Grenze zwischen intern und extern bildet im Beispiel (vgl. Tabelle 1.02-1) die Grenze des eigenen Unternehmens. „Intern" bedeutet insofern: Innerhalb der Organisation, z. B. Unternehmensintern. „Extern" bedeutet sodann: Außerhalb des Projektes und außerhalb der Organisation, z. B. Unternehmensextern. Gelegentlich wird auch eine dritte Merkmalsunterscheidung: „direkt" und „indirekt" in der Umfeldanalyse verwendet, womit die Einflussintensität der Stakeholdergruppen auf das Projekt signalisiert werden soll.

In der Projektumfeldanalyse sind folgende Gesichtspunkte zu klären:

1. Die Projektumfeldfaktoren sind zu spezifizieren. Welche Projektumfeldfaktoren sind konkret gemeint (z. B. RFC-4511)?
2. Die Projektumfeldfaktoren sind zu beschreiben. Was ist Inhalt des spezifizierten Faktors (bei Sachfaktoren) bzw. welche Funktion, Aufgabe hat der Faktor in seinem Kontext (bei Sozialfaktoren)?
3. Die Bedeutung des Faktors ist zu klären: Inwiefern ist der spezifizierte und beschriebene Projektumfeldfaktor für das Projekt von Bedeutung?
4. Die Schnittstelle bzw. der Informationsaustausch zwischen Projektumfeldfaktor und Projekt ist zu klären: Wie erhält und übermittelt das Projekt die relevanten Informationen bzw. wer kümmert sich im Projekt um den Informationsaustausch hinsichtlich der Projektumfeldfaktoren?

Die Beschreibung verdeutlicht, dass die Zielsetzung der Projektumfeldanalyse der Informationsaustausch ist bzw. die Kopplung von Projekt und Projektumfeld mittels Informationen.

Informationen und Informationsaustausch ist allerdings nicht nur eine Frage der Identifikation und Organisation, sondern zudem der Intervention. Das Schlagwort „Wissen ist Macht" umschreibt diesen Sachverhalt. Die Zielsetzung der Stakeholderanalyse, die direkt an die Projektumfeldanalyse anschließt und hierbei an den Sozialfaktoren der Projektumfeldanalyse anknüpft, hat genau diesen Fokus: Macht, Einfluss, Unterstützung, Blockade.

Die Stakeholderanalyse betrachtet die Sozialfaktoren (aus der Umfeldanalyse) eines Projektes.

Für das Projektmanagement lassen sich bei der Clusterung der Vielfalt möglicher Stakeholder fünf prinzipielle Stakeholdergruppen herausarbeiten (vgl. SCHELLE et al, 2007)

Kunden: in den unterschiedlichen Ausprägungen, wie Auftraggeber (extern / intern), Projektsponsor, Nutzer, Betreiber, Benutzer ...

Mitarbeiter: in den unterschiedlichen Rollen des Projekts (Projektleiter, Projektmanager, Teilprojektleiter, Projektteammitglied (zu 100 % oder nur zeitweise aus der Linienorganisation im Projekt mitwirkende Projektmitarbeiter), Führungskräfte der Linienorganisationen).

Projektauftraggeber: Vertreter der Stammorganisation, die das Projekt beauftragt hat. Besitzer / Eigentümer, Projektentscheidungsgremien (Steering Committee / Steuerkreis / Lenkungsausschuss / Geschäftsführung ...), Aktionär, Öffentlichkeit (z. B. bei Organisation öffentlichen Rechts, Gemeinde, Bund, Land oder nur für das Projekt gegründete juristische Personen, z. B. Arbeitsgemeinschaften als „Gesellschaften bürgerlichen Rechts"...

Lieferanten / Subauftragnehmer: in den unterschiedlichsten Ausprägungen der Lieferung oder Erbringung von Teilleistungen am Projektgegenstand oder Beratungs- und Ingenieurdienstleistungen. Subunternehmer, Unterauftragnehmer, Berater, Ingenieurbüros, sonstige Dienstleister (Versicherungen, Finanzdienstleister, ...).

Gesellschaft: als mittelbar und in Teilen auch unmittelbar betroffene Gruppe, Nachbarn, potenzielle Kunden im Entstehungs-, Vermarktungs- oder Nutzungszeitraum des Projektgegenstandes, Behörden, Bürgerinitiativen, staatliche und nichtstaatliche Interessensvertretungen der Belange von Umwelt und Natur. Wettbewerber, andere Nationen und Kulturen oder auch künftige Generationen.

1.4 Stakeholder-, Chancen- und Risikenmanagement

Potentiell negative Einflüsse aus dem Projekt sowie dessen Umfeld und mögliche Konflikte sollen frühzeitig in die Projektplanung einbezogen werden (Element 1.04 Risiken und Chancen in der ICB 3.0). Praktische Erfahrungen aus Projekten im Maschinen- und Anlagenbau zeigen, dass kalkulierte Gewinnspannen bei ca. 2 %, Risikopotentiale (monetär bewertet) aber bei 10 % und mehr des gesamten Projektumsatzes liegen (vgl. ROHRSCHNEIDER, 1998). Diese Werte verdeutlichen, wie wichtig konsequentes Risikomanagement ist, welches neben den formalen Aspekten auch die eher verdeckten, informellen Einflussgrößen berücksichtigt.

Neben den potentiellen negativen Umfeldeinflüssen, den Projektrisiken, umfasst die Betrachtung des Projektumfeldes auch unterstützende Aspekte, sog. Chancen aus dem Umfeld. Diese Chancen haben eine positive Auswirkung auf die Projektziele, besitzen jedoch – wie die Risiken – auch unterschiedlich hohe Eintrittswahrscheinlichkeiten und sind mit mehr oder weniger großen Aufwänden verbunden.

Sowohl die Chancenanalyse als auch ein wirkungsvolles Chancenmanagement sind für den Projekterfolg von ähnlicher Bedeutung wie das Vorbeugen und Verhindern von negativen Einflüssen. Die richtigen Fragen eines Projektleiters sind:

I Welche Chancen bzw. Potentiale existieren und welche Auswirkung haben sie auf das Projekt?
I Welches sind viel versprechende Chancen und können sie mit den verfügbaren Kompetenzen und Ressourcen realisiert werden?
I Wie groß sind die entsprechenden Aufwände, die dafür getrieben werden müssen?

Es gilt anzumerken, dass sowohl die notwendigen Kompetenzanforderungen als auch die aufzubringenden Aufwände bzgl. eines effektiven Stakeholder-, Chancen- und Risikenmanagements recht hoch sein können, insbesondere bei komplexen, multikulturellen Projekten. So werden in internationalen Projekten nicht selten so genannte „Social Project Leader" eingesetzt, deren alleinige Aufgaben es ist, das Geflecht an sozialen Beziehungen, verdeckten Erwartungen und individuellen Wertesystemen im Sinne des Projekts aktiv zu managen (vgl. BEHREND, 2005).

Beispiel In einem Reorganisationsprojekt besteht die Möglichkeit, dass Mitarbeiter aus Sorge um ihren Arbeitsplatz, die Unterstützung verweigern (Risiko). Es kann gelingen, mit zielgerichteten Informationen und arbeitsorganisatorischen Zusagen diese Sorgen nicht nur auszuräumen, sondern die Mitarbeiter sogar zu besonderem Einsatz zu motivieren (Nutzung einer Chance).

Von den in der Literatur aufgezeigten Enablern hinsichtlich der Projektzielerreichung betreffen mehr als die Hälfte weiche Faktoren – und nur knapp die Hälfte harte Faktoren. Ein anderes Schwergewicht zeigen die Stakeholder-Erfolgskriterien. Hier lassen sich 90 % den weichen Faktoren und 10 % den harten Faktoren zuordnen (vgl. BUNDSCHUH, 1998). Die Kriterien der Stakeholder haben wegen der Entscheidungsspanne und Kompetenz der beteiligten Instanzen (vor allem höheres Management) häufig strategische Bedeutung und gehen in ihren Auswirkungen für die Organisation oftmals über das einzelne Projekt hinaus.

Nur allzu oft werden Projekte im Rahmen des Risiken- und Chancenmanagements als rein technische bzw. deterministische Systeme betrachtet und behandelt. Besonders aus der Stakeholderperspektive wird ein Projekt jedoch als soziokulturelles System wahrgenommen. Es besteht aus Individuen, die mit ihrer persönlichen Geschichte und all ihren Ideen, Hoffnungen, Ängsten und Erwartungen zu einem Projektteam bzw. zu direkten oder indirekten Betroffenen des Projekts gemacht worden sind. Alle diese Personen sind zudem Mitglieder anderer soziokultureller Systeme, wie Abteilungen, Firmen, politischer Parteien oder Verbände. Auch hier entstehen wiederum Erwartungen, Ängste usw., die Handlungsweisen bestimmen.

Von Albert Einstein stammt der Ausspruch "Das größte Problem mit der Kommunikation ist die Illusion, dass sie stattgefunden hat". Wirkungsvolle Kommunikation ist ein Schlüsselelement sowohl beim Stakeholder- als auch Risiken- und Chancenmanagement, jedoch fehlen sehr häufig die notwendigen individuellen Kompetenzen und projektbezogenen Strukturen und Prozesse. Mithilfe des Stakeholdermanagements werden qualifizierte Maßnahmen entwickelt und umgesetzt, die das definierte Projektergebnis sicherstellen sollen. Das umfasst sowohl das Einbinden von Projektpromotoren und Chancen als auch den gezielten Umgang mit Projektopponenten und Risiken (vgl. HARRE et al., 1998). Im Hinblick auf eine Abgrenzung lässt sich sagen, dass das Risikomanagement einen weitreichenderen Fokus besitzt, da es alle Bereiche des Projekts betrifft. So können Gefahren von einer nicht beherrschten technischen Komplexität (Fokus: Projektergebnis oder -produkt), aber auch von nicht berücksichtigten Erwartungshaltungen einflussreicher Stakeholder (Fokus: Projektumfeld) ausgehen. Auch wenn in einem Projekt bzgl. der eigentlichen Projektinhalte Optimierungs- oder Innovationspotentiale identifiziert werden, so bezieht sich das Chancenmanagement doch in der Regel maßgeblich auf das – oft vernachlässigte – Projektumfeld. Ziel und Zweck eines wirkungsvollen Stakeholdermanagements ist es, den Verantwortlichen die Möglichkeit zu geben, bereits im Vorfeld (in Bezug auf die Eindämmung von Risiken und Nutzung von Chancen) zu agieren, statt hinterher auf äußere Zwänge reagieren zu müssen. Stakeholder werden deshalb im Rahmen der Stakeholderanalyse mittels Maßnahmenplanung in das Projekt präventiv einbezogen. Darüber hinaus werden die von ihnen ausgehenden Risiken und Chancen im Rahmen der Risiken- und Chancenanalyse sofern möglich und sinnvoll – neben weiteren Faktoren – monetär bewertet. Projektumfeld- und Stakeholderanalyse liefern dementsprechend maßgebliche Informationen für das Risiken- und Chancenmanagement.

PATZAK & RATTAY (2007: 3) definieren die Abgrenzung zum Stakeholdermanagement anhand des eigentlichen Risikomanagements wie folgt: „Eine Risikoanalyse liefert Fakten betreffend potentielle Schäden der einzelnen identifizierten Risiken und setzt diese in Kosten um, sie kann aber die kaum quantifizierbaren Auswirkungen der Einstellungen von Personen bzw. Personengruppen zum Projekt nicht als solche direkt ansprechen und berücksichtigen."

Abbildung 1.02-3 stellt die vorab erläuterten Zusammenhänge grafisch dar (zur Vertiefung vgl. auch Kapitel 2.1ff).

Abbildung 1.02-3: Stakeholder- und Risiken- & Chancenmanagement (DWORATSCHEK, 2004, S. 13f)

2 Stufen des Stakeholder-Managements

Ein aktives Umfeldmanagement ist notwendig, um die Einbettung von Projekten in ihr komplexes Umfeld übersichtlich darzustellen und mögliche Einflussgrößen rechtzeitig zu erkennen (vgl. PATZAK & RATTAY, 2009, S.96). Mithilfe einer systematischen Stakeholderanalyse ist es möglich, bereits in der Projektstartphase Probleme und Chancen in Bezug auf das Projektumfeld und die Stakeholder für das Projekt zu erkennen. Die Stakeholderanalyse kann dabei jedoch nicht punktbezogen der Startphase zugeordnet werden. Vielmehr handelt es sich um einen projektbegleitenden Prozess, der parallel zum Projektgeschehen Änderungen und Anpassungen unterworfen ist. Dies wird durch die folgende Betrachtung verdeutlicht. Aus einer umfangreichen themenbezogenen Analyse lassen sich hierbei vier Hauptstufen der Stakeholderanalyse identifizieren, die in Abbildung 1.02-4 dargestellt sind:[2]

---

[2] In der am Institut für Projektmanagement und Innovation durchgeführten Literaturanalyse wurden 200 Fachbücher, Fachzeitschriften und Tagungsbände auf Hinweise zum Thema Stakeholder untersucht. Auf Basis der oben beschriebenen Literaturrecherche entstand ein synoptisch zusammengetragener Literaturüberblick. Durch Verdichtung ergab sich ein Fokus auf insgesamt 35 Beiträge, die sich aufgrund ihres Detaillierungsgrades und der Spezifität als besonders relevant erwiesen.

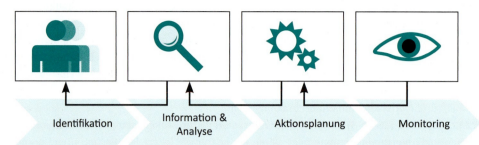

Abbildung 1.02-4: Stufen des Stakeholder Managements (ELLMANN, MEYER & WEITLANER, 2006a: 645)

Die Stufen Identifikation, Information sowie Analyse, Aktionsplanung und Monitoring sind Bestandteil einer umfassenden Stakeholderbetrachtung. Projektleiter beziehen das Umfeld oftmals rein intuitiv in das Projekt mit ein. Erfahrungsgemäß weist ein solches Vorgehen allerdings ein hohes Risiko auf, zumal viele Stakeholder nur einen indirekten Einfluss haben und oftmals nur durch eine systematische Analyse als solche identifiziert werden. Darüber hinaus steigert sich die Qualität der Analyseergebnisse durch systematisches Einbeziehen des Teams, auch bei der abgeleiteten Definition von Aktionen. Der letzte Schritt, das andauernde Monitoring von Stakeholdern im Projektverlauf, wird im Stakeholdermanagement oftmals vergessen. Die Abbildung 1.02-4 zeigt ein stufenweises Vorgehen bei einer Stakeholderanalyse. Wichtig hierbei ist, die einzelnen Stufen nicht als abgeschlossene temporäre Einheiten zu betrachten: Nachdem die Stakeholder des Projekts identifiziert wurden, werden Informationen über sie beschafft, um ein Bild der identifizierten Stakeholder zu erstellen. Daraufhin folgen die Planung von Maßnahmen und die Beobachtung der Stakeholder (Monitoring), da sich deren Aktivitäten und Interessenlagen im Projektverlauf verändern können. Genauso ist es allerdings auch möglich, dass ein bisher nicht identifizierter Stakeholder im Projektverlauf auf den Plan tritt. Damit ist es notwendig, wieder in eine frühe Analysestufe zurückzuspringen und erneut Informationen zu beschaffen und Maßnahmen zu planen. Die zurücklaufenden Pfeile in Abbildung 1.02-4 deuten diesen Zusammenhang an.

2.1 Identifikation

Die Ermittlung und Strukturierung der Stakeholder und Stakeholdergruppen werden im Projektmanagement mit Stakeholder-Identifikation umschrieben. Erst im nächsten Schritt, der zur Analyse des Stakeholderverhaltens führt, ist es notwendig, sich in die identifizierten Stakeholder hineinzuversetzen, um mögliche Aktionen und Reaktionen zu antizipieren.

Die Identifikation kann beispielsweise in Form eines Workshops erfolgen, an dem das Projektkernteam teilnimmt. Der mögliche Ablauf eines solchen Workshops wird im Vertiefungswissen detailliert beschrieben. Bei der Identifikation können unterstützend Kreativitätstechniken eingesetzt werden, wie z. B. Brainstorming (Kreativitätstechniken sind im Element 2.07 beschrieben). Weiterhin bietet es sich an, auf firmeninterne Erfahrungen mit Stakeholdern zurückzugreifen und das Pflichtenheft sowie Verträge als Identifikationsquelle zu nutzen (vgl. SCHELLE, 2005) oder durch Gespräche mit internen Abteilungen und externen Beratern weitere Stakeholder zu identifizieren.

Oftmals spielen Stakeholder aus vorangegangenen Projekten auch in zukünftigen Projekten eine wesentliche Rolle (im Sinne eines projektübergreifenden Wissensmanagements). Dies ist insbesondere der Fall, wenn es sich um ähnliche Projekte handelt. Deshalb ist die langfristige Erstellung einer Datenbank sinnvoll, welche die Identifikation potentieller Stakeholder erleichtert und auch länder- und kulturspezifische Erfahrungen zu den Stakeholdern enthält (vgl. HOFFMANN, 2004). Viele Stakeholder ergeben sich nahezu „selbsterklärend" aus der Organisationsstruktur und den Projektverträgen. Bei bestimmten Projekten der öffentlichen Hand, z.B. Raumordnungsverfahren, ist ein Großteil der

Stakeholder vom Gesetzgeber vorgegeben. Folglich sind interne und externe Auftraggeber ausnahmslos wesentliche Stakeholder des Projekts. Weitere Quellen zur Stakeholder-Identifikation sind zum einen Personen, die Hinweise auf bestimmte Stakeholder geben können. Dieses Wissen kann in Teamworkshops während der Projektstartphase einfließen. Zum anderen können beispielsweise Berufsverbände und Regierungsquellen als Identifikationsquellen genutzt werden. Im Kern geht es bei der Identifikation um das Erkennen potentieller Stakeholder und um eine erste, grobe Einstufung:

I Welche Person, welche Personengruppen müssen als potentielle Stakeholder des Projekts in Betracht gezogen werden? (vgl. ABRESCH, 1999)

Weitere Erkenntnis leitende Fragestellungen bei der Identifikation sind tabellarisch im Anhang dargestellt (vgl. Abbildung 1.02-11). In der Praxis zeigt sich, dass es sinnvoll ist, unterschiedliche Fragen bei der Identifikation zu stellen, da eine direkte Frage, wie oben formuliert, oftmals nicht zum gewünschten Ergebnis führt. Häufig findet die Identifikation über Assoziationen statt. Die in Abbildung 1.02-11 im Anhang beispielhaft angeführten Fragen liefern Hinweise auf mögliche Stakeholder und bieten eine Vielzahl an Ziel führenden Fragen dazu an.

Im zweiten Schritt der Identifikationsphase findet eine grobe Klassifizierung statt. Kernfragen dazu sind:

I Sind die Personen und Personengruppen intern oder extern?
I Üben sie direkten oder indirekten Einfluss auf das Projekt aus?

Die Klassifizierung dient der Groborientierung für die weitere Darstellung.

Die weitaus am häufigsten vorzufindenden Klassifizierungen der Stakeholder in der Literatur erfolgen entweder nach primären und sekundären Stakeholdern (vgl. CLELAND, 1998) oder alternativ nach internen und externen Stakeholdern (vgl. LITKE, 1995). Primäre Stakeholder sind dabei alle Gruppen oder Personen, die direkt auf das Projekt einwirken können (z. B. durch vertragliche Regelungen). Sekundäre Stakeholder hingegen können nicht direkt auf das Projekt einwirken, können jedoch ihre Beziehungen oder ihre Macht für oder gegen das Projekt nutzen (synonym wird deshalb auch die Bezeichnung direkte und indirekte Stakeholder verwendet). Interne Stakeholder sind im Unternehmen, welches für das Projekt verantwortlich ist, anzufinden. Externe Stakeholder befinden sich außerhalb des Unternehmens. In Abbildung 1.02-12 im Anhang ist eine Übersicht über die unterschiedlichen Gruppierungsmöglichkeiten dargestellt.

Weitere Unterteilungsmöglichkeiten bestehen im nächsten Schritt in der Clusterung der ermittelten Interessengruppen. So kann beispielsweise ein Cluster für Kunden, Zulieferer, Wettbewerber oder Gesellschaft / Öffentlichkeit gebildet werden, analog dem in 1.3., Projektumfeldfaktoren, vorgeschlagenen Vorgehen. Diese Gruppen haben konkrete Untergruppen:

Beispiel Das Cluster Zulieferer teilt sich auf in die Zulieferer A, B, C und kann beispielsweise als primärer Stakeholder eingeordnet werden. Darüber hinaus handelt es sich um eine externe Gruppe. Allerdings müssen bei der Clusterung einzelne Untergruppen in der Analysephase trotzdem separat betrachtet werden, da sie zum Teil ganz unterschiedlich in Bezug auf ihre Einstellung zum Projekt einzuordnen sind.

2.2 Information und Analyse

Im nächsten Schritt ist es wichtig, sich in die jeweiligen Stakeholder hineinzuversetzen, um eine Analyse durchführen zu können. Hierbei geht es darum, die Stakeholder einzuschätzen, und deren Aktionen und Reaktionen möglichst weit reichend zu antizipieren und professionelles Agieren an die Stelle von improvisiertem Reagieren treten zu lassen (vgl. PATZAK & RATTAY, 2004). Im Wesentlichen geht es in dieser zentralen Phase des Stakeholdermanagements darum, die Einstellung der Stakeholder gegenüber dem Projekt herauszufinden und einzuschätzen, wie deren Bedeutung und Macht/Einfluss gegenüber dem Projekt ist und damit eine Einschätzung des Stakeholders/der Stakeholdergruppe vorzunehmen.

Nur so ist es möglich, geeignete Maßnahmen zu definieren, um Stakeholder frühzeitig in ein Projekt einzubinden und diese mit für sie relevanten Informationen zu versorgen. Darüber hinaus sollen Konflikte mit Stakeholdern vermieden werden und mögliche Unterstützung zu Gunsten des Projekts genutzt werden. Die Analyse umfasst demnach eine Einschätzung der identifizierten Stakeholder. Hierbei sind insbesondere Betroffenheit sowie Einstellung zum Projekt (oft umschrieben durch Betroffenheit/Interesse am Projekt) und Einfluss/Macht der einzelnen Stakeholder wichtige Kategorien zu ihrer Einordnung.

Stakeholder können dem Projekt positiv (wohlwollend, förderlich) oder negativ (skeptisch, hinderlich) gegenüberstehen. Um Informationen über die identifizierten Stakeholder zu erhalten, bieten sich ähnlich der Informationssammlung zur Identifikation unterschiedliche Möglichkeiten an: kommerzielle Informationsdienste, Informationssammlungen, z. B. lokale Presse, Information- und Mitteilungsorgane von Verbänden, beispielsweise Berufsverbänden und organisierten Interessensgruppen, Internetrecherche. Die für die Identifikation verwendete Quellensammlung (s. Anhang, Abbildung 1.02-11) kann weitere Hinweise für die Informations- und Analysephase liefern. CLELAND (1998) sieht daneben folgende Informationsquellen und -mittel, um eine Stakeholderanalyse durchzuführen:

I Internet
I Kunden und weitere Nutzer
I Zulieferer
I Handelsorganisationen
I Jahresberichte
I Öffentliche Treffen
I Regierungsquellen
I Persönliches Netzwerk

Neben den Quellen zur Informationsbeschaffung über identifizierte Stakeholder werden in der Literatur folgende Methoden zur Analyse des Stakeholderverhaltens vorgeschlagen: Persönliche Gespräche mit identifizierten Stakeholdern, z. B. in Form von Interviews, die einen direkten Eindruck über die Person oder Institution vermitteln können (vgl. ABRESCH, 1999). Eine weitere Analysemöglichkeit bietet der Rollenspiel-Ansatz (vgl. ABRESCH, 1999). Hierbei nehmen Mitarbeiter die Rolle der Stakeholder ein und verhalten sich nach deren Interessen und Zielsystem (siehe Element 1.03 Projektanforderungen und -ziele). Um den Rollenspiel-Ansatz verwenden zu können, ist demnach ein gewisses Maß an Vorkenntnis über die Stakeholder notwendig. Außerdem werden Workshops vorgeschlagen, in denen man sich an bestimmten Leitfragen orientiert, um das Stakeholderverhalten einschätzen zu können (vgl. ABRESCH, 1999; CLELAND, 1998; GRAY & LARSON, 2002; SCHULZ-WIMMER, 2002; OLANDER & LANDIN, 2005; WEISS, 2003). Eine innovative Untersuchungsmethode bietet die Netzwerkanalyse (siehe Vertiefungswissen, Kapitel 3.1 in diesem Beitrag), die es erlaubt – oftmals unsichtbare – Kommunikation- und Entscheidungsstrukturen zu visualisieren und zu quantifizieren. Workshops und Netzwerkanalyse werden im Vertiefungswissen weiter erläutert.

Im Wesentlichen geht es in dieser zentralen Phase des Stakeholdermanagements darum, die Einstellung des Stakeholders gegenüber dem Projekt herauszufinden und einzuschätzen, wie dessen Bedeutung und Macht gegenüber dem Projekt faktisch sind. Die zentralen Fragestellungen hierfür sind:

Einstellung: Stehen der Stakeholder bzw. die Stakeholdergruppe dem Projekt positiv oder negativ gegenüber? Diese Frage dient dazu, die Einstellung des Stakeholders zum Projekt zu ermitteln. Ein negativ eingestellter Stakeholder bedeutet meistens ein Risiko für das Projekt, während ein positiv, förderlich eingestellter Stakeholder eher eine Chance für das Projekt eröffnet. Im Unterschied zur Risiken- und Chanceanalyse erfolgt bei der Stakeholderanalyse jedoch keine quantifizierte Bewertung der Auswirkungen auf das Projekt (hierzu auch Kapitel 1.4 in diesem Beitrag und SCHELLE et al, 2005). Weitere Fragestellungen, um die Einstellung des Stakeholders bzw. der Stakeholdergruppe zum Projekt einzuschätzen, behandeln bspw. die Betroffenheit oder Erwartungen/Befürchtungen. Selbige sind streng genommen Unterfragen von „Einstellung zum Projekt".

Betroffenheit: Welche Betroffenheit löst das Projekt bei dem Stakeholder bzw. der Stakeholdergruppe aus? Mit dieser Frage wird geklärt, wie bedeutsam das Projekt aus Sicht des Stakeholders für den Stakeholder ist. Eine hohe Betroffenheit bedeutet eine hohe Bedeutung, bedeutet eine hohe Bereitschaft, aktiv zu werden. Mit Betroffenheit ist der Grad der Betroffenheit gemeint, nicht die „Ladung" der Betroffenheit (positiv oder negativ).

Erwartungen und Befürchtungen: Welche Erwartungen hat der Stakeholder bzw. die Stakeholdergruppe oder was glauben die Stakeholder, was passieren sollte – und warum? Welche Befürchtungen haben die Stakeholder bzw. was glauben die Stakeholder, was passieren könnte – und warum? Diese Fragen helfen, das Interesse, die Motive der Stakeholder zu verstehen. Das Verstehen der Interessen und Motive bzw. das Verständnis der Stakeholdermotivation ist eine wesentliche Voraussetzung für die anschließende Aktionsplanung.

Einfluss/Macht: Wie sind Einfluss, Bedeutung und Macht des Stakeholders bzw. der Stakeholdergruppe? Die Einschätzung des Einflusspotentials bzw. der Macht des Stakeholders ist ein wesentlicher Anhaltspunkt für die Analyse, um letztendlich aus dem jeweiligen Interesse am Projekt und an der Macht eine Art Ranking der Stakeholder abzuleiten (vgl. hierzu die grafische Veranschaulichung in Abbildung 1.02-6). Weitere Erkenntnis leitende Fragestellungen befinden sich in der Checkliste zur Analyse (Abbildung 1.02-13) im Anhang.

Grafische Veranschaulichung
Um eine komprimierte Darstellung der Ergebnisse zu erhalten, werden in der Literatur vielfach Graphendarstellungen vorgeschlagen, die unterschiedliche Ausprägungen haben können.

Nachfolgend werden 2 Darstellungsmöglichkeiten vorgestellt (Beispiel 1 und 2).

 Beispiel 1 Betroffenheit, Einfluss (Macht) und Einstellung sollten bewertet werden.

Bewertungskategorien für Betroffenheit und Einfluss (Macht) sind z. B. „niedrig", „eher niedrig", „teils, teils", „eher hoch" und „hoch". Die Einstellung könnte bewertet werden mit „sehr negativ (--)", „negativ (-)", „neutral bzw. unentschlossen (0)", „positiv (+)" und „sehr positiv (++)". Diese Bewertungen lassen sich in einem Stakeholder-Portfolio darstellen (vgl. Abbildung 1.02-5):

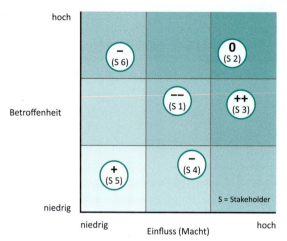

Abbildung 1.02-5: 1. Beispiel eines Stakeholder Portfolios

Beispiel 2 Frühere, einfache Grafiken gliederten meist nach den Dimensionen „Macht bzw. Einfluss" einerseits (horizontale Achse) und „erwartete Konflikte" andererseits (vertikale Achse).

Die Abbildung 1.02-6 dagegen zeigt eine für die Projektanalyse realistischere Grafik für das Projekt-Stakeholder-Portfolio, indem die vertikale Achse um den wichtigen Bereich „erwartete Unterstützung" im Projekt ergänzt wurde. Die Achse „erwartete Unterstützung" darf nicht vernachlässigt werden, auch wenn vielfach davon ausgegangen wird, dass Konfliktpotentiale einen bedrohlicheren Einfluss auf das Projekt haben als die zu erwartende Unterstützung. Unterstützende Stakeholder, sog. Projekt-Promotoren, haben einen wesentlichen Einfluss auf den Projekterfolg und sind für die Projekte oft (über)lebenswichtig, u. a. in Krisensituationen. Möglicherweise kann ein Unterstützer auch in Kontakt zu einer konfliktären Partei stehen und hier seinen positiven Einfluss auf das Projekt geltend machen. Die Ausprägungen in beiden Dimensionen lassen eine Unterteilung von neutral / gering bis groß zu (zumeist in den Abstufungen gering-mittel-groß).

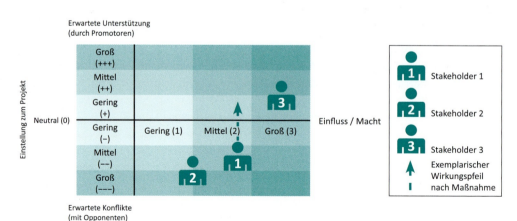

Abbildung 1.02-6: 2. Beispiel eines Stakeholder Portfolios
(in Anlehnung an: DWORATSCHEK, 2004: 8; 2006: 11)

OLANDER und LANDIN (2005) schlagen vor, die Stakeholder in einer Matrix mit den Dimensionen Macht / Interesse einzuordnen. Beide Dimensionen, die Macht über das Projekt und das Interesse, die eigenen Erwartungen vom Projekt erfüllt zu wissen, werden hierbei auf einer Skala von 1 bis 10 eingestuft.

Die erläuterten Methodiken führen letztendlich zu ähnlichen Kernaussagen: Wie hoch ist das Machtpotential der einzelnen Stakeholder und wie groß ist die Wahrscheinlichkeit, dass sie sich auch tatsächlich in das Projektgeschehen einmischen werden?

Eine weitere wichtige Dimension ist die **Dringlichkeit der Bedrohung** durch den Stakeholder (vgl. DYLLICK, 1984). Diese Dimension stellt eine zeitliche Einschätzung dar, die widerspiegelt, inwiefern die Beziehung zu dem Stakeholder in naher Zukunft mit Maßnahmen zu belegen ist oder doch eher langfristig beobachtet werden sollte. Allerdings ergibt sich aus der Einschätzung der Dimensionen Macht und erwartete Unterstützung / erwartete Konflikte automatisch bereits ein gewisses Maß an Dringlichkeit. So hat ein Stakeholder im Bereich hohe Macht / hohes Konfliktpotential im Regelfall auch eine hohe Dringlichkeit / Priorität in der Behandlung zu erfahren. Insgesamt ergeben sich aus der Einordnung der Stakeholder in ein Diagramm drei grundsätzliche Typen (vgl. MÖLLER, 2003):

| Promotoren (Projektbefürworter)
| Zunächst eher neutral eingestellte Institutionen und Personen, die im Projektverlauf ihre Position zum Projekt verändern können und deshalb in der Analyse berücksichtigt werden müssen (Projekt-Grenzgänger).
| Opponenten (Projektgegner)

Ein weiterer Schritt in der Analyse des Stakeholderverhaltens ist das Identifizieren möglicher Koalitionen, die zwischen Stakeholdern bestehen können oder sich während des Projektverlaufs entwickeln. Diese Koalitionen können im Verlauf der Analyse wichtige Informationen für die Verhaltenseinschätzung der Stakeholder geben. Im Beispiel in Abbildung 1.02-6 könnten sich Umweltverband und Anwohner zusammenschließen und eine mächtige Koalition bilden, die ein wesentlich höheres Konflikt- und Machtpotential aufweist als die Einzelgruppen für sich betrachtet.

2.3 Aktionsplanung

Aus den zuvor identifizierten Stakeholdern und den Ergebnissen der Analyse werden in der anschließenden dritten Phase Maßnahmen entwickelt, um die Stakeholder frühzeitig in das Projekt einzubinden oder ihr Verhalten zumindest zu beobachten. Als erster, einfacher Ansatz kann die Dreiteilung der informationellen Maßnahmen dienen: Partizipative, diskursive und restriktive Informations-Taktik (vgl. unten). Eine differenziertere Aktionsplanung versucht einen Ansatz zu entwickeln, der zur Unternehmensstrategie und der Situation im Projekt passt. Weiterhin sollte eine Priorisierung vorgenommen werden, um zu unterscheiden, welchen der identifizierten Stakeholdern sofortige Aufmerksamkeit zuteil werden muss, welche einer regelmäßigen Beobachtung unterliegen sollten und welche Stakeholder in größeren periodischen Abständen einer Überprüfung bedürfen (vgl. WEILACHER, 2005). WEISS (2003) schlägt vor, festzulegen, ob die Stakeholder direkt oder indirekt einbezogen werden sollen und auf welche Weise mit ihnen umzugehen ist (ignorieren, beobachten, offensiv oder defensiv behandeln). Hierzu gehört die Entscheidung zwischen den Taktiken der Verhandlung, des Werbens, der Manipulation, der Vermeidung von Kontakten oder des Abwartens. Für den einzelnen Stakeholder ist ggf. eine Kombination dieser Strategien zu wählen, um eine konkrete Aktionsplanung zu entwickeln (vgl. WEISS, 2003). Ziel der Maßnahmen ist dabei, die Stakeholder zu weniger starken Opponenten oder gar zu Promotoren des Projekts werden zu lassen. Abbildung 1.02-6 veranschaulicht (durch einen Wirkungspfeil) die Verschiebung der Interessenlage eines Stakeholders nach einer wirksamen Maßnahme. Die Machtlage lässt sich durch Maßnahmen in den seltensten Fällen beeinflussen. Weitere Strategien werden im Unterkapitel zu den Methoden der Einflussnahme im Kapitel 2.3.2 angeführt.

Außerdem ist es wichtig, Verantwortlichkeiten und verbindliche Aktionen zu definieren, die im Zuge eines Monitorings überprüft und ggf. angepasst werden. Darüber hinaus sollte ein klarer Kommunikationsplan Ergebnis dieser Phase sein. Aus diesem Plan geht hervor, wer von den Projektmitarbeitern für die Kommunikation mit dem entsprechenden Stakeholder verantwortlich ist. Weiterhin gehen hieraus die Intervalle, in denen kommuniziert oder informiert wird, hervor sowie, welcher Stakeholder von der entsprechenden Maßnahme betroffen ist: WER kommuniziert WANN und WIE mit WEM, um welches Ziel zu erreichen. Um aus der Vielzahl möglicher Stakeholderinterventionen diejenigen auszuwählen, die für das Projekt am wirkungsvollsten und vom Aufwand am effizientesten erscheinen, empfiehlt es sich, eine Matrix der Aktivitäten zu erstellen. Somit kann hier die Stakeholdermanagementstrategie im Projektteam schnell kommuniziert und weiter optimiert werden. Ein einfaches Beispiel für eine solche **Kommunikationsmatrix** bietet Abbildung 1.02-7:

Die vertikale Achse enthält die unterschiedlichen Stakeholder des Projekts. Horizontal werden unterschiedliche Möglichkeiten der Einbindung abgebildet. Nun kann jedem Stakeholder eine vorab definierte Maßnahme zugeordnet werden (Relevanz ja / nein). Wenn die Maßnahme relevant ist, kann im nächsten Schritt darüber entschieden werden, wer für diese Maßnahme zuständig ist (Zuständigkeit) und wie häufig eine Interaktion / Maßnahme stattfindet (Frequenz). Eine ausführlichere Darstellung einer solchen Matrix findet sich im Vertiefungswissen (Abbildung 1.02-V7).

Hier Angaben zu Maßnahmen, Regelmäßigkeit und Verantwortlichkeit machen

Hier ermittelten Stakeholder eintragen

	Aktive Einbindung / persönlich			Passive Einbindung		
Maßnahmen / **Stakeholder**	**regelmäßige Besuche**	**Einbindung in Jour Fixe**	**...**	**E-Mail Verteiler**	**Newsletter**	**...**
Mustermann 1	<relevant ja/nein> <Zuständigkeit> <Frequenz>	<relevant ja/nein> <Zuständigkeit> <Frequenz>	<relevant ja/nein> <Zuständigkeit> <Frequenz>	<relevant ja/nein> <Zuständigkeit> <Frequenz>	<relevant ja/nein> <Zuständigkeit> <Frequenz>	<relevant ja/nein> <Zuständigkeit> <Frequenz>
Mustermann 2	<relevant ja/nein> <Zuständigkeit> <Frequenz>	<relevant ja/nein> <Zuständigkeit> <Frequenz>	<relevant ja/nein> <Zuständigkeit> <Frequenz>	<relevant ja/nein> <Zuständigkeit> <Frequenz>	<relevant ja/nein> <Zuständigkeit> <Frequenz>	<relevant ja/nein> <Zuständigkeit> <Frequenz>
...	<relevant ja/nein> <Zuständigkeit> <Frequenz>	<relevant ja/nein> <Zuständigkeit> <Frequenz>	<relevant ja/nein> <Zuständigkeit> <Frequenz>	<relevant ja/nein> <Zuständigkeit> <Frequenz>	<relevant ja/nein> <Zuständigkeit> <Frequenz>	<relevant ja/nein> <Zuständigkeit> <Frequenz>

Abbildung 1.02-7: Stakeholder-Maßnahmen-Matrix (Ellmann 2008: 426)

§ **Definition** In der **Kommunikationsmatrix** wird die Kommunikation mit den Stakeholdern (externen und internen) systematisch dokumentiert. Eine K-Matrix beinhaltet insbesondere folgende Informationen: ① Wer im Projekt (**Zuständigkeit/Funktion**) kommuniziert ② mit wem (**Stakeholder**) ③ worüber (**Inhalt**) ④ in welcher Weise (**Art**) ⑤ wann/wie häufig (**Anlass/Frequenz**) ⑥ wie genau (**Umfang/Detaillierungsgrad**) ⑦ mit welchem Ziel (**Ziel**) ⑧ auf Basis welcher Beeinflussungsstrategie (**B-Strategie**). Eine mögliche Darstellungsform ist in Abb. 1.02-7 abgebildet. Eine andere Darstellungsform wäre, auf der vertikalen Achse (in Zeilen) die ② Stakeholder abzubilden und horizontal (in Spalten) die weiteren Aspekte: ①③④⑤⑥⑦⑧

Die identifizierten und zeitlich definierten Maßnahmen, die den Projektmitarbeitern je verantwortlich zugeordnet wurden, können dann auf die Projektphasen bezogen werden und als Arbeitspakete bzw. Vorgänge in die Projektstrukturierung bzw. in die Ablauf- und Terminplanung einfließen (→ vgl. hierzu die Ausführungen zu den Elementen 1.09: Projektstrukturen sowie 1.11: Projektphasen, Ablauf und Termine). In großen Projekten mit hoher Öffentlichkeitswirkung gibt es durchaus eigene Teilprojekte, die sich mit Public Relations und damit originär mit dem Stakeholdermanagement beschäftigen.

Besonderheiten bei der Aktionsplanung treten im internationalen Umfeld auf. Der Prozess der Stakeholdereinbindung ist hier wesentlich komplexer als bei nationalen Projekten (vgl. Dörrenberg & Hoffmann, 2004). Es ist wichtig, Informationen über kulturelle Besonderheiten und lokale Gegebenheiten zu sammeln und diese im Verlauf der Stakeholderanalyse zu beachten. Hierbei können beispielsweise grundsätzliche Einschätzungen der landesspezifischen Besonderheiten bedeutsam sein (vgl.

auch Element 2.01 b, Führung internationaler Teams, 2.15 Ethik, 2.11 Verhandlungen). So ist es in einem Land mit schwachem Kontextbezug eher möglich, einfache, direkte Fragen zu stellen, während in Ländern mit starkem Kontextbezug zunächst eine Beziehung, beispielsweise über eine dritte Person, aufgebaut werden muss. Der Kontextbezug bezeichnet die Aufmerksamkeit, die in der Kultur den Zusammenhängen, beispielsweise aus Gestik, Mimik und Sprache, einer Situation gewidmet wird (vgl. HOFFMANN, 2004). In Ländern mit hoher Machtdistanz stehen hierarchische Gefüge im Vordergrund, wodurch ein direkter Kontakt zwischen Angestellten und Vorgesetzten nicht einfach möglich ist. Machtdistanz bezeichnet dabei die emotionale Distanz zwischen Vorgesetzten und Mitarbeitern (vgl. HOFFMANN, 2004). Darüber hinaus reicht es eventuell nicht aus, wenn der Projektleiter einen Termin mit einer hierarchisch höhergestellten Person (Führungskraft, Kunde) wahrnimmt. Stattdessen ist es möglicherweise notwendig, dass dessen Vorgesetzter wesentliche Stakeholderkontakte pflegt.

Zu den Kulturunterschieden innerhalb eines Landes (bspw. Bayern vs. Niedersachsen), die in Projektführungsprozessen relevant sind, findet sich eher individuelles Wissen, welches aus eigenen Projekt- und Lebenserfahrungen stammt. Es ist nicht zu erwarten, dass solche Kulturunterschiede zum Schwerpunkt künftiger Forschung werden. Für die kulturellen Unterschiede zwischen Ländern oder Nationen und für Unternehmenskulturen dagegen gibt es detaillierte Forschungsergebnisse, welche die Projektumfeldanalyse etwas vereinfachen können.[3]

2.3.1 Projektmarketing als Bestandteil des Stakeholdermanagements

In engem Zusammenhang mit dem Stakeholdermanagement steht das Projektmarketing.

Auf Grund der Analyse der Stakeholder und des Projektumfeldes können konkrete Strategien und Maßnahmen zur Gestaltung der Projektumfeldbeziehungen geplant und vom Projektteam umgesetzt und gesteuert werden. Lässt sich aus der Stakeholderanalyse erkennen, dass Teilbereiche des Projektumfeldes mit unterschiedlichen Strategien und Maßnahmen beeinflusst werden können, ist eine Unterteilung des Projektumfeldes in „Teilumwelten" sinnvoll (vgl. GAREIS, 2005).

Um Aktivitäten zur Beeinflussung der Projektumfeld-Beziehungen zu planen, sind die in der Stakeholderanalyse gesammelten Informationen über die vom Projekt wahrnehmbaren sachlichen und sozialen Faktoren zu nutzen. Somit kann abgeschätzt werden, welche Beeinflussungsmöglichkeiten und Strategien das Projektteam nutzen kann, um die Projekterfolgswahrscheinlichkeit zu steigern (vgl. BERNECKER & ECKRICH, 2003). Dazu gehören alle integrierenden Maßnahmen, die der Vertrauensbildung, Information und Konsensfindung mit dem Projektumfeld dienen. Hierbei geht es um die Schaffung einer möglichst hohen Akzeptanz, Identifikation und Steigerung der Individualzielkonsistenz aller am Projekt Beteiligten (vgl. ABRESCH, 2003).

Das soziokulturelle Projektumfeld – ein Kommunikationssystem
Soziale Systeme bestehen ausschließlich aus Kommunikation (vgl. LUHMANN, 2006).

Die Botschaft entsteht beim Empfänger
Da sich jeder andere Kommunikationsteilnehmer im soziokulturellen Umfeld seine eigene Wirklichkeit konstruiert, ist entscheidend, **welche** Botschaft (Inhalt) wir **wie** senden wollen (Kommunikationsmedium), um das Kommunikationssystem zu beeinflussen. Die Botschaft entsteht damit beim Empfänger.

---

3 Eine fundierte und weiterführende Studie zu diesem Thema ist die GLOBE Studie (vgl. HOUSE et al., 2004), die 2004 aus 17.000 befragten Managern des mittleren Managements aus 62 Nationen der Welt 9 Kernkulturdimensionen, 6 globale Führungsansätze und 21 primäre, nur in einigen Kulturen erfolgreiche, Führungsansätze herausgearbeitet hat. Das Datenmaterial der Studien von HOFSTEDE (2001) und GLOBE (HOUSE et al., 2004) sowie ein Tool zur schnellen Analyse der Kulturunterschiede in Projektteams stehen als open source unter www.project-roadmap.com zur Verfügung.

Maßnahmen zum Management der soziokulturellen Projektumfeld-Beziehungen:
Beim Management des Projektumfeldes ist der kommunikative Einfluss auf die Stakeholder oft der effizienteste Weg, die Wahrscheinlichkeit der Projektzielerreichung zu steigern. Soziale Systeme beruhen auf Kommunikation und man kann „nicht nichtkommunizieren" (vgl. WATZLAWICK, 1969). Somit ist das Kommunikationskonzept des Projektteams zur Interaktion mit den Stakeholdern Erfolg entscheidend. Hierbei handelt es sich gewissermaßen um „Führung der Stakeholder". Durch geeignete Führungsinterventionen wird eine Stakeholderreaktion erwartet. Die Auswahl des Kommunikationsmediums, dessen Reichhaltigkeit und Effizienz sowie der Aufwand für die Kommunikation stehen dabei in einem auszubalancierenden Spannungsfeld.

Prinzipiell handelt es sich hier um einen Teilbereich des Projektmarketings. Projektmarketing verfolgt das Ziel, das Projekt bekannt zu machen und Prozesse der Projektarbeit zu erleichtern und deren Hindernisse abzubauen. Dazu stehen die klassischen Marketinginstrumente der Produkt-, Preis-, Distributions- und Kommunikationspolitik zur Verfügung. Hierbei sind alle Maßnahmen der Vertrauensbildung, der Information und Konsensfindung mit dem Projektumfeld in ihrer Vernetzung und Wechselwirkung zu betrachten (vgl. BERNECKER & ECKRICH, 2003).

In Abbildung 1.02-14 im Anhang sind Anregungen für die Erstellung eines Projektmarketingplanes zu finden (in Anlehnung an BERNECKER & ECKRICH, 2003).

2.3.2 Methoden der Einflussnahme

Dieser Abschnitt behandelt die Stakeholder-Steuerung, mit der Win-Win-Situationen (d.h., alle gewinnen) angestrebt werden; ferner wird auf negative Ausprägungen hingewiesen. Methoden zum Umgang mit Konflikten, ergänzt mit Tipps, wie diese von vornherein vermieden oder vermindert werden können, ergänzen den Abschnitt. Nicht zuletzt wird die ethische Seite beleuchtet und eine Hilfestellung angeboten.

Das Management von Stakeholdern bedeutet, Menschen zu koordinieren: Wie können die Ziele des Projekts durch andere Menschen unterstützt oder behindert werden? Nach ROTH (2003) erfordert jegliches bewusstes Handeln eine Motivation (Element 2.02 Engagement und Motivation in der ICB 3.0), das heißt, ein bewusstes oder unbewusstes Streben nach Belohnungen, wobei Belohnungen sehr personenspezifisch empfunden werden. Jedoch kann das Beibehalten bisherigen Verhaltens bereits eine starke Belohnung in sich sein – es vermittelt Sicherheit und erfordert kein Umdenken. Eine Verhaltensänderung kann eher erzielt werden, wenn sie eine deutlich stärkere Belohnung verspricht. Je ferner diese Belohnung in der Zukunft liegt, umso stärker muss sie sein.

 Wirkliche Motivation entsteht innerhalb des Individuums, sie ist intrinsisch. Der Projektmanager kann nur Rahmenbedingungen zur Eigenmotivation beeinflussen (vgl. SPRENGER, 2002). Es gilt deshalb, die eigenen Ziele so zu vermitteln, dass diese von den interessierten Parteien möglichst als die ihrigen übernommen werden.

Die nachfolgenden Literaturbeispiele zeigen mögliche Methoden, die eingesetzt werden, um Stakeholder im Rahmen der Aktionsplanung und des Monitorings zu beeinflussen (siehe Kapitel 2.3 und 2.4). Sie bringen möglicherweise einen kurzfristigen Erfolg, führen aber in der Regel zu keiner intrinsischen Motivation. Diese Methoden sollten jedoch bekannt sein, damit sie erkannt werden und bewusst damit umgegangen werden kann. Dazu folgende Beispiele:

Public Relation Fachleute kennen vielfältige Beeinflussungsmechanismen, die – in der negativen Ausprägung – von Klawitter (Der Spiegel, 31 / 2006: 72) als „PUBLIC RELATIONS, Meister der Verdrehung" bezeichnet werden. Diesbezügliche Beispiele finden sich in „PR! A Social History of Spin" (vgl. EWEN, 1996).

💡 **Tipp** In positiver Ausprägung jedoch streben die PR-Fachleute ebenfalls Win-Win-Situationen an und deren Expertise kann bei komplexen Projekten präventiv (bereits vor Projektbeginn) genutzt werden. In einem möglichen späteren Krisenfall kann es sonst (ohne Vorbereitung) auch für PR-Experten schwierig und sehr aufwändig werden, korrektiv zu unterstützen, wie die Praxis zeigt.

GLOWITZ (1998) hat die Beeinflussungsmethoden als die fünf großen ‚B' (Bedrohen, Bestrafen, Bestechen, Belohnen, Belobigen) beschrieben. Sie können vier Strategien zugeordnet werden (Zwang, Ködern, Verführen, Vision) – vgl. Abbildung 1.02-8. Eine intrinsische Motivation kann damit in der Regel nicht erreicht werden.

Strategie Technik	Zwang	Ködern	Verführung	Vision
Bedrohen	X			
Bestrafen	X	X		X
Bestechen			X	
Belohnen		X	X	X
Belobigen			X	

Abbildung 1.02-8: Die fünf großen ‚B' (GLOWITZ, 1998: 320; nach SPRENGER, 1995)

Vor rund 500 Jahren hat Machiavelli in „Der Fürst" über die Führung und Beeinflussung von ‚Stakeholdern' im weiteren Sinne ein umstrittenes Standardwerk verfasst. Dazu ein Beispiel:

(MACHIAVELLI, 1513: 86) *„[...] Man muss wissen, dass es zwei Arten zu kämpfen gibt, die eine nach Gesetzen, die andere durch Gewalt; die erste ist die Sitte der Menschen, die andere die der Tiere. Da jedoch die erste oft nicht ausreicht, so muss man seine Zuflucht zur zweiten nehmen. Ein Fürst muss daher sowohl den Menschen wie die Bestie zu spielen wissen. [...]"*

Die Methode, ‚wie eine Bestie zu spielen' kann in einer eher harmlosen Ausprägung als ‚versuchtes Übertölpeln' bezeichnet werden. Als Hinweis darauf ist aggressives Verhalten ohne sachliche Hintergründe zu nennen.

💡 **Tipp** nicht provozieren lassen und den Gegenüber ausreden lassen, um damit ‚Wind aus den Segeln' zu nehmen. Nach dem verbalen Ausbruch höflich nach den sachlichen Gründen fragen und wieder gut zuhören. Eine strategische Erregung kann so in der Regel leicht erkannt werden – z. B. um von eigenen Problemen abzulenken.

Noch ältere Quellen werden in „Die Kunst der List" (von SENGER, 2002) genannt, die von Senger in Form von 36 chinesischen Strategemen (Strategien) erläutert werden. Von Senger zitiert Konfuzius (551–479 v.Chr.) der das Wort „zhi" verwendet, was sowohl „Weisheit" als auch „List" beziehungsweise „listkundig" bedeutete: „Zhi zhe bu huo" – der Weise lässt sich nicht irreführen! (vgl. von SENGER, 2002: 156).

Als weiterführende Literatur in dieser Richtung kann das viel beachtete Werk „Die Kunst des Krieges" (SUNZI, ca. 500 v. Chr.) genannt werden. Die Bedeutung von **Ethik** im Projektgeschäft als Anleitung zum ‚richtigen' menschlichen Handeln wird auch im Kontext des Stakeholdermanagements, nicht nur mit Referenz zu den vorgenannten historischen Quellen, deutlich. GRAY & LARSON beschreiben in „Project Management, Ethics and Project Management" (vgl. GRAY & LARSON, 2002), dass gut 4/5 der Projektleiter mit ethischen Dilemmata konfrontiert sind und sich meist auf die eigene Beurteilung von ‚richtig' und ‚falsch' verlassen, was ein Projektmanager seinen „internen Kompass" nannte. Als Richtschnur kann hier Kants „Kategorischer Imperativ" dienen:

„Handle so, daß die Maxime deines Willens jederzeit zugleich als Princip einer allgemeinen Gesetzgebung gelten könne." Dabei wird unter Maxime der persönliche Grundsatz des Willens und Handelns verstanden (vgl. KANT, 1788). Dies gilt in vollem Umfang auch für das Managen von Stakeholdern!

Nachfolgend werden Möglichkeiten zur Klassifizierung von **Beeinflussungsstrategien** angeführt. ABRESCH (1999) beschreibt für die Aktionsplanung und das Monitoring (s. Kapitel 2.3 und 2.4) **partizipative Strategien** (Stakeholder als Partner), **diskursive** (Umgang mit Stakeholder erfordert Konfliktmanagement), **repressive** (etwa durch Machtpromotoren) – praxisnäher wäre: „restriktiv" (bewusst reduzierte Informationsabgabe) und **informative** (z. B. regelmäßige Informationen per Newsletter/Mail über Status/Erfolge etc.). Repressive Strategien sind u. a. in „Der Fürst" zu finden. Ziel sollte in der Regel eine partizipative Strategie mit Ausrichtung auf eine intrinsische Motivation bei den Stakeholdern sein. Auch wenn zu Beginn offene oder verdeckte Konflikte die Handlungen bestimmen, sollte trotzdem stets auf eine partizipative Strategie hingearbeitet werden. Widerstand deutet auf Interesse hin, welches möglicherweise genutzt werden kann, frei nach dem „Judo-Prinzip": den Stoßenden ziehen – z. B. die proaktive Einbeziehung von Umweltverbänden bei Infrastrukturprojekten gleich zu Beginn fördern. Mit anderen Worten: stets nach einer **Win-Win**-Situation (alle gewinnen) streben und Konflikteskalationen (vgl. GLASL, 1980) vermeiden. Sie können zu **Win-Lose**-Situationen (manche gewinnen, manche verlieren) und im Extremfall zu **Lose-Lose**-Situationen (alle verlieren) führen.

Für das Überwinden von **Konflikten** gibt es verschiedene Methoden (siehe Element 2.12 Konflikte und Krisen in der ICB 3.0). Besonders hervorgehoben wird die **„Harvard Methode"** (vgl. FISHER, URY & PATTON, 2002), die weit verbreitet ist:

- Separate Betrachtung von Sach- und Beziehungsebene
- Auf Interessen konzentrieren, nicht auf Positionen
- Entscheidungsalternativen aufzeigen
- Neutrale Beurteilungskriterien entwickeln

Häufig werden Konflikte auf der Beziehungsebene durch scheinbare Sachdifferenzen maskiert. Den wahren Grund herauszufinden, erfordert oft große Anstrengungen, zwischenmenschliches Feingefühl und kann durch Recherchen im weiteren Umfeld unterstützt werden.

> **Tipp** Eine beständige Wachsamkeit im Vorfeld kann hier zu einem als „Serendipität" bezeichneten Phänomen führen – es wird etwas Nützliches erkannt, obwohl vorher nicht explizit danach gesucht wurde (Projektmagazin, 2007; von SENGER, 2002: 170-179).

Bei Konflikten auf der Beziehungsebene haben sich psychologische Methoden bewährt, in denen z. B. die intensive mentale Ausrichtung der Konfliktparteien auf die gemeinsamen (Projekt-)Ziele helfen kann, persönliche Aversionen zu lindern, ja ganz verschwinden zu lassen.

Grundsätzlich gilt: aktives Zuhören bei den interessierten Parteien gleich im Vorfeld eines Projekts hilft, spätere Konflikte zu vermeiden. Präventive Kommunikation ist deutlich effektiver als korrektive Schadensbegrenzung. Gutes Stakeholdermanagement basiert auf guter Kommunikation (siehe Element 1.18 Kommunikation in der ICB 3.0).

Gute Kommunikation berücksichtigt:

| alle interessierten Parteien,
| ist maßgeschneidert aus Empfängersicht,
| berücksichtigt kulturelle Differenzen und ist nicht zuletzt
| wahr und fair (vgl. WEITLANER, 2006).

2.4 Monitoring

Projekte und Projektstakeholder befinden sich in einem dynamischen Umfeld. Es ist möglich, dass sich die Position der Stakeholder zum Projekt im Zeitverlauf verändert und nicht mehr dem entspricht, was man zu Beginn des Projekts einmal festgestellt hat (neuer Kenntnisstand oder Projektumfeldveränderung). Weiterhin können neue Stakeholder auftauchen, die in der ursprünglichen Planung nicht berücksichtigt waren (vgl. WEILACHER, 2005). OLANDER und LANDIN zeigen anhand einer Fallstudie sehr anschaulich den Wandel von Stakeholderinteressen (vgl. OLANDER & LANDIN, 2005). Hierbei wurden Stakeholder eines Wohnanlagenprojekts und eines Straßenbauprojekts im Zeitraum von 1988-2003 beobachtet und es wurden Grafiken mit den Dimensionen Macht und Interesse für unterschiedliche Phasen des Projekts erstellt (vgl. OLANDER & LANDIN, 2005). Es stellte sich dabei heraus, dass ein Monitoring der Stakeholder eine hohe Bedeutung hatte, weil die Interessen- und Machtlage sich in den unterschiedlichen Projektphasen zum Teil erheblich verändert haben. Die beiden Autoren nennen als Methodik beim Monitoring: Interviews, die Analyse offizieller Dokumente und Medienberichte. Die Grafik in Abbildung 1.02-9 visualisiert, wie sich Macht- und Interessenslagen im Projektverlauf verändern können.

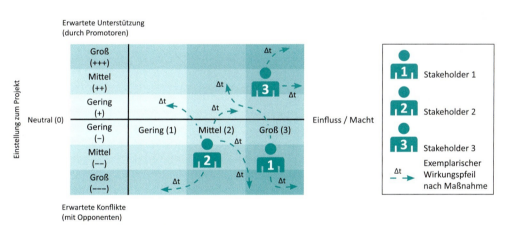

Abbildung 1.02-9: Änderung von Macht- und Interessenslagen im Projektverlauf
(ELLMANN, 2008: 166 in Anlehnung an die Vorlesungsunterlagen von DWORATSCHEK, 2004)

Stakeholder-Monitoring sollte im Projektverlauf regelmäßig in Statussitzungen institutionalisiert sein. So wird vermieden, dass das Thema einmal zu Beginn des Projekts bearbeitet wird, im Projektverlauf jedoch nicht mehr verfolgt wird. Ein solches Vorgehen wäre dringend zu vermeiden. Das Projektumfeld mit den entsprechenden Stakeholdern ist dynamisch und kann sich mit dem Fortschreiten des Projekts stark verändern.

3 Fragen zur Wiederholung

Fragen zu 1.1

1. Was versteht man unter Stakeholdern? ☐
2. Wie werden Stakeholder noch bezeichnet? ☐
3. Leiten Sie aus der im Text genannten Definition mögliche Stakeholder ab. ☐

Fragen zu 1.2

4. In welchem Zusammenhang stehen Stakeholder und Projekterfolg? ☐
5. Welche Elemente des Project Excellence Modells beziehen sich auf die Stakeholder? ☐

Fragen zu 1.3

6. Welche Projektumfeldfaktoren kennen Sie? ☐
7. Wie können diese Projektumfeldfaktoren strukturiert werden? ☐
8. Mittels welcher Kategorien lassen sich Projektumfeldfaktoren klassifizieren? ☐
9. Was sind Unterschiede und Gemeinsamkeiten von Projektumfeld- und Stakeholderanalyse? ☐

Fragen zu 1.4

10. Wie grenzen sich Stakeholder-, Risiken- und Chancenmanagement voneinander ab? ☐
11. Wie unterscheiden sich Projekt- und Stakeholder-Erfolgskriterien in Hinblick auf den Einfluss harter und weicher Einflussfaktoren? ☐

Fragen zu 2, 2.1, 2.2, 2.3, 2.4

12. Nennen Sie die 4 Hauptphasen des Stakeholdermanagements. ☐
13. Nennen Sie mögliche Informationsquellen für eine Identifikation von Stakeholdern. ☐
14. Wie kann man Stakeholder klassifizieren? ☐
15. Welcher Unterschied besteht zwischen direkten und indirekten Stakeholdern (primären und sekundären)? ☐
16. Welche Dimensionen beinhaltet das Stakeholder Portfolio zur Einschätzung des Stakeholderverhaltens? ☐
17. Welche Informationen muss eine detaillierte Maßnahmenplanung enthalten? ☐
18. Nennen Sie Besonderheiten beim internationalen Stakeholdermanagement. ☐
19. Was versteht man unter Monitoring im Stakeholdermanagement? ☐
20. Wann sollte Monitoring im Projektverlauf stattfinden? ☐

Fragen zu 2.3.2

21. Weshalb ist Motivation bei der Einflussnahme wichtig und welche Voraussetzungen gelten für Verhaltensänderungen? ☐
22. Erläutern Sie Strategien und ethische Aspekte zur Beeinflussung von Stakeholdern. ☐

4 Zusammenfassung

Ein systematisches Stakeholdermanagement ist wesentlicher Bestandteil des Projektmanagements. Die Praxisrelevanz des Stakeholdermanagements lässt sich an unterschiedlichen nationalen und internationalen Projektbeispielen belegen.

Zu Beginn wird der Begriff „Stakeholder" (oder synonym: interested parties bzw. Interessengruppen) eingeführt. Es folgt eine Einordnung des Stakeholdermanagements in das Projektmanagement. Zusammenhänge und Unterschiede zum Risiken- und Chancenmanagement werden erklärt. Das Grundlagenkapitel führt in die Umfeldanalyse (Sach- und Sozialfaktoren) ein. Subjekte des sozialen Umfelds sind die Stakeholder. Das Umfeld kann allgemein in direkte und indirekte Faktoren unterteilt werden – ferner in interne und externe Faktoren.

Kapitel 2 des Grundlagenwissens führt in die Phasen des Stakeholdermanagements ein: Hierbei wird deutlich, dass die vier Stufen Identifikation, Information sowie Analyse, Aktionsplanung und Monitoring unterschiedliche Tätigkeiten beinhalten, jedoch nicht als streng linear im Zeitverlauf betrachtet werden können. Rücksprünge in frühere Phasen sind möglich, beispielsweise wenn zu einem späteren Zeitpunkt ein neuer Stakeholder auf den Plan tritt, der in der Identifikationsphase nicht berücksichtigt wurde.

Die Identifikation dient damit dem Erkennen möglicher Stakeholder eines Projekts. In der Stufe Information sowie Analyse des Stakeholdermanagements werden Informationsquellen genutzt, um das Verhalten der identifizierten Stakeholder einschätzen zu können. Ziel dieser Phase ist es, eine konkrete Einschätzung hinsichtlich des Konflikt- bzw. im positiven Fall des Unterstützungspotentials zu erhalten sowie eine Einschätzung über Einfluss und Macht des Stakeholders zu gewinnen. Die Einschätzung hinsichtlich der identifizierten Stakeholder kann dann in einem zweidimensionalen Stakeholder Portfolio eingetragen werden. In der anschließenden Phase der Aktionsplanung geht es darum, die Stakeholder gezielt in einen Maßnahmenplan aufzunehmen sowie Frequenz und Zuständigkeit im Sinne einer regelmäßigen Informationspolitik zu bestimmen. Hierbei ist ein gewisses Maß an Sensibilität des Projektteams bzw. des Projektleiters notwendig, um das Kommunikationsverhalten der Stakeholder besser einschätzen zu können. Auch sollten Grundlagen des Projektmarketings beachtet werden. Schließlich gibt es grundlegende Methoden der Einflussnahme, die ebenfalls vorgestellt und in einen ethischen Kontext eingebettet werden. Abschließend folgt eine Einführung in das Stakeholder-Monitoring. Dieses sollte regelmäßig stattfinden, zumal Stakeholdermanagement ein dynamischer Prozess ist und Veränderungen der Macht- und Interessenslage von Stakeholdern keine Seltenheit sind.

5 Anhang: Tabellen und Checklisten

Projektumfeld	
Sachliche Faktoren	**Soziale Faktoren**
a) **Natürliches Umfeld** – Unser Planet Erde – Klimatische Bedingungen – Rohstoffvorkommen – Baugrundverhältnisse – Höhenlage – …	f) **Menschen im Projektteam und Projektumfeld** – Kunden – Projektleiter und Projektmitarbeiter – Fachabteilungen – Unternehmensleitung – Projektauftraggeber – Lieferanten / Subauftragnehmer – Gesellschaft – …
b) **Technisches Umfeld** – Technisches und infrastrukturelles Umfeld (Verkehrsanbindung, Technologieniveau und Innovationsgrad beim Auftraggeber) Zugang ins Internet, … – Qualität der Medienversorgung (Strom, Gas, Wasser, ..) – Technische Normung und Gesetzesregelungen – …	
c) **Ökonomisches Umfeld** – Steuergesetzgebung, Finanzmarktumfeld – Finanzielle Förderung, Subventionierung – Lohnniveau, Kosten für Produktionsmedien – …	
d) **Rechtliches politisches Umfeld** – Legislative (wer regiert gerade und verfolgt welche Interessen?) – Exekutive (welche Gesetze, Durchführungsbestimmungen werden derzeit offiziell und inoffiziell von Vertretern der „Machtinhaber" durchgesetzt. – Judikative (welche Tendenzen einer Rechtsprechung sind im Konfliktfall zu erwarten) – …	
e) **Kulturelle und traditionelle Rahmenbedingungen** Unternehmens- oder Landeskulturelle Unterschiede in der: – Leistungsorientierung – Zukunfts- und Langzeitorientierung – der geschlechtlichen Gleichberechtigung – Durchsetzungsfähigkeit und des Selbstbewusstseins – Machtdistanz – Unsicherheitsvermeidung	

Abbildung 1.02-10: Unterteilung des Projektumfeldes in sachliche und soziale Faktoren (Eigene Darstellung in Anlehnung an ABRESCH 1999, HOUSE 2004, Patzak 2009)

	Fragen zur Förderung des Projekts	
Süss, G. & Eschlbeck, D., 2002: 36	Wer kann das Projekt fördern?	☐
Mayrshofer, D. & Kröger, H.A., 2001: 188	Wer außerhalb des Projekts kann wesentlich zu seinem Gelingen beitragen?	☐
Litke, H.-D., 1995: 35	Welche übrigen Personen haben die Möglichkeit, die Ergebnisse zu unterstützen?	☐
Mayrshofer, D. & Kröger, H.A., 2001: 189	Welche Faktoren beeinflussen den Erfolg des Projekts?	☐
Gray & Larson, 2002: 240	Wessen Zustimmung oder Genehmigung benötigen wir?	☐
	Fragen nach Behinderung des Projekts	
Gray & Larson, 2002: 240	Wessen Ablehnung könnte den Projekterfolg verhindern?	☐
Mayrshofer, D. & Kröger, H.A., 2001: 188	Wer außerhalb des Projekts kann wesentlich zu seinem Scheitern beitragen?	☐
Litke, H.-D., 1995: 35	Welche übrigen Personen haben die Möglichkeit, die Ergebnisse zu boykottieren?	☐
Mayrshofer, D. & Kröger, H.A., 2001: 189	Welche Faktoren beeinflussen den Misserfolg des Projekts?	☐
	Fragen nach möglichen Kooperationen	
Mayrshofer, D. & Kröger, H.A., 2001: 189	Wer im Umfeld des Projekts beschäftigt sich noch mit dem Thema oder mit angrenzenden Themengebieten?	☐
Süss, G. & Eschlbeck, D., 2002: 36	Wer beschäftigt sich mit ähnlichen Themen?	☐
Gray & Larson, 2002: 240	Mit wem muss eine Kooperation erfolgen?	☐
	Fragen nach der Auswirkung der Projektergebnisse	
Litke, H.-D., 1995: 35	Welches sind die späteren Benutzer? Welche wichtigen Stellen werden sonst noch vom Projekt betroffen?	☐
Süss, G. & Eschlbeck, D., 2002: 35, 36	Wer ist vom Projektergebnis betroffen?	☐
Weilacher, S., 2005: 2	Welche Abteilungen (intern oder beim Kunden) sind vom Projekt betroffen?	☐
Schulz-Wimmer, H., 2002: 111	Wer wird von der Arbeit am Projekt betroffen sein?	☐
Schulz-Wimmer, 2002	Für wen ändert sich etwas, wenn das Projektergebnis da ist?	☐
Weilacher, S., 2005: 2	Welche Prozesse werden durch das Projekt völlig neu aufgesetzt oder wesentlich verändert?	☐
	Fragen nach Informationsbeziehungen	
Litke, H.-D., 1995: 35	Welche übrigen Personen können Informationen liefern?	☐
Mayrshofer, D. & Kröger, H.A., 2001: 189	Wer ist an den im Laufe der Projektarbeit entstehenden Informationen interessiert?	☐
Schulz-Wimmer, H., 2002: 111	Wer hat Wissen/Informationen, die für das Projekt bedeutsam sind?	☐

Abbildung 1.02-11: Checklisten zur Identifikation (Ellmann, Meyer & Weitlaner, 2006a: 646-648)

Die Checkliste zur Gruppierung von Stakeholdern gibt einen Überblick über mögliche Gruppierungen, in denen die Stakeholder eines Projekts zusammengefasst werden können. Im Text wird auf die Gruppierungsarten interne und externe Stakeholder sowie direkte und indirekte (oder synonym primäre und sekundäre) Stakeholder Bezug genommen. Diese Unterteilung reicht im Rahmen einer Analyse aus, zumal weitere Ansätze in Teilen Redundanzen aufweisen. Darüber hinaus werden wesentliche Umfeldfaktoren in Abbildung 1.02-12 angeführt, die möglicherweise Rückschlüsse auf Stakeholder zulassen.

Autoren	Gruppierung	Beschreibung
Cleland, D.I., 1998: 61	Primäre und sekundäre Stakeholder (=direkte und indirekte Stakeholder)	Primäre Stakeholder wirken direkt auf das Projekt ein und haben oftmals eine verantwortliche Position im Projekt. Beispiele sind Zulieferer, Kunden, Linienvorgesetzte. Sekundäre Stakeholder besitzen keine Möglichkeit, direkt (z. B. durch Verträge) auf das Projekt einzuwirken. Beispiele sind Wettbewerber und Umweltverbände.
Litke, H.D., 1995: 35; Portny, S.E., 2001: 73	Interne und externe Stakeholder	Interne Stakeholder gehören dem Unternehmen an, welches das Projekt abwickelt. Beispiele sind das Projektmanagement, Teammitglieder und Personalabteilungen. Externe Stakeholder gehören nicht zum Unternehmen. Beispiele für externe Stakeholder sind Kunden, Zulieferer und Fachverbände.
Starik, M., 1994: 91, zitiert nach Skrzipek, M., S. 48	Aktuelle und potenzielle Stakeholder	Aktuelle Stakeholder sind solche, die identifiziert und bekannt sind. Potenzielle Stakeholder sind noch nicht als Stakeholder in Erscheinung getreten, werden aber – etwa aus früheren Projekterfahrungen – als mögliche Stakeholder eingeschätzt.
Carroll & Näsi, 1997: 46, f., zitiert nach Skrzipek, M., S. 48	Aktive und passive Stakeholder	Von aktiven Stakeholdern geht ein aktueller Einfluss auf das Projekt aus. Passive Stakeholder halten sich im Hintergrund, sind abwartend und nehmen zunächst keinen Einfluss auf das Projekt.
Clarke, T., 1998: 187	Vertraglich gebundene und öffentliche Stakeholder	Vertraglich gebundene Stakeholder sind unmittelbar über Verträge mit dem Projekt verbunden. Öffentliche Stakeholder hingegen haben keinerlei vertragliche Bindung an das Projekt.
Patzak, G. & Rattay, G., 2004: 70 5.Aufl., 2009, 97	Organisatorisch-soziale Einflussgrößen (intern / extern)	Bei den organisatorisch sozialen Umfeldgruppen wird weiter zwischen dem Unternehmen angehörigen Gruppierungen (intern) und außerhalb des Unternehmens befindlichen Gruppen (extern) unterschieden. Organisatorisch-soziale Einflussfaktoren sind dabei alle Einflussfaktoren, die durch Personen und Institutionen an das Projekt herangetragen werden.
Patzak, G. & Rattay, G., 2004: 70 5.Aufl., 2009, 97	Sachlich-inhaltliche Einflussgrößen	Sachlich-inhaltliche Einflussgrößen entstehen nicht unmittelbar durch das Einwirken von Personen. Es handelt sich hierbei um Faktoren, die das Projekt beeinflussen. Hierzu zählen gleichzeitig laufende Projekte und Routineaufgaben im Unternehmen.
Abresch, J. P., 1999: 65	Direkt sachliche und indirekt sachliche Umfeldfaktoren	Hierbei geht es darum, Faktoren zu identifizieren, die direkt (z. B. Umsatzentwicklung im Gesamtunternehmen) oder indirekt (z. B. Wechselkursschwankungen) Einfluss auf das Projekt nehmen. Die Analyse führt zur Identifikation von Umfeldfaktoren. Stakeholder lassen sich hieraus möglicherweise ableiten.
	Direkt soziale und indirekt soziale Umfeldfaktoren	Direkt soziale Umfeldfaktoren sind Umfeldfaktoren, die mit dem Projekt in unmittelbaren Kontakt stehen, etwa Kunden, Lieferanten oder Geldgeber. Indirekte soziale Umfeldfaktoren sind oftmals nicht unmittelbar dem Projekt zuzuordnen, können aber durchaus ein hohes Interesse an dem Projekt haben. Zu dieser Gruppe gehören beispielsweise Wettbewerber am Markt, lokale Politik und organisierte Interessenvertreter.

Abbildung 1.02-12: Gruppierung von Stakeholdern (Ellmann, Meyer & Weitlaner, 2006a: 648-649).

#	Frage	
1	Welche Ziele verfolgen die Stakeholder und wo stehen die Ziele der Stakeholder in Verbindung mit den Projektzielen?	☐
2	Welche Macht und Einflussmöglichkeiten stehen den Stakeholdern zur Verfügung?	☐
3	Welchen Anspruch, welche Interessen, welche Rechte haben die identifizierten Gruppen oder Personen an dem Projekt?	☐
4	Welche Möglichkeiten, welche Herausforderungen bieten sie dem Projektteam?	☐
5	Welche Verpflichtungen oder Verantwortungen hat das Projektteam gegenüber den Stakeholdern?	☐
6	Was sind Stärken, Schwächen und mögliche Strategien, welche die Stakeholder einsetzen können, um ihre Ziele zu erreichen?	☐
7	Welche Einsatzmittel haben die Stakeholder, um die Strategien durchzusetzen?	☐
8	Wessen Zustimmung wird benötigt?	☐
9	Welche Unterschiede bestehen zwischen dem Projekt und den Personen, von denen es abhängig ist (Ziele, Werte, Druck, Arbeitsstil, Risiken)?	☐
10	Wie sehen die unterschiedlichen Gruppen das Projekt (Unterstützung, Gleichgültigkeit, Gegner)?	☐
11	Wie ist die momentane Beziehung zwischen Projektbeteiligten und denjenigen, von denen man abhängt?	☐
12	Welche Einflussmöglichkeit bestehen in Bezug auf diejenigen, von denen man abhängt?	☐
13	Haben die Stakeholder aufgrund eines vorab genannten Faktors die Möglichkeit, das Projekt in irgendeiner Weise zu beeinflussen?	☐
14	Welche Erwartungen bestehen an das Projekt?	☐
15	Wie stark ist der Einfluss der Person/Gruppe? (niedrig-hoch)	☐
16	Wie hoch ist das Interesse der Stakeholder, die eigenen Erwartungen/Interessen mit denen des Projekts abzugleichen?	☐
17	Wer ist Stakeholder der identifizierten Stakeholder? Dies gibt möglicherweise Aufschluss über die Sachzwänge, in denen sich die eigentlichen Stakeholder befinden.	☐
18	Welche Einflüsse wirken auf die Stakeholder ein und wie werden sie darauf reagieren? (Bsp. Inflation, Aktienmarkt, politische Situation, Medien, usw.)	☐
19	Welche Beziehungen bestehen zwischen den identifizierten Stakeholdern?	☐

Abbildung 1.02-13: Checkliste und Leitfragen zur Analyse
(ELLMANN, MEYER & WEITLANER, 2006a: 650-651)

Projektmarketinginstrument Aktivität / Maßnahme /	Hinweise	Intern	Extern
Informationsveranstaltungen (allgemein, zielgruppenspezifisch, einmalig, regelmäßig …)	Stakeholder fühlen sich eher berücksichtigt und eingebunden.	x	X
Stakeholderbefragung / Workshops zu den Interessen oder zu deren Vorstellung einer „optimalen Lösung" (allgemein, zielgruppenspezifisch, einmalig, regelmäßig,…)	Stakeholder fühlen sich eher beteiligt, wenn deren Bedenken und Ideen gehört und berücksichtigt werden. Kommunikation der Nutzung der Erkenntnisse ist wichtig. → Feedbackmöglichkeit der Stakeholder.	x	X
Meilensteinevents (z. B. Inbetriebnahme Bauabschnitt 1 der neuen Straßenbahnlinie)	Schafft Bindung zum Projekt, Verständnis, ist Möglichkeit zur Information, passives Projektumfeld kann effizient angesprochen werden.	x	X
Information über Printmedien: - regionale und überregionale Presse - Unternehmenszeitung - Standortzeitung …	Geringer Aufwand, hohe Breitenwirkung bei regelmäßigem Auftritt gute Wahrnehmung.		X
Pressemitteilungen	Niedriger Aufwand, ggf. zu breite Wirkung.		X
Beiträge in Fachpresse und Internetforen, Blogs	Hoher Aufwand, nur begrenzte Zielgruppe.		X
Projekt – Newsletter – regelmäßig (gedruckt / elektronisch)	Hoher redaktioneller Aufwand, im Zeitalter der Informationsflut oft geringe Wirkung, manchmal fast schon als Spam empfunden.	x	X
Projekthomepage im Intra- oder Internet	Bei geeigneter Technologie (Redaktionssystem) mit guter Administration (Lese- und Schreibrechte für Teilbereiche und Projektteammitglieder vergeben) sehr effizient und multifunktional auch als „Informationsdrehscheibe" und zum Dokumentationsmanagement nutzbar.	x	X
Aushänge und Informationsplakate an den Kommunikationsknotenpunkten oder Verweilpunkten der Stakeholder	Kaffeeküchen, Raucherinseln, Fahrstuhl Warteschlangenbereich der Kantine, „schwarze Bretter" … Aktualität wichtig – Pflege- und Distributionsaufwand erforderlich.	x	X
Projektlogo und eigenes Project Identity (PI) Layout	Hohe Wiedererkennung des Projekts. Identifikation mit Projekt intensiver. Logo und PI auch für Merchandise nachnutzbar.	x	X
Projektspezifisches Merchandise	Kaffeetasse, Pin, Base Cap, T-Shirts, Kugelschreiber, Mouse Pads, Bildschirmschoner, Schlüsselbänder mit Projektlogo. Professionelle Anbieter von personalisierten Merchandiseartikeln bieten hier vielfältige und preiswerte Möglichkeiten, welche eine hohe Wahrnehmung ermöglichen.	x	X
Projektname / Projektkurzbezeichnung Wort-Bild-Marke (Logo) für das Projekt	Oft geringerer Aufwand als für ein Logo.	x	
Info – Hotlines	Hoher Aufwand und nur sinnvoll, wenn sich dieser voraussichtlich lohnt. Im Zeitalter der globalen Call Center ggf. auch wirtschaftlich von einem Dienstleister abwickelbar.	x	X
Zufriedenheitsbefragung / Feedback passiv: über Intra- oder Internetseite, „Kummerkasten" aktiv: Befragungen, Workshops, Fragestunde, E-Mail mit Link zu Onlinefragebogen + Online Auswertungsoption ….	Gute Wirkung – Aufwand durch Auswertung und erforderliche Ergebnis- und daraus abgeleitete Aktivitätskommunikation.	x	X

Projektmarketinginstrument Aktivität / Maßnahme /	Hinweise	Intern	Extern
Fachvorträge auf Kongressen und unternehmensinternen Veranstaltungen.	Hoher Aufwand, nur begrenzte Zielgruppe, parallel aber auch projektübergreifendes Wissensmanagement möglich.		X
Persönliche Gespräche und Präsentationen im „kleinen Kreis" (3-8 Personen).	Nur bei wichtigen Stakeholdern vom Aufwand vertretbar.	x	
„Kernpräsentation" des Projekts Erstellung einer zentralen Präsentation, aus der sehr schnell durch Auswahl einzelner Folien eine aktuelle zielgruppenspezifische Präsentation mit aktuellen Informationen in einheitlichem Layout generiert werden kann.	Auch in der Nutzung von Powerpoint nicht ganz so versierte Projektmitarbeiter können mit professionellen Charts mit wirtschaftlichem Zeitaufwand präsentieren. Pflege nur einer zentralen „Datenquelle" nötig. Wiederkehrende Visualisierungen schaffen Vertrauen und wirken komplexitätsreduzierend. Einheitliches Auftreten von Inhalt und Layout ist möglich.	x	X
Projektinformationswand im „Projekt Wallroom" oder Projekt - HUB Die wesentlichen Charts oder „Sichten auf das Projekt" werden aus der Kernpräsentation ausgedruckt und strukturiert im Gesamtüberblick in ihrer Vernetzung visualisiert. Werden die Charts auf Moderationspackpapier aufgeklebt, ist dieser Gesamtüberblick sogar mobil und mehrfach präsentierbar.	Somit können Stakeholder sehr schnell komplexitätsreduzierend mit den Zielen und Strategien zur Herbeiführung des Projektgegenstandes vertraut gemacht werden. Der Projektstatus ist jederzeit berichtbar. Im Projektteam können durch den vernetzten Gesamtüberblick über das Projekt und die sofortige Verfügbarkeit der Erkenntnis bringenden Informationen effizient Entscheidungen getroffen werden.	x	

Abbildung 1.02-14: Übersicht wichtiger Maßnahmen des internen(I) / exteren(E) Projektmarketings (in Anlehnung an BERNECKER & ECKRICH, 2003: 141)

1.03 Projektanforderungen und Projektziele
(Project requirements & objectives)

Nino Grau, Michael Gessler, Thomas Eberhard

Kontext und Bedeutung

Ziele beschreiben den zukünftigen und gewünschten Zustand nach erfolgreichem Projektablauf. Diese Zielfindung und –definition ist ein komplexer Prozess, der im nachfolgenden beschrieben wird. Eine vollständige Zieldefinition setzt das (1) Erkennen der relevanten Bedarfsträger bzw. Stakeholder voraus. Projektziele müssen (2) eindeutig in ihrer Aussage sein, weil diese Ziele mit dem externen oder internen Auftraggeber „vertraglich" vereinbart werden. Ohne (3) valide Anforderungen an das zu erstellende Projektergebnis entstehen jedoch keine Projektziele, die Investitionen rechtfertigen. Eine (4) systematische Planung kann wiederum nur von klaren Projektzielen ausgehen. Diese Ziele dienen als maßgeblicher Input für die Projektplanung und stellen die Grundlage für das Magische Dreieck: Leistung (Art, Quantität, Qualität), Termine und Kosten dar. Ein Projekt gilt dann als erfolgreich abgeschlossen, wenn (5) das Ergebnis und die Projektziele unter den definierten Bedingungen erreicht sind.

Lernziele

Sie kennen

- Definitionen des Begriffs „Ziel"
- drei zentrale Zielgrößen
- fünf Zielfunktionen
- den Unterschied zwischen Ergebnis- und Vorgehenszielen
- den Zusammenhang von Meilensteinen und Projektzielen
- Beispiele von Zielkonkurrenz und wie diese auflösbar sind
- die in Projekten am häufigsten vorkommenden Zielbeziehungen
- Vor- und Nachteile von Planungsverfahren zur Erstellung einer Zielhierarchie
- den Unterschied von Lasten- und Pflichtenheft
- Zweck, Vorgehensweise und Besonderheiten der Nutzwertanalyse
- die Problematik von Interessen und die individuelle Bedeutung von Zielen
- die häufigsten Ursachen für das Verfehlen von Projektzielen
- Anforderungen an gute Ziele nach SMART
- Regeln für gute Zielformulierung sowie Coaching-Fragen zur Selbstklärung

Sie können

- Projektziele (u.a. mittels Zielgrößen und Zielfunktionen) definieren
- den Unterschied zwischen Ergebnis- und Vorgehenszielen beschreiben und Beispiele geben
- Zielkonkurrenzen erkennen und auflösen
- Zielbeziehungen ermitteln und benennen
- eine Zielhierarchie erstellen
- die Begriffe Lasten- und Pflichtenheft korrekt verwenden
- eine Nutzwertanalyse durchführen
- die Bedeutung von Interessen einschätzen
- Ursachen für das Verfehlen von Projektzielen benennen
- das SMART-Prinzip erläutern und an Beispielen verdeutlichen
- Regeln für gute Zielformulierung anwenden
- Coaching-Fragen zur Selbstklärung schlechter Formulierungen benennen

Inhalt

1	Begriffsklärung „Ziel"	101
1.1	Zielgrößen	101
1.2	Zielfunktionen	102
1.3	Ergebnis- und Vorgehensziele	103
1.4	Meilensteine	104
1.5	Zielkonkurrenz und Zielpriorität	104
1.6	Zielbeziehungen und Zielverträglichkeiten	106
2	Ziele ermitteln, bewerten und priorisieren	109
2.1	Zielhierarchie und Bildung von Unterzielen	109
2.2	Zieldokumentation	111
2.3	Bewertungsmethoden für Ziele - Nutzwertanalyse	112
2.4	Zusammenarbeit im Projekt	115
2.5	Projektziele, Strategie und Unternehmensziele	115
2.6	Zentrale Prozesse im Projektverlauf gemäß DIN 69901:2009	118
3	Zieleigenschaften und Zielformulierungen	119
3.1	Zieleigenschaften – Anforderungen an gute Ziele	119
3.2	Zielformulierungen – Regeln für gute Formulierungen	120
4	Fragen zur Wiederholung	122

1 Begriffsklärung „Ziel"

Betriebswirtschaftlich versteht man unter einem Ziel allgemein einen „Zustand der realen Umwelt (Sollzustand), der von den wirtschaftspolitischen Entscheidungsträgern als wünschenswert angesehen wird" (GABLER, 1992: 3888). In diesem Sinne wäre lediglich das Projektergebnis das Ziel, der Durchführungsrahmen bzw. die Realisierungsbedingungen wären dann nur einzuhaltende Nebenbedingungen (Restriktionen). In Anlehnung an die Projektmanagement-Literatur soll allerdings auch hier bspw. bei den Vorgaben „Kosten von nicht mehr als x € zu erzeugen" oder „nicht später als zum Zeitpunkt y fertig werden" von Zielen und nicht von Restriktionen gesprochen werden.

Im deutschsprachigen Raum ist es weit verbreitet, sich in Bezug auf das Projektmanagement den DIN Definitionen anzuschließen. In der DIN 69901-5:2009 ist die **Zielvorgabe** eines der Merkmale eines Projekts. Projektziele werden in der DIN sowie der IPMA Competence Baseline ICB 3.0 (hier in der übersetzten, deutschen Fassung als National Competence Baseline NCB 3.0) wie folgt definiert:

- „Projektziel: Gesamtheit von Einzelzielen, die durch das Projekt erreicht werden." (DIN 69901-5: 2009)
- „Zieldefinition: quantitative und qualitative Festlegung des Projektinhaltes und der einzuhaltenden Realisierungsbedingungen, z. B. Kosten und Dauer, in Zielmerkmalen mit meist unterschiedlichen Zielgewichten (z. B. Muss- und Kann-Ziele)." (DIN 69901-5:2009)
- „Das Projektziel ist es, den betroffenen Interessengruppen von Nutzen zu sein. Eine Projektstrategie ist die Ansicht der Organisationsleitung darüber, wie das Projektziel erreicht werden soll. Die **Projektzielsetzung** ist es, die vereinbarten Endresultate, unter besonderer Berücksichtigung der Deliverables, im vorgeschriebenen zeitlichen Rahmen, mit dem vereinbarten Budget und innerhalb verträglicher Risikoparameter zu liefern. Die Projektzielsetzungen bestehen aus einer Reihe von Teilzielen." (GPM 2008: 57)

1.1 Zielgrößen

Die Ziele „Leistung", „Termine" und „Kosten" werden oft im „Magischen Dreieck des Projektmanagements" (Abbildung 1.03-1) veranschaulicht. In der Regel bilden sie den Kern der vom Auftraggeber (externer oder interner Kunde usw.)[1] vorgegebenen Anforderung. Diese Darstellung verdeutlicht, dass alle drei Ziele nur selten gleichzeitig im vollen Umfang erreicht werden können. Fügt man die wichtige Zielgröße „Einsatzmittel" hinzu, so ergibt sich das Magische Viereck; wird das Zielsystem nochmals erweitert um die Ziele „Zufriedenheit" (der Stakeholder: Auftraggeber, Team) so folgt daraus das Magische Fünfeck.

Abbildung 1.03-1: Magisches Dreieck der Projektziele

---

1 Die Rolle „Auftraggeber" (Wer beauftragt das Projekt?) und die Rolle „Kunde" (Wer nutzt die Ergebnisse?) sind zu unterscheiden, zu klären und im Projektverlauf fortlaufend zu beachten. Es kann durchaus sein, dass „Auftraggeber" und „Kunde" ihre Interessen unterschiedlich akzentuieren!

1.2 Zielfunktionen

Im Projektmanagement haben Ziele folgende Funktionen zu erfüllen:

Kontrollfunktion: In diesem Sinne dienen das Ziel bzw. das Zielbündel als Messlatte für die Beantwortung der Frage, ob das Projekt insgesamt (oder zumindest teilweise) erfolgreich war. Der Begriff „Zielbündel" bezeichnet „ein ganzes Bündel gleichzeitig zu verfolgender Ziele" (WÖHE, 1993: 124). Dieser Begriff ist vom Begriff „Zielsystem" (Vorhandensein einer Struktur zwischen den Zielen) zu unterscheiden. Vom Ergebnis der Bewertung, inwieweit das Projekt erfolgreich war, hängt oft die Bezahlung des vereinbarten Kaufpreises ab. Dieser Zusammenhang kann auch in den Verträgen vorgesehen werden, indem z. B. vereinbart wird,

- dass bei der Entwicklung einer Software die letzten x % des Kaufpreises erst nach der Auslieferung der Benutzerdokumentation gezahlt werden;
- dass sich bei der Überschreitung des vorgegebenen Termins der Kaufpreis um y % pro Tag vermindert (Konventionalstrafe, Vertragsstrafe, Pönale, penalties).

Um die Frage zu beantworten, wie gute Ziele auszusehen haben bzw. wie man zu guten Zielen kommt, muss untersucht werden, welche anderen Funktionen neben der Funktion als „Messlatte für den Projekterfolg" den Zielen zukommen.

Orientierungsfunktion: Noch bevor einzelne Projektmitarbeiter sich mit dem Projekt beschäftigen, wollen sie wissen, „wohin die Reise geht", „welche grobe Richtung eingeschlagen wird". Diese ersten, richtungsweisenden Informationen stehen oft in Form von Projektzielen zur Verfügung (vgl. EWERT, 1996). Orientierungslosigkeit demotiviert; orientierende Projektziele motivieren (vgl. Beitrag 2.02 „Motivation und Engagement" in Band 2).

Verbindungsfunktion: Die Ausrichtung einer Arbeitsgruppe in die vom Auftraggeber gewünschte Richtung ist nicht immer ganz einfach (vgl. HANSEL, 1993). Oft gehen lange gruppendynamische Prozesse der Ausbildung des „Wir-Gefühls" voraus (vgl. Beitrag „1.07 Teamarbeit" in diesem Band). In Projekten hat man aus zwei Gründen keine Möglichkeit, eine gemeinsame Kultur langsam und kontinuierlich entstehen zu lassen:

1. Die Mitarbeiter für das Projekt werden oft aus verschiedensten Bereichen gewählt. Sie sind i. d. R. verschiedene Führungsstile gewohnt und gehen mit anderen Gruppenmitgliedern unterschiedlich um.
2. Da Projekte häufig unter Zeitdruck leiden, müssen alle Mitglieder im Projektteam bzw. andere Projektbeteiligte schnell zueinander finden.

Bei entsprechender Formulierung der Ziele kann die Begeisterung aller Beteiligten für die Zielerreichung das „Wir-Gefühl" erzeugen.

Koordinationsfunktion: Durch die starke Arbeitsteilung zwischen mehreren Unternehmen und zwischen Abteilungen bzw. Bereichen eines Unternehmens ist es notwendig, die einzelnen Tätigkeiten im Projekt zu koordinieren. Dies kann über unterschiedliche Koordinationsmechanismen und -methoden gewährleistet werden, wie: Koordination über Budgets, über (markt- oder innerbetriebliche Verrechnungs-) Preise oder über Kennzahlen. Eine weitere Methode ist die Koordination über die Ziele, bei der die Beziehungen des Projektteams zu anderen Organisationseinheiten bestimmt werden. Gegebenenfalls können bei konsequenter Ausrichtung aller Beteiligten an den Projektzielen auch die Schnittstellen besser erkannt und Überschneidungen bereinigt werden.

Selektionsfunktion: In allen Projektphasen müssen Entscheidungen getroffen werden. Es muss jeweils aus einer Vielzahl von Alternativen die beste - im Sinne der Projektzielerreichung - ausgewählt werden. Ein Ziel bzw. ein in sich schlüssiges Zielsystem erleichtert die Arbeit, schlechte Alternativen als solche zu erkennen und zu verwerfen und sich mit wenig Aufwand für gute Alternativen zu entscheiden.

> Erst wenn Zielformulierungen diese fünf Funktionen im Projekt ermöglichen, sind Ziele auch tatsächlich Projektziele. Leitfrage zur Prüfung: Sind die Ziele hinreichend sozial geklärt und sachlich präzisiert, dass Kontrolle/Orientierung/Verbindung/Koordination/Selektion im Projekt ermöglicht wird?

1.3 Ergebnis- und Vorgehensziele

Die Ergebnisorientierung der Projekte führt oft dazu, dass nur die erwarteten Ergebnisse (deliverables) definiert und geprüft werden. Allgemein wird hier von „**Ergebniszielen**" gesprochen. Teilweise werden auch Begriffe „Systemziele" (vgl. LITKE, 1991: 27), „Projektgegenstandsziele" (vgl. EWERT, 1966: 100) oder „Aufgabenziele" (vgl. MEES, 1995: 100) dafür verwendet. Aber auch für die Vorgehensweise im Projektverlauf (Projektrahmen, Projektdurchführung) können und sollen Ziele verabredet werden – man spricht von „**Vorgehenszielen**".

Beispiel Zu den Vorgehenszielen kann z. B. die Forderung gehören, bestimmte Personen oder Gruppen am Projekt zu beteiligen. Typischerweise können dies die Mitglieder des Betriebs- / Personalrates, Kunden, Außendienstmitarbeiter usw. sein. Für Vorgehensziele werden auch folgende Begriffe verwendet: „Ablaufziele" (vgl. EWERT 1966: 100), „Prozessziele" (vgl. MEES 1995: 100) und „Realisierungsbedingungen" (DIN 69901-5:2009).

Die Abgrenzung der Ergebnisziele und Vorgehensziele ist aus Abbildung 1.03-2 ersichtlich.

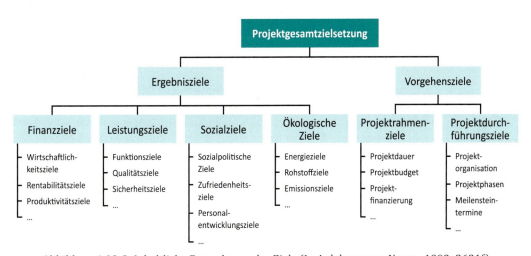

Abbildung 1.03-2: Inhaltliche Betrachtung der Ziele (In Anlehnung an NAGEL, 1992: 2631f)

In der Abbildung 1.03-2 sind verschiedene optionale Zielklassen benannt. In Abbildung 1.03-4 wird exemplarisch dargestellt, wie z.B. Ergebniszielklassen konkretisierbar sind, damit die Ziele messbar werden.

Tipp Auch Projekte, die nicht explizit „Sozialziele" zum Gegenstand haben, haben Sozialkomponenten, die Zielformulierungen erfordern. Ein Projekt steht nie im luftleeren Raum! Sozialziele sind Ziele, die das soziale System betreffen und dieses ggf. sogar verändern. Selbst die Konstanz eines sozialen Zielzustands ist ein Ziel, dass ggf. eine große Herausforderung darstellt. Bedenken Sie diese

Dimension mit, formulieren Sie Sozialziele selbst dann, wenn dies zunächst nicht offensichtlich ist oder notwendig erscheint. Beispiel: „Die Prozesseigner kennen die neue Prozesslandschaft, die Prozessanforderungen, den eigenen Verantwortungsbereich, Schnittstellen mit anderen Prozessen und können ihre Prozessverantwortung wahrnehmen. Hierzu zählen: Abgrenzung und Planung des Prozesses, Ressourcenplanung und -beantragung, Einführung des Prozesses sowie Einweisung der Mitarbeiter, kommunikative Abstimmung von Schnittstellen und Zusammenarbeit (im Prozess sowie zwischen den Prozessen), situative Führung der Mitarbeiter im Prozess, kennzahlengestützte Steuerung des Prozesses sowie Durchführung von Audits, kontinuierliche Verbesserung mittels Six Sigma, standardisierte Prozessdokumentation."

1.4 Meilensteine

> Meilensteine sind definierte Ereignisse von besonderer Bedeutung. Hierzu zählen insbesondere (1) Liefergegenstände oder auch Zwischenergebnisse, (2) Prüfungen (z.B. Abnahmen, Reviews), (3) Entscheidungen (z.B. go) und (4) Phasenübergänge. Liefergegenstände und Zwischenergebnisse, Prüfungen und Entscheidungen leiten sich aus den Ergebniszielen ab; Phasenübergänge sind aus Vorgehenszielen ableitbar. Kurz: Meilensteine sind materialisierte Ergebnis- und Vorgehensziele!

Die Vorstellung, die Qualität der Zielerfüllung eines Projektes könnte am Ende des Projektes überprüft werden, entspricht dem traditionellen Vorgehen im Bereich der Qualitätskontrolle. Die Qualität der Produkte wurde am Ende des Produktionsprozesses (oder noch schlimmer im Wareneingangsbereich des Kunden) geprüft. Die Qualitätskontrolle erlebte auf ihrem Weg über die Qualitätssicherung zum TQM (Total Quality Management) eine einschneidende Wandlung (vgl. Beitrag „1.05 Qualität" in diesem Band), nämlich die Wandlung von „nur Produktqualität" zu „auch Prozessqualität". Was ist damit gemeint? Die Erfahrung hat gezeigt, dass es, wenn auch nicht unmöglich, so doch äußerst unwahrscheinlich ist, dass jemand trotz schlecht beherrschter Prozesse gute Produkte abliefern kann. Deswegen wird heute Wert darauf gelegt, dass produktions- und prozessbegleitende Zwischenprüfungen durchgeführt werden. Dazu kommt noch die Forderung, dass die Verwaltung der Mess- und/oder Prüfmittel so transparent sein muss, dass das benötigte Mess- und/oder Prüfmittel immer gefunden werden kann und ohne Probleme zum Einsatz kommt. Vergleichbares kann man nun auch für das Projektmanagement fordern. Große Kunden werden für lange, komplexe Projekte oft eine phasenweise Abwicklung (vgl. Beitrag „1.11a Projektphasen" in diesem Band) vorschreiben. Dazu gehört auch die Forderung nach dokumentierten Zwischenprüfungen. So hat es wenig Sinn, die Projektmitarbeiterzufriedenheit oder die Kundenzufriedenheit erst am Ende des Projektes abzufragen, wenn keine Korrekturmaßnahmen mehr möglich sind. Die Befragung kann in Form von Reviews, schriftlichen Berichten oder Präsentationen geschehen. In der IT ist es üblich, bei der Programmierung größerer Softwarepakete einzelne Module vorab zum Test durch den Auftraggeber oder Nutzer auszuliefern und am Ende nur noch den Integrationstest durchzuführen.

1.5 Zielkonkurrenz und Zielpriorität

In der Regel tragen die untergeordneten Ziele zur Förderung der Oberziele bei, was man als komplementäre Beziehung bezeichnet (vgl. Beispiel in Abb.1.03-2). Werden in einem Projekt mehrere Ziele nebeneinander genannt, so stehen sie oft in Konkurrenz zueinander.

> **§ Definition** Als Zielkonkurrenz bezeichnet man das Verhältnis zwischen mehreren Zielen, wenn die Erfüllung eines Ziels die Erfüllung anderer Ziele beeinträchtigt. Dies ist die in der Projektarbeit bedeutungsvollste und häufigste Beziehung zwischen Zielen.

Die Zielkonkurrenz kann immer wieder beobachtet werden. Hier seien nur einige wenige Beispiele genannt. Aus dem „Magischen Dreieck" wären dann die paarweisen Beziehungen zu nennen:

Termineinhaltung vs. Budgeteinhaltung
Um einen Termin zu halten, werden Überstunden und Wochenendarbeit notwendig, wodurch die entsprechenden Zuschläge die Personalkosten in die Höhe treiben und die Budgeteinhaltung gefährden.

Termineinhaltung vs. Leistungserstellung (Qualität und / oder Quantität)
Um den Termin einzuhalten, wird ein Softwareprogramm mit bekannten Bugs ohne weitere Tests und Fehlerbehebung ausgeliefert (mindere Qualität) oder es wird das siebente von 22 Modulen zunächst nicht programmiert und erst auf das Nachfragen des Kunden ggf. in Angriff genommen (die vertraglich vereinbarte Quantität wird unterschritten).

Budgeteinhaltung vs. Leistungserstellung (Qualität und / oder Quantität)
Bei öffentlichen Aufträgen mit fest vorgegebenem Budget (sog. „gedeckelte Maßnahme") werden gegen Ende des Projektes Leistungen gestrichen, um das Budget einzuhalten.

Die genannten Beispiele machen den einfachen Fall der Zielkonkurrenz deutlich, in dem die Ziele transparent sind. Oft kommt es aber auch vor, dass die Beteiligten (bewusst oder unbewusst) implizit unterschiedliche Ziele verfolgen. So kann es z. B. vorkommen, dass die Entwicklungsingenieure glauben, der Kunde würde eine Terminüberschreitung schon in Kauf nehmen, wenn er dann die absolut überragende technische Lösung bekommt. Der Vertrieb ist dagegen fest davon überzeugt, dass eine Verspätung vom Kunden nicht akzeptiert wird, wenn ihm ein Wettbewerber rechtzeitig zu einer Messe eine Lösung mit akzeptabler Qualität liefern kann. Wenn die Zielkonkurrenz ansonsten nicht auf den ersten Blick erkennbar ist, so ist sie i. d. R. schon dadurch vorhanden, dass für die Erreichung verschiedener Ziele auf gemeinsame Einsatzmittel zurückgegriffen wird (vgl. Magisches Dreieck). Im Bereich der Zielkonkurrenz können verschiedene Entscheidungsregeln angewendet werden, um den Konflikt unter den Zielen zu lösen:

Zieldominanz
Wenn leicht erkennbar ist, dass ein Ziel bei weitem wichtiger ist als andere Ziele, so werden die weniger bedeutenden Ziele vernachlässigt. Das Problem wird durch Priorisierung gelöst.

Zielteilung
Manche Ziele werden nur in bestimmten Bereichen des Projektes verfolgt. Als Beispiel sei genannt, dass bei großen Softwareentwicklungen und beschränkter Programmierkapazität nur besonders komplexe Programmteile dokumentiert werden. Bei den restlichen Teilen des Programms lässt man es darauf ankommen, dass sich ein Programmierer ggf. auch ohne Dokumentation in das Programm einarbeiten muss. Erfahrene Projektleiter wissen, dass manchmal am Anfang des Projektes übertriebene Erwartungen bezüglich bestimmter Ziele existieren. Am Ende interessiert dann die Erfüllung dieser Ziele kaum noch. Der Projektleiter hat hier drei Möglichkeiten, mit solchen Wünschen umzugehen:

- Die Ziele werden bezüglich ihrer Reichweite in kurz-, mittel- und langfristige Ziele unterschieden. Bezüglich der zeitlichen Reichweite werden dann die Zielinhalte neu definiert. Dadurch kann sich die Zielkonkurrenz auflösen, indem die Entscheidungsträger erkennen, dass man kurzfristig andere Ziele verfolgen kann, als dies langfristig der Fall ist.
- Es werden „Ziel-Korrektur-Sitzungen" in regelmäßigen Abständen (z. B. 14-tägig) durchgeführt. Der Projektleiter präsentiert dem Auftraggeber die vertraglich zugesagten Leistungen, deren Erreichung

aus der Sicht der Projektleiters nicht mehr wichtig ist. Gemeinsam (Auftraggeber und Auftragnehmer) wird entschieden, ob die Ziele noch verfolgt werden sollen. Ist dies nicht der Fall, wird vereinbart, ob und ggf. um wie viel sich der Preis mindert, wenn die Leistung nicht erbracht werden braucht. Üblicherweise wird stattdessen die Ersparnis mit dem Mehraufwand verrechnet, der zum Erreichen zusätzlicher vertraglich nicht vereinbarter Ziele entsteht. Der Auftragnehmer sowie der Projektleiter rechnet bei diesem Vorgehen damit, dass der Auftraggeber im Verlauf des Projektes soviel Know-how erwirbt, dass er sinnvolle Korrekturen vornehmen kann.
- Pragmatisch kann der Projektleiter aber auch die Erfüllung aller Ziele zusagen und auf die Vergesslichkeit seiner Auftraggeber hoffen. Das Problem erledigt sich dann von selbst durch „Aussitzen". Auf die ethischen Aspekte dieser Situation wird hier nicht näher eingegangen (s. auch z. B. Code of Ethics der GPM).

Eine oft anzutreffende Praxis ist zudem, dass leicht quantifizierbare Ziele gegenüber schwer quantifizierbaren Zielen begünstigt werden. Dieses Verfahren hat seine Tücken: Es werden „weiche Ziele", wie z. B. „Verbesserung der Motivation der Mitarbeiter", in den Hintergrund gedrängt. „Harte Ziele", wie z. B. „20000 €/Jahr einsparen", werden vorgezogen, obwohl durch die Erreichung des weichen Ziels „Motivation erhöhen" vermutlich mehr als nur 20000 €/Jahr eingespart werden könnten (vgl. KRAUS, 1995: 82).

1.6 Zielbeziehungen und Zielverträglichkeiten

Wenn auch die Zielkonkurrenz die wichtigste und am häufigsten in Projekten vorkommende Zielbeziehung ist, so ist es sinnvoll, sich auch mit den anderen Zielbeziehungen näher zu beschäftigen.

Eine Übersicht über die Zielverträglichkeiten ist aus Abbildung 1.03-3 ersichtlich.

Abbildung 1.03-3: Zielbeziehungen

> **§ Definition** Zielidentität
> Bei zwei Zielen, die vollständig deckungsgleich sind, spricht man von Zielidentität. Dies kann z. B. vorkommen, wenn zwei Stellen ihre Ziele aus der jeweiligen Sicht sprachlich verschieden definieren. Erst mit Hinzuziehung von Hintergrundinformation oder nach der „Übersetzung" der beiden Fachsprachen wird die Identität klar erkennbar.

Als Beispiel sollen folgende zwei Aussagen dienen: „Die Personalkosten im Vertrieb sind zu halbieren" und „Die Kosten des Vertriebs sind durch Einsparungen im Personalbereich um 40 % zu senken." Wenn man die Zusatzinformation hat, dass die Personalkosten 80 % der Vertriebskosten ausmachen, erkennt man auf Anhieb, dass die beiden o. g. Ziele identisch sind.

Im Fall der Zielidentität ist es sinnvoll, das Ziel neu zu formulieren, sodass sich alle Stellen, die an der bisherigen Zieldefinition beteiligt waren, in der neuen einheitlichen Definition „wieder finden". Damit kann im Rahmen des Projektes der Aufwand minimiert werden, weil nur noch ein Ziel zu verfolgen ist.

Definition Zielantinomie
Wenn sich zwei Ziele vollständig ausschließen, handelt es sich um die Zielantinomie.

Als Beispiel seien die folgenden Ziele genannt:
- Im Rahmen des Projektes x ist darauf zu achten, dass bei Beschaffungsvorgängen immer mindestens drei Vergleichsangebote eingeholt werden. Bei sonst gleichwertigen Angeboten ist dem kostengünstigsten der Vorzug zu geben.
- Grundsätzlich gilt, dass bei schlechter Auslastung der Produktionskapazitäten der Eigenfertigung Vorzug vor Fremdbezug zu geben ist.

Was der Projektleiter auch immer entscheidet, er verstößt bei entsprechender Konstellation (schlechte eigene Auslastung und kostengünstigeres Angebot eines externen Anbieters) gegen eines der beiden Ziele. In solchen Fällen müssen die Ziele, zwischen denen eine Zielantinomie herrscht, deutlich benannt werden. Ihre Unvereinbarkeit muss den Entscheidungsträgern verdeutlicht werden. Anschließend wird entschieden, welche der Ziele „fallengelassen" werden und welches Ziel weiter verfolgt wird. Das Vorgehen hängt vom Grund für das Entstehen der Zielantinomie ab.

1. Sind die Ziele zu verschiedenen Zeitpunkten festgelegt worden, so kann es sein, dass alte Ziele faktisch nicht mehr verfolgt werden. Man hat nur vergessen, sie auch öffentlich außer Kraft zu setzen. Dies wird dann im Einvernehmen nachgeholt (vgl. FRÖHLIG, 1993).
2. Die Ziele sind von verschiedenen Stellen festgelegt worden, ohne sich Gedanken über mögliche Auswirkungen auf andere zu machen. Nach kurzer Klärung werden die Ziele von denjenigen Stellen, für die sie keine große Bedeutung besitzen, aufgegeben. Der Fall kann im Vorfeld auch schon entschärft werden, indem jede Stelle angibt, welcher der folgenden drei Kategorien jedes ihrer Ziele zuzuordnen ist:
   - Wenn die Muss-Ziele nicht erreicht werden, gilt das Projekt als gescheitert, z.B. Errichtung einer Produktionsanlage mit Emissionswerten über der gesetzlich zulässigen Grenze.
   - Die Erreichung der Kann-Ziele trägt zur Steigerung der Zufriedenheit mit dem gesamten Projekt bei. Bei jedem Einzelziel wird geprüft, ob der Aufwand gerechtfertigt ist und inwieweit die Erreichung eines anderen (Teil-)Ziels beeinflusst wird.
   - Die Erfüllung der Wunsch-Ziele („nice to have") soll nur dann angestrebt werden, wenn dies mit keinem (oder nur einem unerheblichen) zusätzlichen Aufwand verbunden ist bzw. wenn dies die Erreichung anderer (insbesondere der Muss-) Ziele nicht beeinträchtigt. Bei einer solchen Zielklassifikation fällt es leicht, die Wunsch- bzw. die Kann-Ziele zugunsten von Muss-Zielen ggf. aufzugeben.
3. Sind die Ziele von verschiedenen Stellen, deren hierarchisches Verhältnis zueinander nicht geklärt ist, als Muss-Ziele definiert worden, wird die Frage nach den Zielen zur Machtfrage.

HEINEN bezeichnet die Zielfestlegung, welche die Machtstruktur der Organisation beeinflusst, als „Quasilösung von Machtkämpfen" (HEINEN, 1992: 3443). Ohne hier weiter der Frage der „Berechtigung zur Zielbildung" nachzugehen, sei noch auf die oft gewählte „pragmatische Lösung" einzugehen. Aus der Sicht des Projektleiters wird bedauerlicherweise der Konflikt in der Anfangsphase gescheut. Die an sich unverträglichen Ziele werden so verbindlich wie möglich, d.h. auch so unverbindlich wie nötig, definiert, bis ihnen alle Beteiligten zustimmen können. Dadurch bekommt der Projektleiter teilweise Interpretationsspielraum. Er kann nur hoffen, dass er im Verlauf des Projektes durch „vollendete Tatsachen" Einfluss nehmen kann. Eine solche Situation ist unbefriedigend, da sich die politische Diskussion über die Ziele in das Projektteam verlagert, ohne dass das Projektteam auch formal die Kompetenzen bekommt, Ziele zu definieren. Dieser Zustand hemmt dann die Projektarbeit.

> **§ Definition** Zielneutralität
> Von Zielneutralität spricht man dann, wenn die Erfüllung von zwei oder mehreren Zielen voneinander vollkommen unabhängig ist. Dieser Zustand kommt in einem Unternehmen oder einem Projekt nur selten vor. Sollten in einem Projekt Ziele bestehen, die zu dieser Kategorie gehören, so ist der Fall insoweit unproblematisch, als alle Ziele nebeneinander gleichzeitig verfolgt werden können.

> **§ Definition** Zielkomplementarität
> Von Zielkomplementarität spricht man, wenn die Verfolgung eines Ziels gleichzeitig das Erreichen eines anderen Ziels fördert. Meist handelt es sich dabei nicht um gleichwertige Ziele, sondern um Ziele, die in einer Zielmittelbeziehung zueinander stehen. Wenn nicht schon geschehen, so sollten solche Ziele in eine Ober- bzw. Unterzielbeziehung gebracht werden.

Mittels eines einfachen Verfahrens lassen sich Zielbeziehungen ermitteln. Zentrale Voraussetzung hierfür ist allerdings, dass Ergebnisziele und Vorgehensziele (entsprechend Abbildung 1.03-2) definiert sind und Ziele bereits konkretisiert und nicht mehr im abstrakten Ausgangszustand vorliegen (entsprechend Abbildung 1.03-4 sowie der Regeln für gute Formulierungen – siehe Teilkapitel „3 Zieleigenschaften und Zielformulierungen"). Liegen Ziele in einer aufbereiteten Form vor, sodass weitgehend klar ist, was genau erreicht werden soll, werden diese horizontal und vertikal in Form einer Matrix aufgelistet. In dieser Form kann nun die Beziehung zwischen den Zielen betrachtet werden und jede Zielbeziehung entsprechend der oben genannten fünf Formen bewertet werden. Ein entsprechendes Analyseergebnis könnte dann wie folgt aussehen (verwendet wird in nachfolgender Tabelle das Beispiel aus Abbildung 1.03-4):

Tabelle 1.03-1: Matrix zur Analyse von Zielbeziehungen

Ziele (n-1) \ Ziele (n-1)	Niedrige Kosten	Großes Sitzplatzangebot	Schutz vor Witterung	Kurze Anmarschwege	Kurze Wartezeiten	Kurze Fahrzeiten
Großes Sitzplatzangebot	2 (+)					
Schutz vor Witterung	4 (-)	3 (0)				
Kurze Anmarschwege	3 (0)	3 (0)	2 (+)			
Kurze Wartezeiten	4 (-)	3 (0)	2 (+)	3 (0)		
Kurze Fahrzeiten	4 (-)	3 (0)	3 (0)	2 (+)	2 (+)	
Geringer NO-Ausstoß	3 (0)	2 (+)	3 (0)	4 (-)	4 (-)	4 (-)
1=Zielidentität (++)		2=Zielkomplementarität (+)		3=Zielneutralität (0)	4=Zielkonkurrenz (-)	5=Zielantinomie (--)

Aus der Analyse der Zielbeziehungen ergeben sich folgende **Zielkonkurrenzen** (Zielantinomien bestehen im Beispiel nicht, was als Indiz für einen bereits fortschrittlichen Stand der Zielformulierung gewertet werden kann):
- „Niedrige Kosten" vers. „Schutz vor Witterung / Kurze Wartezeiten / Kurze Fahrzeiten"
- „Geringer NO-Ausstoß" vers. „Kurze Anmarschwege / Kurze Wartezeiten / Kurze Fahrzeiten"

Diese Zielkonkurrenzen wären z.B. mittels folgender Zieldominanz bzw. Priorisierung auflösbar:
- Priorität 1: Ökologische Ziele
- Priorität 2: Leistungsziel Benutzerfreundlichkeit
- Priorität 3: Finanzziele

Außer der Analyse der Zielkonkurrenzen ist zudem die Analyse der **Zielkomplementaritäten** von Interesse (Zielidentitäten bestehen im Beispiel nicht, was als Indiz für einen bereits fortschrittlichen Stand der Zielformulierungen gewertet werden kann), da sich hier „stille Ressourcen" für die Verbesserung von Kosten-, Termin- und/oder Leistungszielen verbergen können. Eine weitere Frage ist, ob sich Zielbeziehungen mit **Zielneutralität** ggf. so umformen lassen, dass sich auch diese komplementär unterstützen.

2 Ziele ermitteln, bewerten und priorisieren

In vielen Fällen ergibt sich der Projektanstoß aus der allgemeinen Unzufriedenheit mit dem Ist-Zustand. Dementsprechend abstrakt und allgemein fällt auch die erste Zielumschreibung aus. Diese Erwartungen sind oft unpräzise formuliert. Eine Umsetzung und Erfolgskontrolle sind schwer möglich. Im Folgenden wird darauf eingegangen, wie diese Erwartungen präzisiert werden können.

Jegliche Projektarbeit sollte den Willen voraussetzen, dem Kunden bzw. Auftraggeber gegenüber diejenige Leistung zu erbringen, die er braucht, d.h. für die er zu bezahlen bereit ist. Davon soll allerdings mit den begrenzten Einsatzmitteln so viel wie möglich erbracht werden.

Jedes Einzelziel kann man unter verschiedenen Gesichtspunkten betrachten. Wenn in einem Projekt mehrere u. U. konkurrierende Ziele eine Rolle spielen, muss immer erst jedes Einzelziel für sich untersucht werden. Darüber hinaus ist es aber auch wichtig, die Wechselbeziehungen zwischen diesen Zielen zu kennen und zu gestalten. Bevor die Ziele endgültig festgelegt werden, muss die Struktur zwischen den Zielen optimiert werden (vgl. HAMEL, 1992, HAUSCHILD, 1980). Dieses Thema wird nachfolgend behandelt.

2.1 Zielhierarchie und Bildung von Unterzielen

Das Detaillieren der Projektziele wird i. d. R. über mehrere Ebenen durchgeführt. Das Oberziel wird dabei in mehrere Unterziele aufgespalten. Jedes Unterziel (Subziel) steht dabei zum Oberziel in einer Ziel-Mittel-Relation, d.h. das Unterziel ist das Mittel, das zur Erreichung des Oberziels beiträgt. Durch schrittweises Vorgehen werden immer weitere Ebenen gebildet (Abbildung 1.03-4).

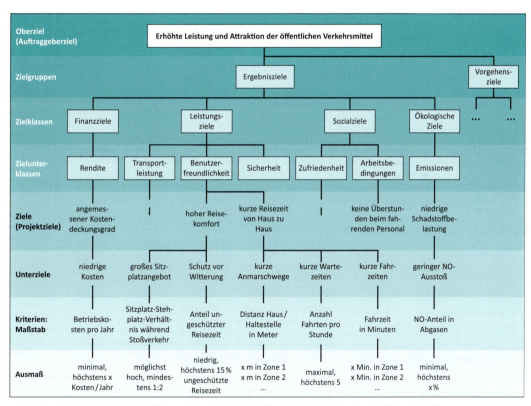

Abbildung 1.03-4: Zielmittelhierarchie (Beispiel: öffentliche Verkehrsmittel) (in Anlehnung an NAGEL, 1992: 2629f).

Hierzu kann prinzipiell nach unterschiedlichen Methoden vorgegangen werden (vgl. PALOKS, 1993)

- Bei der retrograden / progressiven Methode werden die Teilziele so abgeleitet, dass sie den Hierarchieebenen der Aufbauorganisation entsprechen. Dies hat den Vorteil, dass die Ansprechpartner automatisch bekannt sind.

🔍 **Beispiel** Als Beispiel sei hier ein Projekt genannt, in dem durch besondere verkaufs- fördernde Maßnahmen der Umsatz des Unternehmens um 1 Mill. € pro Monat gesteigert werden soll. Die Teilziele könnten nun lauten: der Außendienst Nord steigert den Umsatz um 200.000 €, der Außendienst Mitte um 300.000 €, der Außendienst Ost um 200.000 € und der Außendienst Süd um 300.000 €. In der nächsten Stufe würde man dann die Steigerung des Außendienstes Nord um 200.000 € aufteilen in die Vorgabe für den Außendienst-Bezirk Hamburg von 50.000 € und für die restlichen fünf Außendienst-Bezirke des Außendienstes Nord auf je 30.000 €. So könnte man weiter fortfahren bis zu den Vorgaben für jeden einzelnen Außendienst-Mitarbeiter aller Außendienste.

- Beim **Top-down-Verfahren** werden die Ziele von oben nach unten vorgegeben und dabei immer weiter „aufgegliedert".
- Bei der Vorgabe „die Ertragslage des Unternehmens zu verbessern" würde man z. B. zunächst an die Unterziele Umsatzsteigerung und Kostensenkung denken.
- Das Unterziel Umsatzsteigerung kann nun weiter „aufgegliedert" werden in Steigerung des Absatzes (in Stück) und / oder Erhöhung des Stückpreises (in €). Der Umsatz (als Produkt aus Absatz × Stückpreis) könnte aber auch gesteigert werden, wenn durch die Senkung des Preises der Absatz überproportional gesteigert wird. Analog würde man dann mit dem Teilziel „Kostensenkung" verfahren.
- Eine Zielhierarchie entsteht aber nicht immer nur durch die konsequente Auflösung des Oberziels. Es kann auch sein, dass aus der Erfahrung „vor Ort" verschiedene Verbesserungsvorschläge entstehen. Diese Vorschläge könnten z. B. die Senkung der Stückkosten durch Erhöhung der Produktionsmenge oder die Senkung der Stückpreise und dadurch die Erhöhung der Absatzmenge sein.
- Solche Einzelvorschläge werden gesammelt, ggf. um weitere Teilziele ergänzt und in eine Zielhierarchie eingearbeitet. Hier handelt es sich um das **Bottom-up-Verfahren**, bei dem die Informationen auf unterster hierarchischer Ebene gesammelt, nach oben weitergegeben und von Ebene zu Ebene verdichtet werden.

	Vorteile	Nachteile
Top-Down	• widerspruchsfrei • Berücksichtigung weitreichender, zukunftsträchtiger Aspekte	• geringe Motivation der Mitarbeiter • Vernachlässigung des Wissens der Mitarbeiter, u.U. mangelnde Realitätsnähe
Bottom-up	• Berücksichtigung des Wissens der Mitarbeiter, dadurch Realitätsnähe • hohe Motivation der Mitarbeiter	• zentrifugale Kräfte (auseinanderstrebende Meinungen) • teilweise geringes Anspruchsniveau • Vergangenheitsorientierung

Abbildung 1.03-5: Vor- und Nachteile verschiedener Planungsverfahren (Eigene Darstellung in Anlehnung an BESCHORNER, 1995: 58)

Aus der Erkenntnis, dass keines der beiden Verfahren (Top-Down / Bottom-up) optimal ist, wurde eine Kombination der beiden, das **Gegenstrom-Verfahren (Zielheuristik)**, entwickelt. Bei diesem Verfahren werden in einem iterativen Vorgehen die Ober- und Unterziele über die Ebenen aufeinander abgestimmt. Dabei nutzt man die Vorteile der beiden genannten Verfahren.

🔍 **Beispiel** Ein typisches Projektziel, das in diesem „Gegenstromverfahren" geplant wird, ist die Einführung neuer Produkte. Das Oberziel „Produkt bis zum 31.12. einzuführen", wird von der Geschäftsleitung der Projektleitung vorgegeben. Von der Projektleitung wird dieses Ziel den Abteilungen F&E, Produktion, Marketing / Vertrieb, Rechtsabteilung usw. bekannt gegeben mit der Aufforderung, dazu

Stellung zu nehmen. So können sich diese Organisationseinheiten dazu äußern, inwieweit sie in dem Projekt überhaupt beteiligt sein sollen. Oft wissen die übergeordneten Stellen nämlich nicht, was auf den unteren Ebenen benötigt wird. Die Rückkopplung nach oben bzw. nach unten findet in einem iterativen Prozess in mehreren Abstimmungsvorgängen statt.

Unabhängig davon, welches Verfahren benutzt wird, muss noch festgelegt werden, wie fein detailliert wird, d. h. wie viele Stufen die Zielhierarchie haben soll. Folgende Kriterien für die Planungstiefe haben sich als sinnvoll erwiesen:

I Wirtschaftlichkeitskriterium: Die Kosten / der Aufwand für eine weitere Verfeinerung der Ziele sind / ist höher als der dadurch erreichbare Zusatznutzen.
I Optimale Verhaltenssteuerung: Es wird nach dem Motto vorgegangen „So gut wie möglich - so fein wie nötig", bis keine weiteren Vorteile für die Verhaltenssteuerung mehr zu erwarten sind.

In den meisten Fällen ist es einfacher, die Kritik am Ist-Zustand zu artikulieren als den erstrebenswerten Zustand zu beschreiben. Noch schwieriger ist es, die Zwischenschritte, die zur Erreichung des angestrebten Zustandes notwendig sind, zu benennen. Insoweit ist die Suche nach dem Oberziel und nach den Unterzielen ein **kreativer Prozess**.

In der Vergangenheit hatte man es eher mit einem weniger dynamischen Umfeld zu tun. Für die Weiterentwicklung von Organisationen reichte es aus, wenn neue Ziele zufällig entdeckt wurden. In einem Umfeld, das sich schnell verändert, kann man die Suche nach neuen Zielen nicht dem Zufall überlassen. Um die Kreativität zu stärken, können verschiedene Verfahren angewendet werden (vgl. Beitrag 2.07 Kreativität in Band 2).

> **Tipp** Für eine eindeutige Identifikation der Projektziele und Projektunterziele (und ggf. weiterer Teilziele - Ziele, nicht Messkriterien) empfiehlt sich die Verwendung eines **Ziel-Codes**. Das Verfahren «Codierung» ist Standard bei der Erstellung eines Projektstrukturplans (PSP-Code). In gleicher Weise können und sollten die einzelnen Ziele über die Ebenen hinweg identifiziert werden (Ziel-Code). Der Tipp lautet: Verwenden Sie zur Identifikation von Zielen in der Zielhierarchie ein Codierungsverfahren analog dem Codierungsverfahren zur Identifikation von Arbeitspaketen im Projektstrukturplan.

2.2 Zieldokumentation

Da Ziele als Messlatte dienen, ergibt sich die Notwendigkeit, sie zu dokumentieren. Sie gehen dabei in verschiedene Dokumente ein, gegebenenfalls werden sie sogar Vertragsbestandteil.

Als **Lastenheft** wird oft ein Dokument bezeichnet, in dem die Wunschvorstellungen des Auftraggebers festgehalten werden (was ist zu erarbeiten und wofür). Diese Wunschvorstellungen werden auf ihre Machbarkeit hin untersucht. Das Ergebnis, d. h. die realistischen Ziele, wird dann in das **Pflichtenheft** aufgenommen (wie und womit werden die Anforderungen verwirklicht). Leider sind die Bezeichnungen in diesem Bereich weder in der Literatur noch in der Praxis einheitlich. Oft werden die Begriffe genau umgekehrt verwendet (vgl. ZIELASEK, 1995). MADAUSS (1994) verwendet den Begriff Pflichtenheft synonym mit Leistungsverzeichnis (Statement of Work (SOW) oder auch Work Statement) in Abgrenzung zum Begriff Spezifikation (SPECS: specifications). Die Unterschiede werden folgendermaßen definiert: „Die Spezifikation drückt aus, wie das Endprodukt des Projektes aussehen und wie es funktionieren soll, während das Leistungsverzeichnis Informationen darüber enthält, was der Auftragnehmer wann und gegebenenfalls auch wo und wie erledigen muss" (MADAUSS, 1994: 345).

> Die Themen **Pflichten- und Lastenheft** werden in Kapitel 5 „Beschreibung des Leistungsumfangs" im Beitrag „1.10 Leistungsumfang und Lieferobjekte" in diesem Band (S. 340 f.) behandelt (inkl. Beispielen).

Sowohl die Erstellung der o. g. Dokumente als auch die Machbarkeitsstudien können so umfangreich sein, dass sie zu einer eigenen Projektphase werden.

Alle diese Dokumente werden, soweit sie einen gewissen Umfang oder eine gewisse Komplexität erreicht haben, modular aufgebaut, um einen vernünftigen Änderungsdienst zu ermöglichen. Verschiedene große Organisationen, wie NASA, US-Verteidigungsministerium (DoD Department of Defence) oder Unternehmen der Luftfahrtindustrie, geben eigene Standards für die Erstellung entsprechender Unterlagen vor. Teilweise gilt dies für ganze Branchen, z. B. die Bauindustrie (vgl. BREMMER, 1995).

Diese Standards sind operationalisiert worden, indem Systeme von häufig verwendeten, normierten Leistungsbeschreibungen zu Standardleistungsverzeichnissen (StLV) zusammengefasst wurden. Diese Leistungsbeschreibungen werden als Textbausteine aufbereitet nach verschiedenen Leistungsbereichen (Elektroarbeiten, Sanitärarbeiten, Installationsarbeiten usw.) strukturiert vorgehalten, sodass beim konkreten Projekt die Leistungsbeschreibungen aus den Textbausteinen zusammengesetzt werden können. Die Standardleistungsverzeichnisse werden häufig auch als Softwareprogramme oder als Module komplexerer Software angeboten, sodass sie über Schnittstellen in andere IT-Systeme (z. B. Einkauf, Vorkalkulation usw.) integriert werden können. Neben der reibungslosen Kommunikation zwischen den Vertragspartnern unterstützen die Standardleistungsverzeichnisse die schnelle Erstellung qualitativ hochwertiger Vertragsunterlagen und ermöglichen eine redundanzfreie Ablage großer Mengen immer wieder zu verwendender Textbausteine.

2.3 Bewertungsmethoden für Ziele - Nutzwertanalyse

Der Umgang mit Zielkonflikten ist für die Projektarbeit besonders wichtig. Lässt sich der Konflikt nicht durch einfache Techniken, z. B. durch die Zieldominanz (s. Basisteil Kap. 2-3) lösen, so muss auf differenziertere Verfahren zurückgegriffen werden. Der Grundgedanke dieser Verfahren ist, dass die ganze oder teilweise Erfüllung eines Ziels mit einem Nutzwert verbunden ist. Dem Nutzwert steht dabei die zum Erreichen des Ziels eingesetzte Menge an Einsatzmitteln gegenüber.

Das weit verbreitete Verfahren der Nutzwertanalyse soll hier am Beispiel der Beschaffung eines Softwarepakets für Projektmanagement (vgl. KOLISCH, 1996) erläutert werden. Der Einfachheit halber wird hier angenommen, dass das Projektgesamtziel „Auswahl guter Projektmanagementsoftware" durch folgende drei Teilziele detailliert und dadurch konkretisiert werden kann:

1. Möglichst vollständige Funktionalität
2. Möglichst gute Benutzeroberfläche
3. Möglichst gutes Handbuch

Weiterhin gilt die Annahme, dass beide Softwarepakete (System A und System B) zum gleichen Preis angeboten werden und der Benutzer für jedes der drei Unterziele sagen könnte, zu wie viel Prozent seine Erwartungen von einem Softwarepaket erfüllt werden. Bei zwei alternativ angebotenen Systemen könnte er anhand dieser Prozentzahlen komponentenweise jederzeit sagen, welches System er vorziehen würde. Die Anzahl der vergebenen Punkte entspricht dabei dem Prozentsatz der Ziel-Erfüllung (Zielerreichung). Im Beispiel (Abbildung 1.03-5) erfüllt demnach das System A alle (100 %) Vorgaben bzgl. der Funktionalität. Ein Eintrag 0 Punkte würde bedeuten, dass das Unterziel nicht erreicht wird.

Unterziel	System A Nutzwert (Punkte)	System B Nutzwert (Punkte)
Funktionalität	100	70
Benutzeroberfläche	50	100
Handbuch	30	60

Abbildung 1.03-6: Beispiel der Teilnutzen der zwei Projektmanagement-Softwaresysteme

Eine solche Auflistung der Teilnutzen ist sicherlich hilfreich, denn sie macht das Zielsystem bzw. die Zielhierarchie transparent. Sie sorgt als Checkliste dafür, dass man sich bei den einzelnen Alternativen-/Zielkombinationen Gedanken über den Zielerfüllungsgrad (WÖHE 1993) macht. Oft findet man solche Listen in Zeitschriften, in denen Produkte miteinander verglichen werden, wobei hier statt prozentualer Erfüllungsgrade auch Bewertungen wie gut (+), mittel (0) und schlecht (-) oder vorhanden/ nicht vorhanden oder Ja/Nein benutzt werden. Die Vorgehensweise mit der Nutzwertanalyse erleichtert die Diskussion über die Bewertung in einer Gruppe.

Vorgehensweise

Diese Art einer einfachen Liste (Abbildung 1.03-5) ist für unsere Zwecke jedoch nicht ausreichend geeignet. Aus ihr ist auf Anhieb kein Gesamturteil über die beiden angebotenen Alternativen möglich. Um zu einer einzigen Kennzahl für die Vorteilhaftigkeit der einzelnen Alternativen zu kommen, muss bekannt sein, welchen Stellenwert die Erfüllung der einzelnen Unterziele untereinander hat. Die einzelnen Unterziele können als „sehr wichtig", „mittelmäßig wichtig" und „wenig wichtig" eingestuft werden. Aufgrund dieser Klassifikation können jedem Unterziel Punktzahlen (Gewichte) zugeordnet werden (Gewichtung). Diese Punktzahlen werden dann pro Projektalternative (in unserem Beispiel System A und System B) mit der Anzahl der pro Unterziel erreichten Punktzahl multipliziert. Dieses Produkt ergibt den gewichteten Nutzen einer Alternative bzgl. eines Unterziels. Die Summe solcher gewichteter Nutzen ergibt den Gesamtnutzen pro Alternative. Es empfiehlt sich, die Gewichte „auf Eins" bzw. „auf 100 %" zu normieren. Die Gewichte werden dabei entweder in Prozenten angegeben, wobei die Summe aller Prozentzahlen 100 % ergeben muss, oder die Gewichte sind Zahlen zwischen 0 und 1 und ihre Summe beträgt 1 (Abbildung 1.03-7).

Unterziel	Gewichtung	System A		System B	
		Nutzwert	Gewichteter Nutzwert	Nutzwert	Gewichteter Nutzwert
Funktionalität	50 %	100	50	70	35
Benutzeroberfläche	10 %	50	5	100	10
Handbuch	40 %	30	12	60	24
Summe / Gesamtnutzwert	100 %		67		69

Abbildung 1.03-7: Teil- / Gesamtnutzen zweier PM-Softwaresysteme

Das Verfahren, das hier für die drei Unterziele der ersten Stufe erläutert wurde, kann natürlich sinngemäß auch für weitere Stufen der Zielhierarchie (in Abbildung 1.03-7: Inhalt und Lesbarkeit) angewendet werden. Das Gewicht eines Unterziels auf der untersten Stufe ergibt sich als Produkt seines Gewichtes auf dieser Stufe und der Gewichte aller ihm übergeordneten Teilziele (hier: 0,40 × 62,5 % = 25 %). Die Methode der Nutzwertanalyse hat den Vorteil, leicht verständlich zu sein, den Nachteil, stark zu vereinfachen. Der Nachteil erweist sich in der Praxis – bei richtiger Anwendung im vollen Bewusstsein der Vereinfachung – als weniger gravierend.

Unterziel Oberziel	Gewichtung Unterziel	Gewichtung Einzelziel	System A Nutzwert	System A Gewichteter Nutzwert	System B Nutzwert	System B Gewichteter Nutzwert
1. Funktionalität	50 %	50 %	100	50,00	70	35,00
2. Benutzeroberfläche	10 %	10 %	50	5,00	100	10,00
3. Handbuch	(40 %)					
3.1 Inhalt	62,5 %	25 %	30	7,50	60	15,00
3.2 Lesbarkeit	37,5 %	15 %	30	4,50	60	9,00
Summe / Gesamtnutzwert		100 %		67,00		69,00

Abbildung 1.03-8: Beispiel der Teilnutzen der zwei PM-Softwaresysteme

Angenommen, die Nutzwertanalyse habe eine Alternative als vorteilhafter eingestuft, obwohl Mitarbeiter gefühlsmäßig auf eine andere Alternative als besser „getippt" hätten. Die Entrüstung der Mitarbeiter stammt teilweise aus der Tatsache, dass das Ergebnis der Nutzwertanalyse den Eindruck des Quantitativen, Objektiven und damit Unumstößlichen vermittelt. Hier muss man anfangen, sich mit der Methode kritisch auseinanderzusetzen. Die vermeintliche Objektivität und Genauigkeit des Ergebnisses unter Umständen auf Zehntel Prozentpunkte sind natürlich nur so viel wert wie die Genauigkeit der Schätzung des Zielerfüllungsgrades.

Liegen zwei Gesamtnutzen nur um wenige Punkte oder sogar Bruchteile von Punkten auseinander (hier: Nutzwert 67,0 zu 69,0), so sollten sowohl die Schätzung des Zielerfüllungsgrades als auch die Gewichtung überprüft werden.

Bei der Nutzwertanalyse wird davon ausgegangen, dass die Bestimmung der Gewichte bzw. der Teilnutzwerte unproblematisch ist. Dies kann aus mehreren Gründen richtig sein. Folgende Szenarien sind denkbar:

1. Die Nutzwertanalyse wird von einem Entscheidungsträger durchgeführt. Er zweifelt weder an der Gewichtung noch an der Schätzung der Teilnutzwerte.
2. Die Teammitglieder sind sich einig, weil ihre subjektiven Einschätzungen deckungsgleich sind.
3. Die Bewertung ist an objektiv überprüfbare Regeln gebunden, die von allen akzeptiert werden. Es könnte beispielsweise festgelegt worden sein, dass eine MS Windows XP-Oberfläche mit bis zu 50 Punkten, die MS Vista-Oberfläche mit 100 Punkten zu bewerten sei.
4. Verschiedene Entscheider haben unterschiedliche Vorstellungen über Gewichtung oder Teilnutzwerte. Wenn diese Unterschiede zwar zu verschiedenem Gesamtnutzwert führen, dabei aber eine Alternative (größter Gesamtnutzwert) bei allen Entscheidern die beste Alternative ist, wird man in der Praxis die Unterschiede sinnvoller Weise nicht weiter verfolgen.
5. Unterschiedliche Einschätzungen der Entscheider führen zu unterschiedlichen Gesamtnutzwerten. Die Unterschiede sind aber so stark, dass im Gegensatz zu Punkt 4 verschiedene Alternativen als jeweils die besten erscheinen. Wenn der Fehler, der möglicherweise durch die Wahl der falschen Alternative begangen wird, verhältnismäßig klein ist, wird man pragmatischerweise auf die Verfeinerung der Methode verzichten und z. B. durch demokratische Abstimmungen („one man - one vote") im Team zum Ergebnis kommen. Zur Angleichung verschiedener Schätzungen eignet sich die Plädoyer-Methode (FREUND, 1995).
6. Abhängig von der Skalierung (Ordinalskala, äquidistante Skala, Kardinalskala) sind unterschiedliche Ergebnisse erreichbar.

Besonderheiten

Bei der Messung des Nutzens müssen auch noch weitere Besonderheiten beachtet werden, unabhängig davon, um welche Skala es sich handelt.

Das „Gesetz vom abnehmenden Grenznutzen" besagt, dass jede weitere Einheit eines Gutes, die zur Befriedigung eines Bedürfnisses beiträgt, für den Menschen einen geringeren Nutzen bringt als die davor liegenden Einheiten. Nach dieser Theorie ist es also ein großer Unterschied, ob man kein Handbuch zu einem Softwarepaket bekommt, oder ob man wenigstens eine Seite mit einer Installationsanweisung bekommt. Deutlich weniger macht es aus, ob ein Handbuch 100 oder 101 Seiten umfasst (vgl. ADAM, 1993). Daraus folgt, dass man bei der Festlegung der Messskala für die Zielerfüllung für bestimmte Bereiche der Bewertung den nichtlinearen Maßstab anwenden muss.

Oft wird geraten, bei der Nutzwertanalyse zunächst die Gewichte zu bestimmen und sich erst danach der Erfüllung der Teilziele zu widmen. Damit soll vermieden werden, dass durch Manipulation der Gewichte eine Alternative bevorzugt wird. In der Praxis gibt es oft die Situation, dass ein Ziel als besonders wichtig angesehen wird. Wenn die Nutzwertanalyse durchgeführt worden ist, stellt man fest, dass das so wichtige Teilziel (z. B. der Preis) für die infrage kommenden Alternativen Ausprägungen annimmt, die nur sehr wenig voneinander abweichen.

2.4 Zusammenarbeit im Projekt

In den vorangegangenen Abschnitten wurden die Fälle behandelt, in denen ein oder mehrere Ziele vorkommen. Es wurde dabei unterstellt, dass alle Beteiligten zumindest das gleiche Oberziel anerkennen und sich sachlich über den optimalen Weg (also auch verschiedene Unterziele) einigen müssen. Hier wird nun auf Projekte eingegangen, bei denen verschiedene Personen bzw. Personengruppen verschiedene unvereinbare Ziele und Interessen am Projekt haben (vgl. Brümmer, 1994).

Beispiele für solche „politischen Ziele" sind:

- Der Projektleiter möchte sich persönlich profilieren.
- Ein Projektmitarbeiter möchte im Projekt und durch das Projekt die Ziele der ihn entsendenden Abteilung durchsetzen.
- Ein Projektmitarbeiter hat die „innere Kündigung" ausgesprochen und befindet sich in der Phase der beruflichen Neuorientierung. Aus Verärgerung will er das Projekt zum Scheitern bringen.
- usw.

Die Projektbeteiligten können ihre Interessen offen bekannt geben, aber auch versuchen, sie verdeckt durchzusetzen. Wenn jemand am Gelingen des Projektes interessiert ist, so wird er oft seine Interessen offen kundtun. Es gibt aber auch Fälle, bei denen jemand die Projektziele erreichen möchte, um seine persönlichen, heimlichen Ziele zu erreichen, die er natürlich vor anderen Projektmitgliedern zu verbergen versucht. Möchte jemand – aus welchen Gründen auch immer – ein Projekt zum Scheitern bringen, so wird er dies i. d. R. nicht öffentlich zugeben wollen.

Die Koordinationsaufgabe der verschiedenen Interessen und Ziele läuft auf drei Ebenen. Da gibt es die Ebene der individuellen Interessen. Sie werden auf der höheren Ebene durch die Gruppeninteressen im eigenen Unternehmen überlagert (vgl. Beitrag „1.02 Interessengruppen" in diesem Band). Als dritte Ebene kann man die Ebene des Umfelds ansehen, u.a. die Kunden und Benutzer des Projektergebnisses.

Die Führungsaufgabe des Projektleiters ist es, alle Beteiligten auf das gemeinsame Ziel auszurichten. Wenn das Oberziel von oben oder von außerhalb vorgegeben wird – was so gut wie nie zu 100 Prozent der Fall ist – so spricht man von **Zielsetzung** oder **Zielvorgabe**. Ist die nachgeordnete Ebene oder der einzelne Mitarbeiter an der Zielformulierung beteiligt (Partizipation), so handelt es sich um eine **Zielvereinbarung**.

Aus der Sicht des Projektmitarbeiters hat das Ziel neben seiner Funktion, die Projektergebnisse zu beschreiben, noch die wichtige Aufgabe der **Sinngebung**. Die Menschen sehnen sich nach Zielen, d.h. nach Sinn. Durch ein sinnvolle Definition wird der Mensch für das Ziel motiviert und nimmt dann vielleicht sogar Entbehrungen auf sich.

2.5 Projektziele, Strategie und Unternehmensziele

Im vorhergehenden Abschnitt wurden die wichtigsten Methoden in ihrer einfachen Form vorgestellt. Nach dem Motto KISS (Keep it simple and stupid! / Keep it simple and smart! / Keep it simple and straightforward!) sind jeweils die wesentlichen und weit verbreiteten Methoden oder ihre Anwendungen erläutert worden. Der Ansatz, immer die einfachste mögliche Lösung oder Lösungsmethode für ein Problem zu wählen, trifft man heute als Empfehlung in vielen Disziplinen an.

Beschäftigt man sich aber mit komplexeren Aufgaben, dann reichen diese, verbreiteten Methoden in ihrer einfachen Form nicht immer aus. Da trifft schon eher der Satz von Albert Einstein zu: „Alles sollte so einfach wie möglich gemacht werden, aber nicht einfacher.". Deshalb werden hier die bisher vorgestellten Methoden hinterfragt und reflektiert. Es werden auch Methoden besprochen, die in der Praxis noch weniger verbreitet sind.

Stellt man die Frage, woran Projekte scheitern, werden oft unklare Anforderungen und Projektziele genannt. (s. Abbildung 1.03-9)

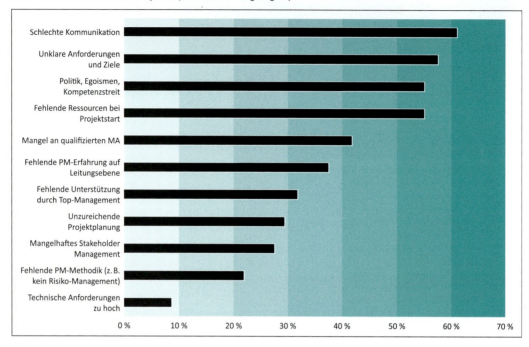

Abbildung 1.03-9: Unklare Anforderungen und Ziele als Ursache für Verfehlen der Projektziele (GPM-PA, 2007: 21)

Oft sind die unklaren Projektziele nur eine Folge der unklaren Unternehmensziele und Unternehmensstrategien. Deshalb müssen dem Projektteam auch die übergeordneten Ziele (z. B. Unternehmensziele aus der strategischen Planung) bekannt sein. Die Voraussetzung ist natürlich, dass die Unternehmensziele richtig artikuliert werden (vgl. HAUSCHILD, 1970). Dadurch kann überprüft werden, ob die Projektziele im Einklang mit den übergeordneten Zielen stehen, was normalerweise dem Projekt auch die Unterstützung durch das Top Management sichert.

Empirisch erhobene Daten zu diesem Thema deuten darauf hin, dass die Bedeutung der Unternehmensziele für die Projektarbeit, beispielsweise im IT-Bereich, nicht immer richtig erkannt wird (Abbildung 1.03-10):

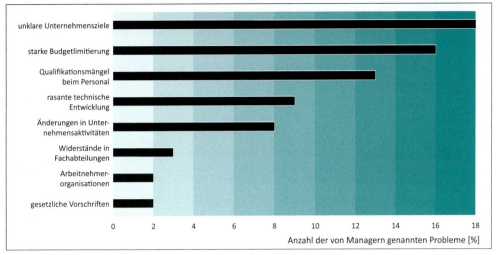

Abbildung 1.03-10: Misserfolgsfaktor „Unklare Unternehmensziele" (STREICHER 1996: 1)

„Damit die IT-Manager künftig stärker strategieorientiert arbeiten können, brauchen sie klar definierte Unternehmensziele. Genau die fehlen aber in vielen deutschen Firmen - für 18 % der befragten IT-Manager das größte Problem. Hier müssen die Unternehmensleitungen noch ihre Hausaufgaben machen. Immerhin acht Prozent blicken bei den Unternehmensaktivitäten der eigenen Firma nicht mehr durch und sind durch Firmenkäufe und neue Marktpositionierungen so verwirrt, dass ihre Infrastrukturplanungen nicht mehr mit den sich ändernden Geschäftsaktivitäten Schritt halten können." (STREICHER, 1996: 1).

Wenn man weiß, dass IT-Manager überwiegend projektorientiert arbeiten, wird aus dieser empirischen Untersuchung deutlich, dass Projektziele, die nicht mit den strategischen Unternehmenszielen abgestimmt wurden, oft Ursache von Misserfolgen in Projekten sind.

Gleichzeitig müssen die Ziele der anderen Organisationseinheiten (Abteilungen, Gruppen usw.), zu denen kein Unter- / Überordnungsverhältnis besteht, bekannt sein. Insbesondere ist es wichtig, die Ziele anderer Projekte sowie Projektteams, die zur gleichen Zeit aktiv sind, zu kennen. Aus diesen Zielen sind u. U. frühzeitig Hinweise zu entnehmen, wenn man in einer späteren Projektphase auf dieselben Einsatzmittel zugreifen will. So könnte der gleichzeitig von mehreren Projektleitern vorgetragene Wunsch nach Einstellung neuer bzw. dem Training vorhandener Mitarbeiter für ihr Projekt in der Personalabteilung Kapazitätsengpässe hervorrufen. Abgesehen von Konflikten führt dies oft zu Verzögerungen in mindestens einem der Projekte.

Nicht zuletzt müssen die Projektziele innerhalb der Projektteams weiter „aufgebrochen" werden. Diese Aufspaltung / Detaillierung geht über mehrere Ebenen, bis jede Gruppe und jeder am Projekt Beteiligte seine Gruppenziele bzw. seine persönlichen Ziele kennen. Nicht jedes Ziel oder Zielbündel ist schließlich geeignet, als verbindendes Element für das Projektteam zu dienen. Dazu bedarf es einer visionären Komponente nach dem Motto:

„Wenn du ein Schiff bauen willst, so trommle nicht Männer zusammen, um Holz zu beschaffen, Aufgaben zu vergeben, die Arbeit einzuteilen. Sondern lehre sie die Sehnsucht nach dem weiten, endlosen Meer." (Antoine de Saint-Exupery zitiert nach BRÜMMER, 1994: 4)

Das Projektziel muss vom Projektteam als Herausforderung empfunden werden, ohne die Projektgruppe zu überfordern oder zu unterfordern.

2.6 Zentrale Prozesse im Projektverlauf gemäß DIN 69901:2009

Ziele fallen nicht von Himmel, sondern sie werden sukzessive in den Phasen „Initialisierung" und „Definition" geklärt. In der **DIN 69901:2009 Teil 2: Prozesse, Prozessmodell** sind hierfür verschiedene Prozesse vorgesehen:

PM-Phase „Initialisierung": Prozess **„Ziele skizzieren"**

Zweck und Hintergrund:	In diesem Prozess geht es darum, aus der Projektidee eine erste Vorstellung abzuleiten, welche Ziele mit dem Projekt verfolgt werden müssen und welche Voraussetzungen bzw. Randbedingungen gelten. Hierbei kommt es darauf an, dass Auftraggeber und Projektteam ein gleiches Verständnis bezüglich der Ziele und Randbedingungen erreichen. Schließlich werden alle Unterlagen vorbereitet, die für die Freigabe des Projekts nötig sind.
Prozessbeschreibung (Vorgehen):	Die Projektidee wird vom Projektleiter und seinem Team analysiert, eine erste Zielversion formuliert und in geeigneter Form für die Freigabeentscheidung aufbereitet. Dabei ist auch eine erste Bewertung des Projekts vorzunehmen.

PM-Phase „Definition": Prozess **„Ziele definieren"**

Zweck und Hintergrund:	Schon zu Beginn eines Projekts ist es wichtig, ein klares Verständnis darüber zu entwickeln, was durch das Projekt erreicht werden sollte. Der Projektleiter initiiert diesen Prozess und bindet den Auftraggeber möglichst eng ein. So können Missverständnisse und Mehraufwände schon frühzeitig verhindert werden.
Prozessbeschreibung (Vorgehen):	Auf Basis der freigegebenen Skizze der Projektziele tritt der Projektleiter in einen intensiven Dialog mit dem Auftraggeber ein und definiert gemeinsam mit diesem die Projektziele. Dabei kommt es vor allem darauf an, die Ziele möglichst spezifisch und messbar zu formulieren, gegebenenfalls ist auch eine strukturierte Darstellung (Zielhierarchie) bzw. eine vorgegebene Form (z. B. Lastenheft) hilfreich.

PM-Phase „Definition": Prozess **„Projektinhalte abgrenzen"**

Zweck und Hintergrund:	Nach der Definition der Projektziele ist nun eine Abgrenzung der Projektinhalte zwischen dem Projektleiter und seinem Auftraggeber notwendig, also die Klärung der Frage, was Inhalt des Projekts ist und was nicht. Durch diese Abgrenzung wird die Entscheidungssicherheit für alle Beteiligten erhöht und unnötige Konflikte – aufgrund unausgesprochener Erwartungen – vermieden.
Prozessbeschreibung (Vorgehen):	Auf Basis der festgelegten Projektziele tritt der Projektleiter in einen intensiven Dialog mit dem Auftraggeber ein und grenzt gemeinsam mit diesem die Projektinhalte ab. Dabei kommt es wie bei der Zieldefinition darauf an, die Projektinhalte möglichst konkret zu strukturieren und zu formulieren (z. B. mit Hilfe eines Lastenhefts), um Unstimmigkeiten im Projektverlauf zu vermeiden.

Die Zielklarheit nimmt von Schritt zu Schritt zu, bis am Ende der Phase „Definition" der Stand erreicht ist, um in der Phase „Planung" die Umsetzung planen zu können. „Ziele" sind auch in der nachfolgenden Phase „Steuerung" fortlaufend von Bedeutung, wenn es sodann um die Umsetzung des Plans geht. In der DIN 69901 Teil 2: Prozesse, Prozessmodell sind hierfür wiederum Prozesse vorgesehen:

PM-Phase „Steuerung": Prozess **„Zielerreichung steuern"**

Zweck und Hintergrund:	Mit diesem Prozess muss sichergestellt werden, dass die Projektziele auch tatsächlich im vorgegebenen Rahmen erreicht werden und der aktuelle Fertigstellungsgrad dem geplanten Fertigstellungsgrad entspricht. Bei Abweichung sind entsprechende Maßnahmen vorzubereiten und nach einer Entscheidung auch umzusetzen.
Prozessbeschreibung (Vorgehen):	Zuerst wird die Zielerreichung (als Fertigstellungsgrad) in regelmäßigen Abständen ermittelt, mit dem Projektplan abgeglichen und festgestellt, ob es dazu Abweichungen gibt. Die Abweichungen sind anhand des Projektplans zu bewerten und geeignete Gegenmaßnahmen vorzubereiten. Nach der Entscheidung des übergeordneten Gremium sind diese Maßnahmen dann im Projektverlauf umzusetzen, um die Erreichung der Projektziele sicherzustellen.

PM-Phase „Steuerung": Prozess-Schritt **„Abnahme erteilen"**

Zweck und Hintergrund:	Wie die zuvor erfolgten Freigaben erzeugt auch die Abnahme eine Entkoppelung zweier aufeinander folgenden Phasen. Dabei initiiert die Abnahme die letzte Phase, in der das Projekt nach der erbrachten Leistungserfüllung beendet wird. Die Abnahme kann bei bestimmten Konstellationen eine besondere Bedeutung erhalten, da mit ihr das Ergebnis des Gesamtprojekts rechtswirksam akzeptiert wird. Sie sollte daher in einer angemessenen Intensität durchgeführt werden.
Prozessbeschreibung (Vorgehen):	Es wird überprüft, ob die Projektziele wie vereinbart erreicht und die Erwartungen des Auftraggebers damit erfüllt wurden. Dann wird die Abnahme erteilt und die Abschlussphase initiiert.

Grafisch kann dieser Weg von den Phasen „Initialisierung", über die „Definition" und „Planung" bis zur Phase „Steuerung" wie folgt veranschaulicht werden:

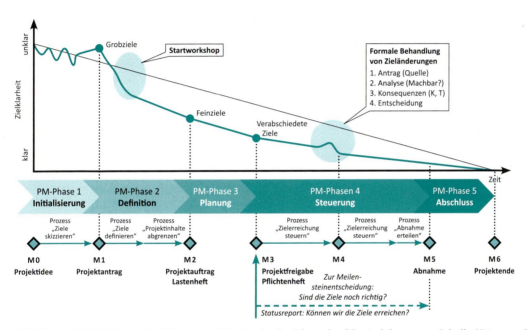

Abbildung 1.03-11: Zentrale Zielprozess-Schritte im Projektverlauf (in Anlehnung an Schelle/Ottmann/Pfeiffer 2008, S. 133)

3 Zieleigenschaften und Zielformulierungen

Um die Funktion als Messlatte zu erfüllen, muss ein Ziel quantifizierbar, d. h. messbar sein, denn „... Ziele sind jedoch erst dann eine Hilfe, wenn sie in quantitative Zielvorgaben umgesetzt werden." (PAUL, 1995: 15). Hinsichtlich der Zielformulierung sind zudem weitere Regeln zu beachten.

3.1 Zieleigenschaften – Anforderungen an gute Ziele

Ziele, die messbar beschrieben worden sind, werden auch operationale Ziele genannt. In diesem Sinne ist folgendes Ziel schlecht formuliert worden: „Bis 31.12.2015 muss die Durchlaufzeit für Kundenaufträge verkürzt werden". Besser wäre schon: „Bis 31.12. 2015 muss die Durchlaufzeit für Kundenaufträge um mindestens 20 % verkürzt werden".

🔍 **Beispiel** Ein gutes Zielbündel könnte beispielsweise folgendermaßen aussehen:
Eine durchschnittliche Durchlaufzeit für Kundenaufträge von zwei Tagen wird vom Kunden nicht mehr akzeptiert. Aus vertraulichen Quellen ist bekannt geworden, dass ein Wettbewerber daran arbeitet, dem Kunden ab dem 1.7. dieses Jahres eine durchschnittliche Durchlaufzeit von 8 Stunden zu garantieren. Im Projekt „Durchlaufzeit-Minimierung" sind folgende Ziele zu erreichen:
1. Die durchschnittliche Durchlaufzeit wird auf 6 Stunden verkürzt.
2. Alle Kundenaufträge für die Produktgruppen P1 und P2, die bis 10 Uhr eingehen, verlassen unser Unternehmen am gleichen Tag vor 14 Uhr und werden noch am gleichen Tag dem Kunden angeliefert.
3. Nur in seltenen Ausnahmefällen (weniger als 0,1 %) kann akzeptiert werden, dass ein Kundenauftrag für Katalogteile länger als drei Tage in unserem Unternehmen verweilt.
4. Durchlaufzeiten für Spezialanfertigung werden in diesem Projekt nicht berücksichtigt. Sie unterliegen auch weiterhin der individuellen Vereinbarung mit dem Kunden.

Damit ist erreicht, dass die qualitative Aussage: „Der Kunde soll gut, d.h. schnell, bedient werden!" in ein Bündel von quantitativen Zielen umzusetzen. Dies gelingt leider nicht immer. Den letzten Anker in Verträgen bilden dann in der Praxis oft Aussagen, wie „Die Qualität der Ausführung muss dem Stand der Technik entsprechen!" Theoretisch ist dies natürlich nicht akzeptabel. Damit ist aber wenigstens ein Anhaltspunkt für eine (möglicherweise auch gerichtliche) Auseinandersetzung gegeben. Es wird deutlich, dass gut formulierte Ziele auch erreichbar sein müssen.

Das Bestreben, die Ziele sehr genau quantifizierbar zu beschreiben, darf nicht mit der Neigung verwechselt werden, in den Zielen auch einen Teil des Lösungsweges festzulegen. Dies ist abzulehnen, weil dadurch dem Projektteam die Möglichkeit genommen wird, die beste Lösung für das Problem zu finden.

Es wäre also falsch, für das genannte Projekt als Ziel etwa zu formulieren: „Minimierung der Durchlaufzeiten für Kundenaufträge durch Einführung eines modernen IT-Systems für Auftragsabwicklung". Es wäre doch möglich, dass die Minimierung der Durchlaufzeiten eher durch Umorganisation erreicht wird, indem unsinnige Kontrollen entfallen, als durch die Modernisierung der IT. Damit die Ziele die Koordinationsfunktion erfüllen können, müssen sie noch weiter operationalisiert werden.

Diese Gedanken spiegeln sich im SMART-Prinzip wider.

Tabelle 1.03-2: Smarte Ziele

S	**S**pecific/**S**imple	**S**pezifisch	Einfach und verständlich, nicht allgemein, sondern konkret
M	**M**easurable	**M**essbar	Operationalisiert (u.a. Leistung, Kosten)
A	**A**chievable/**A**ttainable	**A**kzeptabel	Erreichbar und sozial ausführbar (akzeptiert)
R	**R**ealistic/**R**elevant	**R**ealistisch	Sachlich erreichbar und bedeutsam
T	**T**imeable/**T**imely	**T**erminiert	Zeitlich planbar

Ein Begriff, der in ähnlicher Art und Weise die Komponenten einer guten Zieldefinition wiedergibt, ist AROMA: **A**nnehmbar, **R**ealisierbar, **O**bjektiv, **M**essbar und **A**ussagefähig.

3.2 Zielformulierungen – Regeln für gute Formulierungen

In Zielformulierungen schleichen sich schnell Unschärfen ein, die im Projektverlauf und zum Abschluss eines Projekts erhebliche Schwierigkeiten bereiten können. Der Weg zu einer guten Zielformulierung ist einerseits ein **sozial-kommunikativer Prozess** der Annäherung zwischen Auftraggeber und Projektleiter (Abgleich von u.a. Ideen, Begriffen, Intentionen, Prioritäten, Motiven) sowie andererseits ein **sachlich-informativer Prozess** der Annäherung an den Projektgegenstand: Was ist das eigentliche Problem und was soll eigentlich genau erreicht werden? In der nachfolgender Tabelle sind – im Anschluss an das Kapitel 3.1 bzw. SMART – Regeln für gute Formulierungen nochmals zusammenfassend aufgeführt mit Beispielen für schlechte Formulierungen sowie möglichen Coaching-Fragen (was genau, wann genau, wie genau, mit wem genau usw.), die der Projektleiter dem Auftraggeber zur Selbstklärung stellen könnte.

Tabelle 1.03-3: Regeln für die Zielformulierung, Negativbeispiele und Coaching-Fragen (in Anlehnung an Schelle/Ottmann/Pfeiffer 2008, S. 143 sowie Platz, o.J.)

Regeln für gute Formulierungen	Beispiele für schlechte Formulierungen	Beispiele für Coaching-Fragen
S: Projektziele müssen **präzise** formuliert werden.	Die marktüblichen Standards sind einzuhalten.	Welche Standards genau sind einzuhalten?
S: Projektziele müssen **verständlich** formuliert werden.	Die Spontanvegetation im Begleitgrün ist zu beseitigen.	Welche alternativen Begriffe beschreiben den Sachverhalt in gleicher Weise?
S: Projektziele müssen **eindeutig** sein. Ausdrücke wie „könnte", „sollte" etc. sind zu vermeiden.	Das Gewicht sollte nicht unter 10 und nicht über 16 Kilogramm liegen.	Wo genau liegen die absoluten Grenzwerte?
S: Projektziele müssen **positiv** formuliert werden.	Das bisher praktizierte Verfahren wird nicht fortgeführt.	Was genau soll stattdessen erreicht werden?
S: Projektziele müssen (so weit wie möglich) **lösungsneutral** formuliert sein.	Die Anwenderschulung erfolgt online.	Welche konkreten Ziele werden mit der Lösungsoption „online" verfolgt?
S: Projektziele müssen als **Anforderungen** und möglichst in Einzelaussagen formuliert werden.	Die Anzeige, die mit 3,3 Volt betrieben wird und eine Genauigkeit von mindestens einem Prozent des Endwerts haben muss, ist so zu gestalten, dass sie der Bediener aus drei Metern Entfernung lesen kann.	In welche Einzelanforderung kann dieser Komplex zergliedert werden?
S: Projektziele müssen **konsistent** sein; sie dürfen keine Widersprüche beinhalten.	Die firmenspezifischen Prozesse werden komplett mit einer Standardlösung abzubilden.	Welche Prozess genau sind mittels einer Standardlösung abbildbar und welche nicht?
S: Projektziele müssen an einer Stelle **zusammengefasst** sein. Nur so können sie überprüft und aktualisiert werden.	Die Projektziele sind im Schreiben vom 3. April, dem Gesprächsprotokoll vom 16. April, dem Angebot vom 18. April und der Qualitätsrichtlinie QS03 enthalten.	Zusammengefasst sind das welche Projektziele genau?
S: Projektziele müssen **Zielzustände beschreiben**, weshalb mehr Adjektive als Verben zu verwenden sind.	Eine Software zur Erfassung von Kundenforderungen für alle Vertriebsmitarbeiter ist entwickelt.	Welche Eigenschaften genau soll die Software haben?
M: Projektziele müssen (so weit wie möglich) **quantifiziert** sein.	Der Durchsatz ist deutlich zu steigern.	Um wie viel Prozent genau soll der Durchsatz im Vergleich zum Vorjahr gesteigert werden? Woran erkennen Sie, dass das Projektziel erreicht ist?
Auch qualitative Sozialziele brauchen Indikatoren.	Die Kompetenz der Mitarbeiter hat sich verbessert.	Woran genau kann wie erkannt werden, dass sich die Kompetenz verbessert hat?
M: Projektziele müssen **strukturiert** sein. Komplexe Begriffe müssen untergliedert werden.	Das Produkt muss einen hohen Anwendungskomfort haben.	Welche Aspekte genau beinhaltet „Anwendungskomfort"?
A: Projektziele müssen daraufhin überprüft werden, ob sie überhaupt und mit welcher Notwendigkeit erforderlich sind (**Priorisierung**).	Alle Produkteigenschaften der Konkurrenzprodukte sind zu erreichen.	Was genau ist notwendig (muss sein), was ist sinnvoll (soll sein) und was ist darüber hinaus wünschenswert (kann sein)?
A: Projektziele müssen von allen Betroffenen **akzeptiert** sein.	Trotz der Bedenken des Marketings wird entschieden, dass die Projektziele realisiert werden.	Was müsste passieren und was darf nicht passieren, damit das Marketing zustimmen kann?
R: Projektziele müssen **erreichbar** bzw. das Erreichen der Projektziele muss kontrolliert steuerbar sein.		Welche spezifische Erfahrung, Fertigkeit, Fähigkeit, Ressource, Mitarbeit usw. sind genau erforderlich, um die Projektziele zu erreichen?

R: Projektziele sollten **bedeutsam** sein.		Welche Intentionen, Motive, Notwendigkeiten, Mängel usw. sind der Anlass für das Projekt? Was würde passieren, wenn das Projekt nicht realisiert wird?
T: Projektziele müssen **terminiert** sein.	Das Projekt ist baldmöglichst abzuschließen.	Bis wann genau ist was genau fertig zu stellen?
Ziele müssen **schriftlich** fixiert sein.	Die Zielvereinbarung gemäß unserer mündlichen Absprache ist bindend.	

Die Tabelle mit Regeln für gute Zielformulierungen ist bereits sehr umfangreich. Abschließend sollen drei Gesichtspunkte nochmals fokussiert werden:

> **Tipp** Zielformulierungen erfordern eine klare Sprache. Hierbei helfen **operationalisierte Adjektive**: Das Ziel „Eine Software zur Erfassung von Kundenforderungen für alle Vertriebsmitarbeiter ist entwickelt" ist unklarer formuliert als das mit Adjektiven konkretisierte Ziel „Eine ergonomische Software zur vollständigen Erfassung von Kundenforderungen für alle Vertriebsmitarbeiter ist verfügbar und bedienbar". Diese Adjektive müssen nun natürlich noch operationalisiert werden, damit sie messbar bzw. greifbar werden: Was genau ist mit „ergonomisch", „vollständig", „verfügbar", „bedienbar" gemeint? Zielformulierungen gewinnen mittels operationalisierter Adjektive an Klarheit!

> **Tipp** Zielformulierungen erfordern zudem eine klare Perspektive. Hierbei helfen **positive Zielbestimmungen**. Es ist jedoch oft auch hilfreich, negative Ziele bzw. „Nicht-Ziele" zu definieren. Ein erster gemeinsamer Ausgangspunkt, ein erster „gemeinsamer Nenner" oder eine erste gemeinsame Annäherung zwischen Auftraggeber und Projektleitung könnte die Definition von dem sein, was nicht Ziel des Projekts ist. Die „Nicht-Ziele" begrenzen den Umfang des Projekts; das ist ihre positive Funktion. Sie lassen allerdings viel Interpretationsspielraum, was stattdessen erreicht werden soll. Achten Sie darauf, dass Sie Ziele positiv formulieren: Was genau soll erreicht werden!

> **Tipp** Zielformulierungen sollten möglichst **lösungsneutral** sein. Das ist leichter gesagt, als in der Realität umgesetzt: Auftraggeber haben oftmals bestimmte Lösungen bereits fix im Kopf und geben diese als Zielperspektive vor oder ein neues Produkt muss in einen bestehenden Kontext eingebettet werden. „Möglichst lösungsneutral" heißt, dass alle Lösungsattribute, die nicht zwingend vorgegeben oder erforderlich sind, aus dem Ziel herausgestrichen werden. Das Ziel „Einführung eines Enterprise Resource Planning" ist beispielsweise lösungsneutraler formuliert als das Ziel „Einführung eines SAP Enterprise Resource Planning".

4 Fragen zur Wiederholung

1	Erläutern Sie an selbst gewählten Beispielen, welche Zielfunktion die Elemente des Magischen Dreiecks erfüllen sollten.	☐
2	Warum ist es sinnvoll, in der Praxis zwischen Ergebniszielen und Vorgehenszielen zu unterscheiden?	☐
3	Wie können Sie Zielbeziehungen erkennen und auflösen?	☐
4	Beschreiben Sie an einem Beispiel, wie Sie bei der Erstellung einer Zielhierarchie vorgehen.	☐
5	Beschreiben Sie an einem Beispiel, wie Sie eine Nutzwertanalyse erstellen.	☐
6	Welche Einwände könnten gegen die Methode der Nutzwertanalyse vorgebracht werden und wie begegnen Sie ihnen?	☐
7	Erläutern sie an konkreten Beispielen den Unterschied zwischen „SMART definierten Zielen" und den schlecht definierten Zielen.	☐
8	Welche Regeln zur Formulierung guter Ziele sind nach ihrer Meinung wesentlich? Begründen Sie ihre Meinung.	☐
9	Mit welchen Fragen könnten Sie Ihren Auftraggeber coachen, damit Zielformulierungen präziser werden?	☐
10	Welche Rolle spielen Ziele in der Projektstartphase (siehe hierzu Beitrag „1.19 Projektstart")?	☐

1.04 Risiken und Chancen (Risk & opportunity)

Uwe Rohrschneider, Konrad Spang

Kontext und Bedeutung

Management von Risiken (und Chancen) in Projekten, verstanden als wirklich systematisches, in die Organisation von Projekt und Umfeld eingebundenes und methodengestütztes Vorgehen, gehört zu den eher jüngeren Themen des Projektmanagements. Zudem ist es ein Thema, bei dem zwar über die prinzipielle Notwendigkeit meist Einigkeit herrscht, bei dem aber dann oft eine große Lücke zur entsprechenden Anerkenntnis und Umsetzung besteht.

In der Vergangenheit begnügte man sich damit, z. B. in der Kalkulation einen festen Prozentsatz als „Risiko-Zuschlag" einzurechnen und im Übrigen noch gegen zufällig erkannte mögliche, für das Projekt schädliche Umstände anzugehen – Risikomanagement war das nicht (abgesehen davon, dass bei „engen" Kosten-Preis-Relationen der Risikozuschlag ein erstes „Opfer" von Einsparungen wurde). Ein moderner Risikomanagementbegriff verlangt dagegen

- die systematische und vollständige Identifikation von Risiken
- die gezielte Planung, Bewertung und Umsetzung von Maßnahmen dagegen und
- ein umfassendes Risiko-Controlling sowie die Auswertung und Weiterverwendung der Erfahrungen.

Das ist zunächst mühsam und kostet anfangs zusätzliche Arbeit. Zudem muss man sich z. B. vielleicht von der Euphorie des Vertriebserfolgs und des nahen Projektstarts lösen, aber der Aufwand lohnt sich. Risikomanagement dient der Realisierung des geplanten Projektergebnisses, die Frage nach Risiken und Gegenmaßnahmen ist also kein „Bedenkenträgertum", sondern ein Beitrag zur Sicherung des Projekterfolgs. Teile der Aufwändungen und Maßnahmen werden sich im Nachhinein betrachtet auch als überflüssig erweisen, nur, in Abwandlung eines Wortes über Werbung von Henry Ford, weiß man im Vornherein eben nicht, welcher Teil.

Die Erfahrung zeigt immer wieder: Betrachtet man eingetretene Risiken – z. B. technische Versäumnisse bei einem Projekt im Flugzeugbau, ein Imageschaden durch einen im Grunde harmlosen Störfall im Kernkraftwerk, Schadensersatzzahlungen bei Mängeln in Pharmaprojekten oder Schäden durch mangelhafte politische Entscheidungen – jedes Mal hätten Kosten für Maßnahmen zur Vorsorge und möglichen Verhinderung des Eintretens oder zur Reduktion des Schadens bei Eintreten des Risikos einen Bruchteil des späteren dadurch verursachten Schadens ausgemacht.

„Diesen Fehler machen wir immer wieder" – ein leider oft zu hörender Kommentar, für den Verständnis aufzubringen, nicht mehr gelingt. Somit soll dieses Kapitel aufrütteln und Mut machen, sich aktiv mit Risiken auseinanderzusetzen, Fehler im Projekt zu vermeiden, zu mindern oder wenigstens daraus zu lernen.

Zusammenhang mit anderen Themen

Da Risken, wie später genauer definiert wird, mögliche negative Abweichungen zur Projektplanung und zum geplanten Projekterfolg bedeuten, bezieht sich Risikomanagement natürlich auf alle Gebiete des Projektmanagements, in denen aktiv geplant oder zumindest passiv etwas unterstellt wird, das dann schlechter ausfallen kann. So könnte es z. B. sein, dass sich Ziele als falsch herausstellen, Termine zu optimistisch geschätzt wurden, Probleme mit unberücksichtigten Stakeholdern eintreten oder zwischenmenschliche Konflikte das Projekt stören. Von daher gibt es eine Vielzahl von Themen, zu denen ein Zusammenhang herzustellen wäre.

Deshalb erfolgt hier nur exemplarisch die Nennung eines Gebiets, zu welchem besonders enge Verknüpfungen und Wechselbeziehungen bestehen – dem Changeorder- und Claimmanagement.

Beispiel Der Kunde stellt laufend Zusatzforderungen und versäumt eigene Pflichten, was zu Terminverzögerungen führt. Daraus folgen die Risiken unbezahlten Mehraufwands und späterer Forderung von Vertragsstrafen. Die Gegenmaßnahme ist dann die Einrichtung eines Systems zum Changeorder- und Claimmanagement. Dessen Erfolge fließen dann bei der Auswertung von Erfahrungen wieder in das Risikomanagement ein.

Ansonsten gilt: Wo immer geplant wird, gilt es nachzufragen, was diese Planung stören und das Erreichen der mit ihr formulierten Ziele gefährden könnte.

Lernziele

Sie kennen

- die wichtigsten Begriffe, Definitionen und Abgrenzungen
- die Schritte in einem systematischen Risikomanagement
- die Argumente gegenüber Dritten, mit denen Sie diese von der Bedeutung des Risikomanagements im Projekt überzeugen

Sie wissen

- mit welchen Methoden und Arbeitstechniken Sie Risiken erkennen und analysieren
- wie Sie die Risikosituation im gesamten Projekt transparent und kommunizierbar machen
- wie Sie Risiken mit Bezug auf die Projektziele differenzieren, bewerten und Prioritäten setzen
- wie Sie analytisch und systematisch daraus effektive und effiziente Maßnahmen ableiten
- welche Werkzeuge wie angewendet Sie dabei unterstützen

Sie verstehen

- Risikomanagement als integralen und unverzichtbaren Teil Ihres Projektmanagements
- Risiken und Chancen als bisher nicht geplante und in der Planung nicht enthaltene Elemente des Projektgeschehens
- das Identifizieren und Beherrschen von Risiken als einen der wesentlichen Erfolgsfaktoren in Ihrem Projekt

Sie können

- Risikomanagement für Projekte mittlerer Größenordnung und Komplexität organisieren
- Methoden zur Identifizierung und Analyse von Risiken anwenden
- Maßnahmen zur Minimierung von Risiken ableiten und zur Wirkung bringen
- Projekte auswerten und Ergebnisse auf Folgeprojekte übertragen
- Die Methoden ebenso auf das Managen von Chancen anwenden

Inhalt

1	Einleitung	126
2	Definition und Identifikation von Risiken und Chancen	126
2.1	Begriffsbestimmungen	126
2.2	Systematisches Vorgehen	129
2.3	Risikoidentifikation	130
2.3.1	Checklisten	130
2.3.2	Fragelisten	131
2.3.3	Kreativitätstechniken	132
2.3.4	Nominale Gruppentechnik	132
2.3.5	Weitere Methoden	133
2.4	Stakeholderanalyse	133
3	Analyse und Bewertung von Risiken und Chancen	134
3.1	Tolerierbare und nicht tolerierbare Risiken	136
3.2	Qualifizierte Bewertungen	136
3.3	Erkenntnisse aus qualifizierter Bewertung und Risikoportfolio	137
3.4	Quantifizierte Bewertungen	137
3.5	Erkenntnisse aus quantifizierter Bewertung und aus einer Tragweiten- und Wahrscheinlichkeits-Matrix	141
4	Planung und Bewertung von Maßnahmen	143
4.1	Maßnahmenplanung nach dem Ausschlussverfahren	143
4.2	Ergänzungen zum Ausschließen von Risiken	144
4.3	Maßnahmenanalyse und -bewertung	146
4.4	Ergänzung des Risikoportfolios	148
5	Überwachung und Auswertung	150
5.1	Verantwortung und Überwachung	150
5.2	Auswertung am Projektende und Zusatznutzen	152
6	Zusammenfassung	153
7	Fragen zur Wiederholung	154

1 Einleitung

Kein Projekt wird, im Nachhinein betrachtet, so abgewickelt worden sein, wie es ursprünglich geplant war. Projekte, als per definitionem immer (irgendwo) neue oder einmalige Vorhaben, können nicht mit der Sicherheit vorausgeplant werden, wie dies bei Routine- und Serientätigkeiten der Fall ist. Es wird also im Projektverlauf immer zu Abweichungen zwischen der Planung und der Realität kommen.

Oder wie Feldmarschall Moltke sagte: „Kein Plan überlebt die erste Feindberührung"

Projekte haben durch ihre Einmaligkeit ein in den möglichen Ist-Abweichungen begründetes, höheres (oder zumindest anderes) Risikopotenzial als sich wiederholende Routinetätigkeiten. Diese Risiken müssen aber keineswegs als hilflos zu akzeptierende „Naturereignisse" angesehen werden, denen höchstens mit Risikozuschlägen als „Versicherungsprämien" begegnet wird (die dann bei externen Projekten oft dem Marktpreis zum Opfer fallen). Risiken „passieren" nicht, Risiken haben Ursachen. Wer mögliche negative Ereignisse (die Kurzdefinition für Risiken) und deren Auslöser erkennt, der kann diesen mit geeigneten Maßnahmen begegnen. Systematisches Risikomanagement ist eine wesentliche Voraussetzung zum Erreichen der Projektziele und damit auch zur Sicherung des Projekterfolgs.

> Wer kein Risikomanagement betreibt, betreibt riskantes Management

Projektleiter und andere am Projekt Beteiligte, die sich Gedanken um Risiken machen, sind keine notorischen Pessimisten, „Miesmacher" oder Gegner des Projekts – im Gegenteil. Dadurch, dass möglichen Risiken noch vor ihrem Eintreten entgegengewirkt wird, steigern die Chancen auf den Projekterfolg. Dort, wo eine solche Einstellung erreicht wird, bestehen für das Thema „Risikomanagement" auch keine Akzeptanzprobleme mehr.

2 Definition und Identifikation von Risiken und Chancen

2.1 Begriffsbestimmungen

Abweichungen vom Plan (Diskontinuitäten im Projekt) sind eine immanente Eigenschaft von Projekten. Abweichungen aus möglichen Vertragsverletzungen oder -änderungen werden dann im Claim- oder Changeordermanagement bearbeitet und sind trotz möglicher Zusammenhänge und Überschneidungen nicht Gegenstand dieses Kapitels. Besteht stattdessen die Gefahr von Änderungen aufgrund eines ungeplanten Eintretens oder Ausbleibens von geplanten Ereignissen oder Umständen, dann werden diese im negativen Fall als Risiken, im positiven Fall als Chancen bezeichnet.

Risiken sind also „mögliche ungeplante Ereignisse oder Situationen mit negativen Auswirkungen (Schäden) auf das Projektergebnis insgesamt oder auf einzelne Planungsgrößen oder Ereignisse, die neue, unvorhergesehene und schädliche Aspekte aufwerfen können" (MOTZEL, 2006: 190). Das Gegenteil davon sind Chancen. In der Folge wird hauptsächlich von Risiken gesprochen werden. Die meisten Methoden und Arbeitstechniken lassen sich aber auch auf die Suche nach und zur Bearbeitung von Chancen anwenden, auch wenn darauf nachfolgend nicht explizit hingewiesen wird.

Natürlich kann es auch bei prinzipiell eingeplanten Ereignissen oder Vorgängen zu Abweichungen kommen. Diese werden dann als „Schätzungenauigkeiten" bezeichnet, wobei die Grenzen zu Risiken fließend sein können.

Beispiel Im ersten Fall werden für die Erstellung eines Abschnitts für ein Fachbuch durch einen Autor ein Aufwand und ein Zeitbedarf ("Soll") von 30 Tagen geplant. Die Arbeit stellt sich aber als schwieriger heraus, sodass der Autor im "Ist" 40 Tage benötigt. Er hatte sich also bei der Abschätzung des Arbeitsaufwands verschätzt, eine Schätzungenauigkeit von zehn Tagen ist eingetreten. Im zweiten Fall wird dem Autor nach 10 Tagen Arbeit sein Laptop mit dem bisher erstellten Text gestohlen. Da er seine bisherigen Ergebnisse nicht anderweitig dokumentiert hatte, muss er mit seinem Text noch einmal von vorn beginnen und benötigt dann die geplanten 30 Tage, der Gesamtaufwand aber beläuft sich auf 40 Tage. Hier ist ein Risiko eingetreten.

Der Unterschied zwischen beiden Fällen liegt darin, dass im ersten für die Schätzungenauigkeiten Bandbreiten und mögliche Reserven bereits bei der Aufwandsschätzung eingeplant werden können, da immer damit zu rechnen ist, dass eine Arbeit umfangreicher (oder in Ausnahmen weniger umfangreich) wird als geplant. Im zweiten Fall ist dagegen ein ungeplantes Ereignis in Form des Diebstahls eingetreten. Diese Möglichkeit wird in der normalen Planung nicht berücksichtigt. Hier werden andere, zusätzliche Maßnahmen ergriffen, z. B. eine angemessene Dokumentation und Sicherung von Anfang an oder ein Diebstahlschutz beim Laptop.

„Planung" allgemein bedeutet die gedankliche Vorwegnahme eines Zustands in der Zukunft oder des Weges dorthin. Für das Projekt wird also zunächst eine Planung erstellt, die aus mehreren einzelnen Plänen besteht. Darin wird z. B. beschrieben, welches Projektergebnis zu welchem Termin und mit welchem Aufwand erwartet wird. Eine Ausprägung der einzelnen Pläne ist z. B. die Vorkalkulation, aus der die erwarteten Kosten ersichtlich sind, oder der Terminplan. Risikobetrachtungen werden neben der Planung angestellt und ergänzen diese, sind aber kein Bestandteil der normalen Planung. So ist ein ermitteltes Kostenrisiko eine Größe, die in der Vorkalkulation nicht enthalten und deshalb zusätzlich zu berücksichtigen ist. Voraussetzung für das Erkennen von zusätzlichen unerwarteten Abweichungen gegenüber einer Planung ist also, dass eine solche überhaupt existiert. Die Exaktheit, mit der mögliche Abweichungen identifiziert und analysiert werden können, ist dann von der Ausprägung der Planung abhängig. Das hat zur Folge, dass Risikoanalysen in den frühen Phasen eines Projekts mit wahrscheinlich (teilweise) noch ungenauen und eher prinzipiellen Planungsständen sich ebenfalls auf Grundsätzliches beziehen. Im Verlauf des Projekts ist deshalb die Risikosituation immer wieder zu untersuchen und die Aktionen und Reaktionen des Projektmanagements sind anzupassen.

Definition Dem trägt auch die ICB 3 mit ihrer Definition von Risikomanagement Rechnung: „Das Risiken- und Chancenmanagement ist ein fortlaufender Prozess während aller Phasen des Projektlebenszyklus, von der Ausgangsidee bis zum Projektabschluss. Bei Projektabschluss stellen die während des Projektverlaufs im Risiko- und Chancenmanagement gewonnenen Erfahrungen einen wichtigen Beitrag zum Erfolg zukünftiger Projekte dar."

Die Auseinandersetzung mit möglichen Risiken sollte möglichst bereits in den Vorphasen des Projekts beginnen. Die Reaktion auf in der Planung erkannte Umstände ist fast immer einfacher und billiger als später in der Realisierung. Wenn bereits die Machbarkeitsstudie schwerwiegende Probleme zeigt, muss nicht noch Geld in die Versuche zur Realisierung investiert werden. In der Praxis sollte mit Risikomanagement bei einem internen Projekt spätestens vor dessen Freigabe, bei einem externen vor Abgabe eines rechtsverbindlichen Angebots begonnen werden.

Im Verlauf des Projekts folgen dann regelmäßige Aktivitäten und Iterationen des Prozesses. Bekannte Risiken können sich verändern, neue Risiken dazukommen oder Risiken entfallen, weil die risikobehaftete Situation vorübergegangen ist.

🔍 **Beispiel** Zu Beginn eines Projekts für einen externen Kunden besteht das Risiko, einen pönalisierten (mit einer Vertragsstrafe = Pönale belegten) Zwischentermin nicht einzuhalten. Im Verlauf des Projekts verschärft sich die Situation, da der Kunde bei Überschreiten des Termins zusätzlich mit Schadensersatzforderungen droht. Es gelingt aber, durch entsprechende Maßnahmen doch den Termin einzuhalten, sodass schlussendlich kein Schaden eintritt.

Risikomanagement ist also ein permanenter Faktor im Projektmanagement-Prozess, der die zwei, das Risiko hauptsächlich bestimmenden Faktoren im Fokus hat, nämlich

- die Wahrscheinlichkeit, mit der das Risiko eintreten kann (Eintrittswahrscheinlichkeit) und
- die Tragweite (Schadenshöhe), mit der bei Eintreten des Risikos zu rechnen ist.

Beide Faktoren zusammen ergeben das Risikopotenzial als Maßgröße für das einzelne Risiko oder als Summe aller Risiken eines Projekts. Risiken können dabei zwei Charaktere haben. Es gibt

- reine Risiken, die lediglich die Möglichkeit einer Verschlechterung beinhalten und keine adäquate Chance (unidirektionale Risiken) und
- spekulativen Risiken, die (ausgewogen oder unausgewogen) neben der Möglichkeit der Verschlechterung auch die einer Verbesserung beinhalten (Risiko und Chance = bidirektionale Risiken).

🔍 **Beispiel** Beim Versand von für das Projekt notwendigen Unterlagen besteht das (reine) Risiko, dass diese verloren gehen. Dass dies nicht eintritt, ist der Normfall, es gibt also keine adäquate Chance.
Erfolgt die Abrechnung des Projekts in einer Fremdwährung, besteht das (spekulative) Risiko, dass diese im Kurs fällt, aber auch die Chance, dass diese steigt.

In der Summe sollten die Chancen die Risiken im Projekt übersteigen. Die Chance ist z. B. der aus einem externen Projekt zu erzielende Gewinn oder der mit dem Erfolg eines internen Projekts verbundene Nutzen. Leider ist in der Praxis immer wieder das Gegenteil zu beobachten: Es werden spekulative Risiken eingegangen, bei denen der mögliche Gewinn in keinem Verhältnis zu den damit verbundenen Risiken von Verlusten stehen. Beispiele gibt es im geschäftlichen Bereich („wir müssen diesen Auftrag haben" – und machen deshalb weitgehende Zusagen, die einzuhalten, später in die Verlustzone führt) und im privaten Leben („wenn in dieses Steuersparmodell 50T€ investiert werden, könnte man 10T€ Steuern sparen" – oder 50T€ verlieren, wenn das Modell platzt).

Systematisches Risikomanagement ist bemüht, aktiv durch nachvollziehbare Verfahren zur Analyse und Bekämpfung von Risiken die Gefahren, die dem Projekt drohen, möglichst klein zu halten. Damit unterscheidet es sich von zufallsgesteuerten Einzelaktivitäten und an-sonsten ausschließlich passiver Bildung von Rückstellungen per Risikozuschlag. Letztere sollen lediglich Reserven bei einem finanziellen Schaden bilden, bedeuten aber kein aktives dagegen Angehen.

2.2 Systematisches Vorgehen

Voraussetzung für ein systematisches Vorgehen im Risikomanagement ist u. a. die mentale Bereitschaft, dieses Thema in jedem Projekt in einem vorbestimmten und institutionalisierten Prozess zu bearbeiten – und nicht zufallsgesteuert und in Folge von beiläufigen Erkenntnissen.

Ein systematisches Vorgehen umfasst die folgenden Schritte:

1. Chancen und Risiken identifizieren und analysieren
2. Chancen und Risiken vor Maßnahmen bewerten
3. Maßnahmen planen

4. Situation nach Maßnahmen bewerten
5. Entscheidungen über Maßnahmen treffen
6. Maßnahmen einplanen, durchführen und überwachen

und

7. Erfahrungen auswerten und für zukünftige Projekte zunutze machen.

Diesen Schritten entsprechen die nachfolgenden Ausführungen. Charakteristisch ist dabei, dass aus dem Vergleich der Situation vor (2.) und nach Maßnahmen (4.) Erkenntnisse über deren Wirkung gewonnen werden können.

Abbildung 1.04-1 zeigt schematisch den Ablauf eines strukturierten Risikomanagements

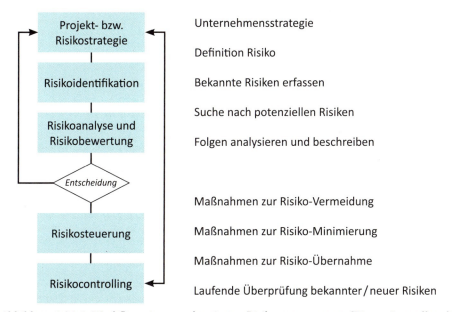

Abbildung 1.04-1: Workflow eines strukturierten Risikomanagements (Eigene Darstellung)

2.3 Risikoidentifikation

Risikoidentifikation ist der erste Schritt und die Basis für das Risikomanagement im Projekt. Dabei sollten im Zweifel zunächst lieber viele mögliche Risiken erfasst und einzelne später wieder verworfen werden, als dass Risiken (nach der Devise, „das passiert ja sowieso nicht") übersehen werden. Das Ziel ist eine lückenlose Erfassung möglichst aller Risiken, soweit sie im jeweiligen Stadium des Projekts erkennbar sein können. Als Basis für die Identifikation dienen einmal die bisherigen Pläne (Zielbeschreibung, Projektstruktur, Arbeitspakete, Termin- und andere Pläne), deren Vollständigkeit (welche Pläne wurden erstellt - d.h. welche Gedanken hat man sich zum Projekt gemacht - und welche nicht?), deren Zustandekommen und Qualität.

Empirisch belegte Standardursachen für Risiken im Projekt sind:

| Die ungenügende Berücksichtigung von interessierten Parteien (Stakeholdern) im Projekt und
| Die zu optimistischen und damit realitätsfremden Vorgaben bei der Projektplanung

Weiterhin können Risiken durch die Analyse der Elemente des Projektstrukturplans oder durch einzelne Schritte in der Abwicklung identifiziert werden. Zusätzliche Quellen können z. B. die Befragung von Leitern oder Mitarbeitern früherer ähnlicher Projekte sein, Besuche vor Ort, wenn das Projektergebnis auch physisch an einer bestimmten Stelle etabliert werden soll und Gespräche mit den späteren Nutzern und Bedienern. Wichtig ist in jedem Fall eine möglichst präzise Beschreibung des Risikos. Diese ist die Basis für die spätere Festlegung der Wahrscheinlichkeit des Eintretens und der Suche nach den Ursachen als Voraussetzung für eine gezielte Maßnahmenplanung (s. dazu auch Abschnitt 4.2).

Die Suche nach möglichen Risiken sollte der Projektleiter nicht alleine durchführen. Risikomanagement ist Teamarbeit und Risikoidentifikation lebt auch von den vielfältigen Erfahrungen und vom wechselseitigen Anstoß der Beteiligten - auch ein einzelner Experte ist alleine nicht so kreativ und erfolgreich wie zusammen mit anderen. Damit die Wahrscheinlichkeit, potenzielle Risken zu identifizieren, erhöht wird, sollten immer mindestens zwei verschiedene Methoden angewendet werden. Im Anhang sind wesentliche Themen und Fragestellungen für die Risikoidentifizierung zusammengestellt, aus denen dann projektspezifische Suchfelder und Einzelfragen abgeleitet werden können.

2.3.1 Checklisten

Risikochecklisten sind der erste Schritt zur Risikoidentifikation. Hier wird zumeist mit geschlossenen Fragen gearbeitet, die ein „Ja", ein „Nein" und vielleicht noch ein „Weiß nicht" zulassen. Da diese Fragen je nach Branche und Aufgabenstellung unterschiedlich sind, muss hier auf Einzeldarstellungen verzichtet werden. Eine Checkliste für IT-Projekte hat naturgemäß andere Inhalte als die für ein Bauprojekt.

Checklisten bieten einen wichtigen Ausgangspunkt bei der Risikoidentifizierung, der bei jedem neuen Projekt durch weitere, dort identifizierte Risiken ergänzt werden sollte (Wissensmanagement!). Darüber hinaus müssen jedoch auch andere Methoden der Risikoidentifizierung (s. Kap. 2.3.2 ff) eingesetzt werden.

Ein Vorteil der Arbeit mit Checklisten ist, dass sie relativ schnell und unkompliziert erfolgen kann. Wenn die Beantwortung einer Frage dennoch länger dauert, ist dies nicht die „Schuld" der Checkliste, sondern zeigt, dass an dieser Stelle eben noch Klärungsbedarf besteht. Ein weiterer Vorteil liegt darin, dass die Fragen, welche die Checkliste beinhaltet, nicht vergessen werden und ein Zwang zur Beantwortung besteht. Die Schwäche von Checklisten ist: Es werden nur die Fragen gestellt, die in der Checkliste enthalten sind. Das bedeutet, dass auf eventuelle weitere projektspezifische und neue Umstände nicht eingegangen wird. Außerdem kann eine "Schein-Sicherheit" entstehen – wir haben ja die Risiko-Checkliste abgearbeitet. Deshalb ist die Checkliste ein sinnvoller erster Schritt in der Identifikationsphase, muss aber ergänzt werden.

2.3.2 Fragelisten

Listen mit offenen Fragen lassen mehr Möglichkeiten zu. Die Fragen verlangen keine vorbestimmten Antworten, sondern geben Denkanstöße (das ist der Freiheitsgrad) in bestimmten Segmenten (das sind die systematisierenden Vorgaben), über mögliche Risiken nachzudenken.

Beispiel Im Projekt könnten Daten durch einen Computercrash verloren gehen. Die geschlossene Frage lautet „wird regelmäßig ein Plattenabzug gemacht?" Offen ist dagegen die Frage „warum könnten Daten verloren gehen?" (und später „wie ist das zu verhindern?"). Mit offenen Fragen werden Suchfelder definiert, in diesem Beispiel die Möglichkeiten des Verlusts von Daten.

In Projekten sollen systematisch einzelne Themengebiete angesprochen werden, über die im Team nachgedacht und bei denen mögliche Risiken gefunden werden können. Solche Themenfelder können z. B. sein

- Fragen nach den Projektzielen, deren Machbarkeit und Erfahrungen damit
- Fragen zur Projektdurchführung, zu Hilfsmitteln, zur Kooperation anderer Projektbeteiligter und zur Logistik
- Fragen zur Vertragsgestaltung
- Fragen zu Subunternehmern und Lieferanten
- Fragen zur Projektorganisation intern und extern
- Kommerzielle Fragen
- Fragen zum Umfeld des Projekts
- Eventuelle Besonderheiten, z. B. im Ausland

Zur Ermittlung möglicher Chancen in einem (Kunden-) Projekt können ebenso Themenfelder untersucht werden, z. B. mit Fragen nach den Möglichkeiten

- eigene technische Standards und bereits erstellte technische Lösungen einzubringen
- eigene Organisations- und Abwicklungsformen zum Standard zu machen
- durch Übernahme weiterer Funktionen mehr Einfluss zu gewinnen und zusätzliche Ergebnisse zu generieren und
- zu einer Optimierung und Erweiterung der Aufgabenstellung

Eine erweiterte Liste von den Risikofeldern zugehörenden Unterfragen ist als Anhang beigefügt. Fragen zum Umfeld leiten über zur Stakeholder-Analyse, der leider häufig nicht die gebotene Aufmerksamkeit zukommt (siehe dazu Punkt 1.2 und 2.4).

2.3.3 Kreativitätstechniken

Weiterführende Möglichkeiten zur Identifikation von Risiken liegen im Einsatz von klassischen Kreativitätstechniken. In der Praxis haben sich dabei insbesondere Methoden wie Brainstorming, Brainwriting und das Mind-Mapping bewährt.

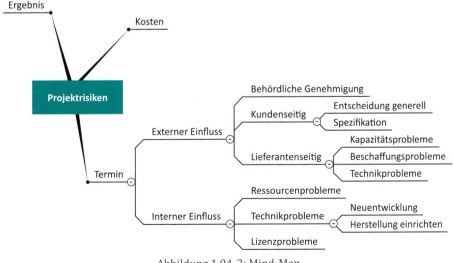

Abbildung 1.04-2: Mind-Map

> **!** Mind Maps stellen das zu bearbeitende zentrale Thema in die Mitte des Blattes. Von dort gehen verschiedene Hauptäste und von diesen wiederum weitere Unteräste ab. Auf jedem Ast steht immer nur ein Schlüsselwort. Die Summe der Aussagen eines Unterastes entspricht der Aussage des Hauptastes.
>
> Im Gegensatz zu Techniken, bei denen unsortierte Begriffen produziert und anschließend sortiert werden (z. B. Brainstorming), wird beim Mind-Mapping von Beginn an eine zusammenhängende Struktur erzeugt. Somit kann das Mind-Mapping auch als „Top-Down", das Brainstorming dagegen eher als „Bottom-Up"-Methode angesehen werden.

2.3.4 Nominale Gruppentechnik

Eine weitere praxiserprobte Methode, die bereits eine Mischung aus Identifikation und Bewertung von Risiken darstellt, ist die Nominale Gruppentechnik. Hierbei schreiben die Teilnehmer einer Analysesitzung jeweils für sich die ihrer Meinung nach wichtigsten Risiken in deren Rangfolge (Priorität) auf (kreativer Teil und individuelle Bewertung).

Im nächsten Schritt werden dann alle Risiken der ersten Priorität abgefragt und aufgelistet. Anschließend folgen die Risiken zweiter Priorität usw., wobei durchaus z. B. ein Risiko von einem Teilnehmer an die erste, von einem anderen an die dritte gesetzt wird.

Chance / Risiko höchster Priorität	Chance / Risiko zweiter Priorität	Chance / Risiko dritter Priorität	Chance / Risiko vierter Priorität

Anschließend werden die Risiken über Punkte zu einer Gesamtbewertung und Rangfolge gebracht:

Chance/ Risiko (Nr.)	Höchste Priorität (8 Pkt.)	Zweite Priorität (6 Pkt.)	Dritte Priorität (5 Pkt.)	Vierte Priorität (4 Pkt.)	Fünfte Priorität (3 Pkt.)	Sonst. Priorität (1 Pkt.)	Summe Punkte	Rangstufe

Wichtig bei allen Verfahren ist, dass eine Dominanz von anerkannten Erfahrungsträgern gegenüber den übrigen Teammitgliedern vermieden wird. Das Team wurde gebildet, weil die Meinung und Erfahrung jedes einzelnen Mitglieds wichtig sind, niemand soll deshalb aus Angst vor Blamage oder Ähnlichem seine Meinung zurückhalten.

2.3.5 Weitere Methoden

Als weitere Methoden und Kreativitätstechniken werden in der Literatur aufgeführt

- die Delphi-Methode
- die Expertenbefragung
- die Szenariomethode
- die Fehlerbaumanalyse
- das FMEA-Verfahren
- das Simulationsverfahren

Einige dieser Methoden werden im Vertiefungsteil behandelt (z. B. das FMEA-Verfahren), andere scheinen für den Einsatz zur Risikoidentifikation „normaler" Projekte zu aufwändig und auch zu schwerfällig (z. B. die Anwendung der Delphi-Methode im Umlaufverfahren).

2.4 Stakeholderanalyse

Nach der ICB sind Stakeholder „Personen oder Personengruppen, die am Projekt beteiligt, am Projektablauf interessiert oder von den Auswirkungen des Projekts betroffen sind (bzw. sich betroffen fühlen oder betroffen fühlen könnten - Anm. der Autoren). Sie haben ein begründetes Interesse am Projekterfolg (bzw. dessen Scheitern[1] - Anm. der Autoren) und am Nutzen für das Projektumfeld. Hier eine Übersicht zu den möglichen Stakeholdern (nach PATZAK und RATTAY)

- Kunden, wie z. B. Auftraggeber, Nutzer und Betreiber, Geldgeber
- Mitarbeiter, wie z. B. Projektleiter und -mitarbeiter, Vorgesetzte, Controller
- Eigentümer des Unternehmens, in dem das Projekt realisiert wird
- Zulieferer, wie z. B. Lieferanten, Dienstleister, Berater, Versicherer
- Gesellschaft, wie z. B. Menschen und Institutionen aus dem Umfeld, Behörden, Politik, Überwachungsorgane und Medien

In einer Stakeholderanalyse werden deren Einstellungen und Machtpotenziale erforscht, sowie möglichst ihre Motive und auslösenden Elemente.

Die Stakeholderanalyse ist zwingend notwendig, um vor negativen Überraschungen sicher zu sein oder sich positive Elemente zunutze zu machen. Das kann schon in einer Situation beginnen, bei welcher der Fachmann des Auftraggebers und der des Auftragnehmers die Eigenschaften oder Ausprägungen eines Projektergebnisses festlegen, ohne den (evtl. geringeren) Kenntnisstand des Endnutzers zu berücksichtigen. Dies gilt aber auch für die Beziehungen zur Umwelt, die in unserer zunehmend kritischeren und medienorientierten Welt immer wichtiger werden, z. B. vergessen gerade sachlich und technologisch denkende und entsprechend informierte Leiter und Mitarbeiter im Projekt, dass Menschen „draußen" ihren Kenntnisstand und ihre Mentalität nicht haben; dass sie dem Projekt vielleicht mit begründeten oder nicht begründeten Ängsten gegenüberstehen oder von anderen Wertesystemen und Meinungen beherrscht werden. Dies kann schon bei der Wortwahl beginnen.

Beispiel Nehmen wir eine Beschreibung einer Anlage zur Müllbeseitigung. Die meisten mit „Ver..." beginnenden Wörter verursachen eine negative Assoziation („Verbrennen", „Verschwelen"), Wörter mit „Ent ..." sind eher positiv besetzt („Entsorgen", „Entlasten").

Es genügt nicht, passiv abzuwarten, ob Reaktionen von Dritten kommen. Es gilt vielmehr, diese möglichen Einflussnehmer zu identifizieren und ihnen offen, informativ und glaubwürdig gegenüberzutreten. Daher werden hier im Vorgriff auf die späteren Abschnitte auch bereits nötige Maßnahmen angesprochen:

- Nichts verheimlichen (es wird sowieso bekannt)
- Nichts herunterspielen, keine nur schrittweise Information
- Verständlich aus Sicht des Informationsempfängers argumentieren
- Vertreter wesentlicher Gruppierungen und Meinungsmacher einbinden

---

[1] z. B. eine Bürgerinitiative, die den Bau einer Müllverbrennungsanlage in der Nähe ihres Wohnorts verhindern möchte

Einmal ist es eine Frage des Respekts und Anstands Anderen gegenüber, sich mit ihren Sorgen auseinanderzusetzen. Zweitens können im positiven Fall auch das Projekt fördernde Umstände genutzt werden. Und drittens können solche Widerstände Projekte in nicht geahntem Maße negativ beeinflussen, stören oder ganz zum Scheitern bringen.

Umfassende Hinweise zum Thema Stakeholder sind dem Abschnitt 1.02 dieses Buches zu entnehmen. Dort wird auch auf die speziell aus dieser Betrachtung sich ergebenden Risiken und Chancen verwiesen.

3 Analyse und Bewertung von Risiken und Chancen

Sind alle im Moment der Untersuchung erkennbaren Risiken identifiziert, beschrieben und aufgelistet, erfolgt im nächsten Schritt ihre Analyse und Bewertung. Risiken sollen nicht einfach als gegeben hingenommen, sondern mithilfe von Maßnahmen aktiv bekämpft werden. Maßnahmen kosten aber Zeit oder Geld (im Zweifel beides), nehmen also Ressourcen in Anspruch, die nur begrenzt zur Verfügung stehen. Wesentliche Risiken müssen von weniger wesentlichen getrennt werden, um sicherzustellen, dass Maßnahmen möglichst effektiv und effizient wirken und Ressourcen dafür nicht an nachrangigen Stellen verschwendet werden.

Sicherheit (d.h. Risikominimierung) ist grundsätzlich eine Funktion des Aufwands, d.h. je mehr Sicherheit, umso mehr Aufwand. Dabei ist sowohl der Aufwand für die Maßnahmen gegen Risiken zu beachten, als auch der Aufwand zur Behebung der Folgen eingetretener Risiken (wenn man z. B. vorab gar keine Maßnahmen unterommen hatte). Sind Menschenleben oder andere elementare Werte in Gefahr, tritt die Frage des Aufwands allerdings in den Hintergrund (s. dazu die Ausführungen zu nicht tolerierbaren Risiken in Pkt. 3.1)

Gegenstand der Analyse sind zunächst die Determinanten, die das Risikopotenzial bestimmen, nämlich

- die Wahrscheinlichkeit (W), mit der das Risiko eintritt und
- die Tragweite (T), wenn es eintritt

Dazu kann als dritte Größe noch der Zeitpunkt der Entdeckung ergänzend hinzugenommen werden, dazu mehr im Abschnitt 6. Die Beschreibung des Risikos steht jeweils am Anfang, dann erfolgen die Analyse der Ursachen und deren Eintrittswahrscheinlichkeit als Basis für W sowie der Folgen als Basis für T.

Weiterhin sind mögliche Beziehungen zwischen Risiken zu untersuchen. Risiken könnten einander

- verstärken („negative Synergien")
- bedingen (Risiko B tritt nur ein, wenn vorher Risiko A eingetreten ist)
- ausschließen (wenn A eintritt, kann B nicht mehr eintreten)

🔍 **Beispiel** für negative Synergien: Unklare Aufgabenstellung im Projekt ist ein Risiko, ein schlechtes Verhältnis zu Kunden und ein unrealistisch enger Terminplan sind es ebenfalls. Insgesamt ist das Risiko bei gleichzeitigem Eintritt aller drei Faktoren noch größer als die Summe seiner Potenziale – es kann gar nicht mehr gut gehen.

Außerdem können Risiken mit verschiedenen Tragweiten verschieden wahrscheinlich werden.

🔍 **Beispiel** Ein Autounfall mit 50 km/h ist statistisch wahrscheinlicher als einer mit 150 km/h. Andererseits ist die Tragweite eines Unfalls bei 50 km/h geringer als die bei 150 km/h (T und W verhalten sich umgekehrt proportional zueinander).

Häufig sind Ursachen und Auswirkungen nicht eindeutig, sondern wie auf einer (Zeit-) Schiene je nach Betrachtungsstandpunkt beweglich.

Beispiel Zusatzforderungen des Kunden können die Ursache mit der Auswirkung eines Terminverzugs sein. Ein Terminverzug kann Ursache für eine Pönaleforderung sein. Eine Pönaleforderung kann Ursache für finanzielle Verluste im Projekt sein usw.

Was ist zu tun? Um hier zu einer Lösung zu kommen, müssen noch einmal die Ziele des Projekts betrachtet werden. Ist es im obigen Projekt das Ziel, den Kunden mit einer mustergültigen Abwicklung von der eigenen Leistungsfähigkeit zu überzeugen, wird der Termin an sich einen Wert haben. Hier werden später Maßnahmen im Vordergrund stehen, die den Kunden zufrieden stellen und den Termin dennoch sichern. Steht dagegen das wirtschaftliche Ergebnis des Projekts im Vordergrund, werden über ein entsprechendes Claimmanagement eventuelle kundenseitige Ursachen der Verzögerung manifestiert und Zusatzkosten nachgefordert.

Fazit Durch die Analyse der Risiken müssen u. U. noch einmal die Ausgangspunkte des Projekts hinterfragt werden.

3.1 Tolerierbare und nicht tolerierbare Risiken

In der Folge werden Risiken und Maßnahmen gegeneinander abgewogen und anschließend entschieden, ob die Maßnahme durchgeführt wird oder nicht. Allerdings gibt es Risiken, bei denen sich diese Gewichtung aus moralischen oder wirtschaftlichen Gründen verbietet, nämlich solche,

- bei denen Leben und Gesundheit von Menschen bedroht sind
- die erhebliche Schäden an der Umwelt oder im Umfeld verursachen können
- die die wirtschaftliche Existenz des Unternehmens gefährden können oder
- die sonstige nicht tolerierbare Folgen haben können

Gegen diese nicht zu tolerierenden elementaren Risiken müssen in jedem Fall Maßnahmen ergriffen werden. Dies kann im Extremfall bedeuten, das Projekt gar nicht durchzuführen.

3.2 Qualifizierte Bewertungen

Die Bewertung von Risiken ist, insbesondere was deren Eintrittswahrscheinlichkeit angeht, immer ein sehr subjektiv geprägter Bearbeitungsschritt. Das bedeutet, dass im Projektteam entsprechende Diskussionen zu erwarten sind, die es abzukürzen und in vernünftige Bahnen zu lenken gilt. Oftmals ist es gar nicht sinnvoll, von Beginn an Diskussionen auf hohem Detaillierungsniveau zu führen. Viel effizienter ist es, zunächst Erst- von Zweit- und Drittrangigem zu trennen und sich dann im Detail den wichtigen Punkten zuzuwenden. Für die Bewertung von Wahrscheinlichkeiten bedeutet dies, dass es zunächst sinnlos sein wird zu diskutieren, ob diese nun bei 15 oder 10 oder 12,5 % anzusetzen sei. Sinnvoll ist hier im ersten Durchgang eine Bewertung nach der Einstufung

- hoch
- eher hoch
- eher gering
- gering

Der Verzicht auf die Ausprägung „mittel" soll die Bewertenden allerdings zu einer Entscheidung zwingen und zu bequeme Kompromisse (im Zweifel „mittel") verhindern. Diese Form der Bewertung wird als „qualifiziert", die verwendeten Maßgrößen als „ordinal skalierbar" bezeichnet. Diese bilden zwar Reihen- oder Rangfolgen ab, zwischen den einzelnen Ausprägungen gibt es aber keine messbaren Abstände. Dies darf nicht vergessen werden, auch wenn anstelle der verbalen Beschreibung z. B. Ziffern für Punkte treten. Ein Rechnen mit diesen Punkten sollte nur vorsichtig erfolgen und im Bewusstsein, dass es sich hier nur um Hilfsgrößen handelt.

Beispiel Die Wahrscheinlichkeit des Diebstahls eines ungesicherten hochwertigen technischen Geräts auf einer Baustelle wird als „eher hoch" eingestuft. Durch den Anbau eines Diebstahlschutzes wird die Wahrscheinlichkeit „eher gering", bei einer zusätzlichen Alarmanlage sogar „gering". Die Ausprägung „gering" steht aber in keiner festen Relation zu „eher hoch" und die Position von „eher gering" dazwischen ist ebenfalls nicht eindeutig.

In gleicher Skalierung lässt sich auch die Bewertung der Tragweiten durchführen. Allerdings sind hierbei noch die Relationen der Risiken untereinander sowie bezogen auf die Projektgröße und Ziele zu berücksichtigen.

Die Kombination beider Bewertungen lässt dann eine Gesamtklassifizierung des Risikos zu, die auch zu einer Positionierung im Risikoportfolio führt. Da das Risikopotenzial eine Funktion von Wahrscheinlichkeit und Tragweite darstellt, wird empfohlen, für beide Einflussfaktoren die gleiche Skalierung anzuwenden.

3.3 Erkenntnisse aus qualifizierter Bewertung und Risikoportfolio

Eine übersichtliche grafische Darstellung für qualifizierte Risiken insgesamt und die Risikosituation im Projekt bietet das Risikoportfolio.

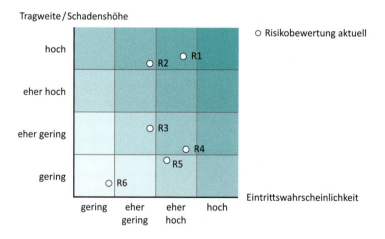

Abbildung 1.04-3: Risikoportfolio

Mithilfe des Risikoportfolios können Risiken klassifiziert werden: (1) Risiken mit einer hohen Eintrittswahrscheinlichkeit und einer hohen Tragweite/Schadenhöhe zählen zur Klasse der A-Risiken; sie erfordern Maßnahmen (Risiken vermeiden) und ein intensives Monitoring. (2) Risiken mit einer mittleren Eintrittswahrscheinlichkeit und einer mittleren Tragweite/Schadenhöhe zählen zur Klasse der B-Risiken; sie erfordern ebenfalls Maßnahmen (Risiken verlagern, Risiken begrenzen, Risiken vermindern) und regelmäßiges Monitoring. (3) Risiken mit einer niedrigen Eintrittswahrscheinlichkeit und einer niedrigen Tragweite/Schadenhöhe zählen zur Klasse der C-Risiken; sie erfordern keine Maßnahmen (Risiken akzeptieren), sollten allerdings in größeren Zeitabständen überprüft werden: Haben sich die Eintrittswahrscheinlichkeit oder die Tragweite/Schadenhöhe des Risikos verändert? Vgl. hierzu auch Abbildung 1.04-11.

3.4 Quantifizierte Bewertungen

Die Ausführungen in diesem Kapitel beschränken sich auf die häufig in der Praxis angewandten und ausreichenden semi-quantitativen Methoden. Diese erlauben eine schnelle, flexible und mit vergleichsweise wenig Aufwand verbundene Arbeitsweise und sind auch ohne Spezialwissen einsetzbar.

Bei quantifizierter Bewertung werden Tragweite und Wahrscheinlichkeit numerische Werte zugeordnet, Zahlen also, zwischen denen messbare Abstände bestehen (kardinale Skalierung).

Bei der Bewertung der Wahrscheinlichkeiten hat es sich bewährt, entweder mit den Prozentsätzen unmittelbar zu arbeiten oder diese in eine entsprechende Punkteskala umzusetzen (W von 30 % entspricht z. B. 3 Punkten). Für die Punktzahl für die Wahrscheinlichkeit wird eine Hilfstabelle zur Umsetzung qualifizierter Aussagen in quantifizierte angeboten. Hier können 90 % zu 9 Pkt. (und zur anschließenden Übernahme in die Projektplanung) führen, 80 % zu 8 Pkt. usw. Zunächst aber werden die Bereiche aufgezeigt, bei denen zu überlegen ist, ob sie in der Risikobetrachtung überhaupt noch berücksichtigt werden sollten.

Wird für ein Risiko eine hohe Wahrscheinlichkeit angenommen (in der Praxis über 85 bis 90 %), so wird empfohlen, dieses nicht mehr als Risiko mit möglichem Eintritt, sondern als zu erwartende Tatsache anzusehen. Das heißt, dass der zunächst als Risiko identifizierte Umstand in die „normale" Planung, die ja die erwarteten Tatsachen widerspiegeln soll, aufgenommen wird.

Beispiel Aufgrund zunächst unerwarteter Qualitätsprobleme tritt bei einem Arbeitspaket die Möglichkeit ein, dass Nacharbeiten und damit Mehrkosten fällig werden. Diese waren in der Kalkulation nicht enthalten, nunmehr werden sie aber mit einer Wahrscheinlichkeit von 90 % erwartet. Hier handelt es sich nicht mehr um eine Position der Risikobetrachtung, sondern die noch zu erwarteten Kosten werden um den vollen Betrag der Nacharbeitskosten erhöht.

Der Grund für dieses Vorgehen ist, dass die „normale" Planung auch selten genauer als 90 % ist. Für Risiken mit einer Wahrscheinlichkeit von weniger als 10 % werden später oft auch keine Gegenmaßnahmen ergriffen werden, es sei denn, sie haben eine hohe Tragweite oder es handelt sich sogar um nicht tolerierbare elementare Risiken.

Empfehlung zur Umsetzung qualitativer in quantitative Bewertungen von Wahrscheinlichkeiten.			
Einschätzung	Spanne	Anzusetzen	Bemerkung
Sehr hoch	größer 90 %	100 %	In die Planung aufnehmen
Hoch	65 - 90 %	75 %	*(Zwang zur Entscheidung durch Verzicht auf Mittelwert)*
Eher hoch	50 - 65 %	55 %	
Eher gering	35 - 50 %	45 %	
Gering	10 - 35 %	25 %	
Sehr gering	unter 10 %	5 %	Nur als Elementarrisiko beachten

Abbildung 1.04-4: Ausschluss von Wahrscheinlichkeiten

Sollen alle Wahrscheinlichkeitsbereiche in der Risikoplanung berücksichtigt bleiben, kann die Umsetzung in Punkte nach folgendem Schema erfolgen:

Empfehlung zur Umsetzung qualitativer in quantitative Bewertungen von Wahrscheinlichkeiten.			
Einschätzung für das Portfolio	Einschätzung	Spanne	Punkte
(Hoch)	Sehr hoch	größer 90 %	9
	Hoch	65 - 90 %	7-8 (8)
(eher hoch)	Eher hoch	50 - 65 %	5-6 (6)
(eher gering)	Eher gering	35 - 50 %	3-4 (4)
(gering)	Gering	10 - 35 %	2 (2)
	Sehr gering	unter 10 %	1

Abbildung 1.04-5: Wahrscheinlichkeiten

Die Bewertung der Tragweiten ist objektiver als die der Wahrscheinlichkeiten. Allerdings gibt es zwei Sichten und Fragen bei der Bewertung von Tragweiten:

- Sollen alle Auswirkungen und Tragweiten in Geld bewertet werden? Dafür spricht, dass daraus rechenbare Größen für Rückstellungen und mögliche Vergleichsrechnung zwischen dem finanziellen Aufwand für Maßnahmen und den Einsparungen aus vermiedenen Schäden ermittelt werden können.
- Sollen auch immaterielle Werte mit berücksichtigt werden? Dafür spricht, dass u.U. erhebliche Schäden nicht in Geld ausgedrückt werden können, z. B. Image-, Motivations- und Vertrauensschäden.

Die im Folgenden vorgestellte Punktevergabe hilft, einen Kompromiss im Streit um diese Fragen zu finden. Die Argumentation für die rein finanzielle Bewertung stützt sich auf den Umstand, dass „alles letztlich etwas kostet". Auch ist die finanzielle Tragweite im Vergleich zu den anderen Faktoren meist relativ leicht ermittelbar.

Beim Ansatz finanzieller Tragweiten wird häufig die finanzielle Auswirkung mit der Wahrscheinlichkeit multipliziert und daraus ein Erwartungswert ermittelt, der sog. Risikowert RW = W × T. Dieser Risikowert tritt aber so meist nicht ein, da ein Schaden entweder ganz oder gar nicht eintritt.

Beispiel Bei nicht ausreichender Leistung eines Moduls der geplanten technischen Lösung müsste auf ein anderes, 20 T€ teureres Ersatzmodul zurückgegriffen werden. Die Wahrscheinlichkeit, dass die Leistung des vorgesehenen Moduls nicht ausreicht, wird gegenwärtig auf 30 % geschätzt. Daraus ergibt sich für dieses Risiko ein Risikowert von 6 T€, der aber nie eintreten wird. Entweder müssen 20 T€ mehr ausgegeben werden oder es entstehen gar keine Mehrkosten. Vertiefend wird noch einmal in Abschnitt 3.5 auf diesen Umstand eingegangen. Dort wird auch beschrieben, wann diese Betrachtung sinnvoll ist und wann eher nicht.

Ferner gibt es durchaus Risiken, deren immaterielle Schäden gewichtiger als die finanziellen sind. Zu denken ist dabei an Vertrauensverlust beim Kunden, Rufschädigung, schlechte Presse u.Ä.

Beispiel In der Testphase einer Industrieanlage treten ungeplant harmlose, nach außen sichtbare Dampfemissionen auf. Die Ursache ist schnell und mit wenigen Kosten beseitigt, bei aber ohnehin kritischen Anwohnern entsteht der Eindruck, mit der Anlage „sei etwas nicht in Ordnung" und „es werde etwas verheimlicht". Dieser Imageschaden, der vielleicht Proteste und Aktionen nach sich zieht, wiegt schwerer als der Aufwand zur Beseitigung des technischen Mangels.

Die Arbeit mit den folgenden Tabellen und Hilfstabellen lässt beide Varianten bei der Bewertung zu. Es erfolgt zunächst eine qualifizierte Klassifizierung gemäß der ersten Spalte von links. Einen Maßstab für diese Bewertung bilden die Prozente vom Projektwert, die ein finanzieller Schaden ausmachen würde, bzw. dessen absolute Höhe, die in der zweiten Spalte von links abzulesen ist.

Für die erste Sichtweise (rein monetär) ist jeder Ausprägung ein Punktwert zwischen 1 und 9 zugeordnet, also z. B. „sehr gering" = 1 Pkt., „gering" = 2 Pkte., „eher gering" 3-4 Pkt. usw. Für „sehr hoch" gibt es 9 Pkt., für „hoch" 7-8 Pkt., die Ausprägung „eher hoch" kann mit 5-6 Pkt. abgedeckt werden.

Für die zweite Sichtweise (monetär und immateriell) werden für die Ausprägung „sehr hoch" nur 7 Pkt. vergeben, für „hoch" 6 Pkt., für „eher hoch" 5 oder 4 Pkt. und für die übrigen Ausprägungen nach unten jeweils ein Pkt. Somit bleiben zwei Punkte übrig, die als Zusatzpunkte für mögliche Schäden im immateriellen Bereich vergeben werden können. So könnte z. B. ein Schaden von 50 T€ mit aber erheblicher Rufschädigung (4 + 2 = 6 Pkt.) einem Schaden mit ausschließlich finanziellen Folgen von 100 T€ gleichgesetzt werden.

Empfehlung zur Umsetzung qualitativer in quantitative Bewertungen von Wahrscheinlichkeiten.			
Einschätzung	Spanne (% gemessen am Projektvolumen)	Punkte monetär	Punkte ergänzbar (2 Zusatzpkt. mögl.)
Sehr hoch	über 10 % bzw. 200 T€	9	7
Hoch	über 10 % bzw. 200 T€	7-8	5-6
Eher hoch	über 5 % bzw. 100 T€	5-6	4
Eher gering	über 2 % bzw. 50 T€	3-4	3
Gering	über 1 % bzw. 30 T€	2	2
Sehr Gering	über 0,5 % bzw. 10 T€	1	1

Abbildung 1.04-6: Tragweiten

Die Tabelle nennt in der zweiten Spalte sowohl absolute Werte in T€ als auch Prozentsätze in Bezug auf das Projektvolumen oder die eigene Wertschöpfung im Projekt (grob ermittelt aus dem Projektvolumen minus den Zulieferungen). Sie ist damit für Projekte verschiedener Größenordnung einsetzbar. Durch die absoluten Beträge wird einem Ausschluss zu vieler (scheinbar kleiner) Risiken bei großen Projekten vorgebeugt. So repräsentiert ein Risiko von 0,5 % in einem Projekt mit einem eigenen Wertschöpfungsanteil von 10 Mio € immerhin noch einen Betrag von 50 T€. Legt man einen Stundensatz von 75 € zugrunde und führt eine Maßnahme aus, die 100 Arbeitsstunden benötigt um dieses Risiko zu vermeiden, folgt daraus eine Rendite von 750 % – schneller kann Geld nicht verdient werden. Die angegebenen absoluten Werte sind nur vorgeschlagene Richtgrößen. Für ein kleines Unternehmen kann ein Risiko von 30 T€ schon ein hohes Gewicht haben.

Schließlich kann die Tragweite auch noch differenziert betrachtet werden. Dabei werden die Auswirkungen auf die Erfolgsfaktoren eines Projekts, auf das Ergebnis, die Termine und die Kosten, dargestellt.

W für Risiko	T für Tragweite	T	T gew.	T ges.	Risiko-potenzial
E = Ergebnis K = Kosten Z = Zeit	E		Zunächst Einzelgewichtung, dann höchster Wert ×2 + 2. und 3. Wert dividiert durch 3 = T gew.		W × T
	K				
	Z				
Kunde verlangt Extradokumentation W= 7	E	1	1	5	35
	K	6	12		
	Z	2	2		
Steigerung der Anford. an Qualität W = 4	E	5	10	6	24
	K	5	5		
	Z	3	3		

Abbildung 1.04-7: Tragweiten differenziert

Folgender Rechenweg wird in der Abbildung 1.04-7 empfohlen: Zuerst werden die Tragweiten unmittelbar geschätzt und mit einem bis neun Punkten bewertet. Anschließend geht der höchste Wert in einer Addition zweimal, die beiden anderen Werte je einmal ein. Die Summe wird anschließend durch drei dividiert und als „Tragweite gesamt" weiterverwendet. Anschließend kann aus T und W das Risikopotenzial (Risikowert RW = W × T) errechnet werden.

Durch diese empirisch gewonnene Art der Berechnung wird einmal die „Verwässerung" eines gewichtigen Faktors (hier K = 6) durch zwei andere, geringe Faktoren (E = 1, Z = 2) verhindert. Hat ein Risiko z. B. großen Einfluss auf die Kosten, aber nicht auf Termin und Ergebnis, muss dieser Einfluss dennoch im Gesamturteil ausreichend erhalten bleiben. Besteht großer Einfluss von zwei oder gar drei Erfolgsfaktoren, kann der Gesamteinfluss größer sein als der größte Einzeleinfluss (negative Synergie). Sofern mit dem Projekt außer den klassischen vorgenannten noch andere Ziele verfolgt werden (z. B. personelle Ziele: Es soll eine auch in Zukunft gut zusammenarbeitende Projektmannschaft geformt werden, oder organisatorische Ziele: Projektmanagement soll stärker implementiert werden), sind diese entsprechend mit aufzunehmen. Dazu kann eine zusätzliche Bewertungszeile definiert und das Rechenverfahren entsprechend angepasst werden.

3.5 Erkenntnisse aus quantifizierter Bewertung und aus einer Tragweiten- und Wahrscheinlichkeits-Matrix

Die quantifizierte Bewertung von Tragweite und Eintrittswahrscheinlichkeit führt häufig dazu, dass mit diesen Werten dann in Folge gerechnet wird[2]. Dabei wird für einzelne Risiken das Risikopotenzial als ein Erwartungswert (Risikowert) ermittelt, indem die mögliche quantifizierte Tragweite mit der Eintrittswahrscheinlichkeit multipliziert wird (RW = W × T).

---

[2] Dies geschieht manchmal auch schon bei der qualitativen Bewertung, wenn dort nämlich verbale Bewertungen auch schon in Punkte umgesetzt werden. Diese Vorgehensweise ist dort allerdings weniger sinnvoll, da es sich um dimensionslose Zahlen handelt.

> Insofern die Eintrittswahrscheinlichkeit quantifiziert wurde (z.B. Risiko XY: 30 %) und die Tragweite als Schadenshöhe monetär bewertbar ist (z.B. Risiko XY: 50.000 €), kann der Wert eines Risikos, der **Risikowert**, bestimmt werden (z.B. Risiko XY: 15.000 €). Es gilt die Formel: **Risikowert = Eintrittswahrscheinlichkeit x Tragweite (Schadenshöhe)**. Die Frage des Risikowerts führt sodann zur Frage der Budgetierung bzw. des **Risikobudgets**: Präventive Maßnahmen, die erforderlich sind, um den Risikowert zu reduzieren, sollten regulär im Projektbudget eingeplant werden. Korrektive Maßnahmen, die erforderlich sind, um einen eingetretenen Schaden auszugleichen, sind hingegen oftmals Bestandteil des Risikobudgets der Stammorganisation, wobei hierbei die Projektorganisationsform (Einfluss-PO, Autonome PO, Matrix-PO etc.) entscheidend ist (Kapitel 1.06 in diesem Band).

Wie vorstehend bereits erläutert, kann diese Rechnung zu missverständlichen Ergebnissen führen, wenn ein Risiko entweder eintritt und dann den ganzen Schaden verursacht oder nicht eintritt, dann ergibt sich gar kein Schaden. Der Erwartungswert tritt auf keinen Fall ein.

Sinnvoll werden solche Rechnungen allerdings, wenn die Erwartungswerte für alle Risiken addiert und zur Beurteilung des gesamten Projekts herangezogen werden. Dabei wird davon ausgegangen, dass nie alle berücksichtigten Risiken gleichzeitig und in voller Höhe eintreten, einige allerdings schon. Die Summe der Erwartungswerte / Risikowert ergibt einen Korrekturwert, der zeigt, inwieweit in der Vor- oder Mitkalkulation ausgewiesene Ergebnisse bei Berücksichtigung der Risiken zu korrigieren sind. Dies erleichtert die betriebswirtschaftliche Bearbeitung des gesamten Projekts, z.B. die Bildung von Rückstellungen für Projektrisiken. Damit wird auch ein Vergleich zwischen verschiedenen Projekten unter Berücksichtigung der Risikopotenziale möglich.

Schließlich wird durch die finanzielle Bewertung eines Risikos auch eine Vergleichsmöglichkeit mit den Kosten für eventuelle Maßnahmen geschaffen.

Eine Möglichkeit, die Risikosituation im Projekt einfach und dennoch differenziert und aussagekräftig darzustellen, bietet die Tragweiten- und Wahrscheinlichkeits-Matrix. Hier werden zuerst die Ausprägungen für die vier verschiedenen, in der ersten Spalte genannten möglichen Auswirkungen ermittelt und die dazu gehörenden Risikopunkte addiert (erste Matrix in Abbildung 1.04-8). Die Summe ist dann der Wert für die Auswirkung (Tragweite) gesamt, die in die Matrix der Abbildung 1.04-9 eingeht.

Auswirkung	Sehr niedrig (1)	Niedrig (2)	Eher niedrig (3)	Eher höher (4)	Hoch (5)	Sehr hoch (6)	∑ 10
1) Abweichender Ergebnisumfang	unwesentliche Abweichung	Abweichung bzw. Steigerung unter 50% der budgetierten Reserven oder Planungsungenauigkeiten	Abweichung bzw. Steigerung im Rahmen der budgetierten Reserven oder Planungsungenauigkeiten	Deutliche Abweichung	Abweichung f. Kunden so nicht akzep.	Projektergebnis nicht nutzbar	4
2) Schlechtere Ergebnisqualität	Kaum sichtbare Verschlechterung			Deutlich, Kundenakzept. nötig	Abweichung f. Kunden so nicht akzep.	Projektergebnis nicht nutzbar	1
3) Kostensteigerung	unter 0,5% bzw. 30 t€			bis 2,0% bzw. 100 t€	über 2,0% bzw. 100t€	über 5,0% bzw. 200t€	3
4) Terminverzug	geringer und tolerierter Verzug			Bis 10 %	Bis 20% Pönale, Kundenärger	Über 20% Auftragsverlust, Folgeschäden	2

Abbildung 1.04-8: Tragweiten differenziert für die T+W Matrix

🔍 **Beispiel** Es besteht das Risiko, dass die Projektdokumentation in einer zusätzlichen Sprache ausgeführt werden muss, was bisher nicht vorgesehen war. Die Abweichung im Ergebnisumfang wird als erheblich, also als „eher höher" eingestuft. (4 Pkte.), die in der Ergebnisqualität als „sehr niedrig" (1 Pkt.), die in der Kostensteigerung als „eher niedrig" (3 Pkte.) und ein Terminverzug ist in nur im Umfang einkalkulierter Reserven zu befürchten (2 Pkte.). Insgesamt ergibt sich ein Wert für T von 10 Pkt. Dieser Wert geht in die Kopfzeile der nachstehenden Matrix (Abb. 1.04-9) ein.

In der zweiten, der Tragweiten- und Wahrscheinlichkeits-Matrix, werden nunmehr die Tragweiten (in der Kopfzeile) mit den Eintrittswahrscheinlichkeiten (in der ersten Spalte) in Beziehung gesetzt. In der Matrix sind den Wahrscheinlichkeiten (benannt in der ersten Spalte der Matrix in Abb. 1.04-9) ebenfalls Werte zwischen 6 und 24 zugeordnet (s. Legende zur Matrix der Abb.). Am Schnittpunkt in der Matrix werden beide Werte addiert und ergeben den Klassifizierungswert, der zur Einstufung und weiteren Bearbeitung des Risikos verwendet wird.

T / W	4	5	6	7	8	9	10	11	12	13	14	15	16	17	18	19	20	21	22	23	24
H	28	29	30	31	32	33	34	35	36	37	38	39	40	41	42	43	44	45	46	47	48
EH	22	23	24	25	26	27	28	29	30	31	32	33	34	35	36	37	38	39	40	41	42
EN	16	17	18	19	20	21	22	23	24	25	26	27	28	29	30	31	32	33	34	35	36
N	10	11	12	13	14	15	16	17	18	19	20	21	22	23	24	25	26	27	28	29	30

Legende:
H = Hoch = 24
EH = eherHoch = 18
EN = eher Niedrig = 12
N = Niedrig = 6

dunkelgrün = muss bearbeitet werden
hellgrün = sollte bearbeitet werden
T = Tragweite (waagerecht)
W = Wahrscheinlichkeit (senkrecht)

Abbildung 1-04-9: Tragweiten differenziert für die T+W Matrix

🔍 **Beispiel** Wird die Wahrscheinlichkeit jetzt mit „eher hoch" (EH, d.h. 18) angenommen, wird für dieses Risiko bei einer Tragweite 10 (aus Abb.1-04-8) am Schnittpunkt ein Klassifizierungswert von 28 (= 18 + 10) ermittelt. Je nach Risikostrategie wird jetzt über Maßnahmen nachgedacht, in diesem Beispiel sollte das Risiko bearbeitet werden (gemäß Legende: hellgrün).

4 Planung und Bewertung von Maßnahmen

4.1 Maßnahmenplanung nach dem Ausschlussverfahren

Risiken müssen so weit wie möglich (insbesondere die nicht tolerierbaren Risiken) und sinnvoll (bei allen anderen Risiken) minimiert werden. In der Praxis wird einerseits eine Projektdurchführung ganz ohne Risiken nie möglich sein, andererseits sind bei allen Risikostrategien Randbedingungen und Kosten (der möglichen Schäden und der Risikomaßnahmen) zu berücksichtigen. Daher wird ein stufenweises Vorgehen zur Risikominimierung empfohlen, das gemäß einem Ausschlussverfahren in folgenden Schritten ablaufen kann.

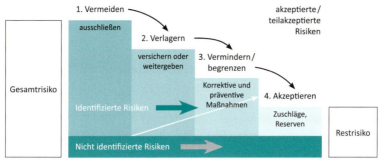

Abbildung 1.04-10: Möglichkeiten zum Umgang mit Risiken

Im Schema gemäß der Abb. 1.04-10 wird in 4 Schritten vorgegangen:

1. Risiken ausschließen und damit vermeiden → Risikoeintritt ausschließen
2. Risiken übertragen und damit verlagern → Risiko (z. T.) auf Dritte übertragen
3. Risiken vermindern → Eintrittswahrscheinlichkeit und / oder mögliche Tragweite verringern
   oder Schaden begrenzen → Risikofolgen verringern
4. Restrisiko akzeptieren und damit selber tragen → sich auf das Risiko vorbereiten
   → Rest-Risikofolgen mindern
   → sich auf die Risikofolgen vorbereiten

1. Risiken vermeiden: Das Projekt wird gar nicht oder auf eine Weise bearbeitet, dass der Risikoeintritt durch das (Alternativ-) Vorgehen ausgeschlossen wird (siehe auch Pkt. 4.2).

   Beispiel 1: Es bestehen so viele Risiken, dass das Projekt insgesamt abgelehnt wird.
   2: Die Aufgabenstellung und deren spätere technische Lösung sind unklar. Die Bearbeitung beginnt erst nach den notwendigen Ergänzungen und Qualifizierungen durch bzw. gemeinsam mit dem Auftraggeber sowie dessen expliziter Bestätigung der Aufgabenstellung.
   3: Es wird ein Weg gesucht, anstelle einer neuen und risikobehafteten eine bereits bekannte technische Lösung zu realisieren.

2. Risiken verlagern: Das Risiko wird auf andere Institutionen übertragen und damit überwälzt.

   Beispiel 1: Risiken aus im Projekt noch notwendigen Entwicklungsarbeiten werden auf den Auftraggeber (Verrechnung nach Aufwand) oder Lieferanten (Festpreise) übertragen.
   2: Risiken aus der Kundenforderung nach verlängerten Gewährleistungsfristen werden durch entsprechende Verträge mit den Unterlieferanten das AN kompensiert.
   3: Risiken werden über Versicherung (teil-) abgesichert.

3a. Risiken vermindern: Die Eintrittswahrscheinlichkeit und / oder mögliche Tragweite des Risikos wird reduziert.[3]

   Beispiel 1: Eine besonders feste Verpackung bei für das Projekt zu versendenden Teilen verringert die Gefahr von deren Beschädigung beim Transport.
   2: Das Risiko des Ausfalls eines Gerätes in der Inbetriebnahmephase wird durch vorherige Prüfungen und Tests verringert.

---

3 Der Unterschied zu 1 besteht darin, dass der grundsätzliche Plan beibehalten und die darauf möglichen negativen Einflüsse minimiert werden.

3b. Risiken begrenzen: Die negativen Folgen bei Risikoeintritt werden reduziert.

> **Beispiel** 1: Durch die Teilbeauftragung eines zweiten Lieferanten werden die negativen Folgen im Fall des Ausfalls des Hauptlieferanten gemildert.
> 2: Für den Fall eines Geräteausfalls wird ein Ersatzgerät bereitgehalten.

4. Risiken akzeptieren / Rest-Risiken übernehmen: Das nach den Schritten 1 bis 3 verbleibende Restrisiko muss übernommen und getragen werden. Ggf. sind dazu geeignete Maßnahmen (z. B. Notfallpläne) zu treffen. Weitere Ausführungen zum Prinzip der Risikominimierung und zur Maßnahmenplanung folgen in Kapitel 4.2 und 4.3.

Bezogen auf das Risikoportfolio ergibt sich folgende mögliche Zuordnung:

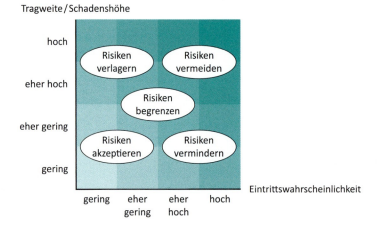

Abbildung 1.04-11: Risikoportfolio und -strategien

4.2 Ergänzungen zum Ausschließen von Risiken

Aus der praktischen Erfahrung der Projektbearbeitung hier noch ergänzende Hinweise zu vorstehenden Punkten und Teilaspekten zum Ausschluss von Risiken:

Zu 1, Ausschluss von Risiken: Risiken könnten zunächst gänzlich vermieden werden, indem das Projekt gar nicht durchgeführt wird. Risikomanagement ist dann im Weiteren nicht mehr nötig. Nun gibt es zwar leider Projekte, die besser nie begonnen worden wären, dennoch ist die Projektvermeidung nicht das Hauptziel des Risikomanagements.

Eine weitere Möglichkeit beseht darin, Risiken vertraglich auszuschließen und das Projekt nicht mit den ursprünglichen Inhalten und Konditionen zu starten. Der Nachteil liegt dabei darin, dass dies zu Lasten einer anderen Partei (bei einem Kundenprojekt z. B. zu Lasten des Kunden) geht. Dieses Vorgehen kann daher auch als eine Form des Überwälzens oder Verlagerns angesehen werden.

Solche Versuche einer Verschiebung von Risiken während der Auftragsverhandlung bleiben von der anderen Seite meist nicht unbemerkt und schmälern die Chance, den Auftrag zu erhalten, oder verschlechtern die Konditionen. Umgekehrt kann es sein, dass die Bereitschaft zur Übernahme kalkulierter und beherrschbar erscheinender Risiken die Chancen auf den Auftragserhalt steigern und als ein Kompetenz- und Leistungsnachweis des Auftragnehmers gedeutet werden.

🔍 **Beispiel** Eine Stadt plant ein neues Verkehrsleitsystem, das den Autoverkehr zur und vom Messegelände regeln soll. Der Terminrahmen ist aufgrund des nächsten Messetermins sehr eng, das Risiko entsprechend hoch. Den Zuschlag erhält hier letztlich der Anbieter, der zwar nicht den niedrigsten Preis hatte, aber als einziger bereit ist, das Terminrisiko und die Pönaleverpflichtung einzugehen. Bleibt zu hoffen, dass die Einschätzung dieses Anbieters bezüglich der eigenen Leistungsfähigkeit sich als realistisch erweisen wird.

Zu 2, Risiken verlagern: Dies bedeutet entweder, durch Versicherungen Risiken wenigstens materiell abzusichern (es gibt z. B. keine Versicherung gegen Imageschäden) oder durch entsprechende Vertragsgestaltung Risiken z. B. an Unterlieferanten weiterzugeben. Ein Problem bei Unterlieferanten liegt darin, dass diese immer nur bezogen auf ihren, zum Gesamtvolumen des Projekts meist deutlich geringeren, Anteil haften. Vor allem bleibt trotz des teilweisen Verlagerns von Risiken auf Dritte, wie z. B. Lieferanten, die eigene Gesamtverantwortung des Auftragnehmers gegenüber seinem Auftraggeber unverändert. Insofern sind derartige Lösungen sehr differenziert zu betrachten und abzuwägen.

Zu 3, Risiken vermindern oder begrenzen: Die Hauptzielrichtung des Risikomanagements liegt in der rechtzeitigen Identifizierung von Risiken und in der Suche nach Maßnahmen zu ihrer Verringerung oder Minderung.

- Maßnahmen zum Verringern von Risiken begegnen der Wahrscheinlichkeit des Risikoeintritts im vorgesehenen Projektablauf. Sie werden auch als präventive Maßnahmen oder Aktionen bezeichnet.
- Maßnahmen zum Mindern von Risikofolgen begegnen der Tragweite, also den negativen Auswirkungen beim Eintreten des Risikos. Sie werden auch als korrektive Maßnahmen oder Reaktionen bezeichnet.

Spätestens bei der Suche nach Maßnahmen trägt die vorherige (s. Abschnitt 2.3) präzise Beschreibung von Ursachen und Auswirkungen Früchte. Dies gilt vor allem für die Suche nach präventiven Maßnahmen. Je genauer die Ursachen und Folgen beschrieben sind, die in Folge einer Kausalkette schließlich zur unerwünschten negativen Wirkung (Schaden) aus dem Risiko führen könnten, desto leichter ist es, Gegenmaßnahmen zu finden, die diese Kette unterbrechen. Wirkungen werden vorhersehbar, wenn Ursachen bekannt sind.

🔍 **Beispiel** Analyse der Kausalkette für das Risiko der Beschädigung einer Lieferung auf dem Transportweg:

Beschreibung:	Lieferung beschädigt eingetroffen
Auswirkung:	Terminverzögerung und Nachlieferung, verbunden mit erheblichen Kostensteigerungen
Ursache:	Die hier nicht ausreichende Normalverpackung; die Lieferung wird auf dem Transportweg unsanft behandelt und dabei beschädigt, so dass das Risiko wie beschrieben eintritt
Maßnahme:	Verbesserte Verpackung trotz Mehrkosten

Durch die verbesserte Verpackung wird also die Kausalkette unterbrochen und die Wahrscheinlichkeit des Eintretens des Risikos verringert.

Zu 4, Risiken akzeptieren / Rest-Risiken übernehmen: Die letzte Möglichkeit, das Übernehmen von (Rest-)Risiken, kommt unter Abwägung von Konsequenzen und Kosten des Risikoeintritts und der möglichen Gegenmaßnahmen infrage. D. h. entweder dann, wenn eine weitere Minderung des Risikos nicht mehr möglich ist oder dann, wenn der Risikoeintritt die kostengünstigere Lösung ist, als das ergreifen von Gegenmaßnahmen.

4.3 Maßnahmenanalyse und -bewertung

Die Suche nach Maßnahmen orientiert sich zunächst an den Quellen und Ursachen der identifizierten Risiken. Die entsprechenden Pläne werden auf Möglichkeiten der Absicherung, Vermeidung und Minderung der Risiken hin untersucht. Bei terminlichen Risiken sind die Grundlage dafür eine konsequente Terminplanung und -kontrolle. Liegt ein Netzplan oder ein vernetzter Balken-Terminplan vor, werden der kritische Weg und subkritische Wege betrachtet sowie einzelne Vorgänge, z. B. bzgl. der möglichen Volatilität (Änderung, Schwankungsbreite) ihrer Dauer. Wo gibt es Ansätze, diese einzuschränken, Bypässe zu legen, Verantwortung und Haftung an andere Stellen zu verlagern usw.? Bei technischen Risiken wird nach Erfahrungen aus ähnlichen Projekten geforscht, werden vielleicht Verträge und Anforderungen angepasst. Gelingt es z. B. eine Spezifikation so auszuprägen, dass Lösungen aus einem Vorprojekt passen, reduziert dies nicht nur Risiken, sondern ist bereits aktives Chancen-Management. Maßnahmen verlangen aber stets auch den Einsatz von Zeit oder Geld, obwohl dieser in manchen Fällen erstaunlich gering ist. Trotzdem unterbleibt auch dann vielfach die Durchführung.

Beispiel Ein im Bau befindliches Haus steht kurz vor der Vollendung. Durch Verschulden eines anderen Projektbeteiligten tritt aktuell ein Schaden ein, weil durch diesen beim Einbringen seiner Geräte in das Haus Kratzer in teuren, bereits fertig gestellten Türrahmen verursacht wurden. Ein zweiter Projektbeteiligter arbeitet ebenfalls noch in diesem Haus, so dass diese Schäden u.U. später auch diesem zur Last gelegt werden könnten.

Die sofortige Feststellung des Schadensverursachers und ein sofort an den Projektkunden geschriebener Brief des zweiten Projektbeteiligten stellen klar, dass dieser für diesen Schaden auf keinen Fall haftet. Mit diesem Brief wird bei Akzeptanz Sicherheit für die Zukunft geschaffen bzw. bei Nicht-Akzeptanz die Diskussion zeitnah geführt und die Beweislage ist deutlicher und feststellbarer. Trotzdem, so zeigt die Erfahrung, bleibt dieser Brief in der Praxis häufig ungeschrieben, aus Bequemlichkeit, mangelndem Problembewusstsein oder weil nicht weit genug zukunftsbezogen gedacht wird.
Dieses Beispiel zeigt auch, wie nahe Risikomanagement (Identifizieren des Risikos einer möglichen Inanspruchnahme und die Maßnahme dagegen durchführen) und Claimmanagement (Schreiben des Briefes als Abwehrmaßnahme gegen einen möglichen Claim gegen den zweiten Projektbeteiligten; vgl. 1.14) einander manchmal sind.

Sind die Maßnahmen formuliert, erfolgt eine erneute Analyse der Situation bzgl. der Tragweite und der Wahrscheinlichkeit des Risikos, wenn die Gegenmaßnahme wie vorgesehen wirkt (Zustand oder Situation nach Maßnahme). Dabei werden ein verbleibendes Restrisiko oder die Möglichkeit, dass die Maßnahme nicht im vollen Umfang wirkt, bereits bei der Formulierung und anschließenden Bewertung der Situation nach der Maßnahme mit berücksichtigt.

Beispiel Im Projekt wird eine Zulieferung von außen benötigt, die auf dem Transportweg beschädigt wird und bei Eintreffen zeit- und geldaufwändige Nacharbeiten verursachen kann. Außerdem würde der Kunde durch die Terminverzögerung verärgert. Als Maßnahme wird ein besonders zuverlässiger Transporteur ausgewählt (Verminderung der Eintrittswahrscheinlichkeit W) und eine Transportversicherung abgeschlossen (Verminderung der Risikofolgen T).

Die Situation nach diesen Maßnahmen ist, dass einmal die Möglichkeit der Beschädigung verringert, aber nicht ausgeschlossen wird. Wenn die Lieferung trotzdem beschädigt eintrifft, dann entsteht ein geringerer finanzieller Schaden, der sich auf den Eigenanteil beim Versicherungsfall beschränkt und der dann noch in dieser Höhe in die Beurteilung eingeht. Der immaterielle Schaden, die Verärgerung des Kunden, verringert sich ebenfalls, da wenigstens nachgewiesen werden kann, dass ein Vermeiden des Terminverzugs versucht wurde. Unterstellt wird, dass die Versicherung zahlt und der Kunde die Bemühungen wahrnimmt.

Vorstehendes Beispiel zeigt, dass es ebenso wie bei Risiken auch bei Maßnahmen Wechselwirkungen geben kann. Mehrere Maßnahmen können auf ein Risiko einwirken, eine Maßnahme kann gegen mehrere Risiken wirken, Maßnahmen unterstützen sich, schließen sich aus usw.

Außerdem ist möglichst zu fixieren, ab welcher Situation bzw. welchem Grenzwert die Maßnahmen (automatisch und zwangsweise) ausgelöst und realisiert werden sollen. Die Erfahrung zeigt, dass Menschen sonst dazu neigen, als notwendig erkannte, aber vielleicht unangenehme Entscheidungen immer wieder hinauszuschieben.

Beispiel Zu einem Unterlieferanten bestehen langjährige Geschäftsbeziehungen, die man ungern aufkündigen würde. Andererseits hat dieser Lieferant sich in der jüngeren Vergangenheit mehrfach als unpünktlich erwiesen, was im Wiederholungsfall terminliche Risiken im Projekt verursacht. Es wird eine Toleranzschwelle formuliert und vorzugsweise auch mit dem Lieferanten vereinbart, bei deren Überschreiten ein anderer Lieferant zum Zuge kommt und die automatisch wirkt und nicht mehr diskutabel ist.

4.4 Ergänzung des Risikoportfolios

Wenn Risiken nach einem einfachen qualitativen Schema bewertet wurden (z. B. „hoch", „eher hoch" usw.) können Maßnahmen und die Beschreibung der Situation nach der Maßnahme mit dem gleichen Schema erfolgen. Die erwartete Entwicklung kann dann im Risikoportfolio (s. Abschnitt 3.3) ergänzt werden.

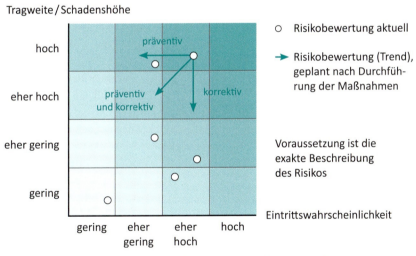

Abbildung 1.04-12: Überarbeitetes Risikoportfolio

Die Pfeile zeigen die Richtung und mit den Endpunkten die Situation an, mit der nach Durchführung der Maßnahmen gerechnet wird.

Für die Darstellung der Situation vor und nach Maßnahmen bietet sich die SMEA (Situations-Maßnahmen-Einfluss-Analyse) an:

Risiko-Situation vorher				Risiko-Situation nachher				
Beschreibung Auswirkung	T	W	Pot. Prio	Maßnahme	T	W	Pot. neu Diff.	Kosten/Wirkung	Entscheidungen
Dokumentation unzureichend	5	4	20 = 1	Vorprüfen, Hinweis geben	4	2	8 Diff. 12	2.000,- €	sofort erledigen
Ausfall PL Verzögerung	7	2	14 = 3	Stellvertreter einarbeiten	4	2	8 Diff. 6	8.000,- €	vorerst nicht
Ausbleibende Zulieferung	8	2	16 = 2	Ersatzlieferanten suchen	4	1	4 Diff. 12	8.000,- € Überbrücken von Engpässen	In zwei Wochen erledigt

T = Tragweite
W = Wahrscheinlichkeit

H = Hoch (z. B. 8-7 Pkt)
M = Mittel (z. B. 5 Pkt)
G = Gering (z. B. 3-2 Pkt)

Kosten und Wirkung der Maßnahmen, Entscheidungen zu Durchführung und Verantwortlicher

Abbildung 1.04-13: Beurteilung der Situation vor und nach Maßnahmen

Die Entscheidung über die Maßnahmen hängen von drei Faktoren ab, nämlich

I dem Potenzial des Risikos
   (gegen A-Risiken im Sinne des Risikoportfolios von Abb. 1.04-3 müssen Maßnahmen ergriffen werden)
I der absoluten Wirkung der Maßnahme
   (Effektivität, wie viel Risikopotenzial wird beseitigt?) und
I der relativen Wirkung im Vergleich zum dafür notwendigen Aufwand
   (Effizienz, wie ist das Aufwands-Wirkungsverhältnis?)

Der Vergleich der absoluten Wirkung von Maßnahmen erfolgt nach der Frage, „welche Maßnahme beseitigt das absolut größte Risikopotenzial, welche das zweithöchste?" usw.

Für die nachstehende Tabelle wurden zuvor die Risikopotenziale einzelner Risiken vor und nach Maßnahmen in Punkten ausgedrückt. Dann wurden die Risiken gemäß dem mit den Maßnahmen erreichten Rückgang an Risikopotenzial absteigend sortiert. Die Maßnahme gegen Risiko Nr. 1 erreicht die höchste Reduktion, die gegen Nr. 2 die zweithöchste usw. Insgesamt können mit den ersten vier Maßnahmen 185 Risikopotenzial-Punkte beseitigt werden. Werden in gleicher Weise die Kosten für die Maßnahmen kumuliert, benötigt das einen Aufwand von 160 T€.

nach absoluter Pkt. Differenz				
Risiko-Nr.	Pkt. Diff.	T€/Maßn.	T€/Pkt.	rel. Rang
1	65	30	0,46	1
2	48	50	1,04	4
3	42	35	0,83	3
4	30 → 185	45 → 160	1,50	7
5	27	15	0,55	2
6	15	17	1,13	5
7	8	10	1,25	6
8	7	15	2,14	8

Bei Einsatz von 160 T€ (Risiken 1-4 kumuliert) erfolgt z. B. eine Reduzierung um 185 Risiko-Punkte (ebenfalls kumuliert)[4]

Abbildung 1.04-14: Beurteilung der Risken nach Effektivität der Maßnahmen

---

4   Bei der Kumulation ist Augenmaß und Vorsicht gefragt: Qualitativ unterschiedliche Risiken wurden quantifiziert. Hinter den einheitlichen Risiko-Punkten stehen unterschiedliche Risiken („Äpfel-Birnen-Problem")!

Werden die Kosten einer Maßnahme durch die damit erreichte Punktedifferenz dividiert, ergibt dies den Hinweis auf die Effizienz der Maßnahme. Bei Risiko Nr. 1 müssen zur Beseitigung eines Risikopunktes 460,- € eingesetzt werden, bei Risiko Nr. 2 sind es 1.040,- € usw. Werden die Risiken jetzt nach diesen Werten sortiert, wird damit eine relative Rangfolge gemäß der letzten Spalte der Tabelle ermittelt.

Die Sortierung nach diesem Kriterium führt zu folgendem Ergebnis:

nach relevantem Rang T€/Pkt.		
Risiko-Nr.	Pkt. Diff.	t€/Maßn.
1	65	30
2	27	15
3	42	35
4	<u>48</u> → 182	<u>50</u> → 130
5	15	17
6	8	10 → 157
7	3	45
8	7	15
D. h. bei Einsatz von 130 T€ (kumuliert für Risiken 1, 5, 3 und 2) erfolgt z. B. eine Reduzierung um 182 Risiko-Punkte		

Abbildung 1.04-15: Beurteilung der Effizienz der Maßnahmen

Das bedeutet, dass mit 20 % weniger Einsatz ein um nur 2 % geringeres Ergebnis erzielt wird bzw. bei gleichem Budget zwei weitere Risiken bearbeitet werden können. Jetzt ist zu entscheiden, ob ein „Sich den Rücken frei Halten" bei einer größeren Zahl von Risiken und die anschließende Konzentration der Aufmerksamkeit auf wenige verbleibende Risiken die bessere Alternative gegenüber der Durchführung der absolut wirkungsvollsten, aber auch relativ teureren Maßnahmen darstellt.

5 Überwachung und Auswertung

5.1 Verantwortung und Überwachung

Der Begriff „Management" wird verschieden definiert, u. a. als „dafür sorgen, dass etwas geschieht". In allen Situationen des Managements genügt es deshalb nicht, Aktionen und Maßnahmen nur zu beschließen, sie müssen umgesetzt, überwacht und gesteuert werden.

Dies gilt auch für das Risikomanagement. Maßnahmen sind zu planen und anzustoßen, in der Folge sind sie zu überwachen und ggf. wird steuerndes Eingreifen nötig - es findet also auch im Risikomanagement ein Controllingprozess statt. Dieses Risikocontrolling ist dabei oft ein Teil des (abwicklungstechnischen und betriebswirtschaftlichen) externen Projektcontrollings, es basiert auf dessen Informationen und ergänzt sie durch eigene Aussagen. Das Risikocontrolling ist jedoch auch ein unverzichtbares Instrument der internen Projektbeteiligten, insbesondere des Projektleiters, im gesamten Projektverlauf. Die Verantwortlichkeiten und Aufgaben der einzelnen Personen sind dabei im Detail festzulegen.

Beispiel Das Projektcontrolling meldet Abweichungen bei der Erfüllung von Terminen und Leistungsfortschitt und den dabei aktuell entstehenden Ist-Kosten im Projekt, z. B. aus einer Earned-Value-Analyse. Das Risikomanagement greift diese Informationen auf und formuliert daraus mögliche negative Folgen sowie Gegenmaßnahmen, z. B. zur Beschleunigung und mehr Kostendisziplin. Außerdem wird für das mögliche Risikopotenzial ein Erwartungswert ermittelt und in der Kostenrechnung und im Controlling des Projekts als Rückstellung aufgenommen.

Schon mit der Projektplanung bzw. der Planung der Maßnahmen gegen Risiken sind auch die entsprechenden Überwachungszeitpunkte und -situationen festzulegen. Dies können

- regelmäßige Zeitpunkte
- Ergebnisse oder
- Ereignisse

sein. Für das Risikomanagement bedeutet dies einen vorbestimmten Überwachungsvorgang, der entweder kalendarisch bestimmt wird (z. B. ein Jour Fixe - alle 14 Tage z. B. tagt das Projektteam, ein Risikoboard o. ä.), der auf definierte Ergebnisse bezogen ist (z. B. das Erreichen eines Meilensteins - etwa eine Zwischenabnahme) oder der durch ein Ereignis ausgelöst wird (z. B. besteht die Möglichkeit, dass ein Zulieferer insolvent wird oder die Zahl der Änderungen im Projekt eine bestimmte Grenze übersteigt).

Konkrete Zeitpunkte oder andere Auslöser für erneute Risikoanalysen und -bewertungen können also z. B. sein

- der Projektfortschritt allgemein (Terminsituation, Ist- zu Soll-Stand)
- nahende oder erreichte Meilensteine, anstehende Abnahmen
- nahende Auslösemomente für Maßnahmen
- notwendige Inanspruchnahme von Zeitreserven
- notwendige Inanspruchnahme von Finanzreserven
- zusätzliche Ansprüche von Zulieferern
- neue Erkenntnisse, die auf bisher nicht identifizierte Risiken hinweisen
- häufige Änderungswünsche des Kunden an den Auftragnehmer

Die Ergebnisse solcher Analyse- und Bewertungssitzungen können z. B. sein

- angepasste Risikolisten (mit neuen, veränderten oder entfallenen Risiken)
- eine angepasste finanzielle Beurteilung der Risiken und des Projekts
- ein angepasstes Risikoportfolio
- ein überarbeiteter Maßnahmenplan
- überarbeitete Kosten- und Aufwandsschätzungen für Maßnahmen
- ein überarbeiteter Personaleinsatzplan
- eine überarbeitete Gesamtbeurteilung des Projekts; auch als Eingangsgröße für das Projektportfolio über alle Projekte
- Vorschläge zur Organisation des Risikomanagements und zum Einsatz von Hilfsmitteln

Sofern Maßnahmen ergriffen wurden und die Situation, bei der sie ein Risiko verhindern oder mindern sollten, eingetreten ist, ist nach ihrer Wirkung zu fragen. Notfalls müssen für bedeutende Risiken ergänzende B-Pläne als Auffangposition vorbereitet sein und wirksam gemacht werden, wenn der ursprüngliche Plan versagt.

Die Situation bzgl. der Risiken im Projekt ist auch Bestandteil der Projektberichterstattung an übergeordnete Gremien, z. B. einen geschäftsverantwortlichen Businessmanager, ein Steuerungsgremium oder auch den Kunden, in der dafür gewählten Form. Gefordert wird hier meist eine schnelle und übersichtliche Information, sie kann in Ampelberichten mit beschrieben werden oder das Risikoportfolio mit den Richtungspfeilen liefert einen Überblick.

5.2 Auswertung am Projektende und Zusatznutzen

Ziel eines geordneten Projektabschluss (einer entsprechenden Abschlusssitzung – Project-Close-Out) ist zunächst eine konstruktiv-kritische Analyse des Projekts mit Fragen wie:

- was sollte mit dem Projekt erreicht werden, was davon haben wir erreicht?
- warum haben wir Erfolge erzielt, warum haben wir Ziele nicht erreicht (Chancen und Risiken)?
- wo lagen Sach- und Methodenfehler, was können wir zukünftig besser machen?

Wichtig ist eine offene Kommunikation im Projekt und mit Dritten auf allen Ebenen ohne Schuldzuweisung sondern einzig mit dem Ziel, aus Fehlern der Vergangenheit zu lernen und diese beim nächsten Mal zu vermeiden. Insoweit ist Risikomanagement auch ein Teil der Projekt- und Unternehmenskultur, ein Indikator für modernes Management und die Bereitschaft, auch Fehlern etwas Positives abzugewinnen, wenn sie für die Zukunft vermieden werden können. In diesem Sinne sind auch das Projektgeschehen allgemein und hier die Risikosituation im Besonderen rückblickend zu betrachten. Eine Wiederholung von Fehlern ist nach Möglichkeit zu vermeiden. Es sind Vorgehensweisen und Instrumente zur Erfahrungssicherung zu entwickeln, einzuführen und deren Anwendung zu überwachen. Risikochecklisten sind entsprechend zu ergänzen. Dort, wo häufiger (z.B. externe) Kundenprojekte abgewickelt werden, sollten Projektsteckbriefe zusammen mit Risikoerfahrungen archiviert werden und Projektleitern zukünftiger ähnlicher Projekte zur Verfügung stehen. Derartige Ergebnisse müssen auch in Risikochecklisten Eingang finden.

Erfahrungen und daraus resultierender Zuwachs von Erkenntnissen sind nicht nur zu dokumentieren. Es ist eine Aufgabe des Unternehmens-Managements (Business-Management), dafür zu sorgen, dass diese auch dort ankommen, wo sie weiterverarbeitet werden sollen - bei den Leitern und Managern zukünftiger Projekte. Dies kann z.B. durch ein geeignetes Wissensmanagement erfolgen. Dies ist leider nicht selbstverständlich, sondern in der Praxis trifft noch eher das Gegenteil zu. Anstelle eines dauerhaften systematischen Risikomanagements siegt die Bequemlichkeit. Es bedarf einiger Zeit der Aufmerksamkeit des übergeordneten Managements, bevor solche Prozesse selbstständig ablaufen und der Nutzen von allen erkannt, eingefordert und verwendet wird.

Voraussetzung für die Akzeptanz sind eine entsprechende Qualität und Aufbereitung der Unterlagen und Informationen. Informationsverbreitung ist nicht nur eine Holschuld der Leiter anstehender Projekte, sondern auch eine Bringschuld ihrer Vorgesetzten und der Organisation, die sie vertreten.

6 Zusammenfassung

Risiken[5] im Projekt sind in der Projektplanung bisher nicht hinreichend berücksichtigte aber real mögliche negative Abweichungen, welche die Projektziele gefährden können. Voraussetzung zum Erkennen von Risiken sind Projektpläne (auch Projektstrukturpläne), die beschreiben, welche sachlichen Ergebnisse mit diesem Projekt erzielt werden sollen, zu welchen Kosten und zu welchem Termin. Darüber hinaus sind weitere Ziele denkbar, z. B. personeller oder organisatorischer Natur. Risiken stehen also neben den Planungen, die das Erwartete beschreiben und ergänzen diese um weitere Möglichkeiten. Sie werden determiniert durch zwei Eigenschaften:

- die Wahrscheinlichkeit, mit der sie eintreten (W) und
- der Tragweite (T), d. h. durch die Schäden, die sie verursachen können

Die Planung hat je nach Projektphase bzgl. Inhalten und Detaillierungsgrad einen unterschiedlichen Stand, der immer wieder evaluiert, ergänzt und fortgeschrieben wird. Dementsprechend ist auch das Risikomanagement ein dynamischer Prozess, der in einem möglichst frühen Stadium des Projektes starten sollte und frühestens endet, wenn das Projekt zu Ende ist. Die wesentlichen Schritte im Risikomanagement sind

- die Identifizierung und Analyse von Risiken
- deren Bewertung und Priorisierung, bevor Maßnahmen ergriffen werden
- die Suche nach und die Entscheidung über Maßnahmen
- die Beurteilung der Situation, nach dem die Maßnahmen erwartungsgemäß gewirkt haben und der Vergleich mit der Situation vorher
- die Durchführung von Maßnahmen und deren Überwachung mit abschließender Erkenntnissicherung

Nachdem die identifizierten Risiken in einer Risikoliste festgehalten sind, erfolgt die Bewertung in zwei Schritten, nämlich durch eine

- qualitativen Bewertung (Rangfolgen ohne messbare Abstände) und wenn möglich eine
- quantitativen Bewertung (numerische Ausprägung mit messbaren Abständen)

Anhand dieser Bewertung werden Möglichkeit und Sinn von Maßnahmen untersucht und entsprechende Entscheidungen gefällt. Maßnahmen werden unterschieden nach

- Präventiv-Maßnahmen, welche die Wahrscheinlichkeit des Eintretens des Risikos vermindern sollen und nach
- Korrektiv-Maßnahmen, welche die Tragweite bei Eintreten des Risikos mindern sollen

Beschlossene Maßnahmen werden mit Auslöse-Klauseln versehen und Verantwortlichen zugeordnet. Sie werden überwacht und evaluiert, Stand und Ergebnisse des Risikomanagements sind auch Bestandteil des laufenden Projektcontrollings sowie der Berichterstattung. Am Ende des Projekts sind sie Teil der Projektauswertung sowie der Sicherung und Weitergabe von Informationen an Folgeprojekte.

Wesentliche Eckpunkte des Risikomanagements sind dessen konsequente und kontinuierliche Durchführung während der gesamten Projektlaufzeit sowie das Ziel, Risiken in Abhängigkeit von den materiellen und ethischen Randbedingungen so weit wie möglich und sinnvoll zu minimieren.

---

5   Und, mit umgekehrten Vorzeichen, Chancen auf positive Abweichungen

7 Fragen zur Wiederholung

1	Was sind Risiken, was sind Chancen?	☐
2	Wie verhalten sich Risiken und Chancen zueinander?	☐
3	Was unterscheidet Risiken von Schätzungenauigkeiten?	☐
4	Welche Determinanten bestimmen das Risikopotenzial?	☐
5	Wann sollte Risikomanagement beginnen, wann endet es?	☐
6	Welches sind die Schritte eines systematischen Vorgehens im Risikomanagement?	☐
7	Welches sind typische Fragen-Felder zur Identifizierung von Risiken?	☐
8	Welches sind typische Fragen zur Identifizierung von Chancen?	☐
9	Welche Beziehungen können zwischen einzelnen Risiken untereinander bestehen?	☐
10	Welches sind nicht tolerierbare, weil elementare Risiken?	☐
11	Was ist eine qualifizierte, was eine quantifizierte Bewertung?	☐
12	Welches sind die Grenzwerte bei den Wahrscheinlichkeiten, innerhalb derer in der Regel Risikomanagement als notwendig erachtet wird?	☐
13	Welches sind die Aussagen eines Risikoportfolios?	☐
14	Wie wird der Risikowert ermittelt?	☐
15	Was können Auslöser zur Evaluierung der Risikosituation sein?	☐
16	Auf welche Weise kann die Wirkung von Maßnahmen überprüft werden?	☐
17	Was unterscheidet effektive von effizienten Maßnahmen?	☐
18	Welches können die Auslöser zum Risikocontrolling sein?	☐
19	Mit welchen Fragen sollte die Risikobetrachtung zum Projektabschluss starten?	☐

1.04 Risiken und Chancen

1.05 Qualität (Quality)
Sandra Bartsch-Beuerlein, Erich Frerichs

Kontext und Bedeutung

Das Verständnis der Qualität in Projekten hat sich in den letzten Jahren stark gewandelt. Es folgt immer mehr der ganzheitlichen Auffassung der Qualität in einem Unternehmen. In den früheren Jahren war die Qualitätsbetrachtung in Projekten fast ausschließlich produktorientiert. Ab ca. 1996 wurde sie auch auf die Projektmanagement-Prozesse erweitert (ISO 10006, 1996). Nach IPMA Competence Baseline, ICB Version 3 (IPMA, 2006), werden bei der Betrachtung der Qualität in Projekten sowohl die Aspekte der Qualität der Projektergebnisse als auch die des Projektmanagements zusammengefasst.

Die Bedeutung der Qualität und deren Management in Projekten hängen mit dem zunehmenden Einsatz und der Bedeutung von Projektmanagement zusammen. Während vor zehn Jahren nur 5-10 % der Arbeiten in den Unternehmen in Projekten erfolgten (nach Angaben der GPM), hat sich der Anteil aktuell auf ca. 30 % erhöht. Damit hat der Projekterfolg einen wachsenden Einfluss auf die betriebliche Wertschöpfung und den Unternehmenserfolg. Ein systematisches Qualitätsmanagement hilft, den Projekterfolg zu sichern.

Mit der Einführung des Projektmanagements in qualitätsbewussten Unternehmen werden zunehmend Synergien zwischen dem Qualitätsmanagement in der Linienorganisation und dem Qualitätsmanagement in Projekten gebildet. Projektorientierte Unternehmen integrieren Projektmanagement in das Qualitätsmanagement-System des Unternehmens. Qualitätsmanagement in Unternehmen entwickelte sich von der rein produktorientierten Qualitätskontrolle über ein produkt- sowie prozessorientiertes Qualitätsmanagement bis zu einem ganzheitlichen Total Quality Management (TQM). Es ist deshalb nicht verwunderlich, dass dieser Trend auch in Bezug auf Projekte zu beobachten ist. In der Praxis findet man heute sowohl linienorientierte Qualitätsmanagement-Systeme als auch projektorientierte von unterschiedlichem Reifegrad.

In diesem Kapitel wird das heutige Verständnis der Qualität und des Qualitätsmanagements in Bezug auf Projekte, Programme und Projektportfolios vorgestellt und in Bezug zu dem unternehmensweiten Total Quality Management-Konzept gesetzt. Nach ICB Version 3 gehört Qualität zu den Kernkompetenz-Elementen des Projektmanagers. Im Rahmen des Qualitätsmanagements werden alle Phasen und alle Bestandteile des Projekts, seiner Führung und seiner Ergebnisse betrachtet.

Insbesondere das Planen und Lenken der Qualität der Projektmanagement-Prozesse setzt deren profunde Kenntnis voraus. Die hier vorgestellten Methoden und Instrumente stehen in engem Bezug mit den Projektplanungs- und Steuerungs-Prozessen, sie können den Projekterfolg stark beeinflussen. Daher werden die Anforderungen an das Qualitätsmanagement in Projekten immer häufiger auch vertraglich festgelegt. Die Aussagen dieses Kapitels gelten implizit auch für die Inhalte der Kapitel der hierfür relevanten Projektmanagement-Elemente (PM-ZERT, 2007: 185ff).

Lernziele

Sie kennen

- die wichtigsten Begriffe und Definitionen des Qualitätsmanagements
- die Wirkungsbereiche von Qualitätsmanagement in Projekten
- die wichtigsten Qualitätsmanagement-Prozesse und -Maßnahmen

Sie wissen

- wie Qualitätsmanagement sowohl bei dem zu erstellenden Projektergebnis / Produkt von Projekten als auch bei den dafür notwendigen Prozessen angewendet werden kann
- warum Qualitätsmanagement bei der Projektplanung berücksichtigt werden muss

Sie verstehen

- welche Qualitätsaspekte in Projekten wichtig sind
- die zunehmende Bedeutung von Qualitätsmanagement in Projekten

Sie können

- QM-Arbeitspakete in Ihrem Projektstrukturplan definieren
- Kosten für QM planen
- mithilfe der leitenden Fragen Maßnahmen für QM in Ihrem Projekt umsetzen

Inhalt

1	Einleitung	158
1.1	Standortbestimmung	158
1.2	Begriffe und Definitionen	158
2	Wirkungsbereiche für Qualitätsmanagement im Projekt	162
2.1	Produktqualität	163
2.1.1	Branchenbedingte Anforderungen	163
2.1.2	Umsetzung der Kundenanforderungen	164
2.1.3	Vermeidung von Risiken und Fehlern	165
2.1.4	Leitende Fragen	165
2.2	Qualität der Produktrealisierungsprozesse	166
2.2.1	Teilprozesse der Produktrealisierung	166
2.2.2	Branchenvorgaben	166
2.2.3	Generelle Anforderungen	167
2.2.4	Leitende Fragen	168
2.3	Qualität der Projektmanagement Prozesse	168
2.3.1	Generelle Anforderungen	168
2.3.2	Lieferanten-Management	169
2.3.3	Leitende Fragen	170
2.4	Qualität des Projektteams	170
2.4.1	Generelle Anforderungen	170
2.4.2	Leitende Fragen	171
2.5	Überprüfung und Bewertung der Projektqualität	171
2.5.1	Projekt- und Projektmanagement-Audits	171
2.5.2	Project Excellence Awards	172
2.5.3	Projekt- und Phasen-Reviews	172
2.6	Einsatz von QM-Werkzeugen	172
3	Qualitätsmanagement als Teil der Projektplanung	176
3.1	Teilaufgaben und Arbeitspakete im Projektstrukturplan	176
3.2	Qualitäts-Kosten	178
4	Zusammenfassung	180
5	Fragen zur Wiederholung	181

1 Einleitung

1.1 Standortbestimmung

Die Betrachtung der Qualität und damit auch der Wirkungsbereiche des Qualitätsmanagements in Projekten werden heute in der Praxis noch oft nur auf die Projektinhalte – also auf das zu erstellende Produkt – beschränkt. Dabei wurde bereits 1996 in der ISO 10006 dieser Bereich auch auf die Betrachtung der Projektmanagement-Prozesse erweitert (ISO 10006, 1996). Das erweiterte Verständnis der Qualität im Projekt aus dieser Norm wurde gleichzeitig im PMBOK Project Management Body of Knowledge der PMI (USA) festgehalten:

> „Project quality management must address both the management of the project and the product of the project. Failure to meet quality requirements in either dimension can have serious negative consequences for any or all of the project stakeholders." (PMBOK, 1996: 83).

In der früheren Version der IMPA Competence Baseline (ICB 2, Element 28, Projektqualität; vgl. IPMA, 1999), im „Projektmanagement Fachmann" (dem „Wissensspeicher der deutschen Projektmanager" wie das umfangreiche Werk bezeichnet wurde vgl. RKW & GPM, 1998: Kapitel 4.2) und im ProjektManager der GPM (SCHELLE, 2005: 261) orientiert sich das Verständnis der Qualität im Projekt an dem ganzheitlichen Qualitätsansatz für Unternehmen. Das bedeutet als eine auf die Mitwirkung aller Mitglieder gestützte Managementmethode, wobei sowohl Vorgehensweise und Anwendungsbereich des Projektmanagements als auch die Projektergebnisse betrachtet werden. Nach der ICB 3 (IPMA, 2006) werden bei der Betrachtung der Qualität in Projekten ebenfalls sowohl die Aspekte der Qualität der Projektergebnisse als auch die des Projektmanagements adressiert.

In früheren Jahren des Projektmanagements herrschte – abgesehen von einigen wenigen „alten Hasen" (wie SCHRÖDER, 1994) – die Meinung vor, ein PM-System sei hinreichend für alle Aufgaben der Qualitätssicherung geeignet. In den heutigen PM-Standards gilt Qualitätsmanagement als Voraussetzung für erfolgreiches Projektmanagement (ICB-Element 1.05 in IPMA, 2006 oder PMI, 2004: 179ff).

Dieser Abschnitt behandelt zunächst die Begriffe Qualität und Qualitätsmanagement sowie deren Wirkungsbereiche und dann ihren Bezug auf ein Projekt.

1.2 Begriffe und Definitionen

> **Definition** Nach der ISO 9000 Norm ist Qualität (positiv oder negativ begutachtet) ein „Grad, in dem ein Satz inhärenter Merkmale Anforderungen erfüllt" (EN ISO 9000, 2000: 18).

Merkmale sind dann inhärent, wenn sie dem begutachteten Produkt als permanent zugeordnet bezeichnet werden können; ein inhärentes Merkmal von Wasser ist z. B., dass es nass ist. Unter einem **Produkt** wird dabei generell das Ergebnis eines Prozesses verstanden. Produkte können sowohl „fassbare" materielle Ergebnisse (z. B. Hardware wie Motorteile und verfahrenstechnische Produkte wie Schmiermittel) als auch „nicht fassbare" Ergebnisse, wie Software oder Dienstleistungen, sein.

Produktmerkmale können qualitativer oder quantitativer Natur sein und je nach Produkt-Art und Branche verschiedenen Klassen angehören (EN ISO 9000, 2000: 25) wie:

- physischen (z. B. mechanische, elektrische, chemische)
- ergonomischen (z. B. physiologische, Arbeitssicherheit)
- funktionalen (z. B. Antwortverhalten einer Softwareanwendung, Höchstgeschwindigkeit eines Fahrzeugs)
- zeitbezogenen (z. B. Pünktlichkeit, Zuverlässigkeit, Verfügbarkeit)
- u. a.

Unter Anforderungen werden die Erfordernisse oder Erwartungen der Kunden und anderer interessierter Parteien (Stakeholder) verstanden. Diese werden oft in einem Lastenheft, Grobkonzept oder Anforderungskatalog (Specifications) festgehalten und abgestimmt; sie bilden einen Teil des Zielsystems eines Projekts (vgl. 1.03 Projektanforderungen und Projektziele in IPMA, 2006).

Historisch gesehen, sind Qualitätsnormen für Produkte und Produktionsprozesse aus militärischen Gründen entstanden. Die Lieferanten wurden von ihren Abnehmern verpflichtet, ihre Produkte nach gewissen Richtlinien herzustellen.

Für die Erfordernisse und auch für die generellen Erwartungen an die **Produktqualität** gelten in der Regel branchenspezifische Vorgaben und Vorstellungen (wie Qualitätsnormen für Fahrzeugzulieferer, Baunormen oder Softwarequalitätsnormen), aber auch national bedingte Fokussierungen, wie die Erfahrungen aus internationalen Projekten zeigen.

Beispiel für nationale Unterschiede in der Wahrnehmung der Produktqualität durch Kunden: Für einen „qualitativ guten" Pkw gilt schwerpunktmäßig in Italien: dass er möglichst schick ist („una bella machina"), in Japan: dass er eine möglichst umfangreiche Funktionalität hat (eingebaute Navigation, Klimaanlage, Bordcomputer), in Deutschland: dass er möglichst sicher und zuverlässig ist (Ergebnisse der GPM Fachgruppenarbeit IPA NEMA über Internationale Projektarbeit, präsentiert auf dem IPMA Weltkongress in Berlin in 2002).

Letztendlich bestimmt also der Kunde, was für ihn „Qualität" bedeutet. Der Volksmund sagt: *„Qualität ist, wenn der Kunde zurückkommt und nicht das Produkt."*

Definition Unter **Qualitätsmanagement** versteht die EN ISO 9000:2000 das Leiten und Lenken einer Organisation bezüglich der Qualität, was in der Regel das Festlegen der Qualitätspolitik und Qualitätsziele sowie die Planung, Lenkung und Sicherung der Qualität einschließlich deren kontinuierlichen Verbesserung umfasst. Eine Organisation kann dabei ein Unternehmen, ein Unternehmensbereich oder auch ein Projekt sein.

Eine der Persönlichkeiten, die weltweit das industrielle Qualitätsgeschehen stark beeinflusst haben, ist der Amerikaner W. EDWARDS DEMING. Sein **Qualitätskreis** „Plane-Tue-Prüfe-Handle" („Plan-Do-Check-Act"), der sein Denkmodell für den kontinuierlichen Verbesserungsprozess abbildet, wird heute weltweit zitiert. Die Japaner bezeichnen DEMING als ‚Vater der Qualitätsbewegung' in ihrem Lande, da er hauptsächlich in Japan wirkte. Diese Qualitätsbewegung hat wesentlich zur wirtschaftlichen Erholung Japans beigetragen, denn sie erschloss japanischen Waren neue wichtige Märkte. Ausdruck der dankbaren Anerkennung dafür ist der von der Union of Japanese Scientists and Engineers (JUSE) gestiftete ‚Deming-Preis', mit dem seit 1951 jährlich hervorragend gestaltete QM-Systeme ausgezeichnet werden (vgl. BARTSCH-BEUERLEIN, 2000: 20).

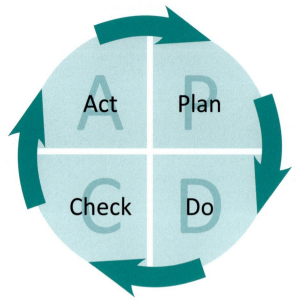

Abbildung 1.05-1: Der Qualitätskreis von DEMING,
angelehnt an (SEIDELMANN & SCHWARZ, 1997: 798; PMI, 2004: 39)

Um Organisationen eine Orientierung für einen nachhaltigen Erfolg zu geben, hat die ISO 9000:2000 acht **Grundsätze des Qualitätsmanagements** aufgestellt. Die Grundsätze des Qualitätsmanagements sind nach heutigem Verständnis der Projektmanagement-Standards (PMI, 2004; IPMA, 2006) direkt auf das Projektmanagement anwendbar und umgekehrt: die heutigen Projektmanagement-Standards enthalten implizit auch Qualitätsmanagement-Aktivitäten (vgl. Tabelle 1.05-1).

Tabelle 1.05-1: Gegenüberstellung der QM-Grundsätze nach EN ISO 9000:2000
und deren Relevanz für PM-Elemente nach ICB Version 3 (IPMA, 2006)

Nr.	Qualitätsmanagement-Grundsätze	Wichtigste relevante PM-Elemente nach ICB
1.	Kundenorientierung: Organisationen hängen von ihren Kunden ab und sollten daher gegenwärtige und zukünftige Erfordernisse der Kunden verstehen, deren Anforderungen erfüllen und danach streben, deren Erwartungen zu übertreffen.	1.01 Projektmanagementerfolg 1.02 Interessierte Parteien 1.14 Beschaffung und Verträge 1.18 Kommunikation 1.19 Projektstart 1.20 Projektabschluss 2.14 Wertschätzung
2.	Führung: Führungskräfte schaffen die Übereinstimmung von Zweck und Ausrichtung der Organisation. Sie sollten das interne Umfeld schaffen und erhalten, in dem sich Personen voll und ganz für die Erreichung der Ziele der Organisation einsetzen können.	Qualifizierung und Zertifizierung der Projektmanager nach dem IPMA 4LQ bzw. 4LC (IPMA, 2006: Kap. 1.6 und Kap. 3) Professionelles Projektmanagement (IPMA, 2006: 2)

Nr.	Qualitätsmanagement-Grundsätze	Wichtigste relevante PM-Elemente nach ICB
3.	Einbeziehung der Personen: Auf allen Ebenen machen Personen das Wesen einer Organisation aus und ihre vollständige Einbeziehung ermöglicht, ihre Fähigkeiten zum Nutzen der Organisation einzusetzen.	1.06 Projektorganisation 1.07 Teamarbeit 1.12 Ressourcen 1.18 Kommunikation 1.19 Projektstart 1.20 Projektabschluss 4.2 Soziale und personale Kompetenzen 3.08 Personalmanagement
4.	Prozessorientierter Ansatz: Ein erwünschtes Ergebnis lässt sich effizienter erreichen, wenn Tätigkeiten und dazugehörige Ressourcen als Prozess geleitet und gelenkt werden.	vgl. Abschnitte 2.2 und 2.3
5.	Systemorientierter Managementansatz: Das Erkennen, Verstehen, Leiten und Lenken von miteinander in Wechselbeziehung stehenden Prozessen als System tragen zur Wirksamkeit und Effizienz der Organisation beim Erreichen ihrer Ziele bei.	4.3 PM-Kontextkompetenzen
6.	Ständige Verbesserung: Die ständige Verbesserung der Gesamtleistung der Organisation stellt ein permanentes Ziel der Organisation dar.	1.11 Projektphasen, Ablauf und Termine (Lessons learned bei Review-Punkten) 1.20 Projektabschluss 3.05 Stammorganisation (Organisationales Lernen)
7.	Sachbezogener Ansatz zur Entscheidungsfindung: Wirksame Entscheidungen beruhen auf der Analyse von Daten und Informationen.	1.03 Projektanforderungen und Projektziele 1.10 Leistungsumfang und Lieferobjekte 1.15 Änderungen 1.16 Überwachung und Steuerung, Berichtswesen 1.17 Information und Dokumentation
8.	Lieferantenbeziehungen zum gegenseitigen Nutzen: Eine Organisation und ihre Lieferanten sind voneinander abhängig. Beziehungen zum gegenseitigen Nutzen erhöhen die Wertschöpfungsfähigkeit beider Seiten.	1.02 Interessierte Parteien 1.14 Beschaffung und Verträge 1.18 Kommunikation 1.19 Projektstart 1.20 Projektabschluss 2.14 Wertschätzung

Die Bewältigung der Komplexität und Konnexität von Kundenanforderungen sowie gesetzlich-behördlicher Vorgaben und Anforderungen setzt die Implementierung eines zugeschnittenen Managementsystems voraus. Für einmalige Vorhaben ist dies das Projektmanagement. Darüber hinaus gibt es eine Reihe verschiedener Managementsysteme, wie Umweltmanagementsysteme, Arbeitsschutzsysteme und Qualitätsmanagementsysteme.

 Definition Ein **Qualitätsmanagementsystem** (QM-System) ist nach EN ISO 9000:2000 „ein System zum Festlegen von Politik und Zielen sowie zum Erreichen dieser Ziele durch Leiten und Lenken einer Organisation bezüglich der Qualität" (EN ISO 9000, 2000: 20).

> Da Produkte Ergebnisse von Prozessen sind, wird heute allgemein angenommen, dass die Qualität dieser Prozesse in direkter Korrelation mit der Produktqualität steht. Dies setzt eine systematische Planung und Lenkung der Produktrealisierungsprozesse voraus.

Die Abbildung 1.05-2 stellt das prozessorientierte QM-System dar. Das Modell zeigt ein vom Kunden zum Kunden wirkendes System. Die Wertschöpfungskette (Produktrealisierung) wird von den Anforderungen und der Zufriedenheit der Kunden determiniert. Die Pfeile visualisieren den Prozess der ständigen Verbesserung.

Abbildung 1.05-2: Struktur eines prozessorientierten QM-Systems nach der ISO 9000:2000

Die von der ISO 9001:2000 Norm vorgegebene prozessorientierte Struktur eines Qualitätsmanagementsystems (vgl. Abbildung 1.05-2) erinnert stark an die Prozesse des Projektmanagements (vgl. auch PMI, 2004: 43).

Wird ein Projekt intern in einem Unternehmen durchgeführt, in dem bereits ein QM-System existiert, so kann und soll der Projektmanager das geltende QM-System und die geltenden standardisierten Verfahrensweisen auch für die Projektdurchführung verwenden.

> Bei komplexen und internationalen Projekten, die Organisationen übergreifend durchgeführt werden (in so genannten virtuellen Projektorganisationen, d. h an denen mehrere Organisationen oder Organisationsbereiche, Lieferanten und Sublieferanten beteiligt sind) muss durch das Projektmanagement ein gemeinsamer Nenner für das Verständnis und das Managen der Qualität im Projekt definiert werden.

2 Wirkungsbereiche für Qualitätsmanagement im Projekt

Insgesamt ist es hilfreich, die „Qualität im Projekt" in folgenden Teilbereichen, die im direkten Einflussbereich des Projektmanagers stehen, differenziert zu betrachten (vgl. Abbildung 1.05-3):

1. Qualität des im Projekt erstellten Produkts. Ein Produkt kann dabei haptisch (physisch erfassbar) sein, wie komplexe Bauwerke oder Anlagen (typisch für Investitionsprojekte), oder es kann aus einer Dienstleistung bestehen (typisch für Organisationsprojekte). Bei IT-Projekten entstehen oft beide Produktarten gleichzeitig (wie eine Softwareanwendung sowie die Anpassung der Organisation an deren Implementierung).
2. Produktrealisierungsprozesse (wie Requirement Management, Entwerfen, Dokumentieren, Testen).
3. Projektmanagement-Prozesse (wie Planen, Steuern, Kommunizieren, Führen).
4. Mitarbeiter im Projektteam (deren gemeinsames Verständnis und aktueller Kenntnisstand über die zu erreichenden Projektziele, deren Rolle und die dafür notwendige Qualifikation).

Entsprechend ist das Qualitätsmanagement auf alle diese Bereiche anzuwenden und mit entsprechenden Arbeitspaketen im Projektstrukturplan zu berücksichtigen.

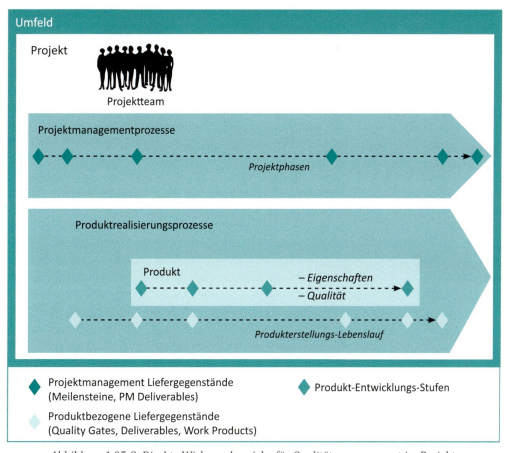

Abbildung 1.05-3: Direkte Wirkungsbereiche für Qualitätsmanagement im Projekt

2.1 Produktqualität

2.1.1 Branchenbedingte Anforderungen

Die Anforderungen und die generellen Erwartungen an die Qualität eines Produkts sind verständlicherweise von der jeweiligen Branche und der Art des Produkts abhängig.

Eine im Qualitätsmanagement allgemein anerkannte Erfahrung ist, dass die Qualität des Produkts im direkten Zusammenhang mit der Qualität der jeweiligen Produktrealisierungsprozesse steht. Wenn also die Produktrealisierungsprozesse nicht unter beherrschten Bedingungen ausgeführt werden, ist die Wahrscheinlichkeit groß, dass auch das Endprodukt fehlerhaft wird. Deshalb werden viele branchenorientierte Qualitätsvorgaben gleichzeitig auch für die Produktrealisierungsprozesse verfasst (vgl. Einsatz von FMEA). Dennoch ist es die Pflicht des Projektmanagers, die in seinem Wirtschaftszweig gültigen Normen, Qualitäts-Standards und Vorgaben für die Produkte zu ermitteln und, wenn relevant, im Projekt zusammen mit dem Projektteam zu beherrschen und konsequent anzuwenden.

Als **Beispiel** seien hier die Anforderungen an die Software-Qualität aufgeführt. Sie werden in der ISO / IEC 9126 im Hinblick auf folgende Eigenschaften definiert:

- Funktionalität (Korrektheit, Angemessenheit, Interoperabilität, Kompatibilität, Sicherheit)
- Zuverlässigkeit (Reife, Fehlertoleranz, Wiederherstellbarkeit)
- Benutzbarkeit (Usability: Verständlichkeit, Erlernbarkeit, Bedienbarkeit)
- Effizienz (Performance vs. Ressourcenverbrauch)
- Wartbarkeit (Änderbarkeit, Analysierbarkeit)
- Portabilität (Anpassbarkeit, Installierbarkeit, Konformität, Austauschbarkeit)

Die Qualität des im Projekt zu erstellenden Produkts wird auch durch eine stringente Versionskontrolle im Rahmen des Änderungs- und Konfigurationsmanagements sichergestellt (vgl. ICB-Element 1.15 Änderungen in IPMA, 2006).

2.1.2 Umsetzung der Kundenanforderungen

> Letztendlich definiert jedoch der Kunde (Projektauftraggeber, Stakeholder), was er sich unter einem „Produkt von guter Qualität" vorstellt. Die Kundenwünsche sollten in den ersten Projektphasen oder bereits vor der Projektinitiierung als Lastenheft oder Grobkonzept vorliegen (vgl. ICB-Element 1.03 in IPMA, 2006).

Eine bekannte und wirksame Methode, um Kundenanforderungen, „die Stimme des Kunden", in konkrete Produktmerkmale zu übersetzen, ist die in Japan Ende der 1960er Jahre entwickelte Quality Function Deployment Methode (QFD). Typische Hilfsmittel dieser Methode sind so genannte Qualitätstafeln, die aus mehreren Matrixfeldern bestehen und wegen ihrer äußeren Form „House of Quality" genannt werden. Als „Kunde" werden dabei im Sinne von Stakeholdern sowohl externe Endkunden als auch interne „Kunden" verstanden, die nach der Fertigstellung mit dem Produkt zu tun haben werden (wie Marketing, Vertrieb, Rechenzentrum für IT-Projekte oder Fertigung, Montage, Service für Konstruktionsprojekte). Die Qualitätstafeln werden über die Projektphasen hinweg gefüllt und dienen in der Realisierungsphase der Projektsteuerung und Qualitätssicherung (WALDER & PATZAK 1999: 10). Inzwischen gibt es Weiterentwicklungen der QFD-Methode, sodass diese nicht nur für Produktmerkmale, sondern auch für die Prozesse und Systeme eingesetzt werden kann (BRICKNELL, 1995: 223).

Abbildung 1.05-4: QFD House of Quality
(orientiert an verschiedenen Quellen, vgl. BICKNELL, 1995; WALDER & PATZAK, 1999)

2.1.3 Vermeidung von Risiken und Fehlern

Bei der Erstellung eines Produkts ist es wichtig, dass dieses Produkt von Anfang an möglichst fehlerfrei entwickelt wird, also mögliche Fehler bereits in der Design-Phase erkannt und vermieden werden. In vielen Projekten ist diese Fehlerfreiheit der Gegenstand einer auf dem Projektstrukturplan basierenden Risikoanalyse. Dabei werden bei jedem Arbeitspaket explizit die möglichen Fehler und deren Risikopotential eingeschätzt (vgl. auch ICB-Element 1.04 Risiken und Chancen in IPMA, 2006). Bei komplexen Produkten, wie IT-Systemen oder Automotive-Produkten, ist diese Risikoanalyse nicht ausreichend. Von einigen Branchenstandards (z. B. für Lieferanten von Serienteilen für die Automobilhersteller) wird der Einsatz einer gründlicheren, streng analytischen Methode zur Fehleranalyse vorgegeben: der FMEA, Fehlermöglichkeits- und Einflussanalyse (Failure Mode and Effects Analysis). Während bei der Risikoanalyse die Eintrittswahrscheinlichkeit und der mögliche Schaden bewertet werden, kommt bei FMEA noch als dritte Größe die Erkennbarkeit hinzu. Ursprünglich vom amerikanischen Militär entwickelt, wurde die FMEA bereits früh von der Automotive Industrie als Pflicht für ihre Lieferanten übernommen und wurde Bestandteil der Qualitäts- und Prozessoptimierungsmethodik von Six Sigma. Heute ist sie Gegenstand der DIN EN 60812:2006-11 / IEC 60812:2006 Normen.

Die FMEA kann angewendet werden (SCHÖNBACH, 1994: Kap. 4.8.1):

- bei der Produktentwicklung als Konzept-FMEA und Konstruktions-FMEA
- bei den Produkterstellungs-Prozessen als Prozess-FMEA

Ähnlich wie bei einer Risikoanalyse werden bei der Produkt-FMEA in einem Expertenteam mithilfe von standardisierten Formblättern folgende Fragen untersucht und bewertet:

1. Bestimmung der Funktionen der einzelnen Elemente des Produktes (hier besteht eine enge Verknüpfung zum QFD)
2. Identifikation von möglichen Fehlfunktionen, Bestimmung von Ursachen und Auswirkungen dieser Fehlfunktionen sowie Bewertung der Relevanz der Fehlfunktionen
3. Abschätzung der Wahrscheinlichkeit des Auftretens, des Schwierigkeitsgrads um Fehler zu entdecken und der Folgen, wenn Fehler auftreten
4. Berechnung der Risikoprioritätszahl (RPZ) aus den bisherigen Ergebnissen
5. Definition von Risiko mindernden Maßnahmen und Neueinschätzung der RPZ

Heute können die Formblätter durch geeignete Softwareanwendungen unterstützt bzw. ersetzt werden. Die FMEA-Methode kann nicht nur auf materielle Produkte, sondern auch auf Software und Dienstleistungen angewandt werden.

2.1.4 Leitende Fragen

Die Leitfragen für das Qualitätsmanagement des Produkts könnten wie folgt formuliert werden:

- Hat das Produkt die vom Kunden gewünschten Eigenschaften?
- Funktioniert es richtig?
- Ist es ausreichend dokumentiert?
- Ist es leicht zu lernen / zu bedienen?
- Ist es konform mit den relevanten Vorgaben und Vorschriften der Branche?
- Ist es zuverlässig und sicher?
- Kann man es fachgerecht warten?
- …

2.2 Qualität der Produktrealisierungsprozesse

In Projekten ist definitionsgemäß jedes zu erstellende Produkt „einmalig". Dennoch gibt es in der Regel in der Linie eines Unternehmens vielfältige Erfahrungen in Bezug auf die Realisierung ähnlicher Produkte, die in das Qualitätsmanagement einfließen sollten (z. B. beim Projekt „Bau eines Einfamilienhauses", durchgeführt von einer Baufirma, die bereits hunderte Einfamilienhäuser gebaut hat; „Wiederholprojekte").

2.2.1 Teilprozesse der Produktrealisierung

Zu Produktrealisierungsprozessen werden nach (ISO 9001, 2000: 23ff) folgende Teilprozesse gezählt:

1. **Planung der Produktrealisierung**, bei der die Qualitätsziele, die Anforderungen an das Produkt und seine Abnahmekriterien sowie alle produktspezifischen Qualitätslenkungstätigkeiten inklusive der notwendigen Dokumentation festgelegt werden.
2. **Kundenbezogene Prozesse**, bei denen alle Anforderungen an das Produkt ermittelt werden. Dies sind natürlich die Anforderungen des Kunden, es können aber auch gesetzliche und behördliche Anforderungen oder branchenspezifische Standards sein. Hierzu gehören auch Regelungen für die produktbezogene Kommunikation mit dem Kunden, insbesondere das produktbezogene Änderungsmanagement.
3. **Entwicklung**, bei der die Funktions- und Leistungsanforderungen an das Produkt (Produkt Design) sowie die Entwicklungsphasen mit den entsprechenden Qualitätsprüfungen zum Phasen-Abschluss festgelegt werden.
4. **Beschaffung** mit Einhaltung der notwendigen Qualitätsvorgaben und regelhafte Bewertung von Lieferanten.
5. **Produktion und Dienstleistungserbringung** unter den beherrschten Bedingungen bis zur Übergabe an den Kunden.
6. **Lenkung von Überwachungs- und Messmitteln**, wobei die Organisation alles tun muss, um sicherzustellen, dass Überwachungen und Messungen mit geeigneten Mitteln konform zu den Anforderungen durchgeführt werden können und diese entsprechend aufgezeichnet und bewertet werden.

2.2.2 Branchenvorgaben

Die Anforderungen an die Qualität der Produktrealisierungsprozesse sind verständlicherweise ebenfalls von der jeweiligen Branche und der Art des Produkts abhängig.
Einige bekannte Branchenstandards sind:

- ISO / TS 16949: auf der ISO 9001 basierender Branchenstandard, der weltweit die Forderungen der Automobilindustrie an Qualitätsmanagementsysteme ihrer Lieferanten zusammenführt (darin ist auch der Standard der Deutschen Automobilindustrie VDA 6.1 enthalten)
- KTQ: Kooperation für Transparenz und Qualität im Gesundheitswesen, Zertifizierungsgrundlage für Krankenhäuser
- GxP-Richtlinien (Good x Practice, x = Laboratory, Clinical oder Manufacturing, GLP, GCP, GMP) behördliche Vorgaben für pharmazeutische Unternehmen
- SWEBOK (IEEE, 2004): Software Engineering Body Of Knowledge, Anforderungen an die Erstellung von Software

2.2.3 Generelle Anforderungen

Für Produktrealisierungsprozesse müssen u. a. jeweils folgende Punkte sorgfältig geplant und dokumentiert werden (EN ISO 9001, 2000: 23ff):

- die Produkt-Entwicklungsphasen mit der jeweiligen Bewertung, Verifizierung und Validierung
- die erforderlichen produktspezifischen Verifizierungs-, Validierungs-, Überwachungs- und Prüftätigkeiten sowie die Produktabnahmekriterien
- die erforderlichen Aufzeichnungen, um nachzuweisen, dass sowohl die Prozesse als auch die resultierenden Produkte die Anforderungen erfüllen (wie Prozessbeschreibung, Produktkonfiguration und Versionierung, Testscripte, Testprotokolle u. a.)

Unter Verifizierung versteht man die Überprüfung und den eindeutig dokumentierten Nachweis der Erfüllung der Spezifikation z.B. mit Hilfe von messtechnischen Prüfungen. („Bauen wir das Produkt richtig?")

Unter Validierung versteht man die dokumentierte Beweisführung, dass ein System die Anforderungen in der Praxis erfüllt. („Bauen wir das richtige Produkt?")

Ein wichtiger Bereich dieser Prozesse ist das Anforderungsmanagement (Requirement Management), um sicherzustellen, dass genau die Anforderungen, die der Kunde stellt, auch realisiert werden und wohl getestet in Betrieb genommen werden können. Eine Basis für das Anforderungsmanagement könnten die Ergebnisse der QFD-Methode sein. In großen Projekten, die durch das Reifegradmodell CMMI geleitet werden (vgl. auch nächster Abschnitt), ist ein konsequentes und konsistentes Anforderungsmanagement Pflicht.

Durch EN ISO 9001:2000 wird als Qualitätsmerkmal der Produktrealisierungsprozesse generell die Forderung nach Kennzeichnung und Rückverfolgbarkeit gestellt. Dabei sollen der Werdegang, die Verwendung oder der Ort des Produkts während seines Erstellungsprozesses und auch danach jederzeit rückverfolgt werden können. Diese Rückverfolgbarkeit (traceability) kann sich z.B. auf die Herkunft von Werkstoffen und Teilen, den Ablauf der Verarbeitung und die Verteilung des Produkts nach Auslieferung beziehen.

Beispiel: Für kritische Software (z.B. in der medizinischen Forschung, im Pharmabereich oder in der Flugüberwachung) ist eine wichtige Qualitätseigenschaft die Rückverfolgbarkeit (traceability) der Anforderungen bis zur Inbetriebnahme der Software. Sie wird durch IEEE wie folgt definiert:

- Rückverfolgung von
  1. Spezifikation von Software-Anforderungen zu System-Anforderungen im Pflichtenheft (bzw. Konzept-Dokumenten)
  2. Beschreibung des Software-Entwurfs zu der Spezifikation der Software-Anforderungen und Spezifikation der Software-Anforderungen zur Beschreibung des Software-Designs
  3. Quellcode zu den entsprechenden Design-Spezifikationen und Design-Spezifikationen zum Quellcode
- Überprüfung von identifizierten Beziehungen auf Korrektheit, Konsistenz, Vollständigkeit und Exaktheit

Für die Qualität der Produkterstellungs-Prozesse können je nach Produkt die Prozess-, System-, Konstruktions-, Hardware- oder Software FMEA mit der gleichen, im vorherigen Abschnitt auf Prozesse und Aufgaben bezogenen Methodik angewendet werden. Damit könnten FMEA als ein universell anwendbares Werkzeug zur Optimierung von komplexen Produkten und Prozessen in der Entwicklungsphase verstanden werden.

2.2.4 Leitende Fragen

Die leitenden Fragen für die Qualität der Produkterstellungs-Prozesse könnten wie folgt lauten:

- Wurden bei dem Produkt-Design alle Kundenanforderungen und alle behördlichen Vorgaben und branchenüblichen Standards berücksichtigt?
- Wurden alle Änderungen mit dem Kunden abgestimmt
  (d. h. wurde das Änderungsmanagement aktiv angewendet)?
- Wurde das Produkt während seines Realisierungslebenslaufes richtig dokumentiert?
  - Merkmale und Eigenschaften?
  - Konfiguration / Version?
  - alle Änderungen?
- Wurde es richtig getestet?
- Sind die Tests nachvollziehbar und dokumentiert?
- Wurden alle Schnittstellen zu Lieferanten abgestimmt?
- Wurden die relevanten Arbeitssicherheits-Bestimmungen eingehalten?
- Wurde das Produkt für die Auslieferung an den Kunden richtig gekennzeichnet und entsprechend verpackt?
- ...

2.3 Qualität der Projektmanagement Prozesse

2.3.1 Generelle Anforderungen

Die Projektmanagement-Prozesse dienen vor allem dazu, den Erfolg des Unternehmens bzw. der Unternehmung „Projekt" zu sichern. Der Schwerpunkt und die Anforderungen an die Art und Intensität des Einsatzes dieser Prozesse werden durch die Projektart bzw. durch den zu erstellenden Projektinhalt vorgegeben. In Organisationsprojekten werden z. B. Beschaffungsmanagement und Konfigurationsmanagement seltener benötigt. In Investitionsprojekten mit Produktentwicklung sind dagegen diese Prozesse meistens erfolgskritisch und zum Teil durch Branchenvorgaben oder andere verbindliche Qualitätsmodelle verpflichtend vorgegeben, z. B. beim Einsatz von CMMI in einer branchenspezifischen Art, wie in den Automotive-Projekten oder Softwareprojekten (vgl. auch ICB Element 1.15 Änderungen, in IPMA, 2006). Oft werden Projekte nur auf die Einhaltung der Kosten- und Terminziele sowie der geforderten Produkt-Qualität hin gesteuert, um die Vorgaben des „Magischen Dreiecks" einzuhalten.

> ! Nach dem heutigen Verständnis hinsichtlich eines erfolgreichen Projekts müssen darüber hinaus auch die Stakeholder mit dem Projekt zufrieden sein und es insgesamt positiv bewerten (IPMA, 2006). Das bedeutet u. a.:
> - dass auch die implizit oder explizit vereinbarten Vorgehensziele erreicht werden müssen und dass die Stakeholder mit der Art der Zusammenarbeit im Projekt, dem Informationsfluss und der Kommunikation zufrieden sein sollten (vgl. auch ICB Element 1.03 Projektanforderungen und Projektziele in IPMA, 2006)
> - dass das Team nach dem Projekt nicht „ausgebrannt" sein darf, was heute leider zu oft in Projekten zu beobachten ist, sondern auch individuelle Ziele verwirklicht werden konnten, wie Wissenszuwachs, Arbeitsfreude, Gesundheit (vgl. auch ICB Element 3.08 Personalmanagement und 3.09 Gesundheit in IPMA, 2006)

Daher sollten auch die allgemeinen Projektmanagement-Prozesse einem Qualitätsmanagement unterliegen. Dabei sind alle relevanten PM-Prozesse gleichermaßen zu berücksichtigen, wie Planung und Steuerung der Termine und der Kosten und des Umfangs und Inhalts des Projekts (Scope Management) sowie Management der Risiken, Änderungsmanagement, Dokumentation, Verträge, Kommunikation, Personal und Beschaffung. Wenn in der Trägerorganisation Projektmanagement bereits eingeführt wurde, werden die Anforderungen an die Qualität der Projektmanagement-Prozesse eines Projektes, differenziert nach Projektart (wie kleine, mittlere, komplexe, strategische Projekte) in einem zentralen Projektmanagement-Handbuch definiert. In projektorientierten Unternehmen sollte dieses Projektmanagement-Handbuch in das Qualitätsmanagement-Handbuch integriert sein.

> Wenn in dem Unternehmen noch keine zentralen Projektmanagement-Vorgaben existieren oder wenn das Projekt durch mehrere Organisationen von unterschiedlichem Projektmanagement-Reifegrad getragen wird, ist es Pflicht des Projektmanagers, die für sein Projekt relevanten Projektmanagement-Vorgaben in einem Projekthandbuch festzuhalten und mit allen Stakeholdern abzustimmen.

2.3.2 Lieferanten-Management

Bei größeren Projekten ist es übliche Praxis, einen Teil der benötigten Leistungen oder Produkte über externe Ressourcen bzw. Lieferanten zu besorgen. Umgang mit Lieferanten (Unterauftragnehmern) wird in den Projektmanagement-Standards unter dem Umgang mit Stakeholdern subsumiert und in der Regel unter Beschaffungsmanagement und Vertragswesen abgehandelt (vgl. auch PMI, 2004: 269ff oder ICB Element 1.14 Beschaffung und Verträge (IPMA, 2006)).

In kritischen Projekten (z. B. in der Pharmaindustrie) werden an die Qualität der Beschaffung und an den Umgang mit Lieferanten besondere Anforderungen gestellt und in den entsprechenden Branchenvorgaben festgelegt. Auch in Projekten, die nach dem Qualitätsmodel CMMI ablaufen, wird das Lieferantenmanagement explizit vorgegeben, wobei das Beschaffungsmanagement darin enthalten ist.

Die Aufgaben des Qualitätsmanagements beim Lieferantenmanagement betreffen sowohl die Analyse und Auswahl der Quellen für gelieferte Produkte oder Leistungen (wie Lieferantenauswahl, Bonitätsprüfung u. a.) als auch die Koordinierung der Zusammenarbeit mit den Lieferanten (CMMI, 2002):

- Definition und Anwendung von formellen Prozessen für die Auswahl und Bewertung der gelieferten Produkte
- Überprüfung und Überwachung der Lieferanten-Prozesse: Dies kann in der Regel durch Nachweis von entsprechenden Zertifikaten durch den Lieferanten, aber auch durch ein Qualitätsaudit beim Lieferanten erfolgen. Wenn die Beschaffung durch den Einkauf der Trägerorganisation vorgenommen wird, muss diese über die Qualitätsforderungen des Projekts informiert sein und diese befolgen. Die Qualitätsanforderungen des Projekts sollten Bestandteil des Lieferantenvertrages sein. Das Team der Lieferanten sollte in die Qualitätsbesprechungen des Projekts integriert sein.
- Verpflichtung der Lieferanten zur Anwendung der Projektmanagement-Methoden: Dies betrifft insbesondere definierte Abnahmeprozesse, aber auch (wenn relevant) Terminsteuerung und Nachweis des Projektfortschritts in vertraglich zugesicherten Zeiträumen und mit geeigneten Methoden (z. B. monatliche Abgabe einer Meilenstein-Trend-Analyse).
- Bewertung der Lieferanten als Teil der gelernten Lektionen im Projekt.

> Das Lieferanten-Management muss im Projekt eine definierte Teilaufgabe mit expliziter Zuweisung der Verantwortung sowie der Rollen und Aufgaben im Projektteam sein; das Projektteam muss mit den Anforderungen und Inhalten des Lieferanten-Managements entsprechend vertraut sein oder gemacht werden.

2.3.3 Leitende Fragen

Die leitenden Fragen für das QM der PM-Prozesse könnten wie folgt lauten:

- Wurde das Projekt / die Projektphase richtig initiiert?
    - Existiert ein formeller Projektauftrag?
    - Wurde die Zieldefinition mit allen relevanten Stakeholdern abgestimmt und auf Konflikte untersucht?
    - Sind Rollen und Verantwortung im Projekt bekannt?
    - Wurden die Voraussetzungen für eine gute Teamarbeit geschaffen?
    - Wurde ein Projekthandbuch erstellt? Ist es konform mit dem Projektmanagement-Handbuch (sofern vorhanden)?
    - Sind die relevanten Projektpläne in benötigter Qualität erstellt / dokumentiert / abgestimmt? Sind sie konform mit den Vorgaben im Projektmanagement-Handbuch (sofern vorhanden)?
    - Wurden die richtigen Lieferanten ausgewählt?
    - ...
- Haben die Arbeitspakete pünktlich angefangen? Hier ist nicht nur „sind sie pünktlich fertig gestellt?" zu fragen, denn dies ist bei verspätetem Anfang oft nur mit hohem persönlichen Einsatz zu erreichen und endet oft mit dem „Burn-out"-Syndrom der Projektteam-Mitglieder.
- Wurden Projekt- / Phasen-Abschluss-Reviews durchgeführt, dokumentiert und die gelernten Lektionen festgehalten?

2.4 Qualität des Projektteams

2.4.1 Generelle Anforderungen

Weitere wichtige Bereiche der Qualitätsbetrachtung im Bereich Projektmanagement sind zu einem die entsprechende Qualifikation der Team-Mitglieder und zu anderem die Qualität der Teamarbeit (vgl. auch PM-Element 1.07 Teamarbeit in IPMA, 2006).
Es muss sichergestellt werden, dass die Team-Mitglieder

- für ihre Tätigkeiten entsprechend qualifiziert sind
- entsprechend ihren Fertigkeiten eingesetzt werden
- sich jeweils ihrer Rolle und Verantwortung bewusst sind
- Zugriff auf die notwendige Infrastruktur haben
- durch ihre Tätigkeiten keinen gesundheitlichen Schaden nehmen

Die Qualifikation des Projektpersonals beinhaltet sowohl die für das zu realisierende Produkt benötigte Fach- und Methodenkompetenz als auch die Projektmanagement-Kompetenzen. Die Anforderungen an die Projektmanagement-Kompetenzen sowie deren Zertifizierung werden durch internationale Standards definiert und sind in der Einführung näher erläutert.

Im Rahmen des Qualitätsmanagements sollte bereits in der Startphase des Projekts überprüft und sichergestellt werden, dass ein gemeinsames Verständnis über die Qualität im Projekt erreicht wird („reichen 80 % oder sollten es eher 120 % sein?") und eventuell durch weitere Qualifizierung gepflegt wird. Alle Team-Mitglieder sollten mit den Qualitätsmanagement-Anforderungen und -Maßnahmen im Projekt vertraut sein.

Ebenfalls in der Startphase sollten gemeinsame „Spielregeln" im Projektteam abgestimmt und „gelebt" sowie entsprechender Wert auf die Sozialkompetenz der Teammitglieder gelegt werden (vgl. ICB Element 1.19 Projektstart, sowie Kapitel 4.2 Soziale und personale Kompetenzen in IPMA, 2006).

Mit geeigneten Mitteln der Kommunikation im Projekt sollte die Zufriedenheit der Team-Mitglieder fortlaufend überprüft und mit entsprechenden Management-Maßnahmen sichergestellt werden.

2.4.2 Leitende Fragen

Die leitenden Fragen für QM des Projekt-Teams könnten wie folgt lauten:

- Sind alle Team-Mitglieder für ihre Tätigkeiten entsprechend qualifiziert?
- Werden alle Team-Mitglieder entsprechend ihrer Fertigkeiten eingesetzt?
- Sind alle Team-Mitglieder mit den Projektzielen vertraut?
- Sind sich alle Team-Mitglieder jeweils ihrer Rolle und Verantwortung bewusst?
- Sind alle Team-Mitglieder mit dem Qualitätsmanagement-Plan vertraut?
- Haben alle Team-Mitglieder Zugriff auf die notwendige Infrastruktur?
- Ist sichergestellt, dass die Team-Mitglieder durch ihre Tätigkeiten keinen gesundheitlichen Schaden nehmen?
- Werden alle Team-Mitglieder in den Informationsfluss und den Kommunikationsprozess eingebunden?
- Werden mit den Team-Mitgliedern regelmäßig Reviews zur Qualität der Zusammenarbeit durchgeführt?

2.5 Überprüfung und Bewertung der Projektqualität

2.5.1 Projekt- und Projektmanagement-Audits

Die Qualität der Projektergebnisse und der Projektmanagement-Prozesse im Projekt kann durch ein Projekt- oder Projektmanagement-Audit überprüft werden.

> **§ Definition** Ein **Projektaudit** ist nach der DIN 69905 eine von einem unabhängigen Projektauditor durchgeführte Projektanalyse, die zu einem Stichtag durchgeführt wird und deren Gegenstand, Inhalt und Ziele vorweg festgelegt werden. Sie wird oft als Überprüfung des Projekts auf Ergebnisse, Risiken oder Schwachstellen in einem Problemfall verstanden, wenn z. B. der Lenkungsausschuss mit dem Projektverlauf unzufrieden ist.

In der neuen DIN-Normreihe für Projektmanagement wird ein Projektaudit als eine von mehreren Möglichkeiten von Projektbewertungen genannt (DIN 69901-5: 2009: 12).

> **§ Definition** Ein **Projektmanagement-Audit** ist nach der DIN 69905 ein Projektaudit, das sich auf das Projektmanagement bezieht. Im Projektmanagement-Audit werden alle Bereiche des Projektmanagements darauf untersucht, ob sie richtig festgelegt, einwandfrei und nachweisbar durchgeführt und dokumentiert und ob die Vorgaben des Projektmanagement-Handbuchs (sofern vorhanden) eingehalten wurden. PM-Audits werden in der Regel in Trägerorganisationen mit einem eingeführten Projektmanagement-System am Ende der Projekte durchgeführt und dienen dem organisationalen Lernen und der kontinuierlichen Verbesserung des PM-Systems der Trägerorganisation. (Vgl. auch ICB-Element 1.01 Projektmanagementerfolg in IPMA, 2006).

Im neuen Entwurf der DIN-Normreihe für Projektmanagement wird PM-Audit nicht adressiert. Projektmanagement kann wie jedes andere QM-System von internen oder externen Auditoren oder im Selfassessment mit Hilfe von Benchmarking-Tools überprüft werden. Ein solches Tool ist beispielsweise PM-Delta der GPM, Deutscher Gesellschaft für Projektmanagement (vgl. PMDELTA Compact, Version 2 auf www.gpm-ipma.de).

2.5.2 Project Excellence Awards

Eine besondere Art von PM-Audit ist die Anmeldung des Projekts zu einem Project Excellence Award. Hierbei wird das Projekt von einem Auditoren-Team der GPM bzw. der IPMA in allen seinen Bereichen untersucht und gemäß einem TQM (Total Quality Management) Modell ganzheitlich bewertet. Ein solches an dem Excellence-Modell der EFQM (European Foundation for Quality Management) orientiertes Modell wurde 1996 von der GPM entwickelt. Es ist die Basis für die deutschen und inzwischen auch die internationalen jährlich vergebenen Project Excellence Awards der IPMA (ausführliche Unterlagen sind auf der Web-Site der IPMA bzw. der GPM zu finden). Der Fragebogen dieses Excellence Awards ist auch unabhängig von einer Award-Anmeldung sehr hilfreich für die generelle qualitative Ausrichtung eines Projekts (vgl. auch Abschnitt 2.5 im Kapitel Vertiefungswissen).

2.5.3 Projekt- und Phasen-Reviews

Unabhängig von externen Überprüfungen sollte die Projektleitung regelmäßige projekt- oder phasenplanabhängige Phasen-Reviews initiieren, in denen nicht nur die Projekt- bzw. Phasen-Ergebnisse (wie von dem Qualitätsmanagement der Produkterstellungs-Prozesse gefordert) sondern auch deren Verlauf bezüglich der Projektmanagement-Prozesse überprüft werden. Die gelernten Lektionen aus diesen Reviews können dann direkt in die Durchführung der nächsten Projektphasen einfließen.

 Ein abschließendes Projekt-Review, in dem alle Ergebnisse und Prozesse reflektiert und als gelernte Lektionen dokumentiert werden, sollte heute in keinem Projekt fehlen (vgl. auch ICB-Element 1.20 Projektabschluss in IPMA, 2006).

2.6 Einsatz von QM-Werkzeugen

In der Praxis existiert eine Vielzahl statistischer Werkzeuge, welche die Qualitätslenkung von Produkten und Prozessen unterstützen. Die nachfolgend aufgeführten „Sieben elementaren Qualitätswerkzeuge" wurden in den 1960er Jahren in Japan von Ishikawa zusammengestellt und bilden den zentralen Werkzeugkasten des Qualitätsmanagements. Sie sind jeweils relativ einfach anzuwendende Methoden des kontinuierlichen Verbesserungsprozesses mit grafisch dargestelltem Ergebnis. Dazu gehören (PMI, 2004: 192ff):

1. Ursache-Wirkungs-Diagramm (Ishikawa-Diagram, Fishbone-Diagram)
2. Qualitäts-Regelkarte (Control card)
3. Flussdiagramm (Flowchart)
4. Histogramm
5. Pareto-Diagramm
6. Werteverlauf-Diagramm (Run Chart)
7. Streudiagramm (Scatter Diagram)

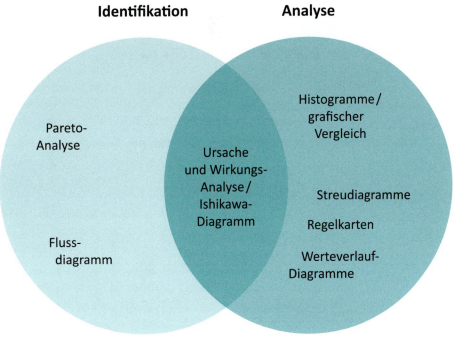

Abbildung 1.05-5: Werkzeuge zur Qualitätslenkung (angelehnt an KERZNER, 2006: 852)

Ursache-Wirkungs-Diagramm

Das wohl bekannteste Werkzeug der Qualitätslenkung ist das Ursache-Wirkungs-Diagramm, nach seiner Form auch Fischgräten-Diagramm oder nach seinem Erfinder auch Ishikawa-Diagramm genannt. Die Ursachen in diesem Diagramm werden in der Regel in (vor allem in der englischen Sprache) leicht zu merkende Kategorien gruppiert, wie:

- "Die 6 M": Maschine, Methode, Material, Messung, Mensch und Mitwelt (empfohlen z. B. für Fertigungsindustrie, in neuer Zeit werden auch Prozesse und Management betrachtet).
- „Die 7 M" wobei hier zu den oben vorgestellten „6 M" noch Management hinzukommt.
- "Die 8 P": Price, Promotion, People, Processes, Place / Plant, Policies, Procedures & Product (or Service) (empfohlen für Administration und Dienstleistung).
- "Die 4 S": Surroundings, Suppliers, Systems, Skills (empfohlen für die Dienstleistungs-Industrie).
- In der „5M" Form (Mensch, Maschine, Methode, Material und Mitwelt) wird es gerne auch zur allgemeinen Problemlösung verwendet (SCHELLE, 2005: 352). Unter Mitwelt werden dabei sowohl Umfeld des Produkts als auch die Umweltfaktoren verstanden (vgl. auch ICB-Element 1.08 Problemlösung in IPMA, 2006).

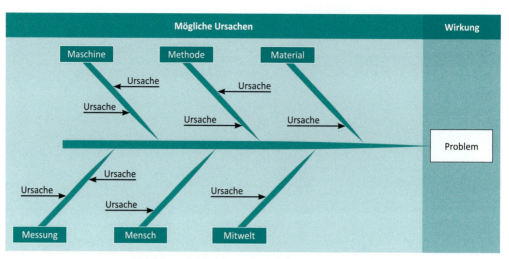

Abbildung 1.05-6: Ursache-Wirkungs-Diagramm

Qualitäts-Regelkarte (Control card)

Qualitäts-Regelkarten werden zur Auswertung von Prüfdaten eingesetzt. Mit ihrer Hilfe soll festgestellt werden, ob ein Prozess stabil ist und ob er eine vorhersagbare Leistung erbringt. Sie existieren in verschiedenen Ausprägungen (KERZNER, 2006: 864ff) und visualisieren statistische Stichprobenkennwerte und Grenzwerte für steuernde Eingriffe. Mithilfe der Diagramme können die Notwendigkeit eines Eingriffs in den Prozess (wenn die Linie außerhalb der festgelegten Grenzwerte liegt) bzw. Verläufe und Trends (nach dem Linienverlauf) erkannt werden. Die Messlinie in der Abbildung 1.5-7 weist z. B. auf einen weitgehend ungestörten Prozess hin. Zu einem Zeitpunkt wurde die obere Warngrenze jedoch überschritten, was möglicherweise eine Korrektur in Form von Qualitätslenkungsmaßnahmen auslöste. Da insgesamt die Eingriffsgrenzen nicht überschritten wurden, handelt es sich hier um einen Prozess, der unter beherrschten Bedingungen abläuft.

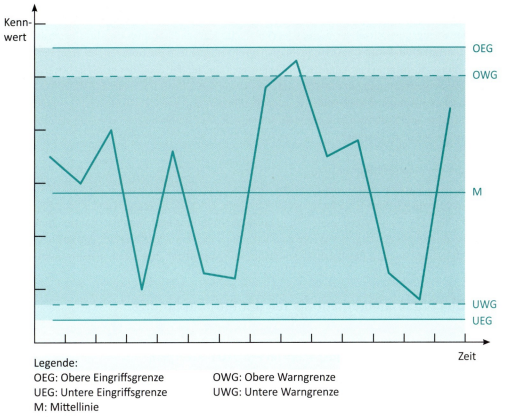

Legende:
OEG: Obere Eingriffsgrenze   OWG: Obere Warngrenze
UEG: Untere Eingriffsgrenze   UWG: Untere Warngrenze
M: Mittellinie

Abbildung 1.05-7: Elemente der Regelkarte (angelehnt an KERZNER, 2006: 864)

Flussdiagramm (Flowchart)

Ein Flussdiagramm ist die grafische Darstellung eines Prozesses, wobei die einzelnen Aktivitäten, Entscheidungspunkte und die Abfolge der Prozessschritte klar erkennbar sein sollten. Die Erstellung von Flussdiagrammen in genügender Detaillierung im Team kann helfen, das Auftreten möglicher Qualitätsprobleme vorauszusehen.

Histogramm

Histogramme zeigen die Verteilung von Variablen in einer Momentaufnahme (Stand zu einem bestimmten Zeitpunkt). Die Darstellung ermöglicht, auf einen Blick die Häufigkeit und die Verteilung der Daten zu erkennen. Im Projektmanagement werden Histogramme z. B. für die Kapazitätsverteilung beim Einsatzmittelmanagement oder bei der Verteilung der Projektkosten verwendet.

Pareto-Diagramm

Pareto-Diagramme sind eine spezielle Art von Histogrammen, geordnet nach der Wichtigkeit z. B. Problemursachen nach ihrer Bedeutung. Sie sollen helfen, Problembereiche zu identifizieren und zu priorisieren, um korrektive Maßnahmen zu ergreifen. Dabei wird die so genannte Pareto-Regel angewandt, die besagt, dass meistens eine relativ kleine Anzahl von Ursachen eine relativ große Anzahl an Problemen verursacht. Diese Regel ist auch als 80 / 20-Prinzip bekannt, bei dem 80 % der Probleme durch 20 % der Ursachen bedingt sind. Die korrektiven Maßnahmen werden daher auf die Ursachen angewendet, welche die meisten Probleme verursachen.

Werteverlauf-Diagramm (Run Chart)

Werteverlauf-Diagramm ist eine Art Qualitäts-Regelkarte und stellt den zeitlichen Verlauf der Messwerte oder Stichprobenmittelwerte eines Merkmals als Kurvendiagramm dar. Im Gegensatz zu den Regelkarten enthält das Run-Chart keine Eingriffsgrenzen, sondern die Grenzen des Toleranzbereichs. Eine Trendanalyse mithilfe mathematischer Verfahren kann auf der Basis der historischen Daten künftige Ergebnisse vorhersagen. Mit dieser Trendanalyse werden z. B. oft überwacht (PMI, 2004: 196)

- technische Leistung: wie viele Fehler wurden identifiziert und wie viele blieben unkorrigiert?
- Zeitverhalten und Kostenverlauf: wie viele Aktivitäten pro Zeitabschnitt wurden mit signifikanten Abweichungen fertig gestellt?

Streudiagramm (Scatter Diagram)

Im Streudiagramm wird die Beziehung zweier Variablen, einer unabhängigen und einer davon abhängigen Variablen, als Muster dargestellt (z. B. Qualität des Lötzinns und Anzahl der abgenommenen gelöteten Produkte). Aus der Lage der Werte im Diagramm wird versucht, Korrelationen zu identifizieren (z. B. bei steigender Qualität des Lötzinns erhöht sich die Anzahl der abgenommenen Produkte).

3 Qualitätsmanagement als Teil der Projektplanung

3.1 Teilaufgaben und Arbeitspakete im Projektstrukturplan

Oft kommt in Projektstrukturplänen – wenn Qualität überhaupt adressiert wird – das Arbeitspaket „Qualitätssicherung" isoliert vor. Gesichert kann aber bekanntlich nur das werden, was vorher geplant wurde. Für Qualitätsmanagement sollten daher immer nachfolgend beschriebene Teilaufgaben mit den entsprechenden Arbeitpaketen berücksichtigt werden (vgl. Abbildung 1.05-8).

> Es ist wichtig, all diesen Arbeitspaketen die gleiche Aufmerksamkeit und Sorgfalt bei der Planung, Durchführung sowie Steuerung des Projekts in Bezug auf alle oben erwähnten Bereiche zu widmen (also den Projektmanagement- und Produktrealisierungsprozessen, der Produktqualität sowie dem Projekt-Team).

Abbildung 1.05-8: Qualitätsmanagement-Teilaufgaben

Qualitätsplanung

Die Qualitätsplanung sollte auf der Basis der Qualitätspolitik und der Qualitätsziele des Trägerunternehmens vorgenommen werden. Sie muss auch die Ergebnisse der Kosten-Nutzen-Analyse berücksichtigen (sofern erstellt). Bei der Qualitätsplanung müssen die Qualitäts-Anforderungen, -Merkmale und -Metriken zu deren Messung für alle drei Bereiche (Produkt-, Projektmanagement-Prozess- und Produkterstellungs-Prozess-Qualität) vereinbart werden.

Unter Qualitäts-Metriken versteht man die operationale Definition der Maße und Methoden zur Feststellung des Wertes dessen, was gemessen wird. (Beispielsweise kann Termintreue der Arbeitspakete nach dem pünktlichen Ende, nach dem ebenfalls pünktlichen Anfang oder nach der termingerechten Abgabe der Arbeitpaket-Ergebnisse in geplanter Qualität gemessen werden.) Einige bekannte Qualitäts-Metriken sind z. B. in der Softwareentwicklung die Fehlerdichte (Anzahl von Fehlern pro Programmlänge), Fehlerrate (die relative Anzahl von fehlerhaften Elementen im Verhältnis zum Gesamten), oder Testabdeckung (das Verhältnis von tatsächlich getroffenen Aussagen eines Tests gegenüber den theoretisch möglichen Aussagen; bei einer niedrigen Testabdeckung werden z. B. nur kleine Stichproben, bei einer hohen Testabdeckung alle Produktmerkmale vollständig getestet). Für die Qualitätsplanung können oft branchenorientierte Checklisten verwendet werden. Das Ergebnis der Qualitätsplanung, der Qualitätsmanagementplan, sollte beschreiben, wie das Qualitätsmanagement vom Projektteam durchgeführt wird. Er sollte von allen relevanten Stakeholdern akzeptiert und dem Projektteam bekannt sein.

Qualitätslenkung

Bei der Qualitätslenkung werden die Merkmale des erstellten Produkts auf der Basis des Qualitätsplans daraufhin überprüft, ob sie den Anforderungen und Spezifikationen entsprechen. Eine Aufgabe der Qualitätslenkung ist es auch, mögliche Fehlerursachen zu identifizieren und zu beseitigen. Qualitätslenkung wird oft außerhalb des Projekt-Teams durch eine dafür eigens bestimmte Organisationseinheit durchgeführt. Dafür existieren zahlreiche Werkzeuge und Instrumente, die im Abschnitt 2.6 beschrieben wurden.

Qualitätssicherung

Die Qualitätssicherung beginnt schon während des Planungsprozesses: Hier müssen erst die Maßnahmen, Prozesse und Verantwortlichen festgelegt werden, mit denen man die gewünschten Qualitätsmerkmale sichern kann. Danach werden Sicherungsmaßnahmen planmäßig durchgeführt und fortwährend überprüft.

Qualitätsverbesserung / Erfahrungssicherung

Eine wichtige Aufgabe des Qualitätsmanagements ist es, dafür Sorge zu tragen, dass die gelernten Lektionen in künftigen Projektphasen und in neuen Projekten genutzt werden können und der ständigen Verbesserung der Qualität dienen. In vielen Organisationen ist Erfahrungssicherung eng mit dem Wissensmanagement (Knowledge Management) verbunden.

3.2 Qualitäts-Kosten

Ein effizientes Projektmanagement setzt die Transparenz der Projektkosten voraus. Die Qualitäts-Kosten in einem Projekt müssen natürlich auch im Projektbudget einkalkuliert sein. Als Qualitäts-Kosten werden die für das Qualitätsmanagement definierten Kosten und die Kosten der Beseitigung der entdeckten Fehler bezeichnet. Die Erfassung und Verfolgung der Qualitäts-Kosten im Projekt haben das Ziel, diese Kosten gering zu halten bzw. zielgerichtet zu steuern. Wie bei allen Arbeitspaketen werden dabei die Kosten für die Qualitätsmanagement-Aufgaben geschätzt und wie folgt klassifiziert (KERZNER, 2006: 848):

Präventionskosten: Kosten, die bei den Aktivitäten entstehen, die im Voraus dafür sorgen, dass möglichst keine Fehler entstehen und dass letztendlich der Kunde zufrieden gestellt wird. Dazu gehören Kosten für das Review des Pflichtenhefts und der Produktentwürfe, aber auch Kosten für die Qualitätsplanung, Schulung des Teams, Inspektion der Lieferanten und andere qualitätsbezogene Maßnahmen. Es hat sich gezeigt, dass eine Investition in diese Präventivmaßnahmen wesentliche Folgekosten spart (vgl. auch Abbildung 1.05-9). Bei Softwareentwicklungsprojekten wird z. B. angenommen, dass Fehler, die im Produkt-Design nicht entdeckt wurden, in der Realisierungsphase nur mit exponentiell steigenden Kosten beseitigt werden können.

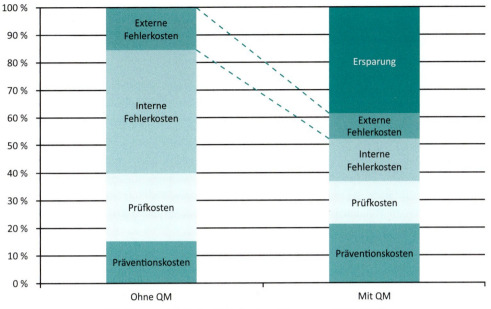

Abbildung 1.05-9: Qualitätskosten (KERZNER, 2006: 849)

Prüfkosten: Kosten, die mit der Überprüfung der Produktmerkmale und Produktrealisierungsprozesse auf der Basis des Qualitätsplans verknüpft sind. Dazu gehören z. B. Kosten für die Abnahmetests und Produktinspektion.

Prüfkosten können sich in Abhängigkeit von der festgestellten Produktqualität situativ stark erhöhen oder mindern. Wenn z. B. bei dem Produkttest eine sehr niedrige Fehlerrate festgestellt wird, kann die Testabdeckung vermindert werden (d. h. es werden kleinere Stichproben getestet), was zu einer Kostenersparnis führt. Umgekehrt, wenn eine hohe Fehlerrate festgestellt wird, werden in der Regel die Tests intensiviert und sind demnach mit mehr Aufwand und Kosten verbunden.

Interne Fehlerkosten: Kosten, die mit internen Prozessfehlern verknüpft sind, wobei die Produktfehler noch vor der Auslieferung an den Kunden entdeckt werden. Dazu gehören z. B. Kosten für Ausschuss, Überarbeitungen oder korrektive Maßnahmen.

Externe Fehlerkosten: Dies sind Kosten, die entstehen, wenn die Produktfehler erst durch den Kunden entdeckt werden. Dazu gehören alle Kosten, die mit der Reklamation und der nachträglichen Fehlerbeseitigung verbunden sind. Diese Kosten können erhebliche Ausmaße annehmen.

Darüber hinaus müsste man hier mit nicht immer in Kosten messbarem Image-Verlust und mit Ausfall von Folge-Aufträgen aufgrund der Kundenunzufriedenheit rechnen.

4 Zusammenfassung

Die zwei Management-Disziplinen: Projektmanagement und Qualitätsmanagement wuchsen in den letzten Jahren stark zusammen. In projektorientierten Unternehmen sind beide Systeme, Qualitätsmanagement und Projektmanagement, in einem Management-System integriert.

Qualitätsmanagement bietet einen wertvollen Methoden- und Werkzeugkasten für die qualitätsbewusste Durchführung von Projekten für qualitativ hochwertige Ergebnisse bzw. Produkte.

∑ Fazit Die Aktivitäten des Qualitätsmanagements beziehen sich auf die Qualität des Produkts, definiert durch die vom Kunden geforderten Merkmale, sowie die Qualität der Produktrealisierungs- und Projektmanagementprozesse. Für diese Aktivitäten gilt die internationale ISO 9000 Normen-Familie. Darüber hinaus muss auch das Projektteam eine entsprechende Fach- und Sozialkompetenz haben und für die Belange des Qualitätsmanagements im Projekt geschult werden. Ein Projektleiter sollte Führungsqualitäten haben und – wie zunehmend von den Auftraggebern verlangt – ein international gültiges Projektmanagement-Zertifikat besitzen.

Je nach Branche gelten oft bestimmte Standards und Vorgaben sowohl für die Qualität der Produkte als auch für die der Produktrealisierungsprozesse. Oft wird branchenbezogen auch der Einsatz bestimmter Methoden vorgegeben (z. B. in der Automotiven Industrie) wie:

- Quality Function Deployment, QFD für die Ermittlung und Festhaltung der Kundenanforderungen
- Fehlermöglichkeits- und Einflussanalyse, FMEA für die präventive Entdeckung der möglichen Probleme und Risiken

Um Organisationen eine Orientierung für nachhaltigen Erfolg zur Verfügung zu stellen, hat die ISO 9000:2000 acht Grundsätze des Qualitätsmanagements aufgestellt:

1. Kundenorientierung
2. Führung
3. Einbeziehung der Personen
4. Prozessorientierter Ansatz
5. Systemorientierter Managementansatz
6. Ständige Verbesserung
7. Sachbezogener Ansatz zur Entscheidungsfindung
8. Lieferantenbeziehungen zum gegenseitigen Nutzen

Diese Grundsätze gelten auch im Projektmanagement und werden prinzipiell durch verschiedene PM-Elemente abgedeckt.

> Das Einhalten der Qualitätsanforderungen sollte regelmäßig überprüft werden. Dafür sollten entsprechend externe sowie interne Projekt-Audits und Projekt-Reviews eingeplant und durchgeführt werden. Dies kann auch mithilfe von verfügbaren Benchmarking-Tools (wie PM-Delta der GPM) durchgeführt werden. Um die Qualität eines ganzen Projektmanagement-Systems zu überprüfen, können Projektmanagement-Audits auf der Basis der bekannten QM-Systeme oder Qualitätsmodelle durchgeführt werden.

Für die Lenkung der Qualität sind zahlreiche Werkzeuge und Methoden bekannt, mit deren Anwendung das Projektteam vertraut sein sollte. Die Qualitätsmanagement-Aktivitäten sollten als entsprechende Arbeitspakete jeweils feste Bestandteile des Projektstrukturplans sein: Qualitätsplanung, Qualitätslenkung, Qualitätssicherung und Qualitätsverbesserung bzw. Erfahrungssicherung.

Zu einem effizienten Projektmanagement gehören auch die Erfassung und Verfolgung der Qualitäts-Kosten im Projekt mit dem Ziel, diese Kosten zu senken bzw. zielgerichtet zu steuern.

Zu Qualitäts-Kosten werden folgende Kosten gezählt:

- Präventionskosten
- Prüfkosten
- Interne Fehlerkosten
- Externe Fehlerkosten

5 Fragen zur Wiederholung

1. Wie definiert die internationale Norm EN ISO 9000:2000 den Begriff Qualität?
2. Wie ist der Begriff Qualitätsmanagement nach EN ISO 9000:2000 definiert?
3. Was wird gemäß EN ISO 9000:2000 unter einem QM-System verstanden?
4. Die EN ISO 9000:2000 hat 8 Qualitätsmanagement-Grundsätze aufgestellt, die genutzt werden können, um die Leistungsfähigkeit einer Organisation zu erhöhen. Wie lauten diese Grundsätze?
5. Wie sieht das Modell des prozessorientierten Qualitätsmanagements aus?
6. Welche Produktarten sind Ihnen bekannt?
7. Was beinhaltet das Management der Produkt- und Prozessqualität?
8. Wie hängen Produkt- und Prozessqualität zusammen?
9. Mit welcher Methode können Qualitätsanforderungen der Kunden an das im Projekt zu erstellende Produkt ermittelt und festgehalten werden?
10. Welche Anforderungen und Vorgaben sind über die spezifischen Anforderungen der Kunden hinaus von Bedeutung?
11. Welche analytische Methode kann in einem Projekt zur vorbeugenden Fehlervermeidung eingesetzt werden?
12. Was ist der Unterschied zwischen einer Verifizierung und einer Validierung?
13. Welche Bedeutung hat das Stakeholdermanagement für die Projektqualität?
14. Alle bekannten Qualitätsmanagementkonzepte heben den Stellenwert eines professionellen Lieferantenmanagements hervor. Welche Instrumente des Lieferantenmanagements sollten im Projektmanagement etabliert sein?
15. Welche Qualitätsanforderungen sollte ein Projektteam-Mitglied erfüllen?
16. Was ist bei der Lenkung eines Projektteams aus der Sicht des Qualitätsmanagements zu beachten?
17. Was ist der Unterschied zwischen einem Projektaudit und einem Projektmanagement-Audit?
18. Warum sind Projekt- bzw. Projektphasen-Reviews für die Qualität des Projektes unabdingbar?
19. Welches sind die bekanntesten Qualitätsinstrumente und -werkzeuge und wie können sie im Projekt eingesetzt werden?
20. Inwieweit sind die Qualitätsplanung, Qualitätslenkung, Qualitätssicherung und Qualitätsverbesserung im Rahmen der Projektarbeit von Bedeutung? Nennen Sie beispielhaft einzelne Aspekte, die als Teilaufgabe oder Arbeitspaket in die Projektplanung aufgenommen werden sollten.
21. Welche Kostenarten werden im Bereich der Qualitätskosten unterschieden?
22. Wie können Fehlerkosten minimiert werden?

1.06 Projektorganisation (Project organisation)
Rolf Kremer, Adolf Rohde

Kontext und Bedeutung

Die Projektorganisation bezeichnet die Zusammenstellung der Rollen, Verantwortlichkeiten, Befugnisse, Schnittstellen und der Infrastruktur eines Projekts. Für den Erfolg eines Projekts ist die Projektorganisation von zentraler Bedeutung. Alle am Projekt beteiligten Personen müssen wissen, welche Aufgaben, Verantwortungen und Befugnisse sie innerhalb des Projekts haben. Nur wenn die Einordnung des Projekts und die Zusammensetzung des Projektteams vernünftig aufgesetzt ist, kann die anschließende Projektarbeit erfolgreich durchgeführt werden. Die Projektorganisation bildet die Form der Einflussnahme der Stakeholder (interessierten Parteien) auf das Projekt ab und umgekehrt.

Die zentrale Rolle bei einem Projekt kommt dem Projektleiter zu. Er muss über die erforderlichen Kenntnisse und Erfahrungen, aber auch über die erforderlichen Befugnisse und ein gehöriges Verantwortungsbewusstsein verfügen, um das Projekt erfolgreich zu führen.

Das Kennen der Projektorganisation ist für alle Projektbeteiligten und interessierten Parteien wichtig. Insbesondere jedoch für alle Personen, welche in einem Projekt, einem Programm oder einem Portfolio Leitungsfunktionen ausüben bzw. für die Initiierung und Durchführung der Projekte verantwortlich sind.

Im Gegensatz zur Stammorganisation (auch Linienorganisation genannt) ist die Projektorganisation zeitlich befristet. Im Laufe des Projektlebenswegs kann sie jedoch verändert und so an die Bedingungen der jeweiligen Lebensphase eines Projektes angepasst werden – zum einen, weil sich die Ziele oder Situationsbedingungen für das Projekt ändern können, zum anderen aber auch infolge kultureller und umfeldbedingter Einflüsse.

Das Element der Projektorganisation ist Bestandteil der fachlich-methodischen Kompetenz. Es übt Einfluss auf andere Elemente der Technischen, aber auch der Kontextbezogenen und der Personal- und Sozialkompetenz aus bzw. wird von diesen beeinflusst.

Es beeinflusst die Elemente:

Nr.	ICB-Element	Form des Einflusses (Beispiele)
1.07	Teamarbeit	Klarheit der Rollenverteilung im Projektteam, Länge und Intensität der Teambildungsphasen (Forming, Storming, Norming, Performing, Adjourning)
1.09	Projektstrukturen	Gliederung des Projektstrukturplans zum Beispiel nach Funktionen; Arbeitspaketbeschreibung, notwendige Gliederungstiefe je nach Kompetenzverteilung
1.12	Ressourcen	Anforderungsprofile zur Auswahl von Ressourcen
1.14	Beschaffung und Verträge	Abgrenzung von Verantwortlichkeiten bei externen Projektbeteiligten, vertragliche Gestaltung, Übernahme von Interessen, Rollen Auftraggeber, Auftragnehmer
1.19	Projektstart	Gestaltung/Beteiligte an Kick-off, Übergabe der Projektverantwortung
1.20	Projektabschluss	Auflösen der Projektorganisation, Übergang zur Stammorganisation, Überleitung der Projektmitarbeiter
2.01	Führung	Führungsstil abhängig von Befugnissen des Projektleiters
2.05	Stressbewältigung	Delegation und Verteilung von Aufgaben, Wahrnehmung von mehreren Rollen durch eine Person
2.09	Effizienz	Beteiligungsgrad der Projektmitarbeiter, Entscheidung Make-or-buy für Erledigung von Projektaufgaben, Zusammenfassung und Bildung von Projektgremien
2.14	Wertschätzung	Aufnahme, Berücksichtigung in der Projektorganisation
3.05	Stammorganisation	Dauerhaft gebildete Rollen in der Projektorganisation, wie etwa Projektmanagement-Büro, Projektportfolio-Manager, Programmmanager, Nutzung von Strukturen der Stammorganisation, Abgabe von Verantwortung und Kompetenzen an die befristete Projektorganisation
3.06	Business	Vorübergehende Änderung der Verantwortung für Geschäftsprozesse während des Projekts, Repräsentanz der Geschäftsinteressen im Projekt.

Es wird beeinflusst von

Nr.	ICB-Element	Form des Einflusses (Beispiele)
1.02	Interessierte Parteien	Beteiligungsform von Stakeholdern in der Projektorganisation (repräsentativ, im Team, in Gremien, beratend,..)
1.07	Teamarbeit	Erzwingt Rollenverteilung im Projektteam und die Formulierung von Regeln der Zusammenarbeit
1.09	Projektstrukturen	Aufteilung der Arbeitspakete auf Projektbeteiligte, Notwendigkeit von Rollen, wie etwa Teilprojektleiter
2.05	Stressbewältigung	Eignung für die Wahrnehmung von Rollen im Projekt
2.09	Effizienz	Wahl der passenden Projektorganisation, gemeinsame Nutzung von Ressourcenpools, Projektmanagement-Büro
3.02	Programmorientierung	Besetzung von Entscheidungsgremien, Übergabe von Kompetenzen, Berichtspflichten der Projekte
3.03	Portfolioorientierung	Besetzung von Entscheidungsgremien, Übergabe von Kompetenzen, Berichtspflichten der Projekte
3.04	Einführung von PPP-Management	Entwicklung der Standardregelung für die allgemeine Projektorganisation, beispielhafte Projektorganisation
3.05	Stammorganisation	Eignung der Strukturen und Prozesse der Stammorganisation für Projekte, Notwendigkeit von projektspezifischen Regelungen

Lernziele

Sie können

- die einzelnen Rollen in einer Projektorganisation beschreiben
- zwischen Stamm-, Projektrahmen- und Einzelprojektorganisation unterscheiden
- in einem Projekt notwendige Rollen mit ihren Verantwortlichkeiten, Schnittstellen und Befugnissen unterscheiden
- pro Rolle die Aufgaben, typischen Befugnisse und Verantwortung begründet aufführen
- die Befugnisse zwischen Entscheidungsgremien und Projektleiter abgrenzen
- die Aufgaben und Befugnisse eines Multiprojektleiters beschreiben
- die Organisationseinheiten identifizieren, welche Ressourcen für ein Projekt bereitstellen
- die Begriffe Einfluss-Projektorganisation, Matrix-Projektorganisation und Autonome Projektorganisation beschreiben und beurteilen
- beschreiben, wie die Organisationseinheiten Ressourcen bereitstellen können
- die Schnittstellen zwischen Projektorganisation und Stammorganisation ausarbeiten
- die Bedeutung der Befugnisse und Verantwortlichkeiten für den Projekterfolg begründen

1.06 Projektorganisation

Inhalt

1	Einleitung	187
2	Grundlegende Begriffe	191
3	Projektbeteiligte	194
3.1	Unmittelbar Projektbeteiligte	195
3.1.1	Auftraggeber und Auftragnehmer	195
3.1.2	Lenkungsausschuss/Steuerungsgremium	197
3.1.3	Projektleitung	198
3.1.4	Projektmitarbeiter	200
3.2	Mittelbar Projektbeteiligte	201
3.3	Organisatorische Anbindung	204
4	Formen der Projektorganisation	206
4.1	Einfluss-Projektorganisation	206
4.2	Autonome Projektorganisation	207
4.3	Matrix-Projektorganisation	208
4.4	Projektorientiertes Unternehmen	210
4.5	Schnittstellen zur Stammorganisation	211
4.6	Wahl der Form der Projektorganisation	213
5	Zusammenfassung	215
6	Fragen zur Wiederholung	216

1 Einleitung

Die **Projektorganisation** [engl.: Project organisation] gehört zu den zwanzig Fach- und Methodenkompetenzen des Projektmanagements innerhalb der IPMA Compentence Baseline (ICB) (IPMA, 2007). Sie befasst sich dabei mit dem Zusammenwirken von Personen innerhalb eines Projekts oder über mehrere Projekte hinweg. Die Personen stehen in den Projekten zueinander in Beziehung, nehmen verschiedene Rollen ein und haben verschiedene Zuständigkeiten und Befugnisse, um ihre Arbeiten innerhalb ihres Arbeitsfelds erledigen zu können.

> **§ Definition** „Die Projektorganisation besteht aus einer Gruppe von Menschen und der dazugehörigen Infrastruktur, für die Vereinbarungen bezüglich Autorität, Beziehungen und Zuständigkeiten unter Ausrichtung auf die Geschäfts- und Funktionsprozesse getroffen wurde. Dieses Kompetenzelement umfasst die Entwicklung und Aufrechterhaltung von geeigneten Rollen, Organisationsstrukturen, Zuständigkeiten und Fähigkeiten für das Projekt." (IPMA, 2007: 57)

Diese Gruppe von Menschen kann entweder unmittelbar im Projekt eingebunden oder mittelbar daran beteiligt sein, in dem sie versuchen, das Projekt zu beeinflussen. Dieser Personenkreis wird auch als Stakeholder bezeichnet. Beispiele für unmittelbare Beteiligte sind der Projektleiter, der für das Projekt verantwortlich ist, oder die Projektmitarbeiter, welche als ausführende Instanz tätig sind. Als mittelbar Beteiligte zählen die Projektbeeinflusser. Dies sind beispielsweise Personen aus den Fachabteilungen, in denen das Projektergebnis genutzt werden soll, bzw. andere Abteilungsleiter, welche evtl. Ressourcen für das Projekt abstellen müssen. Damit die Projektressourcen unabhängig von bestimmten Personen beschrieben werden können, wird anstelle von Personen immer von Rollen gesprochen. Eine Rolle ist ein abstraktes Konstrukt, welches in der Realität von einer oder mehreren Personen eingenommen werden kann (Rollenträger). Sowohl hinsichtlich der unmittelbaren Beteiligten als auch der mittelbar Beteiligten wird in diesem Kapitel deren Einbindung in die Projektorganisation dargestellt. Eine weitergehende Betrachtung der Projektbeeinflusser wird im Kapitel 1.02 Interessierte Parteien gegeben. Die Einplanung von Ressourcen in einem Projekt wird dagegen in 1.12 Ressourcen beschrieben.

Neben diesen beiden Kapiteln der ICB bestehen weitere Schnittstellen zu anderen Kapiteln. Diese werden für eine bessere Einordnung der Projektorganisation innerhalb der ICB im Folgenden kurz dargestellt.

Immer wenn mehrere Personen (oder Rollen) gemeinsam an einer Aufgabe arbeiten, handelt es sich um Teamarbeit. In Projekten ist die Teamarbeit ein wichtiges Element, da alle Beteiligten gemeinsam auf das Projektziel bzw. -ergebnis hinarbeiten müssen. Innerhalb dieses Kapitels werden spezielle Anforderungen an die Teamarbeit nur am Rande betrachtet. Eine ausführliche Beschreibung, wie Teamarbeit durchgeführt werden kann, wird im Kapitel 1.07 Teamarbeit gegeben. Überall, wo Teamarbeit eingesetzt wird, besteht die Notwendigkeit, ein Team zu führen. Dies erfolgt im Rahmen eines Projekts in erster Linie durch den Projektleiter. Dieser muss daher auch über entsprechende Führungsqualitäten verfügen. Welche verschiedenen Führungsstile und -qualitäten es gibt, wird näher in den sozialen und personellen Kompetenzen der ICB behandelt. Hierzu zählen insbesondere 2.01 Führung, 2.02 Engagement und Motivation, 2.04 Durchsetzungsvermögen, 2.05 Entspannung und Stressbewältigung sowie 2.07 Kreativität, 2.09 Effizienz, 2.10 Beratung und 2.14 Wertschöpfung. Neben der Führung sind auch die Personalauswahl und -weiterbildung im Rahmen der Teamzusammensetzung zu beachten. Die Besetzung des Projektteams wird nicht nur alleine durch den Projektleiter vorgenommen, sondern wird in der Regel auch durch die Führungskräfte der Abteilungen, die Projektmitarbeiter bereitstellen, beeinflusst. Auch die Personalabteilung im Unternehmen wird die Auswahl unterstützen. Nähere Informationen zu diesen Themen vermittelt das Element 3.08 Personalmanagement.

Die Arbeiten innerhalb eines Projekts werden also durch verschiedene Projektbeteiligte durchgeführt. Diese Arbeiten stehen untereinander in Beziehung bzw. sind voneinander abhängig. Die Darstellung dieser Arbeitsabläufe innerhalb eines Projekts wird als (Projekt-) Ablauforganisation bezeichnet. Wie die Projektbeteiligten innerhalb des Projekts bzw. des Unternehmens eingebunden sind, beschreibt dagegen die (Projekt-) Aufbauorganisation. Ferner wird hierunter auch die Einrichtung der Rollen, Verantwortlichkeiten und Befugnisse für das Projekt verstanden. Im Allgemeinen handelt es sich bei der Aufbauorganisation um die statischen Elemente der Projektorganisation und bei der Ablauforganisation um die dynamischen Elemente der Projektorganisation. Statisch bedeutet, dass hier feste Beziehungen zwischen den Rollen beschrieben werden. Die ablauforganisatorischen Elemente beschreiben wechselnde, flexible, auch rekursive Abhängigkeiten und Beziehungen zwischen den Elementen. Hierzu zählen auch die Geschäftsprozesse im Unternehmen. Diese werden in diesem Kapitel aber nur betrachtet, sofern sie einen unmittelbaren Projektbezug haben. Für eine weitere Betrachtung der Geschäftsprozesse sei daher auf 3.06 Geschäftsprozesse und bzgl. der aufbauorganisatorischen Elemente auf 1.09 Projektstrukturen bzw. 3.05 Stammorganisation verwiesen.

Bisher wurde nur von einem Projekt ausgegangen. Die Projektorganisation befasst sich jedoch nicht nur mit einzelnen Projekten, sondern auch mit Programmen und Portfolios von Projekten. Bei einem Programm handelt es sich um mehrere Projekte, welche zur Erreichung eines Ziels benötigt werden. Sie enthalten auch wiederkehrende Aufgaben, die der Erhaltung des Gesamtprogramms dienen. Dagegen werden mehrere Projekte und/oder Programme zu einem Portfolio zusammengefasst, um sie besser koordinieren oder kontrollieren zu können. Diese Projekte/Programme haben bzgl. der Projektplanung und -durchführung Gemeinsamkeiten (z. B. Ressourcen, Methoden, Märkte). (IPMA, 2007)

Die Projektbeteiligten sind in der Regel bereits vor dem Projektstart im Unternehmen tätig. Das Projekt muss in bestehende Unternehmensstrukturen eingebunden werden. Diese festen und somit langfristigen Unternehmensstrukturen werden als Stammorganisation bezeichnet. Im Gegensatz zur Stammorganisation gelten die organisatorischen Strukturen und Regelungen bei einem Projekt nur für die Laufzeit des Projekts. Ähnlich ist dies bei den Programmen. Auch hier gelten die Strukturen und Regelungen nur für die Dauer des Programms. Demgegenüber sind die Portfolioorganisationen längerfristig ausgerichtet. (IPMA, 2007)

> **§ Definition** „**Projekt- und Programmorganisationen** sind spezifisch, temporär und an die verschiedenen Phasen des Projektlebenszyklus bzw. an die Bedingungen des Programmzyklus angepasst. **Portfolioorganisationen** sind denen von Stammorganisationen ähnlich und bilden häufig einen Teil derselben." (IPMA, 2007: 57)

Aufgrund des starken Bezugs des Projektmanagements seit den 1970er Jahren auf Einzelprojekte ging der Blick auf die Ursprünge des Projektmanagements, das Multiprojektmanagement, teilweise verloren. Unterscheidbar wäre eine die permanente, die gesamte Projektlandschaft einschließende, und eine temporäre, einzelprojektbezogene Sichtweise. Dies würde begriffliche Unterscheidungen erfordern, die bislang allerdings nur teilweise üblich sind, dennoch an dieser Stelle zumindest kurz erwähnt werden sollten. Gessler (2008) unterscheidet folgende Begriffe:

Tabelle 1.06-1: Temporäre und permanente Sichtweisen im Projektmanagement (vgl. GESSLER 2008: 3)

	Temporär	Permanent
Bezugspunkt	Projekt oder Programm	Projektlandschaft
Dokumentation	Projekthandbuch: Dokumentation der Festlegungen und Vereinbarungen in einem Projekt	PM-Handbuch: Dokumentation der verbindlichen PM-Prozesse in einem Unternehmen
Organisation	Projektorganisation: Regelung der Kompetenzen, Zuständigkeiten und Befugnisse im Projekt	PM-Organisation: Regelung der projektbezogenen Kompetenzen, Zuständigkeiten und Befugnisse im Unternehmen
Entscheidung	Lenkungsausschuss: Steuerungsinstanz für ein Projekt oder ein Programm	Steuerungsgremium: Steuerungsinstanz für die Projekte oder Programme in einem Unternehmen
Administration	Projektbüro: Servicestelle im Projekt zur Unterstützung des Projektmanagements im Projekt	PM-Büro: Serviceeinheit im Unternehmen zur Unterstützung des Projektmanagements im Unternehmen

Für weitergehende Ausführungen zum Management von Portfolios und zum Aufbau von Stammorganisationen sei auch auf 3.03 Portfolioorganisation und 3.05 Stammorganisation verwiesen.

Rollen, Verfahren oder Prozesse können sowohl für ein einzelnes Projekt als auch projektübergreifend definiert werden. Werden diese nur für ein einzelnes Projekt definiert, werden sie in der **Einzelprojektorganisation** [engl.: Single Project Organisation] zusammengefasst. Weitergehende, projektübergreifende Elemente und Maßnahmen werden dagegen in der **Projektrahmenorganisation** [engl.: Project Frame Organisation] beschrieben. Hierbei handelt es sich somit meist über längerfristige Strukturen und Regelungen. Sie befasst sich somit mit der Organisation, wie Projekte in einem oder mehreren Unternehmen durchgeführt werden können. In Abbildung 1.06-1 sind einige Projektbeteiligte in Abhängigkeit der Zugehörigkeit zur Einzelprojekt- und Rahmenprojektorganisation aufgeführt. Die Abbildung 1.06-1 gibt auch einen Überblick über eine Vielzahl an Projektbeteiligten, welche innerhalb dieses Kapitels beschrieben werden.

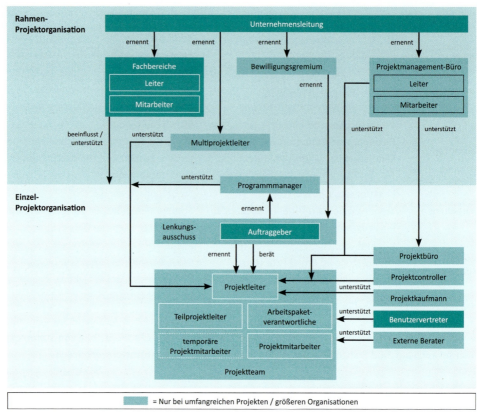

Abbildung 1.06-1: Rahmen- und Einzelprojektorganisation
(in Anlehnung an (PFETZING & ROHDE, 2006: 50), (KREMER, 2005: 76))

Neben den bereits erwähnten Beziehungen zu anderen Elementen der ICB bestehen noch Anknüpfungspunkte zu den folgenden Kapiteln:

- 1.14 Beschaffung und Verträge: Einbindung von Externen in die Projektorganisation.
- 1.19 Projektstart: Initialisierung der Projektorganisation und Rollenklärung.
- 1.20 Projektabschluss: Auflösung der Projektorganisation und Übergang von Rollenträgern in die Stammorganisation.

In den nachfolgenden Abschnitten dieses Grundlagenteils werden zunächst einige grundlegende Begriffe innerhalb der Projektorganisation erläutert. Hierzu gehören die Rollen, Verantwortlichkeiten, Befugnisse und Kompetenzen. Diese werden benötigt, um die verschiedenen Projektbeteiligten vorstellen und unterscheiden zu können. Dies erfolgt dabei getrennt nach den unmittelbar und den mittelbar Projektbeteiligten. Im Anschluss werden verschiedene (aufbauorganisatorische) Formen der Projektorganisation betrachtet. Hierzu gehört auch eine Betrachtung der Einbindung von Projekten in die Stammorganisation. Der Abschluss des Grundlagenteils bietet eine kurze Zusammenfassung der wichtigsten Aussagen zu diesem Kapitel.

Der nachfolgende Vertiefungsteil setzt auf dem Wissen dieses Grundlagenteils auf. Zunächst werden einige (aufbauorganisatorische) Formen erläutert, wie mehrere Unternehmen Projekte gemeinsam durchführen können. Dies ist relevant, da insbesondere umfangreichere Projekte oftmals von mehreren Unternehmen gemeinsam abgewickelt werden. Im Anschluss wird beschrieben, wie die Projektorganisation an die jeweiligen Gegebenheiten der unterschiedlichen Projektphasen angepasst werden kann. Ferner wird auf kulturelle und Umwelteinflüsse eingegangen, welche bei der Bildung der Projektorganisation beachtet werden sollen.

Anmerkung: Der besseren Lesbarkeit wegen wird in diesem Element der Begriff „Unternehmen" anstelle des allgemeineren Begriffs einer „Organisation" verwendet. Die Ausführungen beziehen sich jedoch nicht nur auf Unternehmen (also Organisationen mit dem Ziel der Gewinnerwirtschaftung), sondern auch auf andere Organisationen (u. a. Öffentliche Verwaltungseinheiten).

2   Grundlegende Begriffe

Eine **Rolle** im Projekt [engl.: Project Role] beschreibt eine Stelle in einem Projekt, für die eine Person verantwortlich ist. Sie umfasst weiters verschiedene Erwartungen, welche andere Personen an diese Rolle haben. Für jede Rolle werden verschiedene Erwartungen und Handlungen definiert, die der Rollenträger ausführen können soll. Hierunter werden insbesondere Funktionen und Aufgaben sowie die Prozesse zur Funktionserfüllung verstanden.

Wie eine Person die ihr zugewiesene Rolle ausübt, bleibt der Person selbst überlassen. „Rollen können verweigert, entwickelt, missbraucht, nicht ausgefüllt, verändert und von einem Rolleninhaber auf den nächsten übertragen werden" (KESSLER & WINKELHOFER, 2002: 141). Dabei kann eine Person sowohl im Projekt als auch im Unternehmen zeitgleich mehrere Rollen einnehmen. Bei der Rollenvergabe ist deshalb darauf zu achten, dass sich mehrere Rollen einer Person gegenseitig nicht zu stark beeinflussen (Rollenkonflikt). Jede Rolle verfügt über bestimmte Verantwortlichkeiten und Befugnisse und muss verschiedene Aufgaben durchführen. Mit den definierten Rollen verbinden die Projektbeteiligten entsprechende Erwartungen an den Rolleninhaber. Dies kann zu Konflikten führen, wenn der Rolleninhaber den Erwartungen nicht entspricht.

Im Wesentlichen können Rollen danach unterschieden werden, ob es sich um eine formale oder eine informelle Rolle handelt. Eine formale Rolle, wie die des Projektleiters, wird autorisiert, d. h. offiziell ernannt und mit entsprechenden Befugnissen und Verantwortlichkeiten ausgestattet. Demgegenüber ergibt sich eine informelle Rolle während der Arbeit im Projekt. Sie hat im Allgemeinen keine festgelegten Befugnisse oder Verantwortlichkeiten. Meist werden solche Rollen von Personen eingenommen, die auf einem bestimmten Gebiet Experte sind. Informelle Rollen werden oftmals von allen Projektbeteiligten im Projekt anerkannt. Beispiele für formale Rollen sind Projektauftraggeber, (Teil-)Projektleiter, Projektcontroller. Informelle Rollen sind der „Arbeiter im Team" oder der „Administrator".

Beispiel Ein Unternehmen führt Landschafts-Entwicklungsprojekte durch. In zahlreichen erfolgreich abgeschlossenen Projekten hat sich der Mitarbeiter Hans Meier den Ruf als Experte für die Einbeziehung von Wegestrecken in Parks oder Park-ähnlichen Anlagen erarbeitet. Obwohl Hans Meier in dem Projekt zur Neugestaltung eines Schlossparks nicht mitarbeitet, wird er von den Mitarbeitern des Projekts zu Problemen bei der Gestaltung von Wegestrecken immer wieder befragt. Er hat somit die informelle Rolle ‚Experte für die Gestaltung von Wegestrecken' eingenommen.

In den nachfolgenden Ausführungen (siehe Abschnitt 2. Projektbeteiligte') wird der Schwerpunkt auf die formellen Rollen gelegt. Die informellen Rollen sind größtenteils je nach Projekt unterschiedlich und lassen sich nur schwer übergreifend einordnen. Ein paar informelle Rollen sind in der Abbildung 1.06-2 aufgeführt.

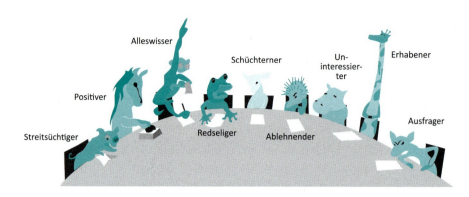

Streitsüchtiger:	
Versucht kontrovers zu diskutieren und sucht den Streit mit dem Projektleiter	
Positiver:	
Steht dem Projektziel positiv gegenüber und unterstützt den Projektleiter	
Alleswisser:	
Meint alles zu wissen, auch wenn er evtl. von der Materie keine Ahnung hat. Hat Probleme damit zu akzeptieren, dass andere mehr wissen als er.	
Redseliger:	
Redet gerne und lange. Ist sehr mitteilsam, aber evtl. auch oberflächlich.	
Schüchterner:	
Oftmals Personen mit hohem Fachwissen, die Probleme haben ihre Meinung gegenüber Führungskräften zu vertreten.	
Ablehnender:	
Sieht meist alles negativ. Auch an positiven Beiträgen hat er etwas auszusetzen, obwohl es ihm evtl. an Argumenten fehlt.	
Uninteressierter:	
Muss an den Projektsitzungen teilnehmen, obwohl ihn die Materie nicht interessiert. Kann aber hohes Fachwissen haben.	
Erhabener:	
Bildet sich ein, dass er aufgrund seiner Position oder seines Wissens über den anderen steht.	
Ausfrager:	
Versucht aus dem Projekt möglichst viel an Wissen mitzunehmen. Fragt auch nach Themen die mit dem Projekt nichts zu tun haben.	

Abbildung 1.06-2: Informelle Rollen in einer Projektorganisation (KREMER, 2005: 121) und (GRUPP, 1998: 97 ff.)

Wie bereits erwähnt, wird eine Rolle mit bestimmten Verantwortlichkeiten ausgestattet. Eine **Verantwortlichkeit** [engl.: Responsibility] beschreibt, welche Rolle für welche Aufgabe oder Aktivität im Projekt zuständig ist und in welcher Form die Verantwortung wahrgenommen wird. Besitzt der Rollenträger die fachliche Verantwortung, so sorgt er für die inhaltlich richtige und vollständige Aufgabenerledigung und legt letztlich fest, wie die Aufgaben durchzuführen sind, also beispielsweise, welche Methoden oder Verfahren für die Leistungserbringung angewendet werden sollen. Die Inhaber der disziplinarischen Verantwortung (auch Personalverantwortung genannt) können die Aufgaben an andere Rollen/Mitarbeiter als Führungskraft delegieren und damit Einfluss auf Zeitpunkt und Aufwand der Aufgabenerledigung nehmen. Sie stehen aber auch für die Qualität und Termineinhaltung ein. Je nach Organisationsform kann eine Rolle sowohl die fachliche als auch die disziplinarische Verantwortung übernehmen oder diese können von unterschiedlichen Rollen ausgeübt werden.

Neben den Verantwortlichkeiten werden Rollen auch **Befugnisse** [engl.: Authority] zugeordnet. Diese beschreiben, welche Berechtigungen eine Rolle besitzt, um die Aufgabe durchzuführen. Die Befugnisse sind insofern wichtig, da es ein großer Unterschied ist, ob eine Rolle berechtigt ist, von sich aus weitere Personen für die Erledigung der Aufgabe einzubinden, oder ob die Rolle erst bei anderen Personen, wie dem Projektleiter, um Erlaubnis fragen muss. So drückt die Befugnis durchaus auch eine Art Macht aus, da die Rollen an Entscheidungen beteiligt sind oder sie eigenständig treffen können. Beispiele für Befugnisse sind die interne Weisungsbefugnis, die externe Vertretungsberechtigung oder eine Vollmacht.

> **§ Definition** Eine Befugnis ist die „Berechtigung zu (rechtswirksamen) Handlungen im Namen und im Rahmen der Organisationen oder Projekten". (MOTZEL, 2006: 38)

Um eine Befugnis ausüben zu können, muss diese dem Rolleninhaber erteilt werden. Diese kann nur eine Person oder ein Rollenträger wahrnehmen, die ihrerseits über die Befugnis verfügt, diese anderweitige Befugnis zu erteilen. Damit ein Rollenträger eine Befugnis erteilt werden kann, sollte bzw. muss der Rollenträger über eine entsprechende **Kompetenz** [engl.: Competence] verfügen, damit er die Befugnis auch inhaltlich ausfüllen kann.

> **§ Definition** „Kompetenz ist die nachgewiesene Fähigkeit, Wissen und/oder Fertigkeiten anzuwenden, sowie dort, wo dies relevant ist, der Nachweis persönlicher Eigenschaften." (IPMA, 2007: 14)

Im täglichen Sprachgebrauch werden die Begriffe Kompetenz und Befugnis häufig missverständlich verwendet. Ein Beispiel ist das AKV-Prinzip bzw. die AKV-Matrix, bei der die Aufgaben, Kompetenzen und Verantwortlichkeiten in Beziehung zueinander gesetzt werden (vgl. KESSLER & WINKELHOFER, 2002). Nach den zuvor genannten Definitionen entsprechen die Kompetenzen (das ‚K' in AKV) aber den Befugnissen.

Bei der Kompetenz wird zwischen der Fach-, Methoden-, Sozialkompetenz sowie der Personalen Kompetenz unterschieden. Die Anforderungen an die Kompetenzen einer Rolle werden in Anforderungsprofilen beschrieben.

Die **Fachkompetenz** [engl.: Professional Competence] besagt, dass der Rollenträger über erworbenes Wissen, Kenntnisse und Fähigkeiten, die zur Ausübung der beruflichen Tätigkeit befähigen, verfügt. Dabei kann sich die berufliche Tätigkeit auch auf Teilbereiche der Tätigkeiten beziehen, welche die Rolle wahrnimmt.

Unter der **Methodenkompetenz** [engl.: Method Competence] wird verstanden, dass der Rollenträger jene kognitiven Fähigkeiten besitzt, um sich selbstständig neues Wissen und neue Arbeitsmethoden anzueignen und zielorientiert auf Ergebnisse hinzuarbeiten.

Die **Sozialkompetenz** [engl.: Social Competence] beschreibt die Fähigkeit, konstruktive und langfristig tragbare Arbeitsbeziehungen herzustellen und respektvoll miteinander umzugehen. Dies ist im beruflichen Alltag und insbesondere in kritischen Projektsituationen eine nicht zu unterschätzende Kompetenz. Durch die Nichtbeachtung können teilweise erhebliche menschliche Störungen zwischen den Beteiligten entstehen.

Unter der **Personalen Kompetenz** [engl.: Personal Competence] wird die Befähigung des Rollenträgers zur Reflexion und Einschätzung der eigenen Stärken und Schwächen verstanden. Ferner gehören hierzu auch die persönliche Ausstrahlung und Führungseigenschaften des Rollenträgers.

🔍 **Beispiel** Für das Projekt ‚Bahnstrecke Augsburg 3' wird ein Projektleiter gesucht. Ein Kandidat ist auch Peter Haber, der mehrere gleichartige Projekte bereits geleitet hat. In vorangegangenen Projekten unter seiner Leitung kam es in den Projektteams jedoch immer wieder zu Missstimmungen aufgrund von Festhalten an veralteten Arbeitsmethoden und stark autoritärem Führungsverhalten. Bei der Benennung von Peter Haber ist daher davon auszugehen, dass es im neuen Projekt zu ähnlichen Problemen kommen kann. Peter Haber verfügt zwar über die notwendige Fach- und Methodenkompetenz, nicht aber über eine akzeptable Sozial- und Personalkompetenz.

Im Projekteinsatz werden jedem Rollenträger entsprechende Aufgaben zugewiesen, für die er geeignet sein sollte. Merkt der Rollenträger, dass er nicht über die erforderliche Kompetenz (meist Fach- oder Methodenkompetenz) verfügt, sollte er dieses frühzeitig kommunizieren, damit der Verantwortliche entsprechende Gegenmaßnahmen einleiten kann. Die Interkulturelle Kompetenz als Teil der Sozialkompetenz beschreibt die „Fähigkeit, sich die eigene kulturelle Prägung bewusst zu machen, Kulturmodelle zu kennen und auf die eigene Handlungsweise übertragen zu können" (MOTZEL, 2006: 101). Sie ist insbesondere von Bedeutung, wenn in dem Projekt Rollen mit Personen aus unterschiedlichen Ländern oder Kulturkreisen besetzt sind.

Wer über entsprechende Befugnisse verfügt, kann Aufgaben vergeben. Eine **Aufgabe** [engl.: Task] ist eine genau abgegrenzte Tätigkeit, die sich aus der Projektstrukturierung und den Rollenbeschreibungen ergibt. Die Aufgabendelegation kann durch eine **Arbeitspaketbeschreibung** [engl.: Work Package Description] unterstützt werden.

Da in einem Projekt oftmals sehr viele Arbeitspakete anfallen, ist es schwierig, über die Arbeitspaketbeschreibungen den Überblick zu behalten. Hierfür hat sich in der Praxis die **Verantwortlichkeitsmatrix** [engl.: Responsibility Chart] (oft auch „Funktionendiagramm") bewährt, die die Zuordnung der wichtigsten Aufgaben und Befugnissen zu Rollen im Projekt enthält. Die Verantwortlichkeitsmatrix wird im Vertiefungsteil dieses Elements näher beschrieben.

Nachdem einige der wichtigsten Begriffe – Rolle, Verantwortlichkeit, Befugnis, Kompetenz, Aufgabe – kurz erläutert wurden, werden im nachfolgenden Abschnitt die Projektbeteiligten vorgestellt und anhand dieser Begriffe unterschieden.

3 Projektbeteiligte

Als **Projektbeteiligte** bzw. Interessengruppen [engl.: Stakeholder, Interested Parties] werden alle Personen oder Gruppen bezeichnet, welche am Projekt mitarbeiten oder es beeinflussen können. Beispiele hierfür sind die Auftraggeber, Projektleiter, die Projektmitarbeiter oder der Leiter der Fachabteilung, in der das Projektergebnis angewendet werden soll.

> § **Definition** Projektbeteiligte sind Personen oder eine Personengruppe, die am Projekt beteiligt, am Projektverlauf interessiert oder von den Auswirkungen des Projekts betroffen sind.

Die Projektbeteiligten können in unmittelbar am Projekt beteiligte Rollen und solche Rollen, die nur mittelbar am Projekt beteiligt sind, unterschieden werden. In Tabelle 1.06-2 sind einige Rollen dieser beiden Gruppen aufgeführt.

Tabelle 1.06-2: Häufige Rollen als Projektbeteiligte (vgl. auch 1.02 Interessierte Parteien).

Unmittelbare Projektbeteiligte	Mittelbare Projektbeteiligte
I Auftraggeber	I Projektcontroller
I Auftragnehmer	I Projektkaufmann
I Lenkungsausschuss	I Projektbüroleiter
I Projektleitung (Projektleiter)	I Projektbüromitarbeiter
I Teilprojektleiter	I Programmmanager
I Arbeitspaketverantwortliche	I Multi-Projektleiter
I Projektmitarbeiter	I Fachbereichsleiter
I Subauftragnehmer	I Fachbereichsmitarbeiter
I Eigentümer des Unternehmens	I Fachbereichskoordinatoren
I Teammitglieder	I Antragsteller
	I Bewilligungsgremium
	I Sponsor
	I Geschäftsführung (Vorstand)
	I Leiter von Organisationseinheiten
	I QM-Beauftragter
	I Benutzervertreter
	I Externe Berater
	I Vertreter der Gesellschaft
	I Behörden
	I Bürger-Initiativen

Zu den mittelbar Projektbeteiligten können auch weitere interessierte Parteien gezählt werden. Eine ausführliche Betrachtung dieser Gruppe erfolgt im Kapitel 1.02 Interessierte Parteien.

3.1 Unmittelbar Projektbeteiligte

Als direkt am Projekt beteiligt gelten die Rollen des Auftraggebers, des Auftragnehmers, des Lenkungsausschusses, der Projektleitung, des Arbeitspaketverantwortlichen bzw. Teilprojektleiters und des Projektmitarbeiters.

3.1.1 Auftraggeber und Auftragnehmer

Der **Auftraggeber** [engl.: Purchaser, Customer, Client, Project Owner, Sponsor] ist diejenige Person oder Organisation(seinheit), welche den Auftrag für die Durchführung des Projekts gegeben hat. Er ist somit für das Projekt verantwortlich und entscheidet auch über einen etwaigen Abbruch oder eine Fortführung. So ist er auch für die Erteilung der Freigabe des Abschlusses einer Projektmanagement-Phase zuständig. Ferner ist er für die Definition der Anforderungen und der Projektziele zuständig. Im Regelfall trägt er zudem die Finanzierung des Projekts (vgl. OECHTERING, 2007). Dieser Rolle kommt damit im gesamten Projekt eine entscheidende Bedeutung zu, denn häufig bereiten gerade die unvollständigen Anforderungen bzw. unrealistischen Erwartungen an ein Projekt Probleme, welche den Projekterfolg maßgeblich negativ beeinflussen können (STANDISH-GROUP, 1994). So trägt der Auftraggeber die größte Verantwortung für das Projekt (vgl. OECHTERING, 2007).

Der Auftraggeber wird bereits vor dem Start des Projekts tätig, indem die Projektgenehmigung und das Inkraftsetzen des Projektes von ihm maßgeblich bestimmt werden. Es kann sich dabei um eine einzelne Person oder um ein Gremium handeln, welches zumeist bei größeren und umfangreicheren Projekten auch aus Mitarbeitern verschiedener Unternehmen bzw. Organisationen bestehen kann.

Der Auftraggeber kann entweder intern im Unternehmen, in welchem das Projekt durchgeführt wird, zu finden sein oder extern in einem anderen Unternehmen (Kunde) (vgl. OECHTERING, 2007).

Beispiel Bei der Tox GmbH beauftragt die Geschäftsführung einen Projektleiter mit der Einführung eines neuen Buchhaltungssystems. In diesem Fall ist die Geschäftsführung der Auftraggeber des Projekts. Als eine Anforderung definiert der Auftraggeber, dass das System auf dem Betriebssystem ABC laufen soll. Nachdem die Pilotphase abgeschlossen ist, soll das System auch in der Niederlassung in den USA eingesetzt werden. Dort wird jedoch das Betriebssystem MHE verwendet, wofür die Software nicht ausgerichtet ist. Der Projektauftrag sah die Verwendung des Betriebssystems MHE jedoch nicht vor. Da das System in der Niederlassung ebenfalls eingeführt werden muss, sind umfangreiche Nacharbeiten erforderlich.

Je nach dem, ob der Auftraggeber innerhalb des projektdurchführenden Unternehmens zu finden ist oder es sich um den Kunden handelt, unterscheiden sich die Aufgaben und Befugnisse. Die Aufgaben und Befugnisse des internen Auftraggebers sind in der Tabelle 1.06-3 aufgeführt. Bei einem externen Auftraggeber weichen diese im Regelfall ab. So kann der externe Auftraggeber beispielsweise nicht über den Austausch des Projektleiters entscheiden, da dessen Besetzung nicht zu seinem Aufgabenfeld gehört.

Tabelle 1.06-3: Aufgaben und Befugnisse des internen Auftraggebers
(in Anlehnung an OECHTERING, 2007: 5f).

	Auftraggeber
Aufgaben:	I Erstellung des Projektauftrags und der -ziele (gemeinsam mit dem Projektleiter) I Budget für das Projekt bereitstellen I Steuerung des Projekts (zusammen mit dem Projektleiter) I Freigabe des Abschlusses der jeweiligen Projektmanagement-Phase I Projektergebnis abnehmen I Projektleiter entlasten I Abstimmung mit Unternehmenszielen I Eskalation bei Problemen
Befugnisse:	I Entscheidung über Projektabbruch I Entscheidung über Austausch des Projektleiters I Beauftragung des Projekts

Einige der Aufgaben des internen Auftraggebers werden durch einen Lenkungsausschuss wahrgenommen, wenn es ihn gibt. Hierzu gehören beispielsweise die Entlastung des Projektleiters oder die Steuerung des Projekts zusammen mit dem Projektleiter. Wichtig ist auch, dass der Auftraggeber und der Projektleiter gut zusammenarbeiten und es keine Konflikte zwischen ihnen gibt, da sich dies negativ auf den Projekterfolg auswirken kann (vgl. OECHTERING, 2007).

Der Auftraggeber wird in einigen Literaturquellen auch als Projektsponsor bezeichnet. Andere Literaturquellen sehen in dem Projektsponsor mittelbare Personen (hochrangiger Förderer des Projekts – wichtig bei kleineren und mittelgroßen Projekten) (vgl. PFETZING & ROHDE, 2006; KREMER, 2005), vgl. Abschnitt 3.2.

Demgegenüber ist der **Auftragnehmer** [engl.: Supplier, Contractor] diejenige Person oder Organisation(seinheit), welche das Projekt verantwortlich durchführt. Der Auftragnehmer ist dem Auftraggeber gegenüber verpflichtet, das angeforderte Projektergebnis abzuliefern. Dafür erhält der Auftragnehmer die vereinbarte Gegenleistung.

Je nachdem, ob der Auftragnehmer innerhalb des Geschäftsbereichs des Auftraggebers oder außerhalb zu finden ist, gibt es ein paar Besonderheiten. So wird der Projektleiter häufig vom Auftragnehmer benannt, wenn als Auftraggeber ein externes Unternehmen oder eine andere Abteilung bzw. ein Unternehmensbereich fungieren.

3.1.2 Lenkungsausschuss/Steuerungsgremium

Der **Lenkungsausschuss** [engl.: Steering Committee] ist ein übergeordnetes Entscheidungsgremium, z. B. für ein einzelnes Projekt oder für eine Gruppe von Projekten und/oder für ein Programm.

Insofern ein Unternehmen wenige Projekte durchführt oder einen geringen Institutionalisierungsgrad hinsichtlich des Projektmanagements aufweist, werden Lenkungsausschüsse projekt- oder programmbezogen installiert. Sie lösen sich mit Abschluss des Projekts bzw. des Programms auf. Anders ist dies, wenn viele Projekte bzw. Programme nacheinander und nebeneinander durchgeführt werden. In diesem Fall ist eine permanente Steuerung der Projektlandschaft im Unternehmen erforderlich. Als Teil der Stammorganisation (nicht der Projektorganisation) würde sodann ein fortlaufender Lenkungsausschuss eingerichtet werden. Unabhängig hiervon können weiterhin spezielle Lenkungsausschüsse projekt- bzw. programmbezogen installiert werden. Diese zwei Ausschüsse sollten sprachlich unterschieden werden, da Funktionen und Anbindung an die Unternehmung unterschiedlich sind.

> **§ Definition** Wir schlagen deshalb vor, dass die temporäre Form des Lenkungsausschusses für spezielle Projekte bzw. Programme als Lenkungsausschuss bezeichnet wird, während das übergeordnete, ständige und strategische Gremium, das die Projektlandschaft in einer Unternehmung steuert, als Steuerungsgremium (oder Portfolio-Board) bezeichnet wird. „Wesentliche Aufgabe des Lenkungsausschusses ist, dass die Projekte und Programme richtig gemacht werden, während die zentrale Aufgabe des Steuerungsgremiums (Steering Committee) darin besteht, dass die richtigen Projekte und Programme im Unternehmen gemacht werden." (GESSLER, 2008: 4). Der Lenkungsausschuss trifft Entscheidungen im Rahmen des Projekts bzw. Programms und das Steuerungsgremium entscheidet im Rahmen des Unternehmens über Projekte bzw. Programme.

Für ein einzelnes Projekt kann der Lenkungsausschuss ein interner Ausschuss aus bevollmächtigten Vertretern des Auftraggebers/Investors sein. Es können ggf. aber auch externe Projektbeteiligte einbezogen werden. Der Lenkungsausschuss dient dem Projektleiter als Berichts-, Entscheidungs- und Eskalationsgremium. Nicht jedes Projekt benötigt jedoch einen Lenkungsausschuss, gleichwohl auch bei kleineren Projekten diese Koordinationsform sinnvoll ist und praktiziert wird. Bei mittleren und größeren Projekten sollte er jedoch eingerichtet werden (vgl. WOLF, 2006). Die Notwendigkeit hängt im Wesentlichen jedoch auch vom eingesetzten Vorgehensmodell ab. So ist ein Lenkungsausschuss bei PRINCE2 fest vorgeschrieben. Der Projektleiter muss in der Regel dem Lenkungsausschuss Bericht über den Fortgang des Projekts erstatten. Hauptaufgabe des Lenkungsausschusses ist es, Entscheidungen im Rahmen des Projekts zu treffen, für die der Projektleiter keine Entscheidungsbefugnis hat. Ferner sollte er bei Konflikten schlichten und sich ggf. mit dem Auftraggeber über weitere Projektressourcen (Personen, Kosten, Zeit) abstimmen. Dies betrifft alle Phasen des Projekts. In der Startphase des Projekts muss der Lenkungsausschuss den oder die Projektleiter autorisieren, den Projektauftrag und das Projektziel formulieren (sofern dies der Auftraggeber noch nicht geleistet hat) und auch die Projektplanung überwachen und genehmigen. Beim Projektabschluss muss er die Abschlussberichte des Projektleiters prüfen, den Projektleiter entlasten und die Auflösung des Projektteams durchführen. Zwischen dem Start und dem Abschluss des Projekts ist der Lenkungsausschuss für die Überwachung des Projektfortschritts, zur Unterstützung und Beratung des Projektleiters, zur Bearbeitung von Eskalationsaufgaben zuständig und muss übergeordnete Unternehmensinteressen durchsetzen. In Tabelle 1.06-4 sind die Aufgaben und Befugnisse des Lenkungsausschusses aufgeführt.

Tabelle 1.06-4: Aufgaben und Befugnisse des Lenkungsausschusses (vgl. WOLF, 2006: 3f) und des Steuerungsgremiums

	Lenkungsausschuss	Steuerungsgremium
Aufgaben:	<ul><li>Projektleiter ernennen</li><li>Genehmigung der Projektplanung</li><li>Unterstützung des Projektleiters</li><li>Überwachung des Projektfortschritts</li><li>Berichterstattung gegenüber Unternehmensleitung</li><li>Abschlussberichte genehmigen</li><li>Projektleiter entlasten</li></ul>	<ul><li>Notwendige Projekte und Programme identifizieren</li><li>Projekte und Programme auswählen und genehmigen</li><li>Unterstützung der Lenkungsausschüsse</li><li>Überwachung des Fortschritts aller Projekte und Programme im Unternehmen</li><li>Zuweisung und Freigabe von Projekt- und Programmbudgets</li><li>Projekte/Programm anhalten, abbrechen oder Ende genehmigen</li></ul>
Befugnisse:	<ul><li>Entscheidung über Korrekturmaßnahmen</li><li>Entscheidung über Änderungen der Projektinhalte, -termine, -kosten</li><li>Entscheidung über Prioritäten von Projektaufgaben</li></ul>	<ul><li>Entscheidung über Wertigkeit von Projekten und Programmen (Priorisierung) und Steuerung der Projektlandschaft auf Basis dieser Entscheidung (Regulierung)</li></ul>

Eine allgemein gültige Regelung für die Besetzung des Lenkungsausschusses gibt es nicht, da je nach Größe, Kosten und Zeitumfang des Projekts, der Projektart (internes oder externes Projekt), Branche und Unternehmensgröße andere Einflüsse gelten. Er sollte aber mit hochrangigen Vertretern von Auftraggeber und Auftragnehmer des Projekts besetzt sein, die über Entscheidungsbefugnisse in allen Projektbelangen verfügen, insbesondere hinsichtlich der Projektressourcen. In der Regel ist der Auftraggeber selbst bzw. ein Vertreter des Auftraggebers Mitglied im Lenkungsausschuss (vgl. WOLF, 2006). Dieser übernimmt dann auch meist den Vorsitz. Damit Entscheidungen getroffen werden können, sollte er aus einer ungeraden Anzahl an Mitgliedern bestehen (vgl. KREMER, 2005). Ist dies nicht möglich, zählt bei einer Pattsituation die Stimme des Auftraggebers (bzw. seines Vertreters) doppelt. Handelt es sich um einen externen Auftragnehmer, der den Projektleiter stellt, kann der Projektleiter auch ohne Stimmrecht teilnehmen (vgl. OECHTERING (2), 2007). Der Lenkungsausschuss sollte in regelmäßigen Zeitabständen zusammentreffen bzw. kann in kritischen Phasen des Projekts auch kurzfristig einberufen werden. Die Einberufung wird meist vom Auftraggeber auf Antrag des Projektleiters durchgeführt. Der Projektleiter berichtet im Lenkungsausschuss persönlich und stellt den Mitgliedern im Vorfeld der Sitzungen auch Statusberichte zur Verfügung. Das Steuerungsgremium (Steering Committee) ist aufgrund der strategischen Bedeutung der Entscheidung in der Regel mit Vertretern des Unternehmens aus höheren Hierarchieebenen besetzt.

3.1.3 Projektleitung

Die **Projektleitung** [engl.: Project Management] ist die für die Dauer eines Projekts geschaffene Organisationseinheit, die für die Planung, Überwachung und Steuerung dieses Projekts verantwortlich ist. Die Projektleitung kann entweder durch einen einzelnen Projektleiter ausgeführt werden oder aus einem **Projektleitungsteam** [engl.: Project Management Team] bestehen. Dieses wiederum besteht dann aus dem Projektleiter und den ihm zugeordneten Spezialisten und Führungskräften für Teilaufgaben (z. B. Fachprojektleitern). Ein Projektleitungsteam findet jedoch nur in größeren Projekten Einsatz. Je nach Projektphase kann die Projektleitung an die Bedürfnisse angepasst werden.

Der **Projektleiter** [engl.: Project Manager] ist die für die Projektleitung verantwortliche Person. Dementsprechend kommt der Rolle des Projektleiters die wichtigste Bedeutung bei einem Projekt zu. Deshalb ist die Besetzung des Projektleiters entscheidend für den Erfolg des Projekts. Der Projektleiter ist für die Erreichung der vereinbarten Projektziele verantwortlich und koordiniert die Projektaufgaben und das Projektteam im Rahmen der ihm zugeteilten Entscheidungs- und Weisungsbefugnisse.

Tabelle 1.06-5: Aufgaben und Befugnisse des Projektleiters (in Anlehnung an KREMER, 2005: 109)

	Projektleiter
Aufgaben:	I Abstimmung Projektauftrag und –planung mit Lenkungsausschuss I Beschaffung geeigneter Ressourcen I Koordination, Führung und Motivation des Projektteams I Planung, Steuerung und Überwachung der Termine, Kosten und Qualität und Zielerreichung I Repräsentation des Projekts nach außen I Durchführung des Projektabschlusses
Befugnisse:	I Mitwirkung bei Bestimmung der Projektziele I Mitwirkung bei der Besetzung der Projektrollen I Fachliche Weisungsbefugnis I Je nach Projektorganisationsform auch disziplinarische Weisungsbefugnis I Entscheidungsbefugnis für alle Aufgaben im Projekt I Ressourcenzusagen einfordern

Neben den eher klassischen Aufgaben des Projektleiters, wie sie in der Tabelle 1.06-5 aufgeführt sind, sollte er auch folgende Aufgaben ausführen (vgl. KREMER, 2005):

I Identifikation der Projektbeeinflusser und deren Einfluss auf das Projekt
I Innerhalb des Projektteams die Schlüsselpersonen ermitteln
I Verantwortlichkeiten verwalten
I Bei Problemen innerhalb des Projekts als Katalysator fungieren
I Konflikte innerhalb des Projekts lösen

Um diese Aufgaben bewältigen zu können, muss der Projektleiter über die erforderlichen Kompetenzen verfügen. Hauptkriterien für die Besetzung einer Projektleiter-Stelle sind die Projekterfahrung, die Methoden- und Fachkompetenz sowie die Führungserfahrung bzw. die Führungsfähigkeiten. Wichtig ist zudem, dass der Projektleiter von der Unternehmensführung bzw. dem Gremium, welche/welches ihn eingesetzt hat, unterstützt wird. Dies muss allen anderen Beteiligten auch entsprechend kommuniziert werden (vgl. KERZNER, 2003). Es ist sinnvoll, dass in Unternehmen mit vielen Projekten der Projektleiter anhand eines speziellen Anforderungsprofils für Projektleiter ausgewählt wird. Auf Anforderungsprofile wird im Vertiefungsteil näher eingegangen.

Ebenfalls können in umfangreicheren Projekten zusätzlich zu einem Projektleiter **Teilprojektleiter** [engl.: Sub Project Manager] und Arbeitspaketverantwortliche eingesetzt werden. Während der Teilprojektleiter auch über Leitungsfunktionen für einen bestimmten Ausschnitt des Projekts verfügt, ist der **Arbeitspaketverantwortliche** [engl.: Work Package Responsible] meist nur für die Durchführung seines Arbeitspakets zuständig. Dies bedeutet, dass er für die anforderungsgerechte, termintreue und kostengerechte Abarbeitung eines Arbeitspakets verantwortlich ist. Die Arbeitspaketverantwortlichen können der Projektleitung zugeordnet oder normale Instanzen innerhalb des Projektteams sein.

Daneben werden für die eigentliche Ausführung der Arbeiten am Projekt die Projektmitarbeiter benötigt. Sofern sie keine der zuvor genannten Rollen innehaben, haben sie keinerlei Entscheidungs- und Weisungsbefugnis, es sei denn der Projektleiter (oder eine andere Person mit entsprechender Befugnis) hat diese an sie teilweise oder vollständig weitergegeben. In größeren Projekten kann es vorkommen, dass für ein Projekt auch ein eigenes Projektbüro eingerichtet wird.

🔍 **Beispiel** Das Bauunternehmen Klingbau führt ein Bauprojekt in einem Gewerbegebiet durch, welches eine Dauer von vierzehn Wochen haben soll. Da der Projektleiter, Franz Moser, für vier Wochen nicht verfügbar ist, beauftragt er seine Assistenin, Monika Huber, damit, das Projekt während seiner Abwesenheit zu führen. Er überträgt ihr auch die Entscheidungsbefugnis über den Kauf neuer Tragflächen, sofern die bestehenden nicht mehr ausreichen.

3.1.4 Projektmitarbeiter

Die Aufgaben werden operativ durch verschiedene **Projektmitarbeiter** [engl.: Project Team Member] durchgeführt. Die Projektmitarbeiter und der Projektleiter bilden im Allgemeinen das Projektteam. Die Projektmitarbeiter haben in der Regel keine disziplinarische oder fachliche Verantwortung, sondern sind für die Durchführung der Aufgaben zuständig. Daneben sind sie für die inhaltliche Richtigkeit ihrer Ergebnisse und die rechtzeitige Meldung von Problemen verantwortlich. Die Aufgaben werden ihnen entweder durch den Projektleiter zugewiesen bzw. in Absprache mit der Projektleitung vereinbart. Ebenso erfolgen in der Regel die Überwachung und die Kontrolle der Aufgabenergebnisse durch den Projektleiter. Die Projektmitarbeiter nehmen innerhalb des Projekts unterschiedliche Rollen wahr, die abhängig vom Aufgabengebiet sind. Beispiele hierfür sind Systementwickler, Programmierer, Qualitätsmanager oder Systemelektroniker. Aufgaben und Befugnisse sind in Tabelle 1.06-6 zusammengefasst aufgeführt.

Tabelle 1.06-6: Aufgaben und Befugnisse des Projektmitarbeiters

	Projektmitarbeiter
Aufgaben:	Durchführung der ihnen delegierten Aufgaben Dokumentation der erbrachten Aufgabenergebnisse Unterstützung des Projektleiters Kontrolle des Fortschritts der eigenen Aufgaben Rückmeldung der Arbeitsergebnisse und des damit verbundenen Aufwands
Befugnisse:	Umsetzung der Aufgaben Vorbereitung von Entscheidungen durch den Projektleiter

Die Auswahl des Projektteams sollte der Projektleiter treffen können. In der Praxis sind aus Kapazitätsgründen oder aufgrund der notwendigen Vertretung von Interessen seine Optionen stark eingeschränkt. Der Schwerpunkt der Anforderungen liegt sicherlich bei der Fachkompetenz, um die Projektergebnisse erarbeiten zu können. Allerdings erhalten je nach Projektart auch Methodenkompetenz und Sozialkompetenz der Projektmitarbeiter einen hohen Stellenwert.

Das Zusammenstellen eines leistungsfähigen Teams ist zumeist schwierig und erfordert einiges an Menschenkenntnis. Eine schlechte Stimmung bzw. Harmonie im Team kann sich negativ auf die Projekttätigkeiten auswirken. Für weitere Informationen zur Teambildung sei auf das Kapitel 1.07 Teamarbeit verwiesen.

3.2 Mittelbar Projektbeteiligte

Indirekt am Projekt beteiligt sind u. a. die Rollen des Projektcontrollers, des Projektkaufmanns, des Multiprojektleiters, der Projektmanagement-Büro-Mitarbeiter, das Bewilligungsgremium und der Änderungsausschuss. Diese Rollen haben meist eine unterstützende Funktion für den Projektleiter, können dem Projektleiter gegenüber aber auch weisungsbefugt sein.

Der **Projektcontroller** [engl.: Project Controller] trägt die Verantwortung dafür, dass der Status des Projekts für alle Projektbeteiligten jederzeit transparent ist. Er unterstützt den Projektleiter bei der Aufgabe des operativen Projektmanagements und mahnt ggf. auch Steuerungsaktionen an. Bei kleineren Projekten ist der Projektleiter häufig sein eigener Controller. Zumeist hat der Projektcontroller keine Weisungsbefugnis gegenüber anderen Projektbeteiligten.

Der **Projektkaufmann** [engl.: Commerical Project Manager] ist gegenüber dem Projektcontroller mehr „für die Sicherstellung und Durchführung einer wirtschaftlichen, termingemäßen und vertragsgerechten Abwicklung der besonderen, projektbezogenen, kaufmännischen Angelegenheiten nach Maßgabe besonderer Festlegungen" (vgl. SCHELLE, OTTMANN & PFEIFFER, 2005: 110) zuständig. Er wird insbesondere in umfangreicheren Projekten, wie im Bau- und Anlagenbau, eingesetzt.

Das **Projektmanagement-Büro** [engl.: Project Management Office] ist eine ständige Einrichtung für das Projektportfolio-Management einer Organisation mit der Aufgabe, jederzeit Transparenz über das Portfolio herzustellen und Unterstützung bei der Projektauswahl, Initiierung, Planung, Überwachung und Steuerung der Projekte und Programme zu leisten. Für weitergehende Angaben zum Projektmanagement-Büro wird auf das Element 3.05 Stammorganisation verwiesen. Neben dem Projektmanagement-Büro kann es auch ein **Projektbüro** [engl.: Project Office] geben. Dies ist im Gegensatz zum Projektmanagement-Büro nur für ein Projekt zuständig und existiert somit nur temporär für die Dauer des Projekts. Es hat wie der Projektcontroller und der Projektkaufmann die Funktion, den Projektleiter zu unterstützen. Daneben gehört zu den Aufgaben auch, Projektpläne, Aufwandsabschätzungen etc. für nachfolgende Projekte nutzbar zu machen. Ferner sollten die Erfahrungen im Projekt dokumentiert werden. Dazu müssen die Projektbüro-Mitarbeiter mit dem Projektmanagement allgemein und den unternehmensspezifischen Richtlinien (Projektmanagement-Handbuch) vertraut sein. Projektbüros werden nur in größeren und längerfristigen Projekten eingesetzt.

Wie bereits erwähnt, reicht es bei umfangreichen Projekten oftmals nicht aus, nur eine Person mit der Leitung des Projekts zu beauftragen, insbesondere dann nicht, wenn mehrere Projekte zusammenhängen. In diesem Fall wird auch von einem Programm gesprochen und es kommt ein **Programmmanager** [engl.: Program Manager] zum Einsatz, der die Projektleitungen der einzelnen Projekte koordiniert. Dabei ist er insbesondere für die einheitliche Führung der Projekte innerhalb des Programms verantwortlich. Der Programmmanager hat im Wesentlichen Aufgaben, wie sie in Tabelle 1.06-7 aufgeführt sind.

Tabelle 1.06-7: Aufgaben und Befugnisse des Programmmanagers
(in Anlehnung an MOTZEL, 2006: 145)

	Programmmanager
Aufgaben:	• Überwachung des Programmfortschritts • Auswahl und Führung der Programmteammitglieder • Aufbau, Durchführung, Weiterentwicklung des Projektmanagements • Repräsentation des Programms nach außen • Gestaltung des Kommunikations- und Informationsflusses • Strukturierung und Planung von Programmen • Management von Programm-Änderungen
Befugnisse:	• Führung des Programms • Projekte initiieren, priorisieren, unterbrechen, fortführen, abbrechen • Durchführung von Maßnahmen bei Problemen

Die Abwicklung von Projekten im Unternehmen oder einem Unternehmensbereich (Projektportfolio) übernimmt der **Multiprojektleiter** [engl.: Multi Project Manager]. Er ist im Unternehmen dauerhaft tätig, solange es Projekte in seinem Zuständigkeitsbereich gibt. Im Gegensatz zu den Projektleitern und Programmmanagern hat er jedoch keine Budgetverantwortung, da diese beim einzelnen Projekt verbleibt. Im Gegensatz zum Programmmanager handelt es sich beim Multiprojektleiter nicht um eine direkte Führungsaufgabe, sondern um eine Koordinationsaufgabe (vgl. LOMNITZ, 2001). Der Multiprojektleiter wird auch als **Projektportfolio-Manager** [engl.: Project Portfolio Manager] bezeichnet. Seine Aufgaben liegen in der Planung und Steuerung der Projektlandschaft. Hierzu zählen auch das Aufbauen und Optimieren der Infrastruktur für die Durchführung von Projekten. Gibt es einen Pool von Projektleitern, so steuert er diesen und wägt Ressourcenverfügbarkeiten ab. Daneben ist er auch für die Information über den aktuellen Stand der Projekte zuständig. Als Befugnisse darf er Maßnahmen zur übergreifenden Steuerung und zum Aufbau der Projektinfrastruktur durchführen.

Damit der Multiprojektleiter diese Aufgaben durchführen kann, sollte er in der Hierarchie möglichst weit oben angeordnet sein, z.B. bei der Geschäftsführung bzw. dem Vorstand (vgl. LOMNITZ, 2001). Ein Multiprojektleiter sollte über Erfahrungen sowohl als Projektleiter als auch als Projektmitarbeiter verfügen, um sich in die Aufgaben hineinversetzen und bei Problemen unter Berücksichtigung der Interessen des Projektleiters und der Projektmitarbeiter entsprechend reagieren zu können. Weitere Angaben zu den Aufgaben und Verantwortlichkeiten sind im Kapitel 3.03 Portfolioorientierung zu finden.

Im Rahmen des Multiprojektmanagements wird in größeren Unternehmen oftmals auch ein **Bewilligungsgremium** [engl.: Decision Committee] eingesetzt. Dieses hat die Aufgabe, über Projektanträge zu entscheiden, Prioritäten der einzelnen Projekte zu bestimmen, bei Ressourcenkonflikten zu entscheiden und auch die Lenkungsausschussmitglieder zu bestimmen. Werden viele Projekte durchgeführt, kann es für unterschiedliche Projektklassen eigene Bewilligungsgremien geben (siehe Tabelle 1.06-8). Die Bewilligungsgremien treten periodisch (z.B. einmal pro Quartal) zusammen. (vgl. PFETZING & ROHDE, 2006)

Tabelle 1.06-8: Beispiel für die Aufgliederung von Bewilligungsgremien anhand von Projektklassen
(vgl. PFETZING & ROHDE, 2006: 56)

Mitglieder des Bewilligungsgremiums	Projektklassen
Erste Ebene, alle Mitglieder des Vorstands, Geschäftsleitung	Projektklasse A: Übergreifend, strategisch, hoher Aufwand
Ausgewählte Mitglieder der ersten Ebene mit Bereichsleiter IT/Organisation und Controlling	Projektklasse B: Strategisch, fachbereichsbezogen (z. B. IT-Projekte)
Zweite Ebene, Bereichsleiter aus IT/Organisation, Controlling, Vertrieb, Technik	Projektklasse C: Übergreifend mit mittlerem Aufwand
Bereichsleiter IT/Organisation mit den Abteilungsleitern Organisation, Betrieb, Anwendungsentwicklung	Projektklasse D: Kleinprojekte mit geringem Aufwand im Bereich Technik/IT

Neben dem Bewilligungsgremium kann es noch einen **Änderungsausschuss** [engl.: Change Control Board] geben. Der Änderungsausschuss fungiert in größeren Projekten, beurteilt Änderungen und deren Auswirkungen und entscheidet im Rahmen seiner Befugnisse oder verweist mit Empfehlungen an eine höhere Entscheidungsinstanz (z. B. Lenkungsausschuss). Dazu werden regelmäßige Sitzungen durchgeführt. Mitglieder in dem Änderungsausschuss sind in der Regel der Auftraggeber, der Projektleiter, Verantwortliche für die Qualitätssicherung sowie je nach Projektgegenstand und -umfang weitere Projektverantwortliche. Weitere Informationen hierzu finden Sie im Kapitel 1.12 Änderungen.

Jeder Fachbereich bzw. jede Abteilung im Unternehmen können auf ein Projekt eine beeinflussende Wirkung haben. Je nach angewandter Projektorganisationsform können die **Fachbereichsleiter** [engl.: Head of Department] bzw. die **Fachbereichsmitarbeiter** [engl.: Department Member] für die Koordination und Realisierung der Projektaufgaben verantwortlich sein, welche die Mitarbeiter des Fachbereichs für das Projekt durchführen. In diesem Fall ist der Projektleiter stark auf die Unterstützung des Fachbereichs angewiesen. Der Fachbereich kann auch auf das Projekt Einfluss haben, in dem sich das Projektergebnis auf die Arbeit im Fachbereich auswirken kann. Ein Beispiel ist die Einführung eines neuen Softwaresystems, mit dem der Fachbereich arbeiten muss und somit die Anwender stellt. In größeren Unternehmen gibt es auch **Fachbereichskoordinatoren** [engl.: Department Coordinator] welche sich um die Integration und Unterstützung von IT-Systemen in den Fachbereich kümmern (vgl. PFETZING & ROHDE, 2006). Sie sind im Fachbereich häufig für neue „Projektideen und Änderungswünsche in bestehenden Anwendungen" (vgl. PFETZING & ROHDE, 2006: 61) zuständig.

Daneben gibt es für verschiedene Bereiche auch Fachbeauftragte. Seit einigen Jahren wird in vielen Unternehmen ein **Qualitätsmanagement-Beauftragter** (QM-Beauftragter) [engl.: Quality Management Manager] eingesetzt. Dieser ist für das Qualitätsmanagement im Unternehmen zuständig. Im Qualitätsmanagement gibt es verschiedene internationale Normen (wie beispielsweise die ISO 9000-Normreihe). Diese wirken sich im Regelfall auch auf die im Unternehmen durchgeführten Projekte aus. Somit ist eine Zusammenarbeit zwischen der Projektleitung und dem Qualitätsmanagement-Beauftragten notwendig.

Neben dem Fachbereich können noch andere Organisationseinheiten bzw. deren Leiter und Mitarbeiter Einfluss auf das Projekt nehmen. Hierzu zählen insbesondere die **Geschäftsleitung** [engl.: Executive Board] bzw. der Vorstand des Unternehmens. Sie haben im Unternehmen immer die endgültigen Entscheidungs- und Weisungsbefugnisse und können so direkt oder auch indirekt auf die Entscheidungen im Projekt Einfluss nehmen. Wie beim Lenkungsausschuss erwähnt, ist ein Vertreter der Geschäftsleitung bzw. des Vorstands zumeist im Lenkungsausschuss vertreten. Dies ist jedoch nicht immer möglich bzw. erwünscht. So beispielsweise, wenn im Unternehmen eine Vielzahl an Projekten durchgeführt wird. Sind die Geschäftsleitung bzw. der Vorstand in zu vielen Lenkungsausschüssen vertreten, kann dies aufgrund der anfallenden Arbeit u. a. zu Zeitverzögerungen im Lenkungsausschuss führen (vgl. PFETZING & ROHDE, 2006).

Unterhalb der Geschäftsleitung und des Vorstands sind die **Leiter von Organisationseinheiten** [engl.: Department Manager, Division Manager] (wie von Unternehmensbereichen oder Abteilungen) in der Hierarchie angesiedelt. Auch diese können ein Interesse an dem Projekt haben, insbesondere dann, wenn die Projektdurchführung oder das Projektergebnis ihre Organisationseinheit beeinflussen Und zwar entweder durch die Bereitstellung von Ressourcen oder durch geänderte Arbeitsabläufe ab Einführung des Projektergebnisses. Zu diesen Organisationseinheiten zählen meist die IT-Abteilung, Forschung und Entwicklung und die Betriebstechnik (vgl. PFETZING & ROHDE, 2006).

Auf der Ebene der Geschäftsführung bzw. des Vorstands oder des Leiters von Organisationseinheiten kann das Projekt auch einen **Projektsponsor** [engl. Project Sponsor] haben. Dieser hat oftmals eine direkte Beziehung zum Projekt und unterstützt bzw. promotet das Projekt nach außen hin. Dies geschieht meist auf freiwilliger Basis, da er z. B. vom Projektzweck überzeugt oder dem Projektleiter gut gesonnen ist. In einiger Literatur wird der Projektsponsor mit dem Auftraggeber gleichgesetzt (siehe Beschreibungen zum Auftraggeber).

Unterhalb dieser ‚Führungsebenen' kann es in den Organisationseinheiten weitere Personen geben, die das Projekt beeinflussen können (vgl. 1_02_Interessengruppen). Hierzu zählen die späteren Anwender des Projektergebnisses. Soll beispielsweise eine Software durch das Projekt eingeführt werden, ist es von Vorteil, frühzeitig die späteren Anwender in das Projekt mit einzubeziehen. In größeren Unternehmen ist es jedoch nicht möglich, alle Anwender zu befragen, weshalb hier von den Anwendern Vertreter (**Benutzervertreter** [engl.: User Representative]) bestimmt werden, welche die Interessen der Anwender wahrnehmen (vgl. PFETZING & ROHDE, 2006). Wichtig hierbei ist, dass diese Vertreter von den übrigen Anwendern anerkannt werden. Unterstützt werden sie häufig von **externen Beratern** [engl.: Consultant], welche im Projekt tätig sind. Sie haben zumeist die Aufgabe, externes Methoden- und Expertenwissen einzubringen, über welches die Projektleitung oder die Projektmitarbeiter nicht verfügen.

Zum Schluss sei noch erwähnt, dass auch der **Antragsteller** [engl. Requestor] des Projekts Einfluss auf das Projekt ausüben kann. Handelt es sich hierbei nicht um den Auftraggeber bzw. eine Person mit Leitungsfunktion, welche in einer anderen Rolle im Projekt eingebunden ist, hat er aber zumeist nur einen geringen Einfluss auf das Projekt. Häufig kommt es vor, dass Mitarbeiter aus den Fachbereichen die Ideen für Projekte haben. Mit diesen wenden sie sich meist an ihren Linienvorgesetzten, welcher dann den Antrag für das Projekt stellt bzw. die Durchführung des Projekts anberaumt. Ohne die Unterstützung des Vorgesetzten ist es sonst schwierig, die Notwendigkeit für das Projekt zu begründen und das Projekt erfolgreich zu beantragen (vgl. PFETZING & ROHDE, 2006).

3.3 Organisatorische Anbindung

Die zuvor genannten Rollen müssen aus der vorhandenen Stammorganisation in die Projektorganisation eingebunden werden. Der Schwerpunkt liegt auf der Einbindung der Projektleitung und der Projektmitarbeiter. Die anderen Rollen sind meist bereits vorhanden (z. B. Auftraggeber, Lenkungsausschuss) oder aber projektübergreifend (z. B. Programmmanager, Projektmanagement-Büro, Multiprojektleiter) tätig und müssen somit für ein einzelnes Projekt nicht eingerichtet werden. Die im Projekt tätigen Projektmitarbeiter werden im Sprachgebrauch auch als Personal-Ressourcen bezeichnet. Im Wesentlichen lassen sich drei Arten von Ressourcen unterscheiden:

- Interne, vorhandene Personal-Ressourcen
- Interne, zu beschaffende Personal-Ressourcen
- Externe Personal-Ressourcen

Neben den Personal-Ressourcen gibt es auch noch Sachmittel. Auf diese wird im Folgenden jedoch nicht eingegangen.

Die **internen, vorhandenen Personal-Ressourcen** sind bereits im Unternehmen tätig und sollen für das Projekt entweder vollständig oder teilweise abgestellt werden. Sie müssen also evtl. komplett aus ihrer Stammorganisation herausgelöst und in die Projektorganisation eingebunden werden. Dies kann zu einem erhöhten Aufwand und zu Konflikten führen. Erhöhter Aufwand, weil durch die Umbesetzung evtl. bestehende Arbeitsverträge geändert, räumliche Arbeitsplätze versetzt und evtl. auch Arbeitsmittel neu beschafft werden müssen. In der Regel sind die Arbeitsmittel den Unternehmensabteilungen zugeordnet und nicht einzelnen Stellen. Konflikte können entstehen, da die Mitarbeiter evtl. neue (fachliche oder disziplinarische) Vorgesetzte und neue Arbeitskollegen bekommen oder gar an einen anderen Standort verlegt werden müssen. Diese Konflikte sind auch abhängig von der eingesetzten Projektorganisationsform. Hierauf wird im nächsten Abschnitt 4. Formen der Projektorganisation näher eingegangen.

Bei den **internen, zu beschaffenden Personal-Ressourcen** handelt es sich um neu zu besetzende Stellen. D. h. hier muss erst eine Personalauswahl (-ausschreibung) stattfinden. Anschließend werden die Ressourcen eingestellt und fest in die Unternehmensorganisation eingebunden. Dabei kann es sich um Ressourcen handeln, welche ausschließlich für ein bestimmtes Projekt gesucht werden. Dies lohnt sich aber nur bei umfangreicheren und längerfristigen Projekten. Zum anderen kann es sich um Ressourcen handeln, welche zwar primär zuerst für das Projekt gesucht werden, aber parallel noch andere Tätigkeiten ausüben oder nach Projektende weiterbeschäftigt werden sollen. Dies kann sich auch bei kurzfristigen Projekten lohnen, wenn anschließend ähnlich gelagerte Projekte durchgeführt werden sollen oder die Ressource nur teilweise im Projekt benötigt wird, es aber genügend Aufgaben im restlichen Unternehmen gibt.

Bei den **externen Personal-Ressourcen** handelt es sich um Mitarbeiter anderer Unternehmen, die in das Projekt eingebunden werden sollen. Hierbei handelt es sich in der Regel um Spezialisten mit entsprechendem Fachwissen, welches in der Stammorganisation nicht vorhanden ist und auch nicht aufgebaut werden soll, da es beispielsweise nicht zum Kerngeschäft des Unternehmens zählt. Ein Beispiel hierfür sind Berater, die über ein fundiertes Wissen hinsichtlich einer bestimmten Software bzw. Einführungsmethodik verfügen. Bei der Auswahl der externen Ressourcen sind neben dem vorhandenen Fachwissen auch weitere Kriterien zu überprüfen, die bei der Einstellung einer internen Ressource ebenfalls verwendet werden. Hiermit ist u. a. die Prüfung der menschlichen Eignung für die Mitarbeit im Projektteam gemeint. Dies ist insbesondere dann wichtig, wenn die Ressourcen für eine längere Zeit im Projekt tätig sind. Für externes Personal in der Projektarbeit finden sich auch noch andere Bezeichnungen: Leiharbeiter, Leih-Ingenieure, Arbeitnehmerüberlassung, externe Dienstleister und Interimsmanager.

Neben den Projektmitarbeitern muss auch die Projektleiter-Rolle für das Projekt besetzt werden. Die Besetzung der Projektleiter kann ebenfalls aus einer der vorgenannten Gruppen erfolgen. Bei größeren Unternehmen, welche häufig Projekte durchführen, kann auch ein **Projektleiter-Pool** zum Einsatz kommen. Darin sind meist alle Projektleiter des Unternehmens zusammengefasst. Je nach Bedarf werden sie aus dem Pool entnommen und in das Projekt eingesetzt. Nach Ende des Projekts wandern sie wieder zurück in den Pool. Liegt kein weiteres Projekt an, in dem sie eingesetzt werden können, können sie auch andere interne Aufgaben ausführen oder versuchen, sich weiterzubilden. Bei dem Pool kann es sich sowohl um interne Ressourcen als auch um externe Ressourcen handeln. Ein Vorteil bei der Verwendung von externen Ressourcen liegt darin, dass sie nach Ende des Projekts nicht mit anderen Aufgaben betreut werden müssen. Der Aufbau eines Projektleiter-Pools lohnt sich, wenn viele Projekte mit teilweise unterschiedlichem Fachwissen durchgeführt werden. Unabhängig vom Fachwissen sind alle Projektleiter aus dem Pool jedoch Experten bzgl. der Durchführung von Projekten. Es sei angemerkt, dass ein Pool auch bei den Projektmitarbeitern zum Einsatz kommen kann (Fachpool-Projektorganisation).

4 Formen der Projektorganisation

Nachdem im vorangegangenen Abschnitt die Projektbeteiligten beschrieben wurden, wird in diesem Abschnitt näher auf die (aufbauorganisatorischen) Formen der Projektorganisation eingegangen. Hierbei werden im Wesentlichen die Einfluss-Projektorganisation, die Matrix-Projektorganisation und die Autonome Projektorganisation unterschieden. Schon früh hat sich gezeigt, dass die Projektpraxis drei Matrixorganisationsformen unterscheidet und nutzt: Linien-dominierte, ausgewogene(-balanzierte) und Projekt-dominierte Matrix-Projektorganisation (KNÖPFEL, GRAY & DWORATSCHEK 1992). Neben den Grund-Projektorganisationsformen haben sich auch Abwandlungen davon gebildet, wie z. B. die Projektorientierten Teilbereiche. Auf weitere Formen wird im Folgenden jedoch nicht weiter eingegangen. Am Ende dieses Abschnitts werden die Schnittstellen zur Stammorganisation herausgearbeitet. Bei der Bewertung der verschiedenen Organisationsformen sei daraufhin gewiesen, „dass es keine guten oder schlechten Organisationsformen gibt, sondern nur passende und unpassende" (KERZNER, 2003: 76).

4.1 Einfluss-Projektorganisation

Bei der **Einfluss-Projektorganisation** [engl.: Staff Unit Organisation] ist die Projektleitung nur koordinierend und beratend tätig (siehe Abbildung 1.06-3). Die Weisungsbefugnis verbleibt in der Linie bestehen. Die Projektleitung kann somit keine Weisungen erteilen und Entscheidungen treffen. Im Normalfall ist der Projektleiter als Stabsstelle einer höherrangigen Linie zu geordnet, z. B. der Geschäftsführung oder einem Bereichsvorstand. Sinnvoll ist diese Organisationsform nur, wenn der Projektleiter durch seine Kompetenz bzw. Autorität Einfluss auf die Linienstellen nehmen kann und diese bereit sind, eine solche Beratung anzunehmen. Dennoch kann ein Einfluss-Projektleiter von der faktische „geliehenen Autorität" seines hochrangigen Stab-Vorgesetzten profitieren und tatsächlich im Interesse des Projektes wirksam werden. Werden viele Projekte in einem Unternehmen durchgeführt, besteht jedoch die Gefahr der Überlastung der Projektleitung, sodass die Einfluss-Projektorganisation in einem solchen Umfeld nicht zu empfehlen ist. Ein Vorteil ist jedoch, dass die Mitarbeiter in ihren Linienabteilungen bleiben und so keine organisatorischen Umbesetzungen durchgeführt werden müssen. Der Projektleiter ist keinem Linienvorgesetzten verantwortlich, außer natürlich der Unternehmensleitung (oder der Bereichsleitung), der er zugeordnet ist. Häufig wird der Projektleiter deswegen auch als Projektkoordinator bezeichnet.

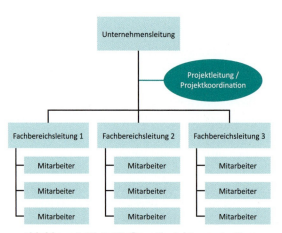

Abbildung 1.06-3: Einfluss-Projektorganisation

Die Projektleitung ist bei der Einfluss-Projektorganisation hauptsächlich für folgende Aufgaben zuständig (vgl. SCHELLE, OTTMANN & PFEIFFER, 2005):

- Planung und Koordination
- Berichtswesen
- Überwachung und Dokumentation
- Informationsmanagement
- Vorbereitung von Entscheidungen
- Empfehlungen geben und Aktivitäten anregen
- Aufmerksam auf Verzögerungen oder auf Missstände hinweisen

Die wesentlichen Merkmale, Vor- und Nachteile sowie die Anwendung der Einfluss-Projektorganisation sind in Tabelle 1.06-9 aufgeführt.

Tabelle 1.06-9: Übersicht Einfluss-Projektorganisation
(in Anlehnung an PFETZING & ROHDE, 2006: 62f und SCHELLE, OTTMANN & PFEIFFER, 2005: 99f)

	Einfluss-Projektorganisation
Merkmale:	- Mitarbeiter verbleiben in der Linie - Projektleiter hat keine fachliche und disziplinarische Verantwortung - Projektleiter hat nur eine Beratungsfunktion - Projektdurchführung erfolgt durch die Linie
Anwendung:	- Kleine und nicht-kritische Projekte und/oder - Strategische abteilungsübergreifende Projekte - Hohe Betroffenheit vieler Organisationseinheiten (z. B. Abteilungen) - Bei größeren Projekten nur, wenn Geschäftsleitung das Projekt eindeutig stützt und die Projektleitung über persönliche Autorität (Einfluss) verfügt
Vorteile:	- Notwendigkeit von organisatorischen Veränderungen entfällt - Hohe Flexibilität bei der Ressourcenbereitstellung - Optimierte Auslastung von Ressourcen möglich - Unbürokratischer Wissensaustausch (zumindest theoretisch) möglich
Nachteile:	- Aufwändige Prozesse zur Koordination und Abstimmung - Projektleiter hat kaum Möglichkeiten, Maßnahmen durchzusetzen - Risiko oder Chance: Identifikation mit dem Projekt - Line wird stark belastet

4.2 Autonome Projektorganisation

Im Gegensatz zur Einfluss-Projektorganisation hat bei der **Autonomen Projektorganisation** [engl.: Pure/Autonomous Project Organisation] die Projektleitung eine fachliche und disziplinarische Weisungs- und Entscheidungsbefugnis. Sie besitzt somit die volle Verantwortung für das Projekt. Die Autonome Projektorganisation wird auch als ‚Reine Projektorganisation' bezeichnet. Die Projektleitung ist dabei oftmals auf der gleichen Ebene angesiedelt wie die Linienabteilungen oder eine eigene eigenständige Organisationseinheit (siehe Abbildung 1.06-4). Gibt es mehrere Projekte, kann es auch mehrere Projektleitungsabteilungen geben. Die Mitarbeiter werden für die Zeit des Projekts aus ihren Linienabteilungen in die Projektleitungsabteilung versetzt. Es wird deutlich, dass sich dies nur bei längerfristigen Projekten lohnt und auch nur, wenn die Mitarbeiter möglichst in Vollzeit im Projekt eingebunden sind. Ist ein Projekt beendet, muss das nächste Projekt beginnen, da die Mitarbeiter sonst ‚in der Luft' hängen. Ist dies nicht möglich, entstehen Kosten, da die Mitarbeiter irgendwie weiterbeschäftigt werden müssen. Ansonsten müssen die Mitarbeiter und der Projektleiter wieder in die nicht-projektorientierten Abteilungen eingegliedert werden. Dies kann insbesondere beim Projektleiter zu Konflikten führen, wenn er anschließend als normaler Mitarbeiter einer Abteilung weiterbeschäftigt wird und über keine Entscheidungs- und Weisungsbefugnisse mehr verfügt. Vorteilhaft ist jedoch, dass der Mitarbeiter in der Autonomen Projektorganisation einen eindeutigen Vorgesetzten hat. Durch einen zu häufigen Wechsel kann es jedoch auch hier zu Führungsproblemen kommen, insbesondere dann, wenn der Projektleiter nicht die erforderliche Befähigung zum Führen einer Abteilung besitzt.

Abbildung 1.06-4: Autonome Projektorganisation

Die wesentlichen Merkmale, Vor- und Nachteile sowie die Anwendung der Autonomen Projektorganisation sind in Tabelle 1.06-10 aufgeführt.

Tabelle 1.06-10: Übersicht Autonome Projektorganisation
(in Anlehnung an PFETZING & ROHDE, 2006: 66f)

	Autonome Projektorganisation
Merkmale:	I Projekt wird eigenständige Organisationseinheit im Unternehmen auf Zeit I Projektleiter hat alleinige fachliche und disziplinarische Verantwortung I Mitarbeiter sind nur dem Projektleiter unterstellt I Mitarbeiter werden für die Laufzeit aus ihren Linien herausgelöst I Auflösung der Organisationseinheit nach Projektende
Anwendung:	I Große und terminkritische Projekte I Geringe organisatorische Anknüpfungspunkte zu anderen Stellen
Vorteile:	I Eindeutige Befugnisse und Verantwortlichkeiten I Kaum Konfliktpotenzial durch unterschiedliche Aufgabenzuteilungen I Identifikation mit dem Projekt I Einfache Kommunikationswege
Nachteile:	I Auslastungsprobleme durch Zuweisung von Ressourcen nur zu einem Projekt I Konfliktpotenzial bei Wiedereingliederung in die Linie nach Projektende I Erhöhte Umstellungskosten bei Aus- und Wiedereingliederung I Know-how-Abfluss

Bei der Einbindung einer autonomen Projektorganisation wird unterhalb der Projektleitung oftmals noch eine weitere Hierachiestufe eingefügt, um z. B. noch nach Teilprojekten aufgliedern zu können (vgl. SCHELLE, OTTMANN & PFEIFFER, 2005).

4.3 Matrix-Projektorganisation

Bei der **Matrix-Projektorganisation** [engl. Matrix Project Organisation] wird in die Stammorganisation eine horizontale Projektstruktur integriert. Die Entscheidungs- und Weisungsbefugnisse werden dabei zwischen der Linie und der Projektleitung aufgeteilt (vgl. MOTZEL, 2006). Die Projektleitung erhält die Entscheidungs- und Weisungsbefugnis für die Belange des Projekts. Die Projektmitarbeiter bleiben aber für die Dauer des Projekts in der Linie und behalten so ihren Linienvorgesetzten, der ihnen für alle Belange außerhalb der Projekte Weisungen geben kann und entscheidungsbefugt ist (siehe Abbildung 1.06-5). Dies führt dazu, dass die Mitarbeiter Weisungen vom Linienvorgesetzten und vom Projektleiter entgegennehmen müssen. Dementsprechend kann es zu Konflikten zwischen der Projekt- und Linienleitung kommen. Deshalb entsteht oft ein erhöhter Kommunikationsbedarf, um die Aufgaben und Interessen zwischen Projekt und Linie abzustimmen. „Idealerweise ist der Projektleiter während der Projektlaufzeit Disziplinarvorgesetzter der Mitarbeiter oder hat zumindest weitgehende Weisungsbefugnis" (vgl. PFEIFFER, 2006: 17). Im Gegensatz zur Einfluss-Projektorganisation wird vom Projektleiter somit wesentlich mehr Kommunikations- und Konfliktwissen verlangt. Die Projektleiter selbst sind disziplinarisch oftmals einer zentralen Projektmanagement-Leitung zugeordnet. Die Matrix-Projektorganisation ist vermutlich die häufigste Projektorganisationsform, wobei unterschiedliche Variationen bestehen. Es werden insgesamt ca. 80 – 85 % der Projekte derzeit, meist oftmals unabhängig von der Größe, in der Matrix-Projektorganisation organisiert.

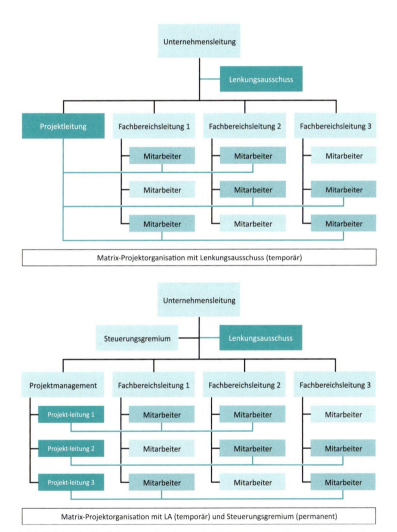

Abbildung 1.06-5: Matrix-Projektorganisation mit Lenkungsausschuss und Steuerungsgremium

Die wesentlichen Merkmale, Vor- und Nachteile sowie die Anwendung der Matrix-Projektorganisation sind in Tabelle 1.06-11 aufgeführt.

Tabelle 1.06-11: Übersicht Matrix-Projektorganisation (in Anlehnung an PFETZING & ROHDE, 2006: 64f)

	Matrix-Projektorganisation
Merkmale:	I Linienorganisation wird durch Projektorganisation überlagert I Mitarbeiter der Linie werden für die Projektarbeit abgestellt I Linienvorgesetzter behält disziplinarische Verantwortung I Projektleiter erhält fachliche Verantwortung
Anwendung:	I Mittlere bis große Projekte I Wichtige und terminkritische Projekte
Vorteile:	I Ressourcen können flexibel eingesetzt werden I Keine Herauslösung aus den Linienabteilungen I Einfacher und schneller Wissensaustausch möglich I Abteilungsübergreifende Projekte
Nachteile:	I Konfliktpotenzial durch Projekt- und Abteilungsziele I Gefahr der Überlastung der Mitarbeiter durch Projekt- und Linienaufgaben I Erhöhter organisatorischer Aufwand I Vernachlässigung der Projektarbeit durch das Tagesgeschäft

In der Praxis haben sich bei der Matrix-Projektorganisation unterschiedliche Ausprägungen gebildet. So wird zwischen der schwachen und starken Matrix-Projektorganisation unterschieden. Die **starke Matrix-Projektorganisation** [engl.: Strong Matrix Project Organisation] orientiert sich mehr an der Autonomen Projektorganisation, während sich die **schwache Matrix-Projektorganisation** [engl.: Weak Matrix Project Organisation] mehr an der Einfluss-Projektorganisation orientiert. Der Projektleiter übernimmt bei der schwachen Variante somit hauptsächlich eine Koordinationsfunktion, während er bei der starken Variante die vollständige Projektverantwortung besitzt. Allerdings ist er dabei selbst auch in einer Linie eingebunden und seinem Linienvorgesetzten verantwortlich. Empfehlenswert ist die schwache Matrix-Projektorganisation nur für kleine Projekte.

Werden mehrere Projekte im Unternehmen parallel durchgeführt, können die Varianten der Matrix-Projektorganisation auch gemischt werden. Bei einem kleinen, nicht so umfangreichen Projekt wird die schwache Variante angewendet, während bei größeren Projekten die starke Variante zum Einsatz kommt. Dies ist sinnvoll, da nur so auf die unterschiedlichen Anforderungen der Projekte, welche u. a. abhängig von Zeitdauer, eingesetzten Ressourcen und zur Verfügung stehenden Kosten sind, optimal reagiert werden kann.

4.4 Projektorientiertes Unternehmen

Als eine extreme Ausprägung der Autonomen Projektorganisation kann das **Projektorientierte Unternehmen** [engl.: Project Oriented Company] angesehen werden (vgl. PM Baseline, Kapitel 3.01 Projekt-orientierung). In vielen Branchen kommt es vor, dass eine Unternehmung nur Projekte durchführt. In diesem Fall gibt es nur projektbezogene Abteilungen und keine produktbezogenen Abteilungen. Aufgabenbezogene Abteilungen, wie Personalabteilung, Organisation & EDV, Marketing, Finanzwesen, zentraler Einkauf oder Beschaffung, sind dagegen meist vorhanden und unterstützen die Projektbereiche mit Serviceleistungen. Diese Unternehmen konzentrieren sich dabei auf ein Denken und Handeln, welche auf die Erzielung von Leistungen und Wertschöpfung durch Projekte ausgerichtet sind. Sie zeichnen sich zum einen durch eine starke Kundenorientierung aus und sehen zum anderen Investitionen in Qualitätsmaßnahmen, Mitarbeiterausbildung und Standardisierung von Prozessen und Verfahren als lebensnotwendig an (vgl. BARTSCH-BEUERLEIN & KLEE, 2001). Beispiele für Branchen, in denen Projektorientierte Unternehmen häufig zu finden sind, sind die Anlagenbau-, Bau- und Schiffsbau-Industrie, im Dienstleistungssektor Beratungs-, Medien - und Software-Firmen. Die wesentlichen Merkmale, Vor- und Nachteile sowie die Anwendung des Projektorientierten Unternehmens sind in Tabelle 1.06-12 aufgeführt.

Tabelle 1.06-12: Merkmale, Vor- und Nachteile eines Projektorientierten Unternehmens
(in Anlehnung an GAREIS & STUMMER, 2006: 66ff)

	Projektorientiertes Unternehmen
Merkmale:	I Projekt entspricht einer Linieneinheit im Unternehmen I Projektleiter hat alleinige fachliche und disziplinarische Verantwortung I Auflösung der Organisationseinheit nach Projektende I Aufbau von Projekt-Netzwerken zur Sicherung des Organisatorischen und individuellen Wissens I Integration von Programm- und Portfoliomanagement
Anwendung:	I Unternehmen führt überwiegend oder nur Projekte durch
Vorteile:	I Eindeutige Befugnisse und Verantwortlichkeiten I Identifikation mit dem Projekt I Einfache Kommunikationswege
Nachteile:	I Auslastungsprobleme durch Zuweisung von Ressourcen nur zu einem Projekt I Erhöhte Kommunikations- und Informationswege zur projektübergreifenden Koordination

Wird nicht das gesamte Unternehmen einer Projektorientierung unterzogen, sondern nur einzelne Bereiche, wird von **Projektorientierten Teilbereichen** [engl.: Project Oriented Departments] gesprochen. Diese sind eine Besonderheit der Autonomen Projektorganisation. In diesen Teilbereichen werden die Projekte durch Programmmanager übergreifend koordiniert. Sie werden zur Abwicklung von Projekten genutzt und sind entsprechend der Autonomen Projektorganisation strukturiert. Es gibt also für jeden Teilbereich eine Projektleitung, welche auch über die notwendige Entscheidungs- und Weisungsbefugnis verfügt. In jedem Teilbereich werden entweder ein größeres Projekt durchgeführt oder mehrere ähnlich geartete Projekte. Eingesetzt werden die Projektorientierten Teilbereiche vornehmlich in größeren Unternehmen, bei denen insbesondere Innovationsprojekte durchgeführt werden. Sie können aber auch in Beratungsunternehmen eingesetzt werden. (vgl. PFETZING & ROHDE, 2006). In Unternehmen mit starker Sortimentgruppen-Ausrichtung übernehmen die Product-Manager neben der periodischen Produktbetreuung noch das Projektmanagement für Neuprodukte ihres Sortiments (u. a. Kosmetikfirmen). (vgl. DWORATSCHEK, 1998)

4.5 Schnittstellen zur Stammorganisation

Bisher wurde immer davon ausgegangen, dass ein Projekt innerhalb einer speziellen Projektorganisation durchgeführt wird. Dies muss jedoch nicht der Fall sein. So wurde in der Vergangenheit häufig davon ausgegangen, dass lediglich umfangreiche Tätigkeiten mit einem Innovationscharakter als eigenständiges Projekt durchzuführen sind. Die Durchführung von reinen Routineaufgaben wurde in der Stammorganisation belassen. Dies ist jedoch heutzutage keine gültige Abgrenzung mehr für die Durchführung innerhalb der Stammorganisation oder als Projekt. Auch umfangreichere Routineaufgaben können als Projekte durchgeführt werden.

Die **Stammorganisation** [engl.: Permanent Organisation, Parent Organisation] ist eine ständige (projektunabhängige) Organisation, z. B. eines Unternehmens, Betriebs oder einer Behörde. Dabei geht es nicht nur um die Anordnung der Stellen und Bereiche innerhalb der Struktur, sondern auch um Kommunikations-, Informations- und Geschäftsprozesse. Bei bestimmten Unternehmen mit einer projektorientierten Organisationsform können beide gleich sein. Im Regelfall wird es jedoch zuerst die Stammorganisation geben, in welche die Projektorganisation eingebunden wird. Bei der Verwendung der Einfluss-Projektorganisationsform entsteht dabei so gut wie keine Beeinflussung der Stammorganisation. Die Matrix-Projektorganisation hat hier schon größere Auswirkungen auf die Stammorganisation. Zwar bleiben die Projektmitarbeiter in ihren Stammorganisations-Abteilungen, aber die Koordination zwischen Projekt und Linie und die doppelte Führungsverantwortung kann zu erheblichen Auswirkungen auf die Stammorganisation führen. Es werden zwar die Strukturen nicht beeinträchtigt, wohl aber die Kommunikations- und Informationsprozesse. „Hierarchien aus der Linienorganisation sollten im Projektteam in den Hintergrund treten" (Pfeiffer, 2006: 17). Bei der Autonomen Projektorganisation müssen die Projektleiter und -mitarbeiter jedoch aus ihren Stammabteilungen herausgelöst werden.

Die Eigenschaften und Ziele der Stammorganisation und der Projektorganisation sind meist sehr unterschiedlich (siehe Abbildung 1.06-6). Die Stammorganisation verfügt über ein festes Regelsystem, über standardisierte Verfahren und eine oftmals hierarchische und funktionale Struktur (vgl. Kessler & Winkelhofer, 2002) und ist langfristig orientiert. Demgegenüber hat die Projektorganisation nur für die Dauer des Projekts Bestand, verfügt anfänglich oftmals über keine strukturierten Verfahren und muss sich über die Projektlaufzeit in vielen Bereichen erst selbst organisieren.

Abbildung 1.06-6: Unterscheidung Stamm- und Projektorganisation (in Anlehnung an Hübner, 2004)

Diese Differenzen und die unterschiedlichen Ziele und Meinungsauffassungen sind oftmals Ursachen für Konflikte zwischen der Stammorganisation und dem Projekt. An erster Stelle ist dabei die Versorgung des Projekts mit den Ressourcen aus der Stammorganisation zu nennen. Gute und leistungsfähige Ressourcen (wie Mitarbeiter) gehören in fast jedem Unternehmen zu einem knappen Gut. Dementsprechend ist der Linienvorgesetzte nicht immer bereit, seine Mitarbeiter als Ressourcen einem Projekt zur Verfügung zu stellen. Zum anderen kann es aber auch Unstimmigkeiten über die Beiträge der Stammorganisation und die Konsequenzen aus dem Projektergebnis geben, welches die Stammorganisation beeinflussen kann (vgl. Kessler & Winkelhofer, 2002). Hier können sich beide Seiten destruktiv verhalten und versuchen, den Projektverlauf und damit das Projektergebnis für ihre eigenen Ziele zu beeinflussen. Diese Ziele stimmen dabei nicht immer mit den Zielen der Stammorganisation oder des Projekts überein, sondern hängen oft von den persönlichen Zielen der entsprechenden Rolleninhaber (wie Projektleiter, Abteilungsleiter, Teamleiter) ab. Die übergeordneten Stellen, wie Vorgesetzte in der Linie oder Lenkungsausschuss, sind hier gefordert, diese Konflikte frühzeitig zu erkennen und ihnen entsprechend entgegenzuwirken.

Weitere Problemursachen ergeben sich bei den Führungsaufgaben der Mitarbeiter, z. B. bei Personalentwicklungsmaßnahmen. Hier sollten entweder entsprechende Absprachen getroffen oder dem Projektleiter sogar Personalverantwortung übertragen werden (vgl. Becker, 2004). Dies ist jedoch nur für längerfristige Projekte und bei einer Vollzeit-Einbindung der Mitarbeiter sinnvoll.

Ob für die Durchführung eines Projekts eine spezielle Projektorganisation erforderlich ist, kann von verschiedenen Faktoren abhängig sein. Hierzu zählen (vgl. SCHELLE, OTTMANN & PFEIFFER, 2005):

- Hohe Komplexität des Projekts
- Hoher Ressourcenverbrauch für die Durchführung des Projekts
- Hohe strategische Bedeutung des Projekts für das Unternehmen
- Hohes Risiko bei Nichterfüllung des Projektergebnisses.

Je nachdem wie diese Faktoren aus Unternehmenssicht bewertet werden, ist es sinnvoll, die Organisationsform für die Durchführung der Projekte anzupassen. Je nach Unternehmenszweck werden bestimmte Projekte jedoch zumeist innerhalb der Linienorganisation durchgeführt. Dies insbesondere, wenn das gesamte Projekt innerhalb einer Organisationseinheit (z. B. Unternehmensbereich, Geschäftsbereich (Sparte) oder Abteilung) durchgeführt werden kann. Hierzu gehören in erster Linie Projekte im Rahmen von Forschungs- und Entwicklungstätigkeiten (vgl. SCHELLE, OTTMANN, & PFEIFFER, 2005), also so genannte Innovationsprojekte.

4.6 Wahl der Form der Projektorganisation

Die Wahl der Projektorganisationsform hängt von vielen Parametern ab, die je nach Unternehmen und Projekt unterschiedliche Bedeutung haben können. Zu den Hauptparametern zählen (vgl. KERZNER, 2003; PFETZING & ROHDE, 2006):

- Projektgröße
- Projektdauer
- Erfahrung mit dem Projektmanagement
- Projektstandort
- Unternehmensorganisation
- Unternehmensstrategie (Mission, Vision)
- Verfügbare Ressourcen
- Philosophie des oberen Managements
- Art des Projekts
- Bedeutung des Projekts.

Weitere Faktoren, welche die Wahl beeinflussen können sind (vgl. KERZNER, 2003):

- Vielfalt der Produktlinien
- Änderungshäufigkeit bei den Produktlinien
- Unabhängigkeit zwischen Untereinheiten
- Technologielevel
- Effekte auf Produktionsoptimierungen
- Größe der Organisation.

Ein wesentlicher Gesichtspunkt bei der Wahl der Organisationsform ist auch, dass diese nicht starr ist und nur einmal am Anfang festgelegt wird, sondern dass sie dynamisch an die Bedürfnisse des Unternehmens, des Projekts und speziell der Projektphase angepasst werden muss (vgl. KERZNER, 2003).

Grundsätzlich ist das Gelingen eines Projekts in hohem Maße auch davon abhängig, ob die Mitarbeiter dies wollen. Das Gleiche gilt auch bei der Wahl der Organisationsform (vgl. KERZNER, 2003). Verhalten sich Mitarbeiter aufgrund der Eingliederung in eine bestimmte Organisationsform destruktiv, so wird es aufwändiger, das Projekt zu einem erfolgreichen Ergebnis zu führen.

Die Matrix-Organisation wird als die „ideale Organisationsform für projektorientierte Unternehmen, wie z. B. Bauunternehmen" (KERZNER, 2003: 87) angesehen. Diese Organisationsform ist wohl auch am weitesten verbreitet. In der Abbildung 1.06-7 werden die Einfluss-Projektorganisation, Matrix-Projektorganisation und die Autonome Projektorganisation anhand einiger wichtiger Kriterien einander gegenübergestellt.

Organisationsform Kriterien	Einfluss-Projektorganisation	Matrix-Projektorganisation			Autonome Projektorganisation
		Schwach	Standard	Stark	
Bedeutung für das Unternehmen	gering	gering	mittel	groß	sehr groß
Projektumfang	gering	gering	mittel	groß	sehr groß
Risiko	gering	gering	mittel	groß	sehr groß
Technologie	Standard	Standard	Standard	kompliziert	neu
Zeitdruck	gering	gering	gering bis mittel	mittel	hoch
Projektdauer	kurz	kurz	kurz bis mittel	mittel	lang
Komplexität	gering	gering	mittel	mittel	hoch
Betroffenheit der Mitarbeiter	hoch	mittel bis hoch	mittel	gering bis mittel	gering
Bedürfnis nach zentraler Steuerung	mittel	mittel	groß	groß	sehr groß
Projektleitereinsatz	Teilzeit	Teilzeit	Vollzeit	Vollzeit	Vollzeit
%-Anteil an Projekteinsatz des Projektleiters	gering	0 - 25%	15 - 60%	50 - 95%	85 - 100%
Mitarbeitereinsatz	Teilzeit	Teilzeit	Teilzeit	Vollzeit	Vollzeit

Abbildung 1.06-7: Kriterien für die Wahl der Projektorganisationsform
(in Anlehnung an KREMER, 2005: 98)

Neben diesen formellen Organisationsformen bilden sich auch immer informelle Organisationsformen (auch Netzwerke genannt). Diese informellen Netzwerke haben oftmals einen erheblichen Einfluss auf die Mitglieder der formellen Organisationsform (vgl. PFEIFFER, 2006).

 Organisationsentwicklungsprojekte werden oftmals als Einfluss-Projektorganisation durchgeführt, da das Projekt die Mitarbeiter selbst betrifft und die Beteiligung (z.B. Akzeptanz, Qualifizierung, Veränderung von Arbeitsprozessen) ein kritischer Erfolgsfaktor ist. Solche Projekte sind dann im Gegensatz zu den Angaben in der Tabelle von hoher Bedeutung für das Unternehmen, mit hohem Projektumfang, zudem riskant, mit neuer Technologie und hoher sozialer Komplexität. Kurz: Eine Herausforderung, die vom Projektleiter besondere „Social Skills" erfordert.

5 Zusammenfassung

Die Projektorganisation setzt sich aus der Aufbau- und Ablauforganisation zur Abwicklung eines oder mehrerer Projekte zusammen. Während die Aufbauorganisation sich mit den im Projekt benötigten Rollen, Verantwortlichkeiten und Befugnissen sowie den Projektorganisationsformen beschäftigt, ist es Ziel der Ablauforganisation, die Arbeitsabläufe zum Erreichen des Projektziels zu definieren. Eine Rolle kann mit unterschiedlichen Verantwortlichkeiten und Befugnissen ausgestattet sein. Beispiele für Rollen sind die unmittelbaren Projektbeteiligten, wie Projektleiter, Lenkungsausschuss oder die Projektmitarbeiter. Ferner gehören mittelbare Projektbeteiligte, wie Multi-Projektleiter, Projektmanagement-Büromitarbeiter, die Fachbereiche und der Projektcontroller, dazu. Je nach Einbettung in die (Stamm-)Organisation des Unternehmens haben diese Rollen unterschiedliche Aufgaben und Befugnisse. Als Ausgangsstelle fungiert in einem Projekt immer der Auftraggeber, welcher für die Initiierung des Projekts, die Besetzung des Projektleiters sowie für die Abnahme des Projektergebnisses zuständig ist. In größeren Projekten wird ein Lenkungsausschuss eingesetzt, der mit zentralen Entscheidungs- und Koordinationsaufgaben betraut ist. Er übernimmt dann die Aufgaben des Auftraggebers. Der Lenkungsausschuss wird vom Projektleiter regelmäßig über den Fortgang des Projekts informiert. Der Projektleiter ist als zentrale Rolle für die Planung, Steuerung und Überwachung der Aufgaben zur Erreichung des Projektziels verantwortlich. Daneben ist er auch für die Besetzung des Projektteams zuständig. Je nach verwendeter Projektorganisationsform hat er eine fachliche und eventuell eine disziplinarische Entscheidungs- und Weisungsbefugnis.

Als Projektorganisationsformen werden hauptsächlich die Einfluss-, die Autonome und die Matrix-Projektorganisationsform unterschieden. Während der Projektleiter bei der Einfluss-Projektorganisation keine Leitungs-, sondern nur eine Koordinationsfunktion wahrnimmt, hat er bei der Autonomen Projektorganisationsform die alleinigen fachlichen und disziplinarischen Befugnisse. Bei allen drei Formen der Projektorganisation wird die Linienorganisation durch eine Projektorganisation überlagert. Zentrales Kennzeichen der Matrix-Projektorganisationsform ist, dass die Mitarbeiter sowohl einen Linien- als auch einen Projektvorgesetzten haben. Je nach Ausprägung der Matrix-Projektorganisationsform können entweder der Linienvorgesetzte oder der Projektleiter über mehr Befugnisse verfügen. Werden im Unternehmen überwiegend Projekte durchgeführt, kann die gesamte Unternehmens-Organisationsform auch projektorientiert sein. In diesem Fall gibt es außer den Projekten keine produkt- oder aufgabenbezogenen Linienabteilungen mehr.

Die Wahl der verwendeten Form der Projektorganisation hängt von verschiedenen Kriterien, wie Projektgröße, Projektdauer, Erfahrung mit dem Projektmanagement, verfügbaren Ressourcen und Projektstandort ab. Im Allgemeinen gilt, dass die Einfluss-Projektorganisation nur bei weniger bedeutenden Projekten eingesetzt wird, die Autonome Projektorganisation bei größeren und wichtigen Projekten und ansonsten meist die Matrix-Projektorganisation verwendet wird. In der Praxis ist die Matrix-Projektorganisation auch die am häufigsten anzutreffende Form der Projektorganisation.

6 Fragen zur Wiederholung

1. Welche Bedeutung hat die Vergabe von Befugnissen für die verschiedenen Projektrollen? ☐
2. Inwiefern haben die Befugnisse und Verantwortlichkeiten Einfluss auf den Projekterfolg? ☐
3. Welche Kompetenzarten kennen Sie? ☐
4. Beschreiben Sie, was unter dem Begriff ‚Projektbeteiligte' zu verstehen ist. ☐
5. Welche Aufgaben und Verantwortlichkeiten haben der Auftraggeber und der Auftragnehmer? ☐
6. Welche Aufgaben und Verantwortlichkeiten haben der Projektleiter und das Projektteam? ☐
7. Grenzen Sie den Programmmanager vom Multiprojektleiter ab. ☐
8. Wie unterscheiden sich der Projektcontroller und der Projektkaufmann hinsichtlich der Aufgaben? ☐
9. Welche Organisationseinheiten können Ressourcen für ein Projekt bereitstellen? ☐
10. Welche Formen der Projektorganisation kennen Sie? Welche Vor- und Nachteile haben die einzelnen Organisationsformen? ☐
11. Welche Arten der Matrix-Projektorganisation gibt es und wie unterscheiden sie sich? ☐
12. Was sind projektorientierte Teilbereiche und wie unterscheiden sie sich vom Projektorientierten Unternehmen? ☐
13. Was müssen Sie beachten, wenn Sie als Projektleiter ein Team in einer Matrixorganisation zusammenstellen wollen? ☐
14. Welche Kriterien sind bei der Auswahl der geeigneten Projektorganisationsform zu beachten? In welcher Situation ist welche Organisationsform zu empfehlen? ☐

1.07 Teamarbeit (Teamwork)
Dietmar Prudix, Martin Goerner

Kontext und Bedeutung

In der Projektpraxis wird manchmal angenommen, dass ein fachlich guter Mitarbeiter auch automatisch ein guter Projektleiter ist. Entsprechend werden dann die Stellenbesetzungen vorgenommen. Und das Projektteam wird gelegentlich auch nach dem gleichen Prinzip besetzt. So wundert es nicht, dass erste dynamische Entwicklungen durch das Gesamtteam anders wahrgenommen werden, als die Beteiligten zuvor dachten.

Dazu kommt, dass die Arbeitsorganisation einem ständigen Wandel unterliegt. Auch das hat Folgen für die Projektarbeit. Es gibt eine unüberhörbare Forderung nach Handlungsflexibilität und Handlungsspontaneität, die sich darin zeigt, dass Menschen selbst bestimmter und autonomer handeln wollen. Dies führt zu neuen Überlegungen und Formen der Zusammenarbeit.

Im Gegensatz zu herkömmlichen und langsamen hierarchischen Strukturen haben Projektteams den entscheidenden Vorteil, dass sie flexibel und autonom fungierende Einheiten bilden, die innovative und kreative Höchstleistungen vollbringen können. Kaum ein Unternehmen verzichtet darauf, in Stellenausschreibungen Teamgeist zu fordern. Aber was ist mit Team gemeint? Ist es etwa die Abkürzung von: **T**oll **E**in **A**nderer **M**achts?

Zunächst scheint ein Projektteam eine kleine Gruppe mit gleichem Ziel zu sein. Dabei sollen sich die Teammitglieder mit ihren Fähigkeiten und Erfahrungen ergänzen. Benötigt werden in jedem Projektteam qualifizierte Mitarbeiter mit unterschiedlichen fachlichen Kompetenzen; ferner gehören dazu: ein herausforderndes Projekt, eine motivierende Aufgabe, eine gemeinsame, in der Organisation gestützte Wertebasis, von allen akzeptierte Grundregeln des Verhaltens und die Bereitschaft zu individueller und wechselseitiger Verantwortung. Genau hier liegt bereits eine Herausforderung: Es zählt darin fachliche Kompetenz (die ja einfach zu beschreiben ist); was ist aber mit der Führungserfahrung? Wo kann ich das lernen? Welche Kompetenz ist das?

Das Thema Teamarbeit findet sich im Bereich der PM-technischen Kompetenzen wieder. Hier werden die Kompetenzelemente beschrieben, die das Ausführen und das Managen von Projekten zum Gegenstand haben. Insbesondere die Vernetzung zwischen Projektmanagementerfolg, den Ressourcen, den Kosten- und Finanzmitteln, der Beschaffung und den Verträgen (ICB 1.01; 1.12; 1.13; 1.14) ist von Bedeutung. Sie bildet als Sammelschnittstelle auch die Verbindung zu den „weichen" Faktoren Kommunikation, Führung, Motivation, Konflikte und Krisen (vgl. ICB 1.18; 2.01; 2.02; 2.12).

Teamarbeit beinhaltet Haltungen, wie aktives Zuhören, auf die Ideen der anderen eingehen können, das Recht auf Kritik einräumen, die Interessen und Erfolge anderer anzuerkennen. Somit gibt es auch eine enge Verbindung zu Selbststeuerung, Entspannung und Stress, Wertschätzung, Ethik, Verlässlichkeit (vgl. ICB 2.03; 2.05; 2.14; 2.15; 2.13). Die im Projekt erworbenen Erfahrungen werden noch intensiver im Bereich der Programme, des Portfoliomanagements und im Rahmen von Systemen benötigt (vgl. ICB 3.02; 3.04; 3.07).

Aus aktuellen Pressemeldungen ist bekannt, dass Unternehmen sich weiter verschlanken („Reengeneering") und die Gewinne weiter steigern wollen. Das bedeutet, dass immer weniger Führungskräfte immer mehr Mitarbeiter führen und dann auch noch erfolgreich sein sollen. Unter welchen Voraussetzungen dieser Spagat möglich wird, sehen wir an einigen Modellen.

Lernziele

Sie kennen

- Rollenmodelle und können diese Überlegungen auf spezifische Teamsituationen anwenden
- unterschiedliche Kommunikationsformen zur Steuerung eines Projektteams und können einige anwenden
- gruppendynamische Prozesse nach z. B. Tuckman und können sie zum Teamerfolg einsetzen

Sie wissen

- was die Teamfähigkeit eines Projektteams ausmacht
- wie innerhalb eines Teams Entscheidungen getroffen werden können, um so handlungsfähig zu bleiben

Sie können

- die Charakteristika eines Teams beschreiben und die Erfolgskriterien eines Hochleistungsteams erläutern
- unterschiedliche Gruppenphasen unterscheiden
- pro Phase die jeweiligen typischen Gruppenphänomene, typischen Probleme und jeweiligen Handlungsmöglichkeiten unterscheiden
- in einem Team unterschiedliche Rollen zum Beispiel nach Belbin identifizieren und beschreiben
- den Lebenszyklus eines Teams beschreiben

Inhalt

1		Einführung	220
2		Grundlagen- und Begriffbestimmung	220
3		Vor- und Nachteile von Teamarbeit	221
4		Team und Teamentwicklungsaspekte	223
4.1		Teamfähigkeit	225
4.2		Leitungsspanne	226
4.3		Teamkommunikation	227
4.4		Teammeetings effektiv gestalten	229
4.5		Moderation	231
5		Stufen der Teamentwicklung	238
5.1		Phasenmodell nach Tuckman	238
5.2		Phasenmodell Gersick (Punctuated-Equilibrium-Modell)	241
6		Besondere Teameffekte	242
6.1		Groupthink	242
6.2		Social Loafing	243
6.3		Risk shifting	245
7		Prozessmodell der Teamarbeit	246
8		Teamrollen	248
8.1		Rollenmodell Belbin	250
9		Zusammenfassung	256

1 Einführung

Zunächst ist ein Team eine Gruppe von Menschen, die gemeinsam an einem oder mehreren Zielen arbeiten und dafür gemeinsam einstehen. Dazu übernehmen sie verschiedene Rollen, in denen sie jeweils miteinander kommunizieren, mit dem Ziel, ihre Anstrengungen erfolgreich zu koordinieren.

Diese Fähigkeit zur Zusammenarbeit war auch ein Schlüsselfaktor in der menschlichen Kommunikation und hat sich bis heute bewährt, z. B. von den Erfindungen in der Luft- und Raumfahrt bis hin zur Entschlüsselung des menschlichen Genoms, die erst durch eine weltweite Vernetzung von Spezialisten möglich wurde. Somit ermöglichen Teams zunächst schnellere Prozesse in Entwicklung und Produktion.

Die Arbeit im Team und dabei gemachte Erfahrungen tragen auch zur individuellen Persönlichkeitsentwicklung bei. In und bei der Teamarbeit lernen Menschen, eigene Interessen zurückzustellen und sich gegenseitig zu helfen. Diese Erfahrung steht im Spannungsfeld unserer patriarchalischen Denkweise, in der bevorzugt Einzelleistungen erwünscht sind und gewürdigt werden. Wir lernen weiterhin, effektiv zu kommunizieren, und häufig müssen wir Wege finden, um Konflikte zu lösen. Dabei bekommen wir Anregungen durch die Ideen der Anderen, können unsere Fehler korrigieren („lernen") und uns gegenseitig vor Irrtümern bewahren.

Indem wir zusammenarbeiten, lernen wir mehr, als wenn wir allein arbeiten würden. Wir profitieren von gegenseitiger praktischer, aber auch emotionaler Unterstützung. Diese Erfahrung des erfolgreichen Zusammenarbeitens schmiedet die Teammitglieder zusammen und führt dadurch zum Erleben von Gefühlen, wie „Zugehörigkeit" und „Bindung". In erfolgreichen Teams können wir unsere individuellen Fähigkeiten einbringen und weiterentwickeln und erhalten gleichzeitig eine weitere, kollektive und soziale Identität.

Teamarbeit findet heute in allen Bereichen statt und ist nicht mehr aus dem Arbeitsleben wegzudenken. Seit den 1990er Jahren ist geradezu ein Boom zu erkennen. Ob dieser Trend zur Teamarbeit allerdings aus rationalen Erwägungen heraus erfolgte, bezweifelt ANTONI (1994). Er geht von einer einsetzenden Modeerscheinung aus, weil die Manager glaubten, so besser die Wünsche von Mitarbeitern und Kunden befriedigen zu können. Aber auch die strukturellen Veränderungen von Verkäufermärkten hin zu Käufermärkten spielen eine Rolle; z. B. die immer schnellere Entwicklungsspirale mit neuen Modellen in der Automobilindustrie. Da, wo Teamarbeit funktioniert, wird der Begriff Team interpretiert als:

Toll, **E**ndlich **A**lle **M**iteinander!

2 Grundlagen- und Begriffbestimmung

Zunächst werden einige Begriffe geklärt. Als etablierte Teamdefinition kann angesehen werden, dass „ein Team eine Gruppe von Individuen ist, die wechselseitig voneinander abhängig und gemeinsam verantwortlich sind für das Erreichen spezifischer Ziele für die Organisation" (THOMPSON, 2004). Damit sind alle Arten von Teams beschrieben, auch solche im Sport. Für Teams im Arbeitskontext gelten darüber hinaus noch weitere Eigenschaften:

- Teammitglieder haben mehr oder weniger klar definierte Rollen.
- Teams haben innerhalb der Organisation eine klare Identität und Zuordnung.
- Teams sind weder zu klein, noch zu groß (3-20 Mitglieder).

Diese Ergänzung wird besonders gestützt durch ALDERFER (1977), GUZZO (1996) und HACKMAN (1987). Es ist leicht vorstellbar, dass es hier einen großen Graubereich gibt.

Damit man überhaupt von Teamarbeit sprechen und sie als wirkungsvoll wahrgenommen werden kann, hat HACKMAN (1987) folgende Richtlinien entwickelt:

- Die Tätigkeit muss für Teamarbeit geeignet sein.
- Die Teammitglieder sehen sich selbst als Team und das Team wird von Anderen innerhalb der Organisation als Team wahrgenommen.
- Das Team hat Entscheidungsbefugnisse über die Bewältigung der Aufgaben.
- Die Teamstruktur inklusive der Aufgabe, der Mitglieder und der Normen muss Teamarbeit fördern.
- Die Organisation muss die Bedürfnisse des Teams durch Routinen und Richtlinien unterstützen.
- Rückmeldung und Coaching durch Experten sind verfügbar, wenn die Teammitglieder diese benötigen und einfordern.

Ein Team ist eine Arbeitsgruppe von Individuen,

- die zusammen ein bestimmtes Produkt herstellen oder einen bestimmten Service anbieten und
- die sich für die Qualität dieser Leistung gegenseitig Rechenschaft ablegen.

Mitglieder eines Teams

- haben von allen geteilte Ziele
- für deren Erreichung sie gemeinsam verantwortlich sind.
- Sie sind wechselseitig abhängig von der Leistung der anderen Teammitglieder
- Sie beeinflussen ihre Ergebnisse durch Interaktion miteinander

Weil das Team als Ganzes verantwortlich für das Endergebnis seiner Arbeit ist, besteht eine der zentralen Aufgaben für jedes Teammitglied in der Vernetzung mit den anderen Mitgliedern des Teams.

Diese Beschreibung ist auch deshalb so zutreffend, da die Begriffe „Arbeit" und „Arbeitsgruppe" enthalten sind.

Σ Fazit Ein Projektleiter sollte in der Lage sein, Projekte dann zu übernehmen und zu unterstützen, wenn es ausreichend Hinweise gibt, dass es sich um ein Wert steigerndes Projekt handelt. Nur so kann er auch die Projektmitarbeiter begeistern.

Wenn in einem Projekt ein Projektleiter Ziele beschreibt, aber es versäumt, sich zu überzeugen, ob alle diese Ziele auch aktiv unterstützen, kann er möglicherweise nicht mit der vollen Teamleistung rechnen. Es ist seine Aufgabe, alle relevanten Punkte abzusichern.

3 Vor- und Nachteile von Teamarbeit

Die Vorteile der Teamarbeit liegen klar auf der Hand: Durch ihre Zusammenstellung und durch den verliehenen Handlungsspielraum können Teams schnell reagieren. Sie können innovative Ideen und Lösungen schaffen, die einzelne Mitarbeiter so nicht erreichen könnten. So werden Synergieeffekte erst durch das Bündeln unterschiedlicher Fachkompetenzen auf ein gemeinsames Ziel hin erreicht.

Jedoch hat die Teamarbeit auch Grenzen. Da selbst ein Team eine gewisse Vorlaufzeit und Erfahrung benötigt, um alle Vorteile ausschöpfen zu können, kann es in manchen Situationen einen schnelleren Ablauf geben, wenn sich der Projektleiter einer herkömmlichen, schon bestehenden Arbeitsgruppe bedient, sofern dies möglich ist.

Weiterhin kann die enge Zusammenarbeit unter einem nicht zu unterschätzenden Leistungsdruck ein enormes Konfliktpotenzial bei den Teammitgliedern zu Tage fördern. Nicht alle Menschen mögen es, sehr eng mit anderen zusammen zu arbeiten. Dieser Wunsch nach Distanz ist zu berücksichtigen. Sind die Konflikte zu stark oder werden wegen der Stimmung in der Gruppe eher Kompromisslösungen erzielt, verliert das Team an Leistungsfähigkeit. Auch Aspekte des „sozialen Faulenzens" („social loafing") können gelegentlich auftreten und sind zu berücksichtigen; gemeint ist damit eine Situation, in der einige Teammitglieder sich im Team weniger anstrengen, als wenn sie eine Aufgabe allein lösen müssten.

THOMPSON hat 2004 im Rahmen seiner Untersuchungen hinsichtlich der Leistungsfähigkeit von Teams ermittelt, worauf es bei effektiver und erfolgreicher Teamarbeit ankommt.

Kundenorientierung	85 Prozent aller Kunden, die ihre Organisation „wechseln" (also zukünftig woanders kaufen), tun dies, weil sie glauben, dass die Organisation sich nicht richtig um sie kümmert, bzw. sich nicht um sie kümmert. Gleichzeitig kostet es zehnmal mehr, neue Kunden zu gewinnen, als existierende Kunden zu binden und zu halten. Teams können flexibler auf Kundenbedürfnisse reagieren. CARDER & GUNTER (2001): Unternehmen können den Profit um 85 Prozent steigern, wenn es ihnen gelingt, den Anteil der Kunden, die aufhören, bei ihnen zu kaufen, um 5 Prozent zu reduzieren
Wettbewerb	Die global agierenden Big Player dominieren ganze Ökonomien und generieren enorme Profite. Dazu bedarf es einer enormen Vernetzung (z. B. Microsoft mit der Office-Produktfamilie) und geteiltem Wissen um weitere Entwicklungen zu koordinieren. Dies ist in Teams wesentlich einfacher, als wenn tausende von individuellen Programmieren koordiniert werden müssten.
Informationsgesellschaft und Lernen	In der heutigen Informationsgesellschaft sind Angestellte lernende Mitarbeiter und Teams sind lernende Teams. In Teams können Mitarbeiter voneinander lernen. Wissen kann besser gespeichert und transferiert werden und so entstehen Synergieeffekte. Transaktive Wissenssysteme in Gruppen erlauben eine qualitativ andere Informationsspeicherung und -verarbeitung, als dies auf individueller Ebene möglich wäre (vgl. BRAUNER, 2003).
Globalisierung	Die Globalisierung stellt eine Herausforderung dar, auf die teambasierte Organisationen besser reagieren können. Globalisierung und andere Formen organisationalen Wandels, wie etwa grenzüberschreitende Fusionen, erfordern Mitarbeiter, die flexibel sind und über spezielles, z. B. kulturelles Wissen, verfügen. Diese Mitarbeiter müssen lernen, ihr Wissen darüber auch anzuwenden. Teamstrukturen helfen, zu synchronisieren und zu koordinieren.

Abbildung 1.07-1: Teamarbeit und effektivere Ergebnisse (WEST, 2005: 16)

Hier einige Aspekte, an denen die Innovationskraft von teambasierten Organisationen deutlich wird:

- Flache, teambasierte Strukturen können einfacher koordiniert werden, da weniger Hierarchiestufen zu beachten sind.
- Flache Organisationen erleichtern es, Strategien schneller umzusetzen. Teamstrukturen erlauben es, flexibel auf Veränderungen zu reagieren und neue Strategien nach unten schneller und effizienter durchzukommunizieren.
- Teams ermöglichen es Organisationen, zu lernen. Selbst dann, wenn ein Teil der Teammitglieder das Team verlässt, bleibt das Wissen in der Organisation erhalten.
- Cross-functional Teams (abteilungsübergreifende Teams) fördern ein verbessertes Qualitätsmanagement. Wenn die Standpunkte der heterogenen Teams gut integriert werden können, führt genau diese Unterschiedlichkeit zu mehr Qualität und Innovation (vgl. WEST, 2002).

- Cross-functional Teams ermöglichen und unterstützen radikalen Wandel. Eingefahrene Prozesse können aufgedeckt und infragegestellt werden. Damit werden neue Produkte unterstützt.
- Prozesse können parallel ablaufen, bei Einzelpersonen ist dies nur sequentiell möglich.
- Teammitglieder regen sich gegenseitig mehr und besser an. Dadurch werden Kreativität und Innovation gefördert.
- Mitarbeiter arbeiten gerne im Team: Commitment, Identifikation und Wohlbefinden steigen.
- Individuelles Lernen wird gefördert.

Cross-functional Teams arbeiten über mehrere betriebliche Funktionen hinweg, z. B. Finanzen, Marketing, Produktion, Personal, IT, Logistik. Sie müssen die Fähigkeit haben, über Abteilungsgrenzen hinaus zu denken und zu handeln.

Zusammenfassend kann gesagt werden, dass es Pro und Contra für eine Teamarbeit gibt. Wo es gelingt, sie effektiv einzusetzen, sind die Ergebnisse unschlagbar:

Tabelle 1.07-1: Pro und Contra (Trainingsunterlagen DIETMAR PRUDIX, 2007)

Pro	Contra
Teams reagieren schnell	Teamarbeit benötigt Vorlaufzeit
Teams sind innovativ	Die Führungsebene hat kaum Möglichkeiten, den Fortschritt der Arbeit zu überprüfen
Synergien durch die Gruppe	Gute Einzelkämpfer werden ausgebremst

Fazit Ein Projektleiter sollte idealerweise Erfahrungen, aber ansonsten ein gutes Gefühl wie ein Sportcoach entwickeln, um zur richtigen Zeit an der richtigen Stelle die richtigen Maßnahmen zu treffen. Dazu helfen ständiges Üben, eigene Weiterbildung, Erfahrungsaustausch und vor allen Dingen das Einfordern von Feedback. Ein erfahrener Projektleiter entwickelt, aufbauend auf seiner Erfahrung, eine Balance zwischen Teamarbeit und Einzelarbeit.

4 Team und Teamentwicklungsaspekte

Ein wirklich engagiertes Team bildet die leistungsstärkste Arbeitseinheit, die in einer Organisation etabliert werden kann – vorausgesetzt, dass das Team genügend Handlungsspielraum hat, dass das Team gemeinsam verantwortlich ist für spezifische Resultate und dass es in der Organisation eine Leistungsethik gibt.

Aus empirischen Untersuchungen hat VOPEL (2002) herausgefunden, dass für die Leistungserbringung folgende vier Aspekte wesentliche Bedeutung besitzen, die zusammen den Erfolg bestimmen und manchmal sogar in einem Spannungsverhältnis stehen. Es ist nicht leicht, sowohl sich selbst mit seiner Kompetenz einzubringen, als auch sich zum „richtigen" Zeitpunkt zurückzunehmen und Andere in ihrer Kompetenz zu unterstützen.

Lösen einer schwierigen und herausfordernden Aufgabe	Nicht die guten Beziehungen untereinander, sondern die schwierige Aufgabe ist das organisierende Prinzip für jedes Team.
Starke Leistungsethik	Management, Teamleiter und Teammitglieder streben eine Balance an, die den Bedürfnissen der Stakeholder gerecht wird.
Ausgeprägte Selbstverantwortlichkeit	Teammitglieder sind es gewohnt, für Einzelleistung belohnt zu werden. Ohne diese ausgeprägte Selbstverantwortung kann sich Teamgeist nicht entwickeln.
Disziplin	Teammitglieder müssen gemeinsame Aufgabe formulieren und sich auf Leistungsstandards einigen.

Abbildung 1.07-2: Wesentliche Charakteristika eines Teams (VOPEL, 2002)

Aufgabenarten und Gruppenleistung

Es wird allgemein angenommen, dass die Art der Aufgabe die Leistung in der Gruppe beeinflussen kann. Deshalb ist es spannend, aber auch gleichzeitig fraglich, ob sich Aufgabenarten klassifizieren lassen und welche Beziehung zwischen Aufgabenart und Gruppenleistung besteht:

1. Will man Aufgaben klassifizieren, ist zunächst zu fragen, ob sie in Unteraufgaben eingeteilt werden können.
2. Weiter ist zu klären, ob Qualität oder Quantität von höherer Bedeutung sind.
3. In welchem Verhältnis stehen Einzelleistungen der Individuen zum Gruppenergebnis:
   - Additive Aufgaben (erlauben Summierung der Einzelleistung der Mitglieder, die Leistung aller Teammitglieder ist wichtig)
   - Kompensatorische Aufgaben (die Gruppenleistung ist der gebildete Mittelwert durch Einzelschätzung)
   - Disjunktive Aufgaben (Auswahl einer individuellen Einzelentscheidung durch die Gruppe, es kommt besonders auf eine Leistung an, die benötigt wird)
   - Konjunktive Aufgaben (Übereinstimmung aller Gruppenmitglieder ist erforderlich, dabei bestimmt das schwächste Mitglied das Tempo, besonders stark im Bereich mit „politischen" Aufgaben)
   - Aufgaben mit Ermessensspielraum (die Gruppe hat die Wahl, selbst zu bestimmen, wie sie die Aufgaben durchführen will)

Σ Fazit Ein erfolgreicher Projektleiter muss die sensiblen Mechanismen der Abgrenzungswirkung verstehen und anwenden können. Neben den fachlichen Stellgrößen gilt es, Sinn und Richtung zu vermitteln und die Arbeit für das Team zu strukturieren. Es geht darum, dass Team zusammenzubringen und ein Umfeld zur Verfügung zu stellen, in dem Höchstleistungen möglich werden. Somit sind zum Start eher die „weichen" Faktoren gefragt. In Projektstartsituationen werden Projektleiter immer wieder nach dem Sinn des Projektes befragt. Weiterhin wollen die Teammitglieder eine Priorisierung der Ziele besprechen. Nur so können sie die erwünschte Leistung erbringen. Dieses wird erreicht durch intensive Kommunikation. Am Anfang der Teamarbeit geht es – besonders aus der Sicht des Projektleiters – darum, eine Vision zu vermitteln, hohe Identität mit dem Projekt zu schaffen und zu klären, wie zukünftig zusammengearbeitet werden soll. Kurz: Es geht um die Schaffung von Regeln.

4.1 Teamfähigkeit

Teamfähigkeit stellt in vielen Organisationen ein häufig verwendetes Auswahlkriterium für Bewerber dar. Auch in vielen Suchanzeigen in den Medien ist zu sehen, dass das suchende Unternehmen von den potenziellen Bewerbern Teamfähigkeit fordert. In vielen Rankings nach den wichtigsten Kompetenzen für Führungskräfte steht Teamfähigkeit vor Eigenmotivation, Lernbereitschaft und Kommunikationsfähigkeit (vgl. SPIEGEL SPECIAL 3, 2002) an erster Stelle. Aber was verbirgt sich hinter diesem Begriff?

Das Konstrukt der Teamfähigkeit erscheint vielschichtig, es gibt keine einheitliche Definition. An dieser Stelle sollen zwei Definitionsversuche genannt werden:

> **§ Definition** BÜRGER (1977) beschreibt Teamfähigkeit als „die individuelle Bereitschaft und Fähigkeit zur effektiven und solidarischen Kooperation in kleinen Lerngruppen einer Größe zwischen 3 bis 6 Teilnehmern".
> KLEINMANN (2005) versteht darunter „die Kompetenz des Einzelnen zur geeigneten, effektiven, zielgerichteten und letztlich positiv erlebbaren Zusammenarbeit mit anderen".

Teamfähigkeit bedeutet also letztlich, mit Anderen im Kontext zu kooperieren und im Hinblick auf ein beschriebenes, klares und abgestimmtes Ziel effektiv Ergebnisse zu erreichen. Gleichzeitig soll dieses Zusammenwirken der einzelnen Akteure als positiv erlebt werden. Es werden also aufgabenbezogene Kriterien (Performance, Effektivität) und beziehungsbezogene Kriterien (Zufriedenheit, Beziehungsqualität) zugrunde gelegt.

Damit wird deutlich, dass ein teamfähiges Gruppenmitglied in der Lage sein muss, mit Anderen zusammen zu arbeiten. Diese Gesamtanforderung kann mit mehreren Teilaspekten konkretisiert werden, beispielsweise:

- Kommunikationsfähigkeit
- Interaktionsfähigkeit / Kontaktfähigkeit
- Kooperationsfähigkeit
- Konfliktfähigkeit
- Integrationsfähigkeit
- Konsensfähigkeit

Die Kommunikationsfähigkeit allein ist nicht ausreichend, jedoch eine zwingende Vorbedingung. Eine gute Leistung im Team kommt nicht deshalb schon zustande, weil die Mitglieder gut miteinander kommunizieren, sondern weil sie gut kooperieren.

Verfügt eine Person über diese Kompetenzen, kann von einer Teamfähigkeit ausgegangen werden. Diese Bündelung von Fähigkeiten ermöglicht es einer Person, sich in jedes Team einzufügen. Jetzt muss durch die Führung sichergestellt werden, dass die gleichen Personen auch willig sind, diese Kompetenzen einzusetzen.

WEST & BRODBEK (1994) haben im Rahmen von empirischen Untersuchungen festgestellt, dass eine Unterscheidung nach Aufgaben- und Personenbezogenheit hilfreich in der Darstellung ist. Dabei sind auch besonders das Arbeitsklima und die Dauer einer wirksamen Zusammenarbeit beschrieben worden. Als Ergebnis kann festgehalten werden, dass erst die gleichmäßige Betrachtung der Aufgaben und der Menschen zu einem zufrieden stellenden Ergebnis führt.

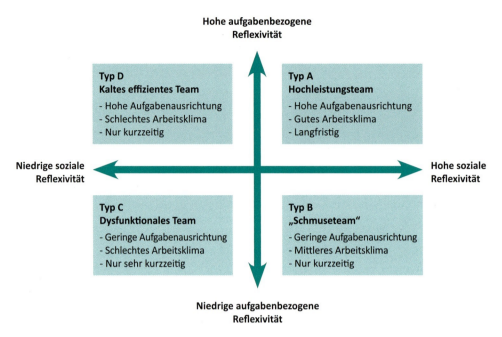

Abbildung 1.07-3: Kategorisierung von Gruppen in Abhängigkeit von Reflexivitätsausprägungen (STUMPF, 2003: 150)

> **Fazit** Für den erfahrenen Projektleiter ist es wichtig, dass Projekt ganzheitlich zu betrachten und Verantwortung zu fühlen für das ganze System, d.h. neben der Sachausrichtung und den erwarteten Ergebnissen erstreckt sich seine Verantwortung auf das zu leitende Team.
>
> Erst wenn es gelingt, eine Führungsaufgabe deutlich zu leben, werden wesentliche Synergievorteile entstehen. Der Projektleiter sollte in der Anfangszeit weniger inhaltlich in Erscheinung treten, dafür aber deutlich mehr Führungsverantwortung übernehmen. Genauso wie ein Trainer im Mannschaftssport braucht er nicht selbst auf jeder Position die beste Besetzung zu sein, er muss es vielmehr schaffen, die Positionen mit den besten Teammitgliedern zu besetzen und für ein gutes Umfeld Sorge zu tragen.

4.2 Leitungsspanne

Ein weiterer häufig diskutierter Punkt ist die Leitungsspanne („span of control"). Diese Bezeichnung, die in der militärischen Organisationstheorie und jetzt auch häufiger in der Unternehmensführung verwendet wird, beschreibt besonders die menschliche Betriebsmittelverwaltung. Die Leitungsspanne beschreibt die Zahl der Mitarbeiter, die an jeden Manager berichten.

Die Kontrollspanne (synonym zur Leitungsspanne) legt fest, wie weit der Bereich der Kontrollkompetenz für den Inhaber einer Führungsposition ist, wenn die Wirksamkeit der Kontrolle gewährleistet sein und bleiben soll. In der Praxis muss hier ein Mittelmaß in der Distanz zwischen den Vorgesetzten und Mitarbeitern gefunden werden.

Wenn die Distanz zu groß ist, so ist es nicht mehr möglich, exakte Kontrollen durchzuführen. Die Kontrolle bleibt dann anonym und die Sanktionen bleiben unwirksam. Ist dagegen der Abstand zu gering, dann wird die Kontrolle als Störung der formellen und informellen Beziehung empfunden. Die Festlegung der Kontrollspanne hängt von einer ganzen Reihe von Faktoren ab und kann sich zwischen 5 und 100 Personen bewegen, was empirisch festgestellt worden ist. Beispiele von Einflussfaktoren für die

Festlegung der Kontrollspanne sind: Komplexität der Aufgaben der Mitarbeiter, Führungsstil, räumliche Entfernung zwischen den Arbeitsplätzen, Art der Mitarbeiter, Zahl der Autoritätsebenen, Lohnhöhe, Häufigkeit der Arbeitswiederholungen, Gleichartigkeit der Arbeitsplätze usw. (PEEMÖLLER).

◐ **Tipp** In der Praxis hat es sich bewährt, eine größere Leitungsspanne dort einzusetzen, wo ähnliche oder wiederkehrende Aufgaben vorherrschen, z. B. im Bereich der (Serien-)Produktion. Dort, wo eine hohe Erwartung an den Einzelnen und individuelle Arbeitsergebnisse vorherrscht, ist der Anspruch an Leitung größer und die Zahl der zu führenden Mitarbeiter geringer.

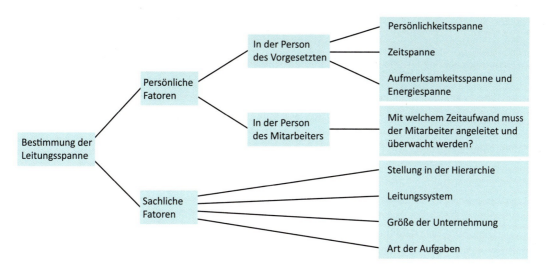

Abbildung 1.07-4: Einflussfaktoren Leitungsspanne

4.3 Teamkommunikation

Teamkommunikation und Kommunikationsfähigkeit können verstanden werden als notwendige, aber nicht hinreichende Voraussetzung für die Teamfähigkeit.

Die Fähigkeit zu effektiver Kommunikation ist ein Merkmal, das von einer teamfähigen Person zu fordern ist. Damit sind die Fähigkeit und Bereitschaft gemeint, dem Gegenüber zuzuhören, sich auf den verbalen Austausch mit dem Anderen einzulassen und möglichst ohne vorgefertigte Bilder aufzunehmen, was vom Kommunikationspartner eingebracht wird (JANISCH, 1994). Dabei spielen verbale und nonverbale Kommunikationsfähigkeiten eine wichtige Rolle im Zusammenhang mit der Teamfähigkeit.

In betrieblichen Kontexten jeglicher Form der Zusammenarbeit ist Kommunikation immer von großer Bedeutung. In Bezug auf Teams hat BLAKAR (1985) fünf Aspekte hervorgehoben:

1. Die Teammitglieder müssen motiviert sein, miteinander zu kommunizieren.
2. Sie müssen eine gemeinsame „Realität" haben (d. h. sie müssen ein gemeinsames Grundverständnis haben und eine gemeinsame Sprache sprechen).
3. Teammitglieder müssen die Fähigkeit besitzen, die Perspektive der Anderen zu übernehmen (bzgl. Sachverständnis als auch Erleben).
4. Teams benötigen gemeinsam vereinbarte Regeln; wie kommuniziert wird und welche Konsequenzen Regelverstöße haben.
5. Fehler und Schwierigkeiten sind zu erkennen, wenn eine der vorhergehenden Bedingungen nicht erfüllt ist.

Die Struktur einer Gruppe lässt sich auch unter dem Aspekt der Kommunikation betrachten (FURNHAM, 1997):

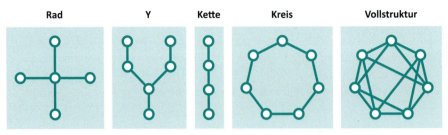

Abbildung 1.07-5: Aspekte der Kommunikation (FURNHAM, 1997)

Die Eckpunkte stellen jeweils einen Kommunikationsteilnehmer dar. Dabei sind die Formen, je weiter die linken Darstellungen genutzt werden, klar ausgerichtet und fokussiert. Damit wird Kommunikation im Team scheinbar einfacher, direkter, klarer. Je kleiner und überschaubarer eine Aufgabe oder ein Projekt sind, desto klarer und zentralisierter kann Kommunikation erfolgen. Je komplexer eine Aufgabe ist und je mehr Stakeholder eingeschlossen sind, desto aufwändiger wird die Kommunikation zwischen den Beteiligten werden.

Die Zentralisierung der Kommunikationsstrukturen nimmt von links nach rechts ab. Zentralisierte Strukturen sind bei einfachen Aufgaben überlegen, dezentrale Strukturen sind bei komplexen Aufgabenstellungen überlegen. In zentralisierten Netzen oder Projekten ist die Rolle des Teamleiters von zentraler Bedeutung, während die Bedeutung der Einzelrolle weiter zurückfällt, damit haben sie weniger Einfluss, was zu geringerer Zufriedenheit führt. In dezentralen Projekten ist die Führung nicht so klar ausgeprägt und stärker kooperativ bestimmt.

Ein weiterer wichtiger Aspekt ist, dass das gesprochene Wort als Teil der Kommunikation lediglich 25 Prozent der Gesamtkommunikation ausmacht. Die weiteren Aspekte der Kommunikation werden im Kapitel Kommunikation beschrieben. Allerdings ist es für einen Projektleiter in vielen Situationen hilfreich, mit Symbolen und Ritualen zu arbeiten. Als Beispiel ist erwähnt, dass viele große Projekte sehr griffige und wohlklingende Namen erhalten, damit eine Identifikation mit dem Projekt leicht fällt. Hierzu gehört auch, sich z. B. in einer bestimmten Art und Weise zu Projektsitzungen zu begrüßen. Dazu gehören eine Reihe von weiteren Symbolen und Ritualen.

verbale	interaktive	artifizielle (objektivierte)
Geschichten	Riten, Zeremonien, Traditionen	Statussymbole
Annekdoten	Feiern, Festessen, Jubiläen	Abzeichen, Embleme, Geschenke, Fahnen, Logos
Parabeln	Conventions	Idole, Totems, Fetische
Legenden, Sagen, Märchen	Konferenzen, Tagungen	Preise, Urkunden, incentive Reisen
Slogan, Mottos, Maximen, Grundsätze	Vorstandsbesuche, Revisionsbesuche	Kleidung, äußere Erscheinung
Jargon, Argot, Tabus	Organisationsentwicklung	Architektur, Arbeitsbedingungen
Sprachregelungen	Auswahl und Einführung neuer Mitarbeiter, Beförderung	Plakate, Broschüren, Werkszeitung
Lieder, Hymnen	Degradierung, Entlassung, freiwillige Kündigung, Pensionierung, Tod	Schriftlich fixierte Systeme (der Lohnfindung, Einstufung, Beförderung)
	Beschwerden	
	Magische Handlungen (Mitarbeiterauswahl, strategische Planung usw.)	
	Tabus	

Abbildung 1.07-6: Medien der symbolischen Interaktion (ROSENSTIEL, 1992: 359)

Σ Fazit Zu dem empathischen Auftreten gegenüber allen Projektbeteiligten kommt noch die Rolle der aktiven Kommunikationssteuerung. Der Projektleiter kann nicht nur reagieren, sondern ist verantwortlich für eine effektive und aktive Kommunikationsstruktur. Diese Regeln sind zu Beginn des Projektes festzulegen. Dabei sind die Intensität und die Art der Kommunikation idealerweise in einer Kommunikationsmatrix festzulegen (u. a PM-Element: 1_02_Interessengruppen, 3_07_Systeme, Prod. Techn.). Der Projektleiter hat weiterhin festzulegen, wer welche Informationen wann erhält. Viele Projekte zeigen, dass die Teammitglieder diese Vorgaben durch den Projektleiter erwarten, da es zu seiner elementaren Führungsaufgabe gehört. Gerade die Nichtdurchführung irritiert die Teammitglieder, da sie nicht genau wissen, welche Regeln gelten sollen. Diese Situation ist unbedingt zu vermeiden.

4.4 Teammeetings effektiv gestalten

Für ein Team gibt es vielfältige Formen der Abstimmung und des Informationsaustausches, häufig unterstützt durch technische Rahmenbedingungen oder sogar basierend auf einer bestimmten Technik.

In allen Teams ist das Instrument des Teammeetings oder auch der Teambesprechung bekannt und bewährt. Damit sind alle Formen gemeint, bei denen ein Team zusammenkommt, Informationen austauscht und Entscheidungen vereinbart. Doch gerade bei diesem zentralen Instrument beklagen Projektleiter, dass sie häufig zu lange dauern, ineffektiv sind und für den Aufwand nicht den entsprechenden Nutzen bereitstellen.

Weitere Probleme können sein:

1. Es gibt keine klare Zielsetzung für die Besprechung.
2. Die eigentlich relevanten Entscheidungsträger nehmen nicht teil, sondern schicken eine Vertretung.
3. Es ist kein Moderator vorhanden.
4. Es gibt keine klaren Regeln für die Besprechung.
5. Die aktuell thematisierte Fragestellung wird zu lange und uneffektiv diskutiert.
6. Die Stakeholder werden bei Lösungsvorschlägen nicht oder nicht ausreichend gehört.
7. Jeder darf uneingeschränkt reden, es gibt keine abgestimmten Regeln.
8. Niemand dokumentiert Zwischenergebnisse oder führt ein endgültiges Protokoll.

Deshalb lohnt es sich, Erfolgskriterien zu erörtern.

Tipp Bei jeder Form einer Besprechung sollte der Leiter sich darüber im Klaren sein, was der eigentliche Anlass für das Meeting ist und welches Ziel sie haben, bzw. welches Ergebnis erreicht werden soll. Hier sind sowohl die Nahziele (Ende der Besprechung), als auch die Fernziele (Planung zukünftiger Aktivitäten) einzuschließen.

Dabei sind diese Fragen hilfreich:

- Was ist das Ziel der Besprechung? Was ist der Anlass der Besprechung? Welches Ergebnis soll erreicht werden?
- Welche Aktivitäten / Arbeiten sind hierzu erforderlich?
- Wer muss informiert werden?
- Welche Fragen / Einwände sind zu erwarten?
- Wer wird welche Position vertreten? Worauf muss ich mich vorbereiten?
- Wer muss für eine effiziente Aufgabenerledigung eingeladen werden?
- Wer verfügt über welche Kompetenzen / Wissen / Informationen?
- Wer kann welche Aufgaben übernehmen?
- Wer kann welche Verantwortung übernehmen?

| Welche organisatorischen Vorbereitungen müssen getroffen werden (Raum, Einladung, Material)?

Je besser ein Meeting vorbereitet ist, desto leichter gelingt es dem Projektleiter, den eigentlichen Sinn und Ablauf im Auge zu behalten. Ein erfolgreicher Projektleiter nimmt sich für eine Besprechung nur so viele Themen vor, wie er innerhalb der angegebenen Zeit auch wirklich schaffen kann. Es ist ebenso wichtig, alle Teilnehmer so rechtzeitig zu informieren, dass sich jeder gut vorbereiten kann. An alle Teilnehmer sollten mindestens kommuniziert werden:

| Datum und Uhrzeit der Besprechung
| Ort
| Dauer
| Teilnehmer
| Wer berichtet wie lange zu welchem Thema?
| Welches Ziel besteht für ein Thema?

Dabei ist es weiter hilfreich, eine bekannte Struktur zu nutzen, die bereits bei der Vorbereitung berücksichtigt werden kann:

Infophase	Worum geht es?	• Beschreibung der Aufgabenstellung • Gemeinsames Problem- und Aufgabenverständnis
Zielbestimmung für die Besprechung	Was wollen wir erreichen?	• Gemeinsames Zielverständnis schaffen • klare Zielfestlegung ermitteln und schriftlich festhalten
Bearbeitung der Probleme / Ziele / Aufgaben	Wie gehen wir vor?	• Einigung über den Ablauf und das weitere Vorgehen • Klärung der Spielregeln, Rollen- und Aufgabenverteilung • Zielorientierte Sammlung und Bearbeitung von allen relevanten Informationen • Bewertung von Lösungsvorschlägen • Entscheidungsvorschläge, Prüfung und Einigung • Entscheidungsfindung, Zielerreichung
Zusammenfassung und Protokollierung der Ergebnisse	Wie informieren wir wen?	• Protokollerstellung • Informationsweitergabe an Dritte
Verteilung der weiter zu bearbeitenden Aufgaben	Wer macht was bis wann? Wie erfolgt die Erfolgskontrolle? Wie können wir es schaffen, die geplanten Besprechungszeiten einzuhalten?	

Abbildung 1.07-7: Phasen der Gesprächsdurchführung (Trainingsunterlagen DIETMAR PRUDIX, 2007)

Dabei hat es sich bewährt, die 60:20:20-Regel anzuwenden, diese bedeutet, dass 60 Prozent der Zeit für die Erarbeitung der Themen, Stellungnahmen und Situationsberichte einzuplanen sind. 20 Prozent der Zeit werden benötigt für nicht vorhersehbare Themen und neu aufkommende Gesprächspunkte. Die letzten 20 Prozent werden benötigt für Zwischenaktivitäten, wie Pausen, Gespräche etc.

Aus mehreren Gründen ist es wichtig, zu jeder Besprechung ein Protokoll anzufertigen. Nur so kann gewährleistet werden, dass im nächsten Meeting überprüft werden kann, ob zu den besprochenen Themen Arbeitsfortschritte gemacht wurden. So können offen gebliebene Punkte gezielt thematisiert werden, ohne dass bereits diskutierte Themen erneut erörtert werden müssen.

∑ **Fazit** Als Vorgesetzter ist der Leiter eines Projektes immer in der Lage, aber auch verpflichtet, als regelsetzende Instanz zu agieren. Auf ihn kommt es an, klare Regeln des miteinander Kommunizierens zu entwickeln und umzusetzen. So deutlich, wie er hier Klarheit erzeugt, so klar und verbindlich werden sich die Teammitglieder verhalten. Die Praxis zeigt, dass im Übrigen auch die Teammitglieder ein ständiges Einwirken des Projektleiters erwarten. Ihm wird deutlich die Aufgabe zugerechnet, hier zu leiten oder zu moderieren, aber auf jeden Fall einzugreifen und zu gestalten. Zum Beispiel hat er einzugreifen, wenn einzelne Redebeiträge zu lang werden oder Konflikte sichtbar werden.

Haben Sie es auch schon erlebt, dass Meetings zu lange dauern, aber die wichtigen Punkte nicht besprochen sind? Dieses Phänomen haben wohl schon alle erlebt und erlitten. Mit einfachen Mitteln ist es dem Projektleiter möglich, ein zufrieden stellendes Ergebnis zu erzielen.

4.5 Moderation

Projektleiter erleben immer wieder, dass sie mit einem neuen Projektteam oder mit anderen Gruppen zusammenarbeiten wollen und diese leiten müssen. Dabei ist die Grundlage einer guten Moderation, alle Beteiligten so miteinander ins Gespräch zu bringen, dass sie ohne Scheu oder andere Einschränkungen ihre unterschiedlichen Ansichten und Standpunkte zum Ausdruck bringen und sich selbst als Teilnehmer an bestimmte Regeln halten. Hier helfen Methodiken der Interaktion und der Gesprächsplanungstechniken.

Hier gehören z. B. zum Handwerkszeug:

- Kartenabfragen
- Zuruffragen
- Thesen
- Gewichtungen
- Visuelle Darstellung

Wenn Besprechungen zu moderieren sind, treffen Projektleiter häufig auf feste Denkmuster, in denen Gruppen gefangen sind. Diese „Hindernisse" machen es schwer, sich auf ungewohnte und neue Überlegungen und Denkweisen einzulassen. Die schnell erlebbaren Folgen sind Blockaden und Widerstände oder mindestens das passive Beharren auf Altem („Reaktanz"). Hier ist der Projektleiter gefordert, diese Denkmuster aufzubrechen und neuen Ideen zum Durchbruch zu verhelfen. Damit wird die Moderation zur Diskussionsführung. Dieses beinhaltet das Stellen von Fragen, aber auch das Analysieren von Denkgebäuden.

Manchmal wird diese Methodik auch gleichgesetzt mit „Metaplan" und hier dann wieder mit der Nutzung bestimmter Instrumente. Die Grundlage hierzu bietet die verhaltenswissenschaftliche Entscheidungstheorie von HERBERT SIMON mit ihrer Einsicht, dass Entscheidungen immer auf der Basis von begrenztem Wissen über Folgen und Entscheidungsalternativen stattfinden. In den frühen Arbeiten von NIKLAS LUHMANN wird deutlich, dass man für eine Veränderung von Organisationen sowohl die Formenstruktur als auch die informellen Strukturen im Blick haben muss. Dazu gehören auch die Theorie der Mikropolitik von ERHARD FRIEDBERG, der aufzeigt, dass die Macht zu Organisationen gehört wie die Luft zum Atmen.

Es geht um das Erzeugen von Einsichten. Solange eine Thematik, ein Vorgehen oder Vorgaben unklar bleiben, können sie auch von Anderen nicht bearbeitet werden. So geht es darum, hier Klarheit und gleiches Verständnis zu erzeugen.

Zu den wichtigsten Prinzipien gehört das Aktivieren aller Teilnehmer, besonders in Gruppenarbeit:

1. Jeder wird beteiligt mit einem hohen Maß an Interaktion und der Unterstützung der Leisen und Schwächeren
2. Ordnung der Gedanken, Entwickeln von Überblicken, die Vernetzungen zeigen
3. Behalten des Fokus; Visualisierung
4. Thematisieren von Zweifeln und Widerständen, Schaffen von Akzeptanz
5. Unterscheidung von Meinungen, Wünschen, Fakten
6. Schaffen von nächsten Maßnahmeschritten, Erzeugung von Verbindlichkeit und Nachhaltigkeit.

Dabei ist die Moderationsmethode kein in sich geschlossenes System, sondern eher ein Handwerk zur Lösung praktischer Probleme. Es hilft, gewohnte Umgebungen zu verlassen, um in neuen und ungewohnten Umgebungen neue Formen des miteinander Arbeitens und der Lösungsfindung auszuprobieren.

Typische Prozesse für ein Kick-Off Meeting in einem Projekt können sein:

1. Kennen lernen
2. Klärung der Erwartungen und der Situation
3. Gruppenprozesse unterstützen
4. Krisen thematisieren und beheben
5. Tätigkeitskataloge erstellen
6. Abschluss und Abschied herstellen und würdigen

Tipp Bei weiteren Meetings können einzelne Teile, wie Kennen lernen, wegfallen oder andere, wie die Thematisierung eines Einzelpunktes, hinzukommen. Sollten jedoch zu bestimmten Phasen in einem Projekt neue Teammitglieder dazukommen, ist dieser Punkt erneut zu bearbeiten.

Moderation beschreibt auch die Haltung des Projektleiters beim Umgang mit seiner Führungsverantwortung. Es haben sich diese Formen des Verhaltens eines Moderators in der Praxis bewährt:

- Fragen statt sagen
- Es ist alles eine Frage der Haltung
- Nicht gegen die Gruppe ankämpfen
- Störungen haben Vorrang
- Unterscheide: Wahrnehmen, vermuten, bewerten
- Ich statt man
- Nonverbale Signale beachten
- Nicht bewerten und beurteilen
- Sich nicht rechtfertigen

In dieser Hinsicht ist die Moderation ein Verfahren, mit der Gruppen unterstützt werden können, damit sie ihre Aufgaben zielgerichtet, effektiv und eigenverantwortlich bearbeiten können.

Der Moderator ist demnach ein neutraler, unparteiischer Teambegleiter. Ihm stehen verschiedene Moderationstechniken und Methoden als Handwerkszeug zur Verfügung.

In besonderer Form lebt die Methode von der Visualisierung. Es kommt auf eine erprobte und saubere Schrift mit unterschiedlichen Techniken ebenso an wie auf die Elemente und Instrumente der Visualisierung in Form von Moderationskarten, Klebepunkten, Hervorhebungen, Betonungen und Strukturierungen. Es lässt sich auch sehr gut die Beantwortung von Fragen darstellen, entweder als offene Frage oder auch als Beantwortung mit Karten. Als Darstellungen eignen sich auch Skalierungen und Koordinatenfelder.

Beispielhaft sind dargestellt (vgl. dazu auch das Element 2.07 / 5 Kreativitäts-Methoden):

Die Punktabfrage

Sie dient als Instrument zur Visualisierung von Stimmungen, Tendenzen und Einstellungen der Gruppenteilnehmer zu bestimmten Fragestellungen. Ein entscheidender Vorteil dieser Methode ist, dass alle Personen gleichberechtigt und weitestgehend unbeeinflusst mit einbezogen werden können.

Man unterscheidet:

Einpunktabfrage

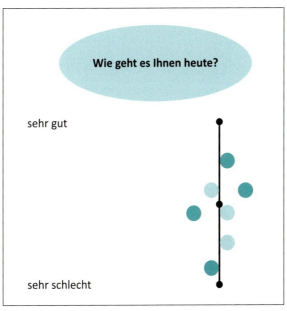

Abbildung 1.07-8: Einpunktabfrage

Mehrpunktabfrage

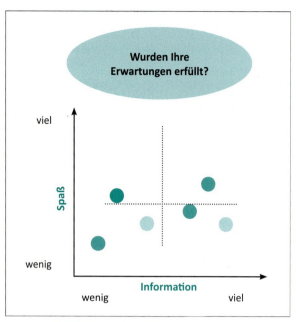

Abbildung 1.07-9: Mehrpunktabfrage

Der Ablauf einer Anwendung ist:

- Zunächst wird die zu beantwortende Fragestellung durch den Moderator vorgestellt und eventuelle Fragen werden geklärt.
- Danach erläutert der Moderator die Vorgehensweise.
- An die Teilnehmer werden jeweils die gleiche Anzahl Klebepunkte verteilt. Danach werden sie gebeten, die Punkte entsprechend ihrer Meinungen und Wertungen im Diagramm, Skala oder Problemspeicher usw. zu positionieren.
- Anschließend muss genügend Zeit bleiben, damit sich alle Beteiligten einen Überblick verschaffen können.
- Zum Abschluss kann der Moderator bei Bedarf die Teilnehmer um verbale Kommentare zu den Punkten bitten.

Zu beachten bleibt:

- Die Frage sollte präzise formuliert und visualisiert sein und sich an die Gruppe persönlich richten. Der Moderator sollte auf eigene Interpretationen verzichten.

Die wohl bekannteste Form der Anwendung ist die Kartenabfrage. Sie dient dazu, das Wissen, die Ideen, Probleme oder auch die Lösungsansätze aller Beteiligten zu sammeln und zu ordnen.

Ablauf:

- Im Vorfeld bereitet der Moderator ein Leerplakat mit der Fragestellung vor.
- Zu Beginn der Abfrage werden an alle Beteiligten Karten verteilt, auf die jeder in Stichworten seine Ideen, sein Wissen oder seine Lösungsvorschläge schreibt.
- Verdeckt werden die Karten anschließend wieder eingesammelt und unkommentiert an die Pinnwand geheftet.
- Im Anschluss werden die Karten in Themenblöcken zusammengefasst („geclustert").
- Abschließend wird jedes Cluster mit einer Überschrift versehen, damit eine Gliederung erkennbar ist.

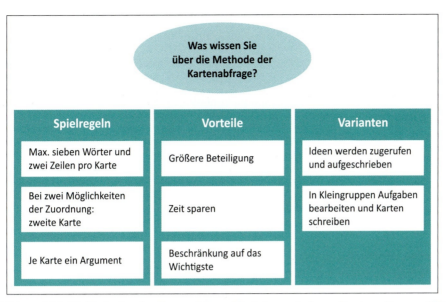

Abbildung 1.07-10: Methoden der Kartenabfrage (Trainingsunterlagen DIETMAR PRUDIX, 2007)

Zum Abschluss einer Teamsitzung werden Aufgaben festgelegt, verbindlich zugeordnet und so in einem Protokoll verankert, dass ein Controlling stattfinden kann. Dieser Tätigkeitskatalog ist ein wichtiges Instrument, das genau festhält, welche Tätigkeiten von welchen Teilnehmern in einer bestimmten Zeit erledigt werden müssen. Er bekämpft also die Trittbrettfahrer-Mentalität und sorgt für Transparenz der Arbeit im Team.

Ablauf:

- Die Gesamtaufgabe wird in einzelne Teilschritte, die leicht zu kontrollieren sind, unterteilt.
- Diese Tätigkeiten werden untereinander in einen Tätigkeitskatalog geschrieben, der wie folgt gestaltet werden kann:

Tätigkeitskatalog	Nr. / Zeit	Tätigkeit / Bemerkung	wer mit wem
	1.	Projektteam einladen	...
	2.	Evaluationsverfahren umsetzen	...
	3.	Protokoll verteilen	...
	4.	...	...

Abbildung 1.07-11: Tätigkeitskatalog

Wer?	Eintragung des Verantwortlichen.
Mit wem?	Alle Beteiligten, mit denen zusammen gearbeitet werden muss.
Zeit?	Realistische Zeit eintragen. (Gegebenenfalls quartalsmäßige Teilabschnitte) Bemerkung: z. B. Art der Durchführung.

Das Brainstorming ist eine Technik, die denkpsychologische Blockaden ausschalten soll. Ziel des Brainstormings ist es, in relativ kurzer Zeit eine große Anzahl an Ideen zu sammeln.

Ablauf:

- Zu Beginn der Sitzung führt der Moderator die Gruppe in das Problem ein und verweist die Teilnehmer auf die Einhaltung der Brainstormingregeln.
- Anschließend wird ein Protokollant ausgewählt, der unkommentiert alle Ideen protokolliert, die von den übrigen Gruppenmitgliedern in den Raum gerufen werden.
- Die Dauer des Brainstormings sollte am Ideenfluss der Teilnehmer ausgerichtet sein.
- Die Ergebnisse können z. B. anschließend in einen Tätigkeitskatalog aufgenommen werden.

Als Spielregeln haben sich bewährt:

- Keine Kritik oder Wertung!
- Ideenfindung und Bewertung müssen strikt voneinander getrennt werden. Kritik frustriert und blockiert die Teilnehmer und führt häufig zu langatmigen und ineffizienten Diskussionen.
- Ideen Anderer aufgreifen und weiterentwickeln!
- Niemand hat einen Besitzanspruch auf seine eigenen Ideen. Subjektiv gut empfundene Zurufe sollen aufgegriffen und weiterentwickelt werden.
- Der Phantasie freien Lauf lassen!
- Insbesondere originelle und scheinbar unrealistische Beiträge sind gewünscht, da nur so neue Wege zur Problemlösung eingebracht werden können.
- Quantität vor Qualität! Masse statt Klasse!
- Die Bewertung erfolgt später. Das Ziel besteht darin, spontan möglichst kreative Beiträge zu erreichen. Es können auch Beiträge wieder herausgenommen werden.

Variationen hierzu können sein:

Die gefundenen Ideen werden von jedem Teilnehmer schriftlich fixiert. Eine Möglichkeit ist die Methode 6-3-5. Dabei tragen 6 Personen in 6 Blätter jeweils 3 Ideen ein und haben hierfür 5 Minuten Zeit.

Danach werden die Blätter reihum weitergegeben und die 6 Teilnehmer tragen auf das erhaltene Blatt wiederum 3 Ideen innerhalb von 5 Minuten ein. Dieses Vorgehen wird 6-mal wiederholt, sodass jeder auf jedes Blatt 3 Ideen geschrieben hat.

Insgesamt wird durch die Anwendung einer Moderationsmethode ein geordneter und planvoller Ablauf sichergestellt.

Ein erwünschtes Ergebnis im Rahmen der Moderation sind das Finden und die verbindliche Abstimmung von Entscheidungen. Dieses können auf unterschiedliche Weise getroffen werden. Sie lassen sich grundsätzlich in vier Bereiche einteilen:

Konsens	Abstimmung
- Wenn Entscheidungen wichtig sind - Wenn Gruppen klein sind (10 oder weniger) - Wenn ein intensiver Austausch an Ideen benötigt wird - Wenn die Gruppe informiert ist - Wenn die einzelnen Teammitglieder „auf Augenhöhe" arbeiten	- Wenn bekannt ist, dass Konsenz in der zur Verfügung stehenden Zeit nicht möglich ist - Wenn alle Teilnehmer gleich gut informiert sind und die jeweiligen Standpunkte bekannt sind - Wenn sichergestellt ist, dass die Minderheit die Mehrheit unterstützt - Wenn es Überlegungen gibt, wie die Minderheit nach der Abstimmung behandelt wird

Teilgruppen	Einzelperson
- Wenn eine Teilgruppe die nötigen Informationen oder Expertise für die Entscheidungsfindung hat - Wenn eine Teilgruppe die einzige Einheit ist, die von der Entscheidung betroffen ist - Wenn die Gesamtgruppe die Entscheidung auf die Teilgruppe delegiert	- Wenn es dringend ist - Wenn eine Person über alle nötigen Informationen verfügt - Wenn die Entscheidung einer Einzelperson durch die Gesamtgrppe zugetraut wird - Wenn das Ergebnis nur die Einzelperson betrifft

Abbildung 1.07-12: Entscheidungsmethoden (Trainingsunterlagen DIETMAR PRUDIX, 2007)

Tipp In komplexeren Entscheidungssituationen hat es sich bewährt, Kriterien zu bilden, anhand derer verschiedene Optionen bewertet werden. Die Bewertung erfolgt über die Vergabe von Punkten für jedes Kriterium. Als Ergebnis in diesem Verfahren können Entscheidungen, basierend auf den Gesamtpunkten, priorisiert werden.

Als Gesamtergebnis entsteht eine Entscheidungsmatrix.

Entscheidungs-option	Einfach einzuführen (Ja = 3; Nein=1)	Kosten Hoch / niedrig (hoch=1; niedrig=3)	Team und Management Unterstützung (Nein=1; wenig=2; Ja=3)	Gesamtpunkte
Option A	Ja (3)	Hoch (1)	Wenig (2)	6
Option B	Nein (1)	Niedrig (3)	Ja (3)	7
Option C	Ja (3)	Niedrig (3)	Ja (3)	9

Abbildung 1.07-13: Beispiel Entscheidungsmatrix

Fazit Im Wort Projektleiter steckt auch das Wort leiten. Dieses trifft natürlich auf die Gesamtsituation zu, aber auch gerade auf den Teil der Sitzungen, Workshops, Kick Offs. Es gibt (auch aus Kostengründen) nicht immer die Gelegenheit, alle Teammitglieder zusammenzuholen. Umso bedeutender ist es, eine Sitzung oder einen Workshop so zu leiten, dass sie höchst effizient genutzt werden können.

Ein Vorgehen kann sein, dass sich der Projektleiter bei besonders wichtigen oder heiklen Besprechungen Unterstützung in Form von Moderation organisiert. Manchmal ist es nicht möglich, inhaltlichen Input zu geben und gleichzeitig zu moderieren.

5 Stufen der Teamentwicklung

Teamentwicklung hat zwei relevante Bedeutungen: Zum einen entwickeln sich Teams über die Zeit hinweg, zum anderen gibt es den Ansatz des „team development" und des „team building", verstanden als aktive Maßnahme.

Unterstützende Modelle können sein die Teamuhr nach FRANCIS / YOUNG oder das Johari Fenster. Nachstehend werden zwei Phasenmodelle beschrieben.

5.1 Phasenmodell nach Tuckman

Die Phasen der Teamentwicklung von TUCKMAN können verwendet werden, um Faktoren zu identifizieren, die für das Aufbauen und das Entwickeln von kleinen Gruppen kritisch sind. TUCKMAN'S Teamentwicklungs-Modell versucht zu erklären, wie sich ein Team über die Zeit entwickelt. Die fünf Phasen der Entwicklung sind: Forming, Storming, Norming, Performing und Adjourning. Das Adjourning-Stadium wurde später im Jahr 1977 hinzugefügt. Laut TUCKMAN sind alle Phasen notwendig und unumgänglich – damit das Team wachsen, sich Herausforderungen stellen, Probleme bewältigen, Lösungen finden, Arbeit planen und Ergebnisse liefern kann.

Ursprung und Geschichte der Stadien der Teamentwicklung: BRUCE WAYNE TUCKMAN (1938) veröffentlichte 1965 einen kurzen Artikel „Developmental Sequence in Small Groups". 1977 fügte er die fünfte Phase hinzu: Adjourning (Stages of Small Group Development Revisited).

Gebrauch und Anwendung der Phasen:

- Aufbauen und Entwickeln von Teams.
- Analysieren des Verhaltens von Teams.
- Lösung von Problemen.

Der Prozess der Phasen:

Forming. Projektteam-Anfangsphase.

Ein Projektteam ist anfangs mit der Orientierung beschäftigt, hauptsächlich erreicht durch Testen und Ausprobieren. Solches Testen dient dazu, die Grenzen des zwischenmenschlichen Verhaltens und Aufgabenverhaltens zu identifizieren. Zusammenfallend mit dem Testen im zwischenmenschlichen Bereich sind die Ermittlung und Feststellung von möglichen Abhängigkeitsverhältnissen zu Leitern, zu anderen Gruppenmitgliedern oder zu vorhandenen Standards.
   Teammitglieder verhalten sich ziemlich unabhängig. Sie können motiviert sein, sind aber normalerweise verhältnismäßig uninformiert über die Probleme und Ziele des Teams. Einige Teammitglieder können Eigenschaften von Ungewissheit und Angst zeigen.
   Der Projektmanager muss das Team zusammenbringen und sicherstellen, dass die Teammitglieder sich vertrauen und die Fähigkeit mitbringen, ein Arbeitsverhältnis zu entwickeln. Dabei nutzt er idealerweise den richtungweisenden oder „erklärenden" Stil. Er gibt seinem neuen Team eine „soziale Heimat", heißt sie willkommen und würdigt ihren Beitrag.

Storming. Verschiedene Ideen konkurrieren, häufig auf schärfste Weise, um Berücksichtigung.

Das Projektteam gewinnt Vertrauen, aber es gibt Konflikte und Polarisierung um zwischenmenschliche Themen. Die Teammitglieder zeigen ihre eigenen Persönlichkeiten, während sie die Ideen und Perspektiven jedes anderen Teammitglieds konfrontieren. Frustration oder Meinungsverschiedenheiten über Ziele, Erwartungen, Rollen und Verantwortlich-keiten werden öffentlich ausgedrückt. Es findet ein Gerangel um Plätze statt, Ellenbogen werden ausgefahren. Es geht darum, Selbstbewusstsein zu zeigen.

Die Projektmanager führen das Projektteam durch diese turbulente Übergangsphase im Coaching-Stil. Die Toleranz jedes Teammitglieds und ihre Differenzen müssen hervorgehoben werden. In dieser Phase entscheidet sich, ob und wie ein Projektleiter als Führungspersönlichkeit wahrgenommen und akzeptiert wird. Was ein Projektleiter in dieser Phase nicht klären kann, schleppt sich bis zum Ende des Projektes durch und wirkt solange als Unklarheit. Bereits hier entscheidet sich, ob ein Teammitglied sich innerlich verabschiedet (innere Kündigung) und nur noch körperlich anwesend ist, aber nichts weiter inhaltlich beiträgt.

Norming. Richtlinien, Werte, Verhalten, Methoden, Werkzeuge werden entwickelt.

Die Wirksamkeit im Projektteam erhöht sich und das Team beginnt, eine Identität zu entwickeln. Die Teammitglieder justieren ihr Verhalten zueinander, während sie Vereinbarungen entwickeln, um die Teamarbeit natürlicher und flüssiger zu machen. Alles sind bewusste Bemühungen, Probleme zu beheben und Gruppenharmonie zu erzielen, die Motivationsniveaus erhöhen sich.

Der Projektmanager erlaubt dem Team, deutlich autonomer zu werden, und nutzt überwiegend den partizipativen Stil. Er ist der Garant für geltende und funktionierende Regeln – und, dass es überhaupt welche gibt. Er wird auch daran gemessen, ob er selbst die Regeln einhält oder das Einhalten gegenüber der Hierarchie durchsetzen kann.

Performing. Die zwischenmenschliche Struktur wird das Werkzeug der Aufgabenaktivitäten.

Die Rollen werden flexibel und funktionell ausgeübt und Gruppenenergie wird in die Aufgabe geleitet. Das Projektteam kann nun als eine Einheit agieren. Es erledigt die Arbeit reibungslos und effektiv, ohne unangebrachte Konflikte oder das Bedürfnis nach externer Überwachung.

Die Teammitglieder haben ein klares Verständnis davon, was von ihnen auf einer Aufgabenebene gefordert wird. Sie sind jetzt kompetent, autonom und in der Lage, den Entscheidungsprozess ohne Überwachung zu handhaben. Eine „kann ich machen" Haltung ist sichtbar. Angebote, die Anderen zu unterstützen, werden gemacht.

Der Projektmanager lässt das Team die meisten der notwendigen Entscheidungen treffen und nutzt überwiegend den delegierenden Stil. Hier wird der Projektleiter keine großen Veränderungen mehr vornehmen oder neue Regeln vereinbaren. Er stellt sicher, dass ein hoher Leistungserbringungsgrad gehalten wird.

Adjourning. Die Aufgaben werden vollendet und das Team wird auseinander genommen.

Das Projektteam durchlebt jetzt eine schwierige Phase. Einige Autoren beschreiben dieses Stadium fünf sogar als „Deforming and Mourning", das Gefühl des Verlustes der Gruppenmitglieder erkennend. Die Motivationsniveaus der Teammitglieder können sinken, da Ungewissheit über die Zukunft anfängt zu wirken.

Für den Projektmanager gilt es, jetzt neue Projekte vorzustellen, um das Bildungs-stadium der Teamentwicklung wieder aufzunehmen. Hierher gehören auch die Würdigung des Beitrages und ggf. ein gegenseitiges Feedback über die empfundene Zusammenarbeit.

Begriff	1 Forming	2 Storming	3 Norming	4 Performing	5 Adjourning
Ausprägungen	Höflich, gegenseitiges Testen, wenige viel reden, einige sind ruhig, Distanz	Konflikte, und Konfrontation, Widerstand gegen Aufgaben, geringes Vertrauen, Aktionen gegen Kollegen	Team beginnt als Team, Team schafft Rollen, Regeln, konstruktive Kommunikation	Konsolidierung, Selbstorganisation, Wir-Gefühl, Genuss, Spaß, ausgeprägtes Vertrauen	Das Team geht auseinander; Verabschiedungsrituale werden benötigt; formales und persönliches Beenden
Projektrelevanz	Projektleiter auswählen, Projekt definieren Projektmitarbeiter auswählen, Rollen erarbeiten	Berichts- Entscheidungen, Eskalationswege erarbeiten Projektorganisation erarbeiten Rollen erarbeiten	Projekt, Kick-off durchführen Projektkommunikation vereinbaren, Prozesse und Methoden vereinbaren	Eigentliche Arbeit, Jetzt sind alle Parameter grün; Wichtige Leistungen werden jetzt erbracht; Effizienz steigt; Ein guter Abschluss ist in Sicht	Abschiedsrituale, einige Teammitglieder gehe schon vorher von Bord; Lessons learned, Verabschiedung des Teams; Bewertung der Leistung; Verabredung für die Zukunft
Rolle des Projektleiters	Gastgeber	Katalysator	Partner	Unterstützer	Coach
Typische Probleme	Auswahl falscher Mitglieder, Keine Beteiligung bei der Teamauswahl, Die Absicht, Phasen zu schnell zu überspringen, Keine klaren Vorgaben	Keine Teammeetings, keine Beachtung von Konflikten	Keine Kommunikations-matrix Keine Regeln Keine klaren Rollen	Kaum Leistungserbringung Kein Spaß	Keine Würdigung der erbrachten Leistungen
Lösungen/ Innovationen für PL	Beteiligung bei der Teamauswahl des PL	Aufstellen von Eskalationswegen Schulung des PL in Konfliktlösungskompetenz, z. B. Mediator	Kommunikationsmatrix entwickeln	Aspekte der „Norming Phase wiederholen Erfolge feiern	Gemeinsames Abschlussfeedback To do Liste für offene Punkte erarbeiten

Abbildung 1.07-14: Stadien der Phasen- u. Projektrelevanz (Trainingsunterlagen DIETMAR PRUDIX, 2007)

Stärken und Nutzen des Modells der Phasen der Teamentwicklung:

Dieses Modell stellt eine Anleitung für Teamentwicklung zur Verfügung. Es gibt aber auch Einschränkungen und Nachteile des Modells:

Es ist zu beachten, dass das Modell entworfen wurde, um Phasen in *kleinen* Gruppen zu beschreiben. In Wirklichkeit können Gruppenprozesse nicht so linear sein, wie TUCKMAN sie beschreibt, sondern sie treten eher zyklisch auf.

Eigenschaften für jede Phase sind nicht zu dogmatisch zu betrachten. Da sich das Modell mit menschlichem Verhalten beschäftigt, ist es manchmal unklar, wann sich ein Team von einer Phase in eine andere bewegt hat. Es kann Überlappungen und auch Wiederholungen zwischen den Phasen geben. Es erscheint reizvoll, aus z. B. Kostengesichtspunkten heraus, Phasen zu überspringen. In der Praxis ist jedoch zu erleben, dass alle Phasen tatsächlich durchlebt werden müssen. Der Versuch des bewussten Überspringens führt dazu, dass eine Phase später doch durchlebt wird, dann aber mehr Zeit in Anspruch nimmt. Das Modell berücksichtigt nicht die einzelnen Rollen, welche die Teammitglieder einnehmen müssen.

Es gibt keine Anleitung über den Zeitrahmen für das Bewegen von einer Phase zur nächsten. Dazu kommt, dass die meisten Untersuchungen mit Gruppen durchgeführt wurden, die auf Dauer zusammengearbeitet haben.

> **∑ Fazit** Ein erfolgreicher Projektleiter erkennt die einzelnen Phasen und lernt, sie für die Weiterentwicklung des Teams aktiv einzusetzen. Dabei geht er bewusst in jeder Phase unterschiedlich vor und spielt jeweils eine unterschiedliche Rolle. Auch sein Verhalten und die genutzten Instrumente sind unterschiedlich. Den größten Nutzen kann ein Projektleiter entfalten, wenn er zum richtigen Zeitpunkt die richtigen Maßnahmen einleiten und nutzen kann.

5.2 Phasenmodell Gersick (Punctuated-Equilibrium-Modell)

Das Punctuated-Equilibrium-Modell (in der Folge kurz PEM) Modell bezieht sich auf Gruppen mit festgelegter Lebensdauer (definiert durch eine „Deadline", zu der ein Projekt abgeschlossen sein muss). Gerade im Projektbereich ist es ein typisches Merkmal, dass eine Aufgabe erledigt und damit beendet ist.

GERSICK hat für diese Art der Teams 1989 ein alternatives Modell entwickelt, das durch eigene Forschung auch bestätigt wurde. In diesem Modell nimmt GERSICK nur 2 Phasen an.

Nach der ersten Zusammenkunft als Team beginnen die Teammitglieder sofort mit der Aufgabenbearbeitung, zunächst allerdings auf einem eher geringen Leistungsniveau. GERSICK hat in seinen Gesprächsprotokollen gezeigt, dass es ziemlich genau in der Mitte vom ersten Gespräch und dem Projektende zu einer so genannten „Transition", einem „Aufwachen" des Teams kommt. Die Teammitglieder werden sich der Deadline bewusst und arbeiten auf einem höheren Leistungsniveau weiter, häufig kann es hier auch zu Krisen und Konflikten kommen. Das Leistungsniveau kann sich dann innerhalb dieser Phase kurz vor Erreichen des Projekt-Endes noch einmal steigern. Mit dem Abgabetermin ist dann die Lebensdauer der Gruppe beendet.

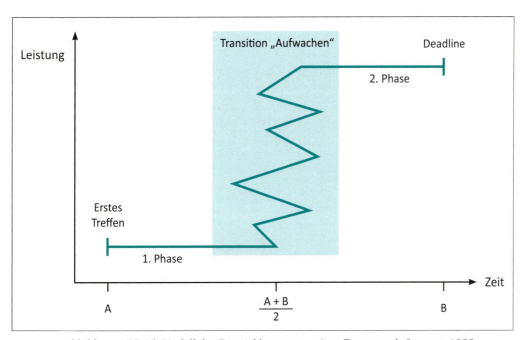

Abbildung 1.07-15: Modell der Entwicklung temporärer Teams nach GERSICK, 1988
(vgl. ROBBINS, 2003: 222)

6 Besondere Teameffekte

6.1 Groupthink

IRVING JANIS entwickelte eine Untersuchung über die Entscheidungsfindung von Gruppen, genannt „Groupthink" Theorie. Sie basiert auf dem menschlichen Sozialverhalten, in dem das Beibehalten von Gruppenzusammenhalt und -solidarität als wichtiger angesehen wird als das Betrachten von Tatsachen. JANIS gab die folgende Definition von Groupthink:

> **Definition** Groupthink ist ein Modus des Denkens von Menschen, wenn sie tief in eine geschlossene Gruppe einbezogen werden. Wenn das Streben der Mitglieder nach Einstimmigkeit ihre Motivation außer Kraft setzt, um Handlungsalternativen realistisch zu bewerten.

Damit ist es auch ein Resultat von Zusammenhalt in Gruppen, bereits von LEWIN in den 1930er Jahren erwähnt, und ist damit ein wichtiger zu betrachtender Faktor in Entscheidungsprozessen, wie Seminaren, Treffen, Workshops, Projektteams, Konferenzen, Ausschüssen etc.

Bestimmte Bedingungen sind für Groupthink erforderlich:

1. Die Gruppe ist in hohem Grade zusammenhängend.
2. Die Gruppe wird von konträren Meinungen isoliert.
3. Die Gruppe wird von einem richtungweisenden Leiter geleitet, der seine Wünsche bekannt gibt.

Negative Konsequenzen von Groupthink können sein, dass die Gruppe ihre Diskussion auf nur einige Alternativen begrenzt. Die Lösung, die zuerst von den meisten Mitgliedern bevorzugt wird, wird nie neu untersucht, um weniger offensichtliche Fallgruben aufzuspüren. Die Gruppe verfehlt, jene Alternativen nochmals zu prüfen, die ursprünglich nicht durch die Mehrzahl missbilligt wurden. Ein Fachurteil wird nicht gesucht. Die Gruppe ist beim Erfassen und Betrachten vorhandener Informationen in hohem Grade selektiv und von ihren Ideen so überzeugt, dass sie keine Katastrophenpläne betrachtet.

Verhindern von Groupthink:

- Ernennen Sie einen Advokaten des Teufels (bewusstes Schaffen einer Rolle, die ausschließlich die Position der schlechtesten Lösung einnimmt).
- Regen Sie jeden an, ein kritischer Gutachter zu sein.
- Der Leiter sollte nicht sofort eine Präferenz festlegen.
- Stellen Sie unabhängige Gruppen auf.
- Teilen Sie sich in Untergruppen.
- Besprechen Sie, was mit Anderen außerhalb der Gruppe geschieht.
- Laden Sie Andere in die Gruppe hinein, um frische Ideen zu holen.
- Sammeln Sie anonyme Reaktionen über einen Vorschlagskasten oder ein Onlineforum.

Typische Symptome von Groupthink:

JANIS zeigt acht Symptome auf, die zeigen, dass das Suchen nach Übereinstimmung die Gruppe in die falsche Richtung geführt hat.

Diese Beispiele zeigen ein übermäßiges Vertrauen in die Gruppe:

- Illusion der Unverwundbarkeit: JANIS fasst diese Haltung zusammen, dass „alles OKAY sein wird, weil wir eine spezielle Gruppe sind."
- Überprüfen weniger Alternativen.

Das folgende Paar reflektiert die Tunnelvision, die Mitglieder benutzen, um das Problem zu betrachten:

- Glaube an zugehöriges Sittlichkeitsgefühl der Gruppe: unter dem Einfluss von Groupthink nehmen Mitglieder automatisch die Richtigkeit ihres Ziels an. Ab hier dominieren die Nachahmer.
- Kollektive Rationalisierung: eine kollektive Denkrichtung des Rationalseins. In hohem Grade selektiv sein beim Sammeln von Informationen.

Die abschließenden Beispiele sind Zeichen des starken Übereinstimmungsdrucks innerhalb der Gruppe:

- Ausgruppieren von Stereotypen.
- Selbstzensur: Menschen äußern nur zweideutige oder gemilderte Meinungen. Leute suchen nicht nach Fachurteilen oder nach äußeren Meinungen. Druck, sich innerhalb der Gruppe anzupassen; Mitglieder halten Kritiken zurück.
- Illusion der Einstimmigkeit. Einzelne Gruppenmitglieder schauen sich gegenseitig an, um Theorien zu bestätigen.
- Direkter Druck auf Abweichler. Druck, die Gruppe vor negativen Ansichten oder Informationen zu schützen.
- Selbstberufene Mindguards: diese „Mindguards" schützen einen Leiter vor dem Angriff durch unangenehme Ideen. Hier gibt es nur Stereotype, anderes wird ausgegrenzt.

Einer der am besten bekannten Effekte in der Projektarbeit ist das „NIH" oder „Not invented here" -Syndrom. Wer hat nicht schon einmal erlebt, dass Menschen einfach keinen Beitrag leisten, obwohl sie deutlich sehen, dass ihre Unterstützung benötigt wird. Oder dass Ideen, die von außen an die Gruppe herangetragen werden, keinerlei Chance bekommen, in der Gruppe diskutiert zu werden und damit einfach aus dem möglichen Lösungskreis ausgeschlossen werden. Dieser Effekt tritt sogar dann ein, wenn unter anderen Umständen dieser Vorschlag zur Lösung Berücksichtigung finden würde.

6.2 Social Loafing

Bei der Betrachtung der Leistung von Gruppen wird unter dem Aspekt „social facilitation" auch beobachtet, dass es zu einer Verbesserung oder Verschlechterung der individuellen Performance durch die Anwesenheit Anderer kommt. Zuerst beobachtet wurde dieser Effekt bei Rennradfahrern, die in einer Gruppe bis zu 30 Prozent schneller fahren als als Einzelne (vgl. TRIPLETT, 1898).

Eine Verschlechterung der Performance wurde allerdings erstmals durch RINGELMANN beobachtet. Beim Tauziehen hat er beobachtet, dass die Produktivität des Einzelnen mit steigender Gruppengröße abnimmt. Wenn Personen allein ziehen mussten, konnten sie 63 kg bewegen, zwei Personen entwickelten nur die Kraft für das Ziehen von 118 kg; 3 Personen schafften nur 160 kg.

Bezogen auf die Arbeit in einem Projektteam, bedeutet dieser Effekt, dass bei einem Einsatz einer zweiten Person die Leistung nicht 2 x 100 Prozent beträgt, sondern lediglich 2 x 93 Prozent; bei 3 Personen 3 x 85 Prozent und bei 8 Personen 8 x 49 Prozent.

Wie sind denn nun diese widersprüchlichen Ergebnisse zu erklären?

Die Verringerung der Gruppenleistung kann einmal über Motivationsverluste mit der Tendenz, Andere die Arbeit tun zu lassen, erklärt werden. Neben dem „Free Riding" (mangelnde Anreizmotivation) ist jetzt das „Social Loafing" zu erwähnen.

„Social Loafing" wird als soziales Faulenzen definiert. Es wird eine Abnahme der individuellen Anstrengungen durch die soziale Anwesenheit anderer Menschen angenommen, da der eigene Beitrag nicht sanktionierbar ist.

Dabei wird die durch die Gruppe hervorgerufene Verminderung der Leistung des Einzelnen bei einfachen Aufgaben beschrieben, bei denen die Einzelbeiträge integriert werden. Die Grundlage dazu bildet die „Social Impact Theorie" (LATANE) mit der Hauptannahme, dass eine Person mehr arbeitet, wenn sie stärkeren Druck von außen bekommt. In einer Gruppe verteilt sich der Druck auf alle, wird also für die Einzelpersonen geringer. Dabei glauben Personen, dass sie mehr für den Output als Andere tun und die faire Gewichtung der Last nicht mehr vorhanden ist. Außerdem ist die Erkennbarkeit der Einzelleistung beim Gruppenoutput nicht mehr gegeben.

Menschen, die ihre Fähigkeiten als überdurchschnittlich einschätzen, zeigen Social Loafing in kooperativen Aufgaben, sofern diese einfach sind, jedoch nicht in komplexen. Menschen, die ihre Fähigkeiten als durchschnittlich einschätzen, zeigen kein Social Loafing, egal, ob die Aufgabe koaktiv oder kooperativ bzw. einfach oder komplex ist. Dabei ist Social Loafing kein bewusster Prozess.

Später wurde zur Erklärung das „Collective Effort Model" (CEM) entwickelt. (vgl. VROOM, 1964). Dieses Modell ist abgeleitet aus den individuellen Erwartungswertmodellen der Anstrengung, die durch 3 Faktoren bestimmt werden:

Erwartung × Instrumentalität × Wertigkeit des Ergebnisses = Motivationskraft
(vgl. VROOM, 1964)

Dabei bedeutet:

- **Erwartung** oder der Grad, zu dem erwartet wird, dass große Anstrengung auch zu guten Leistungen führt
- **Instrumentalität** oder der Grad, zu dem eine gute Leistung auch zu einem entsprechenden Ergebnis / einer entsprechenden Belohnung führt
- **Wertigkeit des Ergebnisses** oder der Grad, zu dem ein Ergebnis als wichtig und wünschenswert wahrgenommen wird

Als Prävention für die aktive Begrenzung von social loafing eignen sich:

- Identifizierbarkeit:
  Die Aufgabe ist so zu verändern, dass am Ende der Output jedes Einzelnen noch zu erkennen ist.
- Einzigartigkeit / Redundanz vermeiden:
  Die Einzigartigkeit jedes einzelnen Beitrages steigern, sodass er durch keinen anderen Beitrag überflüssig wird.
- Bedeutungshaltigkeit:
  Der Aufgabe an sich oder für das Individuum steigern.
- Wettbewerb schaffen:
  z. B. wenn das Ergebnis mit einer konkurrierenden Gruppe verglichen wird.

- Gruppenzusammensetzung stärken:
  Social loafing unterbinden, indem der Gruppenzusammenhalt gestärkt wird, oder / und die soziale Identifikation mit der Gruppe.
- Vergleichswert:
  des Gruppenstandards oder der Einzelperson angeben.
- Wertigkeit des Gruppenergebnisses:
  Erhöhen gegenüber der Einzelleistung, das kann auch von Kultur, Situation, Persönlichkeit usw. abhängen.
- Komplexität der Aufgabe:
  Eine Situation schaffen, in der das Individuum in einer Gruppe besonders hart arbeiten muss, damit die Gruppe erfolgreich ist.
- Soziale Kompensation:
  Hängt vom Aufgabentyp und von der Erwartung der Leistung des Mitarbeiters ab.

Tipp Erst wenn ein Projektleiter mögliche Effekte und besondere Ereignisse kennt und deren Wirkmechanismus beeinflussen kann, wird er in diesen Situationen wirksam reagieren können.

6.3 Risk shifting

Es sollte die zentrale Fragestellung beantwortet werden: Sind Gruppen risikofreudiger als der Einzelne?

Das Ergebnis ist bekannt geworden als Risk-shifting oder risky-shifting (Risikoschub-Phänomen). Es ist beobachtet worden, dass Gruppen im Allgemeinen risikofreudiger entscheiden als Einzelpersonen. Dabei scheint eine Art Abwälzung auf andere Gruppenmitglieder stattzufinden. Weiterhin fallen die in Gruppen getroffenen Urteile nach Diskussionen in ihrer Ausprägung extremer aus als einzeln gefällte Urteile. Somit findet eine Polarisation statt.

Bei den Experimenten wurden Gruppen beobachtet mit Diskussion und Gruppen ohne Diskussion. Alle Gruppen wurden nur mit Männern oder nur mit Frauen besetzt. Das Geschlecht hatte keinen Einfluss auf das Ergebnis.

Die ersten Experimente hierzu führte J.A.F. STONER bereits ab 1961 durch. Die Ergebnisse waren signifikant. Ohne Gruppendiskussion wurde kein Risikoschub beobachtet. Eine Weiterentwicklung ist erfolgt durch JANIS, Groupthink (Kapitel 6.1.) Die Kritik bestand in den Zweifeln, ob aufgrund von Laborversuchen auf das tatsächliche Gruppenverhalten geschlossen werden kann.

Tipp Für die Projektarbeit ist es hilfreich, bei wichtigen Entscheidungen, verbunden mit längeren Diskussionen, eine dezidierte Risikobetrachtung durchzuführen.

7 Prozessmodell der Teamarbeit

Soll analysiert werden, wie Teamleistung zustande kommt, ist es hilfreich, die Faktoren, die zur Produktivität beitragen, in Voraussetzungen („Inputs") und Prozesse zu unterscheiden. Dazu kommt die Betrachtung der Determinanten des Teamerfolges („Outputs"). WEST (1998) hat diese Faktoren in einem Input-Output-Modell (IPO-Modell) angeordnet.

Inputs
Das Modell nimmt an, dass einige Variablen auf der Seite der Teams und der Organisation wichtige Voraussetzungen für effektives Arbeiten darstellen bzw. dass ungünstige Faktoren besser vermieden werden.

Bei der Frage der Gruppengröße wird eine maximale Zahl von 20 angenommen, da größere Gruppen dazu neigen, Untergruppen zu bilden. Ein weiterer Aspekt ist die Frage der Heterogenität bzw. der Homogenität. Der Punkt der Ausbildung und des Backgrounds stellt auch die Frage nach der Verfügbarkeit von Ressourcen, z. B.: Sind alle geeigneten Teammitglieder vorhanden? Muss das Team (auch temporär) erweitert werden? Fehlt eine bestimmte Kompetenz? Der organisationale Kontext berücksichtigt die Rahmenbedingungen und die Unterstützung, welche die Organisation für Teams und Projekte zur Verfügung stellt. Ergänzend hierzu werden auch die kulturellen Rahmenbedingungen und Unterschiede berücksichtigt.

Prozesse
Welche Prozesse sind nun von Bedeutung, sodass gute Voraussetzungen nun auch wirklich in die gewünschten Outputs münden? Im IPO-Modell sind diese Funktionen besonders hervorgehoben:

Führung
Es gilt als gesichert, dass das Führungsverhalten des Projektleiters einen Einfluss auf die Leistung des Projektteams hat. Es ist besonders effektiv, wenn der Projektleiter gemeinsam mit dem Team schwierige Gruppenziele vereinbart.

Kommunikation
Fünf Aspekte stellen die Voraussetzung für effektive Kommunikation dar:

- Die Teammitglieder müssen motiviert sein, effektiv miteinander zu kommunizieren
- Sie müssen eine gemeinsame „Realität" haben
- Teammitglieder müssen fähig sein, die Perspektiven der Anderen zu übernehmen
- Teams müssen gemeinsam vereinbarte Regeln haben
- Fehler und Schwierigkeiten müssen wahrgenommen werden

Entscheidungsfindung
Es ist hilfreich, wenn größere Aufgaben in Unteraufgaben zerlegt werden und diese dann in getrennten Gruppen bearbeitet werden. Es ist wichtig, dass sich Gruppen kontinuierlich fragen, ob sie Entscheidungen auf die richtige Art treffen, ob sie überhaupt am richtigen Problem arbeiten.

Autonomie
Autonomie hat dann positive Effekte, wenn die Teammitglieder auch motiviert sind, diese zu nutzen und die ihnen zugestandene Autonomie überhaupt nutzen.

Partizipation
Es ist generell ein wichtiger Faktor für die Zielerreichung, wenn Mitarbeiter an der Definition und Vereinbarung von Zielen beteiligt werden. (vgl. WEGGE & HASLAM, 2003). Wenn Ziele partizipativ vereinbart werden, fördert dies die Selbstkategorisierung („soziale Identität") und wirkt sich damit positiv auf Einstellungen und Verhaltensweisen aus.

Minderheiteneinfluss

Wenn Minderheiten abweichende Meinungen äußern, kann dies dazu führen, dass ein intensiverer Informationsaustausch stattfindet (vgl. NEMETH & OWENS, 1996). Dieser Effekt belegt auch die Bedeutung der Stakholderanalyse (vgl. ebenda).

Kohäsion / Identifikation

Immer dort, wo eine hohe Gruppenleistung beobachtet wird, ist auch eine hohe Kohäsion (hoher Zusammenhalt) zu verzeichnen. Das Gleiche gilt auch für eine hohe Identifikation, z. B. engagieren sie sich stärker fürs Team (vgl. VAN DICK, WAGNER& STELLMACHER, 2003)

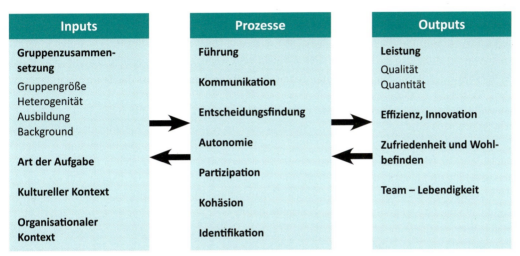

Abbildung 1.07-16: Teamprozesse (WEST, 2005: 31)

> **§ Definition** West setzt erstmals bewusst neue Begriffe ein. Mit Partizipation meint er das Einbinden aller Beteiligten als eine wichtige Haltung der Führung. Ein weiterer Wert, für den ein Projektleiter einsteht, ist Kohäsion. Hiermit ist ein Zusammenhalten in und mit der Gruppe (Team) gemeint.

Outputs

Bei der Überlegung, Leistung und Erfolg zu messen, liegt es nahe, an Quantität und Qualität zu denken. Gerade für die Projektarbeit es ist auch wichtig, Effizienz zu messen (und damit die Ressourcen). Weiterhin gilt es, Innovationen als wichtiges Potenzial zu berücksichtigen.

Weitere Kriterien sind die Zufriedenheit und das Wohlbefinden der einzelnen Teammitglieder. Gerade in kürzeren Projekten kann über diesen Weg der Projektleiter ein Team auf hohem Niveau halten. Zu beobachten sind hier allerdings negative Ausprägungen, wie etwa Burnout, die entstehen können, wenn Mitarbeiter keine Zeit zur Regeneration finden.

Die Teamlebendigkeit („team viability", SUNDSTROM, 1990) zeigt die Qualität der nachhaltigen Zusammenarbeit und wie gut die Teammitglieder zusammenarbeiten können. Häufige Konflikte sind ein Anzeichen für geringe Teamlebendigkeit (vgl. BRODBECK, 2004)

> **Σ Fazit** Nun geht es darum, das gesamte Projekt als System zu begreifen und zu handhaben. Es ist wie beim Autofahren: viele Teile wirken ineinander und bedingen einander. Ein guter Autofahrer vernetzt alle Teile so effizient, dass er möglichst schnell, aber auch möglichst an sein gewünschtes Ziel kommt. Dazu gehört auch das Verständnis für Prozesse und die Wirkung einzelner Determinanten.

8 Teamrollen

Ziel der Teamrollentheorie ist das Verständnis, wie ein Team funktioniert, wie man die eigene Rolle erkennen / verstehen kann, wie die jeweiligen Stärken eingesetzt werden und wie man Schwächen erkennen kann.

Dabei geht es auch um die Vorhersehbarkeit von Team-Verhalten und das Festlegen von Faktoren, die Erfolg / Misserfolg in Teams bedingen. Damit bilden diese Informationen die Grundlage für eine effektive Teamgestaltung.

Teammitglieder erfüllen eine ganze Reihe verschiedener Rollen, am offensichtlichsten ist die Rolle des Projektleiters, der Teilprojektleiter, Programmmanager etc. Dies liegt auch daran, dass genau diese Rollen aktiv benannt und besetzt werden. Aber auch alle anderen Teammitglieder erfüllen innerhalb des Teams verschiedene Rollen. Viele dieser Rollen sind wichtig und notwendig für eine erfolgreiche Teamarbeit.

Teammitarbeiter werden üblicherweise aufgrund ihrer Passung zur funktionalen Rolle ausgewählt, nicht jedoch nach informellen Bedürfnissen, die gerade im Team bestehen. Die informellen Eigenschaften und Vorlieben prädestinieren einen Mitarbeiter für manche der benötigten Rollen und weniger für andere. Wichtig ist es auch für den Projektleiter zu wissen, dass die Teamrollen individuelle Präferenzen darstellen und unterstützen. Die Erfahrung zeigt, dass Individuen in der Regel recht schnell eine oder zwei Rollen übernehmen (und dies auch wollen und können). Mithilfe von Persönlichkeitsmodellen kann gemessen und bestimmt werden, welche Rolle für welchen Mitarbeiter geeigneter ist. In einem idealen Team sind alle Rollen besetzt, damit ergänzen sich die Teammitglieder gegenseitig. Die Messung, Auswahl und Zuordnung von Mitarbeitern zu Teams sind entscheidende Management-aufgaben:

Wenn die Projektleiter wissen, welche Stärken ihre Teammitglieder haben, können sie die Teams so zusammenstellen, dass eine erfolgreiche Zusammenarbeit wahrscheinlich wird, zumindest aber unterstützt wird.

Doch Teams haben nicht nur Rollen als ein Charakteristikum, sondern auch Normen. Darunter wird die verschiedenartig ausgeprägte Aufforderung verstanden, bestimmte situationsabhängige Verhaltensweisen zu zeigen bzw. zu vermeiden. Normen sind entweder explizit und als formelle Regeln fixiert oder implizit und selbstverständlich, d. h. man nimmt sie nur bewusst wahr, wenn sie verletzt werden. Derartige Überschreitungen oder Missachtungen der Normen werden dann sanktioniert. Deshalb ist es für den Projektleiter wichtig, im Kick-Off eines Projektes genau diese Regeln festzulegen, bevor es an die inhaltliche Arbeit geht.

Die Rollen der Teammitglieder lassen sich nicht nur nach funktionalen Gesichtspunkten differenzieren, sondern auch im Hinblick auf die Machtstrukturen. Offensichtlich haben Inhaber verschiedener Rollen unterschiedliche Chancen, den Gruppenprozess zu beeinflussen. Doch wie kommen diese Statusunterschiede zustande, selbst wenn sich einige Personen noch nicht gekannt haben?

Nach der Theorie der Erwartungszustände (vgl. WILKE, 1992) hoffen Mitglieder aufgaben-orientierter Gruppen auf den Erfolg der Gruppe und werden sich bewusst, dass bestimmte Mitglieder mehr dazu beitragen können als andere. Sind diese erst identifiziert, werden sie häufiger angesprochen, zu größerer Aktivität ermuntert und man tendiert dazu, deren Handlungen und Vorschläge zu akzeptieren. Die Teammitglieder orientieren sich dabei an eher diffusen Statusmerkmalen, die sie für die Zielerreichung als relevant einschätzen.

Abbildung 1.07-17: Statusmerkmale der Zielerreichung (Trainingsunterlagen DIETMAR PRUDIX, 2007)

Diese Statusdifferenzierung kann auch zu schlechten Gruppenleistungen führen, da Mitglieder mit höherem Status tendenziell mehr Erfolg haben, richtige wie falsche Lösungen durchzusetzen.

Ein nächster Aspekt ist die Gruppengröße. Eine Empfehlung ist nicht allgemein zu formulieren, sondern hängt stark von der zu bearbeitenden Aufgabe ab. Bei additiven Aufgaben ist wohl eine höhere Zahl Teammitglieder vorteilhaft, weil die Kräfte aufaddiert werden und somit die Produktivität steigt. Bei der Lösung schwieriger Denkaufgaben steigt die Lösungswahrscheinlichkeit, wenn wenigstens ein sehr kompetentes Mitglied in der Gruppe vorhanden ist.

Rollenmodelle

Unter einer Rolle wird ein Bündel von Erwartungen verstanden, die mit der Erfüllung dieser Rolle verbunden sind. Rollen werden beschrieben über ihr Verhältnis zu ihren Zielen, ihrer organisatorischen Eingliederung, der zu erfüllenden Aufgabe, den Entscheidungsbefugnissen und ihrer Beziehung zu anderen Rollen im System. Grundsätzlich sind Rollen personenunabhängig. Neben der formellen Rolle (die Eigenschaften sind durch die Organisation bestimmt) existiert die informelle Rolle (im System selbst entstanden ohne Führungsinitiative).

Im Vergleich zu den Persönlichkeitsmerkmalen (hier geht es um persönliche Eigenschaften) geht es bei der Rolle um ein Bündel an Aufgaben und Funktionen im System Projektteam. Durch die Beschreibung der Rollen und Projektrollen wird Klarheit für den Bereich der Zusammenarbeit geschaffen. Zum Beispiel kann es einem Projektleiter erlaubt sein, Einkaufsentscheidungen bis zu einem Wert von € 10.000,00 selbst zu treffen. Die Beschreibungen der Inhalte von Rollen werden „Job Description" oder Arbeitsplatzbeschreibungen genannt.

Der Erfolg der Abgrenzung der Rollen hängt auch von der Klarheit der begleitenden Regeln ab. So genau, wie eine Rolle beschrieben wird, so genau lässt sie sich auch von den anderen Rollen abgrenzen. Das Zusammenwirken wird gesteuert durch Regeln und zugeordnete Kompetenzen. Der Erfolg oder Misserfolg von komplexen Projekten sind häufig in höherem Maß abhängig von der Effektivität eines Teams als vom spezifischen Expertenwissen der einzelnen Mitglieder.

Expertenwissen wird dagegen nicht selten durch ungünstige Team-Mechanismen blockiert, während in effektiven Teams jeder mehr beitragen kann als sein Fachwissen. Erfolgreiche Projektleiter zeichnen sich denn auch aus durch ihr Gespür für eine optimale Teamzusammensetzung sowie die Fähigkeit, die Talente der einzelnen Mitglieder schnell zu erkennen, zu fördern und zielorientiert zu nutzen. Es ist verständlich, dass bei den hohen Kosten und Risiken komplexer Projekte dieser wichtige Erfolgsfaktor weniger dem Zufall oder der Intuition Einzelner überlassen werden sollte, sondern auf Basis von Regeln berechenbar und vorhersehbar gemacht werden möchte.

Deshalb sollen an dieser Stelle zwei Modelle vorgestellt werden, die sich intensiv mit den unterschiedlichen Rollen auseinandersetzen und diese beschreiben. Beide Modelle sind sich ähnlich, obwohl sie unterschiedlich entwickelt wurden. Teameffektivität hängt in beiden Fällen von einer Balance des Teams in Bezug auf die vertretenen Teamrollen ab. In beiden Modellen ist die Balance eine hohe Voraussetzung, um eine hohe Teamleistung zu erhalten. Es reicht nicht aus, Teams einfach nur nach Kriterien zusammenzustellen.

Σ Fazit Für den Projektleiter ist es bedeutsam, ein Team selbst zusammenstellen zu können und dabei bewusst unterschiedliche Qualitäten von Mitarbeitern entsprechend der Rollenüberlegungen zu berücksichtigen. Gespräche gerade mit jüngeren Projektleitern zeigen immer wieder, dass sie nicht diese Kompetenz bekommen, allerdings immer noch für den Projekterfolg verantwortlich sind und bleiben. Dieses führt zu einer Unzufriedenheit, da Verantwortung und Kompetenz als nicht kongruent wahrgenommen werden.

Hier zeigt die Erfahrung, dass es nicht so sehr darauf ankommt, alle Rollen dogmatisch zu besetzen, sondern ein Bewusstsein zu schaffen, wie ein Team geformt wird. Es ist schon ein Vorteil, als Projektleiter überhaupt auf die Teamzusammenstellung Einfluss nehmen zu können. Da das unterstützende Team ein Erfolgskriterium ist, gilt es, hier besondere Sorgfalt walten zu lassen.

Ein Projektleiter leidet sehr darunter, wenn er das Projekt nicht ganzheitlich leiten kann und kann es als Misstrauen in seine Leistung und in seine Person empfinden, wenn er ausgerechnet eine wichtige Funktion nicht wahrnehmen darf. Das wird dann als nicht so gravierend empfunden, wenn es durch den Projektauftraggeber erläutert wird.

8.1 Rollenmodell Belbin

MEREDITH BELBIN hat auf der Basis empirischer Studien an Teams aus Kursteilnehmern am Henley Management College in den 1970er Jahren eine Methode zur optimalen Team-Steuerung entwickelt, die eine Basis für gewünschte Vorhersehbarkeit von Team-Verhalten anbietet.

Dabei kam BELBIN zu folgenden Schlüssen:

- Das Verhalten der Team-Mitglieder lässt sich neun verschiedenen Rollen zuordnen.
- Das Verhalten ist einigermaßen konsequent.
- Das Rollenverhalten im Team ist aufgrund von Testergebnissen vorhersehbar.
- Die bewusste Kombination von Team-Rollen macht Teams schlagkräftiger.
- Eine individuelle Teamrolle entspricht nicht notwendigerweise seiner funktionalen / organisatorischen Zuordnung.

 Erfolgreiche Manager erkennen selbst ihre beste Rolle und ihren Beitrag zum Team und verhindern, dass ihre Schwächen die Leistung des Teams schmälern. Sie finden ergänzende Kompetenzen und sorgen so für ein starkes Team.

Die neun von BELBIN identifizierten Teamrollen ergeben sich aus den Verhaltensmustern der Teammitglieder, die durch ihre Persönlichkeit und Charakterzüge bestimmt werden. In dieser Kombination sollen sich die Teammitglieder durch ihre verschiedenen Fähigkeiten optimal gegenseitig ergänzen. Jedes Teammitglied weiß, in welcher Situation es besonders zur Teamleistung beitragen kann und wann es auf die Stärken der Anderen aufbauen kann. Fast alle Menschen haben eine dieser Rollen als ihre dominante Rolle inne – ihr Denken, Fühlen und Handeln bestehen aber meistens aus einem Mix verschiedener Rollen.

BELBINS Theorie wird seit über 20 Jahren in Projekten erfolgreich angewendet und es konnte wiederholt die Erfahrung gemacht werden, dass bei gleichen Projektzielen Teams mit optimaler Rollen-Kombination messbar bessere Projektergebnisse liefern. Der Vorteil an diesem Modell ist, dass durch geeignete Tests die Rollenschwerpunkte der einzelnen Teammitglieder ermittelbar sind und somit durch die Projektleitung eine individuelle Förderung Einzelner mit dem Ziel ermöglicht wird, im Team eine möglichst ideale und komplette Rollenzusammenstellung herzustellen.

1998 gründete BELBIN sein eigenes Unternehmen und startete das 9 Rollen Modell, das allerdings nur in der Software Version Interplace verfügbar ist. Dieses Modell schliesst die Spezialistenrolle; der Chairman wird jetzt Co-ordinator genannt und der Mitarbeiter Einführer.

Belbins Teamrollen im Überblick:

Die folgende Übersicht stellt zunächst die neun Teamrollen mit ihren Eigenschaften und Schwächen vor. Danach werden Details der möglichen Funktionen und Beiträge im Team beschrieben.

Teamrollentyp	Typische Eigenschaften	Stärken	Zulässige Schwächen
Umsetzer (Implementor)	Handlungsorientiert, konservativ, pflichtbewusst, berechenbar	Hart arbeitend, setzt Ideen in die Tat um, selbst diszipliniert	Etwas unflexibel, lehnt unbewiesene Ideen ab
Vorsitzender / Koordinator / Integrator (Co-Ordinator)	Kommunikationsorientiert, selbstsicher, vertrauensvoll	Stellt schnell die individuellen Talente der Gruppenmitglieder fest und weiß ihre Stärken unvoreingenommen zu nutzen, hat einen ausgeprägten Sinn für Ziele	Braucht nicht überdurchschnittlich intelligent oder kreativ zu sein.
Macher (Shaper)	Handlungsorientiert, dynamisch, aufgeschlossen, stark angespannt	Antrieb, bekämpft Trägheit und Ineffizienz, selbstzufrieden, übt Druck aus	Neigt zu Provokationen, Irritationen und Unaufmerksamkeit
Neuerer / Erfinder (Plant)	Wissensorientiert, individualistisch, unorthodox, ernst	Genial, fantasievoll, großes Denkvermögen	Oft mit seinen Gedanken woanders, neigt dazu, praktische Details und Anweisungen zu missachten
Wegbereiter / Weichensteller (Resource Investigator)	Kommunikationsorientiert, extrovertiert, begeistert, kommunikativ	Stellt gerne interne und externe Kontakte her, greift neue Ideen auf, reagiert auf Herausforderungen	Verliert das Interesse, wenn die Anfangsbegeisterung abgeflacht ist
Beobachter (Monitor Evaluator)	Wissensorientiert, besonnen, strategisch, scharfsinnig	Urteilsfähigkeit, Diskretion, Nüchternheit	Mangel an Antrieb und Fähigkeit, Andere zu motivieren
Teamarbeiter / Mitspieler (Teamworker)	Kommunikationsorientiert, umgänglich, sanft, empfindsam	Fähigkeit, mit unterschiedlichen Situationen und Menschen fertig zu werden, fördert Teamgeist	Nicht entscheidungsfähig bei Zerreißproben
Perfektionist (Completer)	Handlungsorientiert, sorgfältig, ordentlich, gewissenhaft, ängstlich	Fähigkeit zur vollständigen Durchführung, Perfektionismus	Tendenz, sich schon über kleine Dinge zu sorgen
Spezialist[1] (Specialist)	Sehr themenbezogen und teilweise selbstbezogen	Ausgeprägtes Experten- und Hintergrundwissen, Begriffsschärfe	Tendenz, sich im Detail zu verlieren.

Abbildung 1.07-18: Teamrollen (BELBIN, 1996: 103)

---

1   Diese Rolle wurde später von Belbin noch ergänzt.

1. „Neuerer / Erfinder"

Charakteristika	Der Erfinder ist introvertiert, kreativ, phantasievoll und verfügt über ein unorthodoxes Denken. Er bringt neue Ideen und Strategien in die Diskussion ein und sucht nach alternativen Lösungen.
Stärken	Seine besonderen Fähigkeiten liegen u. a. darin, auch für schwierige Problemstellungen Lösungen zu finden, dabei ist er genial und fantasievoll.
Schwächen	Indem er dazu neigt, Details und Nebensächlichkeiten zu ignorieren, unterlaufen ihm als Folge Flüchtigkeitsfehler. Darüber hinaus ist er schwer kritikfähig. Dazu kommt, dass er häufig mit seinen Gedanken woanders ist. Für ihn sind Regeln und Vereinbarungen nicht so wichtig.
Einsatzbereich	Erfinder sollten sich auf ihr hohes Problemlösungspotential und ihre Fähigkeit, neue Strategien zu entwickeln, konzentrieren und dabei auch die Ideen der übrigen Teammitglieder berücksichtigen und integrieren. Sie sind dort gut eingesetzt, wo neue Wege und Strategien gebraucht werden.

2. „Wegbereiter / Weichensteller"

Charakteristika	Der Wegbereiter / Weichensteller ist extrovertiert, enthusiastisch und kommunikativ. Er schließt schnell Freundschaften, ist sozial und gesellig.
Stärken	Es fällt ihm leicht, nützliche Kontakte zu Quellen außerhalb des Teams aufzubauen und zu nutzen. Weiter findet er neue Möglichkeiten und Lösungsalternativen. Er reagiert auf neue Ideen und ist dankbar für neue Herausforderungen.
Schwächen	Weichensteller sind oft zu optimistisch und verlieren nach anfänglichem Enthusiasmus leicht das Interesse. Auch neigen sie dazu, sich mit Irrelevantem zu beschäftigen, und schweifen so vom Kernthema ab. Er ist am motiviertesten während der Anfangseuphorie.
Einsatzbereich	Wegbereiter sollten die Kontakte zur Welt außerhalb des Teams intensiv pflegen und die so gefundenen Quellen intensiv für ihre Ideenfindung nutzen. Sie sind gute Netzwerker und können Außenstehende begeistern.

3. „Vorsitzender / Koordinator"

Charakteristika	Der Vorsitzende / Koordinator ist selbstsicher, entschlusskräftig und kommunikativ und ein guter Zuhörer. Er koordiniert den Arbeitsprozess, setzt Ziele und Prioritäten, erkennt relevante Problemstellungen und delegiert Aufgaben an jene Kollegen, die zu deren Erledigung am besten geeignet sind. Er achtet auf die Einhaltung externer Ziel- und Zeitvorgaben. Er schafft Vertrauen.
Stärken	Der Vorsitzende / Koordinator stellt schnell die individuellen Talente der Gruppenmitglieder fest und weiß ihre Stärken unvoreingenommen zu nutzen, hat einen ausgeprägten Sinn für Ziele. Dabei stärkt er das Vertrauen.
Schwächen	Seine Kollegen können ihn oft als manipulierend empfinden.
Einsatzbereich	Menschen mit den Eigenschaften eines Vorsitzenden / Koordinators sind u. a. als Teamleiter geeignet, deren Aufgaben in der Koordination und Zuweisung der Sachbereiche liegen sollten.

4. „Macher"

Charakteristika	Der Macher ist dynamisch, energiegeladen und steht ständig unter Druck, er lehnt unklare und ungenaue Angaben und Aussagen ab und konzentriert sich auf die wesentlichen Kernprobleme, die er sicher erkennt. Er ist der typische Unternehmer.
Stärken	Er fordert seine Kollegen heraus und übernimmt schnell die Verantwortung. Er formuliert Teilziele, sucht Strukturen, sorgt für rasche Entscheidungsfindung und veranlasst, dass Aufgaben sofort erledigt werden. Dabei bekämpft er Trägheit und Ineffizienz in der Organisation.
Schwächen	Macher neigen zu Provokation und geraten leicht in Streit mit ihren Teamkollegen, sind jedoch nicht nachtragend. Sie werden insbesondere von teamexternen Beobachtern als arrogant empfunden. Auch verursachen sie durch ihr hektisches Auftreten Unruhe im Team. Dabei kann leicht der Eindruck entstehen, dass sie irritieren und unaufmerksam sind.
Einsatzbereich	Macher fühlen sich in einem Team von Gleichgestellten am wohlsten. Sobald sie eine Führungsposition übernehmen müssen, sind verstärkte Kontrolle und Koordination notwendig, welche gerade diesem Rollentyp ein hohes Maß an Selbstdisziplin abverlangen. Insgesamt bringen sie Projekte weiter und treiben an. Hier ist seltener mit Terminverzug zu rechnen.

5. „Beobachter"

Charakteristika	Der Beobachter ist nüchtern, strategisch, analytisch. Er verschafft sich aus der Distanz einen guten Überblick, ist eher introvertiert und ergreift selten ohne Aufforderung das Wort. Manchmal wirkt er dabei berechnend.
Stärken	Der Beobachter berücksichtigt alle relevanten Möglichkeiten und verfügt über ein gutes Urteilsvermögen. Dabei arbeitet er diskret und ist in seinen Aussagen nüchtern und klar.
Schwächen	Er ist aufgrund mangelnder Begeisterung ganz sicher nicht in der Lage, Andere zu motivieren, neigt dazu, das Interesse nach erfolgter Kritik gänzlich zu verlieren und kann von Teamkollegen als taktlos und herablassend empfunden werden. Dabei zieht er sich zu seinem eigenen Schutz zurück.
Einsatzbereich	Der Beobachter sollte darauf achten, dass seine Meinung auch gehört wird. Dies gelingt, indem er versucht, weniger zynisch und skeptisch zu sein. Er wird dann gehört, wenn Andere erkennen, welche Verbesserungen seine Vorschläge mit sich bringen.

6. „Teamarbeiter / Mitspieler"

Charakteristika	Teamarbeiter / Mitspieler sind sympathisch, beliebt, kommunikativ, diplomatisch und kennen oft die privaten Hintergründe ihrer Kollegen. Sie sind empfindsam und sanftmütig.
Stärken	Sie sorgen für ein angenehmes Arbeitsklima und Harmonie, weshalb man sie auch als die „soziale Seele" des Teams bezeichnen kann. Teamarbeiter vermeiden Rivalität und verfügen über die Fähigkeit, auch introvertierte Kollegen zur aktiveren Teilnahme zu motivieren. Sie werden mit unterschiedlichen Typen gut fertig und fördern den Teamgeist.
Schwächen	Sie sind in kritischen Situationen und bei Zerreißproben unentschlossen und tendieren dazu, Entscheidungen Anderer zu überlassen.
Einsatzbereich	Die Anwesenheit von Teamarbeitern ist besonders in Konfliktsituationen bedeutend, da sie hier ihre diplomatischen Fähigkeiten zur Bereinigung von Meinungsverschiedenheiten einsetzen können. Sie agieren oft helfend aus dem Hintergrund und sind für den Beitrag sozialer Leistungen verantwortlich. Von allen anderen Rollen werden sie akzeptiert und gesucht.

7. „Umsetzer"	
Charakteristika	Der Umsetzer ist zuverlässig, konservativ und diszipliniert. Er arbeitet effizient, systematisch und methodisch. Dabei ist er konservativ und immer berechenbar. Das macht ihn zu einer verlässlichen Unterstützung.
Stärken	Umsetzer setzen Konzepte in durchführbare Arbeitspläne um, benötigen stabile Strukturen und arbeiten daher auch an deren Aufbau. Dabei bauen sie auf eine starke Selbstdisziplin.
Schwächen	Sie stehen Umweltveränderungen kritisch gegenüber und reagieren auf neue Lösungsvorschläge oft unflexibel. Unbewiesene Ideen wirken eher als Bedrohung.
Einsatzbereich	Umsetzer sollten für die Definition einer klaren Zielsetzung, praktischer Ansätze und das Strukturieren der Vorgehensweise verantwortlich sein. Dabei sind sie klar und effizient.

8. „Perfektionist"	
Charakteristika	Der Perfektionist ist perfektionistisch, genau, pünktlich, zuverlässig, aber auch ängstlich.
Stärken	Er vermeidet Fehler und sorgt für eine genaue Einhaltung von Zeitvorgaben und achtet auch auf Details. Dabei setzt er sich für eine vollständige Umsetzung ein.
Schwächen	Aus Angst, dass etwas übersehen wird, überprüft und kontrolliert er lieber persönlich, als dass er delegiert. Er ist oft überängstlich und zu genau, wodurch er den Überblick verlieren kann. Er neigt zu der Tendenz, sich schon über Kleinigkeiten Sorgen zu machen.
Einsatzbereich	Perfektionisten leisten u. a. dann einen wichtigen Beitrag, wenn das Team Gefahr läuft, zu oberflächlich zu arbeiten oder Zeitvorgaben nicht einzuhalten. Von ihnen kommt dann der nötige Antrieb.

9. „Spezialist"	
Charakteristika	Der Spezialist ist verliebt in die technischen Details, legt Wert auf genaue Begrifflichkeiten
Stärken	Kann den entscheidenden fachlichen Input leisten oder die fachliche Seite einer Aufgabe prüfen und absichern.
Schwächen	Leistet ggf. nur fachliche Detailangaben ohne Berücksichtigung des großen Ganzen
Einsatzbereich	Kann als «fachlicher Auditor» dienen (Überprüfung und Absicherung), kann Fachinformationen ergänzen und Informationsdefizite im Team ausgleichen.

 Fazit

- Die Abwesenheit einer Teamrolle kann ein Team schwächen, da eine spezifische Kompetenz nicht automatisch durch eine Person verkörpert wird.
- Mehr als ein Macher und Neuerer / Erfinder führen zu vorhersehbaren Störungen mit zu vielen Neuerern / Erfindern wird nichts fertig.
- Ein Team aus Neuerer / Erfinder und Macher wirkt brillant, versagt aber immer gegenüber Teams mit guter Verteilung.
- Bei weniger als neun Leuten im Team muss der zweite Rollen-Schwerpunkt aktiviert werden.
- Effektive Teams können bereits mit vier Teilnehmern gebildet werden.

Ausdrücklich sollte betont werden, dass BELBIN nicht behauptet, alle identifizierten Teamrollen müssten im Team vorhanden sein; auch gibt es keine ausdrückliche Teamgröße, die für dieses Modell gefordert ist.

Schlussfolgerungen

- Je nach Verhalten können den Teammitgliedern neun verschiedene Rollen zugeordnet werden.
- Das Rollenverhalten einer Person im Team ist aufgrund von Testergebnissen teilweise vorhersehbar.
- Die richtige Kombination von verschiedenen Teamrollen macht Teams effizienter.
- Die falsche Kombination von verschiedenen Teamrollen schwächt Teams.
- Eine individuelle Teamrolle entspricht nicht notwendigerweise ihrer funktionalen / organisatorischen Zuordnung.
- Die Abwesenheit einer der neun Rollen muss ein Team nicht unbedingt schwächen.
- Entsprechend der Anforderung einer Situation kann die eine oder die andere Rolle für den Erfolg wichtiger sein.
- Das Fehlen einer Rolle kann durch die Vereinbarung von Regeln und Verantwortlichkeiten weitgehend ausgeglichen werden.

Natürlich ist auch diese Theorie nur so viel wert, wie sie mit Flexibilität und Toleranz in der Realität angewandt wird. Das bedeutet, dass bei der Umsetzung weiterhin die tatsächlichen Gegebenheiten berücksichtigt werden müssen. In der Regel ist die Teamgröße immer unterschiedlich und ganz andere Faktoren, wie bestehende oder sich entwickelnde persönliche Zu- / Abneigungen, beeinflussen zusätzlich die Zusammenarbeit.

Entscheidend ist jedoch der Ansatz, dass Teammitglieder erkennen, mit welchen Stärken sie zum Teamziel beitragen und dass derjenige mit bislang missachteten oder verachteten Charaktereigenschaften im Team sehr wertvolle Beiträge leisten kann, den man selbst bislang unterschätzt hat. Auch begreift man vielleicht, welche eigenen Charakterzüge im jeweiligen Team weniger zielführend sind.

Als Projektleiter kann dieses Rollenverständnis genutzt werden:

- Auswahl der Mitarbeiter üblicherweise aufgrund ihrer Passung zur funktionalen Rolle und nicht nach informellen Bedürfnissen oder „Nasenfaktor".
- Individuelle Eigenschaften und Vorlieben prädestinieren einen Mitarbeiter bereits für manche der Rollen und für andere Rollen weniger, denn die Teamrollen stellen individuelle Präferenzen dar, nicht die Erwartungen Anderer.
- Individuen übernehmen in der Praxis recht schnell eine oder zwei der beschriebenen Rollen.
- Persönlichkeitstests und –modelle können die Einschätzung nach Belbin unterstützen und schneller neun Rollen besetzen. Da einige Teammitglieder auch Doppelrollen ausüben können, kann ein Team auch kleiner sein.
- Messung, Auswahl und Zuordnung von Mitarbeitern zu Teams sind klassische Managementaufgaben.

Darüber hinaus kann der verantwortliche Projektleiter dieses Modell so nutzen, dass er dieses Rollenverständnis anwendet und bei seinen Teammitgliedern die benötigten und beobachteten Stärken unterstützt und in der Erwartung weiter ausbaut, dass so weitere Synergien eintreten.

Belbins Ansatz wurde auch kritisiert. Vor allem wurde bemängelt, dass die Art der Aufgaben keine Beachtung findet, dass sein Fragebogen zur Erfassung der Rollenvorlieben sehr vage formuliert und sehr subjektiv ist.

> Der Teamrollenansatz ist dennoch wichtig für das Verständnis grundlegender Prozesse im Team. Er kann Führungskräften Anhaltspunkte für die Verteilung von Aufgaben bieten und dabei helfen, Konflikte zu verstehen und Lösungen zu finden.

Es geht immer um Unterstützung bei der Beantwortung der Fragen:

- Wie sollte jetzt ein gutes Team zusammengesetzt sein?
- Was tun, wenn zu viele gleiche Typen im Team sind?

9 Zusammenfassung

In diesem Kapitel wird beschrieben, welche Determinanten auf ein Team einwirken. Mit diesem Wissen und der richtigen Anwendung kann ein Team zu außerordentlichen Leistungen gebracht werden. Es fängt damit an, dass ein Team so zusammengesetzt wird, dass die Kompetenzen, die für eine spezifische Aufgabenerfüllung benötigt werden, sicher vorhanden sind und ihre Wirkung entfalten können.

Dazu benötigt ein Projektleiter einen sicheren Überblick und Eindruck über die individuellen Kompetenzen, die mit verschiedenen Persönlichkeitsmodellen untersucht werden können. Eine „Übersetzung" dieses Wissens auf das zu unterstützende Team findet statt unter Berücksichtigung von Rollenbetrachtungen. Eine der wichtigsten Rollen ist die des Projektleiters.

Sobald die Struktur steht, kann das Team anfangen zu arbeiten. Dabei ist es verschiedenen Änderungen unterworfen und eine Entwicklung findet in unterschiedlichen Phasen statt. Hier wird das Team als dynamisch erlebt. Diese Leistungserbringungsphase kann auch gut in einem Prozessmodell mit vielen spezifischen Anknüpfungspunkten dargestellt werden.

Besondere Erwähnung gebührt auch den aktuellen Entwicklungen und Sonderformen, die nur bedingt verallgemeinert werden können.

Auch bei einer noch so guten Teamleitung wird es immer wieder und immer unterschiedlich intensiv zu Konflikten kommen. Doch Konflikte lassen sich nicht vermeiden und geben sogar eine gute Übersicht über Punkte, die gerade besondere Bedeutung haben. Damit sind sie ein wichtiger Indikator für zu erledigende Arbeitspunkte.

Es sind auch die Instrumente beschrieben (Meetings, Moderation), die den Projektleiter dabei unterstützen, seiner Aufgabe nachzukommen und die in ihn gesetzten Erwartungen zu erfüllen.

10 Fragen zur Wiederholung

1. Wie kann ein Team definiert werden? ☐
2. Was spricht für und was gegen Teamarbeit? ☐
3. Was bedeutet „Span of control" (Führungsspanne) und wie ist das ideale Vorgehen? ☐
4. Wie funktioniert das Prozessmodell IPO? ☐
5. Was bedeutet Moderation? ☐
6. In welchen Phasen verläuft eine Teamentwicklung nach TUCKMAN? ☐
7. Worauf hat der Projektleiter bei der Teamkommunikation zu achten? ☐
8. Welche Voraussetzungen für effektive Teamergebnisse gibt es? ☐
9. Was bedeutet social loafing? ☐
10. Was bedeutet „Groupthink"? ☐
11. Was spricht für, was gegen Teamarbeit? ☐
12. Was sind wesentliche Charakteristika eines Teams? ☐
13. Wann ist ein Team teamfähig? ☐
14. Wie können Team und Teamarbeit definiert werden? ☐
15. Wie können Teammeetings effektiv gestaltet werden? ☐
16. Was ist eine Kartenabfrage? ☐
17. Was ist der Unterschied zwischen einer Einpunkt- und einer Mehrpunktabfrage? ☐
18. Was sollte ein Tätigkeitskatalog enthalten? ☐
19. Was bedeuten die Begriffe: Autonomie, Partizipation, Kohäsion? ☐
20. Welche Stufen der Teamentwicklung gibt es? ☐
21. Welche Aufgaben hat der Projektleiter jeweils in den einzelnen Stufen? ☐
22. Welche typischen Probleme treten in den einzelnen Stufen auf? ☐
23. Wie funktioniert das Phasenmodell nach GERSICK? ☐

1.08 Problemlösung (Problem resolution)

Jochen Platz, Kathrin Platz

Kontext und Bedeutung

Probleme gibt es in jedem Projekt. In vielen Projekten sogar sehr viele Probleme. Ein Gutteil der Arbeit eines Projektleiters, aber auch der von Lenkungsausschüssen, beschäftigt sich mit der Lösung von Problemen. Je effizienter diese Arbeit ist, umso beherrschbarer ist das Projekt.

Probleme entstehen aus der Abweichung vom Gewollten (Soll) und der Realität (Ist). Da in einem Projekt an allen Elementen des Gestaltungssystems und des Handlungssystems Abweichungen auftreten können, entstehen Probleme überall im Projekt. Im Prinzip sind alle Elemente des ICB 3 mit der Arbeit an Problemen verbunden.

Umgekehrt können Probleme eines Elements des ICB 3 auch Auswirkungen auf alle anderen Elemente haben, sodass Probleme nicht nur passiv, sondern auch aktiv in das gesamte Projektssystem eingreifen. Zu einigen Elementen des ICB 3 besteht aber eine engere Verbindung als zu anderen. Diese Verbindung soll hier aufgezeigt werden.

Ein Problem ist charakterisiert doch die Abweichung von Soll und Ist und darüber hinaus dadurch, dass der Bearbeitungsweg vom Ist zum Soll nicht bekannt ist. Dieser Weg muss im Rahmen der Problemlösung kreativ erarbeitet werden (ICB 3 Element 2.07). Dabei müssen alle Betroffenen mitwirken (ICB 3 Element 1.02), da die Projektorganisation ja regelmäßig über mehrere Abteilungen hinweggeht und die Probleme daher ebenfalls mehrere Abteilungen betreffen können. Die Arbeit der Problemlösung muss in weiten Teilen in Teams geschehen, um die Kreativität des Teams zu nutzen und um alles Know-how in die Lösung mit einzubeziehen (ICB 3 Element 1.07).

Eine Quelle für Probleme sind Risiken, die eintreten (ICB 3 Element 1.04). Andere Quellen können unklare Ziele und Aufträge sein (ICB 3 Element 1.03), technische Qualitätsprobleme (ICB 3 Element 1.05) oder mangelhafte Projektverträge (ICB 3 Element 1.14).

Werden Probleme nicht gelöst und erzeugen sie bei den Beteiligten Betroffenheit, können daraus Krisen und Konflikte entstehen (ICB 3 Element 2.12) und im schlimmen Fall auch wirtschaftliche Nachteile (ICB 3 Element 3.06). Das persönliche Verhalten bei personenbezogenen Problemen und Konfrontationen behandelt das ICB 3 Element 2.10.

Aus dieser Zusammenstellung wird klar, welche eminent wichtige Bedeutung Probleme bzw. besser die Problemlösung in Projekten haben. Es gehört zur Kernkompetenz jedes Projektleiters, dass er den Problemlösungs-Prozess beherrscht. Ist das nicht ausreichend der Fall, werden suboptimale Problemlösungen erzeugt und im Regelfall zusätzlich neue Probleme. Kosten steigen und Termine verzögern sich prinzipiell bei nicht oder schlecht gelösten Problemen. Bei der Qualität der Problemlösung dreht es sich im Endeffekt darum, wie effizient und effektiv ein Projekt arbeitet.

Es wäre schön, wenn Projekte ohne Probleme abgewickelt werden könnten. Die Komplexität der Projekte, die Neuartigkeit der Ergebnisse, die unterschiedlichen Interessen der Beteiligten etc. werden aber immer Probleme erzeugen. Leider muss erkannt werden, dass die Komplexität der Projekte dramatisch weiter steigt. Und damit steigt auch das Problempotential der Projekte. Der optimale Umgang mit Problemen und die Problemlösungskompetenz der Projektleiter werden also immer mehr gefordert werden.

Nur wer den Problemlösungs-Prozess mit seinen Elementen der sensiblen Früherkennung der Probleme, der exakten Problembeschreibung, der gründlichen Ursachenanalyse, der kreativen Entwicklung von Maßnahmen und der zielorientierten Entscheidung beherrscht, wird zukünftig Projekterfolge erzielen können!

Diese Kompetenzen brauchen aber nicht nur Projektleiter. Auch alle Mitglieder von Projektteams müssen Probleme effizient lösen können. Ganz besonders sind aber die Entscheider in der Projektarbeit angesprochen. Entscheidungsgremien müssen in der Regel weitreichende Probleme lösen, die eventuell viele Projekte und die langfristigen Erfolgsaussichten der Projekte betreffen. Gerade diese Gremien müssen die ausführliche Variante des Problemlösungs-Prozesses beherrschen.

Lernziele

In diesem Basisteil „Problemen in Projekten lösen" erhalten Sie die Informationen, die Sie brauchen, um in Ihrem täglichen Projektgeschäft die immer anfallenden Probleme beherrschen zu können. Wenn Sie dieses Kapitel intensiv bearbeiten, werden Sie folgende Punkte beherrschen:

Welche Rolle spielen Probleme im Projekt?

- Sie kennen die klassische Problemsituation der Projekte
- Sie kennen die Hierarchie der Probleme im Projekt und deren Wirkungen
- Sie wissen, warum die Problemsituation in den Projekten immer gravierender werden wird
- Sie wissen, wie Probleme definiert sind und wie sie sich gegen Risiken und Konflikte abgrenzen

Wie gehen Sie mit Problemen im Projekt um?

- Sie kennen den systematischen Prozess der Problemlösung und können ihn anwenden
- Sie wissen, wie Ziele und Randbedingungen für eine Problemlösung zu ermitteln sind
- Sie wissen, wer für die Problemlösung verantwortlich ist
- Sie können ein Problem eindeutig beschreiben und die notwendigen Informationen dazu beschaffen

Wie lösen Sie Probleme im Projekt?

- Sie können die Problemursachen systematisch herausarbeiten und kennen die dazu notwendigen Methoden
- Sie wissen, wie Lösungen für die Probleme kreativ erarbeitet werden
- Sie wissen, wie Lösungen für die Probleme ausgewählt werden
- Sie wissen, was alles zu tun ist, um die Problemlösung umzusetzen
- Sie können einen Lernprozess zur Verbesserung des Problemlösungs-Prozess in Ihrem Umfeld gestalten

Inhalt

1		Konkrete Beispiele von Projektproblemen	262
1.1		Täglich erlebte Beispiele	262
1.2		Die Hierarchie der Probleme	263
1.3		Die immer schwierigere Situation	264
2		Das Problem als Herausforderung	265
2.1		Was ist ein Problem?	265
2.2		Problemarten und ihre Eigenschaften	268
2.3		Probleme, Krisen, Risiken und Konflikte	269
2.4		Die Wirkung von Problemen	270
3		Der Problemlösungs-Prozess	271
3.1		Grundüberlegungen	271
3.2		Ziele und Randbedingungen der Problemlösung	275
3.3		Der systematische Prozess im Überblick	276
3.4		Die Verantwortung für die Problemlösung	279
4		Die Klärungsphase	281
4.1		Das Problem eindeutig beschreiben	281
4.2		Die notwendigen Informationen sammeln	283
4.3		Die Ursachen analysieren	284
4.4		Pareto-Diagramm, ABC-Analyse	287
4.5		Paarweiser Vergleich	289
4.6		Problemnetz	290
5		Die Problemlösung finden	292
5.1		Lösungen kreativ erarbeiten	292
5.2		Lösungen bewerten und priorisieren	294
5.3		Über die Lösung entscheiden	295
5.4		Nutzwert-Analyse	296
6		Die Realisierungsphase	298
6.1		Der Maßnahmenplan	298
6.2		Die Lösung umsetzen	298
6.3		Die Wirkung überprüfen	299
6.4		Lessons Learned	300
7		Zusammenfassung	300
8		Fragen zur Wiederholung	301

1.08 Problemlösung

1 Konkrete Beispiele von Projektproblemen

1.1 Täglich erlebte Beispiele

Projektarbeit ist regelmäßig von Problemen geprägt. Kein Projektleiter, der nicht einen Großteil seiner Zeit für das Lösen von Problemen verwenden muss. Ist das normal? Ist das wirklich nötig? Die Arbeit an Problemen, das heißt das Erkennen und Lösen von Problemen, ist nicht der Ausnahmefall – was es doch eigentlich sein sollte – sondern es ist Routine geworden. Projektleiter erleben täglich Situationen wie die folgenden:

Sachproblem

Eine Brücke wird gebaut. Ein Pfeiler wird wohl verankert auf Stein aufgesetzt. Nach einiger Zeit stellt sich heraus, dass der Stein in Lehm eingebettet ist und wandert. Die Statik der Brücke ist gefährdet. Es liegt ein klassisches Sachproblem vor. Es können nicht immer alle Randbedingungen und Gegebenheiten eines Projektes vorher erkannt werden. Das ist insbesondere bei innovativen und komplexen Projekten der Fall.

Methodenproblem

Der Projektleiter muss wöchentlich einen fünfseitigen Bericht über sein Projekt schreiben. Das ärgert ihn insbesondere deswegen, weil dieser Bericht nicht gelesen wird und keinerlei Reaktion erfolgt. Es liegt ein methodisches Problem vor, eine an sich sinnvolle Methode wird falsch gehandhabt, indem zu oft zu viel verlangt wird und dieser Aufwand sinnlos erscheint.

Organisationsproblem

Der Projektleiter muss dringend eine Bestellung auslösen. Geschieht das zu spät, rutscht der Endtermin des Projekts. Der Projektleiter ist von der Unterschrift zweier Abteilungsleiter abhängig, von denen einer im Urlaub ist. Ein typischer Fall, in dem die Verantwortung und Rechte im Projekt nicht ausreichend geklärt sind und damit zu Problemen und Folgeproblemen führen.

Handlungsproblem

Ein Projektteammitglied liefert trotz klarer Auftragsabsprache sein Arbeitspaket zu spät und qualitativ unzureichend ab. Andere Projektmitarbeiter können deswegen nicht konsequent weiter arbeiten. Das Teammitglied hat keine überzeugenden Argumente.

Entscheidungsproblem

Zwei Projektleiter brauchen einen bestimmten Mitarbeiter zur gleichen Zeit fulltime, wenn sie ihre Projekttermine halten wollen. Der Lenkungsausschuss muss entscheiden, welches Projekt den Mitarbeiter bekommt. Der Lenkungsausschuss entscheidet aber nicht, da die Folgen in dem jeweiligen Projekt nicht abzusehen sind. Konsequenz: Beide Projekte bekommen Terminprobleme.

Verhaltensproblem

Das Projektteam besteht aus einer Gruppe von spezialisierten Mitarbeitern. Jeder hat seine individuellen Vorstellungen und verfolgt ausschließlich die Ziele seiner Abteilung. Die Konsequenz: im Projekt entsteht zu Sach- und Vorgehensfragen keine Einigkeit, Lösungen werden blockiert und die ganze Projektabwicklung stockt. Ein ganzes Bündel von Problemen entsteht.

Politisches Problem

Der gute Kunde der Firma ist der Auftraggeber des Projekts. Der Auftraggeber kann oder will sich nicht auf die Ziele und Spezifikationen des Projekts festlegen, fordert aber schnelle Fortschritte. Die Geschäftsführung des Unternehmens traut sich nicht, den Auftraggeber zu zwingen, endlich die Spezifikation abzunehmen, weil er doch ein so guter Kunde ist und nicht verärgert werden darf.

Solche und viele andere Probleme müssen also in der Projektarbeit bewältigt werden. Es ist das Ziel dieses Beitrags, die dafür erforderlichen Prozesse und Methoden aufzuzeigen.

1.2 Die Hierarchie der Probleme

Die Praxis zeigt, dass Problem nicht gleich Problem ist. Es gibt „kleine" Probleme mit geringer Reichweite und „große" Probleme mit weitreichenden Folgen. Das Projekt selber ist natürlich auch ein Problemlösungs-Prozess aus Sicht des Auftraggebers. Diese Betrachtung steht in diesem Beitrag nicht im Vordergrund, sondern es steht die Lösung von Problemen innerhalb des Projektes im Vordergrund.

Probleme haben Ursachen und Wirkungen. Auf der jeweiligen Ebene der Betrachtung wird entweder die Ursache oder auch die Wirkung als Problem gesehen.

Beispiel Der Auftraggeber des Projekts sieht den Terminverzug des Projektes als Problem. Der Projektleiter sieht das Problem in der mangelnden Kapazitätsbereitstellung. Den Terminverzug sieht er als Wirkung des Problems „mangelnde Kapazitätsbereitstellung". Ebenso sieht der Projektleiter die mangelnde Koordination der einzelnen Gewerke und Arbeitspakete als Problem. Für den Arbeitspaket-Verantwortlichen aber liegt das Problem in der, auf Grund interkultureller Unterschiede mangelhaften Kommunikation mit seinen Kollegen in China. Für ihn ist die mangelnde Koordination der Arbeitspakete eine Wirkung des Problems.

Die Abbildung 1.08-1 zeigt den Zusammenhang zwischen Ursache und Wirkung an typischen Beispielen der Projektarbeit. Was also ein Problem ist, was eine Ursache und eine Wirkung, hängt von dem jeweiligen Betrachter ab.

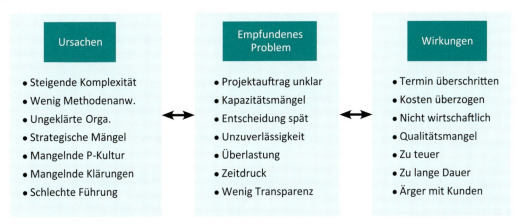

Abbildung 1.08-1: Beziehung zwischen Ursache und Wirkung von Problemen

Das Projekt ist im Regelfall ein stark vernetztes System von einzelnen Elementen aus dem Bereich der Sacharbeit, der Organisation, der Methoden und der handelnden Personen im Projekt. Das Problem an einer Stelle in diesem Netz kann Wirkungen an sehr unterschiedlichen Stellen verursachen. Deshalb ist es manchmal nicht möglich, Ursache und Wirkung wirklich einwandfrei voneinander zu trennen. Im Vertiefungsteil wird die Methode des Papiercomputers von F. Vester dargestellt, die solche Zusammenhänge analysieren kann.

🔍 **Beispiel** Ein typisches Beispiel für die oft undurchschaubaren Zusammenhänge ist es, dass Planungsprobleme oder Kommunikationsprobleme zu technischen Problemen werden. Zum Beispiel können technische Probleme entstehen, wenn in der Planung vergessen wurde, eine systematische Qualitätssicherung der Zwischenergebnisse des Projekts vorzusehen. Ein weiteres typisches Beispiel ist die mangelnde Zusammenarbeit zwischen Marketing und Entwicklung, die dazu führt, dass das entwickelte Produkt nicht ausreichend marktgerecht ist und damit die Wirtschaftsziele nicht erreicht werden.

∑ **Fazit** Ob eine Situation ein Problem ist, hängt von der Zuständigkeit und der Verantwortung der jeweiligen Person ab. Für andere Personen kann sie eine Wirkung oder eine Ursache sein.

1.3 Die immer schwierigere Situation

Trotz aller Fortschritte bei der Anwendung von Methoden des Projektmanagements wird der Status der Probleme im Projekt zukünftig mindestens gleich bleiben, eventuell sogar steigen. Das ist eine Herausforderung für den gesamten Prozess der Problemlösung. Warum ist das so?

Die Komplexität der Projekte, mit denen wir zu tun haben, steigt über die Zeit im Regelfall erheblich an. Das betrifft sowohl das Einzelprojekt als auch das Projektprogramm. Abbildung 1.08-2 zeigt den Zusammenhang zwischen der steigenden Komplexität der Projekte, der „automatischen" Steigerung der Problem-Lösungsfähigkeiten und der erforderlichen Problem-Lösungsfähigkeit. Die erforderliche Problem-Lösungsfähigkeit wird durch Maßnahmen zur Steigerung der Lösungsfähigkeit erreicht. Eine Problemzone zwischen der Komplexität der Projekte und der Problem-Lösungsfähigkeit besteht weiterhin, sie darf nur nicht größer werden.

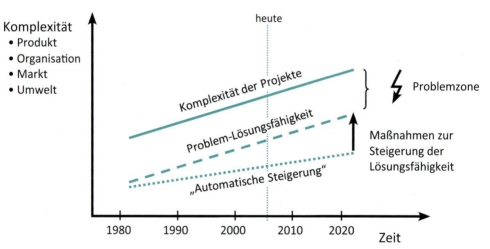

Abbildung 1.08-2: Komplexität und Lösungsfähigkeit in der Projektarbeit.

Im Wesentlichen sind es vier Komponenten, welche die Komplexität des Projektes bestimmen:

1. Die Komplexität der **Produktergebnisse** ist durch die zunehmende technische Entwicklung bestimmt. Es werden immer mehr Elektronik und Software in den Produkten eingesetzt bzw. es sind äußerst schwierige Berechnungsmethoden für die Projektergebnisse erforderlich.
2. Die Komplexität der **Organisation** ergibt sich aus der immer differenzierteren Arbeitsteilung der immer höher spezialisierten Abteilungen, die aber alle zusammen an einem Projektergebnis arbeiten müssen. Zum Beispiel gibt es bei der Entwicklung eines Automobils weit über 20 einzelne Disziplinen, die zusammen ein funktionierendes Auto erarbeiten müssen. Der Prozess der Abstimmung und Koordination wird immer schwieriger.
3. Die Komplexität der **Märkte** wird durch die Internationalisierung und die immer höheren Anforderungen der Kunden an Qualität und Preise bestimmt. Auch der enorme Zeitdruck, den die Märkte

auf die Projekte ausüben, vergrößert diese Komplexität.
4. Die Komplexität der **Umwelt** wird nicht nur durch die Anforderungen des Umweltschutzes permanent vergrößert, sondern auch durch die zunehmend schwierigeren Randbedingungen der Arbeitswelt, der Bürokratisierung und der Gesetze, wie zum Beispiel der Produkthaftung.

Natürlich muss versucht werden, diese Komplexität in Grenzen zu halten. Es ist aber sinnlos zu versuchen, diese Komplexität zu verdrängen. Das führt nur zu immer größeren Problemen. Die Strategie muss es sein, den Mut und den Aufwand aufzubringen, mit dieser Komplexität umzugehen. Die Lücke zwischen der Komplexität der Projekte und der Problem-Lösungsfähigkeit wird aber immer bleiben, sodass Projekte immer einen guten Anteil an Problemen haben werden. Im Vertiefungsteil wird die Frage der vorbeugenden Problemlösung vertieft.

Bis zu einer gewissen Problemhöhe können die Probleme durch gesunden Menschenverstand ohne systematische Vorgehensweisen der Problemvermeidung und der Problemlösung beherrscht werden. In unseren Projekten sind wir aber regelmäßig weit oberhalb dieser Grenze, bis zu welcher der gesunde Menschenverstand ausreicht. Die Herausforderung ist also, einen systematischen Problemlösungs-Prozess wirklich sicher zu beherrschen.

∑ Fazit Problemmanagement in Projekten wird wegen der steigenden Komplexität der Projekte immer wichtiger für den Projekterfolg.

2 Das Problem als Herausforderung

2.1 Was ist ein Problem?

Probleme tauchen überall und laufend auf, ganz besonders in Projekten. Ein Problem (von gr. problemaţon: „das, was (zur Lösung) vorgelegt wurde", „die gestellte Aufgabe")[1] kann nur dann sinnvoll bearbeitet werden, wenn die Grundlagen des Problembegriffs und die Ansätze zur Lösung einmal bewusst durchdacht wurden. Wer die Hintergründe verstanden hat, kann in jeder Situation angemessen reagieren und die vorgeschlagenen Vorgehensweisen sinngemäß anwenden. Wer das nicht hat, muss sich an Rezepte und Methoden halten, die eventuell doch nicht wirken.

§ Definition Die triviale Definition des Problems ist: Eine schwierig zu lösende Aufgabe hindert an der gewünschten Zielerreichung. In der sprachlichen Praxis wird der Begriff so verwendet und damit kommt es zu einer Inflation des Begriffs Problem. Die speziellere und Ziel führendere Definition des Problems: Das Problem ist eine Abweichung von Ist und Soll (im Regelfall negative Abweichung, sie kann aber auch positive sein) und diese Abweichung kann nicht mit den bekannten Vorgehensweisen gelöst werden. Es fehlt das Wissen darum, was getan werden muss.

Abbildung 1.08-3: Problem zwischen Ist und Soll

Die detailliertere Definition des Problembegriffs basiert auf der Abbildung 1.08-3.

Die Ist-Situation weicht von der Soll-Situation ab. Z. B. ist der Plantermin eines Meilensteins (Soll-Situation) nicht erreicht worden. Ziel ist es, den Ist-Stand wieder dem Soll-Stand anzugleichen. Im Beispiel: Der nächste Meilenstein soll termingerecht erreicht werden. Dieses Ziel wird durch Handlungen auf

---

1 Vgl. http://de.wiktionary.org/wiki/Problem

dem Bearbeitungsweg erreicht. Das Charakteristikum des Problems ist es nun, dass der Bearbeitungsweg und seine Handlungen nicht bekannt sind. Mit den derzeitigen Möglichkeiten kann das Ziel der Angleichung von Soll und Ist daher nicht erreicht werden. Zwischen Soll und Ist liegt ein Hindernis. Die Aufgabe ist es also, einen gangbaren Bearbeitungsweg zu finden, der den Ausgleich von Soll und Ist ermöglicht. Das setzt intensive Beschäftigung und Kreativität zum Finden des Bearbeitungsweges voraus.

Fazit Ein Problem ist immer eine Abweichung, von der nicht bekannt ist, wie sie aufgehoben werden kann.

Probleme und Aufgaben

Probleme unterscheiden sich von Aufgaben im Projekt durch diese Unkenntnis des Bearbeitungsweges. Aufgaben können durchaus auch schwierig und aufwändig sein, aber der Lösungsweg einer Aufgabe ist von Anfang an weitgehend bekannt. Solche Aufgaben werden auch gerne als „wohl strukturierte Probleme" bezeichnet.

Das Wort Problem findet sich bereits in den Arbeiten der antiken Philosophen, z. B. bei Platon und Aristoteles. Dort bezeichnet der Begriff Problem sehr plastisch „das Wissen vom Nichtwissen".

Es gibt mehrere Gründe, warum der Bearbeitungsweg vom Ist- zum Soll-Zustand nicht funktioniert:

- Es ist nicht bekannt, wie dieser Bearbeitungsweg beschaffen sein könnte. Das ist das klassische Problem und die Problemlösung liegt darin, den Weg zu suchen.
- Der Bearbeitungsweg ist bekannt, kann aber nicht durchgeführt werden, weil die Ressourcen dafür nicht zur Verfügung stehen. Die Lösungsmöglichkeit liegt darin, eine Umgehung um die Barriere, in oben genanntem Beispiel um die mangelnden Ressourcen, zu finden. Diese Lösungsmöglichkeit gilt auch für die beiden folgenden Gründe, warum der Bearbeitungsweg nicht funktioniert. Das Vorgehen ist dann im Prinzip das gleiche wie bei der Suche nach dem Weg.
- Der Bearbeitungsweg ist im Prinzip bekannt, er könnte auch so bearbeitet werden, aber die dazu erforderlichen Entscheidungen liegen nicht vor.
- Der Bearbeitungsweg ist im Prinzip bekannt, er darf aber nicht begangen werden, z. B. aus gesetzlichen oder kulturellen Gründen.

Diese Ausarbeitung konzentriert sich auf den erstgenannten Grund, warum der Bearbeitungsweg vom Ist- zum Soll-Zustand nicht funktioniert: Der Bearbeitungsweg ist nicht bekannt.

Beispiel Die Joch AG ist ein mittelständiges Unternehmen im Maschinenbau, in dem unterschiedliche Projekte, wie Kundenprojekte, Innovationsprojekte und hausinterne Organisationsprojekte, abgewickelt werden.

Dr. Peter ist Projektleiter des Projekt SIRIUS für die Einführung eines Standardprogramms für das Management von Kundenbeziehungen (CRM Customer Relationship Management). In seinem Projekt gibt es eine Vielzahl von Problemen, die er in seinem Projektteam bespricht. Kernproblem ist der Termin. Die Planung erreicht bei weitem nicht den von der Geschäftsführung vorgesehenen Termin und das Team weiß nicht, wie eine Beschleunigung erreicht werden kann (Weg unbekannt).

Als aktuelle Ursache stellt sich heraus, dass der Geschäftsprozess trotz des vorhandenen Gestaltungstools nicht ermittelt werden kann, weil die Kapazität dazu fehlt (Weg klar, kann nicht gegangen werden). Ein weiteres Problem liegt darin, dass nicht klar ist, welches Programm für das CRM System eingesetzt werden soll, obwohl das Projekt der Geschäftsführung einen umfangreichen Entscheidungsvorschlag bereits vor Wochen zugestellt hat (Weg klar, Entscheidung fehlt).

Das Hindernis auf dem Weg von der Ist-Situation zur Soll-Situation kann sehr unterschiedlich „hoch" sein, d. h. es gibt eine unterschiedliche Problemhöhe. Diese Problemhöhe ist sehr subjektiv und hängt von der Erfahrung und den Kenntnissen der handelnden Personen ab. Die Problemhöhe hängt auch davon ab, welche Auswirkungen das Problem auf die Zielerreichung des Projektes hat. Kann das Ziel überhaupt nicht erreicht werden oder gibt es nur kleinere Abweichungen in der Funktion? Die Problemhöhe wirkt direkt auf die Schwierigkeit der Lösung und die für die Lösungssuche aufzubringende Energie. Folgende Einteilung hilft bei der Klassifizierung und bei der Festlegung der Intensität, mit der die Problemlösung betrieben wird.

> **Definition**
> **Aufgabe** Der Bearbeitungsweg ist bekannt und kann gegangen werden. Kein Problem.
> **Komplexe Aufgabe** Der Bearbeitungsweg ist bekannt, aber schwierig und / oder die Möglichkeiten der Bearbeitung sind eingeschränkt. Die Sicherheit bei der Erledigung ist nicht vollständig.
> Trivialproblem: Der Bearbeitungsweg ist spontan nicht bekannt, wird aber ohne großen Aufwand gefunden. Im Projekt werden täglich solche Kleinprobleme gelöst, ohne groß darüber nachzudenken. Ein Beispiel: Es zeigt sich, dass die Gliederung des Lastenhefts zwischen Auftraggeber und Projekt unterschiedlich interpretiert wird.
> **Problem** Die Lösung für den Bearbeitungsweg wird nicht spontan gefunden oder sie kann nicht umgesetzt werden. Persönlich oder im Team muss mit einem angemessenen Aufwand eine Lösung erarbeitet werden und diese kann auch gefunden werden.
> Dies Probleme haben in der Regel mehrere der folgenden Eigenschaften:
> - Das Problem ist klar abgrenzbar
> - Das Problem hat weitgehend stabile Randbedingungen
> - Die Zahl der Einflussgrößen ist gering
> - Es gibt eine begrenzte Zahl von Stakeholdern, die alle an einer Lösung interessiert sind
> - Es gibt ähnliche Probleme
> - Es gibt wahrscheinlich mehrere Lösungen
> - Experimente, Versuche oder Simulationen sind möglich
> - Die Lösung kann überprüft werden.
>
> **Komplexes Problem** Der Bearbeitungsweg ist auch mit größerem Aufwand und hohem Einsatz von Kreativität nicht zu finden oder es stehen tatsächlich die Möglichkeiten der Umsetzung des Bearbeitungsweges nicht zur Verfügung. Alle Vorgehensweisen des vernetzten Denkens sind erforderlich.
> Dies Probleme haben in der Regel mehrere der folgenden Eigenschaften:
> - Das Problem kann nicht eindeutig abgegrenzt werden
> - Die Randbedingungen sind dynamisch
> - Es gibt viele, auch dynamische Einflussfaktoren
> - Es gibt eine große Zahl von Stakeholdern mit unterschiedlichen Interessen
> - Das Problem tritt einmalig auf
> - Das Problem ist nicht regelmäßig reproduzierbar, es ist nicht messbar
> - Versuche und Simulationen sind nicht möglich

Fazit Es gibt nicht „das Problem", sondern Probleme mit sehr unterschiedlicher Problemhöhe, d. h. mit einer sehr unterschiedlichen Schwierigkeit der Lösung und der Auswirkungen des Problems auf die Zielerreichung des Projektes. Probleme erfordern damit eine sehr unterschiedliche Bearbeitung.

Ein Problem kann auch vorliegen, wenn keine Abweichung vorliegt, man aber zu 100 % sicher ist, dass eine Abweichung zu erwarten ist. Hier handelt es sich nicht um ein Risiko, sondern um ein erwartetes Problem (Analyse potentieller Probleme im ICB Element 1.04 Risiken und Chancen). Ein klassisches Beispiel ist, dass in einem Projekt keine Zeitpuffer verfügbar sind, aber aller Wahrscheinlichkeit nach die folgenden Arbeiten länger dauern werden als geplant. Das ist z. B. regelmäßig der Fall, wenn unrealistische Termine gesetzt werden.

Probleme im Projekt sind also generell die Herausforderung, eine Lösung zu finden, um die Ziele des Projektes trotzdem zu erreichen. Die Verniedlichung der Probleme nach dem Motto „Wir haben keine

Probleme, wir haben nur Herausforderungen" kann leicht dazu führen, dass die systematischen Wege der Problembehandlung vernachlässigt werden.

2.2 Problemarten und ihre Eigenschaften

Im Projekt gibt es völlig unterschiedliche Arten von Problemen, die auch ein differenziertes Vorgehen im Rahmen der Lösungsstrategien erfordern. Projektarten können danach eingeteilt werden, worin sich das Hindernis zeigt zwischen Soll und Ist[2].

- **Zielproblem** Abweichung von dem erwarteten Ziel oder Zwischenziel und dem prognostizierten Endziel des Projekts. Im Endeffekt wirken sich alle Problemarten auf das Ziel des Projektes aus und es liegt immer ein Zielproblem vor.
- **Erkenntnisproblem** Im Projekt werden Zusammenhänge nicht durchschaut oder aber unterschiedlich interpretiert. Hier dreht es sich also einmal darum, das Gesamtsystem zu analysieren und zu durchschauen und zum anderen um den Abgleich der Informationen der verschiedenen Partner im Projekt.
- **Sachproblem** Die Sachlösung des Projekts oder einzelner Projektschritte entspricht nicht den Anforderungen, z. B. weil Fehler gemacht wurden oder aber weil das technische System noch nicht ausreichend beherrscht wird.
- **Methodenproblem** Methoden, z. B. die des Projektmanagements oder der Qualitätssicherung, werden nicht angewendet oder führen nicht zu dem gewünschten Ergebnis. Ein typisches Beispiel ist es, dass die Methoden des Projektmanagements in einem Handbuch festgehalten sind, aber nicht angewendet werden.
- **Personalproblem** Das Verhalten einer oder mehrerer Personen entspricht nicht dem erwarteten oder vorausgesetzten Verhalten im Rahmen des Projektes. Z. B. kann es sein, dass die persönlichen Ziele und das Projektziel nicht zusammen passen. Daraus kann ein intrapersoneller Konflikt entstehen. Dieser führt dazu, dass die Person im Team aggressiver wird.
- **Teamproblem** Generell kann es Abweichungen zwischen den Erwartungen bezüglich der Zusammenarbeit im Team, aber genauso mit den Auftraggebern, Lenkungsausschüssen oder Kunden geben. Diese Abweichungen können im Bereich der Zuverlässigkeit, der Kommunikation, generell in allen Elementen der Führung, liegen.

Beispiel Die Geschäftsführung der Joch AG kann sich trotz des umfangreichen Entscheidungsvorschlags einfach nicht für ein CRM System entscheiden. Die Geschäftsführung ist uneins, weil sie sich nicht einigen kann, was mit dem CRM System tatsächlich erreicht werden soll (Teamproblem). Der geplante Termin der Einführung des CRM Systems noch in diesem Geschäftsjahr kann aufgrund der entstehenden Verzögerungen nicht mehr gehalten werden (Zielproblem). Der Vertriebschef befürchtet, dass durch den Rationalisierungseffekt Mitarbeiter in seinem Bereich abgebaut werden müssen (Personalproblem).

Im Projekt lassen sich die Problemarten nicht so sauber von einander trennen, da im Regelfall wechselseitige Abhängigkeiten bestehen. Die Abweichung bezieht sich häufig nicht nur auf einzelne der aufgeführten Elemente, sondern auf das gesamte Handlungs- oder Gestaltungssystem des Projektes. Als Konsequenz müssen zur Lösung des Problems dann auch mehrere Lösungswege gesucht werden. Ein typisches Beispiel ist die mangelnde Zusammenarbeit an Schnittstellen, zwischen Abteilungen oder Projekt und Abteilung, die sowohl aus Zieldifferenzen, Sachdifferenzen, persönlichen Differenzen und allen Arten der Teamprobleme verursacht sein kann, wie die Abbildung 1.08-4 zeigt.

---

[2] Problemarten können auch nach Problemgegenstandsbereichen eingeteilt werden wie z.B. in Teilkapitel 1.1: Sach-, Methoden-, Organisations-, Handlungs-, Entscheidungs-, Verhaltens- und Politikprobleme.

Abbildung 1.08-4: Multikausale Ursachen von Problemen im Projekt

Σ Fazit Probleme in Projekten haben fast immer mehrere Ursachen.

2.3 Probleme, Krisen, Risiken und Konflikte

Umgangssprachlich wird alles das, was stört, als Problem bezeichnet. Im Projekt haben wir eine Reihe von „Plagegeistern", die oft einfach pauschal als Problem bezeichnet werden, die aber unterschiedliche Hintergründe haben und für die auch der Lösungsprozess unterschiedlich gestaltet werden muss.

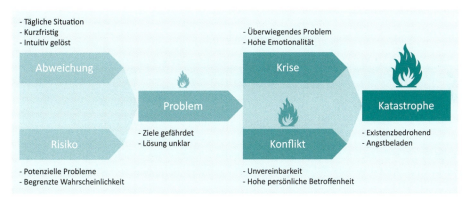

Abbildung 1.08-5: Probleme, Risiken, Krisen, Konflikte

Echtes Problem	Entspricht der Definition aus Kapitel 2.1. Ein Problem ist immer real vorhanden oder wird mit Sicherheit auftreten. Bei der Lösung des Problems wird die optimale Lösung angestrebt. Ein nicht gelöstes Problem kann eine Krise auslösen und kann auch zu Konflikten führen.
Risiko	Das Risiko beinhaltet auch ein Problem. Es ist aber nicht sicher, ob dieses Problem eintreten wird und wenn es eintritt, welche Wirkung es haben wird. Der Schwerpunkt des Risikomanagements liegt darin, die Wahrscheinlichkeit des Auftretens und die Schwere der Wirkung des potentiellen Problems zu reduzieren. Wesentlich ist auch das rechtzeitige Erkennen, dass das Risiko eintreten wird. Das Management von Risiken wird im ICB 3 Element 1.04 behandelt.
Krise	Die Krise ist ein komplexes Problem mit einer sehr hohen emotionalen Betroffenheit der Beteiligten. Im Unterschied zum Problem liegt ein Schwerpunkt im Lösungsprozess darauf, die emotionale Betroffenheit zu reduzieren und die Handlungsfähigkeit der Beteiligten aufrecht zu erhalten. Der Umgang mit Krisen wird im ICB 3 Element 2.12 behandelt.
Konflikt	Der Konflikt bezeichnet eine Unvereinbarkeit, z. B. zu Meinungen, Fakten, Gefühlen etc. zwischen zwei oder mehreren Personen oder auch innerhalb einer Person. Die Abweichung liegt hier nicht zwischen Ist und Soll, sondern zwischen den Positionen der Beteiligten. Der Lösungsprozess strebt hier nicht eine optimale Lösung an, sondern eine Lösung, die von allen Beteiligten akzeptiert werden kann. Der gemeinsame Entscheidungsprozess zwischen den unvereinbaren Positionen ist die eigentliche Lösung. Der Umgang mit Konflikten wird im ICB 3 Element 2.12 behandelt.

Die vorliegende Ausarbeitung bezieht sich auf das echte Problem. Alle geschilderten Grundüberlegungen, Vorgehensweisen und Methoden sind aber auch im Risikomanagement, im Krisenmanagement und der Konfliktlösung anwendbar und hilfreich.

2.4 Die Wirkung von Problemen

Jedes Problem erzeugt natürlich Wirkungen im Projekt, die im Regelfall negativ für die Zielerreichung sind. Daraus ergibt sich, dass fast jedes Problem, wenn es nicht ausreichend gelöst werden kann, auch ein Zielproblem ist. Prinzipiell haben Probleme schädigende Wirkung. Wird das Problem gelöst, erfordert das einen nicht geplanten Aufwand und Zeit. Wird das Problem nicht gelöst, wird mindestens das Projektziel verfehlt. Probleme können gelöst werden oder nicht. Das ergibt deutliche Unterschiede in der Wirkung im Projekt:

I Wird das Problem nicht gelöst, ist regelmäßig eine Zieländerung nötig mit den entsprechenden Konsequenzen der Abstimmung mit dem Auftraggeber.
I Wird das Problem gelöst, können ebenfalls Zieländerungen notwendig sein, z. B. wird der Aufwand für einen Meilenstein deutlich höher als geplant. Erfolgreiche Problemlösungen sollten aber immer auch als Erfolg gesehen und festgestellt werden. Sie können die Beziehungen im Projektteam festigen, sie können zu vielleicht besseren als ursprünglich geplanten Lösungen führen und sie können zur Beseitigung von Schwachstellen im Projektsystem führen.

Die Wirkung eines einzelnen Problems ist im Zusammenhang von Ursache und Problemphänomen zu sehen. Die Abbildung 1.08-6 zeigt diesen Zusammenhang.

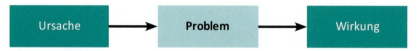

Abbildung 1.08-6: Das Problem zwischen Ursache und Wirkung

Wie in Kapitel 1.2 erläutert, kann eine Abweichung die Wirkung des Problems auf der Betrachtungsebene und die Ursache des Problems auf der darüberliegenden Ebene sein. Natürlich hängt dieser Zusammenhang stark von der Art des Problems ab.

Die Wirkung der Probleme hat 5 Dimensionen:

1. **Stärke der Wirkung** Die Dimensionen sind im Abschnitt 2.1 des Basisteils bereits beschrieben. Aus der Problemhöhe ergeben sich die Konsequenzen für die Behandlung des Problems. Es leitet sich ab, ob eine Lösung überhaupt nötig ist und wie viel Aufwand investiert werden kann. Die Problemhöhe kann so groß sein, dass ein Projektabbruch nötig wird, falls das Problem nicht gelöst wird. In diesem Fall ist automatisch eine Eskalation des Problems an übergeordneten Stellen erforderlich.
2. **Art der Wirkung** Die Wirkung der Probleme kann auf 3 Ebenen auftreten:
A: Faktische Schädigung: Terminliche oder kostenmäßige Auswirkungen, wirtschaftliche Schädigung, etc.
B: Image Schädigung: Ansehen der Person, der Abteilung oder des Unternehmens auf dem Markt etc.
C: Moralische Schädigung: Leistungsfähigkeit des Teams, Motivation, Zusammenarbeit etc.
3. **Reichweite der Wirkung** Die Wirkung der Probleme kann eine sehr unterschiedliche Reichweite im Projekt haben, abhängig davon, welches Ziel von dem Problem tatsächlich betroffen wird. Die Abbildung 7 zeigt den Kegel der Reichweite. Werden die Ziele eines Arbeitspakets nicht erreicht, ist die Wirkung natürlich erheblich geringer als bei der Verletzung der Projektziele oder der Unternehmensziele. Die Wirkung betrifft entsprechend ihrer Reichweite unterschiedliche Stellen:

| Ist eine Person betroffen, erzeugt das Problem Mehrarbeit, Ärger und Druck, aber gegebenenfalls auch eine Wissenserweiterung.
| Ist das Team betroffen, entstehen eventuelle Spannungen und Mängel in der Zusammenarbeit, Kreativität und Leistungsfähigkeit.
| Ist das Unternehmen betroffen, können wirtschaftliche und kulturelle Defizite entstehen.

Abbildung 1.08-7: Die Reichweite eines Problems

4. **Einmal- oder Grundsatz-Problem** Die Wirkung des Problems kann sich auf ein Projekt beziehen und damit nur in diesem Projekt zu lösen sein oder aber es kann sich um ein Grundsatzproblem handeln, das immer wieder in vielen Projekten auftaucht. Das typische Beispiel ist der Kapazitätsmangel in einem Projekt, alle anderen Projekte haben aber auch einen Kapazitätsmangel. Wird dieses Problem in einem Projekt gelöst, ist damit das Problem aber nicht gelöst. Das Grundsatzproblem wird immer wieder Ärger erzeugen und der eigentliche Ansatz muss es sein, das Problem grundsätzlich zu lösen.
5. **Nah- und Fernwirkung** Jedes Problem hat zuerst einmal eine Nahwirkung in dem Bereich, in dem es auftritt. Es kann aber sehr wohl auch Fernwirkungen in völlig anderen Handlungsbereich erzeugen, die zuerst einmal nicht zu erkennen sind. Z. B. kann es sein, dass der Kunde keinen Folgeauftrag erteilt, weil er mit der Zuverlässigkeit der Projektabwicklung nicht einverstanden ist. Diese Fernwirkungen können zeitlich deutlich vom Problem abgesetzt sein.

∑ **Fazit** Es hängt von diesen fünf Dimensionen der Wirkung des Problems ab, wie stark wir uns mit dem Problem beschäftigen.

3 Der Problemlösungs-Prozess

3.1 Grundüberlegungen

Der Problemlösungs-Prozess beschreibt das Auffinden eines vorher nicht bekannten Weges von dem gegebenen Anfangszustand (Ist) zu dem gewünschten Endzustand (Soll). Dieser Prozess baut auf einer Reihe von Grundlagen auf, die bewußt sein müssen, damit der Prozess sinnvoll und zielgerichtet durchgeführt werden kann.

In diesem Element des ICB 3 wird grundsätzlich von einem sehr schwierig zu lösenden Problem ausgegangen, damit alle dazu notwendigen Überlegungen dargestellt werden können. In der Praxis ist der Problemlösungs-Prozess in der Regel einfacher und zur Lösung des Problems werden nicht alle der hier dargestellten Überlegungen und Methoden benötigt.

Der erste und wesentliche Grundsatz ist, dass das Problem anerkannt wird und nicht trivialisiert wird. Dazu kommt die klare Entscheidung, ob das Problem gelöst werden soll oder nicht. Häufig ist diese Entscheidung nicht erforderlich, weil das Problem einfach gelöst werden muss. Die Entscheidung über die Lösung muss noch einmal gefällt werden, wenn der Lösungsweg erarbeitet ist und der mit der Lösung verbundene Aufwand bekannt ist.

Wann immer ein Problem auftritt und gelöst werden muss, ist zu ermitteln, ob es sich um ein einmaliges Problem handelt oder um ein grundsätzliches Problem, das immer wieder auftreten kann. Der Problemlösungs-Prozess muss diese beiden Arten von Problemen behandeln.

Vorgehensarten bei der Problemlösung

Grundsätzlich gibt es drei verschiedene Vorgehensweisen, die mit dem Problemlösungs-Prozess verbunden sind.

1. Die Erarbeitung effizienter Problemlösungen
2. Das Festlegen von Scheinlösungen
3. Die Erarbeitung von vorbeugenden Lösungen

Effiziente Problemlösungs-Strategien

Ziel dieser Strategien ist es, möglichst effizient die optimale Lösung für das Problem zu finden. Dazu haben sich mehrere unterschiedliche Vorgehensweisen bewährt.

1. **Hauruck-Methode** Das Problem wird mit einer überraschenden, oft alle Randbedingungen vernachlässigenden Handlung gelöst. Ein typisches Beispiel dafür gab Alexander der Große mit dem Durchschlagen des Gordischen Knotens. Diese Lösungsmethodik kann nur zufällig besser sein als ein wirklich systematisches Vorgehen. Die „Geistesblitze" haben oft sehr unerwartete Nebenwirkungen.
2. **Trial and Error** Dieses Vorgehen entspricht dem normalen Lernprozess des Menschen und auch anderer Lebewesen. Man versucht eine Lösung, prüft, ob diese Lösung Ziel führend ist und versucht die nächste Lösung, indem man die Randbedingungen der Lösung ändert. Für einfache und überschaubare Probleme kann das eine sehr gute Vorgehensweise sein. In der komplexen Umwelt der Projekte ist sie das selten.
3. **Hypothesen aufstellen** Es wird eine gesamthafte Hypothese aufgestellt. Diese wird überprüft und unter den neuen Erkenntnissen modifiziert und erneut überprüft. In der Wissenschaft wird diese Methode regelmäßig angewendet. Für Projektmanager ist sie im Regelfall zu aufwändig und langwierig. In schwierigen, unüberschaubaren Situationen, wie zum Beispiel in hoch innovativen Projekten mit unerprobten Technologien, bewährt sich diese Vorgehensweise allerdings sehr.
4. **Intuitive Problemlösung** Der Mensch ist durch den Selektionsdruck der Evolution sehr gut in der Lage, kleinere Probleme des täglichen Lebens intuitiv und fast unbewußt zu lösen. Je intensiver die Beschäftigung mit einem Thema ist, desto schwieriger können die intuitiv gelösten Probleme sein. Projektleiter haben in ihrem jeweiligen Projekttyp so viel Erfahrung, dass sie die alltäglichen „Problemchen" instinktiv lösen.
5. **Systematischer Lösungsprozess** Dies Vorgehen steht in diesem Beitrag im Vordergrund. Mithilfe eines systematischen und erprobten Prozesses und der dazu gehörenden Methoden wird das Problem eingegrenzt, die eigentlichen Problemursachen werden ermittelt und Lösungswege erarbeitet. Die intellektuelle Durchdringung des Problems steht im Vordergrund. Das heißt, es werden Methoden der Strukturierung und der bewußte Kreativitätsförderung angewendet.

Scheinlösungen

Neben den Ziel führenden Lösungsstrategien gibt es eine Reihe von Strategien, die im Endeffekt das Problem nicht lösen, sondern nur gelöst erscheinen lassen. Diese Vorgehensweisen verstärken auf lange Sicht die Problemhöhe und verzögern eine tatsächliche inhaltliche Lösung des Problems. Ein typischer Grund für ein solches Vorgehen ist die „politische" Taktik im Spannungsfeld zwischen Projekt und Linie beziehungsweise zwischen verschiedenen Projektpartnern.

1. **Kopf in den Sand** Das Problem wird nicht zur Kenntnis genommen und verdrängt. Es wird „schön geredet". Vielleicht fehlt die Sensibilität für das Erkennen des Problems. Das spielt zum Beispiel regelmäßig eine Rolle, wenn Probleme über längere Zeit nicht gelöst werden und man sich an die Probleme gewöhnt hat. In manchen Firmen werden Probleme auch ignoriert, indem sie einfach als Herausforderungen deklariert werden. Probleme bleiben sie dennoch, aber vielleicht werden sie dann eher akzeptiert.
2. **Umgehen des Problems** Es wird versucht, das Ziel auf anderen Wegen zu erreichen, welche die Problemzone umgehen. Das kann natürlich Ziel führend sein, wenn die Ziele des Projektes damit erreicht werden können und alle Randbedingungen des Projekts eingehalten werden. Das ist aber selten der Fall. Meist tun sich dann an anderen Stellen neue Probleme auf.
3. **Wegdelegieren des Problems** Das Problem wird zum Beispiel an eine Arbeitsgruppe delegiert und ist damit für den eigentlichen Owner des Problems, also die Person, die für die Lösung des Problems verantwortlich ist, „gelöst". Natürlich ist das keine Lösung, sondern nur ein Verschieben des Problemlösungs-Prozesses. Da damit die Projektziele sicher nicht erreicht werden können, ist dies Vorgehen nicht akzeptabel. Mit dem Wegdelegieren ist hier nicht das Einberufen einer Task Force zur Problemlösung gemeint, was sicher in vielen Fällen dringend erforderlich ist.

Beispiel Seit 8 Wochen hat die Geschäftsführung nun nicht entschieden, welches CRM System genommen werden soll. Seit 4 Wochen hat Dr. Peter entnervt auch nicht mehr nachgefragt, weshalb die Sache in der Geschäftsführung schon fast vergessen ist (Scheinlösung: Kopf in den Sand). Als Dr. Peter auf Druck des Teams wieder einmal nach der Entscheidung fragt, beauftragt der Chef der Verwaltung einen externen Berater, der ein Gutachten zu der Ausarbeitung des Teams erstellen soll. Dieses Gutachten soll in 6 Wochen vorliegen (Wegdelegieren des Problems).

Vorbeugende Problemlösungen

Es leuchtet ein, dass es einfacher und aufwandsärmer ist zu versuchen, Probleme zu vermeiden als sie zu lösen. Im Vertiefungsteil wird das Vorgehen hierzu detaillierter besprochen. Die Grundüberlegung dabei ist es, dass die Probleme, die in einer Projektumgebung regelmäßig auftreten, vorweg genommen und vermieden werden können. Dabei werden die Methoden der Problemlösung auf die erwarteten, im Moment aber noch nicht eingetretenen Probleme angewendet. Die Ursachen dieser Probleme werden ermittelt und, soweit dies möglich ist, vermieden. Dieses Vorgehen bringt erhebliche Einsparungen.

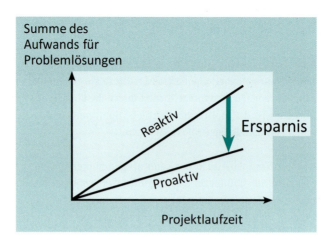

Abbildung 1.08-8: Vorbeugende Problemlösung

Fazit In Projekten brauchen wir insbesondere den systematischen Problemlösungs-Prozess. Scheinlösungen verzögern nur die Problemlösung und verschärfen das Problem.

Grundsätze der systematischen Problemlösung

Alle systematischen Vorgehensweisen basieren auf einigen Grundsätzen, die strikt eingehalten werden sollten. Diese Grundsätze werden durch die Methoden des systematischen Problemlösungs-Prozess unterstützt.

- **Zielorientiert handeln** Bei der Lösung der Probleme muss immer das Erreichen der Ziele des Projektes im Vordergrund stehen. Dafür ist natürlich eine Problemanalyse erforderlich. Was aber nicht passieren darf, ist, dass nur eine Klagemauer entsteht und ausschließlich Probleme und deren Ursachen diskutiert werden. Die Lösungsorientierung muss durchgängig sein.
- **Schnell und entschieden handeln** Erkannte Probleme müssen umgehend bearbeitet werden. Probleme haben nun einmal die Tendenz, sich zu verschärfen und immer schwieriger lösbar zu sein. Die Problemlösung erhält eine hohe Priorität und wird entschieden vorangetrieben. Im täglichen Verhalten gibt es eine deutliche Tendenz, die Probleme „unter den Tisch" zu kehren.
- **Auf das Wesentliche konzentrieren** Probleme im Umfeld der Projekte haben in der Regel mehr als eine Ursache. Ein entscheidender Punkt ist es also, herauszufinden, welches die wirklich wichtigen Ursachen sind, durch deren Beseitigung die Probleme gelöst werden. Diese wesentliche Ursache herauszufinden, ist eine Aufgabe der Ursachenanalyse.
- **Gemeinsam handeln** Projekte werden in der Regel von mehreren Abteilungen bearbeitet. Die Probleme wiederum liegen häufig nicht in einer Abteilung, sondern zwischen den Abteilungen, beziehungsweise sie betreffen mehrere Abteilungen. Lösungen müssen also von allen Beteiligten gemeinsam erarbeitet und umgesetzt werden.
- **Lösungen nicht Schuldige** Es ist immer kontraproduktiv, Schuldige zu suchen. Natürlich können die Ursachen auch in Personen liegen. Nur sehr selten handelt jemand bewußt falsch. Wenn eine Person oder Abteilung Ursache des Problems ist, muss gefragt werden, warum diese Person oder Abteilung nicht in der Lage war, problemlos zu arbeiten. Eventuell liegt der Fehler bei der Benennung einer falschen Person für die anstehende Aufgabe.
- **Durchhalten** Problemlösungen brauchen ihre Zeit, bis sie wirken. Da häufig so viele Probleme vorliegen und das Management beziehungsweise der Auftraggeber schnelle Erfolge sehen möchten, reifen viele Problemlösungen nicht ausreichend aus. Die Konsequenz kann sein, dass eine andere, weitere Problemlösung versucht wird, bevor die erste zur Wirkung kommt. Zu jeder Problemlösung gehört also auch die Überlegung, wann die Wirkung der Problemlösung zu erkennen sein wird.

3.2 Ziele und Randbedingungen der Problemlösung

Das Problem ist eine Störung auf dem Weg zum Projektziel. Ziel der Problemlösung muss es also immer sein, das Projektziel bzw. entsprechende Zwischenziele trotz des Problems zu erreichen. Es muss also klar sein, was erreicht werden muss. Da jede Aktivität im Projekt Auswirkungen im Magischen Dreieck hat, ist das aber nicht so einfach.

Es muss für die Problemlösung klar sein, was im Magischen Dreieck Priorität hat: Muss die Funktionalität/Qualität eingehalten werden oder der Termin oder die Projektkosten. Gerade die Kosten werden im Allgemeinen aufgrund der notwendigen Problemlösung nicht einhaltbar sein. Diese Entscheidung muss vor der Problemlösung gefällt werden. Die oft erlebte Praxis, dass alle drei Ecken des Magischen Dreiecks unverändert eingehalten werden müssen, funktioniert regelmäßig nicht und erzeugt damit neue Probleme.

Wie Ziele und damit auch die Ziele der Problemlösung definiert werden, ist im ICB 3 Element 1.03 Projektanforderungen und -zielsetzungen definiert. Grundsätzlich ist das Ziel der Problemlösung natürlich, das Projektziel zu erreichen. Das setzt voraus, dass das Projektziel eindeutig definiert ist. Wesentlich in diesem Zusammenhang ist, dass das angestrebte Ziel tatsächlich umsetzbar ist. D. h. zu jeder Problemlösung gehört immer ein zumindest grober Umsetzungsplan. Ziele sind auch deswegen wichtig, weil sonst immer nur in Problemen gedacht und gehandelt wird. Bei der Problemlösung dreht es sich aber primär um die Zielerreichung und nicht um das Lösen des Problems. Dieser Zusammenhang und die angestrebten Ziele müssen immer wieder bewusst gemacht werden. Es ist aber zu beachten, dass die Ziele häufig auch im Problemlösungs-Prozess reifen müssen.

Ziel des Problemlösungs-Prozesses ist es immer,

- dass die Lösung umgesetzt werden kann
- dass die Lösung schnell erarbeitet wird
- dass die Lösung sicher ist
- dass die Lösung nachhaltig wirkt

Die Ziele werden stark beeinflusst von der Frage der Dringlichkeit der Problemlösung. Die Grundeinteilung der Matrix der folgenden Abbildung basiert auf der bekannten Eisenhower-Matrix, die im Zeitmanagement angewandt wird. Die Matrix zeigt die Zusammenhänge zwischen Wichtigkeit (vgl. Abschnitt 2.4: Wirkung des Problems) und Dringlichkeit des Problems. In unterschiedlichen Quadranten liegende Probleme erfordern unterschiedliche Vorgehensweisen der Problemlösung.

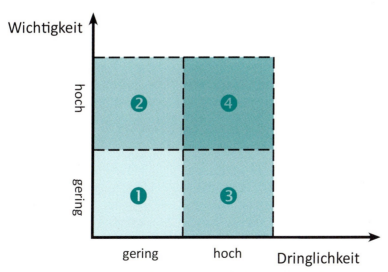

Abbildung 1.08-9: Wichtigkeit und Dringlichkeit des Problems

1. Es ist ein „kleiner" Problemlösungs-Prozess zu durchlaufen und es ist darauf zu achten, dass das Problem nicht liegenbleibt, sondern abgearbeitet wird.
2. Es ist mit dem Einsatz der verfügbaren Kapazitäten ein ausführlicher Problemlösungsprozess mit den im folgenden Kapitel beschriebenen Phasen erforderlich.
3. Eine spontane oder eine intuitive Problemlösung ist die geeignete Vorgehensweise. Diese Arten der Problemlösung werden im Kapitel 1.4 des Vertiefungsteils erläutert.
4. Es muss auf Grund der knappen Zeit ebenfalls das Problem intuitiv gelöst werden. Wichtig ist hierbei aber, dass ein mit Hochdruck vorangebrachter rationaler Problemlösungs-Prozess vorgeschaltet ist.

Beispiel Der Projektleiter Dr. Peter analysiert in einer stillen Stunde die Situation des Projekts SIRIUS. Das zentrale Problem liegt aus seiner Sicht in der fehlenden Entscheidung der Geschäftsleitung (Wichtigkeit hoch). Er selbst ist sich auch nicht mehr so sicher, dass der Vorschlag des Teams zur Systemauswahl richtig ist, da die Ziele der Geschäftsführung unklar sind. Also wäre es vielleicht doch besser, den Bericht des Beraters abzuwarten (Dringlichkeit gering). Andererseits zerfällt das Projektteam wegen der unklaren Situation und wenn er später Erfolg haben will, muss er sofort Maßnahmen zur Motivation des Teams vorsehen (Dringlichkeit und Wichtigkeit hoch).

Fazit Wichtigkeit und Dringlichkeit des Problems müssen getrennt werden. Sie erfordern unterschiedliche Vorgehensweisen bei der Problemlösung.

Ziele gelten immer unter den entsprechenden Randbedingungen, die auch die möglichen Lösungen einschränken. Als wesentliche Randbedingungen für den Problemlösungs-Prozess können die folgenden Punkte gelten:

- Bis wann muss das Problem gelöst sein?
- Welche Mängel können auch nach der Lösung toleriert werden?
- Welche Kapazität steht für die Problemlösung zur Verfügung?
- Welches Know-how steht zur Verfügung?
- Welche strategischen Ziele oberhalb des Projektes müssen beachtet werden?
- Was kann beeinflusst werden?
- Was kann entschieden werden?
- Welche Gesetze oder Richtlinien müssen beachtet werden?
- Welche Stellen könnten die Lösung blockieren?

Diese Randbedingungen sollten vor der Problemlösung durchdacht und geklärt sein.

3.3 Der systematische Prozess im Überblick

Im Regelfall muss für die Lösung eines Problems ein systematischer Problemlösungs-Prozess durchgeführt werden. Die Abbildung 1.08-10 zeigt den prinzipiellen Aufbau des Prozesses.

Abb. 1.08-10: Der Problemlösungs-Prozess

Der Prozess unterscheidet drei voneinander klar zu trennende Phasen. Es ist wesentlich, diese Phasen wirklich auseinander zu halten und nicht miteinander zu vermischen. Sonst werden eventuell die tatsächlichen Ursachen eines Problems durch zu schnelle Lösungen überdeckt und das Problem wird dann nur scheinbar gelöst, um zu einem späteren Zeitpunkt wieder aufzutreten.

Trotzdem kann es natürlich Rückkoppelungen in dem Prozess geben, z. B. wenn sich herausstellt, dass der Aufwand für die Lösung zu groß ist und ein anderer Lösungsweg gesucht werden muss.

Wie auch generell im Projektmanagement sind die ersten Phasen des Problemlösungs-Prozesses die wichtigsten. Was hier versäumt wurde, kann in späteren Phasen nicht mehr repariert werden. Ein oft erlebtes Beispiel ist die unzureichende Suche nach den eigentlichen Ursachen, die dann trotz bester Kreativität in der Lösungssuche zu falschen Lösungen führt.

Klärungsphase

Ziel dieser Phase ist es, das Phänomen des Problems oder der Probleme eindeutig zu beschreiben und die Ursachen des Problems herauszufinden, an denen die Lösungen ansetzen müssen. Da in der Regel im Projekt eine Vielzahl von Problemen gleichzeitig existiert, gehört die Klärung der gesamten Problemsituation als Situationsanalyse zu dieser Phase. Die Phase besteht aus vier Arbeitsschritten, denen das Erkennen, dass überhaupt ein Problem vorliegt, vorangeht:

- **Das Problem erkennen** Je früher und je vollständiger das Problem oder die Probleme des Projekts erkannt werden, umso Ziel führender und einfacher ist die Problemlösung. Details hierzu werden im Abschnitt 2 des Vertiefungswissens erläutert. Beim Erkennen eines Problems muss umgehend geklärt werden, ob Sofortmaßnahmen zum Schutz von Personen und Sachen erforderlich sind. Diese Maßnahmen müssen vor der weiteren Verfolgung des Problems umgesetzt werden.

- **Ziele der Problemlösung** Es muss klar sein, was die Ziele und Randbedingungen der Problemlösung und des Prozesses zur Problemlösung sind. Z. B. muss geklärt sein, welcher Aufwand für die Problemlösung investiert werden kann. Details hierzu wurden im Abschnitt 3.2 besprochen.
- **Situationsanalyse** Die Gesamtsituation aller Probleme eines Projektes oder einer Projektumgebung werden erfasst, in Beziehungen gesetzt und für die Bearbeitung priorisiert. Details hierzu werden im Abschnitt 2.4 des Vertiefungswissens erläutert.
- **Problembeschreibung** Die objektive, eindeutige und akzeptierte Beschreibung des Problems ist immer der Ausgangspunkt für die Problemlösung. Details hierzu sind im Abschnitt 4.1 beschrieben.
- **Ursachenanalyse** Nur das präzise Herausarbeiten der Ursachen des Problems kann zu effizienten Lösungen führen. Dieser Arbeitsschritt ist meist der schwierigste, aber auch wichtigste Schritt und darf in keinem Fall vernachlässigt werden. Das Vorgehen dazu ist im Abschnitt 4.3 des Basisteils enthalten. Im Abschnitt 4.6 wird eine sehr effiziente Methode zur Ursachenanalyse vorgestellt.

Lösungsphase

Ziel dieser Phase ist es, Lösungen zu erarbeiten und ihre Umsetzung zu entscheiden. Die Phase ist geprägt von kreativem Denken und dem systematischen Auswählen aus den möglichen Lösungsansätzen. Die Phase besteht aus drei Arbeitsschritten:

- **Lösungen erarbeiten** Dieser Schritt setzt eine hohe Kreativität und die Einigkeit darauf, was die tatsächlichen Ursachen des Problems sind, voraus. Aus der Vielzahl der Kreativitätsmethoden (Beschrieben im ICB 3 Element 2.07 Kreativität) muss die geeignete Methode ausgewählt und systematisch angewendet werden. Eine ganz wesentliche Erkenntnis ist dabei, dass es immer wesentlich mehr Lösungen gibt, als uns spontan einfallen.
- **Lösungen bewerten** Aus den möglichen Lösungsansätzen muss gemeinschaftlich mittels systematischer Methoden die Lösung ausgewählt werden, welche die optimale Erfüllung der Ziele gewährleistet. Das ist nicht immer möglich. Deshalb kann es vorkommen, dass mehrere Lösungswege parallel beschritten werden müssen. Details zur Bewertung der Lösungsalternativen sind im Abschnitt 5.2 des Basisteils festgehalten. Im Abschnitt 4.5 des Basisteils werden die Methoden „Paarweiser Vergleich" und im Abschnitt 4.7 „Nutzwert-Analyse" dargestellt, die eine objektivierte Bewertung erlauben.
- **Lösungen entscheiden** Die ausgewählte Lösungsmethodik muss in jedem Fall bewusst entschieden werden. Details zum Vorgehen zur Entscheidung finden Sie im Kapitel 5.3 des Basisteils. Zu dieser Entscheidung gehört auch die bewusste Bestätigung, dass das Problem unter den jetzt bekannten Umständen tatsächlich gelöst werden soll.

Umsetzungsphase

Ziel dieser Phase ist es, die ausgewählte Lösung effizient und wirkungsvoll umzusetzen. Die Phase besteht aus drei Arbeitsschritten und der sich anschließenden Erfahrungssicherung „Lessons Learned":

- **Aktionsplanung** Im Sinne einer durchdachten Projektabwicklung werden die einzelnen Aktionen zur Umsetzung der Lösung geplant. Die ersten Ergebnisse dieser Planung müssen hinsichtlich ihrer Dauer und ihres Aufwandes bereits in die Lösungsbewertung einfließen. Details zur Aktionsplanung werden im Abschnitt 6.1 des Basisteils dargestellt. Im Übrigen entspricht dies natürlich einem geregelten Projektmanagement.
- **Umsetzung** Da Probleme schnell und kraftvoll gelöst werden sollen, müssen die geplanten Aktionen konsequent umgesetzt werden. Dabei ist die intensive Betreuung durch den Verantwortlichen des Problems bzw. den Projektleiter erforderlich. Details hierzu finden Sie im Abschnitt 6.2 des Basisteils.

I **Wirkungskontrolle** Nicht immer kann die Lösung auch das Problem tatsächlich beseitigen. Deshalb muss die Wirkung der Problemlösung anhand der Ziele und deren Muss-Kriterien unbedingt überprüft werden. Das ist ein mehrfach durchgeführter Prozess während der Umsetzung der Problemlösung. Am Ende wird eindeutig festgehalten, dass das Problem gelöst ist. Details hierzu sind im Abschnitt 6.3 des Basisteils enthalten.
I **Lessons Learned** Nach jedem Problemlösungs-Prozess muss geprüft werden, wie dieser Prozess noch verbessert werden kann. Nur so kann die Problemlösungskompetenz weiter entwickelt werden.

Wenn der Problemlösungs-Prozess in einem Team oder einer Task Force beschrieben wird, lohnt es sich, den Prozess vorher mit dem Team intensiv durchzusprechen. Dadurch entsteht Einigkeit im Vorgehen und das beschleunigt den Prozess. Der beschlossene Prozess sollte dann möglichst konsequent umgesetzt werden.

∑ **Fazit** Der systematische Problemlösungs-Prozess ist durchaus aufwändig, aber immer weniger aufwändig als falsche Problemlösungen. In den meisten Problemfällen müssen nicht alle Elemente des Prozesses intensiv bearbeitet werden.

3.4   Die Verantwortung für die Problemlösung

Alle am Projekt Beteiligten sind daran interessiert, dass die Probleme schnell und richtig gelöst werden. Jedes Problem muss deshalb einen „Owner" haben, d. h. eine für die Lösung des Problems verantwortliche Person. Natürlich bleibt der Projektleiter für den Projekterfolg in der Verantwortung. Aber er kann nicht immer der Löser der Probleme sein, speziell, wenn diese im fachinhaltlichen Bereich liegen bzw. in Abteilungen auftreten, zu denen er keinen direkten Zugriff hat.

Für die Verantwortung der Problemlösung hat sich folgende Regelung bewährt:

I Betrifft das Problem den Arbeitsbereich einer Person, ist diese Person der Owner des Problems.
I Betrifft das Problem die Koordination im Projektteam oder die Abwicklung des Projektmanagements, ist der Projektleiter verantwortlich.
I Betrifft das Problem mehrere Arbeitsbereiche innerhalb des Projekts, muss der Projektleiter einen Verantwortlichen für die Problemlösung benennen.
I Betrifft das Problem mehrere Abteilungen, muss der Projektleiter das Problem eskalieren und dafür sorgen, dass ein Verantwortlicher benannt wird.
I Betrifft das Problem direkt den Auftraggeber, muss der Projektleiter ebenfalls eskalieren.

Die Rolle des Problemlösers kann, muss aber nicht über die Verantwortungen und Rechte der eigentlichen jeweiligen Rolle hinausgehen. Wenn das so ist, müssen besonders die erweiterten Entscheidungsrechte der dafür zuständigen Personen klar definiert werden. Geschieht das nicht, wird die Problemlösung unnötig erschwert und verzögert. Typische Verantwortungen des Problemlösers sind: Lösung des Problems, Anwendung der geeigneten Systematik zur Problemlösung, Einhaltung der Randbedingungen und eventueller Normen, realistischer Vorgehensplan, laufende Transparenz, Kommunikation an die entsprechenden Stellen und Herbeiführen der erforderlichen Entscheidungen.

Hüten muss sich der Projektleiter vor der oft geübten Rückdelegation, d. h. das Problem wird von dem eigentlich Verantwortlichen an den Projektleiter delegiert. Das Ziel der Rückdelegation ist es, übertragene Verantwortung und das lästige, unangenehme Problem loszuwerden.

Ein typisches Beispiel dafür ist es, dass sich der Arbeitspaket-Verantwortliche als Problem-Owner nicht traut, eine unbequeme Entscheidung zu treffen und diese daher an den Projektleiter delegiert.

Eine Rückdelegation darf der Projektleiter auch dann nicht zulassen, wenn er das Gefühl hat, dass er das Problem effizienter als der Arbeitspaket-Verantwortliche lösen könnte. Im Endeffekt bekommt der Projektleiter sonst alle Problemfälle zur Lösung auf seinen Schreibtisch. Ist der Arbeitspaket-Verantwortliche jedoch inhaltlich oder organisatorisch überfordert, muss der Projektleiter ihn natürlich unterstützen.

Bei komplexeren Problemen wird der Verantwortliche das Problem nicht alleine lösen können, sondern er braucht dafür ein Team, bzw. eine Task-Force. Das ist notwendig, um das für die Lösung notwendige Know-how bereitzustellen und um die für die Umsetzung der Lösung erforderliche Einigkeit im Vorgehen zu erreichen.

Die Task-Force wird nach folgenden Grundsätzen besetzt:

- Es muss alles erforderliche Know-how (die richtigen Fachleute) beteiligt werden.
- Es müssen alle von der Lösung betroffenen Abteilungen beteiligt werden.
- Analytisches Denken muss in der Gruppe ausreichend ausgeprägt sein.
- Das methodische Vorgehen zur Problemlösung muss mindestens vom Leiter der Task Force beherrscht werden.
- Ausreichendes Potential für Kreativität, z. B. durch Querdenker, muss in dem Team vorhanden sein.
- Die Kapazität der Beteiligten für die Problemarbeit muss gegeben sein.

Das Vorgehen in einer solchen Task-Force wird im ICB 3 Element 1.07 Teamarbeit beschrieben. Für die Lösung des Problems werden im Regelfall mehrere Sitzungen der Task-Force erforderlich sein. Günstig für einen schnellen und präzisen Ablauf ist:

- Ein eingespieltes (spannungsfreies) Team
- Eine ausgeprägte Diskussionskultur
- Intensive Visualisierung und Moderation durch einen neutralen Moderator
- Ein positiver, konstruktiver Umgang mit Fehlern

Beispiel Ein Projektleiterkollege von Dr. Peter, Herr Braun, ist Projektleiter eines großen Kundenprojekts der Joch AG. Inhalt des Projekts ist die Lieferung von 5 Mehrzweckmaschinen für mechanische Verarbeitung an einen Kunden in Südostasien. Die erste Maschine wurde geliefert, der Kunde nimmt sie aber nicht ab, da Rost an diversen Teilen im Inneren der Maschine auftritt (Sachproblem). Der Kunde stoppt die Lieferung der weiteren Maschinen, bevor nicht das Problem gelöst ist (wichtig und dringlich). Herr Braun geht mit seinem Team systematisch den Prozess der Problemlösung durch.

- Analysephase
  - Das Problem wurde vom Kunden gemeldet, es wird als real akzeptiert.
  - Ziel der Problemlösung: Rost an der Maschine generell vermeiden, ohne die Kosten zu erhöhen. Muss umgehend erledigt werden: oberste Priorität im Projekt.
  - Es handelt sich um ein Einzelproblem, daher ist die Situationsanalyse unwichtig.
  - Problembeschreibung: Rost an Wellen und Lagern bei der Abnahme, der beim Absenden noch nicht auftrat.
  - Ursachenanalyse: Offensichtlich auf dem Transport passiert. Es muss längerfristig erhöhte Feuchtigkeit geherrscht haben. Die Oberflächen sind nicht ausreichend korrosionsbeständig.
- Lösungsphase
  - Mögliche Lösungen: Teile dichter galvanisieren. Korrosionsresistentes Material. Verpackung dampfdicht. Luftfracht.
  - Bewertung: Dampfdichte Verpackung aus Kosten- und Termingründen für die folgenden Lieferungen.
  - Entscheidung: Die Lösung wird vom technischen Leiter und dem Vertriebsleiter zusammen mit dem Kunden besprochen und entschieden. Der Kunde gibt weitere Lieferungen frei.

- Umsetzungsphase
  - Aktionsplan erstellt und bearbeitet.
  - Kontrolle beim Auspacken der Maschine beim Kunden durch einen Servicetechniker der Joch AG erfolgreich.

4 Die Klärungsphase

4.1 Das Problem eindeutig beschreiben

Die eindeutige Problembeschreibung ist eine entscheidende Erfolgsvoraussetzung für die Analyse und Lösung des Problems. Ziel der Beschreibung ist es, das Problem so einzugrenzen, dass alle nicht relevanten Fakten und Aussagen wegfallen. Ziel ist es zudem, eine gemeinsame Sicht aller Betroffenen auf das Problem sicherzustellen.

Diese Problembeschreibung sollte möglichst kompakt auf einer Seite festgehalten und, wenn das möglich ist, visualisiert werden. Bei der Beschreibung sind eine eindeutige, faktische Sprache und eindeutige, verständliche Definitionen anzuwenden. Die Präzision der Problembeschreibung hängt stark von der Formulierungskunst ab. Verschwommene Beschreibungen führen zu Fehlinterpretationen und damit zu neuen Problemen.

Sehr hilfreich kann es sein, das Problem aus verschiedenen Sichtweisen zu formulieren. Diese Sichtweisen können entweder die der Stakeholder sein oder es kann eine völlig andere Sichtweise auf das Problem sein (Wie würde ein Marsianer das Problem sehen?). Diese Umformulierung führt im Allgemeinen zu überraschenden und bahnbrechenden Problemlösungen. Ein typisches Beispiel für eine solche Umformulierung war das Problem, die Leuchtstärke von Kerzen zu vergrößern. Die Problemstellung war: „Wie müssen wir Wachs und Docht verbessern?". Nicht die Verbesserung des Wachs oder des Dochts war jedoch die Lösung. Erst die Umformulierung der Problembeschreibung: „Was leuchtet heller als wachsgetränkter Docht?" führte zu der Lösung der Petroleumlampe.

Die folgenden Fragen klären den Inhalt der Problembeschreibung. Wie in allen Klärungssituationen führen die „W"-Fragen (Wer, wie, wann, warum, was, wo, womit, wieviel) zu einer deutlichen Präzisierung.

- Was ist das Problem und warum ist das ein Problem?
- Wann und wo tritt das Problem auf?
- Was hat sich verändert? Welches war der frühere Zustand?
- Welche Zielgruppe oder Person ist vom Problem betroffen?
- Worin liegt die Abweichung in Bezug zur Ist-Situation bzw. Zielsituation?
- Welche Auswirkungen hat das Problem, wenn es nicht gelöst wird?
- Wie häufig tritt das Symptom auf?
- Liegt ein Grundsatzproblem oder ein lokales Problem vor?
- Welche Randbedingungen sind unveränderlich?
- Welche persönlichen oder abteilungsorientierten Interessen spielen eine Rolle?

Einem spontanen Wissen zu dem Problem und seiner Lösung muss erst einmal mißtraut werden. Fachleute können ihrem intuitiven Bauchgefühl durchaus trauen. Allerdings nicht, wenn sie unter Stress stehen, was bei Problemen natürlich häufig der Fall ist. Deshalb müssen diese Fragen explizit beantwortet und im Team diskutiert werden.

Nicht nur „was ist", sondern auch „was ist nicht"

Neben der Beschreibung des Problems – was ist – sollte auch beschrieben werden: Was ist nicht? Z. B. wann taucht das Problem nicht auf, wo ist das Problem nicht etc.? Bei dem Problem Terminverschiebung kann sich z. B. folgende Einengung des Problems ergeben: Wo: In Abteilung A gibt es keine Terminverzögerung (die Abteilung wendet Projektmanagement an). Wann: Im Oktober gab es keine Terminüberschreitung (kein Urlaub). Wer: Im Teilprojekt 3 gibt es keine Terminverschiebungen (hat einen klaren Projektstrukturplan).

Die nachfolgende Übersicht enthält Fragen, die zusätzlich zu den oben stehenden Fragen Anregungen zur eindeutigen Problembeschreibung geben.

	Ist-Bereich	Ist Nicht-Bereich
WER	Wer ist von dem Problem betroffen?	Wer hätte von dem Problem auch betroffen sein können, ist es aber nicht?
	Von wem wurde über den Fehler berichtet?	Wer hätte über den Fehler auch berichten können, hat es aber nicht?
WAS	Was ist das Problem?	Welches Problem hätte es auch sein können, ist es aber nicht?
	Was sind die betroffenen Objekte?	Welches Objekt hätte auch betroffen sein können, ist aber nicht betroffen?
	Was hat sich verändert?	Was hätte sich auch verändern können, was hat sich aber nicht verändert?
	Worin liegt die Abweichung?	Worin hätte die Abweichung auch bestehen können?
	Wie sieht die Wirkung aus?	Wie hätte die Wirkung auch aussehen können?
	Liegt ein lokales Problem vor?	Hätte das Problem auch ein Grundsatzproblem sein können?
WO	Wo am Objekt ist das Problem aufgetreten?	Wo an dem Objekt hätte das Problem auch auftreten können, ist aber nicht aufgetreten?
	Wo örtlich wurde das Problem festgestellt?	Wo hätte das Problem auch festgestellt werden können, ist aber nicht festgestellt worden?
WANN	Wann ist das Problem zum ersten Mal aufgetreten?	Wann hätte das Problem zum ersten Mal auftauchen können, ist aber nicht aufgetreten?
	Wann tritt das Problem regelmäßig auf?	Wann hätte das Problem auch auftreten können, ist aber nicht aufgetreten?
	Wann wurde das Problem berichtet?	Wann hätte man auch über das Problem berichten können, hat aber nicht berichtet?
WIEVIEL	Wie viele Stellen sind betroffen?	Wie viele Stellen hätten auch betroffen sein können, sind es aber nicht?
	Wie viele Objekte / Ergebnisse sind betroffen?	Wie viele Objekte / Ergebnisse hätten auch betroffen sein können, sind es aber nicht?
	Welche Tendenz liegt vor?	Welche Tendenz hätte erwartet werden können, liegt aber nicht vor?

 Fazit Nur wenn völlig klar ist, was wirklich das Problem ist, kann es auch effektiv gelöst werden.

4.2 Die notwendigen Informationen sammeln

Die Basis jeder Problembeschreibung und Problemlösung sind natürlich zuverlässige Informationen. Der Prozess der Informationsgewinnung und der Bewertung der Informationen muss daher mit Aufmerksamkeit und Sorgfalt betrieben werden.

Als erstes muss geklärt werden, welches Wissen für die Problemlösung erforderlich ist. Zumindest bei komplexeren Problemen wird schriftlich festgehalten, welche Informationen erforderlich sind. Dabei wird abgewogen, welche Informationen wichtig sind und welche nicht so wichtig. Welche Informationen das sind, hängt natürlich stark von dem jeweiligen Problem ab. Zudem wird bestimmt, in welchem Detaillierungsgrad diese Informationen vorliegen müssen. Dieses erforderliche Wissen wird mit dem tatsächlich vorhandenen Wissen verglichen. Die nächste Frage ist dann die, woher das notwendige Wissen bezogen werden kann.

Die typischen Quellen für Informationen sind:

- Die **Projektdokumentation**, in der alle Ergebnisse des Sachsystems und des Managementsystems des Projekts festgehalten sind. Eine gute Projektdokumentation hilft bei der schnellen Problemlösung erheblich.
- **Interviews** mit den Beteiligten und Betroffenen, um nicht dokumentierte Informationen zu erhalten.
- **Messung** Gerade bei Sachproblemen ist eine Messung der mit dem Problem verbundenen Parameter hilfreich.
- **Beobachtung** Im technischen System, aber auch im psychosozialen System des Projektes kann sehr viel Information durch reines Beobachten gewonnen werden.
- **Versuch** Wenn die Probleme reproduzierbar sind und der Schaden durch das Problem nicht zu groß ist, kann mithilfe von Versuchen mit wechselnden Parametern sehr viel Information gewonnen werden.

Soweit als möglich werden Informationen quantifiziert. Die Erfahrung zeigt, dass, wo Messwerte möglich sind, die Daten besonders aussagefähig sind, wenn sie Kennwerte oder Vergleichszahlen betreffen und nicht nur Absolutwerte. Insbesondere der Zeitverlauf von Daten und die daraus ableitbare Tendenz geben wesentliche Informationen.

Für den Bereich des eigentlichen Problems haben sich folgende Fragen bewährt:

- Wo gibt es Information zu ähnlichen Problemlösungen?
- Warum ist das Problem in der Vergangenheit nicht gelöst worden?
- Wer hat das Problem schon einmal gelöst und wie (Kollege, Literatur, Wettbewerber)?

Zur Informationssammlung für den Prozess sind folgende Fragen hilfreich:

- Bis wann muss das Problem gelöst sein?
- Welche Ressourcen stehen zur Verfügung?
- Welche Randbedingungen sind zu beachten?
- Wer oder was könnte ein Hindernis für eine Lösung sein?

„Die Frage ist wichtiger als die Antwort" (Aristoteles). Durch intensives Fragen und nicht durch vermeintliches Wissen wird die notwendige Klarheit erreicht.

Die gesammelten Informationen werden daraufhin geprüft, wie sicher sie sind. Welche Informationen sind unsicher, wo liegt eine Bewertung und nicht ein Faktum vor? Wo handelt es sich um eine gefühlsmäßige Aussage und wo haben wir belastbare Fakten. FOG: Facts (Fakten), Opinions (Meinungen), Guesses (Annahmen). Implizite Annahmen müssen unbedingt vermieden werden.

Alle gewonnenen Daten müssen auf Plausibilität untersucht werden. Eventuell müssen weitere Informationsquellen herangezogen werden. Es muss unbedingt ausgeschlossen werden, dass auf fehlerhafte Daten aufgebaut wird. Alle erhobenen Daten werden eindeutig und transparent festgehalten. Um eine gemeinsame Meinung zu unterstützen, kann es nötig sein, die Daten für eine Präsentation aufzubereiten.

4.3 Die Ursachen analysieren

Nachdem das Problem eindeutig beschrieben ist, kommt der eigentlich wesentliche Punkt der Problemklärung: Die Ursachenanalyse. Das Problem selber ist im Regelfall nur die Spitze eines Eisbergs von erst einmal unbekannten Ursachen. Sind die Ursachen bekannt, liegt vielleicht nicht mehr ein Problem, sondern eine zu lösende Aufgabe vor.

Das Ziel der Ursachenanalyse ist es, die Kette der Ereignisse vom beobachteten Phänomen zu der eigentlichen Ursache zurückzuverfolgen. Dabei wird die Zahl der möglichen Ursachen auf die relevanten Ursachen eingegrenzt. Um später eine reibungsfreie Umsetzung der erarbeiteten Lösung zu garantieren, muss bei der Ursachenanalyse auch eine gemeinsame Sicht aller Beteiligten erreicht werden.

Um die Ursachen des Problems gezielt herauszuarbeiten zu können, muss als wesentliche Voraussetzung das konkrete Projektsystem beherrscht werden. Ist das nicht der Fall, kommt es wahrscheinlich zu einem Kurieren des Problems am Symptom und nicht an der Ursache. Es leuchtet ein, dass deshalb das komplette Fachwissen über das Projekt in die Ursachenanalyse einbezogen werden muss. Die Ursachenanalyse ist also eine Aufgabe des Projektteams oder der speziell eingesetzten Task Force.

Das Projektsystem besteht natürlich nicht nur aus dem technischen System des Projekts, sondern auch aus dem methodischen Managementsystem und dem psychosozialen System des Projekts. Es kann also nötig sein, nicht nur die inhaltlichen Fachleute, sondern auch die Know-how-Träger des Themas Projektmanagement in die Analyse einzubeziehen. Dabei gibt es eine Vielzahl von Problemen, deren Ursache-Wirkungs-Zusammenhang nicht ausreichend durchschaubar ist. Ein typisches Beispiel ist die Staubildung auf der Autobahn, die nur mit sehr komplexen mathematischen Methoden beschrieben werden kann.

Probleme haben mehrere Ursachen

Die Probleme, die im Projekt schwierig zu lösen sind, haben im Regelfall nicht nur eine, sondern viele Ursachen. Es gibt also nicht nur eine Ursachen-Wirkungs-Kette, sondern ein Ursachen-Wirkungs-Netz. Ein häufiges Beispiel der Projektarbeit ist die mangelnde Zusammenarbeit zwischen Projekt und Linie. Als Ursachen kommen die unterschiedlichsten Themen aus dem gesamten Projektsystem in Frage, z. B.:

I Ziele: Gemeinsame Zielabsprachen fehlen, es stehen Erwartungen im Raum
I Ziele: Abteilungsegoismen werden aufgrund der Zielvorgaben der Abteilungen gelebt
I Organisation: Es gibt keine klaren Organisationsregelungen, bzw. diese werden nicht gelebt
I Führung: Konflikte aufgrund der Probleme der Vergangenheit sind nicht gelöst
I Planung: Die Planung, z. B. der Kapazitäten, wird nicht gemeinsam gemacht und verbindlich vereinbart.

An diesen Ursachen müssen die notwendigen Maßnahmen festgemacht werden.

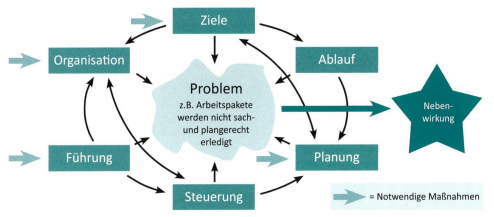

Abbildung 1.08-11: Das Problem hat meist mehrere Ursachen

Ein wichtiger Schritt der Ursachenanalyse ist es, aus diesen durchaus relevanten Ursachen die eigentlich wesentlichen bzw. wahrscheinlichen herauszufinden. Dabei haben sich die Methoden der Pareto-Diagramm / ABC-Analyse und des paarweisen Vergleichs für die Gewichtung bewährt. Diese Methoden werden in Abschnitt 4.4 und 4.5 des Basisteils beschrieben.

Die typischen Auslöser für Probleme

Es gibt eine Reihe typischer, immer wieder auftretender Auslöser für Problemursachen im Projektsystem. Diese liegen in der Hierarchie der Ursache sehr tief und können die eigentlichen Auslöser von Problemen sein. Bei jeder Ursachenanalyse müssen diese Auslöser überprüft werden. Die Auslöser können kombiniert vorkommen und sich gegenseitig bedingen.

1. **Echtes Sachproblem** Das technische Problem konnte vorher nicht erkannt werden oder war ein Risiko, das eingetreten ist. Die Ursachen sind bei diesem Auslöser so vielfältig, dass nur mit einer strikten Systematisierung die eigentliche Ursache erkannt werden kann.
2. **Unzureichende Klärung** Die Dinge werden nicht geklärt, weil man glaubt zu wissen, was zu tun ist, oder glaubt, keine Zeit zu haben, die Dinge zu klären. Ein klassisches Beispiel ist die mangelnde Zielabsprache zwischen Auftraggeber und Projekt, aber auch zwischen Projektleiter und Arbeitspaketverantwortlichen.
3. **Zu großer Optimismus** Ohne gesunden Optimismus ist es schwer, Projekte motiviert zu bearbeiten. Wird der Optimismus aber zu groß („Wird schon gut gehen"), wird sicher Murphy's Gesetz zuschlagen: Was schief gehen kann, geht schief. Ein immer wieder beobachtetes Beispiel ist unzureichendes Risikomanagement im Projekt.
4. **Unwissenheit** Projekte sind aus ihrer Definition heraus in irgendeinem Aspekt einmalig. Eventuell liegen noch keine Erfahrungswerte vor. Deshalb werden dann Fehler gemacht, die auf Unwissenheit beruhen. Ein Beispiel in vielen Firmen ist die mangelnde Kompetenz in der Softwareentwicklung, die zu schlechten IT-Lösungen führt.
5. **Schlechtes Management** Dazu zählen Mängel der Methodenanwendung, obwohl bekannt ist, dass Methoden des Projektmanagements angewendet werden müssen. Ein Beispiel ist das Fehlen regelmäßiger, ehrlicher Status-Reports. Dazu zählt aber auch der eigentliche personenbezogene Managementprozess, z. B. wird die Kommunikation im Projekt nicht ausreichend gefördert.
6. **Menschliches Verhalten** Sowohl das Verhalten der Personen als auch das Verhalten in der Gruppe ist im Verhältnis zur rationalen Erfordernis nicht immer Ziel führend. Ein Beispiel ist der Abbruch der Kommunikation aufgrund von Konflikten zwischen Personen oder Abteilungen.

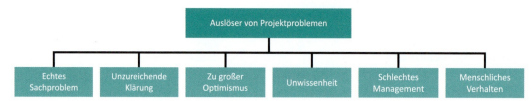

Abbildung 1.08-12: Auslöser von Projektproblemen

Vorgehen zur Ursachenanalyse

Um die Ursachen eines realen Problems zu analysieren, hat sich grundsätzlich folgende Vorgehensweise bewährt:

1. Kreative Sammlung der möglichen Ursachen aufgrund der Erfahrung der Experten, bzw. Teammitglieder.
2. Strukturieren dieser Ursachen, z. B. anhand der Elemente des Projektsystems (Hauptaufgaben des Projektmanagements, Teilprojekte, Projektfunktionen etc.) oder auch nach der 5-M-Methode (Mensch, Maschine, Methode, Mitwelt, Material).
3. Vervollständigung möglicher Ursachen in der Struktur. Die Struktur macht die Dinge übersichtlicher und zeigt eventuelle Lücken auf.
4. Bewerten und Selektieren der gefundenen Ursachen. Dazu werden die gefundenen Ursachen überprüft und gegebenenfalls Stück für Stück als relevante Ursache ausgeschlossen.

Diese Vorgehensweisen werden durch eine Reihe von Methoden unterstützt. Im Abschnitt 4.6 des Basisteils wird die wohl wirkungsvollste Methode, das Problemnetz, als Handlungsanweisung beschrieben. Im Vertiefungswissen werden weitere Methoden vorgestellt. Die Methode des Problemnetzes führt in relativ kurzer Zeit (typisch sind 1,5 Stunden) sehr systematisch durch die Arbeitsschritte der Problemanalyse hindurch. Sie unterstützt sehr intensiv die Strukturierung der Ursachen und führt zur gemeinsamen Sicht im Projektteam.

Beispiel Das Projekt von Herrn Braun hat alle Maschinen geliefert. Da beschwert sich der Kunde, dass die mechanische Präzision beim Fräsen nicht der Spezifikation entspricht. Das Problem wird von einem Servicetechniker untersucht: die Meldung entspricht den Fakten. Herr Braun führt mit einem Entwickler und dem Servicetechniker die Analyse beim Kunden durch.

- Wer: Alle Maschinen.
- Was: Mechanische Abweichungen nur beim Fräsen. Alle Werkstücke betroffen. War von Anfang an. Die Abweichung tritt nur in der horizontalen X-Achse auf. Das Problem ist lokal.
- Wann: Problem ist von Anfang an aufgetreten. Tritt regelmäßig auf. Vom Kunden erst später erkannt.

Ursachenanalyse: Mögliche Ursachen werden im Brainstorming mit dem Kunden ermittelt: Mechanische Toleranzen der Maschine. Mechanische Toleranzen der Werkstücke. Fehlbedienung. Unpräzise Steuerung. Abnutzung des Tools. Temperaturschwankungen.
Die Ursachen werden systematisch durchgeprüft und ausgeschlossen. Als einzige Ursache bleibt ein Rechenfehler in der Steuerungssoftware übrig. Die Entwicklung in Deutschland erstellt ein Update der Software und das Problem ist behoben.

Fazit Je intensiver und gründlicher Ursachenanalyse durchgeführt wird, desto leichter wird die Problemlösung. Einige Methoden – insbesondere das Problemnetz – unterstützen diesen Prozess der Ursachenanalyse sehr wirkungsvoll.

4.4 Pareto-Diagramm, ABC-Analyse

Methode

Das Pareto-Diagramm ist eine wirksame Methode, um den Einfluss aller ein Problem bedingenden Ursachen auf das Problem zu untersuchen und die Hauptursachen des Problems zu identifizieren. Das Pareto-Diagramm wird auch angewandt, um mehrere in Verbindung stehende Probleme zu analysieren und die Probleme mit den schwerwiegendsten Wirkungen zu identifizieren.

Das Pareto-Diagramm geht davon aus, dass sich 80 % eines Problems auf nur 20 % der Ursachen zurückführen lassen (Pareto-Verteilung) bzw. dass 80 % der (meist negativen) Wirkungen der existierenden Probleme von nur 20 % der Probleme verursacht werden. Die ABC-Analyse geht von dem gleichen Prinzip aus, die gängige Aufteilung sieht jedoch die Bildung jeweils einer A-, B- und C-Klasse vor. Diese Einteilung ist aber nicht zwingend erforderlich, sondern die Anzahl der zu bildenden Klassen hängt von den unterschiedlichen Behandlungen der einzelnen Gruppen ab. Werden zwei oder mehrere Gruppen später gleich behandelt, ist keine Unterteilung notwendig.

Ziel

- Wesentliches von Unwesentlichem trennen
- Eingrenzung von Fehlerursachen
- Übersichtliche informatorische Basis schaffen, um Hauptursachen des Problems schnell angehen zu können und somit Probleme effektiv und aufwandsarm zu lösen
- Lösen von Problemen in der richtigen Prioritätenreihenfolge
- Visuelle Fortschrittskontrolle im Lösen der Probleme durch Übereinanderlegen mehrerer Pareto-Diagramme

Voraussetzung

- Strikte Visualisierung
- Idealerweise Arbeit im Team
- Zeit

Vorgehen

Das Vorgehen umfasst 7 Schritte. In Abbildung 1.08-13 ist ein exemplarisches Pareto-Diagramm als Erläuterung dargestellt.

Schritt 1	Das zu bearbeitende Problem festlegen und formulieren Das Problem bzw. die Probleme muss / müssen übersichtlich sein und konkret gefasst werden. Alle Beteiligten sollten mit der Problemformulierung einverstanden sein.
Schritt 2	Die Kategorien der Ursachen bzw. Wirkungen festlegen Durch die Auswertung bereits vorliegender Daten oder mittels z. B. Brainstorming werden die Ursachen bzw. Wirkungen festgelegt, die überwacht, verglichen und in Kategorien eingeteilt werden sollen. Gleichgelagerte Ursachen bzw. Wirkungen werden in einer Kategorie zusammengefasst.
Schritt 3	Festlegen der Messgröße Legen Sie eine Messgröße fest, mit welcher man die Ursachen oder Auswirkungen des Problems verdeutlichen kann. Die gebräuchlichsten Größen sind die Häufigkeit des Auftretens oder die Kosten.

Schritt 4	**Festlegen des Untersuchungszeitraums** Der Untersuchungszeitraum muss vor Beginn der Untersuchung festgelegt werden. Wichtiger als die Länge des Zeitraums ist, dass er für die Situation repräsentativ und typisch ist (z. B. saisonale Schwankungen enthalten). Die Daten können natürlich auch aus einem Zeitraum der Vergangenheit erhoben werden.
Schritt 5	**Analyse der Ursachen- bzw. Wirkungs-Kategorien anhand der Messgröße** Anhand der Messgröße werden die ermittelten Ursachen bzw. Wirkungen analysiert. In dem festgelegten Untersuchungszeitraum wird z. B. die Häufigkeit des Auftretens der Ursache bzw. Wirkung gemessen. Um das Pareto-Diagramm zu erstellen, wird aus der absoluten Häufigkeit jeder Fehlerkategorie deren prozentualer Anteil ermittelt. Alternativ oder zusätzlich können die Kosten pro Kategorie (Auftreten multipliziert mit Kostensatz) errechnet werden.
Schritt 6	**Systematisierung der Kategorien und Erstellen eines Säulen-Diagramms** Die Kategorien werden absteigend nach ihrer Bedeutung, sprich z. B. nach relativer Häufigkeit, sortiert und dann auf einer waagerechten Achse von links nach rechts abgetragen. Auf der senkrechten Achse wird die Messgröße (z. B. Häufigkeit) abgetragen. Über jeder Kategorie wird senkrecht eine Säule gezeichnet, deren Höhe die relative Häufigkeit des Auftretens aufzeigt.
Schritt 7	**Interpretation der Ergebnisse** In der Regel stellt die größte Säule auch die Hauptursache eines Problems bzw. eine der gravierendsten Wirkungen mehrerer Probleme dar. Sie sollten sich daher mit diesen Problemkategorien als erste beschäftigen. Nicht allerdings, ohne vorher zu hinterfragen, ob der Einfluss dieser Kategorie in der Praxis tatsächlich der bedeutendste ist.

Beispiel Herr Braun, der Kundenprojektleiter des Kunden in Südostasien, hat sich wegen des oben geschilderten Problemfalls beim Werk beschwert. Bei der Diskussion darüber in der Geschäftsleitung berichtet der Werksleiter, dass im letzten Jahr im Werk 193 Monate Verzögerung zusammen bei allen Lieferungen bei insgesamt 113 Verzögerungsanlässen aufgetreten sind. Er wird von der Geschäftsführung beauftragt, eine Ursachenanalyse mit einer Gewichtung der Ursachen vorzulegen. Das tut er in der nächsten Sitzung mit der Darstellung als Pareto-Diagramm.

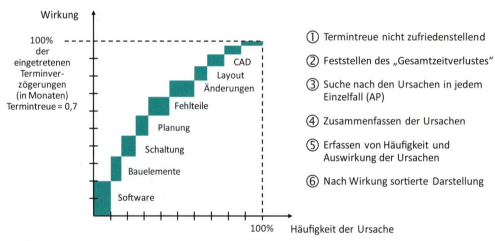

Abbildung 1.08-13: Ein exemplarisches Pareto-Diagramm

Das Diagramm zeigt, dass nur 3 Ursachen, die knapp 30 % der Häufigkeit aller Ursachen ausmachen, knapp 50 % der Verzögerungen verursacht haben. Damit ist klar, an welchen Ursachen bevorzugt gearbeitet werden muss.

4.5 Paarweiser Vergleich

Methode

In Bewertungs- oder Entscheidungssituationen ist es erforderlich, die Prioritäten der Kriterien herauszufinden. Der paarweise Vergleich ist eine umfassende Methode, um die Kriterien untereinander zu gewichten.

Ziel

- Prioritäten der Kriterien ermitteln
- Meinungsaustausch im Team
- Berücksichtigung von rationalen Fakten und Gefühlen bei der Auswahl

Voraussetzung

- Strikte Visualisierung
- Idealerweise Arbeit im Team

Vorgehen

Das Vorgehen umfasst 4 Schritte. In Abbildung 1.08-14 ist ein exemplarisch ausgefüllter paarweiser Vergleich als Anleitung dargestellt. Die Abbildung basiert auf dem unten dargestellten Beispiel.

Schritt 1	Es wird im Team eine Liste der zu gewichtenden Kriterien erstellt. Es ist auf eine durchgängig positive Formulierung und darauf zu achten, dass die Kriterien von einander unabhängig und überschneidungsfrei sind. Die Liste der Kriterien sollte strikt auf 5 bis maximal 10 Kriterien begrenzt sein. Wichtig ist, dass alle Beteiligten mit den ausgewählten Beurteilungskriterien einverstanden sind. Idealerweise sind diese Kriterien objektiv quantifizierbar.
Schritt 2	Die Bewertungskriterien werden nummeriert.
Schritt 3	Kriterium 1 (in unserem Beispiel Stadtteil) wird mit Kriterium 2 (in unserem Beispiel Größe) verglichen. Halten Sie Kriterium 2 für wichtiger, so tragen Sie eine 2 in das entsprechende Kästchen ein. Nun wird Kriterium 1 mit Kriterium 3 (in unserem Beispiel Mietpreis) verglichen. Halten Sie Kriterium 3 für wichtiger, so tragen Sie eine 3 in das entsprechende Kästchen ein. Nun wird Kriterium 1 mit Kriterium 4 (in unserem Beispiel Verkehrsanbindung) verglichen etc. In der nächsten Spalte wird für Kriterium 2 (Größe) nach dem gleichen Verfahren gegen alle übrigen Merkmale verglichen, in der darauffolgenden Spalte für Kriterium 3 etc.
Schritt 4	Das Ergebnis des Paarweisen Vergleichs ergibt sich durch Auszählen der einzelnen Ziffern, d. h. durch die Anzahl der „gewonnenen" Paarweisen Vergleiche. Daraus ergibt sich die Reihenfolge der Wichtigkeit der Kriterien.

Beispiel Projektleiter Peter ist erst seit 6 Monaten in der Joch AG. Ihm gefällt die Arbeit gut und er entscheidet, dass seine Familie an den Standort der Joch AG umziehen soll. Schon wieder ein Projekt. Wichtigstes Arbeitspaket ist es, eine gute Wohnung zu finden. Mit seiner Frau hat Herr Peter intensive Diskussionen, was bei der neuen Wohnung wichtig ist. Man kann sich nicht recht einigen. Da fällt Herrn Peter die Methode des paarweisen Vergleichs ein und er wendet sie gleich mit seiner Frau zusammen auf die Kriterien der Wohnungsauswahl an. Abbildung 1.08-14 zeigt das Ergebnis.

1 Stadtteil							
2 Größe	2						
3 Mietpreis	3	3					
4 Verkehrsanbindung	4	2	4				
5 Infrastruktur	5	2	3	5			
6 Ruhige Lage	6	6	6	6	6		
7 Schnitt der Wohnung	7	2	3	7	7	6	
8							
9							
10							

Abbildung 1.08-14: Ein exemplarischer paarweiser Vergleich

Nach dem gemeinsamen Ausfüllen des paarweisen Vergleichs ergibt sich für das Ehepaar Peter folgende Reihenfolge der Kriterien: Für Projektleiter Peter und seiner Frau ist das Thema „Ruhige Lage" (6) das wichtigste Kriterium für die neue Wohnung (wurde 6 Mal eingetragen). Die Größe (2) und der Mietpreis (3) sind für sie die zweitwichtigsten Kriterien (beide wurden 4 Mal eingetragen). Das nächst wichtigste Kriterium ist Ehepaar Peter der Schnitt der Wohnung (7) (wurde 3 Mal eingetragen). Mit jeweils 2 Eintragungen spielen Verkehrsanbindung (4) und Infrastruktur (5) eine untergeordnete Rolle. Der Stadtteil spielt für Familie Peter keine Rolle (0 Mal eingetragen).

4.6 Problemnetz

Methode

Das Problemnetz ist eine grafische Methode, um Probleme zu analysieren und gemeinsame Lösungen zu finden. Idealerweise wird das Problemnetz im Team angewendet.

Ziel

- Intensive Analyse der Ursachen von Problemen
- Gemeinsame Betrachtung aller Beteiligten
- Alle Aspekte des Problems berücksichtigen
- Lösungen finden, die von allen Beteiligten getragen werden

Voraussetzung

- Strikte Visualisierung aller Aspekte
- Arbeit im Team
- Erst sammeln, dann strukturieren und dabei ergänzen

Vorgehen

Das Vorgehen umfasst 5 Schritte. In Abbildung 1.08-15 ist ein exemplarisches Problemnetz als Erläuterung dargestellt. Die Abbildung basiert auf dem unten dargestellten Beispiel.

Schritt 1	Das Kernproblem definieren und abgrenzen (vgl. Abschnitt 4.1 des Basisteils) Wer hat das Problem? Wann tritt das Problem auf? Faktum oder Meinung? Gab es Änderungen in letzter Zeit?
Schritt 2	Ermitteln der Ursachen Nach unten hin wird das Kernproblem in mehreren Stufen aufgelöst und analysiert. Die Probleme in Projekten haben in der Regel nicht eine Ursache, sondern mehrere. Dabei gilt es herauszufinden, welches die wichtigsten Ursachen sind. Die Fragen dazu sind: Wie kommt es dazu? Warum ist das so? Was sind die Ursachen?
Schritt 3	Ermitteln der Folgen Das Kernproblem verursacht unterschiedliche Folgen. Diese zu kennen, ist wichtig, um abschätzen zu können, welche Maßnahmen wirtschaftlich vertretbar sind. Die Fragen zur Ermittlung sind: Was folgt daraus? Welche Wirkung ergibt sich?
Schritt 4	Analyse des Netzes In der Praxis zeigt sich häufig, dass es Mehrfachnennungen (X) zu Ursachen gibt. Themen, die mehrfach genannt werden, haben offensichtlich eine größere Bedeutung als andere Themen. Wird ein Thema als Ursache und Folge genannt, ergibt sich ein Kreislauf, der bei der Lösung durchbrochen werden muss.
Schritt 5	Lösungen erarbeiten Ziel der Methode ist es natürlich, konkrete und umsetzbare Lösungen für das Kernproblem zu finden. Durch die intensive Beschäftigung mit dem Thema entstehen in der Regel im Team bereits Lösungsvorstellungen, die nun diskutiert und konkretisiert werden können. (Vgl. Abschnitt 5 des Basisteils).

Beispiel Frau Schwarz ist Projektleiterin in der Produktentwicklung in der Joch AG. Sie arbeitet mit einem abteilungsübergreifenden Team an der Entwicklung einer neuen Generation der Bedienoberfläche der Werkzeugmaschinen. Dieses Projekt ist bisher recht gut vorangekommen, jetzt werden allerdings plötzlich Termine und Zusagen zu der Erledigung von einzelnen Arbeitspaketen nicht mehr zuverlässig eingehalten (Personalproblem). Frau Schwarz erarbeitet in einem Workshop mit ihrem Projektteam das Problemnetz zu diesem Problem. Die Abbildung 1.08-15 zeigt das Ergebnis der Teamarbeit. Aufgrund des Problemnetzes werden folgende Maßnahmen in dem Projekt beschlossen:

| Die Arbeitspakete werden schriftlich und explizit von Frau Schwarz vergeben.
| Die Bearbeiter prüfen innerhalb von 24 Stunden, ob das Arbeitspaket zu erledigen ist und bestätigen dies Frau Schwarz.
| In jeder Teamsitzung wird der Status jedes Arbeitspakets durchgesprochen.

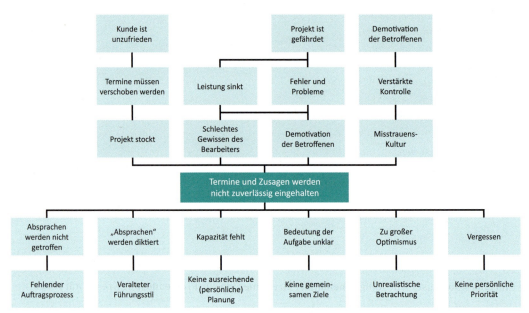

Abbildung 1.08-15: Ein exemplarisches Problemnetz

5 Die Problemlösung finden

5.1 Lösungen kreativ erarbeiten

Ziel jedes Problemlösungs-Prozesses ist es, die für das Problem bestmögliche Lösung zu erarbeiten. Hier liegt ein Unterschied zur Konfliktlösung, bei der es darauf ankommt, die Lösung mit der höchsten Akzeptanz der Beteiligten zu erreichen.

Ein interessanter Effekt der systematischen Strukturierung und Ursachenanalyse ist, dass unbewusst bereits Lösungen im Kopf der Beteiligten entstehen. Eines der Erfolgsgeheimnisse einer guten Problemlösung ist es aber, diese Lösung nicht gleich auszuwählen, sondern erst in der Phase „Lösungen erarbeiten" weiter zu untersuchen.

Die angestrebte Lösung kann in drei Ausprägungen vorliegen:

1. **Die Ideallösung** So sollte das Problem gelöst werden, wenn Randbedingungen keine Rolle spielen würden.
2. **Die machbare Lösung** Die Lösung, die unter Berücksichtigung der Randbedingungen umgesetzt werden kann. Für den Prozess der Lösungssuche ist es aber wichtig, dass bei der Lösungssuche zuerst noch keine Restriktionen beachtet werden. Sonst bricht der kreative Prozess zu schnell ab.
3. **Die Minimallösung** Die Problemlösung wird aus den Zielen abgeleitet. Das, was mindestens als Lösung erreicht werden muss. Die realisierte Lösung muss mindestens der Minimallösung entsprechen, auch wenn die Randbedingungen dadurch verletzt werden.

Bei der Suche nach der Lösung muss beachtet werden, dass jeder Eingriff in komplexe Systeme unvorhersehbare Folgen haben kann. Z. B. kann eine Disziplinierungsmaßnahme bei einem Projektteammitglied, das seine Aufgaben nicht erledigt hat, zur Demotivation des gesamten Teams führen. Die Problemlösung „Maßregeln an einer Stelle" hat also kontraproduktive Wirkungen im Gesamtsystem. Aus diesem Grund ist es auch sinnvoll, zuerst einmal Einzelmaßnahmen vorzusehen, zu überprüfen und nur an einem Parameter zu ändern, ehe Gesamtlösungskonzepte versucht werden.

Eine Problemlösung kann und wird häufig aus einer Reihe von Einzelmaßnahmen bestehen. Ob zuerst nur eine Maßnahmen umgesetzt wird und dann weitere Maßnahmen oder ob gleich ein ganzes Maßnahmenbündel umgesetzt wird, hängt von der Überschaubarkeit des Systems und dem Verständnis für das System ab. Grundsätzlich müssen aber die Maßnahmen zur Lösung des aktuellen Problems vor den Maßnahmen zur dauerhaften Vermeidung solcher Probleme eingeplant werden.

Es gibt immer noch mehr Lösungen

Die Erfahrung zeigt, dass die erste gefundene Lösung nur selten die beste ist. Es lohnt sich, mehr Lösungen zu suchen und sogar noch mehr Lösungen zu suchen. Aus dem empfundenen Zeitdruck heraus, weil sich im Team Fronten gebildet haben oder weil eine Person unbedingt seine Lösung durchsetzen möchte, unterbleibt diese Suche häufig. Dabei muss von Anfang an vom Projektleiter eines klar gemacht werden: Es dreht sich darum, die beste Lösung zu finden und nicht darum, wer die beste Lösung gefunden hat. Ist das nicht klar, wird es immer Positionsdiskussionen geben.

Zur Lösungssuche werden die Kreativitätstechniken angewendet. Diese Techniken sind im ICB 3 Element 2.07 Kreativität detailliert beschrieben. Die Kreativitätstechniken und die Techniken der Problemlösung sind meist nicht völlig voneinander zu trennen, da zur Problemlösung Kreativität gehört und zu jeder kreativen Tätigkeit ein auslösendes Moment, z. B. ein Problem. Wesentliche Erfolgsgeheimnisse der Kreativitätstechniken sind, dass die Methoden im Team angewendet werden und dass nicht von Anfang an bewertet wird. Bei Problemlösungen haben sich insbesondere folgende Kreativitätstechniken bewährt:

- Brainstorming
- Methode 6-3-5
- Mindmapping
- Morphologischer Kasten
- Kollektives Notizbuch

Diese Methoden beruhen auf der Provokation kreativer Assoziationen bei den Teilnehmern. Sie werden unterstützt durch archetypische Lösungsansätze, wie z. B. Kombinationen, Analogieschlüsse (Bionik!), Zerlegen in Einzelteile, Vereinfachen etc.

Eine interessante Methode der Lösungssuche ist die Negativ-Suche. Dabei wird gefragt: „Was muss getan werden, damit das Problem noch gravierender wird bzw. fortbesteht?" Diese Methode darf nur bei einer sehr positiven Grundstimmung des Projektteams angewendet werden, andernfalls können sich potentielle Konflikte im Projekt deutlich verstärken.

Neben den oben genannten und verbreiteten Methoden gibt es eine Reihe weiterer Spezialmethoden, wie z. B. TRIZ, WOIS, S.P.A.L.T.E.N und Quickstorming. Diese Methoden sind im Wesentlichen für technische Problemstellungen entwickelt worden. Ebenfalls für technische Fragestellungen ist die Methode der Wertanalyse bzw. Wertgestaltung sehr hilfreich. Sie beruht darauf, dass das Verhalten eines Systems in Funktionen zerlegt wird und deren Bedeutung und Zusammenspiel in einem sehr systematischen und hoch formalisierten Prozess untersucht werden. Die Probleme im Zusammenspiel der einzelnen Funktionen werden dadurch deutlich. Der Gesamtprozess der Wertanalyse ähnelt dem hier besprochenen Problemlösungs-Prozess.

∑ Fazit Je mehr Lösungsvorschläge, desto größer ist die Wahrscheinlichkeit, eine wirklich gute Lösung zu finden. Belassen Sie es nie bei den ersten Lösungen, auch wenn diese plausibel erscheinen.

Nicht jedes Problem kann gelöst werden

Natürlich gibt es auch Probleme, für die sich keine oder keine umsetzbaren Lösungen finden lassen. In der aufgrund eines Problems manchmal herrschenden negativen Stimmung kommt es vor, dass das Problem nicht lösbar erscheint. Deshalb müssen auch bei anscheinend nicht lösbaren Problemen alle

Möglichkeiten der Kreativität genutzt werden. Je früher im Problemlösungs-Prozess eine tatsächliche Unlösbarkeit des Problems erkannt wird, umso hilfreicher.

Ein Sonderfall ist das so genannte Dilemma, bei dem, egal welche Lösung verwendet wird, nur ungewollte Ergebnisse eintreten. Beispielsweise könnte das Dilemma sein: Akzeptiert der Projektleiter den nicht realisierbaren Termin des nicht verhandlungsbereiten Auftraggebers oder nicht. Wenn ja, schädigt er sein Unternehmen durch den Ruf der Unzuverlässigkeit und durch eventuelle Vertragsstrafen. Wenn nein, schädigt er sein Unternehmen durch den Verlust des Umsatzes aus dem Projekt. Eine vertretbare Lösung ist nicht zu finden.

5.2 Lösungen bewerten und priorisieren

Ziel des Phasenschritts „Lösungen kreativ erarbeiten" war es, möglichst viele Lösungen zu erarbeiten, ohne diese zu selektieren. In der Regel muss aber aus dieser Menge eine Lösung ausgewählt werden. Häufig besteht diese Lösung aus mehreren parallelen Aktionen, die zusammen die Problemlösung ergeben.

Ziel des Phasenschritts „Lösungen bewerten und priorisieren" ist es, die bestmögliche Lösung hinsichtlich der Sache und der Umsetzbarkeit mit sicherer positiver Wirkung auf das Problem auszuwählen. Es dreht sich also auch darum zu erkennen, ob es überhaupt eine gute Lösung, d. h. eine Lösung mit sicherer positiver Wirkung für das Problem, gibt. Gibt es mehrere gute Lösungen, muss unter diesen die bestmögliche bestimmt werden.

Um diese Beurteilung durchführen und priorisieren zu können, müssen Kriterien der Bewertung aus den Zielen der Problemlösung abgeleitet werden. Dabei gibt es Muss- und Kann-Kriterien. Beispiel für ein Muss-Kriterium ist, dass die Lösung umgesetzt werden kann. Die Festlegung der Kriterien setzt eine Priorisierung der Werte des Magischen Dreiecks voraus. Es muss z. B. geklärt sein, ob die schnelle Problemlösung oder die kostengünstige Problemlösung angestrebt wird. Leider ist diese Frage in der Multiprojekt-Umgebung durch die Koppelung der Projekte und durch den gemeinsamen Zugriff auf die Ressourcen ausgesprochen schwierig zu entscheiden.

Bei der Bewertung der sachlichen Lösung des Problems sind folgende Fragen hilfreich:

- Welche Nebenwirkungen wird die Lösung haben?
- Welche neuen Probleme werden durch die Problemlösung erzeugt?
- Welche Nachteile entstehen durch die Problemlösung?
- Welche Risiken entstehen durch die Problemlösung?

Die Methode der SWOT-Analyse im Abschnitt 4.3 des Vertiefungsteils liefert weitere Anregungen zur Auswahl der Lösungsalternativen.

Für die Bewertung des Lösungsprozesses ergeben sich folgende Fragen:

- Welche Ressourcen sind erforderlich und stehen diese Ressourcen zur Verfügung?
- Welches Know-how ist erforderlich und steht dieses zur Verfügung?
- Welche Hilfsmittel sind erforderlich und stehen diese zur Verfügung?
- Welche Randbedingungen müssen eingehalten werden?
- Welcher Zeitablauf ist gefordert?
- Wann kann die Wirkung der Problemlösung eintreten?

Auch bei der Bewertung der Lösungsalternativen spielt die Frage, wer bewertet, eine große Rolle. Natürlich kann nur in seltenen Fällen Objektivität erreicht werden, es muss aber immer versucht werden, sie zu erlangen. Entscheidende Hilfsmittel dazu sind die Methoden des paarweisen Vergleichs (vgl. Abschnitt 4.5) und der Nutzwert-Analyse (vgl. Abschnitt 5.4).

5.3 Über die Lösung entscheiden

Nachdem in dem Phasenschritt Bewertung die möglichen Lösungen des Problems priorisiert wurden, muss eine Entscheidung für die tatsächlich durchzuführende Lösung gefällt werden. Es kann sein, dass diese Entscheidung sowieso völlig klar ist, z. B. weil es nur eine sinnvolle Lösung gibt oder weil eine Lösung eindeutig die beste ist. Anderenfalls muss auf der Basis der Bewertung eine Entscheidung herbeigeführt werden.

Es muss geregelt sein, wer diese Entscheidung fällt. Sind Entscheidungen auf mehreren Ebenen erforderlich, müssen diese wahrscheinlich auch unterschiedlich geplant und gefällt werden. Wer dabei der jeweilige Entscheider ist, hängt natürlich von den Gegebenheiten und der Bedeutung des Problems und der für seine Lösung notwendigen Ressourcen ab:

- **Technische Probleme** Diese können, wenn sie keine Fernwirkungen haben, möglichst auf der Ebene des Fachverantwortlichen oder gegebenenfalls auf der Ebene des entsprechenden Abteilungsleiters gefällt werden.
- **Dispositive oder organisatorische Probleme** Diese können, soweit sie in den Verantwortungsbereich und die Zielvorgaben des Projektleiters fallen, vom Projektleiter gefällt werden. Bestehen sie außerhalb, muss in der Regel das übergeordnete Gremium, z. B. der Lenkungsausschuss, diese Entscheidung fällen.
- **Personelle Probleme** Diese müssen im Regelfall von den beteiligten Abteilungsleitern gelöst werden. Bei zwischenmenschlichen Problemen im Projektteam ist der Projektleiter für die Lösung verantwortlich.
- **Strategische Probleme** Diese werden im Regelfall von übergeordneten Gremien oder der Geschäftsführung gefällt.

Zwei Voraussetzungen sind für eindeutige und stabile Entscheidungen zu schaffen. Erstens muss ein Konsens über die präferierte Lösung bei allen Beteiligten bestehen. Zweitens muss eine realistische, wenn auch grobe Planung der Umsetzungsmaßnahmen mit Definition der erforderlichen Ressourcen vorliegen.

 Fazit Gute Entscheidungen sind die Basis des Erfolgs. Es lohnt sich, hier Aufwand zu investieren.

Können Entscheidungen von einer Person gefällt werden, dann hängt es vom Führungsstil der Person ab, wie stark sie die anderen Betroffenen beteiligt. Angestrebt wird natürlich der Konsens mit allen Beteiligten und Betroffenen. Das erfordert aber häufig Zeit, die nicht zur Verfügung steht. In diesem Fall muss auch eine autokratische Entscheidung gefällt werden.

Muss die Entscheidung in einem Gremium gefällt werden, dann ist eine entsprechende Präsentation erforderlich. Die Akzeptanz der präferierten Lösungsalternative im Entscheidungsgremium und damit die tatsächliche Umsetzung der Lösungsalternative des Problems hängt dann auch stark von dieser Präsentation ab.

Ist die Entscheidung dann gefallen, muss sie entsprechend dokumentiert und an alle Beteiligten und Betroffenen kommuniziert werden.

Beispiel Frau Schwarz aus der Produktentwicklung hatte mit ihrem Team Verhaltensregeln erarbeitet, mit denen die Zuverlässigkeit der Arbeitspakete erhöht werden sollte. Das klappt leider nur zum Teil. Einige Teammitglieder halten sich trotz mehrfacher Ermahnung einfach nicht an die Abmachungen. Frau Schwarz durchdenkt die Situation und sieht folgende mögliche Alternativen für ihr Vorgehen:

- Alternative 1. Die Unzuverlässigkeit hinnehmen
- Alternative 2. Deutliche Disziplinierungsmaßnahmen einführen
- Alternative 3. Personen auswechseln
- Alternative 4. Einzelne Arbeitspakete persönlich bearbeiten

Sie denkt darüber nach, wie sie zu der besten Entscheidung kommt:

- Es handelt sich um ein personelles Problem.
- Sie kann die Entscheidung fällen mit Ausnahme der dritten Alternative. Dazu bräuchte sie die Zustimmung der betroffenen Abteilungsleiter.
- Eine Diskussion im Projektteam über das Problem erscheint ihr nicht zielführend.

Um sich selbst Klarheit zu verschaffen, erstellt sie eine Plus / Minus-Liste:

	Vorteile	Nachteile
Alternative 1	Ruhe im Team Kein Ärger	Zeitverzug Imageverlust Mehrkosten
Alternative 2	Kurzfristig machbar Wirkungsvoll	Motivation sinkt Leistung des Teams sinkt
Alternative 3	Klare Lösung des Problems	Nur mittelfristig Unruhe im Team Unsicherheit, wer nachfolgt
Alternative 4	Sofort machbar Hohe Qualität	Totale Überlastung

Die Vorteile und Nachteile liegen so nahe beieinander, dass Frau Schwarz sich nicht sicher ist, welche Alternative sie wählen soll. Im Abschnitt 4.4 des Vertiefungsteils wird eine Methode vorgestellt, mittels derer Frau Schwarz eine Entscheidung für eine der Alternativen treffen und eine sinnvolle Problemlösung betreiben kann.

5.4 Nutzwert-Analyse

Methode

Die Nutzwert-Analyse ist eine umfassende Methode, um Alternativen hinsichtlich ihrer Sachdienlichkeit zur Zielerreichung (z. B. Problemlösung) nachvollziehbar zu bewerten und die sachgerechteste(n) Lösungsalternative(n) zu eruieren.

Ziel

- Zielerfüllung der Lösungsalternativen feststellen
- Meinungsaustausch im Team
- Berücksichtigung von rationalen Fakten und Gefühlen bei der Auswahl
- Transparente, nachvollziehbare Entscheidungsgrundlage

Voraussetzung

- Strikte Visualisierung der Matrix
- Idealerweise Arbeit im Team
- Zeit, da relativ aufwändig

Vorgehen

Das Vorgehen umfasst 6 Schritte. In Abbildung 1.08-16 ist eine Nutzwert-Analyse als Anleitung dargestellt. Die Abbildung basiert auf dem unten dargestellten Beispiel.

Schritt 1	Bestimmen Sie die bestehenden Lösungsalternativen für das Problem, die Sie mit einer oder mehreren Kreativitätsmethoden im Team erarbeitet haben, und beschreiben Sie sie eindeutig. Vermeiden Sie Schlagworte. Ordnen Sie den Alternativen Buchstaben zu, z. B. A, B, C.
Schritt 2	Erstellen Sie im Team eine Liste von Beurteilungskriterien, die für die Auswahl der Alternativen wichtig sind. Sie unterscheiden Kriterien, die von den Alternativen erfüllt werden müssen (Muss-Kriterien) und Kriterien, die möglichst gut erfüllt werden sollten (Kann-Kriterien). Wählen Sie positiv formulierte Kriterien und achten Sie darauf, dass die Kriterien voneinander unabhängig und überschneidungsfrei sind. Die Liste der Kriterien sollte 5 bis maximal 10 Kriterien enthalten. Sie müssen also auswählen, welche Kriterien wirklich wichtig sind. Alle Beteiligten müssen mit den ausgewählten Beurteilungskriterien einverstanden sein. Idealerweise sind diese Kriterien objektiv quantifizierbar.
Schritt 3	Die Bedeutung der einzelnen Beurteilungskriterien für die Zielerreichung wird durch einen Gewichtungsfaktor in Punkten ausgedrückt. Das wichtigste Kriterium erhält 9 Punkte, das unwichtigste 1 Punkt. Die übrigen Kriterien erhalten relativ dazu ihren Gewichtungsfaktor. Die Gewichtung kann z. B. durch einen paarweisen Vergleich oder durch die Punktvergabe im Team ermittelt werden.
Schritt 4	Tragen Sie nun auf der Waagerechten die Alternativen (A, B, C), auf der Senkrechten die Beurteilungskriterien ein. Neben den Kann-Kriterien wird in der Senkrechten der Gewichtungsfaktor eingefügt und die Alternativen werden jeweils in die Spalten Punkte und Wert (Punkte mal Gewichtungsfaktor) aufgeteilt. Muss-Kriterien werden vorab untersucht. Sind sie nicht erfüllt, scheidet die Alternative aus.
Schritt 5	Jede Alternative wird nun in Punkten danach beurteilt, wie gut sie jedes Beurteilungskriterium erfüllt. Die Alternative, die das Kriterium am ehesten zur vollsten Zufriedenheit erfüllt, bekommt 10 Punkte, die anderen Alternativen werden relativ dazu bewertet. Damit ergibt sich ein Vergleich, nicht eine objektivierte Bewertung des Kriteriums.
Schritt 6	Nach Multiplikation der Punkte mit der Gewichtungszahl und Summierung der Werte aller Kriterien je Alternative ergibt sich die quantifizierte Bewertung jeder Alternative. Die Alternative mit der höchsten Punktzahl ist nach Ihrer Meinung oder nach Meinung der Teammitglieder die brauchbarste Lösung. Die Bewertung in Punkten ist natürlich nur eine Annäherung. Selbstverständlich kann auch eine Alternative mit etwas weniger Punkten die von Ihnen favorisierte und auszuwählende sein. Die Alternativen mit sehr wenig Punkten scheiden allerdings aus.

Beispiel Nachdem Herr Peter sich mit seiner Frau auf die Kriterien der Auswahl der Wohnung geeinigt hatte (vgl. Abschnitt 4.5) – und erst dann! – holt er diverse Angebote von Maklern ein. Nach der Besichtigung der Wohnungen bewertet er mit seiner Frau zusammen jede Wohnung nach der Erfüllung des jeweiligen Kriteriums. Er wendet also, wie in seinen Projekten, die Methode der Nutzwertanalyse an. Der Rest ist ein etwas langweiliges Rechnen. Am Ende ergibt sich eindeutig, dass Wohnung B die geeignete ist. Zusammen überlegen Herr Peter und seine Frau noch einmal, gefällt uns diese Lösung wirklich? Frau Peter meint, sie hätte auch ohne große Mathematik gewusst, dass Wohnung B die beste ist. Auch intuitive Entscheidungen können zum Ergebnis führen, mit der Nutzwertanalyse ist die Sicherheit allerdings größer.

Tabelle 1.08-1: Eine exemplarische Nutzwertanalyse

Kann-Kriterien	Gew.-Faktor	Alternativen							
		A		B		C		D	
		Punkt	Wert	Punkt	Wert	Punkt	Wert	Punkt	Wert
Stadtteil	1	5	5	3	3	1	1	5	5
Größe	5	2	10	4	20	4	20	2	10
Mietpreis	7	0	0	3	21	5	35	2	14
Verkehrsanbindung	3	3	9	1	3	3	9	5	15
Infrastruktur	3	4	12	2	6	3	9	5	15
Ruhige Lage	9	5	45	5	45	1	9	1	9
Schnitt der Wohnung	5	2	10	4	20	2	10	3	15
Summe			91		118		93		88

6 Die Realisierungsphase

6.1 Der Maßnahmenplan

Es leuchtet ein, dass für die Umsetzung der Lösung eine Planung erforderlich ist, welche die einzelnen zur Umsetzung erforderlichen Aktionen enthält. Wenn das Problem zügig und wirkungsvoll gelöst werden soll, muss nach der Auswahl der Lösungsalternative ein detaillierter, realistischer Umsetzungsplan festgelegt werden. Wer sich darauf verlässt, dass er im richtigen Moment die richtige Aktion durchführen wird, betrachtet den Erfolg der Problemlösung als Glücksspiel. Alle Klärungen der vorangegangenen Phasen gehen als Basisinformationen in die Planung ein.

In wie weit ein vollständiger Plan nach den Regeln des Projektmanagements erstellt werden kann oder ob es sich mehr um ein situatives Vorantasten handelt, hängt von den jeweiligen Umständen des Problems und der Problemlösung ab. Selbstverständlich wird immer der konkrete Plan angestrebt werden müssen.

Für die Planung muss klar sein, welche Randbedingungen, Normen, Richtlinien, Teilbudgets etc. eingehalten werden müssen. Natürlich sollte auch ein Risikomanagement vorgesehen werden. Denn trotz aller Kreativität und Sorgfalt können Dinge übersehen worden sein oder sich anders entwickeln als geplant. Dies umso mehr, wenn eine komplexe, dringliche und wichtige Problemlösung ansteht.

Die Dauer und der Aufwand der Problemlösung wurden bereits bei der Bildung und Entscheidung der Lösungsalternativen betrachtet. Jetzt muss diese Betrachtung auf der Basis der Arbeitspakete und der To-Dos detailliert und konkretisiert werden. Nur bei gravierenden Abweichungen gegenüber der Annahme bei der Alternativenauswahl sollte noch einmal in die Alternativenauswahl zurückgegangen werden.

Eine besonders in der Problemsituation anzuwendende Planungsstrategie ist es, nicht zu viele Aktionen zu intensiv und parallel anzugehen. In der Konzentration auf die im Moment wichtigsten Maßnahmen liegt ein entscheidender Erfolgsfaktor. Im Regelfall stehen zuerst die Lösung des aktuellen Problems an und danach erst die Aktivitäten zum Vermeiden dieses Problems in zukünftigen Fällen.

Im Prinzip liegt eine ganz normale Projektplanung bzw. Teilprojektplanung mit ganz normalem Projektmanagement vor. Einige Faktoren machen diese Planung aber etwas schwieriger:

- Die Aktivitäten der Problemlösung müssen in den Gesamtplan des Projekts integriert werden und die Auswirkungen hinsichtlich z. B. des erforderlichen Kapazitätsaufwandes müssen betrachtet werden. Es werden nicht geplante Ressourcen belegt, die jetzt mit hoher Priorität an der Problemlösung arbeiten müssen.
- Die Arbeitspakete bzw. die To-Do Aktivitäten sollten deutlich kleiner als in der üblichen Projektarbeit definiert werden. So können der Fortschritt und eventuelle Abweichungen vom Fortschritt in der Problemlösung besser überwacht werden.
- Die Arbeiten zur Problemlösung haben prinzipiell höhere Priorität als die Routineaufgaben des Projekts.

Es lohnt sich, bei komplexen Problemlösungen Zeit für die Planung zu investieren. Ein Nachmittag mit konzentrierter Arbeit im Projektteam abseits des Tagesgeschäfts bringt deutlich mehr Wirkung als laufende ad hoc -Konferenzen und Einzelabstimmungen.

6.2 Die Lösung umsetzen

Die Umsetzung der Problemlösung ist natürlich der eigentlich wichtige Punkt jeder Problemlösung. Alle davor liegenden Aktivitäten waren die Vorbereitung darauf. Die mit Kreativität erdachten und mit Sorgfalt geplanten Aktivitäten müssen konsequent und verlässlich durchgeführt werden. Es ist ein Fehler zu glauben, dass die Aktivitäten tatsächlich automatisch, so wie geplant, durchgeführt werden. Die Vielzahl der Aufgaben, die Projektmitarbeiter in der Regel haben, und gegebenenfalls die angespannte Situation aufgrund des Problems führen dazu, dass die Dinge nicht, wie geplant, abgewickelt werden.

Daher muss der für die Lösung Verantwortliche, der Projektleiter bzw. der Problem-Owner, permanent bei allen Beteiligten nachhaken und für Priorität der Aufgaben der Problemlösung sorgen. Dieses Nachhaken darf nicht zu einem Kontrollgefühl führen, sondern dient ausschließlich der Statusfeststellung und der permanenten Bewusstmachung der Priorität der Aufgaben. Es ist eine schwierige Aufgabe des Problem-Owners, den richtigen Mittelweg zu finden zwischen konsequentem Vorantreiben der Lösung und hoher Motivation und Arbeitsleistung der Beteiligten. Der Stresslevel bei allen Beteiligten muss im produktiven Bereich bleiben. Je komplexer das Problem ist, umso mehr Erfahrung setzt diese Aufgabe des Problem-Owners voraus.

Natürlich wird Einiges anders laufen als geplant. Deshalb ist die situative Steuerung abhängig von den jeweils erzielten Ergebnissen. Dabei muss bewusst sein, dass nicht die Erfüllung des Plans der wesentliche Punkt des Handelns ist, sondern das Ziel, das Problem zu lösen.

Um den Status der Problemlösung permanent transparent zu halten, ist ein hoher Kommunikationsgrad, z. B. durch regelmäßige Meetings, erforderlich. Dabei ist besonders auf einen vorurteilsfreien Meinungsaustausch über die Ergebnisse, die Erkenntnisse und das weitere Vorgehen zu achten.

Wenn alle Maßnahmen der Problemlösung durchgeführt wurden und gegriffen haben, kann der inhaltliche Teil der Problemlösung als beendet betrachtet werden. Dieser Zustand muss offiziell festgestellt werden und an alle Beteiligten und Betroffenen kommuniziert werden. Nachdem das Problem nun beseitigt ist, müssen die Arbeit und die Aufmerksamkeit aller Beteiligten wieder auf das normale Projektgeschäft ausgerichtet werden. Dabei ist eventuell zu beachten, dass die Beteiligten längere Zeit unter psychischem und physischem Stress gestanden haben und nun eine Entspannungsphase brauchen.

6.3 Die Wirkung überprüfen

Nach Abarbeiten aller Aktivitäten der Problemlösung muss natürlich auch kontrolliert werden, ob die Lösung des Problems tatsächlich eingetreten ist. Dazu müssen die Ziele der Problemlösung und deren Messkriterien definiert und fixiert sein. Nicht immer wird trotz Umsetzen der Lösung die gewünschte und erwartete Wirkung erreicht.

Zum Beispiel war das Problem, dass die Entscheidungsprozesse im Projekt zu lange dauerten. Die Lösung lag darin, dem Projektleiter mehr Entscheidungsrechte einzuräumen, damit er ohne Abstimmung entscheiden kann. Diese Lösung wurde umgesetzt. Tatsache war aber, dass die Abteilungsleiter die neue „Machtfülle" des Projektleiters und damit auch seine Entscheidungen nicht akzeptierten. Das ursprüngliche Problem wurde durch das weitere Problem (Konfrontation zwischen Projektleiter und Abteilungsleiter) sogar vergrößert.

Die Messkriterien zur Überprüfung der Wirkung der Problemlösung sollten bereits bei der Festlegung der Ziele der Problemlösung definiert werden. Wichtig ist, dass die Messkriterien quantifizierbar sind. Im oberen Beispiel könnte ein Messkriterium beispielsweise die Zeitdauer je (später umgesetzter) Entscheidung in Tagen sein.

Verantwortlich für die Überprüfung der Wirkung der Problemlösung ist im Regelfall der Projektleiter, auch wenn er nicht der Problem-Owner ist. Der Projektleiter hat die Verantwortung die Projektziele zu erreichen, woran ihn das Problem gehindert hat. Also hat er auch das eigentliche Interesse daran, sicher zu sein, dass die Wirkung eingetreten ist.

Bei der Wirkung sind zwei Bereiche zu unterscheiden:

| Das konkrete Problem, das gelöst werden soll.
| Die Regelungen, die dafür sorgen sollen, dass ein solches Problem nicht mehr auftaucht.

Wie oben ausgeführt, hat jede Problemlösung auch unerwünschte Wirkungen und manchmal auch deutlich negative Wirkungen an anderen Stellen. Auch diese Wirkungen müssen erfasst und bewertet werden. Die Wirkung der Problemlösung ist im Regelfall erst relativ spät überprüfbar. Es gehören

Geduld und Konsequenz dazu abzuwarten, bis sich die Wirkungen zeigen.

∑ Fazit Bei der Problemlösung kommt es auf die Wirkung an. Diese muss unbedingt überprüft werden. Das klingt leichter, als es getan werden kann.

6.4 Lessons Learned

Jedes Problem beinhaltet auch Chancen. Am Ende des Problemlösungs-Prozesses muss festgestellt werden, welche Lernpunkte aus diesem Problemlösungs-Prozess resultieren. Dieses Lernen bezieht sich sowohl auf den Probleminhalt als auch auf die Frage, wie das Problem gelöst wurde. Der Prozess der Problemlösung muss rückblickend analysiert werden und alle Lernpunkte müssen festgehalten werden und so kommuniziert werden, dass andere Personen und Abteilungen an dem Lernprozess teilhaben können. Möglichst im Team aller Beteiligten werden nach Beendigung der Problemlösung die folgenden Fragen diskutiert und die Ergebnisse entsprechend festgehalten. Das muss kein langwieriger Prozess sein, sondern kann kurz und präzise abgearbeitet werden. Nur mithilfe einer solchen kontinuierlichen Verbesserung des Problemlösungs-Prozesses werden die immer schwierigeren Probleme lösbar bleiben.

Folgende Fragen haben sich für diese Diskussion bewährt. Sinnvoll ist es, sich dafür ein Formular oder Template anzulegen:

- Wurde das Problem rechtzeitig erkannt?
- Waren alle relevanten Informationen vorhanden?
- Waren allen Beteiligten die Ziele der Problemlösung klar?
- Ist der systematische Prozess der Problemlösung strikt eingehalten worden?
- Sind die Ursachen des Problems ausreichend tief und umfassend analysiert worden?
- Wurden genügend Alternativen der Problemlösung erarbeitet?
- Waren die Entscheidungen im Problemlösungs-Prozess ausreichend schnell und präzise?
- Konnte die Lösung zielorientiert umgesetzt werden?

Neben diesen einzelne Punkte betreffenden Fragen sollten in einer Gruppe auch noch offene Fragen diskutiert werden, z. B.:

- Was hätte uns das Vorgehen erleichtert?
- Was lief gut? Warum lief das gut?
- Was lief schlecht? Warum lief das schlecht?
- Was hat gefehlt?
- Welche Schlussfolgerungen können wir daraus ziehen?
- Wer sollte von unseren Erfahrungen informiert werden?
- In welchen Arbeitsabläufen müssen Änderungen vorgesehen werden?

∑ Fazit Nur wer regelmäßig seinen Problemlösungs-Prozess weiter entwickelt, wird weiterhin gute Projekte machen können.

7 Zusammenfassung

Alle Projekte haben Probleme unterschiedlichster Art und mit unterschiedlichsten Auswirkungen. Diese Probleme resultieren aus der zunehmenden Komplexität der Projekte. Die Wirkung dieser Probleme kann den Projekterfolg stark einschränken und sogar bis zum Abbruch der Projekte führen. Das Problem wird als eine Differenz zwischen dem Soll-Zustand und dem Ist-Zustand beschrieben, bei der nicht klar ist, wie sie ausgeglichen werden kann. Diese Differenz kann im Sachsystem des Projektes auftreten, aber ganz besonders bei den Planwerten und auch bei dem Verhalten der Personen im Projekt.

Der systematische Prozess der Problemlösung mit den dahinter liegenden Grundüberlegungen und den Zielen und Randbedingungen einer Problemlösung werden erläutert. Die Systematik und die Zusammenhänge stehen dabei im Vordergrund, die Details werden in den folgenden Kapiteln dargestellt.

Die wichtigste Phase des Vorgehens ist die Klärungsphase, in der das Problem eindeutig beschrieben wird und alle Informationen zu dem Problem gesammelt werden. Probleme haben prinzipiell Ursachen, erkannt wird das Problem jedoch meist an seinen Symptomen. Insbesondere die Methode des Problemnetzes unterstützt die Klärungsphase wirkungsvoll.

Mithilfe der Kreativitätstechniken und der Vorbereitung durch die systematische Strukturierung in der Klärungsphase werden die Lösungen für das Problem erarbeitet. Dabei müssen immer mehrere Lösungsalternativen gefunden werden, da die ersten Alternativen selten die besten sind. Die Methode der Nutzwertanalyse bietet sehr gute Ansätze, um aus der Vielzahl der Lösungen diejenige herauszufinden, die für die Problemlösung am geeignetsten ist.

Die Umsetzung der aus dem Lösungsvorschlag resultierenden Maßnahmen schließt den Problemlösungs-Prozess ab. Die Wirkung der Problemlösung muss regelmäßig, speziell am Ende des Prozesses, überprüft werden. Aus jeder Problemlösung ergeben sich Verbesserungspotentiale für das Unternehmen, die unbedingt im Sinne einer kontinuierlichen Verbesserung genutzt werden müssen.

8 Fragen zur Wiederholung

Diese Fragen dienen der Wiederholung des Inhalts des Basisteils. Sie regen zum Weiterdenken an einigen Stellen an und sind aus dem Verständnis des Textes, nicht immer aus dem wortwörtlichen Text, beantwortbar.

#	Frage	
1	Warum sehen Probleme auf unterschiedlichen Hierarchiestufen des Unternehmens unterschiedlich aus?	☐
2	Die Problemsituation der Projekte wird kaum besser werden, eher wird sie sich verschärfen. Warum ist das so?	☐
3	Woran erkennen Sie, dass Sie ein Problem und nicht ein Risiko vor sich haben?	☐
4	Was unterscheidet ein Problem von einem Konflikt?	☐
5	Was sind die wichtigsten Merkmale, um die Problemhöhe eines Projektes zu beschreiben?	☐
6	Wann ist die Problemlösungsmethode „Trial and Error" gerechtfertigt?	☐
7	Welche sind die Grundsätze des Problemlösungs-Prozesses?	☐
8	Wer hat in welchem Fall die Verantwortung für die Lösung eines Problems?	☐
9	Ein Projekt hat überraschend Terminprobleme. Welche Punkte müssen in der Problembeschreibung festgehalten werden?	☐
10	Was unterscheidet ein „normales" Problem von einem „komplexen" Problem?	☐
11	Die Methode „Problemnetz" führt schnell und präzise zu den Ursachen des Problems. In welchen Schritten erstellen Sie ein Problemnetz?	☐
12	Nach welchen immer erforderlichen Kriterien wählt man Alternativen einer Problemlösung aus?	☐
13	Was charakterisiert die Minimallösung eines Problems?	☐
14	Wer entscheidet im Projektgeschäft über die Lösung zum Problem: „Kapazität reicht für Projekt A nicht aus"?	☐
15	An welchen wichtigsten Faktoren erkennen Sie, dass die Lösung des Problems die erwünschte Wirkung hatte?	☐

1.09 Projektstrukturen (Project structures)

Ulrich Wolff, Christoph Rosenthaler, Hans Knöpfel

Kontext

Projektstrukturen sind ein Schlüsselelement bei der Schaffung von Ordnung innerhalb eines Projektes. Hierarchische Strukturen dienen dazu, sicherzustellen, dass im Rahmen des Projekts die größtmögliche Vollständigkeit aller Elemente erreicht wird.

Im Kompetenzelement „Projektstrukturen" werden Ordnungen für Projektelemente definiert und koordiniert, die in vielen anderen Kompetenzelementen verwendet werden. Projektstrukturen werden beispielsweise in den Leistungsbeschreibungen, den Terminplänen (mit Projektphasen), den Kosten- und Finanztabellen zur Information, Dokumentation, Kommunikation und Steuerung (z. B. in Statusberichten) verwendet.

Das Ziel des Kompetenzelements „Projektstrukturen" ist es, eine koordinierte Darstellung, Logik und Veranschaulichung über alle vom Projekt-, Programm- und Portfoliomanagement gestalteten und verwendeten Strukturen zu liefern. Somit dient das Kompetenzelement „Projektstrukturen" als Grundlage für die Verwendung dieser Strukturen in den anderen Kompetenzelementen, im Besonderen für Projektanforderungen und Projektziele, Leistungsumfang und Lieferobjekte, Phasen, Projektablauf und Termine, Ressourcen, Kosten und Finanzen, Risiken und Chancen, Überwachung, Controlling und Berichtswesen, Information und Dokumentation, Kommunikation, Kreativität, Effizienz, Verlässlichkeit, Business, Systeme, Produkte und Technologie.

Das Thema ist seit der ersten Fassung als Kernelement 12 und in der Version 3.0 als Kompetenzelement 1.09 in der ICB enthalten. Es wird den technischen Kompetenzen zugeordnet, hat aber auch eine große Bedeutung für die Kontextkompetenzen (Verbindung zu den permanenten Organisationen) sowie einen Einfluss auf die Verhaltenskompetenzen (z. B. Verlässlichkeit, Effizienz).

Das Thema „Projektstrukturen" wird im Grundlagenwissen zunächst vereinfacht für einfache nichtkomplexe Projekte und in Form von Listen bzw. einem Projektstrukturplan als hierarchische Darstellung angewendet.

Im Vertiefungswissen wird diese Darstellung auf komplexe Projekte, Portfolios und Programme mit mehrdimensionalen Projektstrukturen ausgeweitet.

Bedeutung

Projekte arbeiten aufgrund ihres Einmaligkeitscharakters mit einer temporären Projektorganisation und auch mit temporären Strukturen – im Gegensatz zu Aufgaben, die in der Stammorganisation abgearbeitet werden.

Will man effizient arbeiten, ist man auf Strukturen angewiesen. Dies gilt einerseits schon in Projekten und zwar umso mehr, desto komplexer und größer sie sind. Andererseits sind die Strukturen sehr wichtig, wenn in einem Projekt Erfahrungen von anderen Projekten einbezogen werden sollen (Vergleichbarkeit).

Ein offensichtliches Spannungsfeld besteht dabei zwischen der Kreativität, die in Projekten genutzt werden soll, und der Ordnung, welche die Effizienz ermöglicht. So ist die Führung in kritischen Situationen auf einfache Strukturen angewiesen, während die Datenbewirtschaftung lieber mit konsequenten, mehrdimensionalen Strukturen arbeitet.

Projektstrukturen haben eine zunehmende Bedeutung für Projekte von der IPMA Ebene Level C zu B und A hin. Bei Projekten mit begrenzter Komplexität (Level C) ist die Struktur meist übersichtlich und kann durch geschulte Fachleute gestaltet und gehandhabt werden. Bei komplexen Projekten (Level B) sind die Bedeutung und Auswirkungen der Strukturierung schon bedeutend größer: Damit die Daten zueinander passen, müssen Projektelemente (z. B. Teilprojekte) eine Struktur haben, die eine Aggregation über bestimmte Attribute zum Gesamtprojekt ermöglicht. Bei einem Portfolio (Level A) sind eine große Zahl von Projekten, manchmal verschiedener Art, zu koordinieren. Die Änderung erteilter Strukturanweisungen hat sehr große Auswirkungen. Die Daten aller Projekte müssen auf die geänderten Strukturen migriert (überführt) werden, so weit dies bei abgeschlossenen Projekten noch sinnvoll ist. Diese Überführung ist zu dokumentieren.

Durch den Prozess der Strukturierung wird das Projekt in getrennte, kleine Einheiten zerlegt, die überschaubar, planbar und steuerbar sind.

Lernziele

Sie kennen

- wesentliche Begriffe, wie Teilprojekt, Teilaufgabe, Arbeitspaket, Struktur, Projektstrukturplan (PSP)
- Strukturierungsregeln und Darstellungsformen des PSP (grafisch, Liste)
- Aspekte der Strukturierung, z. B. nach Objekten, Aktivitäten (Funktionen), Phasen
- die Bedeutung der Codierung für den PSP

Sie wissen

- wie die Projektstrukturierung in den Ablauf der vor- und nachgelagerten PM-Prozesse eingeordnet ist (DIN 69901-2)
- um die Notwendigkeit und Möglichkeiten der Strukturierung
- mit welchen methodischen Schritten und Arbeitstechniken ein PSP entsteht
- wie die Zusammenhänge mit anderen PM-Prozessen (Ablauf, Kosten, Einsatzmittel) über Codierung erreicht werden

Sie können

- einfache Projekte nach verschiedenen Aspekten (Inhalt – Funktionen – Aktivitäten, Phasen) strukturieren
- hierarchische Projektstrukturpläne in Baumstruktur aufstellen und pflegen
- Arbeitspakete bilden und beschreiben
- für einfache Projekte eine Codierung entwerfen und pflegen
- den Übergang zur Ablauf- und Terminplanung vollziehen

Inhalt

1	Einführung	306
1.1	Bedeutung der Projektstrukturierung	306
1.2	Einordnung der Projektstrukturierung	307
1.3	Definition wichtiger Begriffe	308
2	Systematik der Aspekte für Projektstrukturen	309
2.1	Eindimensionale Projektstrukturen	309
2.2	Mehrdimensionale Projektstrukturen	310
2.3	Strukturen schaffen Ordnung	311
2.4	Strukturen und strukturierte (Projekt-) Elemente	312
2.5	Grundlegende Aspekte und Strukturen	313
3	Aufbau von Projektstrukturplänen	317
4	Gliederungsprinzipien der Projektstrukturierung	319
5	Bildung von Arbeitspaketen	321
6	Schlüsselsysteme und Codierung	323
7	Methodisches Vorgehen der Strukturierung	325
8	Zusammenfassung	327
9	Fragen zur Wiederholung	327

1 Einführung

1.1 Bedeutung der Projektstrukturierung

Projekte sind einmalige Vorhaben mit zum Teil komplexem Charakter und damit zunächst einmal schwer zu überblicken. Durch den Prozess der **Projektstrukturierung** wird das Projekt nach unterschiedlichsten Gesichtspunkten / Aspekten – in kleine, überschaubare Einheiten zerlegt. Bei den durch die Zerlegung entstehenden Schnittstellen ist darauf zu achten, dass keine Aufgaben wegfallen, die zur Fertigstellung des Projekts notwendig sind. Das Ergebnis ist eine vollständige Darstellung aller Elemente des Projekts und ihrer Beziehungen untereinander – die **Projektstruktur**.

Die Projektstrukturierung ist ein Projektmanagement-Prozess, der in der Definitionsphase (DIN 69901-2) mit einer **Grobstruktur** beginnt und in der Planungsphase mit einem **Projektstrukturplan** und der Definition und Beschreibung der **Arbeitspakete** fortgesetzt wird. (Vgl. Kap.1 – Projekte und Projektmanagement)

Die Projektstruktur sollte zweckmäßigerweise durch das Projektteam erarbeitet werden, um sicherzustellen, dass alle Projektbeteiligten das gleiche Verständnis hinsichtlich der zu bearbeitenden Aufgaben bekommen, z.B. bezüglich Art und Inhalt der Leistungen, Leistungsumfang, Zuordnung von Verantwortlichkeiten, Zeitbedarf

So ist der Projektstrukturplan – oft auch als „Mutter aller Pläne" bezeichnet – das zentrale Ordnungsinstrument im Projekt, das Auswirkungen in allen anderen Projektbereichen hat.

Die in der Praxis häufig anzutreffende Argumentation, man brauche keinen Projektstrukturplan, keine Arbeitspakete, man könne doch gleich alles in einen Ablauf- und Terminplan eingeben, ist ein gefährlicher Irrtum, der spätestens dann zutage tritt, wenn wichtige Teilleistungen vergessen oder beim Prozess der Leistungszuordnung (Vergabe) falsch zugeordnet sind.

Störungen im Projektablauf, Qualitätsmängel, Vertragsstreitigkeiten sind nur einige der möglichen Folgen.

Einige wichtige Zwecksetzungen der Projektstrukturierung sind in der Tabelle 1.09-G1 dargestellt:

Tabelle 1.09-G1: Zwecksetzung des Projektstrukturplans (HEEG & FRIES, 2003: 495)

I Darstellung des Projektgegenstands in seiner Gesamtheit
I Aufdeckung von Unklarheiten in der Zieldefinition
I Bestimmung aller operationalisierter und damit kontrollierbarer Arbeitseinheiten (Arbeitspakete, Teilaufgaben)
I Ordnen aller Arbeitspakete nach Zusammengehörigkeit
I Schaffung von Transparenz im Projekt
I Förderung einer gemeinsamen Sichtweise des Projektgegenstands
I Förderung eines durchgängigen Ordnungsprinzips
I Verständigung im späteren Änderungsmanagement
I Vergabe von Arbeitspaketen an Unterauftragnehmer

1.2 Einordnung der Projektstrukturierung

„Unter Projektmanagement-Prozessen versteht man die in vielfältiger Wechselwirkung stehenden Tätigkeiten des Projektmanagements, die bestimmte Eingaben (inputs) in Ergebnisse (outputs) umwandeln.

Die Projektmanagement-Prozesse werden dabei meistens bestimmten Phasen im Projektverlauf zugeordnet und geben so dem Anwender eine Hilfestellung bei der Frage, wann welche Tätigkeiten im Projektmanagement auszuführen sind" (MOELLER, Element 1.01 – Projektmanagmenterfolg).

In der DIN 69901-2 werden 5 Phasen für den Verlauf des Projekts unterschieden: Initialisierung – Definition – Planung – Steuerung und Abschluss.

Sie beziehen sich auf das Projektmanagement als Aufgabe im Projekt (Projekt**management**phasen). Man darf sie nicht mit den Projektphasen verwechseln, die sich im Wesentlichen auf den Projektinhalt bzw. die Wertschöpfungsprozesse im Projekt beziehen.

Der Prozess der Projektstrukturierung tritt erstmalig in der Definitionsphase auf, wo es um die Erarbeitung einer Grobstruktur geht. In der anschließenden Planungsphase wird die Grobstruktur weiter aufgebrochen, es entsteht der Projektstrukturplan, die Arbeitspakete werden beschrieben und ggf. – als Übergang zur Ablauf- und Terminplanung – die Vorgänge gebildet und beschrieben.

Die hier entstandenen Arbeits**ergebnisse** bilden die Grundlage für weiterführende Prozesse der Ablauf-, Termin-, Ressourcen-, Kosten- und Qualitätsplanung und garantieren somit eine durchgängige inhaltliche Grundordnung im Projekt.

Welche Größen bilden den wesentlichen **Input** für den Prozess der Projektstrukturierung?

- Ziele des Projekts – messbar, erreichbar, eindeutig, operationalisiert und strukturiert nach ICB 3.0 in
    - Leistungs- (Funktions-) Ziele
    - Kostenziele
    - Terminziele
    - Nutzungsziele
- Ergebnisse und Einflüsse aus der Stakeholder- (interested parties) bzw. Umfeldanalyse
- Beschreibung des Projektinhalts (Lastenheft, Pflichtenheft)
- Projektphasenplan mit Meilensteinen

∑ **Fazit** Es empfiehlt sich, in die Erarbeitung und Bereitstellung dieser Ausgangsdaten große Sorgfalt und Zeit zu investieren.

1.3 Definition wichtiger Begriffe

Im Folgenden sollen einige wichtige Begriffe definiert und erläutert werden.

- **Struktur:**
  Gesamtheit der wesentlichen Beziehungen (Abhängigkeiten, Verknüpfungen) zwischen den Bestandteilen (Elementen) eines Systems (z. B. Projekt, Programm). Sie beschreibt dessen Aufbau und Wirkungsweise. Man unterscheidet grundsätzlich zwischen Aufbau- und Ablaufstruktur (vgl. MÖLLER & DÖRRENBERG, 2003; MOTZEL, 2006).
- **Projektstruktur:**
  Gesamtheit aller Elemente (Teilprojekte, Arbeitspakete, Vorgänge) eines Projekts sowie der wesentlichen Beziehungen zwischen diesen Elementen (DIN 69901-5).
- Projektstrukturierung:
  Festlegung und logische Ordnung der Elemente (Teilprojekte, Arbeitspakete, Vorgänge) nach verschiedenen möglichen Gesichtspunkten sowie der Aufbau- und Ablaufstruktur eines Projekts (DIN 69901-5).
- **Projektstrukturebene:**
  Gliederungsebene innerhalb des (hierarchisch) aufgebauten Projektstrukturplans (DIN 69901-5).
- **Projektstrukturplan (PSP):** (engl.: work breakdown structure)
  vollständige, hierarchische Darstellung aller Elemente (Teilprojekte, Arbeitspakete) der Projektstruktur als Diagramm oder Liste. *Anmerkung:* Jedes darin übergeordnete Element muss durch die ihm untergeordneten Elemente jeweils vollständig beschrieben sein. Das kleinste Element des PSP ist das Arbeitspaket (DIN 69901-5).
- **Arbeitspaket:**
  Eine in sich geschlossene Aufgabenstellung innerhalb eines Projekts, die bis zu einem festgelegten Zeitpunkt mit definiertem Ergebnis und Aufwand vollbracht werden kann.
  Anmerkung 1: Ein Arbeitspaket ist das kleinste Element des Projektstrukturplans, das in diesem nicht weiter aufgegliedert werden kann und auf einer beliebigen Gliederungsebene liegt.
  Anmerkung 2: Ein Arbeitspaket kann allerdings zur besseren Strukturierung und bei der Erstellung des Ablaufplans in Vorgänge aufgegliedert werden, die dabei untereinander in Beziehung gesetzt werden (DIN 69901-5).
- **Aufgabe:**
  Aus Zielen abgeleitete Aufforderungen an einzelne Personen, Teams oder Organisationen, eine bestimmte Arbeit, Arbeitseinheit oder einen bestimmten Arbeitsauftrag unter gegebenen Bedingungen und Nutzung bestimmter Mittel zu erledigen und dabei die vorgegebenen Ziele zu erreichen. Arbeitseinheiten im Projekt (Projektaufgaben) können je nach Detaillierung des Projekts Arbeitsaufträge unterschiedlichen Umfangs sein und auf jeder beliebigen Projektgliederungsebene liegen. Beispiele für Projektaufgaben sind Programm, Projekt, Teilprojekt, Teilaufgabe, Arbeitspaket, Vorgang, Teilvorgang, Arbeitsschritt, Leistungsbereich, Leistungsposition (vgl. MOTZEL, 2006).
- **Teilaufgabe:**
  Teil des Projekts, der im Projektstrukturplan weiter untergliedert werden kann. Danach können Teilaufgaben auf verschiedenen Ebenen der Projektstruktur liegen – außer auf der obersten Ebene für das Gesamtprojekt und der untersten Ebene, die den Arbeitspaketen vorbehalten ist (vgl. MOTZEL, 2006).
- **Projektstrukturcode:**
  Nummerierungssystem, das dazu dient, alle Komponenten (Elemente) des Projektstrukturplans eindeutig zu kennzeichnen (vgl. MOTZEL, 2006).

2 Systematik der Aspekte für Projektstrukturen

2.1 Eindimensionale Projektstrukturen

> **§ Definition** Eine eindimensionale Struktur bildet einen einzigen Aspekt ab. Sie beschreibt die Ausprägungen dieses Aspekts vollständig.

Im Folgenden sollen einige häufig verwendete Strukturen dargestellt werden. Diese Strukturbeispiele sollen einerseits die Vielfalt von strukturierenden Aspekten aufzeigen. Andererseits sollen daraus einige interessante Aspekte der Projektstrukturierung ersichtlich sein.

Projektobjekte

Die vermutlich häufigste Projektstruktur orientiert sich am Objekt, das durch das Projekt erstellt oder umgestaltet (oder vernichtet) werden soll.

Ausprägungen unterschiedlicher Ebenen des Objekts können zum Beispiel sein:

- Bauliche Anlage „Spital", Bauwerk „Bettengebäude", Bauteil „Flügel Ost"
- SW-Applikation „Informationssystem", Teilsystem „Stammdaten", Modul „Codes"
- Produkt „Kehrmaschine", Teilsystem „Lenkung", Komponente „Steuerrad"
- Organisation „Deutsche Lieferfirma AG", Departement „Bayern", Abteilung „Marketing".
- Dienstleistung „Gütertransport", Leistungsart „Administration", Komponente „Rechnungswesen"

Projektaktivitäten

Ebenfalls sehr häufig finden sich Projektstrukturen, die sich an den für die Zielerreichung des Projekts erforderlichen Verrichtungen orientieren. Mit den Aktivitäten werden Objekte, in der Regel im Sinne von zeitlich begrenzten, einmaligen Investitionen (im Gegensatz zur laufenden Produktion), durch Projektbeteiligte, die bestimmte Rollen wahrnehmen, neu erstellt oder wesentlich verändert.

Beispiele von Ausprägungen verschiedener Ebenen von solchen Aktivitätsstrukturen sind:

- Alle Leistungen der Konzeptphase erbringen, Objekte gesamthaft konzipieren, Kosten der Objekte schätzen
- Gesamtbau ausführen, Rohbau erstellen, Decke betonieren
- SW entwickeln, (Informationsobjekte) entwerfen, (SW) codieren, testen

Projektinformationen

Die Projektaktivitäten verändern nicht nur die Projektobjekte. Sie verändern auch das Wissen der Beteiligten. Im Besonderen wird durch das Projekt aus (bekannten) Informationen auch neues, dokumentiertes Wissen generiert.

Im Wesentlichen werden in Projekten meist semantische Dokumentationsstrukturen verwendet. Beispiele der Ausprägungen verschiedener Ebenen von solchen Strukturen sind:

- Bericht, Konzeptbericht, Anhang ABC
- Grafik, Plan, Schnitt
- Korrespondenz, Brief, Beilage

- Protokoll, Liste der offenen Punkte
- Vertragsdokument, Vertragsbestandteil

Projektorganisationen

Die Projektbeteiligten sind in der Projektorganisation PO zusammengefasst.

Beispiele der Ausprägungen verschiedener Ebenen von „Projektorganisationen" sind:

- Auftraggeber „AG-PROJ", Gesamtprojektleiter „PROJ", Teilprojektleiter „PROJ:TP3"
- Portfoliomanager, Programmmanager, Projektleiter.

Projektvereinbarungen

In der Regel werden in einem Projekt viele Vereinbarungen abgeschlossen und erfüllt.

Diese können nach der rechtlichen Qualifikation (interner Auftrag, Werkvertrag usw.) strukturiert werden. Vertragsstrukturen werden selten alleine verwendet. In der Regel werden Vertragsaspekte mit anderen Aspekten kombiniert.

Weitere Aspekte

Neben den beschriebenen Aspekten werden je nach Projekt auch die folgenden Aspekte als strukturierend genutzt:

- Raum (-bezug) bzw. Ortstrukturierung
- Funktionen, Technik
- Phasen
- Zeitpunkte und Zeitdauern („Zeitabschnitte")
- Beteiligte (im Sinne der „Adressliste") in PO oder auch außerhalb
- Ablagestruktur für Dokumentation
- Kostenklassen (Projektkosten, Produktkosten, Betriebskosten, Nutzerkosten usw.)
- Konten (in einem Kontenplan)
- Kostenträger, z. B. Produktgliederung beim Nutzer oder beim Betreiber
- usw.

2.2 Mehrdimensionale Projektstrukturen

> **§ Definition** Mehrdimensionale Strukturen kombinieren zwei oder mehrere eindimensionale Strukturen zu Projektstrukturen, die im Projektmanagement häufig benötigt werden, um andere Informationen gemäß diesen Strukturen darzustellen.

Projektstrukturplan PSP

Die häufig als „Projektstrukturplan" bezeichnete Projektstruktur orientiert sich an den Arbeitspaketen AP zur Erreichung der Projektziele. Sie ist in der Regel eine „gemischte" Struktur. Sie kombiniert Aspekte des Projektinhalts, in den meisten Fällen Aspekte der Aktivitätsstruktur und Aspekte der Objektstruktur.

Projektbeteiligte und ihre Verträge

Als Unterstützung für das Vertragsmanagement ist eine Projektstruktur dienlich, die für jeden Beteiligten seine Verträge enthält. Damit werden schon zwei Dimensionen kombiniert (ein Beteiligter kann mehrere Aufträge haben, an einem Vertrag können mehrere Auftragnehmer beteiligt sein).

2.3 Strukturen schaffen Ordnung

Warum sind Strukturen im Projektmanagement von besonders großer Bedeutung?

Aufgaben an Projektbeteiligte zuteilen

Die Arbeitsteiligkeit in Projekten wird immer größer: Viele spezialisierte Beteiligte wirken in der Projektorganisation mit. Die Personal-Ressourcen müssen im Sinne eines optimalen Einsatzes der Kompetenzen gesteuert werden. Die Strukturen dienen als Grundlage und zur Darstellung der Zuteilung der vielen Aufgaben bzw. Lieferobjekte an die Beteiligten.

Produkte an Projektobjekte zuteilen

Je nach Projektart können auch andere Ressourcen (z. B. auf dem Markt erhältliche Produkte) eine große Vielfalt und Bedeutung haben. Die Strukturen dienen dazu, die erforderlichen Produkte den Systemelementen zuzuordnen und die Logistik zu managen.

Übersicht behalten und steuern

Bei größer werdender Menge von Arbeitspaketen ist es zunehmend schwieriger, die Übersicht zu behalten und Schwierigkeiten zu vermeiden. Bei komplexen Projekten sowie bei Programmen und Portfolios wird die Zuständigkeit für ganze Bereiche (z. B. Teilprojekten) zugeteilt, die sich dann selbst organisieren. Die Strukturen unterstützen das Selbstmanagement der Zuständigkeitsbereiche und ermöglichen trotzdem eine durchgängige Berichterstattung und Steuerung. Die Strukturen dienen dazu, die Übersicht zu behalten und sowohl gliedern, als auch klassieren zu können. Schließlich sind die Strukturen die Basis für eine gezielte und effektive Steuerung.

Gesamtheitliche und nachvollziehbare Optimierung und Steuerung

Komplexität bringt Probleme für ein gesamtheitliches Management, im Besonderen beim Planen und Steuern, beim Beauftragen, bei Reviews, beim Ändern und beim Controlling. Eine umfassende Optimierung und Steuerung bezüglich der Zielfunktionen (Lieferobjekte, Termine, Ressourcen, Kosten, Risiken und Chancen) ist ohne Strukturen sehr schwierig. Strukturen schaffen Anschaulichkeit und Transparenz, ein Glashaus anstatt einer Blackbox. Dadurch werden die Projektobjekte, Projektprozesse und Projektinformationen gedanklich nachvollziehbar. Sie sind darum leichter verständlich, gestaltbar und steuerbar. Die Strukturen sind so zu entwerfen, dass die Wirkung von Optimierung und Steuerung abgebildet werden kann.

Vereinbarungen erstellen und Aufträge formulieren

Aus der Projektorganisation und den Arbeitspaketen sind Vereinbarungen zu erstellen, welche eine reibungslose Leistungserbringung gewährleisten. Strukturen dienen dazu, klar strukturierte Aufträge zu formulieren.

Vergleichbarkeit von Kenngrößen schaffen

Mittels Kenngrößen können Vergleiche in Projekten und über die Projektgrenzen hinweg gezogen werden, um Beurteilungen und Prognosen (z. B. von Aufwand und Kosten) zu bewerten oder zu schätzen. Die Aussagekraft von Kenngrößen hängt in großem Maße von der Bedeutung (Semantik) der Bezugsgrößen ab. Die Kenngrößen bilden zusammen mit der Struktur aller Gruppierungen dieser Kenngrößen ein Ganzes. Um vergleichen zu können, müssen die Strukturen stabil sein. Über die Standardstrukturen kann der Zugang zur Bedeutung (Semantik) erleichtert werden. Die Bedeutung von gut gewählten Bezugsgrößen (Kenngrößen) ist einfacher zu verstehen als komplexe Gebilde: Eine Struktur enthält anschauliche Elemente und bietet als Ganzes eine Vollständigkeitskontrolle. Ein Strukturentwurf auf Basis von Vorlagen hilft, Vergleichbarkeit zu schaffen.

Projektinformationen bzw. Projektwissen zugänglich machen

Wissen und Kompetenz beziehen sich meist auf begrenzte Inhalte in einem definierten Umfeld. Informationsmanagement (Wissensmanagement) ist ohne Strukturen nicht möglich. Strukturen sind somit Grundlagen des Informations- resp. Wissensmanagements. Die Informationsmenge in Projekten ist groß bis sehr groß. Die optimale Nutzung der Informationsmenge für das Management stellt hohe Ansprüche an das Klassieren und das Wiederfinden während des Projektanlaufs und nach dem Projektablauf. Optimierte Strukturen ermöglichen die Positionierung des Wissens im Kontext. Strukturen ermöglichen die Wiederauffindbarkeit und den optimalen Zugriff auf die benötigten Informationen.

Projektkommunikation sicherstellen

Kommunikation (Informationsaustausch) und Dokumentation ohne Strukturen sind chaotisch, resp. oft unmöglich. Wenn Informationen im Sinne von Informationsbausteinen in bekannte Projektstrukturen passen, können sowohl die Kommunikation als auch die Dokumentation in gut verständlicher Art erfolgen.

Projektdokumentation geordnet verwalten

Ein Projekt erzeugt viele Dokumente. Auch diese müssen effizient genutzt und verwaltet werden. Dokumentenstrukturen und Dokumenten-Schlüssel basieren auf Projektstrukturen.

2.4 Strukturen und strukturierte (Projekt-) Elemente

Das Projektmanagement bearbeitet schon bei einfachen Projekten eine große Anzahl von Objekt-, Aktivitäts- und Informationselementen. Komplexe Projekte führen zu sehr großen Mengen solcher Projektelemente. Diese müssen aus den in Kapitel 2.3 dargestellten Gründen strukturiert werden.

Die dazu genutzten Strukturen kann man sich vereinfacht als Ordnungssysteme eines mehrdimensionalen Büchergestells vorstellen, in das Daten über die Projektelemente abgelegt sind. Aus diesen Daten sind dann Informationen herauszuholen und zu präsentieren. Solche Auswertungen werden wieder nicht zufällig, sondern mithilfe von zweckmässigen, oft standardisierten Strukturen erzeugt.

> Strukturen sind also „nur" Hilfsmittel, um Objekte, Aktivitäten und Informationen
> I   zu zerlegen (aufzuteilen, zu gliedern)
> I   zu klassieren (in Gruppen zusammenzufassen, zu aggregieren).

Strukturen sind notwendig für die Transparenz und Nachvollziehbarkeit der Informationen, die in den Projekten für die Entscheide verwendet werden. Die Strukturen sollen nicht zufällig, sondern systematisch und durchgängig mittels bestimmter Aspekte (Kriterien) gebildet werden.

> **Fazit** Es ist also wesentlich, immer zu unterscheiden zwischen
> - der zu gliedernden Menge von Projektelementen
> - und den Aspekten der dazu verwendeten Struktur

Im Kompetenzelement „Projektstrukturen" geht es primär um die systematische Definition und Verwendung von Strukturaspekten und ihren Ausprägungen (z. B. Arbeitspakete). Die Projektelemente selbst (z. B. Lieferobjekte, Termine, Kosten) werden primär in den anderen Kompetenzelementen identifiziert und beschrieben.

2.5 Grundlegende Aspekte und Strukturen

Im Rahmen einer Projektabwicklung werden für viele Aufgabenstellungen Strukturen entworfen, genutzt und gepflegt. Jede Struktur nutzt einen oder mehrere Aspekte der zu strukturierenden Menge von Projektelementen als Gliederungskriterien. Aspekte können Eigenschaften, Konzepte, Methoden, Dokumente usw. darstellen. Aus konzeptueller Sicht werden Aspekte zu Attributen von Projektelementen.

Hauptdimensionen von Projekten:

Aspekte für Projektstrukturen können einerseits aus der Sicht der Hauptdimensionen von Projekten klassiert werden:

- **Projektobjekte** sind die von Projektaktivitäten betroffenen Teile des Systems, das vom Projektmanagement verändert wird und über das Information resp. Wissen existiert:
  Projektobjekte werden auch Prozessobjekte, Produkte, Ergebnisse usw. genannt.
- **Projektaktivitäten** verändern Objekte und verwenden resp. erzeugen Information:
  Projektaktivitäten sind Teile der Projektprozesse, die das Projektergebnis erzeugen.
- **Projektinformationen** (resp. Wissen), in der Regel in Dokumenten, beschreiben die Projektobjekte und die Projektaktivitäten („Soll", „Plan" und „Ist").

Projektobjekte, Projektaktivitäten und Projektinformationen bilden ein **Dreieck** oder einen **Würfel**. Die drei Dimensionen werden für die nachfolgenden Ausführungen kurz mit den Begriffen „Objekte", „Aktivitäten" und „Informationen" bezeichnet.

Abbildung 1.09-1: Hauptdimensionen von Projekten als Dreieck

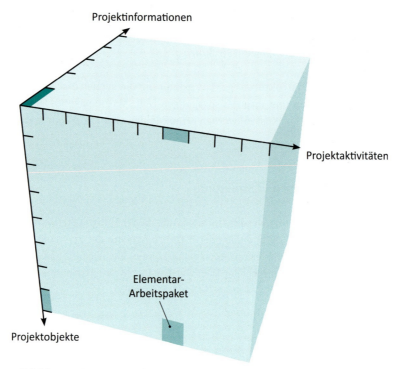

Abbildung 1.09-2: Hauptdimensionen von Projekten als Würfel (3 Achsen)

Aspekte für Projektstrukturen können andererseits aus der Sicht der **primären Führungsdimensionen** im Projekt klassiert werden: (Verbindung zum Unternehmen)

- **Projektinhalte** („Sache"):
  Welche Projektobjekte sind durch welche Projektaktivitäten betroffen oder beeinflussen das Projekt und welche Projektinformationen (Wissen) werden verwendet oder erzeugt? Z. B. ein Arbeitspaket, eine Teilaufgabe
- **Projektvereinbarungen** regeln die Aufgabenerfüllung im Projekt oder die Art der Betroffenheit im Projektumfeld, z. B. elementare Vereinbarung für ein Arbeitspaket, Verträge, Arbeitsauftrag
- **Projektorganisationen mit ihren Rollen und Beteiligten**:
  Welcher Beteiligte trägt in welcher Rolle zum Projektresultat bei oder ist in dessen Wirkungsfeld betroffen? – Arbeitspaketverantwortlicher

„Inhalte", „Vereinbarungen" und „Organisationen" bilden eine Beziehungskette:
Inhalte werden über Vereinbarungen mit Organisationen verknüpft.

Abbildung 1.09-3: Aspekte der Strukturierung

> **Definition** Aus den Hauptdimensionen von Projekten und den primären Führungsdimensionen kann nun eine Matrix gebildet werden, in der die verschiedenen **Klassen** von Aspekten positioniert werden können.

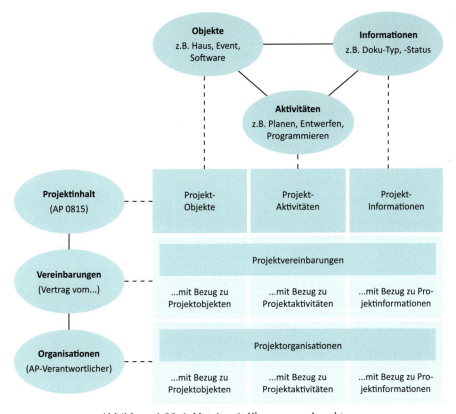

Abbildung 1.09-4: Matrix mit Klassen von Aspekten

Ein Kernelement der Projektstrukturierung ist das **Arbeitspaket AP**. Arbeitspakete kombinieren Ausprägungen aus einem oder mehreren Aspekten der Projektinhalte.

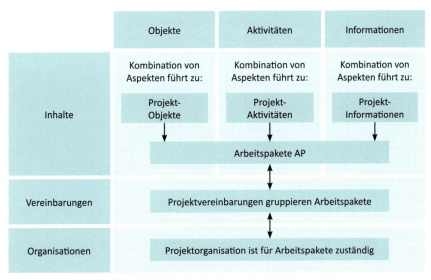

Abbildung 1.09-5: Einordnung des Arbeitspaketes

Σ Fazit Arbeitspakete verändern (in der Regel) das System, d.h. den Projektinhalt selbst oder seine Struktur.

Arbeitspakete (AP) sind die Inhalte elementarer Vereinbarungen, z.B. Verträge. Jedes AP muss über eine Vereinbarung einer Organisationseinheit in der Projektorganisation zugewiesen werden.

Beispiele von Strukturaspekten sind aus nachfolgender „**Strukturaspektematrix**" ersichtlich. **Fett** ausgezeichnet sind diejenigen Aspekte, die in der Regel für Projekte mit begrenzter Komplexität (IPMA Level C) genügen. *Kursiv* ausgezeichnet sind für das betreffende Projekt relevante bestehende Strukturaspekte.

	Projektstruktur-Aspekte		
	Projektobjekte	**Projektaktivitäten**	**Projektinformationen**
Inhalte	*Bestehende Strukturen (Standards, Umfeld)* **Systemelemente (Kostenträger)** Topographie/Topologie (Ort, Lage) Nutzungsfunktion Technologie Objektlebensphasen usw.	*Bestehende Strukturen (Standards, Umfeld)* **Verrichtungen (Kostenarten)** Lösungszyklus Sachstrukturen PM Methodik **Projektphasen** usw.	*Bestehende Strukturen (Standards, Umfeld)* **Bedeutung (Semantik)** Doku-Managementprozess (DMS) **Info/Doku-Status** Mittel, Medien Info-Lebensphasen usw.
	Arbeitspakete		
Vereinbarungen	*Bestehende Strukturen (Standards, Umfeld)* **Projektvereinbarungen** Inhaltsaspekt Zeitaspekt (P-Historie) Vergütungsaspekt Rechtlicher Aspekt usw.		
Organisationen	*Bestehende Strukturen (Standards, Umfeld)* Projektauftraggeber-Organisation **Projektorganisation (Rollen)** Stammorganisationen, Beteiligte/Betroffene usw.		

Abbildung 1.09-6: Matrix der Strukturaspekte

Komplexe Projekte sind im Allgemeinen aus verschiedenen Sichten bzw. Aspekten zu unterteilen, wobei die „einfache" Form eines Projektstrukturplans PSP diesen komplexen Anforderungen als hierarchische Struktur nicht mehr genügen kann.

Um die Komplexität des Projektes zu erfassen, werden unterschiedliche Aspekte und Sichten notwendig, die zwangsläufig zu mehreren verschiedenen Projektstrukturplänen führen, z.B.:

- objektorientiert
- phasenorientiert
- aktivitätsorientiert
- organisationsorientiert
- kostenorientiert

Wir sprechen in diesem Fall von mehrdimensionaler Projektstrukturierung. Die Strukturierung komplexer Projekte, Programme und Portfolios ist Gegenstand des Teils „Vertiefungswissen".

Tipp Für einfache, nichtkomplexe Projekte reicht im Allgemeinen der einfache hierarchische Projektstrukturplan (PSP) aus. Die wesentlichen gebräuchlichen Aspekte sind:
I Objektorientierung
I Aktivitätenorientierung
I Phasenorientierung

Sollen weitere Aspekte dargestellt werden, z. B. Kostenstruktur, Ortsstruktur – könnten diese auch mit dem Codierungssystem dargestellt werden.

3 Aufbau von Projektstrukturplänen

Für den Aufbau des Projektstrukturplans wird eine hierarchische – d. h. in Ebenen gegliederte – Baumstruktur verwendet.

Elemente des PSP (englisch auch work breakdown structure – WBS) sind:
I das sog. Wurzelelement – als Projekt, Programm
I Teilprojekte oder Teilaufgaben, die weiter zerlegbar sind
I Arbeitspakete als kleinste, nicht mehr zerlegbare Elemente

Die Schemadarstellung eines Projektstrukturplans mit seinen Elementen ist in Abbildung 1.09-7 dargestellt:

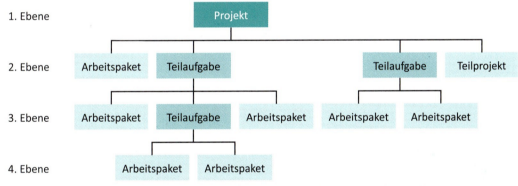

Abbildung 1.09-7: Projektstrukturplan nach DIN (MOTZEL, 2006: 177)

Zweckmäßigerweise zerlegt man die Gesamtaufgabe, das Projekt, beim **Wurzelelement** beginnend, in einzelne Teilprojekte, Teilaufgaben, Arbeitspakete in verschiedenen Strukturebenen (top – down). In der DIN wird dieses Verfahren **Zerlegungsmethode** genannt und wie folgt beschrieben: „Bei der Zerlegungsmethode beginnt man mit der 1. Ebene, welche den Namen des Projekts darstellt. Dann wird das Projekt nach einem bestimmten Gliederungskriterium in verschiedene Teile zerlegt. Diese bilden dann die 2. Ebene. Der Projektstrukturplan ist fertig gestellt, wenn alle Teile des Projekts in Arbeitspakete zerlegt wurden." (DIN 69901-3: 2009, S. 9).

Dabei ist darauf zu achten, dass die nachgelagerten Elemente der unteren Ebene jeweils komplett in dem übergeordneten Element abgebildet werden. Der PSP soll **sämtliche Leistungen** für das Projekt, die sich auch kostenmäßig niederschlagen, vollständig enthalten. Gefährlich sind die Schnittstellen, an denen Leistungen abgegrenzt werden. Hier besteht die Gefahr, dass wichtige Arbeitspakete vergessen werden oder falsch zerlegt und zugeordnet werden. Das ist insbesondere dann besonders bedeutsam, wenn einzelne Arbeitspakete oder Teilaufgaben komplett an externe Auftragnehmer vergeben werden.

Dabei sollte der Grundsatz beachtet werden, dass je Arbeitspaket nur 1 Verantwortlicher (Abteilung, Nachauftragnehmer, Arbeitspaketverantwortlicher) benannt wird.

Das Arbeitspaket ist das kleinste Element im Projektstrukturplan. Es kann aber im weiteren Verlauf der Projektmanagement-Prozesse für den Ablaufplan in einzelne Vorgänge zerlegt werden, die aber über die PSP-Code-Nummer die Verbindung zum PSP halten sollen.

Die Beziehungen zwischen Arbeitspaket und Vorgang können sich wie folgt gestalten:

- Arbeitspaket zu Vorgang (1:1)
- Arbeitspaket zu n-Vorgängen (1:n)
- m Arbeitspakete zu 1 Sammelvorgang (m:1)

Damit lassen sich Ablaufpläne mit unterschiedlichem Detaillierungsgrad erzeugen:

- Grobablaufpläne für die Führungsebene
- Ablaufpläne für die Steuerungsebene
- Detailablaufpläne für die Arbeitsebene

Dieser Aspekt ist beim Übergang vom PSP zum Netzplan / Ablaufplan von Bedeutung.

Abbildung 1.09-8 zeigt noch einmal den Grundaufbau des Projektstrukturplans und die wesentlichen Begriffe. In der obersten PSP-Ebene steht das Wurzelelement. Teilprojekte, Teilaufgaben und Arbeitspakete stehen hierarchisch in den darunter liegenden Ebenen.

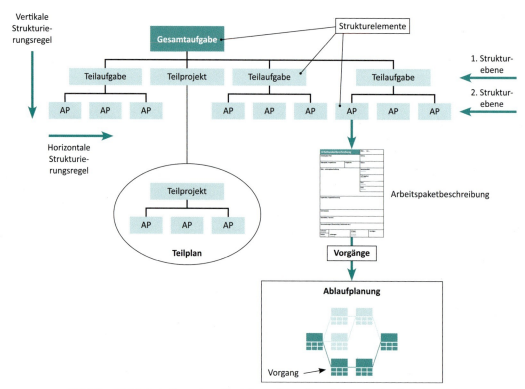

Abbildung 1.09-8: Aufbau eines Projektstrukturplans (HEEG & FRIEß, 2003: 499)

◐ **Tipp** Eine Sonderstellung im PSP nimmt die Aufgabe **Projektmanagement** ein. Die PM-Prozesse sind Bestandteil jedes Projekts, es sind Leistungen, die auch vergütet werden. Deshalb ist Projektmanagement als Teilaufgabe in jedem PSP – unabhängig von dem sonst verwendeten Gliederungsprinzip – in der 1. Gliederungsebene vorzusehen.

4 Gliederungsprinzipien der Projektstrukturierung

Bei der Projektstrukturierung sollte man beachten, dass Projekte sich z.T. völlig unterscheiden in Merkmalen wie:

- Projektart (Investitions-, Organisations- und FuE-Projekte)
- Komplexität (Zahl der beteiligten Fachbereiche, Teilprojekte etc.)
- Projektumfang (Budget)
- Projektdauer (Kurzläufer bis 6 Monate, Langläufer bis zu 10 Jahre)

Es erfordert einige Erfahrung, um die bestmögliche Struktur für ein Projekt zu definieren. In der Praxis werden häufig als Orientierung folgende Gliederungsprinzipien angewendet:

- am zu erstellenden Objekt – objektorientiert
- an erforderlichen Funktionen im Projekt – funktions- oder aktivitätsorientiert
- an Projektphasen – phasenorientiert
- an zuständigen Organisationseinheiten – organisationsorientiert

Im praktischen Gebrauch findet sich die „reine" Struktur im Prinzip selten, häufig werden gemischtorientierte Strukturen verwendet.

Objektorientierte Gliederung

Man zerlegt hier das Projekt in seine Einzelteile, Bauteile, Baugruppen.

Das Beispiel in Abbildung 1.09-9 zeigt eine objektorientierte Gliederung. Die Arbeitspakete sind u.U. noch zu groß und können in einer nächsten Ebene noch weiter zerlegt werden.

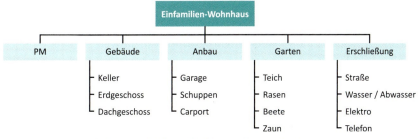

Abbildung 1.09-9: Objektorientierte Gliederung

Aktivitätsorientierte Gliederung (auch funktionsorientiert genannt)

Abbildung 1.09-10: Aktivitätsorientierte Gliederung

Bei der aktivitätsorientierten Gliederung stehen als Teilaufgaben in der 1. Ebene Aktivitäten (Funktionen), die zur Projekterledigung notwendig sind, in den weiteren Ebenen zerlegt in Prozesse.

Phasenorientierte Gliederung

Bei der phasenorientierten Gliederung sind die Projektphasen als Teilaufgaben in der 1. Ebene eingeordnet. In den weiteren Ebenen werden die Phasen durch zugeordnete Prozesse, ggf. auch Arbeitsergebnisse, untersetzt.

Abbildung 1.09-11: Phasenorientierte Gliederung

Die phasenorientierte Gliederung hat sich in jüngster Zeit immer mehr bei Projekten im IT-Bereich durchgesetzt (Vgl. auch Abb. 1.09-19 – Standardstrukturplan für Softwareprojekte).

Gemischtorientierte Gliederung

Bei der gemischtorientierten Gliederung können entweder Objekte, Aktivitäten (Funktionen) oder Phasen als Teilaufgaben stehen, die dann in den weiteren Ebenen durch eine andere Gliederung ersetzt werden, z. B.

- Objekte – Aktivitäten
- Aktivitäten – Objekte
- Phasen – Objekte

Nachstehend finden Sie ein Beispiel für eine gemischtorientierte Gliederung.

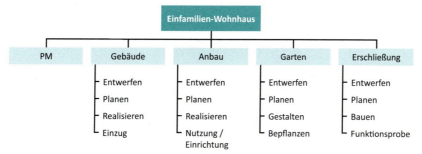

Abbildung 1.09-12: Gemischtorientierte Gliederung

Wir haben in 4 verschiedenen Projektstrukturplänen immer das gleiche Projekt – Einfamilienhaus – abgebildet. Jede Gliederung stellt andere Sichtweisen in den Vordergrund, immer auf das gleiche Projekt bezogen, gibt es keine Regelung, welcher PSP „der richtige" ist. Wichtig ist, dass das Projektteam sich auf eine Form einigt und mit dieser auch beim praktischen Arbeiten zurechtkommt. Und wichtig ist auch, diese Strukturierung in anderen Bereichen der Projektarbeit durchzusetzen und während der Projektlaufzeit weitgehend konstant einzuhalten. Sollten Änderungen und Ergänzungen am PSP notwendig werden, ist dies relativ einfach möglich, wenn z. B. ein neues Arbeitspaket einzubauen ist.

Fazit Nachstehende Abbildung fasst die verschiedenen Gliederungsprinzipien noch einmal zusammen:

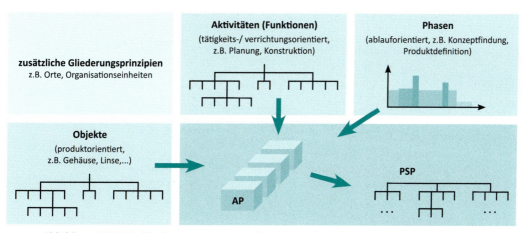

Abbildung 1.09-13: Gliederungsprinzipien für PSP (nach PMF-HEEG & FRIESS, 2003: 512)

5 Bildung von Arbeitspaketen

Wenn das Gliederungsprinzip der Strukturierung feststeht, kann der Prozess in 2 Richtungen fortgesetzt werden.

- Horizontal innerhalb einer Ebene nach verschiedenen Objekten, Aktivitäten (Funktionen), Phasen: Wichtig ist die saubere inhaltliche Abgrenzung der Elemente, um abgeschlossene, eindeutig definierte Elemente zu bestimmen. Gegebenenfalls ist auch ein Arbeitsergebnis je Element zu definieren, was spätere Kontrollfunktionen erleichtert.
- Vertikal in verschiedene Ebenen mit zunehmender Detaillierung nach dem Grundsatz:
So genau wie nötig, nicht so genau wie möglich.
Detaillierungen sind, wenn erforderlich, jederzeit durch Einfügung einer weiteren Ebene möglich.

Arbeitspakete sind das kleinste Element im PSP. Sie beinhalten eine definierte Leistung mit einem entsprechenden Bedarf an Ressourcen und Kosten. Die Leistung muss eindeutig – auf der Basis Pflichten- und Lastenheft – und kontrollfähig beschrieben sein!

In frühen Projektphasen kann der Umfang / Inhalt eines Arbeitspakets zunächst grob gefasst werden, in späteren Phasen, z. B. im Prozess der Vergabe von Leistungen und im Controllingprozess, ist es notwendig, die Arbeitspakete praktisch handelbar zu formulieren. Versuche, die Größenordnung von Arbeitspaketen über Kennzahlen zu definieren (vgl. Projektmanager – Kap. C4 – Projektstrukturplan), sind nicht zielführend. Hier ist die Erfahrung des jeweiligen Projektleiters gefragt.

Merkmale von Arbeitspaketen:

- Das Arbeitspaket enthält eine abgeschlossene Leistung, die sich eindeutig abgrenzt gegen andere Arbeitspakete.
- Das Arbeitspaket schließt notwendigerweise mit einem definierten Ergebnis ab.
- Das Arbeitspaket kann – mit Ausnahme der obersten – auf allen Gliederungsebenen liegen.
- Das Arbeitspaket soll vom Umfang her – aus der Sicht des jeweiligen Anwenders – beherrschbar und kontrollierbar sein.
- Das Arbeitspaket soll eindeutig einer Organisationseinheit, einem internen oder externen Vertragspartner zugeordnet werden können. Dieser Gesichtspunkt spielt eine große Rolle bei der Vergabe von Leistungen und der Vertragsgestaltung sowie für das Controlling.
- Es ist ein Arbeitspaketverantwortlicher zu benennen.
- Das Arbeitspaket soll über eine Code-Nummer eindeutig identifiziert werden können.

Beschreibung von Arbeitspaketen:

Ergänzend zum PSP sind die einzelnen Arbeitspakete in einer Arbeitspaketbeschreibung eindeutig zu beschreiben:

- Angaben zur Identifikation
  - Projektnummer und Projektname
  - Bezeichnung des Arbeitspakets incl. PSP-Code-Nummer
  - Verantwortliche Organisationseinheit, Arbeitspaketverantwortlicher
- Angaben zu Inhalt / Leistung (Lieferobjekt)
  - Leistungsumfang
  - Ergebnisse
  - Aufgaben
  - Termine, Einsatzmittel
  - Kosten / Leistung
  - Schnittstellen

Tipp Arbeitspaketbeschreibungen sind nicht normiert, in der Fachliteratur finden sich differenzierte Beispiele (vgl. Projektmanagement Fachmann, 2003: Kapitel 3.1; Schelle, Ottmann & Pfeiffer, 2005; Patzak & Rattay, 2004). Ein mögliches Formular für eine Arbeitspaketbeschreibung zeigt Abbildung 1.09-14.

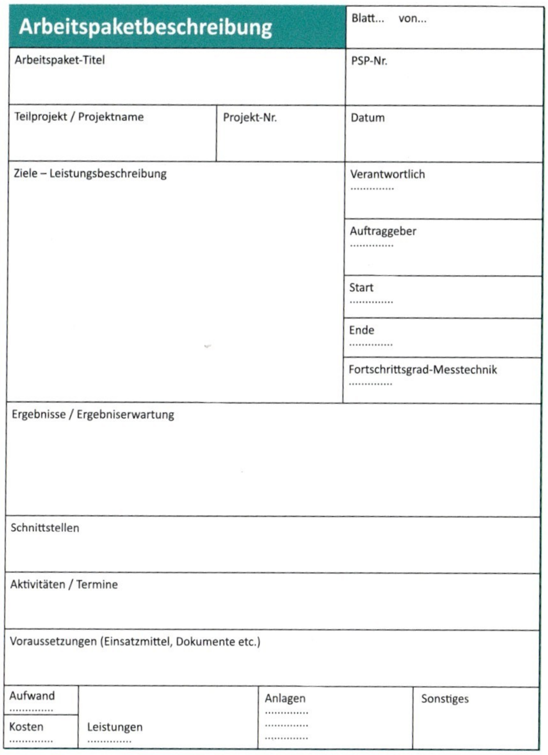
Arbeitspaketbeschreibung
Blatt... von...
Arbeitspaket-Titel
PSP-Nr.
Teilprojekt / Projektname
Projekt-Nr.
Datum
Ziele – Leistungsbeschreibung
Verantwortlich ....
Auftraggeber ....
Start ....
Ende ....
Fortschrittsgrad-Messtechnik ....
Ergebnisse / Ergebniserwartung
Schnittstellen
Aktivitäten / Termine
Voraussetzungen (Einsatzmittel, Dokumente etc.)
Aufwand ....
Kosten ....
Leistungen ....
Anlagen ....
Sonstiges

Abbildung 1.09-14: Formular für die Arbeitspaketbeschreibung (Heeg & Friess, 2003: 509)

6 Schlüsselsysteme und Codierung

Neben der Darstellung im PSP und der Beschreibung der Arbeitspakete ist es zwingend erforderlich, sowohl das Projekt als Ganzes wie auch die Elemente – Teilprojekte, Teilaufgaben, Arbeitspakete – eindeutig zu kennzeichnen, um diese identifizieren zu können. Dazu verwendet man sog. Schlüsselsysteme oder Codierungen. Jedes Element im PSP erhält eine eindeutige PSP-Code-Nummer, die immer nur einmalig vergeben wird.

Das Wurzelelement enthält die Projektcode-Nummer, mit der das Projekt aus einem Portfolio oder Programm herausgefunden werden kann. Damit ist es möglich, zum Beispiel auf Daten im PSP – z. B. Leistungsstand eines Arbeitspakets oder einer Teilaufgabe, auf Termine, Kosten etc. zuzugreifen bzw. bestimmte Informationen (Rechnungen, Material, Arbeitsstunden etc.) auf ein Arbeitspaket zu buchen.

Für die praktische Anwendung unterscheiden wir die identifizierende und die klassifizierende Codierung.

Identifizierende Codierung

Diese Art der Codierung erlaubt keine Verschlüsselung weitergehender Gliederungsprinzipien, sondern ermöglicht lediglich das direkte Auffinden bzw. Erkennen eines PSP-Elements.

Wir kennen 3 Arten der identifizierenden Codierung

- rein numerisch – ggf. als Sonderfall dekadisch
- rein alphabetisch
- gemischt alpha-numerische Codierung

In der Praxis trifft man vorwiegend auf den rein numerischen / ggf. dekadischen bzw. alpha-numerischen Code.

Tipp Der Code des Wurzelelements ist sozusagen der „Familien-Name" im Projekt. Alle nachgeordneten Elemente tragen neben diesem „Familien-Namen" ihre eigenen Vornamen:

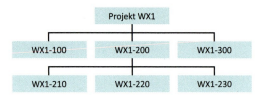

Abbildung 1.09-15: Codierung Wurzelelement

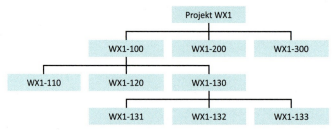

Abbildung 1.09-16: Beispiel für eine rein numerische (dekadische) Codierung

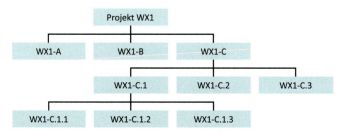

Abbildung 1.09-17: Beispiel für eine alpha- numerische Codierung

Klassifizierende Codierung

Will man mehr als nur die Zuordnung der Elemente zum Strukturplan darstellen, bedient man sich eines klassifizierenden Projektcodes.

Hier kann man weitere Strukturierungsprinzipien in Form von Teilen der PSP-Code-Nummern verschlüsseln:

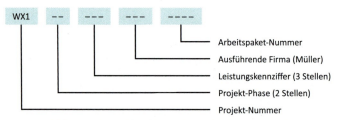

Abbildung 1.09-18: Beispiel klassifizierender Code

Man kann mit geeigneten DV-Programmen entsprechende Auswertungen fahren, z. B.

- Suche alle Leistungen / Arbeitspakete der Firma Müller in der Projektphase 04!

Man muss dabei auch abwägen, dass mit wachsendem Umfang der PSP-Code-Nummer der Arbeitsaufwand und die Fehlerhäufigkeit bei der Dateneingabe zunehmen.

Auch hier sollte der Grundsatz gelten: Nicht so viel wie möglich, sondern nur soviel wie nötig!

7 Methodisches Vorgehen der Strukturierung

Grundsätzlich sollte der PSP nicht vom Projektleiter allein erarbeitet werden. Dies ist immer ein Prozess zumindest im Kernteam. Er sichert, dass alle Projektbeteiligten die anstehenden Aufgaben gleichermaßen erfassen und damit ein einheitliches Projektverständnis vertreten.

Man kann den Strukturierungsprozess in 2 Richtungen gestalten:

- **Deduktives Vorgehen:**
  vom Wurzelelement beginnend, in einzelnen Ebenen zunehmend detailliert – top down – bis zu den Arbeitspaketen
  Dieses Vorgehen empfiehlt sich für „Anfänger" und bei überschaubaren, bekannten Projekten
- **Induktives Vorgehen:**
  In einem Brainstorming werden Arbeitspakete identifiziert, zusammengefasst, von der untersten Ebene aufsteigend bis zu dem Wurzelelement – bottom up.

Für beide Vorgehensweisen hat sich die Anwendung der Kärtchentechnik auf Metaplantafeln bewährt – man kann die Kärtchen einfach umordnen, bis die endgültige Struktur gefunden ist.

Voraussetzung für den Strukturierungsprozess ist das Vorliegen folgender Ausgangsinformationen (vgl. auch Kap. 1.2)

- Ziele des Projekts
- Ergebnisse der Umfeld- und Stakeholderanalyse
- Definition des Projektinhalts (Lasten- und Pflichtenheft / Leistung)
- Projektphasenplan

Eine mögliche Vorgehensweise – wenn auch etwas aufwändig – wird in (PMF - HEEG & FRIESS: 2003, 512 ff) dargestellt. Wichtig ist auf jeden Fall, den PSP-Entwurf nochmals im Expertenteam zu diskutieren, ehe er endgültig dokumentiert und durch die Projektleitung – ggf. auch den Lenkungsausschuss freigegeben wird.

Standardstrukturpläne

Für immer wiederkehrende Projekte – oft kleineren Umfangs und nichtkomplex – kann man in Auswertung durchgeführter Projekte sog. „Standardstrukturpläne" im Projektmanagement-Handbuch ablegen. Diese werden dann an ein neues Projekt angepasst, d. h. es können Elemente entfernt – nicht belegt – werden bzw. man kann neue Elemente hinzufügen.

Nach Abbildung 1.09-19 bieten Standardstrukturpläne eine Reihe von Vorteilen:

- Sie gewährleisten eine gewisse Einheitlichkeit der Projektplanung.
- Sie verhindern, dass das jeweilige Team bei jedem Projekt einen ganz neuen Plan erstellen muss.
- Sie dienen als Checkliste und stellen sicher, dass keine wesentlichen Positionen und Arbeitspakete vergessen werden.
- Sie reduzieren den Planungsaufwand und tragen somit zur Rationalisierung im Projektmanagement bei.

Abb. 1.09-19 zeigt beispielhaft einen Standardstrukturplan für Softwareprojekte.

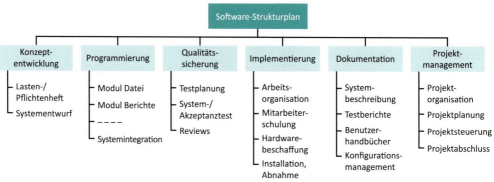

Abbildung 1.09-19: Standardstrukturplan für Softwareprojekte
(Schelle, Ottmann & Pfeiffer, 2005: 650)

In Abb. 1.09-20 ist ein von der ESA (European Space Agency) genutzter Standardstrukturplan für die Entwicklung komplexer technischer Systeme dargestellt:

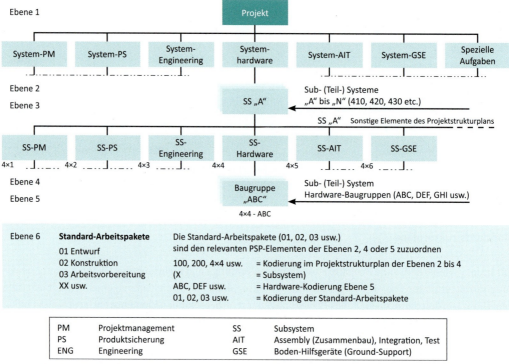

Abbildung 1.09-20: Standardstrukturplan für die Entwicklung technischer Systeme (ESA)
(Schelle, Ottmann & Pfeiffer, 2005: 650)

8 Zusammenfassung

Durch den Prozess der Projektstrukturierung wird das Projekt – nach verschiedenen Gesichtspunkten / Aspekten – in kleine, überschaubare Einheiten zerlegt, die für die weitere Planung und Steuerung im Prozess besser beherrschbar sind. Der in einem Projektteam erarbeitete Projektstrukturplan ist das zentrale Ordnungsinstrument, das sich auf alle anderen Projektmanagementprozesse auswirkt.

Ausgehend von den Zielen, dem Projektinhalt und dem Projektphasenplan, kann die Zerlegung bis auf die kleinsten Elemente – die Arbeitspakete durchgeführt werden. Die Zerlegung kann aus unterschiedlichen Sichten auf das Projekt – nach Aspekten wie – Objekt, Aktivitäten, Informationen, Projektinhalt, Vereinbarungen, Organisation – erfolgen.

Im Grundlagenteil beschränken wir uns zunächst auf die Aspekte – Objekt – Aktivitäten (Funktionen) – Phasen. Das Ergebnis der Zerlegung wird in einem grafischen Modell – einer hierarchischen Baumstruktur – dem Projektstrukturplan PSP – dargestellt. Neben Elementen, wie Teilprojekte und Teilaufgaben, sind die Arbeitspakete die kleinsten Elemente, die im PSP nicht weiter zerlegt werden.

Der Projektstrukturplan soll sämtliche Leistungen, die für das Projekt erforderlich sind, vollständig und lückenlos enthalten. Abhängig vom geplanten Verwendungszweck und dem jeweiligen Gliederungsaspekt unterscheiden wir objektorientierte, aktivitäts-(funktions-) orientierte, phasenorientierte und gemischtorientierte Strukturen.

Arbeitspakete enthalten Leistungen, Anforderungen an Ressourcen, Kosten und – ganz wichtig – die Festlegung eines Arbeitspaketverantwortlichen. Zur eindeutigen Kennzeichnung der Arbeitspakete wird ein Ordnungssystem als identifizierende bzw. klassifizierende Codierung eingeführt.

Für die Strukturierung wiederkehrender Projekte bzw. Teilprojekte kann die Verwendung von Standardstrukturplänen zweckmäßig sein.

9 Fragen zur Wiederholung

1	Erläutern Sie Zweck und Bedeutung der Projektstrukturierung!	☐
2	Erläutern Sie die Begriffe Projektstruktur, Projektstrukturplan, Projektstrukturierung!	☐
3	Erläutern Sie den Unterschied zwischen Projektmanagementphasen und Projektphasen – an Beispielen!	☐
4	Wie ist der Prozess der Projektstrukturierung in die Projektmanagement-Prozesse eingeordnet?	☐
5	Nennen Sie verschiedene Aspekte der Strukturierung und erläutern Sie die Matrix der Strukturaspekte!	☐
6	Erläutern Sie den Grundaufbau eines Projektstrukturplans nach DIN 69901!	☐
7	Welche Gliederungsprinzipien von Projektstrukturplänen kennen Sie? Erläutern Sie diese an Beispielen!	☐
8	Nennen Sie Prinzipien der Bildung von Arbeitspaketen und nennen Sie wesentliche Merkmale!	☐
9	Welche Informationen muss eine Arbeitspaketbeschreibung enthalten?	☐
10	Erläutern Sie den Unterschied von identifizierender und klassifizierender Codierung und nennen Sie Beispiele!	☐

1.10 Leistungsumfang und Lieferobjekte (Scope & deliverables)
William Duncan, Florian E. Dörrenberg

Kontext und Bedeutung

Gemäß ICB dient die **Leistungsbeschreibung** eines Projekts dazu, seine Grenzen abzustecken. Dementsprechend definiert der **Leistungsumfang** (engl.: scope) eines Projekts, Programms oder Portfolios die Grenzen des jeweiligen Unterfangens, indem er definiert, was in diesem enthalten ist. In vielen Fällen sind das Verständnis und die Definition dessen, was **nicht** enthalten ist, genauso wichtig wie die Definition und das Verständnis dessen, was enthalten ist (vgl. Element 1.03 Projektanforderungen und Projektziele).

Zum Beispiel:

- Der Projektmanager eines Bauprojekts muss wissen, ob die Gestaltung des Geländes Teil des Leistungsumfangs ist oder nicht.
- Ein Programmmanager, der die Entwicklung eines neuen Medikaments verantwortet, muss wissen, in welchen Ländern dieses Medikament verkauft werden soll.
- Ein Portfoliomanager muss wissen, welche Projekte zu seinem Portfolio gehören und welche nicht.

In jedem Fall erlaubt erst die Kenntnis des Leistungsumfangs dem Projektteam eine angemessene Projektplanung (z. B. die Entwicklung des Budgets und Aufstellung der Zeitpläne, die Identifizierung von und die Reaktion auf Risiken, die Auswahl des richtigen Personals) und die meisten – wenn nicht sogar alle – Management-Entscheidungen, für die es verantwortlich ist.

Die **Lieferobjekte** (engl.: deliverables) sind die materiellen oder immateriellen Ergebnisse des Projekts, die dem Kunden (der Person oder Organisation, die das Produkt des Projekts erhalten soll) übergeben werden.

Bei einem **Projekt** dient (oder sollte jedenfalls dienen) ein Großteil der frühen Arbeiten dazu, den Lieferumfang genau zu definieren und für die Lieferobjekte Übereinstimmung zwischen den beteiligten Projektparteien zu erzielen. Die Lieferobjekte können Zwischendarstellungen des Projektprodukts beinhalten (z. B. Zeichnungen, Schemata, Beschreibungen, Modelle, Prototypen) sowie Elemente oder Komponenten des Produkts selbst sein (z. B. die Bordelektronik eines neuen Flugzeugs oder die Fließbänder in einer neuen Fabrik). Typischerweise sind Lieferobjekte auch eine Unterstützung für das Endprodukt des laufenden Projekts (z. B. definierte Vorgehensprozesse, Umsetzung organisatorischer Änderungen und Vorgehens-Handbücher).

Bei einem **Programm** stellen die einzelnen Projekte die Lieferobjekte des Programms dar. Bei einem **Portfolio** repräsentieren die angestrebten Geschäftsergebnisse die Lieferobjekte, obwohl der Begriff in diesem Kontext nur selten benutzt wird.

Es ist auch von entscheidender Bedeutung zu verstehen, dass die verschiedenen **Stakeholder** (engl.: interested parties) häufig unterschiedlicher Ansicht über den Leistungsumfang sind (vgl. Element 1.02 Interessierte Parteien). Eine der wichtigsten Verantwortlichkeiten des Projektmanagers und des Projektmanagement-Teams besteht darin, solche unterschiedlichen Ansichten zu identifizieren und damit umzugehen.

Im deutschen Sprachgebrauch gibt es kein direktes Pendant des Begriffes „scope". Das vorliegende Kapitel 1.10 wurde von einem amerikanischen Autor konzipiert, um speziell das internationale Verständnis des Themenschwerpunkts widerzuspiegeln. Im Rahmen der Übersetzung wurden Anpassungen und Ergänzungen vorgenommen, um eine sprachliche Glättung zu erreichen sowie eine sinnhafte Übertragung des angloamerikanischen Sprachhorizonts hin zur deutschen Terminologie sicherzustellen.

Lernziele

Sie kennen

- die wesentlichen Begriffsdefinitionen zu diesem Thema
- die Bedeutung des Projektinhalts und der Leistungsbeschreibung für ein Projekt
- den Zusammenhang zwischen Leistungsumfang und Qualität
- das Verhältnis zwischen Leistungsumfang und Projektlebensweg
- die Bedeutung einer gründlichen Auftragsklärung am Projektbeginn
- die Auswirkungen unkoordinierter Änderungen des Leistungsumfangs

Sie wissen

- worin der Unterschied zwischen Leistungsumfang und Lieferobjekten besteht
- welche besondere Bedeutung dem Kunden bei Leistungsdefinition und Leistungsbewertung zukommt
- in welchem Zusammenhang Leistungsumfang, Arbeit, Anforderungen und Qualität stehen
- wie bei der Definition des Leistungsumfangs vorgegangen werden kann
- wie Lastenheft, Pflichtenheft und Steckbrief inhaltlich aufgebaut sind
- warum die Arbeit im Projekt ein besonderer Aspekt des Leistungsumfangs ist
- welche Arten von Lieferobjekten es in Projekten gibt

Sie können

- eine strukturierte Beschreibung des Leistungsumfangs vornehmen
- aus einem Lastenheft ein Pflichtenheft ableiten
- die Lieferobjekte eines Projekts vom Leistungsumfang unterscheiden
- den Projektinhalt unter Berücksichtigung der Stakeholder-Interessen bewerten

Inhalt

1	Einleitung	332
2	Der Kunde	333
3	Der Begriff Leistungsumfang	334
3.1	Leistungsumfang aus Produkt-Sicht	334
3.2	Leistungsumfang aus Prozess-Sicht	335
3.3	Leistungsumfang und Qualität	336
3.4	Leistungsumfang und Anforderungen	336
4	Vorgehen zur Definition des Projekt-Leistungsumfangs	337
4.1	Auf Basis des Projektlebenswegs	338
4.2	Nach Kundenvorgaben	339
4.3	Bei noch unbekanntem Leistungsumfang	339
4.4	Ausschlüsse im Leistungsumfang	340
5	Beschreibung des Leistungsumfangs	340
5.1	Lastenheft	340
5.2	Pflichtenheft	342
5.3	Projektsteckbrief	343
6	Änderungen im Leistungsumfang	344
7	Lieferobjekte bzw. Liefergegenstände	346
8	Zusammenfassung	347
9	Fragen zur Wiederholung	348

1 Einleitung

Dieses Kapitel beschäftigt sich mit der Beschreibung dessen, was im Rahmen eines Projekts erreicht und getan werden soll. Der **Projektinhalt** wird in der Leistungsbeschreibung festgelegt.

> **§ Definition** Projektinhalt (en: project result): Gesamtheit der Produkte und Dienstleistungen, die durch die Aufgabenstellung eines Projekts als Ergebnis am Ende vorliegen müssen. (DIN 69901-5: 2009)

Bei der Leistungsbeschreibung sind zwei verschiedene Aspekte zu unterscheiden: der Leistungsumfang und die Lieferobjekte (vgl. Abbildung 1.10-1).

Abbildung 1.10-1: Gegenstand der Leistungsbeschreibung (in Anlehnung an GPM, 2008, S. 63)

Dieser Abschnitt über das Grundlagenwissen konzentriert sich auf den Leistungsumfang und die Lieferobjekte eines **Einzelprojekts**. Programm- und Portfolioperspektiven werden im Vertiefungswissen behandelt.

Es gibt zwei hauptsächliche Herausforderungen für das Verständnis des Leistungsumfangs und der Lieferobjekte eines Projekts. Die erste Herausforderung besteht darin, dass diese beiden Begriffe in unterschiedlichen Anwendungsbereichen verschieden gebraucht werden.

Der Begriff „Leistungsumfang" kann beispielsweise verwendet werden, um

- die ursprünglichen Anforderungen des Kunden oder
- die detaillierten technischen Charakteristika des Produkts eines Projekts oder
- eine spezifische Anzahl von Handlungen, die von einer Untergruppe des Projektteams unternommen werden,

zu beschreiben (derzeit bietet die DIN 69901-5 hierzu keine genormten Begrifflichkeiten).

Die zweite Herausforderung besteht darin, dass Leistungsumfang und Lieferobjekte des Projekts in den Köpfen der Stakeholder entstehen, dann in schriftliche Dokumente verschiedenster Art verwandelt werden und anschließend in tatsächlichen Produkten bzw. definierbaren Dienstleistungen realisiert werden, die dem Kunden „übergeben" werden.

Für den Projektleiter ist es besonders wichtig, die Definition und Beschreibung von Leistungsumfang und Lieferobjekte nicht als einzelnen (für sich alleine stehenden) Planungsschritt zu verstehen, sondern eine gesamtheitliche Betrachtung vorzunehmen. Zum einen besteht eine enge Verbindung zu den Anforderungen und Zielen des Projekts sowie ggf. zu den vertraglichen Regelungen. Zum anderen stellt die Planung der im Projekt zu erbringenden Lieferungen und Leistungen in ihrer Gesamtheit eine unverzichtbare und zentrale Grundlage für ein adäquates Projektcontrolling (v.a. Leistungsmessung und Leistungsbewertung) dar. Hier bestehen enge Verbindungen zu weiteren Aufgaben des Projektmanagements, wie beispielsweise der Arbeitspaketplanung (vgl. Element 1.09 Projektstrukturen), der Beurteilung des Projektfortschritts (vgl. Element 1.16 Überwachung und Steuerung, Berichtswesen) oder dem Qualitätsmanagement (vgl. Element 1.05 Qualität). Hier kommt der **Leistungsplanung** eine hohe Bedeutung zu, bei der für die einzelnen Leistungspositionen in geeigneter Weise Qualitäten und Quantitäten (Mengengerüst) festzulegen sind. Der wichtige Aspekt der **Leistungsbewertung** wird in Element 1.16 (Überwachung und Steuerung, Berichtswesen) umfänglich behandelt.

2 Der Kunde

Eine wichtige Rolle bei der Bestimmung des Leistungsumfangs sowie der späteren Bewertung der Ergebnisse eines Projekts spielt der Kunde. Da nicht immer vorausgesetzt werden kann, dass der **Kunde** gleichzeitig auch der spätere **Nutzer** des Projektergebnisses (= Projekt-Produkt) sein wird, ist es in diesem Falle besonders wichtig, die Positionen von Kunde und Nutzer zu kennen und entsprechend zu berücksichtigen (vgl. Element 1.02 Interessierte Parteien).

Abhängig von der Organisation, Industrie/ Branche oder dem betreffenden Anwendungsgebiet werden in der Praxis statt Kunde synonym auch Begriffe, wie Auftraggeber, Klient, Besitzer, Sponsor, Nutzer, verwendet. In einigen Fällen werden diese unterschiedlichen Bezeichnungen dieselbe Rolle definieren, in anderen Fällen hingegen definieren sie unterschiedliche Rollen (für weitere Details zur Verwendung dieser Begriffe und ihre Rolle im Projekt wird auf Element 1.02 Interessierte Parteien verwiesen).

Folgende Beispiele verdeutlichen die unterschiedlichen Arten möglicher Kunden:

- Bei einem Projekt zur Fabrikplanung ist der Kunde diejenige Firma, die diese neue Anlage für ihre weiteren Operationen benutzen wird.
- Bei einem Projekt zum Kauf und zur Implementierung eines neuen automatischen Buchhaltungssystems ist der Kunde die Abteilung Rechnungswesen.
- Bei einem Projekt zur Ersetzung des Haupt-Crackturms einer Ölraffinerie ist der Kunde die Abteilung Technische Betriebsführung der Raffinerie.

In einigen Fällen kann es für ein und dasselbe Projekt durchaus auch mehrere Kunden geben:

- Bei einem Projekt zur Entwicklung und Herstellung eines neuen Mobiltelefons sind die Kunden sowohl die Telefongesellschaften, welche dieses Telefon verkaufen werden, als auch der Konsument, der es kaufen wird.
- Bei einem Projekt zur Entwicklung eines Medikaments sind die Kunden sowohl die Apotheken, welche dieses Medikament kaufen werden, als auch die Ärzte, die es verschreiben werden, sowie die Patienten, die es anwenden werden.

In jedem Fall muss der Leistungsumfang so definiert werden, dass er den Anforderungen und Zielen des bzw. der Kunden gerecht wird.

3 Der Begriff Leistungsumfang

Wie oben bereits dargelegt, ist im Projektmanagement grundsätzlich zwischen Projekt-Produkt und Projekt-Prozess zu unterscheiden. Dementsprechend ist auch bei der Leistungsbeschreibung zwischen Produkt-Sicht und Prozess-Sicht zu differenzieren, um jeweils den richtigen Fokus auf den jeweiligen Leistungsumfang zu richten:

- **Produktinhalt und -umfang:**
  Die Eigenschaften und Funktionen, die ein Produkt, eine Dienstleistung oder ein sonstiges Ergebnis kennzeichnen.
- **Projektinhalt und -umfang:**
  Die Arbeiten, die durchgeführt werden müssen, um ein Produkt, eine Dienstleistung oder ein sonstiges Ergebnis mit den geforderten Eigenschaften und Funktionen zu liefern.

Beide Sichtweisen sind im Projekt wichtig und unverzichtbar, in beiden Bereichen werden Beiträge zum erforderlichen Leistungsumfang des Projekts insgesamt erbracht. Aus Produkt-Sicht kann der Leistungsumfang als ein Satz von geforderten Produkteigenschaften und -funktionen beschrieben werden, aus Prozess-Sicht hingegen als die Arbeit, die erledigt werden muss, um diese Produkt-Charakteristika zu erreichen. Insofern muss grundsätzlich immer zwischen **„Produkt-Leistungsumfang"** und **„Projekt-Leistungsumfang"** differenziert werden (gem. DUNCAN, Project@Work, 2002). Diese unterschiedlichen Sichtweisen und weitere Aspekte des Begriffs Leistungsumfang werden im Folgenden näher beleuchtet.

3.1 Leistungsumfang aus Produkt-Sicht

Eine unerlässliche Voraussetzung zur Definition des Leistungsumfangs eines gegebenen Projekts ist die genaue Kenntnis des angestrebten Produkts dieses Projekts (**„Produkt-Leistungsumfang"**).

Als Beispiel dient ein Projekt der Immobilienwirtschaft (hier: Entwicklung eines neuen Bürogebäudes):

- Wenn man die Machbarkeitsstudie als ein eigenständiges Projekt ansieht, ist der Leistungsumfang dieses Projekts durch die Charakteristika der Machbarkeitsstudie definiert: wie lang, in welchem Format, welche Zwecke sollen erreicht werden und wie detailliert soll dies geschehen?
- Wenn man hingegen die Machbarkeitsstudie lediglich als Phasenergebnis eines umfangreicheren Projekts ansieht, ist der Leistungsumfang dieses Projekts durch die Charakteristika des Bürogebäudes definiert: Standort, Größe, Qualitätsniveau usw. In diesem Fall wird die Machbarkeitsstudie zu einem Lieferobjekt, welches eine frühe und sehr vorläufige Version des Leistungsumfangs enthält.

Die Tatsache, dass jedes Projekt einzigartig ist, macht es beinahe unmöglich, den Leistungsumfang eines jeden nicht-trivialen Projektes gleich zu Anfang vollständig und angemessen detailliert zu definieren. Aus diesem Grund wird sich in den meisten Projekten der Leistungsumfang rollierend und schrittweise entwickeln, entsprechend der Definition durch die jeweilige Phase des Projekt-Lebenszyklus. Der Lebenszyklus-Ansatz eines Projekts wird weiter unten und außerdem in Element 1.11 Projektphasen, Ablauf und Termine detailliert besprochen.

3.2 Leistungsumfang aus Prozess-Sicht

Der Leistungsumfang eines Projekts aus Prozess-Sicht beinhaltet sämtliche **Arbeiten** (engl.: work), die durchgeführt werden müssen, um ein Produkt mit den spezifizierten Charakteristika abzuliefern („**Projekt-Leistungsumfang**"). Diese umfassen sowohl diejenigen Tätigkeiten, die direkt mit der Schaffung des Projektprodukts zu tun haben, als auch alle die, die notwendig sind, um das Projekt zu planen und zu managen.

Zum Beispiel:

- Bei einem Architekturprojekt enthält „Arbeit" die Treffen mit dem Kunden, die Erstellung und Bewertung vorläufiger Entwürfe, die Vorbereitung von und Zustimmung zu endgültigen Zeichnungen etc.
- Bei einem Bauprojekt enthält „Arbeit" den Aushub, das Fundament, den Betonguss etc.
- Bei einem Software-Entwicklungsprojekt enthält „Arbeit" das Entwerfen, Codieren, Testen etc.

Als Beispiel kann das einfache Projekt „Ausheben eines Lochs im Boden" dienen. Der Leistungsumfang des Projekts wird definiert durch die Eigenschaften des Lochs: wo man graben muss, wie breit, wie tief, in welcher Form, Verwendungszweck usw. Die Arbeit an diesem Projekt kann in vielerlei Weise geleistet werden: das Projekt-Team kann sich entscheiden, einen Bulldozer einzusetzen, einen Schaufelbagger oder – im Extremfall – eine Gruppe Studenten mit Löffeln (z. B. bei archäologischen Ausgrabungen).

Die Unterscheidung zwischen Produkt- und Projekt-Leistungsumfang hilft dabei, sicher zu stellen, dass die Stakeholder speziell diejenigen Ergebnisse des Projekts genauer beurteilen werden, welche sie direkt betreffen. Wenn es zum Beispiel darum geht, zu beurteilen, ob der geplante Leistungsumfang der Grabung auch erreicht wurde, wird der Auftraggeber überprüfen, ob das Loch an der richtigen Stelle ist und ob es die richtigen Dimensionen aufweist. Bei der Beurteilung der Arbeit im Projekt wird auch überprüft werden, ob Budget und Zeitplan eingehalten wurden und ob die diversen Stakeholder mit dem Prozess zufrieden waren.

In der Praxis konzentrieren sich oftmals Kunden lediglich auf den Produkt-Leistungsumfang, während viele Projektmanager sich vorwiegend auf die Arbeit (Projekt-Leistungsumfang) konzentrieren.

Im Ergebnis kann es sein, dass beide falsche Entscheidungen treffen:

- Der eine Projektmanager vollendet das Grabungsprojekt pünktlich, im Rahmen des Budgets und entsprechend den Spezifikationen, doch der Kunde macht den Projektmanager verantwortlich, wenn er niemanden findet, der dieses Loch kauft.
- Ein anderer Projektmanager vollendet das Projekt zu spät und überschreitet das Budget (die Studenten haben wesentlich länger gebraucht als erwartet, weil ihre Löffel zu klein waren), doch der Kunde ist dennoch hoch zufrieden, weil er das Loch schnell verkaufen kann. Der Projektmanager entscheidet sich, in Zukunft alle Löcher von Studenten mit Löffeln graben zu lassen, erkennt aber nicht, dass sich das Loch so schnell verkauft hat, weil die Gegend plötzlich in Mode gekommen war.

Eine weitere wichtige Überlegung besteht darin, dass kleinere Veränderungen des Produkt-Leistungsumfangs eine gewaltige Auswirkung auf die Arbeit haben können, während größere Veränderungen am Produkt selbst eventuell nur geringe oder gar keine Auswirkungen auf die Arbeit haben (vgl. Element 1.15 Änderungen). Wenn zum Beispiel das Loch um nur wenige Zentimeter vergrößert wird, kann sich der Arbeitsaufwand enorm steigern, falls für diese Erweiterung das Wegsprengen von gewachsenem Fels notwendig wird. In ganz ähnlicher Weise kann eine größere Veränderung des Produkts (z. B. die Verlagerung des Loches 100 m nach Norden) auf die Arbeit überhaupt keine (bzw. keine messbaren) Auswirkungen haben, falls das Projektteam noch gar nicht mit der Vermessung oder Grabung begonnen hat.

Aus den obigen Darstellungen wird deutlich, welch hohe Bedeutung einer gründlichen **Spezifikation** der Projektinhalte zukommt. In einem Projekt ist eben weit mehr zu leisten, als lediglich die einzelnen Komponenten des Produkt-Leistungsumfangs zu erbringen. Hier kommt zusätzlicher Aufwand hinzu (z. B. für Integration, Kommunikation, Teamentwicklung, Dokumentation), der vielfach nicht direkt vom Kunden mitgetragen oder unterstützt wird. Durch das Projektmanagement ist auch ein Verständnis für die insgesamt anfallenden Arbeiten zu entwickeln.

> **§ Definition** Spezifikation: Ausführliche Beschreibung der Leistungen (z. B. technische, wirtschaftliche, organisatorische Leistungen), die erforderlich sind oder gefordert werden, damit die Ziele des Projekts erreicht werden.
> *Anmerkung: Spezifikation kann auch als Pflichten- oder Lastenheft bezeichnet werden*

Die zu leistende **Arbeit** in einem Projekt wird im Wesentlichen charakterisiert durch die Art der Arbeit sowie den dafür notwendigen Aufwand (vgl. Element 1.12 Ressourcen). Auf Inhalte und Verwendung von Lasten- und Pflichtenheft wird weiter unten eingegangen.

3.3 Leistungsumfang und Qualität

Im Kontext eines Projekts sollten die Ansätze des Qualitätsmanagements sowohl auf den Produkt- als auch auf den Projekt-Leistungsumfang angewandt werden. Das Qualitätsmanagement im Hinblick auf die Beschreibung des Leistungsumfangs erfordert es sicherzustellen, dass einerseits das Produkt des Projekts den Spezifikationen entspricht und dass letztere eindeutig und vollständig sind. Andererseits ist aber auch sicherzustellen, dass die Arbeit sowohl vollständig durchgeplant ist als auch dann entsprechend dieser Planung und der zeitlichen Vorgaben ausgeführt wird.

In beiden Fällen beinhaltet Qualitätsmanagement auch die Verbesserung der Qualität:

- Eventuell besteht die Möglichkeit, ein besseres Produkt zu erzeugen, ohne die Kosten zu erhöhen oder im Zeitplan zurückzubleiben.
- Eventuell besteht die Möglichkeit, die Projektmanagement-Prozesse zu verbessern, sodass die Aufwands-Schätzungen genauer und die Zeitpläne verlässlicher sind.

Qualität und Qualitätsmanagement stellen auch selbst einen Aspekt des Leistungsumfangs dar. Die Qualitätsanforderungen sollten in der Definition und Beschreibung des Leistungsumfangs enthalten sein. So ist es beispielsweise sicherlich unumgänglich, bereits in der Entwurfsphase eines Bauprojekts festzulegen, dass das Fundament betoniert werden soll. Für die Realisierungsphase (= Baudurchführung) muss die Leistungsbeschreibung ausweisen, welche Qualitätsstandards für den Beton gelten sollen (vgl. auch Element 1.05 Qualität).

3.4 Leistungsumfang und Anforderungen

Die Leistungsbeschreibung eines Projekts sollte in jedem Fall die Anforderungen des Projekts widerspiegeln (vgl. Element 1.03 Projektanforderungen und Projektziele), Leistungsumfang und Anforderungen sind jedoch nicht identisch. Anforderungen werden aus der Sicht des Kunden formuliert und lassen üblicherweise eine erhebliche Flexibilität bezüglich der Art und Weise zu, in der ihnen entsprochen wird. So lässt sich beispielsweise die Anforderung an ein Fortbewegungsmittel, das „mindestens vier Personen über eine Entfernung von 250 Kilometern transportieren kann, ohne zum Tanken anzuhalten und sie gleichzeitig vor den Naturelementen schützt" durch verschiedenste Transportmittel erfüllen: durch einen Panzer, einen Lastwagen, ein Auto oder sogar durch ein kleines Flugzeug. Der Kunde kann weitere Anforderungen definieren, um die Leistungsumfang-Optionen zu begrenzen, oder er kann einfach bestimmte Optionen zurückweisen, während das Projekt die einzelnen Phasen seines Lebenszyklus durchläuft.

Extrem detaillierte Anforderungen sind unter Umständen aus der Leistungsbeschreibung nicht mehr „herauszuhalten" und treten häufig dann auf, wenn zwischen den Projektbeteiligten nur begrenztes Vertrauen herrscht.

4 Vorgehen zur Definition des Projekt-Leistungsumfangs

Wie bereits festgestellt, entstehen sowohl Leistungsumfang als auch Lieferobjekte zunächst als Wunschbild in den Köpfen der Beteiligten. Sie werden dann in schriftliche Dokumente verschiedenster Art umgewandelt und weiter in einem physischen Produkt bzw. der definierten Dienstleistung realisiert. Dieses Projektergebnis wird schließlich dem Kunden zur Verfügung gestellt. Das Definieren des Projekt-Leistungsumfangs stellt im Grunde den Prozess dieser Umwandlungen dar.

Hierbei ist es wichtig zu verstehen, dass die Projektziele und die daraus abgeleiteten Anforderungen einfach frühere, weniger detaillierte und weniger spezifische Versionen des Leistungsumfangs sind. So kann sich ein Projekt beispielsweise in folgenden groben Schritten entwickeln:

- Das Projektziel besteht darin, die Vertriebskosten zu senken;
- Die Projektanforderungen beschreiben eventuell zunächst ein automatisiertes Lagerhaus mit einer bestimmten Größe;
- Die nächste Version des Leistungsumfangs kann in Entwurfszeichnungen und Konstruktionsisometrien bestehen;
- Der endgültige, realisierte Leistungsumfang würde in Bestandszeichnungen sowie schließlich dem Gebäude selbst bestehen.

Bei jedem Schritt müssen der Projektmanager und das Projektteam sicherstellen, dass die diversen Versionen des Leistungsumfangs kompatibel, konsistent und machbar bleiben. Hierbei sind besonders zu beachten:

- Die Definition eines Projekt-Leistungsumfangs muss auf einem eindeutigen Verständnis dessen basieren, was getan werden muss, um den Anforderungen und Zielen zu entsprechen (vgl. Element 1.03 Projektanforderungen und Projektziele).
- Das Höhe des Budgets und der Zeitplan eines Projekts müssen der Aufgabe angemessen sein, sodass der definierte Leistungsumfang realisiert werden kann (vgl. Element 1.16 Überwachung und Steuerung, Berichtswesen sowie Element 1.13 Kosten und Finanzmittel).
- Es gibt eindeutig definierte Kriterien für die endgültige Abnahme eines Projektergebnisses (vgl. Element 1.20 Projektabschluss sowie Element 1.14 Beschaffung und Verträge, falls das Projekt Verträge mit einschließt).
- Die Qualitätskriterien sowohl für das Projektergebnis (= Produkt) als auch für das Projektmanagement (= Prozess) stellen einen integralen Bestandteil des Leistungsumfangs dar (vgl. Element 1.05 Qualität).
- Änderungen des Leistungsumfangs sollten nicht auf Kosten der Ziele oder Anforderungen gehen, obwohl sich Ziele und Anforderungen im Verlaufe des Projekts ändern können (vgl. Element 1.15 Änderungen).
- Vertragsbestimmungen sollten nicht auf Kosten der Ziele und Anforderungen gehen (vgl. Element 1.14 Beschaffung und Verträge).

Grundlegende Aussagen zur Festlegung des Leistungsumfangs werden häufig bereits in der Angebotsphase eines Projekts getroffen. Hierbei besteht jedoch meist noch erhöhte Unkenntnis über den tatsächlichen späteren Projektverlauf, es wird also mit gewissen Unschärfen zu arbeiten sein. Die hier ggf. getroffenen Festlegungen können sich zwangsläufig innerhalb einer Bandbreite durchaus noch verändern, diesem Umstand ist vom Projektteam angemessen Rechnung zu tragen. Wenn der Leistungsumfang nicht ordnungsgemäß definiert ist, könnte es gegen Ende des Projekts zu weitreichenden Problemen kommen.

Dies führt zu der Frage, wie der Leistungsumfang ordnungsgemäß definiert wird. In der Praxis finden sich prinzipiell zwei unterschiedliche Ansätze: (a) Der Leistungsumfang wird schrittweise entwickelt (z. B. indem man einem definierten Lebensweg eines Projekts folgt), oder (b) er wird dem Projektteam vom Kunden vorgegeben. Diese beiden hauptsächlichen Ansätze werden nachfolgend genauer besprochen. Daran schließen sich Empfehlungen an, wie im Falle eines zunächst noch nicht bekannten oder nicht exakt festlegbaren Leistungsumfangs vorgegangen werden kann.

4.1   Auf Basis des Projektlebenswegs

Dieser Ansatz ist der weitaus üblichste, ganz sicher bezüglich der Anzahl der Projekte und sehr wahrscheinlich bezüglich der eingesetzten Finanzmittel.

Er findet beispielsweise Verwendung:

- in der Immobilienentwicklung, unabhängig davon, ob es sich dabei um ein Bürogebäude oder eine Ölraffinerie handelt.
- vom Militär bei einer größeren Beschaffung von Waffensystemen, Kommunikationseinrichtungen oder Verteidigungssystemen.
- von Unternehmen, die neue Konsumprodukte oder Dienstleistungen entwickeln.
- von der Pharmazeutischen Industrie und Biotechnologiefirmen, die neue Medikamente entwickeln.
- in der Entwicklung von Softwaresystemen , ob nun kommerziell zum Verkauf oder intern zur Prozessverbesserung.

In jedem dieser Fälle wird das Projektteam einem vorab definierten Projektlebensweg (Phasenkonzept) folgen. Dieser bietet als Bestandteil der Grobplanung eine Art Leitfaden bzw. Orientierungsrahmen, wie von der ersten Feststellung eines Problems oder der Begründung für eine Investition bis hin zu einem vollständigen Produkt oder einer Dienstleistung vorgegangen werden kann. Die Phasenkonzepte variieren je nach Anwendungsgebiet, Organisation, Projektgröße sowie anderen Faktoren.

Die meisten Modelle sind sich auf der konzeptionellen Ebene sehr ähnlich. Sie enthalten Phasen oder Stufen, die allgemein als Machbarkeit, Anforderungen, Entwurf, Entwicklung und Umsetzung bezeichnet werden können. Doch bei allen konzeptionellen Ähnlichkeiten unterscheiden sich die Details enorm (vgl. DÖRRENBERG, 2004: 37ff). Phasenmodelle von Projekten werden eingehend besprochen in Element 1.11 Projektphasen, Ablauf und Termine.

Die Orientierung an einem Phasenmodell bei der Definition des Leistungsumfangs kann an folgendem Beispiel verdeutlicht werden. Zu Beginn eines Immobilienprojekts besteht der Leistungsumfang häufig aus einer einfachen Aussage, wie zum Beispiel „erstklassige Büroräume innerhalb einer Entfernung von 30 Minuten von der Innenstadt". Der Projektentwickler wird die Umgebung erkunden und schließlich ein zu erwerbendes Grundstück ausfindig machen, das diesen Grundanforderungen entspricht. Wurde dann das Objekt erst einmal gekauft, werden die Charakteristika dieser spezifischen Lage (Größe, Zuschnitt, Geländeverlauf) Teil des Leistungsumfangs. Dieser Teil der Arbeit könnte als die Machbarkeitsphase oder die Phase der Konzeptentwicklung bezeichnet werden.

Der Leistungsumfang wird dann genauer entwickelt werden, beruhend auf dem tatsächlich vorhandenen Grundstück, zum Beispiel: „Ein fünfgeschossiges Gebäude mit X Quadratmetern Grundfläche und Parkplätzen für Y Fahrzeuge". Dieses Verständnis hinsichtlich des Leistungsumfangs wird an den Architekten weiter gereicht, der weitere Details in Form von Zeichnungen entwickeln wird. Die Architektenzeichnungen werden zur Grundlage für die Statikarbeiten, die Bauisometrie und für weitere detailliertere Definitionen des Leistungsumfangs. Diese Arbeit könnte man als die Entwurfsphase bezeichnen. Während der folgenden Konstruktionsphase werden Interpretationen und Anpassungen je nach Notwendigkeit vorgenommen und einzeln verabschiedet. Da die Mehrheit der Projektkosten während dieser Phase festgelegt wird, wird sie eventuell weiter unterteilt in phasenartige Abschnitte, wie zum Beispiel Planung, Ausführung und Abschluss.

4.2 Nach Kundenvorgaben

In der Praxis wird der Leistungsumfang für ein Projekt häufig außerhalb dieses Projekts selbst entwickelt und dem Projektteam vom Projektauftraggeber (bzw. Kunden) einfach vorgegeben. Die Detaillierung dieser Vorgaben hängt vor allem davon ab, in welchem Stadium des Projektlebenswegs sich der Kunde gerade selbst befindet. Dieses Vorgehen wird insbesondere dann oft praktiziert, wenn der Kunde im Rahmen einer Käufer-Verkäufer-Beziehung selbst der Käufer ist und der Leistungsumfang sich auf ein Teilprojekt in einem größeren Gesamtprojekt bezieht.

Zum Beispiel:

- Bei einem Bauprojekt wird der Kunde als Auftraggeber im Allgemeinen dem ausführenden Bauunternehmen als Auftragnehmer (für die Bauausführung) einen vollständigen Satz an Entwurfsdokumenten zur Verfügung stellen. Der Aufragnehmer kann die Genauigkeit und Vollständigkeit des Leistungsumfangs prüfen und ggf. Änderungen vorschlagen, die auf seiner eigenen Sichtweise der zu leistenden Arbeit beruhen; in der Regel orientiert er sich aber weitgehend an der Kundendefinition des Leistungsumfangs.
- Bei einem IT-Projekt kann es sein, dass die IT-Abteilung einem Auftragnehmer, der die geforderte Hard- und Software beschafft und installiert, detaillierte Spezifikationen vorgibt. Auch hier ist die Rolle des Auftragnehmers bei der Definition des Leistungsumfangs darauf beschränkt, die Genauigkeit und Vollständigkeit zu überprüfen und Änderungen vorzuschlagen; ansonsten wird er sich an die Kundenvorgaben halten.

4.3 Bei noch unbekanntem Leistungsumfang

Wenn die Kundenanforderungen unbekannt sind oder noch nicht detailliert festgelegt werden können, sollte der Leistungsumfang darauf beschränkt sein, zunächst einmal Erkenntnisse zum besseren Verständnis des zu lösenden Problems zu gewinnen. Derartige „Forschungsprojekte" sind konzeptionell den Machbarkeitsstudien ähnlich, unterscheiden sich aber von diesen dadurch, dass sie wesentlich ergebnisoffener sind.

Bei einigen Anwendungsgebieten, beispielsweise in der Softwareentwicklung, wird der Leistungsumfang häufig durch eine Serie von **Iterationen** definiert, in deren Verlauf ein Teil eines realen, funktionierenden Produkts entwickelt und dann vom Kunden durch tatsächliche Anwendung bewertet wird („Prototyping"). Wenn das Teilprodukt die geforderten Charakteristika aufweist, wird es beibehalten, wenn nicht, wird es entweder modifiziert oder abgelehnt. Obwohl derartige Iterationen konzeptionell den Phasen eines Projektlebenswegs ähneln, unterscheiden sie sich dadurch, dass aus ihnen ein tatsächliches Produkt entsteht, anstatt dass nur ein allmählich immer weiter detaillierteres Dokument übergeben wird, das schließlich den „endgültigen" Leistungsumfang beschreibt.

4.4 Ausschlüsse im Leistungsumfang

Rein formal gesehen, ist alles, was nicht explizit als Teil des Leistungsumfangs definiert ist, vom Leistungsumfang ausgeschlossen. Es gibt allerdings Situationen, in denen eine beteiligte Partei etwas erwartet, das eine andere beteiligte Partei nicht vor hat anzubieten. Um Missverständnisse zu vermeiden, empfiehlt es sich, solche Punkte als Exklusionen bewusst anzusprechen und in geeigneter Weise in die relevanten Dokumente mit aufzunehmen (z. B. Verträge, Leistungsbeschreibungen, Lasten- oder Pflichtenhefte).

Im Sinne des Systemdenkens findet hier eine Abgrenzung des Systems statt; speziell die Lage der Systemgrenze ist dann von besonderem Interesse. Eine konsequente Anwendung dieser Denkweise findet sich beispielsweise im internationalen Anlagen- und Systemgeschäft, wo mit einer sog. „List of Compliance" der Grad der Übereinstimmung von Ausschreibung und Angebot zu dokumentieren ist.

5 Beschreibung des Leistungsumfangs

Jedes Projekt erarbeitet ein neuartiges Ergebnis, der Projektinhalt ist somit der wichtigste Bestandteil eines Projekts. Der Projektinhalt (Leistungsumfang *und* Lieferobjekte) wird aus den Zielen des Projekts abgeleitet und üblicherweise schrittweise erarbeitet bzw. verfeinert. Wie oben bereits dargelegt, kann hierbei als Orientierung ein Phasenkonzept dienen, wobei den frühen Phasen besondere Bedeutung zukommt (vgl. hierzu Element 1.19 Projektstart sowie Dörrenberg, 2004: 37ff). Hier geht es darum, speziell den Leistungsumfang des Projekts abzustimmen und festzulegen.

Es gibt verschiedene Instrumente zur Beschreibung des Leistungsumfangs eines Projekts. Die in der Praxis am häufigsten verwendeten Kerndokumente sind Lastenheft und Pflichtenheft sowie (eingeschränkt auch) der Projektsteckbrief. Sie werden in den folgenden Abschnitten exemplarisch vorgestellt. Darüber hinaus finden sich in der Praxis zahlreiche branchenspezifische Varianten und begriffliche Alternativen.

5.1 Lastenheft

> **§ Definition** Lastenheft (en: user specification): Vom Auftraggeber festgelegte Gesamtheit der Forderungen an die Lieferungen und Leistungen eines Auftragnehmers innerhalb eines (Projekt-) Auftrags. (DIN 69901-5:2009)

„Das Lastenheft ist die Zusammenstellung aller Anforderungen des Auftraggebers und des oder der Nutzer an das Projekt hinsichtlich der Ziele, des Liefer- und Leistungsumfangs und der Randbedingungen. Die Anforderungen und Randbedingungen sind aus Anwendersicht beschrieben und soweit möglich quantifiziert und überprüfbar" (Platz, 2003: 1064).

Somit wird im Lastenheft beschrieben, WAS und WOFÜR es zu erbringen ist. Üblicherweise wird es vom Auftraggeber erstellt oder in seinem Auftrag entwickelt und an den Auftragnehmer als Vorgabe weitergegeben. Es ist durchaus üblich, dass in einem iterativen Vorgehen mehrere Versionen nacheinander und mit wachsendem Kenntnisstand über das Projekt verfeinert ausgearbeitet werden, bis schließlich die gewünschte Endgenauigkeit erreicht ist. Dieses Dokument ist dann die verabschiedete Arbeitsgrundlage des Projekts in der folgenden Phase. Nachträgliche Änderungen müssen über einen formalisierten Autorisierungsprozess gehen (vgl. Element 1.15 Änderungen).

Eine mögliche Gliederung eines Lastenhefts speziell für technische Projekte zeigt Abbildung 1.10-2. Diese ist jedoch in jedem Fall projektspezifisch zu adaptieren. Hierbei wird bereits auch auf Aspekte der Arbeit sowie vertragliche Informationen eingegangen.

1	**Überblick über das Projekt**	**7**	**Anforderungen an die Qualität**
1.1	Veranlassung	7.1	Qualitätsmerkmale
1.2	Einbettung in die Strategie	7.2	Qualitätssicherung
1.3	Zielsetzung	7.3	Qualitätsnachweis
1.4	Technische Zusammenhänge	**8**	**Inbetriebnahme und Betrieb**
1.5	Organisatorische Einbettung	8.1	Dokumentation
1.6	Wirtschaftliche Zusammenhänge	8.2	Schulung
1.7	Eckdaten des Projekts	8.3	Montage
2	**Ist-Situation**	8.4	Inbetriebnahme
2.1	Technischer Prozess	8.5	Abnahme
2.2	Vorhandene Systeme	8.6	Betrieb und Bedienung
2.3	Organisation	8.7	Instandhaltung
2.4	Mengengerüst	**9**	**Umweltschutz + Außerbetriebnahme**
3	**Schnittstellen**	**10**	**Projektabwicklung**
3.1	Äußere Schnittstellen	10.1	Projektorganisation
3.2	Bedienungs-Schnittstellen	10.2	Projektplanung und -überwachung
3.3	Innere Schnittstellen	10.3	Personal
4	**Soll-Zustand**	10.4	Lieferanten und Verträge
4.1	Übersicht Aufgabenstellung	10.5	Änderungen
4.2	Projektziele	**A**	**Anhang**
4.3	Detaillierte Aufgabenstellung	A1.	Begriffe und Definitionen
4.4	Abläufe	A2.	Gesetze, Normen, Richtlinien
4.5	Mengengerüst	A3.	Konstruktionsrichtlinien
4.6	Ausbaustufen	A4.	Vertragsgrundlagen
5	**Anforderungen an die Technik**		
6	**Randbedingungen**		
6.1	Genehmigungswesen		
6.2	Gesetze und Richtlinien		

Abbildung 1.10-2: Gliederung eines Lastenhefts (Schematisches Beispiel) (PLATZ, 2003: 1064)

5.2 Pflichtenheft

> **§ Definition** Pflichtenheft (en: functional specification): Vom Auftragnehmer erarbeitete Realisierungsvorgaben auf der Basis des vom Auftraggeber vorgegebenen Lastenheftes. (DIN 69901-5: 2009)

„Das Pflichtenheft beschreibt die Realisierung aller Anforderungen des Lastenhefts. Im Pflichtenheft werden die Anforderungen des Lastenheftes detailliert, auf technische und wirtschaftliche Machbarkeit und Widerspruchsfreiheit überprüft und das Grobkonzept der Realisierung festgelegt" (Platz, 2003: 1065).

Im Pflichtenheft wird somit aus Sicht des Auftragnehmers definiert, WIE und WOMIT die Anforderungen des Auftraggebers realisiert werden. Es ist vielfach das Ergebnis einer **Auftragsklärung** und dient als Grundlage für die weitere Abwicklung des Projekts. Üblicherweise unterliegt auch das Pflichtenheft einer Freigabe durch den Kunden, es ist somit eine verbindliche Vereinbarung zwischen Auftraggeber und Auftragnehmer (Projektleiter). Insbesondere bei internen Projekten ist „Das Pflichtenheft (ist) meist die Grundlage der Projektfreigabe und der Investitionsbewilligung" (Platz, 2003: 1065).

Das Pflichtenheft stellt also eine Weiterentwicklung des Lastenhefts dar. Eine mögliche Gliederung eines Pflichtenhefts speziell für technische Projekte zeigt Abbildung 1.10-3; vielfach wird hierzu die Gliederung des Lastenhefts um relevante Punkte des Auftragnehmers erweitert.

11	**Fachliche/Technische Lösung**	19	**Projektkalkulation**
11.1	Kurzbeschreibung	19.1	Kosten
11.2	Zusammenhang	19.2	Investitionen
11.3	Anlagenstruktur	19.3	Unteraufträge
11.4	Schnittstellendefinitionen	19.4	Betriebskosten
11.5	Dokumentenplan	19.5	Wirtschaftlichkeitsrechnung
11.6	Störfallanalyse	19.6	Mittelabflussplanung
12	**Komponentenbeschreibung**	20	**Projektplanung und -überwachung**
13	**Genehmigungsergebnisse**	20.1	Terminplan
14	**Logistik**	20.2	Meilenstein-Entscheidungen
15	**Test und Abnahme**	20.3	Kapazitäts-Einsatzplanung
15.1	Testkonzept	20.4	Berichtsplan
15.2	Testvorbereitung, Durchführung	**A**	**Anhang**
16	**Inbetriebnahme und Betrieb**	A1.	Begriffe und Definitionen
16.1	Personal	A2.	Gesetze, Normen, Richtlinien
16.2	Schulung	A3.	Konstruktionsrichtlinien
16.3	Organisatorische Einbindung	A4.	Vertragsgrundlagen
17	**Wartung und Störfälle**		
18	**Ausschreibung und Lieferanten**		
18.1	Ausschreibungsart/Veröffentlichung		
18.2	Lieferantenauswahl-Kriterien (Präqualifikation)		
18.2	Vorbereitung Leistungsverzeichnis		
18.3	Vorbereitung Ausschreibungen		

Abbildung 1.10-3: Gliederung eines Pflichtenhefts (Schematisches Beispiel) (Platz, 2003: 1065)

5.3 Projektsteckbrief

In einem Projektsteckbrief werden die wichtigsten Eckdaten eines Projekts in prägnanter Form übersichtlich zusammengefasst. Er kann im Allgemeinen nicht die ausführliche Beschreibung von Leistungsumfang und Lieferobjekten ersetzen, sondern soll in standardisierter Form einen Überblick über das Projekt sowie seine Besonderheiten ermöglichen. Üblicherweise wird versucht, dieses Dokument auf eine Blattseite zu begrenzen.

Vielfach ist der Projektsteckbrief ein standardisiertes Dokument als Bestandteil des PM-Systems einer Organisation und wird als Teil der Projekt begründenden Unterlagen bzw. als Zusammenfassung der **Projektdefinition** (vgl. MOTZEL, 2006: 152) gesehen. Das Ergebnis der Projektdefinition wird in der Praxis synonym auch Projektdefinitionsblatt, Projektbeschreibung oder auch – etwas irreführend – als Projektantrag oder Projektauftrag verwendet (vgl. MOTZEL, 2006: 152). Ein Projektsteckbrief darf jedoch nicht mit dem (offiziellen) – i.d.R. umfänglicheren - Projektauftrag (engl.: Project Charter) verwechselt werden (siehe hierzu MOTZEL, 2006: 149).

> **§ Definition** Projektauftrag (en: project order): Auftrag zur Durchführung eines Projekts oder einer Phase, der mindestens folgende Punkte enthält: Zielsetzung, erwartete Ergebnisse, Randbedingungen, Verantwortlichkeiten, geplante Ressourcen, übereinstimmende Willensbekundungen des Auftraggebers und des Projektverantwortlichen. (DIN 69901-5: 2009)

Für den Projektsteckbrief gibt es keine genormten Inhalte und kein standardisiertes Layout. Ein Beispiel für die möglichen Inhalte zeigt die Aufstellung in Abbildung 1.10-4. Der Projektsteckbrief wird je nach Projektart und Trägerorganisation in der Praxis sehr unterschiedlich ausgeführt, wobei die Inhalte an die Spezifika des jeweiligen Geschäftsfelds angepasst werden. Beispiele für weitere projekt- und organisationsbezogene Ergänzungen sind: Ausgangslage, Projektanlass, kritische Erfolgsfaktoren, gegebene Voraussetzungen, Randbedingungen, Mitwirkung des Kunden.

Projekttitel	
Projektnummer	
Kunde / Auftraggeber	

Projekt-Oberziel	
Kurzbeschreibung Projektinhalt	
Angestrebter Nutzen	
Trägerorganisation / Umfeld	

Termine	Gesamtdauer [Monate]	
	Starttermin	
	Endtermin	
	Meilensteine	
Kapazitätsaufwand in [h] oder [t] [Gesamtaufwand]	Eigenleistung als Planwert (intern)	
	Fremdleistung als Schätzwert (extern)	
	Extern	
Budget in € [Gesamtsumme]	Eigenleistung	
	Fremdleistung	

Projektbeteiligte, z.B.:	Projektleiter	
	Vertreter Auftraggeber	
	Machpromotor	
	Fachpromotor	
	Lenkungsausschuss	
	Kernteam	
	Unterauftragnehmer, Lieferanten	

Mögliche Behinderungen / Störungen / Risiken	
Besonderheiten, z.B. spezielle Schnittstellen	
Bemerkungen	

Freigaben	Unterschrift AG	Unterschrift PL

Abbildung 1.10-4: Möglicher Aufbau eines Projektsteckbriefs (Schematisches Beispiel)

6 Änderungen im Leistungsumfang

Eine Veränderung im Leistungsumfang stellt sich im Allgemeinen entweder als eine Veränderung der Charakteristika des Projektprodukts selbst dar oder als eine Veränderung des Verständnisses, welches das Projektteam von diesen Charakteristika hat.

Veränderungen der Charakteristika des Projektprodukts, die sich fast immer auch auf die Kosten und den Zeitplan auswirken, müssen nach den Grundsätzen des Änderungsmanagements gehandhabt werden (vgl. Vertiefungswissen, Abschnitt 2.3, und in Element 1.15 Änderungen). Der systematische Umgang mit solchen Änderungen trägt wesentlich zum Projekterfolg bei.

> **§ Definition** Änderung: Durch Änderungsantrag begründete, durch Änderungsentscheidung in Kraft gesetzte und durch Änderungsmitteilung als vollzogen bestätigte Änderung bis dahin gültiger Dokumente (Pläne, Verträge usw.). (DIN 69901-5: 2009)

Der Umgang mit Veränderungen des Verständnisses, welches das Projektteam von den Charakteristika des Projektprodukts hat, ist hingegen wesentlich schwieriger und problematischer. Diese meist individuelle Sicht basiert häufig auf **unausgesprochenen Annahmen**.

So kann beispielsweise in einem Projekt zur Entwicklung eines neuen Laptops die Designergruppe annehmen, dass die Ausarbeitung von Trainingsmaterial nicht zu ihrem Leistungsumfang gehört. Es kann sich dann jedoch herausstellen, dass die Marketingabteilung gerade die Erstellung von Trainingsmaterial als wesentlichen Bestandteil des Projekts angenommen hat. Es handelt sich also um das Problem von nicht erkannten unterschiedlichen Wahrnehmungen des Leistungsumfangs.

Mit diesem Problem wird am besten wie folgt umgegangen:

- Annahmen sollten dokumentiert und im Verlauf des Projekts offen diskutiert werden (vgl. Element 1.04 Risiken und Chancen).
- Die Projektbeteiligten sollten sich darauf einigen, wie mit solchen Fällen im Rahmen des Änderungsmanagements umzugehen ist.
- Falls ein Vertrag die Projektgrundlage bildet, sollte dieser Vertrag eindeutig und explizit die Verantwortlichkeiten für Missverständnisse und Auslassungen enthalten.

Darüber hinaus sind zwei Grundprobleme zu bedenken, die im Zusammenhang mit Leistungsumfängen auftreten: (a) ein Projektplan wird als unumstössliche Tatsache betrachtet und (b) der Leistungsumfang verändert sich unbemerkt, „schleichend".

Zu (a): Das Projekt-Team sollte beachten, dass ein Projekt**plan** nicht mit der Projekt**wirklichkeit** verwechselt werden darf. Das Projektumfeld kann sich verändern. Während der Leistungsumfang entwickelt und dokumentiert wird, kann es zu Missverständnissen kommen. Wenn zum Beispiel ein Maler den Auftrag bekommt, ein Zimmer zu streichen und ihm lediglich gesagt wird, das Produkt (Leistungsumfang) sei ein „neu gestrichenes Zimmer", dann handelt es sich um eine inadäquate Definition des Leistungsumfangs. Wenn der Kunde die Farbe von Rot auf Grün verändert, wird der Leistungsumfang des Projekts verändert, obwohl die Dokumentation dies nicht notwendigerweise zum Ausdruck bringt.

Zu (b): Der „schleichende" Anstieg des Leistungsumfangs (engl.: scope creep) ist eine besondere Art der (Ver-)Änderungen im Leistungsumfang. Er ist dadurch gekennzeichnet, dass eine (stillschweigende) Änderung des Leistungsumfangs stattfindet, die in den Grunddaten der Kosten oder des Zeitplans (zunächst) nicht reflektiert wird. Dieses Phänomen tritt typischerweise dann auf, wenn eine der beteiligten Projektparteien erkennt, dass sie ein abweichendes Verständnis von einem oder mehreren Charakteristika des Projektprodukts hat. Dies führt dann häufig zu Diskussionen darüber, welches Verständnis nun „richtig" ist und wer für die Kosten eventueller Änderungen verantwortlich ist.

In der Praxis ist dieses Phänomen recht häufig anzutreffen. Gerade bei sehr innovativen Projekten (z.B. Neuproduktentwicklungen) ergeben sich naturgemäß im Verlauf des Entwicklungsprozesses immer wieder neue Erkenntnisse, die zu einer Verbesserung des Produkts beitragen können. Ebenso bewirken interne wie externe Innovationen nach Projektbeginn, dass mehr Leistungsmerkmale realisiert werden können oder sollen, als ursprünglich beabsichtigt. Weiterhin erkennt der Auftraggeber meist erst mit zunehmendem Fortschritt bei der Produktentwicklung, dass er noch zusätzliche Funktionen benötigt. Problematisch wird das Vorgehen insbesondere dann, wenn solche Abänderungen nicht über einen formellen Änderungsprozess gehandhabt werden, sondern nur über informelle Absprachen (mündliche Vereinbarungen, eigenmächtige Änderungen von technischen Unterlagen usw.) laufen und somit quasi im Nachhinein undokumentiert und unkoordiniert die Definition des Projektergebnisses beeinflussen (vgl. ANGERMEIER, 2005: 400f).

Beispiel für eine schleichende Veränderung des Leistungsumfangs: Die Standards eines Ingenieurunternehmens legen fest, dass „alles innerhalb der vier Wände eines Gebäudes" unter die Verantwortlichkeit der Abteilung A fällt. Die Standards der Firma legen aber auch fest, dass „alle Stützwände" unter die Verantwortung der Abteilung B fallen. Bei einem Projekt ist nun jedoch eine Stützwand notwendig, die vollständig innerhalb der vier Wände des Gebäudes ist. Die Abteilung A hat kein Budget für diese Stützwand vorgesehen, da man dort der Annahme war, diese läge in der Verantwortung der Abteilung B. Diese wiederum hat ebenfalls kein Budget für die Wand vorgesehen, da man annahm, diese läge in der Verantwortung der Abteilung A. Die Firma hatte bereits einen Pauschalvertrag abgeschlossen, bevor sie das Problem bemerkte, sodass es nicht möglich war, eine zusätzliche Zahlung für die zusätzliche Entwurfsarbeit zu bekommen. Die zusätzliche Arbeit stellt einen „schleichenden Anstieg des Leistungsumfangs" dar; zudem gab es keinerlei Vereinbarungen über solche Fälle.

An diesem Beispiel wird auch die Notwendigkeit der **Schnittstellenklärung** – hier in Bezug auf den Leistungsumfang – deutlich!

7 Lieferobjekte bzw. Liefergegenstände

Bei der Übertragung der ICB ins Deutsche wurde der englische Begriff „Deliverables" mit dem Begriff „Lieferobjekte" übersetzt. Obwohl dieser Begriff im allgemeinen deutschen Sprachgebrauch wenig benutzt wird, findet er im Projektmanagement seine berechtigte Verwendung. Die DIN spricht von „Liefergegenstand" und bietet dafür folgende Definition:

> **§ Definition** Liefergegenstand: Ergebnis, das am Ende eines Vorgangs, Arbeitspakets oder Projekts zu erbringen bzw. abzuliefern ist.
> *Anmerkung: Dieses kann ein materielles Produkt oder ein immaterielles Ergebnis einer Dienstleistung sein. (DIN 69901-5:2009)*

Liefergegenstände bzw. Lieferobjekte (inhaltlich sind die beiden Begriffe absolut identisch) sind somit materielle oder immaterielle Ergebnisse von Arbeitsprozessen, die einem Projektbeteiligten zur Verfügung gestellt bzw. ausgehändigt werden.

Im Allgemeinen fallen Lieferobjekte unter eine der folgenden Kategorien:

- Das Projektprodukt (als Ganzes) ist selbst ein Lieferobjekt.
- Die Hauptkomponenten oder die Teilsysteme des Projektprodukts können Lieferobjekte genannt werden. Wenn zum Beispiel ein neues Flugzeug gebaut wird, können Rumpf, Tragflächen, Fahrwerk, mechanische Systeme, elektrische Systeme und Bordelektronik sämtlich als eigenständige Lieferobjekte angesehen werden.
- Die Dokumente zur Definition des Leistungsumfangs können Lieferobjekte genannt werden. In den meisten Fällen wird diese Art von Lieferobjekten als Teil der Produktdokumentation beschrieben und ist je nach Anwendungsgebiet unterschiedlich. Bei einem Projekt zur Entwicklung kommerzieller Software können diese Lieferobjekte die Marktanforderungen umfassen, die funktionalen Anforderungen, das Logikdesign, das technische Design, die Detail-Spezifizierungen, die Alpha-Release und die Beta-Release.

I Die Dokumente, die für das Management des Projekts benutzt werden, können ebenfalls als Lieferobjekte bezeichnet werden (wie z. B. Statusberichte und Sitzungsprotokolle). Sie werden im Allgemeinen der Projektdokumentation zugeordnet.

Demnach besteht der erste Schritt bei der Diskussion von Projekt-Lieferobjekten darin, festzulegen, welche Arten von Lieferobjekten eigentlich diskutiert werden! Darüber hinaus können auch im Projektvertrag spezifische Bestandteile (engl: artefacts) festgelegt sein, die von einer Seite gestellt werden müssen. Diese können als „Vertrags-Lieferobjekte" bezeichnet werden, dabei kann es sich auch um Kombinationen und Teilsets von jeder obigen Kategorie handeln (z. B. Beistellungen des Auftraggebers eines Bauprojekts, wie Bodengutachten, Baugenehmigungen, Architekturzeichnungen usw.)

Lieferobjekte werden im Allgemeinen unter Verwendung einer oder mehrerer Gliederungsstrukturen dokumentiert (vgl. Vertiefungswissen, Abschnitt 2.1. und Element 1.09 Projektstrukturen), um die Vollständigkeit zu gewährleisten.

Weitere Ansätze, um diese „Lieferliste" auf Vollständigkeit zu überprüfen, sind:

I Die Prüfung des tatsächlichen Lieferumfangs eines vorherigen, ähnlichen Projekts.
I Die Benutzung einer Checkliste auf der Basis bisheriger Erfahrungen. Solch eine Checkliste muss sich auf den vorliegenden Anwendungsbereich beziehen und ist häufig sehr spezifisch auf die durchführende Organisation zugeschnitten.

Ähnlich wie bei den Projektzielen kann auch bei den Lieferobjekten eine Priorisierung stattfinden. Hierbei können die Lieferobjekte nach Absprache zwischen allen Projektbeteiligten entweder in eine Rangfolge gebracht werden oder in Prioritätsklassen (z. B. „muss sein", „wäre schön", „falls noch Zeit ist") eingeteilt werden. Lieferobjekten von geringerer Priorität werden entsprechend bei Zeitdruck eventuell nicht mehr erbracht. Nach ICB *müssen Konfiguration und Beschreibung der Lieferobjekte den Projektanforderungen und Zielsetzungen entsprechen. Dementsprechend sollte das Projektmanagement den Projektinhalt, die Arbeitsanforderungen und den Zeitrahmen verstehen und managen.*

8 Zusammenfassung

Eine der hauptsächlichen Herausforderungen für das Verständnis des Leistungsumfangs und der Lieferobjekte besteht darin, dass diese Begriffe in verschiedenen Anwendungsbereichen unterschiedlich verwendet werden. Die Sichtweisen zu beiden Aspekten beginnen zunächst in den Köpfen der interessierten Parteien, werden in schriftliche Dokumente verschiedenster Art verwandelt und dann in das physische Produkt bzw. die definierbare Dienstleistung, welches/welche dem Kunden übergeben wird, umgesetzt.

Der Kunde ist dabei zu verstehen als das Individuum oder die Organisation, welches/welche das Projektprodukt erhält.

Neben dem eigentlichen Leistungsumfang (als Charakteristika des Projektprodukts) und den Lieferobjekten (als zu übergebende Ergebnisse eines Arbeitsprozesses) ist auch die Arbeit zu definieren, die zur Erbringung der Resultate notwendig ist. Arbeit bedeutet dabei alles, was getan werden muss, um ein Produkt herzustellen, das dem Leistungsumfang entspricht.

Die Tatsache, dass jedes Projekt einzigartig ist, macht es beinahe unmöglich, den Leistungsumfang eines nicht-trivialen Produkts von Anfang an in der notwendigen Detailliertheit zu definieren. Eine Verfeinerung des Leistungsumfangs findet vielfach entlang des Projektlebenswegs statt.

Besondere Bedeutung hat die systematische Handhabung von Änderungen im Leistungsumfang. Kleinere Veränderungen des Leistungsumfangs können große Auswirkungen auf die Arbeit haben, während größere Veränderungen des Leistungsumfangs eventuell nur geringe oder keine Auswirkungen auf die Arbeit haben.

Eine Veränderung des Leistungsumfangs stellt eine Veränderung der Charakteristika des Projektprodukts dar bzw. eine Veränderung des Verständnisses, welches das Projektteam von diesen Charakteristika hat. Leistungsumfang-Änderungen wirken sich fast immer auf die Kosten und den Zeitplan aus und müssen daher in die anderen Prozesse der Änderungskontrolle integriert werden.

Das Qualitätsmanagement des Leistungsumfangs erfordert es, sicherzustellen, dass das Projektprodukt den Spezifizierungen entspricht und dass letztere eindeutig und vollständig sind. Qualitätsmanagement der Arbeit bedeutet, sicherzustellen, dass die Arbeit sowohl vollständig durchgeplant als auch innerhalb des vorgesehen Zeitrahmens und entsprechend der Planung ausgeführt wird.

9 Fragen zur Wiederholung

#	Frage	
1	Wie hängen Projektinhalt und Leistungsbeschreibung zusammen?	☐
2	Weshalb ist die Leistungsplanung für die Leistungsbewertung eine wichtige Grundlage?	☐
3	Welche Rolle spielt der Kunde bei der Bestimmung des Leistungsumfangs?	☐
4	Welche Bedeutung haben unterschiedliche Ansichten der Stakeholder über den Leistungsumfang für den Projekterfolg?	☐
5	Worin unterscheiden sich Produkt- und Projektsicht?	☐
6	Welche Bedeutung kommt der Spezifikation der Arbeit zu?	☐
7	Welcher Zusammenhang besteht zwischen Anorderungen und Leistungsumfang?	☐
8	Welche Ansätze zur Definition des Leistungsumfangs können unterschieden werden?	☐
9	Warum sollten Ausschlüsse im Leistungsumfang explizit im Vertrag angesprochen werden?	☐
10	Welche Kerndokumente zur Beschreibung des Projekt-Leistungsumfangs gibt es?	☐
11	Was ist der Unterschied zwischen dem Lastenheft und dem Pflichtenheft?	☐
12	Ist es möglich und sinnvoll, in einem Projekt ohne Pflichtenheft zu arbeiten?	☐
13	Kann aus einem Pflichtenheft ein Lastenheft abgeleitet werden?	☐
14	Welche Inhalte sollte ein Projektsteckbrief mindestens haben?	☐
15	Weshalb kommt der Kontrolle von Änderungen eine hohe Bedeutung für den Projekterfolg zu?	☐
16	Wie können sich unausgesprochene Annahmen auf die Planung des Leistungsumfangs auswirken?	☐
17	Was verstehen Sie unter „scope creep"?	☐
18	Weshalb ist es hilfreich, den Lieferobjekten Prioritäten zuzuordnen?	☐
19	In welcher Weise wird bei Projekten, mit denen Sie vertraut sind, der Leistungsumfang entwickelt? Wer ist daran beteiligt?	☐
20	Wodurch wird bei Ihrem derzeitigen Projekt der Leistungsumfang definiert?	☐

1.11a Projektphasen (Project phases)

Michael Gessler und Rolf Kaestner

Kontext und Bedeutung

In der **ICB – IPMA Competence Baseline** (IPMA 2006) bilden „Projektphasen" und „Ablauf und Termine" ein gemeinsames Element. Nachfolgend sind diese untergliedert in die Kapitel 1.11a (Projektphasen) sowie 1.11b (Ablauf und Termine) jeweils mit Basiskapiteln sowie Vertiefungskapiteln. In der **National Competence Baseline der GPM (NCB)** sind Projektphasen wie folgt definiert: „Eine Projektphase ist ein bestimmter Abschnitt des Projektablaufs, der von anderen Projektperioden klar abgegrenzt ist. Eine Projektphase beinhaltet sowohl die Erbringung wichtiger Deliverables als auch Entscheidungen, die als Grundlage für die nächste Projektphase dienen. Phasen haben klar definierte Zielsetzungen und können auch zeitlich begrenzt sein. Bei verschiedenen Arten von Teil-Projekten können unterschiedliche Phasenmodelle zur Anwendung kommen, dies erhöht die Komplexität ihrer Koordinierung. Meilensteine erleichtern es, auf bestimmte Ziele, Phasenabschlüsse oder Intervallergebnisse hinzuarbeiten. In der Praxis können sich Projektphasen überlappen, so z. B. bei gleichzeitig ablaufenden Projektabschnitten oder beim Fast-Tracking." (GPM 2008, S. 73). Die Phasenbetrachtung bildet ein Schlüsselelement sowohl der Projektplanung als auch der Projektsteuerung. Die Bedeutung von Projektphasen sowie deren Zusammenhang mit anderen PM-Elementen wird im Kapitel 1.11a zu Beginn erläutert.

Lernziele

Sie kennen

- die Bausteine eines Phasenplans.
- Phasenmodelle für unterschiedliche Projektarten.

Sie können

- Vorteile der Phasenbetrachtung benennen und diskutieren.
- Gemeinsamkeiten und Unterschiede von Meilensteinen und Gates diskutieren.
- einen Phasenplan erstellen entsprechend dem Muster in Abb. 1.11a-2.
- Vorteile von Vorgehensmodelle benennen und diskutieren.
- spezifische und übergreifende Vorgehensmodelle unterscheiden.
- Bausteine von Vorgehensmodellen benennen.
- das Vorgehen beim Entwickeln eines unternehmensspezifischen Vogehensmodells beschreiben.
- sequentielle, wiederholende und wiederverwendende Modellfamilien unterscheiden und deren Besonderheiten benennen.

Inhalt

1	Grundlagen	351
1.1	Projektmanagementphasen und Projektphasen	352
1.2	Meilensteine und Gates	353
1.3	Phasenplan	354
1.4	Phasenmodelle	355
1.5	Vorgehensmodelle	358
1.6	Lebenszyklusmodelle	360
1.7	Projektstrukturplan	360
2	Flexibilisierung	361
2.1	Phasenübergänge und Meilensteine	361
2.2	Modellfamilien	361
3	Fragen zur Wiederholung	365

1 Grundlagen

> **Phasen** gliedern ein Projekt in zeitliche und / oder sachliche Abschnitte. Phasen schaffen eine erste *Grobstruktur*, ermöglichen Orientierung und reduzieren die Komplexität eines Projekts. Jede Phase erfüllt konkrete *Ziele* im Gesamtprojekts, weshalb zu fragen ist, was eine Phase leistet, was ihr *Output* ist. Zentrale Fragen sind sodann: In welche Abschnitte kann das Projekt untergegliedert werden (Phasen)? Welchen Output generieren diese Phasen (Meilensteine)?
>
> **Meilensteine** sind definierte Ereignisse von besonderer Bedeutung. Hierzu zählen insbesondere (1) *Liefergegenstände* (eng. Deliverables) oder auch *Zwischenergebnisse*, (2) *Prüfungen* wie Abnahmen, Zwischenabnahmen oder auch Reviews sowie (3) *Entscheidungen* (z.B.: kann die nächste Phase starten oder nicht: go / no go)? Meilensteine liegen zudem in der Regel zu Beginn (Phasen-Freigabe) oder am Ende einer Phase (Phasen-Abschluss) und markieren damit auch die *(4) Phasenübergänge*.

Die Gliederung eines Projekts in Phasen und Meilensteine bietet verschiedene **Vorteile**:

- Projektphasen ermöglichen durch die Gliederung eines Projekts in Abschnitte bereits zu einem frühen Zeitpunkt eine erste grundsätzliche **Orientierung**. Sie reduzieren Komplexität! Ein Phasenplan ermöglicht bereits frühzeitig grobe Übersicht über ein Projekt.
- Projektphasen sind ein mögliches Gliederungsprinzip zur Erstellung eines Projektstrukturplans und bilden damit ein „Gelenkglied" zwischen Grob- und Feinplanung. Sie bieten ein **Ordnungsraster** für die Feinstrukturierung.
- Projektphasen ermöglichen die phasenbezogene **Zuordnung** und das phasenbezogene **Controlling** u.a. von Liefergegenständen, Ressourcen, Kosten und Finanzmitteln. Sie sind damit hilfreich in der Projektplanung sowie Projektsteuerung.
- Projektphasen ermöglichen eine phasenbezogene Planung und Anpassung der Projektorganisation. Die Phasenübergänge bieten sodann einen systematischen Anlass zur **Klärung von Zuständigkeiten, Verantwortungen und Befugnissen** für die folgende Phase.
- Meilensteine reduzieren das Risiko der Fehlentwicklung im und des Projekts, da z.B. mit Instrumenten des **Projectcontrollings** der Entwicklungsfortschritt überwacht (z.B. mittels einer Meilensteintrendanalyse), der Entwicklungsstand (z.B. mittels eines Reviews) überprüft und der Business Case (z.B. mittels der Entscheidungen des Auftraggebers) aktualisiert werden kann. Ein Projekt kann so frühzeitig kalibriert und - falls notwendig - abgebrochen werden.
- Meilensteine ermöglichen den geordneten **Abschluss** eines Projektabschnitts (close-out) sowie den geordneten **Übergang** in den nächsten Projektabschnitt (start-up). Sie sind hilfreich für die **Qualitätssicherung** (z.B. quality gate) und sodann für den **Projektabschluss**.
- Meilensteine ermöglichen durch die Entscheidungen zum Phasenabschluss sowie zur Phasenfreigabe eine kontinuierliche **Einbindung des Projektauftraggebers bzw. Lenkungsausschusses**.
- Meilensteine ermöglichen eine fortlaufende Zielorientierung für die Mitarbeiter, Erfolgserlebnisse für sie und eine Synchronisierung der Zusammenarbeit. Sie sind damit auch ein Instrument der **Führung und Motivation!**

Die Gliederung eines Projekts in Phasen und Meilensteine kann allerdings auch **Nachteile** bedeuten:

Einerseits reduziert ein Phasenplan die Komplexität eines Projekts. Andererseits kann die frühzeitige Planung von Phasen und Meilensteinen die notwendige **Flexibilität** im Projektverlauf einschränken. **Planung als Vorwegnahme zukünftigen Handelns** stößt zudem immer dann an Grenzen, wenn die Projektbeteiligten nicht über die notwendige Erfahrung verfügen, um Aktivitäten und Ereignisse realistisch zu antizipieren. Planung stößt allerdings auch dann an Grenzen, wenn der individuelle Erfahrungsstand zwar hoch ist, die sachlichen Anforderungen jedoch instabil sind und sich im Projektverlauf ändern. Insbesondere innovative Vorhaben, die oftmals unscharfe sowie instabile Anforderungen aufweisen, können technokratisch und streng-sequentiell nur schlecht geplant werden.

Ein **Weg zur Flexibilisierung** könnte sodann sein, das Projekt in Phasen zu untergliedern, ohne jedoch eine Detailplanung für das gesamte Projekt zu erstellen. Die Detailplanung erfolgt dann jeweils nur zum Ende einer Phase und für die nachfolgende Phase. Dieses Prinzip verwendet beispielsweise **PRINCE 2**: „Die Planung der nächsten Phase geschieht stets zum Ende der vorhergehenden Phase." (Ebel 2007: 212). Für den Phasenübergang gelte allerdings das „Schleusenprinzip": „Grundsätzlich ist der Übergang in die nächste Phase „gesperrt". Erst wenn das Projekt die nach Plan geforderten Ergebnisse nachgewiesen hat, der Business Case weiterhin gewährleistet ist („viable") und die Planung der nächsten Phase vorliegt, wird vom Lenkungsausschuss grünes Licht zum Eintritt in die nächste Phase gegeben." (Ebel 2007: 212). Das Schleusenprinzip schränkt die Flexibilität am Phasenübergang wieder ein.

Die Lösung des Problems „vorausschauende Planung ist nicht möglich" lautet somit nicht, auf Planung insgesamt zu verzichten, sondern, den **Zeitabstand zwischen Detailplanung und Ausführung zu verkürzen**. Einen ähnlichen und dennoch anderen Weg vertreten Methoden, die zum **Agilen Projektmanagement** zählen. Ähnlich sind diese Methoden, da sie ebenfalls mit der Verkürzung der Zeitabstände arbeiten. Anders sind sie, da die Abstimmung im Detail z. B. mittels täglicher Teamtreffen erfolgt. Die Absicherung der Detailplanung erfolgt nicht per Freigabe von Detailplanungsdokumenten (z. B. bei PRINCE 2), sondern kommunikativ vor Ort. Ähnlich ist auch der Einsatz von sogenannten **Timeboxen**, die im APM Agilen Projektmanagement, eine Methode, die Elemente von SCRUM aufgreift und variiert, eine zentrale Rolle spielen und an eine Kombination von Phase und Meilenstein erinnern: „Eine Timebox definiert einen unverrückbaren Zeitrahmen, an dessen Ende eine Menge von Ergebnissen in einer bestimmten Detaillierung und Vollständigkeit nachprüfbar und formal dokumentiert vorliegen *soll*. Liegen die Ergebnisse nicht wie geplant vor, werden die offenen Teile in eine nachfolgende Timebox verschoben. Hierzu werden zum geplanten Endtermin die tatsächlich erreichten Ergebnisse bestimmt. Eine Timebox ist ein Hilfsmittel zur Planung und Überwachung eines Entwicklungsprozesses." (Oesterreich & Weiss, 2008: 103). Es wird wiederum nicht auf Planung verzichtet, sondern der Phasenübergang bzw. der Übergang zwischen einer Timebox zur nächsten flexibilisiert.

Fazit: Phasen, Meilensteine und die Gestaltung der Übergänge, in welcher Form auch immer, stellen ein notwendiges PM-Instrument dar und, gleichwohl diese vorausschauende Modellierung der Wirklichkeit die Realität nie 1:1 erfasst und abbildet, ist sie dennoch notwendig.

1.1 Projektmanagementphasen und Projektphasen

Die DIN 69901-2: 2009 unterscheidet einerseits Projektmanagementphasen und andererseits Projektphasen. **Projektmanagementphasen** sind in allen Projekten gleichermaßen vorhanden, da sie – unabhängig von der konkreten Problemstellung oder vom konkreten Kontext – grundsätzliche Anforderungen der Projektarbeit abbilden. Projektmanagementphasen nach DIN 69901-2:2009 sind:

- **Initialisierungsphase** (en: initiating phase): Gesamtheit der Tätigkeiten und Prozesse zur formalen Initialisierung eines Projekts (u. a. Zuständigkeiten klären, Projektziele skizzieren).
- **Definitionsphase** (en: definition phase): Gesamtheit der Tätigkeiten und Prozesse zur Definition eines Projekts (u. a. Zieldefinition, Aufwandsschätzung und Machbarkeitsbewertung).
- **Planungsphase** (en: planning phase): Gesamtheit der Tätigkeiten und Prozesse zur formalen Planung eines Projekts (u. a. Vorgänge und Arbeitspakete planen, Kosten- und Finanzmittelplan erstellen, Risiken analysieren, Ressourcenplan erstellen).
- **Steuerungsphase** (en: steering phase): Gesamtheit der Tätigkeiten und Prozesse zur formalen Steuerung eines Projekts (u. a. das Steuern von Terminen, Ressourcen, Kosten und Finanzmitteln, Risiken, Qualität, Ziele)
- **Abschlussphase** (en: closing phase): Gesamtheit der Tätigkeiten und Prozesse zur formalen Beendigung eines Projekts u. a. Erstellung des Projektabschlussberichts, Nachkalkulation, Erfahrungssicherung, Vertragsbeendigung)

Die Summe der o.g. Projektmanagementphasen bilden den **Projektlebenszyklus.** Die Phasen sind jeweils nach denjenigen PM-Aktivitäten benannt, die überwiegend eine PM-Phase prägen.

Projektphasen sind im, Gegensatz zu Projektmanagementphasen, produkt- bzw. gegenstandsspezifisch und kontextbezogen; sie unterscheiden sich von Projektart zu Projektart (z. B. Investitionsprojekt oder Organisationsprojekt), von Branche zu Branche (z. B. Baugewerbe oder Information / Kommunikation) und von Organisation zu Organisation.

1.2 Meilensteine und Gates

Wie eingangs erwähnt, schließt oder beginnt jede Phase mit *mindestens* einem Meilenstein. Meilensteine liegen allerdings auch innerhalb einer Phase. Als Daumenregel gilt, dass die Zeitabstände zwischen den Meilensteinen von der **Gesamtdauer** eines Projekts abhängig ist: Je kürzer ein Projekt ist, desto geringer ist der zeitliche Abstand zwischen den Meilensteinen. Zahl und Zeitpunkt der Meilensteine können auch durch andere Faktoren bestimmt werden, wie **Risiko, Qualität** und / oder **Projektorganisationsform**. Meilensteine sind jedoch insbesondere aus den **Projektzielen** abzuleiten. Sie können, z. B. als Vorgehensziele, auch Bestandteil der Projektziele sein (vgl. Beitrag 1.03 Projektziele).

Für Meilensteine gilt, wie auch für die Projektziele, dass diese zu **operationalisieren** sind bzw. messbar gemacht werden müssen, wofür Indikatoren bzw. Kriterien erforderlich sind. Ohne **vorab definierte Kriterien** ist jede Überprüfung pure Willkür. In Vorgehensmodellen (Kapitel 1.5, unten) sind Meilensteinergebnisse oftmals mit Spezifikationen in Form von z. B. Checklisten oder Formularen hinterlegt. Dies gilt insbesonders für **produktzentrierte Vorgehensmodelle**, die den zeitlichen Ablauf, Abhängigkeiten zwischen Arbeitsabläufen sowie Verantwortlichkeiten über Produkte (Ergebnisse) definieren und nicht über Aktivitäten. Das V-Modell XT und PRINCE 2 verfolgen diese Philosophie. Unterscheidbar ist zudem, wer wie an einem Meilensteinen beteiligt ist: An **externen Meilensteinen** ist der Auftraggeber bzw. Lenkungsausschuss beteiligt. Die Entscheidung (z. B. go / no go) liegt bei externen Meilensteinen beim Auftraggeber bzw. Lenkungsausschuss. **Interne Meilensteinen** können interne Richtgrößen für das Projekt selbst sein – als Steuerungsinstrumente für den Projektleiter.

Stages und Gates: Das Stage-Gate-Prinzip (Stage=Phase, Gate=Tor) wurde in den 1960er Jahren von der NASA entwickelt. Merkmal eines Gate ist, dass alle **Aktivitäten** einer Phase abgeschlossen sein müssen, bevor mit der nächsten Phasen begonnen werden darf. Gates liegen am Ende einer Phase und bilden **Mess- und Entscheidungspunkte** im Projektablauf. Sie entsprechen damit den Meilensteinen am Ende einer Phase. Zu Beginn der 1990er Jahre erlebte das Konzept neue Beachtung: In den Konzepten der 2. Generation wurde insbesondere die Umfeldbetrachtung verstärkt sowie die Gate-Prüfung durch Einführung vorher festgelegter **Kriterien** verbessert. Geprüft wird nun insbesondere, ob alle **Ergebnisse** vorliegen. Betrachtet wird zudem nicht mehr nur das Projekt, sondern zudem das **Umfeld** (u. a. Marktrelevanz, Konkurrenz, Technologieentwicklung). Das Gate selbst blieb eine **Schleuse**; dieser Ansatz führt allerdings oftmals zu Terminverzögerungen. In den Konzepten der 3. Generation (ab Mitte der 1990er Jahren) werden schließlich **Überlappungen** von Phasen erlaubt: Folgephasen können beginnen, sobald ein definierter **Mindeststandard** erreicht ist; Nacharbeiten sind innerhalb eines definierten Zeitraums in der Folgephase möglich (vgl. Abbildung 1.11a-1). Neben der **Sicherung der Produktqualität** spielt die Sicherung der Qualität der **Integration von Lieferanten** sowie insgesamt die Qualität der **Synchronisierung von Prozessen** von Beginn an eine zentrale Rolle, weshalb Gates oftmals auch als **Quality Gates** bezeichnet werden. Zur Sicherung der Qualität zählt zudem das Zusammenspiel von **Prozessen und Strukturen** der **Ablauf- und Aufbauorganisation** im Projekt einerseits sowie der **Projekt- und Stammorganisation** andererseits.

An einem Quality Gate wird der **Fortschritt** eines Projekts geprüft, bewertet und entschieden, ob zum nächsten Quality Gate vorgerückt werden kann, Ziele ggf. anzupassen sind, die Freigabe der nächsten Phase ggf. verzögert wird oder das Projekt abzubrechen ist. Die Prüfung übernehmen im Auftrag des Auftraggebers bzw. Lenkungsausschusses sogenannte **Gatekeeper**, die auf Basis der Ergebnisse ihrer Prüfung eine Empfehlung aussprechen. Quality Gates können helfen, die **Projektlandschaft** in einer Organisation durch projektübergreifende Verfahren zu steuern. Die Prüfung von Quality Gates wird oftmals als **Review** bezeichnet. Kerzner (2003: 59) vertritt die Meinung, dass gutes Projektmanagement nicht mehr als **sechs Gates** umfassen sollte, da ansonsten zu viel Aufmerksamkeit in die Bewertung fließt. Auf jeden Fall ist die Zahl der Quality Gates eher gering zu halten, während die Zahl der Meilensteine von der Zahl der Phasen sowie den Projektzielen abhängig ist.

Meilensteine sichern ziel- und ergebnisorientiertes Arbeiten im Projekt und sind ein wichtiges Steuerungsinstrument auch für den Projektleiter. Meilensteine motivieren und erfüllen die im Beitrag 1.03 genannten Funktionen von Zielen: Kontrolle, Orientierung, Verbindung, Koordination und Selektion. **Quality Gates** haben einen umfassenderen Anspruch (Projekt und Umfeld, Prüfung und Synchronisierung, Projektteam und Auftraggeber/Lenkungsausschuss) und sind insbesondere in Projektlandschaften ein wichtiges Steuerungsinstrument. In der folgenden Abbildung ist ein Phasenmodell aus der Fahrzeugentwicklung dargestellt. Das Phasenmodell beinhaltet Quality Gates und Meilensteine. Die Flexibilisierung der Quality Gates (Konzepte der 3. Generation) ist deutlich erkennbar.

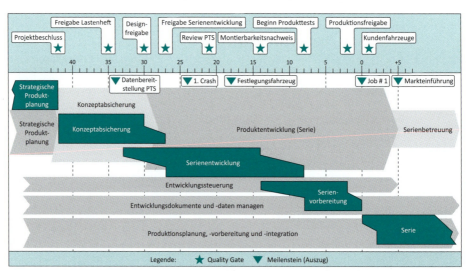

Abbildung 1.11a-1: Phasenmodell in der Fahrzeugentwicklung
Quelle: Eberle & Schmid 2009: S. 152

1.3 Phasenplan

Phasenpläne können bereits zu einem **frühen Zeitpunkt** erstellt werden, um eine schnelle Orientierung über das anstehende Projekt zu gewinnen. Bereits mit der ersten **Zielskizze** ist die Erstellung eines groben Phasenplans möglich. Hilfreich ist hierbei, zunächst ein **Grundschema** zu verwenden (z. B. die Aufteilung in fünf Phasen nach DIN 69901-2). Dieses wird anschließend produkt- und kontextspezifisch konkretisiert (Zielsystem) und mit fortschreitendem Planungsprozess weiter konkretisiert. Um die **Phasen** zumindest grob zu spezifizieren, ist, selbst im ersten Anlauf, die phasenbezogene Benennung von **Hauptaktivitäten** hilfreich. Möglich ist oftmals auch eine erste grobe **Aufwandsschätzung**, die phasenbezogen top-down erfolgt. Diese erste Schätzung ist in der Regel sehr ungenau (u.U. Abweichungen bis zu 300 %). Hilfreich bei der Aufwandsschätzung ist z. B. der Einsatz von **Analogieschlüssen**: Existieren branchenspezifische Richtwerte? Existieren Orientierungswerte aus allgemeinen, projektartbezogenen oder unternehmensspezifischen Vorgehensmodellen? Existieren Erfahrungswerte aus Projekten?

Die **Bezeichnug** der Phasen und Meilensteine ist in der Regel unternehmensspezifisch. Es ist auch unerheblich, wie diese heißen. Wichtig ist vielmehr, dass ein gemeinsames **Verständnis** besteht, was in einer Phase geleistet werden soll und was zu einem **Meilenstein** erreicht worden sein soll. Meilensteine sind zu einem frühen Zeitpunkt in der Regel noch nicht genau terminiert, sondern zumeist nur grob gesetzt. Hauptaktivitäten und Aufwände werden zunächst den Phasen nur grob zugeordnet. In einem ersten Anlauf kann es nicht um Präzision gehen, sondern um ein erstes grobes Bild über den Verlauf des Projekts. Abbildung 1.11a-2 beinhaltet Phasen, Meilensteine, Hauptaktivitäten und eine Aufwandschätzung.

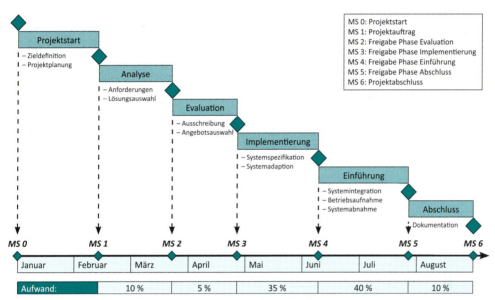

Abbildung 1.11a-2: Exemplarischer Phasenplan
Quelle: Eigene Darstellung

1.4 Phasenmodelle

Nachfolgend werden Beispiele für (1) Organisations- / OE-Projekte, (2) Forschungs- und Entwicklungsprojekte sowie (3) Investitionsprojekte vorgestellt (IT-Projekte siehe Beispiel im Vertiefungswissen).

Organisationsprojekte bzw. **OE-Projekte:** Klassische Organisationsprojekte sind die Planung und Durchführung von u. a. Messen, Kongressen, kulturellen Events und Tagungen. Ein typisches OE-Projekt wäre z. B. die Einführung eines PM-Systems. In Abbildung 1.11a-3 ist ein Phasenmodell (Initiieren, Orientieren, Gestalten, Implementieren) mit Hauptaktivitäten für ein Organisationsentwicklungsprojekt dargestellt, das zum Ziel hat, eine Unternehmenskultur zu verändern.

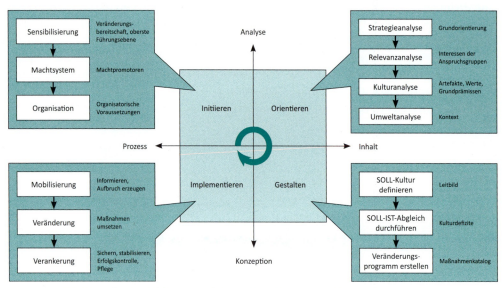

Abbildung 1.11a-3: Phasenmodell zur Veränderung von Unternehmenskulturen
Quelle: Ferber, Schmitz und Waibel (2005)

F&E-Projekte: Das Phasenmodell der VDI-Richtlinie 2221 „Methodik zum Entwickeln und Konstruieren technischer Systeme und Produkte" bietet einen Orientierung für technische Entwicklungsprojekte mit Phasen, Aufgaben (Hauptaktivitäten) und Arbeitsergebnissen (Meilensteine). Detaillierter ausgearbeitet wurde dieses Modell z. B. im „Münchener Vorgehensmodell (MVM)" (vgl. Lindemann 2009).

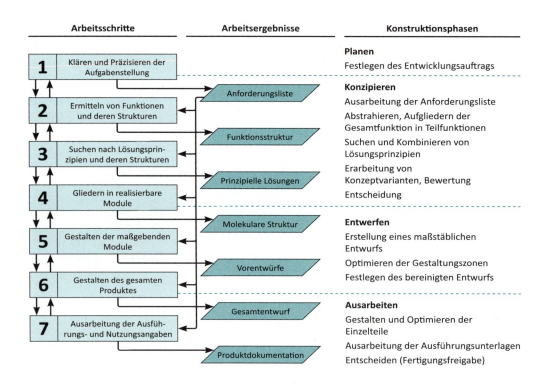

Abbildung 1.11a-4: Phasenmodell der Produktentwicklung in der Domäne Mechanik (VDI 2221)
Quelle: Bender 2005, S. 36

OE-Projekte sowie F&E-Projekte verlaufen selten rein sequentiell, sondern oftmals in Schleifen. In Kapitel 2 (unten) wird die Möglichkeit, Wiederholungen bewusst einzuplanen, thematisiert.

Investitionsprojekte: Im Bauwesen, einer Branche mit insbesondere Investitionsprojekten, bestehen verschiedene Ordnungen und Richtlinien, die auf dem Prinzip „Projektphase" aufgebaut sind. Dies sind u. a. die „Honorarordnung für Architekten und Ingenieure (HOAI)", das verdichtete Modell vom „Ausschuss der Verbände und Kammern der Ingenieure und Architekten für die Honorarordnung (AHO)" sowie das Leistungsmodell SIA 112 vom „Schweizer Ingenieur- und Architektenverein (SIA)".

In nachfolgender Tabelle ist exemplarisch das Leistungsbild „Gebäude und raumbildende Ausbauten" der HOAI 2009 aufgeführt (ohne 2.6.10: besondere Leistungen). „Hauptleistungen" entsprechen den Phasen und „Leistungsposten" den Hauptaktivitäten. Aufgenommen wurden zudem die Aufwandsrichtwerte der HOAI (vgl. die %-Angaben in der Tabelle nach § 33, HOAI 2009). In der rechten Spalte der Tabelle 1.11a-1 sind zum Vergleich die verdichteten Phasen der AHO aufgeführt.

Tabelle 1.11a-1: Leistungsbild Gebäude und raumbildende Ausbauten HOAI 2009
(PV=Projektvorbereitung)

Hauptleistung HOAI	Leistungsposten HOAI	AHO
Grundlagenermittlung 3 %	Bestandsaufnahme, Standortanalyse, Betriebsplanung, Aufstellung eines Raumprogramms, Aufstellen eines Funktionsprogramms, Prüfen der Umwelterheblichkeit, Prüfen der Umweltverträglichkeit.	PV
Vorplanung 7 %	Untersuchen von Lösungsmöglichkeiten nach grundsätzlich verschiedenen Anforderungen, Ergänzen der Vorplanungsunterlagen auf Grund besonderer Anforderungen, Aufstellen eines Finanzierungsplanes, Aufstellen einer Bauwerks- und Betriebs-Kosten-Nutzen-Analyse, Mitwirken bei der Kreditbeschaffung, Durchführen der Voranfrage (Bauanfrage), Anfertigen von Darstellungen durch besondere Techniken, wie zum Beispiel Perspektiven, Muster & Modelle, Aufstellen eines Zeit- und Organisationsplanes, Ergänzen der Vorplanungsunterlagen	Projektplanung
Entwurfsplanung 11 % Gebäude 14 % r. Ausbauten	Analyse der Alternativen / Varianten und deren Wertung mit Kostenuntersuchung (Optimierung), Wirtschaftlichkeitsberechnung, Kostenberechnung durch Aufstellen von Mengengerüsten oder Bauelementkatalog, Ausarbeitung besonderer Maßnahmen zur Gebäude- und Bauteiloptimierung	
Genehmigungsplanung 6 % Gebäude 2 % r. Ausbauten	Mitwirken bei der Beschaffung der nachbarlichen Zustimmung, Erarbeiten von Unterlagen für besondere Prüfverfahren, Fachliche und organisatorische Unterstützung des Bauherrn im Widerspruchsverfahren, Klageverfahren oder Ähnliches, Ändern der Genehmigungsunterlagen infolge von Umständen, die der Auftragnehmer nicht zu vertreten hat;	
Ausführungsplanung 25 % Gebäude 30 % r. Ausbauten	Aufstellen einer detaillierten Objektbeschreibung als Baubuch zur Grundlage der Leistungsbeschreibung mit Leistungsprogramm, Aufstellen einer detaillierten Objektbeschreibung als Raumbuch zur Grundlage der Leistungsbeschreibung mit Leistungsprogramm, Prüfen der vom bauausführenden Unternehmen auf Grund der Leistungsbeschreibung mit Leistungsprogramm ausgearbeiteten Ausführungspläne auf Übereinstimmung mit der Entwurfsplanung, Erarbeiten von Detailmodellen, Prüfen und Anerkennen von Plänen Dritter, nicht an der Planung fachlich Beteiligter auf Übereinstimmung mit den Ausführungsplänen	Vorbereitung der Ausführung
Vorbereitung der Vergabe 10 % Gebäude 7 % r. Ausbauten	Aufstellen der Leistungsbeschreibungen mit Leistungsprogramm unter Bezug auf Baubuch / Raumbuch, Aufstellen von alternativen Leistungsbeschreibungen für geschlossene Leistungsbereiche, Aufstellen von vergleichenden Kostenübersichten unter Auswertung der Beiträge anderer an der Planung fachlich Beteiligter	
Mitwirkung bei der Vergabe 4 % G., 3 % rA.	Prüfen und Werten der Angebote aus Leistungsbeschreibung mit Leistungsprogramm einschließlich Preisspiegel, Aufstellen, Prüfen und Werten von Preisspiegeln nach besonderen Anforderungen	
Objektüberwachung (Bauüberwachung) 31 %	Aufstellen, Überwachen und Fortschreiben eines Zahlungsplanes, Aufstellen, Überwachen und Fortschreiben von differenzierten Zeit-, Kosten- oder Kapazitätsplänen, Tätigkeit als verantwortlicher Bauleiter, soweit diese Tätigkeit nach jeweiligem Landesrecht über die Grundleistungen hinausgeht	Ausführung
Objektbetreuung und Dokumentation 3 %	Erstellen von Bestandsplänen, Aufstellen von Ausrüstungs- und Inventarverzeichnissen, Erstellen von Wartungs- und Pflegeanweisungen, Objektbeobachtung, Objektverwaltung, Baubegehungen nach Übergabe, Überwachen der Wartungs- und Pflegeleistungen, Aufbereiten des Zahlungsmaterials für eine Objektdatei, Ermittlung und Kostenfeststellung zu Kostenrichtwerten, Überprüfen der Bauwerks- und Betriebs-Kosten-Nutzen-Analyse	Projektdoku. / Inbetriebnahme

Phasenmodelle im Überblick: In der nachfolgenden Tabelle 1.11a-2 sind Beispiele unterschiedlicher Phasenmodellen im Überblick dargestellt:

Tabelle 1.11a-2: Phasenmodelle im Überblick
(Quelle: Eigene Darstellung)

Projektart	Phasen									
DIN 69901-2 (2009)	Initialisierung		Definition		Planung		Steuerung			Abschluss
IT-Projekt (grob)	Initialisierung		Analyse		Entwurf		Entwicklung			Abschluss
IT-Projekt (fein)	Bedarfs-identifikat.	Anforde-rungsskizze	Analyse-konzept	Analyse-prototyp.	Entwurfs-konzept	Entwurfs-prototyp.	Imple-mentat.	Integ-ration	Instal-lation	Einsatz	Abschluss
Org.-Projekt (grob)	Initialisierung		Bedarfsermittlung		Vorbereitung		Durchführung			Abschluss
Org.-Projekt (grob)	Vorstudie	Zielskizze	Bedarfs-analyse	Bedarfs-definition	Planung	Vor-bereitung	Training	Einführung	Sicherung	Abschluss
F&E-Projekt (grob)	Initialisierung		Konzeptentwicklung		Produktplanung		Produktentwicklung			Abschluss
F&E-Projekt (fein)	Problem-identifikat.	Problem-skizze	Problem-analyse	Konzept-findung	Produkt-definition	Produkt-planung	Prototyp-entwickl.	Realisie-rung	Produktion	Abschluss
Invest.-Projekt (grob)	Projektvorbereitung		Projektplanung		Vorbereitung der Ausführung		Ausführung			Abschluss
Invest.-Projekt (fein)	Projekt-impuls	Grundlag.-ermittlung	Vor-Pl.	Ent-wurfspl.	Ge-nehm.	Ausfüh-rungsplan.	Vergabe	Ausführung	Abnahme	Objektbetr. + Doku..	Abschluss

Projekte sind einmalig in der Gesamtheit der Bedingungen. Sie unterscheiden sich voneinander. Allerdings sind auch wiederkehrende **Muster** identifizierbar, die die Basis von Vorgehensmodellen bilden.

1.5 Vorgehensmodelle

Vorgehensmodelle synthetisieren „Best PM Practice" und bieten verschiedene **Vorteile**:

| Vorgehensmodelle **standardisieren** die PM-Arbeit, da Begriffe und Verfahren definiert und vorgegeben werden. Was genau unterscheidet z. B. ein Grobkonzept von einem Feinkonzept? Wie werden sie wann von wem erstellt und geprüft? Was folgt als nächstes?
| Vorgehensmodelle **erleichtern** die PM-Arbeit, da Lösungsmuster (z. B. Phasen) vorgegeben werden.
| Vorgehensmodelle **verbessern** die PM-Arbeit, da Vollständigkeit (z. B. mittels Checklisten) und Güte (z. B. mittels Indikatoren) überprüfbar werden.
| Vorgehensmodelle machen Projekte in einer Projektlandschaft **vergleichbar**, da diese aufgrund einheitlicher Muster im Projektportfolio abbildbar werden.

Zu unterscheiden sind einerseits **spezifische Vorgehensmodelle** und andererseits **übergreifende Vorgehensmodelle**.

Spezifische Vorgehensmodelle sind Modelle, die für bestimmte Branchen, Projektarten, Projektgegenstände und Projektgrößen entwickelt wurden. Für IT-Projekte sind dies u. a. das V-Modell XT sowie HERMES. Eine über 800-Seiten mächtige Dokumentation zum V-Modell XT sowie entsprechende Werkzeuge sind kostenfrei per Download zu erhalten (http://www.cio.bund.de). Handbücher und Hilfsmittel zu HERMES stehen ebenfalls kostenfrei zum Download zur Verfügung (http://www.hermes.admin.ch). Im Vertiefungskapitel „Projektphasen" ist das HERMES-Modell im Überblick beschrieben. Vorgehensmodelle wurden auch für andere Projektarten und Projektgegenstände entwickelt. In der VDI-Richtlinie 2206 „Entwicklungsmethodik für mechatronische Systeme" ist ein Modell für die Mechatronik ausgearbeitet. Pate hierfür war das V-Modell (VDI, 2004). Für die Entwicklung von Mehrkörpersystemen hat Isermann et al. ein Modell entwickelt (Isermann u. a., 2002). Ein Vorgehensmodell für die Entwicklung integrierter mechanisch-elektronischer Baugruppen wurde im Verbundprojekt INERELA erarbeitet

(Gausemeier und Feldmann, 2006). Ein Vorgehensmodell für Organisationsprojekte („Organisationsuntersuchungen und Personalbedarfsermittlung"), die den Zweck verfolgen, Optimierungskonzepte für die Aufgabenerfüllung zu erarbeiten, hat das Bundesministerium des Inneren mit Unterstützung der REFA (Verband für Arbeitsgestaltung, Betriebsorganisation und Unternehmensentwicklung e.V.) veröffentlicht. Das über 500-Seiten umfassende Handbuch steht frei zum Download zur Verfügung (http://www.orghandbuch.de). Die Liste der Vorgehensmodelle ließe sich fortsetzen. Das Problem ist in der Zwischenzeit nicht das Angebot, sondern die Auswahl eines angemessenen Modells. **Übergreifende Vorgehensmodelle** haben einen anderen Fokus: Sie sind für unterschiedliche Projekte unabhängig von der Branche, der Projektart oder vom Projektgegenstand geeignet. Teilweise bestehen unterschiedliche Versionen für eher kleinere oder größere Projekte. Eine solche Adaptionsoption bietet beispielsweise das Prozessmodell der DIN 69901-2:2009 (vgl. hierzu Kapitel 1.00). Weitere Vorgehensmodelle mit einem übergreifenden Fokus sind PRINCE2 von OGC und PMBOK von PMI.

Beide Modellklassen, spezifisch und übergreifend, bieten eine Vielfalt an Vorlagen, die an die Unternehmensbedingungen anzupassen sind, was zur Entwicklung **unternehmensspezifischer Vorgehensmodelle** führt. In der Regel ist zudem nur ein Vorgehensmodell nicht ausreichend: Externe Kunden-Entwicklungsprojekte stellen z. B. andere Anforderungen an das Projektmanagement als interne Organisationsprojekte.

Vorgehensmodell-Bausteine: Was beinhalten diese eigentlich? Vorgehensmodelle legen oftmals ein bestimmtes (1) **Phasenmodell** mit (2) **Meilensteinen** fest, benennen (3) **Hauptaktivitäten** je Phasen, oftmals auch detaillierte (4) **Aktivitäten**, zudem (5) **Regeln für die Abarbeitung** der Aktivitäten sowie den Umgang mit Ergebnissen, definieren notwendige (6) **Meilensteinergebnisse**, geben ggf. bestimmte (7) **Methoden und Werkzeuge** vor, stellen (8) **Arbeitsmittel** (wie Checklisten, Formulare, Standardvorlagen) zur Verfügung, bieten zudem Standards für die Projektorganisation mittels (9) **Rollenbeschreibungen** (welche Rollen gibt es im Projekt, was sind deren Rechte, Pflichten und Befugnisse) sowie ggf. weitere (10) **Zusatzinformationen** (z. B. summarische Angaben zu Phasenkosten oder dem Ressourcenbedarf). Vorgehensmodelle sagen, was, wie, wann, von wem & womit zu tun ist.

Die Entwicklung eines unternehmensspezifischen Vorgehensmodells könnte wie folgt ablaufen:

1. **Kategorisierung der Projektlandschaft** auf Basis von Erfahrungswerten nach z. B. Projektarten (z. B. intern / extern) und Projektgrößen (z. B. A-Projekte, B-Projekte, C-Projekte). Die Kunst hierbei ist, dass ausreichend spezifische Klassen abgegrenzt werden, damit die Projekte nach dem gleichen Muster abgearbeitet werden können und gleichzeitig hinreichend große Klassen gebildet werden, damit nicht jedes Projekt einen eigenen Standard bildet.
2. **Definition eines Standardphasenmodells mit Meilensteinen.** Die Kunst hierbei ist, dass rein sequentielle Modelle zwar leicht definierbar sind, diese jedoch der Realität von Projekten nicht immer gerecht werden, weshalb z. B. Schleifen (siehe Kapitel 2, unten) oder ähnliche Formen der Flexibilisierung eingeplant und erlaubt werden sollten.
3. **Definition von Projektmanagement-Prozessen je Phase.** Die Kunst hierbei ist das richtige Maß der Granularität zu finden. Werden zunächst Prozesse für große A-Projekte definiert, können diese anschließend abgespeckt werden für kleinere B- und C-Projekte. Das Prozessmodell der DIN 69901-2:2009 stellt hierfür Optionen zur Verfügung, die unternehmensspezifisch anpassbar sind.
4. **Definition von Methoden und Werkzeugen je PM-Prozess sowie Entwicklung von Arbeitsmitteln.** Definiert werden sollte nicht der Maximal-, sondern der Minimalstandard. Dieser kann mit wachsendem Reifegrad und Erfahrung mit dem Vorgehensmodell schrittweise angehoben werden.
5. **Definition von Rollenprofilen** mit Pflichten, Verantwortungen, Rechten und Befugnissen.
6. **Sammlung von Daten, Entwicklung von Kennzahlen sowie schrittweise Optimierung.** Das Lernen aus Projekten bzw. die Auswertung der Erfahrung und Umsetzung dieser in Kennzahlen ist notwendig, um Zusatzinformationen generieren zu können. Hier zeigt sich der Mehrwert der Standardisierung durch Vorgehensmodelle sehr deutlich.

Die Entwicklung eines unternehmensspezifischen Vorgehensmodells wird einfacher, wenn ein idealtypisches spezifisches oder übergreifendes Vorgehensmodell als Vorlage verwendet wird. Die Auswahl des geeigneten Modells könnte z. B. mittels einer Nutzwerkanalyse und folgender Kriterien erfolgen:

- **Konsistenz:** Ist das Modell logisch aufgebaut und plausibel?
- **Akzeptanz:** Bietet das Modell ein gemeinsames Verständnis für alle Beteiligten? Ist das Modell leicht verständlich und nachvollziehbar?
- **Aufwand:** Wie hoch ist der Aufwand zur Anpassung?
- **Nutzen:** Sind die wichtigen, im weiteren Projektverlauf erforderlichen Entscheidungen erkennbar? Welcher konkrete Gewinn (Zeitersparnis, Qualitätssicherung, Reputation) entsteht durch die Anwendung des Modells?
- **Verbreitungsgrad:** Welche und wie viele Unternehmen in der gleichen Branche greifen ebenfalls auf dieses Vorgehensmodell zurück?

1.6 Lebenszyklusmodelle

Eine Ergänzung der Projektphasenmodelle um den Aspekt der Projektergebnisse, deren Nutzung und deren Lebensdauer und ggf. die Einleitung eines neuen Projekts, um die genutzten Projektergebnisse durch neue Ergebnisse abzulösen, führt zu Lebenszyklusmodellen als Variante der rein projektbezogenen Phasenmodelle. In den Lebenszyklusmodellen folgen auf das „klassische" Projektende, den Projektabschluss, die Inbetriebnahme, eine oder mehrere weitere Phasen, zunächst jedoch die Nutzungsphase, die dann meistens keinen Bezug mehr zu den ursprünglichen Projektverantwortlichen hat. Die Laufzeit der Nutzungsphase ist in der Regel mehr- bzw. sogar vieljährig und mündet am Ende der Laufzeit in eine Entscheidung über eine erneute Projektierung. Die Nutzungsphase leitet zumindest die Phase der Außerbetriebnahme noch ein, um anschließend den Zyklus auf anderem Ergebnisniveau wieder von vorne beginnen zu lassen. Insbesondere an der Laufzeit von Kraftwerken oder der Lebenszeit von Produktionsbetrieben wird deutlich, dass eine Orientierung innerhalb eines einzigen Phasenmodells aufgrund der jeweiligen Phasendauer auch problematisch sein kann. Hilfreich ist allerdings, die Lebensphasen als Orientierung zu verstehen für notwendige Vorleistungen im Projekt z. B. für eine spätere Außerbetriebnahme oder Stilllegung eines Projektergebnisses. Mit der Sicht auf den Lebenszyklus bzw. Lebensweg wird das spätere Projekt „Außerbetriebnahme" oder „Stilllegung" bereits mit dem Abschluss der Realisierung angemessen dokumentiert vorbereitet. Die künftig einmal verantwortliche Projektleitung weiß auch 25 Jahre später, eine gute Vorleistung ihres Vorgängers zu schätzen. Bei kürzeren Projektlebensdauern kann demgegenüber sogar eine durchgängige Projektverantwortung sinnvoll sein. Dies ist z. B. der Fall bei der Fertigung von Produktchargen, die von der Auftragserteilung über Planung, Entwicklung und Produktion bis zum Abverkauf im Markt und bis zum Ablauf der Garantiezeit für die letzten verkauften Exemplare eine Gesamtdurchlaufzeit von nur 3-4 Jahren haben. Dies trifft u. a. auf die ganzen Aktionswaren zu, wie sie von Kaffeeröstern bis hin zu etablierten Handelsketten regelmäßig in den Markt gebracht werden.

1.7 Projektstrukturplan

Ein Projektstrukturplan kann phasenorientiert gegliedert werden (vgl. 1.09 Projektstrukturplan). Es bietet sich natürlich an, den Phasenplan zur phasenorientierten Gliederung des Projektstrukturplans zu verwenden, um einen vollständigen Blick auf die anstehenden Arbeiten im Projekt zu bekommen!

2 Flexibilisierung

Die in Kapitel 1 dargestellten Phasenmodelle weisen eine sequenzielle Struktur auf: Eine Phase folgt der anderen und Meilensteine trennen Phasen. Diese Logik ist nicht immer realistisch und angemessen und führt oftmals zu zeitlichen Verzögerungen.

2.1 Phasenübergänge und Meilensteine

Das „Reinschleichen" in eine nächste Projektphase oder das „Rausschleichen" aus einer Projektphase ist zwar immer wieder gelebter Alltag, wird dadurch, dass es praktiziert wird, im Grundsatz nicht besser. Dass es Situationen im Projektverlauf gibt, die parallele Projektphasen erfordern oder ermöglichen und dass Überlappungen im Phasenübergang sinnvoll sein können, ist unbestritten. Mit der Orientierung an einem Phasenplan wird mit dem Projekterstauftrag und der zu beginnenden konkreten Projektentwicklung allerdings die Möglichkeit geboten, mit dem Auftraggeber gemeinsam zu planen, wann im Projektverlauf **Entscheidungen** zu treffen sind über die Fortsetzung oder den Abbruch des Projekts. In einem solchen Projekt kann es dennoch durchaus sinnvoll sein, dass Phasen überlappen. Eine komplexe Umweltverträglichkeitsprüfung kann z. B. an einem Standort noch nicht abgeschlossen sein, während an anderer Stelle bereits Baumaßnahmen begonnen haben, die „den Sachzwängen geschuldet" sind, um das gesamte Vorhaben innerhalb des begrenzten verfügbaren Zeitrahmens, z. B. aus Gründen des Haushaltsrechts, abzuschließen. Eine noch weitergehende Variante der Phasenüberschneidung ist insbesondere in der Software-Entwicklung die Parallelisierung von z. B. Planungs- und Realisierungsphase zur Verkürzung der Entwicklungszeiten. Spektakuläre Konsequenzen sind allerdings auch fertig gestellte, aber nicht nutzbare Investitionsruinen. In den sogenannten „Schwarzbüchern" sind derartige Beispiele dokumentiert.

Ein Meilenstein wird in der DIN 69900:2009 definiert als „Schlüsselereignis" bzw. als „Ereignis besonderer Bedeutung". Meilensteine besitzen Flexibilisierungspotentiale: Zunächst gilt es, die (1) Funktion eines Meilensteins zu klären (Liefergegenstände/Zwischenergebnisse, Prüfung, Entscheidung, Phasenübergang). Meilensteine sind sodann zu operationalisieren; es sind Leistungskriterien sowie deren Ausprägung zu definieren. Die Terminierung ist hierbei ein nachgelagertes Kriterium! Ein typischer Fehler ist, dass Meilensteine zu früh terminiert werden. (2) Als Definitionen können Mindeststandards definiert werden sowie (3) Fristen zur Nacharbeit. (4) Phasenübergänge können automatisiert werden: Sobald der Phasen-Abschluss erreicht ist, startet die nächste Phase (Kombination von Phasen-Abschluss und Phasen-Freigabe). (5) Errechnete (sachlich-logische) und gewünschte (verhandelbare) Meilensteintermine sind zu unterscheiden. Realitäten sind oftmals eine Frage der Priorisierung.

Sinnvoll sind einerseits Phasenüberlappungen und eine Parallelisierung von Phasen, um die Flexibilität zu erhöhen. Sinnvoll ist andererseits auch, definitive Entscheidungspunkte zu vereinbaren, an denen das Projekt auf dem Prüfstand steht (siehe oben: Quality Gates).

2.2 Modellfamilien

In Anlehnung an Bunse und von Knethen (2008) werden nachfolgend drei Modellfamilien unterschieden, die das Problem „standardisierte Flexibilität" bzw. „flexible Standardisierung" unterschiedlich lösen. Die Modellfamilien entstammen der Software-Entwicklung. Ziel dieses Kapitels ist es allerdings nicht, SE-Vorgehensmodelle zu beschreiben, sondern verschiedene Möglichkeiten der Flexibilisierung aufzuzeigen. Im Vertiefungskapitel Projektphasen wird der Ansatz „Agiles Projektmanagement" gesondert beschrieben, weshalb dieser nachfolgend nicht weiter ausgeführt wird. Die drei Modellfamilien sind:

| **Sequentielle Modelle:** Zu diese Kategorie zählen Phasen-, Wasserfall- und Schleifenmodelle.
| **Wiederholende Modelle:** Zu dieser Modellklasse zählen die inkrementellen, iterativen, rekursiven und evolutionären Modelle.
| **Wiederverwendende Modelle:** Modelle dieser Kategorie sind darauf ausgerichtet, bestehende Module zu recyclen sowie in der Entwicklung auf die erneute Verwendbarkeit hin zu arbeiten.

Sequentielle Modelle

Zu dieser Modellkategorie zählen **sequentielle Phasenmodelle**, die den Übergang in die nächste Phase davon abhängig machen, dass alle Aktivitäten einer Phase vollständig abgeschlossen sind und alle Ergebnisse vollständig vorliegen. Phasenrückschritte stellen Ausnahmen dar. Die Ergebnisse, z. B. Entwurfsdokumente, einer Phasen bilden die Voraussetzung für die Arbeiten in der nächsten Phase und werden dort weiterverarbeitet. **Wasserfall- bzw. Schleifenmodelle** folgen ebenfalls einer sequentiellen Logik. Sie erlauben allerdings kontrollierte Iterationen, um Aktivitäten einer Vorphase erneut durchzuführen. Notwendig sind Rückschritte, z. B. um Fehler einer vorangehenden Phase zu korrigieren oder um geänderte Anforderungen zu berücksichtigen. Welche Rückschritte erlaubt sind, ist vom jeweiligen Modell abhängig. Dies kann nur die letzte Phase sein, wie beim Wasserfallmodell, oder auch eine weit frühere Phase, wie beim Schleifenmodell. Eine weitere Form der Flexibilisierung ist die Verwendung von **Prototypen** oder **Pilotanwendungen** in sequentiellen Modellen. An bestimmten Zeitpunkten ist die Entwicklung von Prototypen (vereinfachte oder eingeschränkt funktionsfähige Varianten) oder Pilotanwendungen (Anwendungen in einem begrenzten Rahmen) geplant. Kontrollierte Rückschritte bzw. Wiederholungen der Aktivitäten einer Phase sind an diesen Zeitpunkten bewusst eingeplant, um die Erfahrung mit dem Prototyp / der Pilotanwendung verwerten zu können. In Abbildung 1.11a-5 sind die verschiedenen Varianten dargestellt: Linear, mit Phasenrückschritten, mit Schleifen und Prototypen.

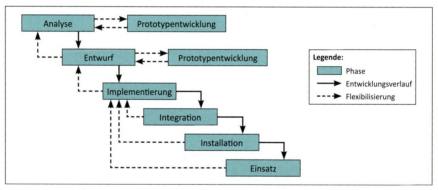

Abbildung 1.11a-5: Sequentielle Modellfamilie
Quelle: In Anlehnung an Bunse & von Knethen, 2008: 8

Sequentielle Modelle sind gut einsetzbar, wenn **Erfahrung** besteht hinsichtlich der geplanten Entwicklung und wenn die Anforderungen **stabil** sind. Ein Vorteil ist, dass kein umfangreiches Konfigurationsmanagement notwendig ist, da nur wenige Versionsänderungen anfallen bzw. möglich sind. Nachteilig ist jedoch, dass an den Phasenübergängen zeitliche Verzögerungen entstehen können, fertige Produkte erst sehr spät entstehen (außer bei Pilotanwendungen in z. B. OE-Projekten), was bei zeitlichen Verzögerungen dazu führen kann, dass bei fixen Endterminen kein fertiges Produkt vorliegt. Wenn die Erfahrung gering ist, Anforderungen instabil oder unscharf sind und fixe Endtermine bestehen, sind streng-sequentielle ungeeignet. Für diese Fälle sind wiederholende Modelle besser geeignet.

Wiederholende Modelle

Basisidee der wiederholenden Modelle ist, dass das Projekt nicht in sequentiellen Phasen (erst die vollständige Analyse, dann der vollständige Entwurf, dann die vollständige Implementierung, dann die vollständige Integration usw.), sondern in Inkrementen abgearbeitet wird. Ein Inkrement bildet eine Teilmenge der Gesamtanforderungen. Diese werden abgearbeitet (Analyse, Entwurf, Implementierung usw.), bevor eine erweiterte Teilmenge abgearbeitet (erneut: Analyse, Entwurf, Implementierung usw.) wird. Das Produkt wächst mit jedem Inkrement (lat. incrementum = Wachstum). Der Vorteil ist, dass Erfahrung schrittweise aufgebaut und direkt gelernt wird, die Komplexität zunächst reduziert ist (und sich schrittweise erhöht), Teilprodukte bereits früh entstehen und schrittweise erweitert werden, was bei Terminengpässen zumindest Teillieferungen ermöglicht. In Abbildung 1.11a-6 ist diese Grundidee illustriert für drei Inkremente.

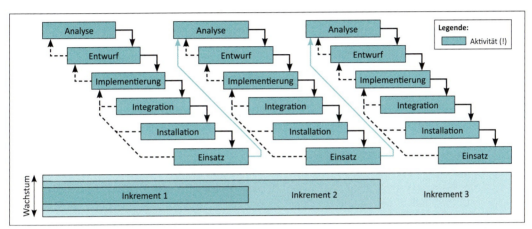

Abbildung 1.11a-6: Inkremente als Grundidee wiederholender Modelle
Quelle: In Anlehnung an Bunse & von Knethen, 2008: 12

Wiederholende Modelle sind geeignet, wenn Anforderungen unscharf oder instabil sind und die Erfahrung gering ist. In diesem Fall könnte z. B. mit den sichersten Anforderungen begonnen werden, um dann mit wachsender Erfahrung Sicherheit zu gewinnen. Notwendig ist jedoch, dass die Anforderungen in Teilmengen untergliederbar und diese möglichst wenig voneinander abhängig sind. Im ungünstigen Fall, insbesondere bei vielen Abhängigkeiten, kann es passieren, dass geänderte Anforderungen in späteren Inkrementen eine Überarbeitung bereits fertig gestellter Ergebnisse notwendig macht. Notwendig ist zudem ein gutes Versions- und Konfigurationsmanagement, da nicht nur von Inkrement zu Inkrement, sondern auch innerhalb eines Inkrements durch Rückschritte (wie bei den sequentiellen Modellen) verschiedene Versionen entstehen. Notwendig und sinnvoll ist zudem, mit dem Auftraggeber die abzuarbeitenden Inkremente zu priorisieren, damit im Fall einer Terminverzögerung, die wichtigen Funktionen zumindest realisiert sind.

Zu den wiederholenden Modellen zählen neben den inkrementellen Modellen die iterativen, rekursiven und evolutionären Modellen. Ein evolutionäres Modell von Boehm (1988) ist in Abbildung 1.11a-7 dargestellt.

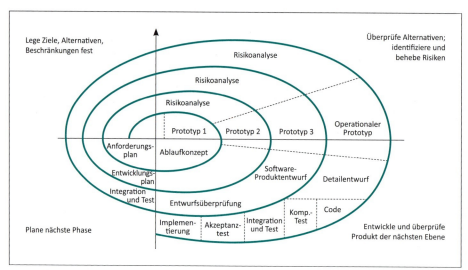

Abbildung 1.11a-7: Evolutionärer Ansatz als Beispiel eines wiederholenden Modells
Quelle: Bunse & von Knethen, 2008: 13

Bruno Jenny merkt zu Recht an, dass eine aus dem Modell herausgetrennte und aufgebogene Spirale theoretisch ein sequentielles Modell bildet (Jenny, 2009: 146). Meilensteine könnten sodann den Phasenübergang markieren zwischen „Plane nächste Phase" und „Lege Ziele, Alternativen und Beschränkungen fest". Das Modell wäre damit durchaus als Phasenplan in Balkenform mit Meilensteinen darstellbar.

Wiederverwendende Modelle

Wiederverwendende Modelle sind darauf ausgerichtet, einerseits Ergebnisse aus abgeschlossenen Projekten wiederzuverwenden und andererseits im Projekt darauf hinzuarbeiten, dass eigene Ergebnisse in anderen Projekten verwendbar sind. Vorteile sind u.a., dass auf Erfahrung zurück gegriffen werden kann und Prototypen schneller entwickelbar sind. Nachteilig kann sein, dass wiederverwendete Ergebnisse, wenn sie nicht ausreichend passend sind, die Komplexität erhöhen und zudem anzupassen sind. Erforderlich ist, wie bei den wiederholenden Modellen, dass ein umfangreiches Versions- und Konfigurationsmanagement im Projekt und projektübergreifend besteht, damit die Wiederverwendbarkeit von Projekt zu Projekt qualitätsgesichert möglich ist. Im Projekt sind Ergebnisse wiederum für andere Projekte aufzubereiten, was zusätzlichen Aufwand bedeutet (falls dies nicht eine spezielle Service-Einheit übernimmt). Zudem sind die Wiederverwendungskandidaten projektübergreifend zu verwalten. Wiederverwendende Modelle erfordern deshalb eine entsprechende Unternehmensstrategie sowie unterstützende projektübergreifende Unternehmensprozesse. In Abbildung 1.11a-8 ist ein entsprechendes Modell dargestellt.

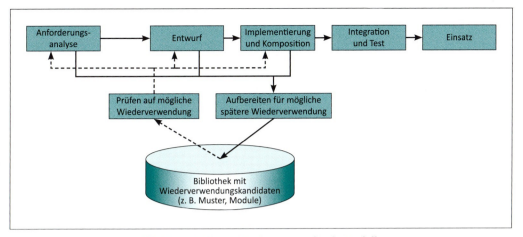

Abbildung 1.11a-8: Wiederverwendende Modelle
Quelle: Bunse & von Knethen, 2008: 16

An dieser Stelle endet das Basiskapitel. Im Vertiefungskapitel werden das Vorgehensmodell HERMES sowie das Agile Projektmanagement dargestellt.

3 Fragen zur Wiederholung

1. Was sollte ein erster grober Phasenplan mindestens beinhalten?
2. Benennen Sie Beispiele projektartenspezifischer Phasenmodelle.
3. Worin bestehen Vorteile und Nachteile, wenn eine Phasenbetrachtung angewendet wird?
4. Was sind Gemeinsamkeiten und Unterschiede von Meilensteinen und Gates?
5. Worin bestehen Vorteil und Nachteile, wenn Vorgehensmodelle verwendet werden?
6. Wie sind spezfische und übergreifende Vorgehensmodelle unterscheidbar?
7. Welche Bausteine können Vorgehensmodelle (VM) beinhalten?
8. Wie würden Sie vorgehen, um ein unternehmensspezifisches VM zu entwickeln?
9. Welche Möglichkeiten bestehen zur Flexibilisierung von Phasenplänen?

1.11b Ablauf und Termine (Time)
Günter Rackelmann

Kontext und Bedeutung

Die Ablaufplanung baut auf der Projektstrukturierung (Kap. 1.09) und der Phasenplanung (Kap. 1.11a) auf und liefert bereits in einer frühen Phase des Projekts wertvolle Unterstützung bei der Projektplanung. Mit der Ablauf- und Terminplanung (ICB-Element 1.11b) wird der größte Detaillierungsgrad in der Planungsphase eines Projekts erreicht.

Im Ablaufplan wird festgelegt, welche Aktivitäten in logischer Reihenfolge nacheinander, überlappend oder parallel durchgeführt werden müssen. Bei der Erstellung des Ablaufplans werden die Projektbeteiligten frühzeitig gezwungen, die kritischen Schnittstellen zwischen den Vorgängen/ Arbeitspaketen/ Teilprojekten zu definieren und zu klären.

Nach Festlegung der Vorgangsdauern in Verbindung mit dem Abgleich der Ressourcen entstehen der Terminplan und damit die Festlegung, wann welche Aktivitäten durchgeführt werden müssen.

Ziel der Zeitplanung ist es, den Projektbeteiligten verbindliche Termine vorzugeben und aufzuzeigen, wo Zeitreserven vorhanden oder einzuplanen sind oder wo Beschleunigungsmaßnahmen erforderlich sind.

Die Terminplanung liefert die Vorgaben (PLAN/ SOLL-Werte) und erfasst auf der Grundlage der zyklisch eingeholten Rückmeldedaten permanent den Ist-Zustand des Projekts. Damit werden die Voraussetzungen nicht nur für die Überwachung und Steuerung von Terminen geschaffen, sondern auch für die Planung und Kontrolle von Einsatzmitteln, Kosten und Leistungen.

Projektmanagement erfordert ein Werkzeug zur Planung, Überwachung und Steuerung, um ein Projekt unter Berücksichtigung technischer und wirtschaftlicher Aspekte

- in einer vorgegebenen Zeit (=Termine)
- mit beschränkten Ressourcen (= Einsatzmittel - Kap. 1.12 und Kosten - Kap. 1.13)
- unter Einhaltung der Leistungsziele (= Ergebnisse in der geforderten Qualität - Kap. 1.05 und Kap. 1.10)

realisieren zu können.

Dieses Werkzeug liefert die Netzplantechnik. Mithilfe des Netzplans lassen sich die Abhängigkeiten zwischen den Aktivitäten darstellen sowie Termine und zeitliche Spielräume berechnen. Bei Abweichungen vom geplanten Projektverlauf können Planvarianten und Alternativlösungen durchgespielt werden. Mit der Netzplantechnik verfügen wir über ein Frühwarnsystem und können rechtzeitig Korrekturen einleiten.

Lernziele

Sie kennen

- die Schritte der Ablauf- und Terminplanung
- den Regelkreis der Terminplanaktualisierung
- die wichtigsten Begriffe der Netzplantechnik
- die Vorgangsknoten-Netzplantechnik
- einfache Arbeitstechniken zur Netzplanerstellung

Sie können

- einen Projektstrukturplan schrittweise in einen Ablaufplan überführen
- einen Vorgangsknotennetzplan erstellen und berechnen
- einen Terminplan richtig interpretieren und die Ergebnisse der Terminplanung beurteilen

Sie wissen

- nach welchen Gesichtspunkten ein Ablaufplan zu detaillieren und zu strukturieren ist
- welche Bedeutung zeitliche Spielräume und der kritische Weg im Terminplan haben
- wie man Planungskalender einsetzt

Inhalt

1	Einführung	370
2	Prozessschritte der Ablauf- und Terminplanung	370
2.1	Vom Phasenplan über den Projektstrukturplan zum Ablaufplan	370
2.2	Festlegung der technologischen Reihung von Vorgängen	372
2.3	Überführung des Ablaufplans in den Terminplan	372
2.4	Ermittlung des Ressourcenbedarfs und Ressourcenabgleich	372
2.5	Optimierung des Ablauf- und Terminplans	373
2.6	Verabschiedung des Ausführungsplans	373
2.7	Termincontrolling – Projektcontrolling	374
3	Netzplantechnik als Werkzeug zur Planung, Steuerung und Überwachung von Terminen, Einsatzmitteln und Kosten	375
3.1	Grundbegriffe der Netzplantechnik	375
3.2	Vorgangsknoten-Netzplantechnik (VKN)	376
3.2.1	Grafische Darstellung und Darstellungselemente	376
3.2.2	Anordnungsbeziehungen im Vorgangsknoten-Netzplan	378
3.2.3	Minimale und maximale Zeitabstände	379
3.2.4	Mehrere Anordnungsbeziehungen zwischen Vorgänger und Nachfolger	383
3.2.5	Berechnung der Termine	383
3.2.6	Berechnung der zeitlichen Spielräume (Puffer) und des Kritischen Wegs	387
3.3	Kalendrierung	392
3.3.1	Kalenderarten	392
3.3.2	Verwendung mehrerer Kalender in einem Projekt	392
3.3.3	Terminierung mit dem Gregorianischen Kalender	392
3.4	Feste Anfangs- und Endtermine, Wunschtermine	393
4	Praktische Hinweise zur Netzplanerstellung	394
4.1	Detaillierungsgrad	394
4.2	Einfache Arbeitstechniken	395
5	Softwareunterstützung	397
6	Darstellungsformen	397
7	Zusammenfassung	398
8	Fragen zur Wiederholung	399

1 Einführung

Im „Basisteil" werden zunächst die Prozessschritte der Ablauf- und Terminplanung beschrieben. Aufbauend auf der Phasenplanung (Kap. 1.11a) und der Projektstrukturierung (Kap. 1.9), wird aufgezeigt, wie ein auf den ersten Blick komplexes Projekt durch das Herunterbrechen in überschaubare Einheiten (Arbeitspakete, Vorgänge) planbar gemacht werden kann. Das Ergebnis der Ablauf- und Terminplanung ist zunächst ein erster Terminplan. Nach Berücksichtigung von Ressourcen (Kap. 1.12) und Kosten (Kap. 1.13) erhält man dann eine verbindliche PLAN/ SOLL-Vorgabe für alle Projektbeteiligten.

Im zweiten Teil wird die Netzplantechnik als zentrales Planungs- und Steuerungswerkzeug beschrieben. Für das unter der Bezeichnung „PERT" bei uns im Normalfall verwendete Vorgangsknoten-Netzplantechnikverfahren (VKN) werden die Grundbegriffe und die Vorgehensweise bei der Terminberechnung sowie wichtige Elemente (z. B. Puffer und Kritischer Weg) erläutert. Der Projektleiter wird sicherlich nie in der Praxis „per Hand" einen Terminplan berechnen – dazu gibt es entsprechende Software-Unterstützung. Aber er sollte die Grundlagen kennen, um einen Terminplan richtig interpretieren und auf Plausibilität prüfen zu können.

Zum Abschluss des „Basisteils" folgen praktische Tipps zur Netzplanerstellung, z. B. zur Wahl des Detaillierungsgrads, sowie Hinweise auf einfache Arbeitstechniken und Darstellungsformen.

2 Prozessschritte der Ablauf- und Terminplanung

2.1 Vom Phasenplan über den Projektstrukturplan zum Ablaufplan

In der Phasenplanung (Kap. 1.11a) werden das Projekt in zeitliche Abschnitte gegliedert und die zu erreichenden Phasenergebnisse definiert. Innerhalb der Phasen werden die wesentlichen Aktivitäten (Hauptaufgaben) festgelegt, die dann bei der Projektstrukturierung direkt als Arbeitspakete übernommen werden können. Gleichzeitig erfolgt bei der Phasenplanung eine Grobterminierung der Zeitabschnitte mit Meilensteinen am Ende jeder Phase. Die Aktivitäten finden sich (normalerweise weiter detailliert) als „Vorgänge" im Ablaufplan wieder, ebenso wie die Meilensteine als „Ereignisse". Mit der Phasenplanung ist ein erster Schritt zur Reduzierung der Komplexität des Projekts getan.

Die in der Phasenplanung gewählte Phasengliederung kann, muss aber nicht zwingend in der **Projektstrukturierung (Kap. 1.09)** übernommen werden. Ebenso kann die Projektstrukturierung nach funktionalen, objektorientierten oder organisatorischen Gesichtspunkten erfolgen. In der Regel wird auf den verschiedenen Ebenen in Abhängigkeit von Projekt bzw. Projektart ein gemischt-orientierter Gliederungsansatz gewählt.

> **Die Projektstrukturierung ist** nach der Phasenplanung der nächste Schritt zur weiteren Detaillierung durch die Zerlegung eines komplexen Projekts in Phasen, Teilprojekte, Teilaufgaben und Arbeitspakete und somit die **Voraussetzung für die Ablauf- und Terminplanung**.

Der Projektstrukturplan zeigt alle im Projekt durchzuführenden Aufgaben (als Menge aller Arbeitspakete) auf, die zur geforderten Leistungserbringung (Kap. 1.10, Lieferungen und Leistungen) benötigt werden und liefert die Transparenz:

| Was ist zu tun?
| Wer macht was?
| Wer ist für was verantwortlich?

Der Projektstrukturplan gibt aber keine Auskunft über

l   die Reihenfolge der Bearbeitung der Arbeitspakete
l   die Schnittstellen zwischen Teilprojekten/ Teilaufgaben und Arbeitspaketen
l   die genaue zeitliche Abfolge und Durchführungszeitpunkte

Der letzte Schritt in der Projektplanung auf dem Weg „Vom Groben zum Feinen" ist die Überführung des Projektstrukturplans in den Ablaufplan. Abbildung 1.11b-1 zeigt dies schematisch.

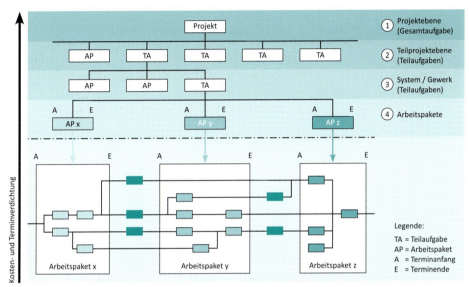

Abbildung 1.11b-1: Vom Projektstrukturplan zum Ablaufplan

> **!** Im Projektstrukturplan stellt ein Arbeitspaket die kleinste Einheit dar, **im Ablaufplan werden die Elemente unabhängig vom Detaillierungsgrad als „Vorgänge" bezeichnet**.

Der erste Schritt zur Erstellung des Ablaufplans ist die Festlegung des Inhalts und des Detaillierungsgrads der zu bearbeitenden Vorgänge. Je nach Komplexität des Arbeitspaketinhalts kann differenziert vorgegangen werden:

In der Regel beinhaltet ein Arbeitspaket eine Reihe von untereinander abhängigen Arbeitsschritten („1:n-Beziehung"), die als Vorgänge einzeln geplant und überwacht werden müssen. In diesem Fall entsteht aus einem Arbeitspaket ein „Teilnetz" im Ablaufplan (vgl. Darstellung in Abbildung 1.11b-1)

Einzelne überschaubare Arbeitspakete müssen nicht weiter detailliert werden und gehen als „Vorgang" in den Ablaufplan ein („1:1-Beziehung").

Für bestimmte Zwecke, z. B. zur Verdichtung von Termininformationen (Grobnetzplan, Rahmenterminplan), können mehrere Arbeitspakete zu einem Vorgang zusammengefasst werden („m:1-Beziehung").

2.2 Festlegung der technologischen Reihung von Vorgängen

 Im zweiten Schritt sind die Vorgänge sachlogisch miteinander zu verknüpfen. Damit entsteht ein **Ablaufplan** (Netzplan), in dem eindeutig festgelegt wird,

- welche Abhängigkeiten zwischen den Vorgängen untereinander bestehen
- welche Vorgänge nacheinander, parallel, überlappend oder unabhängig voneinander ablaufen können
- welche Zeitabstände zwischen einzelnen Vorgängen erforderlich sind.

Die Projektbeteiligten werden damit bereits in einer frühen Projektphase gezwungen, Schnittstellen zu erkennen und zu klären. In der Praxis wird dabei erst sichtbar, dass in einzelnen Arbeitspaketen hohe Risiken stecken, weil z. B. noch keine genauen Vorstellungen über die technische Realisierbarkeit vorhanden sind oder sonstige wichtige Informationen fehlen.

2.3 Überführung des Ablaufplans in den Terminplan

 Im dritten Schritt schätzen die Projektbeteiligten die realistischen Durchführungsdauern für die Vorgänge – zunächst ohne explizite Berücksichtigung der Ressourcen.

Dabei muss der Projektleiter unbedingt darauf achten, dass die einzelnen Schätzer nicht zu ihrer eigenen Sicherheit (versteckte) Puffer einbauen. Er allein darf, sofern es der vorgegebene fixe Projektendtermin erlaubt, ein Zeitkontingent als Gesamtpuffer einbauen.

Nach der Festlegung aller Vorgangsdauern und der zeitlichen Abstände zwischen den Vorgängen können die Frühest- und Spätesttermine für jeden Vorgang berechnet und terminkritische Abläufe („Kritischer Weg") sowie die zeitlichen Spielräume („Puffer") aufgezeigt werden. Als Berechnungsergebnis liegt nun ein erster **vorläufiger Terminplan** vor.

2.4 Ermittlung des Ressourcenbedarfs und Ressourcenabgleich

Die erste Terminierung des Projektplans (vgl. 2.3) erfolgt normalerweise ohne Berücksichtigung der benötigten Ressourcen.

 Im vierten Schritt erfolgt die Zuordnung der Ressourcen (Einsatzmittel - Kap. 1.12)

- Mitarbeiter mit einer bestimmten Qualifikation
- Sachmittel, wie z. B. Maschinen, Einrichtungen
- Material oder Betriebsmittel
- Kosten des Vorgangs/ Arbeitspakets

auf die Vorgänge. Können einzelne Vorgänge wegen einer Ressourcenknappheit nicht zum ursprünglich geplanten Zeitpunkt oder im entsprechenden Zeitraum durchgeführt werden, muss die Ablaufstruktur geändert werden, z. B. durch sequentielle Abarbeitung anstelle von paralleler Durchführung von Vorgängen oder zeitlicher Streckung eines Arbeitspakets (vgl. dazu Kap. 1.12). Nach dem Abgleich erfolgt eine erneute Terminberechnung.

Hinweis: Zur Problematik der Schätzung realistischer Vorgangsdauern finden sich Anmerkungen im „Vertiefungswissen" sowie im Kapitel 1.23 (Critical Chain).

2.5 Optimierung des Ablauf- und Terminplans

 Als weiterer Schritt folgt die Optimierung des Ablauf- und Terminplans.

Die Terminberechnung unter Berücksichtigung der Ressourcen kann häufig zu dem Ergebnis führen, dass ein gewünschter bzw. geforderter Projektendtermin nicht erreicht werden kann. In diesem Fall beginnt ein iterativer Prozess der Ablauf- und Terminoptimierung in Zusammenarbeit mit allen verantwortlichen Projektbeteiligten. Hier kann z. B. versucht werden, durch weitere Änderungen der Ablaufstruktur (z. B. durch Überlappung von Vorgängen) oder durch Kürzung von Ausführungszeiten (z. B. durch Kapazitätserhöhung) eine Verkürzung der Projektlaufzeit zu erreichen.

In diesem Stadium der Ablauf- und Terminplanung können auch **alternative Handlungsabläufe** simuliert und deren Auswirkungen auf den Projektendtermin oder auf andere Zielfaktoren, wie z. B. Kosten oder Einsatzmittelbedarf, durchgespielt werden.

Wichtig:
In jedem Fall ist in diesem Stadium der Terminplanung strikt darauf zu achten, dass nicht unrealistische Annahmen in die Planung einfließen und die vorausgegangene sorgfältige Planung zerstört wird.

2.6 Verabschiedung des Ausführungsplans

 Der nach der Optimierung vorliegende Ablauf- und Terminplan des Projekts ist von den verantwortlichen Stellen (z. B. Auftraggeber, Unternehmensleitung, Projektleitung, Lieferanten) zu verabschieden.

Die Termine in diesem Ausführungsplan werden damit zu verbindlichen PLAN/ SOLL-Terminen für alle Beteiligten. Häufig wird dieser Terminplan wichtiger Bestandteil des Vertrags mit dem Projektauftraggeber. Bei späterer Nichteinhaltung von vertraglich fixierten Projektendterminen kann dies unter Umständen zu Vertragsstrafen (Pönalen) führen.

Mit der Verabschiedung unterliegt der Projektplan dem Änderungsmanagement, d. h. Änderungen sind zu dokumentieren und müssen von den verantwortlichen Stellen genehmigt werden. Nach dem Vorliegen des Ausführungsplans **ist die Phase der Projektplanung beendet**, nicht jedoch das Ablauf- und Terminmanagement. In der nun folgenden Realisierungsphase gibt es wohl kaum ein Projekt ohne **Planungsänderungen**. Gründe hierfür können u. a. sein:

| Änderungswünsche durch den Auftraggeber
| Verzögerungen, z. B. bei Ausfall von Ressourcen oder durch verspätete Zulieferung von Unterauftragnehmern
| technische Schwierigkeiten bei der Realisierung einzelner Arbeitspakete
| fehlgeschlagene Tests und damit notwendige Verlängerung von Testzeiten

Damit ist das Ablauf- und Terminmanagement in der Realisierungsphase untrennbar mit der Überwachung und Steuerung verbunden (Kap. 1.16).

2.7 Termincontrolling – Projektcontrolling

Das Termincontrolling als Teil des Terminmanagements beginnt mit der Erfassung der IST-Termine und der Überwachung des termingerechten Ablaufs. Nach der Durchführung von PLAN/ SOLL-/ IST-Vergleichen können Abweichungen vom geplanten Ablauf, insbesondere Terminverzögerungen oder Änderungen in der Ablaufstruktur, aufgezeigt und analysiert werden. Beim konsequenten Einsatz der Netzplantechnik lassen sich dann unmittelbar die Auswirkungen von Abweichungen auf Teilbereiche des Projekts oder auf das Projektende insgesamt aufzeigen. Auch hier können, wie in der Phase der Optimierung, Alternativen durchgespielt werden, um geeignete Maßnahmen der Gegensteuerung herauszufinden. In jedem Falle liefert das terminliche Projektcontrolling rechtzeitig ein Warnsignal für die Projektleitung, dass korrektive Maßnahmen zu treffen sind.

> **Der Regelkreis der Terminplanaktualisierung**
> - Erfassung der IST-Termine
> - Vergleich der IST-Termine mit den PLAN/ SOLL-Terminen
> - Analysieren der Abweichungen
> - Planung korrektiver Maßnahmen
> - Aktualisierung oder Revision der Terminplanung

läuft nicht nur einmal im Projekt, sondern in regelmäßigen, zyklischen Intervallen ab.

Der weitergehende Begriff des Projektcontrollings umfasst neben dem Terminmanagement auch die Bereiche Kosten-, Leistungs- und Ressourcenmanagement. Dementsprechend können die Ausführungen über PLAN/ SOLL-/ IST-Vergleiche und Abweichungsanalysen etc. analog auf Einsatzmittel, Kosten und Leistung übertragen werden (vgl. dazu Kap. 1.16).

Die Prozessschritte der Ablauf- und Terminplanung sowie die Aufgaben und Ziele des Ablauf- und Terminmanagements sind in Abbildung 1.11b-2 zusammengestellt:

	Prozessschritt	Aufgabe und Ziel	Ergebnis
1	Projektstrukturplan in Ablaufplan überführen	Detaillierung der Arbeitspakete Aufbrechen der Komplexität Festlegung der Aufgaben	Vorgänge
2	Festlegung und technologische Reihung von Vorgängen	Planung der Abläufe Abhängigkeiten und Zeitabstände definieren Schnittstellen klären frühzeitige Koordination	Ablaufplan (Netzplan)
3	Überführung des Ablaufplans in den Terminplan	Schätzung der Vorgangsdauern 1. Terminberechnung Ermittlung der vorläufigen Projektdauer	vorläufiger Terminplan
4	Ermittlung des Ressourcenbedarfs und Ressourcenabgleich	Berücksichtigung der benötigten Ressourcen Anpassung der Ablaufstruktur	Terminplan mit Ressourcen
5	Optimierung des Ablauf- und Terminplans	Durchspielen alternativer Abläufe schrittweise Optimierung Verkürzung der Projektlaufzeit	optimierter Terminplan
6	Verabschiedung des Ausführungsplans	Verbindliche Vorgabe für alle Projektbeteiligten	Terminplan "PLAN/SOLL"
7	Termincontrolling	Überwachung und Steuerung des Projektablaufs - Erfassung der IST-Termine - Vergleich PLAN/SOLL-/IST-Termine - Analyse der Abweichungen - Planung korrektiver Maßnahmen - Aktualisierung oder Revision der Terminplanung	aktualisierter Terminplan nach jedem Aktualisierungsstichtag

Abbildung 1.11b-2: Prozessschritte der Ablauf- und Terminplanung

3 Netzplantechnik als Werkzeug zur Planung, Steuerung und Überwachung von Terminen, Einsatzmitteln und Kosten

Als wichtigstes Instrument für die Ablauf- und Terminplanung hat sich die Netzplantechnik bewährt und durchgesetzt. Ab einer Projektlaufzeit von mehr als 3 Monaten und bei mehr als fünf Projektmitarbeitern sollte der Einsatz der Netzplantechnik ein Muss sein, aber auch bei kleineren Projekten ist die Anwendung zu empfehlen.

3.1 Grundbegriffe der Netzplantechnik

Die wichtigsten Grundbegriffe der Netzplantechnik sind in Abbildung 1.11b-3 beschrieben:

Begriffe	Definition gemäß DIN 69900 (Teil 1)	Erläuterungen
Netzplan	...graphische oder tabellarische Darstellung von Abläufen und deren Abhängigkeiten	Vernetzung der Vorgänge durch Anordnungsbeziehungen
Netzplantechnik	...alle Verfahren zur Analyse, Planung, Steuerung und Überwachung von Abläufen ..., wobei Zeit, Kosten und weitere Einflussgrößen berücksichtigt werden können	
Ablauf- und Darstellungselemente		
Vorgang	... ist ein Ablaufelement, das ein bestimmtes Geschehen beschreibt ... besitzt definierten Anfang und definiertes Ende und damit eine Vorgangsdauer	häufig verwendete Begriffe: Tätigkeit, Aktivität, Arbeitsschritt, Arbeitsgang, Job
Ereignis	... ist ein Ablaufelement, das das Eintreten eines bestimmten Zustandes beschreibt ...ein Ereignis tritt zu einem bestimmten Zeitpunkt ein bzw. wird zu einem bestimmten Zeitpunkt erreicht und hat keine zeitliche Ausdehnung (Dauer = 0)	Ereignisse von besonderer Bedeutung werden als Schlüsselereignisse oder Meilensteine bezeichnet
Anordnungsbeziehung (AOB)	...ist eine quantifizierte Abhängigkeit zwischen Ereignissen oder Vorgängen	Definition technisch/inhaltlicher/ sachlogischer Zusammenhänge zwischen den Vorgängen
Elemente zur graphischen Darstellung		
Knoten	... je nach Netzplanverfahren symbolisiert der Knoten ein Ereignis bzw. einen Vorgang	Knoten werden in der Regel als „Kästchen" dargestellt, bei einzelnen Netzplanverfahren auch als „Kreise"
Pfeil	... je nach Netzplanverfahren symbolisiert der Pfeil einen Vorgang und/oder eine Anordnungsbeziehung	Im Vorgangsknotennetzplan (VKN) beschreibt der Pfeil (= Anordnungsbeziehung) die Richtung des Ablaufs

Abbildung 1.11b-3: Grundbegriffe der Netzplantechnik

3.2 Vorgangsknoten-Netzplantechnik (VKN)

Als Netzplanmethode hat sich im deutschsprachigen Raum die Vorgangsknoten-Netzplantechnik (VKN) durchgesetzt. Alle gängigen Softwareprodukte zur Netzplanbearbeitung verwenden dieses Verfahren. VKN wurde 1958 von der Fa. SEMA in Frankreich unter der Bezeichnung „**Metra-Potential-Methode**" **(MPM)** entwickelt und erstmalig für die Terminplanung von Reaktorbauten eingesetzt.

> Im **Vorgangsknoten-Netzplan (VKN)** werden die Vorgänge als Kästchen (Knoten) und die Anordnungsbeziehungen als Pfeile dargestellt

Der Vorgangsknoten-Netzplan (VKN) ist daher vom Grundsatz her ein **vorgangsorientierter Ablaufplan**, d. h. die zu planende, durchzuführende und zu kontrollierende Tätigkeit steht im Vordergrund. Da aber auch Ereignisse (Meilensteine) analog wie Vorgänge dargestellt werden können, kann man auch einen „**gemischtorientierten Ablaufplan**" aufstellen. Mithilfe der noch näher zu beschreibenden Anordnungsbeziehungen lassen sich alle in der Praxis auftretenden Abhängigkeiten zwischen den Vorgängen/ Ereignissen abbilden.

3.2.1 Grafische Darstellung und Darstellungselemente

Abbildung 1.1b-4 zeigt einen Netzplan mit DIN-gerechter Darstellung (DIN 69900) der Elemente eines VKN. Anhand dieses Beispiels werden in den folgenden Abschnitten die Ablauf- und Terminplanung mittels der Netzplantechnik ausführlich beschrieben.

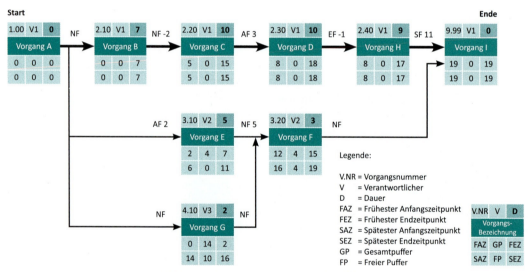

Abbildung 1.11b-4: Beispielnetzplan (VKN)

Die Vorgänge (Kästchen) beinhalten folgende Informationen (vgl. auch Legende in Abbildung 1.11b-4):

Vorgangsnummer

Die Vorgangsnummer kann als numerischer, alphanumerischer oder klassifizierender („sprechender") Nummernschlüssel aufgebaut werden und z. B. aus der Nummernsystematik (Codierung) des Projektstrukturplans abgeleitet werden.

Verantwortlicher

Jedem Vorgang ist eine für die Ausführung verantwortliche Person, Abteilung oder sonstige Stelle zuzuordnen.

Vorgangsdauer

In Abhängigkeit von der Projektart und -dauer kann die **Vorgangsdauer in Zeiteinheiten**, wie Tagen, Wochen oder Monaten, im Einzelfall auch in Stunden oder Minuten, angegeben werden. Im Beispiel-Netzplan verwenden wir als Einheit „Arbeitstage"

Vorgangsbezeichnung

Die Vorgangsbezeichnung ist der Kurztext der auszuführenden Tätigkeit. Die ausführliche Beschreibung des Inhalts sollte in der Arbeitspaketbeschreibung bzw. Vorgangsbeschreibung erfolgen.

Je nach der Stellung im Netzplan unterscheiden wir verschiedene Ereignis- bzw. Vorgangstypen:

- Startereignis
- Startvorgang
- Zielereignis
- Zielvorgang

Das fiktive Beispielprojekt beginnt mit einem **Startereignis** („Vorgang A") und endet in einem **Zielereignis** („Vorgang I"). Projektanfang und Projektende können als Meilensteine eines Projekts interpretiert werden.

Anmerkung:
Als Vorgangsbezeichnungen werden neutrale Bezeichnungen, wie „Vorgang A", verwendet, um dem Leser eine möglichst anwendungs- und branchenunabhängige Einführung in die Netzplantechnik zu geben. Der Einfachheit halber werden im Beispiel-Netzplan sowohl Ereignisse als auch Vorgänge einheitlich im Kurztext mit „Vorgang" bezeichnet.

> **Definition Vorgänger, Nachfolger.** Grundsätzlich gilt:
> - mit Ausnahme des Startereignisses bzw. Startvorgangs können alle Vorgänge einen oder mehrere **Vorgänger** haben.
> - mit Ausnahme des Zielereignisses bzw. Zielvorgangs können alle Vorgänge einen oder mehrere **Nachfolger** besitzen.

Die Rechenfelder

Frühester Anfangszeitpunkt (FAZ), Frühester Endzeitpunkt (FEZ)
Spätester Anfangszeitpunkt (SAZ), Spätester Endzeitpunkt (SEZ)
Gesamter Puffer (GP), Freier Puffer FP)
werden bei der Netzplanberechnung ermittelt und dort erläutert.

3.2.2 Anordnungsbeziehungen im Vorgangsknoten-Netzplan

Durch die **Anordnungsbeziehungen (AOB)** wird die sachlogische Reihenfolge der Bearbeitung der einzelnen Vorgänge festgelegt, z. B.

- Welcher Vorgang ist Voraussetzung („Vorgänger"), ehe der nächste Vorgang („Nachfolger") beginnen kann?
- Welches Ereignis muss eintreten, bevor die nächste Projektphase beginnen kann?
- Welcher Zeitabstand muss zwischen zwei Vorgängen zwingend bestehen?
- Können zwei oder mehrere Vorgänge (teilweise) nebeneinander abgearbeitet werden?

In Abbildung 1.11b-5 sind die **vier Typen** von Anordnungsbeziehungen im VKN dargestellt.

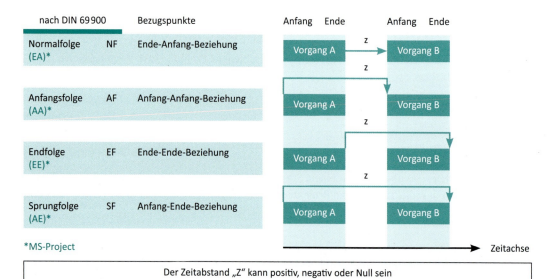

Abbildung 1.11b-5: Anordnungsbeziehungen im Vorgangsknoten-Netzplan VKN)

> **§ Definition Normalfolge (NF) oder Ende-Anfang-Beziehung**
> Die Anordnungsbeziehung besteht zwischen dem Ende des Vorgängers und dem Anfang des Nachfolgers.

Beispiel Die Montage (=Vorgänger) muss abgeschlossen sein, bevor die Inbetriebsetzung (=Nachfolger) begonnen werden kann.

> **§ Definition** Anfangsfolge (AF) oder „Anfang-Anfang-Beziehung"
> Die Anordnungsbeziehung besteht zwischen dem Anfang des Vorgängers und dem Anfang des Nachfolgers.

Beispiel Die Lieferung des Betons ist Voraussetzung (=Vorgänger) für das Betonieren. Aber mit der ersten Lieferung kann nahezu zeitgleich mit dem Betonieren (=Nachfolger) begonnen werden. Beide Vorgänge beginnen gleichzeitig.

> **§ Definition** Endfolge (EF) oder „Ende-Ende-Beziehung
> Die Anordnungsbeziehung besteht zwischen dem Ende des Vorgängers und dem Ende des Nachfolgers.

Beispiel Nach der letzten Lieferung des Betons (=Vorgänger) ist nahezu zeitgleich das Betonieren (=Nachfolger) beendet. Beide Vorgänge enden gleichzeitig.

> **§ Definition** Sprungfolge (SF) oder „Anfang-Ende-Beziehung"
> Die Anordnungsbeziehung besteht zwischen dem Anfang des Vorgängers und dem Ende des Nachfolgers.

Beispiel Bei einer öffentlichen Ausschreibung gibt es zwischen dem Ereignis „Submission" und dem Ereignis „Vergabe" eine Bindefrist von 30 Tagen. Innerhalb dieser Zeit muss die Behörde die Vorgänge „Bieterauswahl" und „Vorbereitung der Vergabe" durchführen. Hier kann man mit einer Sprungfolge SF30 vom Anfang „Bieterauswahl" zum Ende „Vorbereitung der Vergabe" einen fixen Zeitraum mit einer Klammer versehen und den Abstand zwischen den Ereignissen erzwingen.

In der DIN-gerechten Darstellung beginnt der Pfeil grundsätzlich am Ende des Vorgängers und mündet mit der Pfeilspitze in den Anfang des Nachfolgers. Der Anordnungsbeziehungs-Typ wird lediglich durch das DIN-Kurzzeichen NF, AF, EF oder SF beschrieben. Bei der Normalfolge NF kann auch das Kurzzeichen weggelassen werden. Die Darstellung nach DIN ist somit nicht sehr transparent. In Abbildung 1.11b-5 wurde deshalb eine freie Darstellung gewählt, um den **Bezugspunkt zwischen dem Anfangs- und Endzeitpunkt von Vorgänger und Nachfolger** deutlich zu machen.

3.2.3 Minimale und maximale Zeitabstände

In der Praxis ist es häufig z. B. aus technischen Gründen erforderlich, zwischen einzelnen Tätigkeiten zeitliche Minimal- bzw. Mindestabstände oder Maximal- bzw. Höchstabstände einzuhalten. Zusätzlich kann es erforderlich sein, Vorgänge ganz oder teilweise überlappend abzuarbeiten.

> **!** Zur Berücksichtigung zeitlicher Abstände zwischen den Vorgängen kann deshalb ein **minimaler Zeitabstand MINZ** oder ein **maximaler Zeitabstand MAXZ** definiert werden.

In den Abbildungen 1.11b-6 und 1.11b-7 sind alle (theoretisch) möglichen Kombinationen von Anordnungsbeziehungs-Typen mit **MINZ** und **MAXZ** aufgeführt. In beiden Abbildungen wurde neben der Darstellung nach DIN 69900 eine freie Darstellung der Vorgänge im Zeitraster verwendet.
Zu beachten ist, dass gemäß DIN minimale Zeitabstände grundsätzlich oberhalb des Pfeils anzugeben sind, während maximale Zeitabstände unterhalb des Pfeils stehen.

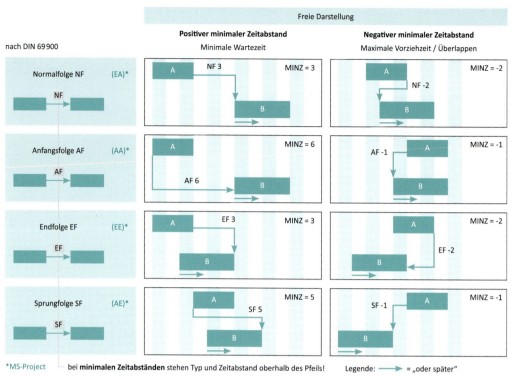

Abbildung 1.11b-6: Positive und negative minimale Zeitabstände (MINZ)

§ Definition Normalfolge NF:

Der **positive minimale Zeitabstand MINZ** zwischen dem Ende des Vorgängers A und dem Anfang des Nachfolgers B darf nicht unterschritten werden. Der Nachfolger B **kann frühestens** MINZ-Zeiteinheiten **nach** dem Ende des Vorgängers A beginnen. Der Nachfolger kann jedoch auch später beginnen. Ein positiver MINZ gibt demnach die **minimale Wartezeit** zwischen den Vorgängen an.

Der **negative minimale Zeitabstand MINZ** zwischen dem Ende des Vorgängers A und dem Anfang des Nachfolgers B darf nicht unterschritten werden. Der **negative minimale Zeitabstand MINZ** zwischen dem Ende des Vorgängers A und dem Anfang des Nachfolgers B darf nicht unterschritten werden.

Der Nachfolger B **kann frühestens** MINZ-Zeiteinheiten **vor** dem Ende des Vorgängers B beginnen. Der Nachfolger kann auch später beginnen. Ein negativer MINZ gibt demnach die **maximale Vorziehzeit** („Überlappung") für den Nachfolger an.

MINZ=0: Der Nachfolger B kann unmittelbar nach dem Ende des Vorgängers B beginnen. Ein Vorziehen/ Überlappen ist nicht möglich. Abstand halten ist nicht gefordert.

> **§ Definition Anfangsfolge AF:**
> Der **positive minimale Zeitabstand MINZ** zwischen dem Anfang des Vorgängers A und dem Anfang des Nachfolgers B darf nicht unterschritten werden. Der Nachfolger B **kann frühestens** MINZ-Zeiteinheiten **nach** dem Anfang des Vorgängers A beginnen. Der Nachfolger kann jedoch später beginnen.
>
> Der **negative minimale Zeitabstand MINZ** zwischen dem Anfang des Vorgängers A und dem Anfang des Nachfolgers B darf nicht unterschritten werden.
>
> Der Anfang des Nachfolgers B kann **maximal um MINZ Zeiteinheiten vor** den Anfang des Vorgängers **vorgezogen** werden. Der Nachfolger könnte jedoch später beginnen.
>
> **MINZ=0**: Vorgänger A und Nachfolger B können gleichzeitig beginnen. Ein Vorziehen/ Überlappen ist nicht möglich. Abstand halten ist nicht gefordert.

> **§ Definition Endfolge EF:**
> Der **positive minimale Zeitabstand MINZ** zwischen dem Ende des Vorgängers A und dem Ende des Nachfolgers B darf nicht unterschritten werden. Der Nachfolger B **kann frühestens** MINZ-Zeiteinheiten **nach** dem Ende des Vorgängers A enden. Der Nachfolger darf jedoch später enden.
>
> Der **negative minimale Zeitabstand MINZ** zwischen dem Ende des Vorgängers A und dem Ende des Nachfolgers B darf nicht unterschritten werden.
>
> Die **maximale Vorziehzeit** („Negativüberlappung") des Endes des Nachfolgers B **vor** das Ende des Vorgängers A beträgt MINZ-Zeiteinheiten. Der Nachfolger darf jedoch später enden.
>
> **MINZ=0**: Vorgänger A und Nachfolger B können gleichzeitig enden. Ein Vorziehen/ Überlappen ist nicht möglich. Abstand halten ist nicht gefordert.

> **§ Definition Sprungfolge SF:**
> Der **positive minimale Zeitabstand MINZ** zwischen dem Anfang des Vorganges A und dem Ende des Nachfolgers B darf nicht unterschritten werden. Der Nachfolger B **kann frühestens** MINZ-Zeiteinheiten **nach** dem Anfang des Vorgängers A enden. Der Nachfolger darf jedoch später enden.
>
> Der **negative minimale Zeitabstand MINZ** zwischen dem Anfang des Vorgänger A und dem Ende des Nachfolgers B darf nicht unterschritten werden.
>
> Das Ende des Nachfolgers B kann maximal **MINZ-Zeiteinheiten vor** den Anfang des Vorgängers **vorgezogen** werden. Der Nachfolger kann jedoch später enden.
>
> **MINZ=0**: Des Ende des Nachfolgers B stimmt mit dem Anfang des Vorgängers A überein. Ein Vorziehen/ Überlappen ist nicht möglich. Abstand halten ist nicht gefordert.

Anmerkung:
Die Feststellung, dass ein Nachfolger „später beginnen oder enden darf", bedeutet nicht, dass der Nachfolger bei der Terminierung willkürlich „verschoben" werden darf. Sofern ein Nachfolger weitere Vorgänger hat, kann einer dieser Vorgänger einen späteren Anfang bzw. ein späteres Ende „erzwingen".

Abbildung 1.11b-7 zeigt Beispiele für positive und negative maximale Zeitabstände MAXZ.

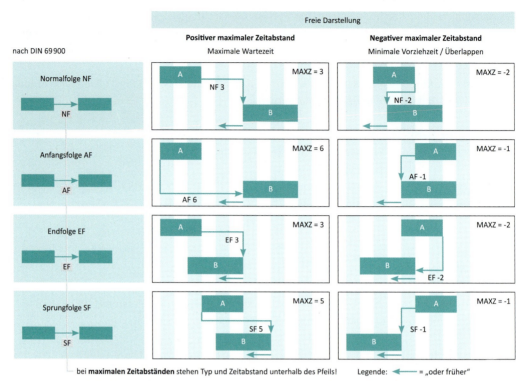

Abbildung 1.11b-7: Positive und negative maximale Zeitabstände (MAXZ)

Viele Netzplantechnik-Softwarepakete verfügen nicht über die Möglichkeit, Anordnungsbeziehungen mit maximalen Zeitabständen zu definieren. Damit werden sie zwangsläufig in der Praxis selten verwendet. Wir beschränken uns deshalb exemplarisch auf die Beschreibung für die Normalfolge.

Für die **Normalfolge NF** gilt:

Der **positive maximale Zeitabstand MAXZ** zwischen dem Ende des Vorgängers A und dem Anfang des Nachfolgers B darf in keinem Falle überschritten werden **(maximale Wartezeit)**. Nachfolger B **muss spätestens** MAXZ-Zeiteinheiten **nach** dem Ende des Vorgängers A beginnen. Er darf jedoch früher beginnen.

Der **negative maximale Zeitabstand MAXZ** zwischen dem Ende des Vorgängers A und dem Anfang des Nachfolgers B darf nicht überschritten werden. Der Nachfolger B **muss spätestens** MAXZ-Zeiteinheiten **vor** dem Ende des Vorgängers A beginnen **(minimale Vorziehzeit)**. Der Nachfolger kann jedoch auch früher beginnen.

Wird nur **MAXZ ohne Zeitwert unterhalb des Pfeils** angegeben, so ist MAXZ „beliebig groß", d. h. ein Vorziehen/Überlappen ist nicht gefordert. Umgekehrt gibt es keine Beschränkung hinsichtlich des Abstands zwischen Vorgänger und Nachfolger.

3.2.4 Mehrere Anordnungsbeziehungen zwischen Vorgänger und Nachfolger

In bestimmten Fällen ist es wünschenswert, Vorgänge entweder „unverrückbar" aneinander zu binden oder den Abstand innerhalb bestimmter Grenzen beweglich zu halten. Dies kann durch die Kombination mehrerer Anordnungsbeziehungen zwischen zwei Vorgängen erreicht werden. Die folgenden Beispiele sind in Abbildung 1.11b-8 skizziert.

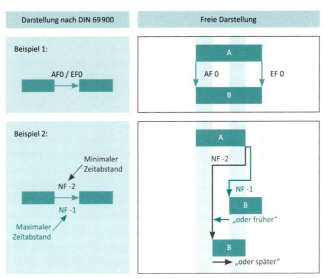

Abbildung 1.11b-8: Mehrere Anordnungsbeziehungen zwischen Vorgänger und Nachfolger

In **Beispiel 1** verlangt die Anordnungsbeziehung AF0, dass die Vorgänge A und B gleichzeitig beginnen, während die Beziehung EF0 fordert, dass beide Vorgänge gleichzeitig enden. Bei dieser Kombination wirkt das minimale Warten wie eine „**starre Stange**" zwischen Vorgänger und Nachfolger. Wird einer der beiden Vorgänge verschoben, wird der andere Vorgang unweigerlich mitgezogen.

Wird ein maximaler Zeitabstand MAXZ angegeben, so ist es zweckmäßig, auch einen minimalen Zeitabstand anzugeben, wobei MINZ ≤ MAXZ. Ähnlich wie der Astronaut beim Weltraumspaziergang brauchen wir eine „Nabelschnur", die verhindert, dass der Nachfolger bis zum Startzeitpunkt des Projekts vorgezogen werden kann, sofern keine andere Anordnungsbeziehung dies verhindert.

In **Beispiel 2** muss der Nachfolger B spätestens eine Zeiteinheit vor dem Ende des Vorgängers A beginnen (Normalfolge NF mit MAXZ = - 1). Vorgang B könnte jedoch früher starten, ohne die Forderung nach dem (negativen) maximalen Zeitabstand zu verletzen. Andererseits bedingt die Normalfolge NF mit MINZ = - 2, dass Vorgang B frühestens zwei Zeiteinheiten vor dem Ende von A beginnen kann. Aufgrund beider Bedingungen bleibt für den Beginnzeitpunkt des Vorgangs B eine Zeiteinheit Spielraum. Die doppelte Anordnungsbeziehung wirkt wie ein „**loses Seil**" mit der Seillänge „Eins".

3.2.5 Berechnung der Termine

Im nächsten Schritt wird der Beispiel-Netzplan (Abbildung 1.11b-4) durch die Berechnung der Termine vom Ablaufplan in einen Terminplan überführt.

Normalerweise erfolgt diese Berechnung mithilfe von EDV-Programmen, die diese Arbeit dankenswerter Weise abnehmen. Hier wird für den Beispiel-Netzplan eine **manuelle Berechnung** vorgeführt, um die Arbeitsweise der Algorithmen kennen zu lernen. Der Terminplaner sollte die Grundlagen der

Terminberechnung kennen, um die Ergebnisse interpretieren und auf Plausibilität überprüfen zu können. In keinem Fall nimmt uns auch das beste Software-Programm die Überlegungen zur Ablauflogik ab.

Vorab benötigen wir noch die Definition einiger Grundbegriffe der Terminplanung (DIN 69900):

> **§ Definition Dauer.** Die Dauer eines Vorgangs ist die Zeitspanne zwischen Anfang und Ende eines Vorgangs. Als Zeiteinheit sind hier „Tage" gewählt.

> **§ Definition Zeitpunkt.** Ein Zeitpunkt ist ein festgelegter Punkt im Ablauf, dessen Lage durch Zeiteinheiten (z. B. Tage, Wochen) beschrieben und auf einen Referenzzeitpunkt (z. B. „Startzeitpunkt oder Endzeitpunkt des Projekts") bezogen wird. Bei den folgenden exemplarischen Berechnungen startet das Projekt zum Zeitpunkt „Null".

> **§ Definition Termin.** Ein Termin ist ein Zeitpunkt, der durch ein Kalenderdatum und/oder durch die Uhrzeit ausgedrückt wird.

Zeitliche Lage

Sobald Ereignisse oder Vorgänge über einen (berechneten) Zeitpunkt oder Termin verfügen, stehen sie in einem zeitlichen Bezug zueinander und nehmen eine bestimmte zeitliche Lage in einem „Terminraster" ein. Die **zeitliche Lage** von Ereignissen und Vorgängen wird im **Balkendiagramm** dargestellt.

Die Berechnung erfolgt in drei Schritten

- Vorwärtsrechnung („Progressive Rechnung")
- Rückwärtsrechnung („Retrograde Rechnung")
- Berechnung der zeitlichen Spielräume („Puffer")

Anmerkung:
Für alle Vorgänge müssen die Vorgangsdauern (D) vorliegen. Wir führen unsere Berechnung mit „relativen" Zeiteinheiten (ZE) durch. Zur Terminierung mit Kalenderterminen („Kalendrierung") vgl. Abschnitt 3.3. Die Anordnungsbeziehungen wurden ohne Bezug auf ein reales Projekt so gewählt, dass die Rechenregeln demonstriert werden können. Im realen Projekt sollten die Anordnungsbeziehungen sachlogisch, aber so einfach wie möglich definiert werden.

> **! Vorwärtsrechnung** („Progressive Rechnung")
> Ziel ist die **Berechnung der frühesten Zeitpunkte** (bzw. Termine) aller Ereignisse und Vorgänge im Netzplan.

Die Vorwärtsrechnung für den Beispiel-Netzplan (Abbildung 1.11-b-4) wird in Abbildung 1.11-b-9 beschrieben.

Nach Errechnung der **Frühesten Anfangszeitpunkte (FAZ)** und der **Frühesten Endzeitpunkte (FEZ)** aller Vorgänge ergibt sich als **Projektendtermin** der Zeitpunkt 19. Mit anderen Worten: das Projekt hat eine Projektdauer (Projektlaufzeit) von 19 Zeiteinheiten (Tagen).

Vorwärtsrechnung ("Progressive Rechnung")			
Vorgang	Berechnung	Anordnungs-beziehung zum Vorgänger	Bezugspunkte für Berechnung Minimaler Zeitabstand MINZ
Vorgang A	FAZ(A)=0 FEZ(A)=FAZ(A)+D(A)=0+0=0		Start der Berechnung immer bei "Null" "Vorgang A" ist ein Ereignis ohne Zeitverbrauch
Vorgang B	FAZ(B)=FEZ(A)=0 FEZ(B)=FAZ(B)+D(B)=0+7=7	NF0 zu A	vom Ende A zum Anfang B, MINZ=0
Vorgang C	FAZ(C)=FEZ(B)+MINZ=7+(-2)=5 FEZ(C)=FAZ(C)+D(C)=5+10=15	NF-2 zu B	vom Ende B zum Anfang C, abzüglich MINZ=-2
Vorgang D	FAZ(D)=FAZ(C)+MINZ=5+3=8 FEZ(D)=FAZ(D)+D(D)=8+10=18	AF3 zu C	vom Anfang C zum Anfang D, zuzüglich MINZ=3
Vorgang H	FEZ(H)=FEZ(D)+MINZ=18+(-1)=17 FAZ(H)=FEZ(H)-D(H)=17-9=8	EF-1 zu D	vom Ende D zum Ende H, abzüglich MINZ=-1
Vorgang I			kann erst berechnet werden, wenn Vorgänge E, F und G berechnet sind
Vorgang E	FAZ(E)=FAZ(A)+MINZ=0+2=2 FEZ(E)=FAZ(E)+D(E)=2+5=7	AF2 zu A	vom Anfang A zum Anfang E, zuzüglich MINZ=2
Vorgang F			kann erst beginnen, wenn Vorgänge E und G abgeschlossen sind
Vorgang G	FAZ(G)=FEZ(A)=0 FEZ(G)=FAZ(G)+D(G)=0+2=2	NF0 zu A	vom Ende A zum Anfang G, MINZ=0
Vorgang F	FAZ(F)=FEZ(E)+MINZ=7+5=**12** **oder** FAZ(F)=FEZ(G)=**2**	NF5 zu E und NF0 zu G	vom Ende E zum Anfang F, zuzüglich MINZ=5 vom Ende G zum Anfang F, MINZ=0
	Bei der **Vorwärtsrechnung** ist das **Maximum aus allen frühesten Endzeitpunkten aller unmittelbaren Vorgänger zu wählen** (unter Berücksichtigung von MINZ) FAZ(F)=Max(12, 2)=**12** FEZ(F)=FAZ(F)+D(F)=12+3=15		
Vorgang I	FEZ(I)=FAZ(H)+MINZ=8+11=19 FAZ(I)=FEZ(I)-D(I)=19-0=**19** **oder** FAZ(I)=FEZ(F)=**15** FAZ(I)=Max(19, 15)=**19** FEZ(I)=FAZ(I)+D(I)=19+0=19	SF11 zu H und NF0 zu F	vom Anfang H zum Ende I, zuzüglich MINZ=11 vom Ende F zum Anfang I, MINZ=0
Ergebnis der Berechnung:		**Projektende Frühester Zeitpunkt FZ = 19**	

Legende:
- FZ   Frühester Zeitpunkt eines Ereignisses
- FAZ Frühester Anfangszeitpunkt
- FEZ Frühester Endzeitpunkt
- D   Dauer der Vorgangs
- MINZ Minimaler Zeitabstand

Abbildung 1.11-b-9: Vorwärtsrechnung für den Beispiel-Netzplan

> **Rückwärtsrechnung („Retrograde Rechnung")**
> Ziel der Rückwärtsrechnung ist es, die **Spätesten Anfangszeitpunkte (SAZ) sowie die Spätesten Endzeitpunkte (SEZ)** aller Ereignisse und Vorgänge im Netzplan zu ermitteln.

Die Rückwärtsrechnung für den Beispiel-Netzplan (Abbildung 1.11b-4) wird in Abbildung 1.11b-10 durchgeführt.

Rückwärtsrechnung ("Retrograde Rechnung")			
Vorgang	Berechnung	Anordnungs-beziehung zum Nachfolger	Bezugspunkte für Berechnung Minimaler Zeitabstand MINZ
Vorgang I	SEZ(I)=FEZ(I)=19 SAZ(I)=SEZ(I)-D(I)=19-0=19		Start der Rückwärtsrechnung: Übernahme von FEZ(I) als SEZ(I) "Vorgang I" ist ein Ereignis ohne Zeitverbrauch
Vorgang H	SAZ(H)=SEZ(I)-MINZ=19-11=8 SEZ(H)=SAZ(H)+D(H)=8+9=17	SF11 zu I	vom Ende I zum Anfang H, abzüglich MINZ=11
Vorgang D	SEZ(D)=SEZ(H)-MINZ=17-(-1)=18 SAZ(D)=SEZ(D)-D(D)=18-10=8	EF-1 zu H	vom Ende H zum Ende D, abzüglich MINZ=-1
Vorgang C	SAZ(C)=SAZ(D)-MINZ=8-3=5 SEZ(C)=SAZ(C)+D(C)=5+10=15	AF3 zu D	vom Anfang D zum Anfang C, abzüglich MINZ=3
Vorgang B	SEZ(B)=SAZ(C)-MINZ=5-(-2)=7 SAZ(B)=SEZ(B)-D(B)=7-7=0	NF-2 zu C	vom Anfang C zum Ende B, abzüglich MINZ=-2
Vorgang A			kann erst berechnet werden, wenn Vorgänge E, F und G berechnet sind
Vorgang F	SEZ(F)=SAZ(I)=19 SAZ(F)=SEZ(F)-D(F)=19-3=16	NF0 zu I	vom Anfang I zum Ende F, MINZ=0
Vorgang E	SEZ(E)=SAZ(F)-MINZ=16-5=11 SAZ(E)=SEZ(E)-D(E)=11-5=6	NF5 zu F	vom Anfang F zum Ende E, Abzüglich MINZ=5
Vorgang G	SEZ(G)=SAZ(F)=16 SAZ(G)=SEZ(G)-D(G)=16-2=14	NF0 zu F	vom Anfang F zum Ende G, MINZ=0
Vorgang A	SEZ(A)=SAZ(B)=0 SAZ(A)=SEZ(A)-D(A)=0-0=**0** oder SAZ(A)=SAZ(E)-MINZ=6-2=**4** oder SEZ(A)=SAZ(G)=14 SAZ(A)=SEZ(A)-D(A)=14-0=**14**	NF0 zu B und AF2 zu E und NF0 zu G	vom Anfang B zum Ende A, MINZ=0 vom Anfang E zum Anfang A, abzüglich MINZ=2 vom Anfang B zum Ende A, MINZ=0
	Bei der **Rückwärtsrechnung** ist das **Minimum aus allen spätesten Anfangszeitpunkten aller unmittelbaren Nachfolger zu wählen** (unter Berücksichtigung von MINZ) SAZ(A)=Min(0, 4, 14)=0 SEZ(A)=SAZ(A)+D(A)=0+0=0		
	Ergebnis der Berechnung:	Spätester Projektstart SZ=0	

Legende:
- SZ — Spätester Zeitpunkt eines Ereignisses
- SAZ — Spätester Anfangszeitpunkt
- SEZ — Spätester Endzeitpunkt
- D — Dauer der Vorgangs
- MINZ — Minimaler Zeitabstand

Abbildung 1.11b-10: Rückwärtsrechnung für den Beispiel-Netzplan

Vorwärts- und Rückwärtsrechnung sind die Voraussetzung für die Ermittlung des Kritischen Weges und der zeitlichen Spielräume (Puffer).

3.2.6 Berechnung der zeitlichen Spielräume (Puffer) und des Kritischen Wegs

Vergleichen wir (in Abbildung 1.11b-4) die frühesten und spätesten Zeitpunkte jedes einzelnen Vorgangs, so können wir feststellen:

- in der oberen Vorgangskette gibt es keine Differenz zwischen FAZ und SAZ bzw. FEZ und SEZ innerhalb eines Vorgangs. Eine Verzögerung, z. B. die Verlängerung eines Vorgangs, würde unweigerlich zu einer Verlängerung der gesamten Projektdauer führen
- in der Vorgangskette E-F beträgt die Differenz zwischen den frühesten und spätesten Zeitpunkten innerhalb eines jeden Vorgangs vier Zeiteinheiten; man kann z. B. den Vorgang F um zwei Zeiteinheiten verlängern, ohne dass sich der Beginn des Vorgangs I verändern würde
- bei Vorgang G beträgt die Differenz zwischen FAZ und SAZ bzw. FEZ und SET sogar 14 Zeiteinheiten; es ergibt sich ein Spielraum von 14 Zeiteinheiten in Bezug auf den Beginn von Vorgang I

Die aufgezeigten Spielräume werden als „Gesamte Pufferzeit" oder „Gesamter Puffer" (DIN 69900, Teil 1) bezeichnet:

> **§ Definition Gesamte Pufferzeit (GP).** Die Gesamte Pufferzeit (GP) ist die „Zeitspanne zwischen frühester und spätester Lage eines Ereignisses bzw. Vorgangs", d.h. die Vorgänger befinden sich in frühester, die Nachfolger in spätester Lage. (DIN 69900)

Die einfache Berechnung des Gesamten Puffers GP erhält man **immer** nach der Formel:

GP = SAZ - FAZ bzw.
GP = SEZ - FEZ

In Abbildung 1.11b-11 ist alternativ die sachlogische Berechnung dargestellt, die auf obiger Definition des GP aufbaut (Vorgänger befindet sich immer in Frühester Lage, Nachfolger in Spätester Lage).

Die einfache Berechnung für ausgewählte Vorgänge des Beispiels sieht so aus:

GP(C) = SAZ(C) - FAZ(C) = 5 - 5 = 0
bzw. = SEZ(C) - FEZ(C) = 15 - 15 = 0

Analog errechnet sich für alle Vorgänge der oberen Kette ein GP = 0. Der Weg A-B-C-D-H-I ist der **Kritische Weg** in unserem Netzplan. Auf dem Kritischen Weg liegen alle Vorgänge, bei denen die früheste und späteste zeitliche Lage übereinstimmen. Sie können nicht verschoben werden, ohne den Projektendtermin zu verändern.

Für die Vorgangskette E-F erhalten wir als GP:

GP(E) = SAZ(E) - FAZ(E) = 6 - 2 = 4
GP(F) = SAZ(F) - FAZ(F) = 16 - 12 = 4
GP(G) = SAZ(G) - FAZ(G) = 14 - 0 = 14

In der Vorgangskette E-F hat jeder Vorgang einen Gesamtpuffer von vier Zeiteinheiten. Diese vier Zeiteinheiten stehen aber als **Puffer nur einmal** zur Verfügung. Werden sie z.B. von einem Vorgang in der Kette „aufgebraucht", so ist der Puffer auch für den anderen Vorgang „verbraucht". Würden wir z.B. Vorgang F um sechs Zeiteinheiten verlängern, ergäbe sich ein neuer Kritischer Weg A-E-F-I und das Projektende würde um zwei Zeiteinheiten hinausgeschoben werden.

Mit anderen Worten:

> Der **Gesamtpuffer** ist die Zeitspanne, um die ein Vorgänger verschoben werden kann, bis er an die kritische Grenze „Spätester Anfangszeitpunkt des Nachfolgers" stößt. Salopp ausgedrückt: der Vorgänger kommt „gefährlich hautnah" an den Nachfolger heran. In der Projektpraxis besteht laufend die Gefahr, dass knappe Gesamtpuffer sehr schnell verbraucht werden und damit der Projektendtermin in Gefahr gerät.

Typ der Anordnungs-beziehung	Einfache Berechnung	Gesamter Puffer Alternativ: "Sachlogische Berechnung" Bezugspunkte	Beispiel Netzplan
Normalfolge NF	GP= SAZ-FAZ = SEZ-FEZ	GP(V)=(SAZ(N)-MINZ)-FEZ(V)	GP(E)=(16-5)-7=4 GP(F)=(19-0)-15=4, da MINZ=0 GP(G)=(16-0)-2=14, da MINZ=0
Anfangsfolge AF		GP(V)=(SAZ(N)-MINZ)-FAZ(V)	GP(C)=(8-3)-5=0
Endfolge EF		GP(V)=(SEZ(N)-MINZ)-FEZ(V)	GP(D)=(17-(-1))-18=18-18=0
Sprungfolge SF		GP(V)=(SEZ(N)-MINZ)-FAZ(V)	GP(H)=(19-11)-8=0

Grundsätzlich gilt: **Bei allen Vorgängen auf dem Kritischen Weg ist der Gesamte Puffer GP=0**
Verfügt ein Vorgang über mehrere Nachfolger, erhält der Vorgang den kleinsten Puffer aus allen Beziehungen.

Legende:
- GP Gesamtpuffer
- V Vorgänger
- N Nachfolger
- FAZ Frühester Anfangspunkt
- FEZ Frühester Endzeitpunkt
- SAZ Spätester Anfangszeitpunkt
- SEZ Spätester Endzeitpunkt
- MINZ Minimaler Zeitabstand

Abbildung 1.11b-11: Berechnung der Gesamtpuffer

Eine weitere Pufferart, die „Freie Pufferzeit" oder „Freier Puffer", hat angenehmere Eigenschaften für den Terminplaner:

> **§ Definition** Freie Pufferzeit (FP)
> Die Freie Pufferzeit (FP) ist die „Zeitspanne, um die ein Ereignis bzw. Vorgang gegenüber seiner frühesten Lage verschoben werden kann, ohne die früheste Lage anderer Ereignisse bzw. Vorgänge zu beeinflussen" (DIN 69900).

Für Netzpläne mit **Normalfolgen ohne Zeitabstände** gilt vereinfacht:

FP(V) = FAZ(N) - FEZ(V),

wobei „V" den Vorgänger und „N" den Nachfolger bezeichnen.

Die Berechnung des Freien Puffers **für die verschiedenen Anordnungsbeziehungstypen unter Berücksichtigung minimaler Zeitabstände** kann nicht mehr mit einer einfachen Formel erfolgen.

In Abbildung 1.11b-12 ist die Lösung dargestellt.

Freier Puffer		
Typ der Anordnungs-beziehung	Berechnung/Bezugspunkte	Beispiel Netzplan
Normalfolge NF	FP(V)=(FAZ(N)-MINZ)-FEZ(V)	FP(B)=(5-(-2))-7=0 FP(E)=(12-5)-7=0 FP(F)=(19-0)-15=4, da hier MINZ=0 FP(G)=(12-0)-2=10, da hier MINZ=0
Anfangsfolge AF	FP(V)=(AZ(N)-MINZ)-FAZ(V)	FP(C)=(8-3)-5=0
Endfolge EF	FP(V)=(FEZ(N)-MINZ)-FEZ(V)	FP(D)=(17-(-1))-18=18-18=0
Sprungfolge SF	FP(V)=(FEZ(N)-MINZ)-FAZ(V)	FP(H)=(19-11)-8=0

Grundsätzlich gilt: **Bei allen Vorgängen auf dem Kritischen Weg ist der Freie Puffer FP=0**
  Verfügt ein Vorgang über mehrere Nachfolger, erhält der Vorgang den kleinsten Puffer aus allen Beziehungen.
  Bei allen Vorgängen, die in den kritischen Pfad münden, gilt: GP=FP

Legende:
- FP Freier Puffer
- GP Gesamtpuffer
- V   Vorgänger
- N   Nachfolger
- FAZ Frühester Anfangspunkt
- FEZ Frühester Endzeitpunkt
- MINZ Minimaler Zeitabstand

Abbildung 1.11b-12: Berechnung der Freien Puffer

Vorgang E hat einen freien Puffer FP=0. Würden wir den Frühesten Endzeitpunkt (FEZ=7) nur um eine Zeiteinheit hinausschieben, müssten wir auch den Frühesten Anfangszeitpunkt des Nachfolgers F um eine Zeiteinheit verschieben.

Mit anderen Worten:

> Der **Freie Puffer** ist die Zeitspanne, um die ein Vorgänger aus seiner frühesten Lage verschoben werden kann, bis er an die Grenze „Frühester Anfangszeitpunkt des Nachfolgers" stößt. Wieder salopp ausgedrückt: der Vorgänger respektiert die „Intimsphäre" des Nachfolgers. Freie Puffer können ausgenutzt werden, ohne das Projektende in Gefahr zu bringen. Zum Leidwesen des Terminplaners kommen Freie Puffer leider relativ selten vor.

Der grundlegende Unterschied zwischen Gesamtpuffer und Freiem Puffer ist in Abbildung 1.11b-13 dargestellt.

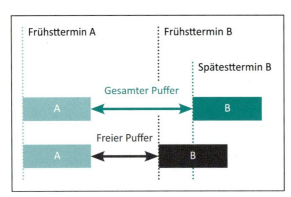

Gesamter Puffer (GP)

Zeitspanne zwischen frühester und spätester Lage eines Vorgangs (Ereignisses), d.h.

der Vorgänger befindet sich in frühester und der Nachfolger in spätester Lage

Freier Puffer (FP)

Zeitspanne, um die ein Vorgang (Ereignis) verschoben werden kann, ohne die früheste Lage anderer Vorgänge (Ereignisse) zu beeinflussen

Abbildung 1.11b-13: Gesamtpuffer und Freier Puffer

Nach der Berechnung der Puffer ist der Beispiel-Netzplan komplett berechnet.

Zur Veranschaulichung des Ergebnisses bietet sich die Darstellungsform des **vernetzten Balkendiagramms** an. In Abbildung 1.11b-14 sind alle Vorgänge in ihrer frühesten und spätesten Lage im Zeitablauf dargestellt. Zusätzlich sind die Gesamtpuffer und die Freien Puffer skizziert. Der Leser möge sich nochmals das Resultat vergegenwärtigen und insbesondere die Auswirkungen beim Verbrauch von Puffern bzw. bei der Verlängerung von Vorgangsdauern durchdenken.

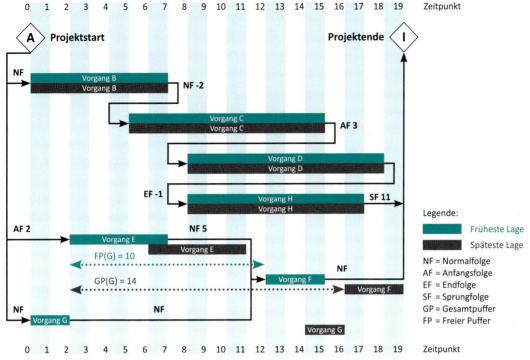

Abbildung 1.11b-14: Balkendiagramm zum Beispiel-Netzplan

Zwei weitere Pufferarten, die aber in der Praxis nur selten Beachtung finden, sollen vollständigkeitshalber mit den Definitionen nach DIN 69900 erwähnt werden:

> **§ Definition Unabhängige Pufferzeit (UP)**
> Die **Unabhängige Pufferzeit** ist die „Zeitspanne, um die ein Ereignis bzw. Vorgang verschoben werden kann, wenn sich seine Vorereignisse bzw. Vorgänger in spätester und seine Nachereignisse bzw. Nachfolger in frühester Lage befinden."

> **§ Definition Freie Rückwärtspufferzeit (FRP)**
> Die Freie Rückwärtspufferzeit ist die „Zeitspanne, um die ein Ereignis bzw. ein Vorgang gegenüber seiner spätesten Lage verschoben werden kann, ohne dass die späteste Lage anderer Ereignisse bzw. Vorgänge beeinflusst wird".

Hinweis:
Eine völlige andere Denkweise hinsichtlich des Puffereinsatzes und der Pufferverwendung vertritt die Theorie der „Kritischen Kette". Vgl. dazu den Abschnitt im „Vertiefungswissen" und insbesondere Kapitel 1.23.

3.3 Kalendrierung

3.3.1 Kalenderarten

Das Rechnen mit Zeiteinheiten erleichtert die Darstellung der Berechnungsschritte. Normalerweise interessiert den Terminplaner jedoch nicht ein bestimmter relativer Zeitpunkt, sondern nur das genaue Kalenderdatum oder gar die Uhrzeit, wann eine Aktivität durchzuführen ist.

Bei den EDV-gestützten Projektplanungssystemen können individuelle Projektkalender definiert werden.

> Die Definition des Kalenders ist eine grundlegende Tätigkeit, die allen anderen Planungsschritten vorangeht.

Basis ist der Gregorianische Kalender, der alle Tage des Jahres enthält und durch Eliminierung arbeitsfreier Tage angepasst wird, z. B.:

- **Betriebskalender** mit fortlaufender Nummerierung der Arbeitstage („Betriebstage"), beginnend am ersten Arbeitstag des Unternehmens im Kalenderjahr
- **Projektkalender**, der abweichend vom Betriebskalender nur „echte" Projekt-Arbeitstage enthält
- **Schichtkalender**, in dem zwei oder drei Arbeitsschichten pro Arbeitstag berücksichtigt werden
- **Persönlicher Arbeitskalender**, der die individuellen Arbeitszeiten eines Projektmitarbeiters enthält

3.3.2 Verwendung mehrerer Kalender in einem Projekt

Sind die Arbeiten innerhalb eines Projekts auf mehrere Regionen oder Länder verteilt oder können bestimmte Projektarbeiten nur zu bestimmten Jahreszeiten durchgeführt werden, kann es erforderlich sein, mehrere Kalender in einem Netzplan zu verwenden. Die Vorgangsdaten werden dann um eine zusätzliche Information, den „Kalendercode" ergänzt.

 Beispiel Die Projektierung und Fertigung einer Anlage erfolgen im Bundesland Bayern, die Montage jedoch in Saudi Arabien. In diesem Fall wird den Vorgängen für die Projektierung und Fertigung ein „Bayerischer Kalender", für die Montagearbeiten ein „Arabischer Kalender" zugeordnet.

3.3.3 Terminierung mit dem Gregorianischen Kalender

In Abbildung 1.11b-15 ist der Beispiel-Netzplan (Abbildung 1.11b-4) auf der Basis des Gregorianischen Kalenders terminiert. Projektstart ist am 01.04.JJ. Dabei wird (zur leichteren Nachvollziehbarkeit) unterstellt, dass an sieben Tagen in der Woche gearbeitet wird. Anhand dieses Beispiels können einige Besonderheiten dargestellt werden.

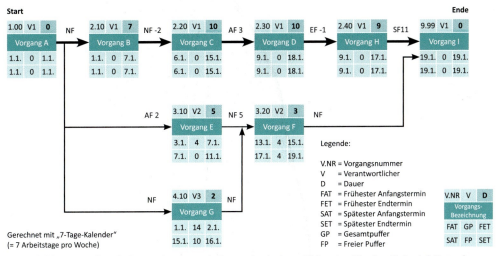

Abbildung 1.11b-15: Terminierung mit Gregorianischem Kalender für den Beispiel-Netzplan

Das Ereignis („Vorgang") A) startet am 01.01.JJ. Ein Ereignis verbraucht keine Zeit (Dauer = 0) und endet somit ebenfalls am 01.01.JJ. Da das Startereignis keine Zeit verbraucht, beginnt die erste Tätigkeit im Projekt, Vorgang B, ebenfalls am 01.01.JJ. und endet am 7.1.JJ (= 7 Arbeitstage). Ein Vorgang beginnt um 0.00 Uhr eines Tages und endet um 24.00 Uhr, unabhängig davon, ob wir z. B. implizit eine Arbeitszeit von 8 Stunden pro Tag annehmen.

3.4 Feste Anfangs- und Endtermine, Wunschtermine

> Für jeden Vorgang im Netzplan, also nicht nur für den Startvorgang, können feste Termine oder Wunschtermine für (FAT, FET, SAT, SET)) angegeben werden.

Ein **fester Termin wird in jedem Falle berücksichtigt** und ist dominant gegenüber einem Termin, der sich bei der Vorwärtsterminierung aufgrund der Termine seiner Vorgänger errechnen würde. Wunschtermine werden überschrieben, wenn sie nicht haltbar sind.

Ein Beispiel zeigt Abbildung 1.11b-16.

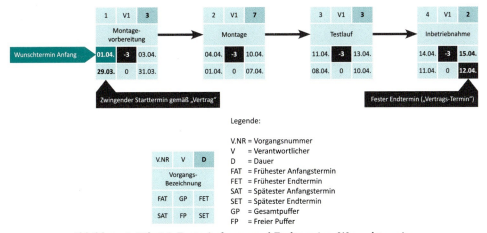

Abbildung 1.11b-16: Feste Anfangs- und Endtermine, Wunschtermine

In diesem Beispiel wurde als „Start-Wunschtermin der 01.04.JJ gesetzt.

Ein gesetzter **Fester Spätester Endtermin** (z. B. ein Vertragstermin) für das Projektende (SET=12.04. JJ) liegt früher als der bei der Vorwärtsrechnung errechnete Früheste Endtermin (FET=15.04.JJ). **Das Projekt muss also früher fertig sein**, als dies aufgrund der Zeitvorgaben und Anordnungsbeziehungen für die einzelnen Vorgänge möglich ist. Bei der Rückwärtsrechnung wird der feste Endtermin berücksichtigt. Dies führt zu einem früheren Projektbeginn, als ursprünglich geplant. Die „Spätesttermine" liegen vor den „Frühestterminen". Gleichzeitig erhalten wir für alle Vorgänge einen **negativen Gesamtpuffer**. Im Klartext: Wir können unser Projekt nur termingerecht abschließen, wenn wir früher, als ursprünglich geplant, beginnen oder wir müssen versuchen, auf dem gesamten Weg A-B-C-D mindestens drei Tage einzusparen.

> In der Praxis sind **Negativpuffer** das absolute Warnzeichen, um Gegensteuerungsmaßnahmen einzuleiten, wenn die Vorgänge mit negativem Gesamtpuffer in der Vergangenheit liegen. Positiv gedacht: Der Planer kann vor Projektbeginn durch das Setzen fester Termine die als besonders kritisch erwarteten Abläufe „abklopfen" und alternative Terminsituationen simulieren.

4 Praktische Hinweise zur Netzplanerstellung

4.1 Detaillierungsgrad

Als Grundsatz für den Detaillierungsgrad gilt: **„So grob wie möglich – so fein wie notwendig"**. Als einige wesentliche Kriterien für den Detaillierungsgrad seien genannt:

Kenntnisstand über den Projektablauf

Zu Beginn des Projekts liegen meist nur relativ grobe Informationen über den Projektablauf vor. Dementsprechend entsteht zunächst ein „Grobterminplan", der schrittweise mit zunehmendem Kenntnisstand detailliert werden kann.

Tipp Eine frühzeitige Detaillierung auf der Basis unsicherer Annahmen führt zu einem erhöhten Änderungsaufwand im späteren Projektverlauf.

Phasenorientierte Detaillierung

Tipp Bei einem Projekt mit langer Projektdauer (z. B. mehr als ein Jahr), das phasenorientiert abläuft, werden zunächst nur die Abläufe der ersten Phase detailliert geplant. Kurz vor Beginn der zweiten Phase beginnt man mit der Detaillierung der zweiten Phase (usw.).

Diese Vorgehensweise folgt, wie oben beschrieben, dem Kenntnisstand über den Projektablauf und verhindert sowohl ein frühzeitiges „Aufblähen" des Netzplans als auch einen unnötigen Aufwand in einer frühen Phase des Projekts.

Einfachheit und Handhabbarkeit

Tipp Der Planer sollte vermeiden, eine unnötige Komplexität in das Projekt „hineinzuinterpretieren" und nicht in „Detaillierungswut" zu verfallen.

Ohne Selbstdisziplin des Netzplanerstellers kann die Zahl der Vorgänge und Anordnungsbeziehungen sehr schnell wachsen und die Handhabbarkeit (z. B. Aktualisierungs- und Pflegeaufwand) des Netzplans erschweren.

Zielbestimmung des Netzplans

Grundsätzlich ist zu fragen, für wen der Netzplan bestimmt ist:

- für die Überwachung und Steuerung von Terminen, Einsatzmitteln und Kosten im operativen Bereich ist eine hohe Detaillierung notwendig („Feinnetzplan")
- für Projektleiter, Unternehmensleitung, Auftraggeber/ Kunde genügen verdichtete Informationen (Masterplan, Grobnetzplan, Rahmennetzplan).

Zweckbestimmung des Netzplans

Der Detaillierungsgrad kann auch wesentlich von der Zweckbestimmung abhängen:

- **Zweckbestimmung „Terminplanung, -überwachung und -steuerung"**
  Hier gilt der Grundsatz, „Was man nicht mehr überwachen kann, braucht auch nicht weiter detailliert zu werden".

  Tipp Vorgänge sind inhaltlich so zu definieren, dass die Vorgangsdauer überschaubar, d. h. möglichst kurz ist. Vorgänge, die Monate oder gar Jahre dauern, sind in kontrollierbare Abschnitte aufzusplitten.

- **Zweckbestimmung „Ablaufplanung"**
  Verfolgt man das Ziel, vor allem in der Planungsphase des Projekts, die exakten Abläufe zu analysieren und abzubilden, gelangt man zu einem hohen Detaillierungsgrad. Für die Terminplanung müssen dann die Abläufe in der Regel wieder verdichtet werden, um die Forderung nach Überwachbarkeit zu erfüllen (vgl. oben).

- **Zweckbestimmung „Planung, Überwachung und Steuerung von Einsatzmitteln und/oder Kosten"**
  Wird der Netzplan nicht nur zur Terminplanung, sondern auch für die Einsatzmittel- und Kostenplanung und -verfolgung eingesetzt (vgl. Kapitel 1.12), so sollte sich der Detaillierungsrad an dem Prinzip „Nicht Äpfel mit Birnen vermischen" orientieren.

  Tipp Ein Vorgang sollte nach Möglichkeit so definiert werden, dass
  - dem Vorgang nur eine Einsatzmittelart (z. B. bestimmte Qualifikation von Mitarbeitern) zugeordnet wird; eine Einsatzmittelart kann jedoch bei Bedarf auf (theoretisch) beliebig viele Vorgänge aufgesplittet werden
  - dem Vorgang nur Kosten einer bestimmten Kostenart, Kostengruppe o.ä. zugeordnet wird; die Möglichkeit der Aufsplittung auf mehrere Vorgänge besteht analog wie bei den Einsatzmitteln
  - Vorgänge nach bestimmten Auswertungskriterien selektiert oder verdichtet werden können

4.2 Einfache Arbeitstechniken

Die Aufgabe, einen Ablaufplan „zu Papier" bzw. „in den Rechner" zu bringen, fällt unerfahrenen Projektmitarbeitern erfahrungsgemäß schwer. Die folgenden Hinweise sollen die Arbeit erleichtern:

Arbeitspaketbeschreibung/ Vorgangsbeschreibung als Grundlage

Sofern die Projektstrukturierung konsequent durchgeführt wurde (vgl. Kapitel 1.9), liegen mit den Arbeitspaketbeschreibungen gleichzeitig die Vorgangsbeschreibungen („1:1-Beziehung") vor. Je weiter die Projektstruktur herunter gebrochen wurde, umso leichter fällt die Festlegung der Vorgangsinhalte und damit die Definition der Vorgänge.

Zusammenarbeit mit den Projektbeteiligten

> ! Die Erstellung des Ablaufplanes sollte in enger Zusammenarbeit mit den Projektbeteiligten (Projektleiter, Teilprojektleiter, Projektteammitglieder, Planer, Fachabteilung, Lieferanten/ Subunternehmer etc.) erfolgen.

Die Festlegung der Anordnungsbeziehungen erfordert die entsprechende Fachkompetenz der Ausführenden. Die Klärung der kritischen Schnittstellen zwischen Teilprojekten, Systemteilen, Gewerken o. ä. kann am besten durch Diskussion mit den Ausführungsverantwortlichen erreicht werden. Die Einbindung der projektbeteiligten, internen und externen Stellen ist Grundvoraussetzung für eine realistische Ablauf- und Terminplanung und für die Akzeptanz des daraus resultierenden PLAN/ SOLL-Terminplans.

Vorgangssammelliste/ Vorgangsliste

Als Vorstufe bei der Erstellung eines Ablaufplans kann die Aufstellung einer „Vorgangssammelliste", meist kurz „Vorgangsliste" genannt, empfohlen werden. Sie enthält die Vorgänge in sachlogischer Reihenfolge mit Bezug zu den Nachfolgern (und/oder Vorgängern) sowie die Anordnungsbeziehungen einschließlich der Zeitabstände. Die Liste kann dann auch erweitert werden, um die Ressourcen zu erfassen und die Kosten aufzunehmen. Abbildung 1.11b-17 zeigt ein Beispiel für eine Vorgangssammelliste.

	Vorgangsliste				
Vorgangs-nummer	Vorgangsbeschreibung	Dauer	Vorgänger AOB / Zeitastand	Nachfolger AOB / Zeitabstand	evtl. weitere Angaben über Kosten und Einsatzmittel
1	Grobplanung	10t		2	
2	Detailplanung	15t	1	3	
3	Vergabe - Verhandlungen	5t	2	4	
4	Ausführungsplanung	15t	3	5	
5	Beschaffung	10t	4	6 NF-5	
6	Fertigung Teil 1 + Teil 2	20t	5 NF-5	7 AF10	
7	Montage Mechanik - Teil 1	20t	6 AF10	8	
8	Montage Elektrik - Teil 1	10t	7	9	
9	Inbetriebsetzung - Teil 1	15t	8	13	
10	Montage Mechanik - Teil 2	20t	6	11 NF5	
11	Montage Elektrik - Teil 2	10t	10 NF-5	12	
12	Inbetriebsetzung - Teil 2	15t	11	13	
13	Verbundtest Teil 1 + Teil 2	20t	12; 9	14; 15	
14	Schulung	15t	13	16	
15	Probebetrieb	20t	13	16	
16	Abnahme	0t	15; 14		

Abbildung 1.11b-17: Vorgangssammelliste/ Vorgangsliste

Kartentechnik (Metaplan)

Die Vorgänge können auf (Metaplan-)Karten geschrieben und nach der Ablauflogik gelegt bzw. auf einer Pinwand platziert werden. Im Verlauf einer Diskussion mit den Projektbeteiligten lassen sich die Abläufe so lange variieren und neue Vorgänge einfügen, bis der endgültige Netzplan verabschiedet werden kann.

Entwurf als Balkenplan

Beim Aufstellen eines Ablaufplans mit Bleistift und Papier fällt es vielen Menschen leichter, die Vorgänge als Balken in ein Zeitraster zu zeichnen und in logischer Abfolge aufzureihen und zu verknüpfen, anstatt die eher abstrakte Form der „Kästchen-Darstellung" zu wählen.

Da das Balkendiagramm ja nur eine andere Form der Netzplandarstellung ist, kann diese Vorgehensweise empfohlen werden.

5 Softwareunterstützung

Zahlreiche Softwarewerkzeuge bieten Unterstützung bei der Projektgliederung und bilden den oben beschriebenen Erstellungsprozess ab. Beispielsweise kann zunächst die Vorgangsliste „als strukturierter Text" eingegeben werden. Nach Eingabe der Vorgangsdauern werden Balken mit entsprechender Länge im Zeitraster generiert, die anschließend durch „Ziehen mit der Maus" und „Mausklick" miteinander verknüpft werden können. Ausführliche Hinweise zur „Software-Unterstützung im Projekt" finden sich im Kapitel 1.22.

6 Darstellungsformen

Netzplan

Die Darstellungsform „Netzplan" (wie in Abbildung 1.11b-4) ist eine wichtige Arbeitsunterlage für den Ablauf- und Terminplaner. Er wird jedoch häufig bei netzplanunkundigen Projektbeteiligten (Projektleiter, Auftraggeber, Kunde, Unternehmensleitung) als „abstrakt" und „unübersichtlich" empfunden und stößt deswegen auf Ablehnung. Der Netzplan sollte deshalb im Regelfall nicht nach außen gegeben werden bzw. nicht als „Terminplan" bei Besprechungen oder Berichten eingesetzt werden.

Balkendiagramm (Balkenplan)

Die Darstellungsform „**Balkendiagramm**" kommt dem Wunsch nach Visualisierung der Abläufe und Termine sehr entgegen.

Balkenpläne, auch „**Gantt-Diagramme**" genannt, werden immer noch heute häufig händisch gezeichnet, d.h. ohne Vernetzung im Hintergrund. In diesem Fall werden die Abhängigkeiten zwischen den Vorgängen explizit nicht berücksichtigt und auf die Vorzüge der Vernetzung verzichtet.

Netzplantechnik-Software verfügt über vielfältige Möglichkeiten, die Ergebnisse der Ablauf- und Terminplanung, also die „Netzplan-Inhalte", als **vernetztes Balkendiagramm** darzustellen. Beispielsweise können folgende Darstellungen gewählt werden:

| Vorgänge in frühester und spätester Lage sowie Puffer,
| Stichtagslinie zum Aktualisierungszeitpunkt,
| Vorgänge „Abgearbeitet", „In Arbeit", „Noch nicht begonnen",
| Vorgänge mit PLAN/ SOLL-Terminen und Ist-Terminen

Abbildung 1.11b-18 zeigt eine Kombination von **Vorgangsliste** und **vernetztem Balkendiagramm (Terminliste)**. Die Bezeichnung der Anordnungsbeziehungen weichen von der DIN-Norm ab (EA = Ende-Anfang, AA = Anfang-Anfang).

💧 **Tipp** Der Projektleiter sollte nur Terminpläne mit Soll-Terminen (= Frühesttermine) herausgeben, um zu vermeiden, dass die Projektmitarbeiter auf die Ausnutzung der Puffer vertrauen.

Nr.	Vorgangsname	Dauer	Früh. Anf.	Früh. Ende	Spät. Anf.	Spät. Ende	Vorgänge
1	Grobplanung	10 t	Mo 04.02.08	Fr 15.02.08	Mo 04.02.08	Fr 15.02.08	
2	Detailplanung	15 t	Mo 18.02.08	Fr 07.03.08	Mo 18.02.08	Fr 07.03.08	1
3	Vergabe-Verhandlungen	5 t	Mo 10.03.08	Fr 14.03.08	Mo 10.02.08	Fr 14.03.08	2
4	Ausführungsplanung	15 t	Mo 17.03.08	Fr 04.04.08	Mo 17.03.08	Fr 04.04.08	3
5	Beschaffung	10 t	Mo 07.04.08	Fr 18.04.08	Mo 07.04.08	Fr 18.04.08	4
6	Fertigung Teil 1 + Teil 2	20 t	Mo 14.04.08	Fr 09.05.08	Mo 14.04.08	Fr 09.05.08	5 EA – 5 t
7	Montage Mechanik – Teil 1	20 t	Mo 28.04.08	Fr 23.05.08	Mo 05.05.08	Fr 30.05.08	6 AA – 10 t
8	Montage Elektrik – Teil 1	10 t	Mo 26.05.08	Fr 06.06.08	Mo 02.06.08	Fr 13.06.08	7
9	Inbetriebsetzung – Teil 1	15 t	Mo 08.06.08	Fr 27.06.08	Mo 16.06.08	Fr 04.07.08	8
10	Montage Mechanik – Teil 2	20 t	Mo 12.05.08	Fr 06.06.08	Mo 12.05.08	Fr 06.06.08	6
11	Montage Elektrik – Teil 2	10 t	Mo 02.06.08	Fr 13.06.08	Mo 02.06.08	Fr 13.06.08	10 EA – 5 t
12	Inbetriebsetzung – Teil 2	15 t	Mo 16.06.08	Fr 04.07.08	Mo 16.06.08	Fr 04.07.08	11
13	Verbundtest – Teil 1 und Teil 2	20 t	Mo 07.07.08	Fr 01.08.08	Mo 16.07.08	Fr 01.08.08	9; 12
14	Schulung	15 t	Mo 04.08.08	Fr 22.08.08	Mo 11.08.08	Fr 29.08.08	13
15	Probebetrieb	20 t	Mo 04.08.08	Fr 29.08.08	Mo 04.08.08	Fr 29.08.08	13
16	Abnahme	0 t	Mo 29.08.08	Fr 29.08.08	Mo 29.08.08	Fr 29.08.08	14; 15

Abbildung 1.11b-18: Vernetztes Balkendiagramm

7 Zusammenfassung

Ausgehend von der noch „groben" Phasenplanung und der Festlegung der Arbeitspakete in der Projektstrukturierung wird nach dem Prinzip „Vom Groben zum Feinen" in der Ablauf- und Terminplanung mit der Definition von Vorgängen der größte Detaillierungsgrad erreicht. Damit können für die einzelnen Arbeitsschritte (Vorgänge) Dauern, Aufwand und Kosten geschätzt und die technologischen Reihenfolgen der Bearbeitung festgelegt werden. Als Ergebnis der Planung entsteht der Ablauf- und Terminplan als Grundlage für die Steuerung und Überwachung des Projekts in der Realisierungsphase.

Im zweiten Teil wird die Netzplantechnik als zentrales Werkzeug zur Planung, Steuerung und Überwachung ausführlich vorgestellt. Der Netzplan zwingt zum systematischen Durchdenken der Projektzusammenhänge, erlaubt sicheres Terminieren der Vorgänge und zeigt, wo Zeitreserven (Puffer) vorhanden sind, wo Zeit fehlt und wo Beschleunigungsmaßnahmen notwendig sind. Gleichzeitig ist der Netzplan in seinen unterschiedlichen Darstellungsformen ein wichtiges Informationsmedium zum Datenaustausch zwischen allen Projektbeteiligten.

8 Fragen zur Wiederholung

1	In welcher Reihenfolge sollte die Ablauf- und Terminplanung vorgenommen werden?	☐
2	Was versteht man unter dem „Regelkreis der Terminplanaktualisierung"?	☐
3	Was versteht man unter einem Netzplan?	☐
4	Welche Typen von Anordnungsbeziehungen gibt es im Vorgangsknoten-Netzplan?	☐
5	Wie kann man Überlappungen von Vorgängen im Ablaufplan erreichen?	☐
6	Was ist der Unterschied zwischen minimalen und maximalen Zeitabständen bei Anordnungsbeziehungen?	☐
7	Was sind die Ergebnisse einer Vorwärts- und einer Rückwärtsrechnung in einem Netzplan?	☐
8	Welche Pufferarten sind Ihnen bekannt?	☐
9	Was versteht man unter „Kritischem Weg"?	☐
10	Welche Bedeutung hat ein „Negativpuffer"?	☐
11	In welchen Schritten und mit welchen Techniken kann man einen Netzplan erstellen?	☐
12	Nach welchen Kriterien sollte der Detaillierungsgrad im Ablaufplan gewählt werden?	☐
13	Welche einfachen Arbeitstechniken zur Termin- und Ablaufplanung kennen Sie?	☐

1.12 Ressourcen (Resources)
Heinz Scheuring

Bedeutung

„Unsere Mitarbeiterinnen und Mitarbeiter sind unser mit Abstand wichtigstes Kapital." Mit dieser oft gehörten Aussage würde sich wohl die Mehrzahl der Vertreter des Top Managements identifizieren. Ob dies durch die Mitarbeiterinnen und Mitarbeiter im Arbeitsalltag auch so wahrgenommen wird, steht auf einem anderen Blatt. Dass die menschliche Ressource und damit die umsichtige Planung und der zielgerichtete Einsatz derselben für den Erfolg von Unternehmen und Organisationen von überragender Bedeutung sind, dürfte in der modernen Arbeitswelt indessen unbestritten sein. Doch mit der Einsicht allein ist es nicht getan.

Bis heute sind praxistaugliche Konzepte für das Ressourcenmanagement Mangelware, und mit der Umsetzung tun sich die Unternehmen schwer. Dieses wichtigste Unternehmenskapital – die menschliche Ressource – wird weiterhin längst nicht so umsichtig, konsequent und professionell geplant wie etwa die finanziellen Mittel. Wohl erhält die längerfristige Planung des Personalbedarfs und der benötigten qualitativen Fähigkeiten inzwischen einige Aufmerksamkeit. Doch die quantitative Planung des Ressourceneinsatzes in der Mehrprojektumgebung ist in den meisten Organisationen noch kaum über das Anfangsstadium hinaus gelangt, wenn es denn überhaupt ein Thema ist.

Die Komplexität des Ressourcenmanagements liegt im Wesentlichen in der Zweidimensionalität begründet, die sich aus der Gegenüberstellung von Linienorganisation und Projektorganisation ergibt: Ressourcenplanung lässt sich in den allermeisten Fällen nur im Kontext des gesamten Projektportfolios einer Organisation betreiben und muss zudem auch alle übrigen Aktivitäten der Organisation berücksichtigen.

Damit Ressourcenmanagement seine Wirkung entfalten kann, muss dessen Komplexität reduziert werden. Der Schlüssel zum Erfolg liegt nicht in differenzierten Rechenalgorithmen, die den Menschen als verlässlichen Parameter eines mathematischen Modells verstehen. Genauso wenig führen Informatiksysteme weiter, die gleichmäßige Ressourcenauslastung per Knopfdruck sowie Planungsintegration von der strategischen Ebene bis hinunter zum ToDo versprechen. Was gefragt ist, sind pragmatische Ansätze, welche die Unschärfe der Ressourcenplanung akzeptieren, Systemschnitte zulassen und den Menschen als Kommunikationsschnittstelle in den Vordergrund stellen.

In einem bewusst gelebten Ressourcenmanagement liegen zahlreiche Chancen. Im Zentrum steht naturgemäß die substanzielle Erhöhung der Effektivität und Effizienz der Organisation. Angebot und Nachfrage nach der menschlichen Ressource in ein wirtschaftliches Gleichgewicht zu bringen, muss in jedem Unternehmen mit einem relevanten Anteil an Projektarbeit zu einem zentralen Managementthema werden.

Darüber hinaus führt Ressourcenmanagement zu einer Integration der Dimensionen Projekt und Linie: Das Dreieck zwischen Projektleiter, Mitarbeitenden und deren Linienvorgesetzten wird geschlossen, ein Commitment zwischen Stamm- / Linienorganisation und Projektleiter erreicht. Und nicht zuletzt ist Ressourcenmanagement eine Herausforderung, die das Projektmanagement und „General Management" gleichermaßen betrifft und zu einer stärkeren Integration der beiden Disziplinen beitragen kann.

Kontext

Ressourcenmanagement weist eine Vielzahl von Bezügen zu anderen Themen auf. Die Einlastung von Aufwänden auf der Zeitachse steht in direktem Bezug zur Ablauf- und Terminplanung. Zum Thema Netzplan und kritischer Pfad bringt die Konzeption der Kritischen Kette (Critical Chain) neue Gesetze der Terminplanung und der Optimierung von Engpassressourcen in die Diskussion ein (Elemente 1.11 und 1.23).

Eine korrekte Planung der Ressourcenbelastungen ist weiter auf fundierte Aufwandschätzungen angewiesen und steht damit auch in Beziehung zum Thema Kostenmanagement (Element 1.13). Die Form der Projektorganisation wirkt sich auf den Abstimmungsprozess des Projektleiters mit der Stammorganisation aus (Element 1.06).

Weiter besteht ein wichtiger Bezug zu den Verhaltensaspekten und zur Kultur im Projekt und im Projektteam. Damit die zwei Dimensionen – Projekt und Linie – bei der Ressourcenplanung zusammenfinden, ist Sozialkompetenz gefordert. Neben intensiver und offener Kommunikation sind hier Durchsetzungsvermögen und Verhandlungsgeschick gefragt. Aber auch Stress- und Konfliktbewältigung zählen im Zusammenhang mit Überlastsituationen, Hektik und dem Kampf um Ressourcen zu den Klassikern (verschiedene Themen im ICB-Bereich 2).

Vor allem aber muss Ressourcenmanagement in den Kontext des Projektportfolio-Managements und der Unternehmensführung gestellt werden. Der wirtschaftliche und effektive Einsatz der Ressourcen im Projekt lässt sich nur über eine Gesamtoptimierung aller Projekte und der übrigen Unternehmensaktivitäten erreichen (Elemente 3.03 und 3.05).

Lernziele

Sie kennen

- die verschiedenen Arten von Ressourcen für Projekte und deren Bedeutung für den Projekterfolg
- die Ziele und die möglichen Nutzeneffekte, die mit dem Ressourcenmanagement verfolgt werden
- den Prozess der Ressourcenplanung, -überwachung und -steuerung aus Sicht des Projektleiters und können diesen anwenden

Sie verstehen

- die Grundmechanik der Planung von Ressourcen bei limitierten Kapazitäten und terminlichen Einschränkungen
- die Herausforderung der zwei Dimensionen – Linien- und Projektorganisation – in Bezug auf das Multiprojekt-Ressourcenmanagement

Inhalt

1	Ein vernachlässigtes Managementgebiet	404
1.1	Der Mensch im Mittelpunkt	404
1.2	Spiel zwischen Angebot und Nachfrage	404
1.3	Stiefkind der Managementlehre	405
1.4	Warum nicht schon längst eine Selbstverständlichkeit?	405
1.5	Ressourcenmanagement wird zu einem Muss	406
1.6	Chance für die Integration zweier Management-Disziplinen	406
2	Grundlagen und Dimensionen der Ressourcenplanung	407
2.1	Ressourcenplanung im Kontext der Projektplanung	407
2.2	Arten von Ressourcen	407
2.3	Die drei Hauptdimensionen – Was, Wer, Wann	408
2.4	Die zwei Sichten: Management versus Projektleiter	409
2.5	Einfluss der Organisationsform und des Auslastungsgrades	410
3	Ziele und Nutzen des Ressourcenmanagements	411
4	Mechanik der Ressourcenplanung	414
4.1	Überblick	414
4.2	Bearbeitungsaufwand schätzen	415
4.3	Kapazitäten ermitteln	416
4.4	Aufwände einlasten	418
4.5	Belastungsabgleich auf Stufe Einzelprojekt	419
4.6	Einlastung und Belastungsabgleich in der Multiprojekt-Situation	422
5	Ressourcenplanung aus Sicht des Projektleiters	424
6	Überwachung und Steuerung des Ressourceneinsatzes	426
6.1	Aufwanderfassung	427
6.2	Arbeitsfortschritt und Restaufwandschätzung	427
6.3	Analyse	427
6.4	Steuerung	428
6.5	Lernen für die Zukunft	429
7	Zusammenfassung	429
8	Fragen zur Wiederholung	430

1 Ein vernachlässigtes Managementgebiet

1.1 Der Mensch im Mittelpunkt

Werden Manager nach dem wichtigsten Kapital, nach den zentralen Werten oder den entscheidenden Erfolgsfaktoren für das Unternehmen oder die Organisation gefragt, stehen die Mitarbeiterinnen und Mitarbeiter in der Rangliste mehrheitlich an oberster Stelle. Dass dies durch die Mitarbeitenden im Arbeitsalltag nicht unbedingt auch so wahrgenommen wird, versteht sich von selbst.

Kaum jemand mit betriebswirtschaftlichem Sachverstand wird bestreiten, dass die menschliche Ressource für den Erfolg von Unternehmen und Organisationen von überragender Bedeutung ist. Und auch die Schlussfolgerung, dass eine umsichtige Planung und Pflege personeller Ressourcen und der fokussierte und effektive Einsatz derselben darum äußerst wichtig sind, dürfte nicht gewagt sein.

Doch wie sieht die Praxis aus? Hat diese Erkenntnis auch Eingang in entsprechende und ausgereifte Management-Konzepte gefunden? Wird der Einsatz dieses wichtigsten Unternehmenskapitals – der menschlichen Ressource – denn genauso so umsichtig, konsequent und professionell geplant, wie dies bei den finanziellen Mitteln der Fall ist? Die Antwort ist ein klares Nein. Zwar erhält die längerfristige Planung des Personalbedarfs und der benötigten qualitativen Fähigkeiten inzwischen einige Aufmerksamkeit. Doch die quantitative Planung des Ressourceneinsatzes in Organisationen mit einem erheblichen Projektanteil, von denen hier die Rede ist, liegt auch heute noch im Argen.

Der Beitrag geht den Ursachen für diese Situation auf den Grund, bricht Denkmuster auf und zeigt Lösungsmöglichkeiten für die anspruchsvolle Problemstellung auf.

1.2 Spiel zwischen Angebot und Nachfrage

Bei der Planung, Überwachung und Steuerung der Ressourcen in Projekten, dem Ressourcenmanagement, geht es darum, den für Projekte, aber auch für alle anderen Aktivitäten innerhalb einer Organisation benötigten Bedarf an Ressourcen frühzeitig zu erkennen, zu planen und mit den verfügbaren Ressourcen in Übereinstimmung zu bringen. Der Einsatz dieser Ressourcen ist sodann mit den zuständigen Instanzen zu vereinbaren und anschließend so zu steuern, dass die Projekt- sowie die Unternehmensziele bestmöglich erfüllt werden. Darüber hinaus dient das Ressourcenmanagement dazu, den Bedarf an Kapazitäten und Fähigkeiten längerfristig zu planen sowie zu steuern und die mittelfristige Personalentwicklung darauf auszurichten.

Im Wesentlichen lässt sich die Ressourcenplanung als Ver- und Abgleich zwischen Angebot und Nachfrage verstehen, wie die Abbildung 1.12-1 zeigt.

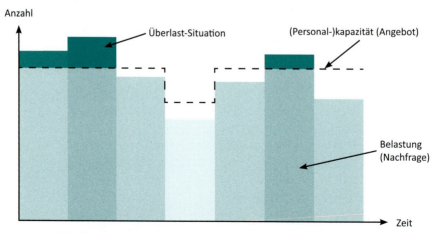

Abbildung 1.12-1: Ressourcenplanung – Angebot und Nachfrage

In Projekten gilt es, ganz unterschiedliche Arten von Ressourcen zu planen und steuern: Menschen, Maschinen und Anlagen, technische Hilfsmittel etc. Der Hauptfokus in den nachfolgenden Betrachtungen liegt auf den personellen Ressourcen. Diese nehmen unter den verschiedenen Ressourcenarten in den meisten Projekten eine überragende Stellung ein. Da sich die Wissenschaft bisher vor allem auf exakte mathematische Modelle konzentriert hat, die der Ressource Mensch nicht gerecht werden, ist das Optimierungspotenzial hier im Vergleich zu den „harten" Ressourcen ungleich größer.

Projekte werden nur selten „auf der grünen Wiese" durchgeführt. Sie spielen sich meistens innerhalb eines oder mehrerer bestehender Unternehmen (bzw. Organisation / en) ab. Ein funktionierendes Ressourcenmanagement erfordert deshalb, alle in diesen Organisationen durchzuführenden Projekte sowie sämtliche übrigen Aktivitäten (vor allem die Linien-Aufgaben) integral zu berücksichtigen. Dies hat weitreichende Konsequenzen auf die Gestaltung des Ressourcenmanagements.

1.3 Stiefkind der Managementlehre

Analysiert man die Projektmanagement-Literatur hinsichtlich der Thematik Ressourcenmanagement / Einsatzmittelplanung, fällt die Bilanz sehr ernüchternd aus. Nicht nur in knapp gehaltenen Büchern, die sich vorwiegend dem operativen Projektmanagement auf Einzelprojektebene widmen, mangelt es an Substanz zum Thema. Auch in umfassenden Werken sowie in Titeln, die sich dem strategischen Projektmanagement, dem Projektportfolio- oder Multiprojekt-Management verschrieben haben, bewegt sich die Bandbreite zum Ressourcenmanagement zwischen Alibiabschnitt, mechanistischer Einzelprojekt-Darstellung und einseitigen Tool-Empfehlungen. Das Thema ist bis heute ein Stiefkind der Managementlehre geblieben. Symptomatisch ist die nach wie vor praktizierte Fokusierung auf das Magische „Dreieck" der Ziele: Leistung, Zeit und Kosten, obwohl Ziele zu Personal-Ressourcen zu definieren und anzustreben für die Projektleiter meist besonders arbeitsaufwändig sind; insoweit sollte – mit der Ergänzung um die Zielbereiche Personal-Ressourcen und Stakeholder-Zufriedenheit – zukünftig von einem „Magischen Fünfeck" gesprochen werden!

1.4 Warum nicht schon längst eine Selbstverständlichkeit?

Im Folgenden wird versucht, den Ursachen für diese Hilflosigkeit auf den Grund zu gehen.

Das Objekt der Ressourcenplanung sind mehrheitlich Menschen. Menschliche Ressourcen sind „weich", sie sind **dehnbar**. Die Kapazität eines Mitarbeiters von 100 % ist in der Praxis eine weitgehend fiktive Größe, die jede mathematische Formel zur Farce macht. Rein mechanistische Modelle der Ressourcenplanung und insbesondere des Ressourcenabgleichs sind allein schon deshalb zum Scheitern verurteilt.

Ressourcenplanung spricht **zwei** ganz unterschiedliche Dimensionen (Quantität und Qualifikation) und **Welten** an: Auf der einen Seite die Welt des Projektleiters, der seine ganze Aufmerksamkeit und Energie auf sein Projekt richtet und richten soll. Auf der anderen Seite die Welt des Linienmanagers, der sein vielfältiges Aufgabenportfolio – operatives Geschäft, Projektbeiträge und Personalentwicklung – bestmöglich mit den ihm zur Verfügung stehenden Ressourcen in Einklang bringen soll. Die beiden Dimensionen und Welten mit ihren unterschiedlichen Systemlogiken und Interessen prallen bei der Ressourcenplanung aufeinander und führen zu einer Komplexität höherer Ordnung.

Die Ressourcenplanung sprengt den Betrachtungsrahmen des Einzelprojektes, sie erfordert zwingend die **integrale Multiprojekt-Sicht** und spielt sich damit auf der Ebene des Projektportfolio-Managements ab. Darüber hinaus erfordert die Ressourcenplanung Vollständigkeit: Um die Summenbelastung einer Ressource korrekt ermitteln zu können, werden die Daten aus sämtlichen Vorhaben benötigt, an der diese Ressource beteiligt ist. Fehlen die Daten auch nur eines einzelnen mittleren Projektes, wird die Planung schon nutzlos, ja gefährlich. Daraus resultiert eine deutlich höhere Komplexität als beispielsweise bei der Bewertung und Priorisierung der Projektlandschaft, die auch mit unvollständigen Daten, beispielsweise bei der Beschränkung auf strategische Projekte, Sinn machen kann.

Die Welt innerhalb und außerhalb des Unternehmens ist dynamisch, häufig hektisch. Das führt dazu, dass Planungen schnell überholt sind („Es stimmt ja doch nie!"). Der Aufwand, diese **Dynamik** in der Planung zu berücksichtigen, ist insbesondere dann groß, wenn die Planung einen hohen Detaillierungsgrad aufweist. Die Planung der Ressourcen auf der Ebene von Arbeitspaketen oder gar Vorgängen, wie sie in Lehrbüchern als Regel zu finden ist, führt schnell zu einer Überforderung.

Dass manche Leute zu viel **Transparenz** und **Kontrolle** nicht mögen, ist bekannt. Im Extremfall reicht das bis zur Angst vor Arbeitsplatzverlust. Extrem arbeitnehmerorientierte Datenschutzbestimmungen, wie sie in gewissen Ländern bestehen, leisten dieser Haltung Vorschub und erschweren eine transparente und effektive Planung und Steuerung der Ressourcen zusätzlich.

Die Forderung, dass Daten nur einmal erfasst und gepflegt werden dürfen (Stichwort System- und Datenintegration), erweist dem Ressourcenmanagement einen Bärendienst. Sie ist in der Überzeugung des Verfassers eine Hauptursache dafür, dass die Ressourcenplanung in der Praxis nicht vom Fleck kommt. Gerade in Zusammenhang mit den oben erwähnten zwei Welten ist es beim Ressourcenmanagement nicht nur sinnvoll, sondern dringend anzuraten, Datenbrüche zuzulassen und diese gezielt zu designen. Dass **Datenredundanz** heute praktisch ein Tabu ist, führt nicht nur im Projekt- und Ressourcenmanagement, sondern auch in anderen Disziplinen zu einem Verlust an Qualität und einem Verschleiß an Energie und Geld, der horrend ist. Die Problematik wird in Abschnitt 2.3 des Vertiefungswissens aufgegriffen.

Im Zusammenhang mit der Integrationsgläubigkeit sind **fragwürdige Informatiklösungen** entstanden. Tool-Anbieter bieten das technisch an sich Machbare, organisatorisch jedoch Unmögliche an und richten damit großen Schaden an. Die Folge davon ist, dass Unternehmen oder einzelne Organisationseinheiten bereits mehrere gescheiterte Versuche hinter sich haben, der Ressourcenplanung mit professionellen Systemen endlich Herr zu werden. Dass nach dem zweiten gescheiterten Versuch die Lust auf einen dritten für einige Zeit fehlt, lässt sich leicht nachvollziehen. Die Thematik wird in Abschnitt 3 des Vertiefungswissens angesprochen.

1.5 Ressourcenmanagement wird zu einem Muss

Der Einsatz von Ressourcen ist in der Regel mit namhaften Kosten verbunden. Ressourcenknappheit ist in einem wirtschaftlichen Unternehmen deshalb eine Tatsache, ja sie muss sogar angestrebt werden. Niemand wird eine auf Dauer ausgeglichene Ressourcenbelastung schaffen, und Reserven anzulegen, kann sich eine Organisation nicht leisten.

Ungeachtet der aufgezeigten Schwierigkeiten und der Komplexität des Themas werden Organisationen, die mit beschränkten Ressourcen arbeiten und ihre Mittel wirtschaftlich einzusetzen wollen, deshalb nicht umhin kommen, Ressourcenmanagement zu einem zentralen Thema zu machen.

1.6 Chance für die Integration zweier Management-Disziplinen

Dass die doppelte Qualität des Themas – Projektsicht und Liniensicht – zu einer erhöhten Komplexität führt, ist das eine. Auf der anderen Seite müsste gerade diese integrierende Rolle des Ressourcenmanagements dem Thema zu doppelter Aufmerksamkeit verhelfen. Vielleicht bietet sich an dieser Schnittfläche die Chance, dass Vertreter der Projektmanagement-Disziplin mit Exponenten der klassischen Managementlehre zusammenfinden und die Thematik aus einer Gesamtsicht weiter entwickeln.

Die folgenden Ausführungen wollen einen Beitrag zu dieser integralen Sicht des Ressourcenmanagements leisten. Der Fokus wird dabei auf Lösungsansätze für die Praxis gelegt. Lösungen für die Ressourcenplanung und -steuerung in der Mehrprojektumgebung, wie sie in Unternehmen und Organisationen den Normalfall darstellen, erhalten dabei ein besonders hohes Gewicht.

2 Grundlagen und Dimensionen der Ressourcenplanung

Die Ressourcenplanung weist, wie anschließend aufgezeigt, mehrere Bezüge und Dimensionen auf, die in ihrer Gesamtheit zur hohen Komplexität des Themas führen und das Ressourcenmanagement so schwer beherrschbar machen.

2.1 Ressourcenplanung im Kontext der Projektplanung

Die Ressourcenplanung muss im größeren Zusammenhang der Projektplanung und des Projektportfolio-Managements betrachtet werden. Abbildung 1.12-2 zeigt diesen Zusammenhang auf.

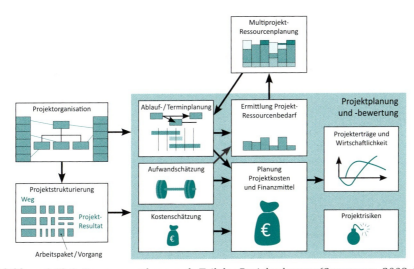

Abbildung 1.12-2: Ressourcenplanung als Teil der Projektplanung (SCHEURING, 2008: 87)

Der Projektplanung im engeren Sinn geht die Projektstrukturierung voraus, die zu den Arbeitspaketen/Vorgängen führt. Der Ressourcenbedarf für das einzelne Projekt ergibt sich dann aus den Bearbeitungsaufwänden für die Arbeitspakete/Vorgänge, deren zeitlicher Lage (Zeitpunkt und Dauer) und den beteiligten Ressourcen. Erst durch die Konsolidierung des Ressourcenbedarfs über alle Projekte und übrigen Aktivitäten der beteiligten Ressourcen resultiert dann das Gesamtbild bezüglich der Belastungssituation für die einzelnen Ressourcen. Die Mechanik der Einlastung wird in Abschnitt 4.4 vertieft.

2.2 Arten von Ressourcen

Beständige und verbrauchbare Ressourcen
Bei den Ressourcen (die DIN Norm verwendet dazu den synonymen Begriff Einsatzmittel) kann unterschieden werden zwischen Ressourcen, die durch den Einsatz vermindert werden (einmaliger Gebrauch) und solchen, deren künftige Verfügbarkeit durch den Einsatz grundsätzlich unangetastet bleibt. Zur ersten Kategorie, die von den weiteren Betrachtungen ausgeschlossen wird, zählt beispielsweise eine verfügbare Menge an Baumaterial.

Finanzmittel, die im weiteren Sinn ebenfalls zu den – sehr bedeutenden – Ressourcen einer Organisation zählen, sind ebenfalls nicht Gegenstand des Elements Ressourcemanagement. Sie werden im Projektmanagement als eigenständiges Thema behandelt (Element 1.13).

Bei den hier betrachteten Ressourcen geht es um Personen oder Sachmittel, die in definierten Zeiträumen über eine bestimmte Kapazität im Sinne von Leistung pro Zeit verfügen.

Im Rahmen des Projektmanagements und des Projektportfolio-Managements spielen die **personellen Ressourcen** für den Erfolg der Projekte und der Organisation die mit Abstand wichtigste Rolle. Sie stehen im Vordergrund der Betrachtungen.

Zu den **Sachmitteln** zählen: Infrastruktur (z. B. Büroräume, Labors), Ausrüstung (z. B. Baumaschinen) und Einrichtungen, Informatik, Anlagen (z. B. für chemische Prozesse), Betriebsmittel, aber auch Energie. In Projekten mit stark physischer Ausrichtung (z. B. Bauprojekte und Anlagenbau) ist die Planung dieser Mittel durchaus wichtig. Teilweise lassen sich die Ausführungen in diesem Beitrag gleichermaßen anwenden, ausgewählte Aspekte stehen jedoch stärker mit den Themen Projektlogistik und Beschaffung in Verbindung.

Informationen, Dokumente und Wissen werden im weiteren Sinn ebenfalls zu den Projektressourcen gezählt. Da diese jedoch einen sehr generischen Charakter aufweisen und anderen Gesetzen folgen, werden sie nicht unter diesem Thema behandelt.

Engpassressourcen

> **§ Definition** Als Engpassressource wird eine Ressource der Stammorganisation bezeichnet, die für die Realisierung eines Projektes wichtig ist, aufgrund von begrenzter Kapazität oder Mehrfachbelastungen zum gewünschten Zeitpunkt jedoch nur beschränkt zur Verfügung steht und deren Kapazität nicht oder nicht mit einer vertretbaren Rendite erweiterbar ist. Im Rahmen der Netzplantechnik betrifft dies insbesondere Ressourcen, die in Vorgänge auf dem kritischen Weg eingebunden sind.

Beispiele von Engpassressourcen sind etwa der einzige verfügbare Jurist in einem Spezialgebiet, die beiden Informatiker mit Kenntnissen zu einer neuen Programmiersprache oder das spezialisierte, durch verschiedene Projekte beanspruchte Labor. Die Verfügbarkeit von Engpassressourcen kann für das Projekt existenziell sein.

2.3 Die drei Hauptdimensionen – Was, Wer, Wann

Bei der Ressourcenplanung spielen immer die folgenden drei Hauptdimensionen eine zentrale Rolle:

I WAS: die Projektdimension, die sich in der Liste von Projekten, in Arbeitspaketen, aber auch in Aufgaben aus dem operativen Geschäft niederschlägt
I WER: die Ressourcendimension, beinhaltend Personen, Organisationseinheiten (in seltenen Fällen zusammenfallend mit Teilen der Projektorganisation)
I WANN: die Zeitdimension, für die Ressourcenplanung in der Regel relevant in Einheiten von Tagen bis zu Jahren.

Aus den drei Dimensionen lässt sich der Ressourcenplanungs-Würfel gemäß Abbildung 1.12-3 mit drei Ansichten ableiten:

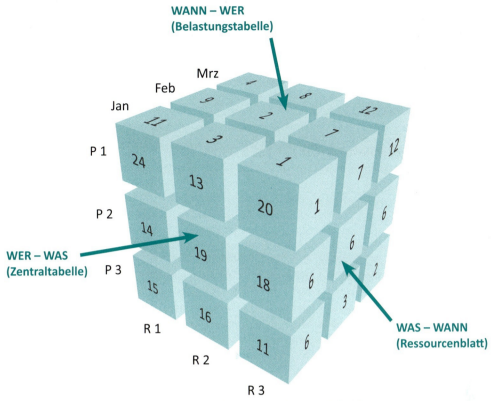

Abbildung 1.12-3: Ressourcenplanungs-Würfel

2.4 Die zwei Sichten: Management versus Projektleiter

Wie bereits gezeigt, spielt sich die Ressourcenplanung aus den folgenden beiden, fundamental unterschiedlichen Sichten ab:

I Sicht des Projektleiters (Abschnitt 5)
I Sicht der Linienorganisation / des (Ressourcen)Managers (Vertiefungswissen, Abschnitt 2).

Die beiden Sichten oder organisatorischen Dimensionen – jene der Stamm- oder Linienorganisation und die des Projektleiters und der Projektorganisation – begründen eine Matrixkonstellation (Abbildung 1.12-4).

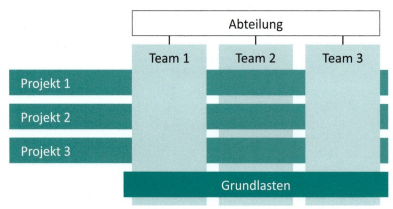

Abbildung 1.12-4: Matrixkonstellation bei der Ressourcenplanung

Sicht des Projektleiters

Der Projektleiter ist bestrebt, die für den Projekterfolg benötigten Ressourcen zum geeigneten Zeitpunkt in der passenden Qualität und Menge, und dies zu möglichst geringen Kosten, zu erhalten. Was die Ressourcenkosten betrifft, wird eine Optimierung häufig dadurch verfehlt, dass unternehmensinterne Mitarbeiter dem Projekt nicht oder nicht zum Vollkostensatz belastet werden. Dies kann eine erhebliche Verfälschung der Wirtschaftlichkeitsbetrachtung des Projektes zur Folge haben und zu Fehlentscheiden bezüglich der Projektdurchführung, der Projektprioritäten und des Ressourceneinsatzes führen.

Sicht der Linie

Der Ressourcenmanager, in der Regel der Vorgesetzte einer Organisationseinheit in der Linienorganisation, hat das Ziel, seine Organisationseinheit möglichst gleichmäßig auszulasten. Im Zusammenhang mit Machtüberlegungen kann ein Ziel eines Linienmanagers auch darin bestehen, das Gewicht „seiner" Organisationseinheit durch die Akquisition zusätzlicher Aufgaben und (möglicherweise auch selber initiierter) Projekte zu erhöhen. Dass dieses Verhalten für das Unternehmen in hohem Maße unwirtschaftlich sein kann, liegt nahe.

Die Ressourcenplanung ist in erster Linie Aufgabe des Linienmanagers. Der Projektleiter spielt dabei zwar eine wichtige Rolle, sie sollte in der Regel aber nicht die führende sein. Ressourcenplanung, die sich isoliert auf das einzelne Projekt konzentriert, bleibt ein Sandkastenspiel.

2.5 Einfluss der Organisationsform und des Auslastungsgrades

Die beschriebene Matrixkonstellation ist nicht gleichbedeutend mit Matrix-Projektorganisation. Die Überlagerung der beiden Dimensionen, Linie und Projekt, ergibt sich auch bei anderen Formen der Projektorganisation. Bei der Einfluss-Projektorganisation sind zwar die Kompetenzen des Projektleiters beschränkt, das Projekt liegt aber auch hier meist „quer" zur Linienorganisation. Und auch die so genannte Reine Projektorganisation spielt sich meist nicht losgelöst vom übrigen Betriebsgeschehen ab: Sie ist eine Organisation auf Zeit, die beginnt und endet. Daraus folgt, dass auch bei dieser stark projektorientierten Organisationsform eine Abstimmung zwischen Projektbedürfnissen und Linienanforderungen erfolgen muss. Der eher seltene Fall, bei dem eine Organisation ausschließlich zum Zweck eines einzelnen Projektes aufgebaut und danach vollständig aufgelöst wird, ohne dass die Projektmitarbeiter in die Herkunftsorganisation rückintegriert werden, wird hier nicht weiter betrachtet.

Weiter ist zu beachten, dass in der Praxis fast ausnahmslos Mischformen der Projektorganisation zum Einsatz kommen, bei der zumindest ausgewählte Projektmitarbeiter organisatorisch in der Stammorganisation verbleiben (vgl. hierzu das Konzept der flexiblen Projektorganisation; SCHEURING, 2008: 71f).

Und schließlich ist in Bezug auf das Ressourcenmanagement zu berücksichtigen, dass die Mehrzahl der in Projekten eingebundenen Mitarbeiter durch das jeweilige Projekt nur teilweise ausgelastet werden, gleichzeitig also andere Arbeiten – in anderen Projekten oder in permanenten Aufgabenbereichen – ausführen.

3   Ziele und Nutzen des Ressourcenmanagements

Die Bedeutung der Ressourcenplanung wurde bereits aufgezeigt. Allein der Blick in die Betriebs- oder Erfolgsrechnung der meisten Unternehmen zeigt, dass die Personalkosten und damit die personellen Ressourcen die größte Kostenposition ausmachen. Es geht bei der Ressourcenplanung somit um die Effizienz und damit die Wirtschaftlichkeit von Organisationen schlechthin. Eine seriöse Planung der Ressource Mensch müsste in modernen Unternehmen und Organisationen angesichts dessen längst eine Selbstverständlichkeit sein. Interessant ist in diesem Zusammenhang denn auch, dass die Ressourcenplanung auf der Prioritätenliste der Problemfelder, die Projektleiter und Linienmanager rund um das Thema Projektmanagement jeweils nennen, immer zu den Favoriten zählt. Mögliche Gründe, weshalb ein systematisches Ressourcenmanagement heute nach wie vor die Ausnahme darstellt, wurden weiter oben angeführt.

Anhand der Ziele und erreichbaren Nutzeneffekte des Ressourcenmanagements wird im Folgenden aufgezeigt, warum dieses zu einer Kernaufgabe jeder Organisation gemacht werden sollte. Zahlreiche Ziele betreffen sowohl die Ebene des Projektes als auch jene der Organisation.

Projektprioritäten setzen

Das Management kann keine Projektprioritäten setzen, wenn es zwar über Kosten- und Wirtschaftlichkeitsdaten und erwartete Nutzeneffekte der einzelnen Projekte verfügt, bezüglich der resultierenden Ressourcenbelastung indessen im Dunkeln tappt. Die pauschale Jahresbetrachtung der Ressourcenbedarfe reicht dabei nicht aus. Für fundierte Prioritätsentscheide muss die Belastung der Ressourcen aus operativen Linienaufgaben und Projekten über die Zeitachse bekannt sein und periodisch aktualisiert werden. Nur so lässt sich vermeiden, dass die Planung, die aus der jährlichen Strategieübung des Top-Managements resultiert, schon wenige Monate danach Makulatur ist.

Neue Projekte richtig einplanen

Um die Durchführbarkeit neuer Projekte beurteilen und diese in das bestehende Belastungsgebirge richtig einplanen zu können, müssen die aktuellen Belastungsdaten bekannt sein. Die für das neue Projekt verfügbare freie Kapazität ist auch für die Bestimmung von Zwischen- und Endterminen maßgebend. Die Ressourcenplanung führt dazu, dass ein neues Projekt möglicherweise gar nicht gestartet wird, weil die laufenden Projekte die Ressourcen dringender benötigen. Die Systematik der Ressourcenplanung dürfte auch dem Prinzip entgegenwirken, dass die Ressourcen dem Projektleiter mit dem kräftigsten Stimmorgan zugeteilt werden ...

Überlastung und Engpässe erkennen

Das Erkennen von Überlastsituationen und Engpässen, insb. bei den Engpassressourcen, ist ein primäres Ziel des Ressourcenmanagements. Damit lassen sich rechtzeitig passende Maßnahmen planen und einleiten.

Unterlast erkennen

Werden in einer Organisation mit Auftragsprojekten in der Zukunft liegende Auftragslücken (Unterlast) rechtzeitig erkannt, lassen sich die Akquisitionsanstrengungen zum richtigen Zeitpunkt intensivieren. Zeichnet sich in einer Organisation eine längerfristige Unterlast ab, kann die Anpassung der personellen Kapazität ein Thema werden.

Entscheid über Angebotsteilnahme fällen

In Organisationen, in denen Auftragsprojekte (Kundenprojekte) bearbeitet werden, macht es nicht in jedem Fall Sinn, auf eine Kundenanfrage einzugehen (vgl. dazu Element 1.19, im Basisteil, Abschnitt 7.3: Übergang Angebot – Auftragsabwicklung). Ein Grund, auf ein Angebot zu verzichten, kann in mangelnder Bearbeitungskapazität liegen. Dazu muss diese ausreichend genau bekannt sein. Auch wenn ein solcher Entscheid schwer fallen wird, kann er fallweise notwendig sein, um größere Termin-, aber auch Qualitätsprobleme – bei laufenden Kundenprojekten oder beim neuen – zu vermeiden.

Übersicht über Verfügbarkeiten und Abwesenheiten

Erfolgt die Ressourcenplanung nicht nur auf der Ebene von Organisationseinheiten, sondern der einzelnen Mitarbeiter, resultiert daraus eine Übersicht, welche Personen wann verfügbar bzw. abwesend sind, beispielsweise wegen Urlaub oder Ausbildungsmaßnahmen.

Ressourceneinsatz disponieren

Die Ressourcenplanung ermöglicht es, den operativen Ressourceneinsatz, insb. auf Mitarbeiterebene, richtig zu planen und zu steuern. Diese operative Ebene braucht dabei nicht bis ins Detail in einem Werkzeug abgebildet zu werden. Der Mitarbeiter, eventuell gemeinsam mit seinem Vorgesetzten, ist aufgrund einer groben Rahmenplanung meist in der Lage, diese Detailsteuerung vorzunehmen.

Durchlaufzeiten optimieren

Die Minimierung der Projektdurchlaufzeit mittels mathematischer Ressourcenplanungsmodelle auf Vorgangsebene wird weiter unten kritisch hinterfragt. Mit einer pragmatischen Ressourcenplanung auf grober Ebene hingegen lassen sich Projekte realistischer einplanen, alternative Ressourcen ausloten oder Prioritäten hinterfragen. Daraus resultiert auch eine Optimierung, d.h. Reduktion von Projektlaufzeiten.

Termine einhalten

Die Ressourcenplanung ist ein zentrales Instrument, um Termine von Projekten und Aufträgen realistisch planen zu können und die Wahrscheinlichkeit zu erhöhen, diese mit möglichst wenig Hektik und Sonderanstrengungen zu halten. Sind Termine gefährdet, wird dies früher erkannt, was wiederum die Chance erhöht, die Situation zu bereinigen.

Kosten tief halten

Je besser es gelingt, eine gleichmäßige Ressourcenauslastung zu erreichen, Termine einzuhalten und Rettungsaktionen zu vermeiden, aber auch, die geeigneten Ressourcen für definierte Aufgaben einzusetzen, desto geringere Kosten werden resultieren.

Commitment zwischen Projektleiter und Linie

Das Ressourcenmanagement ist ein hervorragendes Vehikel, um die Zusammenarbeit zwischen den beiden Dimensionen – der Linie und der Projektwelt – zu fördern und zu intensivieren. Ressourcenplanung ist zwingend auf die enge Abstimmung zwischen den Projektleitern und den Linienvorgesetzten der Projektmitarbeiter angewiesen. Dadurch ergibt sich die Chance, Projekt- und Linienorganisation stärker zu integrieren. Die Zusammenarbeit führt zu einer Form von Verbindlichkeit – von „Commitment" – die für den Erfolg von Projekten von größter Bedeutung ist.

Personalplanung ermöglichen

Insbesondere die Ressourcenplanung auf einer ganz groben, strategischen Ebene dient dazu, den Bedarf an Personal mit unterschiedlichen Fähigkeitsprofilen zu erkennen und die Rekrutierung neuer Mitarbeiter rechtzeitig einzuleiten. Wo die Planung eine zu hohe Kapazität ausweist, kann dies der Anlass sein, diese mittelfristig abzubauen. Da dies in vielen Fällen auch ohne Entlassungen möglich ist, braucht dieses Szenario nicht bedrohlich zu sein.

Hektik abbauen

Den Anspruch, Hektik gänzlich zu vermeiden, wird auch ein professionelles und differenziertes Ressourcenmanagement nicht erfüllen können. Diese abzubauen, ein gewisses Maß an Ruhe und Konstanz in die Organisation hineinzubringen, wird sich jedoch zwangsläufig als sehr willkommener und wichtiger Nebeneffekt einstellen.

Transparenz und Sicherheit erhöhen

Hohe Transparenz ist nicht überall erwünscht. Wer in einer Organisation solide Arbeit leistet, braucht davor jedoch keine Angst zu haben. Im Gegenteil: Nur wenn Belastungen geplant und realistisch ausgewiesen werden, lassen sich untragbare Überlastsituationen rechtzeitig erkennen und bekämpfen. Der Mitarbeiter erhält dadurch mehr Sicherheit, dass sein Arbeitseinsatz ernst genommen und seriös geplant wird. Dass andererseits Personen, die sich gerne hinter vorgegebener Arbeitsüberlastung verstecken, „auffliegen", darf ebenfalls zu den positiven Auswirkungen der Planung gezählt werden.

Σ Fazit Ressourcenmanagement trägt letztlich dazu bei, die inhaltliche und terminliche Zielsetzung der Projekte besser zu erreichen, den Kundennutzen zu erhöhen und damit den Erfolg des Unternehmens nachhaltig zu steigern. Es führt, richtig angewendet, unmittelbar zu Kosteneinsparungen. Und es ermöglicht, die knappen Ressourcen besser auf jene Aufgaben zu konzentrieren, die für das Unternehmen langfristig von Bedeutung sind.

In der Summe sind diese Nutzeneffekte Grund genug, das Ressourcenmanagement zu einer zentralen Aufgabe jeder Organisation zu machen, in der die Projektarbeit einen relevanten Teil des Aufgabenportfolios ausmacht. Und dies betrifft heute klar die überwiegende Mehrzahl von Unternehmen und Organisationen in der industrialisierten Welt.

4 Mechanik der Ressourcenplanung

4.1 Überblick

Wie die Ressourcenplanung in die Projektplanung eingebettet ist, geht aus Abbildung 1.12-2 hervor. Voraussetzung für die Ressourcenplanung ist die vorgängige Identifikation der für die Ressourcenplanung relevanten Arbeitspakete / Vorgänge.

Die Grafik in Abbildung 1.12-5 zeigt die Zusammenhänge bei der Ressourcenplanung für einen definierten Vorgang im Sinne des mechanischen Prozesses auf.

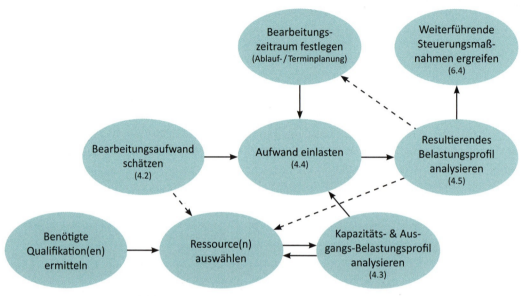

Abbildung 1.12-5: Mechanik der Ressourcenplanung

Für das betrachtete Arbeitspaket bzw. den Vorgang wird zunächst der voraussichtliche Bearbeitungsaufwand geschätzt. Die Wahl der einzusetzenden Ressource erfolgt aufgrund der erforderlichen Qualifikationen für die Arbeit sowie der verfügbaren Kapazität.

Bei der Einlastung des Aufwandes sind der Bearbeitungsaufwand, der gewünschte Bearbeitungszeitraum sowie das Belastungsprofil der Ressource vor der Einlastung zu berücksichtigen.

Weist das nach der Einlastung resultierende Belastungsprofil eine Überlast aus, ist der Bearbeitungszeitraum anzupassen oder der Einsatz einer anderen bzw. zusätzlichen Ressource ins Auge zu fassen, oder es sind andere Maßnahmen vorzusehen. So können die Erkenntnisse aus der ersten Planung es notwendig machen, die qualitativen und quantitativen Anforderungen des Arbeitspaketes / Vorganges zu hinterfragen, um diese mit dem verfügbaren Ressourcenangebot besser in Einklang zu bringen. Der Ressourcenplanungsprozess kann so mehrere Iterationsschritte erfordern.

> **§ Definition** Bezüglich der Begriffe und der mathematischen Zusammenhänge rund um das Thema Einsatzmittel- und Ressourcenmanagement sei auch auf das Projektmanagement-Lexikon verwiesen (vgl. MOTZEL, 2006). Darin wird auch der Bezug zur entsprechenden DIN-Norm hergestellt.

4.2 Bearbeitungsaufwand schätzen

Eine aussagefähige, präzise Ressourcenplanung ist auf eine realistische, möglichst exakte Schätzung der Bearbeitungsaufwände angewiesen. Fehleinschätzungen wirken sich unmittelbar auf die resultierende Belastungssituation und über diese auch auf die Fertigstellungstermine aus.

Die Schätzung der Bearbeitungsaufwände ist dabei nicht eine exklusive Domäne der Ressourcenplanung. Die Kenntnis der Aufwände ist auch eine Voraussetzung für die Kostenplanung. Die Aufwandschätzung wird deshalb primär im Zusammenhang mit dem Kostenmanagement behandelt (vgl. Element 1.13). Im Folgenden wird ein Überblick über die wichtigsten Aufwandschätzmethoden vermittelt.

Vergleich mit ähnlichem Vorgängerprojekt. Je stärker Projekte standardisiert sind, desto besser greift diese Methode. Für ein stark innovatives Informatikprojekt wird diese problematisch sein, da ausreichend ähnliche Vorgängerprojekte fehlen. Beim Bau eines Kraftwerkes hingegen werden bei der Schätzung von Engineeringaufwänden Daten aus der Vergangenheit viel hergeben.

Verwendung einer größeren Datenbasis von Vergleichsprojekten. Dieser Ansatz ist eine Weiterführung der ersten Methode. Für stark standardisierte Projektarten kann eine solche Datenbasis innerhalb eines Unternehmens aufgebaut werden. Es existieren dafür aber auch externe Datenbanken mit hinterlegten Verarbeitungsmodellen. Vor allem im Baubereich, aber auch für IT-Projekte gibt es entsprechende Versuche. Von Versuchen ist hier die Rede, weil auch bei dieser Methode nur eine Annäherung an die Wahrheit gelingt, bei der in manchen Fällen größere Fehler resultieren. Verbunden mit einem Gefühl von Pseudosicherheit sind solche vermeintlich exakten Methoden den einfacheren Methoden häufig sogar unterlegen.

Schätzklausuren und Expertenbefragung. Der Zugriff auf Know-how von Personen, die sich mit der fraglichen Art von Projekten bzw. Arbeitspaketen auskennen, liegt nahe und führt zu guten Resultaten, da hiermit gewissermaßen der Stand der Technik „eingekauft" werden kann. Experten werden schließlich ihrerseits auf die gängigen Methoden zurückgreifen. So gesehen, stellt dieser Ansatz keine alternative Methode dar, es ist eher eine besondere Vorgehensform bei der Schätzung. Das Resultat steht und fällt hier naturgemäß mit der richtigen Auswahl der Experten. Ein gut moderiertes Vorgehen mit dem Ziel, die verschiedenen Meinungen und Erfahrungswerte möglichst unverfälscht einzuholen, ist wichtig.

Parametrische Methoden. Hier werden einfache oder komplexere Formeln verwendet, um den Aufwand für ein ganzes Projekt oder Teile davon zu kalkulieren. So wird der Architekt bei der Aufwand- und Kostenschätzung für die Erneuerung eines öffentlichen Platzes die Grundfläche heranziehen und diese mit einem Quadratmeterpreis versehen. Für die Ermittlung der Kosten für Ingenieurleistungen existieren äußerst ausgeklügelte Formeln und Mechanismen, die in gewissen Ländern sogar verbindlich geregelt sind. Weitere Parameter nebst Flächen sind umbauter Raum, Abmessungen, Gewichte, Leistungswerte (z. B. im Kraftwerksgeneratorenbau), aber auch Qualitätsstufen sowie die Anzahl von Funktionen und Schnittstellen bei Software-Projekten. Die oben bei den Vergleichsprojekten erwähnten Fehlerrisiken gelten genauso bei dieser Methode.

Function Point Methode und COCOMO (Constructive Cost Model) stellen parametrische Methoden für Informatikprojekte dar. Die Grundlage für die Schätzung bildet der Umfang der Funktionen bzw. des zu realisierenden Zielsystems. In die Schätzung fließen zudem Parameter, wie Produktkomplexität, der Entwicklungsprozess, eingesetzte Entwicklungswerkzeuge oder die Qualifikation der Projektbeteiligten, ein. Diese Methoden werden in Element 1.13: Kosten und Finanzmittel ausführlich behandelt.

Detaillierte Strukturierung des Projekts (Aufschnüren der Arbeitspakete). Das Projekt wird in seine Bestandteile zerlegt: Arbeitspakete werden definiert, diese werden in Vorgänge, letztere möglicherweise in einzelne Arbeitsschritte herunter gebrochen. Dieses Vorgehen muss im Verlauf des Projektes für die weitere Planung des Projektes ohnehin angewendet werden. Hier wird diese Verfeinerung für den Zweck der Aufwandschätzung aber bewusst vorgezogen, um deren Genauigkeit zu erhöhen. In der Praxis zeigt sich, dass dieses Vorgehen in fast allen Fällen zu höheren und meist realistischeren Aufwandwerten führt als die pauschale Schätzung. Der Großzügigkeit und dem verbreiteten Optimismus der Planer kann damit erfolgreich begegnet werden!

Meist werden für ein konkretes Projekt unterschiedliche Methoden – oft in Kombination – eingesetzt, in Abhängigkeit der Projektphase (Anforderungen an Genauigkeitsgrad), der Art des zu kalkulierenden Elementes, des Volumens des Elementes sowie des Ausmaßes von Risiken und Unsicherheiten.

Tipp Die Krux der Sache ist, dass verlässliche Schätzungen gerade in der Frühphase von Projekten wichtig wären, da hier Grundsatzentscheide über Sein oder Nichtsein von Projekten getroffen werden. Doch gerade zu diesem Zeitpunkt ist die Unsicherheit der Planung noch besonders groß. Kluge Projektleiter sehen sich hier vor und führen ihrem Auftraggeber diesen Zusammenhang mit allem Nachdruck vor Augen! Projektleitern wird dringend geraten, für die Schätzung eine Bandbreite bzw. Unsicherheitskategorie anzugeben und die Annahmen und die verwendeten Methoden zu dokumentieren.

Die seriöse Schätzung von Bearbeitungsaufwänden ist in der Praxis relativ verbreitet. Die darauf folgenden Prozessschritte der Ressourcenplanung – die Ermittlung der verfügbaren Kapazität und die systematische Verteilung der Aufwände auf Ressourcen und die Zeitachse – stellen demgegenüber noch immer die Ausnahme dar.

Die Aufwandschätzung stellt nicht einfach nur eine Planungsaufgabe zu Beginn des Projektes dar. Sie muss das Projekt über dessen gesamte Laufzeit begleiten. Dies einerseits, weil die Genauigkeit von Schätzungen mit fortschreitendem Projekt zunimmt und andererseits, weil für Projektarbeiten, die bereits im Gang sind, periodisch Restaufwandschätzungen erfolgen müssen. Dies ist eine zwingende Voraussetzung, um die Ressourcenplanung aktuell zu halten.

4.3 Kapazitäten ermitteln

Bei der Ermittlung der Verfügbarkeit von Ressourcen – deren Kapazität – ist zu unterscheiden zwischen der Grundkapazität und der freien Kapazität.

Grundkapazität

Definition Grundkapazität: Kapazität, die insgesamt für alle zu bearbeitenden Projekte und anderen Aufgaben zur Verfügung steht. Sie lässt sich in die Brutto-Kapazität und die Netto-Kapazität (Brutto-Kapazität abzüglich Abwesenheiten) differenzieren. Dazwischen liegt die Projektkapazität, die neben den Grundlasten, also dem laufenden Tagesgeschäft, für die Bearbeitung von Projekten noch zur Verfügung steht.

Freie Kapazität

> **Definition** Freie (oder verfügbare) Kapazität: Kapazität, die unter Berücksichtigung der Summe aller bereits bestehenden Belastungen für weitere Arbeiten noch bereit steht.

Beispiel Abbildung 1.12-6 zeigt diese Zusammenhänge an einem Zahlenbeispiel für einen Mitarbeiter mit Vollzeitbeschäftigung. Die Werte beziehen sich auf ein ganzes Jahr, ein „Personenjahr".

Kalendertage	365
Wochenenden	-105
Feiertage	-10
Brutto-Kapazität	**250**
Abwesenheiten ./.	
Urlaub	-25
Krankheit / div. Absenzen	-5
Netto-Kapazität	**220**
Feste Termine (z. B. Ausbildung)	-10
Grundlasten	
Administration / Besprechungen	-20
Support / Trouble Shooting	-20
Diverse Kleinaufgaben	-30
Verbleibende Projektkapazität	**140**
Arbeit in Projekten	-125
Freie Kapazität	**15**

Abbildung 1.12-6: Jahresbilanz für Mitarbeiter in projektartiger Umgebung

Die Beispielwerte sind charakteristisch für Mitarbeiter in einer projektartigen Umgebung. Die so genannten Grundlasten werden bei Mitarbeitern, die an sich „nur" in Projekten arbeiten, regelmäßig unterschätzt. Eine systematische Zeitaufschreibung über einen längeren Zeitraum führt in dieser Hinsicht immer wieder zu Überraschungen. Werden die verschiedenen versteckten Zeitfresser nicht richtig kalkuliert, sind gravierende Fehlplanungen programmiert.

Kapazitäts- und Belastungswerte können als absolute Zahlen oder relativ in % angegeben werden. 100 % können dabei entweder die Brutto- oder die Netto-Kapazität repräsentieren.

Die freie, für weitere Projekte verfügbare Kapazität sagt, bezogen auf den Zeitraum eines ganzen Jahres, relativ wenig aus, wenn sich diese auf die Zukunft bezieht. Es ist davon auszugehen, dass die Belastung in den ersten Monaten des Jahres höher liegt als gegen Ende des Jahres. Ob die Belastungssituation für den betrachteten Mitarbeiter „aufgeht", lässt sich erst bei einer zeitlich differenzierteren Aussage erkennen. Sowohl Kapazität- als auch Belastungswerte müssen deshalb auf der Zeitachse differenziert werden. Der **Auflösungsgrad** richtet sich dabei nach der gewünschten Planungsgenauigkeit.

Tipp Ein Wochen- oder Monatsraster bewährt sich in der Regel. Wird auf der Ebene von Personen geplant, ist zu empfehlen, Planung von Abwesenheiten (Urlaub, Ausbildung etc.), so weit bekannt, exakt – auf der Tagesebene – einzuplanen. Bei einer Planung auf der Ebene von Organisationseinheiten können hier auf der Erfahrung basierende pauschalisierte Werte verwendet werden. Zu berücksichtigen bei der Ermittlung von Kapazitäten sind selbstredend Feiertage sowie Teilzeitprofile.

Eine besondere Problematik bei der Bestimmung der verfügbaren Kapazität ergibt sich dadurch, dass die rein zahlenmäßige Betrachtung der verfügbaren Arbeitszeit für die Bemessung nicht ausreicht. 3 Personenwochen Kapazität können bei Person A für die Bearbeitung eines gegebenen Arbeitspaketes ausreichen, während Person B dafür trotz grundsätzlich vorhandener Qualifikation möglicherweise 5 Personenwochen benötigt. Aufwandschätzungen, die meist unabhängig vom Einsatz konkreter Personen erfolgen, sind dadurch grundsätzlich problematisch. Daraus können ins Gewicht fallende Fehler resultieren. Das Problem besteht einerseits darin, dass die zum Einsatz gelangenden Personen bei der Aufwandschätzung häufig noch nicht bekannt sind. Noch problematischer ist andererseits die Tatsache, dass eine Bewertung der quantitativen Leistungsfähigkeit von Mitarbeitern, der **Arbeitseffizienz**, politisch-psychologisch sehr heikel ist und teilweise sogar durch die Gesetzgebung erschwert wird. In der Praxis wird man bei der Schätzung Durchschnittswerte verwenden.

Auch bei an sich vorhandener Kapazität kann es sein, dass der Ressourcenmanager, z. B. der Teamleiter, nur einen Teil davon für das infrage stehende Projekt zur Verfügung stellen kann oder will, beispielsweise, um Reserven für andere erwartete Arbeiten zu bewahren.

4.4 Aufwände einlasten

Der grundlegende Zusammenhang der relevanten drei Größen bei der Ressourcenplanung wird in der folgenden Darstellung mit einem einfachen Rechenbeispiel gezeigt. Darin ist erkennbar, dass die Belastung einer Ressource – Person, Personengruppe, aber auch Maschinen – direkt proportional zum Aufwand steht, der zu leisten ist und umgekehrt proportional zur Zeitdauer, die für die Bearbeitung der Aufgabe zur Verfügung steht.

Abbildung 1.12-7: Grundarithmetik der Ressourcenplanung

Diese „Mechanik" spielt in der Praxis allerdings nicht exakt. So lässt sich die Durchlaufzeit für ein Arbeitspaket bzw. einen Vorgang mit dem Einsatz weiterer Personen in der Regel zwar senken, jedoch meist unter Inkaufnahme eines erhöhten Bearbeitungsaufwandes, also nicht entlang der mathematischen Formel. In diese Falle tappen zahlreiche Projektleiter, sobald es terminlich eng wird und Ressourcen aufgestockt werden. Neben dem beschriebenen Effekt, der vor allem durch erhöhten Koordinationsaufwand ausgelöst wird, ist zusätzlich der Aufwand zu berücksichtigen, der für die Einarbeitung neuer Personen in die Aufgabe anfällt. Auch die Annahme, dass die Belastung während der gesamten Bearbeitungszeit konstant bleibt, ist eine Idealisierung, von der in der Praxis häufig abgewichen wird.

Die Kapazitäts- und Belastungssituation für eine betrachtete Ressource, z. B. einen Mitarbeiter, durch ein Projekt ergibt sich dann aus der Summierung der verschiedenen Vorgänge, an denen der Mitarbeiter in diesem Projekt beteiligt ist (Abbildung 1.12-8).

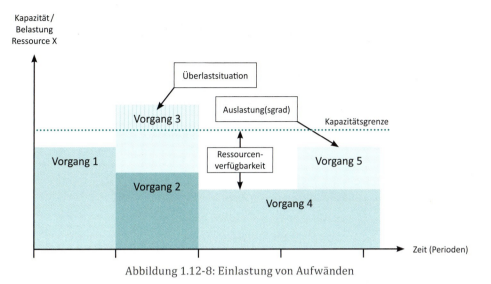
Abbildung 1.12-8: Einlastung von Aufwänden

Bewegt sich die resultierende Belastung während der gesamten betrachteten Zeitperiode unterhalb der Kapazitätsgrenze, drängen sich keine weiteren Maßnahmen auf. Präsentiert sich die Lage hingegen, wie in der Abbildung gezeigt, ist ein Ausgleich der resultierenden Überlastsituation erforderlich (vgl. Abschnitte 4.5 und 4.6).

Einlastung auf Stufe Person oder Organisationseinheit?

Wichtig ist die Frage, ob die Planung personeller Ressourcen auf den einzelnen Mitarbeiter herunter gebrochen oder auf der Stufe von Organisationseinheiten erfolgen soll. Dies hängt zunächst davon ab, welchen Genauigkeitsgrad die Planung erreichen soll. Entscheidend ist aber vor allem, ob die Mitarbeiter innerhalb einer Organisationseinheit homogen, d.h. aufgrund gleicher oder ähnlicher Qualifikationen auswechselbar sind. 5 Programmierer in einem Team lassen sich dann in einer groben Planung als „Black Box" betrachten, wenn sie gegenseitig Arbeiten übernehmen können. Sind sie indessen spezialisiert, beispielsweise auf unterschiedliche Programmiersprachen oder Datenbank-Systeme, sollte die Planung auf Mitarbeiterebene erfolgen, um Aussagekraft zu erhalten. Andernfalls kann es vorkommen, dass zwar die Gesamtbelastung des Teams im grünen Bereich ist, einzelne Spezialisten indessen hoffnungslos überlastet sind, während andere Mitarbeiter wiederum „Däumchen drehen".

4.5 Belastungsabgleich auf Stufe Einzelprojekt

Bei einer Überlastsituation sind drei Fälle zu unterscheiden.

> **Definition**
> 1. **Termin- und kapazitätstreue Planung:** Ein Abbau der Überlast lässt sich bei gegebener Kapazität erreichen, ohne dass der Projekt-Endtermin geändert werden muss. Dazu werden vorhandene Pufferzeiten genutzt, wie sie sich aus den netzplantechnischen Abhängigkeiten ergeben.
> 2. **Kapazitätstreue Planung:** Ein Abbau der Überlast mit dem Ziel, die Kapazitätsgrenze zu respektieren, erfordert die Verschiebung des Projekt-Endtermins.
> 3. **Termintreue Planung:** Ein Abbau der Überlast mit dem Ziel, den Projekt-Endtermin zu halten, erfordert eine Erhöhung der Bearbeitungskapazität (in Abbildung 1.12-8 z.B. durch die Bereitschaft des Mitarbeiters, während der Bearbeitung von Vorgang 3 einen höheren Einsatz zu leisten).

In allen Fällen wird die Annahme zugrunde gelegt, dass weder an der Zuteilung der Vorgänge zu den Ressourcen noch an den Bearbeitungsaufwänden etwas verändert wird.

Für das in Abbildung 1.12-8 gezeigte Beispiel ist eine termin- und kapazitätstreue Planung dann möglich, wenn sich die Abhängigkeiten der Vorgänge wie folgt gestalten:

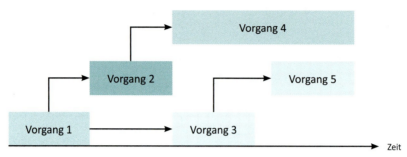

Abbildung 1.12-9: Pufferzeiten nutzen

Mit der Bearbeitung des Vorgangs 3 wird dabei später begonnen, die Bearbeitungsintensität wird gegenüber der ursprünglichen Planung (Abbildung 1.12-8) an die verfügbare Kapazität angepasst, der Puffer wird dabei voll aufgebraucht. Es resultiert die Belastungssituation gemäß Abbildung 1.12-10. Dieses Vorgehen macht in diesem Fall Sinn, da sowohl Terminziele als auch die Kapazitätsgrenzen eingehalten werden können.

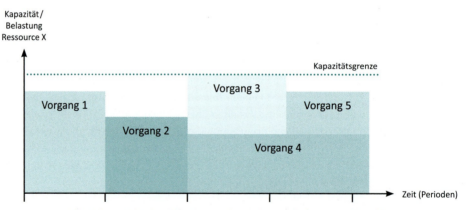

Abbildung 1.12-10: Belastungssituation nach Belastungsabgleich

Präsentieren sich die Abhängigkeiten hingegen gemäß Abbildung 1.12-11, führt kein Weg an einer Verschiebung des Endtermins vorbei, falls die Kapazitätsgrenze eingehalten werden soll.

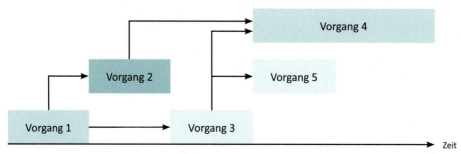

Abbildung 1.12-11: Veränderte Abhängigkeiten der Vorgänge

Abbildung 1.12-12 zeigt das resultierende Belastungsdiagramm.

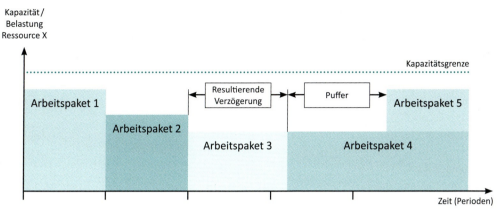

Abbildung 1.12-12: Resultierendes Belastungsdiagramm mit geschobenem Endtermin

Falls die Bearbeitungsdauer der Vorgänge reduziert werden kann (sachliche Einschränkungen oder andere Abhängigkeiten können dem entgegenstehen), ließe sich das Ausmaß der Terminverzögerung reduzieren. Weitere Möglichkeiten bestehen darin, Vorgänge zu splitten, d.h. diese nicht am Stück zu bearbeiten sowie den Kapazitätseinsatz für einen einzelnen Vorgang über die Zeit zu variieren.

> In der Theorie der Ressourcenplanung wird ein großer Teil der Energie für mathematische Modelle verwendet, die zu einer möglichst ausgeglichenen Belastungssituation bei kurzen Durchlaufzeiten und geringen Kosten führen sollen. Um diesen Belastungsabgleich durchzuführen, werden jedoch mathematische Rahmenbedingungen und Vereinfachungen zugrunde gelegt, die problematisch sind und vielfach zu sehr fragwürdigen Resultaten und Handlungsempfehlungen führen. Die reale Unternehmens- und Projektsituation ist zu komplex, als dass sie sich durch Algorithmen in befriedigender Weise erfassen ließe.

Allein schon die Möglichkeit, für die Arbeiten eine alternative Ressource einzusetzen, führt zu einer ganz neuen Dimension der Optimierung, vor allem aber zu einer Nicht-Linearität derselben, da der Einsatz einer anderen oder zusätzlichen Ressource u.a. zu Veränderungen beim Aufwand führen wird. Aufwände und Kapazitätsgrenzen sind zudem selten unverrückbare Größen.

Wie problematisch rein mechanistische Ansätze der Ressourcenplanung sind und weshalb aus Berechnungen dieser Art häufig Pseudo-Resultate resultieren, die den Blick für das Wesentliche verstellen, zeigt die folgende Liste von Faktoren auf. Sollen solche Modelle die Realität wenigstens annähernd richtig erfassen, müssten diese neben der Glättung von Belastungsspitzen – auf Basis der Netzplantechnik – u.a. berücksichtigen, dass

- der geschätzte Bearbeitungsaufwand für eine definierte Arbeit mit kleineren bis größeren Unsicherheiten nach unten und vor allem nach oben behaftet ist
- die Verlängerung oder Verkürzung der Dauer eines Vorgangs zum Zweck der Belastungsglättung in der Regel zu einer Veränderung des Bearbeitungsaufwandes führen
- der Kapazitätseinsatz während der Bearbeitungsdauer nicht konstant bleiben muss, sondern flexibel an die Erfordernisse angepasst werden kann
- häufig mehrere Ressourcen am selben Arbeitspaket / Vorgang beteiligt sind, die sich mit den Zwischenergebnissen gegenseitig positiv und negativ beeinflussen können
- sachliche Abhängigkeiten auch zwischen verschiedenen Projekten bestehen können
- die Bedeutung der Einhaltung von Projektterminen sowohl innerhalb eines Projektes als auch zwischen verschiedenen Projekten sehr unterschiedlich sein kann und sich diese im Verlauf der Zeit zudem wesentlich verändern kann

- die Arbeitseffizienz der Ressource A auch bei vergleichbarer Qualifikation sich von jener der Ressource B deutlich unterscheiden kann
- die verfügbare Kapazität einer menschlichen Ressource nicht bei 100 % liegt, sondern irgendwo daneben (für kurze Zeit auch wesentlich mehr, dabei jedoch unterschiedlich von Ressource zu Ressource)
- der Einbezug externer Ressourcen in Betracht kommen kann, wobei die Attraktivität dieser Maßnahme wiederum von einer ganzen Zahl von Parametern abhängen kann
- kritischen Überlastsituationen auch durch die Reduktion von Anforderungen an die zu erarbeitenden Projektresultate begegnet werden kann
- die Optimierungsarbeit sämtliche involvierten Ressourcen und alle laufenden und geplanten Projekte gleichzeitig berücksichtigen muss, eine gegebene Ausgangsbelastung also nicht als konstant annehmen darf
- die Prioritätsrangfolge verschiedener Projekte nicht eine mathematische Größe ist und sich diese zudem jederzeit verändern kann.

Zu beachten sind auf dieser Mikroebene der Planung auch die neueren Ansätze der Critical Chain Methode (vgl. dazu Element 1.23). Obwohl sich die Regeln dieser Methode vorwiegend auf einer relativ detaillierten Planungsstufe bewegen und sich hauptsächlich auf Projekte mit klar definierbaren Abhängigkeiten beziehen, lassen sich Elemente des Ansatzes auch auf einer gröberen, allgemeinen Ebene sinngemäß anwenden. Das gilt insbesondere für den Gedanken, die gesamte Zeitreserve ans Ende des Projektes zu stellen, statt diese in Form von Pufferzeiten auf die einzelnen Vorgänge zu verteilen. Daneben wird der Fokus bei dieser Konzeption noch stärker auf die optimale Planung der Engpassressourcen gelegt. Dies alles führt zwar nicht unbedingt zu einer geringeren oder gleichmäßigeren Auslastung, aber zu möglichen Zeitgewinnen.

Um die Komplexität zu erkennen, die sich aus diesen Zusammenhängen ergibt, werden keine höheren mathematischen Fähigkeiten benötigt! Und dabei ist die Liste der Faktoren nicht abschließend.

Σ Fazit Einige dieser Faktoren sind derart fundamental für die Ressourcenplanung, dass sie zu völlig anderen Resultaten führen können als bei der Anwendung gängiger Algorithmen. Bei solch nichtlinearen und „weichen" Abhängigkeiten und Einflussfaktoren ist der menschliche Intellekt der Maschine in der Regel überlegen. Was im Bereich der Produktionsplanung funktionieren mag, ist bei der Planung der Ressource Mensch zum Scheitern verurteilt.

4.6 Einlastung und Belastungsabgleich in der Multiprojekt-Situation

Dass sich die Ressourcenplanung in der Regel in einer Mehrprojektumgebung abspielt, wurde bereits aufgezeigt. Wie sich die Planung mehrerer Projekte grundsätzlich gestaltet, geht aus Abbildung 1.12-13 hervor. Dabei sind neben den Projekten sämtliche weiteren Arbeiten, aber auch Abwesenheiten zu berücksichtigen. Die folgenden Zusammenhänge ergeben sich direkt aus dem Ressourcenplanungs-Würfel gemäß Abbildung 1.12-3:

- In der Zentraltabelle werden die Aufwände einer Ressource (WER) für eine bestimmte Arbeit (WAS) angezeigt. So beträgt der Aufwand im Schnittpunkt zwischen Projekt (Vorstudie des Projekts A) und Ressource (Mitarbeiter Ebner) 30 Personentage.
- Dieser Aufwand wird auf die Laufzeit der Vorstudie von Januar bis März verteilt, was bei linearer Verteilung zu einem monatlichen Aufwand von 10 Personentagen führt. Dies lässt sich u. a. im Ressourcenblatt (zeigt die Belastungsdaten für eine definierte Ressource, hier Ebner) ausweisen.
- Die aus der Vorstudie und der Zeile „Kurse" resultierende Summenbelastung lässt sich neben dem Ressourcenblatt auch als Belastungsdiagramm (Histogramm) anzeigen. Bei einer angenommenen Kapazitätsgrenze von 10 Einheiten ergibt sich in diesem Beispiel im Februar eine Überlastsituation.

I   Die Belastungstabelle ist die dritte Sicht auf den Würfel. Sie weist Belastungsdaten – im Beispiel die Summenbelastungen – der verschiedenen Ressourcen aus. Anstelle der Summenbelastung lassen sich auch jedes Projekt, aber auch Kapazitätsdaten in dieser Sicht anzeigen.

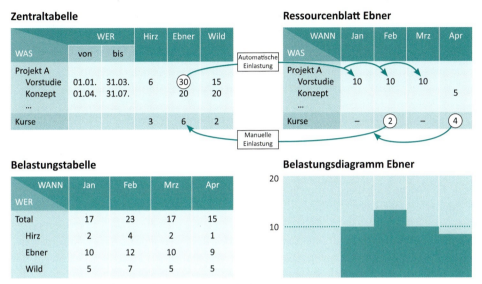

Abbildung 1.12-13: Zusammenspiel der verschiedenen Dimensionen

Der in Abschnitt 4.5 beschriebene Belastungsabgleich gestaltet sich in der Multiprojekt-Umgebung nochmals wesentlich anspruchsvoller als bei der Beschränkung auf ein Projekt. Automatismen sind hier äußerst problematisch. Sobald mehrere Projekte zu berücksichtigen sind, stößt auch die Netzplantechnik definitiv an ihre Grenzen. Eine Planung auf der Ebene von Arbeitspaketen oder gar Vorgängen ist sehr fragwürdig.

Die **Konsequenz**: Mathematik und Informatik können die Ressourcenplanung zwar sehr sinnvoll unterstützen. Damit lassen sich Aufwandwerte innerhalb eines gesetzten Terminrahmens einlasten, Summenbelastungen für Projekte, Mitarbeiter und Organisationseinheiten berechnen. Resultierende Werte können nach sinnvollen Kriterien selektiert, sortiert und gruppiert und in tabellarischer und grafischer Form präsentiert werden. Falsch ist es, der Rechenmaschine Optimierungsaufgaben zu übertragen, die aufgrund der lückenhaften Daten zu krassen Fehlentscheidungen führen.

In Abschnitt 2 des Vertiefungsteils wird im Einzelnen auf die Multiprojekt-Ressourcenplanung aus Sicht der Linie eingegangen. Die wesentlichen Empfehlung dazu vorab: Bei der Planung und Optimierung des Ressourceneinsatzes muss der Mensch die Federführung behalten. Um Aufwand und Komplexität der Planung in Grenzen zu halten, soll die Ressourcenplanung dabei auf einer groben Ebene erfolgen. Schon eine Planung des Ressourcenbedarfs auf der Ebene von Projekten oder Projektphasen im Monats- oder sogar im Quartalsraster liefert, wenn sie konsequent und ohne „politische Absichten" im Sinne der Rechtfertigung erfolgt, sehr wertvolle Erkenntnisse und Entscheidungsgrundlagen. Auf dieser groben Ebene sind netzplantechnische Optimierungsalgorithmen fehl am Platz.

5 Ressourcenplanung aus Sicht des Projektleiters

Projektleiter haben jedes Interesse an gut qualifizierten, aber auch motivierten Mitarbeitern für ihr Projekt. Dieses „Gut" ist jedoch begrenzt. Ein Wettkampf um die Ressourcen ist in der heutigen Zeit von Ertrags- und Kostendruck praktisch programmiert.

> Auch alle Projektleiter einer Organisation gemeinsam sind nicht in der Lage, eine funktionierende Mehrprojekt-Ressourcenplanung zu betreiben. Hierzu ist die aktive Beteiligung, ja sogar die Führungsrolle der Linienmanager erforderlich (vgl. Vertiefungsteil, Abschnitt 2). Dies bedeutet indessen nicht, dass Projektleiter darauf warten sollen, bis in ihrer Organisation Multiprojekt-Ressourcenplanung offiziell eingeführt ist. Es macht aus mehreren Gründen Sinn, dass der Projektleiter das Thema aus seiner Sicht in jedem Fall aktiv angeht.

Zunächst muss jeder Projektleiter ohnehin wissen, was das Projekt an Fähigkeiten und Ressourcen benötigt. Nur so lassen sich konkrete **Anforderungen** an die Linie stellen. Aber auch nur so lässt sich erkennen, für welche Aufgabenstellungen der Einbezug von externem Know-how und Kapazität erforderlich oder zweckmäßig ist.

Weiter führt die Planung der im Projekt mitarbeitenden Ressourcen dazu, dass wenigstens zwischen Projektleiter und Projektmitarbeitern Klarheit und Verbindlichkeit entstehen (Stichwort **Commitment**). Absprachen über Zeitraum und Ausmaß der Mitarbeit am Projekt werden in vielen Fällen dazu führen, dass das Dreieck Projektleiter – Projektmitarbeiter – Linienvorgesetzter besser integriert wird.

Und schließlich dürfte das Engagement möglichst vieler Projektleiter im Bereich der Ressourcenplanung helfen, den notwendigen „**Druck von unten**" aufzubauen, um auf übergeordneter Ebene Ressourcenmanagement zu einem wichtigen Managementthema zu machen. Vielleicht gelingt es damit, der wichtigsten Ressource im Unternehmen endlich die ihr gebührende Aufmerksamkeit zukommen zu lassen.

Typische **Fragestellungen des Projektleiters** in Bezug zur Ressourcenplanung dürften sein:

- Welche Qualifikationen benötige ich für mein Projekt?
- In welcher Menge und zu welchem Zeitpunkt werden diese Qualifikationen benötigt?
- Welche internen Organisationseinheiten oder externen Unternehmen verfügen am ehesten über die entsprechenden Qualifikationen und Kapazitäten?
- Wie erreiche ich, dass insb. bei Engpassressourcen mein Projekt den Vorrang vor anderen Projekten oder Arbeiten erhält?
- Wie stelle ich während der Projektbearbeitung sicher, dass die bereit gestellten Ressourcen auch tatsächlich verfügbar bleiben und auf Änderungen im Bedarf möglichst flexibel reagiert werden kann?

Die Rolle des Projektleiters bezüglich der Ressourcenplanung hängt stark von der Organisation ab. Hat der Projektleiter uneingeschränkten Zugriff auf ausschließlich ihm bzw. seinem Projekt zugesprochene Mitarbeiter (entsprechend der Organisationsform der reinen Projektorganisation), ist er für die Mitarbeitereinsatzplanung verantwortlich und relativ autonom. Auch in diesem Fall ist die Aufgabe nicht einfach, aber wesentlich überschaubarer als in der Matrixorganisation.

In der **Matrixorganisation**, dem Regelfall, ist der Projektleiter in ein Netzwerk von Einflussfaktoren und Rahmenbedingungen eingebunden, die aus der Ressourcenplanung eine sehr anspruchsvolle Aufgabe machen. Die Hauptverantwortung liegt in diesem Fall beim Linienmanagement. Der Ressourcenmanager ist meist identisch mit dem Leiter der entsprechenden Organisationseinheit. Dessen Aufgabe ist es unter anderem, seine Mitarbeiter (Ressourcen) an die Projekte bzw. Projektleiter „auszuleihen".

Aus Sicht des Projektleiters wird sich der **Prozess der operativen Ressourcenplanung** in dieser Matrixkonstellation etwa wie folgt gestalten:

1. Der Projektleiter erarbeitet die Grundlagen für die Ressourcenplanung: Projektstrukturierung, Terminplanung, Schätzung der Aufwände (evtl. unter Beizug der Linie oder von Spezialisten), benötigte Fähigkeiten.
2. Der Projektleiter kontaktiert die Ressourcenmanager (in der Grafik = Gruppenleiter) und meldet ihnen die Bedürfnisse des Projektes: benötigte Fähigkeiten („Skills") und Kapazität, Zeitrahmen sowie ggf. den Namen der bevorzugten Mitarbeiter.
3. Die Ressourcenmanager klären innerhalb ihrer Verantwortungsbereiche, wie weit sie diesen Anforderungen entsprechen können und reservieren die Ressourcen.
4. Die Ressourcenmanager teilen dem Projektleiter das Ergebnis dieser Planung mit. Die Schritte 2-4 müssen unter Umständen mehrfach durchlaufen werden.
5. Sind die Projektmitarbeiter bestimmt, nimmt der Projektleiter mit den Mitarbeitern direkten Kontakt auf und stimmt die Mitarbeit mit diesen ab.

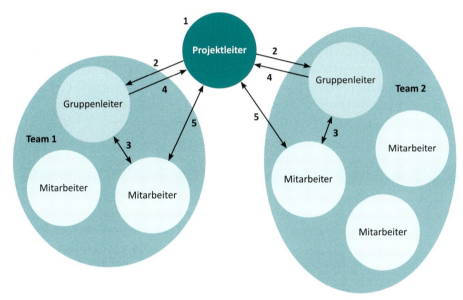

Abbildung 1.12-14: Operative Ressourcenplanung aus Sicht des Projektleiters

Die **Feinsteuerung**, d.h. der Arbeitseinsatz auf Vorgangs-, Wochen- und Tagesebene, erfolgt dann situativ und ohne Einsatz standardisierter IT-Hilfsmittel. Hier sind vor allem Kommunikation und Selbstmanagement angesagt.

Im Verlauf der Projektbearbeitung wird der Ressourceneinsatz an neue Erkenntnisse oder veränderte Rahmenbedingungen angepasst und optimiert. Dies erfolgt wiederum in Zusammenarbeit mit den Mitarbeitern und den Ressourcenmanagern (Gruppenleitern).

◯ **Tipp** Falls in der Organisation kein Multiprojekt-Ressourcenmanagement eingeführt ist, sondern die Ressourcenplanung nur aus Sicht des Projektleiters erfolgt, kann sich dieser auf die **Engpassressourcen** beschränken. Das sind Ressourcen, die für das Projekt im gewünschten Zeitraum möglicherweise nicht ausreichend zur Verfügung stehen und die damit die Einhaltung wichtiger Projekttermine gefährden können. Diese Aussage bezieht sich aber ausschließlich auf die Planung von Kapazitäten und Belastungen, sie gilt keinesfalls für die Schätzung von Aufwänden! Die Aufwandschätzung muss für alle erfolgen, die an das Projekt einen quantitativ relevanten Beitrag leisten, also auch dort, wo die Einhaltung der Termine nicht gefährdet ist. Nur so lassen sich der Gesamtaufwand des Projekts und damit die resultierenden Kosten korrekt ermitteln.

Ein mögliches Hilfsmittel, das dem Projektleiter dienen kann, sich eine Übersicht über die benötigten Ressourcen im Projekt zu verschaffen, kann eine manuelle oder mittels der Tabellenkalkulation unterstützte Wer-Was-Tabelle (Zentraltabelle) gemäß Abbildung 1.12-15 sein.

Wer / Was	Hug	Stahl	Erni	Moser	Rühl	Oser	Total
Analyse	10	5	5		20	5	45
Konzept	20	10	10		30	10	80
Realisierung	15		10	30	15	5	75
Einführung	10		5	20	10	10	55
Projekt-Mgmt	5				5	20	30
…							
Total	60	15	30	50	80	50	285

Abbildung 1.12-15: Zentraltabelle für Einzelprojekt-Ressourcenplanung

Hilfreich kann auf der Ebene des Einzelprojektes auch die **qualitative Ressourcenplanung** sein. Dabei geht es um eine Übersicht, wann die verschiedenen Projektbeteiligten für welche Jobs zum Einsatz kommen. Diese Information lässt sich aus der normalen Projektterminplanung in der Form eines Balkendiagramms gemäß Abbildung 1.12-16 gewinnen. Zu den Arbeitspaketen bzw. Vorgängen werden dazu noch die bearbeitenden Personen erfasst. Die Anwendung eines Filters, der die einer Person zugeordneten Jobs selektiert, generiert dann ein so genanntes Ressourcen-Balkendiagramm.

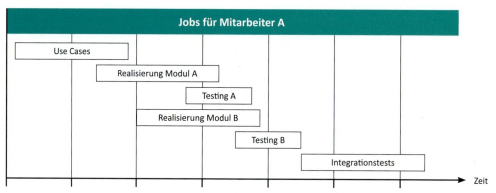

Abbildung 1.12-16: Ressourcen-Balkendiagramm

6 Überwachung und Steuerung des Ressourceneinsatzes

Jede Planung zieht die Überwachung der geplanten Größen und vor allem die aktive Steuerung derselben nach sich. Beim Ressourcenmanagement beinhaltet dies konkret:

- die Erfassung der geleisteten Arbeitsaufwände
- die Schätzung des Arbeitsfortschritts oder besser der verbleibenden Aufwände für die Fertigstellung der noch offenen Arbeiten
- die Analyse der Daten (Soll-Ist-Vergleich, Prognose)
- die Steuerung, d. h. die Planung und das Ergreifen von Maßnahmen, um Planabweichungen zu korrigieren
- das Lernen für die Zukunft.

6.1 Aufwanderfassung

Die Erfassung der geleisteten Arbeitsaufwände ist eine zwingende Voraussetzung für den Soll-Ist-Vergleich bei den Aufwänden und damit auch für die Verfolgung der Projektkosten. Die Erfassung erfolgt grundsätzlich in derselben Struktur wie die Planung. Nur so lassen sich Soll-Ist-Abweichungen erkennen und die Daten richtig interpretieren. Diese Entsprechung der Strukturen bedeutet dabei aber nicht unbedingt auch identischen Detaillierungsgrad. In gewissen Fällen kann es zweckmäßig sein, die Ist-Erfassung detaillierter herunter zu brechen, als die Planung. Aber auch der umgekehrte Fall, die Erfassung auf einer gröberen Ebene, kann angezeigt sein (vgl. dazu Abschnitt 2.8 des Vertiefungswissens).

6.2 Arbeitsfortschritt und Restaufwandschätzung

Aussagefähig sind Daten über den Arbeitsaufwand nur dann, wenn diese im Zusammenhang mit dem erreichten Arbeitsfortschritt betrachtet werden. Die Bestimmung des Arbeitsfortschritts hat dabei allerdings seine Tücken. Es reicht nicht, die zum Zeitpunkt X angefallenen Aufwände mit jenen zu vergleichen, die bis zu diesem Zeitpunkt geplant waren. Die geleisteten Aufwände müssen mit den erarbeiteten inhaltlichen Resultaten in Verbindung gebracht werden. Nur so wird eine fundierte Aussage über den Zustand des Projektes möglich.

> Die verbreitete, durch Tools unterstütze Methode, den Fortschritt des Projektes oder eines Arbeitspaketes in Prozent anzugeben, ist dabei problematisch. Ein ausgewiesener Fortschrittsgrad von 50 % wird meist dadurch Lügen gestraft, dass die zweite Hälfte plötzlich wesentlich schwerer wiegt als die erste!
>
> Gefordert ist eine ehrlich betriebene Restaufwandschätzung. Dabei ist nicht zurück, sondern nach vorne zu schauen und die bestmögliche Aussage über das noch zu Leistende zu treffen.

Der Ansatz der Restaufwandschätzung kommt der Realität auch näher und ist einfacher als die sog. Earned Value Analyse, die in der Literatur sehr ausführlich beschrieben ist, in der Praxis aber nicht selten zu Akzeptanzproblemen führt. In Element 1.16 werden beide Ansätze ausführlich behandelt.

6.3 Analyse

Die Aufgabe, die gemeldeten Aufwände auf Plausibilitäten und korrekte Zuordnung zu überprüfen, werden sich Projektleiter und Linienvorgesetzte sinnvoll teilen. Die Kommunikation mit den rapportierenden Mitarbeitern ist dabei in der Regel der bessere Weg als automatisierte Workflows, da Interpretationen und Korrekturen meist den persönlichen Austausch erfordern.

Die Analyse beinhaltet vor allem die Frage, welche Abweichungen als kritisch zu betrachten sind und welche Ursachen zu diesen geführt haben. Abweichungen können sich dabei beziehen auf

| verpasste Projekttermine
| überschrittenen Bearbeitungsaufwand
| Mängel in der Erfüllung der geforderten Leistungen / Qualität
| deutlich von der Planung abweichende Belastungsdaten für die Mitarbeiter bzw. ganze Organisationseinheiten
| nicht eingehaltene Zusagen von Linienvorgesetzten bezüglich der bereitgestellten Kapazität.

Anzeichen für Probleme in diesem Zusammenhang sind neben diesen offensichtlichen Symptomen auch ein schlechtes Arbeitsklima und sinkende Motivation überlasteter und überforderter Mitarbeiter im Projekt und in der Linie.

Die Analyse beinhaltet auch einen kritischen Blick auf bzw. das Gespräch mit den Projektbeteiligten und Linienvorgesetzten bezüglich der künftigen Verfügbarkeit der Mitarbeiter.

6.4 Steuerung

Bei der Steuerung des Ressourceneinsatzes sind zwei Ebenen zu unterscheiden: jene des Projektleiters in Bezug auf sein Projekt und jene der Linienorganisation bezüglich der Gesamtsituation im Projektportfolio.

Bei größeren Abweichungen geht es darum, geeignete Maßnahmen zu planen und umzusetzen. Da die Steuerungsmaßnahmen im Rahmen des Elementes 1.16 umfassend behandelt werden, soll im Folgenden nur eine Übersicht über die in Bezug auf das Ressourcenmanagement wichtigen Maßnahmen vermittelt werden. Dabei werden die beiden angesprochenen Ebenen unterschieden (Abbildung 1.12-17).

Wichtig ist vor der Diskussion und Einleitung von Maßnahmen immer auch die Frage, wie kritisch die entstandene Abweichung ist, welche Risiken sich beispielsweise aus einer Terminverzögerung ergeben. Möglicherweise sind die Negativeffekte aus den Maßnahmen gravierender, als wenn nichts unternommen wird. Risikomanagement ist also auch hier angesagt.

Maßnahmen / Ebene / Verantwortung	Projektleiter	Linie
Planung optimieren		
Pufferzeiten und Reserven nutzen	•	
Arbeiten splitten	•	
Arbeiten parallel abwickeln (Abhängigkeiten aufweichen)	•	
Über die Zeit variable Belastung zulassen	•	
Andere Aufgabenzuteilung im Projekt	•	•
Aufwand reduzieren		
Anforderungen reduzieren, Funktionen vereinfachen	•	
Arbeiten weglassen	•	
Bestehende Lösungen / Komponenten verwenden	•	
Etappenweise Realisierung / Einführung	•	
Kapazität erhöhen		
Prioritäten anderer Projekte reduzieren		•
Personal einstellen, aufbauen		•
Überzeit anordnen		•
Externe Ressourcen einbeziehen, Outsourcing	•	•
Andere interne Stellen / Ressourcen einbeziehen	•	•
Leistungsanreize schaffen	•	•

Abbildung 1.12-17: Steuerungsmaßnahmen

> **!** Bei der Planung und Einleitung von Maßnahmen muss das „andere magische Dreieck" – Projektleiter, Mitarbeiter und Linienvorgesetzter – geschlossen werden. Lässt sich durch die Direktbeteiligten keine befriedigende Lösung finden, darf der Projektleiter auch vor einer Eskalation des Problems an höhere Instanzen (Auftraggeber, höheres Management) nicht zurückschrecken. Nach dem Einleiten von Maßnahmen ist die Projektplanung an die neuen Bedingungen anzupassen.

Als anspruchsvolle, aber lohnende Aufgabe sollten es Projektleiter sehen, ihren Einfluss geltend zu machen, damit in der Linie eine taugliche Ressourcenplanung eingeführt wird. Erst damit können Linienvorgesetzte und Projektleiter zu verlässliche(re)n Partnern werden.

6.5 Lernen für die Zukunft

Die Erfassung und Analyse der Aufwände in Projekten, aber auch für andere Arbeiten, sind Voraussetzung, um zu lernen. Nun dann, wenn geplanten Werten effektive Werte gegenüber gestellt werden, lassen sich Erkenntnisse für künftige Arbeiten derselben oder ähnlichen Art ableiten. Damit lassen sich einerseits die Aufwand- und davon abgeleitet die Kostenschätzung in künftigen Projekten optimieren, andererseits die Multiprojekt-Ressourcenplanung auf eine realistischere Basis stellen.

7 Zusammenfassung

Mit dem Ressourcenmanagement wird bezweckt, das Angebot und die Nachfrage nach Ressourcen in ein vernünftiges Gleichgewichtig zu bringen. Die Ressource Mensch steht dabei in den meisten Organisationen im Vordergrund.

Das Thema muss als eigentliches Stiefkind sowohl des Projektmanagements als auch der Managementlehre bezeichnet werden. Die beträchtlichen Optimierungspotenziale eines systematischen Ressourcenmanagements werden bisher zuwenig genutzt. Hauptgründe dafür sind die Komplexität der Matrix-Konstellation, die Überbetonung mathematischer Modelle, ein falsches Rollenverständnis zwischen Projekt und Linie, aber auch die Überintegration von IT-Systemen sowie falsche Versprechungen der Tool-Hersteller.

Im Grundlagenwissen werden die verschiedenen Dimensionen und die vielfältigen Nutzeneffekte des Ressourcenmanagements aufgezeigt. Die wichtigsten Elemente der mechanischen Ressourceneinlastung werden vermittelt. Dass sich die mathematischen Modelle in der Praxis nur sehr beschränkt umsetzen lassen, liegt an den zahlreichen Einflussfaktoren, die sich durch Algorithmen nicht ausreichend abbilden lassen.

Der Projektleiter spielt eine wichtige, aber nicht die dominierende Rolle bei der Planung der Ressourcen in einer Multiprojektumgebung. Er sichert die für sein Projekt erforderlichen Ressourcen durch eine enge und konstruktive Zusammenarbeit mit den zuständigen Vorgesetzten der Linienorganisation. Der Projektleiter muss mittels einer transparenten Planung die erforderlichen Ressourcen auch dann sicherstellen, wenn eine umfassende Multiprojekt-Ressourcenplanung in der Organisation fehlt. Klare Vereinbarungen mit der Linienorganisation über den Einsatz der Projektmitarbeiter führen zu entsprechender Verbindlichkeit.

Die aktive Steuerung des Ressourceneinsatzes setzt voraus, dass die Istwerte bekannt sind, um Abweichungen frühzeitig zu erkennen. Die konsequente Erfassung der Bearbeitungsaufwände ist aber auch gefordert, um die effektiven Projektkosten zu ermitteln und um die Werte für die Planung künftiger Projekte heranziehen zu können.

8 Fragen zur Wiederholung

1	Welches sind die zwei organisatorischen Dimensionen, die bei der Ressourcenplanung zu berücksichtigen sind?	☐
2	Welche drei Dimensionen bilden den Ressourcen-Würfel?	☐
3	Nennen Sie sechs wesentliche Ziele bzw. Nutzenelemente eines professionellen Ressourcenmanagements.	☐
4	Machen Sie eine Aufstellung einer typischen Kapazitäts- und Belastungssituation für einen projektorientiert arbeitenden Mitarbeiter (Werte auf Jahresbasis).	☐
5	Welches ist die Durchlaufzeit für einen Vorgang in Tagen, der einen Bearbeitungsaufwand von 20 Personentagen erfordert, wenn ein Mitarbeiter mit einer Kapazität von 50 %, ein anderer von 30 % an diesem Vorgang arbeitet?	☐
6	Erläutern Sie die Begriffe kapazitäts- und termintreue Planung.	☐
7	Nennen Sie fünf Gründe, warum mathematische Belastungsabgleichmodelle der Realität der Ressourcenplanung kaum gerecht werden können.	☐
8	Erläutern Sie den Prozess der operativen Ressourcenplanung aus Sicht des Projektleiters.	☐
9	Was ist ein Ressourcen-Balkendiagramm?	☐
10	Welche Möglichkeiten bestehen, die für ein Projekt eingesetzte Kapazität zu erhöhen?	☐
11	Mit welchen Maßnahmen lässt sich der Bearbeitungsaufwand für ein Arbeitspaket bzw. Vorgang reduzieren?	☐

1.13 Kosten und Finanzmittel (Cost & finance)
Siegfried Seibert

Kontext und Bedeutung

Jedes Projekt, egal ob klein oder groß, egal in welchem Bereich, verursacht Aufwand und Kosten. Unabhängig davon, ob gewinnorientierte Ziele verfolgt werden oder nicht, unterliegt damit jedes Projekt dem Gebot der Wirtschaftlichkeit und für jedes Projekt müssen die erforderlichen personellen und finanziellen Mittel verfügbar sein. Mit diesen Problemstellungen beschäftigen sich das **operative und strategische Kostenmanagement**, die **Wirtschaftlichkeitsrechnung** und das **Finanzmittelmanagement** in Projekten. Zusammen umfassen diese Gebiete alle Tätigkeiten zur Planung, Überwachung und Steuerung der Kosten und Finanzmittel während des Projektlebenswegs, einschließlich der **Aufwandsschätzungen** in frühen Projektphasen und Projektbeurteilungen im Vorprojektstadium.

Zum **operativen Projektkostenmanagement** gehören insbesondere

- die Schätzung des Aufwands für das Projekt und dessen Arbeitspakete,
- die Kalkulation der Arbeitspaketkosten und die Vereinbarung entsprechender Budgets mit den Arbeitspaketverantwortlichen,
- die regelmäßige Erfassung und Auswertung der angefallenen und zugerechneten Ist-Kosten,
- Soll-Ist-Vergleiche und Prognosen des Kostenverlaufs unter Einbeziehung des Projektfortschritts,
- die Analyse von Abweichungsursachen und, wenn erforderlich, die Einleitung von Korrekturmaßnahmen zur Erreichung der Kostenziele,
- die Kalkulation, Vereinbarung und Dokumentation der Kosten von im Projektverlauf erforderlichen Änderungen,
- die Berichterstattung über alle vorgenannten Punkte an das obere Management und den Auftraggeber.

Im Weiteren hat das Kostenmanagement die Aufgabe, das Projektbudget durch genügend Reserven gegen Risiken abzusichern und für eine möglichst hohe wirtschaftliche Attraktivität des Projekts zu sorgen. Dies wird durch **Wirtschaftlichkeitsrechnungen** regelmäßig überprüft und in den Blickwinkel der Entscheidungsträger gerückt.

Im Falle von Entwicklungs- und Investitionsvorhaben betrachtet das Projektkostenmanagement dabei nicht nur die während des Projekts selbst anfallenden Kosten, sondern als **strategisches Kostenmanagement** die gesamten Lebenszykluskosten des betreffenden Produkts oder technischen Systems. In vielen Projekten wird dabei durch den externen und/oder internen Kunden vorgegeben, wie hoch die Projekt- und Projektfolgekosten maximal sein dürfen. Das Kostenmanagement muss derartige Zielkosten bestimmen und auf die einzelnen Arbeitspakete umlegen.

Das **Finanzmittelmanagement** im Projekt sorgt dafür, dass Projektleiter und Management immer darüber Bescheid wissen, welche und wie viele Finanzmittel für das Projekt benötigt werden (bzw. für andere Projekte im Unternehmen zur Verfügung gestellt werden können). Hierzu werden die Einnahmen- und Ausgabenströme unter Berücksichtigung erforderlicher Sicherheitsreserven in eine projektbezogene Liquiditätsplanung überführt. Dabei sind alle für das Projekt verfügbaren finanziellen Ressourcen zu betrachten und Unter- und Überdeckungen der Finanzlage aufzuzeigen.

Lernziele

Sie wissen

- welche Kostenarten in Projekten unterschieden werden und wie diese erfasst werden können
- wie Kostenverrechnungssätze mithilfe der Kostenstellenrechnung und des Betriebsabrechnungsbogens BAB ermittelt werden
- was man unter einer Kostenganglinie und einer Kostensummenlinie versteht

Sie können

- einen Überblick über die Aufgaben und Methoden des Kostenmanagements in Projekten geben
- die Unterschiede zwischen Projektkalkulation und Projekterfolgsrechnung und deren jeweiligen grundsätzlichen Aufbau erläutern
- die wichtigsten Methoden erläutern, mit denen der Aufwand von Projekten geschätzt werden kann, insbesondere Kostenschätzklausur und Breitband-Delphi, Analogiemethoden, Prozentsatzmethode, parametrische Methoden und Bereichsschätzungen
- erklären, welche Rolle Erfahrungsdaten für Aufwandsschätzungen spielen und wie Erfahrungsdatenbanken aufgebaut sind
- den organisatorischen Ablauf der Kostenbudgetierung nach dem MbO-Prinzip (Management by Objectives) und dem Gegenstromverfahren erläutern
- die erforderlichen Grunddaten zur Kostenverfolgung unterscheiden, insbesondere verrechenbare und nicht verrechenbare Kostenänderungen sowie angefallene und disponierte (Obligo) Kosten und erwartete Restkosten
- den Aufbau von Meilenstein-Kosten-Diagrammen und der Mitkalkulation sowie erforderliche Querbeziehungen zur Earned Value Analyse in ICB-Element 1.16 als Instrumente der Kostenverfolgung erläutern
- einen Überblick über die wichtigsten Ursachen von Kostenabweichungen und Maßnahmen zur Kostensteuerung in Projekten geben

Inhalt

1	Einführung und Grundbegriffe	434
2	Projektkostenrechnung	435
2.1	Kostenartenrechnung	436
2.2	Kostenstellenrechnung	438
2.3	Kostenträgerrechnung	440
2.3.1	Projektkalkulation	440
2.3.2	Projekterfolgsrechnung	442
3	Aufwandsschätzung	444
3.1	Expertenschätzungen	446
3.2	Analogiemethoden	448
3.3	Prozentsatzmethode	450
3.4	Parametrische Schätzsysteme	451
3.5	Bereichsschätzungen	453
4	Kostenplanung und Budgetierung	454
5	Kostencontrolling	458
5.1	Bestimmung der aktuellen Kostensituation	458
5.1.1	Plankosten	458
5.1.2	Istkosten	459
5.1.3	Probleme der Kostenerfassung	460
5.2	Plan- und Soll-Ist-Vergleiche	460
5.3	Abweichungsursachen und Steuerungsmaßnahmen	462
6	Zusammenfassung	464
7	Fragen zur Wiederholung	464
8	Checkliste	465

1 Einführung und Grundbegriffe

Unter Kosten- und Finanzmittelmanagement versteht die ICB3 (IPMA, 2006) die Analyse, Planung, Überwachung und Steuerung der Kosten und Finanzmittel von Projekten. Dies umfasst folgende Aufgabenbereiche, die im vorliegenden Kapitel grundsätzlich immer projektbezogen zu verstehen sind:

- Operatives Kostenmanagement,
- Finanzmittelmanagement,
- Wirtschaftlichkeitsrechnung und
- Strategisches Kostenmanagement.

Im „Basisteil" wird davon das Operative Kostenmanagement behandelt. Die anderen Themen sind Gegenstand des Vertiefungswissens.

Durch das operative Kostenmanagement soll sicher gestellt werden, dass ein Projekt im Rahmen seines genehmigten Budgets fertig gestellt wird. Dies umfasst damit nur diejenigen kostenbezogenen Aufgaben, die innerhalb eines einzelnen Projekts durch die Projektleitung und das Projektcontrolling wahrgenommen werden. Hierzu zählen die in den folgenden Abschnitten behandelten Teilbereiche

- Projektkostenrechnung,
- Aufwandsschätzung,
- Kostenplanung/ Budgetierung und
- Kostencontrolling.

Das ICB Element 1.13 „Kosten- und Finanzmittelmanagement" weist mit diesen Inhalten besonders starke Wechselbeziehungen zu den Elementen 1.16 (Projektcontrolling) und 3.10 (Finanzierung) auf. Weitere Bezüge bestehen zu den Elementen 1.03 (Projektziele), 1.10 (Leistungsumfang und Ergebnisse), 1.11 (Zeitmanagement), 1.12 (Ressourcen) und 1.14 (Beschaffung und Verträge).

Grundbegriffe

Von zentraler Bedeutung für das Kosten- und Finanzmittel sind die aus der Buchhaltung stammenden Begriffe Kosten, Ausgaben, Auszahlungen und Aufwand, die an dieser Stelle kurz erläutert und gegeneinander abgegrenzt seien. Die Begriffsbestimmungen können sinngemäß auch auf die zugehörigen Pendants (Erlöse, Einnahmen, Einzahlungen und Erträge) übertragen werden. Nähere Erläuterungen finden sich in fast jedem Grundlagenwerk zur Betriebswirtschaftslehre (vgl. z. B. WÖHE & DÖRING, 2005; SCHNECK, 1998).

> **§ Definition** **Kosten** sind die Geldwerte des Einsatzes von Gütern zur Erstellung von betrieblichen Leistungen oder (im Projektmanagement) zur Erledigung einer bestimmten Aufgabe (z. B. Projekt, Teilprojekt, Arbeitspaket).

Der Begriff Güter ist dabei im weitesten Sinne zu verstehen und umfasst auch immaterielle Rechte und Dienstleistungen. Auch unentgeltlich erworbene Güter (z. B. durch Schenkung) oder Abfallprodukte werden zu Kosten, wenn sie zur Leistungserstellung eingesetzt werden. Demgegenüber betreffen **Ausgaben** nur entgeltlich erworbene Güter. Hier umfassen sie aber auch Güter, die nicht betriebsbedingt eingesetzt werden (z. B. Spenden für betriebsfremde Zwecke). In der Praxis werden die Begriffe Ausgabe und Auszahlung oft synonym verwendet. Dies ist aber nur bei einem Erwerb durch Barzahlung korrekt. Eine für das Finanzmittelmanagement relevante Auszahlung liegt erst dann vor, wenn Geldbeträge von einem Unternehmen an Dritte überführt werden. **Auszahlungen** sind also direkt an Zahlungsvorgänge geknüpft, Ausgaben entstehen demgegenüber bereits, wenn Zahlungsverpflichtungen (Verbindlichkeiten) eingegangen worden sind.

Der Begriff der Kosten ist im Weiteren auch vom Begriff der **Aufwendungen** zu unterscheiden. Hier gibt es zwei unterschiedliche Bedeutungsinhalte:

- In der **Buchhaltung** versteht man unter Aufwendungen die einer bestimmten *Periode* zugerechneten *Geldwerte des Gütereinsatzes*, und zwar aller entgeltlich und unentgeltlich erworbenen Güter sowohl für betriebsbedingte als auch für betriebsfremde Zwecke.
- Im **Projektmanagement** und bei der **Aufwandsschätzung** wird unter Aufwand demgegenüber der *Verbrauch an Geldmitteln oder Einsatzmitteln (Ressourcen)* verstanden, die für die Erledigung eines Projekts oder einer Teilaufgabe im Projekt notwendig sind. Der Aufwand kann dabei sowohl in Einsatzmengen (Personal- und Sachmittelaufwand) als auch in Geldwerten (Finanzmittelaufwand) angegeben werden und zwar, ohne dass eine Terminierung des Nutzungszeitraumes erfolgen muss (vgl. MOTZEL, 2006: 32).

2 Projektkostenrechnung

Die betriebliche Kostenrechnung ermöglicht normalerweise kein effektives Kostenmanagement für ein Projekt. Die Projektkosten werden häufig über mehrere Konten (z. B. Lohn- und Gehaltskosten, Mieten, usw.) verteilt oder im günstigsten Fall wird für das Projekt ein eigenes Konto eingerichtet. Der Projektleiter benötigt jedoch eine Kostenrechnung, die an der Struktur des Projekts ausgerichtet ist und die Erfassung und Zurechnung der Projektkosten auf kleinere Teilprojekte und Arbeitspakete ermöglicht. Nach DIN 69903 ist dies Aufgabe der Projektkostenrechnung, die sich um die „Planung, Überwachung und Abrechnung der Kosten eines Projekts" kümmert.

Die Projektkostenrechnung erhält natürlich einen Großteil ihrer Daten vom betrieblichen Rechnungswesen und liefert selbst wiederum auch Daten an das Rechnungswesen weiter. Abbildung 1.13-1 zeigt das Zusammenspiel zwischen den beiden Organisationseinheiten. Die Kostenplanung eines Projekts ist danach alleinige Aufgabe der Projektkostenrechnung. Auch die Istkosten des Projektpersonals werden über Stundenkontierungen der Mitarbeiter von der Projektkostenrechnung ermittelt. Alle anderen Istkosten werden jedoch aus den Abrechnungsverfahren des Rechnungswesens übernommen. Im Gegenzug werden die von der Projektkostenrechnung aufbereiteten Buchungs- und Verrechnungsdaten (z. B. zur Fakturierung oder zur Stundensatzermittlung) an das Rechnungswesen weitergegeben.

> Die Projektkostenrechnung ist in der Regel spiegelbildlich zum betrieblichen Rechnungswesen in eine Kostenarten-, eine Kostenstellen- und eine Kostenträgerrechnung unterteilt. Davon ist die Kostenträgerrechnung die wichtigste. Kostenträger sind dabei in der Regel die Arbeitspakete des Projekts. Sie müssen für Angebots- und Abrechnungszwecke laufend kalkuliert werden.

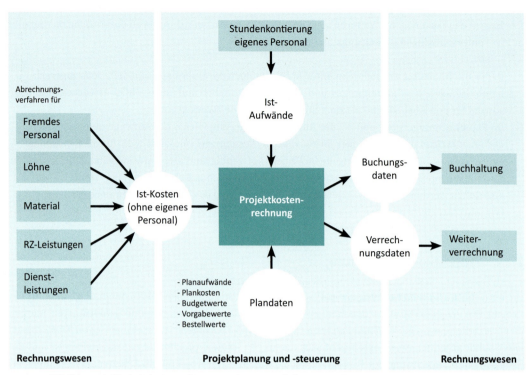

Abbildung 1.13-1: Schnittstellen zwischen Projektkostenrechnung und Rechnungswesen (BURGHARDT, 1995: 242

Personalkosten	Materialkosten	Sach- und Dienstleistungskosten	Kapitalkosten und Sonstiges
• Gehälter • Löhne • Gesetzliche, tarifliche und betriebliche Sozialkosten • Schulungskosten	• Kosten der Roh-, Hilfs- und Betriebsstoffe • Werkzeugkosten • Büromaterial • Lagerhaltungskosten • Verpackungskosten	• Raumkosten • Mieten, Pachten • Energiekosten • Telefon- und Porto kosten • Reisekosten • IT-Kosten • Beratungskosten • Bewirtungskosten • Lizenzgebühren und Provisionen	• Abschreibungen, • Kapitalbindungskosten (kalkulatorische Zinsen) • Wagniskosten • Steuern, Versicherungen, Gebühren

Abbildung 1.13-2: Wichtige Projektkostenarten (SCHNELL, 2005: 484)

2.1 Kostenartenrechnung

In der Kostenartenrechnung werden die Kosten eines Projekts erfasst und einer überschaubaren Zahl von Kostenarten zugeordnet. Die Projektkostenrechnung verwendet dabei grundsätzlich die gleiche Kostenartengliederung wie das betriebliche Rechnungswesen.

Üblich ist die Untergliederung in Personalkosten, Materialkosten, Sach- und Dienstleistungskosten sowie Kapitalkosten (vgl. Abbildung 1.13-2). Über deren Ermittlung soll sowohl für Abrechnungs- als auch für Planungszwecke ein kurzer Überblick gegeben werden.

| Viele Projekte, insbesondere im Dienstleistungs-, Entwicklungs- und IT-Bereich, werden von den **Personalkosten** dominiert. Die angefallenen Personalkosten werden aufgrund von Stundenkontierungen aus der monatlichen Lohn- und Gehaltsabrechnung ermittelt. Den geplanten Personalkosten liegt meist der von den verantwortlichen Mitarbeitern geschätzte, voraussichtliche Arbeitsaufwand, multipliziert mit einem durch das betriebliche Rechnungswesen bereitgestellten Stundenverrechnungssatz, zugrunde (vgl. 2.3 Kostenstellenrechnung).
| Interne **Materialkosten** werden durch den bewerteten Verbrauch mit Material-Entnahmescheinen ermittelt, externe Materialkosten sowie Sach- und Dienstleistungskosten durch die entsprechende Rechnungsstellung. Bei Kostenplanungen legt man die angebotenen bzw. verhandelten Beträge der Lieferanten zugrunde.
| Schwieriger ist die Ermittlung der **Kapitalkosten**, da diesen meist keine direkten Ausgaben zugrunde liegen und damit ein großer Ermessensspielraum bei der Festlegung der genauen Höhe besteht.
  • **Abschreibungen** sollen den Wertverlust der eingesetzten Maschinen und Anlagen abbilden. Anders als in der steuer- und handelsrechtlichen Gewinn- und Verlustrechnung werden sie in der betrieblichen Kostenrechnung meist aufgrund der tatsächlich erwarteten Nutzungsdauer und der statistisch hochgerechneten Wiederbeschaffungswerte ermittelt.
  • Die **kalkulatorischen Zinsen** sollen die entgangenen Zinseinnahmen für das betrieblich eingesetzte Kapital abdecken. Basis ist in der Regel ein unternehmensweit gültiger kalkulatorischer Zinssatz, der entweder an die banküblichen Zinsen für langfristige Darlehen angelehnt ist oder dem Anspruchsniveau der Eigentümer an die Verzinsung des eingesetzten Kapitals entspricht.
  • **Kalkulatorische Wagniskosten** sind Rückstellungen für nicht versicherte Risiken (z. B. Maschinenausfall, Reklamationen, Gewährleistungen). Sie werden als statistischer Durchschnittswert aus den Schadensfällen vergangener Perioden ermittelt.

Neben diesen auf den Güterverzehr gerichteten Kostenarten werden in der Projektkostenrechnung auch **direkte und indirekte Projektkosten** unterschieden. Direkte Projektkosten (z. B. Arbeitsstunden der Projektmitarbeiter, im Projekt verbrauchte Materialien) sind so genannte Einzelkosten, die einem Projekt ohne besondere Probleme verursachungsgerecht zugerechnet werden können. Indirekte Projektkosten (z. B. Kosten von Unternehmensleitung, Personalwesen, Rechnungswesen, Rechenzentrum) sind so genannte **Gemeinkosten**, die einem Projekt nicht verursachungsgerecht zugerechnet werden können oder deren Einzelerfassung und Zurechnung zu aufwändig sind. Sie werden im Rahmen der Kostenstellen- und Kostenträgerrechnung durch Verrechnungssätze oder prozentuale Zuschläge pauschal zugerechnet. Häufig wird dabei nochmals in verschiedene bereichsbezogene Gemeinkosten und in Unternehmensgemeinkosten unterschieden.

Im Rahmen der Kalkulation (vgl. 2.3 Kostenträgerrechnung) werden die Produktkosten normalerweise als so genannte **Vollkosten** betrachtet, die proportional zur betrieblichen Auslastung ansteigen, d. h. in gleicher Höhe pro Arbeitsstunde oder pro Leistungseinheit verrechnet werden. Diese Annahme trifft in der Realität jedoch nur für die Materialeinzelkosten, die Fertigungslöhne, die Energiekosten und einige ähnliche Positionen zu, die als **variable Kosten** bezeichnet werden. Andere Kostenarten, insbesondere die Gemeinkosten, fallen als fixe Kosten – zumindest kurzfristig – in einer von der Auslastung unabhängigen, konstanten Höhe an. Die Summe der variablen Kosten stellt die kurzfristige Preisuntergrenze für einen Auftrag dar. Ab diesem Preis wird durch den Verkauf des Produkts zumindest ein minimaler Beitrag zur Abdeckung der **Fixkosten** erwirtschaftet. Unter diesem Preis sind noch nicht einmal die variablen Kosten gedeckt. Aus der Unterscheidung zwischen den fixen und variablen Kosten kann auch der Beschäftigungsgrad (Break-Even-Punkt, vgl. Vertiefungswissen Abschnitt 3.1.2) ermittelt werden, ab dem ein Unternehmen die Gewinnzone erreicht.

Die Kalkulation mit den Kostensätzen, die nur auf variablen Kosten oder auf Einzelkosten beruhen, wird im Gegensatz zur Vollkostenrechnung auch als **Teilkostenrechnung** bezeichnet.

2.2 Kostenstellenrechnung

Die Kostenstellenrechnung verteilt die Kosten auf die Verantwortungsbereiche (Kostenstellen), in denen sie angefallen sind. Kostenstellen sind organisatorisch, räumlich oder technisch abgegrenzte Teile einer Organisation, beispielsweise einzelne Geschäftseinheiten, Abteilungen, Arbeitsgruppen oder Maschinengruppen. In der Kostenstellenrechnung werden für diese Bereiche Kostenverrechnungssätze ermittelt, Budgets festgelegt, deren Einhaltung überwacht sowie Wirtschaftlichkeitsanalysen angestellt.

Zur Ermittlung von Kostenverrechnungssätzen müssen die Kosten von Unternehmensteilen, die lediglich Neben- und Unterstützungsleistungen erbringen, möglichst verursachungsgerecht auf die Bereiche verteilt werden, die direkt zur Wertschöpfung beitragen. Dies erfolgt mithilfe geeigneter Verteilungsschlüssel im so genannten Betriebsabrechnungsbogen (BAB).

Beispiel In Abbildung 1.13-3 werden die Kosten der Hilfskostenstelle Kantine beispielsweise entsprechend der Anzahl der Mitarbeiter auf die beiden Hauptkostenstellen Konstruktion und Fertigungsvorbereitung umgelegt. Anschließend wird aus dem Verhältnis von Gemeinkosten zu Einzelkosten ein Gemeinkostenzuschlagssatz ermittelt.

	Kantine	Konstruktion	Fertigungsvorbereitung
Mitarbeiter	10	10	20
Einzelkosten	--	60.000	120.000
Primäre Gemeinkosten	12.000	41.000	136.000
Gemeinkostenumlage (12.000/(10 + 20) = 400		4.000	8.000
Summe Gemeinkosten		45.000	144.000
Gemeinkostenzuschlagssatz		75 %	120 %

Abbildung 1.13-3: Beispiel zur Verteilung von Gemeinkosten im Betriebsabrechnungsbogen (BAB)

Zur Ermittlung von Stundenverrechnungssätzen ist in einer Sonderrechnung die für Projekte genutzte Netto-Arbeitszeit zu bestimmen (vgl. Abbildung 1.13-4):

Tage pro Jahr	**365 Tage**
• Samstage/Sonntage	- 104 Tage
• Feiertage	- 10 Tage
• Urlaub	- 30 Tage
Normalarbeitszeit	**221 Tage**
• Krankheit (z. B. pauschal 4 %)	- 9 Tage
• Weiterbildung	- 3 Tage
Verfügbare Brutto-Arbeitszeit	**209 Tage**
• Verteilzeit (z. B. 8 % für Verwaltungsaufgaben, Abteilungsbesprechungen, Störungen, Pausen etc.)	- 17 Tage
Verfügbare Netto-Arbeitszeit (bei 38-Wochenstunde)	**182 Tage/Jahr** = 1383 Stunden/ Jahr = 115 Stunden pro Monat

Abbildung 1.13-4: Beispiel zur Ermittlung der Netto-Arbeitszeit

Auf dieser Basis können für beide Abteilungen Stundenverrechnungssätze zur Angebots- und Projektkalkulation und zur Projekterfolgsrechnung ermittelt werden (vgl. Abbildung 1.13-5).

Die angegebenen Stundensätze wurden für eine Auslastung von 100 % ermittelt. Wird nur eine geringere Auslastung erreicht, steigt der tatsächliche Ist-Stundensatz an, da sich die Kosten bei Unterauslastung nicht sofort in gleichem Umfang abbauen lassen (Kostenremanenz). Beträgt beispielsweise die Auslastung nur 80 % der ursprünglichen Planung, dann vermindern sich die abrechenbaren Stunden um 20 % und die Stundensätze steigen um 10 bis 20.- an. Hierdurch könnten die Projektleiter, die Mitarbeiter aus diesen beiden Abteilungen einsetzen, mit höheren Kosten belastet werden, obwohl sie die Unterauslastung überhaupt nicht zu vertreten haben. Tatsächlich sollte man in dieser Situation bei kurzfristiger Betrachtung mit den konstanten Stundensätzen der Vollauslastung weiter rechnen, um den Effekt nicht durch zu hohe Preisangebote noch weiter zu verstärken.

	Konstruktion	Fertigungsvorbereitung
Arbeitsstunden pro Monat (10 bzw. 20 Mitarbeiter)	1.150	2.300
Direkte (Grenz-)Kosten pro Stunde (auf Basis Einzelkosten)	52.-	52.-
Stundenverrechnungssatz (auf Basis Vollkosten)	91.-	115.-

Abbildung 1.13-5: Beispiel zur Ermittlung von Stundenverrechnungssätzen

> **!** Von großer praktischer Bedeutung ist die Frage, ob Stundenverrechnungssätze als Durchschnittssätze für die ganze Abteilung oder, differenziert für einzelne Kategorien von Mitarbeitern, innerhalb einer Abteilung bestimmt werden.

Beispielsweise könnten differenzierte Stundensätze gebildet werden für

- Geschäftsführer und Bereichsleiter
- Abteilungsleiter, Projektmanager
- Gruppenleiter, Leitende Techniker
- Seniortechniker mir langer Berufserfahrung
- Normale Techniker, Einkäufer
- Berufsanfänger und
- Sekretariat

Im Extremfall könnte sogar jeder einzelne Mitarbeiter als eine eigene Kostenstelle behandelt und mit einem individuellen Stundensatz verrechnet werden. Hier gibt es drei mögliche Wege (vgl. KERZNER, 1992: 753f):

1. Als Stundenverrechnungssätze werden sowohl für die Projektplanung als auch für die Kostenabrechnung Abteilungsdurchschnittssätze verwendet, unabhängig davon, wer genau in der Abteilung am Projekt mitarbeitet. Diese Vorgehensweise ist am einfachsten und mit dem geringsten Aufwand verbunden. Sie ermutigt einen Projektleiter jedoch, für sein Projekt immer die am höchsten qualifizierten und bezahlten Mitarbeiter anzufordern, für die er nur mit den niedrigeren Durchschnittssätzen belastet wird.
2. Bei der Projektplanung werden Abteilungsdurchschnittssätze verwendet, bei der Kostenabrechnung jedoch die tatsächlichen Kosten der jeweiligen Bearbeiter. In diesem Fall kann ein Projektleiter beträchtliche Kostenüberschreitungen zu verantworten haben, wenn er nur die am besten qualifizierten Mitarbeiter für sein Projektteam einsetzen will und diese Hochqualifizierten nicht schneller und produktiver arbeiten als die geringer qualifizierten Kollegen.

3. Sowohl bei der Projektplanung als auch bei der Kostenabrechnung werden die tatsächlichen Kosten der Personen, die am Projekt mitarbeiten, eingesetzt. Diese Vorgehensweise führt zu den genauesten und besten Ergebnissen, setzt jedoch voraus, dass zum Planungszeitpunkt bereits die Namen der Projektbearbeiter feststehen, was oft nicht der Fall ist.

Häufig benutzen Unternehmen eine Kombination dieser drei grundsätzlichen Wege. Die Mitarbeiter des dem Projektleiter fest zugeordneten Kernteams werden nach der dritten Methode kalkuliert und verrechnet, Mitarbeiter weiterer am Projekt beteiligter Fachbereiche nach der ersten oder zweiten Methode. Kostenschätzungen im Vorprojektstadium oder bei Projektrahmenplanungen gehen immer von Abteilungsdurchschnittssätzen aus.

2.3 Kostenträgerrechnung

Im Rechnungswesen ist ein Kostenträger ein Objekt, dem Kosten zugerechnet werden. Dies sind normalerweise die Produkte oder Dienstleistungen eines Unternehmens, können aber auch Aufträge (Auftragskalkulation), Prozesse (Prozesskostenrechnung) oder Kunden (Kundenerfolgsrechnung) sein. In der Projektkostenrechnung werden unter Kostenträgern das Projekt selbst und/oder dessen Teilprojekte und Arbeitspakete verstanden. Die Kostenträgerrechnung ermittelt deren Kosten. Dies geschieht entweder als Projektkalkulation für ein einzelnes Projekt oder als Projekterfolgsrechnung für mehrere Projekte.

2.3.1 Projektkalkulation

Unter einer Kalkulation versteht man die vollständige und strukturierte Ermittlung der Projektlieferungen und -leistungen und der daraus abgeleiteten Projektkosten. Die Projektkalkulation erfolgt in Zusammenarbeit von Rechnungswesen, Projektkostenrechnung und Projektleitung. Das Rechnungswesen ermittelt mithilfe des Betriebsabrechnungsbogens Kostenverrechnungssätze, der Projektleiter und die Arbeitspaketverantwortlichen schätzen den Aufwand der benötigten Einsatzmittel ab (vgl. Abschnitt 3) und die Projektkostenrechnung fasst diese Informationen zu einer Projektkalkulation zusammen (vgl. Abbildung 1.13-6).

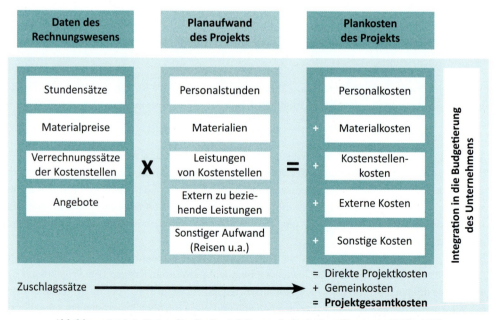

Abbildung 1.13-6: Daten für die Projektkostenkalkulation (FIEDLER, 2003: 127)

Abbildung 1.13-7 verdeutlicht dies am Beispiel der Kalkulation für ein einzelnes Arbeitspaket.

	Einheit	Menge	Preis/Einheit	Kosten
Direkte Materialkosten				
Messingblech	St.	150	10	1.500 €
Leiterplatten	St.	50	80	4.000 €
Sonstiges				3.000 €
Materialgemeinkosten			5%	425 €
Direkte Gehaltskosten				
Ingenieure	Std.	10	120 €	1.200 €
Techn. Zeichner	Std.	20	75 €	1.500 €
Prüfer	Std.	4	130 €	520 €
Fertigungsgemeinkosten				
Montage	Std.	3	110 €	330 €
Qualitätssicherung	Std.	4	120 €	480 €
Externe Engineeringkosten	Std.	4	500 €	2.000 €
Selbstkosten				**14.955 €**

Abbildung 1.13-7: Beispiel einer Projektkostenkalkulation (FIEDLER, 2003: 130)

Im Projektverlauf werden Kalkulationen zu verschiedenen Zeitpunkten und mit verschiedenen Zielsetzungen durchgeführt (vgl. Abbildung 1.13-8). Im Folgenden sei darüber ein kurzer Überblick gegeben.

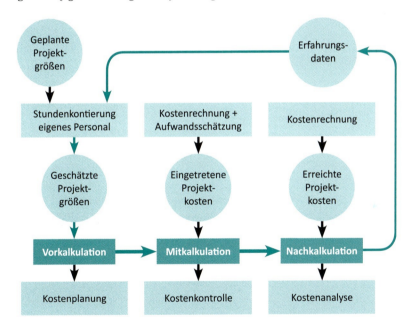

Abbildung 1.13-8: Kreislauf der Projektkalkulation
(HAB & WAGNER, 2004: 129; in Anlehnung an BURGHARDT, 1995: 247)

Die **Vorkalkulation** dient der Kostenplanung vor dem eigentlichen Start eines Projekts. Die Vorkalkulation wird in der Praxis mehrfach mit steigenden Genauigkeits- und Detaillierungsgraden durchlaufen, bevor die Zielgrößen des Projekts festliegen. Man unterscheidet dabei:

- *Richtpreisschätzungen* zur Ermittlung grober Richtpreise für einen ersten Kostenüberblick,
- *Angebotskalkulation* zur Festlegung von Angebotspreisen,
- *Auftragskalkulationen* zur Budgetierung der Projekt- und Arbeitspaketkosten für die Auftragsabwicklung,
- *Zielkostenkalkulationen* zur Festlegung von Kostenzielen für das Projekt und die im Projekt entwickelten Produkte und Leistungen.

In Bauprojekten werden teilweise abweichende Begriffe verwendet. DIN 276 (1993) unterscheidet mit zunehmender Genauigkeit zwischen Kostenüberschlag (zur Grundlagenermittlung), Kostenschätzung (bei der Vorplanung), Kostenberechnung (bei der Entwurfsplanung) und Kostenanschlag (bei der Auftragsvergabe).

Die **Mitlaufende Kalkulation** (Mitkalkulation, Zwischenkalkulation) dient der Kostenkontrolle im Projektverlauf. Sie ermittelt während der Projektbearbeitung die bereits angefallenen Istkosten und die noch zu erwartenden Restkosten und stellt sie in Form von Plan-/Ist-Vergleichen den vorkalkulierten Planwerten gegenüber. Im Rahmen der Mitlaufenden Kalkulation sind in der Praxis regelmäßig auch *Änderungskalkulationen* durchzuführen, mit denen die Plan- und Ist-Kosten technischer Änderungen bestimmt werden.

In der **Nachkalkulation** (in DIN 276: Kostenfeststellung) werden nach Projektabschluss die tatsächlich erbrachten Lieferungen und Leistungen und die dafür angefallenen Istkosten ermittelt. Sie dient der Kostenanalyse. Zweck ist zum einen die abschließende Abrechnung des Projekts und die Ermittlung des Projekterfolgs. Zum anderen sollen damit Erfahrungsdaten für die Kalkulation künftiger Projekte gesichert und systematisch aufbereitet werden.

2.3.2 Projekterfolgsrechnung

Während auf der Einzelprojektebene Kalkulationen auf Vollkostenbasis üblich sind, ist es auf der Mehrprojektebene aus Unternehmenssicht sinnvoller, eine retrograde Erfolgsrechnung in Form einer mehrstufigen Deckungsbeitragsrechnung vorzunehmen (vgl. Abbildung 1.13-9). Hierbei wird vom Projektpreis ausgegangen, der zu entsprechenden Umsatzerlösen führt. In einem ersten Schritt werden davon die projektspezifischen externen Kosten abgezogen und der Rohertrag ermittelt. Zieht man davon die projektbezogenen Personalkosten ab, erhält man den Deckungsbeitrag, den das Projekt für das Unternehmen liefert. Durch den weiteren Abzug der Gemeinkostenzuschläge auf Material und Fremdleistungen erhält man schließlich den Wertschöpfungsbeitrag des Projektteams selbst. Dieser Teambeitrag kann der Ermittlung von Prämien zugrunde gelegt werden, wenn Prämienzahlungen für einen erfolgreichen Projektabschluss vereinbart wurden. Am Ende werden die restlichen Gemeinkosten des Unternehmens abgezogen und das Projektergebnis auf Vollkostenbasis ermittelt.

Umsatzerlöse	2.000.000 €
- Material und Fremdleistungen	- 1.250.000 €
Rohertrag	750.000 €
- Personalkosten	- 350.000 €
Deckungsbeitrag Projekt	400.000 €
- Materialgemeinkosten (8 %)	- 100.000 €
Teambeitrag zum DB	300.000 €
- Erfolgsprämien (5 %)	- 15.000 €
Teambeitrag nach Erfolgsprämien	285.000 €
- Unternehmensgemeinkosten (12 %)	- 240.000 €
Projektergebnis (Vollkosten)	45.000 €

Abbildung 1.13-9: Beispiel einer Projekterfolgsrechnung

In Multiprojektumgebungen sollte bei Kosten, die durch mehrere Projekte gemeinsam verursacht werden, eine Schlüsselung vermieden werden. Im Sinne des Prinzips der entscheidungsrelevanten Kosten bleibt damit eindeutig erkennbar, welche Kosten sich durch die Initiierung oder den Wegfall einzelner Projekte verändern.

Beispiel Dies sei am Beispiel einer Make-or-Buy-Entscheidung kurz erläutert: Für die Projekte A (300.000 € geplante Kosten) und B (200.000 € geplante Kosten) muss ein zusätzliches Softwarepaket für 50.000 € geleast werden. Bei der traditionellen Vollkostenrechnung würden die Kosten des Softwarepakets mit einem Zuschlagssatz von 10 % auf die beiden Projekte verteilt. Auf Projekt A würden dann zusätzliche 30.000 € verrechnet und Gesamtkosten von 330.000 € ausgewiesen. Bei einem externen Angebot in Höhe von 320.000 € könnten damit durch Fremdvergabe vermeintlich 10.000 € eingespart werden. Tatsächlich wäre jedoch die Leasinggebühr immer noch in voller Höhe zu bezahlen, sodass sich bei externer Vergabe Mehrkosten in Höhe von 20.000 € ergeben würden. Nur bei externer Vergabe beider Arbeitspakete A und B könnte die Leasinggebühr wegfallen und es würde sich eine Einsparung ergeben.

Projekte laufen häufig über mehrere Rechnungsperioden. Für das Unternehmen als Ganzes und für dessen Abteilungen als Kostenstellen ist jedoch eine periodenbezogene Erfolgsrechnung wünschenswert, aus der der Beitrag der einzelnen Projekte zum Periodenerfolg ersichtlich ist. Allerdings können die Umsatzerlöse nicht immer einzelnen Rechnungsperioden zugerechnet werden, da sie häufig erst am Ende des Projekts oder größerer Projektmeilensteine realisiert werden. Als fiktive Umsatzerlöse können dann die Earned Values der betreffenden Projekte in die Rechnung eingesetzt werden. Der **Earned Value** ist ein Konzept des integrierten Projektcontrollings, mit dem sich der periodenbezogene Wert der Projektleistungen bestimmen lässt. Seine Ermittlung wird in ICB-Element 1.16 (Projektcontrolling) genau beschrieben. Abbildung 1.13-G10 zeigt seine Verwendung in einer Periodenerfolgsrechnung für eine Projektabteilung. Hierbei wurden nach dem Prinzip der entscheidungsrelevanten Kosten die Abteilungsgemeinkosten und die Unternehmensgemeinkosten nicht auf die Projekte umgelegt, da sich deren Höhe in der Regel nicht von den einzelnen Projektteams beeinflussen lässt. Das gewählte Beispiel lässt sich auch auf die periodenbezogene Betriebsergebnisrechnung und die bilanzielle Gewinn- und Verlustrechnung ganzer Unternehmen übertragen.

Beträge in 1.000 € pro Jahr	Projekt 1	Projekt 2	Projekt 3	...	Summe
Umsatzerlöse/Earned Value	2.000	1.200	300	...	3.500
- Material und Fremdleistungen	- 1.250	- 600	- 100		- 1.950
- Personalkosten	- 350	- 200	- 100		- 650
Deckungsbeitrag	400	400	100		900
- Material-Gemeinkosten (8 %)	- 100	- 48	- 8		- 156
Teambeitrag zum DB	300	352	92		744
- Abteilungsgemeinkosten					- 240
Abteilungsbeitrag					504
- Unternehmensgemeinkosten (12 %)					- 420
Abteilungsergebnis					84

Abbildung 1.13-10: Beispiel einer Projekterfolgsrechnung aus Abteilungssicht

3 Aufwandsschätzung

> Durch Aufwandsschätzungen werden die für die Durchführung eines Projekts erforderlichen Einsatzmittel (Personalbedarf, Sachmittel) und Geldmittel prognostiziert. Aufwandsschätzungen bilden damit die Basis der Termin- und Kostenplanung, der Angebotspreiskalkulation, der Einsatzmittelplanung und weiterer wichtiger Projektentscheidungen.

Der wichtigste Schätzgegenstand in den meisten Projekten ist der Arbeitsaufwand der beteiligten Mitarbeiter. Daneben sind aber fast immer auch Aufwendungen für andere Aufwandsarten abzuschätzen. Die Schätzung wird dabei in der Regel zusätzlich nach Projektphasen oder Teilprojekten differenziert. Zur Verdeutlichung zeigt Abbildung 1.13-11 ein Beispiel für die typische Struktur einer Projektschätzung in der Praxis. Derartige Schätzungen sind grundsätzlich immer in der gleichen Gliederungstiefe und Detaillierung bereitzustellen, in der später die Ist-Daten erfasst und mit den Plandaten verglichen werden sollen.

Die gebräuchlichsten Methoden zur Aufwandsschätzung sind:

- Expertenschätzungen,
- Analogiemethoden,
- Prozentsatzmethoden,
- Parametrische Schätzsysteme.

Die Anwendung dieser Methoden kann durch Erfahrungsdatenbanken unterstützt werden, in denen Daten bereits abgeschlossener Projekte systematisch gesammelt, aufbereitet und einer Verwendung für künftige Schätzungen zugänglich gemacht werden.

Darüber hinaus können bei besonders unsicheren und risikobehafteten Projekten statt der üblichen Einzelwertschätzungen auch Bereichsschätzungen mit optimistischen und pessimistischen Bandbreiten vorgenommen werden.

Aufwandsart	Projektphase/Aufgabenkomplex			
	Projektmanagement	Entwicklung	Prototyp	Test
Personal (Mannmonate)	20	100	40	60
Investition		CAD-System, 5 Lizenzen		Lasermeßgerät
Fremdleistung	Patentrecherche	3 Manntage finite Elemente	6 Tage Fertigung Drehteile	10 Tage Testingenieur vor ort
Material			3 Schrittmotoren; Halbzeuge Speziallegierung, etc.	
Miete				Prüfstand 2 x 5 Tage
Reisen	10 x 2 Fahrten zum Auftraggeber	12 x 3 Fahrten zum Auftraggeber; 12 x 3 Hotel		2 x 3 Flüge zum Prüfstand; 2 x 4 x 3 Hotel

Abbildung 1.13-11: Beispiel für das Ergebnis einer Aufwandsschätzung (DEMLEITNER, 2006: 142)

Je nachdem, in welcher Beziehung eine Schätzung zum Projektstrukturplan steht, unterscheidet man außerdem Top-Down-Schätzungen und Bottom-Up-Schätzungen (vgl. Abbildung 1.13-12).

Bei **Top-Down-Schätzungen** wird der Projektaufwand zunächst gesamthaft mithilfe globaler Bezugsgrößen durch Analogieschlüsse oder parametrische Schätzgleichungen bestimmt. Als Bezugsgrößen werden dabei die wichtigsten Einflussfaktoren auf den Projektaufwand (Kostentreiber) herangezogen, beispielsweise Kubikmeter umbauter Raum bei Bauprojekten, Funktionsumfang und Befehlszeilenzahl bei Softwareprojekten oder Zeichnungsanzahl und Maschinengewicht bei technischen Anlagen. Anschließend wird der Gesamtaufwand mithilfe prozentualer Verteilungsschlüssel von oben nach unten auf die Projektphasen und Arbeitspakete verteilt. Top-Down-Methoden liefern damit rasche und einfache Grobschätzungen, sind aber weniger genau als Bottom-Up-Schätzungen. Sie werden bevorzugt in frühen Projektphasen eingesetzt, insbesondere für Richtpreiskalkulationen und Wirtschaftlichkeitsbetrachtungen:

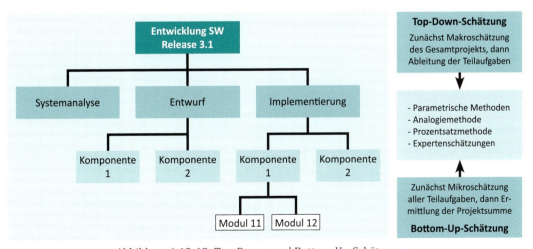

Abbildung 1.13-12: Top-Down- und Bottom-Up-Schätzungen

Bei **Bottom-Up-Schätzungen** wird gerade umgekehrt vorgegangen. Zunächst werden die Aufwände der einzelnen Arbeitspakete durch Expertenschätzungen oder durch Rückgriff auf Erfahrungswerte ermittelt. Anschließend werden die Arbeitspaketschätzungen entweder durch Addition oder durch prozentuale Hochrechnung von unten nach oben zum Gesamtaufwand des Projekts zusammengefasst. Bottom-Up-Schätzungen können daher erst durchgeführt werden, wenn ein fundierter und vollständiger Projektstrukturplan vorliegt. Außerdem erfordern sie gegenüber den eher globalen Top-Down-Schätzungen auch mehr Zeit. Dafür sind mit ihnen aber auch genauere Schätzungen möglich. Bottom-Up-Schätzungen werden daher erst zu späteren Zeitpunkten als Top-Down-Schätzungen eingesetzt, insbesondere zur Auftragskalkulation und zur mitlaufenden Kalkulation.

Die erreichbaren **Schätzgenauigkeite**n sind vom Zeitpunkt der Schätzung und vom Anwendungsbereich abhängig (vgl. Abbildung 1.13-13). Je weiter ein Projekt vorangeschritten ist, desto klarer sind dessen Ziele und Vorgehensweisen ausgearbeitet und desto genauer lässt sich ein Projekt dann auch schätzen. Generell sind in ingenieurtechnischen Projekten, wie etwa im Baubereich, die Schätzungen genauer als im Softwarebereich, der durch einen hohen Anteil nicht spezifizierter Arbeit geprägt ist. Außerdem sind Terminschätzungen im Allgemeinen genauer als Kostenschätzungen, da die Terminsituation im Projektverlauf durch Steuerungsmaßnahmen (z. B. Mehrarbeit, Zusatzpersonal) besser beeinflusst werden kann als die Kostensituation.

Schätzzeitpunkt	Bandbreite Bauprojekte	Aufwandsbandbreite Softwareprojekte	Terminbandbreite Softwareprojekte	Bevorzugte Schätzmethode
Projektstart	n. v.	75 % / + 300 %	40 % / + 60 %	Globale Analogieschlüsse
Abschluss Lastenheft	+/- 15 %	50 % / + 100 %	20 % / + 25 %	Top-Down-Schätzungen, Parametrische Methoden
Abschluss Grobentwurf	+/- 10 %	33 % / + 50 %	+/- 15 %	Bottom-Up-Expertenschätzungen und Prozentsatzmethoden
Abschluss Feinentwurf	+/- 5 %	20 % / + 25 %	+/- 10 %	Vollständige Bottom-Up-Expertenschätzungen

Abbildung 1.13-13: Erreichbare Schätzgenauigkeiten

3.1 Expertenschätzungen

Die Schätzung des Aufwands durch Fachleute aus dem Unternehmen ist die bekannteste und am weitesten verbreitete Schätzmethode. Sie liefert – bei sachgerechtem Vorgehen und einer ausreichenden Erfahrungsbasis – die fundiertesten Ergebnisse. Hierzu sollte bereits ein bis zur Arbeitspaketebene gegliederter, vollständiger Projektstrukturplan mit den dazu gehörigen Arbeitspaketbeschreibungen vorliegen. Außerdem sind technische Unterlagen (insb. Spezifikationen) sowie Informationen zum Terminablauf und zu den technischen Einrichtungen und Hilfsmitteln sowie zu den vorgesehenen Mitarbeitern erforderlich.

Zur Durchführung von Expertenschätzungen gibt es mehrere Möglichkeiten (vgl. Abbildung 1.13-14):

- In der Praxis sind **Einzelschätzungen** durch den Arbeitspaketbearbeiter, dessen Gruppenleiter oder den Projektleiter am häufigsten. Wird die Einzelschätzung von einem erfahrenen Fachmann vorgenommen, der schon mehrere ähnliche Tätigkeiten durchgeführt hat, haben die Werte im Allgemeinen eine hohe Genauigkeit. Nachteilig ist, dass Einzelschätzungen keiner Kontrolle auf Richtigkeit unterliegen. Anfänger sollten damit nicht betraut werden.
- Bei der **Mehrfachbefragung** werden zu einem Arbeitspaket eine mehr oder weniger große Zahl von Expertenmeinungen eingeholt und daraus ein Durchschnittswert ermittelt. Die Experten sollten über unterschiedliche Erfahrungsspektren verfügen und aus unterschiedlichen Organisationsbereichen kommen. Wenn dies der Fall ist, ermöglichen Mehrfachbefragungen fast immer eine höhere Schätzgenauigkeit.
- Die **Delphi-Methode** ist eine systematische Form der Mehrfachbefragung, bei der die Experten ihre Urteile unabhängig voneinander schriftlich abgeben und in mehreren Schätzrunden verfeinern. Hierdurch sollen Mitläufereffekte vermieden und eine neutrale Annäherung der Expertenschätzungen erreicht werden. Bei rein schriftlicher Befragung kommt es aufgrund von Missverständnissen und Falschinterpretationen jedoch häufig zu Fehlurteilen. Die Delphi-Methode ist daher nur in Form der so genannten Breitband-Delphi-Technik empfehlenswert, bei der sich die Experten zwischen den einzelnen Schätzrunden zu Diskussionen treffen (Näheres vgl. z. B. BURGHARDT, 1995: 186f).
- Als die effektivste Art der Expertenschätzung werden bei größeren Projekten **Schätzklausuren** angesehen. Hier werden die Schätzungen ebenfalls in einer streng systematisierten Vorgehensweise abgegeben. Im Gegensatz zur Delphi-Methode schätzen die Experten jedoch nicht anonym, sondern gemeinsam in einer Gruppe.

	Einzelschätzung	Mehrfachbefragung	Delphi-Methode	Schätzklausur
Genauigkeit	unbestimmt	genau	sehr genau	sehr genau
Aufwand und Dauer für die Schätzung	gering	mittel	groß	sehr groß
Anonymität der Einzelschätzungen	--	ja	ja	nein
Kommunikation zwischen den Experten	--	nein	teilweise	ja
Mitläufereffekt	--	nein	kaum	ja
Identifikation mit Schätzergebnis	eventuell	gering	mittel	groß
Sinnvoller Einsatz	kleine Projekte	mittlere Projekte	große Projekte	große Projekte

Abbildung 1.13-14: Formen von Expertenschätzungen (BURGHARDT, 1995: 189)

Schätzklausur

Bei einer Schätzklausur erfolgt die Aufwandsschätzung in einer strukturierten Abstimmungssitzung mit Fachleuten aus dem Unternehmen. Teilnehmer sind:

1. der Projektleiter als Auftraggeber der Sitzung zur Erläuterung der Projektaufgaben,
2. ein Fachmann für Schätzmethoden als Moderator der Sitzung,
3. ein Protokollführer zur direkten Erfassung und Auswertung der Schätzwerte,
4. mehrere Experten als eigentliche Kostenschätzer, darunter möglichst die Hälfte Projektfremde aus unterschiedlichen Bereichen.

Um eine hohe Genauigkeit der Expertenurteile zu gewährleisten, werden die Schätzungen nach dem Bottom-Up-Prinzip für jedes Arbeitspaket bzw. Kostenpaket getrennt abgegeben. Die oben genannten Unterlagen (insbesondere die Arbeitspaketbeschreibungen) müssen dazu vorliegen.
Der Ablauf der Schätzklausur gestaltet sich dann wie folgt:

1. Auswahl eines oder mehrerer Referenzkomplexe, um die Anzahl der erforderlichen Einzelschätzungen zu begrenzen.
2. Die Arbeitspakete der Referenzkomplexe werden dann einzeln nacheinander durchlaufen:
   - Das jeweilige Arbeitspaket wird zunächst durch den Projektleiter oder ein Teammitglied erläutert.
   - Die Schätzer schreiben ihre Schätzungen für das Arbeitspaket anonym auf Karten. Nützlich ist die Verwendung grüner, gelber und roter Karten, um auszuweisen, wie sicher sich ein Schätzer ist.
   - Die Einzelschätzungen werden offen gelegt und ausgewertet (vgl. Abbildung 1.13-15). Am sinnvollsten ist die Ermittlung des Medians, der Verfälschungen durch Ausreißer vermeidet, und der unteren und oberen Quartile.
   - Bei weit auseinander liegenden Einzelschätzungen:
     - Die Schätzer mit besonders hohen und besonders niedrigen Schätzwerten erläutern ihre Gründe in Rede und Gegenrede,
     - evtl. weitere Detaillierung in kleinere Arbeitseinheiten und
     - Neuschätzungen in offener Diskussion
   - Einigung auf einen gemeinsamen Schätzwert, bei Bereichsschätzungen mit Angabe der optimistischen und pessimistischen Bandbreite.
3. Analogieschlüsse vom Referenzkomplex auf die anderen Projektteile und das Gesamtprojekt
4. Sofortprotokoll (Standardformulare) am Sitzungsende:

Arbeits-pakete	Schätzan-nahmen	Schätzer 1	Schätzer 2	Schätzer 3	...	Median / Wahrsch.	25%-Quartil / Optimist	75%-Quartil / Pessimist.
1. - ...								
2. - ...								
3. - ...								
4. - ...								
...								
Summe								

Abbildung 1.13-15: Ergebnistableau der Schätzklausur (Muster)

Σ Fazit Die Vorteile der Schätzklausur liegen darin, dass durch die gemeinsame Diskussion die zu erwartenden Probleme/ Risiken besser als bei allen anderen Schätzmethoden herausgearbeitet werden, das Schätzergebnis nachvollziehbar ermittelt wurde und vom Projektteam später auch gemeinsam getragen wird. Allerdings sind die Vorbereitung, Durchführung und Nachbereitung auch mit einem enormen Aufwand verbunden. BURGHARDT (1995: 188) gibt für Projekte in der Größenordnung von 20 bis 50 Personenjahren einen Schätzklausuraufwand von insgesamt 25 bis 30 Personentagen an. Unter Berücksichtigung ihrer Voraussetzungen und ihrer gruppendynamischen Vorteile erscheint die Schätzklausur damit für Auftragskalkulationen besonders geeignet.

3.2 Analogiemethoden

Bei den Analogie- oder Vergleichsmethoden vergleicht man das zu schätzende Projekt mit einem oder mehreren bereits abgeschlossenen, ähnlichen Projekten und leitet aus dem bekannten Aufwand der Analogieprojekte den geschätzten Aufwand des neuen Projektes ab. Je ähnlicher sich die zu vergleichenden Projekte sind, desto fundierter fällt die Schätzung aus.

Besonders interessant sind Analogiemethoden daher in Bereichen, in denen Projekte mit hohem Wiederholcharakter durchgeführt werden, beispielsweise in bestimmten Bereichen der Software-Entwicklung und des Baubereichs oder bei Baureihenentwicklungen im Maschinenbau und in der Elektrotechnik. Weit verbreitet ist dabei die Berücksichtigung der Unterschiede zwischen Analogieprojekt und Schätzprojekt durch von Experten geschätzte oder durch Lieferantenangebote ermittelte Zu- und Abschläge, wie z. B. bei Unterschiedskostenkalkulationen im Maschinenbau (vgl. Abbildung 1.13-16).

Position	Istkosten Basisprodukt (€)	Entfallende Positionen (€)	Neue Positionen (€)	Neues Produkt (€)
1. Gesamtmaschine	183.700			
2. Drehstrommotor		– 5.200		
3. Schaltgetriebe		– 18.500		
4. Gleichstrommotor			+ 7.350	
5. Steuerelektronik			+ 8.520	
6. Getriebe			+ 3.400	
Summe	183.700	– 23.700	+ 19.270	179.270

Abbildung 1.13-16: Beispiel einer Kalkulation mit Unterschiedskosten (SEIBERT, 1998: 216)

Analogieschätzungen sind sowohl auf Projektebene als auch auf Arbeitspaketebene möglich. Sie können bereits in sehr frühen Projektstadien durchgeführt werden, wenn noch keine abgesicherten Lastenhefte vorliegen. Gegenüber subjektiven Daumenschätzungen von Experten haben sie dann den großen Vorteil, dass der geschätzte Aufwand aus den tatsächlichen Kosten früherer Projekte abgeleitet wird. Allerdings nimmt die Unsicherheit um so mehr zu, je größer die Unterschiede zwischen Analogieprojekt und Schätzprojekt werden. Außerdem ist es in der Praxis häufig nicht einfach, überhaupt geeignete Analogieprojekte zu finden.

Erfahrungsdatenbanken

Eine Möglichkeit, das Finden und Auswerten von Analogieprojekten zu erleichtern, stellen Kosten- und Erfahrungsdatenbanken dar. Es gibt sie vor allem für den Luft- und Raumfahrtbereich (NASA, ESA), den Hochbau und den IT-Bereich. Sie ermöglichen zum einen, dass ein Projektschätzer anhand von Ähnlichkeitskriterien schneller geeignete Analogieprojekte finden und deren Daten einsehen kann (vgl. Abbildung 1.13-17). Zum anderen lassen sich mithilfe geeigneter Vergleichsmerkmale (Kostenkennziffern, wie z. B. Kubikmeter umbauter Raum, Kilogramm Maschinengewicht, Befehlszeilen eines Softwaresystems) auch direkt Analogieschlüsse berechnen. Beispielsweise lassen sich die Herstellkosten von Motoren, Getrieben, Pumpen und ähnlichen maschinellen Komponenten aus Analogiesystemem nach folgender geometrischer Ähnlichkeitsbeziehung ableiten (BRONNER 1996: 29f):

$$HK1 = MK_0 * \left(\frac{1_1}{1_0}\right)^3 + FK_0 * \left(\frac{1_1}{1_0}\right)^2 + RK_0 * \left(\frac{1_1}{1_0}\right)^{0,5} * \frac{n_0}{n_1}$$

HK   = Herstellkosten
MK   = Materialkosten
RK   = Rüstkosten
1   = Länge der ähnlichen Produkte
n   = Fertigungslosgröße
Index 0 = Grundentwurf
Index 1 = Geometrisch ähnlicher Baureihenentwurf

Derartige Schätzbeziehungen (Cost Estimate Relationships CER) funktionieren einfach und führen schnell zu einem Ergebnis. Durch ihre Begrenzung auf lediglich ein oder zwei Kosteneinflussgrößen sind ihre Ergebnisse jedoch ungenau und risikoreich. Bei Top-Down-Schätzungen auf Gesamtprojektebene sind sie daher nur für sehr frühe Größenordnungsschätzungen geeignet.

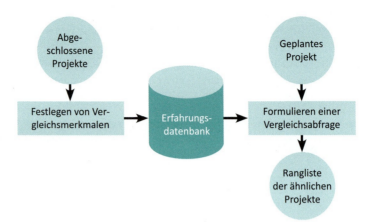

Abbildung 1.13-17: Vergleichsabfragen mit Erfahrungsdatenbanken (BURGHARDT, 1995: 178)

Zumindest im Hochbau sind allerdings Kostendatenbanken und Schätzbeziehungen entwickelt worden, die Bottom-Up-Schätzungen der einzelnen Arbeitspakete auf Basis der Standardstrukturen der DIN 276 unterstützen. Bei sehr gleichartigen Analogieobjekten (z. B. Verkaufsmärkte einer bestimmten Handelskette) lassen sich damit brauchbare Kostendaten für Kalkulationszwecke gewinnen (vgl. MAYER, 2006).

Generell hängt die Einführung derartiger Kostendatenbanken davon ab, dass genügend viele Daten aus abgeschlossenen Projekten verfügbar sind. Die Kostenstrukturen der alten und der neuen Projekte müssen zumindest teilweise übereinstimmen, damit Vergleiche möglich sind. Die Sammlung von Analogiedaten für Kostendatenbanken ist unmittelbar nach Projektabschluss am besten möglich, da die benötigten Informationen zu diesem Zeitpunkt noch relativ leicht aufzufinden sind und bei Unklarheiten noch die Projektbeteiligten befragt werden können. Neben den Kostendaten müssen dabei auch die Informationen zur Charakterisierung der jeweiligen Projekte und Arbeitspakete festgehalten werden. Außerdem müssen die Projektdaten vor ihrer Aufnahme in die Kostendatenbank nochmals genau überprüft und aufbereitet werden, um falsche Angaben zu vermeiden und die Effekte nachträglicher Projektänderungen aus der Nachkalkulation zu eliminieren.

3.3 Prozentsatzmethode

Die Prozentsatzmethode geht von der durchschnittlichen Aufwandsverteilung auf Projektphasen und Arbeitspaketen aus vergleichbaren früheren Projekten aus. Ist diese prozentuale Verteilung bekannt, so können für ein neues Projekt aus der Bottom-Up-Schätzung des Aufwands einer Projekttätigkeit sowohl der Gesamtaufwand des Projekts als auch die Aufwände der anderen Projekttätigkeiten hochgerechnet werden. Liegt bereits eine Gesamtprojektschätzung vor, lässt sich umgekehrt der Gesamtaufwand (top-down) auf die einzelnen Projekttätigkeiten verteilen.

Beispiel Für ein Softwareprojekt liegt eine vorläufige Modulstruktur vor. In einer Kostenschätzklausur wurde der Aufwand der Realisierungsphase Bottom-Up auf 40 Personenmonate und deren Dauer auf 6 Monate geschätzt. Das Projekt wird nach dem Rational Unified Process (vgl. Abbildung 1.13-18) durchgeführt. Wie hoch sind Aufwand und Dauer der Abnahme-/Einführungsphase?

Lösung: Der Aufwand der Realisierungsphase macht 65 % des Gesamtprojekts aus. Für das Gesamtprojekt kann man bei Unterstellung gleicher Kostenstrukturen folgenden Aufwand und folgende Zeitdauer ableiten:

- Aufwand: = 40 Personenmonate * 100 / 65: = 61,5 Personenmonate
- Dauer: = 6 Monate * 100 / 50: = 12 Monate

Die Abnahme- und Einführungsphase wird Top-Down aus diesem Gesamtwert abgeleitet:

- Aufwand = 61,5 Personenmonate * 10 / 100 = 6,15 Personenmonate
- Dauer = 12 Monate * 10 / 100 = 1,2 Monate

In dieser Phase werden etwa 5 Vollzeitmitarbeiter (6,15 Personenmonate/1,2 Monate Dauer) benötigt.

Phase	Aufwand	Dauer
Vorbereitung/Projektdefinition	5 %	10 %
Architektur /Produktentwurf	20 %	30 %
Konstruktion/Realisierung	65 %	50 %
Abnahme/Einführung	10 %	10 %

Abbildung 1.13-18: Phasenverteilung von Softwareprojekten nach dem Rational Unified Process (RUP) (vgl. KRUCHTEN, 1999: 123)

Voraussetzung der Prozentsatzmethode sind Projektstrukturen mit klar abgrenzbaren Phasen oder Tätigkeiten, deren Aufwandsanteile bei den Referenzprojekten und dem Schätzprojekt in etwa übereinstimmen. Dies ist in der Praxis nicht immer der Fall und führt dann leicht zu großen Schwankungsbreiten der ermittelten Werte. Die Prozentsatzmethode wird daher in der Literatur meist nur zu Plausibilisierungen und Cross-Checks bereits mit anderen Verfahren ermittelter Schätzungen empfohlen. Allerdings ist das im Beispiel skizzierte Vorgehen einer Bottom-Up-Schätzung des Realisierungsaufwands und der prozentualen Hochrechnung auf das Gesamtprojekt in der Praxis weit verbreitet.

Auch zur Herstellkostenschätzung werden prozentuale Hochrechnungen als Überschlagsverfahren häufig eingesetzt. Dabei werden auf Grundlage des Produktkonzepts (Stückliste) die Materialkosten abgeschätzt und mithilfe bekannter Materialkostenanteile auf die Herstellkosten hochgerechnet. Die VDI-Richtlinie 2225 gibt beispielsweise folgende durchschnittliche Materialkostenanteile an den Herstellkosten an:

- Automobile: 65 – 75 %
- Werkzeugmaschinen: 35 – 45 %
- Elektromotoren: 40 – 50 %
- Telefongeräte: 50 – 60 %
- Messgeräte: 25 – 35 %
- Transformatoren: 70 – 80 %
- Krane: 70 – 80 %

3.4 Parametrische Schätzsysteme

Parametrische Schätzungen werden mithilfe mathematischer Algorithmen durchgeführt, in denen ein Zusammenhang zwischen dem Aufwand und mehreren repräsentativen Einflussgrößen hergestellt wird. Die Algorithmen reichen von einfachen Multiplikatoren bis zu sehr umfangreichen Schätztabellen und exponentiellen Gleichungssystemen. Die Gleichungskoeffizienten werden mit Regressionsanalysen aus den Daten abgeschlossener Projekte gewonnen. Beispielsweise geht das recht bekannte Softwareschätzsystem COCOMO II von folgender Grundgleichung aus:

$PM = 2{,}94 * AM * KSLOC^{1{,}10+SF}$, mit

- PM = Entwicklungsaufwand (Entwurf, Programmierung, Test) in Personenmonaten:

- KSLOC = Anzahl Programmbefehle in 1000 (Kilo Source Lines of Code, ohne Leer- und Kommentarzeilen)
- AM = Aufwandsmultiplikator (ermittelt durch Multiplikation von rund 20 Einzelfaktoren zu den Produktzielen, Projektrandbedingungen und Personalmerkmalen)
- SF = Skalierungsexponent (ermittelt durch die Addition von 5 Einzelfaktoren zum organisatorischen Projektumfeld)

Derartige Gleichungssysteme werden außer in Softwareprojekten insbesondere auch im Luft- und Raumfahrtbereich eingesetzt. Abbildung 1.13-19 zeigt die komplizierte Struktur der Einflussgrößen, die in solche parametrischen Modelle eingehen, am Beispiel des Hardware-Entwicklungsmodells PRICE, das in der Luft- und Raumfahrt und im Elektronikbereich eingesetzt wird (vgl. RCA, 1985).

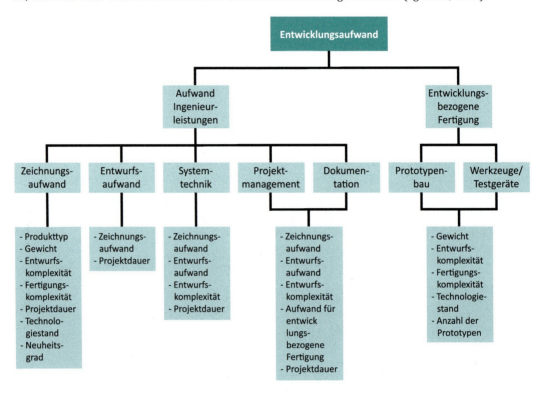

Abbildung 1.13-19: PRICE-Aufwandsschätzmodell für Hardware-Entwicklungsprojekte
(SEIBERT 1998: 347)

Im Softwarebereich ist neben dem COCOMO-System auch die Funktionspunktmethode verbreitet, die statt der in frühen Projektstadien nur schwer abschätzbaren Befehlszeilenzahl die in einem Projektlastenheft oder in Systemanalysedokumenten enthaltenen Funktionsanforderungen auswertet. Dabei werden folgende Funktionsgruppen unterschieden und je nach ihrer Komplexität mit Punktwerten gewichtet:

- Intern gepflegte Datenbestände
- Extern ausgelesene Datenbestände
- Dateneingaben
- Einfache Abfragen und Ausgaben
- Aufbereitete Ausgaben

Zur parametrischen Softwareprojektschätzung wird am Markt eine Reihe von Tools angeboten, die sowohl Function Points als auch Befehlszeilen verarbeiten und gegenseitig umrechnen können. Außerdem bieten diese Tools Schnittstellen zur direkten Übernahme der Schätzergebnisse in andere Projektplanungsprogramme (vgl. Abbildung 1.13-20). In den Tools werden die Erfahrungsdaten einer größeren Zahl von Projekten zugänglich gemacht werden. Das kostenlose COCOMO-Tool umfasst dabei etwa 250 ausgewertete Projekte (Stand 2006), kommerzielle Tools geben sogar mehrere Tausend Projekte als Basis an. Allerdings können diese Daten für eigene Schätzungen im Unternehmen nicht einfach übernommen werden, da die Randbedingungen und Kostenstrukturen in verschiedenen Unternehmen und Anwendungsbereichen nur in Ausnahmefällen übereinstimmen. Entscheidend für eine vernünftige Schätzgenauigkeit ist vielmehr, dass die Schätzgleichungen durch erneute statistische Analysen mit den Daten eigener abgeschlossener Projekte an die Verhältnisse des Unternehmens angepasst werden **(Kalibrierung)**. Dies erfordert einen relativ hohen Aufwand zum Aufbau entsprechender parametrischer Erfahrungsdatenbasen, der den Einsatz derartiger Verfahren in der Praxis bisher begrenzt hat. Parametrische Schätzsysteme erfordern darüber hinaus eine weitgehend vollständiges Lastenheft oder ein vergleichbares Anforderungsdokument, um verlässliche Schätzwerte zu erhalten. Auch wenn Sie damit früher einsetzbar sind als Bottom-Up-Schätzungen, die einen Projektstrukturplan erfordern, scheidet der Einsatz parametrischer Schätzsysteme in ganz frühen Projektstadien daher praktisch aus.

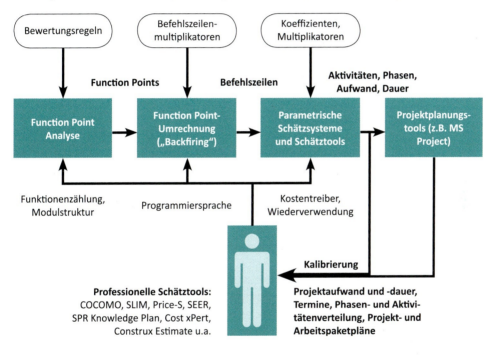

Abbildung 1.13-20: Aufbau parametrischer Softwareprojekt-Schätztools

3.5 Bereichsschätzungen

Bei Projekten mit einem sehr hohen Innovationsgrad, wie etwa in der Forschung, Vorentwicklung oder Konzeptentwicklung, sind wegen der damit verbundenen Unsicherheiten oft keine genauen Aufwandschätzungen möglich. Hier können Bereichsschätzungen eingesetzt werden. Hierbei wird der Aufwand eines Projekts oder Arbeitspakets nicht durch einen, sondern durch drei Schätzwerte dargestellt (Dreipunktschätzung, Abbildung 1.3-21):

a: = **optimistischer Wert**, der bei reibungslosem Ablauf, wenn man ausgesprochenes Glück hat und alles im ersten Anlauf klappt (jedoch ohne besondere Sondermaß-nahmen), mindestens erforderlich ist;

w: = **wahrscheinlicher Wert**, der unter normalen Bedingungen am ehesten zu erwarten ist (Dauer mit der höchsten Wahrscheinlichkeit);

b: = **pessimistischer Wert**, der unter besonders ungünstigen Bedingungen erforderlich ist und die Möglichkeit anfänglicher Fehler und Überarbeitungen einschließt (nicht jedoch Katastrophen, Streiks, Seuchen und Ähnliches).

Die Verwendung von Dreipunktschätzungen trägt der Tatsache Rechnung, dass Zukunftswerte immer mit mehr oder weniger großen Schwankungsbreiten behaftet sind, die durch dieses Verfahren transparent gemacht und bei der Entscheidungsfindung berücksichtigt werden können. Außerdem besteht für die Arbeitspaketverantwortlichen bei Bereichsangaben eine geringere Veranlassung, verdeckte Sicherheitspuffer in ihre Schätzung einzubauen. Der wahrscheinliche Wert w ist bei Dreipunktschätzungen daher häufig realitätsnäher als bei Einpunktschätzungen.

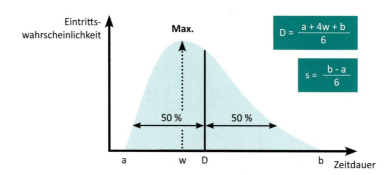

Abbildung 1.13-21: Zusammenhänge bei Bereichsschätzungen am Beispiel der Dreizeitenschätzung

Dreipunktschätzungen werden in der Regel als Bottom-Up-Schätzungen einzelner Arbeitspakete vorgenommen. In der Praxis werden derartige Bereichsschätzungen häufig in Form von optimistischen, wahrscheinlichen und pessimistischen Szenarien ausgewertet. Die optimistischen Schätzwerte der einzelnen Arbeitspakete werden dann zu einem optimistischen Gesamtwert aufaddiert und analog die pessimistischen Einzelschätzungen zu einem pessimistischen Gesamtwert. Die so ermittelten optimistischen und pessimistischen Gesamtwerte sind in der Regel jedoch unrealistisch und wegen ihrer zu großen Bandbreite für praktische Entscheidungshilfen unbrauchbar. Bei der Auswertung von Dreipunktschätzungen muss vielmehr berücksichtigt werden, dass sich bei der Aufsummierung einer großen Zahl von Werten positive und negative Schwankungen statistisch teilweise ausgleichen. Dazu werden die Erwartungswerte und Standardabweichungen der einzelnen Arbeitspakete ermittelt und zu Gesamtwerten verdichtet. Dies geschieht mithilfe der im amerikanischen Verteidigungsministerium bereits in den 1960er Jahren entwickelten PERT-Analyse. Eine Darstellung des Ablaufs findet sich beispielsweise bei SEIBERT (1998: 385ff).

4 Kostenplanung und Budgetierung

Definition Unter Kostenplanung wird nach DIN 69903 die „Ermittlung und Zuordnung der voraussichtlich für das Projekt anfallenden Kosten zu Vorgängen, Arbeitspaketen und Projekten unter Beachtung der vorgegebenen Ziele und Randbedingungen" verstanden.

Die Detaillierung bis zur Arbeits- oder Kostenpaketebene erfordert einen entsprechend tief gegliederten, vollständigen Projektstrukturplan und die dazu gehörigen Arbeitspaketbeschreibungen. Organisatorisch erfolgen die Kostenplanung und Budgetierung eines Projekts im Allgemeinen nach den Prinzipien des Managements durch Zielvereinbarung (Management by Objectives MbO) im Gegenstromverfahren (vgl. Abbildung 1.13-22). Dabei werden in der ersten Hälfte des Planungskreislaufs die Projektziele und Erwartungen der Geschäftsleitung von oben nach unten (Top-Down) bis zur Ebene der Mitarbeiter in den Fachabteilungen präzisiert und detailliert. Auf der untersten Ebene schätzt der Arbeitspaketverantwortliche die erwarteten Arbeitsstunden und Materialaufwände für sein Arbeitspaket. Die Schätzungen werden dann in der zweiten Hälfte des Durchlaufs von unten nach oben (Bottom-Up) verdichtet und vom Projektcontroller oder einem speziellen Reviewteam geprüft, um die firmenüblichen Kosten- und Zuschlagssätzen erhöht und mit den anderen Arbeitspaketschätzungen zu einem Kostenplan für das Projekt zusammengefasst.

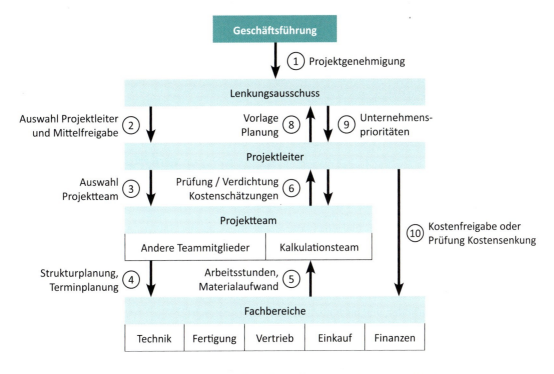

Abbildung 1.13-22: Organisatorischer Ablauf der Projektplanung und Budgetierung

Dabei werden die geschätzten Kosten nach Kostenarten, Kostenstellen und nach ihrer zeitlichen Verteilung aufgeschlüsselt. Abbildung 1.13-23 zeigt das Beispiel eines Kostenplans für ein einzelnes Arbeitspaket. Um den Aufwand für die Kostenplanung in einem vernünftigen Rahmen zu halten, werden häufig auch „Kostenpakete" gebildet, die aus mehreren verwandten Arbeitspaketen bestehen. Für diese Kostenpakete wird bei kleinen Projekten (bis zu 1 Mio. € Projektsumme) eine Größenordnung von etwa 5 % der Gesamtkosten, bei Großprojekten (größer als 100 Mio. €) von etwa 1 % der Gesamtkosten empfohlen (vgl. SCHMITZ & WINDHAUSEN 1986: 84).

Projekt	AP-Titel								PSP-Nr.:	
Zeitperiode →	Monate (nach Projektstart)						Quartale		Gesamt	
↓Kostenelemente	1	2	3	4	5	6	III	IV	∑	%
Personalaufwand (Std.)	150	280	280	450	450	400	1000	500	3510	100
Abt. AB	150	200	200	300	300	200	400	100	1850	53
Abt. XY	--	80	80	150	150	200	600	400	1660	47
...										
Personalkosten (T€)	18	38,4	38,4	63	63	60	156	84	521	68
Abt. AB (120 €/Std.)	18	24	24	36	36	24	48	12	222	29
Abt. XY (180 €/Std.)	--	14,4	14,4	27	27	36	108	72	298,8	39
...										
Sonstige Kosten (T€)	15	35	10	65	20	15	60	30	250	32
Material	--	25	--	15	5	--	--	5	50	6
Spezialgeräte/Anlagen	--	--	--	30	--	--	--	--	30	4
Reise	10	5	5	15	10	5	30	10	90	12
Andere	5	5	5	5	5	10	30	15	80	10
Gesamtkosten (T€)	33	73,4	48,4	128	83	75	216	114	771	100

Abbildung 1.13-23: Beispiel eines Arbeitspaket-Kostenplans (SEIBERT, 1998: 359)

Die Summe der geplanten Kosten stellt nach deren Genehmigung durch die Leitung das Projektbudget dar. Das **Projektbudget** ist die Kontroll- und Steuerungsgröße für das Kostencontrolling des Projekts. Voraussetzung für einen wirksamen Einsatz ist eine ausreichende Detaillierung. Das Projektbudget muss dazu, nach Zeitperioden und nach Kostenelementen (Kostenarten, Kostenstellen und Kostenträger) aufgegliedert, dargestellt und verfolgt werden. Je nach Art der Projektkostenrechnung umfasst das Projektbudget entweder

I den gesamten Aufwand (d. h. Personalkosten, Sachkosten, AfA usw.) oder
I nur die dem Projektleiter zur Verfügung stehenden Mittel für projektspezifische Beschaffungen (reine Sachkosten).

In letzterem Fall werden die Personalkosten nicht eigens erfasst, sondern „dem laufenden Betrieb" entnommen.

Nach Abschluss der Kostenplanung sollten folgende Auswertungen vorliegen (vgl. PATZAK & RATTAY, 2004: 223ff):

I Übersicht über die Kosten pro Arbeitspaket,
I Übersicht über die Kosten pro Kostenart,
I Diagramm mit den Periodenkosten und den kumulierten Kosten im Zeitablauf (**Kostenganglinie und Kostensummenlinie**, Abbildung 1.13-24).

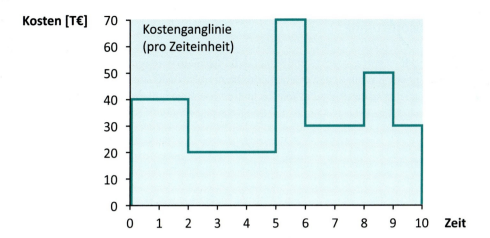

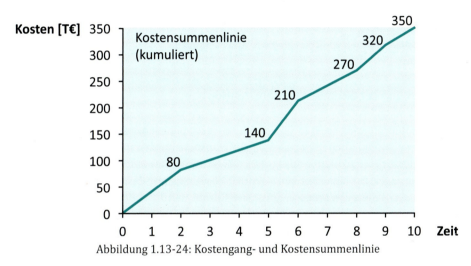

Abbildung 1.13-24: Kostengang- und Kostensummenlinie

💧 **Tipp** Für die Durchführung der Projektkostenplanung und Budgetierung geben PATZAK & RATTAY (2004: 227ff) folgende übergeordnete Hinweise:

- Die Projektkostenplanung ist mit einem adäquaten Detaillierungsgrad durchzuführen, der sich an der Pareto-Regel ausrichtet (Beschränkung auf die Kostenarten und Arbeitspakete, die 80 % der Kostensumme ausmachen, aber nur 20 % der Kalkulationszeilen).
- Für eine aussagekräftige Kosten-Nutzen-Darstellung sollten in der Projektkostenplanung die gesamten Projektkosten berücksichtigt werden, einschließlich der internen Personalkosten, auch wenn diese wegen ihres fixen Charakters häufig als nicht relevant betrachtet werden.
- Projekte sollten über ihre gesamte Laufzeit betrachtet und nicht auf die jahresbezogene Budgetierung beschränkt werden. Nach Möglichkeit sollte die Kostenbetrachtung sogar von einer reinen Projektkostenbetrachtung auf eine Lebenszykluskostenbetrachtung ausgedehnt werden (vgl. Vertiefungswissen 4.1).
- Die Gliederung der Projektkosten sollte der Gliederung des Projektstrukturplans entsprechen, um eine transparente Projektplanung und -steuerung zu ermöglichen. Auch Subauftragnehmer müssen dazu veranlasst werden, ihre Angebote und Abrechnungen entsprechend zu gliedern.
- Plankosten- und Istkostengliederung und -detaillierung müssen übereinstimmen.
- Es sollten alle Möglichkeiten genutzt werden, Kosten dem Projekt direkt zuzuordnen und Gemeinkostenzuschläge so gering wie möglich zu halten (z. B. auch durch Prozesskostenrechnung, vgl. Vertiefungswissen 4.4).
- Es sollte darauf geachtet werden, alle Kosten- und Arbeitspaketverantwortlichen in die Projektkostenplanung einzubeziehen.

5 Kostencontrolling

Die Kostenentwicklung eines Projekts und seiner Arbeitspakete wird durch regelmäßige Kostenkontrollen und mitlaufende Kalkulationen verfolgt, um Unwirtschaftlichkeiten und drohende Budgetüberschreitungen möglichst frühzeitig zu erkennen und zu beseitigen. Ein wirksames Kostencontrolling setzt eine aussagekräftige Projektplanung und Budgetierung voraus. Dabei wird in folgenden Schritten vorgegangen:

1. **Aktuelle Kostensituation**: Erhebung, Überprüfung und Aufbereitung von Daten zur aktuellen Kostensituation.
2. **Plan- bzw. Soll-Ist-Vergleich**: Vergleich zwischen Plankosten und aktueller Kostenerwartung sowie Feststellung von Abweichungen zwischen Plan und Ist.
3. **Abweichungsanalyse**: Ermittlung der Gründe für Plan-Ist-Abweichungen sowie Aufzeigen möglicher Korrekturmaßnahmen zum Beheben der Differenz.
4. **Steuerungsmaßnahmen**: Entscheidung, Durchführung und Kontrolle von Maßnahmen zur Erreichung der Projektziele und zur Korrektur von Abweichungen.

5.1 Bestimmung der aktuellen Kostensituation

Bei den Daten für kostenbezogene Plan-Ist-Vergleiche ist sowohl auf der Planseite als auch auf der Istseite eine Reihe von Besonderheiten zu beachten. Die Plankosten setzen sich nicht nur aus den Plankosten zum Zeitpunkt der Vorkalkulation zusammen, sondern enthalten auch nachträgliche Zusatzkosten aus Vertragsänderungen. Die Istkosten sind eigentlich eher erwartete Kosten im Sinne einer Kostenvorausschau. Sie setzen sich aus den bisher angefallenen Kosten, den disponierten Kosten und den noch zu erwartenden Restkosten zusammen (vgl. Abbildung 1.13-25)[1].

Abbildung 1.13-25: Grunddaten zur Kostenverfolgung (SCHMITZ & WINDHAUSEN, 1986: 124f)

5.1.1 Plankosten

Während der Projektdurchführung bleiben die Plankosten nur selten auf ihrem ursprünglichen Niveau stehen. Vielmehr müssen Änderungen des Aufgabenumfangs in den Planwerten berücksichtigt werden. Dazu ist es zweckmäßig, zwischen den ursprünglichen Basis-Plankosten gemäß Auftragskalkulation und den aktualisierten Plankosten zum Berichtszeitpunkt zu unterscheiden.

Die aktualisierten Plankosten ergeben sich aus den Basis-Plankosten, korrigiert um später mit dem Auftraggeber abgestimmte Änderungen des Projektumfangs (Vertragsänderungen). Nachträgliche Zusatzwünsche des Auftraggebers und von diesem akzeptierte Änderungen müssen hierbei so erfasst werden, dass die dadurch entstehenden Mehrkosten vollständig und eindeutig verrechnet werden

---

[1] Vgl. zu Abschnitt 5.1 auch Element 1.16 Projektcontrolling, Basisteil, Abschnitt 3.23

können. Hilfsmittel dazu sind z. B. Besuchsberichte, Telefonnotizen und Sitzungsprotokolle, in denen derartige Vereinbarungen und Zusagen festgehalten werden (vgl. SCHMITZ & WINDHAUSEN, 1986: 126). Dem Auftraggeber gegenüber nicht verrechenbare Zusatzleistungen werden bei der Korrektur der Plankosten nicht berücksichtigt (vgl. Abbildung 1.13-26).

	Nicht verrechenbar	Verrechenbar (Vertragsänderung)
Kundenbedingt	• Als Kulanzarbeiten gewertete, nachträgliche Wünsche des Auftraggebers • Nicht erfasste Absprachen zwischen dem Auftraggeber und Fachstellen im eigenen Hause.	• Über den Vertrag hinausgehende, nachträgliche Änderungswünsche des Auftraggebers
Lieferantenbedingt	• Verkaufsförderungsmaßnahmen • Beseitigung mangelhafter Arbeitsausführung	• Vom Auftraggeber nachträglich akzeptierte technische Änderungen

Abbildung 1.13-26: Arten von Kostenänderungen in Projekten (SEIBERT, 1998:398)

5.1.2 Istkosten

Die angefallenen Istkosten werden normalerweise im Rahmen der betrieblichen Kostenrechnung erfasst und aufbereitet. Hauptinstrumente sind

- Stundenaufschreibungen und Tätigkeitsberichte der Projektbearbeiter,
- Reisekostenabrechnungen,
- Materialverbrauchsaufschreibungen,
- innerbetriebliche Werkstatt-aufträge sowie
- Lieferantenrechnungen.

Bei Projekten im personalintensiven Entwicklungsbereich kommt dabei den Stundenkontierungen der Projektmitarbeiter die größte Bedeutung zu. Wichtig für die spätere Auswertung sind eine arbeitspaketbezogene Erfassung und Zuordnung der Kosten. Dies erfordert den Einsatz spezieller, projektbezogener Kostenrechnungssysteme.

Bei der Kostenerfassung unterliegt die Verrechnung von extern vergebenen Unteraufträgen und Lieferungen häufig einer erheblichen Zeitverschiebung, da diese Leistungen normalerweise erst nach dem endgültigen Rechnungseingang verbucht werden. Im Falle von Projekten mit einem hohen Fremdleistungsanteil kann diese verspätete Verbuchung dazu führen, dass durch Auftragsvergaben bereits beachtliche Kosten verbraucht wurden, die in den aktuellen Kostenvergleichen überhaupt nicht erscheinen. Wenn die Rechnungen später vermehrt eingehen, kommt es zu einem Kostenschub am oder sogar nach Projektende.

Um solche „Überraschungen" zu vermeiden, ist neben der Erfassung der verbuchten Kosten auch eine Erfassung der bereits **disponierten Kosten („Bestell-Obligo")** zweckmäßig. Hierbei werden die Kosten von Aufträgen bereits zum Zeitpunkt der Bestellung erfasst. Man erhält dann einen vollständigen Überblick sowohl über den Stand der angefallenen Kosten als auch über die bereits eingegangenen zusätzlichen Verpflichtungen.

5.1.3 Probleme der Kostenerfassung

Die Kostenüberwachung führt nur dann zu sachgerechten Ergebnissen, wenn die erfassten Ist- und Schätzwerte hinreichend genau sind. Dies erfordert, dass die **Stunden- und Aufwandsaufschreibungen** von den einzelnen Mitarbeitern selbst und nicht von deren Vorgesetzten oder Abteilungssekretariaten vorgenommen werden. Die Aufschreibungen sollten dabei möglichst zeitnah erfolgen, beispielsweise durch das Führen eines Erfassungsblatts, in das man täglich die aufgewendeten Stunden je Arbeitspaket einträgt. In Bereichen mit einer hohen Durchdringung mit vernetzten Arbeitsplatzrechnern ist u. U. auch eine dialogorientierte, elektronische Stundenkontierung sinnvoll.

Die Genauigkeit der Projektdaten ist hauptsächlich vom Realitätsgehalt und von der Ehrlichkeit der Mitarbeiter bei den Aufschreibungen und Schätzungen abhängig. In der Praxis kommt es immer wieder vor, dass Mitarbeiter ihren Aufwand nach dem **„Tragfähigkeitsprinzip"** verbuchen. Ihre Stunden werden von den Bearbeitern dann nicht auf die Projekte kontiert, für die tatsächlich gearbeitet wurde, sondern auf Projekte mit freien Budgets, die noch zusätzliche Kosten „vertragen". Damit wird eine fundierte Projektüberwachung und -steuerung stark beeinträchtigt. Die Gefahr der Manipulation durch solche „geschönten" Daten tritt insbesondere dann auf, wenn den Bearbeitern im Falle von Kostenüberschreitungen Sank-tionen drohen.

Tipp Um diesen Effekt zu vermeiden, sollten Soll-Ist-Vergleiche nur zur Projektverfolgung, nicht aber zur Mitarbeiterbeurteilung benutzt werden. Der Effekt kann auch durch die Einbindung der Projektdatenerfassung in einen Netzplan vermindert werden. Die tätigkeitsnähere Datenerfassung ermöglicht umfangreichere Plausibilitätskontrollen, wodurch Kontierungen auf falsche Arbeitspakete und unvollständige Kontierungen einfacher erkannt werden. Falschangaben lassen sich dann nicht mehr so einfach unter größeren Kostenblöcken verstecken und werden unterlassen.

5.2 Plan- und Soll-Ist-Vergleiche

Um sinnvolle Kosten-Soll-Ist-Vergleiche durchführen zu können, ist die Kenntnis des Leistungsfortschritts des Projekts erforderlich. Dies kann entweder durch eine kontinuierliche Fertigstellungsgradermittlung mithilfe der Earned Value Analyse erfolgen oder als Meilenstein-Kosten-Analyse zu genau definierten Ergebnismeilensteinen. Die Earned Value-Analyse ist in ICB-Element 1.16 (Projekt-Controlling) eingehend beschrieben und wird daher hier nicht mehr weiter betrachtet.

In **Meilenstein-Kostendiagrammen** (vgl. Abbildung 1.13-27) werden für die einzelnen Projektmeilensteine die geplanten Kosten und Termine den tatsächlichen oder aktuell erwarteten Kosten und Terminen gegenübergestellt. Damit können zu den vom Arbeitsfortschritt her genau definierten Meilensteinpunkten die Kosten- und Terminabweichungen analysiert werden. In dem in der Abbildung gezeigten Verlauf sind beispielsweise folgende Abweichungen erkennbar:

| Meilenstein 1: Kostenunterschreitung, Terminüberschreitung
| Meilenstein 2: Kosten genau im Plan, Terminüberschreitung
| Meilenstein 3: Kostenüberschreitung, Termin im Plan
| Meilenstein 4: Kosten- und Terminüberschreitung

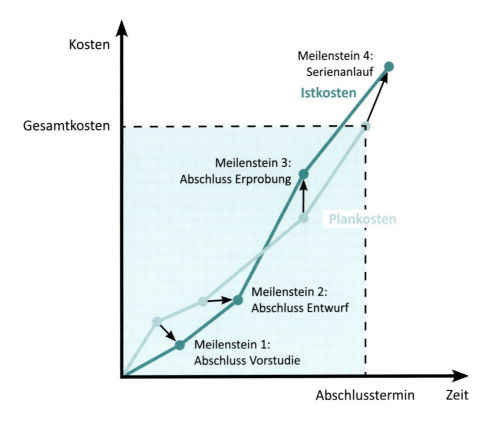

Abbildung 1.13-27: Meilenstein-Kostendiagramm (SEIBERT, 1998: 404)

Die für den Meilenstein 1 gezeigte Situation ist hierbei typisch für den Start vieler Projekte: Wenn zu Projektbeginn Mitarbeiter und Geräte nicht sofort in vollem Umfang zur Verfügung stehen, werden die geplanten Budgets nicht voll verbraucht und gleichzeitig verzögert sich der Abschluss des ersten Meilensteins. Dieser Verlauf deutet außerdem auf eine weniger intensive Bearbeitung der ersten, für die Projektqualität besonders wichtigen Phase hin. In späteren Phasen sind dann häufig höhere Fehlerraten und vermehrte technische Änderungen zu erwarten, die zu einem erheblichen Mehraufwand führen können.

Ein weiterer, einfacher handhabbarer und pragmatischer Weg ist die **mitlaufende Projektkostenkalkulation** (vgl. HAB & WAGNER, 2004: 155). Bei der mitlaufenden Kalkulation wird eine regelmäßige (meist monatliche) Hochrechnung der gerade in Bearbeitung befindlichen Arbeitspakete durchgeführt, basierend auf deren bisherigen Istkosten, ergänzt um die bereits disponierten Kosten (Obligos) aufgrund von Bestellverpflichtungen sowie die durch die jeweiligen Verantwortlichen geschätzten Restkosten. Die Summe aus Istkosten, Obligo und erwarteten Restkosten ergibt eine Kostenvorausschau für das Projekt, die mit dem Budget des Arbeitspakets verglichen wird (vgl. Abbildung 1.13-28).

Mitkalkulation		Arbeitspaket: Entwurfskonstruktion Mechanik											
		Stand: 28.2.2004								Auftragsnummer:			
Kunde		Projekt: AAF, Roboterzelle mit Laser								Alle Werte in Euro			
Pos. Nr.	Kostenart	mtl. Istkosten per 28.2.04	%	kum. Istkosten per 28.2.04	%	Obligo	%	zu erw. Kosten + Erlöse	%	Summe (Vorschau)	%	Budget	%
1	Fertigungsmaterial / Kaufteile	2.500		2.500						2.500		1.000	
2	Materialgemeinkosten auf Pos. 1	5%	125	5%	125	5%	0	5%	0	5%	125	5%	50
3	Fertigungskosten									0			
4	Montage- und Inbetriebnahmekosten									0			
5	Auswärtige Bearbeitung									0			
6	Fertigung Fremdpersonal									0			
7	Montage- und Inbetriebnahme durch Personal-leasing und Fremdfirmen									0			
8	Fertigungssonderkosten									0			
9	Reisekosten	1.000		1.000				3.000		4.000		5.000	
10	Fremdkonstruktion mechanisch	0		0		22.000		0		22.000		22.000	
11	Fremdkonstruktion elektrisch												
12	Eigenkonstruktion mech., Versuch	5.000		10.000				35.000		45.000		45.000	
13	Eigenkonstruktion elektrisch									0			
14	Planung/Projektabwicklung/EDV/CAD	5.000		10.000				7.000		17.000		15.000	
15	Herstellerkosten	13.625		23.625		22.000		45.000		90.625		86.050	

Abbildung 1.13-28: Beispiel einer Mitkalkulation (HAB & WAGNER, 2005: 155)

5.3 Abweichungsursachen und Steuerungsmaßnahmen

Kostenüberschreitungen können in allen Phasen eines Projekts auftreten. Ihre Ursachen müssen korrekt ermittelt und bei größeren Abweichungen an die vorgesetzten Managementebenen berichtet („eskaliert") werden. Zur Durchführung von Abweichungsanalysen sind mehrere Wege möglich (vgl. BURGHARDT, 1995: 310):

I Rückfrage bei den Arbeitspaketverantwortlichen oder beim Projektcontroller,
I Durchsicht und Analyse von detaillierteren Projektkostenberichten,
I Analyse in den Informationssystemen des Unternehmens am Computerbildschirm .

Wichtig ist, dass Abweichungsanalysen schnell und mit geringem Aufwand durchführbar sind. Hierzu erscheint der zuletzt genannte Weg am günstigsten. Allerdings erfordert er ein umfassendes Kosteninformationssystem, das auf die Anforderungen der Projektkostenrechnung ausgerichtet ist.

💡 **Tipp** Für die Eskalation an das obere Management werden in Multiprojektumgebungen häufig prozentuale Abweichungsgrenzen angegeben, beispielsweise
- Grüner Bereich: Kleine Kostenabweichungen bis etwa 5 bis 7,5 % des Gesamtbudgets sind vom Projektteam selbst zu lösen.
- Gelber Bereich: Bei mittleren Kostenabweichungen bis etwa 10 bis 15 % ist das mittlere Management (Vorgesetzter des Projektleiters) zu informieren.
- Roter Bereich: Größere Kostenabweichungen über 10 bis 15 % sind sofort an das obere Management zu melden.

Auch Kostenunterschreitungen sind zu analysieren und zu melden, da sich dahinter ebenfalls Probleme verbergen können. Eine häufige Ursache von Minderkosten ist beispielsweise ein verschleppter Projektbeginn, weil das Projektteam noch nicht voll besetzt ist oder noch in einem anderen Projekt gebunden ist. Die Ursachen für Kostenüberschreitungen können wesentlich vielfältiger sein. KERZNER (2003: 545f) nennt dazu folgende häufige Ursachen in den einzelnen Phasen eines Projekts:

- Anfragephase
  - Mangelhafte Kenntnisse der Kundenanforderungen
  - Unrealistische Einschätzung der eigenen Möglichkeiten
  - Unterschätzung des Zeitbedarfs
- Projektierung, Angebotsausarbeitung
  - Übersehen von Kundenanforderungen
  - Ungenauigkeiten im Projektstrukturplan
  - Fehlerhafte Interpretation von Kundenangaben
  - Einsatz ungeeigneter Schätzmethoden
  - Unkenntnis der Hauptkostentreiber
  - Mangelhafte Einschätzung der Risiken
- Verhandlungsphase
  - Erzwingen rascher Kompromisse
  - Gedeckelte Beschaffungsbudgets beim Kunden
  - Verhandlungsteam möchte Auftrag unbedingt bekommen
- Vertragsabschlussphase
  - Diskrepanzen in Vertragsfragen
  - Abweichungen zwischen Ausschreibungsunterlagen und Leistungsbeschreibung im Angebot
  - Angebotserstellungs- und Projektteam sind nicht identisch
- Konstruktions-/Ausarbeitungsphase
  - Annahme von Kundenanforderungen ohne Genehmigung durch das Management
  - Kommunikations- und Datenübermittlungsprobleme mit dem Kunden
  - Probleme in Design-Review-Besprechungen
- Realisierungs-/Fertigungsphase
  - Exzessive Materialkosten
  - Inakzeptable Spezifikationen
  - Meinungsverschiedenheiten zwischen Konstruktion und Fertigung.

In Verbindung mit der Analyse der Abweichungsursachen sind auch steuernde Maßnahmen festzulegen, mit denen versucht wird, die Kostenüberschreitung zu beseitigen. Die Möglichkeiten dazu, wie z. B. Erhöhung der Motivation, Konfliktbereinigung, alternative technische Lösungswege etc., sollen hier nicht näher behandelt werden, da sie für jeden Problemfall anders sein können und individuell festzulegen sind.

Falls Steuerungsmaßnahmen auch nach mehrmaligen Versuchen nicht greifen, können als letzte Möglichkeit der Korrektur einer Plan-Ist-Abweichung auch die Planwerte korrigiert werden (Planungsrevision, vgl. 1.16 Projektcontrolling, Basisteil, Abschnitt 3.23), um das Projektteam von einem nicht mehr lösbaren Problem zu befreien. Derartige Erhöhungen der Plan- oder Budgetwerte sind jedoch nur in längeren zeitlichen Abständen sinnvoll, beispielsweise im jährlichen oder halbjährlichen Turnus.

6 Zusammenfassung

Im Basisteil wird ein Überblick über die Themengebiete Projektkostenrechnung, Aufwandsschätzung, Projektkostenplanung und Budgetierung sowie das Kostencontrolling von Projekten gebgen.

Die Projektkostenrechnung stellt die wichtigste Schnittstelle zum betrieblichen Rechnungswesen dar und hat die projektspezifische Kostenermittlung, differenziert nach Teilprojekten und Arbeitspaketen, zum Ziel. Insbesondere werden von der Projektkostenrechnung laufend Projektkalkulationen und Projekterfolgsrechnungen durchgeführt sowie projektspezifische Kostenverrechnungssätze ermittelt.

In Aufwandsschätzungen wird der Bedarf an Einsatz- und Geldmitteln für ein Projekt und seine Arbeitspakete abgeschätzt. Die am weitesten verbreitete Methode dazu sind Expertenschätzungen. Andere Möglichkeiten sind Analogiemethoden, Prozentsatzmethoden und –teilweise sehr umfangreiche – parametrische Schätzsysteme.

In der Kostenplanung werden aus den Aufwandsschätzungen und Projektkalkulationen Kostenbudgets als nachverfolgbare Zielvorgaben für Projektleiter, Teilprojektleiter und Arbeitspaketverantwortliche abgeleitet.

Das Kostencontrolling stellt bei der Projektdurchführung Informationen zur Kostenkontrolle und Steuerung zusammen. In Zusammenarbeit mit der Projektkostenrechnung werden die aktuelle Kostensituation erfasst und regelmäßig Plan-Ist-Vergleiche und Abweichungsanalysen durchgeführt.

7 Fragen zur Wiederholung

1	Wodurch unterscheiden sich Kosten, Ausgaben, Auszahlungen und Aufwand?	☐
2	Erläutern Sie die Unterschiede zwischen Vollkosten und Teilkosten sowie zwischen direkten und indirekten Projektkosten.	☐
3	Was versteht man unter einem Betriebsabrechnungsbogen?	☐
4	Geben Sie einen Überblick über die wichtigsten Arten von Projektkalkulationen.	☐
5	Wie ist eine Projekterfolgsrechnung als Deckungsbeitragsrechnung aufgebaut?	☐
6	Erläutern Sie den Ablauf und die Vorteile einer Kostenschätzklausur.	☐
7	Welche Vor- und Nachteile haben Analogieschätzmethoden?	☐
8	Wie sind parametrische Schätzsysteme aufgebaut?	☐
9	Was ist eine Kostenganglinie, was eine Kostensummenlinie?	☐
10	Welche Grunddaten sind für eine mitlaufende Kalkulation zu ermitteln?	☐
11	Wie ist ein Meilenstein-Kosten-Diagramm aufgebaut? Vor- und Nachteile?	☐
12	Geben Sie einen beispielhaften Überblick über typische Ursachen von Kostenabweichungen in einem Projekt.	☐

8 Checkliste

Parameter	Erreichbare Schätzgenauigkeit			
	Gering	Mittel	Hoch	☐
Zur Verfügung stehende Schätzzeit	Zu kurz	Gerade ausreichend	Angemessen lang	☐
Erfahrung der Schätzer	Unerfahren	Teilweise erfahren	Sehr erfahren	☐
Größe des Schätzteams	Einzelschätzung	Einzelschätzung mit unabhängiger Gegenkontrolle	Größeres, bereichsübergreifendes Team	☐
Neutralität der Schätzer	Schätzung durch Projektbearbeiter	Gemischtes Team	Vom Projekt unabhängige Schätzer	☐
Stand der Technik	Völlig neue, unbekannte Technologie	Nur wenig bekannte Technologie	Eingeführte und bekannte Technologie	☐
Produktionserfahrung	Nicht vorhanden	Teilweise vorhanden	Umfassend	☐
Status Spezifikation	Nur Grobdaten vorhanden	Teilweise Spezifikation	Vollständige Spezifikation	☐
Zeichnungsstatus	Nur im Entwurf vorhanden	Teilweise vorhanden	Vollständiger Zeichnungssatz vorhanden	☐
Schätzmethoden	Intuitive Schätzung	Parametrische Schätzung	Detaillierte Bottom-Up-Schätzung	☐
Vorliegende Lieferantenpreisangebote	Selbstkostenschätzpreise	Unverbindliche Richtpreise	Verbindliche Festpreise	☐
Vergleichsdaten	Nicht vorhanden	Teilweise vorhanden	Sehr umfangreich	☐

Abbildung 1.13-29: Checkliste zur Beurteilung der Genauigkeit von Aufwandsschätzungen (SEIBERT, 1998: 364)

1.14a Beschaffungsprozess (Procurement)
Birgit Ester

Kontext und Bedeutung

Jegliche Leistungserstellung eines Unternehmens benötigt Güter oder Dienstleistungen von außen. Das können fertige Produkte sein (z. B. Drucker für die Büros,), Rohstoffe, Teile und Baugruppen für die Produktion oder Dienstleistungen (z. B. externe Buchhaltung). Die Beschaffung dieser externen Leistungen obliegt der Einkaufsabteilung oder der jeweiligen Fachabteilung. Bei der Beschaffung gilt es, die besten Preise und Konditionen zu verhandeln und die Gesamtkosten für die Beschaffungsabwicklung minimal zu halten. Für die wirtschaftliche Optimierung der Beschaffung stehen dem Unternehmen betriebswirtschaftliche Analyseinstrumente und Optimierungsmethoden zur Verfügung. In Teil I dieses Beitrags wird der exemplarische Ablauf eines Beschaffungsprozesses mit seinen Grundfragen und Optimierungsmöglichkeiten dargestellt.

Für das Projektmanagement werden Beschaffungsfragen immer dann relevant, wenn im Rahmen der Projektabwicklung Produkte oder Dienstleistungen beschafft werden müssen. Dann sind die Schritte eines Beschaffungsprozesses in den Projektplan zu integrieren, sodass die termingerechte Bereitstellung der Beschaffungsgüter zu minimalen Kosten und in der gewünschten Qualität gewährleistet wird. Teilweise wird in Unternehmen die Beschaffung selbst in Projektform abgewickelt, zum Beispiel bei der Beschaffung von teuren und komplexen Zulieferteilen oder bei der Beschaffung von Investitionsgütern. Hierbei wird dann von Projekteinkauf gesprochen.

Wer Beschaffung verantwortet, muss die rechtlichen Rahmenbedingungen kennen. Er muss wissen, wann ein Vertrag als abgeschlossen gilt, auf welche Punkte beim Abschluss des Vertrags Wert gelegt werden muss und wie mit Allgemeinen Geschäftsbedingungen umzugehen ist, um die eigene Interessenlage abzusichern.

Besondere Bedeutung kommt der Frage zu, zu welchem Zeitpunkt der Vertrag als geschlossen gilt, also bindend ist für beide Parteien. Denn die Konsequenz ist, dass der Vertrag erfüllt werden muss, eine Verpflichtung zur Abnahme und Bezahlung der Ware aus Sicht des Abnehmers besteht. Besteht hier keine Sicherheit, kann das dazu führen, dass man sich für verpflichtet hält, einen Vertrag zu erfüllen, ohne dass dies tatsächlich der Fall ist. Umgekehrt kann aber auch die Situation entstehen, dass der Abnehmer glaubt, der Vertrag sei bereits geschlossen, der Lieferant aber gar keine Lieferung beabsichtigt, da der Vertrag gar nicht zustande kam. Es ist daher unerlässlich, Veränderungen gegenüber einem bindenden Angebot und verspätete Willenserklärungen zu erkennen und sie rechtlich richtig einordnen zu können. Ansonsten kann es zu teuren Missverständnissen kommen. Mit diesen Fragen befasst sich Teil II dieses Beitrages.

Lernziele

Sie kennen

- die Ziele und Aufgaben der Beschaffung im industriellen Bereich
- den idealtypischen Ablauf eines Beschaffungsprozesses und seine Teilprozesse
- die Unterschiede zwischen den unterschiedlichen Formen der Bedarfsentstehung und der dazugehörigen Dispositionsarten
- Methoden und Instrumente für die optimale Gestaltung der Einkaufsarbeit sind Ihnen bekannt

Sie wissen

- wie sich der strategische und der operative Einkauf unterscheiden

Inhalt

1	Einleitung	469
2	Bedeutung der Beschaffung	469
2.1	Aufgaben der Beschaffung	469
2.2	Ziele der Beschaffung	471
3	Ablauf des Beschaffungsprozesses: Überblick	471
4	Ermittlung der Bedarfsmengen	472
5	Lieferantensuche und -analyse	473
5.1	Lieferantensuche	474
5.2	Lieferantenanalyse	474
5.2.1	Lieferantenselbstauskunft	474
5.2.2	Befragung von Referenzkunden	476
5.2.3	Lieferantenaudit	476
5.2.4	Erstmusterprüfung	476
6	Angebotsbearbeitung	477
6.1	Einholung von Angeboten	477
6.2	Prüfung von Angeboten	477
6.3	Angebotsvergleich	478
6.3.1	Gesamtbewertung der Angebote	478
6.3.2	Preisbewertung	479
7	Verhandlung und Vertragsabschluss	480
7.1	Verhandlungsvorbereitung	481
7.1.1	Inhaltliche Vorbereitung	481
7.1.2	Organisatorische Vorbereitung	482
7.2	Verhandlungsführung	482
7.3	Verhandlungsnachbereitung	483
8	Bestellung	483
9	Lieferung/Bestellüberwachung	484
9.1	Terminüberwachung	484
9.2	Wareneingang und -kontrolle	484
10	Rechnungsprüfung und Zahlung	485
11	Zusammenfassung	486
12	Fragen zur Wiederholung	487

1 Einleitung

„Procurement has strategic significance in almost every industry" (PORTER, 1998)

Jedes produzierende Unternehmen benötigt für seine Wertschöpfungsaktivitäten zugekaufte Leistungen: Rohmaterialien, Komponenten, Baugruppen, Handelswaren und Dienstleistungen, wie z. B. Beratung oder Wartungsleistungen. Der zunehmende Trend zur Konzentration auf die eigenen Kernkompetenzen und die damit einhergehende Reduzierung der eigenen Wertschöpfungstiefe führt zu einem steigenden Anteil zugekaufter Güter und Dienstleistungen. Dadurch werden die Gestaltung eines effizienten Beschaffungsprozesses sowie die Verhandlung günstiger Einkaufspreise und -konditionen zu wesentlichen Voraussetzungen für die Wettbewerbsfähigkeit des Unternehmens.

In Teil I dieses Kapitels werden zunächst der Ablauf und die Aktivitäten eines Beschaffungsprozesses vorgestellt. Anschließend werden in Teil II die rechtlichen Fragestellungen und Instrumentarien zu den unterschiedlichen Phasen des Beschaffungsprozesses erläutert.

2 Bedeutung der Beschaffung

Die Beschaffung verantwortet die Versorgung des Unternehmens mit den benötigten Einsatzstoffen für die betriebliche Leistungserstellung. Beschaffungsobjekte sind in erster Linie Verbrauchsfaktoren und Handelsware. Dazu zählen:

- Rohstoffe, Hilfsstoffe, Betriebsstoffe,
- Bauteile,
- vormontierte Baugruppen sowie
- Handelswaren (Güter, die unbearbeitet an den Endkunden weiterverkauft werden).

Die Beschaffung von Investitionsgütern und Dienstleistungen wird teilweise auch dem Beschaffungsbereich zugeordnet, erfordert aber unterschiedliche Arbeitsabläufe und muss stärker von der anfordernden Fachabteilung unterstützt werden. Auf sie wird im Abschnitt Vertiefungswissen dieses Teils eingegangen.

2.1 Aufgaben der Beschaffung

Bei der Vorbereitung, Durchführung und Kontrolle der Beschaffung ergänzen sich strategische und operative Aufgaben zu einem ganzheitlichen Beschaffungsprozess. Das strategische Beschaffungsmanagement hat stark gestaltenden Charakter: es verarbeitet die Bedarfsanforderungen im Unternehmen und versucht, aktiv den Beschaffungsmarkt zu gestalten. Konkret gehören dazu:

- Die Festlegung der Beschaffungsstrategien und -politik (z. B. die Fragen nach nationaler oder globaler Beschaffung, der Organisation der Beschaffung oder die Entscheidung für Make-or-Buy eines Einsatzteils),
- Die Zusammenarbeit mit der Entwicklungsabteilung (Einbringen der Anforderungen der Beschaffung in den konstruktiven Aufbau der Endprodukte)
- die Aufgaben der Beschaffungsmarktforschung (die systematische und regelmäßige Beobachtung der Angebots- und Nachfragekonstellationen auf dem relevanten Beschaffungsmarkt und den dazugehörigen Vormärkten),
- die Gestaltung der Lieferantenpolitik (Auswahl von Lieferanten und Modelle der Zusammenarbeit und die Lieferantenentwicklung sowie die Steuerung der Geschäftsbeziehung),
- die Vertragsverhandlung mit den Lieferanten und der Vertragsabschluss und
- das Beschaffungscontrolling.

Das operative Beschaffungsmanagement (auch: Disposition) erfüllt im Rahmen der von der strategischen Beschaffung gegebenen Rahmenbedingungen die konkreten Anforderungen der Bedarfsträger im Unternehmen. Folgende Aufgaben sind dabei zu erfüllen:

- Planung der Materialbedarfe,
- Ermittlung optimaler Bestellmengen und Bestelltermine bzw. von Lieferabrufen,
- Festlegung von Sicherheitsbeständen,
- Bestellüberwachung: Mengen, Termine und Qualitäten,
- Management von Fehlteilen und Lieferproblemen und
- Rechnungskontrolle und –prüfung.

Abbildung 1.14a-1 zeigt die mögliche Unterteilung in strategische und operative Beschaffungsaufgaben am Beispiel eines Wartungs- und Instandhaltungsunternehmens.

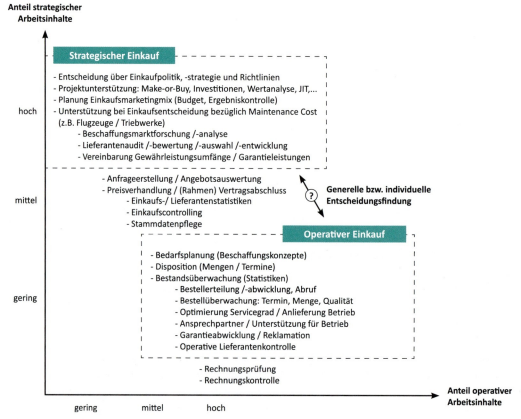

Abbildung 1.14a-1: Fallbeispiel zur Aufteilung der Beschaffungsaufgabe in operative und strategische Bestandteile (MEYERROSE & HUPFAUER, 2001: 102)

2.2 Ziele der Beschaffung

Bei ihrer Aufgabenerfüllung verfolgt die Beschaffung mehrere Zieldimensionen:

- **Versorgungssicherheit**
  An erster Stelle steht das Ziel der Versorgungssicherheit für das Unternehmen. Bei nicht oder nicht rechtzeitig vorhandenen Teilen entstehen so genannte Fehlmengenkosten. Dazu gehören z. B. Stillstandskosten in der Produktion, Kosten für Eillieferungen, Konventionalstrafen bei verspäteter Lieferung der Endprodukte etc.
  Versorgungssicherheit setzt auf der Lieferantenseite mengen- und terminzuverlässige Lieferungen voraus. Auf der Dispositionsseite benötigt sie eine genaue Bedarfsplanung und eine optimierte Bestandsführung. Unterstützt wird sie durch eine möglichst enge Abstimmung und gemeinsame Planung der Bedarfe mit dem Lieferanten.
- **Kosten**
  Die Versorgungssicherheit für das Unternehmen ist zu möglichst geringen Kosten zu gewährleisten. Dabei werden mehrere Kostengrößen durch die Beschaffungsarbeit beeinflusst: zum einen die Preise der zu beziehenden Güter und die Kosten für die Lagerbestände und für die Bestellabwicklung. Dazu kommen die Kosten für die strategische Beschaffungsarbeit. Hier hat sich der Begriff des TCO, Total Cost of Ownership, etabliert. TCO sind alle Kosten, die dem Unternehmen entstehen, bis ein Material am Verbrauchsort zur Verfügung steht. Hierzu gehören nicht nur die Einkaufspreise, sondern auch alle Transaktionskosten für den Bezug der Materialien.
- **Ökologische und soziale Ziele**
  Als dritte Zieldimension kommen in den letzten Jahren verstärkt auch ökologische und soziale Ziele für die Beschaffungsarbeit dazu. So etwa die Frage nach der Umweltverträglichkeit der bezogenen Güter und deren Herstellungsverfahren sowie der für die Anlieferung benötigten Transportleistungen (Stichwort „Nachhaltigkeit"). Und auch die Frage nach z. B. Kinderarbeit bei der Herstellung der Güter wird zunehmend relevant.

3 Ablauf des Beschaffungsprozesses: Überblick

Der komplette Beschaffungsprozess lässt sich – wie in Abbildung 1.14a-2 dargestellt - in folgende Teilschritte untergliedern:

- Ermittlung von Bedarfen im Unternehmen
- Suche nach geeigneten Lieferanten
- Anfragen bei Lieferanten/Angebotseinholung
- Vergleich vorliegender Angebote
- Vertragsverhandlung und der Vertragsabschluss
- Bestellauslösung und -übermittlung
- Überwachung des Bestellablaufs und der Lieferung
- Rechnungsabwicklung
- Bewertung der Lieferantenleistung

Alle Teilschritte benötigen Informationen für die effiziente Planung und Durchführung und Überwachung ihrer Aktivitäten. Die Bereitstellung dieser Informationen ist Aufgabe des Beschaffungscontrollings. Diese Aufgabe kann organisatorisch in einer eigenen Abteilung angelegt sein oder sie wird von den Beschaffungsmanagern selbst durchgeführt. In jedem Falle benötigt die Sammlung, Aufbereitung und Verteilung von Informationen eine ausreichende Unterstützung durch EDV-Systeme.

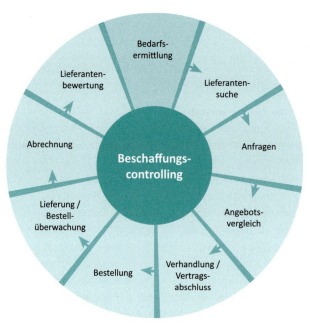

Abbildung 1.14a-2: Schritte des Beschaffungsprozesses (in Anlehnung an EICHLER, 2003: 20)

Der Beitrag der Beschaffung zum Erfolg eines Projekts liegt darin, die sich im Rahmen der Projektbearbeitung ergebenden Bedarfe an Verbrauchsfaktoren, Investitionsgütern und Dienstleistungen zu ermitteln und termingerecht, in der angeforderten Qualität sowie zu minimalen Beschaffungskosten zur Verfügung zu stellen. Im Folgenden werden die dazu zu durchlaufenden Prozesse für die Beschaffung von Verbrauchsmaterialen dargestellt. Auf die Besonderheiten bei der Beschaffung von Investitionsgütern und Dienstleistungen wird am Ende dieses Kapitels eingegangen. Die direkt folgenden Ausführungen beziehen sich auf die Beschaffungsprozesse in produzierenden Unternehmen. Für Handelsunternehmen stellen sich die Beschaffungsprozesse mit dem Fokus auf die Bedarfsträger Filiale und Endkunde unterschiedlich dar, was in diesem Beitrag nicht vertieft werden kann (vgl. dazu zum Beispiel BRETTSCHNEIDER, 2000).

4 Ermittlung der Bedarfsmengen

Der operative Beschaffungsprozess wird durch einen Bedarf im Unternehmen ausgelöst. Dieser Bedarf wird von der Beschaffung im Rahmen der Bestelldisposition in konkrete Bestellmengen und -termine umgewandelt. Bedarfsträger für Verbrauchsmaterialien sind das Lager, die Produktionsbereich, Forschung & Entwicklung, die Instandhaltung und der Ersatzteilbereich. Die Entstehung von Bedarfen kann auf unterschiedliche Auslöser im Unternehmen zurückgeführt werden:

- **Einzelbedarfe**
  Einzelbedarfe entstehen fallweise, zum Beispiel Bedarf an Büromöbeln für Mitarbeiter oder Bedarf an Teilen für die Konstruktionsabteilung. Einzelbedarf kann auch entstehen durch Kundenaufträge, deren individuelle Lösungen Teilebedarfe außerhalb des regulären Beschaffungsprogramms erfordern. Die Bedarfsanforderung wird hier direkt in eine Bestellung umgesetzt, Lagerbestände entstehen in der Regel nicht, da die benötigten Güter zeitnah zum Verbrauch angeliefert werden und damit nicht eingelagert werden müssen. Die Planung und Versorgung dieser Einzelbedarfe erfolgen über die auftragsgesteuerte Disposition.
- **Bedarfe für das geplante Produktionsprogramm**
  Aus dem Produktionsprogramm der Planperiode werden mittels Stücklistenauflösungen die benötigten Mengen der jeweiligen Beschaffungsgüter errechnet und daraus Beschaffungsaufträge erzeugt (programmgesteuerte Disposition).

Falls bereits vor Eintreffen des konkreten Kundenauftrags Beschaffungs- und Produktionsschritte für ein Endprodukt durchgeführt werden müssen (z. B. um wettbewerbsfähige Lieferzeiten für das Produkt anbieten zu können) müssen diese Aktivitäten auf Basis von Annahmen/Prognosen über die zu erwartenden Bedarfe der Beschaffungsgüter geplant werden. Auf Basis der Vergangenheitsbedarfe und der erwarteten Nachfrageentwicklungen wird eine Prognose für den Bedarf der Planungsperiode erstellt (plangesteuerte Disposition).

| **Bedarfe für lagerhaltige Beschaffungsgüter**

Diese Bedarfe entstehen ohne einen direkten Bezug zum Produktionsprogramm. Sie werden ausgelöst durch festgelegte Bestellregeln (vgl. zum Beispiel STÖLZLE et al., 2004), nach denen der Lagerbestand aufgefüllt wird (verbrauchsgesteuerte Disposition). Hierbei wird für das Auffüllen der Lagerbestände entweder ein festes Zeitintervall definiert (Bestellrhythmusverfahren) oder es wird eine Lagerbestandshöhe festgelegt, bei deren Unterschreitung eine Nachlieferung ausgelöst wird (Bestellpunktsysteme). Die jeweils zu bestellende Menge kann eine fixe Menge sein (wirtschaftlich optimale Bestellmenge) oder eine variable Menge, die den Lagerbestand jeweils auf eine gewünschte Höhe wieder auffüllt.

| **Bedarfe für produktionssynchron angelieferte Beschaffungsgüter**

Insbesondere bei teuren und häufig benötigten Teilen, die bei der Lagerhaltung hohe Kosten für die Kapitalbindung verursachen würden, ist eine produktionssynchrone Anlieferung zu überprüfen. Dabei werden die Teile erst kurz vor der Verarbeitung angeliefert und gehen direkt in die Produktion, nicht in das Lager. Diese Art der Anlieferung wird häufig in der Automobilindustrie genutzt. Bei produktionssynchron anzuliefernden Teilen entsteht der Bedarf über den Arbeitsfortschritt in der Produktion. Aus den Daten der Produktionsplanung und -steuerung wird kurze Zeit vor dem Bedarf an Teilen für diese ein Lieferabruf an den Lieferanten übermittelt. Die Nachlieferung der benötigten Teile wird direkt über die Vernetzung der Auftragsabwicklungssysteme des Lieferanten mit der Produktionsplanung und -steuerung des Abnehmers gesteuert. Diese Form der Anlieferung setzt kürzeste Lieferzeiten des Lieferanten und eine umfangreiche Abstimmung von Planungsdaten im Vorfeld des Lieferabrufs voraus (vgl. zu dieser Form der Anlieferung zum Beispiel SCHULTE, 2005: 293ff & WILDEMANN, 1988).

5 Lieferantensuche und -analyse

Beim Eintritt eines Bedarfsfalls hängt die weitere Bearbeitung von der vorliegenden Beschaffungssituation ab: Wenn für das Beschaffungsobjekt bereits eine funktionierende Lieferantenbeziehung vorliegt (der Lieferant liefert bereits diese oder ähnliche Teile an das Unternehmen), kann für die Beschaffung in der Regel auf diese Geschäftsbeziehung zurückgegriffen werden und um die neu zu beziehenden Beschaffungsgüter ergänzt werden. Die Aktivitäten der Lieferantensuche und der Verhandlung sind dann auf diese Ergänzungen reduziert.

Liegen dagegen für das Beschaffungsobjekt noch keine verwendbaren Lieferantenbeziehungen vor, muss die komplette Auswahl- und Anbahnungsphase durchschritten und eine Lieferanten-Abnehmer-Beziehung aufgebaut werden. Handelt es sich allerdings um einen einmaligen Bedarf, z. B. Teile für eine seltene Kundenbestellung oder Spot-Geschäfte für Rohstoffe, sollte möglichst auf eine stark vereinfachte Vorgehensweise und Vertragsgestaltung geachtet werden. Unter Umständen kann der Beschaffungsprozess über Internetportale oder Makler erfolgen. Der Aufbau einer langfristigen Geschäftsbeziehung ist hier nicht erforderlich.

Im Gegensatz dazu sollte bei einem langfristigen Bedarf an den Beschaffungsgütern der Prozess der Lieferantenauswahl und -verhandlung möglichst sorgfältig durchgeführt werden. In diesem Fall sind eine fundierte Vertragsgestaltung und Kooperation mit dem Lieferanten langfristig mit vielen Vorteilen für das Unternehmen verbunden.

5.1 Lieferantensuche

Kann nicht auf bereits bestehende Lieferanten zurückgegriffen werden, müssen im Rahmen der Lieferantensuche potentielle Lieferanten ermittelt, einer Analyse unterzogen und ausgewählt werden.

Wird im Unternehmen eine umfassende Beschaffungsmarktforschung betrieben, kann auf deren Informationen zu potentiellen Lieferanten für die benötigten Güter zurückgegriffen werden. Die Beschaffungsmarktforschung (vgl. KOPPELMANN, 2003) ist die systematische, methodische Tätigkeit der Informationssuche, -gewinnung und –aufbereitung zur Versorgung des Unternehmens mit bedarfsbezogenen Informationen. Die benötigten Informationen beziehen sich auf Produkte und Technologien, Marktverhältnisse auf Anbieter- und Nachfragerseite und die Beobachtung bestehender sowie die Findung potentieller neuer Lieferanten. Für die Beschaffung der Informationen und zur Herstellung von Firmenkontakten können folgende Wege genutzt werden:

- Kataloge (Lieferantenverzeichnisse, Produktkataloge)
- Internet: Suchmaschinen, Branchenplattformen
- Messen, Ausstellungen
- Firmenbesuche
- Ausschreibung der Teile in Fachzeitschriften oder über das Internet
- Agenturen, Handelskammern

5.2 Lieferantenanalyse

Sind über die Lieferantensuche potentielle Geschäftspartner ermittelt worden, müssen diese im Rahmen einer systematischen Lieferantenanalyse auf ihre Leistungsfähigkeit hin überprüft werden. Die Lieferantenanalyse dient der Beurteilung der technischen, wirtschaftlichen und ökologischen Leistungsfähigkeit eines potentiellen Lieferanten. Das Ergebnis der Lieferantenanalyse sind ein oder mehrere Lieferanten, welche die erwarteten Anforderungen an die Produktqualität und die Zusammenarbeit erfüllen und damit für die Lieferung der Beschaffungsobjekte infrage kommen.

Zu den Instrumenten der Lieferantenanalyse gehören die Selbstauskunft des Lieferanten, die Befragung von Referenzkunden, das Lieferantenaudit und die Erstmusterprüfung.

5.2.1 Lieferantenselbstauskunft

Die Lieferantenselbstauskunft erfolgt über einen Fragebogen, mit dem der Lieferant Fragen zu seiner wirtschaftlichen Situation, zum Produktportfolio, Marktanteilen, Organisation und Elementen seines Qualitätsmanagements beantwortet. Daneben können hier auch bereits Informationen zu seiner Kostenstruktur abgefragt werden. Abbildung 1.14a-3 zeigt ein Beispiel für einen Lieferantenfragebogen, mit dem ein Maschinenbauunternehmen sich einen Überblick über die wirtschaftliche Situation seiner Lieferanten verschafft. Auf Basis dieser Selbstauskunft können nun die Lieferanten selektiert werden, die einer näheren Beurteilung unterzogen werden sollen.

Fragebogen für A-Lieferanten

zur Wirtschaftlichkeit, Rentabilität, Stabilität, Produktivität, Progressivität

Firma: _____
Anschrift: _____
Eigentümer: _____
Tochtergesellschaften: _____

	Jahr X	Jahr X+1	Jahr X+2
Umsatz			
Umsatz pro Kopf			
Wertschöpfung pro Kopf			
Personalkosten			
Umsatzrendite			
Kapitalrendite			
Eigenkapital			
Fremdkapital			
Gesamtkreditlinie			
Offene Kreditlinie			
Cashflow zum Umsatz			
Investitionen (Wofür? Bitte anl. Kurzbeschreibung)			
Bestände			
Fertige Produkte			
Unfertige Produkte			
Roh-, Hilfs- und Betriebsstoffe			
Personalstruktur			
Mitarbeiter gesamt			
kaufm.-administrativ %			
technische Funktionen %			
Forschung und Entwicklung %			
Fertigung und Innenmontage %			
- davon produktive Mitarbeiter %			
Auftragsvorbereitung %			
Einkauf/Materialwirtschaft %			
Qualitätssicherung %			
Bitte Organigramm Führungsstruktur beifügen			
Fertigung			
Stundenleistung			
Entlohnungsart			
Mehrschichten?			
Wieviel Abteilungen?			
Auftragsdurchlaufzeit?			
Prozesszeit?			

Abbildung 1.14a-3: Beispiel für einen Lieferantenfragebogen (Auszug) (HARTMANN, 2002: 490f)

5.2.2 Befragung von Referenzkunden

In der Selbstauskunft kann die Angabe von Referenzkunden und deren umsatzmäßige Bedeutung für den Lieferanten verlangt werden. Diese oder weitere bekannte Kunden des Anbieters können befragt werden zu der Lieferantenleistung. Detailliert sind den genannten Ansprechpartnern Fragen nach der Produktqualität, der Lieferzeit, der Einhaltung von vereinbarten Mengen und Terminen (Mengen- und Termintreue) und nach weiteren relevanten Aspekten der Zusammenarbeit zu stellen. Dabei sollte erfragt werden, wie einzelne Kennzahlenwerte errechnet wurden. Nur dann kann ein genannter Wert, z. B. die Termintreue, auch interpretiert werden.

5.2.3 Lieferantenaudit

Zur Überprüfung der Qualitätsfähigkeit des Lieferanten kann zunächst ein allgemeines Qualitätszertifikat verlangt werden. Hat der Lieferant eine solche Zertifizierung, belegt diese die Existenz von Qualitätssicherungsmaßnahmen und -konzepten. Unter Umständen genügt ein allgemeines Zertifikat aber nicht, z. B. wenn spezielle Anforderungen an die Herstellungsverfahren beim Lieferanten gestellt werden. Dann besteht die Möglichkeit, die spezielle Leistungsfähigkeit des Anbieters im Rahmen eines eigenen Audits nachzuprüfen.

Dabei kommen als Untersuchungsgegenstand die Verfahren und Arbeitsabläufe im Hinblick auf ihre Wirksamkeit für die Qualitätssicherung infrage (Verfahrensaudit). Aber auch die Einhaltung vorgegebener Qualitätsmerkmale bei verwendeten Rohstoffen und Teilen sowie die Einhaltung gültiger Verfahrens- und Arbeitsanweisungen können überprüft werden (Produktaudit). Ein dritter Untersuchungsbereich ist das gesamte Qualitätssicherungssystem des Lieferanten, das so organisiert sein sollte, dass Fehler im gesamten Entwicklungs- und Produktionsprozess vermieden werden (Systemaudit). Grundlagen für das Systemaudit sind das Qualitätssicherungshandbuch, Richtlinien, gesetzliche Auflagen und Qualitätssicherungsnormen. Im Vordergrund des Systemaudits steht die Frage, ob das dokumentierte Qualitätssicherungssystem in der Praxis wirksam umgesetzt wird und ob die eigenen, spezifischen Anforderungen an die Qualitätssicherung erfüllt werden (vgl. zum Lieferantenaudit HARTMANN, 2002).

Für die Durchführung eines Lieferantenaudits sind im Vorfeld detaillierte Fragenkataloge zu entwickeln, die eine systematische Erfassung der relevanten Tatbestände garantieren.

5.2.4 Erstmusterprüfung

Bei neuen Teilen oder Änderungen an bestehenden Teilen (zum Beispiel Änderungen von Qualitätsmerkmalen oder Verwendung neuer Rohstoffe) ist vom Lieferanten gegebenenfalls die Fertigung von Erstmustern (Vorserie kleineren Umfangs) zu verlangen und diese einer Qualitätsprüfung zu unterziehen. Dabei ist darauf zu achten, dass das Muster unter normalen Fertigungsbedingungen hergestellt wurde und die Qualität der Muster damit repräsentativ ist.

6 Angebotsbearbeitung

6.1 Einholung von Angeboten

Sind die infrage kommenden Lieferanten ermittelt, müssen nun konkrete Angebote eingeholt, analysiert und verglichen werden. Damit die Vergleichbarkeit der Angebote gewährleistet ist, muss bereits bei der Angebotseinholung eindeutig formuliert werden, welche Angaben vom Lieferanten erwartet werden. Ebenso müssen – soweit bekannt – alle benötigten Spezifikationen sowie die geplanten Bezugsmengen in der Angebotsanfrage genannt werden, damit die Lieferanten ein verwendbares Angebot abgeben können. Bei der Beschaffung von Investitionsgütern oder Software sollte hier schon ein Lastenheft zur Verfügung stehen. Die folgende Übersicht in Abbildung 1.14a-4 zeigt eine beispielhafte Auflistung der Inhalte von Angebotsanfragen.

Checkliste für Angebotsanfragen

Materialspezifikation	Beschaffungsvolumen	Logistik
I Bezeichnung	I geplanter Jahresbedarf	I Abrufmengen/Losgrößen
I Beschreibung/Konstruktionsunterlagen	I Bedarfsentwicklung	I Lieferort
I Qualitätsanforderungen		I Liefertermine und -fristen
I zu erfüllende Normen/Vorschriften		
I Anforderung von Mustern		
I Alternative Produktvorschläge		

Konditionen	Kalkulation	Organisatorische Abwicklung
I Lieferbedingungen	I Preise	I Rückfragen bei Angebotskosten
I Zahlungsbedingungen	I Aufschlüsselung von Leistungen und Preisen	I Ansprechpartner bei Rückfragen
I AGB	I Offenlegung der Kalkulation	I Vertraulichkeit
I Gewährleistung		I Rückgabe von beigefügten Unterlagen
I Erfüllungsorte		I Abgabetermin für Angebot

Abbildung 1.14a-4: Inhalte von Angebotsanfragen

Es empfiehlt sich die Verwendung von Anfrageformularen, die eine standardisierte Einholung von Informationen ermöglichen und damit den Vergleich der Angebote erleichtern.

6.2 Prüfung von Angeboten

Die Angebotsprüfung findet für jedes vorliegende Angebot isoliert statt, dadurch kann bereits vor dem Vorliegen aller Angebote mit der Angebotsprüfung begonnen werden. Vorliegende Angebote werden einer formellen und materiellen Angebotsprüfung unterzogen. Bei der formellen Angebotsprüfung werden die Vollständigkeit der Angebote, die Übereinstimmung mit der Anfrage sowie die Beilage von geforderten Zertifizierungen nach ISO oder Öko überprüft. Die materielle Angebotsprüfung ist die systematische Analyse der einzelnen Angebote im Hinblick auf die Faktoren, wie den Preis, die Qualität, die Lieferbedingungen, den Lieferservice und den Standort des Lieferanten.

Bei der Überprüfung der Preisangaben sind zunächst die Angebotspreise auf eine einheitliche Preisbasis frei Haus oder Bestimmungsort zu stellen, um ihre Vergleichbarkeit herzustellen. Dazu sind alle Bezugs- und Bezugsnebenkosten sowie Nachlässe zu berücksichtigen. Für die Ermittlung des Netto-Einkaufspreises sind folgende Größen zu berücksichtigen:

```
  Preis je Mengeneinheit
+ Mindermengenzuschlag
- Rabatt/Bonus
- Skonto
+ Frachtkosten
+ Verpackung
+ Verpackungsrücksendung/Entsorgung
+ Zölle, Gebühren
-----------------------------
= Netto-Einstandspreis
=================
```

Darüber hinaus müssen Zahlungs- und Lieferbedingungen, wie zum Beispiel das Zahlungsziel oder verlangte Vorauszahlungen, berücksichtigt werden, da sie Finanzierungseffekte beinhalten. Weiterhin sind Serviceleistungen, wie etwa Kundendienst, Einrichtung von Konsignationslagern oder die Bereitschaft zu Sonderanfertigungen, bei der Beurteilung des Angebots zu beachten. Bei internationaler Beschaffung kommen dazu noch Aspekte, wie evt. zusätzliche Kosten der Qualitätssicherung, der Kosten des Zahlungsverkehrs sowie der Währungsabsicherung.

> **§ Definition** Ein Konsignationslager ist ein Warenlager des Lieferanten, welches sich im Unternehmen des Abnehmers/Kunden befindet. Die Ware bleibt so lange im Eigentum des Lieferanten, bis der Kunde sie aus dem Lager entnimmt. Erst zum Zeitpunkt der Entnahme oder nach Einbau der Ware in die Produkte des Kundenunternehmens wird die Ware in Rechnung gestellt.

6.3 Angebotsvergleich

6.3.1 Gesamtbewertung der Angebote

Beim Angebotsvergleich werden die Unterschiede zwischen den einzelnen Angeboten herausgearbeitet. Der Vergleich kann dabei als Einfaktoren- oder Mehrfaktorenvergleich durchgeführt werden. Beim Einfaktorenvergleich wird nur ein Beurteilungskriterium in den Vergleich einbezogen, in der Regel sind dieses Faktoren wie der Preis, die Qualität oder die Lieferzeit. Die Gefahr bei diesem eindimensionalen Vergleich ist, nicht wirklich das beste Angebot im Sinne des Total-Cost-of-Ownership – Gedankens auszuwählen. Hierzu müssen neben dem Einkaufspreis und den Bezugsnebenkosten auch die indirekten Kosten berücksichtigt werden, wie zum Beispiel die Mehrkosten für Qualitätssicherungsmaßnahmen und Lieferverzögerungen oder die Lieferantenentwicklungskosten. Diese integrierte Betrachtung ermöglicht der Mehrfaktorenvergleich. Dabei werden die verschiedenen Vergleichskriterien bewertet und – zum Beispiel über ein Punkte- oder Notensystem – zu einer Gesamtbewertung zusammengeführt. Um die Bedeutungsunterschiede einzelner Bewertungskriterien zu berücksichtigen, kann eine Gewichtung der Kriterien in der Bewertung vorgenommen werden (vgl. Abbildung 1.14a-5).

Punkte 1-5
(1: schlecht, 5: sehr gut)

Kriterium	Gewicht	Lieferant 1	Lieferant 2
Angebotsabgabe	0,1	Angebot unvollständig Punkte: 2 Bewertung: 0,2	Angebot liegt komplett und pünktlich vor Punkte: 5 Bewertung: 0,5
Preis	0,2	390,00 Euro/ME Rabattstaffel: 5% ab 5.000 ME Punkte: 2 Bewertung: 0,4	375,00 Euro/ME Bonus 5% bei 100.000 ME p.a. Punkte: 2 Bewertung: 0,4
Lieferzeit	0,2	3 Arbeitstage Punkte: 5 Bewertung: 1,0	5 Arbeitstage bei Bestellung bis 16:00 Uhr Punkte: 2 Bewertung: 0,4
Qualitätssicherung	0,4	Zertif. vorauss. Jahresende Punkte: 3 Bewertung: 1,2	Zertifiziert nach DIN ISO Punkte: 4 Bewertung: 1,6
Lieferkonditionen	0,1	Akzeptiert unsere AGBs Punkte: 5 Bewertung: 0,5	Besteht auf eigene AGBs Punkte: 2 Bewertung: 0,2
Summen	**1,0**	**3,3**	**3,5**

Abbildung 1.14a-5: Durchführung eines Angebotsvergleichs mit mehreren Vergleichskriterien

6.3.2 Preisbewertung

Der Preis spielt für die Beschaffungsentscheidung eine wichtige Rolle. Um beim Angebotsvergleich die Angemessenheit eines vom Lieferanten geforderten Preises bewerten zu können, stehen drei Instrumente zur Verfügung: die Preisbeobachtung, der Preisvergleich und die Preisstrukturanalyse (vgl. ARNOLDS et al., 2001).

- **Preisbeobachtung**
  Im Vorfeld einer konkreten Beschaffungsentscheidung sind im Rahmen der Beschaffungsmarktforschung die Veränderungen eines Preises für ein Produkt und für evt. Substitutionsmaterialien im Zeitverlauf zu beobachten. Dazu können eigene Statistiken angelegt werden oder es kann auf amtliche Notierungen (z. B. Börsenpreise oder Auktionsergebnisse) zurückgegriffen werden. Das Ziel der Preisbeobachtung ist die Prognose der zu erwartenden Preisentwicklungen und deren Berücksichtigung in den Preisverhandlungen. Die Erstellung einer möglichst realitätsnahen Prognose wird erleichtert, wenn nicht nur der Verlauf der beobachteten Preise analysiert wird, sondern auch die Determinanten der Preisentwicklung parallel beobachtet werden (z. B. in den letzten Jahren die Nachfrageentwicklung nach Stahl aufgrund der wachsenden Wirtschaft in China und Indien).

- **Preisvergleich**
  Der Preisvergleich dient dazu, im Rahmen des Angebotsvergleichs die Preise der verschiedenen Lieferanten zu bewerten. Voraussetzung dafür ist, dass die angebotenen Qualitäten und Lieferkonditionen vergleichbar sind. Diesbezügliche Unterschiede sind im Preisvergleich zu berücksichtigen. In einigen Bereichen, wie etwa dem Werbemittelsektor oder bei der Vergabe von Bauvorhaben, hat sich der partielle Preisvergleich bewährt. Dabei werden von den Lieferanten Angebote für einzelne Teilleistungen verlangt und dann die einzelnen Teilpreise miteinander verglichen und für die Zielpreisfindung verwendet.

I **Preisstrukturanalyse**

Im Rahmen der Preisstrukturanalyse wird versucht, die Preisforderung der Lieferanten auf ihre Angemessenheit zu überprüfen, indem ihre einzelnen Kosten- und Gewinnbestandteile aufgeschlüsselt werden (vgl. HARTMANN, 2005). Nur in Ausnahmefällen wird der Lieferant bereit sein, seine Kalkulation offen zu legen. Der Einkäufer muss dann versuchen, die Kalkulation und den Gewinnaufschlag des Verkäufers näherungsweise nachzuvollziehen. Als Hilfsmittel dazu bietet sich der Rückgriff auf das Schema der Zuschlagskalkulation aus der Kostenträgerrechnung an (vgl. EISELE, 2002). Ein Grundschema zur Kalkulation der Herstell- bzw. Selbstkosten eines Produkts zeigt Abbildung 1.14a-6.

KALKULATION (Euro / ME)

Materialeinzelkosten Materialgemeinkosten	Materialkosten	Herstellungskosten	
Fertigungslöhne Fertigungsgemeinkosten Sondereinzelkosten der Fertigung	Fertigungskosten		
Verwaltungsgemeinkosten Vertriebsgemeinkosten Sondereinzelkosten des Vertriebs			Selbstkosten

Abbildung 1.14a-6: Grundschema der Kalkulation (in Anlehnung an EISELE, 2002: 719)

Dieses Grundschema ist nun vom Einkäufer mit den bekannten Daten und Informationen aus dem Lieferantenunternehmen zu füllen. Die Einzelkosten für Material und Lohn lassen sich aus den Kenntnissen von Produkt, Herstellungstechnologie und Tarifverträgen ermitteln. Evt. anfallende Sondereinzelkosten der Fertigung stellt der Lieferant in der Regel gesondert in Rechnung, sodass hier die Berechnung einfach ist. Schwieriger wird es bei der Abschätzung von Gemeinkosten bei Material, Fertigung, Verwaltung und Vertrieb. Hier muss der Einkäufer sich unter Umständen bei einem Lieferantenbesuch über die Altersstruktur der Maschinen, die Modernität des Lagers usw. selbst ein Bild machen, um die Höhe der Gemeinkostenzuschlagssätze schätzen zu können.

Tipp Als weitere Hilfestellung können die Kostenstrukturstatistiken des Statistischen Bundesamtes verwendet werden, um die vom Lieferanten kalkulierten Gewinnzuschläge zu überprüfen. (Die statistischen Daten werden veröffentlicht in der Fachserie 4.3, Produzierendes Gewerbe, herausgegeben vom Bundesamt für Statistik.)

Im Rahmen der Preisverhandlungen können vom Einkäufer entweder für die Gesamtkosten des Produkts oder auch für die Einzelbestandteile Zielkosten und damit -preise für den Lieferanten vorgeben werden. Verhandlungen auf dieser Basis führen dann unter Umständen zu einer gemeinsamen Analyse und Optimierung der Beschaffungs- und Herstellprozesse beim Lieferanten.

7 Verhandlung und Vertragsabschluss

Intensität und Umfang der zu führenden Verhandlungen hängen ab von der Bedeutung der zu verhandelnden Produkte. Eine einfache Katalogbestellung von geringwertigen Teilen zum Beispiel erfordert nur einen minimalen Verhandlungsaufwand. Dagegen besteht bei Bedarf an hochwertigen und anspruchsvollen Teilen Aussicht auf entsprechende wirtschaftliche Vorteile bei erfolgreicher Verhandlung über Preise und Konditionen. Die Vertragsgegenstände differieren je nach Intensität der Zusammenarbeit. Bei einem Einzel-Kaufvertrag sind Produkt, Menge und Preis die Mindestanforderungen für das Zustandekommen eines Vertrags. Darüber hinaus sind bei langfristiger und enger Zusammenarbeit zwischen Lieferanten und Abnehmer zunächst die grundlegenden Vereinbarungen zur Zusammenarbeit – z. B. die Lieferkonditionen – in einem Rahmenvertrag zu regeln. Aufbauend auf diesem Rahmenvertrag, können dann zum Beispiel Sukzessivlieferverträge, Konsignationslagerverträge, Qualitätssicherungsverträge oder Verträge zur gemeinsamen Forschung und Entwicklung abschlossen werden (Beispiele für die Formulierung eines Rahmenvertrags, eines Entwicklungsvertrags, einer Qualitätssicherungsvereinbarung sowie einer Geheimhaltungsvereinbarung finden sich bei HARTMANN, 2002). Für die unterschiedlichen Vertragstypen und ihre juristische Ausgestaltung sei hier verwiesen auf den Teil II dieses Beitrags.

Allen umfangreicheren Vertragsabschlüssen gehen entsprechende Einkaufsverhandlungen voraus. Diese lassen sich grundsätzlich unterteilen in die drei Phasen Verhandlungsvorbereitung, Verhandlungsführung und Nachbereitung.

7.1 Verhandlungsvorbereitung

Eine gute Verhandlungsvorbereitung ist maßgeblich für einen guten Vertragsabschluss. Sie teilt sich auf in die inhaltliche Vorbereitung und die organisatorische Vorbereitung.

7.1.1 Inhaltliche Vorbereitung

- **Informationssammlung und -aufbereitung**
  Daten aus der Beschaffungsmarktforschung werden für die Verhandlung aufbereitet. Dazu gehören unter anderem die Informationen über Angebots- und Nachfragesituation auf dem relevanten Beschaffungsmarkt, Informationen über das Lieferantenunternehmen (z. B. Auslastung, wirtschaftliche Situation), die Angebote alternativer Lieferanten bzgl. Preise und Konditionen.
  Gegenstand der Vorbereitung ist auch der persönliche Verhandlungspartner. Das Wissen über seine Ziele, seine Entscheidungskompetenzen und seine Verhaltensweisen in Verhandlungen hilft beim Aufbau der eigenen Argumentationsketten.
- **Festlegung der Verhandlungsziele und Argumentationsketten**
  Die monetären und nicht-monetären Ziele für das Verhandlungsergebnis sind im Vorfeld zu fixieren und entsprechend darauf ausgerichtete Argumentationsketten und Verhandlungstaktiken vorzubereiten. Bei der Festlegung der Preisziele liefern Instrumente, wie das Target-Costing (Zielpreisfindung), die Preisstrukturanalyse oder die Wertanalyse, hilfreiche Inputs (vgl. zu den Preisanalyseinstrumenten WANNENWETSCH, 2006).
- **Festlegung des Verhandlungsteams und der Verhandlungsrollen**
  Größere Verhandlungen werden nicht vom zuständigen Einkäufer alleine geführt. In der Regel sind Kollegen aus dem Einkauf dabei und – zur inhaltlichen Unterstützung – evt. Kollegen aus der Logistik, aus der Produktion, aus dem Qualitätsmanagement oder aus der Kostenrechnung. Bei der Verhandlungsführung im Team ist vorbereitend festzulegen, welche Argumentationsketten und Verhandlungstaktiken anzuwenden sind und wie im Team die Rollenverteilung stattfindet. Zum Beispiel: Wer bringt welche Argumente? Wer kann ein Lieferantenangebot annehmen oder ablehnen?

7.1.2 Organisatorische Vorbereitung

Neben der inhaltlichen Vorbereitung trägt die gute Organisation des Verhandlungstermins zum erfolgreichen Abschluss bei. Unter anderem sollten folgende Punkte nicht dem Zufall überlassen werden:

- Verhandlungsort und Raum
- Sitzordnung und Bewirtung
- Agenda und Zeitrahmen
- Anzahl und Auswahl der Beteiligten auf beiden Seiten
- Benötigte Unterlagen für die einzelnen Verhandlungspartner

7.2 Verhandlungsführung

Der Verhandlungsablauf folgt in der Regel einem festen Schema. Je nach teilnehmenden Personen und Verhandlungsgegenstand gestalten sich einzelne Phasen aber unterschiedlich aus. Insbesondere bei Teilnehmern aus verschiedenen Kulturkreisen sollten hier unterschiedliche Erwartungen bzgl. Umfang und Inhalt berücksichtigt werden.

- **Annäherungsphase**
  Vor Beginn der eigentlichen Verhandlung steht das „Warming-Up". Dazu gehört die Begrüßung, die Vorstellung der Teilnehmer, Gespräche über Randthemen, persönliches Kennenlernen, und die Überleitung in die nächste Phase.
- **Eingrenzungsphase**
  Hier werden bisherige Vereinbarungen und Leistungen in der Zusammenarbeit (Gemeinsamkeiten herausarbeiten und Schwierigkeiten ansprechen) besprochen. Verhandlungsgegenstand, Zweck und Ziel der Verhandlung werden eingegrenzt und fixiert.
- **Argumentations- und Einigungsphase**
  Die zu besprechenden Angebote bzw. Forderungen sind vorzutragen und zu verhandeln. Dabei bestimmt die gewählte Verhandlungstaktik die Reihenfolge und Abstufung der verwendeten Argumente. Diese ergeben sich aus dem Verhandlungsziel und aus dem Verhandlungsspielraum, den die Gegenseite zulässt. Ziel der Argumentations- und Einigungsphase ist ein tragfähiger Konsens zwischen den Verhandlungspartnern.
- **Abschlussphase**
  Hier sollten die Ergebnisse der Verhandlung noch einmal zusammengefasst und evt. gemeinsame, weiter zu bearbeitende Themen verabredet werden. Die Ergebnisse sind zu protokollieren, dass später der Vertragstext daraus abgeleitet werden kann.

In der Verhandlungsphase können unterschiedliche Verhandlungsstrategien angewendet werden. Diese hängen vor allem von der Machtkonstellation in der Verhandlung ab. Bei einem Lieferanten, der eine Monopolsituation innehat, kommen andere Argumentationslinien und Verhaltensweisen zum Einsatz als bei einem von uns abhängigen Lieferanten. Für die Verhandlungssituation können Strategien, wie z. B. Durchsetzungsstrategie, Defensivstrategie oder Rückzugsstrategie, eingesetzt werden. Bei der Verfolgung von so genannten Win-Win-Strategien (z. B. die Havard-Methode) geht es um Vertragsabschlüsse, die für beide Verhandlungspartner positiv sind. Dazu gehört eine offene und vertrauensvolle Kommunikation zwischen den Partnern (zu den Verhandlungsstrategien vgl. WANNENWETSCH, 2006 & HIRSCHSTEINER, 2002).

7.3 Verhandlungsnachbereitung

| **Ergebnisprotokoll**
Während der Verhandlung werden die getroffenen Vereinbarungen festgehalten und zum Verhandlungsende noch einmal zusammengefasst und verabschiedet. Im Anschluss an die Verhandlung wird daraus das Ergebnisprotokoll geschrieben. Dieses Ergebnisprotokoll dient als Grundlage für den zu erstellenden Vertrag.

| **To-Do-Liste**
Zu den Verhandlungsergebnissen zählen neben den Vereinbarungen zu Preisen, Qualitätsanforderungen und Lieferkonditionen auch die Vereinbarungen über anstehende Aufgaben und Verantwortliche, so zum Beispiel gemeinsame Projekte zur Verbesserung der Logistik oder zur Nutzung gemeinsamer EDV-Anwendungen. Diese To-Do-Liste ist Bestandteil des Protokolls und sollte jede Aktivität mit Verantwortlichen und mit Erledigungsdatum enthalten.

| **Ergebnisbewertung**
Voraussetzung für eine Bewertung der Ergebnisse ist ein zuvor messbar definiertes Ziel der Verhandlung. Im Team sollten die Zielerreichung sowie der Verhandlungsablauf diskutiert und bewertet werden. Daraus können Verbesserungsmaßnahmen für weitere Verhandlungen abgeleitet werden.

8 Bestellung

Sind die Lieferanten definiert, Preise, Konditionen und die konkrete Zusammenarbeit vertraglich geregelt, kann die konkrete Organisation der Materialversorgung beginnen. Die aktuellen Bedarfsmeldungen aus dem Unternehmen determinieren Zeitpunkt und Umfang der einzelnen Bestellungen. Die gemeldeten Bedarfe werden in der Regel nicht unmittelbar in Bestellungen umgesetzt (vgl. Abschnitt Bedarfsermittlung). Konkrete Bestellmengen und -termine werden dergestalt optimiert, dass eine zuverlässige Bereitstellung der Beschaffungsgüter bei geringen Bestell- und Lagerhaltungskosten erfolgt (vgl. PFOHL, 2004). Dabei wird unterschieden zwischen Bestellrhythmussystemen und Bestellpunktsystemen. Bestellrhythmussysteme veranlassen Bestellungen beim Lieferanten in regelmäßigen Zeitabständen. Diese Form der Bestellauslösung ist nur geeignet für Beschaffungsgüter mit einem regelmäßigen Verbrauch. Bestellpunktsysteme lösen Bestellungen aus, wenn ein definierter Bestand im Lager unterschritten wird.

Bezüglich des jeweiligen Bestellumfanges kann eine feste Bestellmenge definiert werden oder es kann bei jeder Bestellung eine individuelle Bestellmenge festgelegt werden, die den Lagerbestand auf eine gewünschte Höhe auffüllt. Bei einer fest definierten Bestellmenge wird deren wirtschaftlicher Umfang auf Basis der durch sie verursachten Lagerhaltungs- und Bestellkosten definiert (Berechnung der optimalen Bestellmenge). Hierfür stehen statische und dynamische Modelle zur Berechnung zur Verfügung (zur Funktionsweise der verschiedenen Bestellmengenmodelle vgl. ARNOLDS, HEEGE & TUSSING, 2001).

Die Optimierung der Bestellprozesse wird erreicht durch organisatorische Maßnahmen, wie etwa die Zusammenfassung von Bestellungen verschiedener Beschaffungsgüter bei einem Lieferanten, Sammelbestellungen, Festlegung von Mindestbestellwerten oder Verlagerung der Dispositions- und Bevorratungsfunktion auf den Lieferanten.

Insbesondere im Bereich Bestellübermittlung und -bestätigung und der Zahlungsabwicklung können elektronische Beschaffungsprozesse im Sinne eine E-Procurement verwendet werden. E-Procurement ist die elektronische Unterstützung von Beschaffungsprozessen. Es umfasst unternehmensinterne und/oder marktbezogene Tätigkeiten, die zu einem erheblichen Teil auf Informations- und Kommunikationstechnologie basieren und darauf gerichtet sind, einem Unternehmen die benötigten Beschaffungsgüter verfügbar zu machen (vgl. zum Beispiel STOLL, 2007).

9 Lieferung/Bestellüberwachung

Sind die Bestellungen getätigt, muss deren reibungslose Abwicklung gemäß der vertraglichen Vereinbarungen verfolgt werden. Dazu gehören die Überwachung der Liefertermine und -menge sowie die Warenannahme und -kontrolle.

9.1 Terminüberwachung

Bestellte Materialien müssen termingerecht geliefert werden. Eine zu späte Lieferung führt zu Verzug in Produktion und Absatz, eine zu frühe Lieferung bedeutet Nachteile in der Liquidität und erhöhte Lagerhaltungskosten sowie ein erhöhtes Bestandsrisiko. Die Aufgabe der Terminüberwachung besteht darin,

- den Lieferanten zu einer rechtzeitigen Lieferung anzuhalten und
- voraussichtliche Terminabweichungen frühzeitig zu erkennen, um zügig Gegenmaßnahmen einzuleiten.

Eine vorbeugende Terminsicherung kann erfolgen über die Versendung von Erinnerungsmitteilungen in angemessener Frist vor dem Liefertermin an den Lieferanten. Diese „Vorab-Mahnung" ist jedoch, auch wenn sie automatisiert versendet wird, sehr aufwändig. Außerdem widerspricht sie der Anforderung an die Zuverlässigkeit des Lieferanten, die ein Kriterium bei seiner Auswahl sein sollte. Die vorbeugende Terminsicherung sollte daher nur in wenigen begründeten Fällen angewendet werden. Viel sinnvoller ist es, wenn die Zusammenarbeit mit dem Lieferanten sich so gestaltet, dass dieser bei sich abzeichnenden Lieferverzögerungen diese umgehend meldet, um damit zeitliche Spielräume für die Einleitung von Gegenmaßnahmen, wie etwa die Einbeziehung anderer Lieferquellen, zu ermöglichen.

Die nachträgliche Terminüberwachung muss lückenlos die Einhaltung der Liefertermine erfassen und dokumentieren. Bei Lieferverzug muss der Lieferant angemahnt werden. Zur Wirksamkeit der Mahnung gehört die Erfahrung des Lieferanten, dass der Kunde vor Konsequenzen, wie etwa einem Lieferantenwechsel oder der Einforderung von Konventionalstrafen, nicht zurückschreckt.

9.2 Wareneingang und -kontrolle

Bei der Anlieferung der bestellten Ware werden die Annahme der Lieferung, die Kontrolle und die Verbuchung der Ware durchgeführt.

Warenanlieferungen werden disponiert, d. h. die Lieferanten bekommen Zeitfenster für ihre Anlieferung vorgegeben. Damit kann die gleichmäßige Auslastung des Wareneingangs gesteuert werden und die jeweils benötigten Kapazitäten für die Warenannahme, Prüfung und Einlagerung können zeitgerecht zur Verfügung gestellt werden.

Wenn die Ware abgeladen ist, erfolgt zunächst eine Kontrolle der Anlieferung. Kontrolliert werden (vgl. Schulte, 2005):

- **Die Lieferung**
  Übereinstimmung von Bestellung und Lieferung hinsichtlich der gelieferten Teile, der Mengen und des Liefertermins. Hierzu müssen dem Wareneingang die Bestelldaten in Papier- oder Datenform zur Verfügung gestellt werden. Die Ergebnisse des Abgleichs der Bestell- mit den Lieferdaten müssen erfasst und dokumentiert werden, um für die Rechnungsprüfung und die Lieferantenbewertung zur Verfügung zu stehen.

| **Die Lieferscheindaten**
 Übereinstimmung der Lieferscheindaten mit der tatsächlichen Lieferung. Die Lieferscheindaten, die entweder in Papierform mit der Lieferung oder per Datensatz, z. B. als EDI-Nachricht eintreffen (EDI Electronic Data Interchange: Systeme zur Übermittlung standardisierter Bestell-, Zahlungs- und Logistikdaten; vgl. zum Beispiel BALNUS, 2000) sind in der Regel beim Lieferanten die Grundlage für die Rechnungserstellung. Es ist daher zu überprüfen, ob es Bestandsdifferenzen zwischen Lieferschein und der gelieferten Menge gibt.
| **Transportschäden**
 Beschädigungen an den gelieferten Gütern. Werden Mängel festgestellt, sind diese auf den Lieferpapieren festzuhalten im Hinblick auf mögliche Schadensersatzverhandlungen.
| **Die Qualität der gelieferten Ware**
 Die Durchführung einer Qualitätsprüfung sollte in Abstimmung mit dem Lieferanten erfolgen. Redundante Prüfungen in der Lieferkette sind durch ein zwischen den Partnern abgestimmtes Qualitätsmanagement zu vermeiden, so etwa die Prüfung im Warenausgang des Lieferanten und zusätzlich die Prüfung im Wareneingang des Kunden.

Nach den durchgeführten Kontrollen wird die Lieferung zur Vereinnahmung freigegeben und zum Weitertransport an das Lager oder die Bedarfsträger in der Produktion bereitgestellt. Dabei wird vom Wareneingang die Zuordnung der Lagerplätze für die einzelnen Lieferpositionen übernommen. Die gelieferte und freigegebene Ware wird dem Lagerbestand zugebucht und dem Bestellbestand abgebucht. Die verbuchten Wareneingänge werden der Rechnungsprüfung zur Verfügung gestellt. Die Daten aus dem Wareneingang stehen auch für die Lieferantenbewertung zur Verfügung. Mit ihnen werden Kriterien, wie Termintreue, Mengentreue und Reklamationsquoten, errechnet.

10 Rechnungsprüfung und Zahlung

Nach Abschluss des Wareneingangs und evt. Rücksendungen oder Reklamationen erfolgt der letzte Abschnitt der Bestellung: die Abrechnung. Die Überprüfung der eingehenden Rechnungen unterteilt sich in eine sachliche und eine rechnerische Prüfung:

| **Sachliche Prüfung**
 Hier erfolgt zum einen der Abgleich der berechneten Menge mit der eingegangenen Menge. Dazu müssen der Prüfstelle sowohl die Bestelldaten als auch die Lieferschein- und Wareneingangsdaten zur Verfügung stehen. Weiterhin wird überprüft, ob der berechnete Preis je Einheit (z. B. die Berücksichtigung von Rabattstaffeln) und die Verpackungs- und Transportkosten korrekt abgerechnet sind. Dazu benötigt die Rechnungsprüfung die Informationen über alle im Vertrag ausgehandelten Konditionen.
| **Rechnerische Prüfung**
 Hier wird die korrekte Berechnung des Gesamt-Rechnungsbetrags kontrolliert (Addition der Einzelpositionen).

Der hohe Arbeitsaufwand bei der Rechnungsprüfung hat zu einem hohen Automatisierungsgrad durch die EDV-Unterstützung geführt. Darüber hinaus können verschiedene Verfahren zur Vereinfachung der Rechnungsprüfung genutzt werden. So kann etwa auf die Prüfung von Kleinstrechnungen komplett verzichtet werden, wenn die Kosten der Rechnungsprüfung höher sind als der Rechnungsbetrag. Weiterhin können mit dem Lieferanten Sammelrechnungen vereinbart werden, z. B. die Zusammenfassung aller Lieferungen eines Monats in einer Rechnung. Oder die Rechnungsprüfung arbeitet mit Stichproben, deren Umfang in Abhängigkeit von den Rechnungsbeträgen und von den Erfahrungen mit dem Lieferanten gestaffelt wird.

Zum Beispiel könnte man die Rechnungsprüfung folgendermaßen differenzieren:

- Rechnungen unter 100 Euro: keine Prüfung
- Rechnungen von 100 – 2.000 Euro: Stichprobe, 30 %
- Rechnungen von 2.000 – 5.000 Euro: Stichprobe, 70 %
- Rechnungen über 5.000 Euro: Vollkontrolle

Tipp Die Höhe der nicht zu prüfenden Rechnungen sollte u. a. abhängig gemacht werden von den Kosten eines Rechnungsprüfungsvorgangs. Alle Rechnungsbeträge, die niedriger sind als die Kosten der Rechnungsprüfung, sollten nicht oder nur in geringem Stichprobenumfang geprüft werden.

In jedem Fall wird ein Vergleich zwischen Wareneingang und Rechnung durchgeführt, um zu überprüfen, ob der Rechnung überhaupt eine erbrachte Leistung gegenübersteht. Außerdem werden alle Rechnungen rechnerisch geprüft.

Die geprüften Rechnungen werden dann gemäß der jeweils vereinbarten Zahlungsziele zur Zahlung angewiesen. Die Zahlung, deren Abwicklung in der Regel als Zahlungskondition im Liefervertrag vereinbart wurde, kann als Überweisung, im Last- oder Gutschriftverfahren oder als indirekte Zahlungen über garantierende Banken (z. B. Akkreditive) oder über Kreditkartenfirmen (z. B. Purchasing Cards) erfolgen. Bei Lieferpartnern aus verschiedenen Währungsräumen muss in den Zahlungskonditionen eine Abrechnungswährung definiert sein.

Der Abrechnungsprozess muss so gestaltet werden, dass die Einhaltung von Skontofristen nicht gefährdet ist. Ebenso sollte bei der Rechnungsprüfung sichergestellt werden, dass die prüfende Person keine falsche Rechnung anerkennt (z. B. um Fehler des Einkäufers zu verschleiern). Dazu kann z. B. eine Prüfung durch den Vorgesetzten oder eine Revision dienen.

11 Zusammenfassung

Die vorliegende Darstellung des Beschaffungsprozesses hat zunächst Aufgaben und Ziele der Beschaffung erläutert.

Der Ablauf eines Beschaffungsprozesses lässt sich in mehrere Phasen unterteilen. Er beginnt mit der Ermittlung der Bedarfe, die im Unternehmen entstehen und mit der Festlegung der Art der Materialbereitstellung. Die Materialbereitstellung kann erfolgen im Bezug zu einem einzelnen konkreten Auftrag oder als Vorratsbeschaffung. Bei der Vorratsbeschaffung wird eine definierte Menge einer Ware bestellt und auf Lager gebracht. Von dort wird die Ware für die Produktion entnommen und muss dann nach festzulegenden Bestellregeln wieder nachbestellt werden. Eine Sonderform der Materialbereitstellung ist die produktionssynchrone Beschaffung, bei der die benötigten Einsatzgüter erst kurz vor ihrem Einbau angeliefert werden und dann sofort in das Endprodukt eingebaut werden.

Nach der Festlegung der Materialbereitstellungsart und der Bedarfsermittlung sind die Schritte der Lieferantensuche und -auswahl, des Angebotsvergleichs und des Vertragsabschlusses im Beschaffungsprozess zu gestalten.

Erst danach kommt es zur Bestellung, deren pünktliche und vollständige Ausführung überwacht wird. Der Beschaffungsprozess ist abgeschlossen mit der Prüfung der Rechnung und der Zahlung.

12 Fragen zur Wiederholung

1. Was sind die Aufgaben der Operativen und der Strategischen Beschaffung?
2. Welches sind die Schritte im Beschaffungsprozess?
3. Wie können Bedarfe für Beschaffungsgüter im Unternehmen entstehen bzw. erkannt werden?
4. Was ist ein Lieferantenfragebogen?
5. Was sind Inhalte von Angebotsanfragen?
6. Was sind TCO Total Cost of Ownership?
7. Wie arbeitet die Preisstrukturanalyse?
8. Was gehört zur Vorbereitung einer Verhandlung mit dem Lieferanten?
9. Welche Tatbestände werden im Wareneingang nach Anlieferung der Ware geprüft?

1.14b Die rechtlichen Grundlagen der Beschaffung: Verträge (Contract)

Angela Knauer

Lernziele

Sie kennen

- die Vertragstypen, die im Rahmen der Beschaffung vorkommen
- die Elemente eines Vertrages und können diese vom Vorfeld des Vertragsschlusses abgrenzen
- die Konsequenzen einer verspäteten Annahme
- die Konsequenzen einer Annahme unter Veränderungen gegenüber dem Angebot
- die Konsequenzen eines kaufmännischen Bestätigungsschreibens

Sie wissen

- welche Inhalte der Vertrag haben sollte
- in welcher Form der Vertrag geschlossen werden sollte
- welche Mindestinhalte ein Angebot hat
- wie die Bindungswirkung eines Angebots ausgeschlossen wird
- wie lange eine Annahme auf ein Angebot erklärt werden kann
- welche Auswirkungen bloßes Schweigen auf ein Vertragsangebot hat
- welche Konsequenzen bei einem Lieferverzug folgen

Sie können

- mit dem Begriff der Vertragsstrafe umgehen
- mit der Untersuchungs- und Rügepflicht des § 377 HGB umgehen

Inhalt

1	Einleitung	491
2	Die Art des Vertrags	491
2.1	Kaufvertrag, §§ 433ff BGB	491
2.2	Werkvertrag, §§ 631ff BGB	491
2.3	Dienstvertrag, §§ 611ff BGB	492
2.4	Beschaffung als Einzelvertrag oder langfristiger Vertrag	492
3	Form und Mindestinhalte des Vertrags	493
4	Verhandlungsphase	493
4.1	Elemente eines Vertrags	493
4.2	Vertragsfreiheit	494
4.3	Voraussetzungen eines Angebots im Rechtssinne	494
4.3.1	Notwendiger Inhalt eines Angebots	494
4.3.2	Notwendigkeit eines Rechtsbindungswillens	495
5	Der Vertragsschluss	496
5.1	Formvoraussetzungen	496
5.2	Die Annahme	496
5.2.1	Rechtzeitigkeit der Annahme	496
5.2.2	Verspätete Annahme	498
5.2.3	Veränderungen in der Annahme	498
5.2.4	Vertragsschluss durch bloßes Schweigen?	498
5.2.5	Sonderfall kaufmännisches Bestätigungsschreiben	499
6	Abwicklungsphase	500
6.1	Lieferverzug	500
6.2	Wareneingangskontrolle	501
7	Zusammenfassung	502
8	Fragen zur Wiederholung	503

1 Einleitung

Beschaffung erfordert in rechtlicher Hinsicht den Abschluss eines Vertrags. Bevor es dazu kommt, wird in einer Verhandlungsphase der Vertragsschluss üblicherweise zunächst vorbereitet, bis die Verhandlungen zu einem erfolgreichen Ende kommen und damit in den Abschluss des Vertrags münden. Ausnahmsweise entfällt die Verhandlungsphase, wenn es sich z. B. um eine einmalige Bestellung auf Basis eines Katalogs handelt und über Preis, Leistung und Lieferpflichten keinerlei Verhandlungen geführt werden müssen. Auf den Vertragsschluss folgt die Abwicklungsphase, in der Probleme besonders bei der Einhaltung von Lieferterminen und bei Qualitätsabweichungen in der Lieferung auftreten können. Alle dargestellten Phasen erfordern rechtliches Grundlagenwissen. Dieses wird im Folgenden dargestellt.

2 Die Art des Vertrags

Zum Zwecke der Beschaffung werden Verträge abgeschlossen. Je nach dem Objekt der Beschaffung erfolgt die rechtliche Einordnung des Vertrags in die gesetzlichen Regelungen über Kaufverträge, Werkverträge oder Dienstverträge. Damit gehen unterschiedliche Verpflichtungen der Vertragsparteien einher. Es ist daher eine Einordnung erforderlich.

Die gesetzlichen Regelungen über Verträge finden sich im Bürgerlichen Gesetzbuch (BGB), ergänzt von wenigen Sondervorschriften im Handelsgesetzbuch (HGB). Die Regelungen über den Kaufvertrag finden sich in §§ 433ff BGB, über den Werkvertrag in §§ 631ff BGB, über den Dienstvertrag in §§ 611ff BGB, wohingegen die Grundlagen des Vertragsabschlusses, die Bestimmungen über Allgemeine Geschäftsbedingungen sowie das für die Vertragsabwicklung relevante Recht der Leistungsstörungen sich in einheitlichen Regelungen des BGB finden (Vertragsschluss: §§ 145ff, Allgemeine Geschäftsbedingungen: §§ 305ff, Recht der Leistungsstörungen: §§ 280ff BGB).

2.1 Kaufvertrag, §§ 433ff BGB

Gegenstand eines Kaufvertrags sind Sachen und Rechte sowie alle vermögenswerten Gegenstände, z. B. zur Produktion benötigte Teile, aber auch Software, Patente, Erfindungen. Der Verkäufer verpflichtet sich, an den Käufer gegen Entgelt Eigentum und Besitz zu übertragen, § 433 Absatz 1 BGB.

2.2 Werkvertrag, §§ 631ff BGB

Der Werkvertrag verpflichtet den Unternehmer zur Herbeiführung eines bestimmten Erfolgs gegen Entgelt, § 631 Absatz 1 BGB. Bei der Beschaffung besteht der geschuldete Erfolg in aller Regel in der Herstellung eines vereinbarten Werks. Handelt es sich bei der Herstellung des Werks um erst noch herzustellende oder zu erzeugende bewegliche Sachen, verweist § 651 BGB grundsätzlich auf die Vorschriften über Kaufverträge, sodass auch hier also Kaufrecht angewendet wird. Die Vorschriften des Werkvertragsrechts sind allerdings ergänzend anwendbar, sofern Gegenstand der Beschaffung Sonderanfertigungen sind.

 Bei der Beschaffung von Rohstoffen, Hilfsstoffen und Betriebsstoffen sowie bei der Beschaffung von Handelswaren handelt es sich demnach entweder um klassische Kaufverträge oder aber, falls die Gegenstände erst produziert werden, ist Kaufrecht anwendbar, sodass die Unterscheidung in diesem Bereich praktisch aufgehoben ist.

2.3 Dienstvertrag, §§ 611ff BGB

In einem Dienstvertrag verspricht derjenige, der Dienste zusagt, die Leistung der versprochenen Dienste, der andere Teil die Gewährung der vereinbarten Vergütung, § 611 Absatz 1 BGB. Beim Dienstvertrag wird im Unterschied zum Werkvertrag der Prozess vertraglich geschuldet, häufig eine Arbeitsleistung, während bei einem Werkvertrag über das Tun hinaus ein Erfolg geschuldet wird, den der Unternehmer herbeizuführen hat. Schuldet der Vertragspartner also laufende Tätigkeiten, handelt es sich um einen Dienstvertrag.

🔍 **Beispiel** Der Vertragspartner verpflichtet sich, Arbeiten an Maschinen des Unternehmens vorzunehmen.

In der klassischen Beschaffung scheidet eine Einordnung als Dienstvertrag in aller Regel also aus.

2.4 Beschaffung als Einzelvertrag oder langfristiger Vertrag

Beschaffungsverträge lassen sich unterschiedlich gestalten. Sie können einzeln bei Bedarf mit einem Lieferanten abgeschlossen werden, über eine einmalige Lieferung, als Sukzessivliefervertrag oder als Abrufvertrag. Der Sukzessivlieferungsvertrag ist auf die Erbringung von Leistungen in zeitlich aufeinander folgenden Raten gerichtet. Er kann die Lieferung einer von vornherein bestimmten Menge einer Ware in einem bestimmten Zeitraum beinhalten, wobei für die Lieferung der Teilmengen feste Liefertermine festgelegt sind. Er kann als Bezugsvertrag aber auch auf längere Zeit ohne Festlegung einer bestimmten Liefermenge abgeschlossen sein, sodass die Liefermenge sich allein nach dem Bedarf des Abnehmers richtet (häufig bei „Just in time"-Klauseln). Bei Abrufverträgen werden die Termine und Mengen der Lieferungen dem Lieferanten per Abruf vom Unternehmen nach dessen Bedarf übermittelt werden (vgl. PALANDT, 2007).

Häufig im Rahmen einer bestehenden Geschäftsbeziehung bzw. nach „Erprobung" des Lieferanten sind Rahmenverträge. Hierin können vorab Preise, Leistungen und Warenspezifikationen festgelegt werden, ohne dass eine bestimmte Abnahmemenge festgelegt sein muss.

Wichtig ist, dass für Verträge allgemein eine völlige Gestaltungsfreiheit besteht, das heißt, der Gesetzgeber verlangt nicht bestimmte gesetzlich geregelte Inhalte oder Bezeichnungen, sodass die Vertragsparteien hier bis zur Grenze der Sittenwidrigkeit und gesetzlicher Verbote völlig frei sind, einen Vertrag zu gestalten. Infolgedessen sind Abweichungen vom Gesetz nicht selten und jeder Vertragspartner wird, ausgehend von der eigenen Interessenlage, versuchen, den Vertrag zu seinen Gunsten zu gestalten.

Welche Variante des Vertrags sich anbietet, hängt von der Bekanntheit, Verlässlichkeit des Vertragspartners, aber auch von dem eigenen, eher dauerhaften oder nur einmaligen bzw. vorübergehenden Bedarf ab. Die Einschaltung der Rechtsabteilung bei Verträgen, die auf Langfristigkeit angelegt sind, ist empfehlenswert.

3 Form und Mindestinhalte des Vertrags

Für den Vertragsschluss bedarf es keiner besonderen Form, Verträge können auch wirksam mündlich abgeschlossen werden. Letzteres empfiehlt sich aus Beweisgründen selbstverständlich nicht.

Für die Praxis kommen zwei Formen des Vertragsschlusses in Betracht:

- die gemeinsame Unterzeichnung einer Vertragsurkunde,
- der Austausch von schriftlichen oder elektronischen Erklärungen bzw. Erklärungen per Telefax, die den beiderseitigen Willen zum Vertragsschluss bekunden.

Für besonders bedeutsame Verträge wird die erste Form der Wahl einer Vertragsurkunde in Betracht kommen, während im täglichen Geschäft Verträge häufig durch den Austausch von Erklärungen zustande gebracht werden. Bei Letzterem ist es häufig schwierig festzustellen, ob überhaupt ein Vertrag geschlossen wurde und wenn ja, mit welchem Inhalt. Hierfür ist die Kenntnis der Regelungen zur Vertragslehre unerlässlich, die im Folgenden dargestellt wird.

Inhaltlich sollte in einem Vertrag eine genaue Bezeichnung der Parteien (Unternehmen, Anschrift, vertretungsberechtigte Person) vorgenommen werden. Äußerst wichtig sind eine genaue Beschreibung der Leistung und der Gegenleistung sowie Lieferzeiten, Lieferort, Zahlungsbedingungen und Regelungen zu Konsequenzen für den Fall der Nichteinhaltung einzelner vertraglicher Vereinbarungen. Zwar gibt es im BGB im Recht der Leistungsstörungen und im Gewährleistungsrecht der einzelnen Vertragstypen gesetzliche Regelungen für Fälle der Vertragsverletzung, jedoch lassen sich die gesetzlichen Regelungen zu Gunsten der jeweiligen Vertragspartei auf das Vertragsobjekt individuell Maß schneidern und vertraglich verändern. Das Gesetzesrecht wird hierdurch beiseite geschoben. Dies kann durch Allgemeine Geschäftsbedingungen oder durch individuelle Vertragsklauseln erreicht werden (zu Allgemeinen Geschäftsbedingungen vgl. im Vertiefungsteil unter Verhandlungsphase).

Bei Verträgen, die Berührung zu einem anderen Staat haben, sei es, dass der Vertragspartner seinen Sitz im Ausland hat, sei es, dass die Ware nur dort produziert wird, ist zu beachten, dass nicht automatisch deutsches Gesetzesrecht gilt und im Streitfall deutsche Gerichte nicht automatisch zuständig sind. Auf die Konsequenzen für die Vertragsgestaltung wird im Vertiefungsteil im Abschnitt 5 eingegangen.

4 Verhandlungsphase

4.1 Elemente eines Vertrags

Ein Vertrag besteht aus zwei übereinstimmenden Willenserklärungen, dem Angebot (auch Antrag oder Offerte genannt) und der Annahme. Er kommt durch die Willensübereinstimmung (Einigung) der Parteien zustande. Diese kann sich auf einem gemeinsamen Vertragsformular ausdrücken oder aber in dem Austausch von (möglichst) schriftlichen Erklärungen bestehen.

Verhandlungen, die dem Abschluss eines Vertrags vorausgehen, sind grundsätzlich rechtlich noch nicht verbindlich. Zwar erwachsen hieraus für die Parteien bereits Sorgfaltspflichten, es gibt aber keinen Grundsatz, wonach Verhandlungen nicht auch abgebrochen werden könnten, sodass ein Vertragsschluss unterbleibt.

4.2 Vertragsfreiheit

Für die Frage, ob ein Vertrag geschlossen werden soll und zu welchen Konditionen, hat der Gesetzgeber den Parteien eine grundsätzlich uneingeschränkte Vertragsfreiheit eingeräumt. Zu ihr gehören die Abschlussfreiheit und die Inhaltsfreiheit.

Abschlussfreiheit bedeutet für beide Parteien die Freiheit zu entscheiden, ob sie überhaupt einen Vertrag abschließen wollen und wenn ja, mit welcher Vertragspartei. Inhaltsfreiheit bedeutet demgegenüber die grundsätzliche Freiheit der Parteien, den Vertrag so zu gestalten, wie er ihrem beiderseitigen Wunsch entspricht, das heißt, den vertraglichen Inhalt frei festzulegen, z. B. zu regeln, ob Allgemeine Geschäftsbedingungen einbezogen werden sollen, sowie Lieferfristen, Preise und Produktbeschreibungen frei vorzunehmen. Der Gesetzgeber erkennt den Parteien hier eine weitgehende Gestaltungsfreiheit zu, die allein in den guten Sitten und in gesetzlichen Verboten ihre Schranken findet.

4.3 Voraussetzungen eines Angebots im Rechtssinne

Verträge werden durch Verhandlungen über Preis, Produkt, Lieferzeiten etc. vorbereitet. Der Vertrag selbst bedarf des Angebots und der Annahme. Der juristische Begriff des Angebots deckt sich in aller Regel aber nicht mit der Verwendung des Begriffs Angebot im allgemeinen Sprachgebrauch. Mit der Phase der Angebotseinholung innerhalb der Beschaffung (vgl. dazu Teil I des Beitrags) ist nicht die Einholung von Angeboten im Rechtssinne gemeint, sondern das Vorfeld.

4.3.1 Notwendiger Inhalt eines Angebots

> Ein Angebot im Rechtssinne ist eine Willenserklärung, mit der sich jemand, der einen Vertrag abschließen möchte, an einen anderen wendet und die zukünftigen Vertragsbedingungen dergestalt zusammenfasst, dass der andere, ohne inhaltliche Änderungen vorzunehmen, den Vertrag durch ein bloßes „Ja" (Annahmeerklärung) zustande bringen kann (vgl. EISENHARDT, 2007).

Zwingende Voraussetzung für ein Angebot im Rechtssinne ist also, dass die wesentlichen Vertragsbedingungen im Vertragsangebot enthalten sind bzw. sich aus dem Vorfeld, den bis dahin geführten Verhandlungen, ohne Schwierigkeiten entnehmen lassen. Für ein Angebot auf Abschluss eines Kaufvertrags bedarf es danach neben der Festlegung der Parteien zumindest der Festlegung von Produkt, Preis und der genauen Menge (vgl. EISENHARDT, 2007). Ein Angebot im Rechtssinne bildet also den Abschluss (und nicht den Beginn) der Vertragsverhandlungen und ermöglicht den sofortigen Vertragsschluss.

Beispiel Unternehmen A holt unterschiedliche „Angebote" zum Preisvergleich von potentiellen Lieferanten ein. Zu diesem Zweck werden die benötigten Mengen mit circa angegeben, lediglich die benötigte Ware wird genau beschrieben. Wenn Unternehmen B hierauf mit einer Erklärung reagiert, wonach der Preis und die Lieferbedingungen mitgeteilt werden, aber auch hier keine genaue Mengenfestlegung erfolgt, handelt es sich nicht um ein Angebot im Rechtssinne. Denn im Falle eines Einverständnisses von Unternehmen A stünde die Liefermenge nicht fest.

4.3.2 Notwendigkeit eines Rechtsbindungswillens

Damit ein Angebot im Rechtssinne vorliegt, muss eine zweite Voraussetzung erfüllt sein. Im Angebot muss zum Ausdruck kommen, dass der Antragende sich rechtlich binden will (Rechtsbindungswille) (vgl. PALANDT, 2007). Nur dann ist das Angebot Willenserklärung und kann durch die Annahmeerklärung der anderen Partei zum Vertragsschluss führen.

Die Bindung besteht darin, dass der Antragende das Angebot nicht mehr einseitig widerrufen oder seinen Inhalt abändern kann. Die Entscheidung, ob ein Vertrag geschlossen wird, liegt jetzt allein beim Empfänger des Angebots.

Beispiel Benutzt der Lieferant in einem individuellen Anschreiben eine klare Formulierung, wie „Wir können Ihnen Ware xy zu einem Preis von .. , Menge …, zu folgenden weiteren Konditionen anbieten ..", so kann hieraus auf einen Rechtsbindungswillen geschlossen werden.

Die Bindungswirkung eines individuellen Anschreibens kann der Lieferant durch besondere Zusätze verhindern, die deutlich machen, dass er nicht gebunden sein möchte,

z. B. „wir bieten Ihnen freibleibend/ohne Obligo/solange Vorrat reicht an, …".

In diesem Fall geht ein Angebot dann vom Empfänger dieser Erklärung aus, sofern er mit den genannten Bedingungen einverstanden ist und die wesentlichen Vertragsbestandteile klar sind. Der Lieferant wird nunmehr prüfen, ob die benötigte Ware (noch) verfügbar ist und durch sein Einverständnis (Annahme) gegebenenfalls den Vertrag zustande bringen.

Häufig handelt es sich bei Erklärungen, die ein potentieller Lieferant auf Aufforderung zusendet, nur um Vorabinformationen, denen noch ein Rechtsbindungswille fehlt und die im Hinblick auf einzelne Vertragsbestandteile noch unvollständig sind. Man spricht in diesen Fällen von Einladungen zur Abgabe von Angeboten. Diese Erklärungen sind dem Vorfeld des Vertragsabschlusses zuzuordnen und kennzeichnen die Verhandlungsphase.

Ob eine Erklärung im Vorfeld eines Vertrags vorliegt, ist durch Auslegung zu ermitteln. Bei der Zusendung von Katalogen und Preislisten handelt der Zusendende regelmäßig ohne Rechtsbindungswillen, da er im Falle einer positiven Reaktion zunächst einmal prüfen will, ob sein Warenvorrat reicht und ob er mit dem betreffenden Kunden überhaupt einen Vertrag eingehen möchte. Der Zusendende will es hier bei der Vielzahl der durch die Werbung angesprochenen potentiellen Kunden nicht dem Kunden überlassen, durch eine Annahmeerklärung den Vertrag zustande zu bringen und damit seine Lieferverpflichtung zu begründen. Anderenfalls wäre es für ihn ein Risiko, einer Vielzahl von potentiellen Kunden Preislisten zuzusenden, die dann durch Annahmeerklärung einen Vertrag zustande brächten. Er erklärt durch die Zusendung dieses unverbindlichen Angebots lediglich seine grundsätzliche Bereitschaft, einen Vertrag abschließen zu wollen, verbunden mit der Aufforderung an den potentiellen Kunden, seinerseits ein bindendes Angebot zum Abschluss eines Vertrages an ihn zu richten. Der Versender des Katalogs und der Preisliste entscheidet dann darüber, ob er das Angebot des Kunden annehmen will und kann und damit den Vertrag zustande bringt.

Beispiel Unternehmen B schickt Unternehmen A auf Anforderung den Bestellkatalog bzw. stellt seinen Katalog ins Internet. Das bindende Angebot geht vom Besteller aus.

5 Der Vertragsschluss

Der Vertragsschluss erfordert eine Einigung, bestehend aus den beiden Willenserklärungen Angebot und Annahme. Dies kann auf einer Vertragsurkunde erfolgen, welche die jeweiligen Vertretungsberechtigten der beiden Unternehmen gegenzeichnen.

In der Praxis häufig, insbesondere bei kleineren Liefermengen, erfolgt aber der Vertragsschluss ohne einheitliche Vertragsurkunde. Von welcher Vertragspartei das Angebot oder die Annahme ausgeht, ist gleichgültig. Häufig, aber nicht immer, geht das bindende Angebot vom Abnehmer aus, der seine Auswahl unter den in Betracht kommenden Lieferanten getroffen hat und diesem seinen Wunsch nach Abschluss des Vertrags schriftlich, per Telefax, per E-Mail oder (fern)mündlich mitteilt. Mit der zeitlich nachfolgenden Annahme, das heißt dem vollständigen Einverständnis mit dem Inhalt des Angebots, kommt der Vertrag zustande (vgl. PALANDT, 2007).

5.1 Formvoraussetzungen

Angebot und Annahme sind grundsätzlich formfrei, das heißt, sie müssen weder schriftlich abgegeben werden, noch sonstigen Formanforderungen genügen. Dies bedeutet für den Vorgang der Beschaffung, dass nicht nur die Verhandlungen mündlich bzw. fernmündlich vorgenommen werden können, sondern auch der Vertragsschluss selbst (fern)mündlich erfolgen kann. Selbstverständlich ist davon abzuraten, die Vertragskonditionen allein mündlich zu fixieren, da Beweisprobleme hier vorprogrammiert sind.

Werden Vertragsverhandlungen dennoch mündlich oder fernmündlich geführt und erfolgreich beendet, empfiehlt es sich, die getroffene Einigung in Form eines schriftlichen Bestätigungsschreibens zu fixieren. Ein Bestätigungsschreiben ist selbst dann empfehlenswert, wenn die Einigung durch den Austausch verschiedener E-Mails oder Telefaxe erzielt wurde. Damit wird sichergestellt, dass das Verhandlungsergebnis einmal vollständig zwischen den Parteien kommuniziert wurde. Reagiert die andere Partei auf das Schreiben nicht, so steht der Inhalt des Vertrags fest und kann später nicht mehr in Zweifel gezogen werden (zum kaufmännischen Bestätigungsschreiben vgl. unter 5.2.5).

5.2 Die Annahme

Da für den Vertragsschluss Angebot und Annahme als übereinstimmende Willenserklärungen benötigt werden, besteht der Inhalt einer Annahme aus einer vorbehaltlosen Bejahung des Angebots.

5.2.1 Rechtzeitigkeit der Annahme

Eine Annahme kann nur so lange wirksam erklärt werden, wie die Bindungswirkung des Angebots reicht. Derjenige, der ein Angebot abgegeben hat, ist hieran gebunden und infolgedessen in seiner Dispositionsfreiheit im Hinblick auf den Gegenstand des angestrebten Vertrags beschränkt. Der Lieferant, der bindend erklärt hat, zu bestimmten Konditionen eine Ware in bestimmter Menge liefern zu wollen, möchte baldmöglichst von dem potentiellen Kunden erfahren, ob dieser den angebotenen Vertrag schließen möchte, um auf andere Interessenten eingehen zu können. Sofern es der Abnehmer ist, der ein bindendes Angebot abgegeben hat, möchte er ebenso bald wissen, ob er sich nach einem anderen Lieferanten umsehen muss, anderweitige Vertragsverhandlungen führen muss. Aus diesem Grund setzt das Gesetz dem Empfänger eines Angebots kurze Fristen, innerhalb derer er das Angebot annehmen kann. Gemäß § 146 BGB erlischt ein Angebot entweder dadurch, dass der Empfänger das Angebot ablehnt oder aber, dass dieser die Annahme nicht rechtzeitig gegenüber dem Anbietenden erklärt. Für die Rechtzeitigkeit der Annahme sind die §§ 147 bis 149 BGB zu beachten.

Wie lange sich der Annehmende Zeit mit seiner Erklärung lassen kann, ist klar ersichtlich, wenn der Anbietende in seinem Angebot für die Annahme eine Frist bestimmt hat. Geht die Annahmeerklärung dem Anbietenden dann nicht innerhalb dieser Frist zu, ist sie verspätet, das Angebot also gemäß § 146 BGB erloschen.

> **Tipp** Die Bestimmung einer Annahmefrist vermittelt der anderen Partei Klarheit über die Notwendigkeit einer schnellen Reaktion. Bei dringend benötigter Ware empfiehlt es sich, dem Lieferanten im Angebot eine Frist für die Annahme zu setzen, etwa durch die Erklärung „Wir halten uns an dieses Angebot gebunden bis zum ...." (Datum für den Eingang der Vertragsannahme.).

Ist in dem Angebot keine Frist enthalten, binnen derer das Angebot angenommen werden kann, so ist die Frage, wie lange der Annehmende Zeit für die Annahmeerklärung hat, davon abhängig, ob das Angebot unter Anwesenden abgegeben wurde oder ob es sich um ein Angebot unter Abwesenden handelt. Gemäß § 147 Abs.1 BGB kann ein unter Anwesenden gemachtes Angebot nur sofort angenommen werden. Ein telefonisch abgegebenes Angebot wird vom Gesetzgeber als Angebot unter Anwesenden angesehen, sodass es ebenfalls nur sofort angenommen werden kann.

> **!** Wird in einem Telefonat nach Festlegung der wesentlichen Vertragsbedingungen von einer Seite die Bereitschaft zum Vertragsschluss geäußert, muss der Adressat dieser Erklärung sofort erklären, ob er den Vertrag zustande bringen will . Erklärt er, das Angebot noch einmal prüfen zu wollen, ist das Angebot damit erloschen. Sofern er sich später wieder meldet und den Vertrag nun schließen will, gibt er seinerseits ein Angebot ab, das der andere annehmen kann, aber nicht muss.

Sofern dem Empfänger ein Angebot per Post, Telefax, E-Mail oder über ein elektronisches Bestellformular zugesandt wurde, handelt es sich um ein Angebot unter Abwesenden. Dieses kann bis zu dem Zeitpunkt angenommen werden, bis zu dem der Antragende den Eingang der Antwort unter regelmäßigen Umständen erwarten kann (§ 147 Absatz 2 BGB). Bei der Beurteilung, wie lange der Annehmende Zeit hat, die Annahme zu erklären, sind drei Zeiträume zu berücksichtigen: die Zeit für die Übermittlung des Angebots an den Empfänger, dessen Bearbeitungs- und Überlegungszeit und die Zeit für die Übermittlung der Antwort an den Antragenden (vgl. PALANDT, 2007). Die für die Annahme zur Verfügung stehende Zeit ist demnach abhängig vom Übertragungsmedium. Beim Brief ist die normale Postlaufzeit für die Zusendung des Angebots und für die Rücksendung der Annahme einzubeziehen, beim Fax oder der elektronischen Erklärung scheiden Übermittlungszeiten praktisch aus. Derjenige, der für die Übermittlung seines Angebots einen schnellen Weg wählt, kann außerdem erwarten, dass der Empfänger sich eines gleich schnellen Übertragungsmediums bedient. Bei Festlegung der Überlegungs- und Bearbeitungszeit sind die üblichen Geschäftszeiten und arbeitsfreie Tage zu berücksichtigen. Hieraus folgt, dass ein Angebot per Telefax oder per E-Mail binnen zwei Werktagen angenommen werden muss, während beim Briefverkehr vier bis fünf Werktage zur Verfügung stehen (vgl. PALANDT, 2007). Nach diesem Zeitraum ist das Angebot erloschen.

Erreicht den Anbietenden die Annahme verspätet, ist das Angebot erloschen (§ 146 BGB), der Vertragsschluss unterbleibt und es bestehen keinerlei Verpflichtungen. Ausnahme: aufgrund verzögerter Postbeförderung (Poststempel!) trifft die rechtzeitig abgesendete Annahme verspätet ein. Hier sieht der Gesetzgeber den Empfänger der Annahme in der Pflicht, dem anderen Teil die Verspätung und damit den unterbliebenen Vertragsschluss mitzuteilen (§ 149 BGB). Ansonsten kommt der Vertrag trotz der Verspätung zustande. Beruht die Verspätung aber auf dem Verhalten des Annehmenden, weil dieser nicht rechtzeitig reagiert oder die Annahme abgesendet hat, muss der Anbietende auf den Erhalt der verspäteten Annahme in keiner Weise reagieren.

5.2.2 Verspätete Annahme

Die verspätete Annahme kann nicht zum Vertragsschluss führen, da das Angebot erloschen ist. Da aber in der verspäteten Annahme der Wille des Urhebers der Erklärung zum Ausdruck kommt, den Vertrag schließen zu wollen, wird gemäß § 150 Abs.1 BGB die verspätete Annahmeerklärung umgedeutet in ein neues Angebot. Der Vertragsschluss hängt nun von dem Willen des Empfängers der verspäteten Annahme ab. Will dieser auf das darin liegende neue Angebot nach wie vor eingehen, kann er seinerseits eine Annahmeerklärung abgeben. Unterbleibt diese allerdings, kommt der Vertrag nicht zustande. Der Empfänger der verspäteten Annahme hat es dadurch in der Hand, zu entscheiden, ob der Vertrag nach wie vor geschlossen werden soll.

Beispiel Unternehmen A unterbreitet Unternehmen B am 30. Juni ein Angebot per Telefax. B reagiert am 10. Juli und möchte den Vertrag zustande bringen. Die Annahme ist verspätet. Sie wird umgedeutet in ein neues Angebot. A entscheidet, ob nach wie vor Interesse am Vertragsschluss besteht und erklärt ggfs. die Annahme.

5.2.3 Veränderungen in der Annahme

Häufig erfolgt auf ein Angebot kein vorbehaltloses Einverständnis, sondern es werden Veränderungen gegenüber dem Angebot vorgenommen, mit der Absicht, den Vertrag zu diesen veränderten Konditionen zu schließen. Es wird in der Annahmeerklärung zum Beispiel ein anderes Lieferdatum angegeben beziehungsweise die Lieferkonditionen verändert oder es werden größere Veränderungen vorgenommen, wie etwa ein höherer Preis bestätigt. In diesem Fall stimmen die beiden Willenserklärungen Angebot und Annahme nicht überein, es kann also nicht zu einem Vertragsschluss kommen. Gemäß § 150 Absatz 2 BGB wird die verändernde Annahme umgedeutet in ein neues Angebot. Der Empfänger dieses neuen Angebots kann den Vertrag nunmehr zustande bringen, wenn er sich mit den Veränderungen einverstanden erklärt und seinerseits eine Annahme erklärt. Im anderen Fall unterbleibt der Vertragsschluss.

Beispiel Unternehmen A liegt ein Angebot über ein bestimmtes Produkt in einer bestimmten Menge zu einem festen Preis vor. Als Liefertermin ist der 30. Juni des Jahres benannt. A bestellt mit dem Hinweis, dass die Ware bis 20. Juni benötigt wird. Trotz völliger Übereinstimmung hinsichtlich Ware, Menge und Preis handelt es sich – wegen des geänderten Liefertermins – bei der Bestellung nicht um eine Annahme, sondern um ein neues Angebot im Sinne des § 150 Abs.2 BGB. Nur dann, wenn der Lieferant sich hiermit einverstanden erklärt, kommt es zum Vertragsschluss.

5.2.4 Vertragsschluss durch bloßes Schweigen?

Hat eine Partei eine verbindliche Bestellung vorgenommen und damit ein Angebot abgegeben, die andere Vertragspartei reagiert aber nicht, stellt sich die Frage, ob hier ein Vertrag zustande kommt, obwohl keine ausdrückliche Annahmeerklärung vorliegt. Diese Frage ist zu verneinen. Der Gesetzgeber kennt grundsätzlich keine stillschweigenden Willenserklärungen. Dies gilt auch im kaufmännischen Verkehr. Wer schweigt, setzt keinen Erklärungstatbestand, er bringt weder Zustimmung noch Ablehnung zum Ausdruck (vgl. PALANDT, 2007). Auch sofern eine laufende Geschäftsbeziehung besteht, stellt die Nichtreaktion auf ein Angebot kein schlüssiges Einverständnis mit dem Abschluss eines neuen Vertrags dar.

Anderes gilt, sofern im Rahmen eines Abrufvertrags ein Abruf erfolgt, auf den der Lieferant schweigt. Hier wurde die vertragliche Grundlage bereits durch Abschluss des Abrufvertrags gelegt. Es geht also nicht um den Abschluss des Vertrags.

Schweigen kann ausnahmsweise einen Vertrag zustande bringen, wenn beide Parteien mit einem Vertragsschluss rechneten und in Vorverhandlungen über die wesentlichen Vertragsbedingungen bereits Einigkeit erzielt wurde. In dieser Situation kann eine Annahme auf ein Angebot entbehrlich sein (vgl. PALANDT, 2007). Von einer solchen Schlussfolgerung sollte allerdings nur mit Vorsicht Gebrauch gemacht werden.

Tipp In Anbetracht der Tatsache, dass Schweigen auf ein Angebot nur in Ausnahmefällen als Annahme zu werten ist, sollte in Fällen der Nichtreaktion eine Rückfrage beim potentiellen Vertragspartner erfolgen.

Die Annahme kann auch durch Lieferung der Ware erfolgen. Hier spricht man von einem Vertragsschluss durch schlüssiges Handeln. Dies stellt allerdings mehr als bloßes Schweigen auf ein Angebot dar.

Im Falle der Annahme durch schlüssiges Verhalten stellt sich wieder die Frage der Rechtzeitigkeit. Es ist danach zu fragen, wie lange der Anbietende sich an seine Erklärung gebunden fühlt. Kommt es ihm nicht auf eine ausdrückliche Annahme, sondern lediglich auf die Absendung der Ware an, können die Fristen des § 147 BGB überschritten werden. Empfehlenswert ist eine solche Form des Vertragsschlusses allerdings nicht. Denn bis zum Erhalt der Ware ist der Anbietende im Unklaren, ob es zu einem Vertragsschluss kommt.

Tipp Verträge sollten immer durch ausdrückliche Erklärung abgeschlossen werden. Eine Nachfrage beim Lieferanten kann hier die nötige Klarheit bringen.

5.2.5 Sonderfall kaufmännisches Bestätigungsschreiben

Eine in der Praxis bedeutsame Ausnahme von dem Grundsatz, dass Schweigen nicht als Zustimmung gewertet werden kann, ist das Schweigen auf ein kaufmännisches Bestätigungsschreiben.

Üblicherweise wird im Wirtschaftsleben im Falle eines (fern)mündlichen Vertragsschlusses die getroffene Einigung von der einen Partei gegenüber der anderen schriftlich bestätigt. Dies verhindert spätere Streitigkeiten darüber, ob und mit welchem Inhalt ein Vertrag geschlossen wurde. Von der Rechtsprechung wurde der Grundsatz entwickelt, dass der Empfänger eines solchen kaufmännischen Bestätigungsschreibens unverzüglich widersprechen muss, wenn er den Inhalt des Schreibens nicht gegen sich gelten lassen will. Widerspricht er nicht, ist der Vertrag mit dem aus dem Bestätigungsschreiben ersichtlichen Inhalt rechtsverbindlich, auch wenn eine Partei meint, etwas anderes besprochen zu haben. Das unwidersprochen gebliebene Bestätigungsschreiben bewirkt danach, dass der Vertrag nach Maßgabe des Bestätigungsschreibens geändert oder ergänzt wird. Sogar dann, wenn noch gar kein Vertrag geschlossen war, kommt er mit dem aus dem Bestätigungsschreiben ersichtlichen Inhalt zustande (vgl. PALANDT, 2007).

Beispiel Unternehmen A hat mit Lieferant B fernmündlich verhandelt. Aus Sicht des B wurde ein Preis von 5,56 € eines bestimmten Produkts vereinbart. Dies bestätigt er A schriftlich. A allerdings hat sich einen Preis von 5,46 € notiert. Schweigt A auf den Erhalt des Bestätigungsschreibens, gilt der Vertrag als rechtsverbindlich mit einem Preis von 5,56 € geschlossen, auch wenn tatsächlich etwas anderes besprochen war.

Etwas anderes gilt allein dann, wenn der Bestätigende das Verhandlungsergebnis bewusst unrichtig wiedergegeben hat oder das Bestätigungsschreiben nach seinem Inhalt so weit vom Verhandlungsergebnis abweicht, dass der Absender vernünftigerweise nicht mit dem Einverständnis des Empfängers rechnen konnte. In diesem Fall verlangt die Rechtsprechung keinen Widerspruch gegen den Inhalt des Schreibens (vgl. PALANDT, 2007). Empfehlenswert ist ein Widerspruch jedoch immer. Denn es lässt sich trefflich darüber streiten, ob das Verhandlungsergebnis von einer Partei bewusst unrichtig wiedergegeben wurde.

💡 **Tipp** Der Inhalt eines Bestätigungsschreibens sollte immer genauestens geprüft werden. Finden sich hierin aus Sicht des Empfängers Abweichungen von der getroffenen Vereinbarung oder den Verhandlungen, ist ein ausdrücklicher Widerspruch binnen 1 bis 2 Werktagen gegenüber dem Vertragspartner erforderlich. Aus Beweisgründen sollte die umgehende Zusendung eines korrigierten Bestätigungsschreibens gefordert werden.

6 Abwicklungsphase

Die Abwicklungsphase beschreibt den Vollzug, die Ausführung des Vertrags. Auf Seiten des Lieferanten besteht die Ausführung des Vertrags in der Lieferung, auf Seiten des Abnehmers in der Zahlung. Häufig vorkommende Probleme sind aus Sicht des Abnehmers der Lieferverzug des Lieferanten sowie die Nichteinhaltung der produktspezifischen Vorgaben bzw. falsche Teile- und Mengenlieferung oder Mängel und Qualitätsabweichungen bei der Ware.

6.1 Lieferverzug

Verspätungen bei der Warenlieferung sind zunächst dadurch abzufangen, dass im Vertrag ein fester Liefertermin vereinbart wird. Dieser kann in der Festlegung eines bestimmten Tags oder auch einer Kalenderwoche bestehen. Der Lieferant, der den Termin nicht einhält, befindet sich dann automatisch in Verzug. Anderenfalls muss zur Begründung eines Lieferverzugs zunächst gemahnt werden.

An den Verzug knüpft der Gesetzgeber unmittelbare Konsequenzen, nämlich die Möglichkeit für den Abnehmer, den Lieferanten auf Schadensersatz in Anspruch zu nehmen. Dies ist geregelt in § 280 BGB.

🔍 **Beipiel** Kann aufgrund des Lieferverzugs die Ware nicht weiterverarbeitet werden, stehen Maschinen still oder können Mitarbeiter nicht eingesetzt werden, so kann der Lieferant wegen des hierdurch entstandenen Vermögensschadens auf Schadensersatz in Anspruch genommen werden. Sofern dem Abnehmer durch die fehlenden Teile ein Gewinn entgeht, den er mit dem fertigen Produkt gemacht hätte, ist auch dieser vom Lieferanten zu ersetzen.

Der Schadensersatzanspruch des § 280 BGB setzt voraus, dass beim Abnehmer ein Vermögensschaden eingetreten ist. Mindestens ebenso groß ist allerdings der Imageschaden, wenn der Abnehmer wegen der verspäteten Lieferung seine vertraglichen Verpflichtungen gegenüber seinen Abnehmern nicht pünktlich erfüllen kann. Um diese Art von Schädigung von vornherein zu vermeiden und den Lieferanten zu einer unbedingt pünktlichen Lieferung anzuhalten, sind zwei Wege gangbar.

Im Vertrag kann einerseits eine empfindliche Vertragsstrafe für den Fall der verspäteten Lieferung vereinbart werden. Andererseits lässt sich der Vertrag von vornherein als Fixgeschäft ausgestalten, sodass der Abnehmer bei Nichteinhaltung des Liefertermins ohne weitere Fristsetzung vom Vertrag zurücktreten kann. Das Fixgeschäft ist in § 376 Handelsgesetzbuch (HGB) geregelt und setzt entweder voraus, dass die Leistung im Vertrag ausdrücklich als Fixgeschäft ausgewiesen ist oder dass dem Vertragspartner aus dem Vertragsinhalt deutlich wird, dass der Vertrag mit der Einhaltung des Liefertermins steht und fällt. „Lieferung am 23.04.08 fix, Lieferung bis 4 Wochen vor Ostern" (Saisonware).

💡 **Tipp** Die Vertragsstrafe ist als Druckmittel einer pünktlichen Lieferung und um dem Abnehmer den Schadensbeweis zu ersparen, ein sehr wirkungsvolles Mittel . Eine Vertragsstrafe ist häufig in AGB vorgesehen, sie kann aber auch individuell im Vertrag vereinbart werden. Bei Vertragsstrafen, die in AGB vorgesehen sind, ist bei der Höhe zu beachten, dass diese den Vertragspartner nicht unangemessen benachteiligen darf, § 307 Absatz 1 BGB.

6.2 Wareneingangskontrolle

Die Wareneingangskontrolle dient der Überprüfung der Übereinstimmung von Vertrag und Lieferung, im Hinblick auf Bestellmenge, Beschädigungen an der Ware, die Einhaltung von produktspezifischen Vorgaben und Qualitätsabweichungen. § 377 HGB verlangt eine unverzügliche Untersuchung der Ware und, sofern diese einen Mangel aufweist, eine unverzügliche Rüge. Ein Mangel liegt nicht nur vor, wenn die vereinbarte und zu erwartende Qualität nicht stimmt oder die Ware beschädigt ist, sondern auch dann, wenn eine geringere Menge als vereinbart geliefert wurde oder das falsche Produkt (vgl. § 434 BGB). Zur Prüfung der Qualität der Ware hat der Abnehmer bei größeren Warenmengen lediglich Stichproben zu machen. Nach der Rechtsprechung reichen Stichproben an 4 % der Warenmenge aus (vgl. BAUMBACH, 2006).

Zeigt sich aufgrund der Untersuchung ein Mangel, hat der Abnehmer dem Lieferanten dies unverzüglich anzuzeigen. Anderenfalls gilt die Ware als genehmigt, sowohl im Hinblick auf ihre Qualität als auch im Hinblick auf die erhaltene Menge und Falschlieferungen. Dies bedeutet für den Abnehmer, dass er im Falle einer unterlassenen Mängelrüge den vereinbarten Kaufpreis bezahlen muss, obwohl er vielleicht nicht die gesamte Ware oder eine mangelhafte Ware erhalten hat. Wurde ihm eine andere Ware als vereinbart geliefert und hat diese einen höheren Kaufpreis, hat der Abnehmer sogar den höheren Kaufpreis dieser Ware zu bezahlen. Die unterlassene oder verspätete Mängelrüge führt zum Verlust der Ansprüche aus der Sachmängelhaftung, wie etwa des Anspruches auf Neulieferung, auf Minderung des Kaufpreises oder auf Rücktritt vom Vertrag. Nachlässigkeiten bei der Wareneingangkontrolle können also schwerwiegende Konsequenzen haben.

🔍 **Beispiel** Statt der vereinbarten 3000 Teile werden 2500 geliefert. Die unterlassene unverzügliche Rüge führt dazu, dass der Käufer 3000 Teile bezahlen muss und keine Nachlieferung der fehlenden 500 Teile beanspruchen kann.

Nur sofern es sich bei den Mängeln um solche handelt, die trotz ordnungsgemäßer Untersuchung nicht erkennbar waren, können diese noch nach ihrem Auftreten gerügt werden.

🔍 **Beispiel** Der Abnehmer hat 4 % der erhaltenen Garnlieferung auf Qualitätsabweichungen untersucht. Die Ware war in Ordnung. Bei der Produktion drei Wochen später zeigen sich bei einem Teil der nicht untersuchten Garne Farbabweichungen. Der Abnehmer muss nunmehr unverzüglich rügen und erhält sich damit alle Ansprüche aus der Sachmängelhaftung (Neulieferung bis hin zu Rücktritt vom Vertrag und Schadensersatz, §§ 437ff BGB.).

Die strenge Regelung des § 377 HGB lässt sich durch eine Vereinbarung im Vertrag außer Kraft setzen, indem der Lieferant die diesbezüglichen Untersuchungspflichten übernimmt. Dies geschieht häufig bei „Just in time"-Lieferverträgen. Wird § 377 HGB durch den Abnehmer allerdings in seinen Allgemeinen Geschäftsbedingungen abbedungen, ist darauf zu achten, dass die Rügepflicht für offensichtliche Mängel bestehen bleiben muss. Die Rechtsprechung lässt den völligen Ausschluss der Rügepflicht auch im Falle offensichtlicher Mängel nicht zu (Bundesgerichtshof in: NEUE JURISTISCHE WOCHENSCHRIFT, 1991: 2634).

7 Zusammenfassung

Zum Zwecke der Beschaffung wird in aller Regel ein Kaufvertrag abgeschlossen oder es handelt sich um einen Werkvertrag, der wiederum in die Regelungen des Kaufrechts führt. Je nach Dauer der gewollten Vertragsbindung sind Einzelverträge, aber auch Sukzessivlieferungsverträge, Bezugs- und Abrufverträge sowie Rahmenverträge möglich. Es besteht, abgesehen von den Grenzen der Sittenwidrigkeit und gesetzlicher Verbote, die nur selten vorliegen, Gestaltungsfreiheit für den Vertrag.

Es empfiehlt sich, einen Vertrag schriftlich in einer Vertragsurkunde oder durch Austausch von beiderseits schriftlichen Erklärungen abzuschließen. Auf eine genaue Bezeichnung der Parteien ist ebenso Wert zulegen wie auf die genaue Beschreibung der Leistung sowie der Lieferzeit- und Konditionen.

Der Vertragsschluss wird eingeleitet durch eine Verhandlungsphase. In dieser werden, bis es zu einem verbindlichen Angebot kommt, Einladungen zur Abgabe von Angeboten abgegeben. In dieser Phase werden die Konditionen des Vertrags ausgehandelt. Das verbindliche Angebot muss die wesentlichen Vertragsbedingungen enthalten und den so genannten Rechtsbindungswillen. Kataloge und Preislisten stellen keine verbindlichen Angebote dar.

Der Vertrag erfordert übereinstimmendes Angebot und Annahme. Die Annahme muss rechtzeitig erfolgen. Bei Angeboten unter Anwesenden (auch telefonisch), kann die Annahme auf ein Angebot nur sofort erklärt werden. Bei allen anderen Angeboten (Angebote unter Abwesenden) steht für die Annahme ein Zeitraum von zwei Werktagen (Fax, E-Mail) bis zu 5 Werktagen (Brief) seit der Absendung des Angebots zur Verfügung. Hat der Antragende eine Frist für die Annahme gesetzt, muss die Annahme innerhalb dieser Frist erfolgen. Die nicht rechtzeitige Annahme führt zum Erlöschen des ursprünglichen Angebots und stellt ihrerseits ein neues Angebot dar. Dies kann der Empfänger annehmen, er muss es allerdings nicht.

Annahmen unter Veränderungen gegenüber dem Angebot (gemeint ist jede noch so geringfügige Änderung) bringen keinen Vertrag zustande, sondern stellen ihrerseits ein neues Angebot dar. Durch bloßes Schweigen wird kein Vertrag abgeschlossen.

Sollte der Vertrag (fern)mündlich abgeschlossen sein, empfiehlt sich zur Beweissicherung das kaufmännische Bestätigungsschreiben, in dem der Inhalt der getroffenen Einigung zusammengefasst wird. Bleibt dieses Schreiben von der anderen Partei unwidersprochen, so steht der Inhalt des Vertrags verbindlich fest.

In der Abwicklungsphase des Vertrags besteht für den Abnehmer das Risiko der unpünktlichen Lieferung. Bei Nichteinhaltung eines vereinbarten Liefertermins macht sich der Lieferant schadensersatzpflichtig. Hierfür muss der Abnehmer einen Vermögensschaden nachweisen. Sein Imageschaden wird nicht ausgeglichen. Es empfiehlt sich daher, in den Vertrag eine Vertragsstrafe für den Fall des Lieferverzugs aufzunehmen. Hierdurch wird der Lieferant von vornherein zu einer pünktlichen Lieferung angehalten.

Nach Wareneingang ist eine Kontrolle hinsichtlich Produkt, Qualität und vereinbarter Menge vorzunehmen und bei Abweichungen eine unverzügliche Mängelrüge gegenüber dem Lieferanten vorzunehmen. Anderenfalls gilt die erhaltene Ware als genehmigt und der Abnehmer geht aller Mängelansprüche verlustig.

8 Fragen zur Wiederholung

1	Welche Art von Vertrag wird zur Beschaffung abgeschlossen?	☐
2	Wo finden sich die gesetzlichen Regelungen zu Verträgen?	☐
3	Welche Form des Vertragsschlusses ist empfehlenswert?	☐
4	Auf welche Vertragsinhalte sollte Wert gelegt werden?	☐
5	Was sind die Elemente des Vertrags?	☐
6	Wann handelt es sich um ein verbindliches Angebot?	☐
7	Wie kann man der anderen Vertragspartei deutlich machen, dass (noch) kein verbindliches Angebot gewollt ist?	☐
8	Wird durch die Bestellung aufgrund eines Katalogs ein Vertrag geschlossen?	☐
9	In welchen Fällen wird das kaufmännische Bestätigungsschreiben eingesetzt, welche Auswirkungen hat es?	☐
10	Wie viel Zeit steht für eine Annahme zur Verfügung?	☐
11	Kann eine verspätete Annahme zu einem Vertragsschluss führen?	☐
12	Welche Auswirkungen haben Veränderungen in der Annahme?	☐
13	Kann ein Vertrag durch bloßes Schweigen abgeschlossen werden?	☐
14	Welche Konsequenzen hat der Lieferverzug für einen Lieferanten?	☐
15	Weshalb ist eine Vertragsstrafenregelung im Vertrag sinnvoll?	☐
16	Welche Auswirkungen hat die unterlassene Mängelrüge in Bezug auf Mängelansprüche des Abnehmers?	☐
17	Kann die Verpflichtung zur unverzüglichen Untersuchung und Rüge im Vertrag außer Kraft gesetzt werden?	☐

1.14c Vertragsrecht in der Projektarbeit

Kurt E. Weber

Kontext und Bedeutung

Das Vertragsrecht betrifft praktisch alle technischen Kompetenzelemente. Indirekt hat es Einfluss auf alle übrigen Kompetenzelemente.

Die Kenntnis der Grundzüge des Vertragsrechts ist ein wesentlicher Teil des Projektmanagements. Jeder Projektleiter und jeder Projektmitarbeiter haben ständig mit Verträgen zu tun. Ihre ordnungsgemäße Erfüllung bedeutet gleichzeitig das Erreichen des Projekterfolgs.

Das Projektmanagement muss einerseits die wesentlichen rechtlichen Inhalte von Verträgen verstehen. So muss es zum Beispiel wissen, wie Verträge wirksam zustandekommen, welche Bedeutung rechtliche Begriffe haben, welche Folgen sich aus Störungen im Vertragsablauf ergeben können und wie die Vertragserfüllung dokumentiert wird.

Methodisch stehen dafür das Vertrags- und Claim- Management zur Verfügung. Dabei geht es um die optimale Art der Vertragserfüllung sowie um die Erzielung von Mehrerlösen.

Das Vertragsrecht ist somit von größter Bedeutung für den Projektmanager. Er ist gehalten, vor Beginn der Arbeit an einem Projekt den Vertrag zu lesen und zu verstehen. Dabei arbeitet er heraus, welches das Vertragsziel und damit das Projektziel ist. Er macht sich vertraut mit allen Vertragspflichten und den dazugehörigen Sanktionen (Rechtsfolgen) bei Nichteinhaltung dieser Pflichten. Damit kann er die Risiken aus dem Gesamtvertrag, aber auch die Risiken bei den einzelnen Vertragsschritten vorab erkennen und in der weiteren Projektarbeit berücksichtigen. Insbesondere weiß er bei Leistungsstörungen, also bei auftretenden Mängeln in der Vertragsabwicklung, welche Risiken auf ihn zukommen.

Lernziele

Sie kennen

- das Zustandekommen von Verträgen
- ihre Erscheinungsformen
- die Störungen, die im Vertragsablauf eintreten können (Leistungsstörungen)
- die Verjährung
- die Beendigung von Verträgen
- das Vertrags- und Claim- Management

Sie können

- Angebote rechtswirksam annehmen oder auch abweisen
- Verträge wirksam schließen
- Vollmachten beurteilen
- Die Wirksamkeit von AGB (Allgemeine Geschäftsbedingungen) beurteilen
- Pflichten aus Kaufverträgen, Dienstverträgen und Werkverträgen erkennen
- Leistungsstörungen und daran anknüpfende Sanktionen (Rechtsfolgen) beurteilen
- Alte Forderungen auf ihre Verjährung (Durchsetzbarkeit) hin prüfen
- Einen Vertrag beenden
- Die Methode des Vertrags- und Claim- Managements anwenden

Inhalt

1	Grundlagen des Vertragsrechts im Projekt	507
2	Zustandekommen von Verträgen; kaufmännisches Bestätigungsschreiben	508
3	Stellvertretung, Vollmacht	510
4	Allgemeine Geschäftsbedingungen (AGB) und Formularverträge	511
5	Gesetzliche Vertragstypen	512
6	Leistungsstörungen	513
7	Verjährung	514
8	Vertragsbeendigung	515
9	Vertrags- und Claim-Management	516
9.1	Vertragsmanagement allgemein	516
9.2	Arbeitssystematik im Vertragsmanagement	518
9.3	Vertragsanalyse	518
9.4	Stichworteingabe in EDV	518
9.5	Vertragliche Tätigkeitsverfolgung	519
9.6	Claim-Management, Allgemein	519
9.7	Instrumente	520
9.8	Kosten des Nachforderungsmanagements	520
9.9	Arbeitssystematik im Nachforderungsmanagement	521
10	Zusammenfassung	521
A	Fragen zur Wiederholung	522

1 Grundlagen des Vertragsrechts im Projekt

> **§ Definition** Die gesetzlichen Grundlagen des Vertragsrechts finden sich in den §§ 145 ff. BGB (Bürgerliches Gesetzbuch). Der Vertrag ist die von zwei oder mehreren Parteien abgeschlossene Vereinbarung zur Herbeiführung eines rechtlichen Erfolgs (vgl. PALANDT, 2008).

> **!** Es wird also einvernehmlich festgelegt, wer an wen was zu leisten hat. Einer Leistung entspricht im gewerblichen Bereich immer eine gleichwertige Gegenleistung, in aller Regel die Zahlung einer Vergütung (vgl. MOTZEL, 2006).

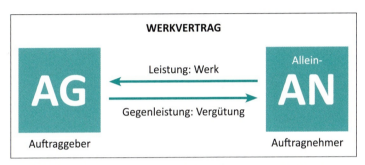

Abbildung 1.14c-1: Leistung und Gegenleistung im Werkvertrag

Neben den Hauptpflichten (Erstellung des Werks – Vergütung) werden auch die Nebenverpflichtungen festgelegt.

 Beispiel Nebenpflichten: Art und Häufigkeit des Informationsaustausches.

Die Leistung ist mangelfrei zu erbringen. Mängel können zum Beispiel sein Qualitätsmängel, unvollständige oder unrichtige Lieferungen, Nichteinhaltung von Montageterminen, verspätete Zahlungen.

Man spricht hier von Leistungsstörungen. Allgemein gesagt, liegt immer dann eine Leistungsstörung, also ein Mangel vor, wenn eine Partei ihre Pflichten aus dem Vertragsverhältnis verletzt, vgl. §§ 280 ff, BGB (vgl. SCHÖNFELDER, 2008; MOTZEL, 2006).

An Leistungsstörungen knüpfen gesetzliche oder vertragliche Sanktionen (Rechtsfolgen) an.

Beispiel Für den Fall verspäteter Lieferung ist eine Vertragsstrafe vereinbart. Der Käufer verlangt Nacherfüllung (Mängelbeseitigung oder Neulieferung) bei einem Druckkessel, der nicht für die vereinbarte Druckbelastung ausgelegt ist.

Des Weiteren ist der Abschnitt „Schuldverhältnisse aus Verträgen" aus dem Gesetz heranzuziehen, vgl. §§ 311 ff. BGB. Hier geht es um die Begründung, den Inhalt und die Beendigung von rechtsgeschäftlichen Schuldverhältnissen, also insbesondere von Verträgen.

Außerhalb der Gesetze ergeben sich Besonderheiten aus dem Charakter der Projektarbeit. Verträge müssen die Zielsetzungen eines Projekts und des Projektmanagements berücksichtigen. Dazu sind die genormten Definitionen wie folgt heranzuziehen.

> **§ Definition** Projekt: Vorhaben, das im Wesentlichen durch die Einmaligkeit der Bedingungen in ihrer Gesamtheit bezeichnet ist.
>
> Projektmanagement: Gesamtheit von Führungsaufgaben, Führungsorganisation, Führungstechniken und Führungsmittel für die Abwicklung eines Projekts. Angaben nach DIN 69901:2009.

> **!** Demnach ist der Projektvertrag ein Vertrag, der zwischen dem Projektträger oder seinem Delegierten (= Auftraggeber) und der ausführenden Partei (= Auftragnehmer) geschlossen wird. Er regelt die Rechte und Pflichten beider Parteien in einem speziellen, einmaligen Projekt. Gemäß dem übereinstimmenden Willen der Parteien soll das definierte Projektziel erreicht werden. Der Vertrag ist erfüllt, wenn dieses Ziel, mithin auch der rechtliche Erfolg mangelfrei erreicht sind.

Wichtige Teilgebiete des Projektmanagements sind das Vertragsmanagement und das Claim-Management (Nachforderungsmanagement). Dabei geht es um die Methoden zur optimalen Erreichung der Projektziele bzw. um die Erfassung von Abweichungen vom Vertrag und deren Umsetzung in Ansprüche (Verbesserung der Terminsituation oder zusätzliche Vergütung) (vgl. DIN 69901: 2009).

Ausgangspunkt für das Projektmanagement mit seinen Teilgebieten Vertrags- und Claim- Management ist der Projektvertrag. Der Vertrag zwischen den Parteien ist also nicht nur die Beschreibung von Leistung und Gegenleistung, sondern auch die Basis ihrer Zusammenarbeit (ihrer Kooperation).

Eine wichtige Weichenstellung für Projekte ergibt sich aus der Art der Zielsetzung. Einerseits werden Projektverträge zur Erreichung eines konkreten Einzelziels abgeschlossen, zum Beispiel für den Bau eines Hotels oder die Entwicklung einer bestimmten Software.

> **!** Andererseits geht es im Rahmen der globalen Projekte und der internationalen Verträge mehr und mehr um Kooperationen und ihr Management. Ziel ist also hier in erster Linie die Herbeiführung einer möglichst konfliktfreien Zusammenarbeit (Kooperation, auch englisch: Collaboration) zwischen den internationalen Partnern. Erst sekundär werden die konkreten Einzelziele behandelt (vgl. STEEGER & WAGNER, 2008).

Im folgenden Grundlagenteil wird auf die Gemeinsamkeiten bei allen Projektverträgen sowie auf das Vertrags- und das Claim Management eingegangen. Danach sind im Vertiefungsteil die Tücken bei Leistungsstörungen, die Besonderheiten des Industrieanlagenbaus und die Vertragsschwerpunkte bei internationalen Kooperationen darzustellen. Auf das Vergaberecht mit Ausschreibungen wird kurz eingegangen.

2 Zustandekommen von Verträgen; kaufmännisches Bestätigungsschreiben

Verträge kommen durch Unterzeichnung einer Vertragsurkunde sowie durch ein Angebot und eine Annahme zustande.

Eine Vertragsurkunde liegt dann vor, wenn das Ergebnis der Verhandlungen zwischen den Parteien in einem Schriftstück samt Anlagen festgehalten worden ist. Der Vertrag wird durch Unterschrift der jeweiligen Bevollmächtigten oder von gesetzlich vertretungsberechtigten Personen (Geschäftsführer, Vorstände) rechtswirksam.

In der Praxis ist der häufige Fall das Angebot einer Firma zur Erbringung von Leistungen. Dieses Angebot ist als Antrag an die andere Firma zu verstehen. Nimmt diese das Angebot (den Antrag) ohne Vorbehalt an, kommt der Vertrag zustande.

> **!** Eine Annahme unter Vorbehalt oder Änderungen bedeutet die Ablehnung des ursprünglichen Angebots.

Beispiel Firma A bietet eine Anlage zum Preis von EUR 1 Million an. Firma B bestellt die Anlage, aber zum Preise von EUR 0,8 Millionen.

Der Vertrag kommt nicht zustande. Firma B hat aber ihrerseits ein Angebot zum Preis von 0,8 Mio. vorgelegt, das Firma A wiederum annehmen oder ablehnen kann.

Bei Projektverträgen ist die Schriftform (erforderlich: Unterschrift) zwar nicht gesetzlich vorgeschrieben. Ein Vertrag kommt auch durch eine mündliche Vereinbarung wirksam zustande. Allerdings ist aus Beweisgründen die Schriftform zu empfehlen.

Grundsätzlich kann die Schriftform durch die elektronische Form ersetzt werden, vgl. § 126 Abs. 3, 127 Abs. 1 BGB.

Bei E-Mails entfällt das Erfordernis der eigenhändigen Unterschrift. Der Name des Erklärenden ist jedoch aufzuführen. Verträge müssen grundsätzlich mit einer elektronischen Signatur versehen werden, vgl. § 126a Abs. 2 BGB. Beim Austausch von Angebots- und Annahmeerklärungen gilt dies ebenso.

Es kann jedoch etwas anderes vereinbart werden, vgl. § 127 Abs. 3 BGB. So ist es im normalen Geschäftsverkehr üblich und zulässig, beiderseitig auf die elektronische Signatur zu verzichten. Der Vertragsschluss kann also bei beiderseitigem Einverständnis durch den E-Mail-Austausch von Angebots- und Annahmeerklärungen herbeigeführt werden. Bei einem ausformulierten Vertrag genügt der Briefwechsel, also die schriftliche Vorlage des Vertragstexts durch eine Partei und die E-Mail-Annahme durch die andere Partei.

Ein besonderes Problem bildet der Zugang von empfangsbedürftigen Willenserklärungen, also zum Beispiel von Mängelanzeigen oder Abrechnungen. Solche Erklärungen werden erst mit Zugang beim anderen Partner wirksam. Beim normalen Schriftverkehr ist dies der Zeitpunkt, in dem das Schreiben im Postfach oder Briefkasten des Partners eingeht.

Beim Telefax setzt der Zugang einen Ausdruck beim Empfänger voraus. Bei E-Mails gilt als Zugang der Zeitpunkt, in denen die Mails in der Mailbox des Empfängers oder seines Providers abrufbar gespeichert sind. Die Beweislast dazu trägt allerdings derjenige, der sich auf den Zugang beruft.

Schweigen auf ein Angebot; kaufmännisches Bestätigungsschreiben.

> **!** Schweigen im Geschäftsverkehr bedeutet grundsätzlich nichts.

 Beispiel Firma A bietet eine Anlage mit Preisangabe an. Firma B antwortet nicht. Das Angebot ist nicht angenommen. Der Vertrag kommt nicht zustande.

> Von dieser Grundregel gibt es eine Ausnahme, nämlich das kaufmännische Bestätigungsschreiben. Es setzt mündliche Verhandlungen zwischen den Parteien voraus, die unmittelbar danach von einer Partei schriftlich bestätigt werden. Schweigt die andere Partei nach Empfang des Schreibens, wird der Text des Bestätigungsschreibens Vertragsinhalt. Diese Regelung gilt nur im kaufmännischen, also dem gewerblichen Geschäftsverkehr.

Beispiel Bei einer Besprechung einigen sich die Vertragspartner AG und AN auf zusätzliche Montageleistungen durch AN zum Stundentarif. AN bestätigt das Ergebnis am selben Tag schriftlich. AG widerspricht nicht. Der Zusatzvertrag kommt gemäß dem Inhalt des Schreibens von AN zustande.

Die Partner müssen zeitnah handeln. So muss ein Widerspruch des AG spätestens innerhalb einer Woche beim AN eingehen.

3 Stellvertretung, Vollmacht

Korrespondenz, Angebote und Verträge stammen regelmäßig von einem Gewerbebetrieb. Sie werden durch eine Person entweder unterschrieben oder bei elektronischer Form mit dem Namen des Erklärenden versehen. Diese Person hat „Vertretungsmacht".

Der Unterzeichnende oder namentlich Benannte handelt dabei stellvertretend für die Firma. Er handelt also im Namen der Firma, das heißt in fremdem Namen. Die Rechtsfolgen treten daher unmittelbar bei der vertretenen Firma ein.

Beispiel Dipl.-Kfm. X bestellt als Einkaufsleiter für das Projekt Y ein Notstromaggregat. Der Käufer ist nicht er, sondern seine Firma.

Der Vertreter tritt erkennbar im Namen der Firma auf. Im Zweifelsfall hat er eine Vollmacht vorzulegen, aus der auch der Umfang der Bevollmächtigung hervorgehen soll.

Beispiel Architekt A erteilt dem Auftragnehmer (AN) eines Bauvorhabens einen Zusatzauftrag für die Schallisolierung über die DIN-Vorschriften hinaus. Der Auftragnehmer prüft, ob der Architekt laut seiner Vollmacht überhaupt Zusatzaufträge erteilen durfte.

Die Vollmacht ist „die durch Rechtsgeschäft erteilte Vertretungsmacht". Der Einkaufsleiter und der Architekt bedürfen also einer durch die Firmenleitung ausgestellten Vollmachtsurkunde oder zumindest der stillschweigenden (konkludenten) Bevollmächtigung.

Neben dieser rechtsgeschäftlichen Vertretung gibt es auch die gesetzliche Vertretung durch Organe der Firma, zum Beispiel durch die Geschäftsführer einer GmbH oder die Vorstände einer AG. Auch die von der Firma ernannten Prokuristen sind in gewissem Umfang vertretungsberechtigt.

Die Firmenorgane und Prokuristen sind im Handelsregister eingetragen. Dieses ist öffentlich, also für jeden zugänglich.

🔍 **Beispiel** Ein Mitarbeiter des Auftraggebers will wissen, ob der Unterzeichner des Auftragnehmer-Angebots Geschäftsführer seiner GmbH ist. Er ersieht das zuständige Amtsgericht und die Handelsregister- (HR) -Nr. aus dem Briefkopf der anbietenden Firma und lässt sich über das Internet einen Registerauszug ausdrucken.

Sollte die Vertretungsmacht fehlen, kann die vertretene Firma das Geschäft dennoch genehmigen. Bei Nichtgenehmigung haftet der Vertreter persönlich auf Erfüllung (Zahlung des Werklohns) oder auf Schadenersatz (nachweisbar entstandener Schaden).

🔍 **Beispiel** Der Architekt A hat den Auftrag auf Zusatzarbeiten ohne spezielle Vollmacht erteilt. Der Auftraggeber genehmigt den Vertrag mit dem Auftragnehmer nicht. Der Architekt haftet.

Die rechtsgeschäftliche Vertretung und Vollmacht sind in den §§ 164 ff. BGB geregelt, die gesetzliche Vertretung durch Organe der Firma zum Beispiel in den §§ 35 ff. GmbH-Gesetz (GmbHG) und §§ 76 ff. Aktiengesetz (AktG) (vgl. SCHÖNFELDER, 2008).

4 Allgemeine Geschäftsbedingungen (AGB) und Formularverträge

Grundsätzlich werden Verträge und die wichtigsten Vertragsbedingungen einzeln ausgehandelt. Ein so zustandegekommener Vertrag ist ein Individualvertrag. Soweit nicht gegen zwingende gesetzliche Regelungen oder gegen die guten Sitten verstoßen wird, sind alle Bestimmungen wirksam (Prinzip der Vertragsfreiheit oder Privatautonomie).

Anders ist es bei den Allgemeinen Geschäftsbedingungen (AGB). Allgemeine Geschäftsbedingungen (das Kleingedruckte) werden häufig den Angeboten und auch Verträgen beigeheftet. Sie ergänzen das Angebot bzw. den Vertrag bezüglich immer wiederkehrender Probleme, zum Beispiel hinsichtlich der Mängelhaftung.

Die Allgemeinen Geschäftsbedingungen sind in den §§ 305 ff. BGB geregelt. Die wichtigsten Regelungen für den gewerblichen Bereich sind:

- Einbeziehung der AGB in den Vertrag
- Sich widersprechende AGB
- Inhaltskontrolle (Überprüfung der Wirksamkeit einzelner Klauseln oder der gesamten AGB)

Dazu im Einzelnen:
Einbeziehung in den Vertrag: AGB werden nur dann Angebots- und Vertragsbestandteil, wenn sie textlich ausdrücklich mit einbezogen sind.

🔍 **Beispiel** Vertragstext: Die beiliegenden Allgemeinen Geschäftsbedingungen sind Bestandteil des Vertrags.

Sich widersprechende AGB: Wenn Firma A sich widersprechende AGB verwendet und die Firma B damit nicht einverstanden ist, muss sie widersprechen. Anderenfalls muss sie die AGB von Firma A (des Verwenders) gegen sich gelten lassen.

Wenn Firma A auf ihre AGB verweist und Firma B das Angebot unter Verweis auf ihre eigenen AGB annimmt, kommt der Vertrag zwar zustande. Die sich widersprechenden Formulierungen werden jedoch nicht Vertragsbestandteil. Insoweit finden die gesetzlichen Regelungen Anwendung.

> **!** Inhaltskontrolle: Bestimmungen in Allgemeinen Geschäftsbedingungen sind unwirksam, wenn sie den Vertragspartner unangemessen benachteiligen (vgl. § 307 Abs. 1 BGB).
>
> Diese Regelung gilt umfassend. In der Praxis ist der Ablauf wie folgt. Firma A (der Verwender, der Anbieter) verwendet AGB. Firma B (der Angebotsempfänger) prüft diese AGB daraufhin, ob sie ihn unangemessen benachteiligen und damit grundsätzlich unwirksam sind. Sie bleiben allerdings wirksamer Vertragsbestandteil, bis der Empfänger sie anficht.

 Beispiel Auftragnehmer A unterbreitet dem Auftraggeber B ein Angebot mit AGB. In diesen AGB ist die gesetzliche Mängelhaftung völlig ausgeschlossen. Diese Klausel ist nach Anfechtung unwirksam.

Formularverträge: Mit Formularverträgen sind Verträge, Vertragsbedingungen und Angebote, aber auch einzelne Klauseln gemeint, die für eine Vielzahl von Verträgen vorformuliert sind. Für sie gelten ebenfalls die AGB-Bestimmungen.

 Beispiel Mietvertragsformular.

Sofern also zum Beispiel einzelne Klauseln des vom gewerblichen Vermieter verwendeten Mietvertragsformulars den Mieter unangemessen benachteiligen, sind diese Klauseln unwirksam.

Formularverträge sind auch die von Behörden, Ingenieuren, Architekten und Baufirmen verwendeten Musterverträge. Die Vergabe- und Vertragsordnung für Bauleistungen Teil B (VOB/B) gehört grundsätzlich ebenfalls dazu.

> **!** Jede einzelne Klausel der genannten Formularverträge kann also auf unangemessene Benachteiligung des Vertragspartners und damit auf ihre Unwirksamkeit hin überprüft werden. Bei Verwendung der VOB/B gilt das immer dann, wenn ihr Inhalt verändert wird.

5 Gesetzliche Vertragstypen

Bestimmte, für die Projektarbeit wesentliche Vertragstypen sind im BGB geregelt. Dazu gehören insbesondere das Kaufrecht, das Dienstvertragsrecht und das Werkvertragsrecht.

Kaufrecht:
Das Kaufrecht ist in den §§ 433 ff. BGB geregelt. Der Verkäufer ist verpflichtet, die Sache zu übergeben und das Eigentum an der Sache zu verschaffen. Sie muss frei von Sach- und Rechtsmängeln sein. Der Käufer ist verpflichtet, den Kaufpreis zu zahlen und die Sache abzunehmen. Der geschuldete Erfolg ist erreicht, wenn beide Parteien den Vertrag erfüllt haben.

Es handelt sich hier, wie bei den nachfolgenden Verträgen, um einen gegenseitigen Vertrag. Der Leistung der einen Partei steht eine Gegenleistung der anderen Partei gegenüber.

 Beispiel Der Verkäufer übergibt die Ware, der Käufer zahlt.

Erfüllen die Parteien ihre Pflichten nicht oder nicht vollständig, sind die Vorschriften über Leistungsstörungen anzuwenden, vgl. den nachfolgenden Abschnitt.

Dienstvertragsrecht:

Der Dienstvertrag ist in den §§ 611 ff. BGB geregelt. Es ist eine bestimmte Tätigkeit (Leistung der versprochenen Dienste), aber nicht ein bestimmter Erfolg geschuldet. Die Gegenleistung besteht in der Zahlung der vereinbarten Vergütung.

🔍 **Beispiel** Der Dienstverpflichtete (der Auftragnehmer) schuldet gegen Entgelt das Personal des Dienstberechtigten (des Auftraggebers).

Werkvertragsrecht:

Das Werkvertragsrecht ist in den §§ 631 ff. BGB geregelt. Es wird, wie beim Kaufrecht, ein bestimmter Erfolg geschuldet. Der Erfolg ist jedoch anders definiert. Der Unternehmer (Auftragnehmer) verpflichtet sich zur Erstellung und Verschaffung des versprochenen individuellen Werks, also zur Herbeiführung eines bestimmten Arbeitsergebnisses (Erfolgs). Das Werk ist mangelfrei zu errichten. Der Besteller (Auftraggeber) ist zur Zahlung der vereinbarten Vergütung verpflichtet. Der Auftraggeber ist weiterhin verpflichtet, das Werk abzunehmen. Der Auftragnehmer hat ein Recht auf die Abnahme. Die Abnahme ist anders als im Kaufvertrag nicht die einfache Annahme des Werks. Es geht um die körperliche Entgegennahme des Werks und zusätzlich um die Erklärung, dass das Werk im Wesentlichen vertragsgerecht ist. Damit sind der Vertrag erfüllt und der geschuldete Erfolg erreicht.

🔍 **Beispiel** Der Auftragnehmer errichtet einen Gewerbebau. Der Auftraggeber begeht den fertiggestellten Bau. Er prüft die Einhaltung der vertraglichen Spezifikation und die Mängelfreiheit. Er stellt nur unwesentliche Mängel fest. Daraufhin erklärt er schriftlich die Abnahme unter Vorbehalt der Mängelbeseitigung.

Bei herzustellenden beweglichen Sachen (Maschinen) ist weitgehend Kaufrecht anzuwenden (vgl. 651 BGB).

Bei Pflichtverletzungen ist im Werkvertragsrecht, wie im Kaufrecht, das Recht der Leistungsstörungen anzuwenden, vgl. den nächsten Abschnitt.

In der Praxis der Projektarbeit kommt weitgehend das Werkvertragsrecht zur Anwendung. Dieses wird im Vertiefungsteil eingehend behandelt.

6 Leistungsstörungen

Der Verkäufer oder Auftragnehmer hat im Rahmen des Vertrags seine Leistung vollständig, rechtzeitig und in der vereinbarten Qualität zu erbringen. Tut er das nicht, ist seine Leistung gestört. Man spricht von Leistungsstörungen.

> Zentraler Begriff des Leistungsstörungsrechts ist die Pflichtverletzung. Wenn also eine Vertragspartei ihre Pflichten aus dem Vertrag verletzt, kann die andere Partei Ersatz des hierdurch entstandenen Schadens verlangen (vgl. § 280 Abs. 1 BGB).

Es kommt nicht darauf an, welcher Art die Pflichtverletzung ist. Der Begriff der Pflichtverletzung umfasst alle Formen der Leistungsstörungen, z. B. Nichtleistung, nicht vollständige Erfüllung, mangelhafte Erfüllung, verspätete Erfüllung und sogar fehlende Rücksichtnahme auf die Interessen der anderen Partei.

Auch mangelhafte Lieferung im Kaufvertrag bzw. mangelhafte Ausführung im Werkvertrag sind Pflichtverletzungen.

Beispiele Der Verkäufer liefert nicht die geschuldete Markenware, sondern nur eine gleichwertige Ware. Der Auftragnehmer eines Bauvorhabens erreicht nicht den geschuldeten Schallschutz.

Jede Pflichtverletzung führt zu einem Schadensersatzanspruch, es sei denn, der Schuldner hat die Pflichtverletzung nicht zu vertreten (hat die Pflichtverletzung nicht vorsätzlich oder fahrlässig herbeigeführt). Auch der Rücktritt vom Vertrag ist zulässig.

Voraussetzung für Schadenersatz und Rücktritt ist, Nacherfüllung zu verlangen und dafür eine Frist zu setzen.

Beispiel Für die Lieferung der geschuldeten Markenware setzen wir Ihnen hiermit eine Frist bis …

Weitere Ausführungen folgen in der Vertiefung unter Punkt Werkvertrag.

7 Verjährung

> **!** Begriff: Die Verjährung begründet für den Schuldner das Recht, seine Leistung nach Zeitablauf zu verweigern.

Beispiel Auftragnehmer fordert vom Auftraggeber nach Eintritt der Verjährung Zinsen wegen Verzugs bei der Vergütungszahlung. Auftraggeber wendet Verjährung ein und zahlt nicht. Auftragnehmer kann den Anspruch nicht durchsetzen.

Zweck: Der Zweck liegt vor allem in der Schaffung von Rechtsfrieden. Nach einer bestimmten Zeit soll nicht mehr über einen Anspruch gestritten werden.

> **§ Definition** Regelmäßige Verjährungsfrist: 3 Jahre. Beginn erst mit dem Schluss des Jahres, in dem der Anspruch entstanden ist und der Gläubiger Kenntnis erlangt hat.

Beispiel Zahlungsrate fällig am 30.06.2008. Gläubiger (Auftragnehmer) hat Kenntnis davon. Beginn der Verjährungsfrist am 31.12.2008. Ablauf der Verjährungsfrist = Eintritt der Verjährung: 31.12.2011.

Besondere Verjährungsfristen:
Mängelansprüche im Kaufrecht und im Werkvertragsrecht: 5 Jahre bei einem Bauwerk, im Übrigen 2 Jahre. Ohne spezielle Regelung: 3 Jahre.

Beginn der Verjährung:
Im Kaufrecht: Mit der Übergabe (Bauwerk) bzw. mit der Ablieferung der Sache;
Im Werkvertragsrecht: Mit der Abnahme.

Höchstfristen:
Bei der regelmäßigen dreijährigen Verjährung; 10 Jahre ab Entstehung des Anspruchs (ab Fälligkeit). Danach können auch bei unverschuldeter Unkenntnis des Gläubigers keine Ansprüche mehr durchgesetzt werden.

Bei Sonderfällen, z. B. bei Eigentums- und rechtskräftig festgestellten Ansprüchen (aus Urteilen und Vollstreckungsbescheiden) = 30 Jahre.

Hemmung der Verjährung: Die Verjährungsfristen laufen nicht weiter.

Beispiel Auftraggeber verhandelt 6 Monate lang mit Auftragnehmer über die Beseitigung eines Mangels. Diese 6 Monate zählen nicht bei der Verjährung. Die Verjährung tritt 6 Monate später ein.

Der Verjährungseintritt wird im Streitfall vor Gericht nur dann berücksichtigt, wenn er von der betroffenen Partei geltend gemacht wird (Einrede der Verjährung).

8 Vertragsbeendigung

Ein Vertrag kann, rechtlich gesehen, ebenso leicht beendet wie geschlossen werden. Im Rahmen der Vertragsfreiheit haben beide Parteien das Recht, einen einmal geschlossenen Vertrag einvernehmlich aufzuheben. Die Parteien schließen also einen Aufhebungsvertrag.

Beispiel Ein Bauprojekt lässt sich wegen der Bankenkrise und der fehlenden Finanzierung für beide Parteien nicht mehr verwirklichen. Die Parteien heben durch einen neuen schriftlichen Vertrag den ursprünglichen Vertrag auf. Der ursprüngliche Vertrag gilt als null und nichtig.

Bei Leistungsstörungen, also insbesondere bei gravierenden Mängeln und Verspätungen, sehen das BGB und ggf. auch die Verträge Rücktritts- und Kündigungsrechte vor.

> **Definition** Rücktritt: Voraussetzung ist grundsätzlich eine Aufforderung zur Nacherfüllung mit Fristsetzung. Bei Ausübung des Rücktrittsrechts wird der Vertrag von Anfang an unwirksam. Die gegenseitigen Leistungen sind zurückzugewähren.

Beispiel Auftraggeber tritt wegen einer nicht genehmigungsfähigen Architektenplanung vom Vertrag zurück. Auftragnehmer (Architekt) hat die erhaltene Abschlagszahlung zurückzugewähren.

Kündigung: Es ist zu unterscheiden zwischen ordentlicher und außerordentlicher Kündigung.

> **§ Definition** Ordentliche Kündigung: Eine wirksame ordentliche Kündigung kann grundsätzlich nur bei entsprechender vertraglicher Vereinbarung ausgesprochen werden. Die Beendigung des Vertrags gilt – anders als der Rücktritt – nicht für die Vergangenheit, sondern ausschließlich für die Zukunft.

Tipp Eine Ausnahme dazu bildet das Werkvertragsrecht in § 649 BGB. Danach kann der Besteller (der Auftraggeber) bis zur Vollendung des Werks jederzeit den Vertrag kündigen. Der Unternehmer (der Auftragnehmer) kann jedoch in diesem Fall die volle vereinbarte Vergütung abzüglich ersparter Aufwendungen fordern.

Beispiel Der Auftraggeber kündigt den laufenden Vertrag mit dem Auftragnehmer, weil er sich nicht mehr mit ihm versteht. Er muss 100 % der vereinbarten Vergütung zahlen, obwohl der Auftragnehmer seine Leistung erst zu 60 % erbracht, aber keine Aufwendungen erspart hat.

Außerordentliche Kündigung: Eine außerordentliche Kündigung ist bei länger laufenden Verträgen (Dauerschuldverhältnissen) jederzeit möglich. Es muss jedoch ein wichtiger Grund vorliegen.

Beispiel Auftraggeber kündigt aus wichtigem Grund, weil der Auftragnehmer trotz mehrfacher Mahnungen mit Fristsetzung nicht in der Lage ist, das vereinbarte Baupersonal bereitzustellen.

Die Kündigung aus wichtigem Grund ist mit Risiken verbunden, da sich ein wichtiger Grund häufig nicht beweisen lässt.

Außergerichtlicher Vergleich: Ein Vergleich kommt durch gegenseitiges Nachgeben zustande. Er hat Vertragscharakter und kann wie ein Aufhebungsvertrag die komplette Vertragsbeendigung beinhalten.

Gerichtlicher Vergleich: Auch dieser Vergleich kommt durch gegenseitiges Nachgeben und meist auf Vorschlag des Gerichts zustande. Der Vertrag oder streitige Punkte werden damit erledigt. Der Vergleich wird gerichtlich protokolliert und dient als Titel (wie ein Urteil) zur Zwangsvollstreckung.

9 Vertrags- und Claim-Management

9.1 Vertragsmanagement allgemein

Die Funktion eines Vertrags besteht darin, dass sich zwei oder mehr Parteien darüber einigen, welche Leistungen sie zu welchen Konditionen zwecks Erreichung eines Projektziels füreinander erbringen wollen. Das schriftliche Vertragsdokument erfüllt dabei zusätzlich zwei Funktionen. Einerseits dient es als Gedächtnisstütze, andererseits gibt es dem jeweils Berechtigten ein Beweismittel für seinen Anspruch in die Hand. Der Vertrag muß die Einigung vollständig und möglichst eindeutig und klar wiedergeben. Der Vertrag ist das Gesetz der Vertragsparteien, das laufend umzusetzen und zu interpretieren ist.

Der Umsetzung dieses Gesetzes in die Praxis dient das Vertragsmanagement. Es ist wie folgt definiert.

> **§ Definition** Vertragsmanagement ist ein Aufgabengebiet innerhalb des Projektmanagements zur Steuerung der Gestaltung, des Abschlusses, der Fortschreibung und der Abwicklung von Verträgen zur Erreichung der Projektziele (vgl. DIN 69901:2009).

Das Vertragsmanagement hat also die Aufgabe, alle vertraglich wichtigen Daten zu erfassen. Es bereitet sie für sich selbst, das Projektmanagement, die Projektmitarbeiter und das Firmenmanagement in geeigneter Form auf (vgl. WEBER, 2008).

Gerade angesichts der Komplexität langfristiger internationaler Verträge hat es sich als vorteilhaft erwiesen, die Betreuung von Verträgen einer zentralen Stelle zu übergeben. Das Vertragsmanagement kann zum einen Risiken abwälzen und zum anderen eine bereits vom Nachfrager vorgegebene Risikoverteilung vertraglich so eindeutig gestalten, dass eine verläßliche Kalkulation möglich ist.

Das Vertragsmanagement als Stabsstelle unterstützt somit das Projektmanagement bei der Erfassung, der Verfolgung und der Durchsetzung aller vertraglichen Rechte und Pflichten. Dies gilt sowohl für den inhaltlichen als auch für den formalen Aspekt. Damit werden auch die Voraussetzungen für das sogenannte Claim-Management geschaffen, nämlich Nachforderungen gegenüber dem Auftraggeber zu stellen und umgekehrt Nachforderungen seitens des Auftraggebers und von Subunternehmern abzuwehren.

Das Vertragsmanagement ist eine Dienstleistung innerhalb eines Projekts. Entsprechend ist das Vertragsmanagement in der Projekthierarchie dem Projektleiter unterstellt.

PROJEKTLEITER	
Kosten	Verträge (Vertragsmanagement)
Termine	Organisation

Abbildung 1.14c-2: Stellung des Vertragsmanagements im Projektmanagement

Das Vertragsmanagement ist also eine eigenständige Stelle im Rahmen des Projektmanagements. Es kann aus einer Einzelperson, einer Abteilung oder auch aus Fremdfirmen bestehen. Ähnlich wie die Kosten-, Termin- und Organisationsabteilungen soll es den Projektleiter informieren und ihn entlasten.

9.2 Arbeitssystematik im Vertragsmanagement

Die Vertragsanalyse steht zeitlich an erster Stelle im Vertragsmanagement. Der Begriff ist insofern weit zu fassen, als auch vor Vertragsschluss alte Verträge mit demselben Kunden bzw. demselben Land zu analysieren und auszuwerten sind.

In der Reihenfolge ergeben sich folgende Arbeitsschritte im Vertragsmanagement:

- Vertragsanalyse
- Stichworteingabe in EDV
- Vertragliche Tätigkeitsverfolgung
- Nachforderungen

9.3 Vertragsanalyse

Hier werden die für die Vertragsabwicklung wesentlichen Punkte erfasst und miteinander in Beziehung gesetzt. Darunter fallen die Hauptleistungen des Auftragnehmers, die Leistungen des Auftraggebers, Termine, Zahlungen, Abnahmen, Vertragsstrafen und Schiedsgerichte.

Methodisch lassen sich diese Punkte in Form von Kurzzusammenfassungen erarbeiten, wobei Bezug auf bestimmte Stellen im Vertrag genommen wird. Besonders wichtig ist die Zusammenschau von Leistungsstörungen, Verspätungen, Nichterreichen von garantierten Leistungen und den rechtlichen Sanktionen, z. B. pauschalierter Schadensersatz etc.

Bereits in diesem Zusammenhang sind die Risiken des Vertrages zu erfassen. Darunter fallen:

- Änderungen
- Verspätungen
- Garantierte Leistungen
- Genehmigungen
- Mängelbeseitigungsfristen
- Haftungsrisiken, z. B. Umwelt.

9.4 Stichworteingabe in EDV

Hier wird ein Stichwortregister erarbeitet und in die EDV eingegeben. Das Register erfasst Begriffe, zum Beispiel den Begriff Vertragsstrafe, die im Vertrag an mehreren Stellen auftauchen können. In der elektronischen Datei sind unter diesem Begriff Kuzzusammenfassungen der jeweilgen Regelung abgespeichert. Ferner wird auch Bezug genommen auf die Stelle im Vertrag.

Neuerdings wird auch die komplette Aufnahme der Vertragsdokumentation in die EDV angeboten. Die einzelnen Unterlagen werden mit einem Barcode versehen, ggf. textlich komprimiert und eingescannt. Informationen können über ein Textsuchsystem danach beliebig abgerufen werden, zum Beispiel unter dem Begriff „Mängel".

Im Zusammenhang mit der Erstellung der Vertragsdatei werden Instrumente zur Vertragsabwicklung geschaffen. Dazu gehören Formulare, Arbeitsanweisungen, Zusammenstellungen von Schnittstellen, Leistungsabgrenzungen zwischen Auftraggeber und Auftragnehmer, grafische Darstellungen.

9.5 Vertragliche Tätigkeitsverfolgung

Unter die vertragliche Tätigkeitsverfolgung fällt der gesamte vertragliche Schriftverkehr, das Berichtswesen, alle Anmeldungen, die Erfassung aller Vertragsänderungen und sonstigen vertraglich wesentlichen Daten und die Speicherung nach einem Nummernsystem, das den jederzeitigen Zugriff auf diese Daten und Schriftstücke erlaubt. Der Vertragsmanager sorgt dafür, dass der Vertrag nicht nur inhaltlich, sondern auch formal buchstabengetreu erfüllt wird.

Der Vertragsmanager bedient sich der bereits entwickelten Instrumente in Form von Formularen, Kurzzusammenfassungen und auch von Checklisten.

9.6 Claim-Management, Allgemein

> **§ Definition** Nachforderungsmanagement (engl.: claim management) ist ein Aufgabengebiet innerhalb des Projektmanagements zur Überwachung und Beurteilung von Abweichungen bzw. Änderungen und deren wirtschaftlichen Folgen zwecks Ermittlung und Durchsetzung von Ansprüchen (vgl. DIN 69901: 2009; MOTZEL, 2006)..

Das Ziel des Nachforderungsmanagements ist es, Forderungen aus solchen Abweichungen durchzusetzen und Gegenforderungen abzuwehren. Diese Forderungen können sich beziehen auf:

- Vertragszeitverlängerungen
- zusätzliche Vergütungsansprüche.

Voraussetzung für ein erfolgreiches Nachforderungsmanagement ist die konsequente Anwendung des Vertragsmanagements und seiner Instrumente. Alle verfügbaren Dokumentationsmittel sind einzusetzen, um Abweichungen von vertraglichen Vorgaben festzuhalten. Darunter fallen insbesondere Änderungsaufträge oder -protokolle (change orders, variation orders), ferner Korrespondenz und Baustellenberichte, aus denen Leistungs- oder Terminänderungen hervorgehen.

Das Nachforderungsmanagement ist ein Teil des Vertragsmanagements, also eine Dienstleistung innerhalb eines Projekts. Wegen seiner besonderen Bedeutung wird es häufig von einer eigenen Abteilung oder sogar von externen Fachfirmen betrieben.

Das Nachforderungsmanagement ist erfolgsorientiert. Der Erfolg eines Projekts hängt häufig von einem geordneten Nachforderungsmanagement ab. So ist bei Großprojekten von einer 2-prozentigen Gewinnmarge auszugehen. Ihr gegenüber steht eine Nachforderungsmasse von 25 bis 30 % des Finanzvolumens. Es versteht sich von allein, dass die 2-prozentige Marge sehr leicht von der gefährdeten Nachforderungsmasse verschluckt werden kann.

Wird umgekehrt das Nachforderungsmanagement konsequent betrieben, so bleibt nicht nur die 2-prozentige Marge erhalten. Hinzu kommen die zusätzlichen Erlöse aus der Nachforderungsmasse. Die Erfahrung zeigt, dass sich ein hoher Anteil aus der Nachforderungsmasse durchsetzen lässt. Der Mehrerlös kann auf diese Weise auf bis zu 30 % des ursprünglichen Finanzvolumens gesteigert werden.

Die Übergänge zwischen Vertrags- und Claim-Management sind fließend. Aus Abbildung 1.14c-3 wird deutlich, dass zunächst der Schwerpunkt auf dem Vertragsmanagement liegt. Ab Vertragsschluss tritt das Claim-Management in Erscheinung. Der Schwerpunkt verlagert sich mehr und mehr auf das Claim-Management. Mit anderen Worten: Die auf ordnungsgemäße Vertragserfüllung gerichtete Methodik des Vertragsmanagements weicht zunehmend der erlösorientierten Methodik des Claim-Managements.

Der Sprachgebrauch ist uneinheitlich. In manchen Firmen wird nur noch von Claim Management gesprochen.

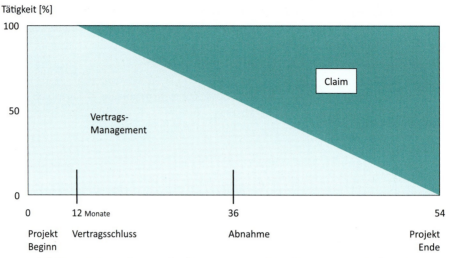

Abbildung 1.14c-3: Einsatz des Vertrags- und Claim-Managements im Projekt

Das „Patentrezept" oder eine verbindliche genormte Vorgehensweise zur Durchführung des Nachforderungsmanagements gibt es nicht, hierfür ist die Aufgabenstellung zu komplex und in unterschiedlichen Branchen oder Anwendungsfällen zu sehr von der jeweils projekteigenen Situation abhängig. Es haben sich jedoch in der Praxis einige logische Schritte und Handlungsmodelle bewährt, auf die im Folgenden näher eingegangen wird.

9.7 Instrumente

Wie ausgeführt, sind alle Instrumente des Vertragsmanagements, also alle verfügbaren Dokumentationsmittel, einzusetzen. Damit sind einerseits Abweichungen vom Vertrag in Form von Nachtragsvereinbarungen zu erfassen. Andererseits äußern sich Abweichungen in der Praxis als Störungen im Vertragsablauf (juristisch: „Leistungsstörungen"). Zumeist handelt es sich um die Nichteinhaltung von Terminen oder um Mängel in der Leistungsausführung.

Diese Störungen – auch die kleinsten – sind lückenlos zu erfassen.

9.8 Kosten des Nachforderungsmanagements

Die Kosten des Nachforderungsmanagements sind zwar dem jeweiligen Projekt zuzuordnen. Häufig werden sie jedoch nicht als kalkulatorische Größe angesetzt, da der Nachforderungsmanager seine Kosten durch die eigene Tätigkeit deckt.

9.9 Arbeitssystematik im Nachforderungsmanagement

Wie oben festgestellt, handelt es sich beim Nachforderungsmanagement um das Erfassen von Abweichungen vom Vertrag, also um Abweichungen des Ist-Zustands vom Soll-Zustand. Diese Abweichungen ergeben sich aus der Differenz zwischen dem Soll- und Ist-Zustand. Die Abbildung 1.14c-4 soll dies verdeutlichen.

Ursprünglicher Vertragswert	–	Aktueller Wert
Soll	–	Ist
100	–	130

Abbildung 1.14c-4: Schema Nachforderungsmanagement

Es geht also um einen SOLL-IST-Vergleich. Die Zahl 130 (Beispiel) beinhaltet eine Abweichung von 30 % vom ursprünglichen Vertragswert. Diese 30 % als zusätzlichen Erlös durchzusetzen, ist Aufgabe des Nachforderungsmanagements.

Soweit es um Abweichungen vom Vertrag durch Änderungs- oder Ergänzungsvereinbarungen geht, ist die Methodik einfach. Die Forderungen aus diesen zusätzlichen Vereinbarungen sind wie die Forderungen aus dem Hauptvertrag geltend zu machen.

Soweit es um Abweichungen vom Vertrag aufgrund von außervertraglichen Leistungen und von Leistungsstörungen geht, ist differenzierter vorzugehen. Folgende Einzelschritte sind erforderlich.

- Auflistung der relevanten Ereignisse (außervertragliche Leistungen, Leistungsstörungen)
- Bewertung (Soll-Ist-Vergleich)
- Juristische Stellungnahme (zu Einzelfragen)
- Einzelfallbearbeitung und Dokumentation.

10 Zusammenfassung

Im vorhergehenden Abschnitt Grundlagenwissen wurden die Grundlagen des Vertragsrechts so dargestellt, wie sie bei der Projektarbeit benötigt werden.

Im Einzelnen wird das Zustandekommen von Verträgen durch Angebot und Annahme sowie durch Unterzeichnung einer Vertragsurkunde dargestellt. Wichtig dabei sind die neuen elektronischen Kommunikationsformen. Das kaufmännische Bestätigungsschreiben wird als Mittel zur vertraglichen Festschreibung mündlicher Vereinbarungen erläutert.

Stellvertretung und Vollmacht werden behandelt, ferner die Allgemeinen Geschäftsbedingungen (AGB). Dabei ist wesentlich, ob und inwieweit widersprüchliche AGB gelten oder nicht gelten. Formularverträge werden als Unterfall der AGB dargestellt.

Die gesetzlichen Vertragstypen Kaufvertrag, Dienstvertrag und Werkvertrag liegen praktisch jeder Projektarbeit zugrunde. Der Projektmanager muss ihre wesentlichen Charakteristika kennen.

> ! Leistungsstörungen im Projekt und das Ergreifen bzw. Abwehren von Sanktionen (Rechtsfolgen) sind das A und O des Vertragsmanagers und damit des Projektmanagers. An dieser Stelle wird ein erster Überblick gegeben.

Verjährung und Vertragsbeendigung sollen einen Überblick über das Handhaben alter Forderungen sowie das sich Lösen aus einem laufenden Vertrag darstellen.

> ! Der Projektmanager und das Projektteam sind praktisch jeden Tag mit den angegebenen Themen beschäftigt. Sie erlernen, was diese Themen und Begriffe eigentlich beinhalten. Ferner erfahren sie beim Vertrags- und Claim-Management, wie man Verträge methodisch richtig erfüllt bzw. Nachforderungen für zusätzliche Leistungen stellt oder abwehrt.

A   Fragen zur Wiederholung

1. Wie heißen die Vertragsparteien beim Kauf? ☐
2. Wie heißen die Vertragsparteien bei Herstellung eines Werks? ☐
3. Welche Gegenleistung erwartet ein Auftragnehmer nach Erbringung seiner Leistung (Erstellung des Werks)? ☐
4. Wie kommen Verträge zustande? ☐
5. Wann ist ein schriftliches Angebot zugegangen? ☐
6. Wann ist eine E-Mail zugegangen? ☐
7. Für wen handelt der Bevollmächtigte? ☐
8. Wer ist der gesetzliche Vertreter einer AG, einer GmbH? ☐
9. Wie sind sich widersprechende AGB zu bewerten? ☐
10. Was sind Formularverträge? ☐
11. Welche gesetzlichen Vertragstypen sind bei Projektverträgen üblich? ☐
12. Was ist beim Kauf- und Werkvertragsrecht allgemein geschuldet? ☐
13. Wann ist ein Vertrag erfüllt? ☐
14. Was sind Leistungsstörungen? ☐
15. Woraus entstehen Leistungsstörungen? ☐
16. Welche Rechtsfolgen/Sanktionen können an Leistungsstörungen anknüpfen (Beispiele)? ☐
17. Welches ist die regelmäßige Verjährungsfrist? ☐
18. Wie kann ein Vertrag beendet werden (Beispiele)? ☐

1.15 Konfiguration und Änderungen (Changes)
Manfred Saynisch

Kontext und Bedeutung

Die Beherrschung der Flut von fachlich-inhaltlichen, technischen und administrativen Konzeptionen sowie von Änderungen während des Projektablaufs oder einer Produktentwicklung ist eines der schwierigsten Probleme und bedeutendsten Aufgaben. Kenntnis und Anwendung von Konfigurationsmanagement (KM), mit dem diese Situation bewältigt werden kann, sind noch wenig verbreitet. Neben der Luft- und Raumfahrtindustrie mit ihren hochkomplexen und umfangreichen Aufgaben, innerhalb derer das Konzept um 1960 entstand und welche die erfolgreiche Anwendung und die wirksame Nutzbringung seitdem konsequent verwirklicht, stehen heute im internationalen Rahmen insbesondere die Automobilindustrie, die Telekommunikation und die Softwareerstellung vor der Notwendigkeit einer wirksamen Anwendung.

Andere Bereiche werden kurzfristig folgen, denn durch die Globalisierung der Märkte mit ihren instabilen Beziehungen werden auch kleine und mittlere Unternehmungen, die mittelständische Industrie, von komplexen und interdisziplinären Situationen, die nach Ordnung und Transparenz, Gestaltungskraft und Qualität verlangen, nicht verschont bleiben. Der Anlagenbau (bautechnisch und maschinenbauorientiert) und das Bauwesen haben sich mit dem Claimmanagement bereits ein vertragskostenorientiertes und mehr retrospektives Instrumentarium geschaffen. Dieses deckt aber nur einen Teil der erforderlichen Konfigurationsmanagement-Funktionen ab. Eine Integration in das mehr prospektiv bzw. prophylaktisch orientierte und umfassender angelegte Konfigurationsmanagement würde eine sinnvolle Branchenlösung ergeben.

Überwachungssysteme des Projektmanagements spiegeln den Projektfortschritt oft unzureichend und falsch wieder! Kritischer Punkt ist hier die unvollständige Berücksichtigung des technischen Erfüllungstandes (Produkt-Reifegrad) als Basis zur realistischen Abschätzung des Fortschritts. Mithilfe des Konfigurationsmanagements kann bei der realistischen Ermittlung des technischen Erfüllungsstandes präziser vorgegangen werden, als es die Earned Value Analysis nur mit einer Abschätzung des BCWP auf %-Basis ermöglicht.

Bei der interdisziplinären Produktentwicklung mit ihren Hardware-Software integrierten Produkten, deren Komplexität ständig ansteigt, ist interdisziplinäre Zusammenarbeit erforderlich. Derartige hybride Produkte werden in Zukunft den Markt beherrschen – es wird praktisch kaum noch Hardware (Maschine im weitesten Sinne) ohne Chip bzw. ohne Elektronik geben. Die Funktionalität der meisten modernen Produkte wird im rapid steigenden Maße nur noch softwaretechnisch realisiert (Embedded Software). Die Bereiche Maschinenbau, Elektrotechnik und Informatik müssen hier eng zusammenarbeiten. „Mechatronik" heißt der neue Dachbegriff hierfür. Jede Disziplin hat ihre eigenen Vorgehensweisen und Prozesse entwickelt. Es gibt somit keine sich daraus ergebende zeitlich gemeinsame Punkte zur interdisziplinären Abstimmung. Das Konfigurationsmanagement bietet hier Lösungen an, wie das in einem interdisziplinären Vorgehensmodell gelöst werden kann.

Die Notwendigkeit, Konfigurationsmanagement (KM) anzuwenden, ergibt sich aufgrund:
- komplexer werdender Systeme mit ihren interdisziplinären Produktentwicklungen, Concurrent-/Simultaneous Engineering-Prozessen und neuen IT-Technologien (z. B. CAD/CAE, PDM/PLM sowie dem „Time to Market"-Druck,
- neuer Arbeitsstrukturen, wie der simultan arbeitenden selbstorganisierten Teams (Integrierte Produktteams), der verteilten und vernetzten Entwicklung, der Hersteller-Zulieferer-Integration, der Kollaborativen Projektgestaltung und -abwicklung, der steigenden Variantenvielfalt,

- der sich dadurch ergebenden Flut von
  - fachlich-inhaltlichen, technischen Konzeptionen (niedergelegt in technischen Dokumenten, wie Zeichnungen oder Spezifikationen),
  - Projektplänen (Ablauf-, Termin- und Kostenplänen) und ständigen Änderungen an diesen während des Projektablaufs, vor allem in der Entwicklungsphase, die gemeistert werden muss,
- der Softwareentwicklung im Client/Server-Umfeld für verschiedene Plattformen
- der neuen Anforderungen aus der Normenreihe DIN/ISO 9000.

Konfigurationsmanagement wird somit zu einem Schlüsselthema in Projekten und Produktentwicklungen jeder Art,
- in Entwicklung und Produktion von Maschinen, Anlagen und Bauten sowie in der Aerospace & Defence-Industrie,
- bei IT- und Telekommunikationsvorhaben,
- bei der Entwicklung von Anwendungs- Embedded- und Prozess-Software
- bei Strategie-, Organisations- und Reengineering-Projekten
- bei Systemprojekten, internationale Projekten, Vertragspartnerkooperationen und bei Kollaborativem Engineering.

Alle Inhalte, die sich klassisch mit Chance-Management (Änderungsmanagement) befassen, sind unter im Element 3.04 Einführung in PPP-Management beschrieben.

Lernziele

Ziel dieses Kapitels ist es, dem Leser in das Konfigurationsmanagement (KM) einzuführen, einen Überblick über die wichtigsten Teilgebiete des KM zu geben und den Kontext zu anderen Projektmanagement-Disziplinen und dem PM-Umfeld zu erläutern. Beim sorgfältigen Durcharbeiten dieses Kapitels erwirbt der Leser folgende Qualifikationen:

Sie kennen

- die wichtigsten Einzelbegriffe sowie Teilgebiete, können die Begriffe richtig benutzen sowie deren Inhalt erläutern und den Zusammenhang zwischen den Teilgebieten sowie zwischen deren Begriffen erfassen

Sie erkennen

- dass die Durchführung eines Änderungsmanagements ohne die Schaffung einer Grundlage mittels Konfigurationsidentifizierung und Bezugskonfiguration einem Haus gleicht, das ohne Fundament auf Sand gebaut ist

Sie haben

- ein Verständnis von KM, das der internationalen Norm von KM (DIN EN ISO 10007, die zum Rahmen der Qualitätsnormen ISO 9000ff gehört) entspricht

Sie können

- den Zweck und die Notwendigkeit des Einsatzes von KM für ein konkretes Projekt bzw. eine unternehmensweite Anwendung erkennen und darlegen
- aufbauend auf diesen Kenntnissen und Fähigkeiten, Schwachstellen in konkreten Projekten oder unternehmensweiten Prozessen erkennen und Verbesserungen lokalisieren sowie vorschlagen

Inhalt

1	Was ist „Projekt-Konfigurationsmanagement"?	526
1.1	Generelles	526
1.2	Projekte, Projektmanagement, Produktentstehung	526
1.3	Konfigurationsmanagement und Änderungssteuerung	528
1.4	Projekt-Konfigurationsmanagement	528
1.5	Fazit	529
2	Warum Konfigurationsmanagement? Bedeutung und Nutzen	530
3	Das generelle Konzept des Konfigurationsmanagements	531
4	Die Architektur des Konfigurationsmanagements (KM) – Was ist KM nun tatsächlich?	532
4.1	Die Architektur der Teildisziplinen	532
4.2	Missverständliche Begriffsbildung und eingeschränktes Handlungsverständnis	535
4.3	Es gibt ein umfassendes Begriffs- und Handlungsverständnis	535
5	Wichtige Teilgebiete des KM im Überblick	536
5.1	Die Konfigurationsidentifizierung KI	536
5.2	Die Konfigurationsüberwachung KÜ – Das Änderungsmanagement	537
5.3	Konfigurationsbuchführung KB (-verfolgung /-nachweis)	539
6	Das Software-Konfigurationsmanagement (SKM) und seine Besonderheiten	540
7	Die Mittlerfunktion des KM – Die Basis einer fachlich-inhaltlichen Projektgestaltung und –abwicklung	541
8	Software für Konfigurationsmanagement (KM)	542
9	Die Querschnittsfunktion des KM – Die Nahtstellen zu den weiteren Elementen das ICB/GPM-Fachbuchs sowie zu weiteren Funktionen	543
9.1	Umfangs- und Inhaltsmanagement im PM (ICB 1.10)	543
9.2	Konfigurationsmanagement und Projektsteuerung (project control oder Projekt-Controlling) (ICB 1.11b, 1.13 und 1.16)	544
9.3	Vertragspartnersituationen und Vertragsmanagement beim Konfigurationsmanagement (ICB 1.14)	546
9.4	Claimmanagement und Konfigurationsmanagement	546
9.5	Konfigurationsmanagement und Projektstrukturierung (ICB 1.09)	547
9.6	Konfigurationsmanagement und Dokumentationsmanagement (ICB 1.17)	547
9.7	Konfigurationsmanagement und Qualitätsmanagement/-sicherung (ICB 1.05)	548
9.8	Konfigurationsmanagement und Schnittstellen- (Interface-) Management	548
9.9	Konfigurationsmanagement und Produktbetreuung	548
9.10	Konfigurationsmanagement und phasenweiser Projektablauf (ICB 1.11a)	549
10	Zusammenfassung	549
11	Fragen zur Wiederholung	550

1 Was ist „Projekt-Konfigurationsmanagement"?

1.1 Generelles

„Projekt-Konfigurationsmanagement" ist ein neuer Begriff. Er war notwendig geworden, da der Begriff „Konfigurationsmanagement KM" manchmal zu Irritationen bei der Anwendung im Projektmanagement führte. Denn das KM hat seinen Ursprung in der Denk- und Handlungswelt des Engineerings, der Produkterstellung und geht vordergründig nicht immer auf die Denk- und Handlungswelt des Projektmanagements ein. Doch KM ist ein entscheidendes Denk- und Handlungsinstrument für das Projektmanagement und kann als Querschnittsdisziplin für das Engineering, die Produkterstellung und das Projektmanagement betrachtet werden. Dabei ist es als eigenständige Disziplin zu betrachten.

Über diesen Trend besteht inzwischen auch international Konsens (PMI, 2007). In diesem Kapitel wird dieser Sachverhalt näher erläutert.

1.2 Projekte, Projektmanagement, Produktentstehung

Projekte setzen sich aus Prozessen zusammen. Projektprozesse können in zwei Hauptkategorien aufgegliedert werden:

- Prozesse des Projektmanagements (PM-Prozesse)
- Prozesse der Produktentstehung (Produkt-Prozesse)

Projektmanagement-Prozesse befassen sich mit der Organisation/Koordination der Tätigkeiten innerhalb eines Projekts und ihrer komplexen Vernetzung, die auszuführen sind, um das Produkt, eine Dienstleistung oder einen Liefergegenstand zu erstellen. Sie initiieren, planen, steuern und überwachen ein Projekt. Typische PM-Prozesse sind z. B. die Ressourcenplanung, die Terminplanerstellung, die Kostenkontrolle oder die Teamentwicklung.

Produkt-Prozesse befassen sich mit der Spezifikation und Erstellung des Projektergebnisses (des Produkts, Projekt-Gegenstands oder Liefergegenstands). Sie werden auch erzeugnisschaffende Prozesse oder Wertschöpfungsprozesse genannt. Der Projekt-/Produkt-Lebenszyklus, auch Projekt-Phasen-Organisation genannt, ist ein typischer Produktprozess. Allerdings ist er ein Metaprozess, ein Prozess auf strategischer Ebene, in den die weiteren Produktprozesse einzuordnen sind.

Produktprozesse lassen sich nicht über alle Branchen und Funktionsbereiche standardisieren, wie es bei PM-Prozessen im hohen Maße möglich ist. Produktprozesse sind spezifisch für einen Anwendungsbereich oder eine technische Disziplin. Daher kann der Aufwand, Produktprozesse für ein Projekt zu definieren, höher sein als der für die PM-Prozesse.

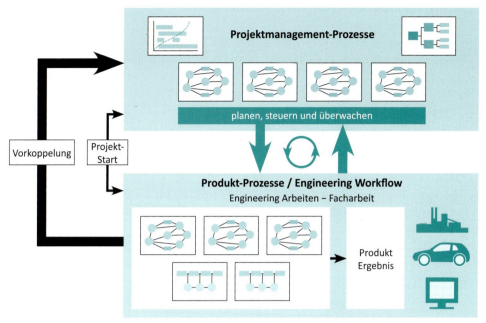

Abbildung 1.15-1: Die Vernetzung von PM- und Produktprozessen
(SAYNISCH & MEKELBURG, 2000; SAYNISCH, 2006a)

PM- und Produkt-Prozesse sind im hohen Maße miteinander vernetzt und beeinflussen sich über die gesamte Projektdauer. Diese Vernetzung ist ebenfalls branchen- und funktionsbereichstypisch und besitzt zudem noch einen dynamischen bzw. instabilen Charakter. Ein Terminplan kann in einem PM-Prozess nur aufgestellt werden, wenn eine ausreichende Kenntnis über die betroffenen Produktprozesse vorhanden ist. Andererseits bestimmt der Terminplan, welche Produktprozesse wann zu beginnen haben. Oder eine Änderung am Produkt beeinflusst meistens die Projektkosten.

In Abbildung 1.15-1 ist diese Vernetzung dargestellt. Die Vorkoppelung im linken Teil bedeutet, dass ein Wissen über die projektspezifischen Produktprozesse zuerst einen gewissen Reifungsgrad erreicht haben muss, bevor die entsprechenden PM-Prozesse bestimmt werden können. Eine wesentliche Drehscheibe, welche diese Vernetzung und vor allem ihren dynamischen Charakter der Vernetzung unterstützt, ist das Konfigurationsmanagement. Projektmanagement-Prozesse können daher auf Basis von Konfigurationsmanagement den Inhalt der Produkt-Prozesse planen, steuern und überwachen. Dadurch wird sichergestellt, dass die eigentliche Hauptaufgabe des Projektmanagements, die fachlich-inhaltliche Koordination der Projektabwicklung (die Steuerung der Engineering- bzw. Produkt-Prozesse) erfüllt werden kann (vgl. SAYNISCH & MEKELBURG, 2000; SAYNISCH, 2006b, c).

Die neue DIN 69901 zum Projektmanagement differenziert im Teil 3 „Prozesse" ebenfalls in PM- und Produkt-Prozesse.

1.3 Konfigurationsmanagement und Änderungssteuerung

Konfigurationsmanagement (KM) beruht auf der Idee, den Prozess der Leistungserstellung als eine Abfolge von Änderungen gegenüber den Vorgaben, Planwerten und Zwischenergebnissen aufzufassen.

- KM steuert den Änderungsprozess im Projekt und stellt durch Dokumentation sicher, dass dadurch das Produkt (das Projektergebnis bzw. Liefergegenstand) und seine Struktur sich generieren.
- KM fasst den Produktentstehungsprozess als eine Folge von Änderungen auf.
- KM sorgt für eine reibungslose und präzise Logistik der Ergebnisse im Projekt bzw. im Entwicklungsprozess.

Das System der Änderungssteuerung legt fest, wie die Entstehung der Liefergegenstände und der Dokumentation eines Projekts gesteuert, genehmigt und geändert wird. Es ist die bedeutendste Teildisziplin des Konfigurationsmanagements.

Um ein Produkt oder einen Liefergegenstand eines Projekts greifbar zu machen, geht das KM davon aus, dass diese durch Ihre beschreibende Dokumente, die Konfigurationsdokumente, gesteuert, kontrolliert und nachgewiesen werden.

1.4 Projekt-Konfigurationsmanagement

„Projekt-Konfigurationsmanagement" versteht sich als eine projektbezogene und projektweite Anwendung des Konfigurationsmanagements mit einem wesentlichen Fokus auf einem zentralen, integrierten und kontrollierten Managen von Änderungen im Projekt.

Wie vorstehend erläutert, besteht ein Projekt aus den

- Prozessen des Projektmanagements (PM-Prozesse)
- Prozessen der Produktentstehung (Produkt-Prozesse)

Somit ist auch das Konfigurations- und Änderungsmanagement zu differenzieren in die Hauptkategorien eines

- Konfigurationsmanagements für die Projektmanagement-Prozesse
- Konfigurationsmanagements für die Produkt-Prozesse

„Projekt-Konfigurationsmanagement" ist die integrative Klammer dieser beiden Elemente für die Belange eines Projekts.

Konfigurationsmanagement für die Projektmanagement-Prozesse

Bei der Durchführung von Prozessen des Projektmanagements mit seiner komplexen Vernetzung, die erforderlich ist, um das Produkt, eine Dienstleistung oder einen Liefergegenstand zu erstellen, sind die entsprechenden Dokumente, die dieses beschreiben und definieren, die Betrachtungselemente für das Konfigurations- und Änderungsmanagement. Das sind beispielsweise Arbeitsablauf-, Termin- und Kostenpläne, Projektstrukturpläne, Verträge mit ihren umfangreichen Anlagen, Arbeitsaufträge und Bestellungen.

Konfigurationsmanagement für die Produkt-Prozesse

Das Konfigurationsmanagement für die Produkt-Prozesse befasst sich mit der Festlegung der funktionalen und physischen Eigenschaften des Produkts, der Dienstleistung oder des Liefergegenstands und ihrer präzisen Dokumentation (Konfigurationsdokumente). Ebenso gehört das Änderungsmanagement dieser Eigenschaften und auch die Mitwirkung bei der Verifikation am real erstellten Produkt, um die Konformität mit den ursprünglichen Anforderungen zu überprüfen, dazu.

I Anforderungsdokumente, wie. z. B. Spezifikationen oder Pflichtenhefte,
I Konstruktionsdokumente, wie z. B. Zeichnungen und Stücklisten,
I Herstell- und Abnahmedokumente, wie z. B. Fertigungsunterlagen und Prüfvorschriften,
I sowie Betriebsunterlagen, wie z. B. Handbücher)

sind hier typische Konfigurationsdokumente, die einer Änderungssteuerung unterliegen.

Projekt-Konfigurationsmanagement

Das Konfiguration- und Änderungsmanagement für die Projektmanagement- und Produkt-Prozesse ist hoch vernetzt. Änderungen an den Produkteigenschaften oder an dem Produktaufbau (z. B. nach einem fehlgeschlagenen Test) können Termin- und Kostenänderungen in den Projektmanagementplänen zur Folge haben. Ebenso können Änderungen am Terminablauf Einfluss auf die Produkteigenschaften haben, beispielsweise, wenn durch unvorhergesehene Einflüsse aus dem Projektumfeld Terminverzögerungen eintreten, die nur durch eine Reduzierung oder Vereinfachung der Produkteigenschaften aufgefangen werden können.

Beide Hauptkategorien des Konfigurationsmanagements besitzen somit unterschiedliche Ausprägungsformen, aber durch das Projekt-Konfigurationsmanagement wird eine einheitliche und gleichzeitige Anwendung sichergestellt.

1.5 Fazit

Das Projekt-Konfigurationsmanagement mit seinen beiden Hauptkategorien, welche hier erstmals dargestellt werden, ist eine Ausprägungsform des generellen Konfigurationsmanagements für die Bedarfe von Projekten und deren Management mit der Sicht aus Entstehungsorten von Änderungsnotwendigkeiten.

Wie nachfolgend erläutert, hat das KM für die Produkt-Prozesse, mit dem das generelle KM ja entstanden ist und das auch als „Klassisches KM" bezeichnet werden kann, jedoch ein ausgefeiltes Änderungsmanagement entwickelt. Mit diesem können auch die Änderungsprozesse für Projektmanagement Aspekte durchgeführt werden. Die Strukturen und Abläufe von Änderungsprozessen in beiden Hauptkategorien sind somit analog. Sie sind in den klassischen KM-Systemen ausführlich beschrieben (vgl. DIN, 1996; SAYNISCH, 1984; 1994a; 2002; SAYNISCH & BÜRGERS, 1998)

Daher werden in den nachfolgenden Kapiteln, in denen die Teilgebiete des KM erläutert werden, die Differenzierung in „KM für PM-Prozesse" und „KM für Produkt-Prozesse" und deren Oberbegriff „Projekt-Konfigurationsmanagement" nicht mehr angewandt, sondern der Einfachheit halber der generelle Begriff „Konfigurationsmanagement (KM) benutzt.

2 Warum Konfigurationsmanagement? Bedeutung und Nutzen

Konfigurationsmanagement (KM) versteht sich als eine Management-Disziplin, die technische und organisatorische Regeln über die gesamte Lebensdauer eines Produkts, von der Entwicklung über die Herstellung bis zur Produktbetreuung, anwendet. Hauptziel dabei ist es, die Transparenz und Ordnung wie auch die Überwachung der funktionellen und physischen Merkmale des Produkts, des Projektgegenstands, sicherzustellen. Ein weiteres Ziel ist es, dass jeder am Projekt Mitwirkende zu jeder Zeit des Produktlebenslaufs die richtige und zutreffende Dokumentation verwendet. Konfigurationsmanagement fokussiert sich also primär auf den **Projektgegenstand** und ist auf Hardware/Geräte (z. B. Maschinenbau, Elektronik), Software/Informatik, Dienstleistungen und die jeweils zugehörige Dokumentation gleichermaßen anwendbar (vgl. DIN, 1996).

Das Konfigurationsmanagement stellt sicher, dass durch einen systematisch organisierten Prozess der fachlich-inhaltlichen Dokumentenerstellung und -genehmigung in der technischen Planung (Engineering oder Projektierung) Unvollständigkeiten und Fehler reduziert werden. Es unterwirft **Änderungen** einem **formalen Genehmigungsprozess**, der die **Auswirkungen rechtzeitig transparent** macht und erfüllt somit die Funktion eines Frühwarnsystems. Konfigurationsmanagement liefert somit die Gewähr, dass

- die zur Endabnahme kommende Konfiguration bis ins Kleinste bekannt und dokumentiert (Zeichnungen, Spezifikationen, Coding Standard, Datenblätter, User Manual, Schaltbilder, Software, build instructions, Stücklisten etc.) ist.
- nur unvermeidliche Änderungen genehmigt werden.
- alle Konstruktionsziele im Produkt verwirklicht werden.
- der Projektleiter jederzeit weiß, wann, wie und warum technische Änderungen am Projektgegenstand vorgenommen wurden oder werden müssen und welchen Einfluss sie auf Kosten und Termine des Gesamtprojekts sowie auf die Vertragssituationen (Auftraggeber, Unterauftragnehmer) haben.
- zu jeder Zeit im Produktlebenslauf über den Zustand des Produkts (letztlich seine Konfiguration) und über den Prozess, wie es dazu kam, Auskunft gegeben werden kann.
- sich verschiedene Auftragnehmer in Arbeitsweise und Disziplin an einheitlich vorgeschriebene Konstruktionsnormen und -praktiken halten.
- der Projektleiter und jeder andere am Projekt Beteiligte jederzeit wissen, welcher Konfigurationsstand, d. h. welcher gültige Informationsinhalt der freigegebenen Dokumente augenblicklich vorhanden ist bzw. in welchem Produkt er verwirklicht ist bzw. wird.
- Mängel und fehlerhafte Teile bis zum Herstellplatz zurückverfolgt werden können (Traceability).

Die strenge Nachweisführung, die vorstehend beschrieben wurde, wird im Zuge der **Produkthaftung** von großer Bedeutung. Durch den engen Zusammenhang zum Qualitätsmanagement gemäß ISO 9000ff wird Konfigurationsmanagement zu einem bedeutenden Bestandteil von **Zertifizierungsmaßnahmen**.

Konfigurationsmanagement sieht Änderungen als einen täglichen Bestandteil des Entwicklungs- und Produktionsprozesses an und behandelt sie nicht als „Störgrößen", die normalerweise nicht vorkommen sollten und versehentlich auftreten. Im Gegenteil, es ist ein wesentliches Merkmal des Konfigurationsmanagements, den **Entwicklungsprozess als Änderungsprozess** aufzufassen: Durch Änderungen werden die Reifungsstufen (Prozessstufen) der Produktentwicklung ineinander überführt. Damit kann der Entwicklungsprozess als ein Evolutionsprozess interpretiert werden: Entwickeln durch (Ver-)Änderungen von einem basalen Zustand aus.

Konfigurationsmanagement ist jedoch nicht isoliert, als alleinstehende Einzeldisziplin, anzuwenden, sondern in die anderen Teildisziplinen des Projektmanagements, wie Kosten- und Terminmanagement, Projekt-Controlling oder Qualitätssicherungsmanagement, zu integrieren. Denn die außergewöhnlichen Vorteile des Konfigurationsmanagements mit seinem präventiven Charakter entfalten sich erst voll im Zusammenspiel mit den anderen Gebieten des Projektmanagements. **Erfahrene Projektleiter wissen um die positiven Zusammenhänge zwischen effektivem Konfigurationsmanagement und der Einhaltung von Terminen und Kosten.**

- **Simultaneous-Engineering**-Prozesse sind mit KM wirksamer steuerbar
- **ISO 9000** Philosophie: **Frühzeitig** im Lebenslauf eines Produkts einzusetzende **Qualitätssicherung** ist praktischer nur mit KM zu realisieren
- Gewährleistung der Traceability - **Rückverfolgbarkeit** des Werdegangs
- Wirksame **Transparenz, Ordnung und Gestaltung** im Projekt
- **Partnerschaftliche Produktentwicklung** (die Einbindung der Zulieferer), die neue Form der überbetrieblichen Zusammenarbeit, wird erleichtert
- **Software-Entwicklung:** Produktivitätsverbesserung und Produktintegrität
- **Bessere Kommunikation** (mit den Kunden) - Reproduzierbare Ergebnisse
- Transparenz des Entwicklungsstands und **Kalkulierbarkeit** komplexer Projekte

Abbildung 1.15-2: Vorteile und Nutzen des Konfigurationsmanagements (KM)

3   Das generelle Konzept des Konfigurationsmanagements

Eine „Konfiguration" ist ein bestimmter, definierter Zustand einer „Betrachtungseinheit" und zwar bezüglich ihrer physischen und funktionellen Eigenschaften. Dies gilt generell. Betrachtungseinheit in diesem Verständnis ist alles, was DIN/ISO 8402 als „Produkt" definiert, oder jedes seiner Bestandteile (vgl. SAYNISCH & BÜRGERS, 1998).

Um diese „Konfiguration" für die Verfahren greifbar zu machen, geht das KM von folgender Grundvoraussetzung aus:

Die „Konfiguration" lässt sich durch die Kontrolle der diese Konfiguration beschreibenden „Konfigurationsdokumente" kontrollieren und steuern.

Dies gilt unverändert, insbesondere, solange das eigentliche Produkt nicht vorliegt (z. B. in der Entwicklungsphase).

Konfigurationsdokumente sind beispielsweise: Anforderungsdokumente, wie. z. B. Spezifikationen oder Pflichtenhefte, Konstruktions- und Designdokumente. wie z. B. Zeichnungen und Stücklisten oder Grob- und Feindesign, Herstell- und Abnahmedokumente, wie z. B. Fertigungsunterlagen und Prüfvorschriften, sowie Betriebsunterlagen, wie z. B. Handbücher und Kataloge).

„Konfiguration" wird in der DIN EN ISO 10007 definiert als „Funktionelle und physische Merkmale eines Produkts, wie sie in seinen technischen Dokumenten beschrieben und im Produkt verwirklicht sind" (DIN, 1996).

Konfigurationsmanagement ist eine eigenständige Disziplin (Kap. 1.1), welche die systematische Zusammenstellung und Dokumentation des jeweils gültigen Standes der Konfiguration koordiniert, die Konfigurationsänderungen steuert und verwaltet, die Überprüfung der Verwirklichung am realen Objekt veranlasst und die Beteiligten jederzeit über jegliche Situation informiert. Sie stellt in ihrer Eigenständigkeit jedoch eine Querschnittsdisziplin zwischen Engineering, den Produkt- oder Wertschöpfungsprozessen im Projekt und dem Projektmanagement dar. Das „Projekt-Konfigurationsmanagement" umfasst die Teile, die für die Prozesse im Projekt und dem Projektmanagement von Bedeutung sind. (Kap. 1.4).

Der Leitgedanke des Konfigurationsmanagements fasst den Prozess der ingenieurorientierten Leistungserstellung als eine Abfolge von Änderungen gegenüber anfänglich erstellten und abgestimmten Vorgaben, Planwerten und Zwischenergebnissen auf (Kap. 1.3). Diese Methodik entspricht dem schlichten, doch in der praktischen Anwendung so schwer zu erfüllenden Prinzip: Ordnung zu halten – in einem dynamischen, instabilen und evolutionär-orientierten Prozess!

4 Die Architektur des Konfigurationsmanagements (KM) – Was ist KM nun tatsächlich?

4.1 Die Architektur der Teildisziplinen

Die Architektur des Konfigurationsmanagements (KM) ist in Abbildung 1.15-3 dargestellt. Basis dieser Architektur sind die DIN EN ISO 10007 (DIN, 1996) sowie die ausführlichere Darstellung in MIL STD 973 (MIL, 1992). Obwohl die Technik des KM nur integriert sinnvoll durchgeführt werden kann, hat man das KM in Teilgebiete unterteilt.

Abbildung 1.15-3: Die Architektur des Konfigurationsmanagements – Die Ordnung der Teilgebiete

Die Teilgebiete

- **Konfigurationsidentifizierung** KI (Konfigurationsbestimmung)
- **Konfigurationsüberwachung** KÜ (das Änderungsmanagement)
- **Konfigurationsauditierung** KA (Audit und Sicherung)
- **Konfigurationsbuchführung** KB (Konfigurationsverfolgung)

stellen die 4 Kernelemente (Hauptprozesse) bzw. die Teildisziplinen dar. Von diesen Teildisziplinen stellen die ersten drei (KI, KÜ, KA) die Grundprozesse oder Grundelemente dar, deren Interaktionen die Daten liefern, die im Ergebnisprozess oder Ergebniselement (KB) aufbereitet, zusammengestellt und verfügbar gemacht werden.

Eine zusammenfassende Übersicht über Zweck und Inhalt wichtiger Teildisziplinen ist in Abbildung 1.15-4 wiedergegeben.

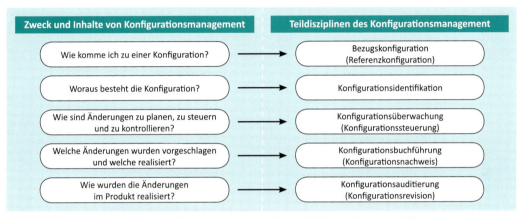

Abbildung 1.15-4: Der Hauptzweck der Teildisziplinen von KM

Neben diesen vier Kernelementen bzw. Teildisziplinen gehören noch die **„Organisation und Planung des Konfigurationsmanagements KMO"** zu den Teilgebieten. Es ist als inneres Ovalelement in Abbildung 1.15-3, übergreifend zu den einzelnen Teildisziplinen, dargestellt.

Zusammenfassend lässt sich der Begriffsumfang des Konfigurationsmanagements wie folgt beschreiben:

$$KM = KMO + (KI + KÜ + KA) + KB$$
$$\text{oder}$$
$$KM = \text{Organisation} + (3 \text{ Grundprozesse}) + \text{Resultate}$$

Eine inhaltliche Skizzierung der wichtigen Teilgebiete und Begriffe des KM soll die Differenzierung verdeutlichen:

I **Konfigurationsidentifizierung KI (Konfigurationsbestimmung)**
Sie ist die Grundlage für das Management der Produktkonfiguration und das Änderungsmanagement. Sie macht ein Produkt erst „greifbar" und damit für ein Management zugänglich. Sie unterteilt sich in zwei große Maßnahmenbereiche:
1. Maßnahmen zur fachlich-inhaltlichen Identifizierung bzw. Bestimmung (Bezugskonfiguration)
2. Maßnahmen zur formalen Identifizierung (Produktstruktur, Kennzeichnung)

I **Konfigurationsüberwachung KÜ (Änderungsmanagement)**
Maßnahmen zur Überwachung von Änderungen an einer Konfigurationseinheit, nachdem erstmals die Konfigurationsdokumente formell erstellt wurden. Das schließt ein Änderungsverfahren mit ein.

I **Konfigurationsbuchführung KB (Nachweis)**
Die formalisierte Dokumentation und Berichterstattung bezüglich der geltenden Konfigurationsdokumente, des Standes laufender Änderungsanträge und des Durchführungsstands der genehmigten Änderungen. Sie ermöglicht die Rückverfolgung von Änderungen auf die Bezugskonfiguration. Sie beginnt ab erstmaliger Erzeugung von Konfigurationsdaten.

I **Konfigurationsaudit KA (Audit und Sicherung)**
Formale Prüfung des Ausführungsstands einer Konfigurationseinheit bzw. des Produkts auf Übereinstimmung mit den geltenden Konfigurationsdokumenten.

I **Konfigurationsmanagement-Organisation und Planung KMO**
Sie ist in der Regel projektbezogen und sollte alle KM-Teildisziplinen mit einschließen. Die Aufgabenbereiche sind:
- die Organisation des KM (Änderungsmanagement-Stelle oder Konfigurationsverwaltung, Konfigurationsausschuss/CCB, Software Konfigurations-Controller)
- die KM-Verfahren und -Pläne (Konfigurationsmanagement-Plan/KM-Plan/KMP)
- Tool-Selektion und Wartung (Software für KM)
- das KM-System-Audit.

I **Bezugskonfiguration (Referenzkonfiguration, Baseline)**
Die formell zu einem Zeitpunkt festgelegte Konfiguration eines Produkts. Sie dient als Grundlage für weitere Tätigkeiten.

I **Konfiguration**
Funktionelle und physische Merkmale eines Produkts, wie sie in seinen technischen (und ggf. betriebswirtschaftlichen) Dokumenten beschrieben und im Produkt verwirklicht sind.

I **Konfigurationsmanagement KM**
Die technischen und organisatorischen Maßnahmen und Entscheidungen zur KI, KÜ, KB und KA auf Basis von KMO

Konfigurationsmanagement versteht sich somit nicht nur als Behandlung der Produktstruktur, wie es in der Software-Welt oft gesehen wird (vgl. Kap. 4.2). Es schließt nicht nur das „Change Management" oder Change Control" mit ein, sondern mit einer Reihe von weiteren wichtigen Elementen bildet es ein umfangreiches und in sich geschlossenes System.

4.2 Missverständliche Begriffsbildung und eingeschränktes Handlungsverständnis

Die Begriffe des Konfigurationsmanagements werden außerhalb der Luft- und Raumfahrtbranche sowie der Verteidigungstechnik, bei denen ja das Konfigurationsmanagement Ende der 1950er Jahre entstand, oft missverständlich und, daraus folgend, mit begrenztem Handlungsverständnis benutzt. Das gilt insbesondere für die IT-Welt, den Bereich der Software/Informatik, aber auch für die traditionelle deutsche Fertigungsindustrie.

Missverständnisse in der IT-Welt

Man benutzt z. B. in der IT-Welt häufig die Begriffe „Configuration Management" und „Change-Management" differenzierend und auf der gleichen Begriffsebene.

- Unter „Configuration Management" versteht man dann nur den Aufbau der Produktstruktur, des Produktmodells, was auch oft auch als „Build Management" bezeichnet wird. In der DIN EN ISO 10007 entspricht das einer Teilmenge des Begriffs „Konfigurationsidentifikation".
- „Change-Management" entspricht dann in der DIN EN ISO 10007 der „Konfigurationssteuerung (Änderungsmanagement)". Hier wird auch oft der Begriff „Versionsmanagement" benutzt. Das führt dann auch oft zu einem eingeschränkten Verständnis von Change Management auf der Basis von Versionen.
- Als übergeordneter Gesamtbegriff wird dann „Configuration & Change Management" benutzt, was in der DIN EN ISO 10007 dem „Konfigurationsmanagement" entspricht.

Bei dem Einsatz von Konfigurationsmanagement in der IT-Welt wird also empfohlen, zu Beginn bereits die Begriffsbenutzung und deren Inhalte eindeutig zu klären. Eine vollständig Anwendung der Begriffsinhalte der DIN EN ISO 10007 (DIN, 1996) sollte dabei sichergestellt werden. In diesem Beitrag werden konsequent die Begriffe und ihre Inhalte der DIN EN ISO 10007 benutzt.

Missverständnisse in der Fertigungsindustrie

In der Fertigungsindustrie gab es bereits seit mehreren Jahrzehnten eine Änderungssystematik mit Änderungsbeantragung und -genehmigung. Doch diese ist beschränkt auf Konstruktionszeichnungen und findet nur in der (späten) Phase des Übergangs von Entwicklung/Konstruktion zur Produktion (Serienanlauf) Anwendung. Darüber hinaus werden die Änderungen selten auf die Konfigurationsidentifizierung mit ihren Bezugskonfigurationen bezogen.

Die Automobilindustrie, die heute aufgrund der globalisierten und dynamischen Märkte sowie durch die Anwendung neuer Technologien vor großen Herausforderungen steht, forciert daher augenblicklich die Anwendung eines Änderungswesens. Sie bleibt dabei jedoch weitgehend im begrenzten Rahmen des traditionellen Verständnisses in der Fertigungsindustrie und die Misserfolge sind vorprogrammiert, wenn sich das nicht kurzfristig ändert. Denn die anspruchsvolle Aufgabe, die sich die Automobilindustrie gestellt hat, indem sie Änderungen in die frühen Phasen der Entwicklung vorverlegen will, in der Änderungen nicht so kostenintensiv sind und eine Verkürzung der Entwicklungszeit ermöglichen, ist mit diesem eingeschränkten Verständnis nicht zu erreichen.

4.3 Es gibt ein umfassendes Begriffs- und Handlungsverständnis

Nun gibt es für das Konfigurationsmanagement eindeutige Begriffe und ein einheitliches Handlungsverständnis, die sich praktisch seit der Entstehung von KM in den frühen 1960er Jahren (bei den Luft- und Raumfahrtprojekten in den USA) nicht geändert haben. Sie sind heute durch eine **international gültige ISO-Norm**, die auch als deutsche DIN-Norm anerkannt ist, die DIN EN ISO 10007 (DIN, 1996), für alle Branchen und Anwendungsgebiete festgeschrieben worden (vgl. Kap. 4.2).

5 Wichtige Teilgebiete des KM im Überblick

5.1 Die Konfigurationsidentifizierung KI

Die Konfigurationsidentifizierung ist der einflussreichste Teil im KM. Sie sichert die Effektivität des KM, indem sie ihren Fokus darauf legt, „die richtigen Dinge zu tun". KI ist die Basis, von der aus die Konfiguration des Produkts (Produktstruktur) definiert und verifiziert wird, Produkte und ihre Dokumente gekennzeichnet werden, Änderungen gesteuert werden sowie die Buchführung, der Nachweis und die Statusberichterstattung durchgeführt werden. Doch in der praktischen Anwendung wird die Konfigurationsidentifizierung z.Z. recht rückständig behandelt, oft einfach ignoriert (vgl. Kap. 4.2).

Ein auf derartiger rudimentärer Basis aufbauendes Änderungsmanagement gleicht einem Haus, das ohne Fundament auf Sand gebaut wird.

Zu den Teilgebieten der Konfigurationsidentifizierung (Konfigurationsbestimmung) gehören:

1. Die **fachlich-inhaltliche Identifizierung** (Konfigurationsbestimmung)
   - **Bestimmung** der **Bezugskonfigurationen** (Referenzkonfigurationen, Konstruktionsstand)
   - **Festschreibung** (Gültigkeit) der Bezugskonfigurationen (Reviewverfahren)
   - **Bezugskonfigurationen** sind die Gesamtheit der technischen Unterlagen zu einem bestimmten Zeitpunkt, sind die Bezugspunkte für nachfolgende Änderungen und sind die Basis für die Bestimmung der Kosten, Termine, Technikbewertungen etc. (vgl. Abb. 1.15-7).
   - **Bezugskonfigurationen** werden schrittweise festgelegt (bei technischen Überprüfungspunkten – Design-Reviews. Die Festlegung erfolgt in Abstimmung mit den Projektphasen (vgl. Abb. 1.15-5).
2. Die **formale Identifizierung**
   - **Produktgliederung (Produktstruktur)** und Auswahl von **Konfigurationseinheiten** (KE)
   - Festlegung **Produktdokumentation** (Auswahl)
   - Nummerierung und Kennzeichnung
   - Aufstellung und Pflege von Produkt-, Konfigurations- und Dokumentationsbäumen

> Identifizierung (Bestimmung) ist die Basis der weiteren Kernelemente des KM (KÜ, KA, KB). Doch dieses produktorientierte Struktur- und Bezugssystem des KM ist kaum bekannt.

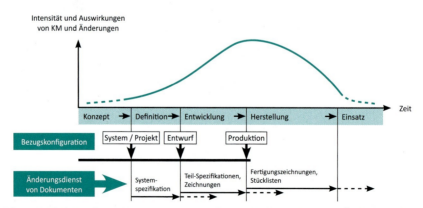

Abbildung 1.15-5: Konfigurationsmanagement, Bezugskonfiguration und Änderungsdienst im phasenbezogenen Projektablauf (Life Cycle). Hier sind beispielsweise 3 Bezugskonfigurationen bestimmt worden.

5.2 Die Konfigurationsüberwachung KÜ – Das Änderungsmanagement

Die Konfigurationsüberwachung wird mithilfe des Änderungsmanagements verwirklicht. Alle Änderungen sind zu identifizieren, beschreiben, klassifizieren, bewerten, genehmigen und einzuführen. Prozessstufen dazu sind (Abb. 1.15-6):

| **Beantragung/Änderungsantrag** (Änderungsstelle)
| **Änderungskonferenz** (bewerten, genehmigen oder ablehnen)
| **Änderungsmitteilung** (einführen)

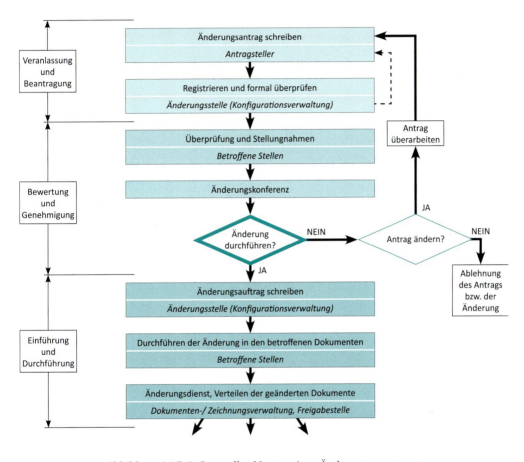

Abbildung 1.15-6: Generelles Muster eines Änderungsprozesses

Voraussetzung für ein wirkungsvolles Änderungsmanagement ist das Vorhandensein eines definierten Ausgangszustands, d.h. einer **Bezugskonfiguration**. Die Fortschreibung dieser Bezugskonfiguration erfolgt über die genehmigten Änderungen (Abbildung 1.15-7). Zur Beschreibung und Bewertung ist eine sorgfältige Analyse der Auswirkungen (insbesondere auf weitere technische Teilsysteme/Schnittstellen, auf Kosten, Termine und Qualität) erforderlich. Entscheidend ist auch, dass nur „kontrolliert geändert" wird, d.h. es werden nur Änderungen verwirklicht, die beantragt und genehmigt wurden.

Ein wesentliches Instrument ist der Änderungsantrag, der die Änderung identifiziert, Auskunft über die Auswirkungen gibt und die Entscheidung mit den Genehmigungsunterschriften dokumentiert (Abbildung 1.15-8).

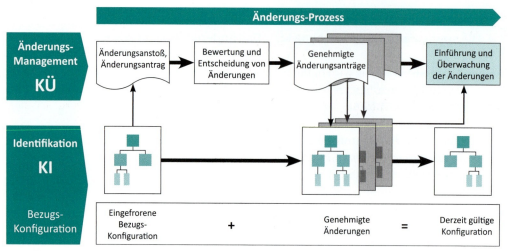

Abbildung 1.15-7: Die Grundidee des Änderungsmanagements

Abbildung 1.15-8: Prinzip eines Änderungsantrags

Die Klassifizierung von Änderungen nach Dringlichkeit und/oder Auswirkungsgrad erlaubt, Änderungen wirtschaftlich und schnell durchzuführen. Der Sonderfall einer „Bauabweichung" behandelt eine gewollte Abweichung vom Sollzustand (z. B. Ausweichmaterial wegen Lieferschwierigkeiten oder vorübergehender Einbau einer Testausgabe bei der Software). Es ist eine Sonderfreigabe, die vor oder nach der Realisierung erfolgen kann.

Änderungsmanagement ist der Kern des KM. Diese Dynamik und Prozessorientierung des KM sind am populärsten. Doch es gibt weitere, genau so bedeutende Gebiete des KM.

Eine sorgfältige Projektplanung, einschließlich des Vorziehens von Änderungen in die frühen Phasen (Frontloading-Strategie), kann das Änderungsvolumen wirksam reduzieren. Ebenso wird eine sorgfältige Analyse der Änderungsauswirkungen auf Kosten, Termine und Qualität, verbunden mit einer Steuerung jeder einzelnen Änderung, die Folgen minimieren. In vielen Fällen kann das dazu führen, dass eine Änderung als nicht sinnvoll erkannt wird und abgelehnt wird. Daher übt ein gründlich und gewissenhaft durchgeführtes Änderungsmanagement auch die Funktion eines „Änderungsverhinderungs-Managements" aus.

 Ein sorgfältig durchgeführtes Konfigurationsmanagement ist gleichzeitig auch ein „Änderungsverhinderungs-Management"
Es werden nur die Änderungen genehmigt und durchgeführt, die unbedingt erforderlich und machbar sind, deren Kosten und Terminänderungen tragbar sind.

5.3 Konfigurationsbuchführung KB (-verfolgung /-nachweis)

Die Konfigurationsbuchführung hat die Dokumentation (Registrierung, Archivierung) der Konfiguration des Produkts und ihrer Entwicklung sicherzustellen. Dazu gehört auch eine Statusberichterstattung zur Änderungsbearbeitung und zum Änderungszustand der Produkte (der Konfiguration und des Bauzustands der Konfigurationseinheiten) und aller Konfigurationsdokumente (Produktdokumente). Eine der wichtigsten Aufgaben ist es, die **Rückverfolgbarkeit (traceability)** der Änderungen auf ihren Ursprung zu gewährleisten. Diese Aufgabe bekommt heute durch die Anforderungen eines Wissensmanagements eine neue zusätzliche Bedeutung.

Die ergebnisorientierte Hauptaufgabe der KB ist die eindeutige und transparente Darstellung und Information über die Produkt- und Projektsituation in Bezug auf Änderungen, Bezugskonfigurationen und augenblicklich gültige Konfigurationen (genehmigte Produktzustände). Zu den Arbeiten der KB ist eine DV-Unterstützung nicht nur sinnvoll, sondern bei den heutigen Produktkomplexitäten unabdingbar. So sind umfangreiche DV-Ausdrucklisten und Bildschirmdarstellungen die äußere Form der KB. Die KB ist auch die wesentliche Verbindungsstelle des KM zu den neuen Konzepten des EDM/PDM (Engineering/Produkt Daten Management).

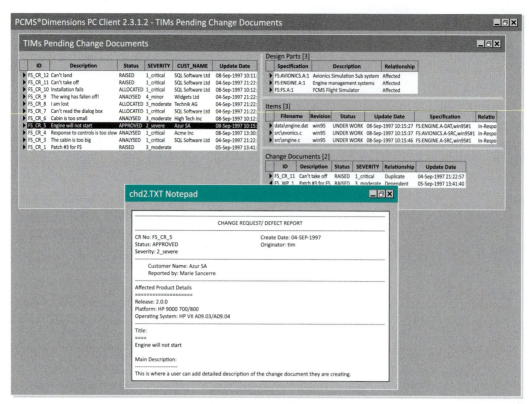

Abbildung 1.15-9: Bildschirmdarstellung einer Änderungssituation [INTERSOLV, 1998]

Abbildung 1.15-9 gibt einen Überblick über wichtige Informationen einer Änderungssituation. In der linken oberen Darstellung ist eine Liste aller Änderungen des Projekts mit ihrem Status (Allocated, Analyzed etc.) dargestellt. Eine Änderung mit der Nr. FS-CR-5, die den Status „Approved" hat, ist markiert. Diese Änderung ist also bereits genehmigt und die Daten des zugehörigen Änderungsantrages (Change Request) sind in der unteren, mittleren Darstellung wiedergegeben.

In der rechten oberen Darstellung sind die Auswirkungen aufgezeigt. Im oberen Drittel sind beispielsweise die Auswirkungen auf Design-Dokumente (wie Spezifikationen) dargestellt.

6 Das Software-Konfigurationsmanagement (SKM) und seine Besonderheiten

Software ist ein Produkt wie die vielen Hardware- (oder physisch greifbaren) Produkte seit Beginn der Industrialisierung, wie z. B. Geräte oder Anlagen. Jedoch weist eine Software gewisse Besonderheiten auf, ähnlich wie sie auch Gase und Flüssigkeiten haben. Das Software-Konfigurationsmanagement (SKM) unterliegt daher auch den allgemeinen Grundlagen und Prinzipien des Konfigurationsmanagements, wie sie z. B. in der DIN EN ISO Norm 10007 (DIN 1996) festgelegt sind. Doch die missverständliche Begriffswelt des Konfigurationsmanagements in der IT-Welt (vgl. Kap. 4) fördert die Auffassung, dass ein SKM etwas Eigenständiges darstellt.

SKM ist jedoch keine eigenständige Disziplin (mit eigenen Begriffen und Verfahren), sondern nur die besondere Ausprägungsform eines allgemeinen Konfigurationsmanagements.

 Software (SW) ist ein Produkt wie Hardware (HW) – z. B. Geräte oder Anlagen. Daher sind für SW und HW die Prinzipien des Konfigurationsmanagements gleich.

Die besonderen Eigenschaften der „Produkts" Software erfordern jedoch eine **besondere Ausprägung** eines allgemeinen Konfigurationsmanagements. Im Vergleich zu einem allgemeinen KM muss dieses beim SKM durch ein **strikteres, konsequenteres** und tiefer ansetzendes Prinzip der Bezugskonfiguration und der Änderungssteuerung in Verbindung mit intensiveren Reviews und Audits geschehen. Die mentalen wie auch verhaltensmäßigen Eigenschaften der Menschen, die in der Software-Welt die Leistungen vollbringen, gestalten die Durchführung dieser Aufgaben eines SKM besonders schwierig.

Eine präzisere Darlegung des Software-Konfigurationsmanagements sowie auch die Rolle der Software bei HW/SW integrierenden Produkten (Embedded Software, Mechatronik) werden im Vertiefungsteil behandelt (vgl. Kap. V-3 und V-4.2). Daher wird in diesem Kapitel nicht näher auf dieses doch sehr bedeutsame Thema eingegangen.

7 Die Mittlerfunktion des KM – Die Basis einer fachlich-inhaltlichen Projektgestaltung und –abwicklung

Diese mittlerweile bereits „klassische" Integration von Teildisziplinen des Projektmanagements durch KM ist als eine „management-orientierte" Integration zu bezeichnen. Der Term „klassisch" darf nicht darüber hinwegtäuschen, dass diese Integration in den meisten Anwendungsfällen von PM im deutschen Sprachraum noch nicht erfolgt. Die Erkenntnis, dass die **fachlich-inhaltliche Koordination** der Projektabwicklung die eigentliche **Hauptaufgabe des Projektmanagements** ist, gehört hier noch nicht zum „State of the Art". Diese Koordination, die wegen ihrer Bedeutung in Abbildung 1.15-10 bewusst mit einem größeren Kasten versehen wurde, wird somit (außer bei der Luft- und Raumfahrt und im internationalen Anlagenbau) kaum praktiziert. Die meist verbreitete Sicht des Projektmanagements beschränkt sich auf die Steuerung des Terminablaufs und der Kosten, wie es im rechten Kasten bei Abbildung 1.15-10 unter „Administrative PM-Disziplinen" dargestellt ist.

Wichtig ist es, die bedeutsame Mittlerfunktion des KM zwischen

| Projektlenkung/Administration (z. B. Projekt-Controlling, Dokumentations-Management),
| Ideen/Objektrealisierung (technisch-inhaltliche Koordination)
| und einem Qualitätsmanagement

zu erkennen, wie sie in Abbildung 1.15-10 dargestellt ist.

> KM ermöglicht eine wirkungsvolle Steuerung der Engineering-Prozesse
> Effektives KM ist daher Voraussetzung für erfolgreiches Projektmanagement

Erst eine sinnvolle Kombination der im 1.15-10 dargestellten wesentlichen Aufgabenbereiche eines PM, deren Verbindungsglied das Konfigurationsmanagement darstellt, ermöglicht die eigentliche Fortschrittsüberwachung, stellt den Projektablauf sicher und garantiert vor allem das Projektergebnis.

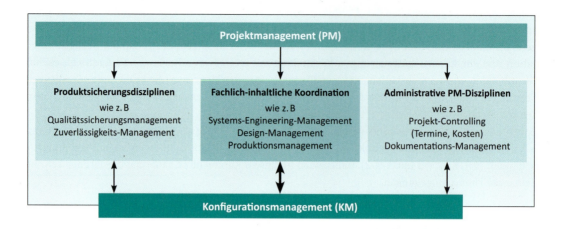

Abbildung 1.15-10: Die zentrale Mittlerfunktion des Konfigurationsmanagements zur wirkungsvollen Steuerung der Engineering-Prozesse

8 Software für Konfigurationsmanagement (KM)

Heute ist nicht nur bei größeren Projekten eine **DV-gestütztes Konfigurationsmanagement** sinnvoll, oft sogar notwendig. Auch bei mittleren und kleinen Projekten, insbesondere wenn sie entwicklungsorientiert sind, ist eine DV-Unterstützung erforderlich. Ohne ein geeignetes Werkzeug, das den großen Umfang an Daten handhabt, ist ein KM heute nicht mehr durchführbar. Bei Projekten in der Größenordnung des Tornado- oder EFA-Programms ist ein umfassender DV-Einsatz allerdings unverzichtbar.

In der Vergangenheit gab es nun keine **Standardsoftware für KM**, sodass sich jedes Unternehmen oder Projekt seine eigene DV-Anwendung erstellen musste. So wurde das System KOKOS/PCMS für Tornado und EFA entwickelt und eingesetzt (vgl. SAYNISCH, 1994a). Für Softwareprojekte wurde allerdings gleich Standardsoftware erstellt. In einer BS-2000-Umgebung wurde beispielsweise in den 1980er Jahren das System KMS entwickelt, das wesentliche Funktionen abdeckt (vgl. SCHELLE & SAYNISCH, 1985). In der Folge wurden für ein SKM eine Reihe von Standardsoftware entwickelt (vor allem in den USA), die jedoch unterschiedliche Ausprägungsformen in ihrem Anwendungsumfang besitzen. Oft behandeln sie nur die Versionsverwaltung. Zu nennen sind hier (ohne Anspruch auf Vollständigkeit) Programme wie PVCS, CCC, Lifespan, PCMS (neu PVCSDimension) oder ClearCase. Abbildung 1.15-9 stammt aus einer Software dieser Klasse (vgl. SAYNISCH, 1999a).

Die Tool-Welt für KM-Standardsoftware auf der Hardware/Geräte-Seite hat sich längst nicht so vielschichtig und vielfältig entwickelt wie beim SKM. Zu nennen sind hier nur zwei Tools, CMstat und compass, die in den 1980er Jahren entstanden.

Eine wesentliche Verbesserung der DV-Unterstützung bei Hardware-Produkten ist jedoch durch den Einsatz der heutigen Systems des **Engineering-Daten-, Produkt-Daten– und Produkt-Lebenszyklus-Managements (EDM, PDM, PLM)** zu erwarten. Die vorhergehenden Tools (CMstat und compass) sind in diesen Systemen aufgegangen. Mit dem Anspruch einer **Integrationsbasis** werden die neueren Entwicklungen von EDM/PDM/PLM-Systemen aber auch den Software-Bereich abdecken und insbesondere bei der Entwicklung integrierter Produkte (HW/SW Integration) eingesetzt werden (vgl. SAYNISCH, 1997; 1998c). Aber auch im Softwarebereich wurden fundamentale Weiterentwicklungen getätigt. In Kap. V-5 werden diese neuen Möglichkeiten eingehend dargestellt.

Der Markt für die DV-Unterstützung kommt erst jetzt richtig in Bewegung und es sind zukünftig viele neue Situationen und Möglichkeiten zu erwarten. Aber was heute Stand der Technik ist, hat sich morgen bereits rapide verändert. Daher ist es hier sehr schwierig, gesicherte Aussagen und Empfehlungen zu geben. Aufgrund dieser **heterogenen DV-Situation** und der Notwendigkeit, ein DV-gestütztes Konfigurationsmanagement einzusetzen, kommt der DV-Unterstützung bei den Einführungs- und Verbesserungsaktivitäten von KM (vgl. Kap.V-6) eine große Bedeutung zu. Ein sorgfältiger Einführungsprozess mit unabhängiger externer Unterstützung wird hier erforderlich sein.

 Auswahl und Einsatz von Tools für ein KM müssen sehr differenziert erfolgen. Bei der SKM besteht die „Qual der Wahl". Grundsätzlich neue Möglichkeiten bieten die EDM/PDM/PlM-Systeme.

9 Die Querschnittsfunktion des KM – Die Nahtstellen zu den weiteren Elementen das ICB/GPM-Fachbuchs sowie zu weiteren Funktionen

9.1 Umfangs- und Inhaltsmanagement im PM (ICB 1.10)

Dies ist die wichtigste Querschnittsfunktion des KM mit den intensivsten Nahtstellen.

Das Inhalts- und Umfangsmanagement umfasst die Prozesse, die erforderlich sind, um das Projekt erfolgreich abzuschließen. Es stellt sicher, dass das Projekt nur diese Arbeiten umfasst. Es beinhaltet in erster Linie die Definition und Steuerung dessen, was im Projekt eingeschlossen ist und was nicht. Der Projektinhalt und -umfang, der Project Scope, beinhalten somit die Arbeiten, die ausgeführt werden müssen, um ein Produkt, eine Dienstleistung oder ein Ergebnis mit den spezifizierten Merkmalen und Funktionen zu liefern. Die Summe der Produkte, Dienstleistungen und Ergebnisse, die als Projekt geliefert werden sollen, bestimmen den Inhalt und Umfang, den Scope (PMI, 2004).

Im Projektkontext bezieht sich der Begriff „Inhalt und Umfang" auf den

- **Produktinhalt und -umfang:** Die Eigenschaften und Funktionen, die ein Produkt, eine Dienstleistung oder ein Ergebnis kennzeichnen.
- **Projektinhalt und -umfang:** Die Arbeiten, die durchgeführt werden müssen, um ein Produkt, eine Dienstleistung oder ein Ergebnis mit den angegebenen Eigenschaften und Funktionen zu liefern.

Die Beschreibung von Inhalt und Umfang enthält insbesondere Aussagen zu den Projektzielen,

- Beschreibung von Produktinhalt und -umfang,
- Liefergegenstände eines Projekts
- Projektanforderungen (u. a. Bedingungen und Fähigkeiten, welche die Liefergegenstände des Projekts erfüllen bzw. besitzen müssen.)
- Projektgrenzen, Projektannahmen und Projektbeschränkungen
- Produktabnahmekriterien
- Generelle Projektorganisation
- Meilensteine, Kostenschätzung und Mittelbegrenzung

Dieses wird üblicherweise in den folgenden Dokumenten beschrieben:

- **Lastenheft** (Statement of requirements),
- **Pflichtenheft** (Statement of work SOW).

Das sind die Dokumente, die in der Anfangsphase eines Projekts entstehen. Im Laufe der Projektabwicklung kommen dann noch weitere Dokumente hinzu, wie Spezifikationen oder Zeichnungen für das Produkt, Dienstleistung und Ergebnis.

Das Erstellen des **Projektstrukturplans (PSP)** im Kontext zum Produktstrukturplan ist weiterhin eine wesentliche Aufgabe des Inhalts- und Umfangsmanagements, ebenso das **Änderungsmanagement** des Inhalts und Umfangs.

All dieses wird, detailliert dargelegt, im Hauptkapitel für Element 1.10 „Inhalts- und Umfangsmanagement" behandelt. Aber aus den obigen Darlegungen wird deutlich, dass das **Inhalts- und Umfangsmanagement** mit dem **Projekt-Konfigurationsmanagement** eine **symbiotische Beziehung** aufweist:

1. Das **Änderungsmanagement** des „Inhalts und Umfangs" wird durch das Konfigurationsmanagement ausgeführt (Kap. 5.2, V-2.2). Die Änderungsanträge werden zusammen mit dem Inhalts- und Umfangsmanagement geprüft und genehmigt. Nach der Änderungsdurchführung erhält das Inhalts- und Umfangsmanagement die jeweils neueste Produkt- und Projektreife, Bezugskonfiguration und Produktstruktur mittels der betroffenen Dokumente wieder zur Verfügung gestellt. Eine wesentliche Rolle spielen hierbei die PDM/PLM Systeme, die auch als Werkzeuge des Inhalts- und Umfangsmanagements anzusehen sind (Kap. V-5.4).
2. Der jeweils neueste Stand der **Produktstruktur** wird durch die Konfigurationsidentifizierung festgestellt (Kap. 5.1, V-2.1). Das ist nun wieder wichtig für das Inhalts- und Umfangsmanagement, das dieses als Basis für die Erstellung und Anpassung des Projektstrukturplans benutzt.
3. Das Konfigurationsmanagement wird wiederum **Konfigurationen** (Bezugskonfigurationen, Konfigurationssichten) nur dann für gültig erklären, wenn das Inhalts- und Umfangsmanagement die Konformität zu den Projektanforderungen bestätigt hat (Kap. 5.1, V-2.1.5/6).

Die symbiotische Beziehung zwischen Inhalts- und Umfangsmanagement mit dem Konfigurationsmanagement wird für das **Projekt-Controlling** (Elemente 1.13, 1.16, 1.11b) wesentliche Informationen bereitstellen, um eine realistische, produktzentrierte **Fortschrittsermittlung** zu ermöglichen, beispielsweise einen eindeutigen technischen Erfüllungstand für die Earned Value Analysis (vgl. Kap. 9.2).

9.2 Konfigurationsmanagement und Projektsteuerung (project control oder Projekt-Controlling) (ICB 1.11b, 1.13 und 1.16)

Dies ist die zweitwichtigste Querschnittsfunktion des KM.

Aufgabe der Projektsteuerung ist die Planung, Steuerung und Überwachung von Abläufen, Terminen und Kosten. Nahtstellen ergeben sich hier vor allem beim Änderungswesen (vgl. Kap. 5.2 und V-2.2) und der Konfigurationsbestimmung (vgl. Kap. 5.1 und V-2.1).

Änderungen von Terminen und Kosten

Änderungen, die vom KM bearbeitet werden (vgl. Kap. 5.2 und V-2.2), benötigen in der Antragsphase Termin- und Kostenangaben für die jeweilige Änderung. Wird die Änderung genehmigt, sind diese Angaben in den Termin- und Kostenplänen zu übernehmen. Das kann zu erheblichen Modifikationen dieser Pläne führen.

Diese Pläne können auch als Konfigurationsdokumente geführt werden und die Änderungen an diesen Plänen können mittels des KM gesteuert werden (vgl. Kap, 1.4 und V-1).

Konfigurationsbestimmung und Fortschrittsermittlung (Reifegrad) im Projekt

Bezugskonfigurationen (vgl. Kap. 5.1 und V-2.1) zusammen mit den genehmigten Änderungen ermöglichen es dem Projekt-Controlling, für Kosten- und Terminaussagen und -pläne einen eindeutigen, unmissverständlichen Bezug zum technischen Stand zu bestimmen. Die in der Vergangenheit so häufig anzutreffende Situation, dass Kosten- und Terminpläne sich auf einen anderen technischen Zustand bezogen als den in Wirklichkeit vorhandenen (und damit nicht mehr brauchbar sind), kann hiermit wirkungsvoll begegnet werden.

Die Überwachungssysteme des Projektmanagements spiegeln den Projektfortschritt oft unzureichend und falsch wider! Seit Geburt des Projektmanagements vor 50 Jahren in der Aerospace & Defence Branche der USA (DOD und NASA) stand eine realistische Ermittlung des Leistungsfortschritts (Performance Measurement oder Reifungsgrad des Produkts) im Projekt im Mittelpunkt. Von Anfang an waren die Definition und der Prozess der Ermittlung des Erfüllungsstands von Produktzielen, dem Reifungsgrad, ein Problemkreis, der nicht zufriedenstellend gelöst werden konnte.

Im Laufe der Jahre etablierte sich der Lösungsansatz der „Earned Value Analysis". Der entscheidende Fertigstellungswert wird hier nun BCWP (Budgeted Cost of Work Performed) genannt und integriert neben der Kosten- und Terminsituation auch indirekt den technischen Erfüllungsstand. Kritischer Punkt bleibt aber weiterhin die Berücksichtigung des technischen Erfüllungstands (Produkt-Reifegrad) als Basis zur realistischen Abschätzung des BCWP. Hier muss der inhaltliche Fortschritt, der Sachfortschritt, als Voraussetzung ermittelt werden. Doch es gibt kaum Anhaltspunkte für eine realistische Metrik, sodass man auf eine „Abschätzung" des inhaltlichen Fortschritts (meist in %) angewiesen ist. Das ist immer eine problematische Angelegenheit: Woran soll man sich orientieren? So wies Schelle darauf hin, dass, wenn die Earned Value Analysis nur in der Hand von Betriebswirtschaftlern bleibt, sie zu einem gefährlichen Instrument ausarten kann, das die Realität nicht wiedergibt.

Mithilfe der Prozesse des Konfigurationsmanagements eröffnen sich neue Möglichkeiten zur realistischen Ermittlung des technischen Erfüllungsstands. Eine eindeutigere und konsequentere Beurteilung einer integrierten Termin-/Kosten-/Leistungs- Betrachtung ist damit möglich.

Produktzentrierte Fortschrittsermittlung

Mithilfe des **Konfigurationsmanagements** kann bei der realistischen Ermittlung des technischen Erfüllungsstands präziser vorgegangen werden, als es die Earned Value Analysis nur mit einer Abschätzung des BCWP auf %-Basis ermöglicht. Es können die Konfigurationsstände (Bezugskonfiguration etc.) als Bezugspunkte genommen werden (vgl. Kap. 5.1 und V-2.1). Damit kann der Stand der inhaltlichen Fortschrittsbestimmung genauer und realistischer bestimmt werden.

Unter Zuhilfenahme des Produktdatenmanagements (PDM/PLM, Kap. V-4.2) können diese Prozesse heute effektiv durchgeführt werden (Karcher 2006). Die Prozesse und Pläne des Projekt-Controllings sind somit mit den Prozessen und Ergebnissen des Konfigurationsmanagements (Produktreifegrad) zu synchronisieren, um eine produktzentrierte Fortschrittsermittlung zu ermöglichen.

9.3 Vertragspartnersituationen und Vertragsmanagement beim Konfigurationsmanagement (ICB 1.14)

Für Auftraggeber und Auftragnehmer weist das Konfigurationsmanagement unterschiedliche Zielsetzungen und, daraus folgend, andere Ausprägungsformen auf. Der Auftraggeber muss sicherstellen, dass das bestellte Produkt gemäß den (Vertrags-)Spezifikationen gestaltet, hergestellt und abgenommen wird. Der Auftragnehmer hat die organisatorische Abwicklung so zu gestalten, dass gewährleistet ist, dass der Entwurf, die Herstellung, der Test und die Lieferung des Produktes fehlerfrei sind, das Produkt wartbar ist und weitere Projektziele erreicht werden.

Der Auftraggeber wie auch der Auftragnehmer können aus ihrer Sicht Änderungen veranlassen. Sind derartige Änderungen kosten-, termin- oder qualitätswirksam und beeinflussen sie entsprechende vertragliche Festlegungen, so sind sie (nach Genehmigung durch den Auftraggeber, vgl. Kap. 5.2 und V-2.2) vertragswirksam. Sie stellen dann gleichzeitig eine Vertragsänderung dar. Das Vertragsmanagement hat dann die Aufgabe, auf Basis der Konfigurationsbuchführung (Kap. 5.3 und V-2.3) die Verträge zu ändern bzw. anzupassen. Das Claimmanagement oder Nachforderungsmanagement (vgl. Kap. 9.4) übernehmen die Abwickelung eventueller daraus resultierender finanzieller Forderungen (vgl. SAYNISCH & BÜRGERS, 1998).

9.4 Claimmanagement und Konfigurationsmanagement

Eng verwandt mit dem Konfigurationsmanagement ist das Claimmanagement. Es entstand ursprünglich im internationalen Anlagenbau und Bauwesen als ein **vertragliches Nachforderungs-Management**. Nach Abschluss des Projekts, zum Zeitpunkt der Endabrechnung (oder auch bei wichtigen Zwischenterminen bzw. vertraglichen Teilzahlungen) wurden kostenwirksame Gründe (sogenannte Claims) gesammelt, die eine Erhöhung des Vertragswerts aus der Sicht des Auftragnehmers rechtfertigten. Der Hintergrund war meist eine erhebliche Kostenüberschreitung in der auftragnehmerinternen Kalkulation. Diese Claims wurden dem Auftraggeber präsentiert, mit dem Ziel, eine entsprechende Vertragskostenerhöhung durchzusetzen. Oft konterte der Auftraggeber mit entsprechenden Claims aus seiner Sicht (mit dem Ziel einer Vertragskostenreduzierung). Da in den meisten Fällen keine Beweissicherungsdokumentation vorhanden war, zog sich das Verfahren endlos in die Länge, meist zum Nachteil des Auftragnehmers (vgl. SAYNISCH, 1999a)

Neuere Konzepte des Claimmanagements im Anlagenbau und Bauwesen versuchen daher, rechtzeitig eine Beweissicherung vorzunehmen, indem alle Fakten möglichst zum Entstehungszeitpunkt erfasst werden. Das Claimmanagement verlässt also die Position des Zurückschauens bei Vertragsende, um die nachforderungsrelevanten Daten nachträglich zu erfassen. Es nimmt nun die Position einer vorausschauenden Klärung und Absicherung ein, wie sie dem Wesen des Konfigurationsmanagements schon immer entsprach.

Daher ist es einsichtig und folgerichtig, dass das **Claimmanagement** kein eigenes Erfassungs- und Bewertungssystem von Nachforderungen aufgrund von Änderungen etabliert, sondern diese aus den Änderungsdaten der Konfigurationsbuchführung (Kap. 5.3) übernimmt. Damit entwickeln sich der Erfassungs- und Bewertungsteil des Claimmanagements zu einem vertragsorientierten Teilaspekt des umfassender angelegten Konfigurationsmanagements, das dadurch nun eng mit dem Vertragswesen gekoppelt ist.

Ein eigenes Erfassungssystem für ein Claimmanagement zu etablieren, wie es heute noch oft der Fall ist, ist reine Doppelarbeit und im Zeitalter der knappen Ressourcen und Kosten durch nichts zu rechtfertigen. Da bei einem Auftraggeber-/Auftragnehmer Verhältnis ein professionelles Änderungswesen eine Änderungsgenehmigung durch den Auftraggeber vorsieht, erübrigen sich auch die sonst so kostenintensiven Nachforderungsverhandlungen. Das Vertragsmanagement braucht dann nur noch formal nachzuvollziehen, mit ein paar Stunden Aufwand.

9.5 Konfigurationsmanagement und Projektstrukturierung (ICB 1.09)

Bei der Projektstrukturierung als einer der elementarsten Aufgaben des Projektmanagements ist es von besonderer Bedeutung, dass bei der Zerlegung der Gesamtaufgabe des Gesamtprojekts in Teilaufgaben und Teilprojekte und deren Gliederungen in weitere Teilaufgaben usw. alle im Rahmen des jeweiligen Projekts erforderlichen Elemente berücksichtigt werden.

Für den Projektstrukturplan (PSP) sind die Strukturierungsregeln festzulegen. Dabei ist die Strukturierung nach dem Projektergebnis, dem Projekt-Objekt bzw. dem Produkt ein wichtiges Element und stellt den Ausgangspunkt dar. Empfehlenswert ist daher die folgende Vorgehensweise (vgl. PLATZ, 1989):

- 1. Schritt: Produktstruktur bestimmen.
  Aus welchen Komponenten besteht das Produkt?
- 2. Schritt: Objektstruktur ableiten.
  Produktstruktur und erforderliche Werkzeuge, Hilfsmittel, Infrastruktur, Logistik etc. (erweiterte Produktstruktur)
- 3. Schritt: Projektstruktur bzw. Projektstrukturplan (PSP) erstellen
  Produkt- bzw. Objektstrukturierung um Funktionen und Aufgaben ergänzen (meist auf den tieferliegenden Ebenen).

Die Projekt- bzw. Objektstruktur ist nun identisch mit der Konfigurationsstruktur bzw. der Erzeugnisgliederung oder Produktgliederung (Konfigurationseinheiten KE) und deren periodischen Festschreibung als Bezugskonfiguration. Diese unterliegt nun durch das Änderungsmanagement einer ständigen Anpassung und Vervollkommnung (vgl. Kap. 5.1 und V-2.1). Diese Zustandsveränderungen müssen sich somit auch im Projektstrukturplan widerspiegeln, d. h. der PSP ist ständig in Übereinstimmung mit der Konfigurationsstruktur zu bringen.

9.6 Konfigurationsmanagement und Dokumentationsmanagement (ICB 1.17)

Ziel des Dokumentationsmanagements ist es, die Erstellung, Verteilung und Archivierung von Dokumenten (d. h. Unterlagen jeglicher Art) zu koordinieren. Neben den technischen Unterlagen zählen zu den zu verwaltenden Dokumenten auch die administrativen Unterlagen, wie Briefe, Aktenvermerke, Richtlinien. Bezüglich dieses Dokumentenumfangs befasst sich das Konfigurationsmanagement mit einer Untermenge, nämlich mit den Konfigurationsdokumenten, die mittels der Konfigurationsidentifizierung festgelegt werden (Kap. 5.1, V-2.1.3). An diese Dokumente werden erhöhte Anforderungen an Umfang und Präzision der Verwaltung gestellt. Daher müssen sich beide Gebiete an dieser Schnittstelle in ihren Regelungen abstimmen, wobei die Anforderungen des Konfigurationsmanagements den Vorrang besitzen.

Im Rahmen der formalen Konfigurationsidentifizierung wird somit der Umfang der Dokumente festgelegt, die mittels des KM verwaltet werden. Dabei ist es durchaus die Regel, den Umfang der Dokumente für die Verwaltung im KM recht weitgehend auszulegen, sodass nur noch wenige Unterlagenarten übrig bleiben, die mittels des Dokumentationsmanagements zu handhaben sind (vgl. SAYNISCH & BÜRGERS, 1998).

9.7 Konfigurationsmanagement und Qualitätsmanagement/-sicherung (ICB 1.05)

Die Qualitätssicherung ist zur Durchführung ihrer Aufgaben auf eine ordnungsgemäße Erstellung und Dokumentation der Unterlagen, die das System/Produkt/Erzeugnis mit seinen Teilen definieren, angewiesen. Dies sind die technischen Unterlagen, deren Erstellung, Freigabe, Änderung und Anwendung vom Konfigurationsmanagement gesteuert werden. Beide Gebiete sind eng verzahnt und bei der Konfigurationsrevision und der Bauzustandsüberwachung, also bei den produktionsnahen Tätigkeiten, kann der Anteil der Qualitätssicherung überwiegen. Diese enge Verzahnung wird vor allem auch durch die Einbindung der KM-Norm (DIN, 1996) in die ISO-Qualitätsnormen (ISO 9000ff) untermauert.

9.8 Konfigurationsmanagement und Schnittstellen- (Interface-) Management

Das Schnittstellenmanagement koordiniert die Identifizierung und Definition von internen und externen Schnittstellen des Produkts und seiner Teile (KEs, vgl. Kap. V-2.1), insbesondere, wenn diese bei verschiedenen Auftragnehmern entwickelt oder hergestellt werden. Zu seinen Aufgaben gehören auch die Prüfung und Abstimmung aller Änderungen bezüglich dieser Schnittstellen.

Um austauschbare Komponenten zu erhalten und um Auswirkungen von Änderungen an einer Komponente auf andere oder nach außen eindeutig feststellen zu können, werden eigene Schnittstellen-Dokumente (z. B. Spezifikationen, Zeichnungen) erstellt. Sie sind wichtiger Bestandteil der Konfigurationsidentifizierung. Änderungen mit Auswirkungen auf Schnittstellen sind daher im Änderungsprozess mit besonderer Sorgfalt zu behandeln und erst nach sorgfältiger technischer und Terminkoordination zu entscheiden.

Das Schnittstellenmanagement wird häufig sinnvoller Weise innerhalb des Konfigurationsmanagements wahrgenommen. Es kann aber ebenso Aufgabe des Scope-Managements sein (ICB-Element 1.10) sein.

9.9 Konfigurationsmanagement und Produktbetreuung

Dies ist das Thema des Managements der Änderungsfolgen auf die Produktbetreuung (Wartung und Instandhaltung, Ersatzteilhaltung, Handbücher). Der Bezug auf zu früh bzw. nicht eindeutig festgelegte Bezugskonfigurationen führt zu falschen Unterlagen und Fehlbestellungen und hat einen hohen Änderungsaufwand zur Folge. Ebenso übt eine nicht angemessen eindeutige Konfigurationsidentifizierung (KE-Bestimmung, vgl. Kap. V-2.1) großen Einfluss auf die Logistik und den dafür erforderlichen Aufwand aus.

Die Zulassung zu vieler unterschiedlicher Bauzustände (d. h. zu viele Bauabweichungen) ist dann oft notwendig. Die Wartung und Ersatzteilhaltung werden dadurch verkompliziert und vor allem verteuert und sind dann kaum noch steuerbar.

Das Scope-Management (ICB-Element 1.10) ist in dieses Thema ebenfalls involviert.

9.10 Konfigurationsmanagement und phasenweiser Projektablauf (ICB 1.11a)

Phasenabschluss oder Gateways und Bezugskonfiguration sind hier die wichtigen Elemente. Wie Abbildung 1.15-5 bereits andeutet, bestehen enge Beziehungen zwischen einer Phasenorganisation und dem Konfigurationsmanagement. Vor allem der Zusammenhang zwischen Phasenabschluss und Bezugskonfiguration ist hier zu nennen. Die synchrone Verknüpfung von Phasenentscheidungen und technischen Überprüfungen (Kap. 5.1 und V-2.1) ist ein wesentliches Element eines effektiven Konfigurationsmanagements und wichtige Voraussetzung für den Projekterfolg. Auch dieses ist eine wesentliche Basis für eine produktzentrierte Fortschrittsermittlung (vgl. Kap. 9.2).

Die Konfiguration eines Produkts entwickelt sich (wächst) während des Lebenszyklus. Sie ist also, über der Zeit gesehen, nie gleich. Typisch sind die folgenden **Reifungszustände**, die gleichzeitig Phasenabschlüsse bzw. Gateways darstellen.

- Wie definiert (Umsetzung der Anforderungen)? – Ende Definitionsphase
- Wie entwickelt (ggf. Prototyp)? – Ende Entwicklungsphase
- Wie gebaut (Fertigungsdokumente)? – Ende der Fertigungsphase
- Wie abgenommen bzw. verkauft? – Ende der Verkaufs- und Auslieferungsphase
- Wie instandgehalten? – Ende der Nutzungsphase.

Dieses sind Bezugskonfigurationen mit **Meilensteincharakter**. Sie werden auch als „Sichten auf das Produkt" bezeichnet (vgl. SAYNISCH, 2006c).

10 Zusammenfassung

Auf Basis einer Typisierung in Projekte, Projektmanagement und Produktentstehung (erzeugnisschaffende Prozesse) sowie auf Basis des klassischen Verständnisses von Konfigurationsmanagement (KM) wird zunächst der neue Begriff des „Projekt-Konfigurationsmanagements" – als eine der Sichten auf das Konfigurationsmanagement – erläutert, der anschließend in diesem ICB Element detailliert behandelt wird. Aus pragmatischen Gründen, die erläutert werden, wird aber in den weiteren Ausführungen mit dem Begriff des „Konfigurationsmanagements" gearbeitet.

Nachdem auf die Bedeutung und Nutzen des Projekt-Konfigurationsmanagements eingegangen wurde, wird das generelle Konzept des Konfigurationsmanagements dargelegt. Anschließend wird die Architektur des Konfigurationsmanagement, die Aufteilung in die Teildisziplinen, diskutiert und auf missverständliche Begriffsbildungen hingewiesen.

Im nun folgenden zweiten Hauptteil werden die wichtigen Teilgebiete des KM erläutert: die Konfigurationsidentifizierung, die Konfigurationsüberwachung (das Änderungsmanagement) und die Konfigurationsbuchführung. Die Besonderheiten des Software-Konfigurationsmanagement (SKM) werden anschließend diskutiert.

Die Ausführungen zu der Mittlerfunktion des KM als einer Basis der fachlich-inhaltlichen Projektgestaltung und -abwicklung und die Informationen über die Software-Tools für das KM leiten den Schlussteil ein. Die ausführliche Darlegung der bedeutsamen Querschnittsfunktionen des KM – die Nahtstellen zu den weiteren Elementen des ICB/GPM-Fachbuchs – beschließt diesen Basisteil. Insbesondere werden die Nahtstellen zum Umfangs- und Inhaltsmanagement im PM, zur Projektsteuerung (Projekt-Controlling), zum Vertrags- und Claimmanagement, zur Projektstrukturierung und zum phasenweisen Projektablauf sowie zum Qualitäts- und Dokumentationsmanagement diskutiert.

11 Fragen zur Wiederholung

1. Worin unterscheidet sich Projekt-Konfigurationsmanagement vom bisherigen „klassischen" Verständnis des Konfigurationsmanagements? Aus welchen Hauptkategorien besteht es? ☐
2. Welches sind die 4 Kernelemente (Hauptprozesse) bzw. Teildisziplinen des KM? Welche sind davon die Grundprozesse bzw. Grundelemente) ☐
3. Warum sind Gründe und Notwendigkeiten für Änderungen keine Störgrößen im Projektablauf? ☐
4. Nennen Sie 4 Aufgaben der Konfigurationsidentifizierung. ☐
5. Welche Prozessstufen gibt es bei der Konfigurationsüberwachung, dem Änderungsmanagement? ☐
6. Was ist eine Bezugskonfiguration? ☐
7. Ist Software-Konfigurationsmanagement (SKM) eine eigenständige Disziplin? Was unterscheidet es vom Hardware-KM? ☐
8. Zu welchen Elementen des ICB und des GPM-Fachbuchs bestehen die beiden wichtigsten Querschnittsfunktionen bzw. Nahtstellen vom KM aus? ☐
9. Wodurch erfolgt eine wesentliche Verbesserung der DV-Unterstützung bei der Software für KM? ☐

1.16a Projektcontrolling: Überwachung, Steuerung und Berichtswesen (Control & reports)

Erhard Motzel, Peter Felske

Kontext und Bedeutung

In der Praxis wird bisweilen angenommen, dass der Projektleiter mit einer sorgfältigen Projektplanung zu Beginn des Projektes seine Hauptaufgabe erfüllt hätte. Dabei wird vergessen, dass während der Projektabwicklung Vieles nicht so ablaufen wird, wie ursprünglich angedacht. Um Projektstörungen und Abweichungen von der Planung frühzeitig zu erkennen und angemessen darauf reagieren zu können, bedarf es einer kontinuierlichen **Projektüberwachung** und **Steuerung**. Grundlage dafür sind die regelmäßige Erfassung des Ist-Zustands des Projekts und die Bewertung des Projektstatus bzw. des Projektfortschritts. Nur auf dieser Basis sind eine fundierte Analyse der Abweichungen und eine wirksame Projektsteuerung möglich. Nicht nur die Projektauftraggeber haben das Recht, regelmäßig oder ad hoc in Statusgesprächen und/oder in Form von Projektstatusberichten von der Projektleitung umfassend und ungeschönt über die tatsächliche Projektsituation in Kenntnis gesetzt zu werden. Dabei müssen auch die einzuleitenden Steuerungsmaßnahmen und ihre Konsequenzen aufgezeigt werden.

Unter Projektfortschritt werden oft sehr vereinfachend nur Informationen über erledigte Arbeiten, erfolgte Lieferungen und Leistungen verstanden; häufig wird in der Praxis der Projektfortschritt lediglich verbal beschrieben. Je nach Einstellung, Erfahrung und Formulierungskunst des Berichterstatters kann eine solche Beschreibung subjektiv oder objektiv, gefärbt oder realitätstreu, ausschweifend oder kompakt, verwirrend oder aussagekräftig sein. In technischen Projekten sind zur Visualisierung des Projektfortschritts zusätzlich oder anstelle verbaler Beschreibungen auch zeichnerische Darstellungen (z. B. Schalt- oder Lagepläne, Gebäudegrundrisse) gebräuchlich. Zur optischen Darstellung des Projektfortschritts eignen sich auch, insbesondere in Projekten mit direkt sichtbaren Projektergebnissen, Fotoaufnahmen oder bewegte Bilder in Form von Filmen oder Videos.

Über den ermittelten „Ist-Stand" hinaus gehören zum umfassenden Projektstatus, besonders in komplexen Projekten und in einer Mehrprojektumgebung, grundsätzlich der Vergleich zur Planung („was hätte erledigt sein sollen"), die Analyse von Abweichungen und Projektstörungen und vor allem belastbare Prognosen für den weiteren Projektverlauf und Hochrechnungen auf das voraussichtliche Projektende. Um das Projekt sicher steuern zu können und um Fehlsteuerungen zu vermeiden, ist die integrierte Betrachtung von Einzelaspekten des Projektmanagements bzw. deren Wirkungszusammenhang zwingend erforderlich. Deshalb weist das Element Projektcontrolling zu nahezu allen technischen ICB-Elementen (1.01-1.15, 1.17-1.18) Beziehungen auf. Außerdem sind im Projektcontrolling Führungseigenschaften, Ergebnisorientierung, Wirtschaftlichkeitsdenken, Zuverlässigkeit, Wertschätzung und ethische Verantwortung gefragt (Verhaltenselemente der ICB 2.01, 2.08-2.09. 2.13-2.15). Darüber hinaus existieren, insbesondere in einer Projektelandschaft, Verbindungen zu den wesentlichen ICB-Kontext-Elementen (3.02-3.03, 3.06, 3.10).

Die systematische, in der Projektorganisation verankerte **Integrierte Projektsteuerung** als Frühwarnsystem auf der Basis von leistungsorientierten Projektfortschrittsanalysen und die zugehörige Berichterstattung sind grundsätzlich und konsequent in großen, mittleren und kleinen Projekten notwendig. Dies gilt gleichermaßen für Investitionsprojekte, Forschungs- & Entwicklungsprojekte, Organisationsprojekte und für Projekte der Informations- und Kommunikationstechnik. Regelmäßige Projektfortschrittsanalysen sind unverzichtbar, wenn Transparenz und Nachvollziehbarkeit der Projektabwicklung – trotz oder gerade wegen der in der Realität auftauchenden, unvorhersehbaren und unplanbaren Projektsituationen – zu den Grundprinzipien der Unternehmenskultur bzw. des Auftraggeber/Auftragnehmer-Verhältnisses gehören.

Der hierfür erforderliche Aufwand hängt sehr von den jeweiligen Projektbedingungen ab; er ist jedoch stark beeinflussbar durch einen jeweils angemessenen Detaillierungsgrad des Projektes – bereits bei der Projektstrukturierung und in der anschließenden Ablauf- und Terminplanung – und durch frühzeitig in der Projektorganisation vereinbarte ausgewogene Festlegungen zur Leistungsplanung und eine beabsichtigte Messung des Leistungsfortschritts.

Lernziele

Sie kennen

- die Grundlagen, Zusammenhänge und Aufgaben der Projektüberwachung und -steuerung (Projektcontrolling)
- die zugehörigen Fachbegriffe und deren Definitionen
- die Bedeutung der integrierten Betrachtung der verschiedenen Projektzielgrößen
- mögliche Ursachen für Planabweichungen und Maßnahmen zur Projektsteuerung

Sie wissen

- welche organisatorischen Möglichkeiten zur Aufnahme der Ist-Situation im (Einzel-)Projekt existieren
- welche Informationen (Ist-Daten) zur Beurteilung der Ist-Situation im Projekt und für eine aussagekräftige Projektberichterstattung erforderlich sind

Sie können

- die Aufnahme der Ist-Situation den Projekterfordernissen entsprechend organisatorisch gestalten
- die Ist-Daten erfassen und adäquat darstellen
- die verschiedenen Plan/Soll/Ist-Vergleiche durchführen
- Planabweichungen ermitteln, darstellen, analysieren und Steuerungsmaßnahmen einleiten
- Trends und Prognosen für den weiteren Projektverlauf aufzeigen
- regelmäßig und ad hoc, realistisch und übersichtlich über den aktuellen Projektstand berichten – in Projektgesprächen und/oder in Form von Statusberichten

Inhalt

1	Einführung	554
2	Grundlagen und Begriffsbestimmungen	555
2.1	Die Bedeutung der Integration	555
2.2	Die PM-Teilprozesse Überwachung und Steuerung	556
2.3	Plan/Soll/Ist-Daten	557
2.4	Was heißt „kontinuierlich" bzw. „regelmäßig"?	558
2.5	Definition des Projektfortschritts	559
2.6	Der Leistungsbegriff	560
2.7	Fortschrittswerte und Fertigstellungswert	561
3	Ermittlung der Ist-Situation	563
3.1	Organisation der Ist-Datengewinnung	564
3.1.1	Abfrage und Rückmeldung	564
3.1.2	Teamorientierte Datengewinnung	565
3.1.3	Beobachtung	566
3.1.4	Projektreview	566
3.2	Welche Ist-Daten sind zu ermitteln?	567
3.2.1	Ergebnis/Leistung	568
3.2.2	Termine	568
3.2.3	Aufwand (Stunden und Kosten)	569
3.2.4	Prozessqualität	571
4	Plan/Soll/Ist – Gegenüberstellung, Vergleich und Abweichung	572
4.1	Grundsätzliches	572
4.2	Plan/Soll/Ist-Vergleich Leistung (Ergebnisse)	573
4.3	Plan/Soll/Ist-Vergleich Termine	573
4.4	Plan/Soll/Ist-Vergleich Aufwand	574
4.5	Stichtagsbezogener Plan/Soll/Ist-Vergleich Kosten	575
4.6	Abweichungsanalyse	577
5	Prognosen und Trends	578
5.1	Überblick	578
5.2	Meilenstein-Trendanalyse (MTA)	579
5.3	Aufwand-Trendanalyse (ATA)	580
5.4	Kosten-Trendanalyse (KTA)	581
6	Steuerung und Berichterstattung	582
6.1	Steuerungsmaßnahmen	582
6.2	Der Steuerungsprozess	583
6.3	Berichterstattung im Projekt	584
6.4	Der Projektstatusbericht	584
6.5	Die Projektstatusbesprechung	586
7	Erfahrungssicherung („Lessons Learned")	586
8	Zusammenfassung	587
9	Fragen zur Wiederholung	588
10	Checkliste	589

1 Einführung

In der ICB3 (IPMA, 2006) ist dieses Kompetenzelement mit „Control & Reports" betitelt, in der deutschen Übersetzung mit „Überwachung und Steuerung, Berichtswesen". Die Aufgaben der **Integrierten Überwachung** und **Steuerung** des Projekts und die dementsprechende **Statusberichterstattung** werden im Folgenden zusammenfassend als **Projektcontrolling** bezeichnet. Dabei gilt der Grundsatz: Alles, was (bei der Projektplanung) geplant worden ist, kann während der Projektrealisierung auch überwacht und gesteuert werden.

Deshalb existieren von diesem Element zahlreiche Beziehungen zu nahezu allen anderen Elementen der ICB, insbesondere zur Gruppe der PM-technischen bzw. fachlich-methodischen Elemente. Natürlich können und sollten nicht nur geplante Projektgrößen überwacht und gesteuert werden, sondern auch solche Projektaspekte, die zu Projektbeginn keiner expliziten Planung unterzogen worden sind oder deren Vorhandensein in einer entsprechenden Qualität – mehr oder weniger stillschweigend – vorausgesetzt wird, z. B. Projekt- und PM-Kultur, Kunden- und Mitarbeiterzufriedenheit.

In der ICB3 (IPMA, 2006) heißt es weiter: „Überwachung und Steuerung basieren auf den Projektzielen, der Projektplanung und den Projektverträgen. Dabei werden der aktuelle Projektfortschritt und die Leistungserbringung gemessen, mit der jeweiligen Basisplanung verglichen und alle notwendigen Steuerungsmaßnahmen unternommen.

Die Statusberichterstattung sorgt für die Information und Kommunikation über den Stand der Leistungserbringung im Projekt und prognostiziert die weiteren Entwicklungen bis zum Ende des Projekts oder Programms. Es umfasst auch finanztechnische Audits und Reviews im Projekt.

💡 **Tipp** Wenn der Projektleiter und/oder das Projektteam sehr erfahren sind, kann es ausreichen und akzeptiert werden, an die interessierten Parteien nur in Ausnahmesituationen zu berichten. Dies bedeutet, dass nur dann Berichte erstellt werden, wenn signifikante Ereignisse vorliegen, über die unbedingt berichtet werden muss. (…)

Überwachung und Steuerung sowie die Berichterstattung über den Stand des Projektes erfolgen jeweils für den laufenden Zeitabschnitt und beinhalten eine Vorausschau für eine angemessene Anzahl von in der Zukunft liegenden Zeitperioden. Ein integriertes Controlling- und Berichtssystem erstreckt sich auf alle Projektziele und die zugehörigen Erfolgskriterien für die betreffenden Projektphasen und auf die Anforderungen aller interessierten Parteien."

Die Abbildung 1.16a-1 soll die Aufgaben des Projektcontrollings im Einzelprojekt (anhand des „Magischen Dreiecks" des Projektmanagements) überblickartig verdeutlichen.

Abbildung 1.16a-1: Integrative Aufgaben des Projektcontrollings – im Einzelprojekt

2 Grundlagen und Begriffsbestimmungen

2.1 Die Bedeutung der Integration

> **Definition** Integration bedeutet im Projektmanagement nach ICB2 (IPMA, 2001) „die Zusammenfassung, Abstimmung, Überwachung und Steuerung aller Aktivitäten, Bestrebungen, Interessen und Ergebnisse im Hinblick auf die Erreichung der Projektziele und den Projekterfolg. Die Fähigkeit zur Integration ist eine Schlüsselfunktion des Projektmanagers. Wirkungsvolle Integration erfordert eine angemessene Persönlichkeit, adäquate Sachkenntnis, Menschenkenntnis und organisatorische Fähigkeiten sowie Führungsqualität und bestimmte Eigenschaften im Umgang mit Menschen".

Dieses Integrationsverständnis führt in Projekten zur Notwendigkeit der fortwährend integrierten Betrachtung des **Wirkungszusammenhangs** folgender **Einzelaspekte**:

1. der unterschiedlichen Aufgabengebiete des Projektmanagements, d. h. des Anforderungs-, Ablauf- und Termin-, Ressourcen-, Kosten- und Finanzmittel-, Vertrags-, Risiko-, Dokumentations-, Konfigurations- und Änderungsmanagements etc.
2. der drei Teilprozesse des Projektmanagements: Planung [engl.: planning], Überwachung [engl.: monitoring] und Steuerung [engl.: control],
3. der drei Projektzielgrößen („Magisches Dreieck"): Ergebnis/Leistung (oder anders ausgedrückt: Lieferungen und Leistungen oder Sach- und Dienstleistungen) [engl.: scope], Aufwand [engl.: effort] und Zeit [engl.: time],
4. der verschiedenen Projektbeteiligten (Individuen, Gruppen, Organisationen) [engl.: interested parties, stakeholder] – aus unterschiedlichsten Fachdisziplinen, Interessensgebieten, Projektkulturen, Ländern etc..

Die organisatorische und inhaltliche Integration der verschiedenen Aufgabengebiete des Projektmanagements (Pkt. 1) und der verschiedenen Projektbeteiligten (Pkt. 4) werden manchmal auch als **Schnittstellenmanagement** [engl.: interface management] bezeichnet. Die Notwendigkeit dieser Art von Integration in Projekten leuchtet sofort ein und könnte aus Sicht des Projektmanagements auch

„äußere" oder „externe" Integration genannt werden. Die anderen Integrationsaspekte (Pkt. 2, 3) hingegen betreffen das Wesen des Projektmanagements selbst und könnten als „innere" oder „interne" Integration bezeichnet werden. Zum Integrationsaspekt Pkt. 3 ist zu festzuhalten, dass Projektstatus- und -fortschrittsermittlungen auch als (nicht integrierte) Einzelbetrachtungen und Gegenüberstellungen einzelner Projektzielgrößen, wie beispielsweise von geplanten und tatsächlich erreichten Terminen oder von geplanten und tatsächlich angefallenen Kosten, für sich alleine sinnvoll und in der Praxis sehr verbreitet sind.

Σ Fazit Solche isolierten Aussagen zu einzelnen Zielgrößen ergeben allerdings oft ein unvollständiges Bild von der wahren Projektsituation und könnten beim Empfänger der Information einen falschen Eindruck über den wirklichen Projektstand erwecken und im schlimmsten Fall zu folgenschweren Fehlsteuerungen im Projekt führen. Deshalb ist die stets integrierte Betrachtungsweise von entscheidender Bedeutung.

2.2 Die PM-Teilprozesse Überwachung und Steuerung

Der Gesamtzyklus des Projektmanagement-Prozesses (Abbildung 1.16a-2) beginnt mit der (Ursprungs-)Planung und der Vorgabe von Plan-Werten. Dies hat zumindest für jene Projektbereiche zu erfolgen, die hinsichtlich der Projektzielgrößen später auch überwacht und gesteuert werden sollen. Grundsätzlich gilt: Ohne eine vorlaufende Projektplanung sind die systematische Überwachung und Steuerung der Projektabwicklung überhaupt nicht oder nur bedingt möglich. Deshalb sollte das Projektcontrolling bereits bei der Projektplanung aktiv mitwirken (vgl. hierzu im Basiskapitel Teil B unter Leistungsplanung und Fortschrittsmessung).

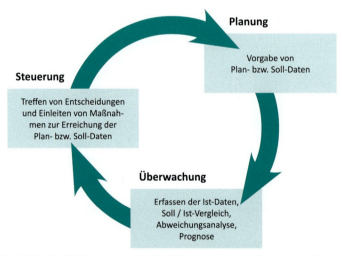

Abbildung 1.16a-2: Die drei Teilprozesse des Projektmanagement-Prozesses (MOTZEL, 2006: 164)

Das **Projektcontrolling** selbst umfasst aus dem Projektmanagement-Gesamtprozess die beiden Teilprozesse Überwachung und Steuerung. Hierzu gehören das Feststellen des Projektstatus, die Ermittlung des tatsächlichen Projektfortschritts im Vergleich zur Planung, Abweichungsanalysen, Aufzeigen von Trends und Prognosen als wesentliche Teilschritte. Auf dieser Basis können anschließend dann die notwendigen Entscheidungen getroffen und geeignete Steuerungsmaßnahmen eingeleitet werden. Diese sollen auf den zukünftigen Projektverlauf einwirken mit dem Ziel, ihn zu verbessern, mindestens jedoch ihn auf dem ursprünglich geplanten Ablauf zu halten oder wieder darauf zurückzubringen. Aufgrund der skizzierten Einzelschritte werden für den Begriff „Projektcontrolling" in der Praxis häufig auch Synonyme wie „**Projektstatusanalyse (PSA)**", „**Projektfortschrittsanalyse**" oder „**Projektfortschrittskontrolle**" verwendet.

2.3 Plan/Soll/Ist-Daten

> Für eine widerspruchsfreie Datenhaltung und unmissverständliche Statusberichterstattung ist die Unterscheidung des Projektablaufs in „vergangen = IST" und „zukünftig = PLAN bzw. SOLL" besonders wichtig.

Die Gegenwart als Schnittstelle zwischen Vergangenheit und Zukunft ist das **„Heute"** [engl.: Time now] oder der **Stichtag** [engl.: Data Date or As-of-Date]. Der Stichtag ist eine Art „Redaktionsschluss" bei der Erfassung des aktuellen Projektstatus und eine (unabdingbare) Bezugsangabe bei Plan/Soll/Ist-Vergleichen, Abweichungsanalysen und Prognosen auf das Projektende. Die zeitbezogene Unterscheidung in Vergangenheit, Gegenwart und Zukunft bildet die Grundlage für die Werte-Attribute PLAN, SOLL und IST. Der prinzipielle Zusammenhang ist in Abbildung 1.16a-3 dargestellt. Danach sind bei Statusermittlungen und Fortschrittsanalysen für die Betrachtung der Vergangenheit (d. h. im „dreidimensionalen Raum" vom Projektstart **bis zum** Stichtag) neben den Plan-Werten die Ist-Werte maßgeblich und für die Steuerung der Zukunft (d. h. im Raum **nach** dem Stichtag) die (Ursprungs-) Plan-Werte bzw. die neuen Plan- oder Basis- oder Soll-Werte. **Am** Stichtag selbst (bzw. in der „Stichtagsebene") sind neben den Plan-Werten sowohl die Ist-Werte als auch die Soll-Werte von entscheidender Bedeutung, was im Folgenden noch eingehend gezeigt und bei der Fertigstellungswert-Berechnung weiter erläutert werden wird.

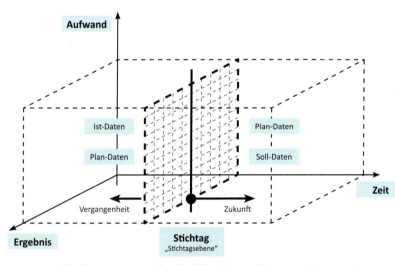

Abbildung 1.16a-3: Plan/Soll/Ist-Daten (MOTZEL, 2006: 139)

Unter Beachtung der skizzierten Unterscheidung in Plan/Soll/Ist können die (kontinuierlichen, regelmäßigen) projektbegleitenden Arbeitsschritte der Projektmanagement-Teilprozesse Überwachung und Steuerung stichwortartig wie folgt zusammengefasst werden:

1. Ist-Aufnahme durchführen, d. h. die Ist-Daten aus der bisherigen Projektabwicklung (bzw. seit der letzten Ist-Aufnahme) feststellen und erfassen;
2. Ist-Situation darstellen, d. h. die Ist-Daten den Plan-Daten aus der Ursprungsplanung oder der bis zum Stichtag gültigen „Basisplanung (Version xx)" gegenüberstellen;
3. Stichtagsauswertung vornehmen, d. h. die dargestellte Projektsituation zum Stichtag würdigen, Plan-Abweichungen feststellen und Ursachen analysieren;
4. Planungsaktualisierung durchführen, d. h. aufgrund der ermittelten und in die Datenbasis eingebrachten Ist-Daten neue Plan-Daten für die Zukunft (nach dem Stichtag) berechnen und darstellen;
5. Die Wirtschaftlichkeit bzw. Effizienz der bisherigen Projektabwicklung beurteilen, ggf. „Business Case"- Betrachtung;

6. Das „kaufmännische Projektergebnis" bewerten, insbesondere bei Auftragsprojekten (eigener Aufwand gegenüber Ertrag bzw. Erlös = Zahlungen des Auftraggebers), ggf. Finanzierungsbetrachtung;
7. Prognosen und Trends aufzeigen, d. h. den weiteren Projektverlauf und die Situation am Projektende einschätzen (Werte-Attribute z. B. „voraussichtlich", „erwartet", „geschätzt", „hochgerechnet");
8. Notwendige Steuerungsmaßnahmen erarbeiten, festlegen, ggf. frühere anpassen;
9. Bericht erstatten (Statusbericht erstellen und Statusgespräch führen) und weiteres Vorgehen abstimmen (falls erforderlich, genehmigen lassen);
10. Steuerungsmaßnahmen einleiten und kommunizieren;
11. Planung fortschreiben, ggf. Planungsrevision durchführen und neue Plan-Vorgaben (Basis-Werte, Soll-Werte) an die betroffenen Projektstellen leiten.

2.4 Was heißt „kontinuierlich" bzw. „regelmäßig"?

> ❗ Grundsätzlich sind Projektüberwachung und -steuerung eine **kontinuierliche**, d. h. permanente, ständige, tagtägliche Aufgabe der Projektleitung bzw. des Projektleitungsteams. Umfassende, formale Projektfortschrittsanalysen sind meist aber nur in gewissen zeitlichen Abständen erforderlich; sie sollten jedoch **regelmäßig** erfolgen, d. h. zyklisch, immer wieder, zu bestimmten festgelegten Stichtagen.

Wie lange ein solcher Zyklus dauern soll bzw. wie häufig Projektfortschrittsanalysen durchgeführt werden, sollte zu Beginn des Projekts, z. B. im Projekt-Kick-off und/oder im Projekthandbuch, festgelegt werden.

Einerseits sollte der Abstand zwischen den Stichtagen nicht zu klein gewählt werden, um den Controllingaufwand nicht unnötig zu erhöhen, andererseits aber auch nicht zu groß sein, um das Projekt noch ständig im Griff („unter Kontrolle") halten zu können. Die Zykluszeit, die auch die Dauer aller zugehörigen Entscheidungsprozesse einschließt, sollte so bemessen sein, dass bei Plan-Abweichungen die notwendigen Informationen über neue Planvorgaben (Soll-Werte) schnell genug an die Projektbeteiligten gelangen und so die Steuerungsmaßnahmen auch greifen können, d. h. noch auf die gleiche Projektsituation treffen, die zu ihrer Festlegung führte.

Tabelle 1.16a-1: Häufigkeit der Projektstatusermittlung (FELSKE, 2003: 731)

Projektdauer	Projektstatus
bis 3 Monate	wöchentlich
bis 1 Jahr	14-tägig
bis 3 Jahre	monatlich
bis 5 Jahre und mehr	quartalsweise

Die Häufigkeit der Projektstatusermittlung orientiert sich im Allgemeinen an der Gesamtdauer des Projektes, aber auch an dessen technischer und organisatorischer Komplexität, an der jeweiligen Projektsituation und an der Projektphase (z. B. Start- oder Abschlussphase des Projekts). Als Orientierungshilfe können die Angaben in Tabelle 1.16a-1 dienen.

Weitere Festlegungen, welche die Projektleitung bereits zu Beginn des Projekts treffen sollte, sind die Art, Form und der Inhalt sowie die Häufigkeit der Ist-Daten-Erfassung. Sollen die Ist-Daten kontinuierlich (z. B. täglich) oder zu gewissen Zeitpunkten (z. B. wöchentlich, monatlich) oder nur zu den jeweiligen Stichtagen erfasst werden? Da die Beantwortung dieser Frage von sehr vielen Faktoren, z. B. von der Projektart und dem betrieblichen Projektumfeld, abhängt, kann hier keine allgemein gültige Empfehlung gegeben werden. In jedem Falle hat die Ist-Daten-Erfassung rechtzeitig vor bzw. zum Stichtag, d. h. also zumindest im Abstand der Stichtage, zu erfolgen.

2.5 Definition des Projektfortschritts

Sehr „plastisch" formulierte der (1996 neu verpflichtete) Trainer des abstiegsgefährdeten Fußball-Clubs Eintracht Frankfurt den Fortschritt seines Projektes, nämlich die Eintracht in der Bundesliga-Tabelle wieder nach vorne zu bringen, drei Wochen nach seinem Arbeitantritt mit den Worten: *„Wenn man die Strecke von Frankfurt nach Hamburg zugrunde legt, dann bin ich jetzt in Darmstadt!"*. Immerhin: Er hatte bei seiner Fortschrittsangabe einen Maßstab zugrunde gelegt! Und er fügte hinzu: *„Die Stimmung in der Mannschaft ist gut; alle ziehen an einem Strang!"*

In der Projektmanagement-Praxis werden unter Projektfortschritt allgemein Informationen über die Projektsituation und Angaben über den Stand eines Projektes zu einem bestimmten Projektzeitpunkt (Stichtag) hinsichtlich der Zielerreichung im Vergleich zur Planung verstanden. Noch präziser formuliert:

> **§ Definition** Projektfortschritt = Beschreibung und Gegenüberstellung der zu einem bestimmten Projektzeitpunkt (Stichtag) geplanten und tatsächlich erreichten zeit-, aufwands- und ergebnisbezogenen Projektziele (in messbaren bzw. nachprüfbaren Größen)

Für umfassende und wirklich aussagekräftige Projektfortschrittsanalysen werden demnach die in Tabelle 1.16a-2 aufgeführten Informationen benötigt – ungeachtet aller Schwierigkeiten, Hindernisse und Unsicherheiten bei deren (objektiver) Feststellung und Erfassung. Liegen diese Informationen vollständig vor, ermöglichen sie die integrierte Betrachtung aller Projektzielgrößen und „echte" Soll-Ist-Vergleiche und damit umfassende Projektfortschrittsanalysen. Die in der Praxis häufig durchgeführten „diskreten" Einzelbetrachtungen der Termine oder der Kosten oder der Projektergebnisse, jeweils separat für sich, sind selbstverständlich allesamt damit ebenfalls möglich. Allerdings liefert erst die so genannte Fertigstellungswert- oder Earned-Value-Analyse, bei der alle drei Projektzielgrößen zugleich berücksichtigt werden, eine ganzheitliche Aussage über den Status eines laufenden Projekts (vgl. im Basiskapitel Teil B).

Tabelle 1.16a-2: Die Daten des Projektfortschritts

Projekt- → zielgrößen	Zeit (Zeitpunkte, Zeitdauern, Termine)	Aufwand (Personal, Sachmittel, Kosten, Finanzmittel)	Ergebnis/Leistung (Lieferungen u. Leistungen oder Sach- u. Dienstleistungen – in der geforderten Qualität)		Fortschrittsgrad	Fortschrittswert
Plan-Daten (bzw. Soll-Daten)	x	x	x	→	x	x
Ist-Daten	x	x	x	→	x[1]	x[2]

Allgemein übliche Bezeichnung: [1] Fertigstellungsgrad, [2] Fertigstellungswert

Eine wesentliche Größe bei der Ermittlung des Projektfortschritts ist der Fortschrittsgrad. Er kann allgemein wie folgt definiert werden:

> **§ Definition Fortschrittgrad (FGR)** = Maßangabe in [%] für die Zielerreichung (Ergebnis/Leistung) zu einem bestimmten Zeitpunkt

Der Fortschrittsgrad dient als neutraler Maßstab für das Projektergebnis, d.h. für die im Projekt geforderten Lieferungen und Leistungen (oder kurz „Leistung" – vgl. unten), und ist unabhängig von den dafür benötigten Zeit- und Aufwandsgrößen. Fortschrittsgrade können für beliebige Teilbereiche eines Projektes (und auf jeder Projektgliederungsebene) angegeben werden, so zum Beispiel für Teilprojekte, Teilaufgaben, Arbeitspakete, Vorgänge oder auch für Teile von Vorgängen. Letztere können beispielsweise Einzelpositionen von Leistungsverzeichnissen sein, die bei Investitionsprojekten üblich und für ausführende Unternehmen häufig Vertragsbestandteil und verbindliche Abrechnungsgrundlage sind. Fortschrittsgrade als Maß für die Leistung können wie die Leistung selbst einerseits als „geplant" vorgegeben und andererseits als „tatsächlich erreicht" rückgemeldet werden. Deshalb ist grundsätzlich zwischen Plan- und Ist-Fortschrittsgrad zu unterscheiden:

> **§ Definition Plan-Fortschrittsgrad (FGR_{Plan})** = Maßangabe in [%] für die zum Stichtag geplante Zielerreichung (Plan-Ergebnis/Plan-Leistung)
> **Ist-Fortschrittsgrad (FGR_{Ist})** = Maßangabe in [%] für die tatsächliche Zielerreichung am Stichtag (Ist-Ergebnis/Ist-Leistung) = Fertigstellungsgrad

In der Praxis wird überwiegend der Begriff Fertigstellungsgrad verwendet. Die synonyme Verwendung für Fortschrittsgrad ist allerdings nur berechtigt, solange vom Ist-Fortschrittsgrad die Rede ist. Dass auch Plan-Fortschrittsgrade relevant sind, wird dabei meist außer Acht gelassen. Der Fertigstellungsgrad ist in DIN 69901-5 definiert als „Verhältnis der zu einem Stichtag erbrachten Leistung zur Gesamtleistung, z. B. eines Arbeitspaketes oder eines Projektes". Diese Definition engt den vollen Sachverhalt ein und kann somit nur begrenzt verwendet werden.

Von den Projektfortschrittsgrößen sind noch die Fortschrittswerte bzw. der Fertigstellungswert zu definieren. Doch bevor dies geschieht, soll zunächst der Begriff „Leistung" näher betrachtet werden.

2.6 Der Leistungsbegriff

Der Leistungsbegriff wird im Deutschen in vielfältiger Weise benutzt und interpretiert. Im Projektmanagement bezeichnet Leistung ganz allgemein das Ergebnis der Projekttätigkeit bzw. der Projektarbeit, d.h. der „Leistungserstellung mit Projektcharakter". Im Sinne des „Magischen Dreiecks" der Projektzielgrößen ist damit die Gesamtheit der in einem Projekt zu erbringenden oder erbrachten „Lieferungen und Leistungen" oder „Sach- und Dienstleistungen" gemeint. Im deutschen Sprachgebrauch wird die Benennung Leistung gleichermaßen für die (in der Zukunft) zu erbringende (geplante) wie auch für (in der Vergangenheit) bereits erbrachte (tatsächliche) Leistung verwendet; man spricht dann zur Unterscheidung von „Plan-Leistung" und „Ist-Leistung". Im Englischen werden dafür zwei verschiedene Begriffe benutzt: „Scope" und „Performance". Kritiker dieser weitgehenden Interpretation des (deutschen) Leistungsbegriffs verstehen darunter lediglich eine „Dienstleistung" bzw. „Arbeitsleistung" [engl. Scope of Work]; der Begriff Leistung kann jedoch neben Dienst- auch Sachleistungen umfassen.

Die dezidierte Beschreibung und Bewertung der im Projekt zu erbringenden Sach- und Dienstleistungen sind sowohl für den Projektauftraggeber als auch für die Projektdurchführenden aus vielerlei Gründen von entscheidender Bedeutung.

> **👍 Tipp** Im Zusammenhang mit dem Projektfortschritt haben Leistungsbeschreibungen und Leistungsbewertungen zweierlei wesentliche Aufgaben: Zum einen bilden sie die Planungsgrundlage für Arbeits- bzw. Leistungsvorgaben zur Projektrealisierung und zum anderen die Controllinggrundlage, d.h. die Bezugsbasis für die spätere Fortschrittsmessung der einzelnen Projektaufgaben und für die

Feststellung des Gesamtfortschritts des Projekts. Dennoch werden in der Projektpraxis häufig die ohnehin vorhandenen und im Allgemeinen als Bezugsbasis ausreichenden Leistungsbeschreibungen für Fortschrittsermittlung nicht genutzt. Sie könnten in vielen Fällen direkt als Arbeitsvorgaben, beispielsweise mit Plan-Fortschrittsgraden und/oder definierten Statusschritten belegt, oder als Abfragelisten zur Fortschrittsmeldung verwendet werden.

Die inhaltlichen Zusammenhänge zwischen Leistungsplanung, Ressourcenplanung und Leistungsfortschritt werden im Basiskapitel Teil B noch weiter erläutert. Abbildung 1.16a-4 zeigt die grundlegenden Begriffe und Beziehungen zwischen Leistung und Fortschritt für eine Projektaufgabe, hier für einen Vorgang unter der Annahme der Gleichverteilung von Leistung, Aufwand (Stunden/Kosten) und Ergebnis über die Vorgangsdauer. Hierzu finden sich zwei praktische Übungsbeispiele im Projektmanagement-Lexikon (vgl. MOTZEL, 2006: 62, 63).

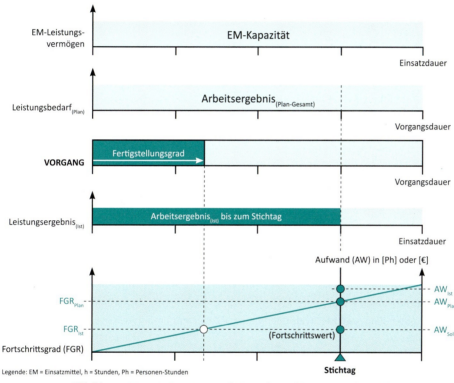

Abbildung 1.16a-4: Leistung und Fortschritt (MOTZEL, 2006: 61)

2.7 Fortschrittswerte und Fertigstellungswert

Für eine fundierte leistungs- und wertorientierte Projektfortschrittsanalyse und -berichterstattung sind vom Projektmanagement zum Stichtag folgende Fragen zu beantworten:

- Welche Ergebnisse (Sach- und Dienstleistungen) waren bis zum Stichtag geplant?
- Welche der bis zum Stichtag geplanten Ergebnisse sind vollständig (zu 100 %) realisiert?
- Welche der bis zum Stichtag geplanten Ergebnisse sind teilweise, zu wie viel Prozent realisiert?
- Welcher Aufwand war bis zum Stichtag geplant (Plan-Stunden und Plan-Kosten)?
- Welcher Aufwand ist bis zum Stichtag angefallen (Ist-Stunden und Ist-Kosten)?
- Welcher Anteil des geplanten Aufwands hätte bis zum Stichtag für die realisierten Ergebnisse anfallen dürfen (Soll-Stunden und Soll-Kosten)?

Die Beantwortung der letzten Frage erfordert die Bestimmung des **Fertigstellungswerts (FW)**. Er bezeichnet nach DIN 69903 (alt) die „dem Fertigstellungsgrad entsprechenden Kosten eines Vorgangs oder Projektes" und nach DIN 69901-5 (neu) den „Wert (z. B. geleistete Arbeit), der sich bei der Abwicklung des Projekts zu einem bestimmten Stichtag ergibt und für Vorgänge, Arbeitspakete oder ein Projekt ermittelt werden kann". Allgemeiner gefasst ist der Fertigstellungswert der dem Ist-Fortschrittsgrad (= Fertigstellungsgrad) entsprechende Anteil der geplanten Gesamtkosten der Betrachtungseinheit. Die Betrachtungseinheit kann das Gesamtprojekt oder jeder beliebige Teil des Projektes sein, beispielsweise ein Teilprojekt, ein Arbeitspaket, ein Vorgang, aber auch der Teil eines Vorgangs, beispielsweise eine Position im Leistungsverzeichnis.

$$\text{Fertigstellungswert (FW)} = \text{geplante Gesamtkosten (PGK)} \times FGR_{Ist}$$

Die DIN bezeichnet als Fertigstellungswert lediglich den geplanten Geld- bzw. Kostenwert der bis zum Stichtag erbrachten Sach- und Dienstleistungen bzw. der fertig gestellten bzw. geleisteten Arbeit. Diese Definition (ausschließlich) als Geld- bzw. Kostenwert schränkt allerdings ihre Verwendung im Sinne umfassender Projektfortschrittsanalysen ein. Im Folgenden wird daher in der Regel der allgemein gültigere Begriff **Fortschrittswert** verwendet, der auch für andere Aufwandsgrößen, z. B. Personenstunden, benutzt und zusätzlich mit den Attributen „Plan" und „Ist" versehen werden kann. Der **Ist-Fortschrittswert** als Geld- bzw. Kostenwert ist identisch mit dem Fertigstellungswert nach DIN.

Für die Benennung Fertigstellungswert werden im Deutschen synonym auch **Arbeitswert** und **Ertragswert** oder – sehr pragmatisch, aber häufig falsch verstanden – die zum Ist-Fortschrittsgrad gehörenden **Soll-Kosten** verwendet. Im angelsächsischen Sprachraum wird der Fertigstellungswert als **Earned Value** bezeichnet. „Wörtlich übersetzt bedeutet dies „verdienter oder realisierter Wert", was den Sinn und Zweck des Fertigstellungswerts recht gut wiedergibt, sprachlich im Deutschen aber nicht sehr überzeugt. Dennoch wird diese deutsche Übersetzung in der Praxis gelegentlich verwendet" (MOTZEL, 2006: 71).

Die grundlegenden Zusammenhänge der **Projektfortschrittsanalyse** bzw. Projektstatusanalyse verdeutlicht die Abbildung 1.16a-5 als so genannte **Stichtagsauswertung** oder **Fortschrittsdiagramm**. Darin sind vereinfachend – wie in der Fachliteratur und der Praxis allgemein üblich – die Projektzielgrößen Zeit, Kosten, Leistung als zweidimensionales Diagramm mit zwei verschiedenen Auftragungen auf der Ordinaten über derselben Abszisse, nämlich der Zeitachse, dargestellt. Links auf der Ordinaten sind die Fortschrittsgrade (FGR) als Maß für die Leistung und rechts die Kosten aufgetragen. Am Stichtag werden Plan-Kosten, Ist-Kosten und Fertigstellungswert (= Soll-Kosten) gegenübergestellt. Mit diesen Werten lassen sich dann die entsprechenden Abweichungen berechnen und die voraussichtlich zu erwartenden Gesamtkosten prognostizieren. Diese vereinfachte zweidimensionale Darstellung ist allerdings nur möglich, solange Kosten und Leistung affin zueinander sind – was in der Regel zutrifft – und weil der Fortschrittsgrad a priori eine Prozentangabe ist. Die umfassende dreidimensionale Darstellung der Fertigstellungswert- bzw. Earned-Value-Analyse mit sämtlichen Abweichungsbetrachtungen und den verschiedenen Prognose-Varianten findet sich im Basiskapitel Teil B.

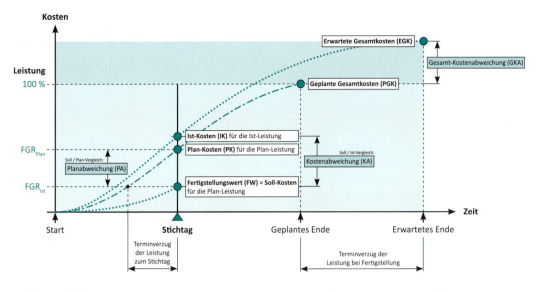

Abbildung 1.16a-5: Fortschrittsdiagramm (Stichtagsauswertung) – zweidimensionale Prinzipdarstellung

3 Ermittlung der Ist-Situation

Ungeachtet dessen, dass der Grundstein für eine wirksame Projektüberwachung und -steuerung bereits bei der Projektplanung gelegt wird, ist der erste Schritt im Regelkreis des Projektcontrollings die Ermittlung der Ist-Situation im Projekt. Die zum Stichtag aktuellen Ist-Daten werden gesammelt, überprüft und dokumentiert. An die Qualität der Ist-Daten sind die nachfolgenden Forderungen zu stellen. „Ist-Daten sollten:

- inhaltlich richtig (die Wirklichkeit abbildend, unabhängig davon, wer sie wie erfasst hat),
- formal richtig (in Format, Dimension, Detaillierung),
- aktuell (mit geringer Zeitverzögerung verfügbar),
- vollständig (keine Leerstellen aufweisend),
- relevant (für das Projektmanagement von Bedeutung),
- rückverfolgbar (der Erfassungsprozess ist nachvollziehbar) sein" (vgl. PATZAK & RATTAY, 2004: 322).

In der Praxis gilt es, bei der Ermittlung bzw. Rückmeldung verlässlicher Ist-Daten, die all diesen Anforderungen genügen, beispielsweise folgende Hürden zu überwinden (in Anlehnung an FELSKE, 2003):

- die Projektrealisierung ist von inhaltlichen, terminlichen und aufwandsbezogenen Änderungen geprägt,
- das Abfragen zum aktuellen Projektstand hält die Projektbeteiligten von ihrer Projektarbeit ab,
- die verbindliche Aussage über den Status einer Projektaufgabe erfordert die Auskunft von mehreren Personen,
- die voraussichtlichen Endtermine (für die Fertigstellung von Projektaufgaben) werden nicht angegeben oder zu früh oder zu spät eingeschätzt („90 %-Syndrom"),
- die Restdauern werden unter- oder überschätzt oder überhaupt nicht gemeldet, d.h. die geplanten Gesamtbearbeitungsdauern können nicht aktualisiert werden,
- die Aufwandserfassung (Stundenaufschreibung, Kostenzuordnung) erfolgt häufig subjektiv und nicht regelgerecht,
- die in Arbeit befindlichen Vorgänge sind hinsichtlich der erreichten Ergebnisse schwer abzuschätzen,
- die Bestimmung des bis „Heute" zu erreichenden Ergebnisses ist schwierig.

Grundvoraussetzung zur Überwindung dieser Barrieren ist der systematische Einsatz der kompletten Projektmanagement-Methoden-Palette von Beginn des Projekts an und die konsequente Durchführung sämtlicher Einzelschritte der Projektplanung (Projektstrukturstrukturierung, Arbeitspaketdefinitionen, Ablauf- und Terminplanung, Projektorganisation, Planung des Dokumentations- und Änderungsmanagements, etc.). Außerdem sollte bereits im Stadium der Projektplanung das spätere Projektcontrolling derart berücksichtigt werden, dass bei der Definition und Beschreibung der einzelnen Projektaufgaben (z. B. in Arbeitspaket- und Vorgangsbeschreibungen) konkrete (Teil-)Ergebnisse festgelegt werden, was sich erfahrungsgemäß bei der spätere Beurteilung des aktuellen Aufgabenstandes als äußerst hilfreich erweist. Bei der Erfassung des aktuellen Projektstands, die in der Regel auf der untersten Projektgliederungsebene erfolgt, zeigt sich, ob die Strukturierungstiefe für das Projekt angemessen war bzw. ist. Ungeachtet aller Unsicherheiten im detaillierten Wissen um die tatsächlichen Endergebnisse der einzelnen Projektaufgaben (z. B. bei F&E-Projekten) sind eine umfassende Leistungsbewertung – so sicher oder unsicher sie auch sein mag – und die frühzeitige Festlegung zur Fortschrittsmessung für ein wirksames Projektcontrolling unerlässlich.

> **Σ Fazit** Eine früh im Projekt aufgebaute Projektmanagement-Kultur und ein gutes Projektklima zahlen sich später beim Projektcontrolling aus. Durch ein rechtzeitig entwickeltes einheitliches PM-Vokabular und die Vereinbarung eines eindeutigen Sprachgebrauchs (z. B. bei Statusaussagen) werden Besprechungen und Diskussionen von der emotionalen auf die sachliche Ebene verlagert. Deshalb lohnt es sich auch, so früh wie möglich objektive Fertigstellungsgrad-Vorgaben für die Projektergebnisse bzw. die zu erbringenden Sach- und Dienstleistungen zu vereinbaren.

3.1 Organisation der Ist-Datengewinnung

Im Rahmen der Projektorganisation und bei der Planung des Dokumentations- und Informationsmanagements ist möglichst frühzeitig (z. B. im Projekthandbuch) festzulegen, auf welche Art und Weise die während der Projektrealisierung anfallenden Ist-Daten gewonnen werden sollen. Prinzipiell stehen dafür folgende Möglichkeiten zur Verfügung: (a) Abfrage und Rückmeldung, (b) teamorientierte Datengewinnung, (c) Beobachtung, (d) Review. Die nachfolgenden Ausführungen beziehen sich auf frühere Darstellungen hierzu (vgl. PLATZ, 1994; FELSKE, 2003; MOTZEL, 2006).

3.1.1 Abfrage und Rückmeldung

Abfrage und Rückmeldung sind zweifelsohne die in der Projektpraxis am häufigsten eingesetzten Formen der Ist-Daten-Erhebung, insbesondere für die regelmäßige Ermittlung der so genannten **„harten Daten"** wie Leistungsstand, Fertigstellungsgrad, Vorgangstermine, Stundenverbrauch, Kostenanfall. Sie erfolgen meist als **formale** Abfrage und Rückmeldung, üblicherweise in tabellarischer Form – per Papier oder/und elektronisch – und eignen sich für Projekte jeder Art und Größenordnung.

> Voraussetzungen dafür sind, dass die Projekte systematisch strukturiert, die zu erbringenden Lieferungen und Leistungen ausreichend beschrieben und die entsprechenden Projektzielgrößen Zeit, Aufwand und Leistung auf dieser Basis detailliert geplant wurden.

Die Abfrage kann **direkt** durch die ausführenden Projektstellen selbst per (vereinbarter) Rückmeldung erfolgen oder **indirekt** durch Zwischenschaltung von ausgewählten (gemeinhin oft als „Terminjäger" bezeichneten) Projektmitarbeitern. Diese fragen die Ist-Daten vor Ort an der Stelle der Aufgabenbearbeitung ab und tragen die Abfrageergebnisse in (vorgedruckte) Rückmeldeformulare (ggf. am Bildschirm) ein. In der Praxis existieren vielfältige (branchenspezifische) Ausprägungen der Abfrage und Rückmeldung, z.B. im Anlagenbau in Form von so genannten Arbeitsbegleitkarten mit Strichcode-Erfassung.

Allgemeintypische Einsatzformen sind:

I Rückmeldelisten für Vorgänge, Arbeitspakete etc. mit Termin- und Fortschrittsangaben,
I Kostenerfassungsbelege,
I Arbeitsnachweise/"Stundenzettel".

Wenn Erfassungsbelege in Papierform verwendet werden, sind die gesammelten Daten zur weiteren Nutzung noch in einem Datenbanksystem zu erfassen. Im Idealfall haben aber die Projektmitarbeiter direkten Zugriff auf das System und können die Rückmeldung der Ist-Daten direkt selbst sofort am Bildschirm vornehmen.

Vorteile/Nachteile: Daten aus formalen Abfragen lassen sich gut dokumentieren, sind stets nachvollziehbar und können als Erfahrungswerte gesammelt und für das Wissensmanagement verwendet werden. Formale Abfragen und Rückmeldungen erfordern naturgemäß einen nicht zu vernachlässigenden Zeitaufwand und stoßen häufig auf emotionale Widerstände. Diese äußern sich in unvollständig und fehlerhaft ausgefüllten, verspätet oder gar nicht abgegebenen Belegen.

 Tipp Um eine höhere Akzeptanz für die Rückmeldungen zu erreichen, sollten grundsätzlich:
I die Projektmitarbeiter zusätzliche Informationsunterlagen mit den für sie notwendigen Orientierungsdaten erhalten, z. B. PSP, Vorgangsübersicht, Stunden- bzw. Kostenkontierungsplan,
I in den Abfrageformularen selbst möglichst viele Informationen vorgedruckt sein, sodass die Projektmitarbeiter lediglich die „eigenen" Ist-Daten hinzufügen müssen.

Dadurch wird insbesondere auch die Qualität der rückgemeldeten Daten verbessert – weniger falsche Zuordnungen, Verwechslungen, Missverständnisse etc. Außerdem erleichtert die Vereinbarung von einheitlichen Statushinweisen die Beurteilung des aktuellen Bearbeitungsstandes erheblich, z. B. in Arbeit, unterbrochen, planmäßig, verzögert, beendet. Noch eindeutiger sind fest vereinbarte, so genannte Statusschritte für die einzelnen Arbeiten mit vorgegebenen Plan- bzw. rückzumeldenden Ist-Fortschrittsgraden für Vorgangsgruppen oder bestimmte Arbeitspakete (vgl. Basiskapitel Teil B).

3.1.2 Teamorientierte Datengewinnung

Die Datengewinnung im Team eignet sich besonders dann, wenn neben (relativ) klaren auch **unsichere** und **nicht eindeutige** Daten erfasst werden sollen, z. B. zu Projektrisiken, zum Projektklima, zur Kommunikation im Projekt. Sie empfiehlt sich außerdem zur Ermittlung von **Trends** und **Prognosen**, z. B. für Meilenstein-Termine, Aufwandsschätzungen, und generell, wenn subjektive Meinungen der Projektmitarbeiter mit in die Datenerhebung einfließen sollen.

Beispiel Eine typisches Anwendungsfeld teamorientierter Datengewinnung sind beispielsweise (kurze) regelmäßig stattfindende Teamsitzungen, in denen die Projektmitarbeiter „frei" über „ihre" Projektsituation und/oder in einheitlicher Form über den Status der von ihnen zu verantwortenden Arbeitspakete berichten.

Weitere Ausprägungsformen sind Schätzklausuren, Trendabfragen, Qualitätssicherungs-Reviews oder ad-hoc zu bestimmten Themen einberufene Teambesprechungen.

Ein Ziel der teamorientierten Datengewinnung ist insbesondere, die abgefragten Daten auf eine breite Basis zu stellen und damit möglichst zu objektivieren und weitestgehend abzusichern. Außerdem wird mit der Datengewinnung im Team gleichzeitig auch die synchrone Informationsverteilung in diesem Personenkreis erreicht.

3.1.3 Beobachtung

Eine weitere Möglichkeit zur Ist-Datengewinnung ist die **Beobachtung** oder **Inaugenscheinnahme** des Projektgeschehens durch den Projektleiter selbst oder durch eine von ihm beauftragte Person seines Vertrauens.

🛈 **Tipp** Die Beobachtung hat sich in der Praxis insbesondere für die Erfassung der „weichen Daten" bewährt, da Motivation, Stimmungen, Projektklima etc. meist nicht oder nicht ausreichend durch Abfragen – weder einzeln noch im Team – zu ermitteln sind.

Solche Informationen äußern sich häufig nur im Verhalten der Projektbeteiligten. Die Ergebnisse von Beobachtungen lassen sich am besten in beschreibender Form festhalten.

In vielen Projekten und/oder in besonderen Projektsituationen empfiehlt es sich, auch „harte Daten" durch Beobachtung vor Ort zu ermitteln und/oder durch eigene Inaugenscheinnahme zu verifizieren, zum Beispiel den tatsächlichen Fortschritt eines für den weiteren Projektablauf äußerst wichtigen Arbeitspakets, „notfalls auch in Gummistiefeln".

3.1.4 Projektreview

Für bestimmte Projektarten – z. B. F&E- oder IT-Projekte – sind in der Praxis neben den regelmäßigen Ist-Daten-Erhebungen auch so genannte Projektreviews zu bestimmten Projektzeitpunkten als zusätzliche qualitätssichernde Maßnahme für das Gesamtprojekt üblich.

🛈 **Tipp** Bei solchen umfassenden Projektreviews wird der vollständige Projektstatus aufgenommen, indem die einzelnen Gestaltungsbereiche durch Interviews mithilfe von Fragebögen (Checklisten) untersucht und die entsprechenden Projektergebnisse begutachtet werden.

Das Resultat dieser Erhebung wird in einem Reviewbericht festgehalten. Ein Projektreview beispielsweise zum Ende einer Projektphase bietet die Möglichkeit, anhand des bis dahin Erreichten bzw. nicht Erreichten qualifizierte Entscheidungen über das weitere Vorgehen für die nächste Projektphase zu treffen. Die aktuellen Erkenntnisse zum Reviewzeitpunkt können die ursprüngliche Planung der abgeschlossenen Phase verifizieren und ggf. dazu führen, dass die Planung des weiteren Projektablaufs entsprechend anzupassen ist (Planungsrevision).

Bei Entwicklungsprojekten sind insbesondere in der Designphase Projektreviews üblich, da die hierin gewonnenen Erkenntnisse für die nachfolgenden Projektphasen eine besondere Tragweite besitzen. Häufig werden die Entwicklungstätigkeiten einem zweistufigen Review unterzogen: (1) Vorläufiges Review zu Entwurfsbeginn [engl.: Preliminary Design Review (PDR)] und (2) Review zum Abschluss der Designphase [engl.: Critical Design Review (CDR)].

Da der Aufwand bei dieser Form der Ist-Datengewinnung recht hoch ist, sind unplanmäßige Reviews nur in außergewöhnlichen Ausnahmesituationen gerechtfertigt, z. B. bei größeren Krisen oder bei Wechsel des Projektleiters.

Σ **Fazit** Das Review hat neben der kontinuierlichen Statuserfassung meist einen sehr ausgeprägten positiven Einfluss auf die Gestaltung und Organisation des Projektes. Es erweist sich aber bisweilen als schwierig, die geeigneten Mitarbeiter für die Durchführung von Reviews zu finden.

Diese sollten neben der fachlichen, organisatorischen und sozialen Kompetenz über ein erhebliches Maß an psychologischem Geschick verfügen.

Im „Anhang Checklisten" findet sich als Abbildung 1.16a-12 eine mögliche Checkliste zur Durchführung eines Projektreviews am Ende der Projektplanungsphase.

3.2 Welche Ist-Daten sind zu ermitteln?

Für eine belastbare (nachprüfbare) Aussage über den tatsächlichen Projektfortschritt [engl.: Physical progress] sind zu allererst die abgelieferten **Projektergebnisse**, d.h. die **erbrachten** Lieferungen und Leistungen maßgeblich. Bei deren Erfassung hat sich die Projektleitung an den **geforderten** Lieferungen und Leistungen zu orientieren. Diese sind üblicherweise in folgenden Unterlagen spezifiziert, häufig jedoch unterschiedlich strukturiert und detailliert:

(a) im Projektauftrag, Kundenvertrag, -verträgen etc.,
(b) in Leistungsbeschreibungen (Lastenheft, Pflichtenheft, Leistungsverzeichnis, Spezifikation etc.),
(c) in dem Projektstrukturplan bzw. den Projektstrukturplänen, Arbeitspaketbeschreibungen,
(d) im Ablauf- und Terminplan, Vorgangsbeschreibungen.

In der Projektplanung sind all diese „Liefer- und Leistungsbeschreibungen" mit einander zu synchronisieren und handhabbare Projektaufgaben zu bilden. „Spätestens" die Arbeitspaketbeschreibungen sollten so präzise wie nur möglich abgefasst sein und außer den Quantitäten auch die geforderten Qualitäten beinhalten. Je nach Projektdetaillierung kann eine Projektaufgabe auf jeder Gliederungsebene des Projekts liegen und z.B. ein Teilprojekt, eine Teilaufgabe, ein Arbeitspaket oder eine einzelne Projektaktivität sein. Im Ablauf- und Terminplan sind die Projektaufgaben als Vorgänge abgebildet. Da („normalerweise") für alle Vorgänge Plan-Daten (A-C) vorliegen, kann auch die Ist-Datenerfassung (A-C) in dieser Detaillierung erfolgen. Dies ist zwar nicht unbedingt erforderlich, meistens jedoch sinnvoll (vgl. weiter unten bei Kosten).

Generell sollten für einen Projektstatus die folgenden, in Tabelle 1.16a-3 aufgelisteten Ist-Daten erfasst werden.

Tabelle 1.16a-3: Ist-Datenerfassung

A. Ergebnis/Leistung (Inhalt/Menge/Qualität)	▪ Ist-Fortschrittsgrad, d.h. aktueller Fertigstellungsgrad (für alle Vorgänge)
B. Termine	▪ Ist-Termine, d.h. tatsächlicher Anfangstermin (für alle begonnenen Vorgänge) und der tatsächliche Endtermin (nur für abgeschlossene Vorgänge)
	▪ voraussichtlicher Endtermin oder voraussichtliche Restdauer für das/die aktuell geforderte Ergebnis/Leistung oder aktualisierte Plan-Dauer (für alle noch nicht beendeten Vorgänge)
C. Aufwand (Stunden/Kosten)	▪ IST-Aufwand, d.h. die tatsächlich angefallenen Stunden und die tatsächlich angefallenen Kosten (für alle abgeschlossenen und in Bearbeitung befindlichen Vorgänge),
	▪ voraussichtlicher Restaufwand (in Stunden und Kosten) für das/die aktuell geforderte Ergebnis/Leistung oder den aktualisierten Plan-Aufwand (bei in Bearbeitung befindlichen Vorgängen)
D. Prozessqualität	▪ Kundenzufriedenheit
	▪ Mitarbeiterzufriedenheit
	▪ Zufriedenheit im Projektumfeld
	▪ Risikoentwicklung

3.2.1 Ergebnis/Leistung

🛈 **Tipp** Für die Vorgänge, die am Stichtag bereits vollständig abgearbeitet sind (FGR=100 %), konzentriert sich die Ist-Datenerfassung in Bezug auf Ergebnis/Leistung auf deren Identifizierung, das Überprüfen von Inhalt/Menge/Qualität (ggf. anhand von Abnahmekriterien bzw. -dokumenten) und das „Abhaken".

Falls sich bei der Abarbeitung keine Änderungen gegenüber der Planung ergeben haben, kann im Statusbericht die Beschreibung (in Kurzform oder Langfassung) komplett übernommen, zitiert oder referenziert werden. Im Falle von Änderungen müssen diese festgehalten worden und dem Änderungsmanagement zugegangen sein.

Für alle zum Stichtag begonnenen, aber noch nicht vollständig abgearbeiteten Vorgänge sind die Ist-Fortschrittsgrade = Fertigstellungsgrade festzustellen. Die – neben der (subjektiven) Schätzung – möglichen und empfehlenswerten Fortschrittsgrad-Messtechniken sowie die Berechnung von Gesamtfortschrittsgraden und Gesamtfertigstellungswerten werden im Basiskapitel Teil B eingehend dargestellt.

Die gemeldeten bzw. erfassten Ist-Fortschrittsgrade können anschließend zu Gesamtfortschrittsgraden für beliebige Projektbereiche auf jeder Gliederungsebene des Projekts (z. B. Teilprojekte, Teilaufgaben, Arbeitspakete) „gewichtet hochgerechnet" bzw. verdichtet werden (z. B. über Plan-Stunden oder Plan-Kosten).

Σ **Fazit** Mit den Gesamtfortschrittsgraden lassen sich dann – durch Multiplikation mit den geplanten Gesamtkosten – die Gesamtfortschrittswerte für die entsprechenden Projektbereiche errechnen.

Wie dies geschieht, wird ebenfalls im Basiskapitel Teil B erläutert.

3.2.2 Termine

Die Grundlage für die Ist-Aufnahme der Projekttermine bilden die (freigegebenen) Ablauf- und Terminpläne. Zur Vorbereitung der Ermittlung der Ist-Termine ist eine Vorgangsliste mit den Plan-Terminen, sortiert nach praktisch handhabbaren Kriterien, sinnvoll (z. B. nach PSP-Code oder Mitarbeitern oder Anfangsterminen). Entscheidend für die Festlegung dieser Kriterien sind neben dem Umfang der zu ermittelnden Termine auch die Anzahl der „Terminverantwortlichen" sowie die Organisation der Ist-Datengewinnung. Wie oben erwähnt, werden die Ist-Termine im Allgemeinen durch (formale) Abfrage und Rückmeldung ermittelt.

🛈 **Tipp** Zu empfehlen ist dabei, dass die Abfrage geregelt erfolgt, d. h. bei regelmäßiger Abfrage immer zu einem festen Zeitpunkt, (z. B. wöchentlich, freitagmittags, monatlich am 15. des Monats), und bei der Rückmeldung in Ausnahmefällen sofort, d. h. unverzüglich, wenn die Ausnahmesituation eintritt.

Im Allgemeinen werden die Ist-Termine zunächst für diejenigen Vorgänge ermittelt, die bis zum Stichtag planmäßig beendet bzw. begonnen sein sollten. Dabei ist eine systematische Vorgehensweise empfehlenswert, z. B. eine gesonderte Betrachtung der Anfangstermine und der Endtermine, um die Effizienz der Statusermittlung sicherzustellen. Lange Diskussionen über den Fortschritt werden nach Möglichkeit vermieden. Fragen wie „Ist der Vorgang begonnen?" oder „Ist der Vorgang beendet?" sind leichter zu beantworten als „Wie weit sind Sie mit Ihrer Arbeit?" (geschlossene Frage versus offene Frage). Je konkreter die Fragestellung, desto einfacher ist die Beantwortung! Die Ermittlung der Ist-Termine ist in jedem Falle durch eine Aussage des unmittelbar Verantwortlichen zur voraussichtlichen Einhaltung des Fertigstellungstermins zu ergänzen. Dazu kann entweder ein vereinbartes Statuswort (z. B. planmäßig, „in line", termintreu oder verzögert, grün, gelb, rot) verwendet oder unmittelbar der voraussichtlich zu erwartende Endtermin oder aber die Restdauer der Bearbeitung angegeben werden. Alternativ kann auch eine aktualisierte Gesamtbearbeitungsdauer für den Vorgang genannt werden.

3.2.3 Aufwand (Stunden und Kosten)

Stunden

Voraussetzung für eine projektbegleitende („mitlaufende") Aufwands- bzw. Kostenkontrolle im Rahmen des Projektcontrollings ist das Erfassen der für das Projekt geleisteten Stunden und des Verbrauchs bzw. der Nutzungszeit der Sachmittel. Der Personalaufwandserfassung, d. h. der regelmäßigen und vollständigen **Stundenaufschreibung**, kommt bei nahezu allen Projektarten, gerade aber in personalintensiven Investitions-, F&E- und ORG/IT-Projekten große Bedeutung zu. Für ein aussagekräftiges Aufwandscontrolling sind die Personalaufwendungen, den jeweiligen Projektaufgaben (z. B. Arbeitspaket, Vorgang) zugeordnet, zu erfassen. Dies muss durch entsprechend gestaltete Stundenkontierungsbelege sichergestellt werden. Bei einer DV-gestützten Stundenkontierung braucht der Mitarbeiter in den Kontierungsbeleg im Allgemeinen nur noch die von ihm erbrachten Stunden, ggf. unterteilt nach Tätigkeitsarten, einzutragen. Alle anderen notwendigen Informationen, beispielsweise Zuordnungen der Projektaufgabe, an welcher der Mitarbeiter gerade tätig ist, zu Projektteilbereichen oder Organisationseinheiten, sollten dort bereits vorgedruckt sein. Dadurch wird der Erfassungsaufwand erheblich reduziert.

In den meisten Projekten erfolgt heute eine dialogorientierte Stundenkontierung. Somit ist nicht mehr das Belegformular, sondern die entsprechend aufgebaute Bildschirmmaske das Eingabemedium für die Ist-Aufwandserfassung. Im Gegensatz zur Belegaufschreibung, die in der Regel monatlich erfolgt, ist die DV-gestützte Stundenkontierung täglich möglich. Die kürzerfristige Stundenerfassung hat folgende Vorteile:

- verlässlichere Stundenaufschreibung, da die durchgeführten Arbeiten noch in besserer Erinnerung sind;
- aktuellere Projektinformationen, beispielsweise bei den wöchentlichen Projektbesprechungen;
- dichteres Controlling, insbesondere bei Projekten mit kurzer Laufzeit (bis zu 1 Jahr);
- engere Beziehung der Projektmitarbeiter zum und bessere Einbindung in das Projekt.

Weitere Vorteile bietet die Verknüpfung der Projektstundenaufschreibung mit einem – meist ohnehin existierenden – Zeiterfassungssystem der Organisation, bei dem automatische Plausibilitätskontrollen erfolgen. Damit wird beispielsweise der Abgleich der monatlichen Soll-Stunden mit den erfassten Ist-Stunden und der mitarbeiterspezifischen Stundenschreibung erreicht.

Tipp Bei allen Formen der Personalstundenerfassung ist stets die Mitarbeitervertretung (z. B. Betriebsrat) in den Gestaltungsprozess einzubeziehen. Da die von den Projektmitarbeitern aufgeschriebenen Stunden die Basis für Soll/Ist-Vergleiche sind, kann der Eindruck entstehen, dass diese Vergleiche nicht nur zur Projektsteuerung, sondern auch zur Mitarbeiterbeurteilung herangezogen werden könnten. Damit entsteht auch die Gefahr, dass in schwierigen Projektsituationen „geschönte" Daten geliefert werden, die eine effektive Projektsteuerung konterkarieren.

Eine solche Entwicklung kann zu einer Unehrlichkeit in der Aufschreibung und in der Folge zu Fehlsteuerungen für das Projekt führen. Dem gilt es, seitens der Projektleitung frühzeitig entgegenzuwirken. Ein weiteres Problem stellt das „verteilte Kontieren" von geleisteten Stunden dar, z. B. nach eigenem Gutdünken oder nach dem „Prinzip, welches Arbeitspaket kann noch etwas vertragen"; dem kann in der Regel nur durch klare Projektrichtlinien begegnet werden.

Kosten

Ziel der „mitlaufenden Projektkostenkontrolle" ist die regelmäßige Gegenüberstellung und der Vergleich der geplanten Kosten und der angefallenen Kosten für die im Projekt erbrachten Lieferungen und Leistungen. Dazu sind jeweils zum Stichtag folgende „Ist-Daten" zu erfassen:

- Ist-Kosten für die „direkten" (einsatzdauer- bzw. nutzungsdauerbezogenen) Projektleistungen – auf der Basis der **Ist-Stundenschreibung**.
  Diese Ist-Kosten errechnen sich durch Multiplikation der kontierten Ist-Stunden mit dem jeweiligen Stundenverrechnungssatz. In der Regel fallen hierunter die Personalkosten für diejenigen Projektmitarbeiter, die der Stundenschreibung unterliegen; es können aber auch (nutzungsdauerbezogene) Kosten für den Einsatz von Geräten, Maschinen und sonstigen Sachmitteln sein, für die eine Nutzungsstundenaufschreibung erforderlich ist. Die Stundenverrechnungssätze für Personal berücksichtigen im Allgemeinen auch Reise- und Abstellungskosten; falls nicht, sind sie separat zu erfassen.
- Ist-Kosten für andere Lieferungen und Leistungen, z. B. zuarbeitender (interner) Fachabteilungen – anhand von (internen) **Weiterverrechnungen**, ggf. aufgeschlüsselt nach Kostenarten und Kostenstellen (Einzelkostennachweise).
- Ist-Kosten für externe Lieferungen und Leistungen jeder Art, z. B. Subunternehmerleistungen – anhand von (externen) **Rechnungen** oder Zwischenrechnungen (Teilzahlungen).
- **Bestell-Obligo** – anhand von Bestellungen bzw. Verträgen, ggf. auch Lieferscheinen.
  Diese Kostenbeträge werden auch als **„disponierte Kosten"** bezeichnet und sind Zahlungsverpflichtungen, die durch Bestellungen oder Verträge entstehen bzw. entstanden sind, jedoch noch nicht ausgabenwirksam geworden sind, d. h. noch nicht bezahlt sind, für andere Projektaufgaben aber nicht mehr zur Verfügung stehen.

Die Basis für die Ist-Kostenerfassung bilden die freigegebenen Projektkosten(struktur)pläne. Aus Sicht des Projektcontrollings sind an die Projektkostenstrukturierung bzw. –planung besondere Anforderungen zu stellen. Kostenvergleiche sind grundsätzlich nur für solche Projekt(kosten)strukturelemente möglich, für die sowohl Plan-Kosten geplant wurden als auch Ist-Kosten rückgemeldet und erfasst bzw. zusammengefasst werden können. Dies bedeutet einerseits, dass die Ist-Kostenerfassung mindestens auf der Detaillierungsebene zu erfolgen hat, für die auch die Kosten geplant wurden, und andererseits, dass die auf der untersten Detaillierungsstufe erfassten Ist-Kosten auf höhere Projektgliederungsebenen verdichtbar sein müssen.

Tipp Bei der Organisation der Ist-Daten-Erfassung ist auch frühzeitig zu überlegen, auf welchem Wege die Informationen über die Ist-Kosten in das Projekt gelangen. Im Allgemeinen empfiehlt sich, die Projektkosten mindestens bis auf die Arbeitspaketebene zu planen und rückzumelden, damit ein umfassender Projektkostenstatus und der Vergleich zwischen Plan- und Ist-Kosten möglich werden.

Des Weiteren empfiehlt es sich, die Projektkostenstruktur – schon beim Anlegen – mit der Kostenstruktur des betrieblichen Rechnungswesens (z. B. Kostenträgerblatt, BAB = Betriebsabrechnungsbogen) zu synchronisieren, damit die angefallenen Ist-Kosten aufgrund von Eingangsrechnungen (über die der betriebliche Rechnungseingang in der Regel weit vor der Projektleitung verfügt) problemlos abgegriffen und den Projektkostenstrukturelementen zugeordnet werden können.

Die am häufigsten praktizierte Form der Ist-Kostenerfassung im Projekt ist die direkte Kontierung der Kostenbelege durch die Projektleitung bzw. das Projektteam. Hierfür sind entsprechende Regelungen inhaltlicher und organisatorischer Art zu treffen. Eine wichtige Festlegung betrifft zum Beispiel die Frage „**Wann** sind Rechnungskosten (z. B. eines Unterauftragnehmers) aus Sicht des Projektes als Ist-Kosten zu betrachten und dementsprechend zu buchen?": (a) wenn die Bestellung erteilt wird? (b) wenn die Rechnung eintrifft? oder (c) wenn die Rechnung bezahlt ist? Weitere Fragen sind: „Wie wird mit Teilrechnungen verfahren?", „Welche Ist-Kosten sind zu buchen, wenn ein Einbehalt, beispielsweise als Sicherheit bei Mängelanzeigen, erfolgt?"

∑ Fazit Bei der Vielfalt der möglichen Antworten auf diese Fragen sind für das Projekt klare Festlegungen notwendig, damit Ermittlung und Analyse der Ist-Kosten während des Projektcontrollings zeitnah, nachvollziehbar und effizient durchgeführt werden können.

3.2.4 Prozessqualität

Um am Stichtag einen Gesamteindruck und vollständigen Überblick über das Projektgeschehen zu erreichen, sind bei der Aufnahme der Ist-Situation im Projekt neben den „harten" Projektdaten, die in erster Linie der quantitativen Beurteilung des Projekts, d. h. der Projektergebnisse dienen, auch „weiche" Projektdaten zu erfassen. Diese spiegeln hauptsächlich das Klima und die Stimmung im und über das Projekt wider und vermitteln eher einen qualitativen Eindruck vom Projektablauf und von den psychosozialen Beziehungen unter den Projektbeteiligten. Zur vollständigen Ist-Aufnahme des Projektstatus gehört auch die Erhebung folgender Informationen:

- Zufriedenheit des Projektauftraggebers/Kunden, z. B. mit
  - dem (bisherigen) Projektverlauf,
  - der Einbeziehung in den Projektinformationsfluss,
  - der Einbeziehung in Entscheidungsprozesse,
  - der Erfüllung von (nicht spezifizierten) Erwartungen;
- Zufriedenheit im Projektumfeld, z. B. mit
  - der Information über das Projekt (Projektmarketing),
  - dem (bisherigen) Projektverlauf,
  - der Berücksichtigung eigener Interessen, Ansprüche, ggf. Einwände,
- Mitarbeiterzufriedenheit, z. B. bezüglich
  - Projektergebnis, -leistung, -verlauf,
  - Projektorganisation, Infrastruktur, Methoden/Instrumente, Kompetenz,
  - Projekt- und Projektmanagement-Kultur, Krisenvorsorge,
  - Projektleitung, Führung im Projekt,
  - Zusammenarbeit im Projekt,
  - gegenseitiger Information und Kommunikation,
  - Projektmarketing
- Risikoentwicklung, z. B.
  - mögliche Reduzierung, ggf. Wegfall von Risiken,
  - Leistungsstörungen, Pflichtverletzungen,
  - neu entstandene, zusätzliche Risiken.

4 Plan/Soll/Ist – Gegenüberstellung, Vergleich und Abweichung

4.1 Grundsätzliches

Nachdem die erforderlichen Ist-Daten erfasst worden sind, können im zweiten Schritt für alle Projektzielgrößen (Ergebnis/Leistung, Termine, Stunden, Kosten) Plan/Soll/Ist-Vergleiche durchgeführt werden. Dies bedeutet, dass die gegenwärtige Projektsituation hinsichtlich dieser Größen nicht nur qualitativ, sondern auch quantitativ aufgezeigt und analysiert werden kann. Bei Abweichungen von der Planung sollten deren Ursachen erkennbar und bewertbar sein.

> Die dezidierte Analyse der Abweichungen liefert die Grundlage dafür, Auswirkungen auf den weiteren Projektverlauf realistisch einzuschätzen und grundsätzliche Trends zu erkennen, und ermöglicht Vorhersagen und fundierte Prognosen auf das Projektende.

Die Benennung „Plan/Soll/Ist-Vergleiche" ist ein zusammenfassender Oberbegriff für die verschiedenen Vergleichsarten „Plan/Soll", „Plan/Ist" und „Soll/Ist", die in der Praxis häufig nicht klar unterschieden und oft vermischt werden. Ist-Werte, z. B. Ist-Termine, sind immer nur Werte aus der Vergangenheit. Die Plan-Werte hingegen gelten **am** Stichtag sowohl für die Vergangenheit als auch zunächst noch für die Zukunft. Sie bleiben auch zukünftig, solange als Plan-Werte bestehen, solange keine **Planungsrevision** stattgefunden hat und die bei der („normalen") **Planungsaktualisierung** ermittelten Soll-Werte nicht explizit als „neue" oder „revidierte" Plan-Werte festgeschrieben und als verbindlich vorgegeben worden sind. Im Falle einer expliziten Planungsrevision wird die Ursprungsplanung „eingefroren" und die neue Version zur aktuellen „**Basisplanung**" erklärt. (Man kann also niemals von in der Zukunft liegenden Ist-Werten sprechen!)

Damit ergibt sich prinzipiell für die Vergangenheit (**vor** dem Stichtag) immer nur die Möglichkeit der Gegenüberstellung von **PLAN** und **IST** und für die Zukunft (**nach** dem Stichtag) immer nur die Möglichkeit der Gegenüberstellung von **PLAN** und **SOLL**. **Am** Stichtag selbst hingegen können **PLAN**, **IST** und **SOLL** gegenübergestellt werden. Von entscheidender Bedeutung ist dabei der „echte" SOLL/IST-Vergleich für das bis zum Stichtag erbrachte Projektergebnis bzw. die erbrachte Leistung, ausgedrückt im Fertigstellungswert.

Auf welche Art und Weise die Soll-Werte (für die Zukunft – nach dem Stichtag) ermittelt werden, ist in der Praxis von vielen Faktoren abhängig, beispielsweise davon, ob zwischen Planungsaktualisierung und Planungsrevision unterschieden wird, ob mit Netzplan oder Balkenterminplänen oder lediglich mit Meilensteinen gearbeitet wird, ob die Zeitrechnung etc. händisch oder rechnergestützt erfolgt. [Anm.: In manchen Projektmanagement-Softwareprogrammen werden lediglich die Summen aus Ist-Werten und Restwerten als Soll-Werte bezeichnet.]

Bei Plan/Soll/Ist-Vergleichen können zwei extreme Betrachtungsweisen unterschieden werden:

- **Einzelbetrachtung** der verschiedenen Projektzielgrößen, d. h. isolierter Vergleich, jeweils separat für Ergebnis/Leistung, separat für Termine, separat für Stundenaufwand, separat für Kostenaufwand;
- **Integrierte Betrachtung** bzw. integrierter Vergleich von Ergebnis/Leistung, Termine und Aufwand (Stunden und Kosten) unter gleichzeitiger Berücksichtigung ihres Wirkungszusammenhangs.

Im folgenden Abschnitt des Basiskapitel Teil A werden die in der Praxis gebräuchlichsten Plan/Soll/Ist-Vergleiche in Form von Einzelbetrachtungen von Ergebnis/Leistung und Terminen einerseits und des Aufwands andererseits behandelt. Die umfassende gleichzeitige integrierte Betrachtung aller drei Projektzielgrößen wird im Basiskapitel Teil B unter der Fertigstellungswert- bzw. Earned-Value-Analyse dargestellt und eingehend erläutert.

4.2 Plan/Soll/Ist-Vergleich Leistung (Ergebnisse)

💡 Tipp Die einfachste und übersichtlichste, meist aber nur zu Präsentationszwecken geeignete Form der Darstellung der bis zum Stichtag erbrachten Lieferungen und Leistungen ist deren Markierung im **Projektstrukturplan (PSP)**.

Dies setzt allerdings voraus, dass der verwendete Projektstrukturplan aufgabenorientiert aufgebaut ist und darin sämtliche Projektaufgaben abgebildet sind. Durch unterschiedliche Markierungssymbolik können sowohl vollständig abgearbeitete als auch in Bearbeitung befindliche Arbeitspakete, auch mit unterschiedlichem Ist-Fortschrittsgrad, gekennzeichnet werden, z. B. durchgestrichen, kreuzweise durchgestrichen, halb durchgestrichen.

Da der PSP in der Regel aber keine Vorgänge enthält, ist er für den vorgangsbezogenen Plan/Ist-Vergleich nicht geeignet – außer, wenn die Teilaufgaben und/oder Arbeitspakete in der Ablauf- und Terminplanung 1:1 als Vorgänge abgebildet worden sind. Die vorgangsbezogene Darstellung des Bearbeitungsstands erfolgt im Allgemeinen in **Netzplänen** und **Balkenplänen**. In Netzplänen wird eine ähnliche wie die skizzierte Markierungssymbolik verwendet. Bei Balkenterminplänen werden die unterschiedlichen Ist-Fortschrittsgrade in Form von unterschiedlich langen Pfeilen (proportional zur Balkenlänge), die direkt in die Terminbalken einzeichnet werden, dargestellt (vgl. auch Abbildung 1.16a-4).

Eine dritte Möglichkeit zur Darstellung der erbrachten Leistung ist die über den Ist-Fortschrittsgrad und dessen Mitaufzeichnung bei den in den nächsten Abschnitten beschriebenen (vorgangsbezogenen) Plan/Soll/Ist-Vergleichen für Termine und Aufwand.

4.3 Plan/Soll/Ist-Vergleich Termine

Für die Darstellung und den Vergleich der Termin-Situation werden in der Praxis die folgenden Formen am häufigsten angewandt:

- Plan/Ist-Vergleich mittels vorgangsbezogener **Terminlisten** – in tabellarischer Form mit der Auflistung der Vorgänge in den Zeilen und den entsprechenden Spalten z. B. folgender Werte:

Plan-Anfangstermin	Plan-Endtermin	Ist-Anfangstermin	Ist-Endtermin	FGR (in %)	Restdauer (in Tagen)

- „Plan/Ist" und „Plan/Soll" mittels **Balkenterminplänen** – mit jeweils zwei unmittelbar übereinander liegenden Balken für jeden Vorgang (a) in terminlicher „Plan-Lage" und (b) in terminliche „Ist-Lage" bzw. – bei nicht planmäßigen Projektverlauf – in neuer (aktualisierter) „Soll-Lage",
- „Plan/Ist" und „Plan/Soll" mittels **Meilensteinplänen** – mit jeweils zwei unmittelbar übereinander liegenden Meilenstein-Symbolen (a) in terminlicher „Plan-Lage" und (b) in terminlicher „Ist-Lage" bzw. bei nicht planmäßigen Projektverlauf in neuer (aktualisierter) „Soll-Lage".

Die Gegenüberstellung von Plan- und Ist-Terminen in Form von Terminlisten (mit sämtlichen Vorgängen) ist für den Projektleiter ein unverzichtbares Hilfsmittel und liefert einen detaillierten Terminstatus. Die Vorgangslisten können im Allgemeinen beliebig sortiert und selektiert, z. B. nach Abweichungen, und (mit Kommentaren versehen) dokumentiert werden. Das Erkennen der Abweichungen und möglicher Auswirkungen ist auf dieser detaillierten Ebene relativ einfach möglich. Auch für die Präsentation des Projektstatus gegenüber Auftraggeber und Projektbeteiligten ist diese Darstellung geeignet. Allerdings sollte die Terminsituation dann auf höhere Ebenen der Projektstruktur, z. B. Teilprojekte, Teilaufgaben, Arbeitspakete, verdichtet werden.

Eine präsentationsfähige Darstellung des aktuellen Projektstandes liefern auch Balken- und Meilensteinpläne. Je nach verwendetem Werkzeug können zum besseren Überblick die terminlichen „Plan-, Ist- und Soll-Lagen" der Balken wie auch der Meilensteine in verschiedenen Farben oder Formen dargestellt werden.

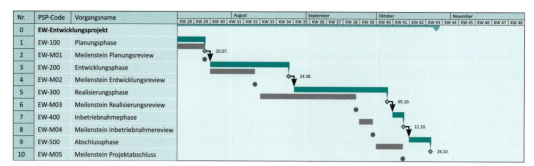

Abbildung 1.16a-6: Plan/Soll/Ist-Vergleich Termine (Stichtag KW34)

Abbildung 1.16a-6 zeigt „auf einen Blick" die Terminkonsequenzen, die sich ergeben, wenn der Projektverlauf zum Stichtag vom Plan abweicht. Der Meilenstein „Entwicklungsreview" wird später erreicht als geplant; dadurch verzögern sich die weiteren Vorgänge und schieben die nachfolgenden (davon abhängigen) Meilensteine auf spätere (Soll-)Termine.

4.4 Plan/Soll/Ist-Vergleich Aufwand

Vorgangsbezogene Plan/Soll/Ist-Vergleiche für den Aufwand (Stunden und Kosten) im Projekt werden als Einzelbetrachtung in der Praxis üblicherweise auf derselben Basis wie die Terminlisten als tabellarische Übersicht erstellt. Sie enthalten im Allgemeinen in den Zeilen sämtliche Vorgänge und in den Spalten folgende Aufwandswerte:

Plan-Gesamtaufwand	Ist-Aufwand (zum Stichtag)	Geschätzter Rest-Aufwand	Voraussichtlicher Gesamt-Aufwand (bei Fertigstellung)	Abweichung (bei Fertigstellung)
PGA	IA	RA	VGA = IA + RA	Δ = VGA - PGA

Je nachdem, in welchen Einheiten (z. B. Wochen, Tage, Stunden) der Aufwand geplant worden ist, werden beim Projektcontrolling auch die Ist-Daten erfasst und im Plan/Ist-Vergleich dargestellt. Im Beispiel Abbildung 1.16a-7 ist die Planungseinheit für den Aufwand **Personenstunden**.

Der vorgangsbezogene Plan/Soll/Ist-Vergleich für die **Kosten** kann in gleicher Weise wie der für die Stunden erfolgen. An Stelle der Stunden-Werte werden in den Spalten folgende Kosten-Werte aufgeführt:

Plan-Gesamtkosten	Ist-Kosten (zum Stichtag)	Geschätzte Rest-Kosten	Voraussichtliche Gesamtkosten (bei Fertigstellung)	Kosten-Abweichung (bei Fertigstellung)
PGK	IK	RK	VGK = IK + RK	Δ = VGK - PGK

4.5 Stichtagsbezogener Plan/Soll/Ist-Vergleich Kosten

Für den zuvor dargestellten vorgangsbezogenen Kostenvergleich sind bei der Ist-Aufnahme neben den Ist-Kosten auch die geschätzten Restkosten zu erheben bzw. zu erfassen. Häufig liegen für solche Kostenschätzungen der Projektmitarbeiter zum Stichtag aber nur wenig oder gar keine Anhaltspunkte vor, sodass der Projektleiter gezwungen ist, sich anderweitig zu behelfen, um festzustellen, ob gravierende Kostenabweichungen bestehen oder zu erwarten sind. Andererseits gibt es auch Projekterfordernisse, aufgrund derer die Projektkostenplanung *nicht vorgangsbezogen* erfolgt ist und deshalb auch die Ist-Kosten *nicht vorgangsbezogen* erfasst werden können oder sollen. In beiden Fällen bietet sich der so genannte stichtagsbezogene Soll/Ist-Vergleich an. Bei dieser Alternative bedarf es bei der Ist-Datenerhebung keiner (subjektiven) Schätzung der Restkosten je Vorgang, sondern lediglich der (objektiven) Ermittlung der bis zum Stichtag angefallenen Ist-Kosten.

Durch Multiplikation der Plangesamtkosten mit dem (ohnehin abgefragten) Ist-Fortschrittsgrad können dann die jeweiligen Soll-Kosten zum Stichtag = Fertigstellungswert für jede beliebige Projektaufgabe berechnet werden. Die Differenz zwischen Ist- und Soll-Kosten ist dann die maßgebliche Kosten-Abweichung je Projektaufgabe zum Stichtag. Durch die Aufsummierung der Kostenabweichung aller Projektaufgaben ergibt sich die Gesamtabweichung der Projektkosten zum Stichtag.

Der prinzipielle Listenaufbau ist der gleiche wie im vorstehenden Abschnitt. In den Zeilen sind (anstelle der Vorgänge) sämtliche Kontierungselemente der Projektkostenstruktur aufgelistet, die Spalten enthalten folgende Kosten-Werte:

Plan-Gesamtkosten	Ist-Kosten (zum Stichtag)	Ist-FGR (zum Stichtag)	Soll-Kosten = Fertigstellungswert (zum Stichtag)	Kostenabweichung (zum Stichtag)
PGK	IK	FGR [%]	FW = PGK × FGR	KA = FW - IK

Nr.	PSP-Code	Vorgangsname	Verant-wortlich	Plan Aufwand	Ist Aufwand	Rest Aufwand	Voraus-sichtlicher Aufwand	Abwei-chungen Aufwand
0	0	Entwicklungsprojekt		660 Std.	360 Std.	380 Std.	740 Std.	80 Std.
1	EW-100	**Planungsphase**		**60 Std.**	**40 Std.**	**0 Std.**	**40 Std.**	**-20 Std.**
2	EW-110	Projektplanung erstellen	PL (50%)	20 Std.	20 Std.	0 Std.	20 Std.	0 Std.
3	EW-120	Anforderungsanalyse durchführen	BA	40 Std.	20 Std.	0 Std.	20 Std.	-20 Std.
4	M01	Meilenstein Planungsreview	PL	0 Std.	0 Std.	0 Std.	0 Std.	0 Std.
5	200	**Entwicklungsphase**		**160 Std.**	**120 Std.**	**0 Std.**	**120 Std.**	**-40 Std.**
6	EW-210	Grobspezifikation erstellen	SE	80 Std.	60 Std.	0 Std.	60 Std.	-20 Std.
7	EW-220	Feinspezifikation erstellen	SE	80 Std.	60 Std.	0 Std.	60 Std.	-20 Std.
8	M02	Meilenstein Entwicklungsreview	PL	0 Std.	0 Std.	0 Std.	0 Std.	0 Std.
9	300	**Realisierungsphase**		**240 Std.**	**200 Std.**	**180 Std.**	**380 Std.**	**140 Std.**
10	EW-310	Programmierung durchführen	PR	160 Std.	200 Std.	100 Std.	300 Std.	140 Std.
11	EW-320	Funktionstest durchführen	QS	40 Std.	0 Std.	40 Std.	40 Std.	0 Std.
12	EW-330	Modultest durchführen	QS	40 Std.	0 Std.	40 Std.	40 Std.	0 Std.
13	M03	Meilenstein Realisierungsreview	PL	0 Std.	0 Std.	0 Std.	0 Std.	0 Std.
14	400	**Inbetriebnahmephase**		**120 Std.**	**0 Std.**	**120 Std.**	**120 Std.**	**0 Std.**
15	EW-410	Datenmigration vornehmen	SE	40 Std.	0 Std.	40 Std.	40 Std.	0 Std.
16	EW-420	Integrationstest durchführen	QS	40 Std.	0 Std.	40 Std.	40 Std.	0 Std.
17	EW-430	Probelauf abnehmen	PL	40 Std.	0 Std.	40 Std.	40 Std.	0 Std.
18	M04	Meilenstein Inbetriebnahmereview	PL	0 Std.	0 Std.	0 Std.	0 Std.	0 Std.
19	500	**Abschlussphase**		**80 Std.**	**0 Std.**	**80 Std.**	**80 Std.**	**0 Std.**
20	EW-510	Nachkalkulation	PL	40 Std.	0 Std.	40 Std.	40 Std.	0 Std.
21	EW-520	Projektabschlussbericht erstellen	PL	40 Std.	0 Std.	40 Std.	40 Std.	0 Std.
22	M05	Meilenstein Projektabschluss	PL	0 Std.	0 Std.	0 Std.	0 Std.	0 Std.

Abbildung 1.16a-7: Plan/Soll/Ist-Vergleich Aufwand (Stunden)

4.6 Abweichungsanalyse

Wenn im Rahmen des Plan/Soll/Ist-Vergleichs Abweichungen festgestellt wurden, geht es im nächsten Schritt darum, deren Ursachen zu erkennen und die Auswirkungen zu beurteilen. Eine gründliche Abweichungsanalyse ist die Voraussetzung für die Auswahl der geeigneten Steuerungsmaßnahmen. Bei dieser Analyse werden häufig Ursache und Wirkung verwechselt oder nicht ausreichend klar unterschieden. So sind beispielsweise Kosten- und Terminüberschreitungen meistens die Folge von tiefer liegenden Ursachen, wie mangelhafte Information, unzureichende Abstimmung, latente Änderungen, Planungsungenauigkeiten oder eine andere als die geplante Ausführung. Die genaue Beschreibung dessen, **was** bis zu einem bestimmten Termin zu erreichen ist, muss für eine fundierte Abweichungsanalyse ebenso zur Verfügung stehen wie eindeutige Verantwortlichkeiten für Planung und Realisierung der Ergebnisse. In der Praxis ergeben sich häufig Abweichungen, weil z. B. vom Auftraggeber oder vom Linienmanagement Termine einfach dirigistisch festgelegt werden, ohne dass sie gewissenhaft geplant worden sind. Deshalb ist es notwendig, alle relevanten Annahmen und Randbedingungen der Projektplanung festzuhalten. Um die effiziente und effektive Durchführung der Abweichungsanalyse nicht unnötig zu erschweren, ist bereits bei der Projektstrukturierung an das spätere Projektcontrolling zu denken. Die Analyse von Abweichungen auf höheren Projektstrukturebenen wird nämlich immer durch die Details auf den darunter liegenden Ebenen unterstützt. Selbst wenn auf höheren Ebenen nur geringfügige Abweichungen erscheinen, können sich dahinter gravierende Abweichungen – positiver wie negativer Art – auf unteren Ebenen verbergen, die sich möglicherweise gegenseitig ausgleichen.

Σ Fazit Bei jeder Abweichungsanalyse ist grundsätzlich festzustellen, ob eine **singuläre** Abweichung vorliegt, die durch eine (einmalige) Maßnahme korrigiert werden kann, oder ob eine **systematische** Abweichung vorliegt, die neben der konkreten Korrekturmaßnahme einer grundsätzlichen Revision der Annahmen und Randbedingungen, ggf. einer „Umplanung" (Planungsrevision), bedarf.

Mögliche **Ursachen für Abweichungen** können sein (in Anlehnung an FELSKE, 2003):

- Unzulänglichkeiten oder Fehler in der Planung,
- Änderungen der Vorgaben,
- Ungenaue, unvollständige oder fehlerhafte Leistungsbeschreibungen,
- Unkenntnis der Verhältnisse am Ort der Projektausführung,
- zusätzliche Auflagen durch Genehmigungs- oder Prüfbehörden,
- verspätet erteilte Genehmigungen,
- Nutzungsänderungen oder Änderungswünsche des Auftraggebers,
- verzögerte, mangelhafte oder fehlende Vorleistungen Dritter,
- Fehler in der Arbeitsvorbereitung,
- unzureichende Ausstattung des Projektteams,
- nicht oder nicht ausreichend qualifiziertes Personal,
- unplanmäßiger Personaleinsatz,
- unvollständige oder Falschbuchungen,
- vorgezogene oder verzögerte Bestellungen,
- Beschleunigungsmaßnahmen,
- Falscheinschätzung der Aufgabenstellung,
- niedrige Produktivität,
- schlechtes Projektklima.

Tipp In der Praxis häufig anzutreffende Ursachen für größere Abweichungen beim Soll/Ist-Vergleich der Projektkosten sind (a) die Nichtbeachtung der gesetzlichen Mehrwertsteuer und (b) die „Vernachlässigung" von Preissteigerungen, insbesondere bei Projekten mit langer Laufzeit (über mehrere Jahre).

Bei der Kostenplanung werden in der Regel Stundensätze und Angebotspreise als Grundlagen verwendet, die zum Zeitpunkt der Planung gültig sind. Bei der natürlichen Preis- bzw. Kosten-Entwicklung erhöhen sich diese Werte im Allgemeinen von Jahr zu Jahr. Wird die Preisgleitung nicht bereits in der Kostenplanung berücksichtigt und in die Plan-Werte eingerechnet, ist dies spätestens bei der Abweichungsanalyse ins Kalkül zu ziehen. Ansonsten können beträchtliche Fehlinterpretationen entstehen. Beispielsweise bedeutet eine Preisgleitung von 5 % pro Jahr über 5 Jahre eine Kostenabweichung von 27,6 %. Aufgrund dieser Tatsache müssen bei lange laufenden Projekten die Plan-Kosten der allgemeinen Preisentwicklung angepasst („eskaliert") werden, damit ein realistischer Plan- bzw. Soll/Ist-Vergleich möglich wird. In Verträgen wird der Preisentwicklung in der Regel durch die Vereinbarung einer so genannten Preisgleitklausel Rechnung getragen.

5 Prognosen und Trends

5.1 Überblick

Zu den Aufgaben des Projektcontrollings als Frühwarnsystem gehören neben der ständigen Beobachtung und Analyse des laufenden Projektgeschehens auch der regelmäßige Blick in die Zukunft und die Einschätzung des voraussichtlichen weiteren Projektverlaufs. Dies ist letztlich erforderlich, um die geeigneten Steuerungsmaßnahmen auszuwählen und deren Wirksamkeit abzusichern.

> **Definition** Prognosen sind **Projektionen** des gegenwärtigen Kenntnisstandes in die **Zukunft** in Form von (subjektiven) Einschätzungen, Vorhersagen, geometrischen und/oder mathematischen Extrapolationen (formelmäßigen Berechnungen).

Belastbare, d. h. möglichst realistische Prognosen mit hoher Eintrittswahrscheinlichkeit sollten in Projekten grundsätzlich auf (a) einer ausreichenden und realitätsgetreuen Ermittlung der Ist-Situation, (b) der gezielten Gegenüberstellung von Plan/Soll/Ist-Werten sowie (c) einer gründlichen Abweichungsanalyse basieren.

> **Definition** Trends sind **Aufzeichnungen/Darstellungen** von (ausschließlich) in der **Vergangenheit** entstandenen Werten (qualitativer und quantitativer Art) über die Zeitachse und zeigen deren Veränderungen in ihrem zeitlichen **Verlauf**.

In Projekten können diese Werte sowohl Plan-, Soll-, Ist-Daten als auch Prognose-Werte früherer Projektzeitpunkte (Stichtage) sein. Trend-Diagramme ermöglichen aufgrund der darin aufscheinenden Trendkurven-Verläufe in der Vergangenheit auch Projektionen in die Zukunft. Die in der Praxis am häufigsten verwendeten Trend-Aufzeichnungen/Darstellungen sind die so genannten Meilenstein-Trendanalyse und die Kosten-Trendanalyse, seltener die Aufwand-Trendanalyse.

Termin-Prognosen für in der Zukunft liegende Projektaktivitäten (Vorgänge und/oder Meilensteine) werden in der Regel mithilfe der Netzplanrechnung (Soll-Termine) ermittelt. Diese Art von Termin-Prognosen gehört zu den Regelaufgaben des Ablauf- und Terminmanagements und wird dort behandelt. In Bezug auf Termine wird im Folgenden lediglich die Meilenstein-Trendanalyse dargestellt, die je nach Anwendungsfall sowohl auf (subjektiven) Schätzwerten, z. B. der Ist-Datenerfassung, als auch auf Ergebnissen einer Netzplanaktualisierung basieren kann.

Aufwands-Prognosen können zwar ebenfalls über (subjektive) Schätzungen erfolgen, sie lassen sich aber auch dezidiert aus den Plan/Soll/Ist-Vergleichen für die Arbeitsstunden und/oder die Projektkosten zum Stichtag berechnen (vgl. Stichtagsbezogener Soll/Ist-Vergleich, Pkt. 4.5). Grundsätzliches Ziel bei diesen Prognosen ist, die voraussichtlich zu erwartenden Gesamtstunden und/oder die voraussichtlich zu erwartenden Gesamtkosten der jeweiligen Betrachtungseinheiten (Vorgänge, Arbeitspakete, etc.) zum Zeitpunkt ihrer Fertigstellung vorherzusagen. Für die Betrachtungseinheit „Gesamtprojekt" ist dies das Projektende. Bei den Aufwands-Prognosen sind implizit auch Prognosen bzw. Annahmen für die weitere Leistungserbringung („Leistungs-Prognosen") erforderlich. So wird zum Beispiel je nach Prognose-Variante unterstellt, dass die weitere Projektbearbeitung so gut oder so schlecht wie bisher oder ab sofort planmäßig verläuft.

∑ Fazit In der Gegenüberstellung mit den geplanten Gesamtstunden und den geplanten Gesamtkosten ermöglichen Aufwands-Prognosen schließlich auch die wichtigsten Prognosen im Projekt, nämlich eine Vorhersage über die voraussichtliche Wirtschaftlichkeit bzw. Effizienz der Projektabwicklung und bei Auftragsprojekten über das voraussichtliche kaufmännische Projektergebnis.

Hierfür ist eine umfassende Fertigstellungswertanalyse erforderlich, wie sie im Basiskapitel Teil B dargestellt wird.

5.2 Meilenstein-Trendanalyse (MTA)

Die Festlegung von Meilensteinen und der bis zu diesem Termin planmäßig zu erreichenden Ergebnisse zwingen zur Überprüfung der tatsächlich erreichten Ergebnisse und zu objektiven Aussagen über den Projektstand. Meilensteine eignen sich gut für die komprimierte Berichterstattung im Projekt, insbesondere für das Management.

> Ziel der Meilenstein-Trendanalyse ist, Trendaussagen darüber treffen zu können, ob die geplanten Meilensteintermine voraussichtlich eingehalten werden, sich verzögern oder ob Meilensteinergebnisse voraussichtlich schon früher als geplant vorliegen werden.

Die MTA ist einfach zu erstellen, ermöglicht einen schnellen Überblick über die Terminsituation und ist ein Controllinginstrument zur Frühwarnung und zur Terminsteuerung im Einzelprojekt ebenso wie in einer Projektelandschaft. Sie gilt als hervorragendes Kommunikationsmittel innerhalb und außerhalb des Projektes, weil sie das Terminbewusstseins aller Projektbeteiligten schärft und den Teamgeist fördert.

Voraussetzung für den Einsatz der MTA ist, dass die Meilensteine klar definiert und die zu erreichenden Ergebnisse genau und vollständig festgelegt worden sind. Die MTA ist grundsätzlich unabhängig davon, ob die Terminangaben mittels Netzplanrechnung oder anderweitig zustande gekommen sind (z. B. geschätzt). Ohne Netzplantechnik kann der Projektverlauf objektiv aber nur bis zur Gegenwart aufgezeigt werden; für die Prognose der Zukunft ist eine subjektive Einschätzung der Beteiligten nötig. Mit Netzplantechnik hingegen sind auch für den in der Zukunft liegenden Teil des Projektes objektive und nachvollziehbare Termin-Prognosen möglich, die als belastbare Grundlage für notwendige Entscheidungen dienen können.

Zur grafischen Darstellung der geplanten und voraussichtlichen Meilensteintermine (z. B. jeweils zum Stichtag) in einem Meilenstein-Trenddiagramm wird zunächst auf beiden Diagramm-Achsen der gesamte Projektzeitraum (oder der Zeitraum, in dem die betrachteten Meilensteine liegen) maßstäblich abgebildet. Der Zeitmaßstab wird zweckmäßigerweise auf beiden Achsen gleich gewählt, sodass sich als „Plan-Terminlinie" eine 45-Grad-Gerade (Diagonale) ergibt. Auf der Ordinaten werden dann – beginnend mit den ursprünglichen Meilenstein-Planterminen – fortlaufend die neu errechneten oder neu geschätzten Termine der einzelnen Meilensteine zu den jeweiligen Projekt- bzw. Berichtszeitpunkten (Stichtagen) der Abszisse aufgetragen. Die Verbindung der aufgetragenen Termine ergeben **Linienzüge** als **Trendkurven**, welche die Terminentwicklung der einzelnen Meilensteine wie auch die Terminsituation im Zusammenhang erkennen lassen. Aus dem Verlauf der Trendkurven – steigend, horizontal oder fallend – kann auf eine voraussichtliche Verzögerung, Einhaltung oder Verkürzung der ursprünglichen Meilenstein-Plantermine geschlossen werden.

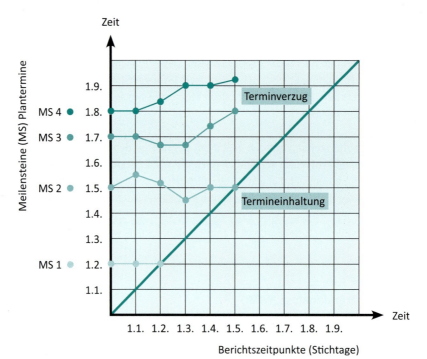

Abbildung 1.16a-8: Meilenstein-Trenddiagramm (MOTZEL, 2006: 126)

5.3 Aufwand-Trendanalyse (ATA)

Die Aufwand-Trendanalyse ist eine fortlaufende Aufzeichnung des voraussichtlich zu erwartenden Aufwands für die vollständige Bearbeitung einer Projektaufgabe (z. B. Teilprojekt, Teilaufgabe, Arbeitspaket) oder eines Meilensteinergebnisses auf der Basis von regelmäßigen Neuermittlungen bzw. Schätzungen zu bestimmten Projekt- bzw. Berichtszeitpunkten (Stichtagen).

> Ziel der Aufwand-Trendanalyse ist, Trendaussagen darüber treffen zu können, ob der ursprünglich geplante bzw. geschätzte Aufwand voraussichtlich zur Fertigstellung ausreichen wird, zusätzlicher Aufwand erforderlich ist oder der ursprüngliche Planansatz unterschritten werden wird.

Die ATA ist einfach zu erstellen, ermöglicht einen schnellen Überblick über die Aufwandssituation und ist ein Controllinginstrument zur Aufwandssteuerung und für das Einsatzmittel-Management im Einzelprojekt ebenso wie in einer Mehrprojektumgebung. Sie eignet sich insbesondere bei F&E-, ORG/IT-Projekten und sonstigen Projekten mit großen Unsicherheiten in der Aufwandsschätzung und/oder einer hohen Änderungsrate.

Zur grafischen Darstellung der Entwicklung des voraussichtlich zu erwartenden Aufwands werden – beginnend mit den (ursprünglich) geplanten bzw. geschätzten Aufwandswerten für die vollständige Bearbeitung – die jeweils zu bestimmten Projekt- bzw. Berichtszeitpunkten (Stichtagen) neu ermittelten bzw. geschätzten Werte fortlaufend über der Zeitachse aufgetragen. Die Verbindung der aufgetragenen Werte ergeben Linienzüge als Trendkurven. Je nach Verlauf dieser Trendkurven – steigend, horizontal oder fallend – kann auf eine voraussichtliche Überschreitung, Einhaltung oder Unterschreitung der ursprünglichen Planwerte geschlossen werden. In der Praxis finden sich auch **kombinierte Aufwand-/Meilenstein-Trenddiagramme**.

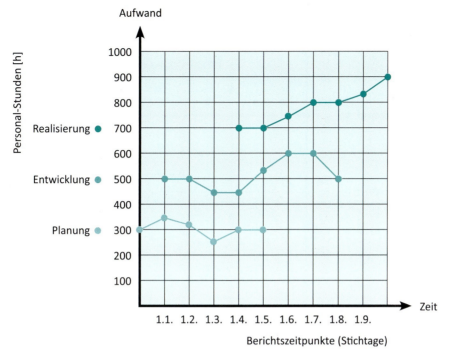

Abbildung 1.16a-9: Aufwand-Trenddiagramm (Motzel, 2006: 34)

5.4 Kosten-Trendanalyse (KTA)

Bei der Kosten-Trendanalyse wird die Entwicklung der **Erwarteten Gesamtkosten (EGK)** für die Bearbeitung eines Projektes oder eines Projektteilbereichs (z. B. Teilprojekt, Arbeitspaket) entweder auf der Basis von Schätzungen oder von regelmäßigen Kosten-Prognosen (nach der Fertigstellungswertanalyse) zu bestimmten Projekt- bzw. Berichtszeitpunkten (Stichtagen) fortlaufend aufgezeichnet.

> ❗ Ziel der Kosten-Trendanalyse ist, aufgrund der aufgezeichneten Werte aus der Vergangenheit Vorhersagen darüber treffen zu können, ob die ursprünglichen Plan-Gesamtkosten (PGK) bei Fertigstellung voraussichtlich eingehalten werden oder ob Kostenüber- oder –unterschreitungen zu erwarten sind.

Die Kosten-Trendanalyse ermöglicht einen schnellen Überblick über die Kostenentwicklung und ist ein wirksames Controllinginstrument zur Frühwarnung und zur Kostensteuerung im Einzelprojekt ebenso wie in einer Projektelandschaft. Ebenso wie die MTA gilt auch die KTA als hervorragendes Kommunikationsmittel innerhalb und außerhalb des Projektes, weil sie das Kostenbewusstsein aller Projektbeteiligten schärft und den Teamgeist fördert. Der Nachteil dieser Kosten-Trendbetrachtung ist, dass hier keine originären Kosten-Prognosen aufgestellt, sondern lediglich geschätzte oder anderweitig (im Rahmen der Fertigstellungswertanalyse) bereits berechnete Prognosewerte (EGK) über die Zeit dargestellt werden. Deshalb ist stets die zugrunde liegende **Prognose-Variante** (vgl. Basiskapitel Teil B) mit zu kommunizieren.

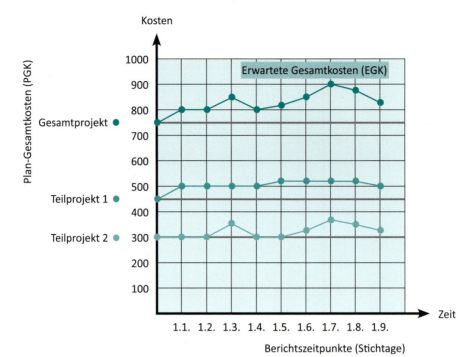
Abbildung 1.16a-10: Kosten-Trenddiagramm (MOTZEL, 2006: 111)

6 Steuerung und Berichterstattung

6.1 Steuerungsmaßnahmen

Das reale Projektgeschehen ist im Allgemeinen von zahlreichen Abweichungen und Änderungen des geplanten Ablaufs sowie von Störungen und sonstigen Hindernissen begleitet.

> Projektsteuerungsmaßnahmen dienen dazu, den künftigen Projektverlauf („zukünftige Ist-Daten") entweder (a) möglichst nahe an der Planung zu halten, z. B. bei sich abzeichneten Behinderungen jedweder Art, oder (b) bei bereits festgestellten Plan-Abweichungen an den planmäßigen Projektverlauf (Soll-Daten) wieder heranzuführen – möglichst, ohne gravierende Änderungen an der bestehenden Projektplanung vornehmen zu müssen.

Natürlich kann aufgrund einer festgestellten Projektsituation als umfassende Steuerungsmaßnahme auch eine grundlegende Planungsrevision erforderlich werden, die als neue Basisplanung (Version xx) deklariert und im Projekt kommuniziert werden muss. Manchmal sind aber auch „nur" Korrektur- bzw. Vorbeugemaßnahmen notwendig, um das (wiederholte) Auftreten einer unbefriedigenden Projektsituation zu vermeiden, z. B. zur Krisenvorsorge. Häufig stellt sich jedoch die Frage: „Was kann getan werden, um (zukünftig) die festgestellten Plan-Abweichungen wieder zu kompensieren?". Die Antwort kann selten direkt und ohne gleichzeitige Berücksichtigung von mehreren Faktoren gegeben werden. Jede Steuerungsmaßnahme ist mit Nebenwirkungen verbunden; vielen Maßnahmen stehen mögliche Hindernisse entgegen, die es im Vorhinein oder ggf. erst später zu überwinden gilt . Die integrierte Projektsteuerung muss immer gleichzeitig alle Projektzielgrößen im Auge behalten. Maßnahmen zur Terminsteuerung dürfen beispielsweise nicht ohne ihre Auswirkungen auf den Ressourcen-Bedarf, auf die Projektkosten und insbesondere auf die Projektergebnisse betrachtet werden. Zielkonflikten muss mit dem Setzen von Zielprioritäten begegnet werden. Die Möglichkeiten zur Projektsteuerung sind vielfältig und der jeweiligen Projektsituation angepasst und angemessen einzusetzen. Häufig werden kritische Projektsituationen, in denen Steuerungsmaßnahmen erforderlich sind, von zusätzlichen Schwierigkeiten begleitet. Um in solchen Situationen den Überblick zu behalten, empfiehlt sich für den Projektleiter eine Checkliste mit möglichen Steuerungsmaßnahmen.

Grundsätzlich können vier Kategorien von Projektsteuerungsmaßnahmen unterschieden werden (vgl. PLATZ, 1994; FELSKE, 2003):

1. Veränderung der Ressourcen, z. B. mehr oder qualifizierteres Personal, Fremdvergaben,
2. Reduzierung des Aufwands, z. B. durch technische Alternativen, Zukauf von Know-how, Prozessanpassung,
3. Erhöhung der Produktivität, z. B. durch Technologie- und/oder Methodenwechsel, Steigerung der Motivation des Projektteams,
4. Veränderung des Leistungsumfangs, z. B. durch Variantenbildung, Qualitätseinschränkung, Reduzierung von Änderungswünschen.

Außerdem sind bei Störungen der Umfeldbeziehungen oder der Zusammenarbeit zwischen den Projektbeteiligten (Konflikte, Krisen) besondere Steuerungsmaßnahmen in Betracht zu ziehen, z. B. zur „Klimaverbesserung". Maßnahmen dieser Art werden in einer fünften Kategorie zusammengefasst:

5. Verbesserung der Prozessqualität, z. B. durch Verstärkung des Projektmarketings, der Identifikation mit dem Projekt oder Intensivierung der Beziehungspflege.

Bei der Auswahl der Steuerungsmaßnahmen ist grundsätzlich darauf zu achten, dass der Aufwand für die Maßnahmen nicht größer ist als ihr erwarteter Erfolg. Art, Inhalt und Wirkung einer Steuerungsmaßnahme hängen in hohem Maße von der Projektart ab, vom betreffenden Projekt selbst und von der jeweiligen Projektsituation.

Tipp Eine Übersicht über mögliche Projektsteuerungsmaßnahmen, Hindernisse und Nebeneffekte wird im Basiskapitel Teil B gegeben. Die dortigen Tabellen stellen jedoch kein „Kochrezept" dar und erheben keinen Anspruch auf Vollständigkeit. Sie sollen dem Projektleiter lediglich als Katalog und Checkliste dienen, wenn er geeignete Steuerungsentscheidungen zu treffen hat.

6.2 Der Steuerungsprozess

Ein Grundprinzip der Projektsteuerung ist „Aktualität vor Genauigkeit"; denn die schnelle Informationsbereitstellung soll dem Projektmanagement eine rasche Handlungsfähigkeit ermöglichen. Dies erfordert von allen Projektbeteiligten, insbesondere von der Projektleitung, einen verantwortungsvollen und disziplinierten Umgang mit den vorliegenden Projektdaten. Dazu gehört auch, dass die zurückgemeldeten und erfassten Ist-Werte nicht allzu lange ohne entsprechende Würdigung und Reaktion bleiben. Die notwendigen Entscheidungen müssen auf der Basis einer möglichst aktuellen Projektsituation getroffen, damit (a) die richtigen Steuerungsmaßnahmen eingeleitet werden und (b) die Steuerungsmaßnahmen auch wirksam werden können. Deshalb ist es wichtig, die Zeitspanne zwischen dem Eintritt z. B. einer Plan-Abweichung und dem Einleiten einer Steuerungsmaßnahme möglichst kurz zu halten. Die in dieser Zeitspanne ablaufenden Einzelschritte einschließlich des Einwirkens und Überprüfens werden zusammenfassend als **Steuerungsprozess** bezeichnet:

1. Eintritt der Situation, z. B. einer Planabweichung,
2. Erkennen der Situation, z. B. einer Planabweichung,
3. Ursachenanalyse,
4. Feststellen der Steuerungsnotwendigkeit
5. Maßnahmenerarbeitung,

6. Entscheidung, (ggf. Genehmigung),
7. Einleiten, Kommunizieren, Akzeptieren der Steuerungsmaßnahme,
8. Wirken der Steuerungsmaßnahme und Überprüfen ihrer Wirksamkeit.

6.3 Berichterstattung im Projekt

> **§ Definition** Berichterstattung im Projekt ist die situationsbedingte und regelmäßige Information der Projektbeteiligten zu bestimmten Projektzeitpunkten bzw. Berichtszeitpunkten (Stichtagen) über den aktuellen Projektstand (Projektfortschritt) und über wichtige Fakten im Projektverlauf.

Die Berichterstattung kann grundsätzlich mündlich und/oder in schriftlicher Form (durch Berichte) erfolgen. Das Berichtswesen umfasst die Gesamtheit der Einrichtungen, Maßnahmen und Regelungen zur Erstellung und Verteilung situationsbedingter und regelmäßiger Berichte, insbesondere von Status- oder Fortschrittsberichten. Für das Berichtswesen in Projekten sind insbesondere folgende Regelungen zu treffen (vgl. MOTZEL, 2006):

- Berichtsarten (-inhalt, -form),
- Berichterstatter (Berichtersteller),
- Empfängerkreis (Verteiler),
- Berichtshäufigkeit (-zyklus, -ablauf).

Grundsätzlich werden folgende Berichtsarten unterschieden:

(a) regelmäßige oder so genannte „zeitorientierte" Projektberichte, z. B. als Situationsbericht, in dem die Projektsituation übersichtlich (meist in grober Form) dargestellt wird, und als Statusbericht oder Fortschrittbericht, in dem der aktuelle Projektstand und dessen Konsequenzen für den weiteren Projektverlauf umfassend (je nach Erfordernis in mehr oder weniger detaillierter, zuvor vereinbarter Form) dargestellt werden,
(b) unregelmäßige oder so genannte „ereignisorientierte" (bisweilen auch als Ad-hoc-Bericht, Ausnahmebericht oder Blitzbericht bezeichnete) Projektberichte, die durch bestimmte Ereignisse oder besondere Vorkommnisse im Projekt ausgelöst werden, z. B. als Sofortbericht, in dem die den Bericht auslösende Projektsituation und deren Konsequenzen dargestellt werden, oder je nach Inhalt und Anlass als Abweichungsbericht, Phasenabschlussbericht oder Projektabschlussbericht.

Je nach vereinbartem Rhythmus der Berichterstattung spricht man bei den regelmäßigen Projektberichten auch von Wochen-, Monats- oder Quartalsberichten.

6.4 Der Projektstatusbericht

> **§ Definition** Der Projektstatusbericht – auch Projektfortschrittsbericht genannt – beschreibt den Status (Stand) eines Projekts, ggf. von Projektteilbereichen (z. B. Teilprojekte, Teilaufgaben, Arbeitspakete), zu einem bestimmten Projektzeitpunkt (Stichtag).

Er beinhaltet insbesondere:

- die im Berichtszeitraum erbrachten Lieferungen und Leistungen bzw. Ergebnisse, Zwischenergebnisse,
- die Terminsituation (Plan/Soll/Ist-Vergleich, Plan-Abweichungen und Ursachen, Trends und Prognosen),
- die Aufwands- bzw. Kostensituation (Plan/ Soll/Ist-Vergleich, Plan-Abweichungen und Ursachen, Trends und Prognosen),
- ggf. Schwierigkeiten und Probleme, vorgesehene bzw. eingeleitete Steuerungsmaßnahmen,
- Betrachtungen zur Finanzierung und Wirtschaftlichkeit („Business Case"),
- Ausblick auf anstehende Lieferungen und Leistungen im nächsten Berichtszeitraum.

Das folgende Beispiel verdeutlicht Form und Inhalt eines Projektstatusberichts in der (Mindest-)Variante eines so genannten (modifizierten) **Ampelberichts**. Hierbei werden zur vereinfachten Darstellung der Projektsituation „auf einen Blick" die Signalfarben von Verkehrsampeln benutzt: grün = im Plan, gelb = bedingt im Plan/einige Schwierigkeiten, rot = erhebliche Probleme.

Projektstatusbericht		Datum:
Projekt: Radarantenne	Projektleiter: Schmidtmann Telefon: -66235	Berichtszeitraum: 11/2007

1. Ergebnisse / Lieferungen und Leistungen / Technische Situation

Die Teilaufgaben Auslegung und Konstruktion (AP 2100, 2200, 3100, 3200) einschließlich deren Qualitätssicherung (AP 7200) und der Werkzeugbau (AP 4100) sind planmäßig abgeschlossen. In der Vorrichtungskonstruktion (AP 4200) sind 50 % der Vorrichtungen konstruiert. In der Einzelfertigung (AP 5100) sind 25 Hohlleiter sowie 4 Träger fertiggestellt. 30 % der Vorrichtungen sind gebaut (AP 4300). Die Baugruppen-Produktion (AP 5200) hat noch nicht begonnen. Deshalb können auch die Endmontage (AP 5300), sowie Tests (AP 6100, 6200, 6300) und Endabnahme / Versand (AP 7300) noch nicht bearbeitet werden.

2. Termine
- 🟢 Vertragstermine können gehalten werden ☑ ja
- ○ ☐ bedingt → Begründung*
- ○ ☐ nein → Begründung*

3. Kosten
- ○ Geplante Gesamtkosten werden eingehalten ☐ ja
- 🟢 ☑ bedingt → Begründung*
- ○ ☐ nein → Begründung*

Höhe der voraussichtlichen Kostenüberschreitung: 364.000 € = 5,2 %

4. Besondere Schwierigkeiten*

5. Vorgeschlagene Steuerungsmaßnahmen*

6. Lieferungen und Leistungen im nächsten Monat*

7. Anlagen

*) Erläuterungen / Begründungen vgl. Anlage / Seite xx

Abbildung 1.16a-11: Projektstatus als Ampelbericht

6.5 Die Projektstatusbesprechung

> Der Sinn der Statusbesprechung (auch Statusgespräch genannt) besteht darin, „regelmäßig mit den verantwortlichen Akteuren des Projekts den Stand des Projekts in seiner Gesamtheit aus Technik, Kosten und Terminen zu erfassen" (WOLF, 1998: 4).

Es gilt, die unterschiedlichen Auswirkungen ohne und mit verabschiedeten Maßnahmen zu durchdenken und sich auf eine abgestimmte Vorgehensweise zu verständigen. Der Erfolg der Besprechung liegt (a) in einer systematischen Vorbereitung, (b) in der atmosphärisch konstruktiven und effizienten Durchführung (mit strukturierter Moderation und Protokollierung) sowie (c) in der konsequenten Verfolgung der verabschiedeten Maßnahmen. Die Bearbeitung einzelner Projektaufgaben oder Probleme haben in der Statusbesprechung ebenso wenig Platz wie gegenseitiges Misstrauen und Schuldzuweisungen. Vielmehr kommt es auf die Verständigung an, wer bis wann welche Probleme lösen kann und wer für deren Erledigung verantwortlich ist. Dies wird entweder in einer „To-do-Liste" im Rahmen des Besprechungsprotokolls oder in einer separaten „Liste offener Punkte (LOP)"/„Action Item List" festgehalten. „In größeren Projekten wird für die Verfolgung der offenen Punkte häufig eine spezielle „Offene-Punkte-Verwaltung"/„Action Item Control" eingerichtet, die sämtliche noch zu erledigenden Punkte tagesaktuell nachhält und bis zu ihrer Erledigung verfolgt" (MOTZEL, 2006: 133).

Tipp Projektstatusbesprechungen werden in der Praxis sowohl „intern" als auch „extern", d. h. zusammen mit oder ohne Projektauftraggeber/Kunde durchgeführt. Dies hängt im Wesentlichen von den Erfordernissen des jeweiligen Projekts ab. An diesen Erfordernissen orientieren sich ebenso die Anzahl und die Zusammensetzung der Besprechungsteilnehmer sowie die inhaltliche Ausführlichkeit der Besprechungsthemen und der behandelten Unterlagen. Die wesentliche inhaltliche Basis des Statusgesprächs ist in allen Fällen der Projektstatusbericht und die diesem zugrunde liegenden Einzelinformationen.

Allgemein empfiehlt es sich, für regelmäßige Projektbesprechungen und im Besonderen für Projektstatusbesprechungen einen so genannten „Jour Fixe" festzulegen, also einen festen Zeitpunkt, an dem der jeweilige Teilnehmerkreis regelmäßig zusammen kommt. Dies kann beispielsweise für eine wöchentliche Projektteamsitzung (intern) jeweils montags, 9:30 – 10:30 Uhr sein oder für ein Projektstatusgespräch (extern) an jedem ersten Dienstag im Monat – mit wechselndem Ort, Anfangszeit und Dauer. Im Bauwesen ist beispielsweise die regelmäßige Projektbesprechung – alle 14 Tage an einem bestimmten Wochentag – verbreitet, zwecks „Diskussion der anstehenden Probleme sowie zum Treffen und Durchsetzen von Entscheidungen. Üblicherweise lädt der Bauherr/Projektleiter ein und der Projektsteuerer verfasst das Protokoll. Ständiger Teilnehmer ist der Architekt. Weitere Teilnehmer (Fachplaner und während der Ausführung auch Unternehmer) nehmen bei Bedarf teil und werden separat eingeladen" (AHO, 1996: 102).

7 Erfahrungssicherung („Lessons Learned")

Die fortlaufende Überwachung und Steuerung des Projektgeschehens und des Entstehungsprozesses der Projektergebnisse liefern kontinuierlich bzw. regelmäßig eine Vielzahl von Erkenntnissen und Erfahrungen, die in parallel laufenden und/oder zukünftigen Projekten genutzt werden könnten. So könnten aus dem Projektcontrolling heraus beispielsweise Informationen über Eigenheiten bestimmter Projektarten und/oder über Kunden- und Mitarbeiterzufriedenheit gesammelt, Bearbeitungsdauern und/oder Aufwandsschätzwerte für bestimmte Arbeitspakete und/oder Kosten-Kennzahlen für bestimmte Lieferungen und Leistungen ermittelt werden. Diese könnten dann in Erfahrungsdatenbanken oder Wissensspeicher der Organisation einfließen und durch das Wissensmanagement für weitere Projekte und neue Projektmitarbeiter nutzbar gemacht werden. Da solche Arbeiten zur Erfahrungssicherung für den Projektleiter oder die damit betrauten Teammitglieder einen beträchtlichen, für das Projekt aber nicht direkt produktiven, zusätzlichen Aufwand bedeuten, sollte dafür bereits bei der Projektplanung ein entsprechendes Budget vorgesehen werden. Die Vereinbarung von organisationsinternen Regelungen hierzu sowie deren Überwachung und Steuerung sind Angelegenheiten der Unternehmensführung oder des Projektportfolio-Managements bzw. des Projektportfolio-Controllings (vgl. Basiskapitel Teil B).

8 Zusammenfassung

Nach einer allgemeinen Einführung werden zunächst die Grundlagen und Begriffe der Integrierten Überwachung und Steuerung erläutert. Dabei werden die Bedeutung der Integration, die Unterscheidung zwischen Plan-, Soll- und Ist-Daten und die umfassenden Definitionen von Leistung und Projektfortschritt besonders herausgestellt.

Danach wird dargelegt, welche organisatorischen Möglichkeiten zur Aufnahme der Ist-Situation im Projekt zur Verfügung stehen und welche Ist-Daten für einen umfassenden Projektstatus ermittelt werden müssen, wenn eine effektive Integrierte Projektüberwachung und -steuerung und eine aussagekräftige Berichterstattung möglich sein sollen.

Anschließend folgen grundsätzliche Hinweise zur Darstellung der Ist-Situation im Projekt, Beispiele der Gegenüberstellung von Projektplanung und tatsächlicher Projektrealisierung, Plan/Soll/Ist-Vergleiche für Ergebnis/Leistung, Termine, Aufwand/Kosten sowie Grundzüge einer fundierten Abweichungsanalyse.

Im Abschnitt „Prognosen und Trends" werden nach einem allgemeinen Überblick über die gebräuchlichen termin-, leistungs- und aufwandsbezogenen Prognosetechniken und Trendaussagen die in der Praxis am häufigsten angewendeten Meilenstein- und Kosten-Trendanalyse sowie die Aufwand-Trendanalyse vorgestellt.

Unter „Steuerung und Berichterstattung" werden zunächst die verschiedenen Möglichkeiten der Projektsteuerung und die Einzelschritte des Projektsteuerungsprozess aufgezeigt. Dabei wird die Notwendigkeit einer möglichst kurzen Zeitspanne vom Eintritt einer Projektsituation bis zur Entscheidung über das Wirksamwerden von Steuerungsmaßnahmen hervorgehoben. Die Projektstatus-Berichterstattung wird anhand des Projektstatusberichts und der Projektstatusbesprechung im Einzelnen erläutert.

Den Abschluss des Kapitels bilden Empfehlungen zur Sicherung und Nutzbarmachung allgemein verwertbarer Projektinformationen sowie der gewonnenen Erkenntnisse und gesammelten Erfahrungen aus dem Controlling des Einzelprojekts für andere Projekte der Organisation.

9 Fragen zur Wiederholung

1. Wofür steht der Begriff Projektcontrolling? Nennen Sie andere gebräuchliche Bezeichnungen! ☐
2. Was bedeutet beim Projektcontrolling „integriert"? ☐
3. Was wird integriert? Nennen Sie die verschiedenen Integrationsaspekte! ☐
4. Warum ist die integrierte Betrachtungsweise so entscheidend? ☐
5. Welche Einzelaufgaben beinhaltet das Projektcontrolling? ☐
6. Welche zeitbezogene Unterscheidung ist für das Projektcontrolling wichtig? ☐
7. Was ist ein Stichtag? ☐
8. Was heißt „kontinuierlich"? Was heißt „regelmäßig"? ☐
9. Wie häufig sollte der Projektstatus ermittelt und ausgewertet werden? ☐
10. Wie ist der Projektfortschritt definiert? ☐
11. An welcher Projektzielgröße orientiert sich der Fortschrittsgrad (ausschließlich)? ☐
12. Wie ist der Leistungsbegriff definiert? ☐
13. Was ist der Fertigstellungswert? Wie wird er berechnet? Nennen Sie andere gebräuchliche Bezeichnungen! ☐
14. Welche organisatorischen Möglichkeiten zur Gewinnung von Ist-Daten gibt es? ☐
15. Welche Ist-Daten im Projekt sind nach Möglichkeit zu ermitteln? ☐
16. Welche Kostenbeträge sind bei der Projektkostenbetrachtung – außer den tatsächlich angefallenen Ist-Kosten – zu berücksichtigen? ☐
17. Welche „weichen" Daten gehören in die Projektstatusanalyse? ☐
18. Welche „extremen" Betrachtungsweisen in Bezug auf die Projektzielgrößen sind bei der Plan/Soll/Ist-Vergleichen möglich? ☐
19. Nennen Sie mögliche Ursachen für Plan-Abweichungen während der Projektrealisierung! ☐
20. Erläutern Sie den Unterschied zwischen Prognose und Trend! Nennen Sie Beispiele für Prognosen und Trendanalysen! Beschreiben Sie diese! ☐
21. Welche Kategorien von Steuerungsmaßnahmen gibt es? Nennen Sie Beispiele? ☐
22. Worauf kommt es beim Steuerungsprozess besonders an? ☐
23. Nennen Sie die zwei wesentlichsten Arten/Formen der Projektstatusberichterstattung. ☐
24. Was ist ein Ampelbericht? ☐
25. Was ist ein „Jour fixe"? ☐

10 Checkliste

Projektreview Phase Projektplanung		Erforderlich? J/N	Vorhanden? J/N	Verant- wortlich?	Wann fertig?
	Unterlage/Dokument				
1	Projektzielsetzung (Ergebnis, Termin, Stunden, Kosten), Zielsystem				
2	Systemkonzept (Grobbeschreibung der Aufgabenstellung)				
3	Lastenheft (WAS, WARUM)				
4	Pflichtenheft (WIE, WER)				
5	Produktstrukturplan (Objektsystem)				
6	Projektstrukturplan (Projektsystem)				
7	Projektbeteiligte (Personen, Funktionen, Gremien), (Aufgaben, Kompetenzen, Verantwortung)				
8	Vorkalkulation (Stunden, Kosten)				
9	Ablaufplan/Terminplan/Meilensteine				
10	Ist-Daten-Rückmelde-Verfahren (PZE Projektzeiterfassung)				
11	Projektantrag/Projektauftrag				
12	Berichtswesen, Besprechungen, Kommunikation				
13	Projektdokumentation (Projektordner)				
14	Qualitätssicherungsplan (WER, WIE, WANN)				
15	Überprüfte Vorkalkulation				
16	Arbeitspaketdefinitionen				
17	Zielvereinbarung je Arbeitsblock/Arbeitspaket				

Abbildung 1.16a-12: Checkliste für ein Projektreview der Phase Projektplanung

1.16b Projektcontrolling: Überwachung, Steuerung und Berichtswesen (Control & reports)

Erhard Motzel, Peter Felske

Lernziele

Sie kennen

- die tieferen Zusammenhänge zwischen Projektplanung, Leistungsplanung, Leistungsgliederung, Leistungsbewertung und der Fortschrittsmessung sowie deren Bedeutung für ein umfassendes Projektcontrolling
- die verschiedenen Möglichkeiten der Fortschrittsmessung (Fortschrittsgrad-Messtechniken), deren Wirkungen und Grenzen
- die theoretischen (dreidimensionalen) Grundlagen, die Zusammenhänge und Begriffe der umfassenden Fertigstellungswertanalyse (Earned-Value-Analyse)
- eine breite Palette von Projektsteuerungsmaßnahmen sowie mögliche Hindernisse und Nebeneffekte bei deren Anwendung
- die Ziele, Bedeutung und Nutzen eines systematisches, in der Organisation verankerten Projektportfolio-Controllings für ein projektorientiertes Unternehmen
- die Zusammenhänge, Gemeinsamkeiten und Unterschiede zwischen dem Einzelprojekt-Controlling und dem Projektportfolio-Controlling
- die Aufgaben des Projektportfolio-Controllings in Bezug auf Dokumentation und Erfahrungssicherung

Sie wissen

- wie Gesamt-Fortschrittsgrade und –Fertigstellungswerte für Projektteilbereiche, Einzelprojekte oder ein Projektportfolio ermittelt werden
- welche Informationen aus dem Einzelprojekt-Controlling für das Projektportfolio-Controlling notwendig sind

Sie können

- die verschiedenen Fortschrittsgrad-Messtechniken den Projekterfordernissen entsprechend anwenden
- die umfassende Fertigstellungswertanalyse (Earned-Value-Analyse) durchführen – sowohl für Projektteilbereiche, Einzelprojekte als auch für Projektportfolios
- die gesamte Bandbreite der möglichen Projektsteuerungsmaßnahmen wirkungsvoll einsetzen
- die Informationen aus dem Einzelprojekt-Controlling für das Projektportfolio-Controlling aufnehmen und in verschieden Formen als Projektportfolio-Status darstellen

Inhalt

1	Einführung	593
2	Leistungsplanung und Fortschrittsmessung	594
2.1	Leistungsbewertung	594
2.2	Leistungsgliederung	596
2.3	Fortschrittsgrad-Messtechniken	597
2.3.1	Statusschritt-Technik	599
2.3.2	50-50-Verfahren	600
2.3.3	0-100-Verfahren	600
2.3.4	Mengen-Proportionalität	601
2.3.5	Sekundär-Proportionalität	601
2.3.6	Zeit-Proportionalität	601
2.3.7	Schätzung	602
2.4	Ermittlung des Gesamtfortschritts	602
2.4.1	Gesamtfortschrittsgrad	603
2.4.2	Gesamtfortschrittswert	603
2.4.3	Beispielrechnung	604
3	Die Fertigstellungswert- oder Earned-Value-Analyse	606
3.1	Überblick	606
3.2	Das dreidimensionale Fortschrittsdiagramm	607
3.3	Der Integrierte Plan/Soll/Ist/Erwartet-Vergleich (Abweichungen)	609
3.4	Prognosen	610
3.5	Kennzahlen	612
3.6	Alle Begriffe „auf einen Blick"	613
4	Projektsteuerungsmaßnahmen	614
4.1	Veränderung der Ressourcen	614
4.2	Reduzierung des Aufwands	615
4.3	Erhöhung der Produktivität	616
4.4	Veränderung des Leistungsumfangs	617
4.5	Verbesserung der Prozessqualität	618
5	Projektportfolio-Controlling	619
5.1	Überblick	619
5.2	Ist-Aufnahme und Darstellung des Projektportfolio-Status	620
5.2.1	Ziele/Qualitätskriterien	620
5.2.2	Termine	621
5.2.3	Aufwand	622
5.2.4	Integrierte Darstellung	623
5.2.5	Änderung des Projektumfangs	624
5.3	Steuerungsentscheidungen und Dokumentation	624
6	Erfahrungssicherung	625
7	Zusammenfassung	625
8	Fragen zur Wiederholung	626

1 Einführung

Im Basiskapitel Teil A werden für das Projektcontrolling im Einzelprojekt die wesentlichen Grundlagen, Begriffsbestimmungen, Inhalte, Aufgaben und der grundsätzliche Ablauf dargestellt und die dafür erforderlichen Grundwerkzeuge geliefert. Im Basiskapitel Teil B werden diese Instrumente um theoretische und praxisrelevante Darstellungen und Erläuterungen ergänzt. Darüber hinaus werden die Aufgaben des Projektcontrollings in einer Mehrprojektumgebung (Projekte, Programme, Portfolios) aufgezeigt und wird auf die speziellen Aspekte des Zusammenspiels zwischen dem Controlling im Einzelprojekt und dem Portfoliocontrolling eingegangen.

Die Ergänzungen für das Einzelprojektcontrolling beziehen sich auf den wichtigen Zusammenhang zwischen Leistungsplanung und Fortschrittsmessung, auf die verschiedenen Fortschrittsgrad-Messtechniken, auf die Festlegung von Fortschrittsgraden als Planvorgabe wie auch zur Rückmeldung sowie auf die Verdichtung der Einzelfortschritte zu Gesamtfortschritten. Weiterhin wird der – insbesondere in komplexen Projekten – äußerst nützliche Fertigstellungswert- bzw. die Earned-Value-Analyse in ihrer Gesamtheit dargestellt und erläutert, einschließlich sämtlicher daraus resultierender Plan/Soll/Ist-Vergleiche, Abweichungs- und Prognoseberechnungen sowie der Ermittlung von Projekt-Kennzahlen.

> **§ Definition** Portfoliocontrolling ist eine Teilaufgabe des Portfoliomanagements im Rahmen der **Projektwirtschaft** einer projektorientierten Organisation. „Projektwirtschaft versteht sich als die Gesamtheit aller strategischen, dispositiven und operativen Einrichtungen und Maßnahmen einer projektorientierten Organisation zur erfolgreichen Realisierung einer Vielzahl gleichzeitig laufender Projekte, Programme und Portfolios unterschiedlichster Art und Komplexität mit einem Gesamtoptimum an wirtschaftlicher Effektivität und Effizienz unter Beachtung der sozialen Verantwortung" (MOTZEL, 2006: 179).

Die Ziele eines systematischen Portfoliomanagements eines Unternehmens sind – über die Optimierung des einzelnen Projekts hinaus – die entsprechende Gestaltung der Schnittstellen und die Koordination mehrerer Projekte und Programme im Sinne einer Gesamtoptimierung. Zu den Aufgaben des Portfoliomanagements gehören u. a.:

- Auswahl und Initialisierung von Projekten und Programmen, die für einen kurz-, mittel- und langfristigen Geschäftserfolg notwendig sind (Unternehmensstrategie),
- Definition der strategischen und operativen Ziele der einzelnen Projekte und Programme,
- Untersuchung, Bewertung und Visualisierung der Abhängigkeiten zwischen den einzelnen Projekten und Programmen (Abhängigkeitsanalyse),
- Genehmigung und Freigabe der einzelnen Projekte und Programme, Auswahl und Einsetzen der Leiter, Zuordnung von Ressourcen, Setzen von Prioritäten,
- Kontinuierliche Überwachung und Steuerung des Portfolios und Berichterstattung,
- Sicherung der gesammelten Erfahrungen und deren Nutzung.

Das Portfoliomanagement wird in den ICB-Elementen 3.02 und 3.03 umfassend dargestellt. Hier in Kapitel 1.16 werden ausschließlich die letzten beiden Punkte der vorstehenden Aufzählung angesprochen und insbesondere die (mit dem Controlling in Einzelprojekten vergleichbaren) operativen Aufgaben behandelt. Dabei wird „Projektportfolio-Controlling" als Oberbegriff verwendet und darunter die Überwachung und Steuerung einschließlich Berichterstattung von Portfolios verstanden, die sowohl Projekte als auch Programme umfassen.

2 Leistungsplanung und Fortschrittsmessung

In jedem Projekt stehen naturgemäß Projektinhalt und Projektgegenstand im Vordergrund der Betrachtung. Sie leiten sich aus den Projektzielen ab und definieren das geforderte Projektergebnis. Die im Projekt zu erbringenden Sach- und Dienstleistungen (kurz „Leistung") werden üblicherweise im Projektauftrag/Kundenvertrag und/oder in speziellen Leistungsbeschreibungen, z. B. Lasten- und Pflichtenheft, Leistungsverzeichnis, Spezifikation etc., inhaltlich, mengenmäßig und in ihren Qualitätsanforderungen beschrieben. Leistungsbeschreibungen entstehen im Allgemeinen in der ersten Projektphase und bilden anschließend die Grundlage für nahezu sämtliche nachfolgenden Projektmanagement-Aktivitäten. Aus diesem Grund kommt den Leistungsbeschreibungen und ihrer „Weiterverarbeitung" in den Arbeitspaket- und Vorgangsbeschreibungen höchste Bedeutung zu.

> Die vom Projektmanagement in diesem Zusammenhang zu erledigenden Arbeitsschritte werden zusammenfassend als **Leistungsplanung** (oder auch als Aufgabenplanung) bezeichnet.

Sie umfasst die Leistungsgliederung, die Leistungsbewertung (für die Arbeitsvorbereitung) und Planvorgaben für die spätere Fortschrittskontrolle. Hierzu gehören (vgl. MOTZEL, 2006: 118):

- die Festlegung und Zusammenstellung der Maßgrößen zur Leistungserfassung,
- das Erstellen von Arbeitsprogrammen, z. B. in Form von Arbeitsbegleitkarten,
- die Festlegung von Fortschrittsgrad-Messtechniken und Plan-Fortschrittsgraden (FGR_{Plan}) und
- die Ermittlung von Plan-Fortschrittswerten (FW_{Plan}).

Die Leistungsplanung ist die Basis für eine „leistungs- und fortschrittsorientierte" Projektabwicklung und für ein wirkungsvolles Projektcontrolling im Sinne integrierter Überwachung und Steuerung. Der Projektleitung stellen sich dabei folgende grundsätzliche Fragen:

- Ist die Leistungsplanung detailliert genug, um später die geforderten Statusinformationen zu liefern?
- Können in der vorgesehenen Planungstiefe später überhaupt Rückmeldungen beschafft werden?
- Wie groß sind die zu erwartenden Datenmengen und sind diese vernünftig handhabbar?
- Genügt die eingesetzte Projektmanagement-Software den gestellten Forderungen?
- Steht für die Ermittlung, Erfassung und Verarbeitung des Leistungsfortschritts ausreichend Personal zur Verfügung?

2.1 Leistungsbewertung

Leistungsbewertung wurde in DIN 69903 (alt) definiert als „Feststellen des Geldwertes der im Rahmen des Projektes erbrachten Sach- und Dienstleistungen unter Berücksichtigung der entstandenen Kosten, unternehmens- bzw. projektspezifischer Gesichtspunkte sowie der einschlägigen Rechtsvorschriften, z. B. Handels- und Steuerrecht". Hiernach wurde die Leistungsbewertung ausschließlich als Ermittlung eines Geldwerts für die erbrachte Leistung verstanden. Diese eingeschränkte, vorrangig kaufmännisch ausgerichtete und vergangenheitsorientierte Begriffsbestimmung bedurfte einer weiter gefassten Definition, ergänzt um zukunftsorientierte, planerische und ausführungstechnische Bewertungsaspekte. In der DIN 69901-5 ist der Begriff leider überhaupt nicht mehr enthalten

Die Leistungsbewertung setzt bereits im Rahmen der Leistungsplanung an. Zunächst sind alle Bewertungsmöglichkeiten auszuschöpfen, welche die Leistungsbeschreibungen selbst bieten. Des Weiteren können die bei der Aufwandsermittlung geschätzten oder anderweitig ermittelten Bewertungsgrundlagen herangezogen werden, die vor allem bei Investitionsprojekten oder anderen technisch geprägten Projekten die Basis für die Ermittlung von geldlichen Leistungswerten bilden.

Art, Umfang und Detaillierung der inhaltlichen Beschreibung der Projektleistung sind je nach Projektkategorie sehr unterschiedlich. Dies gilt in gleicher Weise auch für die Maßgrößen, die zur Leistungsbewertung herangezogen werden können. Häufig geht die Erstellung von Leistungsbeschreibungen einher mit der – vorwiegend in technisch orientierten Projekten üblichen – Ermittlung eines Mengengerüsts (auch als Massenermittlung bezeichnet) und der in allen Projektkategorien erforderlichen Aufwandsermittlung bzw. -schätzung.

Bei Investitionsprojekten sind die Leistungsbeschreibungen im Allgemeinen Bestandteil der so genannten Leistungsverzeichnisse. Im Bauwesen werden Leistungsverzeichnisse häufig nach den Standard-Leistungsbüchern oder nach der inhaltlichen Gliederung der DIN 276 „Kosten im Hochbau" erstellt. Nach VOB (Verdingungsordnung für Bauleistungen) ist die Leistungsbeschreibung Kalkulationsgrundlage, Ausführungsvorschrift und Abrechnungsgrundlage für sämtliche Bauleistungen. Die Ursprungs-Leistungsverzeichnisse müssen in der Regel während der Projektabwicklung ständig aktualisiert und fortgeschrieben werden. Die Auswirkung dieser Veränderungen auf die Kosten werden beispielsweise im Bauwesen in den nach DIN 276 definierten Zuständen Kostenschätzung, Kostenberechnung, Kostenanschlag, Kostenfeststellung zu verschiedenen Projektzeitpunkten festgehalten. Im Anlagenbau liegen Leistungsverzeichnisse zu unterschiedlichen Projektzeitpunkten beispielsweise als Angebots-, Auftrags- Konstruktions- oder Aufmass-Leistungsverzeichnis vor. Der ständige Abgleich und die aktuelle Fortschreibung der Leistungsbeschreibungen sind Teilaufgaben der Projektleitung.

 Ebenso wichtig wie die präzise Leistungsbeschreibung selbst sind die Maßgrößen, die zur Bewertung der Leistung bei der Projektplanung verwendet werden und die sich für die spätere Projektfortschrittermittlung eignen sollten.

Im Anlagenbau sind beispielsweise folgende Größen zur Bewertung der Leistung bzw. der Arbeitsergebnisse üblich:

- Ausführungsunterlagen [Stk], z. B. Aufstellungspläne, Konstruktionszeichnungen, Rohrleitungsisometrien, Festigkeitsberechnungen,
- Betonvolumina [m_], z. B. von Bodenplatten, Streifenfundamenten, Geschossdecken, Stützen, Wänden,
- Montagegewichte [kg], z. B. von Stahlbaukonstruktionen, Behältern, Komponenten, Rohrleitungen,
- Herstelllängen [m], z. B. von Kranschienen, Kabeltrassen, Rohrleitungssystemen,
- Fertigungseinheiten [Stk] oder [kg], z. B. Schaltschränke, Rohrhalterungen, Schweißnähte,
- Prüfungen [Stk], z. B. Qualitätssicherung, Materialeingangskontrollen, Ultraschallprüfungen.

Neben diesen dezidierten Größen werden auch normierte Maßgrößen verwendet, wie beispielsweise im Rohrleitungsbau so genannte „DI" (Bezugsgröße 1-Zoll-Schweißnaht) für Nahtschweißungen, Rohr- und Halterungsmontagen und sonstige Montageleistungen.

Wie dargelegt, werden viele der aufgeführten Größen bereits in der Phase der Projektentwicklung oder bei der Angebotskalkulation definiert und der detaillierten Massenermittlung für die Montage/Ausführung zugrunde gelegt. Des Weiteren werden mit diesen Maßgrößen Arbeitsmengen und Ressourcen-Bedarf, Plan-Stunden und -Kosten berechnet. Bei der Festlegung und Bewertung dieser Größen wird meist auf Erfahrungswerte aus früheren Projekten, auf Preis- bzw. Kostendatenbanken, Richtzeitenkataloge, Zeitwerttabellen und sonstige Datenbestände des Unternehmens zurückgegriffen. Somit liegen in der Regel immer ausreichend für die Projektfortschrittsermittlung verwendbare Informationen über die im Projekt zu erbringenden Sach- und Dienstleistungen vor.

Schwieriger als bei Investitionsprojekten gestalten sich oft Leistungsbeschreibungen und Leistungsbewertungen bei F&E- und ORG/IT-Projekten. Bei diesen Projektarten werden Leistungsbeschreibungen in der Regel in Form von Lasten- und Pflichtenheften erstellt. Das **Lastenheft** ist nach DIN 69901-5 „vom Auftraggeber festgelegte Gesamtheit der Forderungen an die Lieferungen und Leistungen eines Auftragnehmers innerhalb eines (Projekt-)Auftrages". Die Anforderungen und Randbedingungen sind meist aus Nutzersicht beschrieben und sollten soweit möglich quantifizierbar und prüfbar sein. Das

Pflichtenheft ist in DIN 69901-5 definiert als „vom Auftragnehmer erarbeiteten Realisierungsvorgaben auf der Basis des vom Auftraggeber vorgegebenen Lastenheftes". Es ist das Ergebnis der Realisierungsklärung und die Basis für die detaillierte Projektplanung und die weitere Projektabwicklung. Das Pflichtenheft dient außerdem – wie bei Investitionsprojekten auch – der Aufwandsschätzung und Angebotskalkulation.

Aufwandsschätzmethoden werden in der Projektmanagement-Fachliteratur vielfach behandelt. Im Wesentlichen unterscheidet man drei Klassen: die algorithmischen Methoden, die Vergleichs- und die Kennzahlenmethoden. Für die Leistungsplanung sind im Hinblick auf die spätere Fortschrittsmessung besonders diejenigen Schätzmethoden von Vorteil, die messbare Ergebnisgrößen und zahlenmäßige Leistungswerte (über Parameter/Kennzahlen) liefern. In der Software-Entwicklung sind dies beispielsweise das „Constructive Cost Model (COCOMO)" oder die „Function-Point-Methode", die sich auf die in einem Programm zu realisierenden Funktionen bezieht und als Standard für kommerzielle Anwendungssysteme gilt. Die Verwendung von Kennzahlen setzt allerdings voraus, dass solche in vergleichbaren Projekten systematisch gesammelt und aufbewahrt worden sind und im Bedarfsfall schnell und unkompliziert abgerufen werden können.

2.2 Leistungsgliederung

Je nach Ersteller, Zweck und sonstigen Randbedingungen sind Leistungsverzeichnisse oder Pflichtenhefte im Allgemeinen nicht nach ablauftechnischen Gesichtspunkten strukturiert, was aus Sicht des Projektmanagements wünschenswert wäre. Dann könnten nämlich beispielsweise die einzelnen Gewerke, Titel und Leistungspositionen o. Ä. als Projektgliederungselemente, wie Teilaufgaben, Arbeitspakete, und als Vorgänge für die Ablauf- und Terminplanung verwendet oder diesen zumindest direkt zugeordnet werden. Üblicherweise enthalten Leistungsverzeichnisse an mehreren Stellen, z. B. in verschiedenen Titeln und Abschnitten, gleiche Leistungsbeschreibungen mit unterschiedlichen Mengenangaben oder gleiche Leistungspositionen sind hinsichtlich ihrer Mengen summarisch zusammengefasst. In diesem Falle stellt die eindeutige und vollständige Zuordnung aller Leistungspositionen zu den Projektgliederungselementen hohe Anforderungen an das Projektmanagement und gelingt nur dann, wenn umfassende Projektkenntnisse und große Sachkompetenz im jeweiligen Fachgebiet vorhanden sind oder entsprechende Experten hinzugezogen werden.

Ungeachtet der Problematik unterschiedlicher Projektablauf- und Leistungsstruktur stellt sich die Frage nach der zweckmäßigen Leistungsdetaillierung und den damit zwangsläufig verbundenen Projektüberwachungs- und -steuerungsmöglichkeiten während der Projektabwicklung. Die optimale Gliederungstiefe wird von der Projektart, der eigenen Position innerhalb der Gesamtprojektorganisation (Auftraggeber/Bauherr, Entwickler/Planer, ausführendes Unternehmen etc.), den vertraglichen Randbedingungen des Projektes und von vielen weiteren projektspezifischen Faktoren beeinflusst.

Beispiel In einem Bauprojekt bieten in der Regel die klassische Projektgliederung und die Zuordnung der gesamten Projektleistung zu Arbeitspaketen und Vorgängen, beispielsweise als Gewerke und Bauabschnitte ohne dedizierte LV-Positionen, für den Bauherrn eine ausreichende Detaillierung. Für ausführende Unternehmen hingegen mit der Notwendigkeit, Projektfortschrittskontrolle auf der Basis von LV-Positionen durchführen zu müssen (weil häufig so detailliert kalkuliert worden ist und später auch so – nach Aufmaß – abgerechnet wird), reicht diese Vorgehensweise im Allgemeinen nicht aus. Hier müssen die traditionellen Verfahren der Projektplanung mit Vorgängen als (kleinste) Planungseinheit in der untersten Projektüberwachungsebene erweitert und um geeignete Methoden ergänzt werden. Andernfalls – wenn alle Leistungspositionen im Ablauf- und Terminplan explizit als Vorgänge abgebildet würden – könnte der Zwang entstehen, monatlich mehrere zehntausend Aktivitäten netzplantechnisch verfolgen und aktualisieren zu müssen. Eine Lösung bietet hier das Arbeiten mit so genannten Teilvorgängen, die an die Vorgänge „angehängt" und quasi über diese mitgesteuert werden. Diese Vorgehensweise wird bei (MOTZEL, 1998, 2003: 700-703) näher dargestellt.

2.3 Fortschrittsgrad-Messtechniken

Grundsätzlich sind Aussagen zum tatsächlichen Projektfortschritt so realitätstreu wie die Feststellung der Fertigstellungsgrade für die erreichten Arbeitsergebnisse bzw. die übergebenen Lieferungen und erbrachten Leistungen. Um diese während der Projektabwicklung möglichst realistisch ermitteln zu können, sind klare Vorgaben zur Messung des Fortschritts unabdingbar.

Zunächst soll mit einem Beispiel auf die **"Todsünde des Projektmanagements"** hingewiesen werden, die in der Praxis bei der Fortschrittsgradermittlung immer wieder begangen wird.

Beispiel Ausgehend von beispielsweise 100 geplanten Personenstunden für einen Vorgang wird anhand von 50 tatsächlich angefallenen Personenstunden zum Stichtag der Fortschrittsgrad dieses Vorgangs mit 50 % angegeben. Dies kann selbstverständlich zufällig der Fall sei, wenn die Planung stimmig war und der Vorgang bis zum Stichtag planmäßig bearbeitet worden ist. Der tatsächliche Fortschrittsgrad kann aber in Wirklichkeit völlig anders liegen, wenn die Fertigstellung der geplanten Arbeit bzw. der Zielerreichungsgrad anhand vorgegebener „Messlatten" und/oder durch Inaugenscheinnahme vor Ort geprüft und real festgestellt werden. Eine Fortschrittsgradermittlung anhand von „verbrauchten" bzw. angefallenen Stunden und Kosten oder wie häufig auch anhand verstrichener Zeitdauer des Vorgangs kann zu völlig falschen Prognosen und folgenschweren Fehlsteuerungen im Projekt führen.

Zur Fortschrittsermittlung existieren folgende Verfahren bzw. Techniken, die in Tabelle 1.16b-V1 „auf einen Blick" dargestellt sind (vgl. ALBERT, 1987; KIELKOPF, 1994; MOTZEL, 1996 ff.):

1. Statusschritt-Technik (auch als „Meilenstein-Technik" bezeichnet),
2. 50-50-Verfahren,
3. 0-100-Verfahren,
4. Mengen-Proportionalität,
5. Sekundär-Proportionalität,
6. Zeit-Proportionalität,
7. Schätzung.

Diese sieben FGR-Messtechniken sind in ihrer Wirkung und Aussagekraft sehr unterschiedlich. Während die Verfahren Nr. 1 bis 5 als objektiv im Sinne nachprüfbarer Arbeitsergebnisse bzw. übergebener Lieferungen und erbrachter Leistungen zu bezeichnen sind, gelten die Verfahren Nr. 6-7 als subjektiv und sollen nur als „Notbehelf" angewendet werden, wenn eine objektive FGR-Feststellung nicht möglich ist.

Tipp Als Richtschnur für die gleichzeitige Anwendung mehrerer der verschiedenen Techniken in ein- und demselben Projekt wird empfohlen (Fachkreis Kostenschätzung, 1987; ALBERT, 1987):
| mindestens 80 % aller Arbeitspakete mittels Technik 1 bis 5
| maximal 20 % aller Arbeitspakete mittels Technik 6 und 7.

Die unterschiedliche Bedeutung des FGR in den einzelnen Verfahren ist in Tabelle 1.16b-V1 in Form einer „Messlatte" über die Zeitdauer der jeweils betrachteten Projektaufgabe (Betrachtungseinheit genannt) zeichnerisch und formelmäßig dargestellt. In der Projektmanagement-Literatur werden die Messtechniken in der Regel für die Fertigstellungswertermittlung von Arbeitspaketen vorgestellt. Sie sind aber auch für die Fortschrittsmessung anderer Projektaufgaben nutzbar, z. B. Teilaufgaben, Vorgänge, ggf. Teilvorgänge.

Tabelle 1.16b-V1: Fortschrittsgrad-Messtechniken im Überblick (MOTZEL, 2006: 78)

Nr.	Messtechnik / Verfahren	Projektaufgabe mit FGR-Messpunkten	Mögliche Fortschrittsgrade (FGR) in [%] (Berechnungsformel)	Merkmale des Verfahrens
1	Statusschritt-Technik (Meilenstein-Technik)	A, B, C bei x_A, x_B, x_C (0–100)	FGR = 0, x_A, x_B, x_C, 100 (A, B, C = Statusschritte bzw. Meilensteine)	Objektiv, beliebig detaillierbar je nach Definition und Anzahl der Statusschritte, universell (für alle Projekte) einsetzbar
2	50-50-Verfahren	50, 100	FGR = 50 oder 100 (Start: x = 50, Ende: x = 100)	Einfach, geeignet bei Aufgaben mit umfangreichen Vorarbeiten
3	0-100-Verfahren	0, 100	FGR = 0 oder 100	Einfach, ungenau, nur geeignet bei Aufgaben von relativ kurzer Dauer
4	Mengen-Proportionalität	0, x_1, x_2, x_3, 100	FGR = 0, beliebig, 100 $x = \dfrac{\text{fertig gestellte Menge}}{\text{geplante Menge}}$	Objektiv, eingeschränkt nutzbar, nur geeignet bei messbaren (zählbaren) Leistungsinhalten / Ergebnissen
5	Sekundär-Proportionalität	0, x_1, x_2, x_3, 100	FGR = 0, beliebig, 100 FGR = FGR der primären Projektaufgabe	komplex; speziell einsetzbar, geeignet für begleitenden „Overhead", QS, Doku, Tests, Produktionskontrollen, Maschineneinsatz
6	Zeit-Proportionalität	0, x_1, x_2, x_3, 100	FGR = 0, beliebig, 100 $x = \dfrac{\text{verstrichene Zeitdauer}}{\text{geplante Zeitdauer}}$	Vorsicht! Unabhängig von der erbrachten Leistung, nur bedingt einsetzbar! (PL, PM, Beratung, Geräte-/ Maschineneinsatz)
7	Schätzung	0, x_1, x_2, x_3, 100	FGR = 0, beliebig, 100 x = geschätzt	Vorsicht! Subjektiv, nur bedingt geeignet (falls keine anderen Verfahren eingesetzt werden)

In der Praxis wird häufig anstelle oder als Ergänzung der Fortschrittsgrad-Schätzung mit der Schätzung des „Restbedarfs" an Zeit (Stunden) bzw. Geld (Kosten) gearbeitet. Dieser geschätzte „Rest-Aufwand" ist noch zu leisten, um den Vorgang, das Arbeitspaket oder die Teilaufgabe zu 100 % abzuarbeiten bzw. fertig zu stellen (Estimate **to** Complete als Variante des Estimate **at** Completion).

Als „Ist-Fortschrittsgrad" bzw. „Fertigstellungsgrad" würde sich hier ergeben:

$$\text{„FGR"} = \frac{\text{Ist-Aufwand}}{\text{Ist-Aufwand + Rest-Aufwand}} \; [\%]$$

Dieser fiktive, rein rechnerische „Ist-Fortschrittsgrad" bezieht sich allerdings nicht mehr auf den (ursprünglichen) Plan-Aufwand, sondern impliziert, dass dieser aufgrund der Ist-Situation geändert und dem zukünftigen Projektverlauf ein neuer Gesamt-Aufwand (Soll) zugrunde gelegt werden soll. Diese Methode „verführt" aber zur oben beschriebenen „Todsünde des Projektmanagements" und stellt eine „schleichende", ständig an die Ist-Situation des Projektes angepasste Planungsveränderung dar. Diese soll aber gerade durch gezieltes Projektmanagement vermieden werden.

Wie sich die (subjektive) Schätzung des Fertigstellungsgrads bzw. Ist-Fortschrittsgrads (FGR_{Ist}) auf die Controlling-Daten auswirken kann, insbesondere in Verbindung mit dem so genannten **90 %-Syndrom**, verdeutlicht das nachfolgende Beispiel. Das 90 %-Syndrom ist ein in der in der praktischen Projektarbeit häufig anzutreffendes Phänomen der Überschätzung des tatsächlichen Fortschritts einer Projektaufgabe. Danach geben Projektmitarbeiter bei der Statusabfrage den Fertigstellungsgrad ihrer Arbeit oder von Arbeiten in ihrem Zuständigkeitsbereich – insbesondere in der Endphase der Bearbeitung – oft (intuitiv) mit 90 % an. Die meist zu optimistische Beurteilung der tatsächlich erbrachten Leistung kann dann in der Kumulation für das Gesamtprojekt oder für einen Projektteilbereich zu erheblichen Fehleinschätzungen und fehlerhaften Prognosen führen, die das rechtzeitige Einleiten von notwendigen Steuerungsmaßnahmen verhindern.

🔍 **Beispiel** Das 90 %-Syndrom (KIELKOPF, 1994): Ein Teilprojekt hat eine Gesamtlaufzeit von 20 Monaten und die geplanten Gesamtkosten betragen 400.000 €. Nachdem 16 Monate der geplanten Bearbeitungszeit verstrichen sind, schätzt der Teilprojektleiter den Fertigstellungsgrad auf 90 %. Bis zu diesem Zeitpunkt sind Ist-Kosten in Höhe von 350.000 € angefallen. Das Controlling bilanziert zum Stichtag (Ende 16. Monat):

- Fertigstellungswert = Plangesamtkosten × FGR_{Ist} = 400.000 € × 90% = 360.000 €
- Ist-Kosten = 350.000 €

Da die Ist-Kosten den Fertigstellungswert um 10.000 € unterschreiten, schlussfolgert der Projektleiter, dass das Teilprojekt im geplanten Kostenrahmen bleibt. Maßnahmen zur Kostensteuerung müssen offenbar nicht ergriffen zu werden.

Hat sich der Teilprojektleiter aber nach dem 90 %-Syndrom verhalten und meldet nach 18 Monaten Laufzeit erneut einen Fertigstellungsgrad von 90 %, während in den Monaten 17 und 18 noch jeweils 15.000 € Ist-Kosten angefallen sind, so ergeben sich beim Controlling zum Stichtag am Ende des 18. Monats:

- Fertigstellungswert = 360.000 € (unverändert)
- Ist-Kosten = 350.000 € + (2 × 15.000 €) = 380.000 €

Die Ist-Kosten übersteigen somit den bisher errechneten (unveränderten) Fertigstellungswert um 20.000 €. Demnach könnte das Kostenziel des Projektes stark gefährdet sein und Steuerungsmaßnahmen erfordern.

2.3.1 Statusschritt-Technik

Die Statusschritt-Technik ist eine sehr objektive Fortschrittsgrad-Messtechnik und universell in allen Projekten jeder Art und Größenordnung einsetzbar. Sie beruht auf der Tatsache, dass bei der Abarbeitung einer Projektaufgabe im Allgemeinen Zwischenergebnisse zu liefern sind oder ein Zwischenstatus erreicht werden muss oder Zwischenereignisse stattfinden. Diese werden als so genannte Statusschritte (oder Meilensteine) definiert, denen jeweils ein bestimmter Fortschrittsgrad bzw. Fortschrittsgradzuwachs bei Erledigung, Erreichen oder Eintreten zugeordnet wird. Voraussetzungen/Merkmale der Statusschritt-Technik sind:

- Die Dauer der Betrachtungseinheit erstreckt sich über mehrere Berichtsperioden.
- Der festgelegte Fortschrittsgradzuwachs wird bei Erledigung bzw. Erreichen des jeweiligen Statusschrittes, bei positivem Ergebnis oder Eintreten des jeweiligen Ereignisses angerechnet.

Typische Anwendungsbereiche der Statusschritt-Technik sind (a) bei Investitionsprojekten, z. B. Engineering, Fertigung, Montage bzw. Bauausführung zur Fortschrittsbewertung von Gebäudeteilen oder Anlagenkomponenten, (b) bei F&E-Projekten, z. B. Spezifikationserstellung, Einzelteilfertigung, Versuchen, Tests und Analysen. Zahlreiche Anwendungsfälle der Statusschritt-Technik mit entsprechenden Fortschrittsgrad-Vorgaben finden sich bei MOTZEL (1996). Hier ein Beispiel:

Tabelle 1.16b-V2: Statusschritt-Definitionen im Engineering (MOTZEL, 1996: 19)

Nr.	Statusschritt	FGR
1	Skizze erstellt	20 %
2	Interferenzprüfung abgeschlossen	50 %
3	CAD-Zeichnung erstellt	80 %
4	Qualitätssicherung durchgeführt	95 %
5	Fertigung beauftragt	100 %

Statusschritte können auch als Ergänzung oder Ersatz für Maßgrößen zur Leistungsbeschreibung und -bewertung verwendet werden, wenn solche nicht verfügbar sind oder nur teilweise vorliegen oder wenn sich das Projektmanagement (beispielsweise der Projektsteuerer des Bauherrn) um Ausführungsdetails nicht zu kümmern braucht. Außerdem können Statusschritt-Definitionen auch ohne Zuordnung von Fortschrittsgraden für das Projektmanagement sehr nützlich sein, wenn sie in Form von Checklisten für die Fortschrittsermittlung und Leistungsverfolgung eingesetzt werden. Dabei werden der Stand der einzelnen Statusschritte zum jeweiligen Stichtag überprüft und die entsprechenden Positionen bei Fertigmeldung „abgehakt".

2.3.2 50-50-Verfahren

Beim 50-50-Verfahren werden für den Fortschritt einer Projektaufgabe nur zwei Fortschrittsgrade definiert: FGR = 50 % und 100 %. Das Verfahren ist leicht zu handhaben und generell für alle Projektarbeiten einsetzbar, bei denen schon vor Beginn der eigentlichen Abarbeitung umfangreiche Vorarbeiten erforderlich sind. Deshalb wird der „offiziellen" Arbeitsaufnahme sofort ein Fortschrittsgradzuwachs von 50 % zugeschrieben. Voraussetzungen/Merkmale des 50-50-Verfahrens sind:

- Die Dauer der Projektaufgabe ist nicht sehr lang (< 3 Berichtsperioden).
- Vorleistungen zu Bearbeitung der Projektaufgabe werden angemessen berücksichtigt.

Das 50-50-Verfahren ist auch in solchen Fällen vorteilhaft nutzbar, in denen Leistungsanteile nicht explizit in der Leistungsbeschreibung auftauchen, aber dennoch (als Arbeitsbasis) erforderlich sind und/oder der Projektaufgabe implizit zugeschrieben werden (z. B. Planungsunterlagen, Genehmigungen).

2.3.3 0-100-Verfahren

Das 0-100-Verfahren definiert für den Fortschritt einer Projektaufgabe keinerlei Zwischenstufen, sondern registriert lediglich deren vollständige Abarbeitung. Dieses Verfahren ist zwar einfach anzuwenden und universell einsetzbar, setzt aber voraus, dass das Projekt insgesamt ausreichend strukturiert und detailliert worden ist. Je tiefer ein Projekt gegliedert ist und je kürzer damit die Dauern der einzelnen Projektaufgaben (Arbeitspakete, Vorgänge etc.) werden, desto gerechtfertigter und damit objektiver (im Hinblick auf den Gesamtfortschritt des Projektes) ist dieses Vorgehen. Voraussetzungen/Merkmale des 0-100-Verfahrens sind:

- Die Dauer der Projektaufgabe ist relativ kurz (< 1 Berichtsperiode).
- Für Teilergebnisse wird kein Fortschrittsgradzuwachs berücksichtigt.
- Erst bei vollständiger Abarbeitung/Erledigung wird ein Fortschrittsgrad von 100 % angerechnet.

2.3.4 Mengen-Proportionalität

Neben der Statusschritt-Technik ist die Technik der Mengen-Proportionalität die objektivste Methode zur Fortschrittsmessung im Sinne nachprüfbarer Ergebnisse. Sie basiert auf messbaren bzw. zählbaren Ergebniseinheiten. Deshalb ist sie auch nur eingeschränkt anwendbar und zwar in Fällen, in denen solche Größen vorliegen. Voraussetzungen/Merkmale für den Einsatz der Mengen-Proportionalität zur Fortschrittsmessung sind:

- Die Projektaufgabe beinhaltet in der Leistungsbeschreibung a priori zähl- oder messbare Arbeitsergebnisse und/oder es liegt eine entsprechende mengenmäßige Leistungsplanung vor.
- Der Fortschrittsgrad ist als Mengenverhältnis definiert und kann beliebige Werte annehmen.
- Der Fertigstellungsgrad = Quotient aus fertig gestellter Menge und geplanter Gesamtmenge (unter Annahme gleichmäßiger Plan-Mengen-Verteilung über der Dauer der Projektaufgabe).
- Der Fertigstellungswert = Produkt aus dem Fertigstellungsgrad und den geplanten Gesamtkosten.

Typische Anwendungsbereiche für die Mengen-Proportionalitäts-Technik sind Projektaufgaben, welche die Herstellung oder Lieferung von mehreren gleichen oder gleichartigen Teilen beinhalten. Dies können sowohl „Software-Teile" sein, z. B. Zeichnungen, Berechnungen, Dokumente, Programmmodule, als auch „Hardware-Teile", z. B. Halbzeuge, Bauteile, Komponenten, Produkte.

2.3.5 Sekundär-Proportionalität

Die Technik der Sekundär-Proportionalität ist für die Fortschrittsmessung von solchen Projektaufgaben geeignet, deren Fortschrittsgrad nicht oder nur unzureichend festgestellt werden kann, weil deren Abarbeitung und damit auch deren Leistungsfortschritt vom Fortschrittsgrad einer anderen Projektaufgabe abhängen. Dies trifft beispielsweise auf folgende Projektaufgaben zu:

- „Overhead"-Einsatz in Abhängigkeit von den produktiven Arbeiten,
- Qualitätssicherung in Abhängigkeit vom operativen Engineering,
- Produktkontrollen in Abhängigkeit von Fertigung/Produktion,
- begleitende Dokumentation in Abhängigkeit von durchgeführten Prüfungen,
- Integrationstests in Abhängigkeit von der Programmierung,
- Maschinen-/Geräteeinsatz in Abhängigkeit von Prüfarbeiten.

Voraussetzungen/Merkmale für den Einsatz der Sekundär-Proportionalität zur Fortschrittsmessung sind:

- Zwischen den Plan-Fortschrittsgraden bzw. -werten der beiden Betrachtungseinheiten besteht eine feste Relation (Bruchteil- oder Prozentangabe), z. B. 5 % der Plan-Gesamtkosten.
- Der Fortschrittsgrad der primären (unabhängigen) Betrachtungseinheit wird nach einer objektiven Messtechnik ermittelt und anschließend verdichtet, d. h. gewichtet hochgerechnet.
- Primäre (unabhängige) und sekundäre (abhängige) Betrachtungseinheiten können auf unterschiedlichen Projektgliederungsebenen liegen, z. B. Teilprojekt und Vorgang, Teilaufgabe und Arbeitspaket.

2.3.6 Zeit-Proportionalität

Vor dem Einsatz des in der Praxis häufig anzutreffenden Verfahrens, den Fortschrittsgrad anhand der verstrichenen Zeit zu messen, muss grundsätzlich gewarnt werden. Dieses Vorgehen wird oben als die „Todsünde des Projektmanagements" bezeichnet und mit einem Beispiel belegt. „Diese Methode beinhaltet ein großes Risiko, weil das Ablaufen der Zeit in keinem direkten Zusammenhang mit der Leistung steht" (PATZAK & RATTAY, 2004). Hierbei bezeichnet der „Fortschrittsgrad" das Verhältnis von verstrichener Bearbeitungsdauer und geplanter Gesamtdauer der Betrachtungseinheit.

Die Zeit-Proportionalität als Maß für den Fortschritt kann unter Umständen aber dennoch – als Ersatz für einen nicht bestimmbaren oder nicht unbedingt erforderlichen Fertigstellungsgrad – Verwendung finden. Dies betrifft insbesondere den Fall, dass eine Leistung nicht explizit geplant war und dementsprechend auch nicht rückgemeldet werden muss. Meistens wird eine solche Leistung auch nicht direkt honoriert. Außerdem kann die Zeit-Proportionalität in einem Projekt in eng begrenztem Umfang in Verbindung mit ansonsten überwiegend angewandten objektiven Fortschrittsgrad-Messtechniken eingesetzt werden, z. B. für Projektaufgaben, für die – wenn überhaupt – nur ganz globale Leistungsbeschreibungen vorliegen, oder wenn es darum geht, rechnerisch einen Gesamtfortschrittswert zu ermitteln. Beispiele für zeitproportionale Projektaufgaben:

- Projektleitung/Bauleitung,
- Kontinuierliche Projektmanagement-Leistungen,
- Administrative Arbeiten,
- Beratungstätigkeiten,
- Geräte- und Maschineneinsatz.

2.3.7 Schätzung

Auf die Problematik der (subjektiven) Schätzung als Fortschrittsgrad-Messtechnik wurde oben bereits hingewiesen (Beispiel 90 %-Syndrom). In der Praxis ist die FGR-Schätzung dennoch weit verbreitet, weil häufig:

- für die Projektaufgaben nur unzureichende und/oder lediglich verbal formulierte Leistungsbeschreibungen – ohne Bewertungs- oder Maßgrößen – vorliegen,
- die Messtechniken 1 bis 5 (angeblich) nicht verwendbar sind oder – aus welchen Gründen auch immer – nicht eingesetzt werden,
- bei der Planung keine Fortschrittsgrad-Vorgaben festgelegt worden sind und/oder eine objektive Beurteilungsgrundlage für Ist-Fortschrittsgrade bzw. Fertigstellungsgrade fehlt.

Die Schätzung basiert immer auf der subjektiven Beurteilung und Beurteilungsfähigkeit des Schätzenden. Sie ist daher nicht als allgemeine Fortschrittsgrad-Messtechnik zu empfehlen. Schätzungen sollten grundsätzlich:

- nur von wirklich erfahrenen Experten vorgenommen werden und/oder von Personen, die sich der Auswirkungen von ungenauen bzw. groben Schätzwerten auf die Fertigstellungswertermittlung bewusst sind,
- in einem Projekt für nur maximal 20 % der Projektaufgaben verwendet und höchstens nur bis zu einem FGR von 80 % zugelassen werden (vgl. oben).

2.4   Ermittlung des Gesamtfortschritts

Wenn bei der Ist-Aufnahme die Einzel-Fortschrittsgrade und -Fertigstellungswerte für sämtliche Projektaufgaben des Projekts (i.d.R. auf der untersten Ebene) ermittelt worden sind, können und müssen diese auf höhere Projektgliederungsebenen verdichtet bzw. „hochgerechnet" werden. Für diese Verdichtung bzw. Hochrechnung bieten sich verschiedene Möglichkeiten an, die im Folgenden vorgestellt werden. Die Rechenalgorithmen gelten nicht nur für Ist-Werte, sondern gleichermaßen auch für Plan-Werte. In allen Fällen ist eine einheitliche **Wichtungsbasis** erforderlich. Hierfür eignen sich im Allgemeinen die geplanten Aufwandsgrößen, wie beispielsweise Personenstunden, Personal- und

Sachkosten, die ohnehin von der Ressourcen- bzw. Kostenplanung her verfügbar sind. Im Besonderen können hierfür auch, sofern vorhanden, auch die geplanten Mengen verwendet werden. Den gleichen Zweck könnten aber auch andere Größen, wie zum Beispiel ein unternehmens- oder projektspezifisches Punktbewertungssystem, erfüllen. Im Anlagenbau ist speziell für die Rohrleitungsmontage – neben der Wichtung über Stunden und Kosten – auch noch die Wichtung über das zu montierende Gewicht und die Menge Schweißnähte üblich.

Σ Fazit Die Notwendigkeit einer einheitlichen Wichtungsbasis besteht grundsätzlich für jede Verdichtung bzw. Hochrechnung von Fortschrittsgraden unterschiedlich gearteter Projektaufgaben zu Gesamt-Fortschrittsgraden von Projektteilbereichen auf jeder beliebigen Ebene der Projektstruktur. Im Umkehrschluss gilt aber auch, dass dann kein Gesamt-Fortschrittsgrad berechnet werden kann, wenn für die betrachteten Teilbereiche des Projekts keine einheitliche Maßgröße als gemeinsame Wichtungsbasis vorhanden ist. Die Wichtung in Geldwerten (z. B. Plan-Kosten) sollte jedoch immer möglich sein.

2.4.1 Gesamtfortschrittsgrad

Der Gesamtfortschrittsgrad ist der aus den Plan- oder Ist-Fortschrittsgraden von Einzelaufgaben, z. B. Teilaufgaben, Arbeitspaketen, Vorgängen, ggf. Teilvorgängen, „gewichtet hochgerechnete" Plan- oder Ist-Fortschrittgrad des Gesamtprojekts oder eines Projektteilbereichs. Bei der „gewichteten Hochrechnung" werden die Produkte aus Fortschrittsgrad und „Planwert" aller Einzelaufgaben aufsummiert und durch die Gesamtsumme der „Planwerte" aller Einzelaufgaben dividiert. Unter der Voraussetzung einer gleichmäßigen Verteilung der „Planwerte" der Einzelaufgaben über deren Dauer errechnet sich der Gesamtfortschrittsgrad:

$$FGR^{Gesamt} = \frac{\sum (FGR \times \text{„Planwert"})^{Einzelaufgaben}}{\sum (\text{„Planwert"})^{Einzelaufgaben}}$$

Als Wichtungsbasis, d. h. als „Planwerte" können z. B. Plan-Gesamt**kosten** (PGK) oder Plan-Gesamt**stunden** oder Plan-Gesamt**mengen** verwendet werden. Dementsprechend können sich mehrere unterschiedliche Gesamtfortschrittsgrade ergeben.

2.4.2 Gesamtfortschrittswert

Der Gesamtfortschrittswert ist der dem Gesamtfortschrittsgrad eines Projekts oder Projektteilbereichs entsprechende „Gesamtwert", je nach der Bezugsbasis bei der „gewichteten Hochrechnung" z. B. der „Gesamt**kosten**wert" oder „Gesamt**stunden**wert" oder „Gesamt**mengen**wert", sowohl als Plan- als auch als Ist-Gesamtfortschrittswert. Er kann auf dreierlei Weise errechnet werden:

(a) über den zuvor ermittelten Gesamtfortschrittsgrad (nach 2.4.1):

$$FW^{Gesamt} = FGR^{Gesamt} \times \text{„Planwert"}^{Gesamt}$$

oder

(b) aus den Fortschrittswerten der Einzelaufgaben:

$$FW^{Gesamt} = \sum (FW)^{Einzelaufgaben}$$

oder

(c) „gemischt" als Summe der Gesamtfortschrittswerte für Teilbereiche 1, 2, 3, … nach jeweils
    (a) oder (b)

$$FW^{Gesamt} = FW^1 + FW^2 + FW^3 + \ldots$$

Nach den drei Berechnungs-Methoden könnten sich durchaus unterschiedliche Gesamtfertigstellungswerte ergeben. Sie sind nur dann gleich, wenn die Wichtung einheitlich, konsequent in allen Verdichtungsstufen, z. B. über Plan**kosten**, erfolgt ist.

2.4.3 Beispielrechnung

Im Beispiel (Abbildung 1.16b-1) ist die Ermittlung des Gesamtfortschrittsgrads eines Vorgangs dargestellt – unter der Voraussetzung, dass ausreichend Maß- und Bewertungsgrößen vorliegen und der Vorgang somit weiter in so genannte „Teilvorgänge" unterteilt werden kann. Die „gewichtete Fortschrittsgrad-Hochrechnung" erfolgt hier also von einer Teilvorgangs-Ebene über unterschiedlich geartete Teilvorgänge hinweg auf die Vorgangs-Ebene. In gleicher Weise ist bei der Hochrechnung von der Vorgangs-Ebene über unterschiedlich geartete Vorgänge hinweg auf jeder beliebigen Ebene der Projektstruktur, z. B. zu Gesamtfortschrittsgraden für Arbeitspakete oder Teilaufgaben oder für das Gesamtprojekt, zu verfahren.

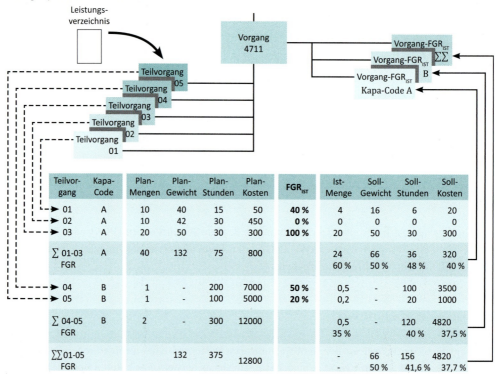

Abbildung 1.16b-1: Ermittlung von Gesamtfortschrittsgraden (MOTZEL, 1998, 2003: 712)

Der Rechenalgorithmus für die „gewichtete Fortschrittsgrad-Hochrechnung" wird im Beispiel (Abbildung 1.16b-1) für den Vorgang 4711 anhand von 5 Teilvorgängen mit unterschiedlichen Ressourcen-Kategorien („Kapa-Codes" A und B) aufgezeigt. Als Wichtungsbasen werden Plan-*Mengen*, -*Gewichte*, -*Stunden* und -*Kosten* verwendet. Dabei ergeben sich – je nach Wichtungsbasis – auf der höheren Ebene unterschiedliche Vorgangs-Fortschrittsgrade, von denen jeder seine eigene Aussagekraft besitzt und entsprechend zu interpretieren ist. Dieser Rechenalgorithmus gilt in gleicher Weise für jede Art der Fortschrittsgrad-Hochrechnung.

In Abbildung 1.16b-2 ist ein praktisches Anwendungsbeispiel aus dem Anlagenbau dargestellt. Je nach Sichtweise bzw. Wichtungsbasis (hier: Menge Schweißnähte, Gewicht der zu montierenden Rohrleitung, Montagestunden, Montagekosten) ergibt sich bei der Verdichtung der Einzel-Fortschrittsgrade jeweils ein unterschiedlicher Gesamtfortschritt. Neben den Gesamtfortschritts**graden** FGR_{Plan} und FGR_{Ist} sind auch die entsprechenden Gesamtfortschritts**werte** aufgetragen, die aus der unterschiedlichen Wichtungsbasis, d. h. den jeweiligen Bewertungsgrößen für die Leistung bzw. Arbeitsergebnisse, resultieren. So ist beispielsweise zu erkennen, dass die Montage der Rohrleitungen – gemessen am zu montierenden Gewicht – zwar dem Plan voraus ist, diese Rohrleitungen teilweise aber noch „in der Luft hängen", weil die Schweißnähte noch fehlen. Die Aufwandssituation ist insgesamt unbefriedigend; dabei fällt jedoch auf, dass die Stundenabweichung gegenüber dem „Soll" deutlich geringer ist als die Kostenabweichung. Die Gründe hierfür müssen in der Abweichungsanalyse festgestellt und aufgezeigt werden.

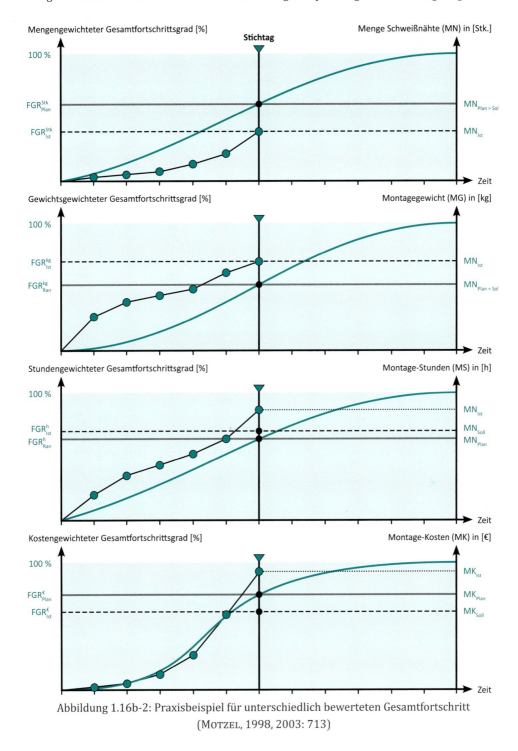

Abbildung 1.16b-2: Praxisbeispiel für unterschiedlich bewerteten Gesamtfortschritt (MOTZEL, 1998, 2003: 713)

3 Die Fertigstellungswert- oder Earned-Value-Analyse

3.1 Überblick

Die Earned Value Analysis (EVA) hat ihren Ursprung in den U.S.A. und wird dort seit den 1960er Jahren von vielen Projektmanagern regelmäßig praktiziert, insbesondere bei Regierungsaufträgen, bei denen sie verbindlich vorgeschrieben ist. Im Deutschen hat sie sich erst viel später durchgesetzt und ihre Entsprechung in der so genannten Fertigstellungswertanalyse (FWA) gefunden.

Wie der Fertigstellungswert inhaltlich definiert ist, wie er ermittelt wird und welche Begriffsbezeichnungen im Deutschen dafür noch gebräuchlich sind, wird im Basiskapitel Teil A behandelt. Dort wird auch der allseits bekannte Grundzusammenhang der Fertigstellungswertanalyse in einem zweidimensionalen Fortschrittsdiagramm dargestellt. Bevor im Folgenden auf die vollständigen theoretischen und praktischen Hintergründe der – auch als „umfassende" Fertigstellungswertanalyse bezeichneten – Fortschrittswertanalyse eingegangen wird, hier zusammengefasst wichtige Hinweise des Autors (vgl. Motzel, 2006: 69, 79):

> **Hinweis 1:** Bei Leistungsbetrachtungen hinsichtlich der (teilweisen bzw. prozentualen) Erledigung eines Vorhabens, Arbeitspakets oder Vorgangs wird in der Praxis vorrangig die Benennung „Fertigstellung", weniger die Benennung „Fortschritt", benutzt. Bei „Fertigstellung" denkt man jedoch unwillkürlich zuerst daran, was (tatsächlich) fertig gestellt **ist**, als daran, was eigentlich fertig gestellt **sein sollte**, d. h. fertig zu stellen (geplant) war. Für Soll-Ist-Vergleiche, Abweichungsanalysen und Prognosen sind jedoch grundsätzlich beide Sichtweisen, d. h. „Plan" bzw. „Soll" und „Ist" erforderlich. Der Benennung „Fertigstellung" kann zweifellos beides abdecken, sprachlich widerstreben allerdings Begriffe wie „Plan-Fertigstellungsgrad" oder „Plan-Fertigstellungswert". (…) Die Benennung „Fortschritt" ist nach Auffassung des Autors sprachlich eindeutiger und in Wortzusammensetzungen mit „Plan" und „Ist" flexibler. Aufgrund des eingebürgerten Sprachgebrauchs und zur Vermeidung von Verständigungsproblemen (… werden hier…) sowohl die eingeführten „Fertigstellungsbegriffe" als auch die „Fortschrittsbegriffe" (…benutzt…). Insbesondere wird als Oberbegriff des Gesamtkomplexes die allgemein übliche Benennung „Fertigstellungswertanalyse" verwendet. Die als „umfassende" Fertigstellungswertanalyse bezeichnete „Fortschrittswertanalyse" basiert auf den gleichen Grundprinzipien, stellt jedoch eine Verallgemeinerung und deutliche Erweiterung der „klassischen" Fertigstellungswertanalyse dar. Bei sämtlichen „Fortschrittsbegriffen" wird jeweils zwischen „Plan" und „Ist" unterschieden und bei den Abkürzungen die Indizes $_{Plan}$ und $_{Ist}$ angefügt. Die Begriffe „Fertigstellungsgrad" und „Fertigstellungswert" werden ohne Zusatz verwendet und – wie üblich – als Ist-Daten verstanden. Die Abkürzungen „FGR" und „FW" können im Deutschen (glücklicherweise) sowohl für „Fertigstellung" als auch für „Fortschritt" benutzt werden.

> **Hinweis 2:** Die englischen Entsprechungen der deutschen Begriffe der Fertigstellungswertanalyse [engl.: Earned Value Analysis (EVA)] sind auch in der englischsprachigen PM-Fachliteratur nicht immer einheitlich und differieren bisweilen zwischen Großbritannien und den USA. In der Regel stammen die hier aufgeführten Entsprechungen aus dem US-amerikanischen PMBOK®-Guide des PMI (PMI, 2004). Dabei werden nebeneinander sowohl die in früheren Ausgaben verwendeten (und noch immer benutzten) als auch die heute gültigen Benennungen und Abkürzungen angegeben: BCWS = PV, BCWP = EV, ACWP = AC.

> **Hinweis 3:** Da auch im Deutschen unterschiedliche Benennungen für inhaltlich gleiche Begriffe in Bezug auf die Fertigstellungswertanalyse existieren, benutzen manche Fachleute ausschließlich die englischen Benennungen. Um die gegenseitige Verständigung zu erleichtern, werden die gebräuchlichsten deutschen und englischen Begriffe, Abkürzungen und Berechnungsformeln direkt gegenübergestellt.

> **Hinweis 4:** Die Bezeichnung „umfassende" Fertigstellungswertanalyse gründet sich darauf, dass gegenüber der „klassischen" Fertigstellungswertanalyse:
> (a) nicht ausschließlich Kosten, sondern auch andere Größen, z. B. Aufwand in Stunden und Mengen, betrachtet werden ,
> (b) der Leistungsfortschritt auf jeder beliebigen Projektgliederungsebene, für beliebig gebildete Projektteilbereiche (z. B. aus Teilvorgängen, Vorgängen, Arbeitspaketen) ermittelt und beurteilt wird, und
> (c) neben einer einzigen Kostenprognose mehrere Prognose-Varianten, auch für andere Aufwandsgrößen, verwendet werden.

Synonyme Begriffe für die Fortschrittswert- oder Fertigstellungswertanalyse sind im Englischen: Earned Value Technique (EVT) oder Earned Value Management (EVM), im Deutschen: Arbeitswertanalyse oder Projektstatusanalyse, gelegentlich auch gemischt: Earned-Value-Methode.

3.2 Das dreidimensionale Fortschrittsdiagramm

Abbildung 1.16b-3 zeigt die Projektzielgrößen Leistung, Aufwand und Zeit als jeweils separate Dimensionen in der umfassenden **dreidimensionalen** Darstellung, welche die Basis für das vereinfachte zweidimensionale Diagramm bildet (vgl. Basiskapitel Teil A). Im Mittelpunkt dieser Grafik steht die so genannte **S-Kurve** (auch Plan-Summenkurve oder Plan-Fortschrittskurve genannt). Sie basiert auf der Affinität zwischen der zu erbringenden Leistung (als Fortschrittsgrad in Prozent aufgetragen) und des erforderlichen Aufwands (z. B. in Stunden oder Kosten) für ein Projekt oder einen Projektteilbereich über die Zeit. Die aufgetragenen Plangesamtwerte ergeben sich durch Kumulierung (Aufsummierung) sämtlicher Planwerte der einzelnen Projektaufgaben (z. B. Teilvorgänge, Vorgänge, Arbeitspakete, Teilaufgaben) zu bestimmten Projektzeitpunkten. Prinzipiell ist diese Plan-Summenkurve eine **Raumkurve**. Je nach Zeitintervall der Werte-Kumulierung – im Allgemeinen auf Basis der Ressourcen- oder Kosten-Ganglinie – ergibt sich ein mehr oder minder grober „Linienzug" – beginnend bei FGR = 0 % (Start) und endend bei FGR = 100 % (Ende = Fertigstellung). In der Fachliteratur und vor allem in der Praxis wird die (prinzipiell dreidimensionale, räumliche) Plan-Fortschrittskurve ausschließlich zweidimensional als Kostensummenlinie dargestellt. „Da jedes Projekt bzw. jeder größere Projektteilbereich (mehr oder minder ausgeprägt) eine Anlaufphase und eine Auslaufphase besitzt, wird sich die Plankosten-Summenkurve praktisch immer als S-förmig ergeben" (vgl. PATZAK & RATTAY, 2004: 339).

Die Größen Fortschrittsgrad (FGR), Plan-Kosten (PK), Ist-Kosten (IK) und Fertigstellungswert (FW) = Sollkosten zum Stichtag wurden im Basiskapitel Teil A bereits erläutert. Der Begriff „Gesamtkosten" wird grundsätzlich für Kosten „am Ende" der Bearbeitungszeit, d.h. nach vollständiger Abarbeitung/Erledigung/Fertigstellung verwendet. Für das Gesamtprojekt bedeutet „am Ende" das Projektende. Bei „Gesamtkosten" ist grundsätzlich zu differenzieren zwischen:

I Plan-Gesamtkosten (PGK) [engl.: Budgeted Cost at Completion (BAC)],
I Erwartete Gesamtkosten (EGK) [engl.: Estimated Cost at Completion (EAC)], und
I Tatsächlich angefallene Gesamtkosten (IGK) [engl.: Actual Cost at Completion (AAC)].

Je nach Prognose-Variante (vgl. unten) können sich außerdem für die Erwarteten Gesamtkosten (EGK) mehrere unterschiedliche Werte EGK_1, EGK_2, EGK_3 ergeben.

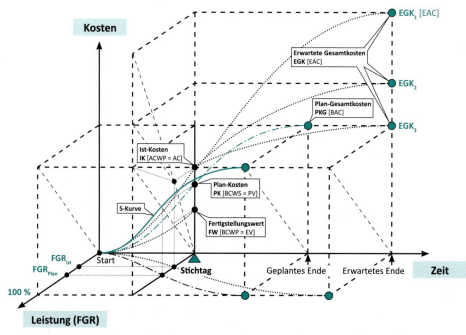

Abbildung 1.16b-3: Das dreidimensionale Fortschrittsdiagramm (Motzel, 2006: 70)

3.3 Der Integrierte Plan/Soll/Ist/Erwartet-Vergleich (Abweichungen)

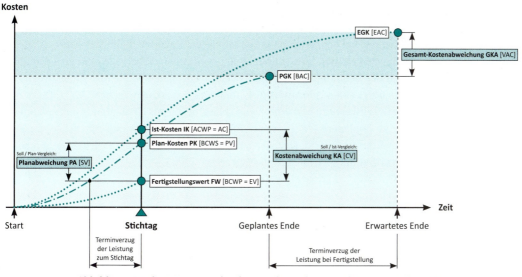

Abbildung 1.16b-4: Die verschiedenen Abweichungen (MOTZEL, 2006: 71)

Aus den verschiedenen Vergleichen der Plan-, Soll-, Ist- und Erwartet-Daten (am Stichtag bzw. am geplanten oder erwarteten Ende) können sich folgende Abweichungen ergeben:

1. Soll/Plan-Vergleich → **Planabweichung** PA = FW – PK
   Die Planabweichung gibt (zum Stichtag) an, wieweit die Ist-Leistung gegenüber der Plan-Leistung voraus ist (Vorsprung) oder zurück liegt (Verzug). Das „Wieweit" wird üblicherweise in Kosten ausgedrückt, obwohl es sich um eine zeitliche Abweichung gegenüber der Planung handelt. Aus dieser Diskrepanz erklären sich möglicherweise auch die in der Praxis verwendeten unterschiedlichen Benennungen, wie Terminplanabweichung oder Leistungsabweichung.
2. Soll/Ist-Vergleich → **Kostenabweichung** KA = FW – IK
   Die Kostenabweichung gibt (zum Stichtag) an, wieweit die Ist-Kosten für die Ist-Leistung die Plan-Kosten für die Ist-Leistung (sprich: den Fertigstellungswert) übersteigen oder unterschreiten. Diese Kostenabweichung ist der „echte" Gradmesser für die „wahre" Kostensituation im Projekt. Sie wird auch als Effizienzabweichung bezeichnet. Sie ist das wichtigste Ergebnis der Fertigstellungswertanalyse!
3. Erwartet/Plan-Vergleich → **Gesamtkostenabweichung** GKA = PGK – EGK
   Die Gesamtkostenabweichung gibt (zum Stichtag) an, wieweit die Erwarteten Gesamtkosten (EGK) die Plan-Gesamtkosten (PGK) übersteigen oder unterschreiten. Sie ist eine „variable" Größe, die von der jeweils verwendeten Prognose-Variante (siehe nächster Abschnitt) abhängt und dementsprechend zu interpretieren ist.

3.4 Prognosen

Mit den vorliegenden Stichtagsdaten lassen sich die – unter bestimmten Bedingungen – voraussichtlich **zu erwartenden Gesamtkosten (EGK)** für eine Projektaufgabe (z. B. Gesamtprojekt, Teilaufgabe, Arbeitspaket, Vorgang) bei deren Fertigstellung prognostizieren. Dazu wird üblicherweise ein Spektrum aus drei Einzelprognosen gebildet. Diese implizieren jeweils eine Vorhersage bzw. eine Annahme über den weiteren Verlauf der Leistungserbringung („Leistungsprognose"). Die drei Einzelprognosen liefern einen **„optimistischen"**, einen **„planmäßigen"** und einen **„pessimistischen"** Wert. Diese drei Werte sind sozusagen als Grenzwerte zu betrachten und sollen die daraus abzuleitende und später vom Projektleiter tatsächlich „zu publizierende" Prognose für die Erwarteten (voraussichtlichen) Gesamtkosten (EGK), z. B. im Projektstatusbericht, absichern. Die mathematische Grundlage dieser „geometrischen Extrapolation" ist in Abbildung 1.16b-5 dargestellt.

1. **Lineare Prognose:**

$$EGK_1 = PGK \times \frac{IK}{FW}$$

Bei dieser Variante wird die Kostenabweichung am Stichtag (unabhängig davon, ob sie negativ oder positiv ist) **linear** auf den Fertigstellungszeitpunkt (erwartetes Ende) **projiziert**. Dieser Prognose liegt die Annahme zugrunde, dass die weitere Leistungserbringung nach dem Stichtag „so gut" oder „so schlecht" weiter verlaufen wird wie bisher, d. h. mit der gleichen Effizienz oder Ineffizienz. Diese Annahme wird auch als lineare oder „scherenförmige" Leistungs-Prognose bezeichnet.

2. **Additive Prognose:**

$$EGK_2 = PGK + (IK - FW)$$

Bei dieser Variante wird die Kostenabweichung am Stichtag (unabhängig davon, ob sie negativ oder positiv ist) in absolut gleicher Höhe für den Fertigstellungszeitpunkt (erwartetes Ende) prognostiziert. Eine Kostenüberschreitung oder –unterschreitung wird also vom Stichtag bis zum vollständigen Abschluss der entsprechenden Leistung bzw. Arbeiten sozusagen „mitgeschleppt". Dabei wird vorausgesetzt, dass die Leistungserbringung in der Zukunft nach Plan verlaufen wird („planmäßige" Leistungs-Prognose). Dies bedeutet bei IK > FW (Fall A nach Abbildung 1.16b-5), dass die Bearbeitung zukünftig besser als bisher und bei FW < IK (Fall B nach Abbildung 1.16b-5) zukünftig schlechter als bisher erfolgen wird.

3. **Plan-Erfüllung/„Erwartet gleich Plan"-Prognose:**

$$EGK_3 = PGK$$

Bei dieser Variante wird die Kostenabweichung am Stichtag für die Prognose (rechnerisch) nicht berücksichtigt. Die zu erwartenden, voraussichtlichen Gesamtkosten der Betrachtungseinheit werden mit den Plan-Gesamtkosten gleichgesetzt. Hierbei wird davon ausgegangen, dass bei IK > FW (Fall A nach Abbildung 1.16b-5) – trotz der Kostenüberschreitung am Stichtag – durch geeignete Steuerungsmaßnahmen die Plankosten letztendlich eingehalten werden können. Bei FW < IK (Fall B nach Abbildung 1.16b-5) dient die festgestellte Kostenunterschreitung am Stichtag entweder als „stille Reserve" und/oder es wird unterstellt, dass sie durch unvorhergesehene (nicht geplante) Kosten bis zum erwarteten Ende der Betrachtungseinheit wieder „aufgezehrt" werden wird.

Je nach absoluter Höhe der zu erwartenden Gesamtkosten EGK$_1$, EGK$_2$ und EGK$_3$ im Vergleich zu den Plan-Gesamtkosten gilt die jeweils zugrunde liegende Prognose-Variante 1 oder 3 als „**optimistisch**" oder „**pessimistisch**". Die Prognose-Variante 2 wird immer als „**planmäßig**" bezeichnet, weil bei ihr davon ausgegangen wird, dass die Leistungserbringung nach dem Stichtag planmäßig verlaufen wird.

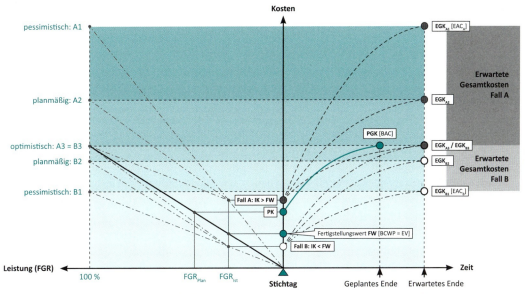

Abbildung 1.16b-5: Die drei Prognose-Varianten (MOTZEL, 2006: 72)

> **Hinweis 1:** Im angloamerikanischen Raum ist bei der „klassischen" Earned Value Analysis nur die Lineare Prognose üblich. Diese liefert je nach Projektsituation im Fall A: IK > FW den „pessimistischen" Wert, im Fall B: IK < FW aber den „optimistischen" Wert. Deshalb empfiehlt es sich, auch die anderen beiden Prognose-Varianten zur Grenzwert-Betrachtung heranzuziehen („Prognosespektrum").

> **Hinweis 2:** Häufig werden in der Praxis die Erwarteten Gesamtkosten (EGK) als Summe der aktuellen Ist-Kosten und der voraussichtlichen (geschätzten) Restkosten errechnet. Bei dieser Vorgehensweise ist jedoch Vorsicht geboten und zu prüfen, welche erbrachten Leistungen den bisher entstandenen Ist-Kosten gegenüberstehen. Möglicherweise wird bei dieser Vorgehensweise einer „schleichenden Planungsveränderung" Vorschub geleistet, die eigentlich eine „formale Planungsrevision" erfordern würde und deren Auswirkungen an alle betroffene Stellen zu kommunizieren wären.

> **Hinweis 3:** Die Anwendung der drei dargestellten Prognose-Varianten ist nicht ausschließlich auf Kosten-Prognosen beschränkt, sondern kann grundsätzlich auch für Prognosen anderer Aufwandsgrößen, z. B. Stunden, eingesetzt werden.

3.5 Kennzahlen

(a) **Effizienzfaktor (EF)**

Neben der Kostenabweichung (siehe unter Pkt. 3.3) ist der **Effizienzfaktor** am Stichtag das wichtigste Ergebnis der Fertigstellungswertanalyse. Er kennzeichnet die Effizienz oder **Wirtschaftlichkeit der bisherigen Leistungserbringung** zu einem bestimmten Projektzeitpunkt, gemessen und beurteilt anhand der Kostensituation am Stichtag. Deshalb wird er auch als **Wirtschaftlichkeitsfaktor** oder Kostenentwicklungsindex bezeichnet. Der Effizienzfaktor errechnet sich als Quotient aus dem Fertigstellungswert (FW) und den Ist-Kosten (IK) am Stichtag:

$$EF = \frac{FW}{IK}$$

EF > 1 bedeutet, dass für die erbrachte Leistung weniger Kosten, EF < 1 mehr Kosten angefallen sind als dafür geplant waren. Der Effizienzfaktor ist in der Regel ein **Indikator** dafür, dass wirtschaftlich bzw. effizient oder unwirtschaftlich bzw. ineffizient gearbeitet worden ist. Ein Mehr- oder Minderkostenanfall kann aber auch andere Ursachen haben. Der Effizienzfaktor wird im amerikanischen Sprachraum als Cost Performance Index oder Cost Performance Indicator (CPI), im britischen als Performance Factor (P_f) bezeichnet (APM, 2002).

Die Fertigstellungswertanalyse liefert zwei weitere Kennzahlen (Indikatoren), die allerdings weniger über die Effizienz oder Wirtschaftlichkeit der Leistungserbringung aussagen als vielmehr die relative Abweichung zwischen PLAN und IST kennzeichnen – ohne Leistungsbezug.

(b) **Kostenplan-Kennzahl (KK)**

Die Kostenplan-Kennzahl ist eine Maßzahl für den „Verbrauch" bzw. die „Ausschöpfung" der geplanten Kosten durch die bisher angefallenen Kosten zum Stichtag. Sie errechnet sich als Quotient aus den Ist-Kosten (IK) und den Plan-Kosten (PK) am Stichtag:

$$KK = \frac{IK}{PK}$$

Die Kostenplan-Kennzahl zeigt zwar eine gewisse Kostentendenz am Stichtag, ist aber – für sich alleine – wenig aussagekräftig und insbesondere nicht geeignet für eine Kosten-Prognose bei Fertigstellung. Sie wird im Englischen als Actual Performance Index (API) bezeichnet.

(c) **Zeitplan-Kennzahl (ZK)**

Die Zeitplan-Kennzahl (ZK) ist eine Maßzahl für die **zeitliche** Abweichung der bisher erbrachten Leistung von der Planung. Sie wird üblicherweise über die Kosten ermittelt, obwohl es sich um eine Abweichung gegenüber dem Zeitplan handelt. Sie wird deshalb auch als „Terminentwicklungsindex" und im Englischen als Schedule Performance Index oder Indicator (SPI) bezeichnet. Sie errechnet sich als Quotient aus Fertigstellungswert (FW) und Plan-Kosten (PK) am Stichtag:

$$ZK = \frac{FW}{PK}$$

ZK > 1 bedeutet Zeitvorsprung, ZK < 1 Zeitverzug der erbrachten Leistung (gegenüber dem Zeitplan).

3.6 Alle Begriffe „auf einen Blick"

In Tabelle 1.16b-V3 sind die bei der umfassenden Fertigstellungswertanalyse benutzten Benennungen, Abkürzungen und Berechnungsformeln (in Deutsch und Englisch) tabellarisch zusammengestellt. Die Tabelle ist vom Autor mehrfach aktualisiert und publiziert worden, zuletzt im Projektmangement-Lexikon (MOTZEL, 2006: 73). Sie ist hier geringfügig modifiziert und ergänzt (siehe Hinweise unter 3.1). Die allgemein am häufigsten verwendeten Begriffe im Deutschen und im Englischen sind in der Tabelle 1.16b-V3 *kursiv* gedruckt.

Tabelle 1.16b-V3: Begriffe der Fortschrittswertanalyse (Deutsch-Englisch) Quelle: MOTZEL, 2006: 73

Abkürzung	Benennung/Berechnungsformel	Term/Formula	Acronym
PGK	*Plan-Gesamtkosten* (bei Fertigstellung)	*Budgeted Cost at Completion*	BAC
ST	*Stichtag*	Data Date = As-of-Date = *Time now*	DD
FGR^{Plan}	Plan-Fortschrittsgrad = „Plan-Fertigstellungsgrad" (zum Stichtag)		
$FGR_{(Ist)}$	Ist-Fortschrittsgrad = *Fertigstellungsgrad* (zum Stichtag)	*Percent(age) Complete* = Progress Degree	PC / PCT
PK	Plan-Kosten (zum Stichtag) = PGK x FGR_{Plan}	*Planned Value* / Budgeted Cost of/for Work Scheduled	PV / BCWS
IK	*Ist-Kosten* (zum Stichtag)	*Actual Cost* / Actual Cost of/for Work Performed	AC / ACWP
FW^{Plan}	Plan-Fortschrittswert = "Plan-Fertigstellungswert" (zum Stichtag) = PGK x FGR_{Plan}		
$FW^{(Ist)}$ / FW	Ist-Fortschrittswert = *Fertigstellungswert* (zum Stichtag) = PGK x $FGR_{(Ist)}$	Budgeted Cost of/for Work Performed = *Earned Value* / BAC x PC = EV	BCWP
KK	Kostenplan-Kennzahl = IK / PK	Actual Performance Index / ACWP / BCWS = AC / PV = API	
EF	*Effizienz-Wirtschaftlichkeits-faktor* = FW / IK	*Cost Performance Index* / BCWP / ACWP = EV / AC = CPI	
ZK	Zeitplan-Kennzahl = FW / PK	Schedule Performance Index / BCWP / BCWS = EV / PV = SPI	
KA	*Kostenabweichung* = SOLL/IST-Vergleich = FW − IK	*Cost Variance* / BCWP − ACWP = EV − AC = CV	
KA%	Prozentuale Kostenabweichung = KA / FW x 100	Cost Variance Percentage / CV / BCWP x 100 = CV / EV x 100 = CV%	
PA	Planabweichung = SOLL/PLAN-Vergleich = FW − PK	Schedule Variance / BCWP − BCWS = EV − PV = SV	
PA%	Prozentuale Planabweichung = PA / PK x 100	Schedule Variance Percentage / SV / BCWS x 100 = SV / PV x 100 = SV%	
EGK_1 EGK_2 EGK_3	*Erwartete Gesamtkosten* (bei Fertigstellung) = PGK x IK / FW „Lineare Prognose" = IK + (PGK − FW) „Additive Prognose" = PGK „Plan-Erfüllung"	*Estimated Cost at Completion* / BAC / CPI = EAC	
$GKA_{1,2,3}$	Gesamtkostenabweichung = PGK − $EGK_{1,2,3}$	Variance at Completion / BAC − EAC = VAC	
GKA%	Prozentuale Gesamtkostenabweichung = $GKA_{1,2,3}$ / PGK x 100	Variance at Completion Percentage / VAC / BAC x 100 = VAC%	

4 Projektsteuerungsmaßnahmen

Die Grundlagen der Projektsteuerung und des Steuerungsprozesses werden im Basiskapitel Teil A behandelt. Außerdem wird dort ein Überblick über die verschiedenen Kategorien von Steuerungsmaßnahmen gegeben. Die folgenden Ausführungen und Tabellen ergänzen diese und frühere Darstellungen möglicher Projektsteuerungsmaßnahmen (vgl. PLATZ, 1994; FELSKE, 2003; SCHELLE, 2005).

4.1 Veränderung der Ressourcen

Der Einsatz von zusätzlichen Personal-Ressourcen führt generell zu Kostenerhöhungen und zwar im Allgemeinen nicht nur proportional zu der größeren Personalanzahl bzw. den erbrachten Mehrstunden, sondern überproportional aufgrund von zusätzlich erforderlichem Einarbeitungs- und Kommunikationsaufwand. Allerdings steht dem Projektleiter auch eine Reihe von Möglichkeiten zur Verfügung, die nicht zwangsläufig zu einer Erhöhung der Gesamtkosten führen müssen, wie z. B. der Zukauf von Fremdleistungen oder die Fremdvergabe von ganzen Arbeitspaketen oder anderen Projektteilen. Hierbei entstehen jedoch meist ein erhöhter Koordinationsaufwand und zusätzliche Risiken, beispielsweise bei der Qualität und einem unerwünschten Know-how-Transfer. Maßnahmen der Ressourcenveränderungen dienen hauptsächlich der Terminverkürzung.

Tabelle 1.16b-V4: Maßnahmen zur Veränderung der Ressourcen

Steuerungsmaßnahme	Mögliche Hindernisse und Nebeneffekte
Umverteilung des Personals innerhalb des Projekts	Engpass verschiebt sich
Abbau anderer Belastungen des Projektpersonals, z. B. Entlastung von administrativen Aufgaben	Mängel an anderen Stellen
Bessere Hilfsmittel	Investitionen notwendig
Urlaubssperre	nur bedingt möglich nur kurzfristig wirksam
Anordnung von Überstunden	nur kurzzeitig einsetzbar Betriebsrat muss zustimmen
Mehrschichtarbeit einführen	Organisationsprobleme
Einstellen zusätzlicher Mitarbeiter	Personalbudget ist festgelegt Kommunikationsaufwand steigt
Einsatz zusätzlicher Abteilungen	Koordinationsaufwand steigt Einarbeitung erforderlich Know-how-Transfer
Zukauf von externer Dienstleistung	geeigneter Dienstleister muss erst gefunden werden Koordinationsaufwand steigt Know-how-Transfer
Fremdvergabe von Arbeitspaketen	Aufwand für Suche nach geeigneten Anbietern Überwachungs- und Steuerungsaufwand
Lieferantenwechsel	Lieferrisiko Qualitätsrisiko

4.2 Reduzierung des Aufwands

Diese Kategorie von Maßnahmen umfasst Möglichkeiten, den Aufwand direkt zu beeinflussen bzw. die eigenen Aufwendungen zu reduzieren. Solche Maßnahmen haben meist auch positive Auswirkungen auf die Terminsituation und schlagen sich letztlich in geringeren Kosten nieder. Ein kontinuierlicher Verbesserungsprozess mit dem Ziel, unnötigen und überflüssigen Aufwand zu vermeiden und damit der Verschwendung vorzubeugen, sollte in jeder Organisation auch in der Projektarbeit etabliert sein. Hierfür sollte bei der Projektplanung von vornherein ein gewisses „Reserve-Budget" eingeplant werden.

Tabelle 1.16b-V5: Maßnahmen zur Aufwandsreduzierung

Steuerungsmaßnahme	Mögliche Hindernisse und Nebeneffekte
Suche nach technischen Alternativen	• kurzfristiger Mehraufwand mit unsicherem Ergebnis
Lizenzen und Know-how zukaufen	• Abhängigkeit vom Lizenzgeber • Übertragbarkeit des Know-hows auf die eigene Produktentwicklung fraglich
Zukauf von Teilprodukten	• geeigneter Lieferant muss gefunden werden • Aufwand für Definition und Abnahme
Alternative Lieferanten	• Aufwand/Zeit für Auswahl und Auftrag • Lieferrisiko
Änderung der Abwicklungsprozesse	• Umstellungsaufwand mit unsicherem Ergebnis
Parallelarbeit ("simultaneous/concurrent engineering")	• erhöhtes technisches Risiko
Streichung nicht zwingend notwendiger Arbeitspakete	• erhöhtes Risiko • Qualitätsreduzierung

4.3 Erhöhung der Produktivität

Potentiale zur Steigerung der Produktivität, mindestens aber zum Erhalt der Produktivität oder zum Ausgleich von sich abzeichnenden Produktivitätsverlusten (z. B. bei Überstunden, Anpassung der Prozesse) lassen sich in nahezu allen Projekten finden. Allerdings wirken Maßnahmen zur Produktivitätserhöhung häufig erst zeitverzögert und erfordern anfänglich einen gewissen Mehraufwand. Produktivitätspotentiale sollten bei allen anderen Steuerungsmaßnahmen immer mit in Erwägung gezogen und angemessen ausgeschöpft werden.

Tabelle 1.16b-V6: Maßnahmen zur Produktivitätserhöhung

Steuerungsmaßnahme	Mögliche Hindernisse und Nebeneffekte
Ausbildung der Mitarbeiter	I kein kurzfristiger Effekt I Schulungsaufwand
Austausch einzelner Mitarbeiter	I keine Alternativen I Einarbeitungszeit
Einstellen besonders qualifizierter Mitarbeiter	I Spezialisten oft nicht zu finden I Kosten
Information und Kommunikation erhöhen	I Zeitaufwand I kein kurzfristiger Effekt
Motivation erhöhen durch: I persönliche Anerkennung I Teamgeist I personifizierte Verantwortung I Prämien und Anreize I Transparenz für die Mitarbeiter I Abbau von Konflikten I Darstellung der Aufgabenbedeutung I Verbesserung des Arbeitsumfelds	I Kompetenz der Projektleitung I Bereitschaft und Mitwirkung der Beteiligten
Organisatorische Veränderungen: I Neuorganisation des Projekts I Aufgabenverschiebung I Richtiges Know-how an der richtigen Stelle I Team räumlich zusammenlegen I Abschirmung der Mitarbeiter	I Macht der bestehenden Organisation I keine Alternativen I Zeitaufwand I Raumproblem
Infrastruktur des Projektes verbessern	I Zeit-/Kostenaufwand

4.4 Veränderung des Leistungsumfangs

Um bereits eingetretene oder zu erwartende Kostenüberschreitungen und/oder gravierende Terminverzüge aufzufangen, müssen auch Maßnahmen zur Leistungsveränderung in Betracht gezogen werden. Dabei können bestimmte geplante Leistungsinhalte mit anderen Prioritäten versehen oder zeitlich verschoben oder gar nicht realisiert werden. Die Vielfalt der Hindernisse, die solchen Steuerungsmaßnahmen entgegenstehen, und die möglichen positiven wie negativen Auswirkungen können hier nur sehr allgemein aufgelistet werden. So kann beispielsweise der unterschiedliche Umgang mit Änderungswünschen des Kunden je nach Projektstrategie zu finanziellen Gewinnen oder Verlusten führen.

Tabelle 1.16b-V7: Maßnahmen zur Veränderung des Leistungsumfangs

Steuerungsmaßnahme	Mögliche Hindernisse und/oder Nebeneffekte
Leistungsreduzierung	• setzt Zustimmung des Auftraggebers voraus • Kunden-/Marktforderungen/Konkurrenzdruck
Versionsbildung mit vorläufiger Leistungsreduzierung	• versteckte Terminverschiebung • Gesamtaufwand für das endgültige Produkt steigt
Einschränkung der (geforderten bzw. geplanten) Qualität	• versteckte Terminverschiebung • Erhöhung des Gesamtaufwandes über die Produktlebenszeit durch erhöhte Wartungs- und Betriebskosten
Prioritätenänderung der Leistungsmerkmale	• versteckte Terminverschiebung • Ergebnis wird vom Markt/Kunden nicht akzeptiert
Ablehnen von Änderungswünschen (im Rahmen des vereinbarten Leistungsumfangs)	• Akzeptanz der Projektergebnisse verringert sich • Einfluss auf Umsatz und Gewinn
Aufgreifen von Änderungswünschen/aktives Vorschlagen von Änderungen (zur Erweiterung des Projekt- bzw. Auftragsumfangs)	• Image von Flexibilität oder Vertrauensverlust • Einfluss auf Umsatz und Gewinn

4.5 Verbesserung der Prozessqualität

Bei Störungen der Kunden-/Lieferanten-Beziehungen, der Projektumfeldbeziehungen oder der Zusammenarbeit zwischen den Projektbeteiligten (z. B. bei Konflikten, Krisen) sind besondere Maßnahmen zur Verbesserung der Information und Kommunikation sowie zur „Klimaverbesserung" erforderlich. Unterstützend wirken kann auch eine Intensivierung des Projektmarketings – nach innen wie nach außen. Beispiele solcher Maßnahmen sind in Tabelle 1.16b-V8 aufgelistet.

Tabelle 1.16b-V8: Maßnahmen zur Verbesserung der Prozessqualität

Steuerungsmaßnahme	Mögliche Hindernisse und/oder Nebeneffekte
Stärkere Einbeziehung der Projektstakeholder, z. B. I Projektpräsentationen, Spezialveranstaltungen, I Public Relations, Presseberichte, Radio-/TV-Spots	I Kosten- und Zeitaufwand I bestimmte Projektbeteiligte I Außenwirkung I Imagegewinn
Herausstellen und Sichtbarmachen der Beiträge und wertvollen Leistungen des Kunden/Auftraggebers	I Zeitaufwand I Kundenbegeisterung
Intensivierung der Beziehungspflege (intern/extern)	I Zeitaufwand I Klimaverbesserung I Informationszugewinn
Ausräumen von (latenten) Konflikten, Beseitigung der Ursachen von Konflikten und Krisen	I Einsicht der Beteiligten I Klimaverbesserung I Produktivitätsverbesserung
Verstärkung des internen Projektmarketings, z. B. durch I Projektlogo, I Projektzeitung, I Projekt-Pin-Board („Schwarzes Brett"), I Projekt-Hotline, I Projekt-Website.	I übergeordnete Instanzen ("Linie") I Schaffung einer Projektidentität I Motivationssteigerung

5 Projektportfolio-Controlling

5.1 Überblick

Wie in der Einführung bereits erwähnt, ist das Portfoliocontrolling eine Teilaufgabe des Portfoliomanagements im Rahmen der Projektwirtschaft einer projektorientierten Organisation. Unter dem Oberbegriff „Projektportfolio-Controlling" sollen die Überwachung und Steuerung einschließlich Berichterstattung von Portfolios verstanden werden, die sowohl Projekte als auch Programme beinhalten können. Die präzise Unterscheidung zwischen Programmcontrolling einerseits und Multiprojektcontrolling und Portfoliocontrolling andererseits ist allenfalls für die organisatorischen Zuständigkeiten innerhalb einer (projektorientierten) Organisation von Bedeutung. Gelegentlich wird das Projektportfolio-Controlling auch als **„Meta-Controlling"** bezeichnet, um damit auszudrücken, dass es sich dabei (sehr vereinfachend) um das „Controlling des Controllings" handelt.

Die im Folgenden dargestellten Aufgaben des Projektportfolio-Controllings liegen allesamt im Verantwortungsbereich eines projekt- bzw. programmübergreifenden Steuerungsgremiums, das in der Regel mit in der Organisationshierarchie hoch angesiedelten Führungskräften besetzt ist. Deshalb wird es auch **Projektportfolio-Führungskreis**, **Portfolio-Lenkungsausschuss** oder **Portfolio-Board** genannt. Die Beschaffung der Informationen aus den Einzelprojekten als Basis für die Entscheidungen dieses Gremiums erfolgt in der Praxis entweder von einem Ausschussmitglied selbst oder einem seiner Mitarbeiter, der je nach Aufgabenausprägung und –umfang als Multiprojektmanager, Projektportfolio-Koordinator oder **Portfoliomanager** bzw. **–controller** bezeichnet wird. In größeren Unternehmen und/oder für umfangreiche Projektportfolios kann speziell für das Projektportfolio-Management ein so genanntes **Projektmanagement-Büro** [engl.: Project Management Office (PMO)] eingerichtet sein, das meist vom Portfoliomanager bzw. –controller geleitet wird und das die organisatorische „Heimat" des Portfolio-Boards bildet. Die Bezeichnungen für eine solche Einrichtung sind in der Praxis ebenfalls sehr unterschiedlich und reichen von Projektbüro und Project Office über Multiprojektbüro bis hin zu Center of Project Excellence (vgl. hierzu auch CAMPANA, 2002).

> **§ Definition** Unter Projektportfolio-Controlling versteht man die regelmäßige Erfassung, Reflexion und Abstimmung von inhaltlichen (Zwischen-)Ergebnissen, Terminen, Ressourcen und Budgets im Projektportfolio zu bestimmten, vorher definierten Zeitpunkten sowie die Überprüfung, inwieweit die mit den einzelnen Projekten und Programmen bezweckten Ziele noch realistisch sind, ob der gewählte Weg zur Erfüllung dieser Ziele noch der richtige ist und was man aus den bisher gemachten Erfahrungen lernen kann.

Der Hauptfokus liegt auf der Zusammenschau der einzelnen Projekte bzw. Programme und deren Abhängigkeiten untereinander. Dabei wird postuliert, dass die gemeinsame Koordination aller oder eines Bündels vergleichbarer Projekte mit vielfältigen Abhängigkeiten (z. B. gemeinsame Ziele, Ressourcen, Ergebnisse, Auftraggeber) für die Organisation nutzbringender ist, als wenn diese Projekte isoliert betrachtet würden. Durch Nutzung von Synergien und Potenzialen soll ein Mehrwert erzeugt werden.

Der Projektportfolio-Controller sorgt für eine einheitliche und übersichtliche Darstellung der Projekte und setzt die Instrumente und Methoden des Portfoliomanagements so ein, dass die Entscheidungen im Portfolio-Board schnell und effizient getroffen werden können. Dabei erstellt er Plan/Soll/Ist/Erwartet-Vergleiche, analysiert Abweichungen und schlägt entsprechende Steuerungsmaßnahmen vor. Das Portfolio-Board entscheidet darüber und im Weiteren über spezielle Maßnahmen, die bei Veränderungen im Umfeld, Neuaufnahme oder Abbruch einzelner Projekte im Portfolio zu ergreifen sind. Die wesentlichen Betrachtungsgrößen im Rahmen des Projektportfolio-Controllings sind:

- Ziele/Qualitätskriterien,
- Meilensteine/Termine,

- Ressourcen/Aufwände,
- Kosten/Budgets.

Ein funktionierendes Projektportfolio-Controlling bedingt eine klare Vereinbarung der organisatorischen Aspekte und der Gestaltung des Informationsflusses:

- **Welche Daten** sind zu erheben bzw. zu melden?
- **Wie häufig** sind Informationen zu ermitteln?
- **Wer** bereitet die Daten zu entsprechenden Entscheidungsvorlagen auf?"

> Wie für das Controlling im Einzelprojekt gilt auch für das Controlling in einer Mehrprojektumgebung bzw. Projekte- und Programmlandschaft, dass alles überwacht und gesteuert werden kann, was auch geplant worden ist. Außerdem gilt auch für das Portfoliocontrolling der Grundsatz „je stärker die Mitbeteiligung desto größer die Akzeptanz".

Es fällt den Projektleitern und anderen Beteiligten in Einzelprojekten bei weitem leichter, Entscheidungen höherer Hierarchieebenen zu akzeptieren und sich übergeordneten Zielen unterzuordnen, wenn sie von Anfang an in die Bildung der Unternehmensstrategie (Projektwirtschaft) und in die Planung und Festlegung der jeweiligen Einzelprojektziele eingebunden waren. Deshalb empfiehlt es sich für das Projektportfolio-Board, immer wieder – bei jedem neuen Projekt – die notwendige Basis für eine Projektportfolio-Identität bei den nominierten Projektleitern zu schaffen bzw. zu erneuern. Dies gelingt (nach PATZAK & RATTAY, 2004: 423-425) nur dann, wenn grundsätzlich folgende Maßnahmen umgesetzt werden:

- gemeinsame Erarbeitung der Projektportfolio-/Programm-Ziele,
- aktive Kommunikation der Synergien,
- Sicherstellung, dass das Topmanagement dem Projektportfolio-/Programm Bedeutung zumisst,
- regelmäßige Abstimmung auf Projektportfolio-/Programm-Ebene.

Außerdem bedarf es der Festlegung von Spielregeln zur Entscheidungsfindung und von Standards zur Vorbereitung, Dokumentation und Weitervermittlung der getroffenen Entscheidungen und deren Konsequenzen.

5.2 Ist-Aufnahme und Darstellung des Projektportfolio-Status

5.2.1 Ziele/Qualitätskriterien

So vielfältig die Kriterien bei der Auswahl und Initiierung von Projekten und Programmen sind, so vielfältig sind dementsprechend auch die für deren Überwachung und Steuerung. Bei der Projektauswahl und Neuaufnahme in ein Projektportfolio kommt es zunächst darauf an, ob es sich um interne oder externe Projekte, um Projektideen, potenzielle oder erteilte Kundenaufträge handelt. Dementsprechend lassen sich verschiedene Projektkategorien bilden. Maßgebliche Ziele und Qualitätskriterien für das einzelne Projekt können beispielsweise sein:

- Bedeutung und Nutzen für das Unternehmen, z. B. Strategiebeitrag zum Unternehmenserfolg, wirtschaftlicher Nutzen, erwarteter Umsatz, Deckungsbeitrag (Gewinn), Steigerung des Marktanteils, Referenzprojekt, Erhöhung der Kundenzufriedenheit, Zusatzaufträge,
- Chancen und Risiken, z. B. Technologie-Neuland, Wettbewerbsposition, Ressourcenauslastung, Kostenrisiko, Terminrisiko, Mitarbeiterzufriedenheit,

| Wirtschaftlichkeit der Investition, z. B. Business-Plan, „Business Case"-Betrachtung, Ergebnis einer Wirtschaftlichkeitsrechnung wie voraussichtliche Amortisationsdauer, Return-on-Investment (ROI),
| Kennzahlen einer „Balanced Scorecard (BSC)" für das Projekt, z. B. erwartetes (wirtschaftliches) Projektergebnis, Liefertreue, Kundenzufriedenheit, Produktivität der Projektabwicklung, Projektklima, Innovationsfähigkeit der Organisation, Mitarbeitermotivation.

Bei bereits laufenden Projekten und/oder Programmen stehen der Ist-Status bzw. die Veränderung der (ursprünglich) angestrebten Ziele gegenüber ihrer letzten Überprüfung im Vordergrund. Dementsprechend sind bei jeder Statusaufnahme genau wieder diese Ziele und Kriterien erneut zu beurteilen und in der gleichen Weise darzustellen. Die Ergebnisse für das einzelne Projekt werden üblicherweise in Berichts- oder Listenform, als Tabelle, als Diagramm etc. dargestellt. Für die verdichtete Darstellung ausgewählter Ergebnisgrößen aller oder mehrerer Projekte eines Projektportfolios (z. B. für alle internen Projekte oder Projekte eines Geschäftsfelds oder eines bestimmten Großkunden) hat sich in der Praxis das so genannte Portfolio-Diagramm (auch als Vier-Felder-Methode bekannt) bewährt. Es zeigt für die aufgeführten Projekte auf einen Blick den gegenwärtigen Status bestimmter Projektkennwerte, ggf. mit der Veränderung seit der letzten Ist-Aufnahme. Im Beispiel für ein solches **Portfolio-Diagramm** (Abbildung 1.16b-6) sind für 21 Projekte die Werte ‚Strategiebeitrag zum Unternehmenserfolg, Auftragsrisiko und wirtschaftliche Nutzen für das Unternehmen' dargestellt, wie sie sich aus einer Nutzwertanalyse ergeben (vgl. LOMNITZ, 2001: 121). Jeder Kreis repräsentiert ein Projekt, der Kreisdurchmesser die Höhe des wirtschaftlichen Nutzens.

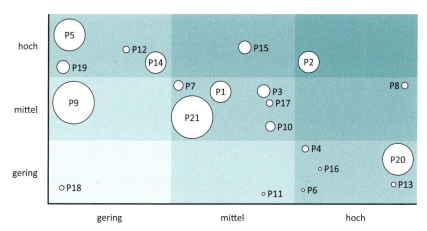

Abbildung 1.16b-6: Projektportfolio – nach Strategiebeitrag, Auftragsrisiko, wirtschaftlichem Nutzen (LOMNITZ, 2001: 122)

5.2.2 Termine

Die in Praxis am häufigsten eingesetzte Darstellungsform für Projektportfolios sind (verdichtete) Balkenterminpläne. Sie bieten eine optimale Übersicht über die geplanten und tatsächlichen Laufzeiten und Termine der einzelnen Projekte. Dabei werden pro Projekt jeweils ein Balken „Plan" und ein zweiter Balken für „Ist" dargestellt. Mit dem Eintrag des Ist-Fortschrittsgrads in den Ist-Balken kann zusätzlich der tatsächliche Projektfortschritt zum Stichtag visualisiert werden. Balkenterminpläne von Projektportfolios eignen sich für Überlegungen zur zeitlichen Verschiebung von Projekten und für Betrachtungen zu Ressourcen-Auslastung, insbesondere in Verbindung mit Ressourcen-Diagrammen (aufgetragen im selben Zeitmaßstab). Konsequenzen solcher Überlegungen können beispielsweise Entscheidungen über eine Ressourcen-Aufstockung oder Fremdvergaben oder sonstige Beschleunigungsmaßnahmen sein.

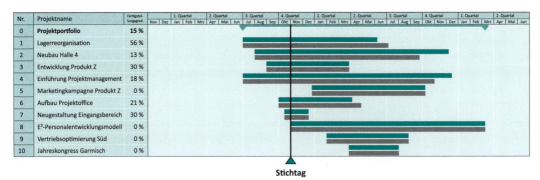

Abbildung 1.16b-7: Projektportfolio – Terminstatus (interne Projekte)

Alternativ zu Balkenterminplänen ist in der Praxis die Darstellung des terminlichen Projektportfolio-Status auch in Form von **Meilensteinlisten** bzw. –tabellen üblich, insbesondere dann, wenn für gleichartige Projekte ein standardisierter Phasenplan existiert. Zu den einzelnen Projekten (in den Zeilen der Tabelle) werden zum Beispiel für F&E-Projekte (in den Spalten) folgende Meilenstein-Termine eingetragen:

Projektstart		Spezifikation(en) erstellt		Grobdesign fertig		Prototyp erstellt		Beginn der Nullserie		Abnahme erfolgt Projektende	
Plan	Ist	Plan	Ist	Plan	Ist	Plan	Ist	Plan	Ist	Plan	Ist

5.2.3 Aufwand

Die gängigste Darstellung von Aufwandsübersichten für Projektportfolios sind Kosten(summen)listen bzw. -tabellen. Wie bei Termin- oder Meilensteinlisten werden in den Zeilen der Tabelle die einzelnen Projekte aufgeführt und in den Spalten pro Projekt beispielsweise folgende (kumulierte) Kostenwerte:

Plan-Gesamtkosten	Ist-Kosten (zum Stichtag)	Geschätzte Rest-Kosten	Voraussichtliche Gesamtkosten (bei Projektende)	Kosten-Abweichung (bei Projektende)
PGK	IK	RK	VGK = IK + RK	Δ = VGK − PGK

oder (wie beim stichtagsbezogenen Soll/Ist-Vergleich – siehe Basiskapitel Teil A)

Plan-Gesamtkosten	Ist-Kosten (zum Stichtag)	Ist-FGR (zum Stichtag)	Soll-Gesamtkosten = Fertigstellungswert (zum Stichtag)	Kostenabweichung (zum Stichtag)
PGK	IK	FGR [%]	FW = PGK × FGR	KA = FW − IK

In gleicher Weise kann mit anderen Aufwandsgrößen, beispielsweise Stunden, verfahren werden.

5.2.4 Integrierte Darstellung

Der Nachteil der zuvor beschriebenen Darstellungsformen für den Projektportfolio-Status ist die jeweils separate Sicht auf die Termin-, Stunden- oder Kostensituation. Außerdem wird dabei nicht oder nur implizit die voraussichtlich weitere Entwicklung der Projekte aufgezeigt. Die in Abschnitt 3 beschriebene umfassende Fertigstellungswertanalyse kann hier Abhilfe schaffen. Sie liefert sämtliche Ist-Daten für die integrierte Darstellung der Projektzielgrößen Leistung, Zeit und Aufwand zum Stichtag und zudem Prognose-Werte für das Projektende. Mit der Übertragung der wesentlichen Ergebnisse aus der Fertigstellungswertanalyse für die einzelnen Projekte in ein Portfoliodiagramm werden die Projekt(e)situation zum Stichtag und die künftige Entwicklung mit einem Blick erfassbar.

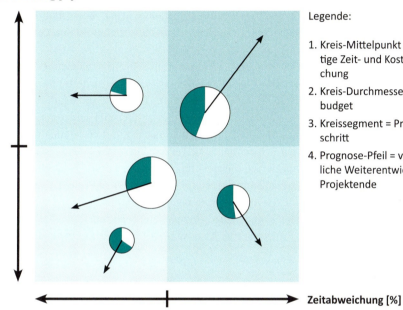

Abbildung 1.16b-8: Projektportfolio – Termin/Kosten/Fortschritt „integriert" mit Prognose (WÜNNENBERG, 1997: 3)

Im Beispiel (Abbildung 1.16b-8) sind die einzelnen Projekte nach relativer Kosten- und Zeitabweichung (in %) positioniert. Die Größe des Kreisdurchmessers repräsentiert die geplanten Gesamtkosten (PGK) des jeweiligen Projekts, die Größe des Kreissegments den Ist-Gesamtfortschrittsgrad (FGR$_{Ist}$ = Fertigstellungsgrad) zum Stichtag. Der Kreismittelpunkt ist durch die prozentuale Zeit- und Kostenabweichung zum Stichtag bestimmt. Ein Prognose-Pfeil zeigt die voraussichtliche weitere (zeitliche und kostenmäßige) Projektentwicklung. Die Lage der Pfeilspitze bestimmt sich einerseits durch den voraussichtlichen Projektende-Termin, der sich im Allgemeinen aus einer aktualisierten Netzplanberechnung ergibt, und andererseits durch die voraussichtliche Gesamtkostenabweichung (GKA) zum Projektende. Je nach Prognose-Variante bzw. Annahme über die künftige Leistungserbringung (vgl. Abschnitt 3.4) kann GKA gleich der bereits eingetretenen Kostenabweichung (KA) zum Stichtag sein oder aber sich bis zum Projektende in gleichem Maße (linear) fortsetzen, d. h. vergrößern oder verkleinern (je nachdem, ob KA positiv oder negativ ist).

„Die Länge des Pfeils ist ein Maß für den noch vorhandenen Handlungs- und Entscheidungsspielraum. Er ist zu Beginn des Projekts relativ groß und am Ende gleich Null, weil dann die eingetretenen und die noch zu erwartenden Abweichungen identisch sind. Die Strichstärke des Trendpfeils wird genutzt, um Trendänderungen darzustellen. Ein dünner Strich bedeutet, dass die Abweichungen abnehmen, eine breite Linie, dass sie zunehmen, und die normale Strichstärke zeigt einen gleich bleibenden Trend. Damit ist die Strichstärke des Trendpfeils ein Maß für die Wirkung von Steuerungsmaßnahmen auf den Projektverlauf" (WÜNNENBERG, 199: 3).

5.2.5 Änderung des Projektumfangs

> **!** Eine wesentliche Teilaufgabe des Projektportfolio-Controllings ist die regelmäßige Überwachung und Steuerung der einzelnen Projekte im Hinblick auf den Umgang mit Änderungen, Leistungsstörungen und dem damit verbundenen Mehraufwand. Die Rekrutierung und Durchsetzung von Claims kann beispielsweise in Kundenauftragsprojekten von entscheidender Bedeutung für den (wirtschaftlichen) Erfolg oder Misserfolg des Projektes sein.

Claims können sich aber auch in internen (nicht explizit vertraglich geregelten) Kunden-Lieferanten-Beziehungen ergeben. Häufig wird die Aufgabe der Claim-Beurteilung, die eigentlich dem Projektcontrolling im Einzelprojekt obliegt, in der Praxis auf eine „höhere Ebene" verlagert, die dann letztendlich entscheidet, welche Änderungen bzw. Zusatzleistungen „claim-würdig" bzw. „claim-fähig" sind und welche Forderungen und Ansprüche *nicht* – aus welchen Gründen auch immer – und welche tatsächlich durchgesetzt werden sollen.

Ungeachtet solcher (strategischer bzw. unternehmenspolitischer) Entscheidungen gehören zu einem vollständigen Projektportfolio-Status in jedem Falle auch eine (verdichtete) Darstellung von Veränderungen im Leistungsumfang und im Auftragswert eines jeden Projekts, ggf. differenziert nach Auftragsmehrungen/-minderungen, zusätzlichen („außervertraglichen") und sonstigen Leistungen, z. B. aus Gewährleistungs- oder Garantiefällen, Leistungsstörungen und Verletzung von vertraglichen Pflichten, z. B. teilweise Nichtleistung, Schlechtleistung, Verzug. Ein veränderter Leistungsumfang bzw. Auftragswert lassen sich in der integrierten Darstellung (Abbildung 1.16b-8) mit aufzeigen, beispielsweise durch zwei konzentrische Kreise (Doppelkreis) für das betreffende Projekt, wobei die Größe des zweiten Kreisdurchmessers das aktuelle Auftragsvolumen repräsentiert.

Weitere Ausprägungen und Verfeinerungen der prinzipiellen Projektportfolio-Darstellung nach Abbildung 1.16b-8 finden sich unter „Projekt-Status-Analyse (PSA)" bei WÜNNENBERG (1997).

5.3 Steuerungsentscheidungen und Dokumentation

Auf der Basis einer fundierten Projektportfolio-Planung einerseits und der regelmäßigen Erfassung und übersichtlichen Darstellung des Projektportfolio-Status (nach Abschnitt 5.2) andererseits können das Portfolio-Board und/oder der Portfoliomanager bzw. –controller die notwendigen Steuerungsentscheidungen treffen. Prinzipiell stehen hierbei die gleichen Steuerungsmöglichkeiten und –maßnahmen wie für das Einzelprojekt zur Verfügung. Allerdings müssen bei den Steuerungsentscheidungen für Projektportfolios die inhaltlichen, zeitlichen und personellen Abhängigkeiten zwischen den einzelnen Projekten in Betracht gezogen werden. Dies betrifft zum einen die „internen" Abhängigkeiten innerhalb der Projekt(e)landschaft selbst, darüber hinaus aber auch die „externen" Abhängigkeiten, beispielsweise die Belastung der Projektmitarbeiter in den verschiedenen Projekten, aber auch ihre Belastung mit anderen nichtprojektbezogenen Aufgabenstellungen.

Σ Fazit Fundierte Steuerungsentscheidungen setzen voraus, dass die Abhängigkeiten bei den Entscheidern bekannt und zuvor in einer Abhängigkeitsanalyse dokumentiert worden sind. Deshalb obliegt dem Projektportfolio-Controller meist auch die Sammlung sämtlicher Dokumente aus der Portfolio-Planung, die eine Grundlage für die Steuerung sind, sowie die kontinuierliche Protokollierung sämtlicher Entscheidungen im Zusammenhang mit dem Projektportfolio – von der Aufnahme neuer Projekte über die getroffenen Steuerungsentscheidungen in den regelmäßigen Statussitzungen bis hin zum Abschluss oder Abbruch von Projekten. Weiterhin ist er verantwortlich für die Weiterleitung der notwendigen Informationen vom Portfolio-Board an die entsprechenden Stellen in der Organisation und für die Ablage, die Speicherung und ggf. Archivierung der entsprechenden Portfolio-Dokumente.

6 Erfahrungssicherung

Wie das Projektcontrolling im Einzelprojekt, so hat auch das Projektportfolio-Controlling dafür zu sorgen, dass die bei der eigenen Arbeit gewonnenen Erkenntnisse und Erfahrungen gesichert und für die Organisation nutzbar gemacht werden. Darüber hinaus hat es die Aufgabe, bei der Pflege und Weiterentwicklung des Projektmanagement-Know-hows und beim Aufbau einer Projektmanagement-Kultur in der Organisation mitzuwirken. Dazu gehört auch, die Projektleiter immer wieder zu ermutigen, positive wie negative Erfahrungen zu sammeln und auch „preiszugeben", d. h. zu sichern bzw. (durch das Wissensmanagement) sichern zu lassen. Regeln und installierte Gremien zur Sicherung von Erfahrungen aus Projekten sind nur eine Möglichkeit. Oft sind der informelle Erfahrungsaustausch und/oder zwanglose Treffen der Projektleiter eher geeignet, Projekterfahrungen weiterzugeben und nutzbar zu machen.

Dennoch sollten zumindest beim Abschluss von Projekten die gemachten Erfahrungen systematisch gesammelt und allgemein zur Verfügung gestellt werden. Diese Erfahrungen können beispielsweise in Form des schriftlichen Abschlußberichts, in einer Reflexionssitzung, einer Kundenbefragung oder durch Präsentationsveranstaltungen gesichert werden. Dass dies zum Projektabschluss in jedem einzelnen Projekt auch immer geschieht, ist eine weitere Aufgabe des Projektportfolio-Controllings. Dem Projektportfolio-Board obliegt es, dafür zu sorgen, dass die entsprechenden Berichte, Aufzeichnungen und Protokolle in einer Wissensbibliothek, einem Wissensspeicher, einer Erfahrungs- oder Wissensdatenbank – wie auch immer dieser Ort bezeichnet wird – abgelegt und zur allgemeinen Nutzung verfügbar gemacht werden.

„In jedem Fall sollte der Projektportfolio-Führungskreis den Impuls geben und durch persönliches Engagement eine Kultur entwickeln, die das Lernen aus Erfahrungen im Einzelprojekt [Anm.: wie auch in einer Projekt(e) Landschaft] fördert" (PATZAK & RATTAY, 2004: 451).

7 Zusammenfassung

Nach einer allgemeinen Einführung werden zunächst die für ein wirksames Projektcontrolling im Einzelprojekt wesentlichen Zusammenhänge zwischen der Leistungsplanung mit Leistungsgliederung und Leistungsbewertung einerseits und der Fortschrittsmessung andererseits näher beleuchtet. Danach werden die verschiedenen Fortschrittsgrad-Messtechniken zunächst im Überblick und dann im Einzelnen vorgestellt. Die Verdichtung bzw. gewichtete Hochrechnung des Fortschritts von einzelnen Projektaufgaben zum Gesamtfortschritt des Projekts werden anhand von Beispielen verdeutlicht.

Anschließend folgt die Darstellung der umfassenden Fertigstellungswert- bzw. Earned-Value-Analyse in ihrer Gesamtheit und dreidimensional (Fortschrittswertanalyse). Dabei werden die Plan/Soll/Ist-Vergleiche, Abweichungs- und Prognoseberechnungen sowie die Berechnung der verschiedenen Projekt-Kennzahlen behandelt. Außerdem werden in einer tabellarischen Auflistung sämtliche deutschen und englischen Begriffe und Abkürzungen direkt einander gegenübergestellt.

In Ergänzung des Basiskapitel Teil A über die Integrierte Projektsteuerung werden erneut die verschiedenen Kategorien von Steuerungsmaßnahmen aufgegriffen, weitergehend diskutiert und durch praxisrelevante Beispiele in Form von Maßnahmenkatalogen untermauert. Dabei werden Einsatzmöglichkeiten, Nutzen, mögliche Hindernisse und Nebenwirkungen der Maßnahmen aufgezeigt.

Unter „Projektportfolio-Controlling" folgt zuerst ein Überblick über Inhalt, Organisation und Aufgaben des Controllings in einer Mehrprojektumgebung (Projekte, Programme, Portfolios). Danach werden die Ist-Aufnahme des Projektportfolio-Status, die zu erfassenden Daten und die in der Praxis gängigsten Darstellungsformen erläutert und mit Beispielen belegt. Des Weiteren wird auf die notwendigen Voraussetzungen für Steuerungsentscheidungen und deren Dokumentation eingegangen.

Den Abschluss des Basiskapitel Teil B zu Kapitel 1.16 bilden Hinweise zur Erfahrungssicherung als Teilaufgabe des Projektportfolio-Controllings und zu deren Zusammenhang mit dem Einzelprojektcontrolling.

8 Fragen zur Wiederholung

1. Welcher Zusammenhang besteht zwischen Leistungsplanung und Leistungsfortschrittsmessung?
2. Welche Einzelaufgaben umfasst die Leistungsplanung?
3. Wozu dient eine dezidierte Leistungsbewertung?
4. Welche Daten eignen sich zur Leistungsbewertung? (Überlegen Sie sich eigene Beispiele!)
5. Welche Möglichkeiten stehen zur Fortschrittsmessung zur Verfügung (Fortschrittsgrad-Messtechniken)?
6. Weshalb ist die Statusschritt-Technik universell (in allen Projekten) einsetzbar?
7. Was versteht man unter dem 90 %-Syndrom?
8. Was ist ein Gesamtfortschrittsgrad, ein Gesamtfortschrittswert?
9. Welche Größen werden beim Soll/Ist-Vergleich zum Stichtag gegenübergestellt?
10. Welche Abweichungen werden bei der Fertigstellungswertanalyse (FWA) ermittelt?
11. Welche Varianten bietet die FWA zur Prognose der voraussichtlich zu erwartenden Gesamtkosten bei Fertigstellung? Welche Leistungsprognosen liegen jeweils zugrunde?
12. Worin unterscheidet sich die „umfassende" von der „klassischen" FWA?
13. Welche der verschiedenen Kennzahlen (der FWA) ist **die** Maßzahl für die Wirtschaftlichkeit der Leistungserbringung bis zum Stichtag? Weshalb?
14. Welche Projektsteuerungsmaßnahmen würden Sie als Projektleiter bei gravierendem Terminverzug im Projekt ergreifen? Nennen Sie auch mögliche Hindernisse und Nebenwirkungen!
15. Wie können Sie als Projektleiter einem schlechten Projektklima und mangelnder Zusammenarbeit im Projekt entgegenwirken?
16. Welche Kategorie von Steuerungsmaßnahmen sollte bei Steuerungsüberlegungen immer mitberücksichtigt werden?
17. Welche unternehmerischen Ziele werden mit dem Projektportfolio-Controlling verfolgt?
18. Welcher Zusammenhang besteht zwischen dem Einzelprojekt-Controlling und dem Projektportfolio-Controlling?
19. Welche Ausgangsdaten für das Einzelprojekt sind auch für das Projektportfolio-Controlling von besonderer Bedeutung?
20. Welche Daten (aus dem Einzelprojekt-Controlling) sind für einen Projektportfolio-Status zu erheben?
21. In welcher Form kann die Terminsituation eines Projektportfolios übersichtlich dargestellt werden?
22. Welche Darstellungen eignen sich für die Aufwandssituation eines Projektportfolios?
23. Wie können mehrere Status-Informationen für ein Projektportfolio integriert dargestellt werden?
24. Welche Status-Informationen sind insbesondere für das Projektportfolio-Controlling von Kundenauftragsprojekten wichtig?
25. Welche Aufgaben der Erfahrungssicherung obliegen dem Projektportfolio-Controlling?

1.17 Information und Dokumentation
(Information & documentation)
Dieter Geckler

Kontext und Bedeutung

Die Form und der Umfang von Projektdokumentationen sind so zahlreich wie die Art der Projekte selbst. So mag bei einem kleinen Ein-Mann Projekt eine kleine Arbeitsmappe die gesamte Projektdokumentation umfassen, während in einem Konzern mit regelmäßig auftretenden mehrjährigen Großprojekten ganze Abteilungen IT-Systeme betreiben, um eine hinreichende Unterstützung der Projekte sicherzustellen. Aufgrund dieser Vielfalt soll hier nicht eine ideale Projektdokumentation vorgestellt werden, sondern es sollen die gemeinsamen Elemente, Methoden und Regeln der Projektdokumentation aufgezeigt werden. Mit diesem Wissen soll die Möglichkeit geschaffen werden, für ein einzelnes Projekt die richtige Form der Projektdokumentation zu finden.

Motivationen

Jede Projektdokumentation hat das Ziel, den Weg zum erfolgreichen Projekt zu unterstützen, indem es alle relevanten Informationen eines Projekts strukturiert und archiviert. Mit den neuen Informationstechniken ist diese Ablage ein interaktives Medium, welches die aktuellen Projektinformationen allen Projektbeteiligten online zur Verfügung stellt. Damit ist die Projektdokumentation ein zentraler und aktiver Bestandteil der internen **Projektkommunikation**.

Darüber hinaus besteht in vielen Projekten die Pflicht, bestimmte Unterlagen über einen gewissen Zeitraum zu **archivieren** und auf Anforderung Einsicht zu gewähren. Hierzu gehören steuerrechtlich oder juristisch relevante Unterlagen sowie technische Dokumentationen zur Produkthaftung oder zum Gesundheits-, Sicherheits- und Umweltschutz. Die Anforderungen zur Archivierung dieser Inhalte unterscheiden sich sehr stark von Projekt zu Projekt. Sie sind weiterhin davon abhängig, ob diese Dokumente in einem Unternehmen von der Projektleitung oder einer Fachabteilung, wie z. B. der Finanzabteilung bzw. einem technischen Archiv geführt werden.

Das dritte Motiv zur Führung einer strukturierten Projektdokumentation ist das Leitbild des lernenden Unternehmens. In jedem Projekt werden neue Informationen erzeugt. Mit einer gut geführten Projektdokumentation können diese als **Referenzen** für künftige Projekte genutzt werden. Die Auswertung mehrerer Projekte führt in einem weiteren Schritt zu einem stetigen Zuwachs des unternehmerischen Wissens. Die Projektdokumentation wird damit zu einem Teil des **Wissensmanagements**.

Lernziele

Sie kennen

- die wichtigsten Motivationen und Arten der Projektdokumentation
- typische Projektdokumente und Informationsarten der Projektleitung sowie
- Medien und Werkzeuge zur Durchführung der Projektdokumentation

Sie können anhand der Projektbeschreibung

- die erforderlichen Projektdokumente ermitteln
- die erforderlichen Medien bestimmen
- Methoden und Werkzeuge zum Betrieb einer Projektdokumentation aufbauen

Inhalt

1		Zielgruppen und Inhalte	630
1.1		Zielgruppen	630
1.2		Inhalte	630
2		Definitionen: Informationen und Dokumente	631
2.1		Informationen	631
2.2		Dokumente	631
3		Projektdokumente	631
3.1		Projektauftrag und Zielsetzung:	631
3.2		Extern wirkende Dokumente	632
3.3		Dokumente der Projektleitung	632
3.4		Dokumente der Projektbeteiligten	632
4		Spezifische Projektdokumente	632
4.1		Projekt-Präsentationsunterlagen	632
4.2		Projekt-Statusbericht	633
4.3		Dokumentation des Projektgegenstands	634
4.4		Änderungen des Projektgegenstands	634
4.5		Änderungen am Projektstrukturplan	636
4.6		Protokoll	636
4.7		Glossar	637
5		Prozesse an Projektdokumenten	638
5.1		Informationserzeugung	638
5.2		Entscheidungen in Projekten	639
5.3		Verifikation, Freigabe, Bestätigung	641
5.4		Publikation	641
5.5		Archivierung und Recherche	642
6		Medien	642
6.1		Papierablagen	642
6.2		Computergestützte Dokumente	642
6.3		Dateimanager	643
6.4		Dokumenten-Management-System	643
6.5		Datenbank-Systeme	644
6.6		Workflow-Systeme	644
6.7		Blog	645
6.8		Wiki	645
6.9		Virtuelle Projekträume	645
7		Konzeption von Projekt-Dokumentationen	646
7.1		Bestimmung des Freiheitsgrads zur Konfiguration der Projektdokumentation	646
7.2		Auswahl der Medien	647
7.3		Zuordnung der Informationsprozesse	648
8		Zusammenfassung	649
9		Fragen zur Wiederholung	649

1 Zielgruppen und Inhalte

1.1 Zielgruppen

Der Inhalt der Projektdokumentation orientiert sich an vier verschiedenen Zielgruppen. Jede stellt dabei besondere Anforderungen:

- Mit den **Stakeholdern** werden der **Auftrag**, die **Ziele**, die **Wirtschaftlichkeit** sowie gegebenenfalls die Details zur **Durchführung** des Projektes abgestimmt. Diese Informationen bilden während der Laufzeit die Leitschnur für das Projekt. Die Strukturierung und Bewahrung dieser Dokumente unterliegen der Projektleitung.
- **Externe Projektstellen** sind staatliche **Behörden** (insbesondere bei internationalen Projekten) sowie die **Unternehmen**, welche das Projekt durchführen. Diese Stellen spannen den Rahmen auf, in dem sich das Projekt bewegt. Ihre zentralen Regeln mit Bezug auf das Projekt müssen den Projektbeteiligten bekannt sein. Treten in einem Projekt Besonderheiten mit Projektrelevanz auf, wie z. B. besondere Zollbestimmungen eines Landes oder Buchungsvorschriften eines Unternehmens, so können sie in die Projektdokumentation mit aufgenommen werden. Werden mit externen Stellen gesonderte Absprachen zur Durchführung eines Projekts getroffen, so sind diese Verträge fester Bestandteil der Projektdokumentation.
- Die **Projektleitung** führt und steuert das Projekt. Ihre **Festlegungen**, wie das Projektorganigramm, der Terminplan oder die Regelungen zur Projektkommunikation betreffen sämtliche Projektbeteiligten und sind zur Information des Projektteams fester Bestandteil der Projektdokumentation.
- **Interne Projektstellen** sind alle Projektbeteiligten. Sie erarbeiten den **Projektinhalt** und erstellen dessen Dokumentation. Aufgabe der Projektdokumentation ist es, alle Projektbeteiligten über den für sie zutreffenden aktuellen Stand des Projektinhalts zu informieren. Diese Information kann sehr komplex und umfangreich werden und enthält je nach Art des Projekts einen spezifischen Inhalt. So umfasst sie bei einer technischen Entwicklung die Konstruktion der Einzelteile sowie deren Zusammenfassung in der Stückliste, bei einer Softwareentwicklung unter anderem Schnittstellenbeschreibungen und die Dokumentation der Module. **Organisieren** sich die Projektbeteiligten gegebenenfalls in Unterstrukturen, so sind diese Festlegungen ebenfalls Bestandteil der Projektdokumentation. Diese letztgenannten Festlegungen werden im Folgenden zusammen mit den Unterlagen der Projektleitung besprochen.

1.2 Inhalte

Dieser Beitrag liefert im Basisteil die Definitionen der Begriffe Information, Daten, Dokumente und Kommunikation und stellt ihre Bedeutung für die Projektarbeit dar (Abschnitt 2). Im Folgenden werden einzelne Projektdokumente aufgelistet (Abschnitt 3). Soweit sie schon an anderer Stelle in diesem Buch beschrieben sind, wird auf sie verwiesen. Die restlichen werden mit Beispielen genauer erklärt (Abschnitt 4). Den Abschluss des Basisteils bildet eine Darstellung der Prozesse an Projektdokumenten sowie der dafür geeigneten Medien (Abschnitt 5).

Im erweiterten Wissen wird vorgestellt, welche Formen der Projektdokumentation für welche Arten von Projekten geeignet sind. Damit wird das Projektteam in die Lage versetzt, die Projektdokumentation in angemessener Form zu konfigurieren.

2 Definitionen: Informationen und Dokumente

2.1 Informationen

Definitionen der im Folgenden benutzten Begriffe:

„Eine **Information** ist eine Kenntnis, die die Ungewissheit über das Eintreten eines bestimmten Ereignisses aus einer Menge von Möglichkeiten verringert oder beseitigt" (EN DIN 44301-16).

„**Daten** sind Gebilde aus Zeichen oder kontinuierlichen Funktionen, die auf Grund bekannter oder unterstellter Abmachungen Informationen darstellen, vorrangig zum Zwecke der Verarbeitung oder als deren Ergebnis" (DIN 44300-2).

Der Begriff der **Kommunikation** beschreibt den Austausch von Daten zwischen zwei Partnern.

2.2 Dokumente

Dokumente grenzen sich von Daten im allgemeinen Sinn dadurch ab, dass sie eine Bedeutung mit einem rechtlichen oder tätigkeitsbezogenen Inhalt haben.

Die Bedeutung ergibt sich durch eine Ratifizierung, eine Publikation in einem definierten Medium oder eine Speicherung in einem definierten Archiv. Dabei gehen allen drei Bedeutung gebenden Tätigkeiten Entscheidungen voraus. Diese sind jeweils die Entscheidungen zur Ratifizierung, Publikation oder Archivierung.

Dokumente können die Formen von Texten, Bildern, Formularen sowie einer Video- oder Tonaufzeichnung annehmen. Bekannte Vertreter sind Briefe, Belege, Verträge, Protokolle, technische Zeichnungen, Kataloge und Verzeichnisse oder Akten.

3 Projektdokumente

Im Folgenden werden die wesentlichen Projektdokumente aufgelistet und auf das Element im Buch verwiesen, auf dem die entsprechende Dokumentenart näher beschrieben ist. Werden Dokumente an keiner anderen Stelle dieses Buches behandelt, so werden sie in diesem Element in Kapitel 4 vorgestellt. Eine Zusammenfassung zur Ausführung von Projektdokumenten mit zahlreichen Beispielen gibt Stöger (2004).

3.1 Projektauftrag und Zielsetzung:

- Projektauftrag + Projektziele
  Siehe Element 1.19, Projektstart
- Leistungsbeschreibung + Ergebniserwartung
  Siehe Element 1.10, Leistungsumfang und Ergebnisse
- Business-Case
  Siehe Element 1.16, Controlling
- Protokolle der Lenkungs- und Steuergremien
  Siehe Kapitel 4, spezifische Projektdokumente

3.2 Extern wirkende Dokumente

- Regeln, Gesetze, Vorschriften
  Siehe Element 1.21, Normen und Richtlinien
- Verträge mit externen Stellen
  Siehe Element 1.14, Beschaffung und Verträge

3.3 Dokumente der Projektleitung

- Projektbeteiligte (Adressliste), Expertenverzeichnis, Projektorganisation
  Siehe Element 1.06, Projektorganisation
- Projektstrukturplan
  Siehe Element 1.10, Leistungsumfang und Ergebnisse
- Änderungen am Projektstrukturplan
  Siehe Kapitel 4, spezifische Projektdokumente
- Aktivitätenplan + Projektphasenplan
  Siehe Element 1.11a, Zeitmanagement, Projektphasen (Projektphasen)
- Terminplan
  Siehe Element 1.11b, Zeitmanagement, Projektphasen (Zeitplanung)
- Ressourcenverzeichnis + Ressourcenplan
  Siehe Element 1.12, Ressourcenmanagement
- Projekt-Präsentationsunterlagen
  Siehe Kapitel 4, spezifische Projektdokumente
- Statusbericht + Glossar
  Siehe Abschnitt 5, spezifische Projektdokumente
- Abschlussbericht
  Siehe Element 1.20, Projektabschluss

3.4 Dokumente der Projektbeteiligten

- Dokumentation des Projektgegenstands
  Siehe Kapitel 4, spezifische Projektdokumente
- Änderungen am Projektgegenstand
  Siehe Kapitel 4, spezifische Projektdokumente
- Protokolle der Projektteams
  Siehe Kapitel 4, spezifische Projektdokumente

4 Spezifische Projektdokumente

4.1 Projekt-Präsentationsunterlagen

Die Projekt-Präsentationsunterlagen dienen allen Projektbeteiligten, den Stakeholdern oder den sonst mit dem Projekt in Beziehung stehenden Personen als erste Information über das Projekt. Aus ihm werden die grundlegenden Informationen über das Projekt ersichtlich. Sie werden im Wesentlichen bei einleitenden Gesprächen über das Projekt genutzt.

Die Projekt-Präsentationsunterlagen sind in hochwertiger Form erstellt, um ihnen Gewicht zu geben. Ihr Inhalt sollte so formuliert sein, dass er möglichst über die gesamte Projektlaufzeit Gültigkeit besitzt.

Der Zugriff sollte allen Projektbeteiligten jederzeit möglich sein. Der Inhalt der Präsentationsmappe muss den Stakeholdern und insbesondere dem Auftrageber zustimmend bekannt sein.

Der Inhalt sowie die Form sind je nach Projekt individuell abweichend. Aus der Erfahrung über viele Projekte hat sich folgender Aufbau als sinnvoll herausgestellt:

1. Die **Projektübersicht** stellt auf der einen Seite den Projektauftrag und das Ziel da. Häufig wird auch der Projektgegenstand in einem Designentwurf oder einer Skizze plakativ dargelegt.
2. Ihr folgt eine Übersicht über die **Projektorganisation**. Darin werden die Stakeholder sowie die wesentlichen Projektbeteiligten in ihren Beziehungen dargestellt.
3. Die **Terminübersicht** zeigt meist in Form von Projektphasen oder Meilensteinen die terminlichen Eckpunkte des Projekts.
4. Die letzte Seite bildet eine Darstellung des **Nutzens**. Dieser wird, soweit möglich, in Form von Absolut- oder Prozentualwerten angegeben. In einer frühen Projektphase ist häufig nur eine Darstellung von Nutzenbeispielen möglich.

4.2 Projekt-Statusbericht

Der Projektstatusbericht dient den Steuergremien als Entscheidungsgrundlage. Seine Form hängt wieder sehr stark von der Art und dem Umfang des Projekts ab. Dennoch gibt es einige Elemente, die in den meisten Statusberichten wiederkehren. Die meisten enthalten acht Elemente.

Die ersten vier Darstellungen enthalten die Präsentationsunterlagen, wie sie im vorherigen Abschnitt beschrieben worden sind, und werden nur gezeigt, wenn das Steuergremium auf die Projekteckpunkte aufmerksam gemacht werden muss. Sind diese bekannt, beginnt der eigentliche Status mit den weiteren vier Elementen:

5. Die „**Letzten Schritte**" zeigen die Projektaktivitäten seit dem letzten Statusbericht. Dabei wird in der Regel vorausgesetzt, dass das Projekt seinen geplanten Fortschritt nehmen wird, sodass häufig nicht die Aktivitäten und Arbeitsinhalte, sondern die erreichten Meilensteine, Ziele und Entscheidungen präsentiert werden.
6. Weiterer Bestandteil dieser Darstellung sind die Anträge zu **Änderungen** im Projektplan oder Projektgegenstand, die von dem Berichtsgremium zu entscheiden sind. Entscheidungsfähig sind solche Anträge, wenn die inhaltlichen, terminlichen sowie die finanziellen Auswirkungen gegebenenfalls mit Alternativen aufgezeigt werden können.
7. Die nächste Darstellung zeigt die **Kostensituation** im Projekt inklusive der finanziellen Auswirkungen der Summe aller Änderungen.
8. Den Abschluss des Berichts bilden die erwarteten **Beschlüsse** des Entscheidungsgremiums. Häufige Entscheidungen sind:
   - Die Bestätigung von Ergebnissen der Projektarbeit.
   - Die Freigabe von entscheidungsfähig präsentierten Änderungsanträgen.
   - Die Aufforderung, bestimmte Projektschritte zu überarbeiten.
   - Die Entscheidung zum Projektabbruch.

   Je deutlicher dabei die möglichen Entscheidungen präsentiert werden, umso klarer können die Entscheidungen getroffen werden.

4.3 Dokumentation des Projektgegenstands

Der Projekt-Gegenstand ist das reale Ergebnis des Projekts und hat in der Regel auch nach dem Projekt weiter Bestand. Seine Dokumentation und Strukturierung sind ein wesentlicher Bestandteil eines jeden Projekts.

Beispiele für Dokumentationen des Projektgegenstands sind die Stückliste einer technischen Konstruktion, die Rezeptur eines Lebensmittels, die Gliederung eines Buchs, das Storyboard eines Films, die Funktions- oder Modulliste einer Softwareentwicklung bzw. der Zeitplan einer Veranstaltung.

Der **Projektstrukturplan** grenzt sich insofern gegen die Dokumentation des Projektgegenstands ab, als er die Gliederung des Projektgegenstands nur auf einer höheren Aggregationsebene anzeigt, daneben zeigt der Projektstrukturplan aber alle Aktivitäten des Projektteams, nicht nur diejenigen, die nach Projektende als Ergebnis zurückbleiben.

Umfasst ein Projekt mehrere Projektgegenstände, wie zum Beispiel die Einführung einer komplexen Software im Rahmen eines umfangsreichen Reorganisationsprojekts, so werden beide Gegenstände (Software und Organisation) im Projektstrukturplan auf einer höheren Ebene dargestellt und unterliegen damit der Verfolgung durch die Projektleitung.

Die Dokumentation des Projektgegenstands selbst geht in der Regel wesentlich tiefer ins Detail. Dabei unterliegt die Form der Dokumentation fachspezifischen Gegebenheiten, für nahezu jede Branche gibt es hierzu weiterführende Literatur, deren vollständige Auflistung den Rahmen des hier Möglichen sprengen würde.

Für das Projektteam ist die Dokumentation des Projektgegenstands das zentrale **Informationsmedium**. Mit ihr werden die **Zuständigkeiten** zur Bearbeitung der verschiedenen Projektteilelemente festgelegt. Aus ihr geht hervor, welche **Gestalt** das Projektergebnis annehmen wird.

Damit werden die Dokumentation des Projektgegenstands zu einer zentralen Informationsdrehscheibe des Gesamtprojekts und die Überwachung der richtigen Dokumentation und Aktualität zu einem zentralen Aufgabengebiet der Projektleitung.

4.4 Änderungen des Projektgegenstands

Änderungen am Projektgegenstand haben direkte Auswirkungen auf die Aufgaben und Tätigkeiten der Projektbeteiligten. Über **Änderungen** am Projektgegenstand sind alle Projektbeteiligten unmittelbar zu informieren, da in der Regel nur die Betroffenen entscheiden können, ob die geplante Änderung Einfluss auf ihr Teilgebiet hat.

Diese Änderungen werden über Change-Request (CR) Formulare und Prozesse organisatorisch verwaltet. Jede Minute Unkenntnis über einen geänderten Projektinhalt kann dazu führen, dass das Projektteam Aufgaben nach der bisherigen Planung an alten Ständen arbeitet. Daher ist jede Beschleunigung des Änderungsprozesses ein wirksames Mittel, um Verschwendung und Frustration im Projekt zu vermeiden (vgl. GECKLER, 2002).

Der Ablauf umfasst folgende Schritte:

I. Erkennen des Änderungsmotivs

Änderungen können aus mehreren Quellen entstehen. **Externe Änderungen** sind z. B. Änderungen an gesetzlichen Vorgaben, die im Projektgegenstand berücksichtigt werden müssen oder Entwicklungen in der Forschung oder am Markt, auf die das Projekt reagieren muss. **Interne Änderungsmotive** entstehen zum Beispiel aus Ergebnissen eines Messlabors, die zur Überarbeitung des Projektgegenstands zwingen. Aber auch Ideen oder Erkenntnisse von Projektmitarbeitern können im Projektverlauf entstehen und ihre Berücksichtigung finden.

II. Erstellung des Änderungsantrags

In der zweiten Stufe wird aus dem Änderungsmotiv eine konkrete Lösung (oder Alternative) erarbeitet, in der präzise formuliert wird, wie die Änderung am Projektgegenstand ausgeführt werden soll. Hierzu gehören nicht nur die fachgerechte Darstellung der Änderung nach den Standards der jeweiligen Branche, sondern auch die wirtschaftliche Kalkulation und eine Planung zur Umsetzung im Projekt.

III. Bewertung der Änderung

In der nächsten Phase wird der Änderungsantrag von allen Projektstellen bewertet. Dabei wird zunächst geprüft, wieweit die Änderung die eigene Aufgabenstellung betrifft. Ist dies der Fall, so werden die Auswirkungen auf die eigene Tätigkeit sachlich, wirtschaftlich und terminlich bewertet. Die Bewertungen werden von der Projektleitung zusammengefasst und mit der ursprünglichen Kalkulation des Änderungsantrags verglichen. Aus diesen Angaben wird eine Vorlage zur Entscheidung erstellt. Diese umfasst

- eine Darstellung des Änderungsmotivs
- eine oder mehrere Alternativen zur Lösung des Problems sowie
- die zusammengefasste Bewertung.

IV Entscheidung und Beauftragung

Ergeben sich aus der Vorlage sachliche, wirtschaftliche oder terminliche Auswirkungen, die das Projektergebnis wesentlich beeinflussen, so entscheidet die Projektleitung über die Umsetzung. Damit nicht alle Änderungen in diesem Gremium vorgelegt werden müssen, kann die Organisation Regeln aufstellen, auf welcher Ebene Entscheidungen über welche Änderungen getroffen werden.

Die Entscheidung sollte schnell getroffen werden, um den Projektablauf nicht zu stören. Daher sollten das Entscheidungsgremium dafür einen festen Regeltermin haben, die Vorlagen entscheidungsfähig vorbereitet sein und die getroffene Entscheidung schnell und sicher an alle Projektbeteiligte kommuniziert werden.

Unmittelbar nach der Entscheidung erfolgt die Beauftragung zur Umsetzung. Um den Ablauf nicht zu verzögern, können die erforderlichen Unterlagen schon zum Entscheidungstermin vorbereitet werden. Bei großem Änderungsvolumen ist diese Vorgehensweise wirtschaftlich, auch wenn nicht alle Anträge zur Umsetzung freigegeben werden.

4.5 Änderungen am Projektstrukturplan

Die Elemente des Projektstrukturplans, die sich auf den Projektgegenstand beziehen, werden nach der dafür vorgesehenen Methode behandelt (Kapitel 4.4). Darüber hinaus gehende Änderungen betreffen im Wesentlichen die Organisation und das Management des Projekts.

So kann es sein, dass das Projektmarketing umgestellt werden muss, dass weitere Stakeholder einzubeziehen sind oder sich das Projektteam um neue Partner erweitert. Betreffen diese Änderungen die Organisation, Methoden, Werkzeuge des Projekts, so müssen die Entscheidungen an alle Beteiligten kommuniziert werden.

Auch diese Änderungen sind zu planen, zu bewerten und zu entscheiden. Die Umsetzung wird von der Projektleitung gesteuert. Bei Großprojekten kann daraus ein eigenes Teilprojekt entstehen, z.B. um eine Projekt unterstützende Software im gesamten Team einzuführen.

4.6 Protokoll

Man unterscheidet zwischen zwei verschiedenen Protokollarten. Das Verlaufsprotokoll gibt den vollständigen Verlauf einer Besprechung möglichst in wörtlichen Zitaten wieder. Diese Protokollform wird bei politischen Debatten oder juristischen Verhandlungen angewendet. In Projekten ist ein moderne Form dieser Protokollierung in Form einer Videoaufzeichnung wirtschaftlich anwendbar.

Bei Projektgesprächen ist meist die Form des Ergebnis-Protokolls zweckmäßiger. Dabei wird der Gesprächsverlauf auf seine Ergebnisse und wesentlichen Inhalte beschränkt.

Projekt:	Gesprächskreis Planungsrunde		Datum des Protokolls 18.6.09	
Teilprojekt	Gesprächsdatum und Ort Musterlingen, 17.6.09		Ersteller des Protokolls: Frau Musterfrau	
	Teilnehmer	**Fa.**	**Abteilung**	
1	Hans Mustermann	A	Planung	
2	Susanne Musterfrau	B	Projektleitung	
3	Etc.	B	Planung	
Top	**Inhalt**	**Art I, E, A**	**Verantwortlich**	**Termin**
1.	Vorstellung des Konzepts von Firma A durch H. Mustermann (Siehe Anlage 1)			
1.2	Einstimmige Genehmigung des Konzepts	E		
1.3	Detaillierung des Konzepts durch Firma B. Übersendung durch E-Mail.	A	H. Mustermann	30.6.09
2.	Etc.			
17.	Nächstes Treffen am 2.7.09 in Musterdorf	A	Frau Musterfrau	2.7.09

Abbildung 1.17-1: Beispiel für ein Protokoll

Der formale Aufbau eines Ergebnisprotokolls ist in Abbildung 1.17-1 dargestellt.

Das Protokoll-Formular umfasst:

I Die Bezeichnung des Projekts, evtl. Teilprojekts zur Zuordnung des Protokolls.
I Den Gesprächskreis laut Projektorganisationsplan.
I Den Gesprächsort und Termin. Dabei ist die Terminangabe zwingend für die Identifikation des Gesprächs. Die Ortsangabe unterstützt aber oft die Erinnerung der Teilnehmer.
I Das Datum der Protokollerstellung.
I Den /die Autoren des Protokolls.
I Eine vollständige Auflistung der Teilnehmer mit den Mindestangaben des Namens, der Firma sowie der Abteilung. Aus organisatorischen Gründen existiert neben der Auflistung im Protokoll meist noch eine Teilnehmerliste mit handschriftlicher Eintragung der Teilnehmer.

Den nächsten Abschnitt bilden die Tagesordnungspunkte mit folgendem Aufbau:

I Der Inhalt beschreibt in einer Kurzform den Tagesordnungspunkt und verweist auf ergänzende Anlagen im Anhang.
I Für diese Art gibt es 3 Kategorien:
   I: Informationspunkt, hier wurde dem Gremium eine Information vorgestellt.
   E: Entscheidungspunkt, hier hat das Gremium eine Entscheidung getroffen.
   A: Aufgabe, hier wurde vom Gremium eine Aufgabe gestellt, der Verantwortliche kümmert sich um die Durchführung bis zum Zieltermin.

Den Abschluss bildet die Verabredung zum nächsten Treffen und legt den dafür Einladenden fest.

4.7 Glossar

Sprache ist die Grundlage der Kommunikation, ihre Definition bildet daher eine wesentliche Basis für jedes Projekt. Die Erfahrungen zeigen, dass viele Missverständnisse auf der unterschiedlichen Interpretation von Wörtern beruhen. Dabei kann es sein, dass die Kommunikationspartner denselben Begriff unterschiedlich bezeichnen oder unter derselben Bezeichnung verschiedene Dinge verstehen. Bei sachlichen Erörterungen wird immer wieder erkannt, dass viele Diskussionen wesentlich verkürzt werden können, wenn eine eindeutige Begriffsbestimmung existiert. Der Aufbau eines Projektglossars ist daher eine wirkungsvolle Prophylaxe zur Vermeidung überflüssiger Zeitverschwendung.

Das Glossar sollte alle grundlegenden Begriffe des Projekts definieren, die evtl. für die Projektmitglieder neu eingeführt werden. Dies sind z. B. innovative Fachausdrücke des Projektgegenstandes, aber auch Begriffe der Methodik innerhalb des Projekts.

Bei internationalen mehrsprachigen Projekten ist das Glossar weiter zu fassen. Hier sollten die über den normalen Sprachumfang eines Dolmetschers hinausgehenden Begriffe des Projekts im Glossar mehrsprachig festgehalten werden. Die Abstimmung der Definitionen erfolgt dabei über die führende Sprache im Projekt.

Eine geeignete Form für ein kleines Glossar ist eine tabellarische Darstellung. Bei größerem Glossarumfang lohnt sich schon der Aufbau eines Wikis für diese Aufgabe. Wichtig ist dabei, dass die Redaktion des Glossars über die Projektleitung gesteuert wird, um alle Streitigkeiten um die Aufnahme und Definition von Begriffen zu vermeiden.

5 Prozesse an Projektdokumenten

Wie in der Einleitung geschildert, wird die Projektablage mit den modernen Computertechniken zu einem interaktiven Medium, welche den Lebenszyklus der einzelnen Projektdokumente wirksam unterstützt. Um die Funktionsweise dieser Unterstützung im Einzelnen zu betrachten, sollen die Stationen in der Lebensdauer eines Dokuments Schritt für Schritt vorgestellt werden. Dabei wird auf die Möglichkeiten einer Rechnerunterstützung hingewiesen.

5.1 Informationserzeugung

Neue Information entsteht aus der **Ergänzung**, **Neuanordnung** und andersartigen **Verknüpfung** mit bereits vorhandenen Informationselementen. Dieses geschieht sowohl bei konventionellen kreativen Prozessen, (vgl. Element 2.07a, Kreativität) als auch bei lateralem Denken (vgl. Element 2.07b, Kreativität nach DE BONO). Die vorhandene Information gewinnt man dabei aus dem Wissensschatz des kreativ Handelnden, aus seiner Erfahrung, einer **Vorlage**, einer **Referenz** oder einer **Bibliothek**. Um routinemäßige, kreative Prozesse zu vereinfachen, werden daher oft Bibliotheken mit Funktionselementen aufgebaut, deren Verwendung mit hoher Wahrscheinlichkeit zu sinnvollen Ergebnissen führen. Sind völlig neue Lösungsansätze erforderlich, sind gerade diese vordefinierten Elemente und Kombinationswege zu verlassen.

Nun ist aber nicht jede neue Kombination der vorhandenen Informationen im gleichen Maße sinnvoll und zielführend, sondern wird erst durch eine **Bewertung** und **Auswahl** zu einer verwendbaren neuen Information. Beide Schritte können sowohl durch die kreativ arbeitende Person selbst als auch durch andere erfolgen. So kann der Erfinder bei einem offensichtlichen Fall durch kurzes Nachdenken zu dieser Erkenntnis gelangen, dass er seine Idee noch einmal überarbeiten muss. Bei einem weniger offensichtlichen Fall kann es erforderlich sein, einen Prototypen zu bauen und erst durch einen Test die Reife einer Idee erkennbar zu machen.

Nach der Bewertung kann die Auswahl zu vier möglichen Konsequenzen führen:

- Einmal kann die neue Information als vollständig abgeschlossen betrachtet werden.
- Zum anderen kann der Informationsstand so weit ausgereift sein, dass die nächste Bearbeitungsstufe vorgenommen werden kann.
- Zum Dritten können eine Überarbeitung oder Optimierung des aktuellen Stands beschlossen werden.
- Zuletzt kann sich herausstellen, dass keine Lösung möglich ist, zumindest nicht im Rahmen des Projekts.

Dieses Grundprinzip gilt für jede Neuerarbeitung von Informationen, sei es das Ausfüllen eines Formulars, eine komplette technische Neuentwicklung oder die Erarbeitung von Grundlagenwissen. Der Unterschied besteht aber darin, dass je nach Dokumentenart unterschiedliche Informationsmengen und -arten verwendet werden, eine unterschiedliche Anzahl von Personen beteiligt ist sowie ein unterschiedlicher Zeitraum in Anspruch genommen wird.

Für eine sinnvolle Systematik der Projektdokumente gilt es, diesen Mechanismus der Informationsentstehung in fortlaufenden Schleifen der Erweiterung, Änderung, Prüfung und Auswahl in jeder Betrachtungsebene sinnvoll zu unterstützen, sei es bei der täglichen Arbeit oder in einem länger andauernden Prozess. Dabei ist es für die Prozessdauer wesentlich, wie schnell die Schleifen durchlaufen werden. Hier kann eine gute Projektdokumentation wirkungsvoll unterstützen. Dabei ist zu berücksichtigen, dass die Information

- **von einer Einzelperson** bearbeitet werden kann. In diesem Fall hat sich gezeigt, dass interaktive Systeme mit schnellen Korrekturmöglichkeiten (z. B. Textsysteme, CAD-System) den Einzelnen bei der Informationserstellung wesentlich unterstützen.
- **in einer Gruppe** während einer Besprechung **gemeinsam** erarbeitet wird (in einem Raum oder einer Telefon- bzw. Videokonferenz). Das zu erstellende Dokument wird über eine Projektion angezeigt und alle Beteiligten bringen ihr gemeinsames Wissen und jeweils ihre Interessen ein, um so zu einem abgestimmten Dokument zu kommen. Dabei können mehrere Treffen stattfinden, bis die Bearbeitung abgeschlossen ist. Bei der gleichzeitigen Bearbeitung eines Dokuments an mehreren Standorten unterstützen Kollaborations-Komponenten die Arbeitsweise.
- **in einer Gruppe zeitlich versetzt** bearbeitet wird. Dies bedeutet, dass die Information zunächst von einem Einzelnen erstellt wird, um dann von einem oder mehreren Nachfolgern Ergänzungen zu erhalten. Dabei kann jeder wiederholt die Bearbeitung der Information aufnehmen. Häufig übernimmt dabei eine Person die zentrale Redaktion des Dokuments. Eine Systemunterstützung erhalten diese Arbeitsweisen durch die Überarbeitungs-Komponenten in der Software.

Diese Bearbeitungsformen treten selten in Reinform auf, sondern können mit verschiedenen Schwerpunkten kombiniert werden. Zudem arbeitet ein Projektteam häufig nicht nur an einem Dokument, sondern setzt sich gleichzeitig mit mehreren Themen auseinander. Es ist Aufgabe der Projektdokumentation, dabei eine Transparenz über den aktuellen Bearbeitungsstand, den letzten Bearbeiter sowie seine vorgenommenen Korrekturen und Ergänzungen herzustellen.

Hierzu erstellt sie **Metadaten** zu jedem Einzeldokument, welche neben dem eigentlichen Inhalt Informationen über den Bearbeitungsstand, Erläuterungen, Kommentare oder Zugriffsrechte enthalten. Dieses wird in der papiergebundenen Ablage von einer Registratur durchgeführt. Bei der Nutzung von IT-Systemen übernimmt ein **Dokumenten-Management-System** (DMS) diese Aufgabe.

Mit zunehmender Bearbeitungsreife wird häufig ein Wechsel des führenden Informationsmediums erforderlich. So kann ein Textdokument in einem Textsystem geschrieben werden, um dann in einem Layoutsystem zur Publikation vorbereitet zu werden. Oder ein technischer Entwurf wird zunächst in einem Konzipierungssystem aufgabenspezifisch entwickelt, um anschließend in ein System zur technischen Dokumentation überführt zu werden. Zur Vorbereitung der Fertigung oder Unterstützung von Wartungsarbeiten werden diese Informationen dann wieder in weiteren Systemen benötigt. Diese **Medienbrüche** sind für die Systeme der Projektdokumentation eine besondere Herausforderung, da hierfür eine zusätzliche Verbindungsstelle zwischen zwei Dokumenten hergestellt werden muss.

5.2 Entscheidungen in Projekten

Eine besondere Form der Informationserzeugung in Projekten ist die Herbeiführung von Entscheidungen bei den Stakeholdern. Durch sie werden für den weiteren Projektverlauf die Weichen gestellt. LUHMANN (2000) macht die Bedeutung besonders deutlich und stellt dar, wie durch diese Prozesse die Führung und der Rahmen der Selbstorganisation von sozialen Systemen, also auch von Projekten, gebildet werden.

Man muss dabei zwischen 2 Fällen unterscheiden. Zum einen entstehen projektrelevante Entscheidungen durch Einflüsse außerhalb des Projekts. In diesem Fall besteht die Aufgabe der Projektleitung darin, die Entscheidung durchzusetzen. Im zweiten Fall entsteht der Entscheidungspunkt aus dem Projekt heraus. Hierbei geht die Projektleitung in drei Schritten vor. Zunächst wird die Entscheidung vorbereitet, im nächsten Schritt wird die Entscheidung herbeigeführt. Den Abschluss bildet die Durchsetzung der Entscheidung, diese letzte Phase tritt damit sowohl bei internen als auch bei externen Entscheidungspunkten auf.

Die Vorbereitung von Entscheidungen

Um eine Entscheidung richtig vorzubereiten, ist zunächst zu klären, in welchem Gremium die Entscheidung zu treffen ist. Dabei gilt die Regel, dass jede Entscheidung vom kleinsten gemeinsamen Vorgesetzten der Betroffenen des Entscheidungspunkts getroffen werden muss. Setzt man auf einer niedrigeren Ebene an, so reicht die Entscheidungskompetenz des Gremiums nicht aus, um sie später durchzusetzen. Setzte man eine höhere Ebene an, so möchte das Gremium sich eigentlich nicht mit so einfachen Fragen befassen, zudem fühlt sich die eigentlich zuständige Stelle übergangen.

Ist die Zuständigkeit geklärt, so ist der Sachverhalt des Entscheidungspunkts soweit zu verdichten, dass er den Entscheidern in einer entscheidbaren Form vorgelegt werden kann. Hier zeigt die Praxis, dass Entscheidungen nur dann richtig getroffen werden können, wenn der Sachverhalt in einfacher Form auf wenigen Seiten (am besten eine Präsentationsfolie) klar und eindeutig darstellbar ist. Die Notwendigkeit der Verdichtung entsteht durch das Zeitproblem. Die Entscheider werden nicht die Möglichkeit haben, sich tief in die Materie einzuarbeiten.

Bei diesem Prozess der Informationsverdichtung werden alle betroffenen Personen bzw. Organisationseinheiten und Teilprojekte mit einbezogen. Sie müssen das Ergebnis kennen und mittragen, bevor die Vorlage zur Entscheidung kommt. Häufig klären sich allein über diese Abstimmung der stark vereinfachten Darstellung viele Problempunkte im Vorfeld der Entscheidung. Erst wenn eine einfache und verständliche Formulierung gefunden ist, der alle Betroffenen zustimmen, kann eine entscheidbare Vorlage erstellt werden.

Am einfachsten wird die Entscheidung für die Entscheider, wenn sich das Projektteam auf eine zu entscheidende Alternative einigt. In diesem Fall müssen sie nur den Vorschlag des Teams bestätigen. Werden mehrere Alternativen vorgelegt, so sollte bei der Vorlage deutlich werden, welche Vor- und Nachteile diese in allen Konsequenzen haben.

Die Vorlage selber enthält den Sachverhalt der Entscheidung, zeigt Konsequenzen der Entscheidung bzw. Nichtentscheidung sowie eine Formulierung des Entscheidungsvorschlags auf.

Entscheidung

Die Entscheidungen werden meist im Verlauf der regelmäßigen Treffen für den Projektstatusbericht getroffen, bei besonderen Situationen durch einen speziellen Termin. Am leichtesten fällt eine Entscheidung natürlich in einer lockeren Atmosphäre. Wesentlich ist aber, dass der Referent der Vorlage das Vertrauen der Entscheider hat. Dieses ist umso stärker, wenn die Entscheider sehen, dass ihre Mitarbeiter bei der Erstellung der Vorlage mitgewirkt haben und die Vorschläge unterstützen.

Das Ergebnis einer Entscheidung können eine volle Zustimmung zur Vorlage sein oder die Auswahl einer Alternative. Negative Entscheidungen spannen sich über das Spektrum einer Zustimmung mit Ergänzungen oder Änderungswünschen bis hin zur völligen Ablehnung des Themas.

Durchsetzung

Nach der erfolgten Entscheidung wird das Ergebnis von der Projektleitung kommuniziert. Je nach Art ist es auch Aufgabe des Projekts, die Umsetzung der Entscheidung durchzuführen und zu verfolgen. Im nächsten Statusbericht erfolgt dann ein Bericht über den Umsetzungsstand.

Entscheidung und Projektdokumentation

Die Projektdokumentation kann den gesamten Prozess der Entscheidungsfindung wesentlich unterstützen. Die Projektleitung richtet hierzu für jeden Entscheidungsprozess eine spezielle Ablage ein, die allen Beteiligten den Stand der Vorbereitung transparent macht. So kann das Projektteam über Kommentare, Abstimmungen oder zusätzliche Unterlagen aktiv an der Vorbereitung mitwirken und ist kontinuierlich über den Stand informiert.

Nach der Entscheidung dient eine interaktive Dokumentenablage der Information über das Entscheidungsergebnis und unterstützt als Plattform die Steuerung der Umsetzung.

5.3 Verifikation, Freigabe, Bestätigung

Nach der Erstellung einer Information durch eine Einzelperson oder ein Team sind in vielen Fällen eine spezielle Prüfung oder eine Freigabe durch den Auftraggeber oder einen Vorgesetzten notwendig. Diese Abläufe können projektbezogen definiert sein oder sind **Regelprozesse** der projektbearbeitenden Organisation.

Die Abläufe sind **projektbezogen**, wenn Besonderheiten des Projekts auftreten, wie z. B. die Zusammenarbeit mit einem Partner nur in diesem Projekt, der bestimmte Umfänge freigeben muss, oder der Einsatz im Ausland, wo z. B. besondere steuerrechtliche Regeln und andere Zollvorschriften gelten oder die Finanzierung einer besonderen Kreditabsicherung bedarf. Die Klärung der projektbezogenen Abläufe ist Aufgabe der Projektleitung und wird über die Projektdokumentation an die Projektbeteiligten kommuniziert.

Diese Prozesse werden in vielen größeren Projekten oder Unternehmen zu Routineabläufen und können von einem **Workflow-System** unterstützt werden. Dieses kennt den Status und die nächste Station der einzelnen Unterlagen und erleichtert so den Projektbeteiligten die Übersicht und erhöht die Durchlaufzeit der Informationen. Projektbezogene Abläufe müssen in diesen Systemen spezifisch eingerichtet werden.

5.4 Publikation

Nach der Freigabe erfolgt die Publikation innerhalb der Projektgruppe, hierbei ist nicht nur das Publikationsmedium zu entscheiden (Papier- oder Online-Publikation), sondern auch das Publikationsprinzip. Nach dem **Push-Prinzip** (Bringschuld) wird die Zielgruppe direkt von der Informationsquelle angesprochen. Dies kann in mündlicher Form durch direktes **Gespräch**, ein **Telefonat** oder einen **Vortrag** erfolgen, in schriftlicher Form durch einen Brief, eine **E-Mail** oder andere Form einer elektronischen Nachricht.

Nach dem **Pull-Prinzip** (Holschuld) kümmert sich der Informationsempfänger selber um den Empfang der Information. Hierzu zeigt der Absender die Information auf einer **Messe**, legt sie in Form von Flugblättern aus oder teilt sie über ein **schwarzes Brett** mit. In elektronischer Form legt er sie in einem **Datenordner**, einer **Datenbank** oder einem **Dokumenten-Management-System** ab oder er schreibt sie in ein Internetmedium, wie ein **Blog, Wiki** oder eine andere Form der Homepage.

5.5 Archivierung und Recherche

Nach der Nutzung wird die Information archiviert. Die **Archivierungsdauer** ist dabei von mehreren Faktoren abhängig. Zum einen kann durch gesetzliche oder mit dem Kunden verabredete Auflagen ein Zeitraum vorgegeben sein, zum anderen muss die Projektleitung abwägen, wie lange die Informationen für das Projekt von Interesse sind. Zuletzt hat evtl. das Unternehmen ein Interesse daran, das Projektwissen für Folgeprojekte zu nutzen.

Das Archiv ist aber kein Safe, in dem die Informationen leise veralten sollen, sondern über die Projektdauer das Gedächtnis des Projekts. Nicht alles wird wieder benötigt – aber was gesucht wird, soll schnell und mit sicherem Zugriff von einer **Suchmaschine** gefunden werden. Daher werden die Dokumente in dem Archiv mit sinnvollen **Metadaten** gekennzeichnet.

Die physikalische Ausführung des Archivs, ob in Form von Plattenspeicher, CD oder Magnetkassetten, ist von der geplanten Archivierungsdauer, der **Zugriffshäufigkeit** sowie der geforderten **Zugriffszeit** abhängig. Sind besonders wertvolle Informationen gespeichert, so werden sie auf einem **Backupserver** gespiegelt oder gar an einem weiter entfernten Standort ein zweites Mal gelagert.

6 Medien

6.1 Papierablagen

Papierablagen erscheinen in der heutigen Zeit der elektronischen Medien als veraltet. Für viele Zwecke ist jedoch ein unterschriebenes Original unentbehrlich. Dies gilt insbesondere für viele archivierungspflichtige Unterlagen, aber auch oft im Ausland und z. B. für Dokumente, die auf Baustellen gebraucht werden. Daher ist eine nach klassischen Methoden geführte Dokumentenablage in vielen Großprojekten unabdingbar. Typische papiergestützte Dokumente sind in der Regel ratifizierte Vereinbarungen, die mit den Stakeholdern oder externen Stellen getroffen wurden.

Um die Kommunikationsvorteile der IT-Technik zu nutzen, werden die papiergestützten Dokumente heute oft gescannt und so in Computermedien überführt.

Im Gegenzug erleichtern Unterlagen in Papierform häufig die Bearbeitung und sind bei einigen Gesprächsformen hilfreich. Daher kann es nützlich sein, einige Unterlagen, wie z. B. eine zentrale Projektmappe, kontinuierlich in Papierform aktuell zu halten. Diese beinhaltet häufig genutzte Informationen und kann bei einem Gespräch auch ohne einen Verzug durch den Rechnerstart schnell gezeigt werden.

6.2 Computergestützte Dokumente

IT-basierte, internetfähige Dokumente haben den Vorteil, leichter bearbeitet, präsentiert und verschickt werden zu können als papierbasierte Unterlagen. Daher haben sie in vielen Bereichen papiergestützte Dokumente verdrängt.

Die gängigen Formen von IT-gestützten Dokumenten sind:

I   Texte (Briefe, Protokolle), die für die Druckausgabe oder eine Betrachtung am Bildschirm erstellt wurden,
I   Präsentationen evtl. auch mit animierten Grafiken, die zur Projektion mit einem Beamer oder als hochwertige Druckausgaben erzeugt wurden sowie

- Listen und Tabellen, bei denen das Bearbeitungsprogramm zahlreiche Formatierungs- und Berechnungsfunktionen zur Verfügung stellt.
- CAD-Dokumente, wie technische Zeichnungen, Konstruktionen, Architektur- und Modeentwürfe. Für diese Dokumente existieren zahlreiche Spezialprogramme mit branchenspezifischen Sonderfunktionen und Dateiformaten.

Die Nachteile liegen in den geringen Erfahrungen zur langfristigen Verfügbarkeit von computergestützten Daten. Die Technik entwickelt sich immer noch so schnell, dass viele noch vor wenigen Jahren gängige Medien (Bänder, Kassetten, Floppy-Disks) heute nur noch von speziell aufbewahrten Altgeräten gelesen werden können.

Daneben ist die Identifizierung von elektronischen Signaturen nur im Rahmen eines dazugehörigen Signatursystems möglich. Da der Aufbau eines solchen Systems bei vielen kurzlebigen Projekten nicht möglich ist, behält das unterschriebene Papier für zentrale Dokumente nach wie vor seinen Stellenwert.

6.3 Dateimanager

Der Dateimanager ist die einfachste Form der Datenablage auf dem Computer und Teil des Betriebssystems. Mit ihm lassen sich Daten nach einer Struktur gliedern und mit einem Namen versehen. Als Metadaten werden das Erstelldatum, das der letzten Änderung und der Autor gespeichert. Auf einem Server kann eine solche Ablage über ein **Intranet** innerhalb einer Firma erreicht werden, über das **Internet** weltweit. Für viele Projekte ist eine solche Ablage hinreichend. Der Vorteil dieses Systems liegt in dem weiten Bekanntheitsgrad und der einfachen Bedienung. Bei größeren Datenmengen, häufigen Änderungen und der Kooperation mehrerer Personen auf demselben Datenstand erreicht aber diese Grundfunktion schnell ihre Grenzen.

6.4 Dokumenten-Management-System

Mehr Komfort und eine höhere Datensicherheit erreicht man mit einem Dokumenten-Management-System. Diese Systeme sind für unstrukturierte Daten, wie Textdokumente, Präsentationen oder Berechnungstabellen, vorgesehen. Sie bieten über einen Dateimanager hinaus weitere Funktionen:

- Die Versionsverwaltung, dabei wird vom System eine Versionsnummer jedes Bearbeitungsstands eines Dokuments vergeben. Zusätzlich kann der Bearbeiter seine Modifikation kommentieren.
- Mit Attributen können zusätzliche Suchbegriffe und Gliederungsstrukturen für die Dokumente angegeben werden. Diese Begriffe können je nach Dokumentenart und Projekt spezifisch gesetzt werden. Diese Technik bietet auch die Möglichkeit, den Suchweg zu einer Unterlage auf verschiedene Weise zu strukturieren.
  So kann zum Beispiel ein Inhalt mit der Region „Asien", dem Land „China", dem Thema „Dokument zur Fertigungsanlage XY2, der Dokumentenart „Terminplan" und der „erstellenden Abteilung" versehen werden. Damit lässt sich das Dokument auf verschiedenen „Suchwegen" wiederfinden.
- Mit einer Suchfunktion werden diese Attribute abgefragt. Eine ergänzende Volltextsuche durchsucht den gesamten Inhalt der abgelegten Dokumente.

6.5 Datenbank-Systeme

Strukturierbare Daten, wie Adressen, Rechnungen, Stücklisten, die in einem Unternehmen in größeren Mengen anfallen, werden meist in Datenbanken bereit gehalten. Mit einem Datenbanksystem lassen sich verschiedene formatierte Ausgaben, wie Drucklisten oder Formulare, erzeugen oder Abfragen an den Datenbestand für statistische Analysen generieren.

Darüber hinaus ermöglicht die Ablage in einem Datenbanksystem einen automatisierten Datenaustausch zum Einlesen oder Ausspielen der Raten an ein anderes System. Damit lassen sich automatische Datenflüsse oder mehrstufige Workflows zur Erstellung und Ausgabe erzeugen.

Da Projekte meist zeitlich begrenzte Vorhaben mit einem spezifischen Inhalt sind, lassen sich häufig nur wenige direkte Projektdaten in einem solchen System abbilden. Ein Teil kann aber häufig in einer spezifischen Projektmanagement-Datenbank abgelegt werden. Unternehmen oder Organisationen, die häufiger Projekte durchführen, verfügen dazu über eine Projektdatenbank, in der Projektstrukturpläne, Kosten, Terminpläne, Netzpläne, Aktivitäten, Ressourcen, Risikobewertungen oder andere für das Projektmanagement typische Daten abgespeichert sind und werden.

Diese Datenbanken sind entweder generalistisch ausgelegt und bieten nur Funktionen für häufig wiederkehrende Projektdaten, wie den Terminplan, Aktivitäten, Netzplan und Ressourcen, und haben damit den Nachteil, nur eine Teilmenge der erforderlichen Informationen aufzunehmen, oder sie sind sehr spezifisch und lassen sich nur für bestimmte Projekttypen oder Ausprägungen anwenden.

Um diese Nachteile zu vermeiden, bieten neuere Systeme eine Kombination aus Datenbank- und Dokumenten-Management-Funktionen und eignen sich damit flexibel für strukturierbare und unstrukturierbare Daten.

6.6 Workflow-Systeme

Ein Arbeitsablauf, englisch Workflow genannt, ist eine vordefinierte Abfolge von Aktivitäten in einer Organisation. Mit einem Workflow-System kann für eine bestimmte Unterlagenart ein vordefinierter Ablauf gesteuert und verfolgt werden. Dabei reicht ein Statuskonzept das Dokument von einer Bearbeitungsstation meist in Form von E-Mails zur nächsten weiter. Eine zentrale Datenbank sammelt die Unterlagen, verfolgt den aktuellen Bearbeitungs-Status und hat die Information, bei welchem Sachbearbeiter welcher Vorgang aktuell liegt. Dabei können auch parallele Bearbeitungsschritte erfolgen. Durch bestimmte Statusveränderungen ist es möglich, Verarbeitungsprozesse in Systemen anzustoßen, so kann eine abschließende Freigabe ein Überspielen eines Dokuments in ein Archivsystem, den Ausdruck an einem Drucker und den Eintrag des Genehmigungsdatums in einer Datenbank auslösen.

Mit Workflow-Systemen lassen sich die Durchlaufzeiten von Genehmigungsverfahren und Änderungsabläufen wesentlich verkürzen. Ihr Einsatz ist aber erst dann wirtschaftlich, wenn eine bestimmte Unterlagenart in hinreichender Menge einen vorgegebenen Prozess durchlaufen soll. Damit eignen sich Workflow-Systeme häufig nicht zum Einsatz in einem Einzelprojekt, können aber ein Unternehmen mit mehreren gleichartigen Projekten sehr wirkungsvoll unterstützen.

6.7 Blog

Ein Blog (Wortkreuzung aus Web und Logbuch) ist ein endlos schreibbares Online-Dokument zu einen spezifischen Thema. Im Rahmen des Projektmanagements kann man es für zentrale Nachrichten der Projektleiter an die Projektteilnehmer nutzen. Auf diese Art werden alle Betroffenen mit denselben Zentralinformationen aktuell versorgt.

Beispiel Typisches Beispiel aus einem Blog in einem Softwareentwicklungsprojekt (von unten nach oben zu lesen):

13:04: Modul X17 wurde zur allgemeinen Nutzung freigegeben.
11:32: Die Wartungsarbeiten an Server 3 konnten vorzeitig beendet werden, er steht wieder für Login frei.
11:07 **TEILPROJEKT 2 wurde von der Finanz freigegeben**. H. Meyer wird zu einem Kick-Off einladen.
10:47: Das Modul X1 (Link) wurde zum Key-User Test freigeben. Problemmeldungen bitte an H. Mustermann (Tel 0815 – 4711).
10:05: Server 3 wird von ca. 10:00 Uhr bis 12:00 für Wartungsarbeiten abgeschaltet.

6.8 Wiki

Ein Wiki (Hawaiisch für „schnell"), ist eine Sammlung von Webseiten, die von den Benutzern nicht nur gelesen, sondern auch direkt online geändert werden können. Wikis ermöglichen es verschiedenen Autoren, gemeinschaftlich an Texten zu arbeiten. Dabei übernimmt das System die Funktionen der Versionskontrolle.

Insbesondere ist ein Wiki zur Erstellung und Pflege eines Projekt-Glossars hilfreich. Aber auch gemeinsam erstellte Lastenhefte, Konzeptbeschreibungen und Ideensammlungen lassen sich mit einem Wiki gut bearbeiten.

Wesentlich bei der meisten Wiki-Software ist die Versionsverwaltung, die es den Benutzern im Fall von Fehlern erlaubt, die frühere Version einer Seite wiederherzustellen. Wie bei Hypertexten üblich, sind die einzelnen Seiten eines Wikis durch Querverweise (Hyperlinks) miteinander verbunden.

6.9 Virtuelle Projekträume

Virtuelle Projekträume sind internetbasierte Datenablagen für geschlossene Benutzergruppen, welche häufig mit zahlreichen Zusatzfunktionen zur Projektkommunikation ausgestattet sind. Bei neu eingestellten Informationen werden die betroffenen Teilnehmer über Benachrichtigungsautomatismen (Push-Prinzip), wie E-Mail, Fax oder SMS, informiert. Der Zugriff (Pull-Prinzip) auf diese Projektdaten erfolgt dann über sichere Authentifizierungsverfahren und rollenbasierte projekt- und personenspezifische Zugriffsmechanismen. Über entsprechende Such-Systeme können sowohl strukturierte als auch unstrukturierte Informationen und Dateien zeitaktuell abgerufen werden.

Zum Teil bieten Hersteller von Projekträumen auch die Möglichkeit, über so genannte Kollaborations-Funktionen Informationen in Echtzeit mit anderen Online-Teilnehmern interaktiv via Internet zu betrachten oder zu bearbeiten.

Viele Projektraum-Systeme verfügen darüber hinaus über die bereits vorgestellten Funktionen, Dokumenten-Management-System, Wiki, Blog oder Workflow- System, und ergänzen sie um zusätzliche Module, die den Anwender bei den anfallenden Projektmanagement-Tätigkeiten unterstützen:

- Online-Viewer für Office- und CAD-Dateien.
- Abstimmungsfunktionen, bei denen Projektmitglieder über Auswahlmöglichkeiten und ergänzende Kommentare Zusatzinformationen zu den Unterlagen geben können.
- Freigabefunktionen (kleine Workflow -Funktionen), bei denen die Unterlagen über bestimmte Personen oder Rollen mit Statusmerkmalen gekennzeichnet werden.
- Terminkalender, bei denen Projektdokumente mit Veranstaltungsterminen verknüpft werden können.

In der heutigen Zeit befinden sich die Systeme der virtuellen Projekträume noch im funktionellen Wachstum, sodass die Liste der Funktionen in der kommenden Zeit sicherlich um weitere Einträge ergänzt werden kann.

7 Konzeption von Projekt-Dokumentationen

Eine gut aufgebaute Projekt-Dokumentation ist ein wesentliches Werkzeug der Projektleitung für den Projekterfolg. Auf ihr basiert die Projektkommunikation, ihr Inhalt gibt Auskunft über den Sach- und Entscheidungsstand und sie kann unmittelbar von der Projektleitung beeinflusst werden.

Um die maximale Effizienz zu erzielen, sollte auch hierbei die Regel gelten: So wenig wie möglich, aber so viel wie notwendig. Die folgenden Kapitel sollen eine Hilfestellung geben, um hier die richtige Balance zu finden.

7.1 Bestimmung des Freiheitsgrads zur Konfiguration der Projektdokumentation

Der erste Schritt ist die Prüfung der Freiheitsgrade der Organisation oder des Unternehmens, in dem das Projekt stattfindet. Dazu sind von der Projektleitung die Fragen zu klären, ob in dem Unternehmen eine bestehende Projektmanagement-Regelung besteht, ob bestimmte Methoden vorgeschrieben sind, ob bestimmte Tools zur Verfügung gestellt werden, welche Formulare existieren und nicht zu guter letzt, ob ein Projektbüro oder ausgebildetes Personal vorhanden sind, welche bei der Projektdurchführung aktiv unterstützen können.

Auf der Basis dieser Informationen lässt sich entscheiden, ob für das Projekt neue Hilfsmittel zur Dokumentation einsetzt werden müssen oder ob vorhandene genutzt werden können. In beiden Fällen ist aber eine Vorbereitung zur Nutzung erforderlich, da in den meisten Fällen nicht alle Projektmitglieder eingearbeitet sind. Auch diese Aktivitäten sind Bestandteil des Projektplans und müssen bei der Einführung bzw. Anwendung größerer Werkzeuge bei der Planung des Gesamtprojekts berücksichtigt werden.

7.2 Auswahl der Medien

Um die richtigen Methoden im Projektmanagement auszuwählen, wurde ein Ansatz für Unterscheidungsmerkmale entwickelt (vgl. Witschi, Wagner & Dierig, 2007). Dieser orientiert sich nach den Dimensionen der Komplexität:

- Zielambiguität (Grad der Bestimmtheit, Veränderlichkeit oder Konsistenz der Projektziele)
- Sachlicher Vernetzungsgrad (u. a. Anzahl und Unterschiedlichkeit der Elemente, wie z. B. Arbeitspakete)
- Dynamik der sachlichen Vernetzungen (u. a. Änderung der Anzahl oder des Inhalts der Elemente, wie z. B. Arbeitspakete)
- Innovationsgrad (Grad der Bekanntheit bzw. des Neuigkeitscharakters bezüglich sowohl des Projektinhalts als auch des Entstehungsprozesses)
- Sozialer Vernetzungsgrad (u. a. Anzahl und Unterschiedlichkeit der relevanten internen und externen Stakeholder sowie der gegenseitigen Beeinflussung)
- Dynamik der sozialen Vernetzungen (u. a. Änderung der Anzahl oder der Einstellung der Stakeholder)

Betrachtet man diese einzelnen Kategorien in ihren Auswirkungen auf die Auslegung der Projektdokumentation, so kommt man zu folgenden Unterscheidungen:

Die **Zielambiguität** hat nur geringen Einfluss auf die Art und Form der Projektdokumentation. Eine hohe Unschärfe bestimmt aber den Inhalt und die Gestaltung der zentralen Projektdokumente:

- Der Projektauftrag und die Beschreibung der Ziele werden bei hoher Zielunschärfe mehr als Vision formuliert. Sich im Laufe der Projektfortschritts präzisierende Ziele werden in Form einer Ergebniserwartung dokumentiert. Diese wird im Projektfortschritt kontinuierlich präziser.
- Der Business-Case kann nur auf der Basis von groben Schätzwerten ermittelt werden. In diesem Fall muss bei zunehmendem Reifegrad des Projektinhalts die Wirtschaftlichkeit wiederholt präzisiert werden.
- Die Projektstatusberichte werden in diesem Fall von Zielkorrekturen als besonders beachtenswertes Element erweitert.
- Die Projekt-Präsentationsunterlagen sollen über die gesamte Projektlaufzeit ihre Gültigkeit behalten. Daher wird in ihnen der Projektinhalt visionär aufgezeigt.

Insgesamt erhalten also die zentralen Projektdokumente durch eine hohe Zielambiguität einen variablen Charakter. Sie werden in diesem Fall nicht nur einmal verteilt, sondern folgen der Projektdynamik und müssen so in ihrer momentanen Aktualität den Projektmitgliedern bekannt sein.

Der **Innovationsgrad** eines Projekts hat mehr Einfluss auf die Dokumentation des Projektgegenstands. Solange dieser in seinen Details noch erforscht, konzipiert oder ermittelt wird, lässt er sich nicht im Detail beschreiben.

Der Aspekt der **sachlichen Komplexität** hat eine tiefgreifende Auswirkung auf die Gestaltung der Projektdokumentation. Diese zeigt Tabelle 1.17-1. Die Achse der sachlichen Komplexität ist dabei in die qualitativen Größen „einfach", „komplex", „dynamisch" sowie „dynamisch und komplex" gegliedert. Hierzu geben Witschi, Wagner & Dierig keine quantitative Aussage.

Tabelle 1.17-1: Auswirkungen der sachlichen Projektkomplexität auf die Gestaltung der Projektdokumentation

	Sachliche Komplexität			
	einfach	komplex	dynamisch	dynamisch/komplex
Leistungsbeschreibung(en)	Dokument	Dokument	Dokument	DMS
Ergebniserwartung	Dokument	Dokument	Dokument	DMS
Projektstrukturplan	Tabelle	Tabelle	Tabelle	DB/WF
Aktivitätenplan	Tabelle	DB	Tabelle	DB
Projektphasenplan	Präsentation	Präsentation	Präsentation	Präsentation
Terminplan	Tabelle	DB	Tabelle	DB
Ressourcenverzeichnis	Tabelle	Tabelle	Tabelle	DB
Ressourcenplan	Tabelle	DB	Tabelle	DB
Dokumentation des Projektgegenstands	Tabelle	DB	DB	WF
Änderung des Projektgegenstands	Tabelle	DB	WF	WF

Ebenso verändert eine zunehmende **soziale Komplexität** den erforderlichen Aufwand bei der Gestaltung einer Projektdokumentation erheblich. Die Zusammenhänge zeigt Tabelle 1.17-2.

Tabelle 1.17-2: Auswirkungen der sachlichen Projektkomplexität auf die Gestaltung der Projektdokumentation

	Soziales Umfeld			
	einfach	komplex	dynamisch	dynamisch/komplex
Regeln, Gesetze, Vorschriften	Dokumente	DMS	DMS	DMS
Verträge mit externen Stellen	Dokumente	Dokumente	Dokumente	DMS
Verzeichnis der Projektbeteiligten	Tabelle	Tabelle	Tabelle	DB
Expertenverzeichnis	Tabelle	Tabelle	Tabelle	DB
Projektorganisation	Dokument	Dokument	Dokument	Dokument
Protokolle	Dokument	DMS	Dokument	DMS

7.3 Zuordnung der Informationsprozesse

Mit diesen Dokumenten finden im Projektverlauf Prozesse der Informationsverarbeitung und Kommunikation statt. In der Projektvorbereitungsphase und während des Projektverlaufs werden Regelungen über den Verteiler sowie die Periodizität der Dokumentverteilung getroffen.

Eine weitere wichtige Entscheidung ist, für welche Dokumente nach dem Hol- oder Bring-Prinzip verfahren wird. Grundsätzlich ist das Bringprinzip, gesteuert von der Projektleitung, vorzuziehen, um sicherzustellen, dass alle Beteiligten mit der erforderlichen Information versorgt werden. Diese Prozesse können in einem Kommunikationsplan für das Projekt festgehalten werden.

Sind diese Regelungen festgeschrieben, so erfolgt die eigentliche Definition der Prozesse. Dabei wird für die einzelnen Unterlagen spezifiziert,

- wer welche Bearbeitungsrechte hat,
- welche Unterlagen auf welcher Entscheidungsebene freigegeben werden müssen und
- wie die Informationen nach Veränderung eines Status an die Projektmitglieder und beteiligten Informationssysteme verbreitet werden.

Dabei kann natürlich das Kommunikationskonzept so eingestellt werden, dass alle Projektbeteiligten in einem virtuellen Projektraum alle Schreib- und Änderungsrechte erhalten und die Regeln über Absprachen erfolgen.

Im anderen Extrem ist jedes einzelne Dokument mit besonderen Rechten versehen und unterliegt einem spezifischen Freigabe- und Publikationsworkflow. Dabei ist aber zu beachten, dass nicht nur die Administration eines solchen Konzepts sehr aufwändig ist, sondern auch für die Bearbeiter zusätzliche Kapazität verlangt.

Daher liegt eine gute Einstellung in der Mitte dieser beiden Pole. Ein Weg, die richtige Mitte zu finden, ist erst einmal mit Vertrauen und offenen Karten zu beginnen, um dann sukzessive an den erforderlichen Stellen Einschränkungen aufzubauen.

8 Zusammenfassung

Mit modernen interaktiven Informationstechniken wandelt sich die Projektdokumentation von einer mehr oder weniger statischen Einrichtung zu einem lebendigen Element der Projektkommunikation. In ihr werden alle wesentlichen Projektdokumente in digitaler Form gesammelt oder erstellt und die dazugehörigen Informationsverarbeitungsprozesse gesteuert. Daneben erfüllt die Projektdokumentation die Aufgaben der Archivierung, die zum Teil gesetzlichen Vorgaben unterliegt.

Wesentliche Prozesse in einem Projekt sind die der Informationserzeugung, Änderungsprozesse, Freigaben, Entscheidungsprozesse, Publikation und Verifizierung. Dabei werden die unterschiedlichen Dokumentarten entsprechend der betroffenen Nutzergruppe behandelt. Verschiedene Medien können diese Prozesse wirkungsvoll unterstützen.

Bei der Gestaltung einer Projektdokumentation ist die richtige Balance zwischen einem übermäßigen Verwaltungsaufwand und einer wirkungsvollen Kommunikation zu finden. Diese kann über eine Analyse der zu erwartenden sozialen und sachlichen Komplexität des Projekts ermittelt werden.

9 Fragen zur Wiederholung

1	Nennen Sie 4 Zielgruppen der Projektdokumentation	☐
2	Nennen Sie 3 Bedeutung gebende Entscheidungen für Projektdokumente	☐
3	Beschreiben Sie die Prozesse der Informationserzeugung	☐
4	Beschreiben Sie die Prozesse der Entscheidungsfindung und Umsetzung	☐
5	Entwerfen Sie einen Projektstatusbericht	☐
6	Wie ist ein Protokoll sinnvoller Weise aufgebaut?	☐
7	Entwerfen Sie eine Entscheidungsvorlage	☐
8	Beschreiben Sie die Medien „Blog", „Wiki", „Workflow-System" und „Virtueller Projektraum"	☐
9	Entwerfen Sie einen Vorgehensplan zum Aufbau einer Projektdokumentation.	☐

1.18 Kommunikation (Communication)

Stacy Goff, Florian Dörrenberg, unter Mitarbeit von Martin Goerner

Kontext und Bedeutung

Gemäß NCB 3.0 beinhaltet Kommunikation den „wirksamen Austausch von Informationen zwischen den Projektbeteiligten" (NCB: 88). Hier wird bereits auf die umfassende Bedeutung der Kommunikation hingewiesen, die nicht bloss das Projektteam, sondern auch die Stakeholder als Mindestanforderung betrifft. Weiter wird festgestellt, dass eine wirksame Kommunikation „unentbehrlich für den Erfolg von Projekten, Programmen und Portfolios" ist (NCB: 88). Dementsprechend kann das Element 1.18 Kommunikation als die Grundlage aller anderen Kompetenzen angesehen werden.

Daraus resultiert, dass an eine richtige Kommunikation hohe Anforderungen zu stellen sind: „Die richtige Information muss an die relevanten Interessierten Parteien in einer ihren Erwartungen entsprechenden und einheitlichen Form weitergegeben werden. Kommunikation sollte zweckorientiert, klar verständlich und aktuell sein" (NCB: 88). Das vorliegende Kapitel bietet Projektmanagern Hinweise zur Steigerung ihrer kommunikativen Effektivität, was sich auch auf sämtliche andere ICB-Elemente positiv auswirkt.

Die meisten **technischen** Kompetenzen der ICB liefern bzw. beinhalten Informationen, die wiederum kommuniziert werden müssen. Ihre Beherrschung würde ohne eine effektive Kommunikation wenig Steigerung des Projekterfolgs bringen. Alle **Verhaltenskompetenzen** sind besonders eng mit dem Thema Kommunikation verbunden. Gleichzeitig stellt die Kommunikation für alle **kontextuellen** Kompetenzen der ICB die Werkzeuge für erfolgreiche Interventionen bereit.

Kommunikationseffektivität stellt die Grundlage für jeden Projekterfolg dar, da jedes Projekt auf der Kommunikation von Informationen beruht, während umgekehrt die Beherrschung sämtlicher anderer ICB-Kompetenzen ohne die Fähigkeit zu effektiver Kommunikation ins Leere läuft.

In diesem Kapitel steht die Interaktion zwischen **Menschen** im Vordergrund, dementsprechend breit ist der Begriff Projektmanager zu sehen. Wenngleich im Folgenden überwiegend der Begriff **Projekt** verwendet wird, so gilt das Gesagte selbstverständlich auch für **Programme** und **Portfolios**.

Das vorliegende Kapitel 1.18 wurde von einem amerikanischen Autor konzipiert, um speziell das internationale Verständnis des Themenschwerpunkts widerzuspiegeln. Im Rahmen der Übersetzung wurden Anpassungen und Ergänzungen vorgenommen, um eine sprachliche Glättung zu erreichen sowie eine sinnhafte Übertragung des angloamerikanischen Sprachhorizonts hin zur deutschen Terminologie sicherzustellen.

Mehrere gekennzeichnete Passagen wurden von Dr. Martin Goerner auf der Grundlage seiner Trainingsunterlagen ergänzt.

Lernziele

Sie kennen

- die Schwächen des Sender-Empfänger-Modells und die typischen Vorurteile über das Funktionieren von Kommunikationsprozessen
- die 5 Axiome von Watzlawick
- das Modell des Inneren Teams
- die Probleme, die Bildschirmarbeit im Hinblick auf Kommunikation aufwirft
- typische Leitfragen zur Vorbereitung einer Präsentation
- ausgewählte Methoden zur anschaulichen Darstellung von Informationen
- häufige Probleme beim Verfassen von Texten und E-Mails unter Zeitdruck

Sie wissen

- worin sich Sach- und Beziehungsebene in der Kommunikation unterscheiden
- worin die vier Seiten einer Nachricht bestehen
- wie der Selektionsprozess der menschlichen Wahrnehmung funktioniert
- was gutes Zuhören ausmacht und was aktives Zuhören ist
- was nonverbale Kommunikation umfasst und auf welche Faktoren neben dem Inhalt in Kommunikationssituationen zu achten ist
- worauf Sie beim Verfassen von Texten, insbesondere von E-Mails, achten sollten

Sie können

- in einer gegebenen Kommunikationssituation zwischen Sach- und Beziehungsebene unterscheiden
- in einer gegebenen Kommunikationssituation die vier Seiten einer Nachricht unterscheiden
- eine Präsentation zielgruppenorientiert vorbereiten, strukturieren und durchführen
- auch unter Zeitdruck einen kurzen Text prägnant, ziel- und empfängerorientiert verfassen
- einen projektspezifischen Plan zur Kommunikation mit den Stakeholdern aufstellen

Inhalt

1	Einleitung	654
2	Kommunikationsmodelle	654
2.1	Das Sender-Empfänger-Modell	655
2.1.1	Gesagt ist nicht gehört...	655
2.1.2	Aristoteles als Grundlage für die heutigen Kommunikationswissenschaften	656
2.2	Sach- und Beziehungsebene in der Kommunikation	657
2.3	Die „innere Landkarte" und die menschliche Wahrnehmung	658
2.3.1	Die „innere Landkarte"	658
2.3.2	Selektive Wahrnehmung als Grundlage für Kommunikation	659
2.4	Das Nachrichtenquadrat oder „Vier-Ohren-Modell"	660
2.5	Das Innere Team	663
2.6	Die Gewaltfreie Kommunikation (GFK)	664
3	Verbale und nonverbale Kommunikation im Wechselspiel	664
3.1.1	Kommunikationsebenen in Gesprächen	664
3.1.2	Umgang mit nonverbaler Kommunikation	667
4	Informationen erhalten	668
4.1	Gutes Zuhören	668
4.1.1	Hören ist nicht gleich Zuhören	668
4.1.2	Die Erwartung bestimmt, was wir hören	669
4.1.3	Aktives Zuhören als Methode	669
4.2	Lesen	670
4.2.1	Was gutes Lesen ausmacht	670
4.2.2	Lesen am Bildschirm und Online-Recherche	670
5	Informationen senden	671
5.1	Präsentationen im Projekt	671
5.1.1	Die Bedeutung und die Wirkung von Präsentationen	671
5.1.2	Präsentationen vorbereiten	672
5.1.3	Aufbau einer Präsentation	674
5.1.4	Mediengestaltung bei Präsentationen	674
5.1.5	Präsentationsgespräche vor kleinen Entscheidergruppen	675
5.1.6	Die eigenen Präsentationsfähigkeiten verbessern	676
5.2	Tipps für zielorientiertes Schreiben	676
5.2.1	Schreiben Sie eindeutig, korrekt und prägnant	676
5.2.2	Berücksichtigen Sie Ihr Ziel und Ihr Publikum	676
5.2.3	Veranschaulichen Sie Sachverhalte	677
5.2.4	Beachten Sie die Besonderheiten von E-Mails	678
6	Kommunikation mit Projekt-Stakeholdern	679
6.1.1	Planung der Stakeholder-Kommunikation	679
6.1.2	Querverbindungen zu anderen Wissensgebieten der ICB	680
7	Zusammenfassung	680
8	Fragen zur Wiederholung	681

1 Einleitung

Kommunikation spielt im Miteinander von Menschen eine zentrale Rolle. Gerade im Projektmanagement gilt es zu bedenken, dass die Arbeit im Projektteam sowie mit den Stakeholdern vorwiegend über Kommunikationsprozesse getragen und gestaltet wird. Es geht darum, Planungen gemeinsam zu erarbeiten, Absprachen zu treffen, gemeinsame Entscheidungen zu fällen und „einsame" Entscheidungen zu begründen und zu verteidigen. Darüber hinaus sind Rückmeldungen aufzunehmen und richtig zu verstehen, Steuerungsmaßnahmen sind zu erklären und Feedback ist zu geben. Die Kommunikation erfolgt dabei in verschiedensten Formen: mündlich, schriftlich oder auch durch Handlungen.

Dabei ist Kommunikation selten „eindeutig". Missverständnisse oder versteckte persönliche Angriffe in scheinbar oder wirklich „sachlichen" Beiträgen erschweren die Arbeit im Team. Um die geltenden Prinzipien der Kommunikation erkennen und beurteilen zu können, ist die Kenntnis der verschiedenen Kommunikationsformen sowie der verschiedenen Mitteilungsebenen der Kommunikation unerlässlich. Darüber hinaus sind spezielle, in der Projektarbeit jedoch häufiger wiederkehrende Kommunikationssituationen zu verstehen und, mit dem nötigen „Handwerkszeug" ausgestattet, besser zu bewältigen.

2 Kommunikationsmodelle[1]

Sobald wir über Kommunikation nachdenken, haben wir immer schon ein Bild im Kopf, wie ein Kommunikationsprozess ablaufen könnte oder ablaufen sollte. Dies ist insbesondere dann der Fall, wenn wir erleben, dass unsere Kommunikationsversuche scheitern.

Typischerweise hören wir die Klage: *„Ich habe es ihm doch deutlich gesagt, er muss es also wissen... Warum tut er jetzt so, als habe er es nicht gehört?..."*. Aus diesen Zeilen ist erkennbar, dass ein Denkmodell zur Kommunikation im Spiel ist: *„Wenn ich etwas sage und der andere es (akustisch...) hört, dann hat die Kommunikation funktioniert..."* oder so ähnlich. Im vorliegenden Beispiel ist das zugrundeliegende Modell aber offensichtlich zu einfach und reicht nicht aus, um die Wirkungsweise von Kommunikation zu erklären und vor allem um einen Weg für die Verbesserung der Kommunikation zu weisen.

Unser Verständnis darüber, wie Kommunikation „funktioniert", beeinflusst also die Art und Weise, wie wir kommunizieren und wie wir Kommunikation erleben. Deshalb ist es wichtig, über Kommunikationsmodelle nachzudenken. Dieses Kapitel stellt einige Modelle vor, die helfen können, Kommunikationsprozesse bewusster wahrzunehmen und effektiver zu gestalten.

---

[1] Das Kapitel Kommunikationsmodelle wurde von Martin Goerner verfasst.

2.1 Das Sender-Empfänger-Modell

Die Informationstheoretiker SHANNON und WEAVER entwickelten 1948 das „klassische" Sender-Empfänger-Modell (vgl. Abbildung 1.18-1). Dieses Übertragungsmodell war grundlegend für die Entwicklung des elektronischen Informationsaustauschs, jedoch wiesen bereits seine Urheber darauf hin, dass es technisch orientiert ist und den spezifischen Charakter von menschlicher Kommunikation nur sehr ungenügend erfasst (vgl. SHANNON, 1948).

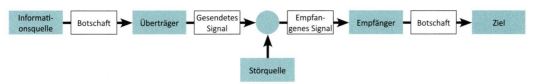

Abbildung 1.18-1: Kommunikations-Übertragungsmodell von SHANNON und WEAVER
(in Anlehnung an SHANNON, 1948)

Das Sender-Empfänger-Modell verdeutlicht vielmehr den grundlegenden Unterschied zwischen technischer und menschlicher Kommunikation. Diese beruht zum großen Teil auf innerpersonellen, also psychischen Prozessen sowie auf der wechselseitigen Reaktion zwischen den beteiligten Personen (Interaktion). Deshalb ist die Sender-Empfänger-Logik auch kaum geeignet, eine Hilfestellung für die Behebung von menschlichen Kommunikationsproblemen zu bieten. Sie erfasst auch nicht die komplexen Zusammenhänge zwischen den kommunizierenden Personen.

Dieses Modell ist in der Praxis wohl am bekanntesten und gilt als „Klassiker". Das Sender-Empfänger-Modell lässt jedoch Kommunikation einerseits viel zu optimistisch als eine Art technischer Informationsübermittlung erscheinen, andererseits vernachlässigt es die vielfältigen menschlichen Möglichkeiten zu einer Verständigung jenseits des „Austauschs von Schallwellen oder Schriftzeichen".

Da dieses Modell aber eine gerade in technisch orientierten Kreisen weit verbreitete Sicht auf Kommunikation abbildet, stellt es einen wichtigen Ausgangspunkt dar, um deutlich zu machen, dass ein vereinfachtes Kommunikationsverständnis gerade die Quelle für viele typische Kommunikationsprobleme darstellt (vgl. das Beispiel am Anfang dieses Kapitels).

2.1.1 Gesagt ist nicht gehört...

Bekannt geworden ist ein Spruch des Verhaltensforschers Konrad Lorenz, der verdeutlicht, wie weit der Weg zu einer gelungenen Kommunikation und zu einer Verhaltensänderung ist:

Gesagt ist nicht gehört
Gehört ist nicht verstanden
Verstanden ist nicht einverstanden
Einverstanden ist nicht behalten
Behalten ist nicht gekonnt
Gekonnt ist nicht angewendet
Angewendet ist nicht beibehalten.

Eine Lösung dieses Problems könnte eine Weisheit bieten, die dem chinesischen Denker Konfuzius zugeschrieben wird:

Erkläre mir und ich werde vergessen,
Zeige mir und ich werde mich erinnern,
Beteilige mich und ich werde verstehen.

Die beiden Weisheiten machen ein grundlegendes Dilemma von Kommunikation deutlich: die Frage, ob wirklich eine Verständigung stattfindet oder schlimmstenfalls nur ein doppelter Monolog. Vielfach reduziert sich ein Kommunikationsvorgang lediglich auf das Aussenden von Informationen, die Wirkung wird stillschweigend vorausgesetzt oder nicht überprüft. In der Projektarbeit besteht aber eine wesentliche Herausforderung gerade in der „empfängerorientierten Kommunikation". Es geht also darum, die Kommunikation so zu gestalten, dass beim Empfänger die gewünschte Reaktion ausgelöst werden kann. Dazu sind unterschiedliche Kommunikationsarten notwendig, es gilt, die Beteiligten eines Kommunikationsprozesses angemessen einzubeziehen, und die spezielle Kommunikationssituation ist zu bedenken. Besonders wichtig ist dabei, den Kontext zu berücksichtigen.

2.1.2 Aristoteles als Grundlage für die heutigen Kommunikationswissenschaften

Doch zunächst in die Geschichte: Bereits in der griechischen Antike wurde intensiv über die Hintergründe von Sprache und Kommunikation nachgedacht. Die Philosophie der alten Griechen prägt unser sprachwissenschaftliches Verständnis bis heute.

In seinem Werk „Rhetorik" untersucht ARISTOTELES u. a. die Elemente, die für einen Redner notwendig sind, um bei seiner Zuhörerschaft Überzeugungskraft zu erlangen und seine Zuhörer zum Handeln zu bewegen (ARISTOTELES, 2002). Er unterscheidet dabei u. a. zwischen drei Elementen:

1. **Logos:**
   Dies meint den Inhaltsaspekt der Kommunikation, die Schlüssigkeit der Argumente, den logischen Zusammenhang der Gedanken, den logischen Aufbau und Ablauf der Gedankenführung im Laufe einer Rede etc.
2. **Pathos:**
   Damit beschreibt Aristoteles den Gefühlsausdruck, die Leidenschaft, also nicht das, was der Redner sagt, sondern die Art und Weise, wie der Redner seine Worte spricht und wie er den emotionalen Kontakt mit seinen Zuhörern aufbaut, aber auch die Kunst, die Zuhörerschaft mit einem gegebenen Inhalt zu erfreuen, zu fesseln, zu motivieren etc.
3. **Ethos:**
   Beide genannten Aspekte (Logos und Pathos) müssen nach Aristoteles getragen sein von einem gemeinsamen Grundverständnis des Redners und der Zuhörerschaft hinsichtlich der Sache, über die gesprochen wird. Dies meint auch, dass eine Basis gemeinsamer Werte gegeben oder erzeugt werden muss. Sowohl Inhalte also auch Emotionen müssen zudem wahrhaftig, also authentisch sein. Menschen haben ein sehr feines Gespür dafür, ob sie manipuliert werden sollen, ob es eine „hidden agenda" gibt und Theater gespielt wird oder ob der Kommunikationsprozess ernst gemeint ist (vgl. Element 2.15 Ethik).

Alle drei Elemente müssen nach ARISTOTELES zusammenwirken, um einen Redner erfolgreich zu machen.

2.2 Sach- und Beziehungsebene in der Kommunikation

Die moderne Kommunikationswissenschaft wurde stark geprägt von den Forschern des Mental Research Institute (MRI) in Palo Alto, Kalifornien. Bekannt sind insbesondere die Schriften von Paul WATZLAWICK, die von der Philosophie Gregory BATESONS inspiriert sind. WATZLAWICK unterscheidet zwei Ebenen der Kommunikation (vgl. WATZLAWICK, 1969: 53ff):

1. **Sach-Ebene:**
   Auf der Sach-Ebene wird ein Inhalt kommuniziert, werden Fakten und Argumente genannt. Die Kommunikation erfolgt auf dieser Ebene digital, d. h. über kulturell vereinbarte und mehr oder weniger eindeutige Zeichensysteme, wie gesprochene Sprache (d. h. das System der Phoneme, also der Laute einer Sprache) oder Schrift (d. h. das System der Schriftzeichen). Daraus bauen sich Worte, Sätze, Absätze bzw. Sequenzen etc. zusammen. Diese Zeichensysteme müssen zum Verständnis dekodiert werden, d. h. der Empfänger muss das Zeichensystem – die Sprache – des Senders beherrschen, um die Inhalte zu verstehen.
2. **Beziehungs-Ebene:**
   In jedem menschlichen Kommunikationsprozess wird zugleich immer auch kommuniziert, wie ein bestimmter Inhalt aufzufassen ist und wie das Verhältnis zwischen den Kommunikationspartnern gesehen wird. WATZLAWICK verwendet hierfür den Begriff „Metakommunikation" (d. h. Kommunikation über Kommunikation). Die Beziehungsebene „trägt" deshalb die Sach-Ebene, bildet also die Grundlage für einen Verständigungsprozess.

Der Kommunikationsprozess auf der Beziehungsebene erfolgt analog, d. h. nicht auf der Grundlage von fest vereinbarten Zeichensystemen, sondern über die Deutung von Ähnlichkeitsverhältnissen. Mimik, Gestik, Raumverhalten, Wortklang etc. lassen sich in der Regel keinen konkreten Inhalten zuordnen, es sei denn, ihnen ist ein „digitaler" Zeichencharakter kulturell zugeordnet (wie z. B. ein erhobener Zeigefinger). Gleichwohl bewirkt das Verhalten im Gespräch – meist spontan – bestimmte Gefühle und Reaktionen. Diese Analogien werden – meist unbewusst – über Deutungsprozesse erschlossen.

Ironische Äußerungen lassen deutlich werden, wie die analoge Metakommunikation auf der Beziehungs-Ebene die Inhalte, die digital auf der Sach-Ebene gesendet werden, definiert:

Beispiel Die Äußerung: *„Ihre Arbeitspakete kommen ja immer pünktlich, Herr Meier!"* verdeutlicht auf der reinen Wort-Ebene lediglich die Aussage, dass Meiers Arbeitspakete immer pünktlich sind. Die paraverbalen und nonverbalen Signale sowie der Kontext lassen aber vermuten, dass der digitale Inhalt genau entgegen seiner Wortbedeutung zu verstehen ist:

Verbale Ebene:	„Ihre Arbeitspakete kommen ja immer pünktlich, Herr Meier!"
Paraverbale Signale:	ein „ironischer" Tonfall", eine bestimmte Betonung
Nonverbale Signale:	ein distanzierter Blick, eine amüsierte Mimik, eine abweisende Körperhaltung
Kontext räumlich, zeitlich etc.:	eine Teamsitzung mit mehreren Mitgliedern, Meier „doziert" hier regelmäßig über Termintreue, alle anderen wissen, dass er selber meist zu spät dran ist, Meier fällt oft durch mangelnde Selbstkritik auf (Interpunktionen; vgl. WATZLAWICK-Axiom 3 weiter unten)

Der Sprecher kann sich in diesem Fall auch jederzeit auf die reine Wortbedeutung seiner Äußerung zurückziehen, denn die analogen Signale sind ja mehrdeutig und erlangen erst über die Interpretation ihre Bedeutung: *„Ich habe es doch gesagt, dass Sie immer pünktlich sind. Was haben Sie denn?"* – während z. B. alle anderen lachen (Quelle: Trainingsunterlagen Martin Goerner).

Zum Kommunikationsmodell von WATZLAWICK sowie zu seiner konkreten Anwendung in Verhandlungsgesprächen vgl. Element 2.11 Verhandlungsführung.

Auf dieser Unterscheidung von Sach- und Beziehungsebene sowie der digitalen und analogen Kommunikation beruhen die **fünf Axiome der Kommunikation** von WATZLAWICK (1969: 50-71), die sich vereinfacht wie folgt beschreiben lassen:

1. **Man kann nicht NICHT kommunizieren.**
   Kommunikation findet immer statt und ist nicht vermeidbar. Selbst das Ausbleiben von Kommunikation über ein Thema provoziert Deutungen, ermöglicht Hinweise und stellt damit wieder einen Kommunikationsprozess dar. Auch die Abwesenheit eines Kommunikationspartners wird zwangsläufig gedeutet und erlangt damit eine Be-Deutung.
2. **Jede Kommunikation hat sowohl einen Inhalts- als auch einen Beziehungs-Aspekt.**
   Der Beziehungsaspekt bestimmt den Inhaltsaspekt und stellt deshalb eine Metakommunikation dar (Erläuterung vgl. oben, Beschreibung der Kommunikationsebenen).
3. **Die Natur einer Beziehung ist durch die Interpunktion der Kommunikationsabläufe seitens der Partner bedingt.**
   Hiermit ist gemeint, dass Kommunikationsprozesse immer aus einer Abfolge von Verhaltensweisen bestehen, die sich wechselseitig bedingen und aufeinander beziehen (Interaktion). WATZLAWICK stellt fest, dass menschliche Beziehungen kreisförmig sind, weil die Partner wechselseitig auf das Verhalten des Gegenübers reagieren. Damit bilden sich in längeren Kommunikationsprozessen mehr oder weniger feste Muster heraus (z. B. Nörgelei des Chefs und Rückzug des Mitarbeiters).
4. **Menschliche Kommunikation erfolgt sowohl digital als auch analog**
   (Erläuterung vgl. oben, Beschreibung der Kommunikationsebenen).
5. **Zwischenmenschliche Kommunikationsabläufe sind entweder symmetrisch oder komplementär,**
   je nachdem, ob die Beziehung zwischen den Partnern auf Gleichheit oder Unterschiedlichkeit beruht (Erläuterung vgl. Element 2.11 Verhandlungsführung).

2.3 Die „innere Landkarte" und die menschliche Wahrnehmung

2.3.1 Die „innere Landkarte"

Wie schon beim Sender-Empfänger-Modell deutlich wurde, haben für die menschliche Kommunikation – anders als für die technische – die selektive Wahrnehmung und die innere (psychische) Wirklichkeit beim Sprecher und beim Hörer eine hohe Bedeutung für das Gelingen von Verständigung.

Das Neurolinguistische Programmieren (NLP) hat zur Veranschaulichung der inneren (psychischen) Wirklichkeit die Metapher der „Inneren Landkarte" geprägt (vgl. MOHL, 2006: 60ff). Gemeint sind damit das Weltbild, die Einstellungen und Glaubenssätze (d.h. die Überzeugungen, festen Annahmen über die Welt) und die Annahmen über die Kommunikations-Situation und den Kommunikationspartner. Kommunikation gelingt demnach nur, wenn auf beiden Seiten – beim Sender und beim Empfänger – die jeweiligen „inneren Landkarten", die Überzeugungen und Annahmen, zumindest punktuell zusammenpassen.

Die Metapher macht auch deutlich: Die Landkarte ist nicht das Gebiet, sondern eine Vereinfachung, ein Abbild der Landschaft im Hinblick auf einen bestimmten Zweck. Dieser Vergleich beschreibt ziemlich genau, was die konstruktivistische Psychologie (vgl. hierzu u. a. WATZLAWICK, 1969) beschreibt: Mental gesehen, gibt es keine „Realität", sondern immer nur mehr oder weniger angenäherte und ausschnitthafte innere Bilder der äußeren Welt.

Ein Kommunikationsprozess stellt sich nach diesem Modell wie folgt dar:

a) Ein Sender sendet Informationen immer auf der Grundlage seiner „inneren Landkarte":
   - Wie nimmt er die Situation und seinen Kommunikationspartner wahr?
   - Was für ein Kommunikationsprozess ist vor diesem Hintergrund für ihn sinnvoll?
   - Was legt er angesichts dieser Wahrnehmung als Ziel für seine Kommunikation fest?
b) Sein Kommunikationspartner kann diese Informationen aber wiederum nur aufnehmen, wenn er in der Lage ist, sie in seine eigene „innere Landkarte" sinnvoll zu integrieren:
   - Wie sieht die innere Landkarte des Empfängers aus?
   - Kann er die gesendete Information auf seiner „inneren Landkarte" einordnen?
   - Erscheint die Information für ihn sinnvoll oder nicht?
   - Was schließt der Empfänger aus der Information über die „innere Landkarte" des Senders?
   - Wie bezieht sich deshalb der Empfänger bei seiner Antwort auf das, was er für die „innere Landkarte" des Senders hält? usw.

In der Regel gehen wir stillschweigend davon aus, unser Kommunikationspartner müsse die Welt genau so sehen wie wir selbst, also die gleiche „innere Landkarte" haben wir selbst. Auf diese Weise kommt es zu Kommunikationsproblemen, die teilweise erst im Nachhinein als solche erkannt werden. Die Grundlage für eine gelungene Verständigung ist vielmehr, sich zunächst zu verdeutlichen, wie meine eigene „innere Landkarte" aussieht und dann zu testen, wie die „innere Landkarte" des Kommunikationspartners aussieht und an welchen Stellen eine Übereinstimmung besteht. Vereinfacht gesagt: Versuchen Sie immer auch, die Dinge durch die „Brille" Ihres Kommunikationspartners zu betrachten.

2.3.2 Selektive Wahrnehmung als Grundlage für Kommunikation

Das, was der Empfänger von einer gesendeten Information überhaupt wahrnimmt, hängt also davon ab, ob es dazu bereits eine Entsprechung auf seiner „inneren Landkarte" gibt.

Die Psychologie hat herausgefunden, dass wir dazu neigen, unsere einmal vorgefassten Weltbilder (Meinungen, Interpretationen, Annahmen) selbst dann nicht in Frage zu stellen, wenn wir deutlich abweichende Informationen erhalten. Diese abweichenden Informationen werden entweder so weit umgedeutet, bis sie in das bereits vorhandene Bild passen (**Akkomodation**). Oder nur diejenigen Informationen werden durch den Filter der Wahrnehmung hindurch gelassen, die die bereits gefasste Meinung bestätigen (**Assimilation**). Die abweichenden Informationen werden dagegen herausgefiltert. Schließlich werden Informationen, die aufgenommen wurden, aber der „inneren Landkarte" widersprechen, nachträglich so umgedeutet, dass sie wiederum in das Bild passen (**kognitive Dissonanz**). Oft wird eine bestimmte Information beispielsweise in der Kommunikationssituation selbst allenfalls noch akustisch aufgenommen, in der Erinnerung fehlt sie jedoch, wenn sie nicht in die „innere Landkarte" gepasst hat (zum Thema Wahrnehmung vgl. WITTSTOCK & TRIEBE, 2002).

Diese Prozesse laufen verstärkt ab, wenn es sich nicht um einzelne Personen handelt, sondern wenn diese einer bestimmten Gruppendynamik unterliegen (Group Think, Not Invented Here-Syndrom etc.; vgl. Element 1.07 Teamarbeit sowie DENISOW, 2002). Dies betrifft auch die in allen größeren Organisationen anzutreffenden unterschiedlich verfestigten „Abteilungslogiken", z. B. „tickt" die Produktionsabteilung meist anders als das Marketing oder wiederum als die Entwicklungsabteilung.

Σ Fazit Menschliche Wahrnehmung ist immer selektiv und gelungene Kommunikation setzt demnach – vergröbert – voraus, dass uns die kommunizierten Inhalte bereits in gewissem Maße vertraut oder plausibel sind.

2.4 Das Nachrichtenquadrat oder „Vier-Ohren-Modell"[2]

Gerade der Beziehungsebene kommt in der zwischenmenschlichen Kommunikation (im Gegensatz z. B. zur reinen Mensch-Maschine Kommunikation) eine ausschlaggebende Bedeutung zu. Deshalb ist ihr besondere Aufmerksamkeit zu schenken.

Das Kommunikationsmodell von WATZLAWICK bzw. der Palo-Alto-Gruppe wurde von dem Hamburger Kommunikationswissenschaftler Friedemann SCHULZ VON THUN aufgegriffen und durch Kombination mit den Theorien von Karl BÜHLER (1934) erweitert zum sog. **Nachrichtenquadrat** (vgl. Abbildung 1.18-2). SCHULZ VON THUN unterscheidet auf der Beziehungsebene nochmals zwischen drei Hauptaspekten, wodurch schließlich ein viergliedriges Kommunikationsmodell (vgl. Abbildung 1.18-3) entsteht (vgl. SCHULZ VON THUN, 1999: Bd.1, 13ff). Die folgende Tabelle gibt eine Übersicht über die „vier Seiten" des Nachrichtenquadrats:

Kommunikationsaspekt	Erläuterung
1. Sache	Worüber ich spreche; dieser Aspekt entspricht der Sachebene bei WATZLAWICK, s.o. Für die Verbesserung der Kommunikation hinsichtlich des Sachaspekts hat SCHULZ VON THUN ein eigenes Konzept (*Hamburger Verständlichkeitskonzept*) entwickelt (vgl. SCHULZ VON THUN, 1999: Bd.1, 142-155).
2. Beziehung	Dieser Aspekt entspricht weitestgehend der Beziehungsebene bei WATZLAWICK, s.o., also: „was ich von dir halte und wie ich zu dir stehe", "wie ich unsere Beziehung und den Kontext unserer Interaktion sehe", „wie ich meinen/ deinen Status definiere bzw. konstruiere" (vgl. das Axiom 5 von WATZLAWICK, Symmetrie oder Komplementarität).
3. Selbstoffenbarung (Ich-Aussage)	Indem er kommuniziert, gibt ein Sprecher zugleich mit dem Inhalt immer eine Information über sich selbst. Dies betrifft seine Haltung zu sich selbst, seinen Informationsstand, seine Sicht der Dinge etc. Diese Information kann beabsichtigt sein, der Sprecher gibt aber gerade durch sein nonverbales Verhalten auch immer unbewusst Informationen über sich preis, die er nicht kontrollieren kann.
4. Appell	Meist will der Sprecher (oder Schreiber) durch seine Äußerung etwas beim Partner erreichen, diesen zu einer Handlung oder zu einem Gedanken bewegen. Äußerungen haben in der Regel eine bestimmte Funktion und dienen damit einem Zweck.

Abbildung 1.18-2: Nachrichtenquadrat oder Vier Seiten einer Nachricht (nach SCHULZ VON THUN, Quelle: Trainingsunterlagen Martin Goerner)

Jede Nachricht enthält demnach neben den expliziten Sachinformationen auch immer implizite Botschaften über den Sprecher selbst, die Sicht auf die Beziehung zwischen den Gesprächspartnern sowie über die Handlungsimpulse des Sprechers, und zwar unabhängig davon, ob diese Botschaften beabsichtigt sind oder nicht.

Diese vier Aspekte lassen sich bildlich in Form eines Quadrats darstellen (vgl. Abbildung 1.18-3). Wenn man von einer Kommunikation zwischen einem Sprecher und einem Hörer ausgeht, ergibt sich ein Modell mit jeweils vier Mündern und vier Ohren, welche die jeweiligen Kommunikationsaspekte repräsentieren sollen. Deshalb wird dieses Modell bisweilen auch **„Vier-Ohren-Modell"** genannt. Die Bezeichnung „Ohren" ist allerdings irreführend, denn sowohl das Senden als auch das Empfangen der Signale der unteren Kommunikationsaspekte (Appell, Ich-Aussage, Beziehung) geschehen weniger über Mund und Ohren, sondern weitgehend über die nonverbale Kommunikation (s.u.).

---

2 Der Abschnitt über SCHULZ VON THUN wurde von Jörn Eggemann und Michael Gessler erarbeitet.

Die „Vier Ohren" und das „Hören" von Botschaften auf verschiedenen Kanälen können aber deutlich machen, dass sich das „Zuhören" oder Empfangen von Botschaften nie auf den rein akustischen Vorgang beschränken, sondern eine Selektion von vielfältigen Signalen von allen fünf Sinnen sowie die vorbewusste Interpretation der ausgewählten Signale beim Empfänger darstellen.

Gemäß der Darstellung im Nachrichtenquadrat sendet also ein Sprecher immer auf vier Kanälen gleichzeitig und der Gesprächspartner empfängt auf vier Kanälen gleichzeitig. SCHULZ VON THUN verdeutlicht dies an seinem „klassischen" Beispiel des Paares im Auto:

Beispiel Eine Frau sitzt am Steuer und ihr Beifahrer sagt: „Da vorne ist grün!" Sie antwortet: „Fährst Du oder fahre ich?!" Welche Botschaften hat die Frau empfangen? Auf welche Botschaft hat sie reagiert?

Die Nachricht des Senders enthält zunächst eine *Sachinformation*. Die Frau empfängt auf ihrem „Sach-Ohr" die Botschaft: „Die Ampel ist grün. Die Ampel ist nicht rot."

Die Nachricht des Senders enthält zudem eine *Selbstkundgabebotschaft*. Auf dem „Selbstkundgabe-Ohr" nimmt der Empfänger wahr, was der Sender gewollt als Selbstdarstellung über sich mitteilt und was er als Selbstenthüllung unbeabsichtigt preisgibt, über Worte, aber auch über die nonverbale Kommunikation. Ob der Sender dies auch tatsächlich so meinte und sagen wollte, ist natürlich ungewiss. Jedes „Ohr" interpretiert nur und Interpretationen sind keine Wahrheiten. Die Empfängerin könnte, wenn sie mit dem Selbstkundgabeohr empfängt, zum Beispiel folgende Botschaften gehört haben: Selbstdarstellung des Mannes: „Ich bin aufmerksam". Selbstenthüllung des Mannes: „Ich bin ungeduldig."

Auch der Beziehungsaspekt wird aus dem Tonfall, der Begleitmimik und der Art der Formulierung geschlossen (analoge Ebene der Kommunikation, vgl. WATZLAWICK). Für diese Botschaften sind Empfänger besonders sensibel, denn die Definition der Beziehung beinhaltet u. a., ob der Sprecher das Verhältnis als symmetrisch oder als komplementär (s.o., WATZLAWICK-Axiom 5) definiert, welches Status-Verhältnis also zwischen den Partnern etabliert wird. Je nach dem Kontext der Äußerung, des Tonfalls, der Körpersprache etc. des Sprechers könnte die Empfängerin in unserem Beispiel mit ihrem Beziehungsohr folgende Botschaften empfangen haben: „Du bist eine Anfängerin und kannst nicht selbstständig fahren; Du brauchst meine Hilfe. Ich bin der Experte und du die Schülerin." Eine andere Beziehungsbotschaft, die eine symmetrische Kommunikation unterstellt, wäre etwa: „Wir sind beide gute Fahrer, achten gemeinsam auf den Verkehr und geben uns wechselseitig Hinweise."

Das Appellohr könnte in diesem Fall wahrgenommen haben: „Fahr schnell los, sonst wird es gleich wieder rot!" und „Höre auf mich." Jede Nachricht impliziert, dass der Empfänger veranlasst werden soll, bestimmte Dinge zu tun, zu unterlassen, zu denken oder zu fühlen.

Aus der genannten Reaktion der Frau (s.o.) kann nun geschlossen werden, welche Botschaften sie auf den Seiten des Nachrichtenquadrats empfangen hat. Ihre Antwort „Fährst du oder fahre ich?!" war keine Reaktion auf die Sachinformation. Wäre sie es, hätte ein „Danke" gereicht. Die Frau hat vermutlich die Beziehungsbotschaft empfangen und darauf reagiert. Auf die implizite Botschaft („Ich bin der Experte und du die Schülerin.") reagiert sie („Wer fährt, ist Experte – und das bin im Augenblick ich und nicht du."). In der Abbildung 1.18-3 sind das Nachrichtenquadrat und die möglichen Botschaften des Beispiels dargestellt. In der Mitte steht die eigentliche Nachricht, während die verschiedenen Botschaften jeweils den vier Seiten einer Nachricht zugeordnet sind.

Abbildung 1.18-3: Das Nachrichtenquadrat – die vier Seiten einer Nachricht
(in Anlehnung an SCHULZ VON THUN, 1999: Bd.1, 30ff)

Fazit

- Je professioneller wir kommunizieren, desto eher sind wir in der Lage, die verschiedenen Botschaften auf den vier Seiten des Nachrichtenquadrats wahrzunehmen, aber es ist auch nicht notwendig, jede Nachricht immer auf ihre vielfältigen Botschaften hin zu durchleuchten. Hilfreich ist das Instrument allerdings, um schwiege Kommunikationssituationen und Missverständnisse zu klären. In vielen Situationen liegt uns durchaus sehr an unserer Selbstdarstellung – beispielsweise bei einer Präsentation.
- Die Sachinformationen sind dann oftmals nur Mittel für den Zweck, uns „ins rechte Licht zu rücken". Der Appell lautet: „Erkenne, was für ein sympathischer Mensch, was für ein kompetenter Manager, was für ein guter Programmierer etc... ich bin." In anderen Situationen „hören" wir vorwiegend mit unserem Beziehungsohr. Jede Nachricht wird daraufhin durchforstet, was der Sender für eine Meinung über uns als Empfänger hat: „Was sagt er und was denkt er über mich? Wie definiert er die Beziehung zwischen uns beiden?", beispielsweise während der Storming-Phase einer Teambildung.
- Das Nachrichtenquadrat bzw. „Vier-Ohren-Modell" von SCHULZ VON THUN ist ein gutes Instrument, um für die vielfältigen Botschaften neben dem Sachinhalt sensibel zu werden. Gespräche werden von Menschen geführt und sind deshalb nie frei von persönlichen Anteilen und Botschaften.

2.5 Das Innere Team

Der vorhergehende Abschnitt macht auch deutlich, was mit den verschiedenen „Mündern" und „Ohren" des Modells gemeint ist: Verschiedene Situationskontexte, Persönlichkeitsaspekte, Denkweisen etc. lassen bei Sprecher und Hörer verschiedene Aspekte in den Vordergrund treten. Kommunikation hat demnach nicht nur etwas zu tun mit dem Verhältnis zwischen den Kommunikationspartnern und dem Kontext der Kommunikation, sondern sie hat auch einen hohen Bezug zur jeweiligen psychischen Konstellation, also zur inneren Organisation der beteiligten Personen. SCHULZ VON THUN unterscheidet deshalb nicht nur vier verschiedene Seiten einer Nachricht, sondern er untersucht auch, welche inneren Persönlichkeitsstrukturen jeweils beim Sprecher oder Hörer zugrunde liegen.

Die Psychologie beschäftigt sich seit langer Zeit damit, Persönlichkeitsanteile, Handlungsimpulse etc. in Form von Teilpersönlichkeiten darzustellen. SCHULZ VON THUN greift die Theorien von Virginia SATIR (1988; 2004) auf und entwickelt daraus sein Modell des „Inneren Teams" (SCHULZ VON THUN, 1999: Bd.3).

Wenn wir kommunizieren, melden sich oft verschiedene Stimmen in uns zu Wort. Bekannt ist das Zitat aus Goethes „Faust" von den „zwei Seelen in einer Brust".

Beispiel Ein Beispiel aus dem Projekt-Alltag zur Verdeutlichung: Sie werden zum wiederholten Male von einem Kollegen gefragt, ob Sie ihm eine Präsentation zur Verfügung stellen können. Ihre erste spontane Reaktion ist vielleicht: „Na klar, kannst du haben!" Im Nachhinein meldet sich jedoch Ihre innere Gegenstimme und sagt: „Ich helfe ihm immer und bekomme nie etwas zurück. Das sehe ich nicht mehr ein." Eine andere Möglichkeit ist, dass Sie gleich ablehnen, die Präsentation nicht weiter geben und Ihre innere Stimme Ihnen vielleicht später einen Vorwurf macht: „Das ist nicht kollegial" (In Anlehnung an SCHULZ VON THUN).

Die ironische Äußerung von oben illustriert einen weiteren Aspekt des „Inneren Teams": *„Ihre Arbeitspakete kommen ja immer pünktlich, Herr Meier!"*. Wie bereits oben erwähnt, kommt die Ironie in diesem Falle durch einen Widerspruch zwischen der digitalen Wort-Äußerung auf der Sach-Ebene und den analogen Botschaften auf der Beziehungsebene zustande. Nach dem Inneren Team sind solche Doppelbotschaften oft das Ergebnis eines Widerspruchs verschiedener innerer Stimmen in einer Dilemma-Situation. Wenn Herr Meier z. B. als Teamleiter oder Vorgesetzter „unangreifbar" ist und nicht offen kritisiert werden darf, bewirkt eine zweite, kritische Stimme mit ihren Botschaften auf der Beziehungsebene (s.o.), dass hier „heimlich" Kritik geübt wird, während die reinen Wortbeiträge der anderen Stimme „politisch korrekt" bleiben. Wenn Herr Meier dann zurückfragt, reagiert wieder die „politisch korrekte" Stimme: *„Ich habe es doch gesagt, dass Sie immer pünktlich sind. Was haben Sie denn?"*

Verschiedene Persönlichkeitsanteile können also nacheinander wirksam werden oder zugleich auf jeweils anderen Kanälen.

Die verschiedenen inneren Stimmen können auch zu einem inkongruenten Verhalten führen: Sie sagen „Ja" (auf Sachebene), aber ihre Mimik und ihr Tonfall lassen ein inneres „Nein" erkennen (Beziehungsebene, Selbstaussage, Appell). Sie senden jetzt widersprüchliche Botschaften auf den verschiedenen Kanälen des Nachrichtenquadrats. Ihre Aussagen werden unklar und missverständlich.

Die inneren Stimmen, von denen SCHULZ VON THUN spricht, nennt er „Inneres Team". Wie in einem Team können je nach Situation in uns mehrere verschiedene Persönlichkeiten wirksam sein, die entweder gut abgestimmt zusammenwirken oder schlimmstenfalls im Streit miteinander liegen. Das Innere Team ist dann optimal „aufgestellt", wenn ein Oberhaupt die verschiedenen Teammitglieder oder inneren Stimmen miteinander abgleicht und eine abgestimmte Entscheidung nach außen vertritt.

Wenn Sie, wie in unserem Beispiel, eine innere Unstimmigkeit feststellen, so haben Sie verschiedene Möglichkeiten:

| Eine Möglichkeit wäre, dass Sie um Aufschub für Ihre Entscheidung bitten. Das verschafft Zeit, die inneren Stimmen anzuhören und eine „abgestimmte" Entscheidung zu treffen. Wichtig ist, alle Stimmen zu hören, denn sie vertreten jeweils wichtige Anliegen. Sollten Sie spontan oder „unabgestimmt" entschieden haben, so führt das oftmals zu nachträglichen inneren Unstimmigkeiten und Spannungen.
| Eine andere Möglichkeit wäre, nach einer spontanen ersten Reaktion Ihre Entscheidung zu revidieren oder zu korrigieren, z. B. einen Wunsch äußern. Oftmals können Sie auch Bedingungen formulieren, um Ihren verschiedenen Stimmen gerecht zu werden. Manchmal fordert beispielsweise Ihr „Bauchgefühl" mehr Sicherheiten ein, als es Ihre rationalen Seiten zugestehen würden.

Das Modell des Inneren Teams sensibilisiert dafür, dass wir oftmals mehrere verschiedene und widersprüchliche Stimmen in uns vernehmen und dass dieser Chor sinnvoll sein kann. Oftmals meldet sich intuitiv unsere Erfahrung zu Wort und meldet „Vorsicht" oder sie gibt „grünes Licht", auch wenn die Fakten noch nicht zu 100 % geklärt sind. Nicht nur der Sprecher hat aber ein „Inneres Team" in sich, in gleicher Weise hat auch der Gesprächspartner unterschiedliche Persönlichkeitsanteile, die wie Teammitglieder am Kommunikationsprozess mitwirken.

Ein großer Vorteil dieses Modells ist die Betrachtung von mehreren unterschiedlichen Faktoren („Stimmen", „Teammitgliedern" etc.), die in Wechselwirkung miteinander stehen, statt einen „linearen" Kommunikationsprozess zwischen einem Sender und einem Empfänger anzunehmen. Das Modell des Inneren Teams ist deshalb ein **systemisches** Modell: Es erklärt Kommunikation als Ergebnis des komplexen Zusammenwirkens von vielen verschiedenen Einflussfaktoren, die ein System miteinander bilden.

2.6 Die Gewaltfreie Kommunikation (GFK)

Die Gewaltfreie Kommunikation (GFK; engl.: nonviolent communication – NVC) ist weniger ein Kommunikationsmodell als eine Methode zur Verbesserung der Kommunikation. Sie gehört aber in dieses Kapitel, denn die GFK gibt ein System von Kommunikationsregeln vor, dessen Anwendung gerade in Konfliktsituationen sehr hilfreich und wirksam sein kann. Diese Methode wird deshalb ausführlich in Element 2.12 Konflikte und Krisen behandelt. Hier soll ein kurzer Hinweis genügen, um die Methode systematisch einzuordnen. Das Regelsystem der GFK ist zwar relativ einfach, die richtige Anwendung erfordert aber viel Übung.

3 Verbale und nonverbale Kommunikation im Wechselspiel[3]

3.1.1 Kommunikationsebenen in Gesprächen

Die Aufnahme, aber auch das Senden von Informationen (vgl. die folgenden Abschnitte 4 und 5) sollten sich nicht nur auf die Inhalte (das „WAS") konzentrieren, sondern gleichermaßen auch die Art, die Form und den Kontext der Kommunikation (das „WIE"), berücksichtigen.

Ein Sprichwort sagt: „Der Ton macht die Musik".

---

[3] Das Kapitel Verbale und nonverbale Kommunikation im Wechselspiel wurde von Martin Goerner verfasst (Quelle: Trainingsunterlagen Martin Goerner).

Kommunikation ist demnach weit mehr als der Austausch von Worten. Es werden zugleich immer auch viele weitere Signale gesendet, die nicht über die Worte oder den Sinn der Sätze selbst vermittelt werden, sondern auf anderen Kanälen. Diese Signale bestimmen maßgeblich die Bedeutung, die der Empfänger den verbalen Signalen gibt. Vielfach sendet er sein Verständnis dann wieder mit nonverbalen Signalen.

Hier einige Beispiele, die insbesondere das WATZLAWICK-Axiom 1 („Man kann nicht – nicht – kommunizieren"), Axiom 2 (Metakommunikation auf Beziehungsebene) sowie Axiom 3 (Interpunktion, d.h. Kommunikation als Ergebnis von Wechselwirkungen zwischen den Partnern) und 4 (digitale und analoge Kommunikation) illustrieren:

🔍 **Beispiel 1** Beim Kick-Off eines Forschungsprojekts im Pharma-Bereich sind viele promovierte Wissenschaftler unter den Teilnehmern, die sich gegenseitig bisher kaum kennen. Die Namensschilder zeigen „der Einfachheit halber" aber nur die Nachnamen ohne Titel. Ein Vorstand eröffnet die Sitzung, auf seinem Namensschild jedoch ist der Dr.-Titel verzeichnet. In der Vorstellungsrunde erwähnen die meisten Wissenschaftler ihre Promotion und betonen ihr wissenschaftliches Profil. In der folgenden Pause werden die Worte des Vorstands („Unsere flache Hierarchie macht uns flexibel!") in den Gesprächsgrüppchen ironisch kommentiert. Der Vorstand macht sich gegenüber seinem Assistenten bei einem Kaffee über die „Titelgläubigkeit" seiner Mitarbeiter lustig.

🔍 **Beispiel 2** In einer E-Mail bedankt sich ein Projektleiter bei seinem Mitarbeiter für die gute Arbeit und betont seine Wertschätzung für den Mitarbeiter. Die knappe E-Mail hat viele Tippfehler, die Sätze sind unvollständig, als Grußformel stehen nur Kürzel: „LG, DF". Der Mitarbeiter reagiert auf die E-Mail nicht wie sonst innerhalb eines Tages, sondert antwortet nach einer Woche betont formvollendet. Im Portfolio-Board klagt der Projektleiter später abstrakt über den „geringen Reifegrad seiner Mitarbeiter bei der virtuellen Kommunikation" (Quelle: Trainingsunterlagen Martin Goerner).

Die Beispiele lassen erkennen: Auch Signale, die jenseits aller Worte durch scheinbar nebensächliche oder selbstverständliche Gegebenheiten oder Anordnungen gesendet werden, setzen Kommunikationsprozesse in Gang. Diese geben den verbalen Inhalten jeweils eine „Be-Deutung", die durchaus im Widerspruch zu den reinen Worten stehen kann. Kommunikationsprobleme deuten sich meist im nonverbalen Bereich an. Wenn ich als Kommunikationspartner nicht wahrnehmen kann, welche Signale ich – auch unbeabsichtigt durch mein Verhalten, durch den Kontext etc. – sende, und welche Dynamik ich dadurch in Gang setze, kann schnell ein offener Konflikt ausbrechen.

Nonverbale Kommunikation wird gerne vereinfachend als „Körpersprache" bezeichnet. Dazu gehört aber auch all das, was die Kommunikationswissenschaftler die **„paraverbale Kommunikation"** nennen: Stimmklang, Stimmführung, Satzmelodie usw. Wie die beiden Beispiele gezeigt haben, gehören zum „Wie" der Kommunikation aber immer auch der situative Kontext sowie der örtliche, zeitliche, personelle und institutionelle Rahmen, in dem die Kommunikation stattfindet (vgl. Abbildung 1.18-4).

Gerade zu Beginn von Kommunikationssituationen entscheiden wir über die Wahrnehmung der Körpersprache und Stimme des Partners sowie der Kommunikationssituation beispielsweise darüber:

| ob wir bereit sind, zuzuhören,
| ob wir den Partner als kompetent einschätzen,
| ob er uns sympathisch ist oder gar bedrohend für uns sein könnte,
| ob die Kommunikationssituation wichtig für uns ist.

Diese frühe „Bauchentscheidung" geschieht meist unbewusst und blitzschnell. Sie wird im späteren Gesprächsverlauf kaum noch korrigiert, vielmehr suchen wir oft nur noch nach Bestätigungen für unsere erste Urteilsbildung. Deshalb ist es gerade zu Beginn von Gesprächen von großer Bedeutung, auf alle Signale zu achten, die jenseits der gesprochenen Worte wahrnehmbar sind.

Genau genommen, können mindestens vier verschiedene Ebenen in Gesprächen unterschieden werden (vgl. Abbildung 1.18-4). Der Einfachheit halber wird aber oft alles, was nicht zur verbalen Ebene gehört, zusammenfassend als „nonverbale Kommunikation" bezeichnet:

Kommunikations-Ebene	Erläuterung
1. Verbale Ebene	I Worte, Themen, Logik, Fakten, Argumente etc.; I Der inhaltliche Gesprächsverlauf
2. Paraverbale Ebene	I Stimmklang, Stimmführung, Lautstärke, Tempo, Satzmelodie I Pausen, Räuspern, „Ähm", Atemrhythmus (gedehnt oder gehetzt etc.), Festigkeit der Stimme...
3. Nonverbale Ebene, „Körpersprache"	I Raumverhalten, Distanz, I Körperbewegung und Körperhaltung, I Kleidung, Outfit etc. I Gestik, Mimik, I Blickkontakt, Augenbewegungen, Augenausdruck I Bezug des Verhaltens aufeinander (z. B. die Angleichung des körperlichen Verhaltens, „Körperecho", im NLP: Pacing, Leading etc., vgl. Element 02.11 Verhandlungsführung)
4. Kontext-Ebene	I Räumliche und zeitliche Gegebenheiten des Gesprächs, I Räumliches, zeitliches, personelles und institutionelles Umfeld des Gesprächs (z. B.: „Flurgespräch" oder „Vorladung" etc.), I Das Status-Verhältnis der Sprecher (gleichrangig oder hierarchisch, vgl. Element 02.11 Verhandlungsführung) I Symmetrische (z. B. Gespräch) oder unsymmetrische (z. B. Vortrag) Kommunikation, (vgl. Element 02.11 Verhandlungsführung) I Andere Personen, die das Gespräch verfolgen oder Vertraulichkeit, I Vorredner/Nachredner, auf die sich ggf. ein Sprecher bezieht, I Die Zeit vor/nach dem Gespräch, Störungen, I Kulturelle Gegebenheiten oder Unterschiede...

Abbildung 1.18-4: Vier Ebenen für die Gesprächsanalyse (Quelle: Trainingsunterlagen Martin Goerner)

Es ist wichtig, auf die Signale auf allen diesen Ebenen zu achten, besonders, wenn wir Widersprüchlichkeiten zwischen den gesprochenen Worten und den anderen Signalen feststellen. Das Modell des Inneren Teams (s.o.) macht deutlich, dass gerade in Entscheidungssituationen oft unterschiedliche Botschaften auf unterschiedlichen Ebenen gesendet werden. Um den Hintergrund einer Sach-Aussage zu verstehen und um eine Aussage richtig einordnen zu können, ist es deshalb notwendig, den Sprecher als ganze Person wahrzunehmen und auch den Kontext seiner Äußerung zu beachten.

Dies ist auch ein Grund, warum es z. B. in internationalen Projekten wichtig ist, dass sich das Team gerade zu Beginn ausreichend lange persönlich trifft, anstatt Mails auszutauschen oder Video-Konferenzen zu veranstalten.

3.1.2 Umgang mit nonverbaler Kommunikation

Gerade in der älteren Literatur findet man oft Hinweise, wie „Körpersprache" zu „lesen" sei. Beispielsweise heißt es dort, verschränkte Arme oder eine bestimmte Beinhaltung würden darauf hinweisen, dass ein Zuhörer verschlossen oder „widerständig" sei etc.

Seit einigen Jahrzehnten hat sich ein viel differenzierteres Verständnis von nonverbaler und paraverbaler Kommunikation durchgesetzt. Die genannten Kommunikationsaxiome von WATZLAWICK und die Modelle von SCHULZ VON THUN (s.o.) verdeutlichen, dass Kommunikation im Bereich der paraverbalen, nonverbalen und Kontext-Signale grundsätzlich anders verläuft als im verbalen Bereich: Verbale (mündliche oder schriftliche) Kommunikation erfolgt über codierte Zeichensysteme, also digital, die Kommunikation über die anderen Kommunikationskanäle (nonverbal, paraverbal, Kontext) erfolgt über Deutungen, also analog.

Deshalb ist auch der populäre Begriff „Körpersprache", genau genommen, irreführend, denn er suggeriert ein dekodierbares Zeichensystem und damit eine „Bedeutungszuordnung" („Verschränkte Arme = Ablehnung").

Eine Dekodierung ist aber im nonverbalen Bereich nicht möglich, denn die Signale, die wir über Stimme, Körper und Raum, Kontext etc. wahrnehmen, sind analog. Sie müssen also über Deutung erschlossen werden und sind grundsätzlich mehrdeutig und kontextabhängig. Eine Ausnahme dazu bilden nur die sog. „Embleme", die kulturell verabredeten Gesten, wie z.B. ein erhobener Zeigefinger, eine Wink-Bewegung „Komm her" etc.

Beispielsweise können verschränkte Arme in einer bestimmten Situation genauso gut ein Anzeichen dafür sein, dass jemand in sich ruht, zufrieden ist etc. Verschiedene Kulturen deuten und bewerten demnach Verhaltenselemente und Körperreaktionen auch sehr unterschiedlich. Insbesondere die Distanzzonen variieren je nach Kultur.

Verallgemeinernde Tipps zur Deutung eines bestimmten Verhaltens schaden daher mehr als dass sie nützen, denn sie kanalisieren Ihre Wahrnehmung auf eine Bedeutungszuschreibung. Machen Sie sich stattdessen im Gespräch Ihren Gesamteindruck von der Person und von der Situation bewusst. Ergänzen Sie die Wahrnehmung des Gesprächspartners und der Situation (äußere Wahrnehmung) durch die Wahrnehmung Ihres eigenen Erlebens (innere Wahrnehmung):

Fragen Sie sich (äußere Wahrnehmung):

- Was nehmen Sie wahr und welcher erste Eindruck hat sich herausgebildet?
- Auf welchen konkreten Beobachtungen beruht Ihr Eindruck?
- Was gibt es noch zu beobachten, was Ihnen bislang entgangen ist, z.B. auf anderen Wahrnehmungskanälen? Welche anderen Beobachtungen haben Sie bislang vielleicht ausgeblendet, z.B. weil Sie Ihrem ersten Eindruck widersprechen?

Fragen Sie sich aber auch (innere Wahrnehmung, Selbstwahrnehmung):

- Welche Signale senden Sie selbst – bislang unbewusst und unfreiwillig – in dieser Situation an den Partner und:
- Welche Wirkungen und Eindrücke provozieren Sie dadurch Ihrerseits beim Partner?

Geben Sie ggf. – zurückhaltend – Feedback (s. u.), um Ihren Eindruck mit dem Gesprächspartner abzugleichen. Auf diese Weise können Sie Ihre Wahrnehmung schulen und im Gespräch nutzen. Das Kapitel 2.11 Verhandlungsführung enthält ausführliche Hinweise dazu, wie nonverbale und paraverbale Kommunikation in Projekt- und Verhandlungsgesprächen zielgerichtet eingesetzt werden können (vgl. hierzu auch die Einführung von REBEL, 2001).

4 Informationen erhalten

Aus den vorangehenden Abschnitten geht bereits hervor, dass menschliche Kommunikation nicht einfach in „Informationsaufnahme" und „Informationssendung" o. Ä. unterteilt werden kann. Ein ganzheitlicher, auf das System gerichteter Blick verdeutlicht vielmehr, dass Senden und Empfangen im Kommunikationsprozess eng miteinander verbunden sind. Wir können keine Informationen empfangen, ohne zugleich welche zu senden („Ich kann nicht nicht kommunizieren"). Wenn wir Informationen senden (wollen), werden wir zugleich zum Empfänger. Auch der noch so monologische Vortrag gewinnt seine Wirkung und seine Bedeutung durch die Reaktion der Zuhörer und sei es durch ihr Schweigen oder ihre Ignoranz. Der Einfachheit halber wird jedoch im Folgenden die Informationsaufnahme getrennt von der Informationsabgabe behandelt.

Der folgende Abschnitt beschäftigt sich mit verschiedenen Aspekten und Methoden, um Informationen aus der uns umgebenden Welt möglichst effektiv und effizient aufzunehmen. Im Anhang bietet ein kurzer, exemplarischer Test dem Leser die Möglichkeit, die eigenen kommunikativen Qualitäten zu checken und Stärken sowie Verbesserungspotential zu identifizieren.

4.1 Gutes Zuhören

Der griechische Schriftsteller und Philosoph Epiktet formulierte bereits vor 2000 Jahren, dass wir zwei Ohren, aber nur einen Mund haben. Er wies damit darauf hin, dass das Zuhören im Gespräch einen deutlich größeren Raum einnehmen sollte als das Sprechen.

Grundsätzlich ist jeder Mensch in der Lage, mit der jeweils notwendigen Konzentration zuzuhören. Allerdings kann diese durch bestimmte Faktoren beeinflusst werden, z. B. eine unbequemende oder lärmende Umgebung, das persönliche Erfahrungsniveau oder das Interesse am Thema. Ein Sprecher kann durch die Art seiner Rede bzw. durch seinen Kommunikationsstil beeinflussen, wie viel Aufmerksamkeit er für seine Worte erhält. Aber auch ein Zuhörer kann selbst in einer ungünstigen Situation die Effektivität seines Zuhörens steuern.

4.1.1 Hören ist nicht gleich Zuhören

Zuhören ist ein hochkomplexer aktiver psychischer Vorgang beim Hörer und nicht einfach die Informationsaufnahme des gesprochenen Worts. Die rein akustische Aufnahme von Worten hat dabei eine untergeordnete Bedeutung. Der lange Weg bis zur Spracherkennung durch Computer macht es deutlich: Bereits das reine Sprachverständnis beruht auf einer permanenten Plausibilitätsprüfung und Zuordnung der akustischen Signale im Gehirn. Wenn uns etwas unverständlich erscheint oder nicht in den Satz passt, wird es – bereits im Unterbewusstsein und schwer kontrollierbar! – ausgeblendet oder umformuliert. Wir kennen typische Missverständnisse oder Witze, die diese menschliche Eigenschaft illustrieren.

Falls Ihnen das Zuhören schwerfällt, fragen Sie sich:

- Was hindert Sie daran, besser zuzuhören?
- Spricht der Sprecher klar strukturiert?
- Ist das Thema für Sie relevant?
- Erweckt das Thema Ihr Interesse?

4.1.2 Die Erwartung bestimmt, was wir hören

Als Sprecher verfolge ich ein bestimmtes Ziel und auch als Zuhörer werde ich gesteuert durch meine Erwartung, mein Ziel. Die beste Kommunikation ergibt sich, wenn beide Seiten ähnliche Erwartungen an die Kommunikation haben, die Ziele beider Seiten also aufeinander ausgerichtet werden.

Typische Ziele beim Zuhören könnten sein:

- Etwas Neues zu lernen oder bestehendes Wissen zu erweitern;
- Sich von etwas überzeugen zu lassen;
- Ein Problem verstehen, welches gelöst werden soll;
- Übereinstimmung erzielen.

Wenn die jeweiligen Erwartungen nicht aufeinander ausgerichtet sind, können nicht nur der Sprecher, sondern auch der Zuhörer etwas dazu tun, den Kommunikationsprozess zu verbessern. Dies gilt selbst in einer „unsymmetrischen" Kommunikationssituation (vgl. Element 2.11 Verhandlungsführung), wie beispielsweise bei einer Präsentation:

Beispiel Bei der Präsentation eines Wertpapiermanagement-Tools möchten Sie Ihr Wissen über derartige Tools erweitern und vor allem wissen, wie es konkret angewendet wird. Allerdings verfolgt der Vortragsredner eher das Ziel, sein Produkt zu verkaufen, als über Anwendungserfahrungen zu berichten. Hier werden die Erwartungen und damit auch die Ziele beider Parteien nicht erfüllt: Sie als Zuhörer erhalten nicht die gewünschten Informationen, während der Vortragende vermutlich keinen Verkauf tätigen wird.

Als Zuhörer sollten Sie also Ihre Erwartungen äußern oder Fragen an den präsentierenden Redner stellen, um Ihre „Holschuld" zu erfüllen. Der Redner sollte als „Bringschuld" – möglichst schon vor seiner Präsentation – klären oder zumindest am Anfang erfragen, was die Erwartungen seiner Zuhörer sind.

4.1.3 Aktives Zuhören als Methode

Es gibt sehr unterschiedliche Zuhör-Gewohnheiten und -Situationen. Hierzu zwei typische Beispiele:

Beispiel 1 In einem Meeting versucht ein Projektteam zu klären, warum und wie viel zusätzliche Ressourcen für das Projekt benötigt werden – währenddessen arbeitet eine Kollegin auf dem Blueberry ihre E-Mails ab.

Beispiel 2 In einer Diskussion über technische Schnittstellen signalisiert einer der Zuhörer dem Sprecher laufend überdeutlich, dass die Worte akustisch angekommen sind, und verunsichert damit seinen Gesprächspartner. Dieser glaubt, dass er nicht ernst genommen wird.

In beiden Situationen werden zugleich mit dem „Zuhören" sehr unterschiedliche Botschaften auf der Beziehungsebene bzw. auf den unteren „Seiten" des Nachrichtenquadrats (also auch Selbstaussage und Appell) gesendet, der eigentliche Zuhör-Prozess ist gestört.

Um diese und andere Hindernisse für gutes Zuhören zu vermeiden, wurde eine eigene Technik für gutes Zuhören entwickelt, das sog. **Aktive Zuhören**. Diese Kommunikations-Methode wird in Element 2.11 Verhandlungsführung, detailliert vorgestellt und für konkrete Gesprächssituationen umgesetzt (vgl. hierzu auch die weiterführenden Hinweise bei WEISBACH, 2008). Darüber hinaus können das Zuhören – und Behalten – in vielen Situationen auch durch das Anfertigen von Notizen unterstützt werden. Hier helfen Techniken, wie beispielsweise Mindmapping (vgl. Element 2.07 Kreativität).

4.2 Lesen

4.2.1 Was gutes Lesen ausmacht

Ein nicht unerheblicher Teil der individuellen Projektarbeit besteht aus dem Lesen kürzerer oder längerer Texte. Viele Projektbeteiligte lesen allerdings weniger effektiv als sie könnten.

Fünf Schritte können helfen, schneller und besser zu lesen:

I Fragen Sie sich vor der Lektüre immer, welches Ziel Sie konkret verfolgen;
I Identifizieren Sie zunächst den Inhalt nur grob;
I Bestimmen Sie vorab, wie ausführlich Sie diesen Text lesen müssen;
I Lesen Sie den Text nun schnell;
I Gehen Sie nach dem Lesen den Text noch einmal im Hinblick auf Ihr Ziel durch.

Mittlerweile gibt es eine Reihe von „Schnell-Lese-Methoden" und auch das „Effektive Lesen" ist eine eigene Trainingssparte. Darüber hinaus sind zahlreiche Bücher zur Verbesserung der Lesefertigkeiten verfügbar, einige werden im Literaturverzeichnis aufgeführt (z. B. CHEVALIER, 2008; OTT, 2005). Wer häufig Texte und andere schriftliche Informationen schnell erfassen muss, sollte sich mit der einschlägigen Fachliteratur befassen oder direkt ein spezielles Seminar besuchen.

4.2.2 Lesen am Bildschirm und Online-Recherche

Bildschirmarbeit und Online-Recherche haben auch in der Projektarbeit einen erheblichen Umfang gewonnen. Dies bezieht sich auf die gesamte Bandbreite der bildschirmbezogenen Texterfassung von Dokumentensichtung am Bildschirm, dem Studium und Verfassen von E-Mails, über E-Books und Online-Recherchen bis hin zum sog. Joint Editing im Rahmen von Konferenzschaltungen. Zunehmend werden Texte oder Dokumente gar nicht mehr in Papierform bereitgestellt, wenn sie nicht extra vom Empfänger ausgedruckt werden.

Anders als beim Lesen papiergebundener, gedruckter Informationen sind bei der Bildschirm-Arbeit eine Reihe ergonomischer und medizinischer Aspekte zu beachten (vgl. Element 03.09 Gesundheit, Arbeits- Betriebs- und Umweltschutz). Auch die technische Ausstattung des Bildschirm-Arbeitsplatzes beeinflusst die Möglichkeiten und Grenzen des Online-Lesens. Wissenschaftliche Studien haben mehrfach bewiesen, dass das Lesen am Bildschirm ca. 25 % langsamer vor sich geht als auf dem Papier und dabei deutlich ermüdender ist. Die Augen ermüden und das dauernde Scrollen bringt den Lesefluss aus dem Gleichgewicht (vgl. hierzu die Aufsätze von REITER, 2003; HAARLÄNDER, 2003, Lehrstuhl für Medieninformatik, Universität München; eine „klassische" Studie zu diesem Thema ist NIELSEN, 1997).

Bezeichnenderweise sind diese Texte nur im Internet verfügbar. Auf den Anwender kommen aber auch andere mentale Anforderungen zu. Selbstverständlich müssen auch die verwendeten Computerprogramme beherrscht werden, um die Vorteile und Stärken der Informationsverarbeitung am Bildschirm zu nutzen und deren Schwächen ausgleichen zu können.

Bekanntermaßen bieten Bildschirm-Informationen vielfältige Möglichkeiten für die Suche, Reproduktion, Speicherung, Kommentierung, Weitergabe etc. Bildschirmarbeit kann aber auch zu Flüchtigkeitsfehlern verleiten und Texte aus dem Internet sind bisweilen inhaltlich flach, flüchtig und fehlerhaft geschrieben, schlecht gegliedert etc. Wenn dann – wie zunehmend üblich – flüchtig, mehr oder weniger ungeprüft und ohne Quellenangaben Internet-Texte zu Dossiers kombiniert werden, wächst das Potential der Missverständnisse.

Zum Thema „Internet-Recherche" gibt es mittlerweile umfangreiche Literatur (vgl. u. a. EBERSPÄCHER & HOLTEL, 2006; MACHILL, BEILER & ZENKER, 2008).

5 Informationen senden

Wir übermitteln Informationen an andere, um sie zu informieren, zu überzeugen oder zum Handeln zu motivieren. Dabei werden wir danach beurteilt, inwieweit unsere Informationen eindeutig sind. Wir alle verfügen über unterschiedliche Stärken und Schwächen in der Art, wie wir Informationen von uns geben.

In den bisherigen Darstellungen wurde bereits auf die verbale Kommunikation allgemein eingegangen. Gerade bei mündlicher Kommunikation können die Informationssendung und das Empfangen kaum voneinander getrennt werden. „Senderbetonte" Kommunikationssituationen sind im Projekt vor allem Präsentationen und das Verfassen von schriftlichen Äußerungen (Berichte, Briefe, Mails etc.). Der folgende Abschnitt gibt Hinweise, was Mindestanforderungen und Verbesserungsmöglichkeiten in diesen Bereichen sind.

5.1 Präsentationen im Projekt

5.1.1 Die Bedeutung und die Wirkung von Präsentationen[4]

Es gehört zu den grundlegenden Aufgaben im Projektmanagement, Arbeitsergebnisse, Ideen oder Vorschläge zu präsentieren. Speziell bei Präsentationen sind Absicht und Wirkung der Kommunikation genauestens zu bedenken. Bei der Präsentation – egal ob am Flip-Chart, mit Daten-Beamer, an einem Modell oder an der Metaplan-Wand – geht es darum, mithilfe wirkungsvoller und sprachlicher und bildhafter Mittel einen bestimmten Inhalt für eine bestimmte Zielgruppe so darzustellen, dass ein gesetztes Ziel erreicht wird. Es muss bedacht werden, dass auch gute Arbeitsergebnisse durch eine schlechte Präsentation schnell zunichte gemacht werden können.

Deshalb ist der Dramaturgie und Ausgestaltung einer Präsentation hohe Aufmerksamkeit zu widmen. Jeder hat wohl selber schon schlechte Präsentationen erlebt: zu viel Text, schlecht lesbare Grafiken, langatmige Vorträge, zu hohes Tempo, schlechtes Beamer-Bild (u. a. Schieflage, kein Trapez-Abgleich, fehlende Farbtiefe), zu viel „Fachchinesisch" und fehlender Bezug zum eigentlichen Thema.

---

4   Der vorliegende Abschnitt zu Präsentationen orientiert sich eng an: GRIMM, 1998: 479ff.

Dazu kommt der geringe „Behaltenswert" eines Vortrags. Experimente zeigen, dass bereits eine Stunde nach einem Vortrag mehr als die Hälfte aller Informationen nicht mehr bewusst gespeichert sind. „Durch Präsentationstechniken, die mehrere Wahrnehmungskanäle (Sehen und Hören, Mitarbeiten, Visualisierung) ansprechen, kann man diesen Anteil beträchtlich erhöhen. Die Behaltenswahrscheinlichkeit nimmt mit dem Eigenanteil am Erarbeiten von Informationen zu. Aus diesem Grund sollte die Präsentation so aufgebaut sein, dass die Zuhörer zwischen den einzelnen Präsentationsphasen aktiviert und zum „Mitmachen" angeregt werden. Verschiedene Möglichkeiten kann man dazu nutzen:

- Das Vorwissen der Teilnehmer aktivieren und daran anknüpfen (Wie Sie alle wissen...);
- Zwischenfragen zu einem noch nicht präsentierten Ergebnis stellen (Was glauben Sie, wie die Entscheidung ausgefallen ist? Können Sie sich vor- stellen, wie wir das gemacht haben?);
- Nach Ideen der Zuhörer fragen (Haben Sie noch (bessere) Ideen zu dieser Sache? Dabei Flipchart oder Kartentechnik zur Visualisierung der Beiträge einsetzen)" (GRIMM, 1998: 480).

5.1.2 Präsentationen vorbereiten

Oft meinen wir, auf eine Präsentation gut vorbereitet zu sein, wenn wir den Fachinhalt gut erschlossen und auf vorbereiteten Medien dargestellt haben. Zeiteinteilung und Dramaturgie werden dabei gerne vernachlässigt. Aber bereits der fachliche Inhalt muss gut auf den Bedarf und die Erwartungen der Zuhörerschaft abgestimmt sein.

Folgende Fragen helfen weiter:

- Was soll dargestellt werden?
- Wie ist der Stoff aufzubereiten, im Umfang abzugrenzen und in sinnvolle Ab- schnitte zu zerlegen?

Dem Anlass entsprechend kann eine Präsentation aus Vorschlägen, Alternativen, Schilderungen von Problemen oder ausgearbeiteten Vorgehensweisen bestehen:

- Was ist aus der Sicht der Zielgruppe wichtig bzw. unwichtig?
- Wie umfangreich und wie detailliert muss der Stoff präsentiert werden?

Sicherlich wird der darzustellende Inhalt eine zunächst umfangreiche Stofffülle bieten. Hier ist eine Ordnung nach Wichtigkeit der Aussagen und Themen hilfreich.

Die Präsentation kann folgende Anteile enthalten:

- Elementaraussagen, auf die nicht verzichtet werden kann;
- Wichtige Themen, die das Thema abrunden;
- Interessante Aussagen, die das Thema „würzen";
- Hintergrundmaterial für die Diskussion.

Eine Präsentation baut auf Text auf, der zunächst zu formulieren ist. Dabei besteht die Gefahr, die ohnehin knappe Vortragszeit mit Informationen zu überladen. Genau wie beim effektiven Schreiben gilt auch hier: Informationen müssen einfach und knapp dargestellt werden.

Dazu gelten folgende Regeln:

- Vortragsthemen festlegen;
- Stoff auswählen, ordnen und gliedern;
- Auf das Wesentliche beschränken – Mut zur Lücke haben;

- Schwerpunkte und Fakten auflisten;
- Roten Faden der Präsentation sichtbar machen;
- Einseitige Darstellungen vermeiden;
- Hintergrundmaterial zusammenstellen, um die sachliche Richtigkeit der Argumente durch Fakten belegen zu können.

Zunächst gilt es, einen passenden Einstieg zu finden, um die Aufmerksamkeit der Teilnehmer zu erhalten. Hierzu bieten sich verschiedene Möglichkeiten an (vgl. Abbildung 1.18-5).

> - Einstieg persönlicher Art, z. B. eine Geschichte oder Anekdote;
> - Die Aufmerksamkeit auf sich ziehen, etwas Besonderes oder Unerwartetes tun (es soll Präsentatoren geben, die auf den Tisch springen.);
> - Oder: Erstmal einfach gar nichts sagen, die Stille wirken lassen;
> - Interesse wecken und die Zuhörer mit Namen ansprechen;
> - Blickkontakt zu den Teilnehmern herstellen (in die Runde schauen, aber nicht Einzelne fixieren.)

Abbildung 1.18-5: Möglichkeiten zum Einstieg in eine Präsentation
(in Anlehnung an Grimm, 1998: 481)

Anschließend sollte die zu erreichende Zielgruppe bestimmt werden, um deren Erwartungen möglichst gerecht zu werden. Da die Teilnehmer an Präsentationen häufig über sehr unterschiedliches Fachwissen und Erfahrungen verfügen, ist eine rechtzeitige Analyse der Teilnehmergruppe sehr ratsam. Dabei kann auf das bekannte Repertoire der Stakeholder-Analyse zurückgegriffen werden (vgl. Element 1.02).

Ausgehend von der Zielgruppen-Analyse und von anderen Vorgaben, sollten nun die Ziele für die Präsentation entwickelt werden. Sie sollten eindeutig formuliert sein und von allen Mitgliedern der Projektgruppe getragen werden.

Je nach Anlass der Präsentation soll:

- das Wissen,
- das Verständnis oder
- das Verhalten der Zielgruppe

zielgerichtet beeinflusst werden. Dazu sind folgende Fragen zu beantworten:

- Was sollen die Teilnehmer nach der Präsentation wissen?
- Wofür sollen sie nach der Präsentation Verständnis aufbringen?
- Welches Verhalten wird von ihnen erwartet oder welche Zustimmung soll erreicht werden?

Deshalb ist es wichtig, bereits im Vorfeld eine Gewichtung der Ziele vorzunehmen. Daran richtet sich die Strukturierung des Fachinhalts aus. Es ist zu überlegen, welche Kommunikationstechniken und Methoden (z. B. Fragetechniken, Visualisierungen) für die Vermittlung des Inhalts geeignet sind. Zur Kompensation ungeplanter Verzögerungen (technischer Defekt, Zwischenfragen, langsameres Vortragstempo) müssen Pufferzeiten eingeplant werden. Schließlich ist auch der Abschluss rechtzeitig vorzubereiten. Es muss nicht alles verbindlich festgelegt worden sein, bewusst offen gelassene Fragestellungen oder Arbeitshypothesen können ebenfalls geeignete Ansätze sein, um beispielsweise in eine konstruktive Diskussion überzuleiten.

5.1.3 Aufbau einer Präsentation

Eine Präsentation setzt sich prinzipiell aus drei verschiedenen Aspekten zusammen: Inhalt (WAS), Dramaturgie (WANN) und Didaktik (WIE). Alle drei Aspekte müssen vom Vortragenden vorab angedacht und aufbereitet werden. Daraus ergeben sich wichtige Hinweise zur individuellen Gestaltung der jeweiligen Präsentation:

- **Angemessene Startphase:**
  Begrüßung der Teilnehmer, Bekanntgabe der Themen, der Zielstellungen und ggf. der beabsichtigten Vorgehensweise. Eine Visualisierung auf einem Dauer-Medium (Flip-Chart statt Beamer-Bild) ist günstig, um immer wieder darauf Bezug nehmen zu können).
- **Struktur und Klarheit der Aussagen:**
  Neben einer gut nachvollziehbaren inhaltlichen Struktur kommt es darauf an, durch Einfachheit (geläufige Worte, kurze Sätze...) und Prägnanz (Ergebnisse auf den Punkt bringen) den Aussagewert der Inhalte, Ergebnisse usw. zu erhöhen.
- **Verdeutlichung durch Beispiele:**
  Es bietet sich bei der Darstellung von Problemen oder Sachverhalten an, diese durch Beispiele zu illustrieren.
- **Beschränkung auf Kernaussagen:**
  Wichtig ist es auch, nicht alle erdenklichen Ergebnisse zu präsentieren, sondern sich dabei auf wesentliche und hervorstechende Aussagen zu konzentrieren.
- **Aktiver Einbezug der Zuhörer:**
  Nicht nur vortragen, sondern die Zuhörer einbeziehen, durch Fragen, eigene Beiträge etc.
- **Zielorientierter Abschluss:**
  Mit einer (kurzen) Zusammenfassung, die auch Hypothesen und nicht gelöste Probleme beinhalten kann, aber auch mit einem Ausblick oder einem Appell lässt sich die Präsentation beenden.

5.1.4 Mediengestaltung bei Präsentationen

Die Vermittlung der fachlichen Inhalte kann durch angemessene und geeignete (technische) Hilfsmittel (Folien, Video, Plakate, Poster, elektronische Präsentationen usw.) unterstützt bzw. vereinfacht werden. Dabei kommt es jedoch auf einen dosierten Einsatz (statt „Medienzirkus" oder „Folienschlacht") und die Beherrschung der eingesetzten Technik durch den Bediener an.

Beim Einsatz vorbereiteter Visualisierungen (Folien usw.) ist darauf zu achten, dass diese nicht überladen werden, die Übersicht und Lesbarkeit gewährleistet bleiben und die Grafiken leicht zu interpretieren sind. Zur richtigen Mediengestaltung gibt es ausführliche Literatur sowie spezielle Trainings. Eine Zusammenstellung wichtiger Hinweise bietet Abbildung 1.18-6.

Formate		Querformate bieten sich an, wenn viele Grafiken verwendet werden.
		Hochformate empfehlen sich bei weniger Grafiken und bei Textzeilen.
Layout		Texte nie ausschließlich in Großbuchstaben schreiben.
		Gleiche Farben oder Symbole für gleiche Sachverhalte benutzen.
		Nicht mehr als vier Farben verwenden: eine Textfarbe, eine Malfarbe, eine Überschriftenfarbe, eine Farbe für Besonderheiten.
		Nie mehr als zwei Aussagen pro Darstellung treffen.
		Bildhafte Darstellungen (Grafiken) verwenden.
		Text und Grafik gut mischen.
		Aufwändige Aussagen pro Bild konzentrieren
		Vergleiche nebeneinander anordnen.
		Wichtige Aussagen im Zentrum platzieren.
		Fläche gut ausnutzen.
		Einfache Darstellungsweise anstreben.
		Möglichkeiten der Hervorhebung nutzen: Farben, Unterstreichungen, Einrahmungen. Unterlegung mit Farben und Raster, Wechsel zwischen Klein- und Großschreibung.
Anzahl der Zeilen		Wenn möglich, nicht mehr als 10 Zeilen auf einer Folie
Schriftarten und -größe		Auf einer Seite sollten nicht mehr als zwei verschiedene Schrifttypen verwendet werden.
		Schriftgröße auf Raumgröße und Anzahl der Zuhörer abstimmen, dazu abgestuftes Mader Schriftgrößen
		(z. B. Titel und Hauptüberschriften 36 Punkt, jede Gliederungsebene 10 Punkt geringer anlegen)
		Große Schriftgrade: Univers oder Arial
		Längere Fließtexte: Garamond oder Times
		Der Einsatz verschiedener Hervorhebungen (fett, kursiv, unterstrichen sowie deren Kombination) auf einer Folie ist nicht ratsam.
Farbgebung		Die Farbgebung sollte harmonisch sein und nicht zu dunkle Farbtöne enthalten, da sonst die Lesbarkeit der Texte nicht mehr gewährleistet ist.
Inhaltliche Gestaltung		Visualisierungen sollten nicht als Romanvorlage gestaltet sein, sondern höchstens vier Hauptschwerpunkte bzw. Aspekte beinhalten.

Abbildung 1.18-6: Hinweise zur empfängergerechten Gestaltung von Visualisierungen – hier am Beispiel von Beamer- oder OHP-Folien (GRIMM, 1998: 483)

Es gilt grundsätzlich das bekannte Prinzip „Qualität vor Quantität". In vielen Präsentationssituationen bietet es sich auch an – oder ist es üblich – eine vorbereitete Unterlage (Synonyme: Handout, Skript, Teilnehmerunterlage etc.) auszuteilen.

5.1.5 Präsentationsgespräche vor kleinen Entscheidergruppen

Eine besondere Herausforderung sind die – durchaus häufigen – Situationen, die Elemente einer Präsentation, aber auch einer Verhandlung oder eines Gesprächs miteinander verbinden und nur mit einer kleinen Entscheidergruppe (1-5 Personen) stattfinden. Die üblichen Präsentationstechniken und Verhaltensweisen müssen für diese Situationen speziell angepasst werden. Diese – in vielen Projekten häufigen – Situationen werden behandelt von HIERHOLD (2001).

5.1.6 Die eigenen Präsentationsfähigkeiten verbessern

Sobald Sie häufiger mit Präsentationen zu tun haben, empfiehlt sich ein spezielles Training hierzu. Oftmals erfolgt unterstützend auch der Einsatz von Video-Feedback. Außerdem ist es ratsam, die Einführungen aus diesem Text durch Literaturstudium zu erweitern (wichtige Hinweise finden Sie bei WEIDENMANN, 2003; SEIFERT, 2007 und als Standardwerk HIERHOLD, 2005).

5.2 Tipps für zielorientiertes Schreiben

In Projekten spielt, wie in vielen anderen Geschäftsbereichen, die schriftliche Kommunikation eine wichtige Rolle. Wer in Projekten tätig ist, kommt nicht darum herum, sich auf vielerlei Weise schriftlich mitzuteilen.

Grundsätzlich ist immer zu beachten: **Projektleser stehen unter Zeitdruck**. Sie erwarten klare Ideen, eindeutige Wortwahl, übersichtliche Sätze und Illustrationen, die „auf den Punkt kommen". Geschäftsleser tolerieren keine allzu komplexe Wortwahl, unübersichtliche Sätze und Abschnitte. Ihr Schreibstil sollte deshalb den Leser motivieren (zumindest aber nicht den Leser abschrecken), möglichst die Leserbedürfnisse befriedigen und es dem Leser erleichtern, die für ihn relevanten Inhalte zu finden und zu verstehen. Die folgenden Abschnitte bieten einige Tipps für ein zielorientiertes Schreiben.

5.2.1 Schreiben Sie eindeutig, korrekt und prägnant

Wer schreibt, muss die Verantwortung dafür übernehmen, dass sein Text verständlich ist, und er muss die knappe Zeit des Lesers respektieren. Aber auch als Verfasser stehen Sie oft unter Zeitdruck. Es ist daher ratsam, einen „fertigen" Text vor der Weitergabe nochmals in Bezug auf drei Kriterien durchzugehen:

- Ist der Inhalt des Textes eindeutig?
- Ist der Text fachlich/technisch korrekt?
- Ist der Schreibstil prägnant?

Idealerweise sollten Sie jemanden bitten, sich Ihren Text durchzulesen, bevor Sie ihn an den Empfänger weiterleiten. Wenn das nicht möglich ist, lassen Sie Ihren fertigen Text liegen und beschäftigen Sie sich zunächst mit etwas anderem, um mit zeitlichem und thematischem Abstand Ihr Schreiben erneut noch einmal so durchzugehen, als ob Sie der Leser und nicht der Autor wären.

5.2.2 Berücksichtigen Sie Ihr Ziel und Ihr Publikum

Schriftliche Informationen verfolgen im Projekt-Kontext im Wesentlichen drei Ziele:

- Menschen über etwas zu informieren, das sie wissen müssen, da es etwas betrifft, das direkt oder indirekt mit ihrer Mitarbeit am Projekt zu tun hat.
- Sie dazu zu bewegen, etwas zu tun, das zu Projektresultaten führt oder diese beeinflusst.
- Sie zu überzeugen, ihre Annahmen bezüglich einer Projekt-Situation beizubehalten oder zu ändern.

Wenn Sie erst einmal das Ziel kennen, mit dem Sie schreiben, sollte es Ihnen leichter fallen, Ihre Leser (das Publikum) zu identifizieren. Wichtig ist – so einfach es klingt – die Frage, ob Sie überhaupt den richtigen Empfänger vor Augen hatten oder etwa die falsche Zielgruppe. Sie werden immer ein Primär-Publikum haben, an das sich in erster Linie ihr Text richtet, aber Sie müssen oft noch ein Sekundär-

Publikum berücksichtigen, also die Menschen, die nebenbei, hinterher oder in CC (engl. CarbonCopy) Kenntnis von Ihrem Text erlangen.

5.2.3 Veranschaulichen Sie Sachverhalte

Wer effektiv schreiben will, gliedert seinen Text und verwendet zur Veranschaulichung Listen, Tabellen und Grafiken, um dem Leser das Verständnis der jeweiligen Information zu erleichtern. Reiner Fließtext führt oft eher zu Verwirrung anstatt zur Klärung eines Sachverhalts. Abbildung 1.18-7 bietet einige Anregungen, wie in bestimmten Situationen der Sachverhalt veranschaulicht werden kann. Die vielfältigen Möglichkeiten zur grafischen Umsetzung der Lösungsvorschläge sind exemplarisch aus den zahlreichen Abbildungen dieses Buches zu entnehmen.

Beispiel	Problemstellung	Lösungsvorschlag
Sie verfolgen mit Ihrem Text das Ziel,...	Dazu muss den Empfängern Folgendes klar gemacht werden:	Eine Möglichkeit zur Veranschaulichung könnte sein ...
Das übergeordnete Management darauf hinzuweisen, dass Ihrem Team sein Vierteljahresbonus zusteht, da es im Zeitplan liegt.	Um den entsprechenden Bonus auszahlen zu können, muss der Projekt-Auftraggeber informiert werden, wie weit das Projekt im Vergleich zur Planung vorangekommen ist.	Eine „grüne" Ampel (ggf. mit Anmerkungen versehen) über dem Master-Terminplan. Sie macht deutlich, dass der IST-Stand des Projekts dem Plan entspricht.
Auf eine Anfrage des Projekt-Auftraggebers zu reagieren, der wissen möchte, inwieweit das Projekt die Investitionen wieder hereinbringt.	Um feststellen zu können, ob die Investition lohnend ist, muss der Projekt-Auftraggeber wissen, wie viel Geld im Vergleich zum ursprünglichen Budget ausgegeben wurde.	Eine Break-Even-Time (BET) Betrachtung (als Tabelle oder Grafik). Sie zeigt, wann das Projekt die Investitionen abdeckt und wann der ROI ein Ende erreicht haben wird.
Einen Manager davon zu überzeugen, dass ein bestimmter Bereich des laufenden Projekts personell unterbesetzt ist.	Um zusätzliche Stellen bewilligen zu können, muss der betreffende Manager wissen, woher die Annahme kommt, dass dieser Bereich unterbesetzt sei.	Eine Tabelle oder Grafik, in der die zunehmenden Abweichungen vom Zeitplan mit der Anzahl der angenommenen Änderungsanträge verglichen werden.
Das Projektteam über Verzögerungen in einer bestimmten Phase zu informieren, damit entsprechend interveniert werden kann.	Um über die nächsten Schritte zu entscheiden, muss das Team wissen, welche speziellen Arbeitspakete dem Zeitplan entsprechen und welche davon abweichen (also hinter oder auch vor dem Plantermin liegen)	Ein Balkenplan mit Hervorhebung der Bereiche, in denen es Fortschritte gibt, und solchen, in denen es Probleme gibt.
Dafür zu sorgen, dass Teammitglieder nicht länger unvollständige Projektresultate akzeptieren oder übergeben.	Damit sie ihre Arbeiten erst dann übergeben bzw. akzeptieren, wenn sie wirklich abgeschlossen sind, müssen die Teammitglieder die Entscheidungspunkte und gegenseitigen Abhängigkeiten kennen.	Eine „Schwimmbahnen-Grafik" mit Darstellung der Arbeitspakete, den unveränderlichen Rahmenbedingungen sowie den einzelnen Verantwortungsbereichen der Teammitglieder.

Abbildung 1.18-7: Beispiele zur Veranschaulichung von Sachverhalten

5.2.4 Beachten Sie die Besonderheiten von E-Mails

Auch in Projekten erfolgt schriftliche Kommunikation weitgehend über E-Mails. Meist entstehen über E-Mails sogar längere Dialoge zwischen verschiedenen Mail-Sendern und -Empfängern. In der Praxis führt dies häufig zu unbefriedigenden Ergebnissen und der vermeintliche Vorteil einer „schnellen und unkomplizierten" Kommunikation verkehrt sich eher in eine zeitraubende Belastung. Dem könnte oftmals bereits durch Beachtung einiger grundlegender Hinweise entgegengewirkt werden:

- **Eindeutige Betreff-Zeilen:**
  Vergewissern Sie sich, dass die Kopfzeile bzw. das Thema den Inhalt zutreffend identifizieren. Beginnen Sie ggf. alle Mails zu einem bestimmten Projekt mit einem vereinbarten Kennwort im Betreff, um diese Mails gut sortieren bzw. filtern zu können.
- **Knappe Auswahl der Empfänger:**
  Schicken Sie Texte nur denen, die sie benötigen. Lassen Sie unnötige Teilnehmer weg, verzichten Sie auf überflüssige CC- oder gar BCC-Verteiler.
- **Antworten auf eingegangene E-Mails:**
  Um klar zu kommunizieren, müssen Sie verdeutlichen, worauf genau sich Ihre jeweiligen Äußerungen beziehen („Referenzierung"). Mündlich lässt sich dies über Rückfragen schnell klären, die Referenzierung geht aber gerade im E-Mail-Austausch schnell verloren. Nutzen Sie deshalb den Eingangstext als Bezugsbasis und schreiben Sie Ihre Antworten gekennzeichnet (mit anderer Farbe oder Formatierung, z. B. eingerückt) direkt hinter die jeweiligen Textpassagen, auf die Sie Bezug nehmen. Sie erleichtern damit dem Leser das Verständnis!
- **Regeln für die Beantwortung:**
  Vereinbaren Sie klare Regeln, wie mit Eingangstext und vorherigem E-Mail-Wechsel umgegangen werden soll, sonst wird der Kommunikationsfluss unklar. Nichts ist schlimmer als wechselseitig am Anfang und am Ende fortgeschriebene E-Mail-Fortsetzungen. Manche Empfänger wünschen, dass der gesamte jeweilige E-Mail-Verkehr immer in der Antwort mitgeschickt wird, andere vereinbaren, dass der alte Austausch in der neuen Antwort gelöscht wird.
- **Medienvielfalt beachten:**
  Kommunikationen ausschließlich über E-Mail-Wechsel können über längere Zeit schnell missverständlich werden. Rufen Sie an oder vereinbaren Sie ein direktes Gespräch, statt nur E-Mails auszutauschen.
- **Beabsichtigte Reaktion klar formulieren:**
  Schreiben Sie klar und deutlich, was Sie vom Empfänger wollen und welche Handlung Sie erwarten. Soll er eine Entscheidung treffen oder einfach nur eine Hintergrund-Information erhalten?
- **Beantwortungszeitraum:**
  Je nach Kultur sind die Erwartungen sehr unterschiedlich, wie schnell eine E-Mail beantwortet werden soll. Bisweilen wird eine Antwort am gleichen Tag oder sogar innerhalb weniger Stunden als „Selbstverständlichkeit" erwartet. Klären Sie diese Erwartungen vorab (z. B. bei den Spielregeln für die Zusammenarbeit im Projekt) und schicken Sie ggf. zunächst eine schnelle Empfangsbestätigung, um später ausführlich zu antworten.
- **Datei-Anhänge:**
  Wenn Sie mit der Nachricht auch Dokumente versenden wollen, hängen Sie zuerst das Attachement an, damit es nicht vergessen wird. Klären Sie am besten vorher ab, ob Ihr Partner Datei-Anhänge empfangen darf oder will und welche Größenordnung bzw. welches Format er bevorzugt. Klären Sie ggf. vorab, ob das Firmen-Netzwerk, der Spam-Filter oder Virenscanner des Empfängers Ihre Anhänge akzeptieren.
- **Kontaktdaten:**
  Setzen Sie in alle E-Mails Ihre Kontaktdaten, am besten automatisiert als „Signatur", damit Sie eindeutig identifizierbar und erreichbar sind.

Die obigen Hinweise erscheinen wie selbstverständlich, dennoch bietet das tägliche Erleben ein ganz anderes Bild. Sie werden besonders wichtig, wenn sich Sender und Empfänger nicht persönlich kennen. Hier wirkt sich eine weitere Eigenart der schriftlichen Kommunikation via E-Mail aus: der fehlende Kontextbezug. Vielfach werden E-Mails unter Zeitdruck verfasst und die zum Verständnis notwenigen Hintergrund-Informationen werden nicht mit übermittelt. Damit sind Missverständnisse geradezu vorprogrammiert.

Es empfiehlt sich daher, zusätzlich folgende Punkte vor der schnellen Versendung einer E-Mail zu beherzigen:

- Bleiben Sie höflich, auch wenn die Zeit drängt.
- Verzichten Sie auf Anspielungen, Ironie und Sarkasmus. Drücken Sie auch Ihre Gefühle deutlich und direkt aus oder lassen Sie Ihre Emotionen ganz aus dem Spiel.
- Formulieren Sie sorgfältig bei angemessener Wortwahl.
- Beugen Sie Fehlinterpretationen vor, indem Sie mögliche Missverständnisse direkt ansprechen.
- Schreiben Sie nicht in einem emotionalen Ausnahmezustand (z. B. Wut).
- Lesen Sie wichtige E-Mails vor dem Abschicken nochmals durch. Lassen Sie eine wichtige E-Mail – gerade wenn sie mit Gefühlsaufwand geschrieben wurde – möglichst einige Zeit im Postausgang liegen und lesen Sie Ihren Text erneut, ehe Sie die Mail abschicken.
- Achten Sie auch bei E-Mails auf die Rechtschreibung. Stil- und Flüchtigkeitsfehler werden schnell als Beziehungs-Aussagen gedeutet (vgl. die 4 Seiten einer Nachricht).

6 Kommunikation mit Projekt-Stakeholdern

Eine besondere Zielgruppe für die Kommunikation eines jeden Projekts sind die Stakeholder. Im Rahmen der Umfeld- und Stakeholderanalyse (vgl. Element 1.02 Interessierte Parteien) werden für das Projekt die relevanten Umfeldfaktoren identifiziert, analysiert und bewertet. Zum Umgang mit den relevanten Stakeholdern werden sodann Strategien aufgestellt und konkrete Maßnahmen festgelegt. Diese können gruppenweise kumulativ (z. B. für alle SH in einem Cluster aus einem SH-Portfolio) oder einzeln (für jeden Stakeholder individuell) definiert werden. Ein wesentlicher Aspekt all dieser Maßnahmen besteht in der Etablierung und Aufrechterhaltung geeigneter Kommunikationsbeziehungen.

6.1.1 Planung der Stakeholder-Kommunikation

Die Gestaltung dieser Kommunikationsbeziehungen stellt für das Projektteam eine Herausforderung dar. Sie erfordern Kapazität, sind im Tagesgeschäft mit zu tragen und sollen möglichst über die gesamte Projektlaufzeit kontinuierlich mit Leben gefüllt werden. Es hat sich bewährt, den Ansatz hierfür zu standardisieren und daraus eine projektspezifische Maßnahmenliste für die Stakeholder-Kommunikation zu entwickeln.

In der Beratungs- und Projektpraxis wird als Instrument hierzu gerne eine tabellarische Aufstellung verwendet, die anhand relevanter Leitfragen bzw. Kommunikationsaspekte die Festlegung stakeholderspezifischer Kommunikationsansätze unterstützt. Den prinzipiellen Aufbau zeigt exemplarisch Abbildung 1.18-8. Sie ist in jedem Fall projektspezifisch zu erarbeiten und angemessen mit „Leben" zu füllen. Wichtig ist auch, die Beziehungen zu den Stakeholdern regelmäßig zu hinterfragen und Veränderungen (z. B. neu hinzu gekommene Stakeholder) im Kommunikationsplan angemessen zu berücksichtigen.

WEN adressieren?	WOMIT erfolgt die Kommunikation?	WAS soll kommuniziert werden?	WANN erfolgt die Kommunikation?	WIEVIEL Information wird vermittelt?	WIE wird kommuniziert?	WER ist dafür zuständig?
Stakeholder (SH aus Umfeld-Analyse)	Kommunikationsform/Maßnahme/Dokumententyp	Inhalte	Rhythmus (z. B. wöchentlich, quartalsweise, bei Bedarf, zum Meilenstein)	Umfang (z. B. Berichtsformular, individueller Fließtext)	Übermittlungsart (z. B. E-Mail, Telefon, persönlich)	Verantwortlicher im Projektteam

Abbildung 1.18-8: Möglicher Aufbau einer Tabelle zur Planung der Stakeholder-Kommunikation

Diese Tabelle ist ein wesentliches Element des Kommunikationsplans. Weitere Erläuterungen hierzu bietet der Abschnitt Vertiefungswissen.

6.1.2 Querverbindungen zu anderen Wissensgebieten der ICB

Bei der Planung der Kommunikation mit den Stakeholdern aus dem Projekt heraus wird auch festgelegt, in welcher Form mit den Stakeholdern kommuniziert werden soll bzw. muss. In der gezeigten Abbildung 1.18-8 wird dies beispielsweise über die beiden Spalten WOMIT und WIE abgedeckt.

Häufige Kommunikationssituationen im Projekt sind Gespräche mit einem mehr oder weniger ausgeprägten Verhandlungscharakter. Da diese Art der Kommunikation aufgrund ihrer Wichtigkeit in der ICB 3.0 als eigenes Thema geführt wird, erfolgt die vertiefende Behandlung in Element 2.11 Verhandlungsführung. Bisweilen sind hierbei auch konflikthafte Situationen zu bewältigen (vgl. hierzu Element 2.12 Konfliktmanagement).

Besprechungen, Sitzungen und Workshops sind gleichermaßen häufig wiederkehrende Kommunikationssituationen im Projekt. Viel Zeit kann durch schlecht geplante und schlecht durchgeführte Sitzungen verlorengehen und viel Motivation und Effektivität können durch gute Sitzungsplanung und durch saubere Moderation geschaffen werden. Im Vertiefungsteil werden deshalb kurze Hinweise für effektive Besprechungen gegeben. Moderationsmethoden werden ausführlich in Element 1.07 Teamarbeit, besprochen. Die Elemente 1.19 Projektstart sowie 1.20 Projektabschluss enthalten jeweils ausführliche Hinweise für die dort wichtigen Workshop- und Sitzungstypen. Auch das Element 2.04 Durchsetzungsvermögen enthält eine Schrittfolge für gute Besprechungen. Workshops speziell zum Stakeholder-Management werden in Element 1.02 Interessierte Parteien behandelt.

7 Zusammenfassung

Grundlegend für die Beschäftigung mit Kommunikation ist das Verständnis von Kommunikationsprozessen. Hierzu werden verschiedene Kommunikationsmodelle vorgestellt. Während sich eine technische Sicht auf Kommunikation als zu simpel erweist, ermöglichen die Modelle von WATZLAWICK und SCHULZ VON THUN ein vertieftes Kommunikationsverständnis.

Ein weiterer Abschnitt beschäftigt sich mit den Aspekten, die für das Aufnehmen von Informationen wichtig sind. Dies betrifft vor allem das Zuhören und das Lesen. Dabei wird auch auf das Querschnittsthema Nonverbale Kommunikation eingegangen und auf den Spezialbereich des Bildschirm-Lesens.

Dementsprechend verfolgt der folgende Abschnitt des Basisteils die gleiche Logik und beschäftigt sich mit der Informationsweitergabe. Dies betrifft die Themen Präsentation und zielorientiertes Schreiben, was auch die E-Mail-Kommunikation einschließt.

Abschließend werden besondere Aspekte zur Gestaltung der Kommunikation mit den Stakeholdern vorgestellt.

Im Anhang des Vertiefungswissens findet sich ein einfacher Test zur Selbsteinschätzung der eigenen Kommunikationsfähigkeit. Jeder von uns hat in den verschiedenen Bereichen der Kommunikation seine Stärken und Schwächen. Welches sind Ihre Stärken und in welcher Weise tragen sie zu Ihrem Erfolg bei? Welches sind Ihre Schwächen? Worin läge der Vorteil, an ihnen zu arbeiten – für Sie selbst, für Ihr Team und für Ihr Unternehmen?

8 Fragen zur Wiederholung

#	Frage	
1	Was sind die Schwächen des Sender-Empfänger-Modells?	☐
2	Erläutern Sie einige typische Vorurteile über das Funktionieren von Kommunikationsprozessen.	☐
3	Was unterscheidet die Sach- und die Beziehungsebene voneinander? Demonstrieren Sie das anhand einer typischen Kommunikationssituation im Projekt.	☐
4	Was sagen die 5 Axiome von WATZLAWICK aus? Weshalb spielen diese Aussagen für die Zusammenarbeit im Projekt eine Rolle?	☐
5	Worin bestehen die vier Seiten einer Nachricht? Demonstrieren Sie diese an einem gegebenen Beispiel.	☐
6	Erläutern Sie das Modell des Inneren Teams.	☐
7	Wie funktioniert der Selektionsprozess der menschlichen Wahrnehmung?	☐
8	Was umfasst die nonverbale Kommunikation und auf welche Faktoren ist neben dem Inhalt in Kommunikationssituationen zu achten?	☐
9	Was macht gutes Zuhören aus und was ist aktives Zuhören?	☐
10	Welche Probleme wirft Bildschirmarbeit auf im Hinblick auf Kommunikation?	☐
11	Welche typischen Leitfragen sind zur Vorbereitung einer Präsentation hilfreich?	☐
12	Wie bereiten Sie eine Präsentation zielgruppen-orientiert vor?	☐
13	Wie führen Sie eine Präsentation zielgruppen-orientiert durch?	☐
14	Nennen Sie typische Methoden, um Informationen anschaulich darzustellen.	☐
15	Was sind die typischen Probleme beim Verfassen von Texten und E-Mails unter Zeitdruck?	☐
16	Worauf müssen Sie beim Verfassen von Texten, insbesondere von E-Mails, achten?	☐
17	Welche Bedeutung kommt der Kommunikation mit den Stakeholdern eines Projekts zu?	☐
18	Wie kann eine Tabelle zur Planung der Kommunikation mit den Projekt-Stakeholdern aufgebaut sein?	☐

1.19 Projektstart (Start-up)
Heinz Scheuring

Bedeutung

Beim Projektstart wird das Spielfeld des Projektes, das Terrain, abgesteckt. Das Projekt erhält seine „äußere Gestalt" und grenzt sich gegenüber dem Umfeld in verschiedener Hinsicht ab. Es entsteht das Fundament des Projekts, auf das sich die weiteren Bausteine gründen. Wird in dieser Phase gepfuscht, werden die Weichen falsch gestellt, dann wird sich dies in jedem Fall negativ, oftmals geradezu dramatisch auf den weiteren Verlauf und auf das Resultat des Projekts auswirken. Die Hebelwirkung des Projektstarts ist – in die positive und in die negative Richtung – sehr groß.

Ziel muss es sein, das Projektfundament so bauen, dass es richtig dimensioniert ist und trägt; aber auch, dass es bezüglich der weiteren Gestaltung ausreichend offen bleibt. So gesehen, taugt der Vergleich mit dem Hausbau nur bedingt.

Die hohe Bedeutung der Projektstartphase ist allseits bekannt und anerkannt. Dennoch wird der Projektbeginn in der Praxis – aber auch in der Lehre – weiterhin vernachlässigt. Projekte werden überhastet gestartet, Lösungen unmittelbar nach Auftragserteilung konzipiert und umgesetzt, ohne nach links oder rechts zu schauen. So starten denn Projekte, aber auch Lehrbücher, mit dem Projektstart-Workshop ins Projekt. Die entscheidenden Fragen, die vor der Konstituierung des Teams zu stellen sind, bleiben oft aus. Gefordert ist hier nicht nur der Projektleiter, sondern ebenso die übergeordneten Entscheidungsinstanzen.

Ein für erfolgreich erklärtes Projekt kann weit vom unternehmerischen Optimum entfernt sein. Ob die zu Projektbeginn gesetzten Ziele erreicht wurden, darf nicht als alleiniger Maßstab für den Projekterfolg dienen. Zum einen verändern sich die Umwelt und mit ihr möglicherweise die Projektziele und der Projektauftrag. Zum anderen können die gesetzten Ziele weit unterhalb des Potenzials liegen, das sich bei einer alternativen Projektdefinition bieten würde.

Einfache, wirkungsvolle Methoden reichen aus, um den Projektstart erfolgreich zu gestalten und die notwendige Offenheit in dieser Phase zu erreichen. Das Hinterfragen der Vorstellungen und Vorgaben des Auftraggebers gehören ebenso zu einem professionellen Projektstart wie die Erreichung eines klaren, verbindlichen Commitments zwischen den Projektbeteiligten, aber auch der Aufbau eines informierten und motivierten Projektteams. Die Art des Projektes – z. B. ob internes oder Kundenprojekt – beeinflusst die Gestaltung des Projektstarts dabei wesentlich.

Neben dem Projekt gilt es, auch den Start von Projektphasen sowie von Teilprojekten, aber auch ganzer Programme, effektiv und effizient zu gestalten. Die Methoden und die Philosophie des Projektstarts kommen hier in angepasster Form erneut zur Anwendung.

Kontext

Der Projektstart weist zahlreiche Bezugspunkte zu anderen Elementen der ICB auf. Sämtliche Planungsthemen im weiteren Sinn, von der Projektdefinition (Project Scope) und Projektstrukturierung über die Projektorganisation, die Ablauf- und Terminplanung bis zur Ermittlung der Projektwirtschaftlichkeit, sind bereits in der Startphase wichtig. Sie werden in diesem Teil indessen nur gestreift, da sie über die gesamte Projektlaufzeit von Bedeutung sind und in separaten Teilen vertieft werden (Elemente 1.06, 1.10, 1.11-13, 1.23, 1.04).

Auch die Projektziele sind Gegenstand der Startphase. Da die Zielfindung jedoch alle konzeptionellen Projektphasen begleitet, wird diese in einem eigenen Element (1.03) vertieft behandelt.

Weiter besteht ein wichtiger Bezug zu den Verhaltensaspekten und zur Kultur im Projekt und im Projektteam. Denn auch die Grundlagen für die Zusammenarbeit und Kommunikation im Projekt und darüber hinaus werden maßgeblich in der frühen Phase des Projekts geprägt (Element 1.07, diverse Elemente in 2).

Und schließlich muss der Projektstart in den Kontext des Projektportfolio-Managements und der Unternehmensstrategie gestellt werden: Bei der Evaluation und Priorisierung des Projektportfolios steht das Projekt in Konkurrenz zu anderen Projekten, weist möglicherweise aber auch Abhängigkeiten und Synergien zu diesen auf. Die Weichen werden auch hier meist schon in der Startphase gestellt.

Lernziele

Sie kennen

- den Einfluss der Projektart auf die Gestaltung des Projektstarts und können insbesondere Spezifika der Startphase von Kundenprojekten aufzeigen
- die Methoden und Instrumente, die in der Projektstartphase eingesetzt werden können

Sie sind in der Lage

- den Auftraggeber in der Projektstartphase so einzubinden, dass eine verbindliche Auftragsklärung erfolgen kann und ein klares gegenseitiges Commitment zum Projektauftrag resultiert

Sie können

- anhand von praktischen Beispielen aufzeigen, welche Bedeutung ein gelungener Projektstart für den Projekterfolg hat bzw. welche Risiken sich bei einem unprofessionellen Einstieg ins Projekt ergeben
- die verschiedenen Prozessschritte des Startprozesses aufzeigen und den Projektstart im engeren und im weiteren Sinn differenzieren
- ein Start-Brainstorming effektiv gestalten und die Resultate desselben gezielt nutzen

Inhalt

1	Einführung	686
2	Projektstart als mehrstufiger Prozess	687
2.1	Wann beginnt ein Projekt?	687
2.2	Bis wohin reicht der Projektstartprozess?	687
2.3	Modell für den Startprozess	688
2.4	Einfluss der Projektart	690
3	Bedeutung und Ziele des Projektstarts	691
3.1	Erst denken – dann handeln	691
3.2	Solche Fehlstarts will eigentlich niemand ...	692
3.3	Symptome eines missratenen Projektstarts	693
3.4	Die Ziele des Startprozesses	693
4	Entstehung von Projekten	694
5	Projektvorbereitung – der Projektstart im engeren Sinn	695
5.1	In Theorie und Praxis vernachlässigt	695
5.2	Der Prozess im Überblick	697
5.3	Das Start-Brainstorming	697
5.4	Das 0. Gebot im Projekt: Wissen und Erfahrungen organisieren	703
5.5	Auftragsklärung	704
5.6	Projektdefinition und erste Zielformulierung	706
5.7	Die erste Planung	707
5.8	Projektantrag, Projektauftrag, Genehmigung und Freigabe	709
6	Projektstartprozess im weiteren Sinn – frühe Konzeptphasen	712
7	Der Startprozess bei Kundenprojekten	714
7.1	Prozesslogik bei Kundenprojekten	715
7.2	Die Angebotsphase	715
7.3	Übergang Angebot – Auftragsabwicklung	717
7.4	Erfolgreicher Start von Kundenprojekten	717
8	Zusammenfassung	718
9	Fragen zur Wiederholung	719
10	Checklisten	719

1 Einführung

Die Fachwelt ist sich einig: Der Frühphase von Projekten und Programmen kommt im Hinblick auf den Projekterfolg eine überragende Rolle zu. In der Mehrzahl der umfangreicheren Publikationen zum Projektmanagement erhält der Projektstart ausreichend Raum. Die Kernbotschaft ist fast durchweg dieselbe: Was im frühen Stadium eines Projektes versäumt oder falsch gemacht wird, lässt sich später nur sehr schwer, wenn überhaupt, kompensieren.

Was genau zum Projektstart gehört, wird allerdings nicht einheitlich gehandhabt. Eine offizielle Definition oder gar eine Norm dessen, was den Projektstart ausmacht, existieren nicht. Weder der Beginn noch das Ende des Startprozesses sind verbindlich definiert. Dies hängt nicht zuletzt mit unterschiedlichen Startprozessen verschiedener Projektarten zusammen. So folgen externe Kundenprojekte anderen Gesetzmäßigkeiten als Vorhaben, die intern ausgelöst und durchgeführt werden.

Auch die Zweideutigkeit des Begriffs deutet Unsicherheiten in Bezug auf den Einstieg ins Projekt an. So wird in der ICB der Projektstart als Prozess verstanden, während er anderenorts als Zeitpunkt gilt, etwa als „unternehmerische Entscheidung, dass eine Projektidee als Projekt realisiert werden soll" (SCHELLE, OTTMANN & PFEIFFER, 2005: 525). Im Sinne der Klarheit ist es denn auch sinnvoll, den mit dem Element 1.19 gemeinten Prozess begrifflich als solchen zu kennzeichnen. Aus diesem Grund werden im Folgenden in der Regel Begriffe, wie Projektstartprozess, Startphase, frühe Phasen des Projektes etc., verwendet, wenn der Projektstart als Prozess gemeint ist.

Das größte Manko besteht indessen an einem anderen Ort: Der Prozess des Projektstarts hat in der Fachliteratur und in der Praxis bisher kaum die ihm zukommende **strategische** Dimension erhalten. In der Regel wird der Projektstart als eine zwar wichtige, aber vorwiegend operationelle Angelegenheit vermittelt. Formale Aspekte stehen dabei im Vordergrund, während Fragen nach dem Sinn und der Gestalt des Projekts und nach der Nutzung strategischer Chancen ausbleiben. So wird der Projektstart in zahlreichen Werken im Wesentlichen auf die erfolgreiche Durchführung eines Start-Workshops reduziert. Im Zentrum steht dabei meist die Frage, wie ein erteilter Projektauftrag möglichst auftraggeberkonform umzusetzen sei. Diese Sichtweise greift viel zu kurz. Die wirklichen Potenziale einer richtig verstandenen und gelebten Startphase bleiben bei diesem Verständnis auf der Strecke.

Auch die Tatsache, dass der Projektstart in der ICB als vorletztes Element der technischen Kompetenzen, unmittelbar vor dem Projektabschluss auftaucht, deutet darauf hin, dass der Einstieg in das Projekt weiterhin nicht die ihm gebührende Aufmerksamkeit erhält.

Der Prozess, der im Anschluss an die Ideenfindung und den Projektanstoss in Gang kommt, ist von größter Bedeutung. Initiierende Instanz(en) sowie Projektleiter und Projektteam müssen die Projektstartphase als Strategieprozess für das Projekt verstehen und gemeinsam gestalten. Es gilt dabei, Grundsatzfragen zu erkennen und zu klären, Alternativen zu entdecken und insbesondere die Identität des Projekts zu gestalten bzw. diese nochmals radikal zu hinterfragen.

Zeitdruck und Hektik, wie sie leider häufig zu beobachten sind beim Projektstart, sind erfahrungsgemäß schlechte Ratgeber. Der Wunsch oder gar der Zwang, möglichst rasch Ergebnisse zu liefern, stören diesen strategischen Startprozess erheblich und wirken sich meist fatal auf den weiteren Projektverlauf und den Projekterfolg aus.

Die Projektstartphase ist geprägt durch ein hohes Maß an Unsicherheiten, Risiken, aber auch an Potenzialen. Die noch geringe Verbindlichkeit, Anonymität, die Formbarkeit oder gar noch fehlende Identität des Projektgegenstandes, ja ein gewisses Maß an Orientierungslosigkeit, sind keine Schwächen, sondern im Gegenteil die Chancen des Startprozesses. Sie ermöglichen es, die Weichen für das Projekt richtig zu stellen.

Im vorliegenden Beitrag erhält die vernachlässigte strategische Dimension des Projektstarts ein besonderes Gewicht. Die Herausforderungen und verschiedenen Facetten der frühen Projektphasen werden speziell unter diesem Aspekt herausgearbeitet. Die Inhalte richten sich dabei gleichermaßen an den Auftraggeber wie an den Projektleiter und das Projektteam. Der Großteil der Ausführungen lässt sich sowohl auf Projekte als auch Programme anwenden. Aus Gründen der sprachlichen Einfachheit wird das Programm nur dort explizit angesprochen, wo dieses Besonderheiten aufweist.

2 Projektstart als mehrstufiger Prozess

2.1 Wann beginnt ein Projekt?

Der Zeitpunkt, bei dem ein Projekt beginnt, lässt sich unterschiedlich definieren. Als bestimmende Ereignisse lassen sich etwa folgende Punkte identifizieren:

- der erste Gedanke, dass zu einem Problem oder Thema etwas unternommen werden könnte oder sollte (dieser Zeitpunkt wird in vielen Fällen lange – gegebenenfalls Jahre – vor dem Zeitpunkt liegen, zu dem das Thema aufgegriffen wird)
- der Eingang des Themas/der Idee in ein offizielles Gefäß (z. B. in eine Ideenliste im Rahmen des Ideen-Managements)
- der Antrag des Ideenlieferanten, die Idee näher zu untersuchen
- der Entscheid einer zuständigen Instanz, die Idee zu untersuchen, einschließlich der Festlegung einer dafür verantwortlichen Person bzw. eines Teams
- das Vorlegen eines ausgearbeiteten Projektantrags durch diese Person an eine Entscheidungsinstanz mit dem Ziel der Auftragserteilung
- die Erteilung des Projektauftrages durch diese Entscheidungsinstanz an einen Projektleiter/ein Projektteam bzw. an ein externes Unternehmen (resp. aus der Sicht des Auftrag nehmenden Unternehmens: der Erhalt dieses Auftrages vom Kunden)
- die Projekt-Kick-off-Sitzung oder der Projektstart-Workshop
- das formale Eröffnen des Projektes in einem (IT-)System.

Es kann in einer Organisation Sinn machen, für mehrere dieser Punkte im Prozess offizielle Begriffe einzuführen. Dies erleichtert die Kommunikation und hilft, Missverständnisse zu vermeiden. Ob einer davon den Namen „Projektstart" trägt, ist an sich unerheblich.

Ein Projektmanagement, das Projekte ganz in den Dienst des unternehmerischen Erfolgs stellt, muss in jedem Fall ganz am Anfang einsetzen – da, wo der erste Gedanke an ein mögliches Projekt aufkommt. Genau genommen, sollte das Projektmanagement noch früher ansetzen: Es sollte jene Bedingungen schaffen, die zu möglichst vielen chancenreichen Projektideen führen. Dazu gibt es eine ganze Palette an Möglichkeiten, die unter den Begriffen Ideen-Management und Kreativität subsumiert werden können. Sie sind nur am Rande Gegenstand dieser Ausführungen, sondern vor allem der Kreativitätstechniken (Element 2.07) und der Portfolioorientierung (3.03).

In diesem Beitrag wird der Projektstart im Wesentlichen mit dem Entscheid einer dazu berechtigten Instanz gleichgesetzt, eine Projektidee näher zu untersuchen. Mit diesem „Projektanstoß" verbunden ist die Benennung einer Person, die für die daran anschließende Phase der Projektvorbereitung verantwortlich ist. Das Projekt beginnt in diesem Verständnis keinesfalls erst dann, wenn eine übergeordnete Stelle einem Projektteam einen Projektauftrag erteilt, der bereits konkrete Vorstellungen zum Lösungsdesign enthält, sondern wirklich „bei 0". Bei Kundenprojekten gilt diese Definition aus der Sicht des beauftragenden Kunden, während für den Auftragnehmer der Erhalt einer Anfrage als Projektstart gelten kann.

2.2 Bis wohin reicht der Projektstartprozess?

Wie weit reicht der Prozess des Projektstarts? Diese Frage ist noch schwerer zu beantworten als jene nach dem Beginn. Die Vorstellungen darüber, was ein Projektauftrag beinhaltet und in welchem Projektstadium dieser verbindlich vorliegen soll, sind sehr unterschiedlich. Die Erstellung desselben eignet sich als Abschluss für die Startphase deshalb kaum. Dasselbe gilt für die Projektfreigabe. Dabei kann es sich um die Freigabe einer Vorstudie handeln, aber auch um die Freigabe eines detaillierten, in aufwändiger Arbeit erstellten technischen Pflichtenhefts, mit dessen Realisierung ein externer Partner beauftragt wird. Im Verlauf eines Projekts kann es zudem zu mehreren Projektfreigaben kommen. Genauso schwammig bleibt die Definition, wonach der Projektstartprozess bis zum Start der Projektrealisierung reicht. Wo ist dieser Punkt etwa bei einem Reorganisationsprojekt denn anzusiedeln? Etwa erst bei der physischen Verschiebung von Arbeitsplätzen? Es kann nicht sein, dass sämtliche konzeptionellen Phasen als Teil des Projektstarts verstanden werden. Würde beim Hausbau der Spatenstich das Ende des Projektstarts begründen, dann würden praktisch sämtliche das Resultat bestimmenden Arbeiten zum Gegenstand des Projektstarts!

Bei zahlreichen Autoren erstreckt sich die Projektstartphase bis weit in die inhaltliche Bearbeitung des Projekts hinein. So steht bei einigen Autoren am Ende einer Vorstudie erst der Projektantrag. Eine Phase Projekteinrichtung führt hier zum Projektauftrag, der das Lastenheft, also die Gesamtheit der Projektanforderungen, einschließt. Die nachfolgende Planungsphase schließlich dient der Erarbeitung des Pflichtenhefts, welches die Grundlage für die Projektfreigabe bildet. Erst mit dem unterzeichneten Pflichtenheft findet die Startphase dann ihren Abschluss (vgl. SCHELLE, 2005: 133). Hier wird also bereits prägende konzeptionelle Arbeit geleistet.

Auch bei der folgenden Definition besteht ein relativ großer Ermessensspielraum (PLATZ, 2003: 1063): „Das Ende des Projektstarts kann so definiert werden, dass die Information ausreicht, um zwischen Projekt (vertreten durch Projektleiter) und wesentlichen Aufgabenträgern klare Vereinbarungen zur Leistungserbringung im Projekt abschließen zu können." So kann sich die Leistungserbringung auf die Durchführung einer Vorstudie beziehen, die diesen Anforderungen durchaus genügen kann. Dennoch eignet sich dieser Ansatz durchaus als zweckmäßige, pragmatische Umschreibung des Endes des Startprozesses.

Letztlich ist es für den Projekterfolg auch gar nicht entscheidend, mit welchem Ereignis der Projektstartprozess den Abschluss findet und ob dieser Punkt formal geregelt ist. Was zählt ist, dass das Projekt in jeder Phase mit jenen Konzepten, Verantwortlichkeiten und Mitteln angegangen wird, welche die besten Aussichten auf Erfolg versprechen.

2.3 Modell für den Startprozess

Im Folgenden wird der Startprozesses von Projekten zweigeteilt in:

a) die Projektvorbereitung, die noch nicht lösungsorientiert ist – der Projektstart im engeren Sinn.
b) die daran anschließende/n frühe/n konzeptionelle/n Projektphase/n, in der/denen – häufig Weichenstellende – fachliche Arbeit geleistet wird.

Abbildung 1.19-1 zeigt diese Konzeption anhand eines möglichen Projektphasenmodells. Der gesamte Startprozess einschließlich der frühen konzeptionellen Phasen kann als Startprozess im weiteren Sinn bezeichnet werden.

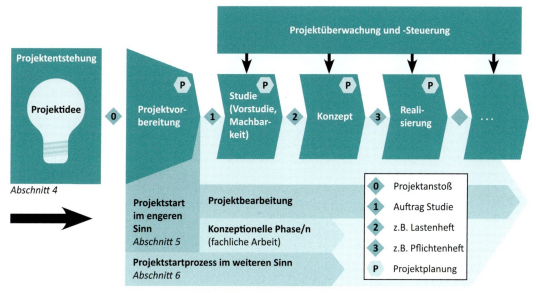

Abbildung 1.19-1: Modell des Projekt-Startprozesses

Bei der Projektvorbereitung geht es um Fragen des Selbstverständnisses, der Identität des Projektes. So etwa um die Frage, ob als Alternative zum geplanten Großevent für Kunden auch der Aufbau einer permanenten Online-Plattform für Kunden thematisiert und untersucht werden darf. Oder um die Frage, ob die auslösende Instanz sich für die Auftraggeberrolle überhaupt eignet. Bei der Projektvorbereitung geht es somit um wesentlich mehr als nur um die Klärung formaler Fragen oder die Schaffung der organisatorischen Voraussetzungen für die anschließende Projektarbeit.

Demgegenüber wird in einer Studie – nach dem Entscheid, dass es beim Event bleibt – beispielsweise geklärt werden, welche Adressaten mit dem Anlass primär angesprochen werden und welche Botschaften im Vordergrund stehen sollen.

Mit diesem Modell wird eine klare Struktur für den Startprozess geschaffen, bei der die fachliche Arbeit von den fundamentalen Einstiegsfragen getrennt wird. Die Projektvorbereitung lässt sich zu den weiteren Phasen erfahrungsgemäß gut abgrenzen – im Gegensatz zum Startprozess im weiteren Sinn, wie weiter oben ausgeführt wurde.

> Doch was entscheidend ist: Mit dieser Konzeption wird die Geburtsphase des Projektes bewusst stark aufgewertet oder überhaupt erst richtig thematisiert. So starten Projekte in Theorie und Praxis häufig direkt mit der Vorstudie, die unmittelbar mit der Erarbeitung von Lösungsalternativen beginnt. Ein durch den Auftraggeber ernanntes Team veranstaltet einen Projektstart-Workshop und stürzt sich nach ersten Teambildungsübungen direkt auf die Frage: „Wie führen wir diesen Auftrag aus und wie können wir die vorgegebenen Projektziele möglichst gut und ohne zeitliche Verzögerungen erreichen?" Die eigentliche Identität des Projekts, die Frage, worum es geht bzw. auch noch gehen könnte, wird gar nicht erst zum Thema gemacht. Die Projektvorbereitung, die „Phase 0", so wie sie hier verstanden wird, findet vielfach überhaupt nicht statt.

Ein weiterer Grund spricht für die klare Trennung von Projektvorbereitung und Phasen mit konzeptioneller Arbeit: Während sich die konzeptionellen Phasen praktisch der gesamten Palette an Projektmanagement-Methoden und -techniken bis hin zum Projektcontrolling bedienen, werden in der Phase der Projektvorbereitung noch wenig Instrumente der Projektplanung und praktisch noch keine Controlling-Instrumente benötigt. In dieser Phase ist die Rolle des Projektleiters eine ausführende, gestaltende, noch keine koordinierende. Diese Phase **benötigt nicht** Projektmanagement. Sie **ist** in ihrer Gesamtheit „Projektmanagement pur".

Als alternative Begriffe für diese Phase 0 kämen „Projekt-Initiierung" (in der Schweiz auch -Initialisierung) oder „Projektdefinition" in Betracht. „Projektvorbereitung" bringt jedoch am besten zum Ausdruck, dass es sich dabei um einen strukturierten Prozess handelt, der noch vor der inhaltlichen Arbeit durchlaufen wird.

In Abbildung 1.19-2 ist der deutlich unterschiedliche Charakter der Projektvorbereitung und der anschließenden konzeptionellen Phasen festgehalten.

Merkmal	Projektvorbereitung (Projektstart im engeren Sinn; Abschnitt 5)	Konzeptionelle Phasen (Projektstart im weiteren Sinn; Abschnitt 6)
Hauptziele	Projektidentität festlegen, grundlegende Freiheitsgrade klären und möglichst erhalten bzw. erweitern	Ziele und Anforderungen definieren, konkretisieren, grobe Lösungsvorstellung entwickeln
Fundamentales Hinterfragen des Projektes in seiner Identität	Regel	Ausnahme
Inhaltliche – auch lösungsorientierte – Arbeit	nein	ja
Fachspezialisierung	nein	Regel
Rolle des Projektmanagements, des Projektleiters	Ausführung, Bearbeitung	Leitung, Koordination, fallweise inhaltliche Mitarbeit
Projektplanung	Verbindlichkeit und Detaillierungsgrad gering	Verbindlichkeit und Detaillierungsgrad hoch
Projektbewertung (Nutzen, Wirtschaftlichkeit, Risiken)	nein (lediglich Ideensammlung für spätere Arbeit)	zentrales Element
Projekt-Controlling	nein	ja
Ende des Prozesses	relativ klar definiert	schwer bestimmbar, weich, im Ermessen der Organisation

Abbildung 1.19-2: Charakteristik Projektvorbereitung gegenüber konzeptionellen Phasen

In **Anlage 1** ist der Prozess des Projektstarts nach dem Prinzip der Standard-Roadmap (vgl. SCHEURING, 2008: 254f) detailliert herunter gebrochen.

∑ Fazit Die Differenzierung in diese beiden „Stadien" des Projektstarts ermöglicht es, sich zu Beginn bewusst auf die wirklich fundamentalen Fragestellungen zu konzentrieren – auf die strategische Ebene der Identitätsfindung bzw. der Identitätsgebung.

2.4 Einfluss der Projektart

Die Art des Projektes und der Innovationsgrad des Vorhabens beeinflussen den Charakter und die Gestaltung der Startphase wesentlich.

Offene, innovative Projekte benötigen in der Regel mehr Zeit für die Identitätsfindung als Projekte mit Wiederholcharakter. So wird die wiederkehrende Teilnahme an einer Messe als Aussteller in der Regel weniger grundsätzliche Fragen aufwerfen und geringere Freiheitsgrade aufweisen als die Gründung einer neuen politischen Partei. Der Routinecharakter der Messeteilnahme birgt allerdings die Gefahr, Alternativen und damit Potenziale zu übersehen.

Organisationsprojekte bleiben häufig weich und offen während der gesamten Konzeptionsphase. Neue Erkenntnisse und Rückschläge können hier auch in einer fortgeschrittenen Phase des Projektes zu größeren Richtungswechseln führen. Besonders empfindlich „reagieren" Organisationsprojekte darauf, ob die verschiedenen Interessengruppen zum richtigen Zeitpunkt und in geeigneter Form ins Projekt einbezogen bzw. darüber informiert werden. Komplexe technische Projekte spielen sich häufig innerhalb klar definierter Verfahrensregeln ab, beispielsweise einem stringenten Konfigurations- und Änderungsmanagement. Bei klassischen Bauprojekten wiederum sind möglichst frühe und genaue Kostenschätzungen zentral, die Offenheit spielt eine geringere Rolle.

Genau umgekehrt verhält es sich bei Forschungs- und teilweise bei Entwicklungsprojekten, deren hoher Innovationsgrad zu Unschärfen bezüglich Umfang, Aufwand und häufig auch Terminen führt. Generell nimmt die ohnehin große Bedeutung des Startprozesses weiter zu, je offener, je innovativer, aber auch je komplexer ein Vorhaben ist.

Eine weitere ganz zentrale Unterscheidung für den Projektstart ergibt sich daraus, ob es sich um ein internes oder ein externes Projekt handelt. Der Einstieg in Kundenprojekte – Projekte, hinter denen ein externer Auftraggeber mit einem Vertragsverhältnis zum Auftragnehmer steht – ist grundsätzlich anders strukturiert als bei internen Projekten. In Abschnitt 7 wird detaillierter auf die Besonderheiten des Projektstarts im Zusammenhang mit der Projektart eingegangen.

Aus Sicht des Projektleiters ist es außerdem bedeutsam, zu welchem Zeitpunkt er ins Projekt einsteigt. Der Handlungsspielraum des Projektleiters, der einen ganz offen formulierten Studienauftrag leitet, ist größer als jener seines Kollegen, der den Auftrag bekommt, ein bereits im Detail spezifiziertes IT-System zu realisieren.

3 Bedeutung und Ziele des Projektstarts

3.1 Erst denken – dann handeln

„Sage mir, wie dein Projekt beginnt und ich sage dir, wie es endet." Dieses häufig angeführte Zitat bringt die Bedeutung des Projektstarts auf anschauliche Weise zum Ausdruck. Sie trifft indessen nur einen Teil der Problematik. Ebenso wichtig ist die Botschaft: „Sag' mir, wie dein Projekt beginnt und ich sage dir, welche Potenziale du verschenkt hast."

Denn es geht beim Projekt nicht nur darum, Probleme zu vermeiden. Es geht ebenso darum, alle Potenziale zu aktivieren, die dem Projekt innewohnen. Ein Projekt ganz nach den Vorstellungen des Auftraggebers zu realisieren, kann gut sein. Es kann aber auch bedeuten, genau diese Potenziale zu übersehen und ein Vorhaben weit entfernt von dessen Möglichkeiten aufzusetzen und zu führen. Die Projektziele zu erreichen, muss nicht bedeuten, die Interessen des Unternehmens bestmöglich zu vertreten. Diese Botschaft ist fundamental, wird jedoch in Theorie und Praxis bisher kaum erkannt und noch weniger gelebt.

Die Phase der Projektvorbereitung ist hier ganz besonders angesprochen. Sie ist darauf ausgerichtet, diese Potenziale aktiv zu entdecken und für das Unternehmen oder die Organisation nutzbar zu machen.

Zahlreiche empirische Studien (vgl. SCHELLE, 2005: 131) belegen, was auch theoretische Überlegungen ergeben und der gesunde Menschenverstand uns sagt: Die Möglichkeit, die entstehenden Resultate eines Projekts zu gestalten und zu beeinflussen, nehmen im Verlauf der Projektbearbeitung rapide ab. Während sich das Projekt beim Beginn einer Studie inhaltlich noch zu 100 % steuern lässt, sind am Ende der Konzeptphase bereits 70-85 % der bestimmenden Faktoren und damit auch der resultierenden Kosten festgelegt und lassen sich nicht mehr oder nur mit großem Aufwand ändern. Ebenso kommt die Behebung von Fehlern desto teurer zu stehen, je später diese entdeckt werden. Dieser Zusammenhang ist für das Projekt und das Projektmanagement derart fundamental, dass er nicht genug betont werden kann.

Wie in der Abbildung 1.19-3 dargestellt, gilt es nun aber, nicht nur die Gestaltungsmöglichkeiten eines in seinen Grundzügen definierten Projekts bestmöglich zu nutzen. In der Phase der Projektvorbereitung geht es darum, den Projektgegenstand grundsätzlich zu hinterfragen und zu klären, ob als Alternative zur beabsichtigten Serie von Kundenveranstaltungen die angesprochene Internetplattform untersucht werden soll und darf.

Das Hinterfragen des vermeintlich klaren Projektauftrages, das Infragestellen des ersten Willens des Auftraggebers, vergrößert den Hebelarm in der Projektstartphase dramatisch. Diese Kultur des „Ausbrechens" (vgl. Abschnitt 3 des Vertiefungswissens) ist ein zentrales Element der Projektvorbereitung. Sie muss in der Projektmanagement-Theorie und -Praxis zur Selbstverständlichkeit werden, zu einem Standard, der heute noch weitgehend fehlt.

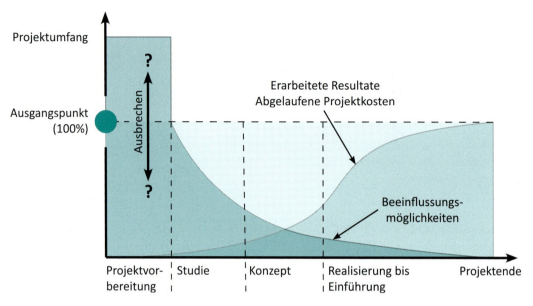

Abbildung 1.19-3: Die Weichen rechtzeitig stellen und den „ersten Willen" hinterfragen.

Fazit Eingesparte Zeit in der Frühphase des Projekts resultiert meist in Problemen, substanziellen Korrekturarbeiten und Frustrationen im weiteren Projektverlauf. Dies bedeutet, dass in den Startprozess eines Projekts ausreichend Zeit und Kapazität, vor allem aber viel geistige Energie fließen muss. Dies ist auch eine Frage der richtigen, wirklich offenen Haltung der in dieser Phase Beteiligten, allen voran der Entscheidungsträger.

3.2 Solche Fehlstarts will eigentlich niemand ...

Die folgenden, mehrheitlich realen Beispiele sollen auf anschauliche Art nochmals zeigen, welch große Bedeutung insbesondere der ganz frühen Phase des Projektstarts zukommt:

- Der Auftraggeber eines Informatikprojekts macht dem Projektleiter in der Realisierungsphase den Vorwurf, er habe ihn nicht richtig verstanden und dessen Auftrag gar nicht umgesetzt.
- Die Geschäftsleitung folgt dem Antrag, eine zweite Produktionsstrasse einzurichten, ohne zu erkennen, dass Prozessoptimierungen die geforderte Produktionserhöhung wesentlich kostengünstiger leisten können.
- Der Raum des alten öffentlichen Gebäudes wird liebevoll renoviert, um dann zwei Jahre später mit dem schon früher geplanten Gebäudeabriss auf dem Schutthaufen zu enden.
- Bei der Reorganisation der Verkaufsabteilung fühlen sich die Vertriebsmitarbeiter insbesondere in der Startphase ausgeschlossen – Demotivation und Kündigungen sind die Folge.
- In einer Abstimmung wird die allgemeine Volksinitiative, ein neues Volksrecht, eingeführt. Das neue Volksrecht steht inzwischen in der Verfassung. Kurz darauf sollen die Stimmberechtigten ihren eigenen Entscheid rückgängig machen, da das neue Recht für eine Umsetzung zu komplex ist. Warner vor eben diesem Szenario wurden damals nicht ernst genommen.
- Der externe Kunde einer Kehrichtverbrennungsanlage klagt auf Schadenersatz, weil er die Spezifikation als nicht erfüllt ansieht. Die Auseinandersetzung endet vor dem Gericht.

- Die überhastete Entwicklung einer neuen Katalysatorgeneration führt zu Problemen an ausgelieferten PKW. Die Rückrufaktion kostet den Automobilkonzern einen Betrag in 3-stelliger Millionenhöhe.
- Der am Markt angebotene Standard für Projektportfolio-Management-Software wird dem überzogenen und fragwürdigen Pflichtenheft eines Kunden nicht gerecht. Die selber entwickelte Lösung kostet am Ende ein Mehrfaches und wird aufgrund von Mängeln und fehlender Akzeptanz ein Jahr später durch ein Standardpaket abgelöst.

3.3 Symptome eines missratenen Projektstarts

An welchen Symptomen ist ein unzureichender Projektstart denn zu erkennen? Welche äußeren Merkmale deuten auf Probleme und Risiken hin? Einige Stichworte sind hier:

- Unterschiedliche Vorstellungen vom oder Erwartungen an das Projekt durch die verschiedenen Projektbeteiligten
- Unklare Zuständigkeiten im Projekt (Praxisbeispiel: verschiedene Teammitglieder nennen unterschiedliche Namen, wenn sie nach dem Projektleiter gefragt werden)
- Unklare oder unrealistische Projektziele
- Wichtige Stakeholder werden nicht oder fühlen sich nicht einbezogen
- Die Management-Attention sowie das Commitment wichtiger Beteiligter fehlen
- Notwendige Bearbeitungsressourcen fehlen
- Fehlende Transparenz über die Ziele, Strukturen und das Vorgehen im Projekt
- Unwidersprochene unrealistische Termine, gesetzt durch den internen Auftraggeber oder den externen Kunden
- Laufende Anpassung von Zielen und Anforderungen, resultierende Änderungsflut
- Fehlende oder unzureichende vertragliche Grundlage mit wichtigen Partnern
- Konflikte im Projektteam, mit dem Auftraggeber und der Linie bereits zu Beginn des Projekts
- Fehlendes Interesse, fehlende Motivation der Projektteammitglieder.

Σ Fazit Es lohnt sich somit, den „japanischen Ansatz" zu leben. Dieser besteht darin, viel Zeit in die frühen, konzeptionellen Phasen eines Projektes zu investieren, um dieses dann straff und energisch umzusetzen.

3.4 Die Ziele des Startprozesses

Die **Projektvorbereitung** dient primär den folgenden Zielen:

- Die Projektidentität festlegen bzw. die grundlegenden Freiheitsgrade klären (worum geht es, was gehört sicher, was vielleicht, was sicher nicht zum Projektgegenstand)
- Vom operationellen Projektgeschäft noch unbelastet Ideen und Material sammeln, die in die weitere Projektbearbeitung einfließen
- Grobe – noch provisorische – Projektziele definieren
- Den Go/Nogo-Entscheid für die inhaltliche Bearbeitung des Projekts treffen (noch nicht gleichzusetzen mit dem Entscheid, das Projekt auch bis zum Ende umzusetzen)
- Die notwendigen Voraussetzungen schaffen, um erfolgreich ins Projekt einzusteigen.

Mit dem **Projektstart im weiteren Sinn** – einschließlich der frühen konzeptionellen Phasen – werden die folgenden, wesentlich operationelleren Ziele verfolgt:

- Eine Informationsgrundlage schaffen, damit die Beteiligten sachlich richtig und motiviert am Projekt arbeiten können

- Dem Projekt die definitive Identität geben und ein gemeinsames Verständnis des Projekts entwickeln (Projektleitbild, gemeinsame Vision)
- Ein Selbstverständnis des Projektteams entwickeln, die Grundlage legen für konstruktive Zusammenarbeit im Team, aber auch darüber hinaus
- Die Erwartungen von Stakeholdern und Beteiligten klären
- Die Projektziele konkretisieren, Anforderungen an die Lösung formulieren
- Die Ziele und Anforderungen mit dem Entscheider vereinbaren und kommunizieren
- Das Projekt strukturieren und detailliert planen
- Zuständigkeiten und Verantwortungen klären, Verbindlichkeit zwischen den Beteiligten schaffen (insb. auch Commitment zwischen Projekt und Linie)
- Die benötigten finanziellen, personellen und weiteren Ressourcen und Rahmenbedingungen sicherstellen
- Das Projekt und dessen Priorität mit dem übergeordneten Projektportfolio abstimmen.

Die konkreten Aufgaben in den verschiedenen Etappen des Startprozesses werden in den Abschnitten 5 und 6 vertieft.

4 Entstehung von Projekten

Wie in Abbildung 1.19-1 gezeigt, hat ein Projekt vor dessen Anstoss, dem Auslösen der Projektvorbereitung, eine Vorgeschichte. Bei internen Projekten sind dabei zwei Möglichkeiten zu unterscheiden:

- Ein Projekt wird aus einer Idee heraus geboren, die einen beliebigen Ursprung innerhalb oder außerhalb des Unternehmens/der Organisation haben kann und die einen ersten (Bewertungs)filter passiert hat
- Ein Projekt (oder ein Programm) entsteht im Rahmen der Entwicklung der Unternehmensstrategie.

Abbildung 1.19-4 zeigt das Prinzip der beiden Entstehungsvarianten grafisch. Auf eine dritte Form der Projektentstehung im Zusammenhang mit externen Kundenprojekten wird in Abschnitt 7 eingegangen.

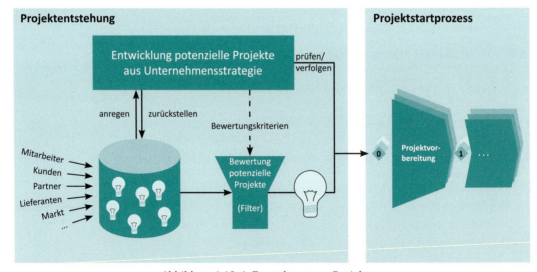

Abbildung 1.19-4: Entstehung von Projekten

Sowohl die Projektentstehung als auch der Projektstartprozess stehen in engem Zusammenhang mit der Planung und Steuerung des **Projektportfolios** eines Unternehmens oder der Organisationseinheit. So wird der Entscheid, ob ein Projekt angestoßen wird, aber auch der Entscheid, ob das Projekt am Ende der Projektvorbereitung weiter verfolgt werden soll, maßgeblich von den Prioritäten der anderen laufenden und potenziellen Projekte, aber auch vom Angebot und Bedarf an personellen und finanziellen Ressourcen beeinflusst. Auf diese Verbindung wird im Vertiefungswissen, Abschnitt 2, näher eingegangen.

5 Projektvorbereitung – der Projektstart im engeren Sinn

5.1 In Theorie und Praxis vernachlässigt

Wie bereits gezeigt, handelt es sich bei der Projektvorbereitung um jene Projektphase mit der größten strategischen Bedeutung, da hier die Weichen in einem Ausmaß gestellt werden, wie es später im Projekt kaum mehr der Fall sein wird. Die richtige Gestaltung und das Management dieser „Phase 0" sind deshalb von herausragender Bedeutung. Die Projektvorbereitung ist reines Projektmanagement und erfordert die ganze Kraft und Aufmerksamkeit der leitenden Instanzen des Projektes: des – häufig erst provisorischen – Projektleiters und der Auftrag gebenden Person(en).

Das Resultat, der Auftrag am Ende der Projektvorbereitung, kann je nach Projekt von ganz unterschiedlicher Natur sein. Im einen Fall kann er sich darauf beschränken, die Machbarkeit und Zweckmäßigkeit einer Idee auszuloten. Ein Beispiel wäre hier die Studie, ob die Verlagerung der Produktion eines Mittelklassewagens von Deutschland nach China eine Option ist, die weiter verfolgt und konkretisiert werden soll. Der Gestaltungsspielraum für dieses mögliche Projekt ist sehr groß, wie noch gezeigt werden wird. Am anderen Ende der Skala stehen Vorhaben, bei denen der Durchführungsentscheid bereits zu Beginn der Projektvorbereitung gefallen ist und bereits verbindliche Ziele vorliegen. Ein Beispiel dafür ist die erneute Teilnahme an der CeBit, die in der Marketingstrategie als verbindliche Maßnahme festgeschrieben wurde.

Die Bandbreite der möglichen Ausgangssituationen zu Beginn der Projektvorbereitung ist also groß. Die Herangehensweise in dieser Phase bleibt indessen weitgehend dieselbe, lediglich der Gestaltungsspielraum ist im einen Fall kleiner, im anderen größer. Immer geht es darum, dem Projekt die richtige Identität zu geben, seine äußeren Grenzen zu definieren, Freiheitsgrade zu klären.

Außerdem findet in dieser noch unbelasteten und damit besonders kreativen Phase des Projektes eine Sammlung von Ideen und Material – einschließlich einer ersten Bewertung dieses Materials – statt, die als wertvolle Grundlage für die weiteren Arbeiten dient. Typische Fragen in der Projektvorbereitung sind:

- Welche Fragen dürfen untersucht werden, was ist definitiv ausgeschlossen, absolut tabu? Wichtig dabei: Mit welcher guten Begründung ist dem so?
- Darf anstelle der Renovierung auch über einen Neubau nachgedacht werden?
- Sind Make-or-Buy-Überlegungen zulässig und wie weit dürfen diese gehen?
- Wer ist Auftraggeber des Projekts? Darf dieser infrage gestellt werden?
- Gibt es einen – wirklich zwingenden – Budgetrahmen für das Projekt?
- Was ist zum Projekt und gegebenenfalls zu einem Vorgänger desselben bisher mit wem, bei wem und wann gelaufen?
- Welches sind **mögliche** Grobziele für das Projekt? Welches sind weitere oder alternative Ziele und Visionen?
- Welches sind Sachthemen, die im Projekt möglicherweise eine Rolle spielen werden?
- Wer soll in den frühen konzeptionellen Phasen, z. B. der anschließenden Vorstudie, eingebunden werden? Mit welchen Kompetenzen?

∑ Fazit In der Phase der Projektvorbereitung geht es somit noch nicht darum, Lösungsmöglichkeiten für bereits formulierte Projektziele zu entwickeln. Wer also meint, die Phase Projektvorbereitung sei gleichbedeutend mit der Vorstudie, lässt diese Vorphase vermutlich ganz aus und verpasst wichtige Chancen.

Gründe, warum die großen Potenziale einer fundierten Projektvorbereitung in der Praxis nur ganz selten wirklich ausgeschöpft werden, gibt es viele. Die vielleicht wichtigsten sind:

- Der Wunsch, zu einer Idee oder einem Problem so rasch wie möglich Resultate zu produzieren, führt direkt in lösungsorientierte Aktivitäten.
- Es besteht häufig hoher Zeitdruck vom internen oder externen Kunden, weil seit längerem bekannte Probleme auf die lange Bank geschoben wurden.
- Die Bedeutung dieser Phase oder gar die Phase als solche sind nicht bekannt. In den internen Prozessen ist diese, wenn überhaupt, mit einem Nebensatz festgehalten. Projekte beginnen damit, dass der Auftraggeber ein Team ernennt, als Nächstes folgt der Start-Workshop und los geht's mit der fachlichen Arbeit.
- Der Projektleiter oder das Projektteam haben Angst, etwas zu tun, das ihnen nicht ansteht – das Projekt radikal zu hinterfragen. Dies in der Annahme, der Auftraggeber wisse genau, warum er dieses Projekt wolle, und zwar genau so, wie er sich dies vorstellt.
- Die Kultur und die methodischen Kenntnisse im systematischen Hinterfragen der ersten Projektidee oder eines Projektauftrags fehlen in der Organisation generell.

Aber auch die beinahe fehlende Thematisierung dieser Vorphase in der Theorie, in Veröffentlichungen und in der Ausbildung trägt dazu bei, dass die Potenziale der Projektvorbereitung in der Praxis nicht erkannt und genutzt werden.

5.2 Der Prozess im Überblick

Abbildung 1.19-5 visualisiert den Prozess der Projektvorbereitung. Die Phase ist durch ein enges Zusammenspiel zwischen Auftraggeber und Projektleiter bzw. Projektteam gekennzeichnet.

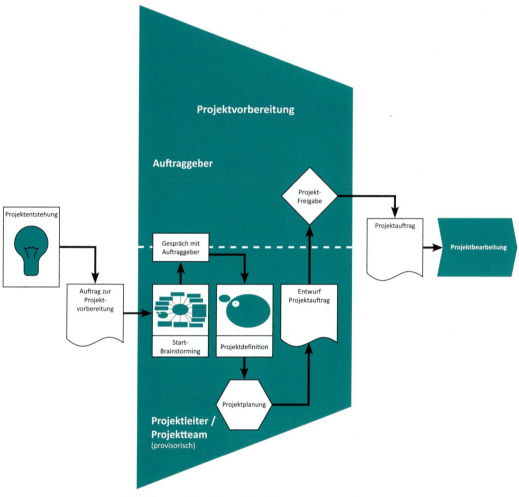

Abbildung 1.19-5: Projektvorbereitung – Detailprozess

> In **Anlage 1** (Checkliste) ist der Prozess tabellarisch feiner herunter gebrochen und mit den Methoden und Instrumenten in Verbindung gebracht.

In den folgenden Abschnitten werden die Schritte und Methoden vertieft behandelt.

5.3 Das Start-Brainstorming

Bei Projektbeginn ein Brainstorming durchzuführen, ist nichts Ungewöhnliches und wird verschiedentlich auch angeregt und praktiziert. Beim Start-Brainstorming im Projekt handelt es sich indessen nicht um ein normales, sondern um ein thematisch strukturiertes Brainstorming. Das Projekt wird dabei in seinen verschiedenen Facetten möglichst tiefgründig durchleuchtet. Passende Begriffe – von Visionen über Risiken bis zu den Lösungsideen – sorgen dafür, dass sich der Gedankensturm in alle Ecken projektrelevanter Themen und Aspekte verirrt. Abbildung 1.19-6 zeigt die Begriffe, die im Normalfall zur Anwendung gelangen. Als geeigneter Startpunkt haben sich die Visionen erwiesen.

Abbildung 1.19-6: Start-Brainstorming

Die hier vorgeschlagenen Begriffe sind das Resultat mehrjähriger Erfahrung und bewähren sich sehr gut. Sie sind in Abbildung 1.19-7 konkretisiert und am Beispiel des Projekts „Aufbau eines Lokalradios" angewendet. Weitere Begriffe können projektspezifisch ergänzt werden. Beispiele hierfür sind etwa das Suchen eines passenden Projektnamens oder das Identifizieren von wichtigen Nahtstellen zum Projekt.

> **!** Von besonders hoher Tragweite im Start-Brainstorming ist das Element „Ausbrechen". Dabei geht es darum, die Identität des Projektes erstmals oder erneut grundsätzlich zu hinterfragen. Das Resultat dieser Überlegungen kann zu ganz neuen Erkenntnissen bezüglich des Projektinhalts, -umfanges und der Projektabgrenzung führen.
>
> Diese Konzeption sollte zu einem selbstverständlichen Element in jedem Projekt werden, denn die Bedeutung und die Konsequenzen derselben auf Projekte und deren Erfolg sind fundamental.
>
> Obwohl erst im Vertiefungsteil, Abschnitt 3, detaillierter behandelt, ist jedem Projektleiter und Auftraggeber dringend geraten, die Methoden des Ausbrechens beim Projektstart bewusst und mit einer offenen Haltung anzuwenden und diese zur Kultur zu machen.

Begriff	Fragestellung	Beispiel neues Lokalradio (Ausschnitt)
Visionen	Welches wären die höchsten Gefühle in Bezug auf ein mögliches Projektergebnis?	<ul><li>bekanntestes und erfolgreichstes Lokalradio in der Schweiz mit internationaler Ausstrahlung</li><li>wirft hohen Gewinn ab</li><li>gewinnt internationale Auszeichnung für bestes Lokalradio</li><li>zieht die besten Moderatoren an</li></ul>
Assoziationen	Welche Ideen, Themen könnte man mit dem Projekt/Projektthema in Verbindung bringen?	<ul><li>Medien</li><li>Informations-Overflow</li><li>zu viele Anbieter</li><li>Mainstream</li></ul>

Begriff	Fragestellung	Beispiel neues Lokalradio (Ausschnitt)
Fragen	Welche Fragen kommen mir im Zusammenhang mit dem Projekt spontan in den Sinn?	<ul><li>(wem) bringt ein weiteres Lokalradio wirklichen Nutzen/Mehrwert?</li><li>ist ein Markt da?</li><li>Überschneidung mit bestehenden Angeboten?</li><li>ist Finanzierung (auch längerfristig) machbar?</li><li>welches sind längerfristige Trends?</li><li>erlaubte Reichweite des Senders?</li></ul>
Ausbrechen	In welcher Hinsicht ließe sich das Vorhaben erweitern, reduzieren, verändern? Wer hat die verrücktesten Ideen, aus dem Projekt etwas ganz anderes zu machen? (s. Vertiefungswissen, Abschnitt 3)	<ul><li>an bestehendes Lokalradio andocken, mit gemeinsamem oder eigenem Gefäß</li><li>Lokalfernsehen gründen</li><li>mit bestehendem Radio fusionieren bzw. dieses übernehmen</li><li>nichts tun (Nulllösung)</li><li>versuchen, auf Lokalteil des nationalen Radios qualitativ und quantitativ Einfluss zu nehmen</li><li>aktives E-Mail-Medium aufbauen statt Radio</li><li>Website aufbauen statt Radio</li><li>Teile des Programms mit anderen Lokalradios gemeinsam aufbauen/teilen</li><li>neues Printmedium gründen</li><li>auch/nur Internetradio gründen</li></ul>
Ziele/Bedürfnisse	Welche Ziele könnten die am Projekt Beteiligten und Interessierten mit dem Projekt verfolgen?	<ul><li>Eigenständigkeit bewahren</li><li>Vielfalt erreichen</li><li>Eigenwirtschaftlichkeit erreichen</li><li>professioneller Journalismus</li><li>politisch Einfluss nehmen</li><li>Fun bieten</li><li>langfristige Existenzsicherung</li></ul>
Risiken/Befürchtungen	Welche Risiken sind mit dem Vorhaben verbunden? Welche Folgen sind zu befürchten?	<ul><li>Finanzierung ist nicht erreichbar</li><li>Radio wird nicht selbst tragend</li><li>nicht ausreichende inhaltliche Substanz oder Qualität</li></ul>
Chancen	Welchen Nutzen bringt das Vorhaben zusätzlich über die Projektziele hinaus? Wer wird vom Projekt(resultat) profitieren?	<ul><li>Vertiefung der Zusammenarbeit der Innerschweizer Medien</li><li>spannendes Projekt mit Know-how-Gewinn für die Beteiligten</li></ul>

Begriff	Fragestellung	Beispiel neues Lokalradio (Ausschnitt)
Resultate/ Sachgebiete	Welche Themen sind im Rahmen des Projektes (möglicherweise) zu bearbeiten?	- Zielpublikum - Programmstruktur - Finanzierung - Büros und Infrastruktur - Rechtsform - Organisationsstruktur - Personal - Prozess/Abläufe/Instrumente/Hilfsmittel - Marketing, PR - Leitbild
Das 0. Gebot	Wer hat eine ähnliche Aufgabenstellung bereits bearbeitet, sich mit dem Thema befasst oder die Lösung bereits erarbeitet? (s. Abschn. 5.4)	- andere (Lokal)radios Schweiz - andere Lokalradios international - Lokalfernsehen - Projektleiter anderer vergleichbarer Projekte - bestehende Marktstudien in der Region
Beteiligte/Interessengruppen (Stakeholder)	Wer könnte sich für oder gegen das Projekt stark machen, dieses positiv oder negativ beeinflussen?	- VR-Präsidenten und CEOs der beteiligten Unternehmen - Medienverbände - gewichtige Personen der öffentlichen Verwaltung - Kommunikationsverantwortliche der öffentlichen Verwaltung - führende Vertreter der Konkurrenzmedien
Vorgehen	Was ist im weiteren Vorgehen zu beachten, welche Schritte sind auszulösen? Was ist unmittelbar auszulösen?	- Brainstorming auswerten - Rahmen/Projektabgrenzung klären - Machbarkeitsanalyse - Kundenumfrage - Kreativitäts-Brainstorming - Ideenwettbewerb - Erarbeitung Business Plan
Lösungsideen	Welche Ideen, wie die Aufgabe gelöst werden kann, kommen uns in den Sinn?	- attraktive Programmteile für Kids - Stunde der Senioren - Elemente anderer Anbieter übernehmen - Infrastruktur mit bestehendem Radio teilen - 24-Stunden-Betrieb
Erfolgsfaktoren	Welche Faktoren machen den Erfolg des Projekts aus bzw. können zu diesem beitragen?	- Angebot hat klaren Erkennungswert, hebt sich deutlich ab - Projekt wird durch Printmedien positiv gewürdigt - großer Player beteiligt sich

Abbildung 1.19-7: Konkretisierung Start-Brainstorming mit Beispiel

In der Checkliste in der **Anlage 3** sind weiterführende Hinweise zur Anwendung der einzelnen Brainstorming-Begriffe enthalten. Weitere Beispiele befinden sich auf dem Internet-Portal (vgl. SCHEURING, 2008).

Dass das Brainstorming nicht einfach offen, sondern thematisch unterlegt stattfindet, steht nicht im Widerspruch zu den Brainstorming-Regeln. Das Start-Brainstorming kann als Summe mehrerer kleiner, unabhängiger Brainstormings mit verschiedenen Reizworten verstanden werden, mit denen in der Kreativitätstechnik auch sonst gearbeitet wird, nur dass diese Reizworte hier vorgegeben sind.

Tipp Wer Bedenken hat, dass die spezifischen Begriffe das Start-Brainstorming einengen und die Kreativität behindern, sollte das Brainstorming zunächst offen, ohne die Führung durch die Begriffe, durchführen. Dieses wird danach ergänzt durch ein Brainstorming mit den Begriffen. Sollte die resultierende Substanz nicht sowohl qualitativ als auch quantitativ weit über das erste Resultat hinausreichen, ist dabei etwas falsch gelaufen.

Wer ist beteiligt?

Als Teilnehmer des Start-Brainstormings kommen Personen in Betracht, welche die Aufgabenstellung verstehen, aber nicht „betriebsblind" sind. Eine fachlich möglichst breite Zusammensetzung des Brainstorming-Teams ist sehr erwünscht. Beim Beispiel des Lokalradios könnten dies neben dem Projektteam der eine oder andere Medienexperte, typische Vertreter des (vermuteten) Zielpublikums, möglicherweise ein Jurist sowie im Idealfall ein ehemaliger Projektleiter eines ähnlichen Projekts sein.

Tipp Bei kleinen innovativen Aufgaben ohne Team kann das Start-Brainstorming durchaus auch einmal durch ein Individuum durchgeführt werden. Wie viel zusätzliches wertvolles Material beim Einbezug weiterer Personen entsteht, ist allerdings immer wieder erstaunlich.

Und schließlich spricht in den wenigsten Fällen etwas dagegen, den Auftraggeber in das Start-Brainstorming mit einzubeziehen – gleich von Beginn oder nach der Durchführung im Projektteam zur Ergänzung.

Praktische Hinweise

Das Start-Brainstorming stellt ein zentrales Instrument der Projektvorbereitung dar, das dem Projekt wichtige Impulse vermittelt, die bis weit in die Projektbearbeitung hineinwirken.
Die folgenden weiteren Tipps können den Erfolg des Start-Brainstormings erhöhen:

- Der Moderator des Brainstormings sammelt individuell vor dem Brainstorming bereits erstes Material, um den Prozess in der Gruppe besser in Gang zu setzen.
- Es ist irrelevant, ob zu einem Begriff Punkte kommen, die eigentlich besser zu einem anderen Begriff passen. Die Zuordnung und Auswertung erfolgen nach dem Brainstorming. Zentral ist, dass möglichst viel Material gesammelt wird, egal wie und wohin. Die Begriffe sollen vor allem als Katalysatoren für den Gedankenfluss dienen.
- Zur Visualisierung eignet sich neben Flip Chart oder Pin-Wand mit Kärtchen auch der Einsatz eines Beamers. Ein bereits vorbereitetes Excel-Dokument mit einem Register pro Brainstorming-Begriff und ersten Stichworten bewährt sich sehr gut.
- Alternativ kann auch das Brainwriting eingesetzt werden. Dabei wird ein bereits eröffnetes, durch den Moderator mit ersten Begriffen gefülltes Excel-Blatt von Person zu Person weitergeleitet mit dem Auftrag, weitere Begriffe zu ergänzen.
- Die üblichen Regeln zu Brainstorming (Visualisierung, keine Kritik etc.) und Brainwriting gelten auch hier (s. dazu auch Element 2.07, Kreativität).
- Bei größeren oder strategischen Projekten kann es sich lohnen, das Brainstorming mit zwei unterschiedlichen Teilnehmergruppen durchzuführen, um eine größere Vielfalt zu erreichen.
- Die Resultate des Brainstormings müssen in die passenden Arbeitspakete des Projekts einfließen. Es muss sichergestellt sein, dass das Material zum richtigen Zeitpunkt zum Tragen kommt. Im Idealfall wird eine direkte Verbindung zwischen den Brainstorming-Resultaten und dem ToDo-Management im Projekt hergestellt.

Der Detailprozess von der Vorbereitung bis zur Auswertung des Start-Brainstormings gestaltet sich wie folgt:

1. Die Personen für das Start-Brainstorming wählen

- Wunschpersonen ermitteln
- Wunschpersonen anfragen
- Teilnehmende festlegen

2. Das Start-Brainstorming vorbereiten

- Ergänzende Brainstorming-Begriffe festlegen
- Hilfsmittel wählen, Ort und Infrastruktur festlegen
- Brainstorming-Team einladen

3. Das Start-Brainstorming durchführen

- Raum/Infrastruktur einrichten/prüfen (z. B. Beamer)
- Teilnehmende in die Methode einführen (u. a. Vermittlung des Ausbrechens z. B. am Beispiel der Maske 23)
- Brainstorming durchführen (ggf. in zwei Etappen, um Ermüdung zu vermeiden)

4. Das Brainstorming auswerten

Bei der Auswertung bewährt es sich, die folgenden Kategorien von Punkten zu unterscheiden:

- Punkte, die mit dem Auftraggeber besprochen und geklärt werden müssen (rot)
- Punkte, die rasch bearbeitet werden müssen (gelb)
- Punkte, die erst später relevant sind und zunächst in einem Ideentopf „deponiert" werden (blau)
- Punkte, die nicht relevant sind und ignoriert werden können.

Diese Auswertung kann durch dasselbe Team – in der Regel mit einem kleinen zeitlichen Abstand zum Brainstorming – oder durch den Moderator/Projektleiter erfolgen. Anschließend wird es häufig sinnvoll sein, ausgewählte Informationen zu beschaffen und Fragen zu klären, bevor das Gespräch mit dem Auftraggeber geführt wird. Das betrifft beispielsweise eine eventuelle Vorgeschichte des Projektes (z. B. Studien zum Lokalradio, die bereits zu einem früheren Zeitpunkt durchgeführt wurden).

5.4 Das 0. Gebot im Projekt: Wissen und Erfahrungen organisieren

Beginne nie eine innovative Aufgabe, bevor du nicht folgende Frage seriös recherchiert hast:

„Wer hat eine ähnliche Aufgabenstellung bereits bearbeitet, sich mit dem Thema befasst oder die Lösung bereits zur Hand? Wo bekomme ich verwertbare Ideen für die Umsetzung des Projektes her?"

Abbildung 1.19-8: Das 0. Gebot in Projekten

Die erste Reaktion auf diese Regel ist häufig: „Natürlich ist das wichtig. Doch diesen Grundsatz beachten und leben wir schon längst. Wir wollen ja das Rad nicht neu erfinden!"

Bei näherem Hinschauen sieht die Sache allerdings meist ganz anders aus. Zwar gehören Recherchen in der heutigen Welt zum Alltag. Und Informationen rund ums Projekt werden im Rahmen einer Situationsanalyse in der Regel systematisch beschafft, zumindest in technisch oder wissenschaftlich orientierten Vorhaben. Doch mit dem „0. Gebot im Projekt" wird eine andere Ebene angesprochen. Es geht nicht primär darum, das Rad nicht neu zu erfinden. Es geht darum, systematisch alle persönlichen und anderen Know-how-Träger zum Thema zu identifizieren, die dem Projekt dienen können. Dies kann zwar direkt zu verwertbaren Lösungen für das Projekt als Ganzes oder für Teile davon führen. Ein Beispiel dazu wäre die Übernahme einer Vertragsregelung für Software-Supportleistungen, wie sie ein Partnerunternehmen verwendet. Doch mindestens ebenso interessant sind Know-how und Erfahrungen auf der Ebene des Projektmanagements. Vom erfolgreichen Projektleiter einer Landesausstellung in Deutschland wird der Leiter der nächsten „Expo" in der Schweiz sehr viel profitieren können, was den Prozess, die Organisation sowie die Planung und Steuerung eines solchen Großprojektes betrifft.

> Besonders wertvoll sind gerade auch negative Erfahrungen von Projektleitern oder Projektbeteiligten. Die Frage lautet hier: „Wer ist mit einer ähnlichen Aufgabenstellung gescheitert? Weshalb? Und was muss ich beachten, um dieselben Fehler zu vermeiden?" Gerade dieser Frage gehen in Projekten leider die wenigsten Mitarbeiter nach. Manche Projektresultate würden sonst anders aussehen. Auch wenn Misserfolge nicht immer offen liegen, wird es über persönliche Beziehungen, aber auch über systematische Recherchen, gelingen, Wissen dieser Art zu beschaffen. So können auch Mitarbeiter, die ein gescheitertes Reorganisationsprojekt als Betroffene erlebt haben, wertvolle Wissensquellen sein.

Ein weiteres Problem: Die Suche nach geeigneten Quellen erfolgt nicht aktiv und beharrlich genug und wird vorzeitig abgebrochen. Führt das Brainstorming nicht direkt zum Ziel, ist dies kein Grund, gleich zurück zum Tages- bzw. Projektgeschäft zu schreiten. Die folgende Anschlussfrage hilft hier erfahrungsgemäß meist weiter: „Wer könnte jemanden kennen, der eine ähnliche Aufgabenstellung bereits bearbeitet hat?"

Die Erfahrung in der Beratung von Projektleitern fördert in diesem Bereich immer wieder große Defizite zutage. Das liegt im einen Fall am Glauben, das Projekt sei wirklich einmalig, im anderen am Widerstand, sich vom eigenen überzeugten Weg abbringen zu lassen, oder daran, dass die Zeit für diese Arbeit vermeintlich fehlt. Häufig jedoch fehlt einfach der Gedanke an dieses Gebot. Entsprechend wichtig ist es, dieses zum Arbeitsgrundsatz für jedes Projekt, aber auch für jede noch so kleine innovative Aufgabenstellung zu erheben.

Um die Potenziale des 0. Gebotes wirklich zu nutzen, muss dieses verinnerlicht werden. Gefordert sind aber auch Kreativität und ausreichend Übung. Die Chancen dazu bieten sich häufig genug.

„Behindert das 0. Gebot denn nicht die Kreativität?" Dieser gelegentliche Einwand ist ernst zu nehmen. Der verfrühte Blick auf bestehende Lösungen könnte die Offenheit für neue Lösungen tatsächlich (zer)stören und damit letztlich die in Projekten erwünschte Kreativität blockieren.

 Tipp Um die Kreativität zu erhalten, sind folgende Regeln zu beachten:

- Ideen zum 0. Gebot frühzeitig zu sammeln beginnen (u. a. als Teil des Start-Brainstormings; vgl. Abschn. 5.4). Die gefundenen Quellen indessen noch nicht unmittelbar, sondern erst nach einer ersten Kreativitätsphase im Team anzapfen.
- Das 0. Gebot ist nicht einfach eine Aufforderung zum Kopieren. Hinweise zu Risiken und gescheiterten ähnlichen Projekten und das Wissen zum Prozess sind häufig noch wichtiger als der Einblick in Lösungen.
- Der Zugang zu Personen/Experten rund um die Projektthemen hat Vorrang vor der Suche nach Lösungen.
- In den konzeptionellen Phasen des Projektes wiederholt und aktiv nach (weiteren) innovativen Ideen suchen mittels geeigneter Kreativitätstechniken.

Quellen für das 0. Gebot gibt es viele. Dazu zählen:

- Frühere ähnliche Projekte (via Projektleiter und/oder verfügbare Dokumentation)
- Arbeitskollegen und Vorgesetzte
- Auftraggeber
- Nachbarabteilungen
- Externe Experten
- Partner und Lieferanten
- Kunden
- Konkurrenten
- Vereinigungen/Interessengruppen
- Literatur
- Internet (Portale, Linksammlungen, Suchmaschinen)
- Messen/Tagungen
- Vorträge/Kurse

Schließlich ist zu beachten, dass nicht jede gefundene Quelle auch angezapft werden soll. Auch hier muss das Aufwand/Nutzen-Verhältnis stimmen. Die Reise zu einem Experten in den USA dürfte sich für ein kleineres Projekt kaum lohnen.

Fazit Das 0. Gebot im Projekt ist nicht einfach nur eine Methode, sondern eine Arbeits- und Lebensphilosophie. Die Potenziale, die aus der konsequenten Umsetzung dieses einfachen Grundsatzes resultiert, lassen sich kaum ermessen.

5.5 Auftragsklärung

Der geschützte Raum des Brainstorming-Teams wird nun verlassen (es sei denn, der Auftraggeber war in den bisherigen Prozessen involviert, was durchaus sinnvoll sein kann). Die kritischen, auch provokativen Fragen und verrückten Ideen werden nun im Gespräch mit der Gedankenwelt des Auftraggebers konfrontiert – vielleicht nicht alle, aber all jene, bei denen der Nutzen für das Projekt höher eingeschätzt wird als die möglichen Risiken. Einige der Ideen, wohl auch solche, die dem Projektleiter bzw. dem Team besonders am Herzen liegen, werden auf der Strecke bleiben. Andere „gehen durch".

Grundlage für das Gespräch ist das verarbeitete Start-Brainstorming. Die „roten" Punkte (Klärung mit dem Auftraggeber), werden so aufbereitet, dass diese Klärung möglich ist. Das Gespräch soll zu verbindlichen Antworten und einem klar definierten Rahmen führen.

Wo dies nicht möglich ist, fließt die Frage in die erste konzeptionelle Phase, z. B. eine Vorstudie, ein und wird dort bearbeitet. Dem Team sollte zu jedem eingebrachten Punkt nun klar sein, wie es mit diesem umgehen soll.

Hauptziel des Gesprächs wird es sein, das Projekt abzugrenzen und den Rahmen für die weitere Projektarbeit abzustecken.

> Sagt der Auftraggeber Nein zu einer alternativen Projektabgrenzung, sollte dies nicht kritiklos entgegengenommen werden, wenn der Projektleiter an die Potenziale einer solchen Veränderung glaubt oder echte Risiken im bestehenden Projektverständnis sieht. Ist der Projektleiter überzeugt davon, dass der Zukauf einer am Markt verfügbaren Standardkomponente anstelle einer Eigenentwicklung unbedingt geprüft werden muss, dann muss er in der Startphase mit Nachdruck für diese Offenheit kämpfen. Der Auftraggeber kann Interessen vertreten – beispielsweise die Auslastung seiner Abteilung – die mit den übergeordneten Zielen möglicherweise nicht voll kompatibel sind.

Der aktuelle Auftraggeber muss zu diesem Zeitpunkt in seiner Rolle auch noch nicht definitiv etabliert sein.

Beispiel Wird aus der Idee mit dem Lokalradio nach der Projektvorbereitung ein Lokalfernsehen, dann kann das die Trägerschaft des Projektes grundlegend ändern. Dasselbe gilt für das Effizienzsteigerungsprogramm, wenn es sich nun nicht mehr nur auf die Abteilung bezieht, sondern auf den gesamten Bereich: Hier wird der Auftraggeber eine Ebene höher angesiedelt sein, bzw. das Auftraggeberteam, der Lenkungsausschuss, werden sich anders zusammensetzen.

Dies unterstreicht nochmals, wie wichtig der Widerstand des Projektleiters gegen vorschnelle Projektabgrenzungen sein kann. In anderen Fällen sind die Zuständigkeiten von Beginn klar, so etwa bei einer Produkt-Weiterentwicklung.

Bei der Vorbereitung und Durchführung des Gesprächs mit dem Auftraggeber in dieser frühen Phase sind folgende Punkte wichtig:

- Die Ziele des Gesprächs festlegen, einschließlich der Punkte, die unbedingt im Sinne des Projektleiters entschieden werden sollten
- Die Beweggründe des Auftraggebers für das Projekt und die Hintergründe ausloten
- Auch die Rolle des Auftraggebers bzw. die Erwartungen des Projektleiters, des Projektteams an den Auftraggeber klären
- Die Erwartungen an die Information, an das Reporting, den Informationsfluss klären
- Den nächsten Termin fixieren, bei dem es um die Besprechung des Projektauftrages und der Planung der ersten Phase/n geht
- Das Gespräch und dessen Erfolg auswerten (vgl. Erfolgskriterien nachfolgend).

> **Erfolgskriterien für das erste Auftraggeber-Gespräch** (Inhalte und Prozess)
> Das Fundament des Projektes steht, die Projektgrenzen sind definiert bzw. die noch zu klärenden Punkte in dieser Hinsicht sind abgestimmt
> - Die Rahmenbedingungen für das Projekt und die folgenden Projektarbeiten sind klar
> - Das Vorgehen und die Zuständigkeiten für die folgende Phase sind definiert
> - Die Aufgaben des Auftraggebers sind festgelegt
> - Die an den Auftraggeber zu liefernden Informationen/Dokumente sind definiert
> - Termin, Ziel und Inhalte der nächsten Besprechung sind festgelegt
> - Projektleiter und Auftraggeber senden und empfangen auf derselben Wellenlänge

Ergänzende Zugänge zur Auftragsklärung, zur Klärung des Kontextes und zu den Auftraggebergesprächen bieten auch die systemischen Ansätze der Organisationsentwicklung, bei denen u. a. provokativ-negative Szenarien zum Einsatz gelangen, z. B. die Suche nach Möglichkeiten, das Projekt zum Scheitern zu bringen (vgl. LOHAUS, CASUTT & HEPPNER, 2004).

Zu beachten ist schließlich, dass Auftraggeber ihre Rolle nicht immer so wahrnehmen, wie es für den Projekterfolg wünschbar wäre. Nicht in jedem Fall decken sich die Interessen des Auftraggebers vollumfänglich mit jenen des Unternehmens. Hier kann auch der stärkste Projektleiter an Grenzen stoßen, die er möglicherweise nicht überwinden kann. Solche Interessenkonflikte zu erkennen, ist ein erster wichtiger Schritt. Vielleicht gelingt es dann doch, auf die Gestaltung des Projektauftrages oder auf die Strukturen im Projekt Einfluss zu nehmen. Auch ein Projektleiter darf sich im Übrigen fragen, ob die Rahmenbedingungen für seinen Projektleiterjob vertretbar sind oder nicht. Wo der Auftraggeber nicht mit dem Linienvorgesetzten identisch ist, wird es einfacher sein, hier gegebenenfalls die entsprechenden Konsequenzen zu ziehen.

Fazit Unsicherheiten sowie Ideen für Alternativen müssen bereits beim ersten Gespräch mit dem Auftraggeber thematisiert werden. Angst vor diesem Schritt ist der schlechteste Ratgeber. Schließlich sind auch Auftraggeber in der Regel nur Menschen! Der Projektleiter ist gemeinsam mit dem Auftraggeber verantwortlich dafür, dass das Projekt mit den bestmöglichen Rahmenbedingungen ins Rennen geht. Die Organisationsregel „Ein Job – eine Verantwortung" ist hier aufgehoben.

5.6 Projektdefinition und erste Zielformulierung

Die Klärung mit dem Auftraggeber ist erfolgt. Der Projektgegenstand kann nun definiert und zu seinen Umsystemen abgegrenzt werden. Auch die Globalziele können für das Projekt nun gesetzt werden.

Die **Projektabgrenzung**, die aus dem ersten Auftraggebergespräch resultiert, kann noch vage bleiben, der Spielraum bewusst groß gehalten werden. Am Ende einer Vorstudie kann es nochmals darum gehen, ob das Haus renoviert oder ob es abgebrochen und ein neues erstellt werden soll. Die Projektdefinition kann sich somit über einen längeren Zeitraum erstrecken und eine anspruchsvolle, meist auch sehr interessante, konzeptionelle Arbeit erfordern.

Die Abgrenzung am Beispiel des Lokalradios: Der Auftraggeber hat beschlossen, dass es beim Lokalradio bleiben soll. Allerdings wurde aufgrund des Gesprächs mit dem Projektleiter der Handlungsspielraum erweitert. So soll mit Ausnahmen eine enge, auch inhaltliche, Zusammenarbeit mit anderen Lokalsendern sowie mit den nationalen Sendern als Option nun doch in Betracht gezogen werden.

Die erste **Projektdefinition** für das Projekt wurde auf die folgende Kurzformel gebracht: Wir, der Verbund der Innerschweizer Medien, wollen ein wirtschaftlich selbst tragendes Lokalradio – das „Neue Lokalradio Innerschweiz NLI" – aufbauen. (Hinweis: Die Verwendung des Begriffs Projektdefinition ist nicht zu verwechseln mit dem Begriff der Systemdefinition, wie sie bei Entwicklungsprojekten verwendet wird, bei der es um vollständige technische Spezifikationen und Pflichtenhefte geht; vgl. MADAUSS, 1994ff).

Die **Projektziele** bleiben in dieser Phase noch grob. Am Beispiel NLI: Mit der Gründung und dem Betrieb des NLI streben wir die folgenden Ziele an:

- Die Radiostation soll Eigenwirtschaftlichkeit erreichen.
- Der Sender soll ein eigenes, unverwechselbares Profil ausstrahlen.
- Das Radio soll einen überzeugenden Informationsbeitrag zum Lokalgeschehen leisten im Sinne eines Service Public.
- Es sollen starke inhaltliche und wirtschaftliche Synergien mit den Printmedien der Träger erzielt werden.
- Die Existenz des Unternehmens soll auch bei einem Einbruch der Konjunktur gesichert sein.

Zu diesem Zeitpunkt macht es meist wenig Sinn, die Ziele bereits zu quantifizieren. Sehr wertvoll ist es jedoch, explizit auch **Nicht-Ziele** bzw. **Ausschlüsse** festzuhalten. Als Beispiel beim Lokalradio wäre etwa das Verbot des Unternehmens zu nennen, ein weiteres Printmedium aufzubauen und zu verbreiten, um die Konkurrenzierung der Träger zu verhindern.

Wichtig ist weiter, die **Rahmenbedingungen** zu definieren, die für das Projekt gelten sollen. Für das Projekt NLI wurde beschlossen,

- die Zusammenarbeit mit anderen Lokalsendern sowie mit den nationalen Sendern zu prüfen, soweit diese den langfristigen Zielen inhaltlich und/oder wirtschaftlich dient (ausgeschlossen von dieser Zusammenarbeit ist der politische Sender „Heimat")
- eine Vorstudie zur Machbarkeit und Wirtschaftlichkeit des NLI durchzuführen, aufgrund der über die Weiterführung des Projekts entschieden wird
- die gesetzlichen Rahmenbedingungen einschließlich der zu vermutenden Entwicklung derselben besonders aufmerksam zu analysieren und zu berücksichtigen
- als Budget für die Durchführung einer Vorstudie € 150'000 zu bewilligen
- dass das Projektteam bis Ende des Monats eine Planung für die Durchführung der Vorstudie vorlegen soll, die durch den Lenkungsausschuss zu bewilligen ist.

Σ Fazit Bei der ersten Projektdefinition und Zielformulierung geht es also wirklich erst darum, den Projektrahmen abzustecken und die Projektziele grob festzulegen. Alle weiteren Arbeiten, wie eine Machbarkeitsstudie, das Erarbeiten eines Business Cases, die Erstellung eines Lastenheftes und eines Pflichtenheftes, die Konkretisierung der Projektziele und der Spezifikationsarbeit, sind Gegenstand der nachfolgenden, inhaltlichen Projektphasen. (Vgl. dazu die Ausführungen in den Abschnitten 2.3 des Grundlagen- und 5.1 des Vertiefungswissens).

5.7 Die erste Planung

In Abbildung 1.19-9 sind die verschiedenen Aufgaben der Planung und Bewertung eines Projekts mit den gegenseitigen Abhängigkeiten dargestellt. Die Planung und Bewertung des Einzelprojekts im engeren Sinn wird durch das innere Feld gekennzeichnet. Die Projektstrukturierung, die – hier nicht dargestellte – Planung der Projektorganisation sowie die Multiprojekt-Ressourcenplanung können zur Planung im erweiterten Sinn gezählt werden.

Wie in der Abbildung gezeigt, ist die Projektplanung ein sich wiederholender Prozess, der sich bis gegen Ende des Projektes erstreckt und in jeder Projektphase mindestens einmal, nämlich gegen Ende der Phase, zum Tragen kommt. Darüber hinaus werden Planaktualisierungen im Verlauf der Phase nach Bedarf erfolgen, in die neue Erkenntnisse sowie Einflüsse von außen und innen einfließen werden. Man spricht im diesen Zusammenhang auch von **rollender Planung.**

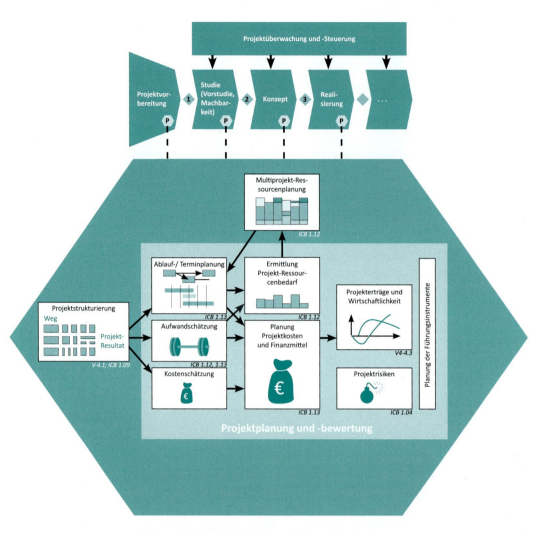

Abbildung 1.19-9: Prozess der Projektplanung und -bewertung

Die Projektplanung ist nicht eine reine Domäne des Projektstarts, sondern erstreckt sich über das gesamte Projekt. Sie ist deshalb Gegenstand zahlreicher ICB-Elemente, weshalb die Elemente im Folgenden nur sehr summarisch behandelt werden.

Projektstrukturierung (Vertiefungswissen, Abschnitt 5.2; ICB 1.09, 1.10)
Herunterbrechen des Projekts in Teilprojekte, Arbeitspakete, Vorgänge in den beiden Hauptdimensionen Projektresultate und Projektvorgehen (Weg); lässt sich insb. in frühen Projektphasen gut mit der Weg/Resultat-Matrix unterstützen; beinhaltet auch die Definition von Zwischenzielen und zu erarbeitenden Dokumenten.

Ablauf- und Terminplanung (ICB 1.11)
Planung der Abhängigkeiten der Arbeitspakete und ggf. Vorgänge, allenfalls unter Verwendung der Netzplantechnik, Schätzung von Zeitdauern, Ermittlung der Anfangs- und Endtermine auf allen Ebenen der Projekthierarchie sowie von kritischem Pfad und Pufferzeiten. Ggf. Einsatz des Konzepts der Kritischen Kette.

Aufwand- und Kostenschätzung (ICB 1.12, 1.13)
Schätzung der Bearbeitungsaufwände der am Projekt arbeitenden Personen sowie der voraussichtlich anfallenden Kosten für verschiedene Komponenten und Dienstleistungen des Projekts; Grundlage für die Ermittlung des Ressourcenbedarfs sowie der gesamten Projektkosten.

Ressourcenplanung (ICB 1.12)
Planung der erforderlichen, insb. personellen Projektressourcen; Unterscheidung der beiden Ebenen: Planung des Bedarfs des Einzelprojekts sowie Kumulierung des Ressourcenbedarfs über alle Projekte und übrigen Aufgaben einer Person oder Organisationseinheit (Multiprojekt-Ressourcenplanung); muss zwingend mit dem Projektportfolio-Management abgestimmt sein.

Planung der Projektkosten und Finanzmittel (ICB 1.13, 3.10)
Ermittlung der gesamten Projektkosten, resultierend aus der Beanspruchung interner Ressourcen sowie der Beschaffung externer Dienstleistungen und Komponenten; falls aufgrund der Art und Dimension des Projekts erforderlich: Ermittlung der Ausgaben und Einnahmen im Projekt mit resultierender Cash-Belastung sowie Bereitstellung der entsprechenden Finanzmittel.

Ermittlung Projektnutzen und -wirtschaftlichkeit (Vertiefungswissen, Abschnitt 5.4;)
Abschätzung und Berechnung von qualitativem und quantitativem Nutzen, der aus der Realisierung des Projekts resultiert; Berücksichtigung sowohl der Projekt- als vor allem auch der anschließenden Nutzungs-/Betriebsphase (Life-Cycle-Betrachtung).

Risikoanalyse (ICB 1.04)
Erkennen und Bewerten möglicher Projektrisiken nach deren Auftretenswahrscheinlichkeit und dem Ausmaß der Auswirkungen; Planung von Maßnahmen zur Vermeidung oder Abschwächung von Risiken bzw. zur Reduktion der Konsequenzen.

Planung der Projektführungs-Instrumente (Vertiefungswissen, Abschnitt 5.5; ICB 1.17)
Wahl und Gestaltung der Methoden, Instrumente und Tools für die Planung, Überwachung und Steuerung des Projekts.

Die Projektplanung ist zwar bereits in der Phase der Projektvorbereitung wichtig, die Anforderungen an diese und der Detaillierungsgrad derselben sind jedoch noch nicht so hoch wie in späteren Phasen. Insbesondere Aufwandschätzungen, Ressourcen- und Kostenplanung sowie Wirtschaftlichkeitsbetrachtungen sind zu diesem frühen Zeitpunkt in der Regel noch nicht stark ausgeprägt. Vor allem darf sich der Projektleiter auf keinen Fall auf Zahlen und Daten festlegen oder festlegen lassen, solange diese noch stark spekulativ sind.

Je offener und innovativer das Projekt ist, desto weniger gut wird es gelingen, die Zukunft des Projekts vorzuzeichnen, und der Planungshorizont reicht möglicherweise noch nicht bis zum Ende des Projekts. So wird sich die Planung bei stark innovativen Projekten am Ende der Projektvorbereitung auf die anschließende Phase, z. B. eine Studie, konzentrieren, spätere Phasen bleiben hier noch vage oder unerwähnt. Bei Projekten mit einem hohen Wiederholanteil, beispielsweise bei der Planung einer weiteren Kunstausstellung durch eine Stiftung, wird die Planung von Beginn an weiter reichen können und präziser sein.

5.8 Projektantrag, Projektauftrag, Genehmigung und Freigabe

Ist die Projektdefinition/-abgrenzung erfolgt, steht die erste grobe Zielformulierung und liegt das Resultat der ersten groben Projektplanung vor, dann können der Projektantrag bzw. der Entwurf für den Projektauftrag erstellt werden.

> **§ Definition** Wo der Projektantrag offiziell als Begriff verwendet wird, ist er in der Regel gleichbedeutend mit dem Entwurf des Projektauftrages, der noch nicht genehmigt ist. Alternative Begriffe für den Projektauftrag sind bisweilen auch: Projektvereinbarung, Project Charter, Projektvertrag oder Projektsteckbrief.

Wann entsteht der Projektauftrag?

Wie die Planung, so lässt sich auch der Projektauftrag nicht einer einzelnen Projektphase zuordnen. Der erste Auftrag im Rahmen eines Projektes wird mit dem Projektanstoß – in der Abbildung 1.19-1 entsprechend dem Meilenstein 0 – erteilt, nämlich der Auftrag, die Projektvorbereitung durchzuführen. Dieser Auftrag wird in den meisten Fällen noch wenig formal erfolgen – entweder mündlich oder als Eintrag in einem Besprechungsprotokoll.

Am Ende der Projektvorbereitung dürfte im Normalfall der erste offizielle Projektauftrag entstehen, etwa der Auftrag für die Durchführung einer Studie (in Abbildung 1.19-1 entsprechend dem Meilenstein 1). Und auch in späteren Phasen werden wieder Aufträge erteilt, mit denen die jeweilige Phase freigegeben wird. Ob der Auftrag durch ein umfassenderes Pflichtenheft repräsentiert wird oder ob das Pflichtenheft die Anlage zu einem separaten Auftragsdokument ist, ist nicht entscheidend. Wichtig ist, dass Verbindlichkeit und Schriftlichkeit der Aufträge in jeder Projektphase gewährleistet sind. Die Hauptfunktion des Projektauftrages besteht darin, ein nachvollziehbares gemeinsames Verständnis zwischen Auftraggeber und Projektleiter bezüglich der Aufgabenstellung herzustellen. Das berühmte „Commitment" steht hier im Vordergrund.

Wer erstellt den Projektantrag/-auftrag?

Der Projektleiter bzw. das Projektteam befassen sich am intensivsten mit dem Projekt. Es macht deshalb Sinn, diese/n den Entwurf für den Projektauftrag ausarbeiten zu lassen, ihn dem Auftraggeber zur Stellungnahme und ggf. Bereinigung und anschließend zur Genehmigung zu unterbreiten. In den Fällen, in denen der Auftraggeber den Auftrag bereits entwickelt hat oder das Projektteam die Arbeit eines Vorgängers übernimmt, wird das Projektteam den Auftrag – u.a. mittels eines Start-Brainstormings – nochmals kritisch hinterfragen und die Fragen mit dem Auftraggeber klären. Ein Auftragnehmer sollte dazu nicht nur das Recht haben, sondern sogar ermuntert werden. Dies gilt auch bei den Kundenprojekten, bei denen der Auftrag durch den externen Kunden erteilt wird (vgl. dazu Abschnitt 7).

Was beinhaltet der Projektauftrag?

Ein Projektauftrag beinhaltet sowohl eine inhaltliche Dimension (was wollen wir erreichen?) als auch die Dimension Projektmanagement (wie gedenken wir dabei vorzugehen?). Abbildung 1.19-10 gibt Anhaltspunkte, was ein Projektauftrag in welchem Studium des Projektes beinhaltet.

Element	erster Auftrag	spätere Phasen
Projektname	ja	ja
Projekt-Nr./ID	ja	ja
Projektleiter	ja	ja
Auftraggeber	ja	ja
Anlass für das Projekt	ja	ja
Kurzbeschreibung	ja	ja
Ziele; erwarteter Nutzen	grob	ja
Rahmenbedingungen	ja	ja

Geplanter Endtermin	falls abschätzbar	ja
Meilensteine	fallweise	ja
Arbeitspakete	eher nein	ggf. als Anlage
Budgetrahmen	in der Regel	ja
Kalkulation/Kostenplan	ggf. für erste Phase	als Anlage
Wirtschaftlichkeit	nein	als Anlage
Projektorganisation, Rollen	ja	ja
Reporting, Kommunikation	ja	ja
Kritische Erfolgsfaktoren	nein	gegebenenfalls
Wichtige Schnittstellen, Bezug zu anderen Projekten	gegebenenfalls	in der Regel
Lasten-/Pflichtenheft	nein	gegebenenfalls
Unterschriften	ja	ja

Abbildung 1.19-10: Inhalt von Projektaufträgen

Auf die Abbildung eines möglichen Auftragsformulars wird an dieser Stelle verzichtet. Die Gestaltung desselben wird sich an jene anderer Formulare in der Organisation anlehnen. Zudem wird die Papierform zunehmend durch die elektronische, in der Gestaltung sehr flexible Abbildung der Auftragsinformationen ersetzt.

Wie umfangreich soll der Projektauftrag sein?

Da ein Projektauftrag, wie gezeigt, häufig eine Entwicklung durchlaufen wird, lässt sich für den Umfang desselben keine Empfehlung abgeben. Der erste Auftrag eines innovativen Projekts am Ende der Projektvorbereitung kann aus einem strukturierten, ggf. formularartigen Blatt A4 bestehen. Der Auftrag zur Realisierung eines komplexen Softwareproduktes oder einer technischen Anlage kann, rechnet man die Spezifikationen dazu, den Umfang eines Buches annehmen. Innerhalb einer Organisation kann es hingegen durchaus Sinn machen, Struktur, Inhalt und ungefähren Umfang eines Projektauftrages zu regeln, nicht zuletzt, um den Entscheidungsinstanzen die Prüfung und Genehmigung der verschiedenen Projekte zu erleichtern. Zu beachten ist außerdem, dass der Projektauftrag nicht dazu da ist, Lösungen zu beschreiben.

Genehmigung und Freigabe

Die Freigabe eines Projektes bzw. einer neuen Projektphase muss immer auch im Kontext des gesamten Projektportfolios erfolgen. Neben der Frage, ob das einzelne Projekt schlüssig, zielführend und in sich wirtschaftlich ist, gilt es, den Nutzen des Projekts auch relativ, im Vergleich zum Nutzen alternativer Vorhaben, zu betrachten. Außerdem müssen die verfügbaren personellen und finanziellen Ressourcen ausreichen, um das Projekt plangemäß ausführen zu können.

Wird einem Projekt am Ende der Projektvorbereitung die Freigabe verweigert, gilt dies noch nicht als Projektabbruch, sondern als nicht gestartetes Projekt. In Organisationen sollte die Kultur herrschen, wesentlich mehr Projekte in die Projektvorbereitung zu schicken, als voraussichtlich weiter verfolgt und umgesetzt werden können. Da sich der Aufwand für die Projektvorbereitung zwischen 1 ‰ und 1 % des gesamten Projektaufwandes bewegt, ist dies wirtschaftlich unbedenklich. Über dieses Vorgehen lässt sich ein möglichst großer Beitrag an die übergeordnete Zielsetzung erreichen. Ein Nein muss außerdem nicht das definitive Aus für das Projekt bedeuten. In Abhängigkeit der Entwicklung verschiedener Faktoren – Ressourcen, Attraktivität, Parallelprojekte etc. – kann das Projekt später erneut aufgegriffen und initiiert werden.

> **!** Werden am Ende der Projektvorbereitung 80 % der Projekte weitergeführt, deutet dies entweder auf die Umsetzung zu vieler fragwürdiger Projekte oder auf einen Mangel an guten Ideen hin!

Die Dynamik von Projektaufträgen

Projektaufträge bringen den Willen des Auftraggebers zum Zeitpunkt der Auftragserteilung zum Ausdruck. Diesem Willen liegen bestimmte Unternehmensziele, Rahmenbedingungen, aber auch Wertvorstellungen zugrunde. Selten bleiben diese Parameter über die gesamte Laufzeit des Projekts konstant. Häufig wird sich das Umfeld des Projektes – die Rahmenbedingungen in der eigenen Organisation oder die Umwelt – verändern. Oder die Ziele des Auftraggebers verändern sich aufgrund neuer Einsichten und Prioritäten. Oder die Projektbearbeitung führt zu neuen Erkenntnissen, die ganz neue Möglichkeiten eröffnen. Dies kann die Anpassung des ursprünglichen Projektauftrages nahe legen.

Gerade in der Frühphase stark innovativer Projekte ist die Dynamik besonders groß und Offenheit besonders wichtig. Die grundlegende Überarbeitung des Projektauftrages am Ende der Vorstudie kann sich aufdrängen und neue Chancen eröffnen. Mit zunehmendem Projektfortschritt steigen hingegen die Risiken, die sich aus einer Veränderung des Projektauftrages ergeben, eine entsprechende Zurückhaltung ist hier angezeigt. Doch auch späte neue Einsichten sollten nicht einfach ignoriert, sondern sorgfältig analysiert werden.

> **!** Projektmanagement ist letztlich Projekt-Erfolgsmanagement: das permanente und weitsichtige Optimieren des Projektes im Dienste der Projektziele und der übergeordneten Strategie (vgl. SCHEURING, 2008: 124f). Das höchste Ziel im Projekt darf deshalb nicht die pflichtgemäße Erfüllung des ursprünglichen Projektauftrages sein. Im Vordergrund muss der Nutzen stehen, der mit dem Projekt erzielt wird. Dies kann auch während des Projektes eine Neuorientierung und damit die Anpassung des Projektauftrages, fallweise sogar den Abbruch oder den Start eines Parallelprojektes, bedeuten.

6 Projektstartprozess im weiteren Sinn – frühe Konzeptphasen

An die Projektvorbereitung schließen, wie in Abbildung 1.19-1 dargestellt, die frühen konzeptionellen Phasen an. Während es in der Projektvorbereitung darum ging, dem Projekt die Identität zu geben, wird in den konzeptionellen Phasen des Projekts lösungsorientiert gearbeitet. Wie bei den Zielen in Abschnitt 3.4 gezeigt, geht es nun darum, Projektziele zu konkretisieren und dem Projekt inhaltliche Substanz zu verleihen. In der Regel wird in einer solchen Phase ein gesamter Problemlösungszyklus durchlaufen (vgl. DAENZER & HUBER, 2002). Außerdem erhält die Projektplanung nun einen wesentlich größeren Detaillierungs- und Verbindlichkeitsgrad als in der Projektvorbereitung.

Die Konzeptarbeit kann dabei durchaus nochmals zu einer Veränderung der Projektidentität führen. So wird die Vorstudie des Lokalradio-Projektes die Variante Fernsehen vielleicht doch nochmals ins Spiel bringen, da eine neuere Studie der Zukunft des Radios deutlich schlechtere Aussichten prognostiziert hat als bis dahin.

Typische Begriffe für frühe konzeptionelle Phasen sind: Machbarkeitsstudie, Studie oder Vorstudie, Vorprojekt (insb. bei Bauprojekten) oder auch Erarbeitung des Business Cases bei Informatikprojekten. Der Begriff „Planungsphase" wird auch in zahlreichen anerkannten Lehrmitteln häufig zur Identifikation von Konzeptionsarbeiten verwendet. Dies ist im Projektmanagement in der Meinung des Verfassers ungeschickt, da damit eine Vermengung von inhaltlicher Arbeit mit Projektmanagementarbeit erfolgt, die zu Missverständnissen führt.

Abbildung 1.19-11 zeigt schematisch den Ablauf einer konzeptionellen Projektphase.

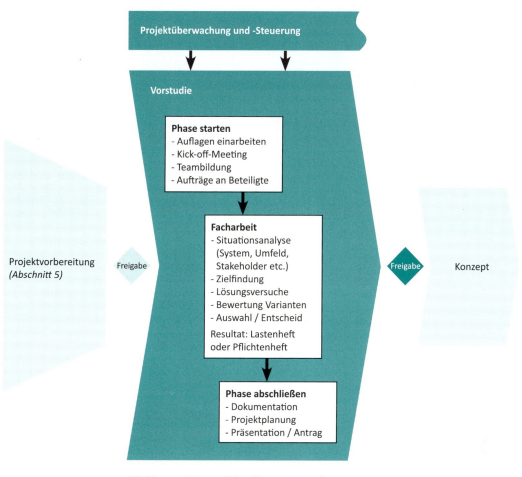

Abbildung 1.19-11: Ablauf konzeptionelle Projektphase

Sowohl die Projektmanagement-Aufgaben als auch die konzeptionellen Arbeiten, die in diesen Phasen zu bewältigen sind, werden in zahlreichen Kapiteln dieses Werks umfassend behandelt. Diese Aufgaben sind auch in der **Standard-Roadmap** in Anlage 1 detaillierter aufgeführt, einschließlich der Verbindung zu den ICB-Elementen und damit den Buchteilen.

Eine besondere Affinität zum Thema Projektstart hat in der Regel die allererste Konzeptionsphase – beispielsweise eine Vorstudie oder Machbarkeitsanalyse. Sie ist in Bezug auf die Gestaltung des Projektes noch besonders offen. Vielleicht wird sich erst hier entscheiden, welche Dimension und welchen Charakter das Projekt hat. Am Ende einer Vorstudie wird möglicherweise auch erst klar, ob aus dem Vorhaben ein ganzes Programm, bestehend aus mehreren Projekten, entwickelt werden soll. Besondere Schwerpunkte solcher Studienphasen sind:

- Das Erfassen und Verstehen der Gesamtsituation, des Umfeldes einschließlich der zu erwartenden Veränderungen desselben
- Die Analyse von Erwartungen, aber auch möglicher Beiträge von Interessenvertretern (Stakeholders)
- Das Erarbeiten substanzieller, konkreter Projektziele
- Das Erarbeiten und Bewerten grundsätzlicher Lösungsalternativen, die teilweise ganz unterschiedlichen Charakter haben können und nochmals von der Kultur des Ausbrechens geprägt sein können.

Diese Phase hat insbesondere bei innovativen Projekten häufig einen Weichen stellenden Charakter und damit eine sehr hohe Bedeutung für die weitere Entwicklung des Projekts.

Nicht selten wird die Projektverantwortung am Ende der Vorstudie in andere Hände übergeben, da die Dimensionen des Projekts und damit auch die qualitativen und kapazitiven Anforderungen an den Projektleiter erst jetzt klar definierbar sind.

Damit soll nicht gesagt werden, dass dieses Übergabeszenario anzustreben ist, denn der resultierende Verlust an Informationen und implizitem Wissen ist bedeutend. Was bedeutet dieser Fall für den einsteigenden Projektleiter? Ist nun bereits alles gelaufen? Ist er dazu verdammt, all das zu tun, was ihm sein Vorgänger hinterlassen hat, ungeachtet dessen, ob er dahinter stehen kann? Nein. In einem solchen Fall empfiehlt es sich, mit einem Start-Brainstorming einzusteigen. Dieses wird mit Sicherheit zusätzliches wertvolles Material für die weitere Projektbearbeitung hervorbringen. Daneben dürfte nochmals die eine oder andere Grundsatzfrage auch bezüglich der Projektabgrenzung auftauchen, die zu diesem Zeitpunkt auch unbequem sein kann. Hier gilt erneut der Grundsatz: Je früher existenzielle Fragen zum Projekt eingebracht werden, desto eher lassen sich Korrekturen vornehmen und damit Probleme vermeiden oder weitere Potenziale nutzen. Ausreichendes Fingerspitzengefühl beim anschließenden Gespräch mit dem Auftraggeber ist sehr hilfreich, doch es führt kein Weg an diesem Gespräch vorbei. Daher müssen Fragen jetzt, keinen Tag später, thematisiert werden! Falls das Gespräch unangenehm war, ist die Wahrscheinlichkeit groß, dass damit noch wesentlich unangenehmere Gespräche im weiteren Verlauf vermieden werden konnten.

Σ Fazit Bei den konzeptionellen Phasen geht es um die inhaltliche Projektbearbeitung. Hier werden bereits die klassischen Instrumente der Projektplanung und -führung beansprucht, hier kommt auch bereits die ganze Palette an Controlling-Aufgaben – Überwachung und Steuerung, Koordination des Projektes – zum Tragen.

7 Der Startprozess bei Kundenprojekten

Bis hierhin haben sich die Ausführungen auf interne Projekte bezogen. Das sind Projekte, deren Auftraggeber innerhalb der Organisation angesiedelt ist, die das Projektresultat nutzen wird.

Einen grundsätzlich anderen Einstieg als interne Projekte erfordern Kundenprojekte (auch Auftragsprojekte). Diese Projekte führt ein Unternehmen im Auftrag eines externen Kunden gegen Entgelt aus. Das Resultat – die neue Kehrichtverbrennungsanlage, das renovierte Schulhaus oder die neue Banking-Applikation – wird hier durch eine fremde Organisation genutzt. Das Hauptinteresse des Auftragnehmers besteht darin, mit dem Projekt ein positives finanzielles Ergebnis zu erzielen. Eine exakte Planung und straffe Führung sind unerlässlich, denn bereits Kostenabweichungen von wenigen Prozentpunkten haben bei Kundenprojekten eine fatale Wirkung.

Vor allem aber hat das Projekt bereits eine meist längere und vielschichtige Vorgeschichte, wenn der (potenzielle) Auftragnehmer ins Spiel kommt. Aus Sicht des Auftragnehmers ist es anzustreben, so früh wie möglich ins Projektgeschehen einbezogen zu werden, wenn der Gestaltungsspielraum noch entsprechend groß ist.

7.1 Prozesslogik bei Kundenprojekten

Abbildung 1.19-12 zeigt den Prozess im Zusammenspiel zwischen Auftraggeber und Auftragnehmer in Kunden- oder Auftragsprojekten.

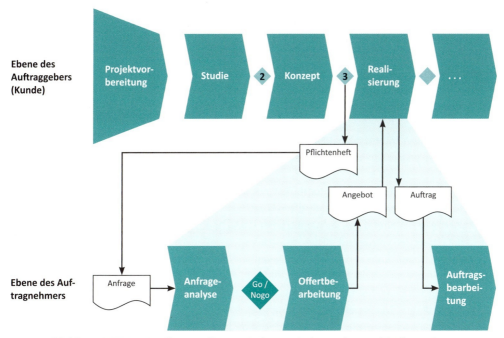

Abbildung 1.19-12: Kundenprojekte aus Sicht von Auftraggeber und Auftragnehmer

Aus Sicht des Kunden ist das „Kundenprojekt" ein ganz normales internes Projekt. Im Rahmen dieses Projekts wird ein oder werden mehrere externe Unternehmen beauftragt, für das Projekt Dienstleistungen zu erbringen und/oder Komponenten zu liefern. Das können kleinere Teile des Projekts sein, es kann sich aber auch um die Ausführung des Projekts als Ganzes handeln, beispielsweise den Bau eines neuen Fußballstadions in der Rolle des Generalunternehmers, der seinerseits wieder einen ganzen Strauß an Leistungen an Subunternehmer vergeben wird. Ein anderes Beispiel einer eher integralen Rolle ist die Begleitung eines Projekts durch einen Projektmanagement-Coach, hier allerdings ohne die Verantwortung für das Projektergebnis. Für den Auftragnehmer ist es von zentraler Bedeutung, das Projekt als Ganzes, d.h. aus der Sicht des Auftraggebers, zu begreifen. Nur so ist er in der Lage, für den Kunden einen optimalen Nutzen zu generieren.

Die Frage, wo ein Kundenprojekt aus Sicht des Auftragnehmers beginnt, wird in der Literatur nicht einheitlich beantwortet. Wie bei internen Projekten hat diese Frage indes auch eher akademischen Charakter. Markante Meilensteine des Startprozesses externer Projekte sind in jedem Fall:

| Die Anfrage an einen Leistungserbringer (individuelle Anfrage oder offizielle Ausschreibung)
| Der Entscheid des potenziellen Auftragnehmers, ein Angebot zu erarbeiten
| Die Abgabe des erarbeiteten Angebots
| Die Erteilung des Auftrags durch den externen Kunden.

7.2 Die Angebotsphase

Die Angebotsphase stellt eine Besonderheit von Kundenprojekten dar. Bei großen, komplexen Projekten geht es dabei um mehr als nur ein Schreiben mit Anlage. Die Erarbeitung eines Angebots kann selber schon die Dimension eines mittleren Projektes – nicht selten mit einem finanziellen Volumen in 6- oder gar 7-stelliger Höhe – annehmen.

In der Angebotsphase werden die Grundlagen für eine erfolgreiche Projektabwicklung gelegt. Spezifikationen und Preise werden definiert und entscheiden über Gewinn oder Verlust in einem Kundenprojekt. Die Balance zwischen Kundenfokussierung einerseits und den Interessen des liefernden Unternehmens andererseits zu finden, ist alles andere als einfach.

Besonderheiten bei Kundenprojekten, die sowohl in der Angebotsphase als auch später im Projekt eine zentrale Rolle spielen können, sind Fragen der Projektfinanzierung, der Steuern und Zölle, Projektversicherungen oder der Gestaltung von Verträgen in einem internationalen Konsortium. Hier wird der Projektleiter meist schon in der Angebotsphase auf die Unterstützung durch entsprechendes Fachpersonal angewiesen sein.

Angebot – ja oder nein? Dies ist die erste zentrale und nicht immer einfach zu beantwortende Frage nach dem Erhalt einer Kundenanfrage. Zu berücksichtigen sind hier die folgenden beiden Ebenen:

- Wie groß ist unser Interesse an diesem Auftrag?
- Wie hoch sind unsere Chancen, den Auftrag zu erhalten?

Bei der ersten Frage spielen die Kompatibilität mit der Unternehmensstrategie, das Ertragspotenzial (einschließlich möglicher Folgeaufträge), die verfügbaren Ressourcen sowie Risiken in technischer, terminlicher, kommerzieller und ggf. auch politischer Hinsicht eine Rolle.

Die Chancen werden von der inhaltlichen und kommerziellen Attraktivität des eigenen Leistungsangebots im Vergleich zur Konkurrenz, aber auch von Vorteilen taktisch-politischer Art bestimmt. Damit sind beispielsweise persönliche Beziehungen zu Schlüsselpersonen des Kunden gemeint, aber auch das Image des Unternehmens, bei Großprojekten manchmal sogar nationale Unterstützungsprogramme für die Wirtschaft (z. B. Exportrisikogarantien).

Bedenkt man die Mittel, die in die Erarbeitung eines überzeugenden Angebots fließen, kann ein höflich formulierter Absagebrief in Fällen mit geringen Erfolgschancen die richtige Entscheidung sein.

> **!** Nicht selten handelt es sich bei Anfragen und Ausschreibungen, insbesondere auch von öffentlichen Institutionen, um **Alibiübungen**, bei denen die Entscheidungsfindung intern bereits gelaufen ist. Diese dienen dazu, die internen Richtlinien zu erfüllen, sich intern abzusichern oder auch konzeptionelle Ideen von außen zu beschaffen. Es lohnt sich, über alle möglichen Kanäle herauszufinden, ob es sich um einen solchen Fall handelt. Was durch solche Ausschreibungen, aber auch durch überzogene Vorgaben für die Angebote an volkswirtschaftlichem Schaden angerichtet wird, wäre eine Studie wert.

Fällt der Entscheid zugunsten einer Teilnahme, ist die Angebotsphase als strategisch wichtigste Phase für den Auftragnehmer zu betrachten. Hier werden die Weichen gestellt. Ein unvollständiges oder fehlerhaftes Angebot kann sich in der Abwicklungsphase zum Albtraum entwickeln. Nicht eingeschlossene Leistungen, die durch den Kunden in den Liefer- und Leistungsumfang hinein interpretiert werden können, müssen explizit ausgeschlossen werden, Terminversprechungen müssen mit der Ressourcenplanung kompatibel sein, die Projektkalkulation wasserdicht und mit der notwendigen Reserve versehen. Klare vertragliche Vereinbarungen sind auch die Grundlage für das Claim-Management – die Durchsetzung der eigenen Interessen im Verlauf der Vertragsabwicklung. Wo immer möglich, sind die Bestimmungen so zu beeinflussen, dass sowohl der Nutzen für den Kunden als auch die Chancen für den Auftragnehmer weiter erhöht werden können. Im Idealfall gelingt es schon in der Angebotsphase, die Ausschreibungsmerkmale in diese Richtung zu beeinflussen.

Angebots-Management ist Projektmanagement. Auch die Angebotsphase erfordert somit Planung und Führung durch einen Angebotsleiter.

7.3 Übergang Angebot – Auftragsabwicklung

Besonders sorgsam muss beim Übergang von der Angebotsphase zur Auftragsabwicklung vorgegangen werden, wenn damit ein Wechsel in der Projektleitung verbunden ist. Kann der Projektleiter für die Abwicklungsphase nicht bereits in die Angebotsphase mit einbezogen werden, muss eine formale Übergabe der erforderlichen Informationen und der Verantwortung stattfinden. Hier ist das folgende Doppelmeilenstein-Prinzip zu empfehlen:

💡 Tipp

1. Der Angebotsleiter übergibt dem Abwicklungs-Projektleiter sämtliche relevanten Informationen zum Projekt und zum Kunden. Der Projektleiter bestätigt (Meilenstein 1), alles erhalten zu haben, was er für die Planung des Projekts benötigt.
2. Nach erfolgter Prüfung, Überarbeitung und Detaillierung der Projektplanung, insbesondere auch der Projektkalkulation, übernimmt der Projektleiter offiziell die Verantwortung für das Projekt und die Planwerte (Meilenstein 2). Bedenken und notwendige Plananpassungen müssen hier zwingend einfließen.

Ein Formular, bestehend aus der Liste der erhaltenen Informationen und den Unterschriften zu den beiden Meilensteinen durch Angebotsleiter, Projektleiter und vorgesetzte Stelle/n, ist hier nicht zuviel Formalismus. Es wird die Wahrscheinlichkeit erhöhen, dass der Projektleiter alles hat, was er benötigt und verhindern, dass er sich später aus der Verantwortung stehlen kann. Je früher der Projektleiter ins Projekt eingebunden wird, im Idealfall bereits in der Abschlussphase der Vertragsverhandlungen, desto reibungsloser wird sich dieser Übergang gestalten.

Die Trennung von Angebots- und Abwicklungs-Projektleiter hat Vor- und Nachteile. Die Nachteile sind offensichtlich. Ein Vorteil besteht darin, dass der Projektleiter in der Abwicklung durch den Kunden nicht an impliziten Versprechungen während der Angebotsphase gemessen werden kann. Er kann somit freier und offensiver auftreten.

7.4 Erfolgreicher Start von Kundenprojekten

Der Start von Kundenprojekten weist viele Ähnlichkeiten mit dem Start interner Projekte auf, aber auch einige Besonderheiten.

Der Auftragnehmer kann nicht davon ausgehen, dass die hier propagierten Grundsätze und Methoden durch den Auftraggeber konsequent angewendet werden. Darin liegt eine große Chance des Auftragnehmers sowohl in der Angebotsphase als auch nach Vertragsabschluss. Gemeinsam mit dem Kunden kann er die möglicherweise verpassten Schritte nachholen.

💡 **Tipp** Das Start-Brainstorming erweist sich dabei auch bei Kundenprojekten als sehr wirkungsvoll. Das Brainstorming macht sowohl beim Einstieg in die Angebotsphase als auch vor dem Start der Auftragsbearbeitung, z. B. im Rahmen des Projekt-Kick-offs, Sinn.

Je früher der Auftragnehmer in den Gesamtprozess des Projekts eingebunden wird, desto besser kann er diese Rolle spielen. Bei wiederholter Zusammenarbeit mit den Kunden lässt sich der Zeitpunkt des Einstiegs manchmal beeinflussen. Damit lässt sich bisweilen die Grenze zwischen nicht gedecktem Angebotsaufwand und bezahlter konzeptioneller Arbeit, z. B. einer Studie, verschieben.

Projektorganisation, Informationsfluss und Zusammenarbeit müssen zwischen Auftraggeber und Auftragnehmer abgestimmt sein. Nicht nur die Rolle des Auftragnehmers, auch die Pflichten des Kunden, beispielsweise zu liefernde Informationen oder die Mitarbeit bei der Endabnahme, müssen klar definiert werden.

Dadurch, dass der Projektleiter neben dem internen noch einen externen Vorgesetzten hat – den Kunden, meist vertreten durch den kundenseitigen Projektleiter, – ist die Organisation häufig komplexer als bei internen Projekten. Der Kunde wird in der Regel ein übergeordnetes Gremium im Sinne eines Lenkungsausschusses haben, das die Interessen vertritt. Kontakte auf Direktionsstufe zwischen dem Kunden und dem Auftragnehmer können sehr wertvoll sein, müssen aber unbedingt mit dem Projektleiter abgestimmt werden.

Die Grenze zwischen internen Projekten und Kundenprojekten ist nicht so scharf, wie dies zunächst erscheint. Auch innerhalb großer Unternehmen kommen vermehrt Regelungen und Mechanismen zur Anwendung, die den Charakter von Auftragsprojekten haben. Wichtige Unterschiede bestehen jedoch: Der Konzern hat ein gemeinsames übergeordnetes Interesse. Und wo auch im Innenverhältnis Verträge abgeschlossen werden, wird in der Regel zumindest die Möglichkeit juristischer Prozesse ausgeschlossen.

Dass ein Vertragsmanagement bei Kundenprojekten eine zentrale Bedeutung hat, liegt auf der Hand. Im Element 3.11 werden die rechtlichen Aspekte im Allgemeinen und die Besonderheiten bei Auftragsprojekten vertieft behandelt. Das Auftragsverhältnis und das Vertragsmanagement im IT-Geschäft stellen eine besondere Herausforderung dar. Hierzu existiert weiterführende Literatur (vgl. ZAHRNT, 2008). Dasselbe gilt für die Spezifika von Anlagen- und Systemgeschäften (vgl. ANDREAS, RADEMACHER & SAUTER, 1994ff).

> Der vielleicht wichtigste Grundsatz für den Erfolg von Auftragsprojekten besteht für den Auftragnehmer darin, sich als Berater des Kunden zu verstehen und dessen Partner zu werden. Der Projektleiter muss mit dem Ziel an das Projekt herangehen, den Nutzen seines Kunden zu optimieren. Dies wird zu besseren Projektresultaten, einem zufriedeneren Kunden und letztlich einem besseren finanziellen Ergebnis führen. Und solcher Kundenfokus wird über kurz oder lang ausstrahlen und weitere Marktvorteile mit sich bringen.

8 Zusammenfassung

Beim Projektstart kann unterschieden werden zwischen dem Einstieg ins Projekt – der Projektvorbereitung – und dem Projektstart im weiteren Sinn, der die frühen konzeptionellen Phasen und damit die inhaltliche Gestaltungsarbeit mit einschließt.

Bei der Projektvorbereitung handelt es sich in vielen Projekten um das wichtigste Stadium überhaupt. Das Start-Brainstorming, das grundsätzliche Hinterfragen des Projektauftrags, die Identifikation wichtiger Wissens- und Erfahrungsträger, die erste Klärung mit dem Auftraggeber und die Formulierung des ersten Projektauftrages sind hier die Kernaufgaben. Diese „Phase 0" muss gründlich und unter Einbezug der relevanten Personen und Parteien erfolgen. Denn Fehler oder Versäumnisse in diesem Projektstadium lassen sich meist nur sehr schwer, wenn überhaupt, korrigieren. In der Projektvorbereitung lassen sich erfahrungsgemäß mit 1 ‰ bis 1 % des gesamten Projektaufwandes häufig 50 % des Projekterfolges bestimmen. Die Ursachen für Projektflops liegen vielfach in dieser Phase.

In den frühen konzeptionellen Phasen im Projekt – dem Projektstart im weiteren Sinn – erhält das Projekt die inhaltliche Substanz. Auch diese Phasen prägen das Gesicht des Projekts noch ganz entscheidend. In einem Projekt wegen Zeitdrucks rasch zur Umsetzung zu schreiten, bedeutet häufig den K.o.

Der Charakter des Projektstarts wird durch die Art des Projekts mitgeprägt. Je offener die Problemstellung und je „weicher" das Projekt, desto größer ist der Einfluss des Projektstarts auf das Projektresultat. Bei externen Kunden-/Auftragsprojekten gestaltet sich der Einstieg grundsätzlich anders als bei internen Projekten und weist einige spezifische Fragestellungen auf. Insbesondere die Nahtstelle zwischen Kunden und Auftragnehmer muss hier besonders sorgfältig gestaltet werden.

Die Checkliste in Anlage 3 kann zur Überprüfung aller wesentlichen Aspekte im Startprozess dienen.

9 Fragen zur Wiederholung

1. Welches sind die Unterschiede zwischen dem Projektstart im engeren und dem Projektstart im weiteren Sinn? Was lässt sich dazu in Bezug auf das Projektmanagement sagen? ☐
2. Welches sind typische Symptome eines missratenen Projektstarts? ☐
3. Welche Ziele werden mit der Projektvorbereitung verfolgt? ☐
4. Welcher Nutzen resultiert aus der Durchführung eines Start-Brainstormings? ☐
5. Nennen Sie einige sinnvolle Begriffe, die beim Start-Brainstorming die Rolle von Katalysatoren spielen. ☐
6. Welches sind mögliche wichtige Quellen für projektbezogenes Know-how (für die Umsetzung des „0. Gebots im Projektmanagement")? ☐
7. Wann ist das erste Auftraggebergespräch erfolgreich verlaufen? Nennen Sie einige Erfolgskriterien. ☐
8. Welche Rolle spielt der Projektleiter bei der Erstellung des Projektauftrags? ☐
9. Skizzieren Sie für ein Kundenprojekt grafisch den Zusammenhang zwischen dem Prozess aus Sicht des Auftraggebers und jenem des Auftragnehmers. ☐

10 Checklisten

Anlage 1: Standard-Roadmap/Prozess-Checkliste zum Projektstart

Standard-Roadmap/Prozess-Checkliste zum Projektstart			
Aktivität	Teilaufgaben, Hinweise	Verweise, Instrumente	
Projektentstehung		G 4; V 2	
ı Strategie mit Maßnahmen-portfolio entwickeln	daraus Ableitung von Projekten; ist Aufgabe des Top Managements		☐
ı Projektideen erfassen			☐
ı Projektideen bewerten	Bewertungskriterien, abgeleitet aus übergeordneten Zielen und Strategie		☐
ı Projektanstoß (Entscheid für Projektvorbereitung)	Projekt ist im Gesamtkontext ausreichend interessant, um konkretisiert zu werden; „Meilenstein 0"		☐
ı Projektleiter für Projektvorbereitung ernennen	und ggf. weitere in die Projekt-vorbereitung einbezogene Personen		☐
Projektvorbereitung		G 5	
ı Start-Brainstorming		G 5.3	☐
• Personen auswählen	Wunschpersonen ermitteln, anfragen; Teilnehmende festlegen		☐
• Brainstorming vorbereiten	ergänzende Brainstorming-Begriffe festlegen; Hilfsmittel wählen; Ort und Infrastruktur festlegen; Team einladen		☐

Standard-Roadmap/Prozess-Checkliste zum Projektstart

Aktivität	Teilaufgaben, Hinweise	Verweise, Instrumente	
• Brainstorming durchführen	Raum/Infrastruktur einrichten/prüfen; Teilnehmende in Methode einführen		
• Brainstorming auswerten	Punkte Kategorien zuordnen		☐
❙ Fehlende Informationen beschaffen	z. B. zur Vorgeschichte des Projekts, zu wichtigen internen und externen (z. B. gesetzlichen) Rahmenbedingungen etc.		☐
❙ Auftragsklärung	Ziel: Projektidentität bestimmen	G 5.5	☐
• Gespräch mit Auftraggeber vorbereiten	Grundlage ist das Start-Brainstorming	Erfolgskriterien	☐
• Gespräch durchführen	Hauptziel: Grundlage schaffen für die Projektdefinition/-abgrenzung		☐
• Gespräch auswerten	im Team		☐
❙ Projektdefinition	Projektabgrenzung, erste Zielformulie-rung, Rahmenbedingungen, Ausschlüsse	G 5.6	☐
❙ Erste Projektplanung	insb. Projektstrukturierung, Projektorganisation, Vorgehen und Termine erste Phase	G 5.7	☐
❙ Projektauftrag entwerfen	bzw. Erarbeitung Projektantrag	G 5.8	☐
❙ Präsentation vor Auftraggeber	Nutzen ins Zentrum stellen		☐
❙ Erste Projektphase freigeben	ggf. mit Auflagen	G 5.8	☐
❙ Relevante Informationen dokumentieren	in Ergänzung zu Projektauftrag (Projektvorgeschichte, spezifische Rahmenbedingungen, „Zu beachten"-Punkte etc.)		☐
Frühe konzeptionelle Phasen	**Studie/Vorstudie, Konzeptphase**	**G 6**	
❙ Phase starten	erste Phase = Start Projektbearbeitung		☐
• Auflagen einarbeiten	aufgrund Präsentation Auftraggeber		☐
• Start-Workshop durchführen	vorbereiten, durchführen, auswerten	V 4.1	☐
• Teambildungsprozess einleiten, steuern	Maßnahmen im Team und Einzelgespräche	Element 1.07	☐
• Aufträge an Beteiligte erteilen			☐
❙ Konzeptionelle Facharbeit leisten, Problemlösung		Elemente 1.08, 2.07	☐
• Situationsanalyse	Bestehende Situation analysieren, Stärken/Schwächen analysieren, Problem- und Ursachenanalyse, Projektumfeld/Umwelt und Schnittstellen analysieren, Trends und Prognosen ermitteln	Element 1.08	☐
• Das 0. Gebot umsetzen	Wissen und Erfahrungen organisieren (positive und negative)	G 5.4	☐
• Stakeholderanalyse	Analyse relevanter Interessengruppen; spezifischer Aspekt der Situationsanalyse	Element 1.02	☐

1.19 Projektstart

Standard-Roadmap/Prozess-Checkliste zum Projektstart

Aktivität	Teilaufgaben, Hinweise	Verweise, Instrumente	
• Zielfindung	Zielsystem, evtl. mehrstufig, erarbeiten	V 5.1, Element 1.03	☐
• Lösungssuche	mit Einsatz von Kreativitätstechniken; Tipp: pro Ziel Maßnahmenbrainstorming durchführen	Element 2.07	☐
• Lösungsvarianten bewerten	Bewertungskriterien aus Projektzielen ableiten, Kriterien gewichten, Varianten bewerten	V 1.08	☐
• Lösungsvariante wählen	inkl. Begründung für Auftraggeber		☐
• Anforderungen präzisieren	resultiert ggf. in Lastenheft	Element 1.03	☐
⏐ Projektverträge abschließen		Element 1.14	☐
⏐ Projektmarketing betreiben	nach innen und nach außen; ggf. auch Projektname und Slogan entwickeln	V 4.3	☐
⏐ Phase abschließen			☐
• Resultate dokumentieren			☐
• Projektplanung aktualisieren, vertiefen		G 5.7	☐
- Projektstrukturierung	wichtige Grundlage: Resultat des Start-Brainstormings, „Themen/Sachgebiete"	V 5.2, Elemente 1.09, 1.10	☐
- Projektorganisation	Projektleiter, Projektteam; Klärung Rollen (Aufgaben, Kompetenzen, Verantwortung)	V 5.3, Element 1.06	☐
- Ablauf-/Terminplanung		Elemente 1.11, 1.23	☐
- Aufwand- und Kosten-schätzung		Elemente 1.12, 1.13	☐
- Ressourcenplanung	Einzelprojekt und Projektportfolio	Element 1.12	☐
- Kostenplanung		Element 1.13	☐
- Finanzierung		Elemente 1.13, 3.10	☐
- Projektnutzen und -wirtschaftlichkei	quantitative und qualitative Dimension während Projekt und in Betriebsphase	V 5.4 Element 1.08	☐
- Risiken analysieren	sowie kritische Erfolgsfaktoren	Element 1.04	☐
- Projektführungsinstrumente planen	Projekt-Cockpit, ggf. Projekt-Handbuch	V 5.5 Element 1.17	☐
• Antrag für nächste Phase einbringen	Antrag erstellen, Präsentation vorbereiten und durchführen, ggf. ergänzende Informationen nachliefern		☐
- Nächste Phase freigeben	ggf. mit Auflagen		☐

💡 **Tipp** Bei der Erarbeitung einer Standard-Roadmap für eine gegebene Organisation empfiehlt es sich, zusätzlich die Spalten „Verantwortung", „Mitarbeit" und „Resultate" aufzunehmen.

Anlage 2: Checkliste zum Start-Brainstorming

Checkliste zum Start-Brainstorming		
Begriff	Verwendung/Hinweise	
Visionen* Welches wären die höchsten Gefühle in Bezug auf ein mögliches Projektergebnis?	Begriff macht in praktisch allen internen Projekten viel Sinn. Unterstützt das Ausbrechen, die Ziel- und die Lösungssuche. Besonders ergiebig bei relativ offener Aufgabenstellung oder bei der Erarbeitung neuer Produkte. Bei Kundenprojekten weniger interessant.	☐
Assoziationen Welche Ideen, Themen könnte man mit dem Projekt/Projektthema in Verbindung bringen?	Kann ganz interessante Effekte und Lösungsideen hervorbringen, aber auch den Weg zu Know-how-Trägern weisen. Auch negative Assoziationen einbringen. Beispiel: „Bürokratie" als Warnung vor schwerfälligen Regelungen	☐
Fragen* Welche Fragen kommen mir im Zusammenhang mit dem Projekt spontan in den Sinn?	Erzeugt in praktisch allen Fällen sehr reichhaltiges, wertvolles Material für die weitere Projektarbeit. Lassen Sie den Gedanken freien Lauf, wünschen Sie sich, alles zu wissen, was mit dem Projekt in Verbindung stehen könnte. Fragen Sie auch ganz schräge und grundsätzliche Dinge. Dürfte den Auftraggeber teilweise ganz schön ins Schwitzen bringen – und das ist gut so!	☐
Ausbrechen* In welcher Hinsicht ließe sich das Vorhaben erweitern, reduzieren, verändern? Wer hat die verrücktesten Ideen, aus dem Projekt etwas ganz anderes zu machen?	Darf in keinem Fall, in keinem Projekt fehlen (vgl. Vertiefung Abschnitt 3). Dient dazu, dem Projekt die richtige Identität zu geben.	☐
Ziele/Bedürfnisse* Welche Ziele könnten die am Projekt Beteiligten und Interessierten mit dem Projekt verfolgen?	Thema liegt für die Zielfindung in Projekten nahe und ist zwingend. Begriff ist meist sehr ergiebig. Weit denken. Sich in die Lage anderer versetzen. Heterogene Teilnehmerzusammensetzung ist hilfreich.	☐
Risiken/Befürchtungen* Welche Risiken sind mit dem Vorhaben verbunden? Welche Folgen sind zu befürchten?	Wichtig und meistens einfach und ergiebig. „Skeptiker" sind hier besonders willkommen und sollen sich hier richtig „entladen"! Stellen Sie sich die verrücktesten Dinge vor, die passieren könnten. Was der Projektleiter damit dann macht, muss hier nicht kümmern. Die Frage, was das Projekt zum Scheitern bringen könnte, kann ein anderer, wertvoller Ansatz für das Identifizieren von Risiken sein. Fließt später direkt in die Risikoanalyse ein	☐
Chancen Welchen Nutzen bringt das Vorhaben zusätzlich über die Projektziele hinaus? Wer wird vom Projekt(resultat) profitieren?	Ist mit „Ziele/Bedürfnisse" erst teilweise abgedeckt. Bringt meist ergänzende Potenziale hervor, die über die Zielsetzung im engeren Sinn hinaus reichen. Beispiel: Ziel beim Bau eines Automobilwerkes in China = qualitativ einwandfreie Autos zu vermutlich tieferen Kosten herstellen. Weiter gehende Chancen: den Markt China besser erschließen sowie Erfahrungen für weitere Projekte aufbauen.	☐

Checkliste zum Start-Brainstorming

Begriff	Verwendung/Hinweise	
Resultate/Sachgebiete Welche Themen sind im Rahmen des Projektes (möglicherweise) zu bearbeiten?	Begriffe müssen den Teilnehmenden erläutert werden. Sie sind als Grundlage für die Projektstrukturierung hervorragende „Materiallieferanten". Idee: alles aufzählen, was im Verlauf des Projektes jemals als Thema, als Sachgebiet oder Aspekt relevant werden könnte. Bringt bei sehr stark standardisierten Projekten (z. B. Bauprojekte) weniger, bei innovativen sehr viel: Es geht hier darum, die Substanz des Projektes zu erarbeiten, die zu Beginn noch vage ist. Häufig vergessene Themen: Projektmarketing, Information, Schulung, Betriebsorganisation, Dokumentation.	☐
Das 0. Gebot* Wer hat eine ähnliche Aufgabenstellung bereits bearbeitet, sich mit dem Thema befasst oder die Lösung bereits zur Hand? Wo bekomme ich verwertbare Ideen für die Umsetzung des Projektes her?	Das Thema ist so wichtig wie vernachlässigt. Jedes Projekt wird nebst allgemein gültigen Quellen eigene Möglichkeiten beinhalten. Liefert Input für die Stakeholder-Analyse, für die Lösungserarbeitung, aber auch für die Optimierung des Projektprozesses als Ganzes. Vgl. auch Abschnitt 5.4.	☐
Beteiligte/Interessengruppen (Stakeholder)* Welche Interessenvertreter könnten sich für oder gegen das Projekt stark machen und das Projekt und die Erreichung der Projektziele positiv oder negativ beeinflussen? Wen müssen wir diesbezüglich in unsere Überlegungen einbeziehen?	Liefert wichtige Grundlagen für die Gestaltung der Projektorganisation und die Stakeholder-Analyse. Über die vordergründigen Benutzer und Träger am Projekt hinaus denken! Mögliche Kreise: Personen im eigenen Unternehmen, Kunden, Lieferanten, Verbände oder deren Vertreter, Politiker, Schulen und Institute sowie weitere Persönlichkeiten «draußen» in der Gesellschaft.	☐
Vorgehen Was ist, welche Schritte sind im weiteren Vorgehen zu beachten? Was ist unmittelbar auszulösen?	Diese Thema ist Teil der Projektplanung, geht also auch ohne ein Brainstorming nicht unter. Idee: unmittelbar bevorstehende nächste Schritte ermitteln sowie weitere Aktivitäten sammeln, die später nicht vergessen werden sollten.	☐
Lösungsideen Welche Ideen, wie die Aufgabe gelöst werden kann, kommen uns in den Sinn?	Gerade in der Phase, in der an sich noch nicht lösungsorientiert gearbeitet wird, ist die Kreativität, das laterale Denken noch gegeben, die Gedanken sind noch frei. Das kann spannende Ideen hervorbringen.	☐
Erfolgsfaktoren* Welche Faktoren können dazu beitragen, dass das Projekt ein Erfolg wird?	Projekt-Erfolgsmanagement muss ein Dauerthema über das ganze Projekt bleiben (vgl. SCHEURING, 2008: 124f). Hier wird der Grundstein gelegt.	☐

* Begriff in jedem Fall anwenden

Anlage 3: Checkliste zum Projektstart

Die Checkliste kann helfen, relevante Aspekte des Startprozesses zu identifizieren und daraus die notwendigen Maßnahmen abzuleiten.

Checkliste zum Projektstart			
Checkpunkt	Prio	Maßnahmen ...	
Grundlagen, Projektidentität, Projektziele			
Hintergründe und Vorgeschichte des Projekts sind bekannt			☐
Alternative Projektidentitäten wurden systematisch ausgelotet, thematisiert, der notwendige Gestaltungsspielraum ist vorhanden			☐
Das Projekt ist mit den Zielen und der Strategie der Organisation kompatibel			☐
Das Umfeld des Projektes einschließlich zu erwartender Trends ist geklärt			☐
Relevante Rahmenbedingungen und Auflagen sind bekannt und berücksichtigt			☐
Der Auftraggeber steht voll hinter dem Projekt, er will dieses			☐
Die Projektziele sind klar definiert, abgestimmt und das Projektteam steht hinter diesen			☐
Projekt-Nichtziele/Ausschlüsse sind definiert			☐
Der Projektauftrag liegt schriftlich vor und ist durch Auftraggeber und Projektleiter unterzeichnet			☐
Organisation			
Die übergeordneten Strukturen (Auftraggeber, Lenkungsausschuss) sind definiert, zweckmäßig und transparent			☐
Die Form der Abstimmung und Zusammenarbeit mit dem Auftraggeber ist zweckmäßig definiert, die „Wellenlängen" sind abgestimmt			☐
Die wichtigen Interessenvertreter und -gruppen (Stakeholder) sind identifiziert, deren Interessen, Erwartungen und mögliche Zielkonflikte bekannt und im Projekt berücksichtigt			☐
Die Erfolgsfaktoren des Projekts sind bekannt und ausreichend berücksichtigt			☐
Die Rollen (Aufgaben, Kompetenzen und Verantwortungen) im Projekt und gegenüber der Linie sind geklärt			☐
Das benötigte fachliche und methodische Know-how stehen dem Projekt zur Verfügung			☐
Mögliche Know-how-Lieferanten im weiteren Sinn sind identifiziert und, soweit sinnvoll, eingebunden			☐

Checkliste zum Projektstart			
Checkpunkt	Prio	Maßnahmen …	
Die notwendigen personellen Ressourcen sind geplant und stehen dem Projekt zur Verfügung			☐
Das Projektteam hat seine Identität gefunden, Spielregeln definiert und ist voll arbeitsfähig			☐
Das Projekt ist in der Organisation bekannt und verfügt über eine ausreichende Akzeptanz			☐
Planung			
Das Projekt ist bezüglich Prozess und Resultaten klar strukturiert			☐
Meilensteine sind definiert und terminiert			☐
Der Projektablauf und die Projekttermine sind ausreichend detailliert geplant und realistisch			☐
Die Projektkosten sind differenziert geplant und mit den notwendigen Sicherheitsreserven versehen			☐
Die notwendigen finanziellen Mittel sind verfügbar und freigegeben			☐
Der qualitative und quantitative Nutzen des Projekts sowie dessen Wirtschaftlichkeit sind bekannt			☐
Die Projektrisiken sind bekannt und unter Kontrolle			☐
Information, Kommunikation und Reporting sind sinnvoll geregelt			☐
Die Instrumente für die Projektplanung und -führung (Termine, Kosten, Wirtschaftlichkeit, Änderungen, Reviews, Qualitätsmanagement, ggf. Projekthandbuch) sind festgelegt			☐
Die Abgrenzung zu anderen Projekten ist geklärt, Schnittstellen und Abstimmungsbedarf sind identifiziert			☐
Das Störpotenzial durch andere Projekte, insb. im Bereich der personellen Ressourcen, ist bekannt			☐
Die zu erbringenden Leistungen durch die Projektbeteiligten sind definiert und mit diesen verbindlich (ggf. vertraglich) vereinbart			☐
Notwendige Sofortmaßnahmen sind identifiziert und ausgelöst			☐

1.19 Projektstart

1.20 Projektabschluss (Close-out)
Manfred Burghardt

Kontext und Bedeutung

Der Projektabschluss ist die letzte Phase in einem Projektablauf und umfasst alle Tätigkeiten, die nach Fertigstellung des Projektgegenstandes durchgeführt werden müssen. Hierzu zählen die formelle Übergabe des Projektgegenstandes durch den Auftragnehmer einerseits und die durch eine Abnahmeprüfung gestützte Übernahme durch den Auftraggeber andererseits sowie die projektinternen Aktivitäten einer Projektabschlussanalyse, die sowohl die Leistungserfüllung und Qualität der zurückliegenden Projektdurchführung als auch die terminlichen und wirtschaftlichen Ergebnisse mit den Angaben in der anfangs erstellten Projektplanung vergleichen. Eine stets durchzuführende Kundenbefragung soll zudem den Grad der erreichten Kundenzufriedenheit feststellen, um Verbesserungsmaßnahmen für künftige Projekte abzuleiten. Bei der Abnahme des Projektgegenstandes, welcher ein Gerät, ein System, eine Anlage oder auch eine Dienstleistung, wie z. B. eine Studie, sein kann, müssen Auftraggeber und Auftragnehmer eng zusammenarbeiten. Hierbei kommt in dieser Endphase des Projekts der Erfahrungssicherung mit dem Dokumentieren von positiven und negativen gemachten Erfahrungen sowie dem Einbringen von im Projekt ermittelten Kennzahlen in eine Erfahrungsdatenbank eine besondere Bedeutung zu. Auch muss die rechtzeitige Überleitung des eingesetzten Projektpersonals auf neue Aufgaben gut vorbereitet werden, ansonsten besteht die Gefahr der Demotivation der Projektmitarbeiter und eines Know-how-Verlustes durch den ungeplanten Weggang von Projektpersonal.

Das Kapitel Projektabschluss erläutert Element 1.20 der ICB-Systematik und bestimmt mit dem ICB-Element 1.19 Projektstart den Beginn und das Ende eines Projekts. Diese beiden ICB-Elemente stellen damit die beiden zeitlichen Eckpfeiler eines Projekts dar. Das Thema Projektabschluss berührt weiterhin das Element 1.03 Projektanforderungen und Projektziele hinsichtlich der Qualität und Vollständigkeit der Zielerreichung, das Element 1.06 Projektorganisation hinsichtlich einer geordneten Projektauflösung, das Element 1.17 Information und Dokumentation hinsichtlich einer gesicherten Erfahrungssicherung sowie das Element 3.10 Finanzierung hinsichtlich der Wirtschaftlichkeitsanalyse beim Projektabschluss.

Der Leser soll die Bedeutung eines definierten und geordneten Projektabschlusses mit all seinen erforderlichen Tätigkeiten, wie der Produktabnahme, der Projektabschlussanalyse, der Erfahrungssicherung und der Projektauflösung, verstehen und deren Inhalte kennenlernen. Ohne eine geregelte Übergabe des fertig gestellten Projektgegenstands und ohne geordnete Abschlussarbeiten beim Projektende ist nicht nur der anschließende Praxiseinsatz des Projektgegenstandes gefährdet, sondern auch die anzustrebende, beiderseitig zufrieden stellende Vertragserfüllung kann erheblich beeinträchtigt sein; außerdem können teuer erworbene Erfahrungen verloren gehen. Die Sicherung von im Projekt gemachten Erfahrungen und deren Nutzung in nachfolgenden Projekten führt zu einer steten Verbesserung des Projektmanagements.

Lernziele

Sie kennen

- die einzelnen Prozessschritte in der Projektabschlussphase
- den Unterschied zwischen Übergabeprotokoll und Übernahmeprotokoll
- unterschiedliche Arten von Abnahmeprüfungen im Rahmen der Produktabnahme
- die Bestandteile einer Projektabschlussanalyse
- die verschiedenen Ursachen für Planabweichungen
- unterschiedliche Möglichkeiten einer Kundenbefragung nach Projektende
- den Unterschied zwischen Produktmessdaten und Projektmessdaten
- die Erfordernisse eines Personal-Überleitungsplans bei Projektabschluss

Sie wissen

- um die Bedeutung und Notwendigkeit eines geregelten Projektabschlusses
- wie die Prozessabfolge von Vor-, Mit- und Nachkalkulation abläuft
- um die Notwendigkeit einer Wirtschaftlichkeitsanalyse beim Projektabschluss
- welche Aufgaben im Rahmen einer Projektabschlussanalyse anstehen
- wie wichtig die Erfahrungssicherung für ein „lessons learned" ist
- welche Aufgaben bei der Projektauflösung durchzuführen sind

Sie können

- den Projektabschluss in den gesamten Projektablauf einordnen
- das bei einer Produktabnahme vorzunehmende Procedere erläutern
- ein Produktabnahmeprotokoll inhaltlich entwerfen
- Präventiv-Maßnahmen zur Vermeidung von Planabweichungen nennen
- einen Fragenkatalog für eine Kundenbefragung ausarbeiten
- die Ziele einer Erfahrungssicherung erläutern
- Arten von unterschiedlichen Erfahrungsdaten aufzählen
- einen Projektabschlussbericht in seinem Aufbau entwerfen
- einen Ressourcen-Verwertungsplan ausarbeiten

Inhalt

1	Der Projektabschluss im Projektablauf	730
2	Prozessschritt Produktabnahme	732
2.1	Produktübergabe	733
2.2	Abnahmeprüfung	733
2.3	Betreuung in der Projekt-Nachfolgephase	734
2.4	Produktübernahme	735
2.5	Produktabnahmebericht	736
3	Prozessschritt Projektabschlussanalyse	737
3.1	Projektnachkalkulation	737
3.1.1	Kosten- und Leistungszuordnung	737
3.1.2	Kalkulationsstruktur	738
3.1.3	Aufgaben der Projektnachkalkulation	739
3.2	Wirtschaftlichkeitsanalyse des Projekts	740
3.3	Abweichungsanalyse der Projektparameter	741
3.3.1	Analyseablauf	742
3.3.2	Projektanalysebericht	743
3.4	Kundenbefragung	744
4	Prozessschritt Erfahrungssicherung	746
4.1	Erfahrungsdaten	746
4.2	Kennzahlensysteme	747
4.3	Erfahrungsdatenbank	747
4.4	Archivierung der Projektunterlagen	748
5	Prozessschritt Projektauflösung	748
5.1	Projektabschlussbericht	749
5.2	Projektabschlusssitzung	750
5.3	Herausnahme aus einem Projektportfolio	751
5.4	Überleitung des Projektpersonals	751
5.5	Auflösung der eingesetzten Ressourcen	752
6	Projektberichte beim Projektabschluss	753
7	Zusammenfassung	754
8	Fragen zur Wiederholung	755
9	Checklisten	756

1 Der Projektabschluss im Projektablauf

In der ICB wird der Projektabschluss als Close-out bezeichnet, wird allerdings gegenüber der ICB 2.0 in der ICB 3.0 in etwas erweiterter Form definiert, der sich nicht nur auf den Abschluss eines einzelnen Projekts, sondern auch auf den Abschluss eines (Projekt-)Programms oder einer Projektphase beziehen kann, also einer Gruppe von Projekten oder eines zeitlich abgegrenzten Projektabschnitts. Im Nachfolgenden wird einfachheitshalber in allen drei Fällen weiterhin von einem „Projekt" gesprochen.

> Mit dem Projektabschluss tritt das Projekt in seine letzte Prozessphase. So wie es wichtig war, dass ein Projekt in einer „definierten" Form begonnen und systematisch in der Projektplanung angegangen wurde, so wichtig ist auch ein geregelter und eindeutiger Abschluss des Projekts.

Projektmanager bemühen sich meist sehr intensiv um die Projektplanung und Projektsteuerung, vernachlässigen aber häufig, sich rechtzeitig Gedanken zu machen, wie der Projektabschluss geplant und durchgeführt werden soll.

Wann allerdings ein Projekt als abgeschlossen zu gelten hat, ist nicht immer eindeutig zu beantworten. Bei SCHELLE, OTTMANN & PFEIFFER, 2005 wird darauf hingewiesen, dass man drei Ereignisse als Projektende unterscheiden kann:

a) Übergabe des Projektgegenstandes
b) Abschluss des Controllings
c) Projektevaluierung.

Nach außen ist das Projekt als abgeschlossen anzusehen, wenn der Auftragnehmer den Projektgegenstand mit dem Übernahmeprotokoll als „übernommen" erklärt hat; nach innen ist das Projekt dagegen erst abgeschlossen, wenn die Projektabschlussanalyse, die Sicherung der im Projekt gemachten Erfahrungen sowie die offizielle Projektauflösung durchgeführt worden sind.

Nach Fertigstellung des Projektgegenstandes in der vorangegangenen Projektphase, der Projektdurchführung, werden in der letzten Projektphase, dem Projektabschluss, alle notwendigen Tätigkeiten durchgeführt, die für den geregelten Abschluss des Projekts notwendig sind. Je nachdem, ob das Projekt ein Entwicklungsprojekt, ein Investitions- bzw. Projektierungsprojekt, ein Organisationsprojekt oder ein IT-Projekt ist, unterscheidet sich das Projektergebnis – d.h. das durch das Projekt erstellte „Produkt" – erheblich; entsprechend unterschiedlich können auch die notwendigen Tätigkeiten beim Abschluss des Projekts sein.

Abbildung 1.20-1 zeigt den Projektabschluss in seiner Einbettung im Ablauf eines Projekts. Die Phase Projektabschluss gliedert sich selbst wiederum in vier Prozessschritte mit folgenden Aktivitäten:

1. Prozessschritt Produktabnahme:
   Übergabe des Projektgegenstandes, d.h. des erstellten Produkts an den Auftraggeber
2. Prozessschritt Projektabschlussanalyse:
   Durchführung einer umfassenden Projektabschlussanalyse
3. Prozessschritt Erfahrungssicherung:
   Absicherung der im Projekt gesammelten Erfahrungen und erworbenen Kenntnisse
4. Prozessschritt Projektauflösung:
   Auflösung der Projektorganisation und der Projektressourcen

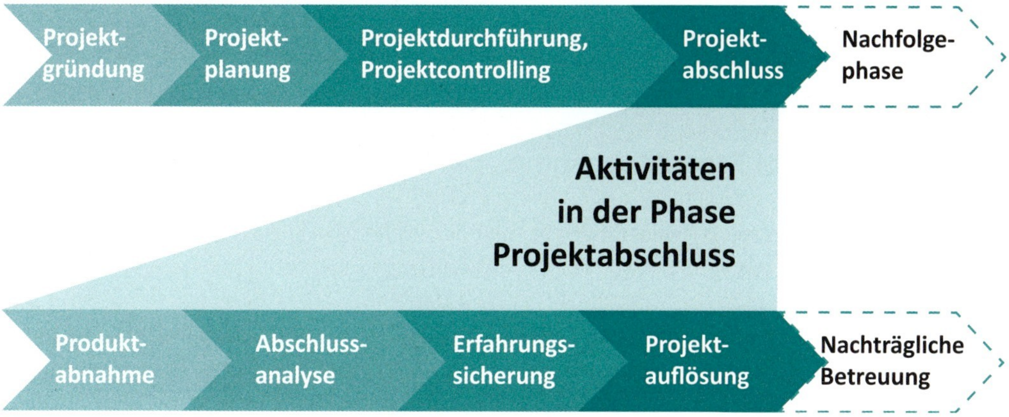

Abbildung 1.20-1: Prozessschritte in der Projektabschlussphase

Mit der „Produktübergabe" an den Auftraggeber sowie der „Produktübernahme" durch ihn wird die Prozedur der Produktabnahme des Projektgegenstandes geregelt; sie umfasst eine Abnahmeprüfung des Produkts mittels eines Abnahmetests oder einer Produktbegutachtung und die Erstellung eines Produktabnahmeberichts, der auch Vereinbarungen von Nachfolgeleistungen enthält.

Eine „Projektabschlussanalyse" sollte sowohl eine Projektnachkalkulation umfassen, in der eine abschließende Gegenüberstellung der ursprünglichen Planvorgaben und der eingetretenen Istwerte ausgewählter Projekt- und Produktgrößen vorgenommen wird, als auch eine Abweichungsanalyse, welche die Ursachen aufgetretener Abweichungen untersucht und mögliche Abhilfen (bei künftigen Projekten) aufzeigt. Sind zu Projektbeginn Wirtschaftlichkeitsuntersuchungen vorgenommen worden, so sind diese in einer analog strukturierten Wirtschaftlichkeitsanalyse nachzuprüfen. Auch sollte eine Kundenbefragung zur Feststellung der Kundenzufriedenheit fester Bestandteil einer Projektabschlussanalyse sein.

Um das während des Projekts aufgebaute Wissen und die gemachten Erkenntnisse für künftige Projekte zu erhalten, sollten anschließend die im Projekt erworbenen Erfahrungen gesichert werden. Hierzu sind projekt- und produktrelevante Erfahrungsdaten abzuleiten, die entweder in Kennzahlensysteme oder Erfahrungsdatenbanken einfließen. Auch müssen alle Projektunterlagen für nachträgliche Projektrevisionen und künftige Projektvergleiche übersichtlich archiviert werden. „Erfahrungssicherung" ist ein wichtiges Element eines unternehmensweiten Wissensmanagements. Schließlich muss das Projekt mit der „Projektauflösung" zu einem definierten Ende gebracht werden; hierbei muss man es in einer Projektabschlusssitzung offiziell für abgeschlossen erklären und das eingesetzte Projektpersonal sowie die in Anspruch genommenen Ressourcen gezielt neuen Projekten zuführen. Gehörte das Projekt zu einer Projektgruppe oder war es Mitglied in einem Projektportfolio, dann muss es dort offiziell und geregelt abgemeldet und herausgenommen werden. In einem Projektabschlussbericht sind schließlich alle relevanten Informationen zum Projektabschluss zusammenzufassen.

In der Nachfolgephase des Projektabschlusses, der Einsatzphase des erstellten Projektgegenstandes, die nicht mehr zum eigentlichen Projekt gehört, sind – abhängig von der Art des Projektgegenstandes – häufig noch nachträgliche Betreuungsarbeiten von Mitgliedern des Projektteams wahrzunehmen. Die Bedeutung und Wichtigkeit eines geregelten Projektabschlusses zeigen sich in folgenden Fakten und Argumenten:

I   Kunde kann Zahlungen solange zurückhalten, solange er den Projektgegenstand noch nicht übernommen hat.
I   Solange ein Projekt nicht offiziell abgeschlossen und aufgelöst ist, verursacht es weiterhin Kosten aufgrund des noch nicht übergeleiteten Projektpersonals.
I   Wird ein Projekt nicht konsequent zu einem Abschluss gebracht und kann der Projektgegenstand wegen noch anstehender Nachbesserungsarbeiten nicht an den Auftraggeber übergeben werden, können auf dessen Seite Unkosten entstehen, die dann zu Konventionalstrafen und Zahlungsverzögerungen führen.

| Nicht vorgenommene Projektabschlussanalysen und fehlende Erfahrungssicherung verhindern eine Verbesserung bei Folgeprojekten (kein „lessons learned").

2 Prozessschritt Produktabnahme

Nach Fertigstellung des Projektgegenstandes beginnt der Projektabschluss mit der Produktabnahme durch den Auftraggeber. Als Produkt ist das im Projektauftrag formulierte Projektergebnis zu verstehen.

Projekte können sehr verschieden sein: FuE-Projekte, HW/SW-Entwicklungsprojekte, Organisationsprojekte, Investitionsprojekte, Projektierungsprojekte, Bauprojekte, Rationalisierungsprojekte, Revisionsprojekte bzw. Dienstleistungsprojekte bringen naturgemäß sehr unterschiedliche Projektergebnisse hervor. Je nach Art des Projektes kann dabei das erstellte „Produkt" sein

| ein an den Kunden auslieferbarer Gegenstand (Gerät, Apparatur, Bauteil etc),
| ein in die Serienfertigung einmündendes Vorserienprodukt (HW-Prototyp),
| ein entwickeltes System (Vermittlungssystem, DV-Betriebssystem etc.),
| eine in Betrieb gehende Großanlage (Walzwerksteuerung, Energieanlage o.Ä.),
| ein durchgeführtes Bauprojekt (Gebäude, Hoch-/Tiefbau etc.),
| eine durchgeführte Untersuchung (Studie, Revisionsbericht, Forschungsbericht etc.),
| eine realisierte Lösung (SW-Programm, DV-Verfahren, Customizing etc.),
| ein mit einem Werkvertrag vereinbartes und fertiggestelltes Werk,
| ein realisiertes Investitions- bzw. Projektierungsprojekt oder auch
| eine erbrachte Dienstleistung (Reengineering, Outsourcing, Instandhaltung etc.).

Projektergebnisse können also materieller oder immaterieller Natur sein; für die grundsätzlich zu tätigen Aufgaben in der Projektabschlussphase macht dies allerdings keinen großen Unterschied.

Die einzelnen Ablaufschritte einer Produktabnahme sind in der Abbildung 1.20-2 veranschaulicht.

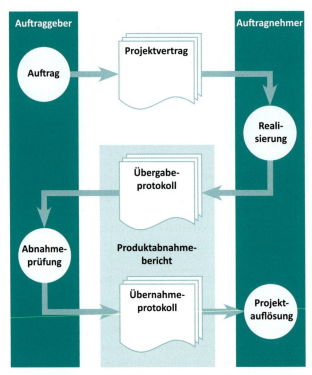

Abbildung 1.20-2: Ablauf einer Produktabnahme

2.1 Produktübergabe

Im ersten Schritt der Produktabnahme werden dem Auftraggeber der fertiggestellte Projektgegenstand mit all seinen relevanten Unterlagen (Produktbeschreibungen, Bedienungsanleitungen, Testprotokolle, Prüfberichte etc), die in einem „Übergabeprotokoll" aufgelistet sind, übergeben. Weiterhin werden in dem Übergabeprotokoll die Inhalte und Modalitäten der Produktübergabe für beide Auftragspartner (Projektleiter und Kunde) verbindlich dokumentiert.

Das Übergabeprotokoll enthält z. B. bei Entwicklungsprojekten Angaben zu den folgenden Punkten:

Aufzählung der Übergabeobjekte, wie z. B.

- Programme, Module,
- Systemdateien,
- Prototypen, Funktionsmuster,
- Baugruppen, Schaltkreise,
- CAD-Dateien.

Dokumentationen, wie z. B.

- Entwurfs- und Konstruktionsunterlagen,
- Bau- und Fertigungsunterlagen,
- Verfahrens- und Systembeschreibungen,
- Benutzerbeschreibungen,
- Wartungsunterlagen.

Beschreibung der Leistungsmerkmale hinsichtlich

- Funktionsumfang,
- Qualitätseigenschaften,
- Einsatzumwelt und
- Prüfmöglichkeiten.

Festlegung der Übergabemodalitäten, d. h.

- Form der Produktübergabe,
- Verantwortlichkeiten,
- Abnahmefristen,
- Abnahmeunterstützung.

Übergabeprotokolle bei anderen Projektformen, wie bei Investitions- und Projektierungsprojekten, sind ähnlich strukturiert und haben vergleichbare Inhalte, d. h. Angaben zu dem Projektgegenstand, zu den Dokumentationen, zu den Besonderheiten des Projektgegenstandes und zu den Übergabemodalitäten.

2.2 Abnahmeprüfung

Mit Vorliegen des Übergabeprotokolls muss das übergebende Produkt einer Abnahmeprüfung durch den Auftraggeber unterzogen werden, d. h. es wird geprüft, ob das gelieferte Produkt gemäß den Vorgaben des Auftraggebers den im Auftrag (Produktvereinbarung, Projektauftrag, Kundenvertrag etc.) formulierten Anforderungen entspricht.

> Die Abnahmeprüfung stellt eine Prüfung auf Auftragserfüllung des Projektergebnisses dar.

In der Regel wird die Abnahmeprüfung durch den Auftraggeber (Kunde) in Zusammenarbeit mit dem Auftragnehmer (Projektleiter, Projektmitarbeiter) durchgeführt.

Bei Projekten, deren Ergebnis ein materielles Produkt ist, kann in der Regel ein Anwendungstest vorgenommen werden, mit dem die Funktionsfähigkeit und Fehlerfreiheit des SW-Programms, des HW-Gerätes, des Systems oder der Anlage getestet werden.

Entsprechend den sehr unterschiedlichen Projektarten unterscheiden sich zwangsläufig solche Abnahmetests, so kann man z. B. bei reinen Entwicklungsvorhaben vier Formen unterscheiden:

- Produkttest bei SW-Produktentwicklungen (ohne anschließende Fertigung)
- Abschlusstest bei HW-Produktentwicklungen (mit anschließender Fertigung)
- Akzeptanztest für fertig entwickelte und gefertigte HW/SW-Systeme bzw. Anlagen
- Pilottest bei DV-Verfahrensentwicklungen.

Bei solchen Abnahmetests wird das entwickelte Produkt, System oder Anlage u. a. auf Funktionsfähigkeit und Fehlerfreiheit getestet; auch wird geprüft, ob die zugehörige Dokumentation (Bedienungsanleitungen, Wartungsunterlagen etc.) vollständig ist. Festgestellte Fehler und Mängel werden priorisiert in einem Fehlerprotokoll bzw. einer Mängelliste für eine Nachbesserung festgehalten.

Bei Projekten, deren Ergebnis mehr immateriell geprägt ist, wie z. B. bei Rationalisierungs-, Projektierungs-, Vertriebs- und Dienstleistungsprojekten, beschränkt sich die Abnahmeprüfung auf eine Begutachtung des vorgelegten Projektergebnisses; Tests im eigentlichen Sinne können hier nicht vorgenommen werden. Die Begutachtung von Projektergebnissen, die in „Papierform" vorliegen, kann ähnlich einem Review durchgeführt werden. In einer solchen moderierten Inspektionssitzung werden die einzelnen Dokumentationsabschnitte sukzessiv von einer Expertenrunde auf Vollständigkeit und Richtigkeit geprüft.

Die Ergebnisse eines Abnahmetests bzw. einer Produktbegutachtung werden in einem Test- bzw. Prüfprotokoll (vgl. Abbildung 1.20-V7) festgehalten, welches in den Produktabnahmebericht aufgenommen wird.

Alle nicht voll erfüllten Leistungsmerkmale werden in einer „Liste offener Mängel" notiert und bilden die Basis für vorzunehmende Korrektur- und einzufordernde Nachbesserungsarbeiten.

Tipp Es erweist sich als sehr vorteilhaft, wenn der Auftraggeber (z. B. der Kunde oder der beauftragende Vertrieb) möglichst eng in die anfängliche Produktdefinition eingebunden war und laufend die Produktrealisierung mitverfolgen konnte. So ist er mit dem entwickelten Produkt, der erstellten Anlage oder der erbrachten Dienstleistung bereits vertraut, wodurch die Abnahmeprüfung zügig und sachbezogen ablaufen kann.

2.3 Betreuung in der Projekt-Nachfolgephase

Vor der abschließenden Übernahme des Projektgegenstandes durch den Auftraggeber muss noch geklärt werden, welche Folgetätigkeiten für die Nachfolgephase des Projekts erforderlich sind.

Zum Beispiel ist bei einem Entwicklungsvorhaben normalerweise mit Abschluss der Entwicklung der Lebenszyklus des entwickelten Produkts oder Systems nicht zu Ende; vielmehr tritt es nur in einen neuen Lebensabschnitt, nämlich die Einsatzphase, ein. Dazu sind im Rahmen der Produktabnahme Vorkehrungen und Vereinbarungen zu treffen, um eine eventuelle nachträgliche Betreuung oder technische Wartung des übergebenen Produkts, Systems oder Anlage während der anschließenden Einsatzphase sicherzustellen. Es verbleiben daher bei Teilen des Projektteams noch Verpflichtungen für in der Projekt-Nachfolge-phase wahrzunehmende Aktivitäten; diese Arbeiten hängen natürlich von der Art des durchgeführten Entwicklungsprojekts ab:

- anschließende Wartung von entwickelten SW-Programmen,
- Unterstützung bei der Fertigungseinführung von entwickelten HW-Prototypen,
- Unterstützung bei der Feldeinführung eines realisierten Systems,
- künftige Anpassungsentwicklung von DV-Verfahren,
- künftige Betreuung von Großanlagen.

Auch bei anderen Projektarten, z. B. bei Rationalisierungs- und Projektierungsprojekten, können Nachfolgearbeiten, wie die Schulung des späteren Einsatzpersonals oder der Aufbau einer Hotline, verpflichtend sein und müssen daher in dem Abnahmeprotokoll dokumentiert werden.

Die Details von derartigen Nachfolgearbeiten sind hinsichtlich Aufgabenumfang, Arbeitsaufwand und Termine – meist in einem zusätzlichen Vertrag für ein dann sich anschließendes Betreuungsprojekt festzulegen und zu vereinbaren.

2.4 Produktübernahme

Bei positivem Ergebnis des Abnahmetests bzw. wenn die Produktbegutachtung keine gravierenden Mängel (blocking points) aufzeigt, wird vom Auftraggeber oder von der abnehmenden Stelle (z. B. QS-Stelle) ein Übernahmeprotokoll erstellt, welches die Funktion eines Freigabeprotokolls hat.

Das Übernahmeprotokoll sollte – abhängig von der Projektart folgende Punkte ansprechen:

Aufzählung der Übernahmeobjekte, d. h.

- welche Übergabeobjekte geprüft wurden und
- welche Dokumentationen geprüft wurden.

Aufzählung der durchgeführten Tests bzw. Prüfungen an

- Produktteilen und
- Dokumentationsteilen.

Festgestellte Fehler bzw. Mängel bei

- Produktteilen und
- Dokumentationsteilen.

Nachforderungen an den Auftragnehmer, z. B.

- Beseitigung offener Mängel,
- Fehlerbereinigungen,
- technische Änderungen,
- Dokumentationserweiterungen,
- Preiskorrekturen.

Künftige Betreuungsarbeiten in der Einsatzphase, wie z. B.

- technische Wartung,
- Einführung- und Einsatzunterstützung,
- Einrichtung einer Hotline,
- Vertragsform und Preisgestaltung.

Abnahmeentscheidung mit

- Abnahmekommentar und
- Nachbesserungsfristen.

Sollten – aufgrund aufgedeckter Mängel – wesentliche Nachbesserungen durch den Auftragnehmer erforderlich sein, so kann eine Teil-Übernahme vereinbart werden.

Für die (nachzuliefernden) Korrekturen und Zusätze gibt es dann eine weitere Übergabe-/Übernahmeprozedur. Eine grundsätzliche Abnahmeverweigerung kann allerdings nur aus triftigen Gründen ausgesprochen werden.

Bei Großprojekten, die über eine längere Zeitdauer laufen, können auch Zwischen-Abnahmen vereinbart worden sein; in solchen Fällen wird ein definiertes Zwischenprodukt der vorgenannten Übergabe-/Übernahmeprozedur unterzogen. Bei Hoch- und Tiefbauprojekten findet man diese Form sehr häufig.

Σ Fazit Mit seiner Unterschrift unter dem Übernahmeprotokoll dokumentiert der Auftraggeber sein Einverständnis zur vollzogenen Produktabnahme.

2.5 Produktabnahmebericht

Für die endgültige Produktabnahme ist ein Produktabnahmebericht zu erstellen; er regelt einerseits die Übergabe des Produkts durch den Auftragnehmer (Projektleitung) sowie andererseits die Übernahme durch den Auftraggeber (Kunde). Übergabeprotokoll, Abnahmeprüfprotokoll und Übernahmeprotokoll sowie eventuelle Vereinbarungen für die nachträgliche Betreuung des erbrachten Projektgegenstandes fließen in den Produktabnahmebericht ein. Der Produktabnahmebericht dokumentiert damit die vollzogene Produktübergabe durch den Auftragnehmer sowie die akzeptierte Produktübernahme durch den Auftraggeber.

§ Definition So wie der Projektauftrag quasi den „juristischen Anfang" des Projektvorhabens darstellt, so ist der Produktabnahmebericht als das „juristische Ende" des Projekts anzusehen.

Darüber hinaus muss in dem Produktabnahmebericht festgehalten werden, welche Restzahlungen noch offen sind und wann diese zu begleichen sind. Wenn der Auftraggeber aufgrund der Ergebnisse der vorgenommenen Abnahmeprüfungen Vorbehalte geltend macht und sich wesentliche Nachbesserungsarbeiten als erforderlich gezeigt haben, können diese Restzahlungen terminiert und reduziert werden. Allerdings kann wegen unwesentlicher Mängel die Abnahme nicht verweigert werden.

Je eindeutiger die Produktübergabe bzw. -übernahme in den begleitenden Protokollen festgehalten wird, desto geringer ist später die Gefahr von Missverständnissen und gegenseitigen Forderungserhebungen. Dabei gilt nach gängiger Rechtsprechung ein Vereinbarungsgegenstand bereits als abgenommen, sobald der Kunde diesen produktiv nutzt – auch wenn der Kunde das Abnahmeprotokoll noch nicht unterschrieben hat.

Die Abnahme des Projektgegenstandes ist mit Rechtsfolgen verbunden (GPM/RKW, 2003); hierzu zählen:

- Gefahrenübergang auf den Auftraggeber,
- Beginn von Gewährleistungsfristen,
- Fälligkeit von Schlusszahlungen.

Für die vertragsgemäße Ausführung entsteht dann eine Umkehr der Beweislast vom Auftragnehmer auf den Auftraggeber.

Bei einem Werkvertrag ist in Deutschland die Abnahme als juristischer Begriff im Bürgerlichen Gesetzbuch (BGB) allgemein verbindlich festgeschrieben. Nach § 640 BGB ist der Auftraggeber verpflichtet, das vertragsgemäß hergestellte Werk abzunehmen, sofern nicht nach der Beschaffenheit des Werks die Abnahme ausgeschlossen ist.

3 Prozessschritt Projektabschlussanalyse

Im zweiten Prozessschritt der Projektabschlussphase werden im Rahmen einer Projektabschlussanalyse eine Projektnachkalkulation, eine Abweichungsanalyse und eine Wirtschaftlichkeitsanalyse durchgeführt. Auch eine Kundenbefragung zur Feststellung der erreichten Kundenzufriedenheit sollte nicht fehlen.

Fazit Eine systematische Auswertung der im Projekt erreichten Ergebnisse ist ein wichtiger Beitrag für angestrebte Effizienzsteigerungen in künftigen Projekten. Nur aus der konsequenten Nutzung von gemachter Erfahrung wächst das Verbesserungspotential eines Unternehmens.

3.1 Projektnachkalkulation

Mittels einer Projektnachkalkulation wird eine abschließende Betrachtung der Ergebnis- und Finanzsituation vorgenommen, indem alle wesentlichen kaufmännischen Istdaten des Projekts zusammengetragen und den in der Vorkalkulation geschätzten Plandaten sowie den erreichten Produktergebnisgrößen gegenübergestellt werden; hierzu gehören einerseits die Aufwands- und Kostenwerte der einzelnen Produktteile und andererseits die jeweils erbrachten (technischen) Ergebnismengen.

Die Projektnachkalkulation stellt damit den letzten Plan/Ist-Vergleich im Projektverlauf dar – allerdings in einer ganzheitlichen Form; mit ihr sollen die Kostentreiber im abgelaufenen Projekt identifiziert und einer genaueren Beurteilung zugeführt werden.

Quellen für die Projektnachkalkulation sind einerseits die in der anfänglichen Projektplanung ermittelten Planzahlen (Vorkalkulation) sowie die durch die projektbegleitende Mitkalkulation erfassten Istzahlen und andererseits die durch entsprechende Auswertungsverfahren gemessenen technischen Leistungswerte.

3.1.1 Kosten- und Leistungszuordnung

Eine aussagekräftige Gegenüberstellung der Plan- und Istgrößen der angefallenen Kosten zu denen der erbrachten Leistung muss allerdings einen ausreichenden Detaillierungsgrad haben und in derselben Struktur der beiden vorangegangenen Kalkulationsabschnitte (Vorkalkulation, Mitkalkulation) erfolgen; anderenfalls würde eine Projektnachkalkulation an Aussagekraft stark verlieren. Unter Mitkalkulation versteht man in diesem Zusammenhang den projektbegleitenden Plan/Ist-Vergleich während der gesamten Projektdurchführung. Die Detaillierung einer Projektkalkulation richtet sich üblicherweise nach der

- Kontenstruktur (Kontenrahmen),
- Produktstruktur (technische Gliederung),
- Projektstruktur (Aufgabeneinteilung) und
- Prozessstruktur (zeitliche Gliederung).

Da sich die Kosten nach der Kontenstruktur gliedern und diese wiederum entweder der Produkt- oder der Projektstruktur angelehnt ist, können gravierende Probleme bei der Kosten- und Aufwandszuordnung zu den erbrachten Ergebnismengen auftreten.

Der Grund liegt darin, dass die Aufwandserfassung vornehmlich nach der Projektstruktur und die Ergebnismengenbestimmung nach der Produktstruktur ausgerichtet sind. Dieser Umstand sollte aber keineswegs dazu führen, dass man die Projektstruktur zwanghaft der Produktstruktur angleicht; stattdessen ist eine sinnvolle Zuordnung der einzelnen Arbeitspakete (der Projektstruktur) zu den Produktteilen (der Produktstruktur) von Anbeginn anzustreben.

Auch das Zuordnen der vorgenannten Projektgrößen zur Prozessstruktur mit ihrer Unterscheidung nach Projektphasen und Tätigkeitsarten kann Schwierigkeiten aufwerfen; vor allem dann, wenn keine durchgängige, prozessorientierte Aufwandsaufschreibung vorgenommen werden konnte. Dies kann dazu führen, dass man auf den Tätigkeits- oder Phasenaufriss in einer Nachkalkulation ganz verzichten muss.

3.1.2 Kalkulationsstruktur

Insgesamt sollte man – wie bereits erwähnt – die Projektnachkalkulation analog der bei der Vor- und Mitkalkulation verwendeten Kalkulationsstruktur erstellen. Die hierbei erfolgte Unterteilung der Kostenelemente, die dem Projekt direkt zugeordnet werden können, wie z. B.

- Personalaufwände (eigen/fremd),
- Werkzeugbau- und Testanlagenkosten,
- Modell- und Musterbaukosten,
- Material- und sonstige Investitionskosten,
- Kosten für Zulieferungen,
- Kosten für Consultants und Leihkräfte,
- sonstige Käufe und Bezüge,

sollte daher bei allen drei Kalkulationsstufen die gleiche sein. Bei den zusätzlichen Kostenelementen, besonders den durch Gemeinkosten-Umlagen hinzukommenden Kostenanteilen, kann eine abweichende Gliederung sinnvoll sein. Zu ihnen gehören

- Reisekosten,
- Fehlerbehebungskosten nach Ablieferung,
- Kosten für allgemeine Tool- und Supportentwicklung,
- Kosten für Vorleistungsaufwendungen und
- allgemeine Verwaltungskosten.

> Ein gleich strukturiertes Kalkulationsschema bei Vor-, Mit- und Nachkalkulation fördert ganz erheblich die Transparenz und das Verständnis innerhalb einer durchgängigen Projektkalkulation.

Werden in dem Nachkalkulationsschema den einzelnen Positionen weitere Angaben der entsprechenden Ergebnismengen (z. B. kloc, DIN-A4-Seiten, kg, qm) hinzugefügt, ermöglicht dies die Bildung projekt- und produktbezogener Kennzahlen (vgl. Vertiefungswissen, Kap. 5.1.4).

3.1.3 Aufgaben der Projektnachkalkulation

In Abbildung 1.20-3 sind die der Nachkalkulation vor- und nachgelagerten Tätigkeitsbereiche eines Projekts dargestellt.

Wie ersichtlich, gibt es drei Datenquellen für die Projektnachkalkulation:

| Aufwandsschätzung bzw. Vorkalkulation für die Ermittlung der Plandaten,
| Aufwands- und Kostenüberwachungsverfahren für die Erfassung der Istdaten sowie
| Auswertungsverfahren für die Messung von Leistungsdaten.

Je DV gestützter hierbei die einzelnen Planungs-, Erfassungs- und Auswertungsverfahren sind, desto leichter und vollständiger erhält man diesen „Datenkranz" aus Plan-, Ist- und Leistungsdaten, der für eine aussagekräftige Projektnachkalkulation ausschlaggebend ist.

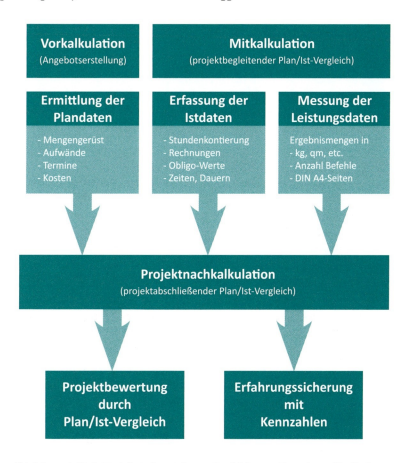

Abbildung 1.20-3: Tätigkeitsbereiche im Umfeld einer Projektnachkalkulation

Wie in Abbildung 1.20-3 angedeutet, liegt die primäre Aufgabe von Nachkalkulationen im Liefern von Daten für

| die Projektbewertung anhand von Plan/Ist-Vergleichen und
| die Kennzahlenbildung zur Erfahrungssicherung.

Projektnachkalkulationen abgeschlossener Entwicklungs- und Projektierungsvorhaben sind vor allem für das Überprüfen der wirtschaftlichen Tragfähigkeit der entwickelten Produkte, Systeme bzw. Anlagen notwendig.

Nur durch ein vollständiges Einbeziehen aller Entwicklungs- und Projektierungskosten im Rahmen einer Vollkostenrechnung kann festgestellt werden, ob ein angebotener Produkt-/System-/Anlagenpreis zu einer Unter- oder Überdeckung der Projektkosten geführt hat.

> Die Projektnachkalkulation stellt damit auch eine Art Projektergebnisrechnung dar.

Mithilfe einer prozessbezogenen Projektnachkalkulation ist darüber hinaus auch leicht zu analysieren, in welchen Phasen und bei welchen Tätigkeiten einer stattgefundenen Entwicklung bzw. Projektierung Ressourcen und Kapazitäten in starkem Maße gebunden wurden. Die Auswertungen der Projektnachkalkulation machen es dann möglich, zu erkennen, an welchen Stellen durch verbesserte Werkzeuge oder durch vermehrte Geräteinvestitionen die Entwicklungs- und Projektierungsleistung künftig gesteigert werden kann.

3.2 Wirtschaftlichkeitsanalyse des Projekts

> Bei Projektbeginn sollte im Rahmen der Projektdefinition stets eine kritische Wirtschaftlichkeitsbetrachtung stattgefunden haben – ohne Erfolg versprechende Ergebnisrechnung mit Nachweis einer ausreichenden Rendite bzw. ohne eine ausreichende Nutzenanalyse sollte ein geplantes Vorhaben gar nicht erst begonnen werden.

Eine Kontrolle der ursprünglich in der Projektplanung gemachten Wirtschaftlichkeitsangaben – mittels einer offiziellen Wirtschaftlichkeitsanalyse zum Projektabschluss – fehlt dagegen in den meisten Fällen. Der Grund dafür liegt oft in der Befürchtung der Projektleitung, dass die Zusagen und Annahmen, die in der bei Projektbeginn durchgeführten Wirtschaftlichkeitsprüfung gemacht worden sind, nicht eingehalten werden konnten. Dabei ist jede anfänglich gemachte Wirtschaftlichkeitsbetrachtung ohne spätere Ergebnisanalyse eigentlich sinnlos; sie hat dann nur die Funktion einer „Augenwischerei".

Dabei soll eine nachträgliche Kontrolle der Projektwirtschaftlichkeit ja nicht dazu dienen, irgendjemandem den „schwarzen Peter aufzuhalsen", sondern Projektkontrollen haben die Aufgabe, eine Ursachenanalyse der meist begründeten Fehlplanungen und Projektfehler vorzunehmen, mit dem alleinigen Ziel, diese bei späteren Projekten zu vermeiden (lessons learned).

Abweichungen von Wirtschaftlichkeitsprognosen haben daher auch sehr vielfältige und häufig berechtigte Gründe, weil unvorhersehbare Veränderungen in der Außenwelt des Projekts aufgetreten oder Fehlplanungen aufgrund falscher Voraussetzungen entstanden sind.

Zudem müssen in die Wirtschaftlichkeitsanalyse auch die im Zusammenhang mit dem Projekt entstandenen „Fehlleistungen" einbezogen werden; zu diesen zählen u.a. Aufwendungen für zusätzliche Fehlerbehebungen vor Ablieferung und nach Ablieferung des Projektgegenstandes.

Eine Wirtschaftlichkeitsanalyse hat also primär die Aufgabe, derartige Abweichungsursachen aufzuzeigen und diese für künftige Wirtschaftlichkeitsbetrachtungen zu dokumentieren. Die Verpflichtung zur Wirtschaftlichkeitsanalyse bei Projektabschluss soll die Projektplaner natürlich auch dazu bewegen, bei Projektbeginn realistische und nicht „geschönte" Wirtschaftlichkeitsrechnungen vorzulegen.

Eine Wirtschaftlichkeitsbetrachtung kann sich auf Renditeberechnungen, auf Rationalisierungseffekte oder auf Produktivitätssteigerungen stützen; hierbei bieten sich folgende Vorgehensweisen an:

- Nachrechnung der Rendite.
- Vergleich von Rationalisierungskennzahlen.
- Analyse der Produktivitätssteigerung.

Bei einer Nachrechnung der Rendite werden alle Finanzmittel, die für das Projekt ausgegeben worden sind (Finanzmitteleinsatz), den Finanzmitteln, die durch das Projektergebnis wieder zurückgeflossen sind oder noch zurückfließen werden (Finanzmittelrückflüsse), gegenübergestellt.

Der erste Fall liegt z. B. vor, wenn es sich um eine Projektierung oder eine Studie handelt, deren vollständige Bezahlung unmittelbar nach Projektabschluss erfolgt; den zweiten Fall hat man z. B. bei der Entwicklung eines Vorserienprodukts oder bei der Entwicklung eines SW-Produktes, wo die gesamten Finanzmittelrückflüsse erst zu einem späteren Zeitpunkt eintreffen werden.
In diesem Fall muss die Rendite-Nachrechnung mit Prognosezahlen arbeiten.

Bei Rationalisierungsvorhaben zeigt sich die Wirtschaftlichkeit im Vergleich von Rationalisierungskennzahlen; der erreichte Ratio-Effekt drückt sich z. B. in der Einsparung von Personal oder der Reduzierung von Durchlaufzeiten aus. Auch hier kann meistens noch nicht eine endgültig erreichte Rendite ermittelt werden, da ebenfalls ein Teil der Finanzmittelrückflüsse in der Zukunft liegen.

Bei manchen Projekten lässt sich sehr gut die Wirtschaftlichkeit durch die erreichte Steigerung der Produktivität nachweisen, wenn Produktivitätskennzahlen für einen Vergleich vorliegen.
Das Kapitel 4 in dem Vertiefungswissen befasst sich ausführlich mit diesen drei Formen von Wirtschaftlichkeitsanalysen zum Abschluss eines Projekts.

Wirtschaftlichkeitsanalysen zum Projektabschluss lassen sich allerdings nur dann vernünftig durchführen, wenn von Anbeginn des Projekts die entsprechenden Projektdaten zielgerichtet aufgeschrieben wurden.

3.3 Abweichungsanalyse der Projektparameter

Meist ergeben sich bei jeder Projektdurchführung Abweichungen von den anfänglichen Annahmen. Eine exakt 100 %ige Planerfüllung in allen Projekt- und Produktparametern ist sehr unwahrscheinlich und kann kaum eine realistische Grundlage haben.

Auftretende Planabweichungen sind i. Allg. die Folge nicht vorhersehbarer Ereignisse aufgrund personeller, technischer und organisatorischer Probleme. Der plötzliche Ausfall eines Mitarbeiters oder eine sich als nicht ausreichend erweisende Prüftechnik für eine neuartige Technologie oder eine von der Unternehmensleitung ausgelöste Umorganisation sind nicht im Voraus planbar. Untersuchungen von Planabweichungen dürfen also nicht allein unter dem Gesichtspunkt der Projektqualität gesehen werden, sondern vor allem auch als Lerneffekt, als Anregung zum „Bessermachen beim nächsten Mal".

> Beim Projektabschluss sollte auf Basis der durchgeführten Projektnachkalkulation und einer eventuell vorgenommenen Wirtschaftlichkeitsanalyse eine umfassende Abweichungsanalyse vorgenommen werden; in dieser werden alle aufgetretenen Plan/Ist-Abweichungen von relevanten Projekt- und Produktparameter fixiert, untersucht und entsprechend bewertet.

Hierbei steht die Frage im Vordergrund, warum die ursprünglichen Planvorgaben in dem betrachteten Fall nicht eingehalten wurden; häufig sind die Abweichungen auf Mängel in der Projektführung oder auf äußere negative Einwirkungen im Projektgeschehen zurückzuführen. Es kann sich aber auch herausstellen, dass die sich ergebenen Istwerte berechtigt sind, dagegen die vorgegebenen Planwerte illusorisch gewesen waren.

Primäres Ziel einer Abweichungsanalyse ist das Ableiten von Maßnahmen und Lösungsansätzen für das künftige Vermeiden (bzw. Verringern) größerer Abweichungen von Planvorgaben (lessons learned, Projektlernen). Die Abweichungsanalyse stellt also als kritischer Rückblick eine Art „Manöverkritik" für das abgelaufene Projekt dar.

Bei Großprojekten bietet es sich sogar an, einige Zeit nach Projektabschluss eine „Projektnachbewertung" durchzuführen, um in die Analyse auch Vorgänge einzubeziehen, die erst in der Projekt-Nachfolgephase zur Wirkung gekommen sind.

3.3.1 Analyseablauf

Der Ablauf einer systematischen Abweichungsanalyse gliedert sich in die fünf Hauptschritte:

- Aufschreiben des gesamtheitlichen SOLL
- Aufschreiben des gesamtheitlichen IST
- Feststellen von Soll/Ist-Abweichungen
- Ermitteln der Ursachen für eingetretene Abweichungen
- Ausarbeiten von Verbesserungsmaßnahmen.

Dabei erstreckt sich die Abweichungsanalyse im Wesentlichen auf die projektbezogenen Parameter:

- geplante Termine,
- geplante Aufwände und
- geplante Kosten

sowie auf die produktbezogenen Parameter:

- geplante Ergebnismengen,
- spezifizierte Leistungsmerkmale und
- vorgesehene Qualität.

Nach dem Aufschreiben der Soll- und Ist-Werte der in die Abweichungsanalyse einbezogenen Projekt- und Produktparameter und nach dem Feststellen markanter Abweichungen muss untersucht werden, welche personellen, technischen oder organisatorischen Ursachen hierfür ausschlaggebend waren. Außerdem ist zu prüfen, inwieweit die jeweilige Abweichung vermeidbar oder nicht vermeidbar gewesen wäre. Hierbei muss man unterscheiden zwischen singulär aufgetretenen Abweichungen und solchen, die wegen grundsätzlicher Schwächen im Projektablauf entstanden sind. Im ersten Fall hätte der Abweichung mit einer einzigen Maßnahme begegnet werden können; im zweiten Fall wären eventuell generelle Veränderungen in der Prozess- oder Projektorganisation notwendig gewesen.

Σ Fazit Die Frage nach der Vermeidbarkeit liefert den ersten Ansatz zum Ausarbeiten von Maßnahmen für eine verbesserte Projektqualität bei künftigen Projekten.

Die in Abbildung 1.20-4 dargestellte Übersicht listet – gegliedert nach den vorgenannten Kriterien – einige typische Ursachen für Abweichungen von Projekt- und Produktparametern auf.

	Personelle Ursachen	Technische Ursachen	Organisatorische Ursachen
Vermeidbare Ursachen	- Demotivation - mangelnde Ausbildung - Missverständnisse - Arbeitsüberlastung	- Planungsfehler - Fehleranfälligkeit - unvollständige Testdaten - mangelnde Toolnutzung	- Engpässe im IT-Bereich - Kompetenzgerangel - personelle Engpässe - Fertigungseinführung
Kaum vermeidbare Ursachen	- verdeckte Animositäten im Team - privat bedingte Konflikte - Kompetenzschwächen - erhöhte Fluktuation	- Performance-Probleme - überforderte Prüftechnik - neue Anforderungen - fehlender Support	- Wechsel beim Zulieferanten - Prioritätenveränderung - Termindruck - räumliche Aufteilung
Nicht vermeidbare Ursachen	- Krankheit - Schwangerschaft - Kündigung - Unfall	- technologische Grenzen - fehlerhafte Zulieferungen - technischer Notfall - Produktionsstopp Fremdteile	- Umorganisation - Vertragsänderungen - Konkurs eines Lieferanten - Wechsel beim Kunden

Abbildung 1.20-4: Ursachen für Planabweichungen

Gründe für Planabweichungen können – wie in Abbildung 1.20-4 dargestellt – personelle, technische oder organisatorische Ursachen haben, wobei einige Ursachen vermeidbar wären, andere wiederum nicht vorhersehbar waren und damit nicht vermeidbar sind. Personelle Ursachen finden sich z. B. in der mangelnden Motivation oder Kompetenz von Mitarbeitern. Auch kann man Krankheiten höchstens als statischen Zeitpuffer einplanen. Technische Ursachen liegen bei fachlichen Planungsfehlern vor, die z. B. zu einer höheren Fehleranfälligkeit oder zu Performance-Problemen führen können.

Zu den organisatorischen Ursachen für Planabweichungen gehören aufgetretene Engpässe bei bestimmten Ressourcen oder auch unvorhergesehene Umorganisationen.

3.3.2 Projektanalysebericht

In einem Projektanalysebericht werden alle Abweichungen, die im Rahmen der Projektnachkalkulation und der Wirtschaftlichkeitsanalyse festgestellt wurden, mit ihren Ursachen, Begründungen und möglichen Vermeidungsmaßnahmen zusammengefasst. Dieser Analysebericht sollte folgende Abschnitte enthalten:

- festgestellte Abweichungen, gegliedert nach projekt- und produktbezogenen Parametern,
- ermittelte Ursachen, unterteilt nach personellen, technischen und organisatorischen Ursachen,
- abgeleitete Verbesserungsmaßnahmen als Vorschläge.

Die eingetretenen Abweichungen können begründet sein

- durch falsche Planvorgaben, d. h. die eingetretenen Ist-Werte sind berechtigt oder
- durch mangelnde Erfüllung, d. h. die vorgegebenen Soll-Werte sind berechtigt.

Vorsorgemaßnahmen für das Vermeiden von Planabweichungen, die unvorhergesehene Ursachen haben, sind z. B.:

- Personalpuffer für unvorhergesehene Ausfälle, wie Krankheiten etc., einplanen,
- frühzeitig Risikoanalysen (Risikomanagement) durchführen,
- verstärkte Reviews zur Vermeidung von Planungsfehlern durchführen,
- Alternativen zu bestehenden Lieferanten frühzeitig eruieren,
- konsequentes Projektcontrolling und Qualitätsmanagement praktizieren.

Der Projektanalysebericht bildet ein wichtiges Beurteilungsdokument bei der anstehenden Projektabschlusssitzung für die Projektauflösung; ggf. müssen aus diesem noch erforderliche Abschlussarbeiten abgeleitet werden.

> **Tipp** Ist im betreffenden Unternehmensbereich eine Erfahrungsdatenbank vorhanden, so sollten die Kernaussagen der Abweichungsanalyse auf jeden Fall in dieses Informationssystem mit aufgenommen werden. Ausführliche Abweichungsanalysen sind sehr wertvoll innerhalb eines umfassenden Wissensmanagements.

3.4 Kundenbefragung

Im Rahmen von qualitätssichernden Maßnahmen gemäß der ISO-Zertifizierung (DIN EN ISO 9001:2000) oder einer Selbstbewertung nach dem EFQM-Modell (EFQM-MODELL FÜR EXCELLENCE, 1999) wird die Befragung der Kunden hinsichtlich ihrer Kundenzufriedenheit grundsätzlich gefordert.

Die ISO 9001:2000 führt unter dem Punkt 2.2 Kundenorientierung Folgendes auf:

> **Definition** Kundenorientierung: Die oberste Leitung muss sicherstellen, dass die Kundenanforderungen – mit dem Ziel der Steigerung der Kundenzufriedenheit – ermittelt und erfüllt werden (z. B. über Kundenbefragungen).

Eine solche Kundenbefragung zum Ermitteln der Kundenzufriedenheit sollte spätestens zum Projektabschluss durchgeführt werden.

Nicht alle Anforderungserfüllungen bzw. -nichterfüllungen führen in der gleichen Weise zur Kundenzufriedenheit bzw. Unzufriedenheit (vgl. MOTZEL, 2006). Zu unterscheiden sind nämlich die „selbstverständlichen" Leistungsanforderungen, die genau beschrieben sind und deren Einhaltung man als selbstverständlich registriert bzw. deren Nichteinhaltung als besonders großer Mangel empfunden wird, von den „nicht spezifizierten" Leistungsmerkmalen, deren Vorhandensein man dennoch als großen Gewinn wahrnimmt. Kundenzufriedenheit ist also sehr relativ zu sehen.

Eine Kundenbefragung kann auf verschiedene Weise geschehen:

- Abfrage der Kundenzufriedenheit in einem Interview mit dem Kunden,
- Feststellung der Kundenzufriedenheit in einem Workshop bei Projektabschluss oder
- Ermittlung der Kundenzufriedenheit mittels einer Fragebogen-Aktion.

Die erste Form kann aus praktischen Gründen nur beschritten werden, wenn die Kundenseite durch eine Person oder sehr wenige Personen vertreten wird. Bei mehreren Personen kann im Rahmen eines Workshops sehr gut der Grad der Zufriedenheit mit dem abgeschlossenen Projekt festgestellt werden. Wird die Auftraggeberseite aber durch eine Vielzahl von Kunden bzw. Anwendern, die sich untereinander gar nicht kennen, vertreten, so ist die Verwendung eines Fragebogens für die Kundenbefragung das am besten geeignete Mittel.

Bei einer Kundenbefragung mit Fragebogen werden einer möglichst repräsentativen Auswahl aus dem Kunden- bzw. Anwenderkreis allgemeine und projektbezogene Fragen hinsichtlich der Anforderungserfüllung gestellt. Solche Fragen können z. B. sein:

- Wie zufrieden sind Sie mit der Leistungserbringung?
- Wie zufrieden sind Sie mit der Einhaltung des vereinbarten Kostenrahmens?
- Wie zufrieden sind Sie mit der Einhaltung der vereinbarten Termine?
- Wie kompetent finden Sie unsere Mitarbeiter?
- Wie zufrieden sind Sie mit der Freundlichkeit und Hilfsbereitschaft unserer Mitarbeiter?

- Wie zufrieden sind Sie mit den Reaktionszeiten und der Flexibilität des Projektteams?
- Wie gut schätzen Sie die erbrachte Qualität ein?
- Wie ist Ihr Gesamturteil?
- Werden Sie uns weiterempfehlen?
- Würden Sie uns wieder einen Auftrag erteilen?

Die Beantwortung der Befragung geschieht i. Allg. nach einer Bewertungsskala von 5 bis 10 Stufen („trifft voll zu" bis „trifft nicht zu" oder „sehr zufrieden" bis „sehr unzufrieden").

Die Ergebnisse der Einzelbefragungen sind dann zusammenzuführen und einer kritischen Analyse zu unterziehen. Hierbei sind zum einen die Durchschnittswerte von Bedeutung und zum anderen müssen die „Ausreißer" einer speziellen Betrachtung unterzogen werden.

In Abbildung 1.20-5 ist eine solche Ergebnisdarstellung in einem Beispiel grafisch dargestellt. Wie aus diesem Beispiel abzulesen ist, wurden die Aspekte Freundlichkeit, Hilfsbereitschaft, Absprachen, Leistungserbringung sehr gut bewertet, dagegen die Aspekte Kosteneinhaltung und Kommunikation mit dem Kunden eher weniger gut. Auch schneidet die Abteilung a insgesamt im Vergleich zum Gesamtbereich schlechter ab.

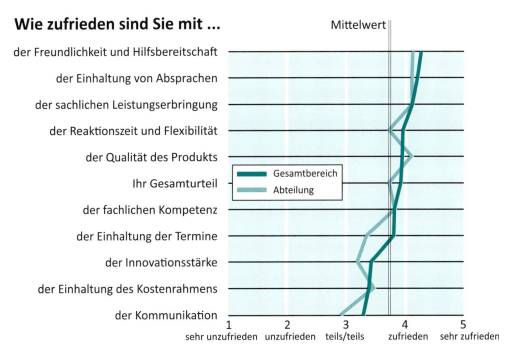

Abbildung 1.20-5: Kundenbefragung (vgl. BURGHARDT, 2008: 535)

Wichtig ist es, herauszufinden, worin die Ursachen für weniger zufriedene Meldungen zu suchen sind; diese können beim Kunden oder bei einem selbst liegen. Insbesondere für Verbesserungspotenziale, die in die eigene Zuständigkeit fallen, sind zielorientierte Maßnahmenkataloge zu erstellen, deren Abarbeitung auf eine Verbesserung der Kundenzufriedenheit abzielt. Dies ist in einer späteren Wiederholung der Kundenbefragung zu verifizieren.

Befragt werden sollten möglichst alle Ebenen auf der Auftraggeberseite; hierzu zählen sowohl die unmittelbaren Vertragspartner als auch die künftigen Anwender des gelieferten Projektgegenstandes.

Kundenfreundliches Verhalten fördert ganz erheblich die Kundenzufriedenheit; hierzu zählen z. B.:

- bereits während des Projektverlaufs engen Kontakt mit den künftigen Anwendern halten,
- aufgeschlossen sein für Anregungen seitens der Auftraggeberseite,
- offene Informationspolitik gegenüber Auftraggeber betreiben,

- bei der Produktabnahme hilfsbereit sein,
- auch nach Projektabschluss für Beratung offen sein,
- Kulanz bei Nachbesserungsforderungen zeigen.

∑ Fazit Mit der regelmäßigen Wiederholung von Kundenbefragungen und der konsequenten Durchführung von Verbesserungsmaßnahmen wird eine kontinuierliche Steigerung der Kundenzufriedenheit angestrebt. Hohe Kundenzufriedenheit ist schließlich die Voraussetzung für ein prosperierendes Unternehmen.

4 Prozessschritt Erfahrungssicherung

Nur durch ein konsequentes unternehmensweites Wissensmanagements im Sinne eines lernenden Unternehmens kann eine optimale Nutzung der Ressource „Wissen" erreicht werden.

In großen Entwicklungsbereichen, bei denen das Gesamtwissen nicht mehr in einem einzelnen Kopf vorhanden, sondern aufgrund der interdisziplinären Arbeitsteilung sehr verteilt ist, muss daher ein effizienter Wissenstransfer angestrebt werden. Insbesondere bei Abschluss eines Projekts muss darauf geachtet werden, dass das im Projekt erworbene Wissen nicht verloren geht. Voraussetzung jeder Erfahrungssicherung innerhalb eines Wissensmanagement ist daher das systematische Sammeln von Erfahrungsdaten, die dann auch Grundlage für einen Projekterfahrungsbericht sind, der dem Projektabschlussbericht beigefügt wird (vgl. Abbildung 1.20-6).

 Für einen geordneten Projektabschluss sollte die Eingabe von Erfahrungsdaten in eine Erfahrungsdatenbank verpflichtend sein.

4.1 Erfahrungsdaten

Als Erfahrungsdaten für Produkt- und Systementwicklungen bieten sich zahlreiche produkt- und projektkennzeichnende Einzeldaten an, wobei zwischen messbaren Daten (Messdaten) und beschreibenden Daten (Merkmalsdaten) zu unterscheiden ist.

Messdaten werden einerseits aus den Realisierungsergebnissen (Produktmessdaten) ermittelt und andererseits aus dem Projektgeschehen (Projektmessdaten) abgeleitet. Solche Messdaten sind z. B.

- produktbezogen: Befehlsanzahl, Geräteleistung, Bauvolumen, Seitenanzahl
- projektbezogen: Projektaufwand, -kosten, Entwicklungszeit, Fehleranzahl.

Merkmalsdaten stellen keine mit Maßeinheiten versehenen messbaren Mengen dar, sondern sind entweder klassifizierende bzw. gewichtende Einflussgrößen oder deskriptive Angaben, die meist verbaler Natur sind.

Mit Einflussgrößen, die das jeweilige Projekt in seiner besonderen Art charakterisieren, kann man bei Produkt- und Projektmessdaten eine Differenzierung derart erreichen, dass man aussagekräftige Vergleiche zwischen verschiedenen Projekten vornehmen kann. Einflussgrößen sind Kennzeichnungen mit einer graduellen Bewertungsskala von gering bis hoch. Beispiele für solche Einflussgrößen sind Grad der Änderungshäufigkeit, Komplexitätsgrad des Projektgegenstandes, Enge der Termine, Stärke der Motivation des Projektteams.

Viele Projekteigenschaften lassen sich nicht durch numerisch belegte Messzahlen ausreichend beschreiben sondern hierfür muss man auch deskriptive Angaben heranziehen. Vorteilhaft ist es, wenn für die deskriptiven Angaben klar definierte Begriffe aus einem Deskriptorenkatalog zur Verfügung stehen. Derartige Deskriptorenkataloge sind zwangsläufig spezifisch auf die jeweilige Projektart ausgerichtet.

Mithilfe von Rechenoperationen können aus produkt- und projektspezifischen Messdaten – unter Einbeziehung von Merkmalsdaten – Kennzahlen gebildet werden, die eine normierende Aussage über bestimmte Produkt- bzw. Projektgegebenheiten ermöglichen. So kann z. B. der Quotient Anzahl loc pro Zeiteinheit oder erbrachte Ergebnismenge pro Zeiteinheit eine Aussage über die Produktivität machen. Ein Maß für die Kostentreue in einem Projekt ist das Verhältnis der tatsächlichen zu den geplanten Projektkosten. Ein Beispiel für eine produktbezogene Kennzahl ist die Kennzahl für die Zuverlässigkeit eines Systems, die aus dem Quotienten Ausfälle pro Zeiteinheit gebildet wird.

Kapitel 5.1 im Abschnitt Vertiefungswissen geht auf die unterschiedlichen Arten von Erfahrungsdaten näher ein.

4.2 Kennzahlensysteme

Kennzahlensysteme sind die Basis für jedes Projekt-Bewertungssystem. Um sicherzustellen, dass bei Projektabschluss ermittelte Kennzahlen auch voll nutzbar sind, muss es möglich sein, sie in ein definiertes und fest umrissenes Kennzahlensystem einzuordnen. Durch das eindeutige Definieren von Kennzahlen und deren klares Einbetten in eine Systematik wird ein aussagekräftiger Vergleich über die einzelnen Projektbereiche eines Unternehmens hinaus möglich.

Es gibt unterschiedliche Formen von Kennzahlensystemen; die beiden bekanntesten sind:

- Kennzahlen-Hierarchiesysteme sowie
- Kennzahlen-Ordnungssysteme.

Bei Kennzahlen-Hierarchiesystemen sind die Kennzahlen in einer Hierarchie eingeordnet und stehen miteinander in einem arithmetischen Zusammenhang. Solche Kennzahlensysteme bezeichnet man deswegen auch als Rechensysteme. Ganz oben in einem Hierarchiesystem steht die Spitzenkennzahl, z. B. Eigenkapital-Rentabilität; die darunter stehenden Kennzahlen werden nach festen Auflösungsregeln bestimmt.

Dagegen sind bei Kennzahlen-Ordnungssystemen die aus den produkt- bzw. projektbezogenen Messdaten gewonnenen Kennzahlen voneinander unabhängig in ein „geordnetes" System eingefügt. Hier unterscheidet man Kennzahlensysteme nach ihrer Ausrichtung, so gibt es Kennzahlensysteme z. B. für die FuE-Projektkalkulation oder für die Qualitätssicherung.

Die Art der Kennzahlen hängt natürlich sehr stark von dem Nutzerkreis ab; die Bereichsleitung benötigt mehr universale Kennzahlen (Scorecards), die projektdurchführende Ebene mehr Detail-Kennzahlen.

Im Kapitel 5.2 im Abschnitt Vertiefungswissen werden die beiden Formen von Kennzahlensystemen ausführlich behandelt.

4.3 Erfahrungsdatenbank

Eine systematische Erfahrungsdatensammlung, die auch über ein genügend umfangreiches Datenvolumen verfügt, erfordert eine eigene Datenbank und damit ein DV gestütztes System zur Speicherung von Erfahrungsdaten.

Probleme bei der konsequenten Sicherung von Erfahrungsdaten zeigen sich einerseits bei den technischen Voraussetzungen für eine Erfassung solcher Daten und andererseits bei der häufig mangelnden Bereitschaft in den zu betrachtenden Bereichen (Entwicklung, Projektmanagement und Kaufmannschaft), die erforderlichen Daten zur Verfügung zu stellen. Schließlich erfordert es eine gewisse Offenheit, besonders dann, wenn aus den Daten auch Effizienz- und Produktivitätsaussagen abgeleitet werden können.

Aus pragmatischen Gründen ist es nicht sinnvoll, die für ein Projekt vorliegenden Daten und Unterlagen in ihrer Gesamtheit in der Datenbank abzuspeichern; man sollte zusätzlich immer auch das Medium Aktenordner nutzen. So ist es z. B. nicht notwendig, umfangreiche Konstruktionspläne und sonstige Zeichnungen digital zu speichern; ein übersichtliches Ablagesystem mit Aktenordnern für diese Unterlagen ist völlig ausreichend.

Zwei Arten von Erfahrungsdatenbanken kann man unterscheiden:

| Technische Erfahrungsdatenbanken
| Betriebswirtschaftliche Erfahrungsdatenbanken.

Wie der Name es schon sagt, werden in technischen Erfahrungsdatenbanken im Wesentlichen technische Kennzahlen aus den Entwicklungs- und Produktionsbereichen eines Unternehmens vorgehalten und werden vornehmlich von den Projektrealisierern genutzt.
Betriebswirtschaftliche Erfahrungsdaten enthalten mehr kaufmännische Kennzahlen, die für das betriebswirtschaftliche Controlling von Bedeutung sind.

Das Kapitel 5.3 im Abschnitt Vertiefungswissen geht auf den Inhalt und auf die beiden Arten von Erfahrungsdatenbanken näher ein.

4.4 Archivierung der Projektunterlagen

Während der Projektplanung und Projektdurchführung ist eine Vielzahl von produktbezogenen und projektbezogenen Dokumenten entstanden; vgl. hierzu auch die Ausführungen in dem Buchkapitel über das ICB-Element 1.17, Information und Dokumentation. Mittels eines projekteigenen Dokumentationsmanagements werden diese versionsgenau gespeichert und verwaltet. Zum Projektabschluss wird ein Teil im Rahmen der Produktübergabe dem Auftraggeber übergeben, ein Teil verliert am Ende eines Projekts seine Bedeutung und kann aus der Dokumentenverwaltung aussortiert und gelöscht werden.

Allerdings sollten relevante projektimmanente Projektunterlagen für eventuelle spätere Projektrevisionen sowie für künftige Projektvergleiche besonders gesichert und archiviert werden.

Nach SCHELLE, OTTMANN & PFEIFFER, 2005 ist eine Projektunterlage dann aufbewahrungswürdig, wenn sie

| Verbindlichkeiten für die Zukunft beschreibt (z. B. Projektauftrag, Vertrag),
| Festlegungen für Arbeitsprozesse enthält (z. B. Beauftragungen, Gesamt-Projektplan),
| Zwischenergebnisse beinhaltet (z. B. Statusberichte mit Freigaben) oder
| zum Nachweis erreichter Ergebnisse dient (z. B. Übergabeprotokoll).

Natürlich sollten auch alle Projektberichte, die für den Projektabschluss erstellt worden sind, also

| Produktabnahmebericht
| Projektanalysebericht
| Projekterfahrungsbericht und
| Projektabschlussbericht

für eine spätere Projektbetrachtung archiviert werden. In eine Archivierungsübersicht sind alle zu archivierenden Projektunterlagen aufzunehmen.

5 Prozessschritt Projektauflösung

Der letzte Schritt in der Projektabschlussphase ist die „Projektauflösung". Mit der Projektauflösung schließt sich der Gesamtprozess eines Projekts:

Projektgründung und Projektauflösung sind damit die beiden begrenzenden Prozessabschnitte eines Projekts.

Die erforderlichen Aktivitäten für die Projektauflösung sind:

- das Erstellen eines Projektabschlussberichts und sein Verteilen an die projektbeteiligten Stellen,
- das Durchführen offizieller Abschlusssitzungen der eingerichteten Projektgremien,
- die Herausnahme aus einem Projektportfolio (falls Mitglied eines Portfolios),
- das Überleiten des Projektpersonals auf neue Aufgaben sowie
- das Auflösen und Verwerten aller projekteigenen Ressourcen.

5.1 Projektabschlussbericht

Zum Projektabschluss muss mit den Ergebnissen der Produktabnahme, der Projektabschlussanalyse und einer vorgenommenen Erfahrungssicherung ein umfassender Projektabschlussbericht als letzter Fortschrittsbericht erstellt werden, der alle relevanten Projektabschlussdaten zusammenfasst (vgl. Abbildung 1.20-6); hierzu gehören

- Eckwerte der ursprünglichen Projektplanung hinsichtlich Leistungsziele, Termine und Kosten,
- erreichter Fertigstellungs- und Übergabetermin,
- erreichter Qualitätsstand (Fehlerrate, Zuverlässigkeitszahlen usw.),
- aufkumulierter Personalaufwand – nach Tätigkeitsbereichen gegliedert,
- Projektkostenübersicht in aussagekräftiger Detaillierung,
- Rückstellungen für eventuelle Gewährleistungsaufwendungen,
- Leistungsdaten des erstellten Produkts,
- aufgetretene Projektdiskontinuitäten,
- Ursachenanalyse von Planabweichungen,
- Ergebnisse der Kundenbefragung,
- Beiträge zur Erfahrungssicherung etc.

Meist enthält der Projektabschlussbericht auch ausführliche Erläuterungen zu den Aktivitäten, die dem Projektende in der Nachfolgephase folgen werden, wie z. B.:

- Auflistung der offenen Punkte und der noch ausstehenden Arbeiten,
- Aufstellung aller Nachforderungen und Nachbesserungen,
- Angaben zu Gewährleistungen und Haftungen.

Auch müssen in dem Projektabschlussbericht eine Aufwandsschätzung zu den einzelnen Punkten der Offene-Punkte-Liste sowie die auf der anstehenden Projektabschlusssitzung zu vereinbarenden Betreuungsarbeiten für die Projekt-Nachfolgephase (Produkteinsatz, Fertigungseinführung, Wartung, Einsatzunterstützung etc.) in ihren geplanten Aufwänden und vorgesehenen Zeitdauern aufgeführt sein.

Dem Projektsabschlussbericht sind außerdem der Produktabnahmebericht (Kap. 2.5), der Projektanalysebericht (Kap. 3.3.2) sowie der Projekterfahrungsbericht (Kap. 4) beizufügen. Allen leitenden Projektbeteiligten – hierzu gehören der Auftraggeber, die Projektleitung, der Controller und die anderen Mitglieder des Entscheidungsgremiums – ist der Projektabschlussbericht mit seinen Anhängen rechtzeitig vor Beginn der Projektabschlusssitzungen zuzuleiten.

5.2 Projektabschlusssitzung

Die Projektabschlusssitzung ist das Gegenstück zur Projektgründungssitzung, mit der das Projekt ursprünglich gestartet wurde. In der Projektabschlusssitzung wird dem zuständigen Entscheidungsgremium (Entscheidungsinstanz, Lenkungsausschuss, Konsortium, Produktkommission etc.) das Projekt in seiner erreichten Zielerfüllung präsentiert.

Aber auch alle anderen Projektgremien, wie Beratungsausschüsse, Change Control Board und spezielle Fach- und Arbeitskreise, sind jeweils zu Abschlusssitzungen einzuberufen, auf denen die Projektergebnisse, eventuell mit einer Abweichungsanalyse, vorgestellt werden. Hierbei sollte man eine möglichst vollständige Teilnahme aller Mitglieder anstreben, um spätere Einsprüche von Nichtanwesenden zu vermeiden. Die wichtigste Abschlusssitzung ist allerdings die Projektabschlusssitzung des zuständigen Entscheidungsgremiums, in dem sowohl die Auftragnehmer- als auch die Auftraggeberseite entscheidungsberechtigt vertreten sind.

Neben einer fachlichen Vorstellung des realisierten Projektgegenstandes werden die Ergebnisse der Produktabnahme, d. h. die mit dem Auftraggeber durchgeführten Abnahmetests bzw. Abnahmeprüfungen, erläutert. Weiterhin werden die Erkenntnisse aus der Projektabschlussanalyse hinsichtlich Planerfüllung und Planabweichung mit zugehöriger Ursachenanalyse vorgetragen. Eventuell noch durchzuführende Aktivitäten für die Projekt-Nachfolgephase werden entsprechend den Ausführungen im Projektabschlussbericht in ihrem Umfang und Zeitaufwand dargelegt. Abschließend sind ein Personal-Überleitungsplan und ein Verwertungsplan für die vom Projekt in Anspruch genommenen Ressourcen vorzulegen.

Als Tagesordnungspunkte einer solchen Projektabschlusssitzung sind zu nennen:

- Vorstellung der erreichten Projektergebnisse,
- Vergleich der realisierten Leistungsmerkmale mit dem Anforderungskatalog bzw. Pflichtenheft,
- Gegenüberstellung der geplanten mit den erreichten Terminen,
- Gegenüberstellung der Plan- und Istwerte von Aufwand und Kosten,
- Darstellung der durchgeführten QS-Maßnahmen,
- Erläuterung von entstandenen Projektdiskontinuitäten,
- Analyse und Begründung von aufgetretenen Planabweichungen,
- Auswertungsergebnisse einer durchgeführten Kundenbefragung,
- Vorstellung projektspezifischer Kennzahlen (z. B. Produktivitäts- und Wirtschaftlichkeitsdaten),
- Erläuterung des Personal-Überleitungsplans,
- Vorlage eines Ressourcen-Verwertungsplans,
- Entwurf einer Beschlussvorlage.

In der Abschlusssitzung des Entscheidungsgremiums müssen auch die Aktivitäten und Modalitäten verhandelt werden, die für eine eventuell erforderliche Betreuung und Einsatzunterstützung in der anschließenden Einsatzphase des Projektgegenstandes (Projekt-Nachfolgephase) von Teilen des bisherigen Projektteams zu übernehmen sind. Für diese Arbeiten muss im Allgemeinen eine zusätzliche Betreuungsvereinbarung abgeschlossen werden. Weiterhin sollten in dieser Sitzung besondere Leistungen einzelner Projektmitarbeiter entsprechend hervorgehoben und gewürdigt werden.

 Schließlich muss in der Schlusssitzung des Entscheidungsgremiums das offizielle Ende des Projekts beschlossen und verkündet werden, dabei wird in der Regel der Projektleitung und dem Projektteam die Entlastung ausgesprochen.

Das Sitzungsprotokoll ist – zusammen mit der verabschiedeten Beschlussvorlage – dem Projektabschlussbericht beizufügen.

In den Abschlusssitzungen für die anderen Projektgremien – die möglichst zeitlich nach der Projektabschlusssitzung des Entscheidungsgremiums stattfinden sollten – genügt eine allgemeine Projektpräsentation mit den wichtigsten Ergebnisparametern sowie der Vorstellung des Sitzungsergebnisses des Entscheidungsgremiums. Auch in diesen Sitzungen können noch hilfreiche Anregungen für die Projekt-Nachfolgephase herausgearbeitet werden.

5.3 Herausnahme aus einem Projektportfolio

In einem rein projektorientierten Unternehmen werden Projekte häufig nicht unabhängig voneinander geplant und gesteuert, sondern aufgrund von Gemeinsamkeiten oder aus strategischen Gründen zu so genannten Projektportfolios zusammengefasst und im Rahmen eines Multiprojektmanagements unter gemeinsamen Gesichtspunkten koordiniert und überwacht.

Ein Projektportfolio kann dabei sowohl gleichartige Projekte bzw. Projekt-Programme umfassen als auch unterschiedlich geartete, wie z. B. alle Projekte eines Großauftrags oder alle Projekte eines Unternehmenszweiges.

Der Projektabschluss eines solchen Projekts hat wegen seiner bisherigen Einbindung und seiner Abhängigkeiten innerhalb des Portfolios explizite Auswirkungen auf die Gesamtstruktur des Portfolios sowie auf dessen Gesamtplanung.

Wird ein Projekt, welches derart in einem Projektportfolio eingeordnet ist, abgeschlossen, muss es in seiner Einbindung koordiniert und wohlüberlegt aus dem Portfolio herausgelöst werden. Dem Projektportfoliomanagement fällt hierbei die Aufgabe zu, das Projekt mit all seinen Projektparametern aus der Portfolio-Gesamtplanung herauszunehmen, alle bisherigen Abhängigkeiten zu anderen Projekten abzuschließen und für eine vollständige Erfahrungssicherung auf Portfolio-Ebene zu sorgen.

5.4 Überleitung des Projektpersonals

Handelt es sich um ein Projektteam, das nach Projektabschluss aufgrund der vorgegebenen Projektorganisation nicht zusammenbleiben soll, so sind die einzelnen Projektmitarbeiter auf andere Projekte oder in eine bestehende Linienorganisation überzuleiten. Dies muss selbstverständlich sehr behutsam und vor allem zum richtigen Zeitpunkt geschehen.

Wird z. B. zu früh mit der „Personaldiskussion" begonnen, so kann diese einen irreversiblen Schaden für das gesamte, noch nicht abgeschlossene Projekt hervorrufen. Mitarbeiter können demotiviert werden, einige können vorzeitig sogar aus dem Projekt ausscheiden, um woanders einen sichereren Job zu finden. Ein zu später Personalabbau kann dagegen zu der Situation führen, dass das Projekt eigentlich schon längst abgeschlossen ist, ein großer Teil des Personals aber noch kein neues Betätigungsfeld hat und damit auch keiner neuen Kostenstelle zugeordnet ist, sodass das (fertige) Projekt immer noch Kosten verursacht.

Eine rechtzeitige, möglichst unmittelbar nach Fertigstellung des Projektgegenstandes erfolgte vollständige Projektauflösung, die normalerweise automatisch mit dem Schließen aller Projektkonten einhergeht, verhindert, dass noch unnötige Kosten (z. B. durch Weiterkontieren des Projektpersonals) auf das fertige Projekt auflaufen.

 Für eine optimale Personalüberleitung ist es sehr wichtig, rechtzeitig einen mit den Mitarbeitern abgestimmten Überleitungsplan in Zusammenarbeit mit der Personalabteilung auszuarbeiten.

Dieser Personalüberleitungsplan sollte folgende mitarbeiterbezogene Kriterien berücksichtigen:

I Fähigkeiten und Qualifikationen,
I persönliche Wünsche und Ambitionen,
I gehaltliche und rangliche Einstufungen,
I mögliche Förderungsmaßnahmen sowie
I Versetzungsfristen.

In Teilpunkten – besonders bei notwendigen Versetzungen – muss ein solcher Personalüberleitungsplan rechtzeitig mit dem Betriebsrat abgesprochen und eventuell von ihm genehmigt werden.

Falls im Rahmen eines Kompetenzmanagements eine Skills-Datenbank vorhanden ist, in der die Kompetenzen, d.h. die fachlichen Kenntnisse, Fähigkeiten und Erfahrungen, der Mitarbeiter gespeichert sind, sollten als Letztes bei der Überleitung des Projektpersonals die Qualifikationsprofile (Skills) der Mitarbeiter auf den aktuellen Stand gebracht werden, schließlich wird normalerweise bei den meisten Projektmitarbeitern ein Kompetenzzuwachs zu verzeichnen sein.

Bei der Überleitung von einem abgeschlossenen Großprojekt auf neue Tätigkeitsfelder kann es sogar erforderlich sein, ein eigenes Change-Management zur Vorbereitung auf die neue „Projektkultur" einzurichten.

Ähnlich einer Kundenbefragung hat es sich auch als sehr förderlich erwiesen, zum Abschluss eines Projektes eine Mitarbeiterbefragung unter den Projektmitarbeitern zum Arbeitsklima im Projektteam durchzuführen (vgl. SCHELLE, OTTMANN & PFEIFFER, 2005). In einer solchen Befragung werden Aspekte zu den Beziehungsthemen Offenheit, Konformität, Loyalität, Konfliktlösung, Risikobereitschaft; gemeinsame Wertvorstellungen und Motivation angerissen. Mithilfe einer Mitarbeiterbefragung kann recht gut erkannt werden, inwieweit das Projektteam optimal zusammengearbeitet hat bzw. welche Verbesserungsmaßnahmen für die zukünftige Teamarbeit notwendig sind.

> **Tipp** Zum Projektende hat es sich auch stets bewährt, mit dem gesamten Projektteam eine offizielle Abschlussfeier zu arrangieren, auf der gemeinsam mit der Projektleitung und möglichst mit Vertretern der Auftraggeberseite der erfolgreiche Abschluss des Projekts gefeiert wird. Auf einer solchen Feier können dann auch Auszeichnungen für besondere Leistungen verteilt werden. Es hat sich immer wieder als äußerst demotivierend gezeigt, wenn Projekte so „sang- und klanglos" ohne irgendeine Belobigung zu Ende gehen. Schließlich werden die Projektmitarbeiter normalerweise wieder in neue Projekte eingegliedert, die dann gleich mit einer gedämpften Motivation angegangen werden.

5.5 Auflösung der eingesetzten Ressourcen

Im Allgemeinen hat ein Projekt während seiner Laufzeit unterschiedliche Ressourcen in Anspruch genommen: Räume, Möbel, Geräte und sonstige Vorrichtungen. Diese Gegenstände werden nach Abschluss des Projekts von diesem nicht mehr benötigt; sie müssen daher einer geordneten weiteren Nutzung zugeführt werden. Der Verschleuderung oder sogar dem Verwerfen dieser bisher so wichtigen Ressourcen sollte verantwortungsbewusst entgegengewirkt werden.

Grundlage einer gezielten Ressourcenauflösung ist die Bestandsaufnahme aller dem Projekt „zugeeigneten" Sachmittel. Zu den projekteigenen Ressourcen gehören in diesem Zusammenhang:

- Planungsinstrumentarien,
- Geräte, Terminals etc.,
- Arbeitsplatzrechner, -drucker,
- Test- und Prüfanlagen,
- Betriebsmittel, Materialien etc.,
- Möbel und Arbeitsräume.

Die Auflösung selbst ist auf zwei Wegen möglich: der unentgeltlichen Überlassung (z.B. von Räumen) oder der geldlichen Veräußerung (z.B. von Computern zum Buchwert). Beim Verkauf von Projektressourcen sollte man unbedingt eine „Verramschung" vermeiden, da die eingenommenen Erlöse der Wirtschaftlichkeit des Projekts zuzurechnen sind.

 In einem Verwertungsplan werden alle wesentlichen Sachmittel mit ihrer geplanten Verwertung aufgeführt.

Ein solcher Verwertungsplan enthält zu den zu verwertenden Gegenständen und Objekten Angaben wie:

- Sachmittelbezeichnung,
- Inventar-Nummer,
- Buchwert bzw. Erlös,
- Verwertungsform,
- Abnehmer,
- alte und neue Kostenstelle sowie
- alter und neuer Aufstellungsort,
- Übergabezeitpunkt.

Der Umfang der hier beschriebenen Maßnahmen zur Projektauflösung hängt stark von der jeweiligen Form der vorhandenen Projektorganisation ab. So stellen z. B. bei einer Projektauflösung innerhalb der Linienorganisation die Personalüberleitung und die Ressourcen-Auflösung überhaupt kein Problem dar; dagegen können diese beiden Komplexe bei einer reinen Projektorganisation und teilweise auch bei einer Matrixorganisation von erheblicher Brisanz sein.

6 Projektberichte beim Projektabschluss

In Abbildung 1.20-6 sind die Ergebnisse der einzelnen Prozessschritte der Projektphase Projektabschluss aufgeführt sowie deren Zusammenführung zu den wichtigsten Projektberichten des Projektabschlusses.

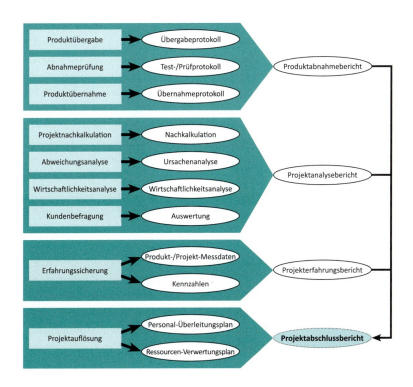

Abbildung 1.20-6: Übersicht der Projektberichte beim Projektabschluss

Zusammen mit dem Personal-Überleitungsplan und dem Ressourcen-Verwertungsplan werden der Produktabnahmebericht, der Projektanalysebericht und der Projekterfahrungsbericht dem Projektabschlussbericht beigefügt, der dann in seiner Gesamtheit die Entscheidungsgrundlage für die Abschlusssitzung des zuständigen Entscheidungsgremiums bildet.

7 Zusammenfassung

Der Projektabschluss entspricht dem Kompetenzelement 1.20 (Close-out) der ICB-Systematik; er stellt den letzten Prozessabschnitt im Projektablauf dar und umfasst alle notwendigen Aktivitäten am Ende eines Projekts; hierzu zählen die Produktabnahme durch den Auftraggeber, die Projektabschlussanalyse, die Sicherung der im Projekt erworbenen Erfahrungen und schlussendlich die Auflösung des Projekts.

Am Anfang steht die Abnahme des Projektgegenstandes, d. h. die Produktabnahme durch den Auftraggeber. Projektgegenstand kann ein entwickeltes Gerät, eine programmierte Software, eine aufgebaute Anlage, eine ausgearbeitete Studie oder eine erbrachte Dienstleistung sein.

Das Procedere der Produktabnahme gliedert sich in zwei Schritten: Der Projektleiter übergibt in seiner Verantwortung als Auftragnehmer den fertiggestellten Projektgegenstand mit all seinen Dokumentationsunterlagen dem Auftraggeber, damit dieser den Projektgegenstand einer Abnahmeprüfung unterziehen kann. Diese Abnahmeprüfung, die meist in Zusammenarbeit mit Mitarbeitern des Projektteams vorgenommen wird, besteht bei einem materiellen Projektgegenstand in der Regel aus einem speziellen Abnahmetest; bei einem immateriellen Projektgegenstand kann dagegen nur eine allgemeine Produktbegutachtung durchgeführt werden. Abhängig von der Projektart gibt es sehr unterschiedliche Abnahmetests. Das Ergebnis der Abnahmeprüfung wird mit eventuell festgestellten Fehlern und Mängeln in einem Prüfprotokoll festgehalten. Mit einem Übernahmeprotokoll bestätigt der Auftraggeber die von ihm akzeptierte Übernahme des fertiggestellten Projektgegenstandes. Übergabeprotokoll, Prüfprotokoll und Übernahmeprotokoll bilden den Produktabnahmebericht, in dem auch eventuell noch erforderliche Betreuungsarbeiten für die Projekt-Nachfolgephase festgehalten werden.

Nach erfolgter Produktabnahme ist eine umfassende Projektabschlussanalyse durchzuführen. Im Rahmen einer Projektnachkalkulation werden alle eingetretenen Termin- und Kostenwerte zusammen mit den erbrachten Leistungsdaten den Angaben in der bei Projektbeginn aufgestellten Projektplanung gegenübergestellt. Hierbei ist es wichtig, dass die Kalkulationsstruktur der Nachkalkulation die gleiche ist wie die der ursprünglichen Vorkalkulation; ansonsten ist ein transparenter Soll/Ist-Vergleich nicht möglich. Mittels einer Abweichungsanalyse müssen die Ursachen für eingetretene Abweichungen in den Kosten- und Leistungsdaten aufgezeigt und begründet werden, um einen Lerneffekt für Folgeprojekte zu erreichen. Ist bei Projektbeginn eine Wirtschaftlichkeitsrechnung aufgestellt worden, so ist diese in einer abschließenden Wirtschaftlichkeitsanalyse zu verifizieren. Als letztes einer Projektabschlussanalyse sollte stets eine Kundenbefragung durchgeführt werden, mit der die Kundenzufriedenheit sowohl bez. des Projektergebnisses als auch des allgemeinen Projektverlaufs festzustellen ist. Ein hoher Grad der Kundenzufriedenheit ist einer der wichtigsten Erfolgskriterien eines Unternehmens.

Basis eines effektiven Wissensmanagements ist die Erfahrungssicherung am Ende eines Projekts. Nur mit der konsequenten Sicherung der in Projekten erworbenen Erfahrungen und Kenntnissen ist eine stete Verbesserung der Projektqualität – insbesondere in Entwicklungs- und Projektierungsbereichen – erreichbar (lessons learned). Anhand von ermittelten Produkt- und Projektmessdaten können aussagekräftige Kennzahlen gebildet bzw. vorhandene Kennzahlen aktualisiert werden. Von Vorteil ist dabei, wenn solche Kennzahlen in ein unternehmensweites Kennzahlensystem eingeordnet werden können, damit diese für alle Projektbereiche gleichermaßen zur Verfügung stehen.

Am Ende der Projektabschlussphase steht die Projektauflösung. Aufbauend auf dem Produktabnahmebericht und der Projektabschlussanalyse, wird ein Projektabschlussbericht erstellt, in dem alle relevanten Projektabschlussdaten aufgenommen werden; er ist Grundlage für die vorzunehmenden Abschlusssitzungen der verschiedenen Projektgremien. In der Projektabschlusssitzung des Entscheidungsgremiums muss das Projekt offiziell als beendet erklärt und das Projektteam entsprechend entlastet werden. Mit der anschließenden Projektauflösung wird das Projektpersonal neuen Aufgaben zugeordnet und die vom Projekt in Anspruch genommenen Ressourcen, wie Räume, Geräte und Materialien, einer sinnvollen Wiederverwendung zugeführt.

8 Fragen zur Wiederholung

1. In welche Hauptabschnitte gliedert sich die Projekt-Endphase „Projektabschluss"? ☐
2. Erläutern Sie den Ablauf einer Produktabnahme. ☐
3. Was ist der Unterschied zwischen Übergabeprotokoll und Übernahmeprotokoll? ☐
4. Bei welcher Art von Projekten kann man einen Abnahmetest durchführen? ☐
5. Bei welcher Art von Projekten spricht man von Produktbegutachtung? ☐
6. Aus welchen Protokollteilen besteht ein Produktabnahmebericht? ☐
7. Welche Aktivitäten werden im Rahmen einer Projektabschlussanalyse durchgeführt? ☐
8. Was wird im Rahmen einer Projektnachkalkulation geprüft? ☐
9. Wozu dient eine Abweichungsanalyse? ☐
10. Was enthält ein Projektanalysebericht? ☐
11. Wozu dient eine Kundenbefragung? ☐
12. Formulieren Sie beispielhaft einige Fragen einer Kundenbefragung. ☐
13. Welche Aufgaben hat eine Erfahrungssicherung? ☐
14. Nennen Sie einige Arten von Erfahrungsdaten. ☐
15. Sind mit Projektabschluss alle Arbeiten an dem Projektgegenstand beendet? ☐
16. Welche Aufgaben sind im Rahmen der Projektauflösung durchzuführen? ☐
17. Was beinhaltet ein Ressourcen-Verwertungsplan? ☐
18. Welches Ziel hat ein Personal-Überleitungsplan? ☐
19. Welche Themen werden in einer Projektabschlusssitzung behandelt? ☐
20. Welche Berichte sind dem Projektabschlussbericht beizufügen? ☐

9 Checklisten

Aufgaben bei der Produktabnahme

1	Übergabe des Projektgegenstandes an den Auftraggeber vorbereiten.	☐
2	Bestandteile der Produktübergabe in einem Übergabeprotokoll festhalten.	☐
3a	Bei einem technischen Produkt: Alle erforderlichen technischen Produktdokumentationen für den Abnahmetest zusammenstellen, Testrahmen als „Antiprodukt" definieren und Testdaten zur Verfügung stellen.	☐
3b	Bei einem immateriellen Projektgegenstand: Alle erforderlichen Produktdokumentationen für eine Produktbegutachtung bereitstellen	☐
4	Abnahmeprüfung (Abnahmetest, Begutachtung) zusammen mit dem Auftraggeber durchführen.	☐
5	Test- bzw. Prüfprotokoll mit den erkannten Fehlern und Mängeln erstellen.	☐
6	Ursachenanalyse und Priorisierung der aufgedeckten Fehler und Mängel vornehmen.	☐
7	Behebungsstrategie entwerfen und den notwendigen Nachbesserungsaufwand ermitteln.	☐
8	Fehlerbehebung und Mängelbeseitigung gemäß Prioritätenvorgabe veranlassen.	☐
9	Übergabeprozedur für Nachbesserungsarbeiten absichern und einleiten.	☐
10	Übernahmeprotokoll vom Auftraggeber einholen.	☐
11	Produktabnahmebericht mit Übergabe-, Prüf- und Übernahmeprotokoll verfassen.	☐
12	Vereinbarungen für eine eventuelle technische Betreuung des übergebenen Produkts bzw. Systems in der Projekt-Nachfolgephase treffen.	☐

Projektabschlussanalyse

1	Ganzheitliche Projektnachkalkulation mit Abweichungsanalyse durchführen.	☐
2	Erreichte Wirtschaftlichkeit des Projekts überprüfen.	☐
3	Kundenbefragung durchführen und Verbesserungsmaßnahmen ableiten.	☐

Ermitteln der Abweichungen:

1	Welche Aufwandsabweichungen sind eingetreten?	☐
2	Welche Kostenabweichungen sind eingetreten?	☐
3	Welche Ergebnismengen (z. B. kloc, Anzahl Gatterfunktionen, Volumen, Größe) waren geplant und welche sind erbracht bzw. nicht erbracht worden?	☐
4	Welche spezifizierten Leistungsmerkmale sind nicht oder nur unvollständig realisiert worden?	☐
5	Welche Qualitätsmängel haben sich gezeigt?	☐
6	Welche Risiken sind in der anfänglichen Risikoanalyse übersehen worden?	☐
8	Welche Personalengpässe und welche Know-how-Lücken sind aufgetreten?	☐

Ermitteln der Ursachen:

1	Ist der Anforderungskatalog während des Projekts verändert bzw. erweitert worden?	☐
2	Hat es Missverständnisse mit dem Auftraggeber gegeben?	☐
3	Gab es Probleme mit der Kompetenzverteilung im Projekt?	☐
4	Sind personelle Engpässe durch eine falsche Einsatzplanung entstanden?	☐
5	Hat es Engpässe mit Test- und Prüfanlagen gegeben?	☐

	Projektabschlussanalyse	
6	Haben bestimmte Supports bzw. Tools gefehlt oder waren mangelhaft?	☐
7	War die Systembasis (z. B. HW-Verfügbarkeit, Geräte) instabil?	☐
8	Haben sich unvorhergesehene technologische Grenzen gezeigt?	☐
9	Sind Mängel bei den Zulieferungen (z. B. Bauelemente, SW-Programme, Materialien) aufgetreten?	☐
10	Hat sich ein unvorhergesehener Testaufwand ergeben? Was waren die Gründe hierfür?	☐
11	Haben sich gravierende Mängel im Qualitätssicherungssystem gezeigt?	☐
12	Gab es größere Konflikte innerhalb des Projektteams?	☐
13	Haben sich Kompetenzschwächen bei einzelnen Mitarbeitern gezeigt?	☐
14	Sind plötzliche personelle Ausfälle durch Krankheit, Kündigung etc. aufgetreten?	☐
15	Hat es eine unvorhergesehene Umorganisation im Projektumfeld gegeben?	☐
16	Haben sich die Verantwortlichkeiten während des Projekts geändert?	☐
17	Haben sich die Zuständigkeiten auf der Auftraggeberseite geändert?	☐

	Aufgaben bei der Erfahrungssicherung	
1	Projekt- und produktspezifische Messdaten ermitteln.	☐
2	Einflussgrößen und deskriptive Angaben den Produkt- und Projektmessdaten zuordnen.	☐
3	Kennzahlen nach vorgegebenen Bildungsregeln ableiten und ggf. in ein Kennzahlensystem übernehmen.	☐
4	Erfahrungsdaten in vorhandene Erfahrungsdatenbank eingeben.	☐
5	Skills der Mitarbeiter in der Skills-Datenbank aktualisieren.	☐
6	Ergebnisse der Kundenbefragung auswerten und Verbesserungsmaßnahmen ableiten.	☐
7	Alle relevanten Projektunterlagen archivieren.	☐
8	Projekterfahrungsbericht verfassen und Interessenten zur Verfügung stellen.	☐

	Aufgaben bei der Projektauflösung	
1	Produktabnahmebericht einschließlich Test-/Prüfprotokoll vorlegen.	☐
2	Projektanalysebericht einschließlich Abweichungsanalyse zusammenstellen.	☐
3	Erforderliche Einsatzunterstützung klären und entsprechend schriftlich vereinbaren.	☐
4	Künftige technische Betreuung für das übergebene Produkt (bzw. System, Anlage) regeln, wobei Aufgabenvolumen und Konditionen in einer Betreuungsvereinbarung festzuhalten sind.	☐
5	Projekt- und Produktergebnisse für die Abschlusspräsentation aufbereiten.	☐
6	Projektabschlussbericht verfassen und an die verantwortlichen Projektbeteiligten verteilen.	☐
7	Personal-Überleitungsplan erstellen und entsprechende Mitarbeitergespräche führen.	☐
8	Alle projekteigenen Ressourcen erfassen (Inventarisierung).	☐
9	Ressourcen-Verwertungsplan ausarbeiten und Durchführung einleiten.	☐
10	Abschlusssitzungen der aktiven Projektgruppen vorbereiten und durchführen.	☐

Aufgaben bei der Projektauflösung		
11	Projektdokumentation abschließen und zur Archivierung vorbereiten.	☐
12	Projektorganisation einschließlich der Projektgremien auflösen.	☐
13	Falls Projekt Mitglied eines Projektportfolios ist, das abgeschlossene Projekt aus diesem abmelden und herausnehmen.	☐
14	Projektabschlusssitzung des Entscheidungsgremiums durchführen.	☐
15	Projekt offiziell als beendet erklären.	☐